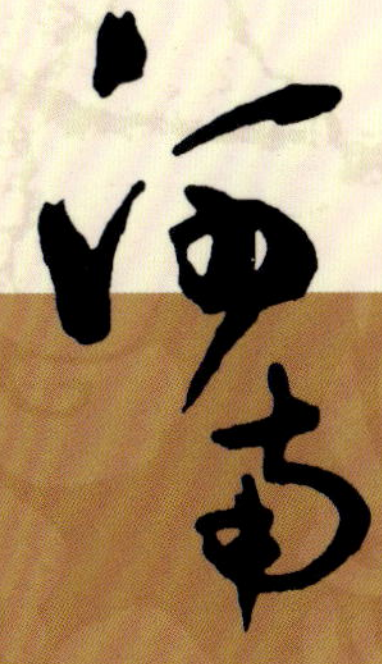

HENAN
STATISTICAL
YEARBOOK

2017

统计年鉴

河南统计年鉴

2017

河 南 省 统 计 局
国家统计局河南调查总队 编

Compiled by Henan Statistics Bureau
Henan General Team of Investigation under the NBS

总第34期 NO.34

图书在版编目（CIP）数据

河南统计年鉴. 2017 : 汉英对照 / 河南省统计局, 国家统计局河南调查总队编. -- 北京 : 中国统计出版社, 2017.8
ISBN 978-7-5037-8268-8

Ⅰ. ①河… Ⅱ. ①河… ②国… Ⅲ. ①统计资料－河南－2017－年鉴－汉、英 Ⅳ. ①C832.61-54

中国版本图书馆CIP数据核字(2017)第187270号

河南统计年鉴-2017

作　　者/ 河南省统计局　国家统计局河南调查总队
责任编辑/ 佘竞雄　熊　威
封面设计/ 梁裕宇
出版发行/ 中国统计出版社
地　　址/ 北京市丰台区西三环南路甲6号　邮政编码/100073
电　　话/ 邮购（010）63376909　书店（010）68783171
网　　址/ http://www.zgtjcbs.com
印　　刷/ 河南豫统印刷有限公司
经　　销/ 新华书店
开　　本/ 890mm×1240mm 1/16
字　　数/ 1600千字
印　　张/ 64
版　　别/ 2017年11月第1版
版　　次/ 2017年11月第1次印刷
定　　价/ 398.00元

本书附同版本CD-ROM一张，光盘内容以书面文字为准。
如有印装差错，由本社发行部调换。

《河南统计年鉴－2017》

编委会和编辑部工作人员名单

2017 河南统计年鉴

Editorial Board and Staff

编辑说明

一、《河南统计年鉴—2017》是一部全面反映河南省经济和社会发展情况的资料性年刊。本书收录了全省和各市(县)2016年以及重要历史年份的经济和社会各方面大量的统计数据，并收录了全国及各省市区2015年的主要统计数据。

二、全书内容分为28个部分，即，1、行政区划和自然资源；2、综合；3、国民经济核算；4、人口；5、从业人员和职工工资；6、固定资产投资；7、对外贸易和旅游；8、能源；9、财政；10、价格；11、人民生活；12、城市概况；13、农业；14、工业；15、建筑业；16、房地产业；17、批发和零售业、住宿和餐饮业；18、金融业；19、其他服务业；20、运输和邮电；21、资源和环境；22、科技；23、教育；24、卫生和社会工作；25、文化和体育；26、公共管理、社会保障和社会组织；27、各县（市、区）主要统计指标；28、全国及各省市区主要统计指标。各篇前有简要说明，篇末附有《主要统计指标解释》。

三、本年鉴的资料来源，大部分来自年度统计报表，一部分来自抽样调查。

四、资料中所使用的度量衡单位均采用国际统一标准计量单位。

五、　本年鉴部分数据合计数或相对数由于单位取舍不同而产生的计算误差均未作机械调整。

六、本年鉴各表中，有关对全表的注解均在该表上方，对表中部分指标的注解则在该表下方。凡带续表的资料，对部分指标的注解一律在最后一张续表的下方。

七、本年鉴表中的符号使用说明：“空格”表示该项统计指标数据不详或无该项数据；“#”表示其中的主要项。

Editor's Notes

I. Henan Statistical Yearbook 2017, is an annual statistical publication, which reflects comprehensively the economy and society development of Henan. It covers data for 2016 and key statistical data in some historically important years at the provincial level and city(couty) level of Henan. It also covers data for 2016 and key statistical data at the national level and the local level of other provinces.

II. The yearbook contains the following twenty-eight parts, 1. Divisions of Administrative Areas and Natural Resources; 2.General Survey; 3.National Accounts; 4.Population; 5.Employment and Wages; 6.Investment in Fixed Assets, 7. Foreign Trade and Tourism; 8. Energy; 9.Government Finance; 10.Prices; 11.People's Living Conditions; 12.General Survey of Cities; 13.Agriculture; 14.Industry; 15.Construction; 16. Real Estate; 17. Wholesale and Retail Trades, Hotels and Catering Services; 18. Financial Intermediation; 19.Other Services; 20. Transport, Postal and Telecommunication Services; 21. Resources and Environment; 22.Science and Technology; 23.Education; 24.Public Health and Social Work; 25.Culture and Sports; 26. Public Management, Social Security and Social Organizations;27.Main Indicators of County （City, Municipal Districts） ; 28.Main Indicators of the Whole Nation and 31 Provinces (Municipality, Autonomous Regions). There is Brief Introduction at the beginning of each chapter, and Explanatory Notes on Main Statistical Indicators are at the end of each chapter.

Ⅲ.The major data sources of this Yearbook are obtained from annual statistical reports, and some are from sample surveys.

Ⅳ. The units of measurement used in this Yearbook are internationally standard measurement units.

V. Statistical discrepancies on totals and relative figures due to rounding are not adjusted in this Yearbook.

VI. The notes concerning the whole table are placed at the upper part of the table, while the notes concerning individual indicators are placed at the lower part of the table. If the table occupied more than one page, the notes of the individual indicators are placed at the end of the last page.

VII. Notations used in this yearbook: "(Blank)" indicates that the data are unknown or are not available; "#"indicates a major breakdown of the total.

目录索引

目　　录

CONTENTS

三、国民经济核算

National Accounts

四、人口

Population

五、从业人员与职工工资

Employment and Wages

六、固定资产投资

Investment in Fixed Assets

七、对外经济贸易和旅游

Foreign Trade and Tourism

八、能源

Energy

九.. 财政

Government Finance

十、物价

Prices

十一、人民生活
People's Living Conditions

十二、城市概况

General Survey of Cities

十三、农业
Agriculture

十四、工业
Industry

十五、建筑业

Construction

十七、批发和零售业、住宿和餐饮业

Wholesale and Retail Trades, Hotels and Catering Services

十八、金融业
Financial Intermediation

十九、其他服务业
Other Services

二十、运输和邮电
Transport, Postal and Telecommunication Services

二十一、资源和环境
Resources and Environment

二十二、科学技术
Science and Technology

二十三、教育
Education

二十四、卫生和社会工作
Public Health and Social Work

二十五、文化和体育

Culture and Sports

二十七、各县（市、区）主要统计指标

Main Indicators of County（City, Municipal Districts）

二十八、全国及各省、市、区主要统计指标

Main Indicators of the whole Nation and 31 Provinces (Municipality, Autonomous, Regions)

行政区划和自然资源
Divisions of Administrative Areas and Natural Resources

1

● 资料整理：孔令惠　高彦

简要说明

一、主要内容

本篇包括行政区划资料，自然状况和自然资源资料。

二、资料来源

行政区划资料，是截止上年末经国务院批准的行政区划变更情况，由河南省民政厅提供。自然状况包括土地、山脉、河流等数据资料，根据有关历史资料整理。气象资料由河南省气象局提供；矿产资源数据由河南省国土资源厅提供。本篇资料由河南省统计局社会与科技统计处和固定资产投资处编辑整理。

Brief Introduction

I. Main Contents

This chapter consists of three parts: divisions of administrative areas, Natural Conditions and Natural Resources.

II. Sources of Data

Data on divisions of administrative areas in Henan are prepared and provided by the Henan Province Bureau of Civil Affairs on the basis of the changes in the divisions of administrative areas as approved by the State Council at the end of the previous year. Data on natural conditions cover land area, mountain ranges, rivers and so on. Data on natural conditions are compiled by the Department of Comprehensive Statistics using relevant historical data. Data on meteorological phenomena and mineral are provided respectively by Henan Provincial Bureau of Meteorological and Henan Provincial Bureau of Land and Resources. Data in this chapter are sort out by Department of social and scientific and technological, and investment in fixed assets of Henan provincial bureau of statistics.

1-1　全省行政区划(2016年底)

Administrative Divisions of Henan Province (End of 2016)

单位：个　　　　(unit)

市　City	市 City	省辖市 Cities Under the Jurisdi-cation of Province	县级市 Cities at County Level	县 Counties	市辖区 Districts Under the Juris-dication of City	镇 Town-ships	乡 Town-ships	街道办事处 Urban Subdi-strict Offices	居民委员会 Neighbo-urhood Commi-ttees	村民委员会 Village Commi-ttees
全　省 Total	**38**	**17**	**21**	**85**	**52**	**1120**	**682**	**633**	**4743**	**46831**
郑　州　市 Zhengzhou	6	1	5	1	6	74	15	85	741	2304
开　封　市 Kaifeng	1	1		4	5	31	48	37	221	2304
洛　阳　市 Luoyang	2	1	1	8	6	100	30	58	433	2750
平顶山市 Pingdingshan	3	1	2	4	4	53	33	56	229	2563
安　阳　市 Anyang	2	1	1	4	4	61	30	43	237	3268
鹤　壁　市 Hebi	1	1		2	3	14	5	23	166	811
新　乡　市 Xinxiang	3	1	2	6	4	75	43	35	232	3532
焦　作　市 Jiaozuo	3	1	2	4	4	33	19	56	178	1826
濮　阳　市 Puyang	1	1		5	1	38	37	13	102	2969
许　昌　市 Xuchang	3	1	2	2	2	57	20	26	360	2078
漯　河　市 Luohe	1	1		2	3	38	10	3	78	1261
三门峡市 Sanmenxia	3	1	2	2	2	29	33	12	134	1343
南　阳　市 Nanyang	2	1	1	10	2	148	56	39	348	4540
商　丘　市 Shangqiu	2	1	1	6	2	93	76	27	211	4631
信　阳　市 Xinyang	1	1		8	2	82	87	40	417	2900
周　口　市 Zhoukou	2	1	1	8	1	93	75	35	235	4752
驻马店市 Zhumadian	1	1		9	1	90	65	40	349	2546
济　源　市 Jiyuan	1		1			11		5	72	453

1-2 各市、县(市、区)名称(2016年底)

Names of Administrative Areas (End of 2016)

市 Cities	县(市、区)数(个) Counties (unit)	市辖县 Counties Under the Jurisdiction of Cities	市辖区 Districts Under the Jurisdiction of Cities	县级市 Cities at County Level
郑州市 Zhengzhou	12	中牟 Zhongmou	中原区、二七区、管城回族区、金水区、上街区、惠济区 Zhongyuan,Erqi,Guancheng Huizu,Jinshui,Shangjie,Huiji	巩义市 Gongyi 荥阳市 Xingyang 新郑市 Xinzheng 登封市 Dengfeng 新密市 Xinmi
开封市 Kaifeng	9	杞县、通许、尉氏、兰考 Qixian,Tongxu,Weishi,Lankao	龙亭区、顺河回族区、鼓楼区、禹王台区、祥符区 Longting,Shunhe Huizu,Gulou,Yuwangtai,Xiangfu	
洛阳市 Luoyang	15	孟津、新安、栾川、嵩县、汝阳、宜阳、洛宁、伊川 Mengjin,Xin'an,Luanchuan,Songxian,Ruyang,Yiyang,Luoning,Yichuan	老城区、西工区、瀍河回族区、涧西区、吉利区、洛龙区 Laocheng,Xigong,Chanhe Huizu,Jianxi,Jili,Luolong	偃师市 Yanshi
平顶山市 Pingdingshan	10	宝丰、叶县、鲁山、郏县 Baofeng,Yexian,Lushan,Jiaxian	新华区、卫东区、湛河区、石龙区 Xinhua,Weidong,Zhanhe,Shilong	汝州市 Ruzhou 舞钢市 Wugang
安阳市 Anyang	9	安阳、汤阴、滑县、内黄 Anyang,Tangyin,Huaxian,Neihuang	文峰区、北关区、殷都区、龙安区 Wenfeng,Beiguan,Yindu,Longan	林州市 Linzhou
鹤壁市 Hebi	5	浚县、淇县 Xunxian,Qixian	鹤山区、山城区、淇滨区 Heshan,Shancheng,Qibin	
新乡市 Xinxiang	12	新乡、获嘉、原阳、延津、封丘、长垣 Xinxiang,Huojia,Yuanyang,Yanjin,Fengqiu,Changyuan	红旗区、卫滨区、凤泉区、牧野区 Hongqi,WeiBin,Fengquan,Muye	卫辉市Weihui 辉县市Huixian
焦作市 Jiaozuo	10	修武、博爱、武陟、温县 Xiuwu,Boai,Wuzhi,Wenxian	解放区、中站区、马村区、山阳区 Jiefang,Zhongzhan,Macun,Shanyang	沁阳市Qinyang 孟州市Mengzhou
濮阳市 Puyang	6	清丰、南乐、范县、台前、濮阳 Qingfeng,Nanle,Fanxian,Taiqian,Puyang	华龙区 Hualong	
许昌市 Xuchang	6	鄢陵、襄城 Yanling,Xiangcheng	魏都区、建安区 Weidu,Jianan	禹州市Yuzhou 长葛市Changge
漯河市 Luohe	5	舞阳、临颍、 Wuyang,Linying	源汇区、郾城区、召陵区 Yuanhui，Yancheng, Zhaoling	
三门峡市 Sanmenxia	6	渑池、卢氏 Mianchi,Lushi	湖滨区、陕州区 Hubin，Shanzhou	义马市Yima 灵宝市Lingbao
南阳市 Nanyang	13	南召、方城、西峡、镇平、内乡、淅川、社旗、唐河、新野、桐柏 Nanzhao,Fangcheng,Xixia,Zhenping,Neixiang Xichuan,Sheqi,Tanghe,Xinye,Tongbai	卧龙区、宛城区 Wolong,Wancheng	邓州市 Dengzhou
商丘市 Shangqiu	9	虞城、民权、宁陵、睢县、夏邑、柘城 Yucheng,Minquan,Ningling,Suixian,Xiayi,Zhecheng	梁园区、睢阳区 LiangYuan,Suiyang	永城市 Yongcheng
信阳市 Xinyang	10	息县、淮滨、潢川、光山、固始、商城、罗山、新县 Xixian,Huaibin,Huangchuan,Guangshan,Gushi,Shangcheng,Luoshan,Xinxian	浉河区、平桥区 Shihe,Pingqiao	
周口市 Zhoukou	10	扶沟、西华、商水、太康、鹿邑、郸城、淮阳、沈丘 Fugou,Xihua,Shangshui,Taikang,Luyi,Dancheng,Huaiyang,Shenqiu	川汇区 Chuanhui	项城市 XiangCheng
驻马店市 Zhumadian	10	确山、泌阳、遂平、西平、上蔡、汝南、平舆、新蔡、正阳 Queshan,Biyang,Suiping,Xiping,Shangcai Runan,Pingyu,Xincai,Zhengyang	驿城区 Yicheng	
济源市 Jiyuan	1			济源市 Jiyuan

1-3 自然资源

Natural Resources

项　目	Item	2005	2010	2015	2016
地理位置	**Geographical Position**				
东经	East Longitude	110°21′ ~116°391′	110°21′ ~116°391′	110°21′ ~116°391′	110°21′ ~116°391′
北纬	North Latitude	31°23′ ~36°23′	31°23′ ~36°23′	31°23′ ~36°23′	31°23′ ~36°23′
矿产资源(保有储量)	**Mineral Resources (Ensured Reserves)**				
煤炭(亿吨)	Coal (100 million tons)	260.00	279.74	346.58	374.55
铁矿(矿石,亿吨)	Iron Ore (100 million tons)	10.60	16.35	20.70	20.22
铝矿(铝土矿矿石,亿吨)	Aluminium (100 million tons)	4.59	7.84	10.70	10.89
钼矿(钼,万吨)	Molybdenum (10 000 tons)	374.60	365.05	575.85	526.63
金矿(金,吨)	Gold mine (ton)	353.58	379.15	641.99	650.45
炼镁白云岩(矿石 亿吨)	Smelting magnesium dolomite (100 million tons)	0.32	1.45	3.31	3.31
钨矿(VO3 万吨)	Tungsten (VO3,10 000 tons)	56.63	43.86	27.39	28.90
蓝晶石(万吨)	kyanite (10 000 tons)	416.60	355.26	376.65	376.40
红柱石(万吨)	Andalusite (10 000 tons)	1016.89	995.38	995.38	995.38
天然碱(矿物,万吨)	Trona(10 000 tons)	8384.90	8830.11	13498.67	14539.01

1-4 各市年平均气温和平均年降水量(2016年)

Annual Average Temperature and Average Annual Precipitation by City (2016)

市	City	年平均气温(摄氏度) Annual Average Temperature (degree centigrade)	平均年降水量(毫米) Average Annual Precipitation (mm)
全　省	**Total**	15.6	775.2
郑州市	Zhengzhou	15.9	684.3
开封市	Kaifeng	15.6	610.3
洛阳市	Luoyang	15.0	639.9
平顶山市	Pingdingshan	15.7	732.7
安阳市	Anyang	14.8	782.4
鹤壁市	Hebi	14.8	684.0
新乡市	Xinxiang	15.4	813.9
焦作市	Jiaozuo	15.7	591.5
濮阳市	Puyang	14.5	602.2
许昌市	Xuchang	15.4	664.8
漯河市	Luohe	15.5	715.8
三门峡市	Sanmenxia	14.3	600.6
南阳市	Nanyang	16.3	772.8
商丘市	Shangqiu	15.4	730.4
信阳市	Xinyang	16.5	1339.1
周口市	Zhoukou	16.0	785.5
驻马店市	Zhumadian	15.9	935.7
济源市	Jiyuan	15.6	684.7

主要统计指标解释

行政区划 指国家对行政区域的划分。根据有关法规规定，我国的行政区域划分如下：(1)全国分为省、自治区、直辖市；(2)省、自治区分为自治州、县、自治县、市；(3)自治州分为县、自治县、市；(4) 自治区、自治州、自治县都是民族自治的地方；县、自治县分为乡、民族乡、镇；(5)直辖市和较大的市分为区、县；(6)国家在必要时设立的特别行政区。

Explanatory Notes on Main Statistical Indicators

Divisions of Administrative Areas refers to the division of administrative areas by the State. The relative laws stipulate that 1) the whole country is divided into provinces, autonomous regions and municipalities directly under the Central Government; 2) provinces and autonomous regions are further divided into autonomous prefectures, counties, autonomous counties and cities; 3) autonomous prefectures are further divided into counties, autonomous counties and cities; 4) counties and autonomous counties are further divided into townships, ethnic townships and towns; 5) municipalities directly under the Central Government and large cities are divided into districts and counties, 6) the State shall, when necessary, establish special administrative regions.

综合
General Survey

2

◎ 资料整理：朱涛 黄莹莹 司景贤 刘秋香 刘晓源

简要说明

一、主要内容

本篇包括国民经济综合资料，基本单位资料，产业集聚区、航空港区和商务两区资料。

二、资料来源

国民经济综合资料是通过对各篇章主要统计指标及其速度、结构和效益等加工计算的，由河南省统计局综合处编辑整理。

基本单位资料主要包括所有法人单位和产业活动单位数，是根据名录库中各部门的单位审批登记资料和经常性统计调查中查到的新增、变动和消亡单位情况，本部分由河南省统计局普查中心编辑整理。

产业集聚区、航空港区和商务两区资料由河南省统计局监测评价考核处编辑整理。

Brief Introduction

I. Main Contents

This chapter consists of following parts: summary data on the national economy and social development, Institutional unit, Main economic indicators of industry gathering area, zhengzhou Airport and two business areas.

II. Sources of Data

The summary data on the national economy and social development reflect the overall situation by presenting further processed statistics including growth, structure, ratio, and efficiency data derived from other chapters. Data in this part are prepared by Comprehensive Department of Henan provincial Bureau of statistics.

Data on institutional unit include legal and establishment units, which are calculated on directory library and increase, change and reduce unit in regular surreys. Data in this part are prepared by Census Center of Henan provincial Bureau of statistics.

Data on industry gathering area, zhengzhou Airport and two business areas is prepared by Assessment of monitoring and evaluation of Henan provincial Bureau of Statistics.

2-1 河南省主要统计指标居全国位次

The Rank of Main Indicators of Henan in Nation

指标	Indicator	2000	2005	2010	2015	2016
生产总值	Gross Domestic Product	5	5	5	5	5
生产总值增速	Growth of Gross Domestic Product	14	5	21	13	9
固定资产投资	Investment in Fixed Assets	11	6	4	3	3
#房地产开发	Real Estate	18	15	10	5	5
居民消费价格指数	General Consumer Price Index	26	9	13	20	10
一般公共预算收入	General Public Budget Revenue of the Local Government	9	8	9	8	8
一般公共预算支出	General Public Budget Expenditure of the Local Government	7	7	5	5	5
规模以上工业增加值增速	Growth Rate of Industrial Enterprises above Designated Size	17	4	14	7	7
社会消费品零售总额	Total Retail Sales of Consumer Goods	5	5	5	5	5
进出口总额	Total Exports and Imports	18	16	16	11	10
出口	Exports	14	13	17	11	10
居民可支配收入	Disposable Income				24	24
城镇	Disposable Income of Urban Households				24	25
农村	Disposable Income of Rural Households				17	18
在岗职工平均工资	Average Wage of Staff and Workers	30	30	26	31	31

注：2010年以前固定资产投资为城镇口径，居民可支配收入为城乡一体化调查结果(2-2~6同)。

a) Data on investment in fixed assets before 2010 only include urban investment.Data on disposable income are from the investigation of the integration of urban and rural areas. (The same as table 2~6)

2-2 河南省主要统计指标占全国比重

The Poroportion of Main Indicators of Henan in Nation

单位：% (%)

指标	Indicator	1952	1978	1990	2000	2010	2015	2016
生产总值	Gross Domestic Product	5.3	4.4	5.0	5.0	5.6	5.4	5.4
第一产业	Primary Industry	6.6	6.4	6.5	7.9	8.1	6.9	6.7
第二产业	Secondary Industry	5.8	4.0	4.3	5.0	6.7	6.4	6.5
第三产业	Tertiary Industry	2.8	3.2	4.5	4.0	3.9	4.3	4.4
人均生产总值	Per Capita GDP		60.3	65.6	68.6	79.6	78.4	78.9
固定资产投资	Investment in Fixed Assets		3.1(1980年)	3.8	3.6	5.8	6.3	6.7
#房地产开发	Real Estate			1.4	1.6	4.4	5.0	6.0
一般公共预算收入	General Public Budget Revenue of the Local Government	2.5	3.5	4.3	3.8	3.4	3.6	3.6
一般公共预算支出	General Public Budget Expenditure of the Local Government	1.0	4.7	4.3	4.3	4.6	4.5	4.6
粮食产量	Output of Grain	6.3	6.9	7.4	8.9	9.9	9.8	9.6
社会消费品零售总额	Total Retail Sales of Consumer Goods	3.9	4.6	3.8	4.8	5.1	5.2	5.3
进出口总额	Total Exports and Imports	0.1(1957年)	0.6	0.9	0.5	0.6	1.9	1.9
#出口	Exports	0.3(1957年)	1.0	1.4	0.6	0.7	1.9	2.0
居民可支配收入	Disposable Income						78.0	77.4
城镇	Disposable Income of Urban Households						82.0	81.0
农村	Disposable Income of Rural Households						95.0	94.6

2-3　国民经济和社会发展总量和速度指标

指　　标	Item	1978	2000	2010	2012
人口与就业	**Population and Employment**				
人口(万人)	**Population (10 000 persons)**				
年底总人口	Population (year-end)	7067	9488	10437	10543
#城镇人口	Urban	963	2201	4052	4473
常住人口	Residents popolation			9405	9406
就业(万人)	**Employment (10 000 persons)**				
年底从业人员	Employment(year-end)	2807	5572	6042	6288
#在岗职工	Staff and Workers	420	718	723	850
城镇登记失业人数	Registered Unemployed Persons in Urban Areas	15.74	21.40	38.20	38.27
宏观经济	**Macroeconomy**				
国民核算	**National Accounts**				
生产总值(亿元)	Gross Domestic Product (100 million yuan)	162.92	5052.99	23222.91	29797.13
第一产业	Primary Industry	64.86	1161.58	3192.40	3692.49
第二产业	Secondary Industry	69.45	2294.15	12930.83	16063.24
第三产业	Tertiary Industry	28.61	1597.26	7099.68	10041.40
人均生产总值(元)	Per Capita GDP (yuan)	232	5450	24585	31709
固定资产投资(亿元)	**Investment in Fixed Assets (100 million yuan)**				
#固定资产投资	Investment in Fixed Assets		1176.76	13338.05	20558.61
#工业投资	Industry		446.77	6800.63	11024.18
#房地产开发投资	Real Estate Development		77.87	2114.08	3035.29
#基础设施投资	Infrastructure		509.22	2007.31	2755.72
#民间投资	Civilian		443.84	10323.20	16622.00
对外贸易	**Foreign Trade**				
进出口总额(亿元)	Total Exports and Imports (100 million yuan)	1.99	188.36	1204.40	3260.27
进口额	Imports	0.27	64.71	491.27	1390.56
出口额	Exports	1.72	123.65	713.13	1869.71
利用外资(万美元)	**Utilization of Foreign Capital (USD 10 000)**				
实际利用外商直接投资	Actually Utilized Direct Foreign Investments		53999	624670	1211777
能源(万吨标准煤)	**Energy (10 000 tons of SCE)**				
能源生产总量	Total Energy Production	4434	6591	17438	12224
能源消费总量	Total Energy Consumption	3353	7919	18594	20920
财政(亿元)	**Public Finance (100 million yuan)**				
一般公共预算收入	General Public Budget Revenue of the Local Government	33.73	246.47	1381.32	2040.33
一般公共预算支出	General Public Budget Expenditure of the Local Government	27.67	445.53	3416.14	5006.40
物价总指数(以上年为100)	**Price Indices (preceding year=100)**				
居民消费价格总指数	General Consumer Price Index	100.1	99.2	103.5	102.5
工业生产者出厂价格指数	Producer Price Indices for Industrial Products		104.0	107.8	99.4
工业生产者购进价格指数	Purchasing Price Indices for Industrial Producers		105.1	110.2	99.2
人民生活	**People's Living Conditions**				
居民可支配收入(元)	Disposable Income(yuan)			9520	12772
城镇	Urban Households			15463.00	19843
农村	Rural Households			5846.00	7963
居民消费支出(元)	Living Expenditure(yuan)				
城镇	Urban Households				
农村	Rural Households				
在岗职工平均工资(元)	Average Wage of Staff and Workers (yuan)	590	6930	30303	37958

Principal Aggregate Indicators and Growth Rates of National Economic and Social Development

2015	2016	2016年为以下各年% 2016as % of the Following years					年均增长速度(%) Average Annual Growth Rate			
		1978	2000	2010	2012	2015	1979-2016	2001-2016	2011-2016	2013-2016
10722	10788	152.7	113.7	103.4	102.3	100.6	1.1	0.8	0.6	0.6
5023	5232	543.3	237.7	129.1	117.0	104.2	4.6	5.6	4.4	4.0
9480	9532			101.4	101.3	100.5			0.2	0.3
6636	6726	239.6	120.7	111.3	107.0	101.4	2.3	1.2	1.8	1.7
1077	1096	261.0	152.7	151.6	129.0	101.8	2.6	2.7	7.2	6.6
42.46	43.58	276.8	203.6	114.1	113.9	102.6	2.7	4.5	2.2	3.3
37278.20	40471.79	5178.0	539.6	171.4	139.0	108.1	10.9	11.1	9.4	8.6
4209.56	4286.21	788.5	213.1	127.6	117.9	104.2	5.6	4.8	4.1	4.2
18156.04	19275.82	10104.4	707.9	175.0	138.7	107.3	12.9	13.0	9.8	8.5
14912.60	16909.76	9640.0	537.9	183.9	147.3	110.3	12.8	11.1	10.7	10.2
39414	42575	3760.5	526.9	170.5	137.6	107.6	10.0	10.9	9.3	8.3
34951.28	39753.93		3378.3	298.0	193.4	113.7		26.1	21.6	19.2
17023.35	18536.63		4149.0	272.6	168.1	108.9		29.0	21.1	15.5
4818.93	6179.13		7934.7	292.3	203.6	128.2		33.8	19.6	19.2
5246.64	6770.19		1329.5	337.3	245.7	129.0		16.7	20.5	23.4
29659.05	31414.73		7077.9	304.3	189.0	105.9		33.5	23.2	20.0
4600.19	4714.70	236965.4	2503.0	391.5	144.6	102.5	22.7	22.3	25.5	9.7
1916.16	1879.35	693962.9	2904.4	382.6	135.2	98.1	26.2	23.4	25.1	7.8
2684.03	2835.34	164960.7	2293.0	397.6	151.6	105.6	21.5	21.6	25.9	11.0
1608637	1699312		3146.9	272.0	140.2	105.6		24.1	18.2	8.8
11231	9705	218.9	147.3	55.7	79.4	86.4	2.1	2.4	-9.3	-5.6
23161	23117	689.4	291.9	124.3	110.5	99.8	5.2	6.9	3.7	2.5
3016.05	3153.48	9349.2	1279.5	228.3	154.6	104.6	12.7	17.3	14.7	11.5
6799.35	7453.74	26938.0	1673.0	218.2	148.9	109.6	15.9	19.3	13.9	10.5
101.3	101.9									
95.4	99.0									
95.4	99.2									
17125	18443			193.7	144.4	107.7			11.7	9.6
25576	27233			176.1	137.2	106.5			9.9	8.2
10853	11697			200.1	146.9	107.8			12.3	10.1
11835	12712					107.4				
17154	18088					105.4				
7887	8587					108.9				
45920	50028	1657.3	522.3	154.1	131.8	108.9	7.7	10.9	9.8	6.7

2-3 续表 1

指 标	Item	1978	2000	2010	2012
城市概况	**General Conditions of Cities**				
供水总量(万立方米)	Water Supply (10 000 cu.m)		191706	179122	188538
排水管道长度(公里)	Length of Sewer Pipelines (km)		6070	14733	17292
城市煤气、天然气家庭用量(万立方米)	Consumption of Coal Gas and Natural Gas for Residential Use(10 000 cu.m)		30100	63663	76325
公共汽(电)车总数(标台)	Total Number of Public Buses and Trolley Buses (unit)		12514	18912	21852
道路长度(公里)	Length of Roads (km)		4920	9413	10798
公园绿地面积(公顷)	Areas of Green Land (hectare)		6286	18361	21202
产 业	**Industry**				
农林牧渔业	**Farming Forestry, Animal Husbandry and Fishery**				
主要农产品产量	Output of Major Farm Products				
粮食(万吨)	Grain (10 000 tons)	2097.40	4101.50	5437.10	5638.60
棉花(万吨)	Cotton (10 000 tons)	22.42	70.38	44.72	25.69
油料(万吨)	Oil-bearing Crops (10 000 tons)	24.16	392.55	540.72	569.51
烟叶(万吨)	Tobacco (10 000 tons)	29.95	27.60	28.75	30.68
园林水果(万吨)	Fruits (10 000 tons)	47.11	364.73	795.99	870.43
年底大牲畜存栏头数(万头)	Large Animals (year-end) (10 000 heads)	515.03	1445.73	1044.80	942.34
年底生猪存栏头数(万头)	Hogs (year-end) (10 000 heads)	1724.90	3787.69	4547.00	4587.28
年底羊存栏只数(万只)	Sheep and goats (year-end) (10 000 heads)	989.70	2961.40	1895.40	1827.70
肉类(万吨)	Meat (10 000 tons)	45.64	517.00	638.40	677.35
工业	**Industry**				
规模以上工业增加值增速(%)	Growth Rate of Value-added of Industrial Above Designated Size (%)		11.6	19.0	14.6
主要工业产品产量	Output of Major Industrial Products				
原煤(万吨)	Coal (10 000 tons)	5845	7578	21349	18058
原油(万吨)	Crude Oil (10 000 tons)	167.44	562.18	497.90	476.56
发电量(亿千瓦小时)	Electricity (100 million kwh)	130.68	694.93	2283.84	2626.90
生铁(万吨)	Pig Iron (10 000 tons)	109.72	508.88	2073.92	2216.00
粗钢(万吨)	Steel (10 000 tons)	54.22	404.84	2327.35	2215.78
水泥(万吨)	Cement (10 000 tons)	352.85	3723.00	11479.73	14805.09
汽车(万辆)	Motor Vehicles (10 000 units)		0.79	23.52	40.40
手机(万台)	Mobile phone (10 000 units)			2.20	6853.56
主营业务收入(亿元)	Revenue form Principal Business (100 million yuan)		3297.78	36163.12	52276.00
利润总额(亿元)	Total Profits (100 million yuan)		139.97	3302.22	4016.00
建筑业	**Construction**				
建筑业总产值(亿元)	Gross Output Value of Construction (100 million yuan)		357.34	4400.61	6009.08
施工房屋面积(万平方米)	Floor Space of Buildings Under Construction (10 000 sq.m)		5308.29	28677.13	38328.73
竣工房屋面积(万平方米)	Floor Space of Buildings Completed (10 000 sq.m)		2629.33	13156.03	16397.59
交通运输、仓储、邮政业	**Transport, Storage and Post**				
客运量(万人)	Passengers (10 000 persons)	11177	83912	167804	208094
#铁路	Railways	4319	4727	8399	9628
公路	Highways	6781	79017	158630	197785
货运量(万吨)	Freight (10 000 tons)	18206	60678	202470	272240
#铁路	Railways	6722	10172	14224	12779
公路	Highways	11321	50133	183291	251772
邮电业务总量(亿元)	Business Volume of Post and Telecommunications Service (100 million yuan)	0.71	130.06	486.11	661.36
批发和零售业、住宿和餐饮业	**Wholesale and Retail Trades、Hotels and Catering Services**				
社会消费品零售总额(亿元)	Total Retail Sales of Consumer Goods (100 million yuan)	71.79	1869.80	8004.15	10915.62

continued

2015	2016	2016年为以下各年% 2015as % of the Following years					年均增长速度(%) Average Annual Growth Rate			
		1978	2000	2010	2012	2015	1979-2016	2001-2016	2011-2016	2013-2016
196709	203936		106.4	113.9	108.2	103.7		0.4	2.2	2.0
20467	21376		352.2	145.1	123.6	104.4		8.2	6.4	5.4
110929	113516		377.1	178.3	148.7	102.3		8.7	10.1	10.4
27355	29615		236.7	156.6	135.5	108.3		5.5	7.8	7.9
12318	13042		265.1	138.6	120.8	105.9		6.3	5.6	4.8
25201	25428		404.5	138.5	119.9	100.9		9.1	5.6	4.6
6067.10	5946.60	283.5	145.0	109.4	105.5	98.0	2.8	2.3	1.5	1.3
12.64	10.10	54.0	17.2	27.1	39.3	79.9	-1.6	-10.4	-19.6	-20.8
599.74	619.09	2562.5	157.7	114.5	108.7	103.2	8.9	2.9	2.3	2.1
28.85	28.26	94.4	102.4	98.3	92.1	98.0	-0.2	0.1	-0.3	-2.0
915.76	922.73	1958.7	253.0	115.9	106.0	100.8	8.1	6.0	2.5	1.5
955.31	899.88	174.7	62.2	86.1	95.5	94.2	1.5	-2.9	-2.5	-1.1
4376.00	4284.10	248.4	113.1	94.2	93.4	97.9	2.4	0.8	-1.0	-1.7
1926.00	1858.59	187.8	62.8	98.1	101.7	96.5	1.7	-2.9	-0.3	0.4
711.10	697.00	1527.2	134.8	109.2	102.9	98.0	7.4	1.9	1.5	0.7
8.6	8.0		1146.6	199.9	145.8	108.0		16.5	12.2	9.9
13548	11905	203.7	157.1	55.8	65.9	87.9	1.9	2.9	-9.3	-9.9
412.05	315.74	188.6	56.2	63.4	66.3	76.6	1.7	-3.5	-7.3	-9.8
2615.00	2622.50	2006.8	377.4	114.8	99.8	100.3	8.2	8.7	2.3	0.0
2903.60	2862.93	2609.3	562.6	138.0	129.2	98.6	9.0	11.4	5.5	7.9
2897.41	2849.45	5255.3	703.8	122.4	128.6	98.3	11.0	13.0	3.4	6.5
16565.00	15604.21	4422.3	419.1	135.9	105.4	94.2	10.5	9.4	5.2	1.3
52.98	58.47		7398.5	248.6	144.7	110.4		30.9	16.4	9.7
19841.85	25919.46			1178157.2	378.2	130.6			377.0	39.5
73365.96	79657.15		2415.5	220.3	152.4	108.6		22.0	14.1	11.1
4900.60	5240.61		3744.0	158.7	130.5	106.9		25.4	8.0	6.5
8047.65	8807.99		2464.9	200.2	146.6	109.4		22.2	12.3	10.0
53132.48	55784.03		1050.9	194.5	145.5	105.0		15.8	11.7	9.8
18026.91	19425.80		1585.0	316.8	118.5	231.2		18.9	21.2	4.3
126812	122342	2215.6	294.3	137.8	58.8	96.5	8.5	7.0	5.5	2.7
13068	14525	336.3	307.3	172.9	150.9	111.1	3.2	7.3	9.6	10.8
112535	106415	3360.8	288.4	134.0	53.8	94.6	9.7	6.8	5.0	1.8
192715	205385	1729.3	518.0	183.8	75.4	106.6	7.8	10.8	10.7	8.1
9802	9562	142.2	94.0	67.2	74.8	97.5	0.9	-0.4	-6.4	-7.0
172431	184255	2629.7	593.8	195.0	73.2	106.9	9.0	11.8	11.8	9.2
1317.28	2065.90	667538.1	4468.3	385.4	312.4	156.8	26.1	26.8	25.2	32.9
15740.43	17618.4	24541.5	942.3	220.1	161.4	111.9	15.6	15.0	14.1	12.7

2-3 续表 2

指 标	Item	1978	2000	2010	2012
金融业(亿元)	**Finance (100 million yuan)**				
金融机构人民币年底存款余额	Deposits of Financial Institutions	45.71	4753.41	23148.83	31970.43
金融机构人民币年底贷款余额	Loans of Financial Institutions	99.99	4356.94	15871.32	20301.72
租赁和商务服务业	**Leasing and Business Services**				
接待入境旅游者人数(万人次)	Number of Tourists (10 000 person-times)		32.50	146.84	190.77
旅游外汇收入(万美元)	Foreign Exchange Earnings from Tourism (USD 10 000)		12390	49877	61141
科学研究、技术服务和地质勘查业	**Scientific Research, Technical Services and Geologic Prospecting**				
研究与试验发展(R&D)	R&D				
经费内部支出(亿元)	Internal Expenditures on R&D (100 million yuan)		24.80	211.38	310.78
技术市场成交额(亿元)	Volume of Transaction in Technical Markets (100 million yuan)		21.16	27.69	40.21
三种专利授权量(项)	Three Types of Patent Application Granted (item)		2766	16539	26833
水利、环境和公共设施管理业	**Management of Water Conservancy, Environment and Public Facilities**				
水资源总量(亿立方米)	Total Amount of Water Resources (100 million cu.m)		669.95	534.89	265.50
环境污染治理投资总额(亿元)	Total Investment in Treatment of Environment Pollution (100 million yuan)		8.06	132.25	178.21
教育	**Education**				
专任教师数(万人)	Number of Full-time Teachers (10 000 persons)				
高等学校	Institutions of Higher Education	0.54	2.02	7.75	8.60
普通中学	Regular Secondary School	29.34	30.86	38.10	38.97
小学	Primary Schools	42.88	45.93	49.04	49.69
在校学生数(万人)	Students Enrollment (10 000 persons)				
高等学校	Institutions of Higher Education	2.73	26.24	145.67	155.90
普通中学	Regular Secondary School	521.62	638.14	661.56	646.42
小学	Primary Schools	1140.26	1130.63	1070.53	1079.20
卫生、社会保障和社会福利业	**Health, Social Security and Social Welfare**				
卫生机构床位数(万张)	Number of Beds in Health Institutions (10 000 units)	10.20	19.86	32.76	39.39
#医院、卫生院	Hospitals	9.73	18.34	30.44	36.57
卫生技术人员数(万人)	Number of Medical Technical Personnel (10 000 persons)	11.44	26.84	37.28	42.88
#医生	Doctors	4.38	11.11	15.48	16.77
文化	**Culture**				
文化产业增加值(亿元)	Value-Added of Cultural and Related Industry (100 million yuan)			367.13	670.00
图书出版总印数(万册)	Number of Books Published (10 000 copies)		35077	20150	22919
期刊出版总印数(万册)	Number of Magazines Issued (10 000 copies)		10721	8524	9566
报纸出版总印数(万份)	Number of Newspapers Issued (10 000 copies)		129104	214158	215265

注：1.本表价值量指标除邮电业务总量2001年以来为2000年不变价，1990-2000年按1990年不变价格计算，以前年度按1980年不变价格计算，其他价值量指标均按当年价格计算。(下同)。生产总值、工业增加值、邮电业务总量、在岗职工平均工资发展(增长)速度均按可比价格计算。

2.2005年以后生产总值相关数据已按新的行业划分办法和第三次经济普查数据调整(下同)。

3.1994年始财政收入为分税制后新口径数据(下同),发展(增长)速度按可比口径计算。

4.在岗职工、工资1997年及以前年度为职工口径(下同)。

5.进出口总额1992年及以后年度为海关数，其他为有关部门数(下同)。

6.2008-2012年客货运输量为公路水路运输量专项调查数据，2013年、2015年客货运输量按交通部新统计方法测算(下同)。

7.从2013年起，国家统计局开展了城乡一体化住户收支与生活状况调查，本表及以下相关表格数据来源于此调查，与2013年前的分城镇和农村住户调查的调查范围、方法和口径有所不同。

continued

2015	2016	2016年为以下各年% 2016as % of the Following years					年均增长速度(%) Average Annual Growth Rate			
		1978	2000	2010	2012	2015	1979-2016	2001-2016	2011-2016	2013-2016
47629.91	53977.62	118094.4	1135.6	233.2	168.8	113.3	20.5	16.4	15.2	14.0
31432.62	36501.17	36503.3	837.8	230.0	179.8	116.1	16.8	14.2	14.9	15.8
268.29	293.95		904.4	200.2	154.1	109.6		14.8	12.3	11.4
84948	89541.94		722.7	179.5	146.5	105.4		13.2	10.2	10.0
435.04	494.19		1992.5	233.8	159.0	113.6		20.6	15.2	12.3
45.56	59.24		279.9	213.9	147.3	130.0		6.6	13.5	10.2
47766	49145		1776.8	297.1	183.2	102.9		19.7	19.9	16.3
287.17	337.35		50.4	63.1	127.1	117.5		-4.2	-7.4	6.2
360.16	455.08		5649.5	344.1	255.4	126.4		28.7	22.9	26.4
9.80	10.27	1901.9	508.4	132.5	119.4	104.8	8.1	10.7	4.8	4.5
42.87	43.63	148.7	141.4	114.5	112.0	101.8	1.0	2.2	2.3	2.9
47.21	47.42	110.6	103.2	96.7	95.4	100.4	0.3	0.2	-0.6	-1.2
176.69	187.48	6867.4	714.5	128.7	120.3	106.1	11.8	13.1	4.3	4.7
599.12	615.43	118.0	96.4	93.0	95.2	102.7	0.4	-0.2	-1.2	-1.2
937.05	965.59	84.7	85.4	90.2	89.5	103.0	-0.4	-1.0	-1.7	-2.7
48.96	52.16	511.4	262.6	159.2	132.4	106.5	4.4	6.2	8.1	7.3
45.65	48.74	500.9	265.8	160.1	133.3	106.8	4.3	6.3	8.2	7.4
51.96	54.67	477.9	203.7	146.6	127.5	105.2	4.2	4.5	6.6	6.3
19.86	20.68	472.1	186.1	133.6	123.3	104.1	4.2	4.0	4.9	5.4
1111.87	1212.80			330.3	181.0	109.1			22.0	16.0
23224	24608		70.2	122.1	107.4	106.0		-2.2	3.4	1.8
8602	8166		76.2	95.8	85.4	94.9		-1.7	-0.7	-3.9
204783	192659		149.2	90.0	89.5	94.1		2.5	-1.7	-2.7

a) Figures in value terms in this table are Calculated at current prices, except that on the business transaction of post and telecommunications service since 2001 were calculated at 2000 constant prices. Data on 1990~2000 were calculated at 1990 constant prices.Figures on postal and telecommunication services before 1990 were calculated at 1980 constant prices, and those since 1991 were calculated at constant prices. The indices and growth rates of the follow indicators are calculated at GDP, value added of industry, Business volume of post and telecommunications, per capita income of urban and rural residents,comparable prices: wages of Fully Employed Staff and workers (the same as following tables)

b) Since 2005,the data of GDP were adjusted by New industry classification method and the third economic census (the same as following tables).

c) Total financial revenue since tax reform began to be implemented in 1994 (the same as following tables). The indices in this table are calculated at comparable prices.

d) Before 1997, data of Number and Wage of fully employed staff and workers refer to total employed persons (the same as following tables).

e) Since 1992, the data of imports and exports in foreign trade begin to be obtained from custom statistics (the same as following tables).

f) Data on passenger and freight Volume in 2008~2012 were calculated on basis of Highway and waterway traffic special investigation, Data on passenger and freight Volume since 2013 and 2015 were calculated on new statistical methods of Ministry of Communications, and data in the brakfets are original data.

g) Since 2013, the national bureau of statistics (NBS) caries out the integration of urban and rural residents income and expenditure survey and living conditions survey. Data in this table come from the data collected through a sample survey on the rural households conducted, and different from data before 2013.

2-4 国民经济和社会发展结构指标

Structural Indicators on National Economic and Social Development

单位：% (%)

指 标	Item	2000	2005	2010	2015	2016
人口	**Population**					
城乡结构	Urban and Rural Structure					
市镇	Urban	23.2	30.7	38.8	46.9	48.5
乡村	Rural	76.8	69.3	61.2	53.2	51.5
性别结构	Sexual Structure					
男	Male	51.6	51.6	51.8	51.8	51.7
女	Female	48.4	48.4	48.2	48.2	48.3
就业	**Employment**					
从业人员产业结构	Industrial Structure					
第一产业	Primary Industry	64.0	55.4	44.9	39.0	38.4
第二产业	Secondary Industry	17.5	22.1	29.0	30.8	30.6
第三产业	Tertiary Industry	18.5	22.5	26.1	30.2	31.0
国民核算	**National Accounts**					
生产总值产业结构	Industrial Structure					
第一产业	Primary Industry	23.0	17.3	13.7	11.3	10.6
第二产业	Secondary Industry	45.4	51.9	55.7	48.7	47.6
第三产业	Tertiary Industry	31.6	30.8	30.6	40.0	41.8
固定资产投资	**Investment**					
固定资产投资产业结构	Structure of Investment in Fixed Assets					
第一产业	Primary Industry			4.4	4.2	4.9
第二产业	Secondary Industry			51.1	48.6	46.6
第三产业	Tertiary Industry			44.5	47.1	48.5
#重点行业占工业投资比重	Structure of Industry Investment					
#五大主导产业	Five-Leading Industry				48.7	47.7
#传统产业	Traditional Pillar Industry				35.1	35.4
#高耗能工业	High Energy Consumable Industry				25.8	26.3
能源	**Energy Sources**					
能源生产总量结构	Structure of Energy Sources Products					
原煤	Coal	83.7	91.3	92.4	89.3	88.9
原油	Base oil	12.2	5.0	4.1	5.2	4.6
天然气	Gas	2.8	1.8	0.5	0.5	0.5
水电	Water and Electricity	1.4	1.9	3.0	5.0	6.0
财政	**Government Finance**					
一般公共预算收入结构	Structure of General Public Budget Revenue					
#各项税收	Taxes	79.1	68.0	73.6	68.1	68.4
一般公共预算支出结构	Structure of General Public Budget Expenditure					
#农林水事务	Supporting Agricultural Production and Agricultural Operating Expenses	7.7	7.4	11.7	11.6	10.8
教科文卫	Culture Education Science and Health Care	24.3	24.2	28.7	32.0	31.1
#科学技术	Science	1.5	1.2	1.3	1.2	1.3

2-4 续表 continued

单位：% (%)

指　标	Item	2000	2005	2010	2015	2016
生活	**People's Living Conditions**					
城镇居民消费结构	Consumption Structure of Urban Residents					
食品烟酒	Food, Alcohol and tobacco				28.1	28.0
衣着	Clothing				10.5	9.7
居住	Residence				19.8	20.8
生活用品及服务	Articles for Daily Use and Others				8.1	7.9
交通通信	Traffic Communication				10.9	11.0
教育文化娱乐	Education, Culture and Entertainment				11.6	11.5
医疗保健	Health Care				8.0	8.4
其他用品和服务	Others				3.1	2.7
农村居民消费结构	Consumption Structure of Rural Residents					
食品烟酒	Food, Alcohol and tobacco				29.2	28.5
衣着	Clothing				8.3	7.9
居住	Residence				20.8	20.6
生活用品及服务	Articles for Daily Use and Others				7.1	6.8
交通通信	Traffic Communication				12.3	14.1
教育文化娱乐	Education, Culture and Entertainment				10.8	11.0
医疗保健	Health Care				9.7	9.3
其他用品和服务	Others				1.7	1.7
工业	**Industry**					
增加值重点行业比重	Structure of Value-added of the Industry					
#五大主导产业	Five-Leading Industry				44.0	44.4
#传统产业	Traditional Pillar Industry				45.3	44.5
#高技术产业	High-technology Industry				8.8	8.7
运输业	**Transportation**					
货运量运输方式结构	Structure of Freight Traffic					
#铁　路	Railways	16.8	18.8	7.0	5.1	4.7
公　路	Highways	82.6	79.5	90.5	89.5	89.7
水　运	Waterways	0.6	1.7	2.4	5.4	5.6
客运量运输方式结构	Structure of Passenger Traffic					
#铁　路	Railways	5.6	6.0	5.0	10.3	11.9
公　路	Highways	94.2	93.7	94.5	88.7	87.0
水　运	Waterways	0.1	0.1	0.2	0.2	0.2
批发零售贸易、住宿和餐饮业	**Wholesale and Retail Trades, Hotels and Catering Services**					
社会消费品零售总额结构	Structure of Retail Sales of Consumer Goods					
批发零售和贸易业	Wholesale and Retail Trade	84.9	84.0	84.9	86.1	86.0
住宿和餐饮业	Hotels and Catering Services	11.7	13.9	13.8	13.9	14.0
环境	**Environment**					
工业企业污染防治投资结构	Uses of Funds in Pollution Treatment					
#治理废水	Waste Water Treatment		49.2	35.4	13.4	4.7
治理废气	Waste Gas Treatment		34.2	60.4	70.9	84.7
治理固体废物	Solid Wastes Treatment		11.7	0.7	2.4	0.2
治理噪声	Noise Abatement		0.2	0.4	0.0	0.0

2—5　国民经济和社会发展比例和效益指标
Indicators on Proportions and Efficiency in National Economic and Social Development

本表价值量指标均按当年价格计算。
The data in value terms in the table are calculated at current prices.

指　　标	Item	2000	2010	2015	2016
人口	**Population**				
出生率(‰)	Birth Rate (‰)	13.07	11.52	12.70	13.26
死亡率(‰)	Death Rate (‰)	5.93	6.57	7.05	7.11
自然增长率(‰)	Natural Growth Rate (‰)	7.14	4.95	5.65	6.15
就业	**Employment**				
城镇户均就业人口(人)	Number of Dependents per Urban Employee (person)	1.94	1.95	1.76	1.66
城镇登记失业率(%)	Registered Unemployment Rate in Urban Areas (%)	2.60	3.38	3.00	3.00
国民核算	**National Accounting**				
经济增长贡献率(%)	Contribution Rate to GDP (%)				
第一产业	Primary Industry	10.2	4.7	5.8	5.9
第二产业	Secondary Industry	62.6	68.0	53.1	43.5
第三产业	Tertiary Industry	27.2	27.2	41.1	50.7
全社会劳动生产率(元/人.年)	Overall Labor Productivity (yuan/person.year)	9377	38734	56671	60575
第一产业	Primary Industry	3382	11657	16071	16582
第二产业	Secondary Industry	24282	75442	89926	94066
第三产业	Tertiary Industry	15827	46012	76880	82602
对外经济贸易和国际旅游	**Foreign Trade and International Tourism**				
进出口总额相当于生产总值比例(%)	Proportion of Total Imports & Exports to GDP (%)	3.7	5.2	12.3	11.6
境外每一来豫游客支出(美元)	Expenditure per International Tourist in Henan (USD)	381	340	317	305
能源	**Energy**				
能源生产弹性系数	Elasticity Ratio of Energy Production		0.20		
能源消费弹性系数	Elasticity Ratio of Energy Consumption	0.77	0.68	0.14	
单位GDP能耗降低率(%)	Reduction Rate of Energy Consumption per 10 000 yuan GDP (%)		-3.53	-6.57	-7.64
单位GDP电耗降低率(%)	Reduction Rate of Electricity Consumption per 10 000 yuan GDP (%)		0.80	-8.98	-3.95
单位工业增加值能耗降低率(%)	Reduction Rate of Energy Consumption per 10 000 yuan Add-value Industry (%)		-10.75	-11.54	-10.98

2-5 续表 1 continued

指　　标	Item	2000	2010	2015	2016
财政	**Finance**				
一般公共预算收入占GDP比重(%)	Proportion of General Public Budget Revenue to GDP (%)	4.9	5.9	8.1	7.8
家庭	**Family**				
少儿抚养系数(%)	Dependency Ratio of Children (%)		29.7	30.7	31.0
老年抚养系数(%)	Dependency Ratio of the Aged (%)		11.8	13.9	14.4
生活	**Family**				
城乡居民收入比例	Proportion of Per Capita Annual Disposable				
(农民人均可支配收入为1)	Income of Urban Residents to Rural Residents				
	(Rural Residents=1)	2.40	2.90	2.36	2.33
农业	**Agriculture**				
每公顷播种面积农产量(千克)	Output of Farm Crops per Hectare of Sown Area (kg)				
粮食	Grain	4542	5582	5912	5781
棉花	Cotton	903	957	1053	1010
油料	Oil-bearing Crops	2630	3457	3747	3810
工业	**Industry**				
成本费用利润率(%)	Ratio of Profits to Industrial Cost (%)	4.5	10.2	7.2	7.0
资产负债率(%)	Assets Liability Ratio (%)	66.4	55.2	47.0	47.7
总资产贡献率(%)	Ratio of Total Assets to Industrial Output Value (%)	8.6	22.4	13.9	13.1
产品销售率(%)	Proportion of Products Sold (%)	98.0	98.7	98.2	97.9
劳动生产率(元/人)	Overall Labor Productivity (yuan/person)	33643	206596	229637	232740
建筑业	**Construction**				
劳动生产率(元/人)	Overall Labor Productivity (yuan/person)		183639	287604	322917
技术装备率(元/人)	Value of Machinery per Laborer (yuan/person)	5302	10173	13294	12652

2-5 续表 2 continued

指 标	Item	2000	2010	2015	2016
金融	**Financial**				
金融机构存款相当于	Bank Deposits as Percentage of				
生产总值比例（%）	GDP (%)	94.1	99.7	127.8	133.4
金融机构贷贷比	Bank Loans as Percentage of Deposits				
（存款=100）	(Deposits=100)	91.7	68.6	66.0	67.6
科技	**Science and Technology**				
研究与试验发展经费内部支出	Proportion of R&D Expenditure to GDP (%)				
与国内生产总值之比(%)		0.5	0.91	1.17	1.22
教育	**Education**				
小学学龄儿童净入学率(%)	Rate of School-age Children Enrollment (%)	99.8	99.9	100.0	100.0
初中毕业生升学率(%)	Rate of Graduates of Junior Secondary				
	Schools Entering Senior Secondary Schools (%)	41.4	79.5	90.0	87.7
高中阶段毛入学率(%)	The Gross enrollment rate of Senior Secondary School (%)			90.3	90.4
九年义务教育巩固率	Percentage of Student Enrollment Consolidated of Nine-year				
	Compulsory Education			94.0	94.1
高中阶段毛入学率	The Gross enrollment rate of higher stage			90.3	90.4
高中升学率	Promotion Rate from Senior Secondary Schools to Higher Education			81.2	84.4
高等教育毛入学率	The Gross enrollment rate of higher education			36.5	38.8
每万人拥有大学生	Number of University Students per 10 000 Persons				
(含研究生)(人)	(Include Postgraduates) (person)	28	149	228	234
卫生	**Health Care**				
每万人拥有卫生机构	Number of Hospital Beds per 10 000				
院床位(张)	Persons (unit)	20.9	34.8	51.6	54.7
每万人拥有执业医师(人)	Number of Doctors per 10 000 Persons (person)	11.7	16.5	21.0	21.7

2-6 按三次产业分的基本单位数及构成

Institutional Units and Composition By Industry

年 份 Year	单位数 (个) Number of Enteprised (unit)	第一产业 Primary Industry		第二产业 Secondary Industry		第三产业 Tertiary Industry	
		绝对数 Value	构成(%) Composition (%)	绝对数 Value	构成(%) Composition (%)	绝对数 Value	构成(%) Composition (%)
法人单位 Institutional Units							
2000	225806	5035	2.2	90865	40.3	129906	57.5
2001	267883	4782	1.8	88965	33.2	174136	65.0
2002	266230	4604	1.7	87495	32.9	174131	65.4
2003	272024	10803	4.0	89839	33.0	171382	63.0
2004	277950	8660	3.1	91370	32.9	177920	64.0
2005	286207	8334	2.9	97446	34.1	180427	63.0
2006	305722	8600	2.8	106732	34.9	190390	62.3
2007	322828	9570	3.0	114560	35.5	198698	61.5
2008	362427	11406	3.1	123219	34.0	227802	62.9
2009	379992	13022	3.4	128949	33.9	238021	62.6
2010	400767	14317	3.6	136646	34.1	249804	62.3
2011	412772	15179	3.7	139539	33.8	258054	62.5
2012	426534	15923	3.7	142556	33.4	268055	62.9
2013	511887	10713	2.1	121078	23.7	380096	74.2
2014	623773	34473	5.5	139985	22.4	449315	72.1
2015	763212	45042	5.9	158963	20.8	559207	73.3
2016	816779	46778	5.7	149863	18.4	620138	75.9
产业活动单位 Establishments Units							
2000	336330	5755	1.7	97001	28.8	233574	69.5
2001	374810	5386	1.5	94602	25.2	274822	73.3
2002	371791	5159	1.4	92909	25.0	273723	73.6
2003	374699	13518	3.6	94607	25.3	266574	71.1
2004	383093	10811	2.8	96284	25.1	275998	72.1
2005	387463	9924	2.6	101636	26.2	275903	71.2
2006	403819	10054	2.5	110784	27.4	282981	70.1
2007	421567	10957	2.6	118568	28.1	292042	69.3
2008	453789	12071	2.7	126048	27.8	315670	69.6
2009	471512	13655	2.9	131829	28.0	326028	69.1
2010	492300	14941	3.1	139509	28.3	337850	68.6
2011	503248	15806	3.1	142386	28.3	345056	68.6
2012	517217	16540	3.2	145425	28.1	355252	68.7
2013	587177	10922	1.9	123681	21.1	452574	77.0
2014	724050	34770	4.8	144347	19.9	544933	75.3
2015	861422	45342	5.3	163283	18.9	652797	75.8
2016	912907	47073	5.2	153299	16.8	712535	78.0

2-7 分行业法人单位数

Number of Institutional Unit by City

单位：个 (unit)

年份 Year	合计 Total	农林牧渔业 Agriculture, Forestry, Animal Husbandry and Fishery	采矿业 Mining	制造业 Manufacturing	电力、燃气及水的生产和供应业 Production and Supply of Electricity,Gas and Water	建筑业 Construction	交通运输仓储及邮政业 Transport, Storage and Post	信息传输、软件和信息技术服务业 Information Transmission, Software and Information Technology	批发和零售业 Wholesale and Retail Trade	住宿和餐饮业 Hotels and Catering Services
2003	272024	10803	5893	77783	794	5369	2471	1486	26052	4666
2004	277950	8660	6853	77694	938	5885	2462	1699	27384	4402
2005	286207	8334	7482	82822	946	6196	2430	1704	28669	4546
2006	305722	8600	7800	90965	1025	6942	2652	2156	33862	5181
2007	322828	9570	7893	97862	1090	7715	2882	2497	37450	5882
2008	362427	11406	7454	105315	1367	9083	4885	4631	47472	8809
2009	379992	13022	7774	109908	1450	9817	5300	4892	52698	9092
2010	400767	14317	7955	115652	1556	11483	5787	5267	58780	8240
2011	412772	15179	7951	117629	1605	12354	6112	5564	63176	8411
2012	426534	15923	7882	119770	1629	13275	6319	6451	67778	8688
2013	511887	10713	5741	100313	2181	12843	9409	4809	99916	11136
2014	623773	45427	6353	116185	2402	15511	11185	6306	118451	12223
2015	763212	57525	6487	127692	2892	22490	14401	11964	172393	14547
2016	816779	58830	4761	110992	2778	32006	16364	18203	206121	12911

年份 Year	金融业 Finance	房地产业 Real estate	租赁和商务服务业 Leasing and Business Services	科学研究和技术服务业 Scientific Research and Technical Service	水利、环境和公共设施管理业 Management of Water Conservancy, Environment and Public Facilities	居民服务、修理和其他服务业 Resident Services, Repair and Other Services	教育 Education	卫生和社会工作 Health and Social Work	文化、体育和娱乐业 Culture, Sports and Entertainment	公共管理、社会保障和社会组织 Public Management, Social Security and Social Organization
2003	3248	2455	4952	4366	2193	1370	14180	25428	3445	75070
2004	1907	3467	5759	4038	1913	1813	16623	29686	2542	74225
2005	1679	3610	6468	4189	1942	1920	16705	29715	2599	74251
2006	1755	4210	7820	4341	1915	2298	16917	29660	2685	74938
2007	1796	5111	8620	4527	1979	2556	17127	30031	2814	75426
2008	1076	6765	9821	5266	2206	3700	22536	26057	3492	81086
2009	1368	7464	11318	5577	2323	4173	22751	26114	3607	81344
2010	1695	9328	13304	6221	2418	4448	22900	26174	3751	81491
2011	1983	10550	15093	6574	2510	4568	22940	25221	3876	81476
2012	2034	11420	16400	7053	2604	4814	23074	25239	4608	81573
2013	1369	14387	22923	24110	4033	6898	40079	34020	13048	93959
2014	3226	17160	29737	27150	4614	8029	42309	37933	15757	103815
2015	4159	22377	45465	36962	6094	11089	44940	38881	17609	105245
2016	4891	27501	57916	39894	7072	13368	45623	36862	15552	105134

2-8 各市按三次产业和机构类型分法人单位数(2016年)

Number of Institutional Unit by orgniztion type and City (2016)

单位：个 (unit)

市(县)	City(County)	合计 Total	第一产业 Primary Industry	第二产业 Secondary Industry	第三产业 Tertiary Industry	企业法人 Business Entity	事业法人 Institution Entity	机关法人 Government Entity	社会团体 Social Organization	其他 Others
全省	**Total**	**816779**	**46778**	**149863**	**620138**	**580619**	**66825**	**14465**	**8342**	**146528**
省辖市	**City**									
郑州市	Zhengzhou	163689	2626	22858	138205	146371	4485	1129	1009	10695
开封市	Kaifeng	25527	961	5178	19388	16526	2753	769	367	5112
洛阳市	Luoyang	68764	4275	14288	50201	48974	6509	1210	736	11335
平顶山市	Pingdingshan	28108	1779	4031	22298	19349	1955	816	361	5627
安阳市	Anyang	29860	1297	6483	22080	21026	2308	751	325	5450
鹤壁市	Hebi	17252	1444	3645	12163	12507	1139	386	290	2930
新乡市	Xinxiang	46668	3213	10781	32674	31070	3719	1001	517	10361
焦作市	Jiaozuo	28971	1800	7485	19686	19358	2908	768	360	5577
濮阳市	Puyang	31063	2182	5699	23182	20570	3250	693	415	6135
许昌市	Xuchang	56861	2213	13681	40967	44147	2366	484	390	9474
漯河市	Luohe	15297	784	2928	11585	9423	1792	435	175	3472
三门峡市	Sanmenxia	24326	1649	3593	19084	17146	2463	567	505	3645
南阳市	Nanyang	68555	5095	9827	53633	44151	7984	1146	735	14539
商丘市	Shangqiu	41892	2369	7900	31623	28321	5053	881	395	7242
信阳市	Xinyang	30573	2890	4699	22984	17240	3933	857	387	8156
周口市	Zhoukou	32238	2099	6211	23928	19319	3281	764	193	8681
驻马店市	Zhumadian	38842	4205	6739	27898	25824	4214	778	431	7595
济源市	Jiyuan	9216	340	1485	7391	6604	415	99	117	1981
省直管县	**County Directly Administrated by Province**									
巩义市	Gongyi	7987	232	3268	4487	6051	464	101	60	1311
兰考县	Lankao	5933	172	1861	3900	4249	431	73	29	1151
汝州市	Ruzhou	5422	417	901	4104	2918	835	107	37	1525
滑县	Huaxian	6120	913	1132	4075	2839	505	72	36	2668
长垣县	Changyuan	7330	283	2057	4990	4943	554	99	98	1636
邓州市	Dengzhou	6538	1003	676	4859	2578	1252	80	37	2591
永城市	Yongcheng	6457	561	659	5237	2967	425	95	99	2871
固始县	Gushi	5295	720	768	3807	2647	557	96	54	1941
鹿邑县	Luyi	4251	873	448	2930	1080	786	122	153	2110
新蔡县	Xincai	3744	383	582	2779	2421	489	86	31	717

2-9 各市分行业法人单位数(2016年)

单位：个

市(县)	City(County)	合计 Total	农林牧渔业 Agriculture Forestry, Animal Husbandry and Fishery	采矿业 Mining	制造业 Manufacturing	电力、燃气及水的生产和供应业 Production and Supply of Electricity,Gas and Water	建筑业 Construction	交通运输仓储及邮政业 Transport, Storage and Post	信息传输、软件和信息技术服务业 Information Transmission, Software and Information Technology Services
全省	**Total**	**816779**	**58830**	**4761**	**110992**	**2778**	**32006**	**16364**	**18203**
省辖市	**City**								
郑州市	Zhengzhou	163689	3200	398	12276	179	10112	2748	8972
开封市	Kaifeng	25527	1073	2	4101	74	1014	517	328
洛阳市	Luoyang	68764	4954	958	10529	323	2560	1160	1852
平顶山市	Pingdingshan	28108	2098	364	2655	143	906	559	378
安阳市	Anyang	29860	1620	263	4417	179	1655	737	428
鹤壁市	Hebi	17252	1669	61	2715	101	790	358	257
新乡市	Xinxiang	46668	4412	79	8996	163	1602	924	759
焦作市	Jiaozuo	28971	2368	195	6400	118	791	846	371
濮阳市	Puyang	31063	2564	53	4212	138	1365	799	497
许昌市	Xuchang	56861	3269	295	11587	116	1717	857	769
漯河市	Luohe	15297	1096	2	2352	48	533	470	179
三门峡市	Sanmenxia	24326	1809	636	1991	181	815	715	319
南阳市	Nanyang	68555	6495	553	7597	221	1497	1215	816
商丘市	Shangqiu	41892	2902	7	6319	132	1456	1148	547
信阳市	Xinyang	30573	4752	245	3198	157	1115	547	403
周口市	Zhoukou	32238	2453	2	5141	129	958	717	281
驻马店市	Zhumadian	38842	5061	279	4943	128	1414	817	511
济源市	Jiyuan	9216	562	80	1043	53	318	196	212
省直管县	**County Directly Administrated by Province**								
巩义市	Gongyi	7987	259	61	3042	50	129	166	61
兰考县	Lankao	5933	220	3	1693	16	153	123	30
汝州市	Ruzhou	5422	536	185	611	26	82	92	17
滑县	Huaxian	6120	1086	1	971	14	148	78	25
长垣县	Changyuan	7330	309		1617	12	437	103	64
邓州市	Dengzhou	6538	1230	2	542	28	107	63	20
永城市	Yongcheng	6457	696	11	513	15	122	164	19
固始县	Gushi	5295	791	23	612	21	114	115	51
鹿邑县	Luyi	4251	913		417	7	24	48	11
新蔡县	Xincai	3744	433	3	502	6	72	82	26

Number of Institutional Unit by Sector and City (2016)

(unit)

批发和零售业 Whole-sale and Retail Trade	住宿和餐饮业 Hotels and Catering Services	金融业 Fina-nce	房地产业 Real Estate	租赁和商务服务业 Leasing and Business Services	科学研究和技术服务业 Scientific Research, and Technical Service	水利、环境和公共设施管理业 Management of Water Conservancy, Environment and Public Facilities	居民服务、修理和其他服务业 Resident Services, Repair and Other Services	教育 Education	卫生和社会工作 Health and Social Work	文化、体育和娱乐业 Culture, Sports and Enterta-inment	公共管理、社会保障和社会组织 Public Management, Social Security and Social Organization
206121	**12911**	**4891**	**27501**	**57916**	**39894**	**7072**	**13368**	**45623**	**36862**	**15552**	**105134**
59511	2387	938	7845	25441	7952	903	2914	4216	3534	2636	7527
5030	599	149	923	1741	1815	136	348	1665	1119	913	3980
15799	1192	390	2215	4438	3059	813	1079	3897	3927	1482	8137
7904	613	131	1128	1410	932	299	484	1454	1551	679	4420
7586	471	200	815	1721	932	286	658	1575	1214	489	4614
3936	267	86	620	1403	538	200	283	763	773	218	2214
9744	511	290	1381	1942	2723	363	828	2980	2199	574	6198
6057	317	166	735	1100	1008	236	455	1595	1277	462	4474
6879	344	237	931	1519	1467	224	758	2333	1031	522	5190
16490	826	315	1318	2434	3229	747	784	2395	3306	1376	5031
2905	290	171	581	928	514	142	212	986	773	149	2966
7181	460	112	676	1593	789	347	518	898	1087	541	3658
17719	1281	311	1487	3767	3562	541	1002	5122	4239	1634	9496
8824	617	312	1655	2082	1417	255	683	4042	1738	756	7000
4599	578	343	1373	1464	1344	333	392	1254	1482	577	6417
5107	629	166	705	773	3676	142	387	2509	1330	425	6708
8281	721	205	1549	1711	2889	297	630	2225	1123	665	5393
2614	91	75	236	594	368	442	205	358	595	200	974
1697	84	20	133	173	114	62	111	282	333	455	755
1087	74	26	142	288	367	22	94	413	119	248	815
971	40	17	89	121	301	55	60	788	483	71	877
924	45	20	102	335	154	19	62	475	105	42	1514
1648	75	25	162	224	147	46	87	752	542	109	971
835	87	21	145	162	90	40	84	967	803	108	1204
882	75	47	238	222	315	30	60	467	883	74	1624
764	89	59	148	177	87	52	51	257	724	38	1122
225	37	35	57	77	52	28	42	635	509	48	1086
922	111	24	112	76	53	12	97	320	63	61	769

2-10 各市按登记注册类型分企业法人单位数(2016年)

单位：个

市(县) City(County)	企业单位数 Number of Enterprises	内资企业 Domestic Funded Enterprises	#国有企业 State-owned Enterprises	#集体企业 Collective-owned Enterprises	#股份合作企业 Cooperative Enterprises
全　　省 Total	**580619**	**578927**	**6368**	**5044**	**2206**
省　辖　市 City					
郑　州　市 Zhengzhou	146371	145764	821	529	320
开　封　市 Kaifeng	16526	16449	250	292	82
洛　阳　市 Luoyang	48974	48837	597	487	157
平 顶 山 市 Pingdingshan	19349	19294	315	239	91
安　阳　市 Anyang	21026	20973	255	243	77
鹤　壁　市 Hebi	12507	12483	91	158	43
新　乡　市 Xinxiang	31070	30948	386	388	143
焦　作　市 Jiaozuo	19358	19296	263	180	139
濮　阳　市 Puyang	20570	20517	274	155	307
许　昌　市 Xuchang	44147	44090	148	136	34
漯　河　市 Luohe	9423	9375	152	105	52
三 门 峡 市 Sanmenxia	17146	17111	278	335	63
南　阳　市 Nanyang	44151	44060	553	485	160
商　丘　市 Shangqiu	28321	28273	373	233	115
信　阳　市 Xinyang	17240	17205	473	250	84
周　口　市 Zhoukou	19319	19275	350	169	73
驻 马 店 市 Zhumadian	25824	25769	336	249	101
济　源　市 Jiyuan	6604	6581	55	49	18
省 直 管 县 County Directly Administrated by Province					
巩　义　市 Gongyi	6051	6035	38	91	18
兰　考　县 Lankao	4249	4237	34	21	1
汝　州　市 Ruzhou	2918	2911	36	34	22
滑　　县 Huaxian	2839	2832	31	47	18
长　垣　县 Changyuan	4943	4937	23	20	16
邓　州　市 Dengzhou	2578	2572	107	41	8
永　城　市 Yongcheng	2967	2959	36	28	18
固　始　县 Gushi	2647	2645	40	53	2
鹿　邑　县 Luyi	1080	1079	28	17	5
新　蔡　县 Xincai	2421	2420	25	10	39

Number of Business Entities by City and Status of Registration (2016)

(unit)

#联 营 Joint Ownership	#有限责任公司 Limited Liability Corporations	#股份有限公司 Share-holding Corporations Ltd.	#私 营 Private	#其他内资 Others	港、澳、台商投资企业 Enterprises with Funds from Hong Kong, Macao and Taiwan	外商投资企业 Enterprises with Foreign Investment
1365	**222279**	**10650**	**255194**	**75821**	**878**	**814**
140	82951	1734	50347	8922	309	298
98	5859	463	7089	2316	42	35
116	14454	803	27520	4703	72	65
48	7693	426	8323	2159	21	34
39	8648	363	8315	3033	25	28
35	6708	148	3736	1564	13	11
157	8581	620	14993	5680	55	67
55	6494	454	7730	3981	28	34
47	9493	832	6053	3356	27	26
66	13503	418	24147	5638	29	28
35	3117	272	4007	1635	18	30
25	3130	270	11525	1485	16	19
118	8818	660	25298	7968	59	32
79	7913	485	14271	4804	28	20
49	4455	680	8631	2583	22	13
60	4081	715	8122	5705	26	18
77	11406	437	8383	4780	31	24
11	3675	108	2279	386	12	11
15	2575	91	2305	902	11	5
8	905	71	2673	524	7	5
4	854	28	1402	531	5	2
9	894	55	1093	685	5	2
9	2762	139	1137	831	6	
40	905	37	1082	352	5	1
5	370	43	1930	529	4	4
10	907	34	1341	258		2
8	579	27	250	165	1	
2	549	237	1212	346	1	

2-11 “三上”法人单位数(2016年底)

Number of Institutional Unit of industry, construction, wholesale and retail trades, hotels and catering enterprises above designated size (end of 2016)

单位：个 (unit)

市(县) City(County)	合 计 Total	工 业 Industry	建筑业 Construction	批发和零售业 Wholesale and retail trade	住宿和餐饮业 Hotels and Catering Services	房地产业 Real estate	重点服务业 Key Services
全 省 Total	**61623**	**23665**	**7012**	**12217**	**2870**	**6687**	**9172**
省 辖 市 City							
郑 州 市 Zhengzhou	9605	2390	1967	1917	427	1200	1704
开 封 市 Kaifeng	2805	1103	280	586	171	264	401
洛 阳 市 Luoyang	4656	1915	572	879	239	531	520
平 顶 山 市 Pingdingshan	2422	701	326	461	185	422	327
安 阳 市 Anyang	2067	895	335	324	67	268	178
鹤 壁 市 Hebi	1138	562	130	158	49	145	94
新 乡 市 Xinxiang	2629	1102	388	448	82	390	219
焦 作 市 Jiaozuo	2837	1335	264	550	75	281	332
濮 阳 市 Puyang	2485	1010	319	458	56	192	450
许 昌 市 Xuchang	4022	1717	154	871	204	400	676
漯 河 市 Luohe	1387	676	106	261	86	143	115
三 门 峡 市 Sanmenxia	1561	618	179	325	62	174	203
南 阳 市 Nanyang	5646	2305	454	1442	340	476	629
商 丘 市 Shangqiu	3097	1160	210	713	107	400	507
信 阳 市 Xinyang	2943	1084	258	515	179	360	547
周 口 市 Zhoukou	2687	1147	241	433	131	231	504
驻 马 店 市 Zhumadian	3459	1511	256	619	170	344	559
济 源 市 Jiyuan	696	258	109	104	13	82	130
省 直 管 县 County Directly Administrated by Province							
巩 义 市 Gongyi	837	506	34	97	21	40	139
兰 考 县 Lankao	613	240	23	153	22	39	136
汝 州 市 Ruzhou	671	197	18	214	9	27	206
滑 县 Huaxian	443	224	52	82	8	32	45
长 垣 县 Changyuan	583	152	187	89	21	54	80
邓 州 市 Dengzhou	406	160	37	106	22	37	44
永 城 市 Yongcheng	461	198	41	77	26	54	65
固 始 县 Gushi	592	210	39	161	48	39	95
鹿 邑 县 Luyi	471	135	19	89	20	27	181
新 蔡 县 Xincai	404	154	14	85	30	35	86

2-12 航空港主要经济指标

Main Economic Indicators of Zhengzhou Airport

指　　标	Item	2015		2016	
		绝对数 Absolute value	增长速度(%) Growth Rate (%)	绝对数 Absolute value	增长速度(%) Growth Rate (%)
生产总值(亿元)	Gross Domestic Product (100 million yuan)	520.75	22.5	622.55	13.0
第一产业	Primary Industry	11.80	-5.5	12.20	-7.5
第二产业	Secondary Industry	439.73	24.0	491.11	12.8
#工业	Industry	436.15	24.1	487.17	12.8
第三产业	Tertiary Industry	69.22	17.8	119.24	16.4
规模以上工业增加值(亿元)	value-added of Industrial Above Designated Size (100 million yuan)		26.0		13.7
固定资产投资(亿元)	Investment in Fixed Assets	521.75	30.2	618.96	18.6
#民间投资	Civilian	218.69	110.9	115.30	-47.3
#工业	Industry	117.08	46.3	230.37	96.8
#房地产开发	Real Estate	109.86	-27.6	168.41	53.3
社会消费品零售总额(亿元)	Total Retail Sales of Consumer Goods (100 million yuan)	83.01	14.7	94.64	14.0
#限上企业(单位)消费品零售额	above Designated Size	5.01	4.5	5.90	-1.3
进出口总值(亿美元)	Total Value of Imports and Exports (USD 100 million)	483.31	27.5	461.94	-4.4
出口总值	Total Exports				
进口总值	Total Imports				
外商实际投资额(亿美元)	Actually Amount of Foreign Investment(USD 100 million)	5.05	-12.9	5.34	5.7
引进省外境内资金(亿元)	Domestic Capital from other Provinces(100 million yuan)	41.44	13.5	44.85	8.2
一般公共预算收入(亿元)	General Public Budget Revenue of the Local Government (100 million yuan)	29.50	39.4	32.96	18.3
#税收收入	Tax Revenue	21.23	16.3	23.19	18.4
一般公共预算支出(亿元)	Genenral Public Budget Expenditure of the Local Government (100 million yuan)	86.64	38.5	64.47	-27.2
民航旅客吞吐量(万人次)	Passenger Throughput of Civil Aviation (10 000 person-time)	1729.74	9.4	2076.32	20.0
民航货邮吞吐量(万吨)	Freight Throughput of Civil Aviation (10 000 tons)	40.33	8.9	45.67	13.2
航空运输飞行架次(万架次)	Air Transport Flight Vehicles (10 000 vehicles)	15.39	4.6	17.75	15.3

2-13 产业集聚区主要指标(2016年)
Main indicators of Industry Gathering Area (2016)

单位：亿元 (100 million yuan)

名 称	规模以上工业从业人员期末人数(人) Number of Employed Persons (persons)	规模以上工业主营业务收入 Revenue from Principal Business	固定资产投资完成额 Investment in Fixed Assets
产业集聚区合计	**4781826**	**51567.29**	**20868.36**
郑州高新技术产业集聚区	42004	346.01	350.52
郑州经济技术产业集聚区	76921	1136.71	389.07
郑州航空港产业集聚区	282445	2665.81	628.45
郑州市白沙产业集聚区	5066	25.67	159.37
郑州市中牟汽车产业集聚区	28005	319.90	165.19
郑州上街装备产业集聚区	6409	162.75	25.30
郑州马寨产业集聚区	14032	158.64	36.44
巩义市产业集聚区	27595	632.80	94.35
巩义市豫联产业集聚区	23771	362.28	94.28
新郑新港产业集聚区	26056	366.72	119.88
新密市产业集聚区	24573	319.36	145.77
登封市产业集聚区	16576	219.17	92.11
荥阳市产业集聚区	29045	399.57	106.20
开封汴西产业集聚区	24885	259.37	242.94
开封黄龙产业集聚区	86463	344.23	146.00
开封汴东产业集聚区	7953	62.94	27.69
尉氏县产业集聚区	74340	594.80	231.77
杞县产业集聚区	42412	272.58	149.69
开封市精细化工产业集聚区	10995	99.67	33.12
通许县产业集聚区	30470	232.30	127.82
兰考县产业集聚区	36876	282.45	130.34
洛阳高新技术产业集聚区	27142	277.67	113.33
洛阳工业产业集聚区	12008	206.93	56.80
洛阳经济技术产业集聚区	772	10.43	31.37
洛阳市伊滨产业集聚区	16562	162.83	117.87
洛阳市洛龙产业集聚区	21559	135.78	127.67
洛阳市洛新产业集聚区	25424	441.67	134.68
洛阳市石化产业集聚区	6547	305.66	29.86
洛阳市先进制造业集聚区	29041	382.81	98.58
洛宁县产业集聚区	31610	269.75	102.48
宜阳县产业集聚区	30534	275.39	165.45
新安县产业集聚区	31365	617.70	164.33
栾川县产业集聚区	9138	111.80	129.43
孟津县华阳产业集聚区	22145	250.32	146.40
汝阳县产业集聚区	13899	67.71	87.51
嵩县产业集聚区	8539	103.67	86.78
伊川县产业集聚区	19962	336.65	150.37
偃师市产业集聚区	41347	512.48	143.63
洛阳空港产业集聚区	8754	205.28	86.80
平顶山高新技术产业集聚区	13889	247.50	37.72
平顶山平新产业集聚区	6920	21.89	51.51
平顶山化工产业集聚区	8042	121.16	76.03

2-13 续表 1　　continued

单位：亿元　　(100 million yuan)

名　称	规模以上工业从业人员期末人数(人) Number of Employed Persons (persons)	规模以上工业主营业务收入 Revenue from Principal Business	固定资产投资完成额 Investment in Fixed Assets
平顶山市石龙产业集聚区	4541	54.13	8.65
郏县产业集聚区	28053	187.83	87.46
汝州市产业集聚区	20940	213.85	78.37
叶县产业集聚区	9504	190.72	96.09
宝丰县产业集聚区	19452	151.46	83.32
舞钢市产业集聚区	22759	194.88	62.12
鲁山县产业集聚区	7262	76.64	60.15
安阳高新技术产业集聚区	18029	139.57	162.08
安阳市产业集聚区	3913	128.17	57.72
安阳市纺织产业集聚区	1381	17.10	38.61
安阳县产业集聚区	15979	233.41	59.53
滑县产业集聚区	15809	157.54	85.07
林州市产业集聚区	48800	699.67	309.36
汤阴县产业集聚区	21238	381.56	93.05
内黄县产业集聚区	23024	239.45	72.94
鹤壁市鹤淇产业集聚区	38428	334.14	100.11
鹤壁市宝山循环经济产业集聚区	45766	309.50	122.00
鹤壁市金山产业集聚区	17028	267.16	154.33
浚县产业集聚区	39001	301.45	94.33
新乡高新技术产业集聚区	31532	387.93	49.38
新乡工业产业集聚区	29929	395.48	181.43
新乡经济技术集聚区	35178	385.50	72.08
新乡电源产业集聚区	12031	163.29	74.01
新乡市新东产业集聚区	5187	36.06	53.77
长垣县产业集聚区	29759	440.31	131.50
原阳县产业集聚区	17022	135.06	109.50
获嘉县产业集聚区	17969	174.95	74.69
封丘县产业集聚区	4468	65.66	53.77
卫辉市产业集聚区	4713	44.81	50.57
延津县产业集聚区	16442	234.12	55.01
辉县市产业集聚区	34555	465.03	63.45
焦作经济技术产业集聚区	36763	365.44	163.83
焦作市工业产业集聚区	27238	229.25	72.85
武陟县产业集聚区	75496	699.32	290.53
温县产业集聚区	47942	551.66	228.77
孟州市产业集聚区	79875	805.65	316.63
沁阳市沁北产业集聚区	45406	780.04	296.77
修武县产业集聚区	21866	304.13	114.27
博爱县产业集聚区	24987	451.93	174.59
濮阳经济技术产业集聚区	12342	216.12	80.61
濮阳市产业集聚区	3910	82.07	89.42
濮阳市濮东产业集聚区	27538	193.02	118.28

2-13 续表 2　　continued

单位：亿元　　(100 million yuan)

名　称	规模以上工业从业人员期末人数(人) Number of Employed Persons (persons)	规模以上工业主营业务收入 Revenue from Principal Business	固定资产投资完成额 Investment in Fixed Assets
南乐县产业集聚区	12208	221.99	131.98
清丰县产业集聚区	21657	283.63	206.16
台前县产业集聚区	8469	106.88	53.15
濮阳县产业集聚区	18002	270.77	199.92
范县产业集聚区	16928	437.62	105.60
濮阳市化工产业集聚区	8449	184.07	35.54
许昌经济技术产业集聚区	17120	188.25	82.60
许昌魏都产业集聚区	17673	235.84	137.40
许昌尚集产业集聚区	39840	342.12	166.71
中原电气谷核心区	7924	157.16	85.93
长葛市产业集聚区	89285	1091.62	276.51
鄢陵县产业集聚区	34165	451.87	149.16
襄城县产业集聚区	21043	213.97	180.17
禹州市产业集聚区	77682	832.40	232.74
长葛市大周再生金属循环产业集聚区	28016	621.89	63.17
襄城县循环经济产业集聚区	15366	302.76	29.35
漯河经济技术产业集聚区	45760	884.69	149.80
漯河市沙澧产业集聚区	28878	236.53	119.04
漯河市东城产业集聚区	42324	298.98	100.05
漯河淞江产业集聚区	25543	281.27	123.01
舞阳县产业集聚区	36628	392.90	144.22
临颍县产业集聚区	27661	421.65	200.83
三门峡经济技术产业集聚区	2752	68.96	24.45
三门峡产业集聚区	12560	490.75	191.19
义马市煤化工产业集聚区	58119	416.87	101.84
卢氏县产业集聚区	3937	44.04	35.75
渑池县产业集聚区	21884	333.69	191.17
灵宝市产业集聚区	32020	552.27	168.06
陕县产业集聚区	6007	52.83	75.55
南阳高新技术产业集聚区	16189	91.48	109.20
南阳市新能源产业集聚区	23716	162.07	125.14
南阳光电产业集聚区	12498	95.83	114.47
邓州市产业集聚区	28865	268.53	139.38
新野县产业集聚区	33902	348.15	164.91
淅川县产业集聚区	26099	339.16	156.57
内乡县产业集聚区	25150	236.02	156.03
唐河县产业集聚区	38276	239.37	132.61
桐柏县产业集聚区	8657	96.79	115.38
镇平县产业集聚区	25938	197.59	130.92
西峡县产业集聚区	46886	411.66	175.19
社旗县产业集聚区	19993	175.18	117.74
南召县产业集聚区	7082	79.87	73.44
方城县产业集聚区	8535	92.51	88.64
南阳化工产业集聚区	15686	50.69	17.18
商丘经济技术产业集聚区	17264	101.72	126.42
豫东综合物流集聚区	1825	9.52	33.22
商丘市梁园产业集聚区	20070	209.49	103.95
商丘市睢阳产业集聚区	38966	235.46	133.07
永城市产业集聚区	49489	519.45	183.12

2-13 续表 3 continued

单位：亿元 (100 million yuan)

名 称	规模以上工业从业人员期末人数(人) Number of Employed Persons (persons)	规模以上工业主营业务收入 Revenue from Principal Business	固定资产投资完成额 Investment in Fixed Assets
民权县产业集聚区	30998	327.08	175.02
夏邑县产业集聚区	55278	323.06	165.42
虞城县产业集聚区	44650	445.30	165.16
柘城县产业集聚区	29120	235.55	109.71
宁陵县产业集聚区	18428	204.96	73.04
睢县产业集聚区	47832	198.73	169.20
信阳市产业集聚区	7314	91.45	93.94
潢川经济技术产业集聚区	9532	61.63	33.05
信阳市平桥产业集聚区	28650	174.67	52.68
信阳市上天梯产业集聚区	25446	115.96	58.71
信阳金牛物流产业集聚区	9384	131.37	58.28
信阳明港产业集聚区	21725	211.05	33.29
固始县史河湾产业集聚区	11168	72.05	77.80
固始县产业集聚区	14990	105.79	94.16
光山县官渡河产业集聚区	32072	201.55	75.25
新县产业集聚区	26237	167.74	65.08
罗山县产业集聚区	27189	164.86	100.67
淮滨县产业集聚区	34216	193.36	95.35
商城县产业集聚区	16768	157.82	88.65
潢川县产业集聚区	19171	143.28	110.58
息县产业集聚区	25140	179.00	86.98
周口经济技术产业集聚区	17367	285.48	52.51
周口市川汇产业集聚区	9434	99.85	47.60
项城市产业集聚区	38942	422.12	114.33
淮阳县产业集聚区	23310	305.95	74.17
扶沟县产业集聚区	19058	267.02	94.23
鹿邑县产业集聚区	28699	335.08	150.78
郸城县产业集聚区	39291	411.29	86.91
西华县产业集聚区	19127	233.90	68.03
沈丘县产业集聚区	37349	451.67	149.09
太康县产业集聚区	43370	389.40	115.39
商水县产业集聚区	36967	317.23	100.43
驻马店经济技术产业集聚区	1191	18.04	29.35
驻马店装备产业集聚区	19337	161.09	102.85
驻马店市产业集聚区	22687	318.74	72.02
遂平县产业集聚区	27966	264.79	124.01
新蔡县产业集聚区	18055	150.87	81.84
正阳县产业集聚区	20764	140.71	75.45
汝南县产业集聚区	24042	215.98	66.31
西平县产业集聚区	19091	157.50	66.26
泌阳县产业集聚区	44436	327.02	107.73
平舆县产业集聚区	29146	360.90	84.43
确山县产业集聚区	17961	155.93	88.65
上蔡县产业集聚区	35913	270.71	113.83
济源市高新技术产业集聚区	4361	74.03	50.86
济源市玉川产业集聚区	16660	389.31	89.59
济源市虎岭产业集聚区	43862	543.69	146.16

2-14　商务中心区主要指标(2016年)

Main Indicators of Central Business District (2016)

名　称	规划面积 (万平方米) Planning Area (10 000 sq.m)	固定资产投资完成额 (万元) Investment in Fixed Assets (10 000 yuan)	企业个数 (个) Number of Enterprises (unit)	服务业法人企业从业人员 (人) Number of Employed Persons of Services (persons)
全省商务中心区合计	**13565**	**8314700**	**3502**	**165749**
郑东新区中央商务区	710	496900	922	24188
巩义市商务中心区	186	19200	60	1986
开封市商务中心区	296	15400	3	70
兰考县商务中心区	172	137200	21	1146
洛阳市商务中心区	520	36000		
栾川县商务中心区	172		226	4384
嵩县商务中心区	113	148400	189	2524
汝阳县商务中心区	126	8700	94	2973
洛宁县商务中心区	145	100	6	221
平顶山市商务中心区	347	59600	7	536
郏县商务中心区	80	110600	7	331
舞钢市商务中心区	140	73700	4	31
汝州市商务中心区	154	275200	166	6509
安阳市商务中心区	292	233000	27	2393
滑县商务中心区	207	32800	73	3213
林州市商务中心区	199	47600	34	1405
鹤壁市商务中心区	440	411200	145	5823
新乡市商务中心区	253	66400	13	1512
封丘县商务中心区	134	14600	18	323
长垣县商务中心区	197	54500	22	1280
焦作市商务中心区	497	130200	11	818
濮阳市商务中心区	357	93100	2	28
南乐县商务中心区	90	51400	2	174
范县商务中心区	64		27	677
台前县商务中心区	53	600	10	385
许昌市商务中心区	270	109100	85	2642
漯河市商务中心区	249	149200	37	3543
三门峡市商务中心区	398	250500	7	446
南阳市商务中心区	296	238100	36	990
南召县商务中心区	157	12000	1	55

2-14 续表 continued

名 称	规划面积 (万平方米) Planning Area (10 000 sq.m)	固定资产投资完成额 (万元) Investment in Fixed Assets (10 000 yuan)	企业个数 (个) Number of Enterprises (unit)	服务业法人企业从业人员 (人) Number of Employed Persons of Services (persons)
西峡县商务中心区	91	93700	38	1433
淅川县商务中心区	152	297900	14	1021
新野县商务中心区	136	199300	38	1610
桐柏县商务中心区	123	154700	41	922
邓州市商务中心区	205	186100	6	215
商丘市商务中心区	533	593300	147	8544
睢县商务中心区	299	216500	124	9125
夏邑县商务中心区	202	416400	220	14013
永城市商务中心区	200	538000	146	9042
信阳市商务中心区	295	99000	69	5054
光山县商务中心区	171	221300	32	5975
新县商务中心区	167		4	115
商城县商务中心区	149	38200	16	524
固始县商务中心区	157	133000	35	3920
潢川县商务中心区	160	57600		64
淮滨县商务中心区	170	41800	2	213
息县商务中心区	161	18000	3	225
周口市商务中心区	477	60500	1	312
扶沟县商务中心区	175	164300	9	635
沈丘县商务中心区	238	303600	25	4000
郸城县商务中心区	175	334400	23	8649
太康县商务中心区	200	117700	8	962
鹿邑县商务中心区	193	177200	53	5277
驻马店市商务中心区	238	201100	4	252
上蔡县商务中心区	135	89000	60	4866
平舆县商务中心区	223	176000	82	4740
正阳县商务中心区	105	36000	1	48
泌阳县商务中心区	215	44800	13	2055
新蔡县商务中心区	179		20	893
济源市商务中心区	327	30000	13	439

2-15　特色商业区主要指标(2016年)

Main Indicators of Feature Commercial Area (2016)

名　称	规划面积 (万平方米) Planning Area (10 000 sq.m)	固定资产投资完成额 (万元) Investment in Fixed Assets (10 000 yuan)	企业个数 (个) Number of Enterprises (unit)	服务业法人企业从业人员 (人) Number of Employed Persons of Services (persons)
全省特色商业区合计	**20087**	**14078100**	**12709**	**467148**
郑州市中原区特色商业区	200	144100	139	15573
郑州市二七区特色商业区	217	227700	739	14498
郑州市管城回族区特色商业区	224	369900	585	40499
郑州市金水区特色商业区	98	488100	1127	12632
郑州市上街区通航特色商业区	316	341100	105	1999
郑州市惠济区特色商业区	168	343200	37	4172
中牟县特色商业区	217	217800	66	1974
荥阳市特色商业区	116	86200	27	730
新密市特色商业区	151	38100	123	2422
新郑市特色商业区	254	232400	70	5100
登封市特色商业区	220	241300	173	4507
开封市龙亭区特色商业区	326	122200	145	4505
开封市顺河回族区特色商业区	260	1800	32	829
开封市鼓楼区特色商业区	216	39900	262	7616
开封市禹王台区特色商业区	112		1	123
开封市龙亭区金明特色商业区	110			7
杞县特色商业区	196	100800	129	4333
通许县特色商业区	180	78900	34	2053
尉氏县特色商业区	138	42100	91	3974
开封市祥符区特色商业区	186	45300	22	952
洛阳市老城区特色商业区	124	211100	55	1286
洛阳市西工区特色商业区	200	134900	622	17010
洛阳市瀍河回族区特色商业区	138			44
洛阳市涧西区特色商业区	197	16900	158	2831
洛阳市吉利区特色商业区	80	8600	27	820
洛阳市洛龙区特色商业区	210	280900	192	3976
孟津县特色商业区	200	63000		10
新安县特色商业区	120	7700	80	1809
宜阳县特色商业区	198	9200	259	4021
伊川县特色商业区	182		12	1235
偃师市特色商业区	142	52400	221	5085
平顶山市新华区特色商业区	186	13000	28	6505
平顶山市卫东区特色商业区	86	34200	60	3105
平顶山市石龙区特色商业区	16	12900	3	74
平顶山市湛河区特色商业区	95	14100		67
宝丰县特色商业区	193	180100	39	8860
叶县特色商业区	161	1300	28	1172
鲁山县特色商业区	156	45700	2	64

2-15 续表 1 continued

名 称	规划面积 (万平方米) Planning Area (10 000 sq.m)	固定资产投资完成额 (万元) Investment in Fixed Assets (10 000 yuan)	企业个数 (个) Number of Enterprises (unit)	服务业法人企业从业人员 (人) Number of Employed Persons of Services (persons)
安阳市文峰区特色商业区	240	18600	72	1955
安阳市北关区特色商业区	177	55400	66	3805
安阳市殷都区特色商业区	90	96200	101	2404
安阳市龙安区特色商业区	105		1	62
安阳县特色商业区	88	19600	17	1083
汤阴县特色商业区	182	67000	36	1715
内黄县特色商业区	174	18300	12	433
鹤壁市鹤山区特色商业区	65	50000	3	156
鹤壁市山城区特色商业区	102	78500	73	1482
鹤壁市淇滨区特色商业区	101	61400	7	172
浚县特色商业区	160	123200	35	1054
淇县特色商业区	118	50300	9	535
新乡市红旗区特色商业区	160	9300	174	3968
新乡市卫滨区特色商业区	150	53900	99	3332
新乡市凤泉区特色商业区	96		11	142
新乡市牧野区特色商业区	142	60100	72	3589
新乡县特色商业区	153	20400	19	396
获嘉县特色商业区	94		18	968
原阳县特色商业区	148	24300	3	152
延津县特色商业区	208	11600	18	1344
卫辉市特色商业区	194	400	6	273
辉县市特色商业区	130	86700	31	639
焦作市解放区特色商业区	241	187500	200	16646
焦作市中站区特色商业区	226	86600	30	1633
焦作市马村区特色商业区	275	101900	20	2037
焦作市山阳区特色商业区	196	186400	114	7115
修武县特色商业区	198	53100	15	2269
博爱县特色商业区	146	42300	151	4863
武陟县特色商业区	140	1500	1	53
温县特色商业区	170	24400	11	675
沁阳市特色商业区	185	30500	52	1640
孟州市特色商业区	174			197
濮阳市华龙区特色商业区	181	434900	350	13293
清丰县特色商业区	57	30500	12	501
濮阳县特色商业区	198	39300	4	350
许昌市魏都区特色商业区	210	92200	910	19555
许昌市建安区特色商业区	180	41500	15	1006
鄢陵县特色商业区	293	111600	111	5277
襄城县特色商业区	261	139600	147	3731
禹州市特色商业区	131	469500	382	9612
长葛市特色商业区	289	270900	203	7358

2-15 续表 2 continued

名 称	规划面积（万平方米）Planning Area (10 000 sq.m)	固定资产投资完成额（万元）Investment in Fixed Assets (10 000 yuan)	企业个数（个）Number of Enterprises (unit)	服务业法人企业从业人员（人）Number of Employed Persons of Services (persons)
漯河市源汇区特色商业区	262	164000	130	5445
漯河市郾城区特色商业区	183	20200	94	2177
漯河市召陵区特色商业区	194	50500	17	495
舞阳县特色商业区	208	143600	58	4195
临颍县特色商业区	211	55000	26	3383
三门峡市湖滨区特色商业区	245	304800	596	11248
渑池县特色商业区	127	41400	72	2611
陕县特色商业区	165	232600	147	4950
卢氏县特色商业区	67	26800	33	914
义马市特色商业区	189	119100	44	2136
灵宝市特色商业区	123	172200	119	2994
南阳市宛城区特色商业区	183	105200	93	2405
南阳市卧龙区特色商业区	293	294500	213	5589
方城县特色商业区	165	257600	179	4091
镇平县特色商业区	220	352500	58	4024
内乡县特色商业区	179	308500	183	5903
社旗县特色商业区	215	142700	100	2527
唐河县特色商业区	174	96500	207	5680
商丘市梁园区特色商业区	202	336500	78	15509
商丘市睢阳区特色商业区	123	403300	32	2801
民权县特色商业区	111	302500	161	12144
宁陵县特色商业区	173	263800	87	4348
柘城县特色商业区	349	422400	193	9479
虞城县特色商业区	199	440400	149	17254
信阳市浉河区特色商业区	129	61200	103	6404
信阳市平桥区特色商业区	160	19100	2	91
罗山县特色商业区	207	169500	77	4670
周口市川汇区特色商业区	160	65200	16	782
西华县特色商业区	104		1	113
商水县特色商业区	170	78900	2	204
淮阳县特色商业区	236	262500	15	1539
项城市特色商业区	201	164900	13	815
驻马店市驿城区特色商业区	207	137000	12	733
西平县特色商业区	134	76800	6	477
确山县特色商业区	164	228800	29	1524
汝南县特色商业区	100	90800	17	372
遂平县特色商业区	138	170500	43	3180

主要统计指标解释

可比价格　指计算各种总量指标所采用的扣除了价格变动因素的价格，可进行不同时期总量指标的对比。按可比价格计算总量指标有两种方法：一种是直接用产品产量乘某一年的不变价格计算；另一种是用价格指数进行缩减。

不变价格　指以同类产品某年的平均价格作为固定价格，用于计算各年的产品价值。按不变价格计算的产品价值消除了价格变动因素，不同时期对比可以反映生产的发展速度。新中国成立后，随着工农业产品价格水平的变化，国家统计局先后五次制定了全国统一的工业产品不变价格和农业产品不变价格。从 1952 年到 1957 年使用 1952 年工（农）业产品不变价格，从 1957 年到 1970 年使用 1957 年不变价格，从 1971 年到 1980 年使用 1970 年不变价格，从 1981 年到 1990 年使用 1980 年不变价格，从 1991 年开始使用 1990 年不变价格。

平均增长速度　平均增长速度表明社会经济现象在一个较长的时期内逐期平均增长变化的程度，它不能根据各个环比增长速度直接求得，但与平均发展速度之间存在着一定的数量关系：平均增长速度＝平均发展速度－1。

平均发展速度是一种根据环比发展速度计算的序时平均数，由于各时期对比的基础不同，所以计算平均发展速度不能采用一般的序时平均数的计算方法，计算方法分为水平法和累计法。水平法，又称几何平均法，即将环比发展速度按连乘法用几何平均数公式计算。累计法，也称方程法，根据一段时期内各年发展水平总和与基期水平的关系，列出方程式计算平均发展速度。水平法着重考虑最后一年所达到的发展水平；累计法着重考虑整个时期累计发展水平的总量。

本《年鉴》内所列的平均增长速度，除固定资产投资用“累计法”计算外，其余均用“水平法”计算。从某年到某年平均增长速度的年份，均不包括基期年在内。如建国四十三年以来的平均增长速度是以 1949 年为基期计算的，则写为 1950-1992 年平均增长速度，其余类推。

国民经济行业分类　自 2012 年定期报表开始使用新的《国民经济行业分类》（GB/T4754-2011）。该分类是由国家统计局组织修订，国家质量监督检验检疫总局和中国国家标准化管理委员会于 2011 年 4 月 29 日发布。这次修订是在 2002 年分类标准的基础上，参照联合国《全部经济活动的国际标准产业分类》（ISIC/Rev.4）进行的。修订后的《国民经济行业分类》（GB/T4754-2012）共有门类 20 个，大类 96 个，中类 432 个，小类 1094 个。

企业（单位）登记注册类型　是以在工商行政管理机关登记注册的各类企业为划分对象，以工商行政管理部门对企业登记注册的类型为依据，将企业登记注册类型分为内资企业、港澳台商投资企业和外商投资企业三大类。内资企业包括国有企业、集体企业、股份合作企业、联营企业、有限责任公司、股份有限公司、私营公司和其他企业；港澳台商投资企业和外商投资企业分别包括合资经营企业、合作经营企业、独资经营企业和股份有限公司。对不在工商行政管理部门进行登记注册的行政机关、事业单位和社会团体，主要按其经费来源和管理方式进行划分。

国有企业　指企业全部资产归国家所有，并按《中华人民共和国企业法人登记管理条例》规定登记注册的非公司制的经济组织。不包括有限责任公司中的国有独资公司。

集体企业　指企业资产归集体所有，并按《中华人民共和国企业法人登记管理条例》规定登记注册的经济组织。

股份合作企业　指以合作制为基础，由企业职工共同出资入股，吸收一定比例的社会资产投资组建，实行自主经营，自负盈亏，共同劳动，民主管理，按劳分配与按股分红相结合的一种集体经济组织。

联营企业　指两个及两个以上相同或不同所有制性质的企业法人或事业单位法人，按自愿、平等、互利的原则，共同投资组成的经济组织。联营企业包括国有联营企业、集体联营企业、国有与集体联营企业和其他联营企业。

有限责任公司　指根据《中华人民共和国公司登记管理条例》规定登记注册，由两个以上、五十个以下的股东共同出资，每个股东以其所认缴的出资额对公司承担有限责任，公司以其全部资产对其债务承担责任的经济组织。有限责任公司包括国有独资公司以及其他有限责任公司。

股份有限公司　指根据《中华人民共和国公司登记管理条例》规定登记注册，其全部注册资本由等额股份构成并通过发行股票筹集资本，股东以其认购的股份对公司承担有限责任，公司以其全部资产对其债务承担责任的经济组织。

私营企业 指由自然人投资设立或由自然人控股，以雇佣劳动为基础的营利性经济组织。包括按照《公司法》、《合伙企业法》、《私营企业暂行条例》规定登记注册的私营有限责任公司、私营股份有限公司、私营合伙企业和私营独资企业。

其他内资企业 指上述企业之外的其他内资经济组织。

与港澳台商合资经营企业 指港澳台地区投资者与内地企业依照《中华人民共和国中外合资经营企业法》及有关法律的规定，按合同规定的比例投资设立、分享利润和分担风险的企业。

与港澳台商合作经营企业 指港澳台地区投资者与内地企业依照《中华人民共和国中外合作经营企业法》及有关法律的规定，依照合作合同的约定进行投资或提供条件设立、分配利润和分担风险的企业。

港澳台商独资经营企业 指依照《中华人民共和国外资企业法》及有关法律的规定，在内地由港澳台地区投资者全额投资设立的企业。

港澳台商投资股份有限公司 指根据国家有关规定，经外经贸部依法批准设立，其中港、澳、台商的股本占公司注册资本的比例达 25%以上的股份有限公司。凡其中港、澳、台商的股本占公司注册资本的比例小于 25%的，属于内资企业中的股份有限公司。

中外合资经营企业 指外国企业或外国人与中国内地企业依照《中华人民共和国中外合资经营企业法》及有关法律的规定，按合同规定的比例投资设立、分享利润和分担风险的企业。

中外合作经营企业 指外国企业或外国人与中国内地企业依照《中华人民共和国中外合作经营企业法》及有关法律的规定，依照合作合同的约定进行投资或提供条件设立、分配利润和分担风险的企业。

外资企业 指依照《中华人民共和国外资企业法》及有关法律的规定，在中国内地由外国投资者全额投资设立的企业。

外商投资股份有限公司 指根据国家有关规定，经外经贸部依法批准设立，其中外资的股本占公司注册资本的比例达 25%以上的股份有限公司。凡其中外资股本占公司注册资本的比例小于 25%的，属于内资企业中的股份有限公司。

行政机关、事业单位和社会团体 参照企业登记注册类型，主要按其经费来源和管理方式划分。具体规定如下：

⑴行政机关：包括国家机关和政党机关，原则上均列为“国有”。但有特殊规定的，如供销社等，则列为“集体”。

⑵事业单位：包括经国家机构编制部门和有关业务主管部门批准成立的各类事业单位，不包括实行企业化管理的事业单位。事业单位的划分办法如下：

①由国家财政预算拨款或列入财政预算外资金管理以及经费主要来源于国有主管部门或国有上级单位的事业单位，列为“国有”。

②经费主要来源于集体单位的事业单位，列为“集体”。

③公民个人（或个人合伙）开办的事业单位，列为 “私营”。

④上述以外的其他事业单位，如果其经费来源不明确，按管理方式进行归类。

⑶社会团体：包括经民政部门批准成立以及未纳入社会团体管理条例范围的工会、妇联等各类社会团体。社会团体的划分办法如下：

①未纳入民政部社会团体管理条例范围的工会、妇联、共青团、青联、工商联、科协、侨联等社会团体，国家拨款设立的基金会或基金管理组织以及经费主要来源于国有业务主管部门或国有上级单位的社会团体，列为“国有”。

②经费主要来源于集体单位的社会团体，列为“集体”。

③公民个人（或个人合伙）开办的社会团体，划为 “私营”。

④上述以外的其他社会团体，如果其经费来源不明确，改按管理方式进行归类。

法人单位 指具备：

⑴依法成立、有自己的名称、组织机构和场所、能够独立承担民事责任；

⑵独立拥有和使用（或授权使用）资产、承担负债、有权与其它单位签订合同；

⑶会计上独立核算、能够编制资产负债表。法人单位包括企业法人、事业单位法人、机关法人、会团体法人和其他法人。

产业活动单位 是法人单位的附属单位。产业活动单位应具备下列条件：

⑴在一个场所从事一种或主要从事一种社会经济活动；

⑵相对独立组织生产经营和业务活动；

⑶能够掌握收入和支出等业务核算资料。

Explanatory Notes on Main Statistical Indicators

Comparable Prices refer to prices that are used to remove the factors of price change in calculating economic aggregates, so as to facilitate comparison of aggregates over time. Two methods are used for calculating economic aggregates at comparable prices:

One is Multiplying the output of products by their constant prices of certain year, and other is Deflation of data at current prices by relevant price index.

Constant Price refers to the average price of a given product in certain year, which is used for comparison of over output value time. As the output value at constant prices removes the factor of price changes, it reflects the trend of production development over time. Since 1949,with the changes in general price level, the State Statistical Bureau has issued nationally unified constant prices five times: the 1952 constant prices for 1949-1957;the 1957 constant prices for 1957-1971; the 1970 constant prices for 1971-1981; the 1980 constant prices for 1981-1990;and the 1990 constant prices have been used since 1991.

Average Annual Growth Rate shows the average growth rate of social and economic development during a longer period. It can not be directly calculated by chain based growth rate. The relation is:

Average Annual Growth Rate = Average Speed of Development – 1

Average speed of development is the time series average of speed which calculated by chain based. Because the reference bases during the different periods are not same, average speed of development can not be calculated by the general method. Level approach and accumulative approach for calculating average speed of development rate are applied. The "level approach", or the method of calculating the geometric average, is derived by the formula of geometric average of the chain-based speeds of development, or comparing the level of the last year of the interval with that of the beginning year; the other is called the "accumulative approach" or the "algebraic average", "equation" method, which is derived by the summation of the actual figure of each year in the interval divided by the figure in the base year. The level approach focuses on the level of the last year, while the accumulative approach emphasizes the aggregate development in the duration.

The average annual growth rates listed in the Yearbook are calculated by the level approach except for the growth rate of investment in fixed assets. The base year is not listed in the duration for which average annual growth rates are computed. For instance, the average annual growth rate of the 43 years since 1949 is shown as the average annual growth rate of 1950-1992 without showing the base year 1949.

Industrial Classification of the National Economy The new Industrial Classification of the National Economy (GB/T 4754-2011) is introduced starting from the compilation of 2012 annual statistics. The revision, based on the 2002 classification, was organized by the National Bureau of Statistics taking into consideration of the International Standards of the Industrial Classification of All Economic Activities (ISIC/Rev.4) of the United Nations. The new Classification was promulgated by the National Administration of Quality Supervision, Inspection and Quarantine and the Standardization Administration of the People's Republic of China on April 29, 2011. The revised version of the Industrial Classification of the National Economy (GB/T 4754-2012) is composed of 20 sections, 96 divisions, 432 groups and 1094 classes.

Registration Status of Enterprises Enterprises are classified into 3 categories, namely domestic-funded enterprises, enterprises with investment from Hong Kong, Macau and Taiwan, and enterprises with foreign investment, in the light of the registration status of an enterprise in industrial and commercial administration agencies. Domestic-funded enterprises include state-owned enterprises, collective-owned enterprises, cooperative enterprises, joint ownership enterprises, limited liability corporations, share-holding corporations Ltd., private enterprises and other enterprises. Included in the enterprises with investment from Hong Kong, Macau and Taiwan and enterprises with foreign investment are joint-venture enterprises, cooperative enterprises, sole investment enterprises and share-holding corporations Ltd. For government agencies, institutions and social organizations which are not requested to be registered in industrial and commercial administration agencies, they are classified mainly by their sources of funds and way of management.

State-owned Enterprises refer to non-corporation economic units where the entire assets are owned by the state and which have registered in accordance with the Regulation of the People's Republic of China on the Management of Registration of Corporate Enterprises. Excluded from this category are sole state-funded corporations in the limited liability corporations.

Collective-owned Enterprises refer to economic units where the assets are owned collectively and which have registered in accordance with the Regulation of the People's Republic of China on the Management of Registration of Corporate Enterprises.

Cooperative Enterprises refer to a form of collective economic units (enterprises) where capitals come mainly from employees as their shares, with certain proportion of capital from the outside, where production is organized on the basis of independent operation, independent accounting for profits and losses, joint work, democratic management, and a distribution system that integrates remuneration according to work with dividend according to capital share.

Joint Ownership Enterprises refer to economic units established by two or more corporate enterprises or corporate institutions of the same or different ownership, through joint investment on the basis of equality, voluntary participation and mutual benefits. They include state joint ownership enterprises, collective joint ownership enterprises, joint state-collective enterprises, and other joint ownership enterprises.

Limited Liability Corporations refer to economic units established with investment from 2-50 investors and registered in accordance with the Regulation of the People's Republic of China on the Management of Registration of Corporations, each investor bearing limited liability to the corporation depending on its share of investment, and the corporation bearing liability to its debt to the maximum of its total assets. Limited liability corporations include exclusive state-funded limited liability corporations and other limited liability corporations.

Share-holding Corporations Ltd. refer to economic units registered in accordance with the Regulation of the People's Republic of China on the Management of Registration of Corporations, with total registered capitals divided into equal shares and raised through issuing stocks. Each investor bears limited liability to the corporation depending on the holding of shares, and the corporation bears liability to its debt to the maximum of its total assets.

Private Enterprises refer to profit-making economic units invested and established by natural persons, or controlled by natural persons using employed labor. Included in this category are private limited liability corporations, private share-holding corporations Ltd, private partnership enterprises and private-funded enterprises registered in accordance with the Corporation Law, Partnership Enterprises Law and Interim Regulations on Private Enterprises.

Other Domestic-funded Enterprises refer to domestic-funded economic units other than those mentioned above.

Joint-venture Enterprises with Funds from Hong Kong, Macau and Taiwan refer to enterprises jointly established by investors from Hong Kong, Macau and Taiwan with enterprises in the mainland of China in accordance with the Law of the People's Republic of China on Sino-foreign Joint Venture Enterprises and other relevant laws, where the share of investment, profits and risks is stipulated in the contract.

Cooperative Enterprises with Funds from Hong Kong Macao and Taiwan, established by investors from Hong Kong, Macao and Taiwan with enterprises in the mainland of China in accordance with the Law of the People's Republic of China on Sino-foreign Cooperative Enterprises and other relevant laws, where the investment or provision of facilities, and the share of profits and risks is stipulated in the cooperative contract.

Enterprises with Sole (exclusive) Investment from Hong Kong, Macao and Taiwan refer to enterprises established in the mainland of China with exclusive investment from investors from Hong Kong, Macao and Taiwan in accordance with the Law of the People's Republic of China on Foreign-Funded Enterprises and other relevant laws.

Share-holding Corporations Ltd. with Investment from Hong Kong, Macao and Taiwan refer to share-holding corporations Ltd. established with the approval from the Ministry of Foreign Trade and Economic Relations in line with relevant state regulations, where the share of investment from Hong Kong, Macau or Taiwan businessmen exceeds 25% of the total registered capital of the corporation. In case the share of investment from Hong Kong, Macao or Taiwan is less than 25% of the total registered capital, the enterprise is to be classified as domestic-funded share-holding corporation Ltd.

Joint-venture Enterprises with Foreign Investment refer to enterprises jointly established by foreign enterprises or foreigners with enterprises in the mainland of China in accordance with the Law of the People's Republic of China on Sino-foreign Joint Venture Enterprises and other relevant laws, where the share of investment, profits and risks is stipulated in the contract.

Cooperation Enterprises with Foreign Investment refer to enterprises jointly established by foreign enterprises or foreigners with enterprises in the mainland of China in accordance with the Law of the People's Republic of China on Sino-foreign Cooperative Enterprises and other relevant laws, where the investment or provision of facilities, and the share of profits and risks is stipulated in the cooperative contract.

Enterprises with Sole (exclusive) Foreign Investment refer to enterprises established in the mainland of China with exclusive investment from foreign investors in accordance with the Law of the People's Republic of China on Foreign-Funded Enterprises and other relevant laws.

Share-holding Corporations Ltd. with Foreign Investment refer to share-holding corporations Ltd. Established with the approval from the Ministry of Foreign Trade and Economic Relations in line with relevant state regulations, where the share of investment from foreign investors exceeds 25% of the total registered capital of the corporation. In case the share of foreign investment is less than 25% of the total registered capital, the enterprise is to be classified as domestic-funded share-holding corporation Ltd.

Government Agencies, Institutions and Social Organizations are classified into following categories by source of funds and way of management taking reference of the registration status of enterprises:

(1) Government agencies: include state and party agencies, classified in principle as “state-owned”. There are exceptions, such as supply and marketing cooperatives, which are classified, as “collective”.

(2) Institutions: include institutions of various types established with the approval by organization and staffing departments of the government, but exclude institutions where enterprise management system is introduced. Institutions are further classified as follows:

(a) Institutions whose main budget is listed in the government budget appropriations or extra-budget funds, or allocated from the budget of their competent government agencies. Such institutions are classified as “state-owned”.

(b) Institutions whose budget mainly comes from collective units. Such institutions are classified as “collective”.

(c) Institutions other than those mentioned above whose source of budget is not clear. Such institutions are classified by way of management.

(3) Social organizations: include social organizations established with the approval from the Ministry of Civil Affairs, and organizations that are not covered by social organization management regulations such as trade unions, women’s federations etc. Social organizations are further classified as follows:

(a) Social organizations that are not covered by social organization management regulations of the Ministry of Civil Affairs such as trade unions, women's federations, communist youth leagues, youth associations, industrial and commerce associations, scientists associations, overseas Chinese associations, etc., foundations and fund management organizations established with funds from the state, and social organizations whose funds mainly come from the budget of their competent government agencies. Such institutions are classified as "state-owned".

(b) Social organizations whose budget mainly comes from collective units. Such institutions are classified as "collective".

(c) Social organizations established by individual or a group of citizens, which are classified as "private".

(d) Social organizations other than those mentioned above whose source of budget is not clear. Such organizations are classified by way of management.

Artificial person Refer to unit that have following conditions:

(1) legally Established, have own name, organization ,location and can undertake a civil case responsibility independently by law.

(2) independently Own and use(or authorizable usage) a property, undertake liabilities and can make a bargain with other units.

(3) can independently account and workout balance sheet. artificial person unit includes business artificial person, artificial person, organization artificial person, meeting group artificial person and other.

Establishments unit Refer to the subsidiary unit of artificial person unit. it should have following conditions:

(1) Be engaged in only one kind of social economic activities in exclusive condition.

(2) Opposite independently organize management and business activity.

(3) predominate data of businesses, such as income and expenditure...etc.

国民经济核算

National Accounts

● 资料整理：胡昶昶　雷茜茜

简要说明

一、主要内容

本篇包括生产总值资料和资金流量表。

二、资料来源

生产总值资料是根据不同产业部门、不同支出构成的特点和资料来源情况而采用不同方法计算的。本年鉴公布的地区生产总值以及与之有关的指标数据，如果遇到普查，在能够获得更详细的基础资料的情况下，地区生产总值历史数据还会发生变动。根据第三次经济普查资料，重新修订了2004年以来的地区生产总值数据。2017年国家统计局在实施研发支出核算方法改革，将研发支出计入地区GDP核算中，研发支出核算改革后，对以前年度GDP历史数据进行了系统修订。本年鉴中的数据是修订以后的数据。本年鉴所列分省辖市、省直管县数据来自各省辖市、省直管县统计局的国民经济核算资料。由于采取分级核算，各省辖市数据相加不等于全省数据。由河南省统计局国民经济核算处编辑整理。

资产负债表采用国际上通用的矩阵结构。主栏为资产和负债项目，包括三个部分：非金融资产项目、金融资产与负债项目和资产负债差额项目。宾栏为机构部门和经济总体，并下设使用项和来源项，其中使用项目记录资产，来源项目记录负债和资产负债差额。由河南省统计局国民经济核算处编制。

资金流量表表式与国际上通用的表式相似，是机构部门与交易项目的矩阵表式。主栏为交易项目，主要反映分配方式和融资工具；宾栏按机构部门分类。机构部门分类是根据机构单位具有的基本特征所进行的部门分类。资金流量表把参与资金活动的主体分为非金融企业、金融机构、政府、住户、国内省外和国外六个部门。每一部门下设资金来源与资金运用两栏。现行的资金流量表分为两大部分，一部分为实物交易，另一部分为金融交易，本年鉴登录的为实物交易部分。由河南省统计局国民经济核算处编制。

Brief Introduction

I. Main Contents

Statistics on national accounts include mainly four parts: gross domestic product, balance sheet, Flow of Funds Table and Input-output table.

II. Sources of Data

Data on GDP are computed by the Department of National Accounts of the Henan provincial Bureau of Statistics based on different approaches in the light of the different features of various sectors, various expenditure structures and different data sources. Data on GDP and related indicators of the most recent year published in the Yearbook are not final, Where a census has been conducted, historical data of GDP of the previous years may also undergo change. GDP since 2004 is adjusted on the basis of the Third Economic Census. In 2007, the National Bureau of Statistics carried out the reform of the research and development expenditure accounting method, and the research and development expenditure is included in the regional GDP calculation. After the reform, the historical data on GDP has been revised. Data in this yearbook has been revised.Regional data in this Yearbook are prepared from the national accounts data provided by the statistical bureaus of the 18 cities and province administrating county. The sum of the regional data is not equal to the provincial total due to the decentralized accounting approach. Municipal data of Statistics on national accounts are computed by the Department of National Accounts of the Henan provincial Bureau of Statistics.

Similar to internationally accepted format, the Balance Sheet of Henan constitutes a matrix. Items of transactions are expressed as assets and liabilities, including three parts: non-financial assets, financial assets and liabilities, the difference between assets and liabilities. Institutional sectors are column headings and macroeconomic, grouped by utilization and source, utilization record the item of project assets , and source record the item of liabilities and difference between assets and liabilities. Balance Sheet of Henan province is compiled by the Department of National Accounts of the Henan provincial Bureau of Statistics.

Similar to internationally accepted format, the Flow of Funds table of China constitutes a matrix of institutional sectors by transaction items. Items of transactions are expressed as row headings representing forms of distribution and methods of financing. Institutional sectors are shown as column headings, grouped by the characteristics of the transactions. There are 6 groups of institutional sectors in the flow of funds table, namely, non-financial corporations, financial institutions, general governments, households, other provinces and the rest of the world. Under each sector there are 2 headings: sources of funds and uses of funds. The current flow of funds table is composed of two parts: the first part, comprising the physical (real) transactions, and the second part, refers to comprising financial transactions, and data in this yearbook is the physical (real) transactions, which compiled by the Department of National Accounts of the Henan provincial Bureau of Statistics.

3-1 生 产 总 值

Gross Domestic Product

本表按当年价格计算。
Data in this table are calculated at current prices.

单位：亿元 (100 million yuan)

年 份 Year	生产总值 Gross Domestic Product	第一产业 Primary Industry	第二产业 Secondary Industry	第三产业 Tertiary Industry	人 均 生产总值 (元) Per Capita GDP (yuan)
1978	162.92	64.86	69.45	28.61	232
1979	190.09	77.30	80.52	32.27	267
1980	229.16	93.23	94.44	41.49	317
1981	249.69	106.04	95.79	47.86	340
1982	263.30	108.18	102.76	52.36	353
1983	327.95	143.49	116.36	68.10	433
1984	370.04	155.28	136.29	78.47	482
1985	451.74	173.43	170.07	108.24	580
1986	502.91	179.02	202.15	121.74	635
1987	609.60	220.22	230.25	159.13	756
1988	749.09	240.72	299.83	208.54	910
1989	850.71	289.95	317.13	243.63	1012
1990	934.65	325.77	331.85	277.03	1091
1991	1045.73	334.61	388.09	323.03	1201
1992	1279.75	353.92	545.21	380.62	1452
1993	1660.18	410.45	764.20	485.53	1865
1994	2216.83	546.68	1058.89	611.26	2467
1995	2988.37	762.99	1394.98	830.40	3297
1996	3634.69	937.64	1677.62	1019.43	3978
1997	4041.09	1008.55	1861.28	1171.26	4389
1998	4308.24	1071.39	1937.83	1299.02	4643
1999	4517.94	1123.14	1981.07	1413.73	4832
2000	5052.99	1161.58	2294.15	1597.26	5450
2001	5533.01	1234.34	2510.45	1788.22	5959
2002	6035.48	1288.36	2768.75	1978.37	6487
2003	6867.70	1198.70	3310.14	2358.86	7376
2004	8579.42	1649.29	4200.39	2729.74	9228
2005	10621.56	1844.05	5510.12	3267.39	11383
2006	12412.86	1869.83	6693.46	3849.57	13225
2007	15076.21	2168.16	8203.37	4704.68	16080
2008	18097.05	2604.38	10132.48	5360.19	19263
2009	19590.35	2708.42	10816.54	6065.39	20713
2010	23222.91	3192.40	12930.83	7099.68	24585
2011	27098.62	3440.39	14978.99	8679.24	28839
2012	29797.13	3692.49	16063.24	10041.40	31709
2013	32423.55	3972.70	16942.15	11508.70	34458
2014	35198.65	4160.01	18041.82	12996.82	37348
2015	37278.20	4209.56	18156.04	14912.60	39414
2016	40471.79	4286.21	19275.82	16909.76	42575

注：三次产业结构已执行《国民经济行业分类》(GB/T4754-2011)行业分类标准；2000年以来人均GDP按常住人口计算。(以下相关表格同)
a) The industrial structure has been executed the industry classification standard of the "national economy industry classification "(GB/T4754-2011). The data on Per capita GDP since 2000 are calculated at resident population. (the same as the following related tables)

3-2 生产总值指数(上年=100)

Indices of Gross Domestic Product (Preceding year=100)

本表按可比价格计算。
The indices in this table are calculated at comparable prices.

(上年=100) (preceding year=100)

年 份 Year	生产总值 Gross Domestic Product	第一产业 Primary Industry	第二产业 Secondary Industry	第三产业 Tertiary Industry	人 均 生产总值 Per Capita GDP
1978	111.3	110.6	112.1	111.3	109.5
1979	108.7	101.7	112.6	119.7	106.9
1980	115.4	109.2	117.2	126.9	113.7
1981	107.8	111.7	101.3	113.7	106.3
1982	104.3	100.5	106.1	109.0	102.7
1983	123.8	130.2	113.5	131.3	121.9
1984	110.1	105.5	115.0	110.7	108.5
1985	113.5	100.8	117.0	131.9	111.9
1986	104.6	92.1	114.0	108.6	103.0
1987	115.0	116.9	108.6	123.5	112.9
1988	109.8	97.4	120.1	109.4	107.6
1989	107.0	109.2	103.5	110.3	104.8
1990	104.5	105.4	102.3	106.8	102.5
1991	106.9	97.4	113.3	110.4	105.2
1992	113.7	101.5	125.4	111.1	112.3
1993	115.8	110.4	122.1	111.6	114.6
1994	113.8	101.3	121.6	113.1	112.8
1995	114.8	111.9	117.2	113.1	113.8
1996	113.9	111.3	116.0	112.4	113.0
1997	110.4	107.6	110.9	111.8	109.6
1998	108.8	107.0	109.2	109.4	107.9
1999	108.1	107.2	107.8	109.3	107.3
2000	109.5	104.5	111.8	109.2	108.5
2001	109.0	105.5	109.9	110.3	108.9
2002	109.5	104.5	111.6	109.9	109.2
2003	110.7	97.5	117.0	110.1	110.6
2004	113.7	112.8	116.2	110.4	113.9
2005	114.3	107.6	117.6	112.7	113.9
2006	114.5	107.4	117.9	112.8	113.8
2007	114.6	103.7	118.1	114.1	114.7
2008	112.0	105.5	114.6	110.6	111.8
2009	111.0	104.1	112.6	111.2	110.2
2010	112.4	104.5	114.8	111.3	112.6
2011	112.0	103.6	113.3	113.3	112.6
2012	110.1	104.4	111.4	110.2	110.1
2013	109.0	104.2	109.6	109.9	108.9
2014	108.9	104.0	109.5	109.6	108.7
2015	108.3	104.4	107.7	110.9	108.0
2016	108.1	104.2	107.3	110.3	107.6

3-3　生产总值指数(1978=100)

Indices of Gross Domestic Product (1978=100)

本表按可比价格计算。
The indices in this table are calculated at comparable prices.

年　份 Year	生产总值 Gross Domestic Product	第一产业 Primary Industry	第二产业 Secondary Industry	第三产业 Tertiary Industry	人　均 生产总值 Per Capita GDP
1978	100.0	100.0	100.0	100.0	100.0
1979	108.7	101.7	112.6	119.7	106.9
1980	125.4	111.1	132.0	151.9	121.5
1981	135.2	124.0	133.7	172.7	129.2
1982	141.0	124.7	141.8	188.3	132.7
1983	174.6	162.3	161.0	247.2	161.8
1984	192.2	171.2	185.1	273.6	175.5
1985	218.2	172.6	216.6	360.9	196.4
1986	228.2	159.0	246.9	391.9	202.3
1987	262.5	185.8	268.2	484.1	228.4
1988	288.2	181.0	322.1	529.6	245.7
1989	308.4	197.7	333.3	584.1	257.5
1990	322.2	208.3	341.0	623.8	264.0
1991	344.5	202.9	386.4	688.7	277.7
1992	391.7	206.0	484.5	765.1	311.8
1993	453.5	227.4	591.6	853.9	357.4
1994	516.1	230.3	719.4	965.8	403.1
1995	592.5	257.8	843.1	1092.3	458.7
1996	674.9	286.9	978.0	1227.7	518.4
1997	745.1	308.7	1084.6	1372.6	568.1
1998	810.6	330.3	1184.4	1501.6	613.0
1999	876.3	354.1	1276.7	1641.3	657.8
2000	959.5	370.0	1427.4	1792.3	713.7
2001	1045.9	390.4	1568.7	1976.9	777.2
2002	1145.3	407.9	1750.7	2172.6	848.7
2003	1267.8	397.7	2048.3	2392.0	938.7
2004	1441.5	448.6	2380.1	2640.8	1069.1
2005	1647.6	482.8	2799.4	2975.8	1217.8
2006	1886.5	518.6	3299.9	3355.9	1385.8
2007	2162.0	538.1	3898.8	3828.3	1589.5
2008	2421.4	567.9	4467.2	4233.8	1777.1
2009	2687.8	591.4	5028.7	4707.3	1958.3
2010	3021.1	618.2	5773.4	5241.2	2205.1
2011	3383.6	640.5	6540.2	5940.6	2482.9
2012	3725.3	668.9	7285.9	6544.6	2733.7
2013	4061.5	697.0	7985.1	7190.5	2977.0
2014	4422.9	724.9	8743.7	7880.8	3236.0
2015	4790.0	756.8	9417.0	8739.8	3494.9
2016	5178.0	788.5	10104.4	9640.0	3760.5

3-4 生产总值分产业构成

Industrial Composition of Gross Domestic Product

本表按当年价格计算。
Data in this table are calculated at current prices.

单位：% (%)

年 份 Year	生产总值 Gross Domestic Product	第一产业 Primary Industry	第二产业 Secondary Industry	第三产业 Tertiary Industry
1978	100.0	39.8	42.6	17.6
1979	100.0	40.7	42.3	17.0
1980	100.0	40.7	41.2	18.1
1981	100.0	42.5	38.3	19.2
1982	100.0	41.1	39.0	19.9
1983	100.0	43.7	35.5	20.8
1984	100.0	42.0	36.8	21.2
1985	100.0	38.4	37.6	24.0
1986	100.0	35.6	40.2	24.2
1987	100.0	36.1	37.8	26.1
1988	100.0	32.1	40.0	27.9
1989	100.0	34.1	37.3	28.6
1990	100.0	34.9	35.5	29.6
1991	100.0	32.0	37.1	30.9
1992	100.0	27.7	42.6	29.7
1993	100.0	24.7	46.0	29.3
1994	100.0	24.6	47.8	27.6
1995	100.0	25.5	46.7	27.8
1996	100.0	25.8	46.2	28.0
1997	100.0	24.9	46.1	29.0
1998	100.0	24.9	45.0	30.1
1999	100.0	24.9	43.8	31.3
2000	100.0	23.0	45.4	31.6
2001	100.0	22.3	45.4	32.3
2002	100.0	21.3	45.9	32.8
2003	100.0	17.5	48.2	34.3
2004	100.0	19.2	49.0	31.8
2005	100.0	17.3	51.9	30.8
2006	100.0	15.1	53.9	31.0
2007	100.0	14.4	54.4	31.2
2008	100.0	14.4	56.0	29.6
2009	100.0	13.8	55.2	31.0
2010	100.0	13.7	55.7	30.6
2011	100.0	12.7	55.3	32.0
2012	100.0	12.4	53.9	33.7
2013	100.0	12.2	52.3	35.5
2014	100.0	11.8	51.3	36.9
2015	100.0	11.3	48.7	40.0
2016	100.0	10.6	47.6	41.8

3-5 三次产业贡献率

Share of the Contributions of Three Strata of Industry to the Increase of the GDP

本表按可比价格计算。
Data in this table are calculated at constant prices.

单位：% (%)

年 份 Year	生产总值 Gross Domestic Product	第一产业 Primary Industry	第二产业 Secondary Industry	第三产业 Tertiary Industry
1981	100.0	61.5	6.9	31.6
1982	100.0	4.9	55.3	39.8
1983	100.0	51.7	22.4	26.0
1984	100.0	23.5	54.1	22.4
1985	100.0	2.6	47.6	49.9
1986	100.0	-62.4	117.2	45.2
1987	100.0	36.0	24.2	39.8
1988	100.0	-8.8	82.4	26.4
1989	100.0	37.8	22.0	40.2
1990	100.0	35.5	21.8	42.7
1991	100.0	-13.0	69.8	43.2
1992	100.0	3.4	72.2	24.3
1993	100.0	18.4	60.1	21.6
1994	100.0	2.5	70.7	26.9
1995	100.0	19.0	56.1	24.9
1996	100.0	18.7	56.7	24.6
1997	100.0	16.4	52.7	30.8
1998	100.0	17.5	52.8	29.7
1999	100.0	19.1	48.8	32.0
2000	100.0	10.2	62.6	27.2
2001	100.0	14.0	49.7	36.3
2002	100.0	10.6	55.8	33.6
2003	100.0	-5.0	74.6	30.4
2004	100.0	17.5	58.4	24.1
2005	100.0	9.6	62.3	28.1
2006	100.0	8.9	64.0	27.1
2007	100.0	4.2	66.5	29.3
2008	100.0	6.8	66.7	26.5
2009	100.0	5.2	64.4	30.3
2010	100.0	4.7	68.0	27.2
2011	100.0	4.2	61.8	34.1
2012	100.0	5.6	63.4	31.1
2013	100.0	5.6	58.1	36.3
2014	100.0	5.3	60.8	33.9
2015	100.0	5.8	53.1	41.1
2016	100.0	5.9	43.5	50.7

注：产业贡献率指各产业增加值增量与GDP增量之比。
a)Share of the contributions of three strata of industry refers to the proportion of the increment of value-addede of each industry to the increment of GDP.

3-6 三次产业对生产总值增长的拉动

Contribution of the Three Strata of Industry to GDP Growth

本表按可比价格计算。
Data in this table are calculated at current prices.

单位：百分点 (percent)

年 份 Year	生产总值 Gross Domestic Product	第一产业 Primary Industry	第二产业 Secondary Industry	第三产业 Tertiary Industry
1981	7.8	4.8	0.5	2.5
1982	4.3	0.2	2.4	1.7
1983	23.8	12.3	5.3	6.2
1984	10.1	2.4	5.5	2.3
1985	13.5	0.3	6.4	6.7
1986	4.6	-2.9	5.4	2.1
1987	15.0	5.4	3.6	6.0
1988	9.8	-0.9	8.1	2.6
1989	7.0	2.6	1.5	2.8
1990	4.5	1.6	1.0	1.9
1991	6.9	-0.9	4.8	3.0
1992	13.7	0.5	9.9	3.3
1993	15.8	2.9	9.5	3.4
1994	13.8	0.3	9.7	3.7
1995	14.8	2.8	8.3	3.7
1996	13.9	2.6	7.9	3.4
1997	10.4	1.7	5.5	3.2
1998	8.8	1.5	4.7	2.6
1999	8.1	1.6	4.0	2.6
2000	9.5	1.0	5.9	2.6
2001	9.0	1.3	4.5	3.3
2002	9.5	1.0	5.3	3.2
2003	10.7	-0.5	8.0	3.2
2004	13.7	2.4	8.0	3.3
2005	14.3	1.4	8.9	4.0
2006	14.5	1.3	9.3	3.9
2007	14.6	0.6	9.7	4.3
2008	12.0	0.8	8.0	3.2
2009	11.0	0.6	7.1	3.3
2010	12.4	0.6	8.4	3.4
2011	12.0	0.5	7.4	4.1
2012	10.1	0.6	6.4	3.1
2013	9.0	0.5	5.2	3.3
2014	8.9	0.5	5.4	3.0
2015	8.3	0.5	4.4	3.4
2016	8.1	0.5	3.5	4.1

注：产业拉动指GDP增长速度与各产业贡献率之乘积。
a) Contribution of the three strata of industry to GDP growth refers to the growth rate of GDP multiplied by the contribution share of every industry.

3-7 全员劳动生产率
Overall Labor Productivity

单位：元/人.年 (yuan/person.year)

年 份 Year	全员劳动生产率 Over all Labor Productivity	第一产业 Primary Industry	第二产业 Secondary Industry	第三产业 Tertiary Industry
1979	669	334	2748	1385
1980	790	393	3180	1788
1981	837	437	3120	1892
1982	851	433	3288	1870
1983	1019	560	3548	2092
1984	1115	600	3802	2115
1985	1316	674	3784	2646
1986	1413	696	3706	2761
1987	1652	852	3889	3102
1988	1946	918	4703	3538
1989	2165	1080	4812	4150
1990	2328	1174	4990	4831
1991	2519	1163	5707	5438
1992	2994	1205	7717	6046
1993	3803	1400	9977	7274
1994	5011	1893	12666	8726
1995	6673	2687	15560	11184
1996	7947	3327	17503	12791
1997	8545	3520	18622	13556
1998	8774	3659	19643	13049
1999	8854	3593	21136	13604
2000	9377	3382	24282	15827
2001	9980	3506	25432	17256
2002	10935	3748	27208	18597
2003	12422	3562	31205	21383
2004	15427	5015	37747	23530
2005	18884	5776	46052	26435
2006	21813	6042	51449	29726
2007	26238	7264	57811	35057
2008	31180	9032	66421	38424
2009	33249	9652	66789	41360
2010	38734	11657	75442	46012
2011	44279	12785	83078	53378
2012	47729	13939	85171	58808
2013	51161	15306	85696	65224
2014	54542	15955	89525	70988
2015	56671	16071	89926	76880
2016	60575	16582	94066	82602

3-8 分行业增加值及指数

Value-added and Indices by Sector

本表增加值按当年价格计算，指数按可比价格计算。

The value-added in this table are calculated at current prices. The indices in this table are calculated at comparable prices.

单位：亿元 (100 million yuan)

行业	Sector	2015 增加值 Value-added	2015 指数（上年=100） Index (preceding year=100)	2016 增加值 Value-added	2016 指数（上年=100） Index (preceding year=100)
生产总值	**Gross Domestic Product**	**37278.20**	**108.3**	**40471.79**	**108.1**
农、林、牧、渔业	Agriculture, Forestry, Animal Husbandry and Fishery	4348.41	104.5	4439.96	104.4
工业	Industry	16062.97	107.7	17042.72	107.2
建筑业	Construction	2152.25	107.3	2292.04	107.5
批发和零售业	Wholesale and Retail Trade	2609.46	108.9	2987.25	114.0
交通运输、仓储和邮政业	Transport, Storage and Post	1809.53	102.7	1938.06	104.8
住宿和餐饮业	Hotels and Catering Services	1030.80	100.9	1110.87	105.5
信息传输、软件和信息技术服务业	Information Transmission, Software and Information Technology Services	626.74	126.3	768.09	122.3
金融业	Finance	1991.11	127.5	2256.61	112.7
房地产业	Real Estate	1657.04	106.8	1890.01	104.7
租赁和商务服务业	Leasing and Business Services	568.41	116.3	670.70	115.1
科学研究和技术服务业	Scientific Research and Technical Service	365.71	108.6	404.50	105.7
水利、环境和公共设施管理业	Management of Water Conservancy, Environment and Public Establishment	172.75	117.5	192.31	106.2
居民服务、修理和其他服务业	Resident Services, Repair and Other Services	670.31	113.5	805.17	117.2
教育	Education	1346.30	106.6	1537.74	109.0
卫生和社会工作	Sanitation and Social Security	626.21	111.8	664.12	103.1
文化、体育和娱乐业	Culture, Sports and Entertainment	264.78	114.3	311.95	114.9
公共管理、社会保障和社会组织	Public Management, Social Welfare and Social Organization	975.42	108.0	1159.69	113.4

3-9 各市生产总值(2016年)
Gross Domestic Product by City (2016)

本表按当年价格计算。
Data in this table are calculated at current prices.

市(县) City(County)	生产总值 (亿元) Gross Domestic Product (100 million yuan)	第一产业 Primary Industry	第二产业 Secondary Industry	第三产业 Tertiary Industry	人均生产总值 (元) Per Capita GDP (yuan)
省辖市 City					
郑州市 Zhengzhou	8113.97	156.35	3796.93	4160.68	84113
开封市 Kaifeng	1755.10	287.72	712.93	754.45	38619
洛阳市 Luoyang	3820.11	234.00	1791.32	1794.80	56410
平顶山市 Pingdingshan	1825.14	176.75	895.05	753.34	36708
安阳市 Anyang	2029.85	212.44	971.02	846.39	39603
鹤壁市 Hebi	771.79	61.99	503.25	206.55	47940
新乡市 Xinxiang	2166.97	222.89	1074.01	870.07	37805
焦作市 Jiaozuo	2095.08	133.95	1241.89	719.24	59183
濮阳市 Puyang	1449.56	161.87	793.85	493.84	40059
许昌市 Xuchang	2377.71	162.48	1398.54	816.69	54522
漯河市 Luohe	1081.93	113.87	674.62	293.43	41138
三门峡市 Sanmenxia	1325.86	123.50	748.93	453.43	58894
南阳市 Nanyang	3114.97	515.50	1364.35	1235.12	31010
商丘市 Shangqiu	1989.15	386.26	823.83	779.06	27332
信阳市 Xinyang	2037.80	446.05	805.87	785.87	31733
周口市 Zhoukou	2263.86	457.63	1040.23	766.00	25682
驻马店市 Zhumadian	1972.99	412.86	773.94	786.19	28305
济源市 Jiyuan	538.91	23.27	350.12	165.52	73722
省直管县 County Directly Administrated by Province					
巩义市 Gongyi	680.00	11.75	409.01	259.24	82329
兰考县 Lankao	259.22	39.58	113.05	106.59	40844
汝州市 Ruzhou	396.15	38.49	172.69	184.97	42551
滑县 Huaxian	228.92	66.17	84.26	78.49	20792
长垣县 Changyuan	302.43	33.10	153.45	115.88	40111
邓州市 Dengzhou	373.83	102.50	130.44	140.90	26143
永城市 Yongcheng	465.85	64.51	224.51	176.84	37916
固始县 Gushi	296.27	76.83	92.86	126.58	27331
鹿邑县 Luyi	285.29	51.14	132.22	101.93	32057
新蔡县 Xincai	173.56	47.71	58.56	67.30	20657

注：人均生产总值按常住人口计算。
a) Per Capita GDP are calculated at resident population.

3−10 各市生产总值指数(2016年)

Indices of Gross Domestic Product by City (2016)

本表按可比价格计算。
The indices in this table are calculated at comparable prices.

(上年=100) (preceding year=100)

市(县) City(County)	生产总值 Gross Domestic Product	第一产业 Primary Industry	第二产业 Secondary Industry	第三产业 Tertiary Industry	人均生产总值 Per Capita GDP
省辖市 City					
郑州市 Zhengzhou	108.5	103.0	105.8	111.4	106.5
开封市 Kaifeng	108.5	104.3	107.9	111.0	108.6
洛阳市 Luoyang	108.6	104.4	107.1	110.9	107.6
平顶山市 Pingdingshan	107.7	104.2	106.4	110.4	107.5
安阳市 Anyang	108.0	103.4	106.8	110.9	107.6
鹤壁市 Hebi	107.9	104.0	108.4	107.9	107.4
新乡市 Xinxiang	108.3	104.2	108.0	109.8	107.9
焦作市 Jiaozuo	108.3	104.2	107.8	110.1	107.9
濮阳市 Puyang	108.7	104.4	108.5	110.5	108.3
许昌市 Xuchang	108.9	103.6	108.2	111.3	108.0
漯河市 Luohe	108.1	103.8	108.2	109.5	107.4
三门峡市 Sanmenxia	107.5	104.6	106.8	109.5	107.3
南阳市 Nanyang	108.4	104.4	108.3	110.5	108.0
商丘市 Shangqiu	108.7	104.4	108.7	111.0	108.5
信阳市 Xinyang	108.3	104.2	108.2	111.2	108.0
周口市 Zhoukou	108.5	104.3	109.1	110.6	108.4
驻马店市 Zhumadian	108.5	104.3	108.1	111.4	108.1
济源市 Jiyuan	108.0	104.1	107.9	108.8	107.3
省直管县 County Directly Administrated by Province					
巩义市 Gongyi	108.7	104.1	107.9	110.3	108.2
兰考县 Lankao	109.4	104.2	109.0	112.0	108.7
汝州市 Ruzhou	109.6	104.3	107.8	112.8	109.5
滑县 Huaxian	108.7	103.9	109.1	112.8	109.3
长垣县 Changyuan	109.5	104.1	109.4	111.3	109.5
邓州市 Dengzhou	108.3	104.4	108.6	111.2	107.4
永城市 Yongcheng	108.8	104.3	108.1	111.8	107.9
固始县 Gushi	108.6	104.5	107.7	112.2	107.7
鹿邑县 Luyi	109.5	104.2	109.8	112.1	109.3
新蔡县 Xincai	108.0	104.4	108.6	110.4	107.9

3-11 各市分行业增加值(2016年)

Value-added by Sector and City (2016)

本表按当年价格计算。

Data in this table are calculated at current prices.

单位：亿元 (100 million yuan)

市(县)	City(County)	合计 Total	农林牧渔业 Agriculture Forestry, Animal Husbandry and Fishery	工业 Industry	建筑业 Construction	批发和零售业 Wholesale and Retail Trade	交通运输仓储及邮政业 Transport, Storage and Post	住宿和餐饮业 Hotels and Catering Services	信息传输、软件和信息技术服务业 Information Transmission, Software and Information Technology Services	金融业 Finance
省辖市	**City**									
郑州市	Zhengzhou	8113.97	159.17	3331.60	467.27	615.39	437.40	274.40	178.07	882.00
开封市	Kaifeng	1755.10	299.57	645.08	67.86	110.09	61.02	47.89	32.18	32.03
洛阳市	Luoyang	3820.11	252.56	1541.51	253.37	308.43	164.03	86.63	101.25	226.80
平顶山市	Pingdingshan	1825.14	182.90	811.65	83.66	146.93	60.58	66.26	22.64	100.98
安阳市	Anyang	2029.85	220.67	836.37	134.99	155.14	78.85	37.78	56.82	88.81
鹤壁市	Hebi	771.79	64.89	460.45	42.80	33.02	36.34	17.70	11.24	17.43
新乡市	Xinxiang	2166.97	227.89	926.25	150.36	144.88	79.63	63.46	25.95	131.74
焦作市	Jiaozuo	2095.08	141.05	1160.55	81.34	154.64	109.47	59.70	18.96	63.15
濮阳市	Puyang	1449.56	164.76	759.86	69.71	78.96	36.72	42.53	25.26	35.54
许昌市	Xuchang	2377.71	168.07	1299.11	102.41	144.42	99.72	72.21	41.76	63.36
漯河市	Luohe	1081.93	116.28	632.21	42.41	55.19	46.50	27.75	11.99	13.03
三门峡市	Sanmenxia	1325.86	124.29	676.18	73.42	81.82	99.25	25.07	14.67	41.89
南阳市	Nanyang	3114.97	526.19	1174.51	194.69	189.81	146.45	111.82	71.27	115.12
商丘市	Shangqiu	1989.15	393.28	699.24	124.61	110.66	74.73	67.45	45.08	62.01
信阳市	Xinyang	2037.80	466.65	660.15	148.94	94.05	58.51	64.29	57.18	73.89
周口市	Zhoukou	2263.86	474.48	918.10	124.22	125.20	60.72	62.44	37.45	70.20
驻马店市	Zhumadian	1972.99	433.91	667.70	106.24	137.50	66.44	54.50	32.11	68.98
济源市	Jiyuan	538.91	23.56	326.36	23.76	30.31	27.38	14.07	6.21	15.62
省直管县	**County Directly Administrated by Province**									
巩义市	Gongyi	680.00	12.52	385.33	24.08	34.57	39.56	32.91	8.98	21.51
兰考县	Lankao	259.22	41.21	106.60	6.44	15.09	9.87	5.29	3.24	5.88
汝州市	Ruzhou	396.15	40.67	156.87	15.82	32.30	22.85	13.89	5.38	18.50
滑县	Huaxian	228.92	69.62	73.65	10.81	12.74	6.78	5.75	2.79	8.80
长垣县	Changyuan	302.43	33.90	128.23	25.50	20.78	15.37	19.53	1.49	5.43
邓州市	Dengzhou	373.83	106.15	113.53	16.94	18.65	14.07	15.26	8.76	10.40
永城市	Yongcheng	465.85	66.04	198.50	26.01	15.61	16.92	12.12	10.25	16.52
固始县	Gushi	296.27	77.63	76.87	18.54	16.76	4.87	9.80	10.54	9.46
鹿邑县	Luyi	285.29	54.59	119.72	12.50	18.18	10.44	11.37	4.94	1.85
新蔡县	Xincai	173.56	49.27	48.79	9.77	12.55	5.66	3.33	4.73	1.90

3-11 续表 continued

本表按当年价格计算。
Data in this table are calculated at current prices.
单位：亿元

市(县) City(County)	房地产业 Real Estate	租赁和商务服务业 Leasing and Business Services	科学研究和技术服务业 Scientific Research, and Technical Service	水利、环境和公共设施管理业 Management of Water Conservancy, Environment and Public Facilities	居民服务、修理和其他服务业 Resident Services, Repair and Other Services	教育 Education	卫生和社会工作 Health and Social Work	文化、体育和娱乐业 Culture, Sports and Entertainment	公共管理、社会保障和社会组织 Public Management, Social Security and Social Organization
省辖市 City									
郑州市 Zhengzhou	478.67	249.83	199.19	27.65	137.37	231.99	152.94	88.08	202.94
开封市 Kaifeng	47.89	53.58	36.73	20.85	65.77	61.51	52.20	19.55	101.30
洛阳市 Luoyang	207.17	110.29	132.15	19.07	61.47	122.02	73.34	52.07	107.94
平顶山市 Pingdingshan	72.51	24.21	13.49	12.54	45.28	51.32	34.16	23.16	72.87
安阳市 Anyang	97.38	75.87	20.64	9.59	38.36	61.53	51.98	6.43	58.65
鹤壁市 Hebi	20.18	3.12	1.34	2.31	7.61	22.11	6.13	2.00	23.12
新乡市 Xinxiang	116.33	71.12	14.08	4.82	55.60	38.52	38.44	15.05	62.86
焦作市 Jiaozuo	77.12	21.00	10.37	7.89	59.42	39.03	22.88	18.25	50.26
濮阳市 Puyang	48.20	18.05	17.32	6.09	24.36	42.02	24.02	9.65	46.50
许昌市 Xuchang	61.97	69.54	17.90	5.99	70.86	65.71	29.68	16.56	48.44
漯河市 Luohe	30.82	7.71	8.12	7.52	18.70	14.27	16.09	4.70	28.62
三门峡市 Sanmenxia	22.09	25.49	4.03	6.21	25.55	34.47	15.89	4.15	51.38
南阳市 Nanyang	125.05	48.38	17.30	10.31	74.80	120.25	72.59	13.95	102.46
商丘市 Shangqiu	91.70	40.70	11.75	6.55	51.81	68.08	36.79	16.63	88.07
信阳市 Xinyang	98.43	33.39	23.17	13.41	53.61	75.97	32.61	13.62	69.92
周口市 Zhoukou	101.54	36.39	27.13	3.96	37.29	75.55	32.30	10.25	66.65
驻马店市 Zhumadian	69.56	31.95	16.95	16.82	36.49	63.11	51.88	20.40	98.46
济源市 Jiyuan	13.71	6.19	4.12	3.48	7.42	10.43	5.40	2.93	17.96
省直管县 County Directly Administrated by Province									
巩义市 Gongyi	23.93	12.93	1.29	0.95	25.33	15.36	18.61	6.04	16.09
兰考县 Lankao	10.72	5.68	2.73	2.37	6.90	12.47	6.54	2.83	15.36
汝州市 Ruzhou	13.82	13.65	3.19	2.40	13.86	15.43	9.89	1.77	15.85
滑县 Huaxian	9.80	4.12	0.55	0.17	3.10	7.01	4.65	0.55	8.02
长垣县 Changyuan	13.95	4.07	1.67	1.82	8.03	5.96	7.44	2.22	7.05
邓州市 Dengzhou	16.40	9.81	0.67	0.86	10.37	13.40	10.00	1.11	7.44
永城市 Yongcheng	30.93	15.45	2.57	0.95	23.54	9.63	4.97	2.49	13.35
固始县 Gushi	18.39	3.71	0.75	1.12	11.40	9.74	9.92	0.85	15.93
鹿邑县 Luyi	14.93	3.97	0.13	0.37	3.51	9.06	6.90	1.61	11.20
新蔡县 Xincai	10.10	1.48	0.20	0.07	2.75	6.72	3.96	1.42	10.86

3-12 各市分行业增加值指数(2016年)

Indices of Value-added by Sector and City (2016)

本表按可比价格计算。

The indices in this table are calculated at comparable prices.

(上年=100) (preceding year=100)

市(县)	City(County)	合计 Total	农林牧渔业 Agriculture Forestry, Animal Husbandry and Fishery	工业 Industry	建筑业 Construction	批发和零售业 Wholesale and Retail Trade	交通运输仓储及邮政业 Transport, Storage and Post	住宿和餐饮业 Hotels and Catering Services	信息传输、软件和信息技术服务业 Information Transmission, software and Information Technology Services	金融业 Finance
省辖市	**City**									
郑州市	Zhengzhou	108.5	103.1	105.6	107.6	108.0	104.7	107.0	114.6	120.5
开封市	Kaifeng	108.5	104.4	108.1	106.0	122.6	103.5	107.1	125.2	110.5
洛阳市	Luoyang	108.6	104.4	107.7	102.6	110.9	104.4	104.4	124.8	115.0
平顶山市	Pingdingshan	107.7	104.3	106.3	106.6	107.9	107.6	107.0	116.8	110.7
安阳市	Anyang	108.0	103.6	106.9	106.4	107.1	106.2	102.5	127.9	110.4
鹤壁市	Hebi	107.9	104.3	108.3	109.6	106.1	106.7	106.6	111.1	109.7
新乡市	Xinxiang	108.3	104.3	108.3	106.5	107.0	101.9	109.5	120.4	105.6
焦作市	Jiaozuo	108.3	104.4	107.6	110.4	106.2	99.9	117.7	123.5	112.7
濮阳市	Puyang	108.7	104.5	108.9	106.0	107.0	105.6	106.7	138.1	113.6
许昌市	Xuchang	108.9	103.8	108.3	106.6	112.9	102.4	105.0	109.9	110.0
漯河市	Luohe	108.1	104.0	108.4	104.9	109.5	104.1	106.9	121.2	114.6
三门峡市	Sanmenxia	107.5	104.7	106.5	110.0	104.0	101.6	109.7	129.0	118.4
南阳市	Nanyang	108.4	104.4	108.0	109.5	109.7	106.1	105.5	128.0	111.7
商丘市	Shangqiu	108.7	104.5	108.5	109.9	107.8	105.7	105.4	122.6	113.4
信阳市	Xinyang	108.3	104.4	108.1	108.8	107.1	104.7	106.8	115.9	112.1
周口市	Zhoukou	108.5	104.5	109.1	109.1	108.2	105.8	108.4	119.7	111.3
驻马店市	Zhumadian	108.5	104.5	107.7	110.1	108.9	104.6	105.9	117.9	119.2
济源市	Jiyuan	108.0	104.1	107.7	111.4	106.8	103.8	106.2	118.9	109.0
省直管县	**County Directly Administrated by Province**									
巩义市	Gongyi	108.7	104.3	107.8	109.6	110.5	93.0	106.7	125.7	122.2
兰考县	Lankao	109.4	104.5	108.8	113.0	133.3	103.3	107.6	112.2	121.9
汝州市	Ruzhou	109.6	104.4	107.4	113.0	108.6	103.3	106.7	126.0	120.1
滑县	Huaxian	108.7	104.2	109.1	109.3	107.3	103.8	106.0	184.0	120.2
长垣县	Changyuan	109.5	104.3	109.5	109.0	109.0	104.8	108.1	119.9	120.1
邓州市	Dengzhou	108.3	104.5	108.0	111.0	107.4	107.1	103.2	188.6	135.0
永城市	Yongcheng	108.8	104.5	108.1	108.0	104.6	104.6	107.5	123.7	112.6
固始县	Gushi	108.6	104.5	107.3	109.3	107.6	104.7	106.2	121.4	111.9
鹿邑县	Luyi	109.5	104.5	109.6	111.5	107.3	106.9	107.5	125.8	106.9
新蔡县	Xincai	108.0	104.5	107.9	112.5	107.5	103.6	106.7	110.8	114.8

3-12 续表 continued

本表按可比价格计算。
The indices in this table are calculated at comparable prices.
(上年=100) (preceding year=100)

市(县) City(County)	房地产业 Real estate	租赁和商务服务业 Leasing and Business Services	科学研究和技术服务业 Scientific Research, and Technical Service	水利、环境和公共设施管理业 Management of Water Conservancy, Environment and Public Facilities	居民服务、修理和其他服务业 Resident services, Repair and Other Services	教育 Education	卫生和社会工作 Health and Social Work	文化、体育和娱乐业 Culture, Sports and Entertainment	公共管理、社会保障和社会组织 Public Management, Social Security and Social Organization
省辖市 City									
郑州市 Zhengzhou	109.8	114.9	106.9	110.6	108.2	115.2	104.8	113.0	111.2
开封市 Kaifeng	100.5	119.9	109.4	115.0	119.8	107.0	107.6	121.5	101.4
洛阳市 Luoyang	106.1	115.6	111.9	105.6	110.7	107.6	110.8	129.3	111.9
平顶山市 Pingdingshan	113.9	117.2	119.8	121.2	99.4	107.0	109.4	119.1	117.7
安阳市 Anyang	108.1	117.1	112.0	111.5	118.9	108.4	113.0	126.6	111.9
鹤壁市 Hebi	106.1	127.4	105.0	102.2	119.5	105.7	116.7	157.3	105.7
新乡市 Xinxiang	111.8	119.8	102.4	116.6	120.1	108.5	107.4	119.4	111.9
焦作市 Jiaozuo	107.5	124.0	85.0	133.5	125.9	88.0	116.1	123.3	136.7
濮阳市 Puyang	112.8	117.2	107.3	133.9	123.2	110.0	113.1	87.4	108.0
许昌市 Xuchang	108.3	120.8	113.1	125.1	127.0	109.2	112.1	118.4	108.9
漯河市 Luohe	108.5	119.5	132.9	102.0	122.2	102.5	104.4	121.0	106.9
三门峡市 Sanmenxia	106.0	140.5	105.6	108.2	126.7	106.9	107.3	135.8	107.6
南阳市 Nanyang	102.6	123.0	115.6	116.6	125.5	108.2	112.1	125.5	106.9
商丘市 Shangqiu	112.0	116.4	125.7	124.0	118.7	102.7	114.3	136.6	109.0
信阳市 Xinyang	108.2	130.4	106.6	111.4	129.5	107.7	106.5	143.2	108.7
周口市 Zhoukou	104.2	121.6	110.5	116.8	117.6	111.5	117.4	117.3	112.0
驻马店市 Zhumadian	117.9	128.7	115.1	108.5	124.1	108.0	107.6	144.8	103.8
济源市 Jiyuan	101.0	120.1	121.3	107.7	117.9	115.7	119.9	116.9	108.0
省直管县 County Directly Administrated by Province									
巩义市 Gongyi	99.2	123.6	119.2	115.6	123.5	121.0	120.4	123.1	114.4
兰考县 Lankao	105.3	123.6	112.8	123.2	117.9	111.1	117.9	121.2	95.3
汝州市 Ruzhou	128.7	130.5	229.6	215.8	86.7	109.1	106.2	136.8	110.8
滑县 Huaxian	117.8	113.8	113.5	113.5	113.8	106.3	113.1	117.8	112.4
长垣县 Changyuan	96.3	126.2	115.4	126.8	131.5	116.2	115.2	134.8	117.8
邓州市 Dengzhou	80.5	144.5	118.4	107.0	128.8	110.6	107.0	141.2	108.4
永城市 Yongcheng	110.9	110.2	126.3	122.9	112.7	115.1	123.5	131.3	115.2
固始县 Gushi	107.5	165.3	83.0	105.3	156.3	104.2	102.2	161.7	105.3
鹿邑县 Luyi	116.8	128.1	112.6	112.6	128.1	107.7	112.5	129.1	112.6
新蔡县 Xincai	115.0	110.0	112.0	109.0	125.7	116.1	110.7	113.1	108.7

3-13 非公有制经济增加值(2016年)
Value-added of Non-Public-Owned (2016)

行业	Sector	增加值(亿元) Value-added of Non-Public-Owned (100 million yuan)	指数(%) Index of Value-added of Non-Public-Owned (%)	占全行业增加值比重(%) as Percentage of Value-added of Whole Industry (%)
总计	**Total**	**26264.26**	**109.3**	**64.9**
#第一产业	Value-added of the Primary Industry	1662.80	105.7	38.8
第二产业	Value-added of the Secondary Industry	15383.00	109.0	79.8
第三产业	Value-added of the Tertiary Industry	9218.46	110.3	54.5
#农林牧渔业	Agriculture, Forestry, Animal Husbandry and Fishery	1723.70	105.1	38.8
工业	Industry	13496.14	109.3	79.2
建筑业	Construction	1896.51	107.3	82.7
批发和零售业	Wholesale and Retail Trade	2189.87	114.2	73.3
交通运输、仓储和邮电业	Transport, Storage and Post	1201.10	111.4	62.0
住宿和餐饮业	Hotels and Catering Services	1084.72	105.8	97.6
金融业	Finance	496.95	112.1	22.0
房地产业	Real estate	1803.44	105.0	95.4
其他服务业	Others	2371.83	112.7	36.1

3-14 各市非公有制经济增加值(2016年)
Value-added of Non-Public-Owned by City (2016)

本表按当年价格计算。
Data in this table are calculated at current prices.

市	City	增加值(亿元) Value-added of Non-Public-Owned (100 million yuan)	占GDP比重(%) Value-added of Non-Public-Owned as Percentage of GDP (%)
郑州市	Zhengzhou	4789.17	59.0
开封市	Kaifeng	1112.76	63.4
洛阳市	Luoyang	2295.00	60.1
平顶山市	Pingdingshan	1021.30	56.0
安阳市	Anyang	1246.38	61.4
鹤壁市	Hebi	502.46	65.1
新乡市	Xinxiang	1457.10	67.2
焦作市	Jiaozuo	1377.49	65.7
濮阳市	Puyang	961.19	66.3
许昌市	Xuchang	1721.54	72.4
漯河市	Luohe	747.00	69.0
三门峡市	Sanmenxia	693.52	52.3
南阳市	Nanyang	1917.46	61.6
商丘市	Shangqiu	1261.59	63.4
信阳市	Xinyang	1243.56	61.0
周口市	Zhoukou	1448.62	64.0
驻马店市	Zhumadian	1245.70	63.1
济源市	Jiyuan	376.04	69.8

3-15 支出法生产总值

Gross Domestic Product by Expenditure Approach

本表按当年价格计算。
Data in this table are calculated at current prices.

单位：亿元 (100 million yuan)

年份 Year	支出法生产总值 Gross Domestic Product by Expenditure Approach	最终消费支出 Final Consumption					资本形成总额 Gross Capital Formation			货物和服务净流出 Net Export of Good and Services
			居民消费支出 Household Consumption			政府消费支出 Government Consumption		固定资本形成总额 Fixed Capital Formation	存货变动 Changes in Inventories	
				城镇居民 Urban Households	农村居民 Rural Households					
1978	162.92	107.07	94.34	23.89	70.45	12.73	52.49	40.66	11.83	3.36
1979	190.09	127.10	113.01	26.91	86.10	14.09	60.46	46.37	14.09	2.53
1980	229.16	151.48	135.23	30.87	104.36	16.25	69.20	57.70	11.50	8.48
1981	249.69	164.83	147.09	34.47	112.62	17.74	76.12	55.20	20.92	8.74
1982	263.30	183.01	159.95	36.62	123.33	23.06	71.15	66.10	5.05	9.14
1983	327.95	194.43	165.43	39.80	125.63	29.00	115.21	88.14	27.07	18.31
1984	370.04	222.17	187.89	48.57	139.32	34.28	130.82	101.87	28.95	17.05
1985	451.74	275.95	231.11	64.95	166.16	44.84	173.43	138.19	35.24	2.36
1986	502.91	307.91	256.87	74.19	182.68	51.04	184.00	158.84	25.16	11.00
1987	609.60	344.68	285.09	84.04	201.05	59.59	223.78	174.20	49.58	41.14
1988	749.09	410.63	348.87	113.53	235.34	61.76	307.85	222.33	85.52	30.61
1989	850.71	466.33	395.47	130.65	264.82	70.86	345.19	209.62	135.57	39.19
1990	934.65	527.43	447.97	138.64	309.33	79.46	364.81	225.73	139.08	42.41
1991	1045.73	572.63	479.04	153.74	325.30	93.59	421.32	279.06	142.26	51.78
1992	1279.75	641.79	531.59	173.70	357.89	110.20	571.96	346.67	225.29	66.00
1993	1660.18	878.69	672.23	220.37	451.86	206.46	682.64	485.98	196.66	98.85
1994	2216.83	1196.17	927.84	334.29	593.55	268.33	879.39	670.84	208.55	141.27
1995	2988.37	1590.89	1251.49	437.39	814.10	339.40	1235.62	877.41	358.21	161.86
1996	3634.69	1936.99	1537.04	535.52	1001.52	399.95	1485.58	1079.31	406.27	212.12
1997	4041.09	2146.53	1694.84	622.23	1072.61	451.69	1677.86	1254.89	422.97	216.70
1998	4308.24	2217.62	1717.39	665.78	1051.61	500.23	1845.87	1413.55	432.32	244.75
1999	4517.94	2347.13	1781.18	751.37	1029.81	565.95	1924.38	1469.87	454.51	246.43
2000	5052.99	2745.80	2090.01	900.75	1189.26	655.79	2104.00	1641.43	462.57	203.19
2001	5533.01	3086.15	2266.65	992.74	1273.91	819.50	2257.24	1790.76	466.48	189.62
2002	6035.48	3386.68	2446.93	1105.70	1341.23	939.75	2474.19	2018.58	455.61	174.61
2003	6867.70	3891.70	2870.19	1625.12	1245.07	1021.51	2786.46	2431.76	354.70	189.54
2004	8579.42	4567.78	3370.21	1928.42	1441.79	1197.57	3771.87	3243.47	528.40	239.77
2005	10621.56	5352.68	3817.86	2263.64	1554.22	1534.82	5054.94	4541.88	513.06	213.94
2006	12412.86	6100.82	4251.50	2609.65	1641.85	1849.32	6374.34	6053.02	321.32	-62.30
2007	15076.21	6829.42	4820.00	3051.32	1768.68	2009.42	8431.97	8108.95	323.02	-185.18
2008	18097.04	7757.05	5521.46	3567.66	1953.80	2235.59	10794.32	10382.46	411.86	-454.33
2009	19590.36	8739.50	6248.92	4142.02	2106.90	2490.58	13417.13	13109.16	307.97	-2566.27
2010	23222.91	10206.04	7402.60	5029.87	2372.73	2803.44	16111.74	15838.43	273.31	-3094.87
2011	27098.61	11777.06	8617.90	5825.10	2792.80	3159.16	19340.19	18992.76	347.43	-4018.64
2012	29797.13	13329.27	9754.41	6672.59	3081.82	3574.86	22266.99	21874.74	392.25	-5799.13
2013	32423.55	15317.69	11122.15	7676.11	3446.04	4195.54	25067.38	24613.45	453.93	-7961.52
2014	35198.65	16844.70	12325.62	8434.60	3891.02	4519.08	27510.27	26921.62	588.65	-9156.32
2015	37278.20	18715.27	13720.97	9498.89	4222.08	4994.30	28536.49	28005.88	530.61	-9973.56
2016	40471.79	20777.02	15250.82	10629.85	4620.97	5526.20	29560.08	29595.12	-35.04	-9865.31

3-16 最终消费支出指数

Indices of Final Consumption Expenditure

本表按可比价格计算。
The indices in this table are calculated at comparable prices.

年 份 Year	以1978年为100 (1978=100)					以上年为100 (preceding year=100)				
	最终消费支出 Final Consump-tion	居民消费支出 Household Consump-tion	城镇居民 Urban Households Consumption	农村居民 Rural Households Consumption	政府消费支出 Government Consump-tion	最终消费支出 Final Consump-tion	居民消费支出 Household Consump-tion	城镇居民 Urban Households Consumption	农村居民 Rural Households Consumption	政府消费支出 Government Consump-tion
1978	100.0	100.0	100.0	100.0	100.0	118.3	118.7	119.9	118.3	115.7
1979	118.6	119.6	112.6	122.1	110.7	118.6	119.6	112.6	122.1	110.7
1980	134.8	136.6	121.0	142.1	121.1	113.7	114.2	107.5	116.4	109.4
1918	145.0	146.8	131.7	152.2	130.1	107.5	107.5	108.8	107.1	107.4
1982	158.9	157.5	137.5	164.7	166.7	109.6	107.3	104.4	108.2	128.2
1983	166.3	160.7	145.2	166.3	206.1	104.7	102.0	105.6	101.0	123.6
1984	189.0	181.4	173.8	184.5	241.5	113.6	112.9	119.7	110.9	117.2
1985	224.5	213.7	218.5	212.5	299.8	118.8	117.8	125.7	115.2	124.1
1986	239.1	226.8	234.2	224.6	324.9	106.5	106.1	107.2	105.7	108.4
1987	252.5	237.6	245.7	235.4	356.8	105.6	104.8	104.9	104.8	109.8
1988	263.3	248.1	271.7	240.6	370.0	104.3	104.4	110.6	102.2	103.7
1989	268.9	253.3	278.0	245.4	377.4	102.1	102.1	102.3	102.0	102.0
1990	281.5	263.4	296.6	252.5	407.6	104.7	104.0	106.7	102.9	108.0
1991	298.4	276.6	313.2	264.1	458.1	106.0	105.0	105.6	104.6	112.4
1992	322.3	295.4	345.4	276.3	527.3	108.0	106.8	110.3	104.6	115.1
1993	395.1	353.3	418.3	327.7	730.8	122.6	119.6	121.1	118.6	138.6
1994	445.3	383.0	458.1	352.9	966.2	112.7	108.4	109.5	107.7	132.2
1995	495.1	425.1	503.9	394.2	1082.1	111.2	111.0	110.0	111.7	112.0
1996	560.5	485.5	545.7	465.9	1183.8	113.2	114.2	108.3	118.2	109.4
1997	609.3	521.9	611.7	487.8	1340.1	108.7	107.5	112.1	104.7	113.2
1998	644.0	543.3	649.0	501.5	1492.8	105.7	104.1	106.1	102.8	111.4
1999	696.1	576.5	725.0	513.0	1716.8	108.1	106.1	111.7	102.3	115.0
2000	798.5	660.0	832.3	585.9	1977.7	114.7	114.5	114.8	114.2	115.2
2001	891.9	711.5	903.0	628.7	2454.3	111.7	107.8	108.5	107.3	124.1
2002	986.4	777.0	1031.3	656.9	2810.2	110.6	109.2	114.2	104.5	114.5
2003	1116.7	892.0	1303.5	674.7	3065.9	113.2	114.8	126.4	102.7	109.1
2004	1219.6	974.9	1454.7	717.9	3341.9	109.2	109.3	111.6	106.4	109.0
2005	1335.1	1054.4	1630.2	738.7	3781.6	109.5	108.2	112.1	102.9	113.2
2006	1522.7	1191.0	1881.2	808.2	4415.9	114.1	113.0	115.4	109.4	116.8
2007	1642.0	1297.6	2105.9	843.3	4643.4	107.8	109.0	111.9	104.3	105.2
2008	1734.7	1381.0	2323.9	842.9	4814.9	105.6	106.4	110.3	99.9	103.7
2009	1967.2	1571.8	2722.4	908.2	5409.9	113.4	113.8	117.1	107.7	112.4
2010	2221.7	1790.6	3183.8	980.4	5971.0	112.9	113.9	116.9	107.9	110.4
2011	2465.6	1994.5	3545.1	1092.7	6562.9	111.0	111.4	111.3	111.5	109.9
2012	2748.1	2201.9	3958.0	1177.5	7500.6	111.5	110.4	111.6	107.8	114.3
2013	3057.7	2423.4	4406.3	1263.3	8579.3	111.3	110.1	111.3	107.3	114.4
2014	3300.0	2635.9	4746.7	1404.0	9079.6	107.9	108.8	107.7	111.1	105.8
2015	3644.5	2923.4	5320.3	1520.6	9918.8	110.4	110.9	112.1	108.3	109.2
2016	3983.5	3201.1	5868.3	1639.3	10781.7	109.3	109.5	110.3	107.8	108.7

3-17 资本形成总额指数

Indices of Gross Capital Formation

本表按可比价格计算。
The indices in this table are calculated at comparable prices.

年份 Year	以1978年为100 (1978=100)			以上年为100 (preceding year=100)		
	资本形成总额 Gross Capital Formation	固定资本形成总额 Fixed Capital Formation	存货变动 Changes in Inventories	资本形成总额 Gross Capital Formation	固定资本形成总额 Fixed Capital Formation	存货变动 Changes in Inventories
1978	100.0	100.0	100.0	103.9	111.6	81.4
1979	108.3	104.1	125.3	108.3	104.1	125.3
1980	123.4	128.6	102.6	113.9	123.5	81.9
1981	134.6	122.5	183.3	109.1	95.3	178.6
1982	125.7	146.2	43.8	93.4	119.3	23.9
1983	200.6	191.6	236.4	159.6	131.1	539.7
1984	210.0	200.4	248.2	104.7	104.6	105.0
1985	249.3	241.3	280.7	118.7	120.4	113.1
1986	253.8	268.1	196.0	101.8	111.1	69.8
1987	271.1	257.1	325.7	106.8	95.9	166.2
1988	387.4	350.2	533.8	142.9	136.2	163.9
1989	402.1	317.6	738.3	103.8	90.7	138.3
1990	406.9	318.3	760.4	101.2	100.2	103.0
1991	452.1	359.0	822.8	111.1	112.8	108.2
1992	550.2	424.3	1053.9	121.7	118.2	128.1
1993	585.9	489.3	964.4	106.5	115.3	91.5
1994	660.9	585.7	947.0	112.8	119.7	98.2
1995	806.3	694.6	1238.7	122.0	118.6	130.8
1996	936.1	820.3	1381.1	116.1	118.1	111.5
1997	1051.3	944.2	1455.7	112.3	115.1	105.4
1998	1180.6	1078.3	1562.0	112.3	114.2	107.3
1999	1266.8	1145.1	1727.5	107.3	106.2	110.6
2000	1364.3	1253.9	1770.7	107.7	109.5	102.5
2001	1459.8	1360.5	1799.1	107.0	108.5	101.6
2002	1613.1	1537.3	1804.5	110.5	113.0	100.3
2003	1782.5	1815.6	1378.6	110.5	118.1	76.4
2004	2141.7	2162.4	1767.4	120.2	119.1	128.2
2005	2626.8	2815.4	1298.4	122.6	130.2	73.5
2006	3167.9	3583.1	799.5	120.5	127.2	61.6
2007	3904.5	4478.7	730.2	123.3	125.0	91.3
2008	4691.5	5392.1	834.1	120.2	120.5	114.2
2009	6031.8	7024.7	695.8	128.5	130.2	83.4
2010	6930.3	8126.2	574.6	114.9	115.7	82.6
2011	7912.8	9271.7	683.4	114.1	114.1	118.9
2012	9064.3	10606.9	840.1	114.6	114.4	122.9
2013	10257.6	11994.9	985.3	113.2	113.1	117.3
2014	11256.9	13118.6	1265.1	109.7	109.4	128.4
2015	11960.0	13979.2	1175.1	106.2	106.6	92.9
2016	12414.5	14804.0		103.8	105.9	

3-18 支出法生产总值构成

Components of Gross Domestic Product by Expenditure Approach

本表按当年价格计算。
Data in this table are calculated at current prices.

年 份 Year	比重 (支出法生产总值=100) Proportion (Gross Domestic Product by Expenditure Approach=100)			比重 (最终消费支出=100) Proportion (Final Consumption Expenditure=100)	
	最终消费支出 Final Consumption	资本形成总额 Gross Capital Formation	货物和服务净流出 Net Export of Good and Services	居民消费支出 Household Consumption	政府消费支出 Government Consumption
1978	65.7	32.2	2.1	88.1	11.9
1979	66.9	31.8	1.3	88.9	11.1
1980	66.1	30.2	3.7	89.3	10.7
1981	66.0	30.5	3.5	89.2	10.8
1982	69.5	27.0	3.5	87.4	12.6
1983	59.3	35.1	5.6	85.1	14.9
1984	60.0	35.4	4.6	84.6	15.4
1985	61.1	38.4	0.5	83.8	16.2
1986	61.2	36.6	2.2	83.4	16.6
1987	56.5	36.7	6.7	82.7	17.3
1988	54.8	41.1	4.1	85.0	15.0
1989	54.8	40.6	4.6	84.8	15.2
1990	56.4	39.0	4.5	84.9	15.1
1991	54.8	40.3	5.0	83.7	16.3
1992	50.1	44.7	5.2	82.8	17.2
1993	52.9	41.1	6.0	76.5	23.5
1994	54.0	39.7	6.4	77.6	22.4
1995	53.2	41.3	5.4	78.7	21.3
1996	53.3	40.9	5.8	79.4	20.6
1997	53.1	41.5	5.4	79.0	21.0
1998	51.5	42.8	5.7	77.4	22.6
1999	52.0	42.6	5.5	75.9	24.1
2000	54.3	41.6	4.0	76.1	23.9
2001	55.8	40.8	3.4	73.4	26.6
2002	56.1	41.0	2.9	72.3	27.7
2003	56.7	40.6	2.8	73.8	26.2
2004	53.2	44.0	2.8	73.8	26.2
2005	50.4	47.6	2.0	71.3	28.7
2006	49.1	51.4	-0.5	69.7	30.3
2007	45.3	55.9	-1.2	70.6	29.4
2008	42.9	59.6	-2.5	71.2	28.8
2009	44.6	68.5	-13.1	71.5	28.5
2010	43.9	69.4	-13.3	72.5	27.5
2011	43.5	71.4	-14.8	73.2	26.8
2012	44.7	74.7	-19.5	73.2	26.8
2013	47.2	77.3	-24.6	72.6	27.4
2014	47.9	78.2	-26.0	73.2	26.8
2015	50.2	76.6	-26.8	73.3	26.7
2016	51.3	73.0	-24.4	73.4	26.6

3-19 生产总值支出法构成项目

Expenditure Approach Components of Gross Domestic Product

本表按当年价格计算。
Data in this table are calculated at current prices.
单位：亿元 (100 million yuan)

项　目	Item	2015	2016
支出法生产总值	**Gross Domestic Product by Expenditure Approach**	**37278.20**	**40471.79**
最终消费支出	**Final Consumption**	**18715.27**	**20777.02**
居民消费支出	Household Consumption	13720.97	15250.82
城镇居民	Urban Households	9498.89	10629.85
食品类支出	Food	2342.59	2463.62
衣着类支出	Clothing	861.59	945.00
居住类支出	Residence	1122.46	1236.09
家庭设备、用品及服务类支出	Household Facilities, Articles and Service	609.92	648.21
医疗保健类支出	Medical Treatment and Medical Service	909.75	1004.56
交通和通信类支出	Transport, Post and Communication Services	970.74	1051.55
文化教育娱乐及服务类支出	Culture,education, Entertainment and Services	1243.34	1440.83
银行中介服务支出	Finance Agency Service	876.28	1171.28
保险服务消费支出	Insurance	243.50	329.19
其他商品和服务类支出	Miscellaneous and Services	318.72	339.52
农村居民	Rural Households	4222.08	4620.97
食品类支出	Food	1174.75	1217.23
衣着类支出	Clothing	318.21	336.93
居住类支出	Residence	772.27	754.80
家庭设备、用品及服务类支出	Household Facilities,Articles and Service	286.16	292.51
医疗保健类支出	Medical Treatment and Medical Service	495.34	603.28
交通和通信类支出	Transport, Post and Communication Services	266.07	369.20
文化教育娱乐及服务类支出	Culture,education,Entertainment and Services	461.07	521.20
银行中介服务支出	Finance Agency Service	284.64	340.40
保险服务消费支出	Insurance	79.09	95.67
其他商品和服务类支出	Miscellaneous and Services	84.48	89.75
政府消费支出	Government Consumption	4994.30	5526.20
资本形成总额	**Gross Capital Formation**	**28536.50**	**29560.08**
固定资本形成总额	Fixed Capital Formation	28005.89	29595.12
存货变动	Changes in Inventories	530.61	-35.04
货物和服务净流出	**Net Export of Goods and Services**	**-9973.57**	**-9865.31**

3-20 各市支出法生产总值(2016年)

Gross Domestic Product by Expenditure Approach by City (2016)

本表按当年价格计算。
Data in this table are calculated at current prices.

单位：亿元 (100 million yuan)

市(县)	City(County)	支出法生产总值 Gross Domestic Product by Expenditure Approach	最终消费支出 Final Consumption	居民消费支出 Household Consumption	城镇居民 Urban Households	农村居民 Rural Households	政府消费支出 Government Consumption	资本形成总额 Gross Capital Formation	货物和服务净流出 Net Export of Good and Services
郑州市	Zhengzhou	8113.97	3886.82	2796.32	2050.52	745.81	1090.50	4137.18	89.96
开封市	Kaifeng	1755.10	1148.22	831.14	599.40	231.74	317.08	1185.90	-579.02
洛阳市	Luoyang	3820.11	1889.12	1237.33	876.41	360.92	651.78	2637.76	-706.77
平顶山市	Pingdingshan	1825.14	955.06	676.20	487.22	188.98	278.86	1177.47	-307.39
安阳市	Anyang	2029.85	957.34	704.26	394.16	310.11	253.08	1488.87	-416.36
鹤壁市	Hebi	771.79	306.73	222.58	160.30	62.28	84.15	477.59	-12.53
新乡市	Xinxiang	2166.97	1091.30	843.27	578.50	264.77	248.03	1730.29	-654.61
焦作市	Jiaozuo	2095.08	955.68	751.82	491.85	259.97	203.86	1618.99	-479.60
濮阳市	Puyang	1449.56	652.36	500.37	296.16	204.22	151.98	1355.89	-558.69
许昌市	Xuchang	2377.71	952.28	706.33	475.08	231.25	245.95	1568.96	-143.52
漯河市	Luohe	1081.93	611.56	397.96	199.22	198.74	213.59	481.61	-11.24
三门峡市	Sanmenxia	1325.86	416.16	314.89	219.41	95.47	101.27	1019.01	-109.31
南阳市	Nanyang	3114.97	1897.92	1445.72	903.18	542.53	452.21	2774.79	-1557.75
商丘市	Shangqiu	1989.15	984.98	768.95	471.53	297.42	216.03	1008.75	-4.57
信阳市	Xinyang	2037.80	1311.06	866.10	500.46	365.64	444.96	1844.21	-1117.47
周口市	Zhoukou	2263.86	1290.75	921.01	569.26	351.75	369.74	1885.74	-912.62
驻马店市	Zhumadian	1972.99	1356.14	1004.97	565.31	439.65	351.18	1497.80	-880.96
济源市	Jiyuan	538.91	179.81	143.37	98.86	44.52	36.44	384.81	-25.71

3-21 各市支出法生产总值指数(2016年)

Indices of Gross Domestic Product by Expenditure Approach by City (2016)

本表按可比价格计算。

The indices in this table are calculated at comparable prices.

(上年=100) (preceding year=100)

市(县)	City(County)	支出法生产总值 Gross Domestic Product by Expenditure Approach	最终消费支出 Final Consumption	居民消费支出 Household Consumption	城镇居民 Urban Households	农村居民 Rural Households	政府消费支出 Government Consumption	资本形成总额 Gross Capital Formation
郑州市	Zhengzhou	108.5	108.1	108.9	108.3	110.4	106.3	108.6
开封市	Kaifeng	108.5	109.3	109.0	110.9	104.5	110.1	115.3
洛阳市	Luoyang	108.6	112.5	114.4	112.7	119.3	109.1	102.7
平顶山市	Pingdingshan	107.7	108.5	106.9	106.0	109.4	112.6	75.6
安阳市	Anyang	108.0	105.5	105.5	105.7	105.3	105.4	107.3
鹤壁市	Hebi	107.9	104.9	103.4	104.0	101.7	109.0	104.9
新乡市	Xinxiang	108.3	99.7	100.5	99.5	102.7	97.2	118.7
焦作市	Jiaozuo	108.3	103.2	107.0	109.8	102.1	90.6	103.4
濮阳市	Puyang	108.7	103.4	103.8	103.6	104.0	102.0	109.7
许昌市	Xuchang	108.9	105.6	105.9	106.3	105.2	104.6	109.2
漯河市	Luohe	108.1	109.2	109.3	109.4	109.1	109.1	106.5
三门峡市	Sanmenxia	107.5	111.4	114.8	118.4	107.3	101.8	106.3
南阳市	Nanyang	108.4	107.6	107.9	110.0	104.5	106.9	105.7
商丘市	Shangqiu	108.7	110.6	113.6	112.8	114.8	101.5	109.9
信阳市	Xinyang	108.3	107.9	106.9	105.1	109.4	110.1	108.9
周口市	Zhoukou	108.5	99.6	98.8	98.5	99.3	101.6	117.1
驻马店市	Zhumadian	108.5	106.2	108.2	107.8	108.9	101.1	102.0
济源市	Jiyuan	108.0	108.3	108.6	108.5	108.7	107.4	99.8

3-22 居民消费水平及指数

Household Consumption Expenditure and Indices

本表绝对数按当年价格计算，指数按可比价格计算。
Value items in this table are calculated at current prices, while indices are calculated at comparable prices.

年 份 Year	居民消费水平(元) Household Consumption (yuan)			城乡消费水平对比(农民=1) Urban/Rural Consumption Ratio (Rural Household=1)	居民消费水平指数 Indices of Household Consumption Expenditure					
					以上年为100 (preceding year=100)			以1952年为100 (1952=100)		
	全体居民 All Household	城镇居民 Urban Household	农村居民 Rural Household		全体居民 All Household	城镇居民 Urban Household	农村居民 Rural Household	全体居民 All Household	城镇居民 Urban Household	农村居民 Rural Household
1978	135	428	109	3.9	116.9	116.3	116.7	100.0	100.0	100.0
1979	159	447	132	3.4	117.6	104.4	120.8	117.6	104.4	120.8
1980	187	471	159	3.0	112.5	98.6	115.5	132.3	102.9	139.5
1981	200	496	169	2.9	106.0	102.7	106.1	140.2	105.7	148.0
1982	214	502	183	2.7	105.6	99.4	106.9	148.1	105.1	158.2
1983	218	524	184	2.8	100.4	101.4	99.7	148.7	106.6	157.8
1984	245	605	202	3.0	111.3	113.3	109.8	165.5	120.7	173.2
1985	297	750	240	3.1	116.2	116.4	114.5	192.3	140.5	198.4
1986	324	817	261	3.1	104.4	102.2	104.5	200.8	143.6	207.3
1987	353	895	282	3.2	102.9	101.4	103.0	206.6	145.6	213.5
1988	424	1147	325	3.5	102.3	105.0	100.6	211.3	152.9	214.8
1989	471	1256	360	3.5	100.0	97.3	100.3	211.3	148.8	215.4
1990	523	1274	413	3.1	102.0	102.0	101.3	215.6	151.8	218.2
1991	550	1362	429	3.2	103.3	101.9	103.3	222.7	154.6	225.4
1992	603	1478	469	3.2	105.5	105.9	103.8	234.9	163.8	234.0
1993	755	1769	590	3.0	118.4	114.2	118.3	278.1	187.0	276.8
1994	1032	2493	776	3.2	107.4	101.7	107.8	298.7	190.2	298.4
1995	1381	3045	1067	2.9	110.1	102.7	111.9	328.9	195.3	333.9
1996	1682	3548	1313	2.7	113.3	103.0	118.2	372.6	201.2	394.7
1997	1841	3963	1404	2.8	106.7	107.7	104.5	397.6	216.7	412.5
1998	1851	4106	1373	3.0	103.3	102.7	102.5	410.7	222.5	422.8
1999	1905	4521	1339	3.4	105.3	109.0	101.9	432.5	242.6	430.8
2000	2215	5090	1551	3.3	113.5	111.8	113.6	490.9	271.2	489.4
2001	2381	5562	1647	3.4	106.9	108.0	106.1	524.7	292.9	519.2
2002	2553	5986	1734	3.5	108.6	109.9	105.1	569.9	321.9	545.7
2003	3083	6585	1819	3.6	108.6	109.3	104.7	618.9	351.8	571.4
2004	3625	7394	2156	3.4	109.5	105.6	108.8	677.7	371.5	621.6
2005	4092	8145	2372	3.4	107.7	105.2	105.1	729.9	390.8	653.3
2006	4530	8810	2556	3.4	112.3	108.3	111.6	819.6	423.3	729.1
2007	5141	9743	2833	3.4	109.1	105.8	107.3	894.2	447.8	782.4
2008	5877	10797	3208	3.4	114.3	110.8	113.2	1022.1	496.2	885.6
2009	6607	11884	3528	3.4	112.4	110.1	110.0	1148.8	546.3	974.2
2010	7837	13958	4061	3.4	114.1	113.1	110.3	1310.8	617.9	1074.5
2011	9171	15616	4929	3.2	112.0	107.6	114.9	1468.1	664.8	1234.6
2012	10380	17104	5608	3.0	110.4	106.8	111.1	1620.8	710.0	1371.7
2013	11820	18921	6438	2.9	109.9	107.1	110.2	1781.3	760.4	1511.6
2014	13078	20111	7439	2.7	108.6	104.2	113.7	1934.4	792.4	1718.7
2015	14507	21821	8271	2.6	110.5	108.0	111.0	2137.6	855.8	1907.8
2016	16043	23454	9291	2.5	109.0	105.9	110.6	2329.9	906.3	2110.0

3-23 各市居民消费水平及指数(2016年)

Household Consumption Expenditure and Indices by City (2016)

本表绝对数按当年价格计算，指数按可比价格计算。
Value items in this table are calculated at current prices, while indices are calculated at comparable prices.

市(县)	City(County)	居民消费水平(元) Household Consumption (yuan)			指数(以上年为100) Indices (preceding year=100)		
		全体居民 All Household	城镇居民 Urban Household	农村居民 Rural Household	全体居民 All Household	城镇居民 Urban Household	农村居民 Rural Household
郑州市	Zhengzhou	28988	30211	26085	106.9	104.3	113.4
开封市	Kaifeng	18288	29272	9281	109.1	106.9	107.6
洛阳市	Luoyang	18271	24188	11463	113.4	108.1	122.6
平顶山市	Pingdingshan	13600	19596	7603	106.7	102.6	112.4
安阳市	Anyang	13740	16129	11564	105.0	101.7	108.0
鹤壁市	Hebi	13825	17643	8880	102.9	100.7	104.7
新乡市	Xinxiang	14712	20293	9189	100.2	96.4	105.3
焦作市	Jiaozuo	21238	24966	16559	106.6	106.2	105.4
濮阳市	Puyang	13828	19865	9598	103.4	98.8	106.8
许昌市	Xuchang	16196	22471	10292	105.1	101.5	108.1
漯河市	Luohe	15132	15655	14641	108.6	104.8	112.1
三门峡市	Sanmenxia	13987	18613	8902	114.6	115.0	110.2
南阳市	Nanyang	14392	21339	9334	107.5	105.1	107.2
商丘市	Shangqiu	10566	16562	6713	113.4	107.5	118.0
信阳市	Xinyang	13487	17874	10095	106.6	100.8	112.4
周口市	Zhoukou	10448	16696	6507	98.7	94.2	101.9
驻马店市	Zhumadian	14418	20826	10330	107.8	102.6	111.5
济源市	Jiyuan	19613	22994	14785	107.9	104.9	112.2

3-24 各市收入法生产总值构成项目(2016年)

Income Approach Components of Gross Domestic Product by City (2016)

本表按当年价格计算。

Data in this table are calculated at current prices.

单位：亿元 (100 million yuan)

市(县) City(County)	生产总值 Gross Domestic Product	劳动者报酬 Compensation of Employees	生产税净额 Net Taxes on Production	固定资产折旧 Depreciation of Fixed Assets	营业盈余 Operating Surplus
全省 Total	**40471.79**	**20521.39**	**4290.52**	**4976.14**	**10683.74**
省辖市 City					
郑州市 Zhengzhou	8113.97	3325.85	1089.77	1123.39	2574.96
开封市 Kaifeng	1755.10	864.69	191.60	183.22	515.60
洛阳市 Luoyang	3820.11	1762.75	603.11	577.16	877.09
平顶山市 Pingdingshan	1825.14	937.46	204.01	264.21	419.46
安阳市 Anyang	2029.85	938.84	240.72	282.08	568.20
鹤壁市 Hebi	771.79	391.48	84.34	68.35	227.61
新乡市 Xinxiang	2166.97	1102.74	164.41	238.51	661.32
焦作市 Jiaozuo	2095.08	1095.28	204.21	249.36	546.23
濮阳市 Puyang	1449.56	678.37	158.60	299.28	313.30
许昌市 Xuchang	2377.71	784.37	469.73	314.88	808.73
漯河市 Luohe	1081.93	500.89	105.76	76.89	398.39
三门峡市 Sanmenxia	1325.86	615.50	195.34	182.40	332.62
南阳市 Nanyang	3114.97	1566.24	333.83	405.98	808.91
商丘市 Shangqiu	1989.15	1101.44	211.81	226.69	449.21
信阳市 Xinyang	2037.80	1101.23	175.41	223.98	537.18
周口市 Zhoukou	2263.86	1006.43	199.56	249.56	808.32
驻马店市 Zhumadian	1972.99	886.23	241.10	262.67	582.99
济源市 Jiyuan	538.91	159.92	98.41	129.64	150.95
省直管县 County Directly Administrated by Province					
巩义市 Gongyi	680.00	323.75	98.53	75.62	182.10
兰考县 Lankao	259.22	120.87	10.98	32.08	95.29
汝州市 Ruzhou	396.15	181.49	37.58	56.03	121.05
滑县 Huaxian	228.92	113.91	21.14	29.02	64.85
长垣县 Changyuan	302.43	153.27	27.49	37.94	83.73
邓州市 Dengzhou	373.83	222.94	33.50	43.58	73.80
永城市 Yongcheng	465.85	219.33	63.42	55.99	127.11
固始县 Gushi	296.27	141.64	28.63	40.01	85.99
鹿邑县 Luyi	285.29	94.77	26.30	37.39	126.83
新蔡县 Xincai	173.56	103.83	11.69	24.71	33.34

3-25 资金流量表(实物交易，2015年)

单位：亿元

交易项目	Transaction	非金融企业部门 Non-financial Enterprises		金融机构部门 Financial Institutions	
		使用 Utilization	来源 Source	使用 Utilization	来源 Source
净出口	**Net Exports**				
增加值	**Value Added**		**23326.76**		**1991.11**
劳动者报酬	**Compensation of Employees**	**9488.59**		**476.13**	
工资及工资性收入	Wages and Related Income	8582.11		430.64	
单位社会保险付款	Social Security Payment	906.49		45.49	
生产税净额	**Taxes on Production, Net**	**3731.18**	**-90.23**	**178.97**	
生产税	Taxes on Production	3731.18		178.97	
生产补贴	Subsidies to Production		90.23		
财产收入	**Income from Properties**	**2565.90**	**969.13**	**3278.17**	**3360.56**
利息	Interest	2199.35	941.75	3260.93	3340.33
红利	Dividend	73.94	27.38	1.90	20.23
地租	Rent on Land	231.24			
其他	Others	61.37		15.34	
初次分配总收入	**Total Income from Primary Distribution**		**8419.98**		**1418.40**
经常转移	**Current Transfer**	**485.27**	**94.50**	**249.47**	**318.01**
收入税	Taxes on Income	235.07		60.47	
社会保险缴款	Payment to Social Security				
社会保险福利	Social Security Welfare				
社会补助	Allowances				
其他	Others	250.20	94.50	189.00	318.01
可支配总收入	**Total Disposable Income**		**8029.20**		**1486.94**
最终消费	**Final Consumption Expenditure**				
居民消费	Household Consumption				
政府消费	Government Consumption				
总储蓄	**Savings**		**8029.20**		**1486.94**
资本转移	**Capital Transfer**		**773.79**		
投资性补助	Investment Allowances		773.79		
其他	Other				
资本形成总额	**Gross Capital Formation**	**21425.07**		**13.20**	
固定资本形成总额	Gross Fixed Capital Formation	20792.80		13.20	
存货增加	Changes in Inventories	632.27			
其他非金融资产获得减处置	**Acquisitions Less Disposals of Other Non-financial Assets**				
净金融投资	**Net Financial Investment**	**-12622.07**		**1473.74**	

Flow of Funds Accounts (Physical Transaction, 2015)

(100 million yuan)

政府部门 Governments		住户部门 Households		省内合计 Total of Provincial Sectors		国内省外 Rest of the Domestic		国外部门 Rest of the World		总计 Total	
使用 Utilization	来源 Source	使用 Utilization	来源 Source	使用 Utilization	来源 Source	使用 Utilization	来源 Source	使用 Utilization	来源 Source	使用 Utilization	来源 Source
							10741.43		**-767.87**		**9973.56**
	2973.12		**8711.17**		**37002.16**						**37002.16**
2575.43		**6195.03**	**18735.19**	**18735.19**	**18735.19**					**18735.19**	**18735.19**
2419.10		5603.19	17035.05	17035.05	17035.05					17035.05	17035.05
156.33		591.84	1700.14	1700.14	1700.14					1700.14	1700.14
-109.82	**4268.00**	**338.22**	**-39.22**	**4138.55**	**4138.55**					**4138.55**	**4138.55**
19.63	4268.00	338.22		4268.00	4268.00					4268.00	4268.00
129.45			39.22	129.45	129.45					129.45	129.45
92.91	**838.26**	**1048.07**	**1877.54**	**6985.04**	**7045.48**	**90.98**	**30.54**			**7076.02**	**7076.02**
92.91	525.04	1048.07	1794.15	6601.26	6601.26					6601.26	6601.26
	5.27		83.39	75.84	136.27	90.98	30.54			166.81	166.81
	231.24			231.24	231.24					231.24	231.24
	76.71			76.71	76.71					76.71	76.71
	5520.86		**21703.36**		**37062.60**						**37062.60**
3570.81	**5780.94**	**1339.63**	**2889.76**	**5645.19**	**9083.21**	**3469.95**	**31.93**			**9115.14**	**9115.14**
	361.79	66.25		361.79	361.79					361.79	361.79
743.62	1815.13	1071.51		1815.13	1815.13					1815.13	1815.13
1593.82			1593.82	1593.82	1593.82					1593.82	1593.82
1127.27			1127.27	1127.27	1127.27					1127.27	1127.27
106.11	3604.02	201.87	168.67	747.18	4185.20	3469.95	31.93			4217.13	4217.13
	7730.98		**23253.49**		**40500.62**						**40500.62**
5001.65		**13720.97**		**18722.62**						**18722.62**	
		13720.97		13720.97						13720.97	
5001.65				5001.65						5001.65	
	2729.33		**9532.52**		**21778.00**		**7242.98**		**-767.87**		**28253.11**
773.79				**773.79**	**773.79**					**773.79**	**773.79**
773.79				773.79	773.79					773.79	773.79
2641.77		**4173.07**		**28253.11**						**28253.11**	
2628.34		4288.16		27722.50						27722.50	
13.43		-115.09		530.61						530.61	
-686.23		**5359.45**		**-6475.11**		**7242.98**		**-767.87**			

主要统计指标解释

国内生产总值（GDP） 指按市场价格计算的一个国家(或地区)所有常住单位在一定时期内生产活动的最终成果。国内生产总值有三种表现形态，即价值形态、收入形态和产品形态。从价值形态看，它是所有常住单位在一定时期内生产的全部货物和服务价值超过同期投入的全部非固定资产货物和服务价值的差额，即所有常住单位的增加值之和；从收入形态看，它是所有常住单位在一定时期内创造并分配给常住单位和非常住单位的初次收入之和；从产品形态看，它是所有常住单位在一定时期内最终使用的货物和服务价值减去货物和服务进口价值。在实际核算中，国内生产总值有三种计算方法，即生产法、收入法和支出法。三种方法分别从不同的方面反映国内生产总值及其构成。

三次产业 三产业的划分是世界上较为常用的产业结构分类，但各国的划分不尽一致。我国的三次产业划分是：

第一产业是指农、林、牧、渔业（不含农、林、牧、渔服务业）。

第二产业是指采矿业（不含开采辅助活动），制造业（不含金属制品、机械和设备修理业），电力、热力、燃气及水生产和供应业，建筑业。

第三产业即服务业，是指除第一产业、第二产业以外的其他行业。

支出法生产总值 是从最终使用的角度反映一个国家（或地区）一定时期内生产活动最终成果的一种方法，包括最终消费支出、资本形成总额及货物和服务净出口三部分。计算公式为：

支出法生产总值=最终消费支出+资本形成总额+货物和服务净出口

最终消费支出 指常住单位为满足物质、文化和精神生活的需要，从本国经济领土和国外购买的货物和服务的支出。它不包括非常住单位在本国经济领土内的消费支出。最终消费支出分为居民消费支出和政府消费支出。

居民消费支出 指常住住户在一定时期内对于货物和服务的全部最终消费支出。居民消费支出除了直接以货币形式购买的货物和服务的消费支出外，还包括以其他方式获得的货物和服务的消费支出，即所谓的虚拟消费支出。居民虚拟消费支出包括如下几种类型：单位以实物报酬及实物转移的形式提供给劳动者的货物和服务；住户生产并由本住户消费了的货物和服务，其中的服务仅指住户的自有住房服务；金融机构提供的金融媒介服务；保险公司提供的保险服务。

政府消费支出 指政府部门为全社会提供的公共服务的消费支出和免费或以较低的价格向居民住户提供的货物和服务的净支出，前者等于政府服务的产出价值减去政府单位所获得的经营收入的价值，后者等于政府部门免费或以较低价格向居民住户提供的货物和服务的市场价值减去向住户收取的价值。

资本形成总额 指常住单位在一定时期内获得减去处置的固定资产和存货的净额，包括固定资本形成总额和存货变动两部分。

固定资本形成总额 指常住单位在一定时期内获得的固定资产减处置的固定资产的价值总额。固定资产是通过生产活动生产出来的，且其使用年限在一年以上、单位价值在规定标准以上的资产，不包括自然资产。可分为有形固定资本形成总额和无形固定资本形成总额。有形固定资本形成总额包括一定时期内完成的建筑工程、安装工程和设备工器具购置(减处置)价值，以及土地改良、新增役、种、奶、毛、娱乐用牲畜和新增经济林木价值。无形固定资本形成总额包括矿藏的勘探、计算机软件等获得减处置。

存货变动 指常住单位在一定时期内存货实物量变动的市场价值，即期末价值减期初价值的差额，再扣除当期由于价格变动而产生的持有收益。存货变动可以是正值，也可以是负值，正值表示存货上升，负值表示存货下降。存货包括生产单位购进的原材料、燃料和储备物资等存货，以及生产单位生产的产成品、在制品和半成品等存货。

货物和服务净出口 指货物和服务出口减货物和服务进口的差额。出口包括常住单位向非常住单位出售或无偿转让的各种货物和服务的价值；进口包括常住单位从非常住单位购买或无偿得到的各种货物和服务的价值。由于服务活动的提供与使用同时发生，一般把常住单位从非常住单位得到的服务作为进口，非常住单位从常住单位得到的服务作为出口。货物的出口和进口都按离岸价格计算。

劳动者报酬 指劳动者因从事生产活动所获得的全部报酬。包括劳动者获得的各种形式的工资、奖金和津贴，既包括货币形式的，也包括实物形式的，还包括劳动者所享受的公费医疗和医药卫生费、上下班交通补贴、单位支付的社会保险费、住房公积金等。

生产税净额 指生产税减生产补贴后的余额。生产税指政府对生产单位从事生产、销售和经营活动以及因从事生产活动使用某些生产要素（如固定资产、土地、劳动力）所征收的各种税、附加费和规费。生产补贴与生产税相反，指政府对生产单位的单方面转移支出，因此视为负生产税，包括政策亏损补贴、价格补贴等。

固定资产折旧 指一定时期内为弥补固定资产损耗按照规定的固定资产折旧率提取的固定资产折旧，或按国民经济核算统一规定的折旧率虚拟计算的固定资产折旧。它反映了固定资产在当期生产中的转移价值。各类企业和企业化管理的事业单位的固定资产折旧是指实际计提的折旧费；不计提折旧的政府机关、非企业化管理的事业单位和居民住房的固定资产折旧是按照统一规定的折旧率和固定资产原值计算的虚拟折旧。原则上，固定资产折旧应按固定资产当期的重置价值计算，但是目前我国尚不具备对全社会固定资产进行重估价的基础，所以暂时只能采用上述办法。

营业盈余 指常住单位创造的增加值扣除劳动者报酬、生产税净额和固定资产折旧后的余额。它相当于企业的营业利润加上生产补贴，但要扣除从利润中开支的工资和福利等。

机构单位 指有权拥有资产和承担负债，能够独立地从事经济活动并与其他实体进行交易的经济实体。

机构部门 将相同性质的机构单位归并在一起，就形成机构部门。资金流量核算将常住机构单位划分为以下四个机构部门：非金融企业部门、金融机构部门、政府部门、住户部门。与常住单位发生经济往来关系的非常住单位组成国外部门，在资金流量核算中也视同机构部门。

非金融企业与非金融企业部门 非金融企业指主要从事市场货物生产和提供非金融市场服务的常住企业，它主要包括从事上述活动的各类法人企业。所有非金融企业归并在一起，就形成非金融企业部门。

金融机构与金融机构部门 金融机构指主要从事金融媒介以及与金融媒介密切相关的辅助金融活动的常住单位，它主要包括中央银行、商业银行和政策性银行、非银行信贷机构和保险公司。所有金融机构归并在一起，就形成金融机构部门。

政府单位与政府部门 政府单位指在我国境内通过政治程序建立的、在一特定区域内对其他机构单位拥有立法、司法和行政权的法律实体及其附属单位。政府单位的主要职能是利用征税和其他方式获得的资金向社会和公众提供公共服务。通过转移支付，对社会收入和财产进行再分配。它主要包括各种行政单位和非营利性事业单位。所有政府单位归并在一起，就形成政府部门。

住户与住户部门 住户指共享同一生活设施、部分或全部收入和财产集中使用、共同消费住房、食品和其他消费品与消费服务的常住个人或个人群体。所有住户归并在一起，就形成住户部门。

非常住单位与国外部门 所有不具有常住性的机构单位都是非常住单位。将所有与我国常住单位发生交易的非常住单位归并在一起，就形成国外部门。

初次分配总收入 初次分配是生产活动形成的净成果在参与生产活动的生产要素的所有者及政府之间的分配。生产活动的净成果是增加值。生产要素包括劳动力、土地、资本。劳动力所有者因提供劳动而获得劳动报酬；土地所有者因出租土地而获得地租；资本的所有者因资本的形态不同而获得不同形式的收入：借贷资本所有者获得利息收入；股权所有者获得红利或未分配利润；政府因直接或间接介入生产过程而获得生产税或支付补贴。初次分配的结果形成各个机构部门的初次分配总收入。各部门的初次分配总收入之和就等于国民总收入，亦即国民生产总值。

经常转移 转移是一个机构单位向另一个机构单位提供货物、服务或资产，而同时并没有从后一机构单位获得任何货物、服务或资产作为回报的一种交易。经常转移包括扣除资本转移外的所有转移。其形式有收入税、社会保险付款、社会补助和其他经常转移。

可支配总收入 在初次分配总收入的基础上，通过经常转移的形式对初次分配总收入进行再次分配。再分配的结果形成各个机构部门的可支配总收入。各部门的可支配总收入之和称为国民可支配总收入。

总储蓄 指可支配总收入用于最终消费后的余额。各部门的总储蓄之和称为国民总储蓄。

资本转移 指一个部门无偿地向另一个部门支付用于非金融投资的资金，是一种不从对方获取任何对应物作为回报的交易。资本转移具有不同于经常转移的两个特征，一是转移的目的是用于投资，而不是用于消费；二是资本转移其实物形式往往涉及除存货和现金以外资产所有权的转移；其现金形式往往涉及除存货以外的资产的处置。资本转移包括投资性补助和其他资本转移。

净金融投资 它反映机构部门或经济总体资金富余或短缺的状况。从实物交易角度看，它是指总储蓄加资本转移收入减资本转移支出减非金融投资后的差额。从金融交易角度看，它是金融资产的增加额减金融负债的增加额之后的差额。

通货 指以现金形式存在于市场流通中的货币，包括本币和外币。

存款 指金融机构接受客户存入的货币款项，存款人可随时或按约定时间支取款项的信用业务。包括活期存款、定期存款、住户储蓄存款、财政存款、外汇存款和其他存款等。

贷款 指金融机构将其所吸收的资金，按一定的利率贷放给客户并约期归还的信用业务。包括短期贷款、中长期贷款、财政贷款、外汇贷款和其他贷款。

证券 包括债券和股票。由债券购买者承购的或因销售产品而拥有的，可在金融市场上交易并代表一定债权的书面证明。包括政府债券、金融债券、企业债券、商业票据、支付固定收入但不提供法人企业残余价值分享权的优先股等。股票购买者及直接投资者对其投资企业净资产所拥有的权益。股票是股份公司签发的证明股东投资并按其所持股份享有权益和承担义务的权益性证券。其他股权是机构单位以直接投资的方式用除股票、债权性证券以外的土地、房屋及建筑物、机器设备、存货、资源资产等实物资产，商标、专利权、土地使用权、特许使用权、商誉等无形资产及货币资金直接向其他单位进行的投资。通常以股权证、出资证明书、参与证或类似的单据为凭证。

保险准备金 指对人寿保险准备金和养恤基金的净权益、保险费预付款和未结索赔准备金。

结算资金 指金融机构用于结算目的汇兑在途的资金。

金融机构往来 指各金融机构之间的资金往来，包括同业存放款和同业拆借款。

准备金 指各金融机构在中央银行的存款及缴存中央银行的法定准备金。

中央银行贷款 指中央银行向各金融机构的贷款。

经常项目 包括货物、服务、收益及经常性转移。

货物进出口 指通过我国海关进出口的货物。货物的进出口值都按离岸价格估价。离岸价格可视为进口商在出口商边境领取货物时支付的购买者价格。当进口商领取该货物时，该货物已装载到进口商自己的运载工具或其他运载工具，出口商已为该货物支付了出口税或获得了出口退税。

服务进出口 指常住单位与非常住单位之间相互提供的服务。包括运输服务、旅游服务、通讯服务、建筑服务、保险服务、金融服务、计算机和信息服务、咨询服务、广告、宣传服务、电影音像服务、专有权力使用费和特许费、其他商务服务、政府服务。

收益 指常住单位与非常住单位之间因相互提供生产要素而产生的收入，包括劳动者报酬和投资收益。其中投资收益包括直接投资、证券投资和其他投资的收益和支出，以及直接投资收益的再投资。

资本项目 包括移民转移、债务减免等资本性转移。

金融项目 包括直接投资、证券投资和其它投资。

直接投资 指外国、港澳台地区在我国和我国在外国、港澳台地区以独资、合资、合作及合作勘探开发方式进行的投资。

证券投资 指我国对外国、港澳台地区发行的股票、债券等有价证券和我国购买外国、港澳台地区发行的股票、债券等有价证券。

其它投资 指除直接投资和证券投资以外的所有对外金融资产与负债交易项目。包括外国提供给我国和我国提供给外国的贸易信贷、贷款、货币和存款以及其他资产。

储备资产增减额 指我国在黄金储备、外汇储备、在国际货币基金组织的储备头寸、特别提款权、使用基金信贷等方面本年末与上年末余额之间的差额。负号表示储备资产增加，正号表示储备资产减少。

Explanatory Notes on Main Statistical Indicators

Gross Domestic Product (GDP) refers to the final products at market prices produced by all resident units in a country (or a region) during a certain period of time. Gross domestic product is expressed in three different perspectives, namely value, income, and products respectively. GDP in its value perspective refers to the total value of all goods and services produced by all resident units during a certain period of time, minus the total value of input of goods and services of the nature of non-fixed assets; in other words, it is the sum of the value-added of all resident units. GDP from the perspective of income includes the primary income created by all resident units and distributed to resident and non-resident units. GDP from the perspective of products refers to the value of all goods and services for final consumption by all resident units minus the net exports of goods and services during a given period of time. In the practice of national accounting, gross domestic product is calculated from three approaches, namely production approach, income approach and expenditure approach, which reflect gross domestic product and its composition from different angles.

Three Industries Classification of economic activities into three strata of industry is a common practice in the world, although the grouping varies to some extent form country to country. In China economic activities are categorized into the following three strata of industry:

Primary industry refers to agriculture, forestry, animal husbandry and fishery and services in support of these industries.

Secondary industry refers to mining and quarrying, manufacturing, production and supply of electricity, water and gas, and construction.

Tertiary industry refers to all other economic activities not included in the primary or secondary industries.

GDP by Expenditure Approach refers to the method of measuring the final results of production activities of a country (region) during a given period from the perspective of final uses. It includes final consumption expenditure, gross capital formation and net export of goods and services. The formula for computation is

GDP by expenditure approach = final consumption expenditure + gross capital formation + net export of goods and services

Final Consumption Expenditure refers to the total expenditure of resident units for purchases of goods and services from both the domestic economic territory and abroad to meet the needs of material, cultural and spiritual life. It does not include the expenditure of non-resident units on consumption in the economic territory of the country. The final consumption expenditure is broken down into household consumption expenditure and government consumption expenditure.

Household Consumption Expenditure refers to the total expenditure of resident households on the final consumption of goods and services. In addition to the consumption of goods and services bought by the households directly with money, the household consumption expenditure also includes expenditure on goods and services obtained by the households in other ways, i.e. the so-called imputed consumption expenditure, which includes the following: (a) the goods and services provided to households by employers in the form of payment in kind and transfer in kind; (b) goods and services produced and consumed by the households themselves, in which the services refer only to the owner occupied housing; (c) financial intermediate services provided by financial institutions; (d) insurance services provided by insurance companies.

Government Consumption Expenditure refers to the consumption expenditure spent for the provision of public services provided by the government to the whole country and the net expenditure on the goods and services provided by the government to households free of charge or at reduced prices. The former equals to the output value of the government services minus the value of operating income obtained by the government departments. The latter equals to the market value of the goods and services provided by the government free of charge or at reduced prices to the households minus the value received by the government from the households.

Gross Capital Formation refers to the fixed assets acquired less disposals and the net value of inventory, thus including gross fixed capital formation and changes in inventories.

Gross Fixed Capital Formation refers to the value of acquisitions less those disposals of fixed assets during a given period. Fixed assets are the assets produced through production activities with unit value above a specified amount and which could be used for over one year. Natural assets are not included. Gross fixed capital formation can be categorized into total tangible fixed capital formation and total intangible fixed capital formation. Total tangible fixed capital formation includes the value of the construction projects and installation projects completed and the equipment, apparatus and instruments purchased (less those disposed) as well as the value of land improved, the value of draught animals, breeding stock and animals for milk, for wool and for recreational purposes and the newly increased forest with economic value. Total intangible fixed capital formation includes the prospecting of minerals and the acquisition of computer software minus the disposal of them.

Changes in Inventories refers to the market value of the change in the physical volume of inventory of resident units during a given period, i.e. the difference between the values at the beginning and at the end of the period minus the gains due to the change in prices. The changes in inventories can have a positive or a negative value. A positive value indicates an increase in inventory while a negative value indicates a decrease in inventory. The inventory includes raw materials, fuels and reserve materials purchased by the production units as well as the inventory of finished products, semi-finished products and work-in-progress.

Net Export of Goods and Services refers to the exports of goods and services subtracting the imports of goods and services. Exports include the value of various goods and services sold or gratuitously transferred by resident units to non-resident units. Imports include the value of various goods and services purchased or gratuitously acquired resident units from non-resident units. Because the provision of services and the use of them happen simultaneously, the acquisition of services by resident units from abroad is usually treated as import while the acquisition of services by non-resident units in this country is usually treated as export. The exports and imports of goods are calculated at FOB.

Laborers Remuneration refers to the total payment of various forms to labourers for the productive activities they are engaged in. It includes wages, bonuses and allowances, which the labourers earn in cash and in kind. It also includes the free medical services provided to the labourers and the medicine expenses, transport subsidies and social insurance, and housing fund paid by the employers.

Net Taxes on Production refers to taxes on production less subsidies on production. The taxes on production refers to the various taxes, extra charges and fees levied on the production units on their production, sale and business activities as well as on the use of some factors of production, such as fixed assets, land and labour in the production activities they are engaged in. In contrast to taxes on production, subsidies on production refer to the unilateral government transfer to the production units and are therefore regarded as negative taxes on production. They include subsidies on the loss due to implementation of government policies, price subsidies, etc.

Depreciation of Fixed Assets refers to the depreciation of fixed assets in a given period, drawn in accordance with the stipulated depreciation rate for the purpose of compensating the wear-and-tear loss of the fixed assets or the depreciation of fixed assets imputed in accordance with the stipulated unified depreciation rate in the national economic accounting system. It reflects the value of transfer of the fixed assets in the production of the current period. The depreciation of fixed assets in various enterprises and institutions managed as enterprises refers to the depreciation expenses actually drawn. In government agencies and institutions not managed as enterprises which do not draw the depreciation expenses, as well as for the houses of residents, the depreciation of fixed assets is the imputed depreciation, which is calculated in accordance with the stipulated unified depreciation rate. In principle, the depreciation of fixed assets should be calculated on the basis of the re-purchased value of the fixed assets. However, currently the conditions in China do not facilitate the revaluation of all the fixed assets. Therefore, only the above-mentioned methods can be adopted at present.

Operating Surplus refers to the balance of the value added created by the resident units after deducting the labourers remuneration, net taxes on production and the depreciation of fixed assets. It is equivalent to the business profit of the enterprises plus subsidies to production, but the wages and welfare expenses paid from the profits should be deducted.

Institutional Units refer to economic entities that are in a position to own assets and incur liabilities; to engage independently in economic activities; and to conduct transactions with other entities.

Institutional Sectors refer to groups of institutional units that are homogenous in nature and have been grouped together. The following 4 institutional sectors are identified in the flow of funds accounts: non-financial corporations, financial institutions, general government and households. and also treated as an institutional sector is the rest of the world, which is composed of non-resident units that have economic relations with resident units.

Non-Financial Corporations and the Sector of Non-Financial Corporations refer to resident corporations that are engaged in the production of goods and the provision of non financial services in the market, mainly covering corporate enterprises of various types engaged in the above-mentioned activities. All non-financial corporations make up the sector of non-financial corporations.

Financial Institutions and the Sector of Financial Institutions refer to resident institutions that are engaged in the financial intermediary services or auxiliary financial activities that are closely related with financial intermediary services, mainly covering the Central Bank, commercial banks, policy banks, non-banking credit institutions and insurance companies. All financial institutions together make up the sector of financial institutions.

General Government and the Sector of General Governments refer to legal entities and their auxiliary units within the territory of China that are established through the political process and are empowered with legislative, administrative or judicial rights over other institutional within specific regions. The main function of general government is to acquire funds through taxation or other means in order to provide public services to society and households, and to conduct redistribution of income and properties of society through transfer payment. General government cover mainly administrative and non-profit institutional units of various types. All general government together make up the sector of general governments.

Households and the Sector of Households refer to resident individuals or groups of resident individuals who share common living facilities, pool together entire or part of their income and properties for their common disposal, and share their housing, food and other consumer goods and services. All households together make up the sector of households.

Non-resident Units and the Rest of the World Non-resident units refer to units that are of a non-resident nature. All non-resident units that have transactions with resident units together make up the rest of the world.

Total Income from Primary Distribution refers to the distribution of net results from production activities among the owners of factors of production and the governments. The net results from production activities is the value-added. Factors of production include labour force, land and capital. Owners of labour force gain remuneration by providing labour. Owners of land receive rents from leasing of land. Owners of capitals get income of various forms depending on the type of capital: owners of loan capital receive income from interests. Share holders receive dividends or non-distributed profits. Government either obtains production tax or pays subsidies in participating directly or indirectly in the production processes. Results of primary distribution generate the total income from primary distribution of each sector, and the sum of the total income of primary distribution of all sectors make up the Gross National Income, or the Gross National Product

Current Transfers to the transaction in the form of provision of goods, services or assets by an institutional unit to another institutional unit without receiving any goods, services or assets in return from the recipient. Current transfers refer to all kinds of transfers other than capital transfers. They include income tax, payment to social securities, social allowances and other current transfers.

Total Disposable Income Total income from primary distribution is re-distributed through current transfer, resulting in the total disposable income of various institutional sectors. The sum of total disposable income of all institutional sectors makes up the total national disposable income.

Total Savings refer to total disposable income subtracting final consumption. Total savings of all sectors make up the total national savings.

Capital Transfer refers to the free payment from one sector to another sector of non-financial investment capital, and is a transaction that seeks no return from the recipient. Capital transfer differs from current transfer in 2 aspects: 1) The purpose of the capital transfer is investment rather than consumption. 2) Capital transfer features the transfer of the ownership of assets other than inventory and cash, and capital transfer in its monetary form involves the disposal of assets other than inventory. Capital transfer includes investment subsidies and other capital transfers.

Net Financial Investment reflects the surplus or shortage of capitals of institutional sectors or of the economy in general. It refers to total savings plus the income from capital transfer minus payment for capital transfer and the non-financial investment from the point of view of physical transaction. In terms of monetary transaction, it is the difference between the increase in financial assets minus the increase of the financial liabilities.

Currency refers to currency that is in circulation in the market, including local and foreign currencies.

Deposits refer to credit transactions by which financial institutions accept deposits from clients who could withdraw their deposit at any time or by an agreed time frame. They include demand deposit, time deposit, savings deposit, fiscal deposit, foreign exchange deposit and other deposits.

Loans refer to credit transactions by which financial institutions lend their capital to clients at certain level of interest rates, which the latter will repay by an agreed time frame. They include short-term loan, medium- and long-term loan, fiscal loan, foreign exchange loan and other loans.

Securities Include Shares and bond. refer to written certificates representing creditors' rights as purchased by bond holders or as acquired by selling products, which can be transacted at the financial markets. They include government bonds, financial bonds, corporation bonds, commercial drafts, preferential stocks that provide fixed income without the right to share the residual value of corporations, and so on. the rights of stockholders and direct investors on the net assets of corporations they have invested in. Shares refer to negotiable securities on creditor's rights, issued by share companies certifying the investment by stockholders and their rights and duties in accordance with the amount of stocks that they hold. Other holding rights refer to the direct investment by institutional units in other units with currency capital or with assets, in forms other than shares and negotiable securities on creditor's rights, including such tangible assets such as land, buildings, machines and equipment, inventory, resources, etc., and such intangible assets as trade marks, patents, monopolies, rights on land use, licenses, commercial reputation, etc.. Documents of proof of holding rights usually include certificates on creditor's right, certificates on investment or on participation, etc.

Insurance Reserve Funds consists of net equity of households in life insurance reserves and in pension funds reserves, prepayments of insurance premiums, and reserves for outstanding claims.

Settlement Fund refers to fund in float of financial institutions for settlement.

Inter- financial Institutions Accounts refer to flow of capital between financial institutions, consisting of nostro accounts, inter-bank lending.

Required and Excessive Reserves refer to financial institutions' deposits with the People's Bank of China.

Central Bank Lending refer to lending to financial institutions by the People's Bank of China

Current Account includes goods, services, income and current transfers.

Import and Export of Goods refer to imported or exported goods through Chinese customs. Both import and export of goods are valued at free on board (f.o.b.) prices. Free on board prices can be regarded as the purchaser's prices paid by importers when claiming goods at the border of the exporters. When the importer claim the imported goods, the goods have been loaded in importer's carriers or other carriers, and the exporter has paid export duty or received export redeem.

Import and Export of Services refer to services provided between resident and non-resident units, including services on transportation, tourism, communications, construction, insurance, finance, computer and information, consultancy, advertising and publicity, as well as film, audio and video services, royalty for patents, trademarks and other special rights, other commercial services, and government services.

Income refers income from provision of factors of production between resident and non-resident units, including compensation of labour and earnings from investment. Earnings from investment include earnings from and expenses on direct investment, security investment and other investment, as well as reinvestment of earnings from direct investment.

Capital Account includes capital transfers such as immigration transfer, reduction or exemption of debts, etc.

Financial Account includes direct investment, security investment and other investments.

Direct Investment refers to investment by foreign investors or investors from Hong Kong, Macao and Taiwan in China, or by Chinese investors in foreign countries or in Hong Kong, Macao and Taiwan, in forms of exclusive investment, joint investment, contracted operation and cooperative development.

Security Investment refers to the issue of stocks and securities by China in foreign countries or in Hong Kong, Macao and Taiwan, and the purchase by Chinese units of stocks and securities issued in foreign countries or in Hong Kong, Macao and Taiwan.

Other Investment refers to all external transactions on financial assets and liabilities other than direct investment and security investment, including trade credits, loans, currency, deposits and other assets, provided by foreign countries to China and by China to foreign countries.

Reserve Assets, Net Increase refers to the difference between the end of the reference year and the end of the previous year, in gold reserve, foreign exchange reserve, special drawing rights in the International Monetary Fund, and the use of the Fund's credits. An increase in reserve assets is expressed in a negative figure and a decrease in the reserve assets is expressed in a positive figure.

人口

Population

4

◉ 资料整理：马 召

简要说明

一、主要内容

本篇包括历年人口及自然变动资料，城镇化资料、人口结构主要分类资料，历次人口普查主要指标。

二、资料来源

1971—1981年、1983—1989年、2000年和2010年总人口数是根据1982年、1990年、2000年和2010年人口普查数据调整推算的；1990—1999、2001—2009年数据是人口变动抽样调查调整数；市镇、乡村人口1953、1964、1982、1990、1995、2000、2005、2010年数据是根据当年人口普查（或抽样调查）数据调整推算的，普查年度之间年份是根据两次普查间平均每年增幅调整的；2004年后非普查年份是根据当年人口与城镇化抽样调查推算的。由河南省统计局人口与就业处编辑整理。

三、统计调查方法

在逢“0”的年份进行全国人口普查；在逢“5”的年份进行全国1%人口抽样调查；其余年份进行全国人口变动情况抽样调查。人口抽样调查是以全国为总体，各省为次总体，采用分层、多阶段、整群概率比例抽样方法抽取样本。

Brief Introduction

I. Main Contents

This chapter include the size of Henan population and natural change, urban proportion, classification of the population structure, data of All previous National Population Census, marriage registration.

II. Sources of Data

Figures for 1971-1981, 1983-1989, 2000,2010 have been adjusted on the basis of the 1982, 1990, 2000,2010 NatioFigures for 1971-1981, 1983-1989, 2000,2010 have been adjusted on the basis of the 1982, 1990, 2000,2010 National Population Census. Figures for 1990-1999, 2001-2009 are estimated from the National Sample Survey on Population Changes. Figures of Urban and rural population in 1953,1964,1982,1990,1995,2000,2005,2010 are adjusted on the basis of the current year National Population Census or National Sample Survey, Figures for the years between National Population Census are adjusted on the basis of the growth rate of two National Population Census. Data of years without Population Census since 2014 were calculated on the basis of the Spot Check of population and Urbanization in the current year. Tables in this part are compiled by the Department of Population and Employment Statistics of the Henan provincial Bureau of Statistics.

III. Sampling Methodology

The national population census is conducted in the year ending with 0; the national 1 percent population sample survey is conducted in the year ending with 5; sample surveys on population changes are conducted in the rest of the years. The sample survey on population change takes the whole nation as the population and each province, autonomous region or municipality as sub-populations, and the stratified multi-stage systematic PPS cluster sampling scheme is used.

4-1 总 人 口(年底数)

Total Population (Year-end)

单位：万人 (10 000 persons)

年 份 Year	总人口数 Total Population	按性别分 By Sex 男 Male	女 Female	性别比 (女=100) Sex Ratio (Female=100)	按城乡分 By Residence 城镇 Urban	乡村 Rural	城镇化率 (%) Urbanization Proportion (%)	人口密度 (人/平方公里) Population Density (person/sq.km)	常住人口 Resident Population
1978	7067	3599	3468	103.8	963	6104	13.6	423	
1979	7189	3662	3527	103.8	994	6195	13.8	431	
1980	7285	3710	3575	103.8	1021	6264	14.0	436	
1981	7397	3768	3629	103.8	1050	6347	14.2	443	
1982	7519	3835	3684	104.1	1084	6435	14.4	450	
1983	7632	3902	3730	104.6	1111	6521	14.6	457	
1984	7737	3960	3777	104.9	1137	6600	14.7	463	
1985	7847	4022	3825	105.2	1164	6683	14.8	470	
1986	7985	4097	3888	105.4	1196	6789	15.0	478	
1987	8148	4184	3964	105.5	1232	6916	15.1	488	
1988	8317	4272	4045	105.6	1269	7048	15.3	498	
1989	8491	4366	4125	105.9	1308	7183	15.4	508	
1990	8649	4440	4209	105.5	1342	7307	15.5	518	
1991	8763	4501	4262	105.6	1389	7374	15.9	525	
1992	8861	4554	4307	105.7	1434	7427	16.2	531	
1993	8946	4602	4344	105.9	1477	7469	16.5	536	
1994	9027	4643	4384	105.9	1520	7507	16.8	541	
1995	9100	4651	4449	104.5	1564	7536	17.2	545	
1996	9172	4715	4457	105.8	1687	7485	18.4	549	
1997	9243	4751	4492	105.8	1811	7432	19.6	553	
1998	9315	4787	4528	105.7	1937	7378	20.79	558	
1999	9387	4825	4562	105.8	2064	7323	21.99	562	
2000	9488	4895	4593	106.6	2201	7287	23.20	568	
2001	9555	4915	4640	105.9	2334	7221	24.43	572	
2002	9613	4946	4667	105.9	2480	7133	25.80	576	
2003	9667	4980	4687	106.3	2630	7037	27.20	579	
2004	9717	5000	4717	106.0	2809	6908	28.90	582	
2005	9768	5045	4723	106.8	2994	6774	30.65	585	9380
2006	9820	5074	4746	106.9	3189	6631	32.50	588	9392
2007	9869	5100	4769	106.9	3389	6480	34.34	591	9360
2008	9918	5125	4793	106.9	3573	6345	36.03	594	9429
2009	9967	5150	4817	106.9	3758	6209	37.70	597	9487
2010	10437	5407	5030	107.5	4052	6385	38.82	625	9405
2011	10489	5417	5072	106.8	4255	6234	40.57	628	9388
2012	10543	5456	5087	107.2	4473	6070	42.43	631	9406
2013	10601	5487	5114	107.3	4643	5958	43.80	635	9413
2014	10662	5523	5139	107.5	4819	5843	45.20	638	9436
2015	10722	5552	5170	107.4	5023	5699	46.85	642	9480
2016	10788	5576	5212	107.0	5232	5556	48.50	646	9532

注：1. 1982、1990、2000、2010年以来总人口数为当年人口普查推算数；其余年份数据为年度人口抽样调查推算数据。(下同)
2. 2010年以来总人口数据为以2010年人口普查登记的户籍人口为基础，结合年度人口抽样调查的推算数据。(下同)

a) Data of the total population on 1982, 1990,2000, 2010 are calculated on the basis of National Population Census, and data on other year are calculated on the basis of population sample survey (the same as following tables).

b) Data of the total population since 2010 are calculated on the basis of the Registered population of the 2010 National Population Census and the estimates of the population sampling survey each year (the same as following tables).

4-2 人口自然变动情况

Natural Changes of Population

单位：万人 (10 000 persons)

年 份 Year	年平均人口数 Annual Average Population	出生人口数 Number of Birth	出生率(‰) Birth Rate (‰)	死亡人口数 Number of Death	死亡率(‰) Death Rate (‰)	自然增加人口数 Number of Natural Growth	自然增长率(‰) Natural Growth Rate (‰)
1978	7012	154	21.92	44	6.30	110	15.62
1979	7128	153	21.51	45	6.35	108	15.16
1980	7237	145	20.00	46	6.32	99	13.68
1981	7341	151	20.64	48	6.57	103	14.07
1982	7458	153	20.62	46	6.21	107	14.41
1983	7576	154	20.38	48	6.30	106	14.08
1984	7685	145	18.89	48	6.26	97	12.63
1985	7792	157	20.09	48	6.13	109	13.96
1986	7916	187	23.65	51	6.44	136	17.21
1987	8067	212	26.22	51	6.32	161	19.90
1988	8233	214	25.95	48	5.83	166	20.12
1989	8404	223	26.51	48	5.76	175	20.75
1990	8570	214	24.92	56	6.52	158	18.40
1991	8706	172	19.78	58	6.63	114	13.15
1992	8812	159	18.13	61	6.99	98	11.14
1993	8904	141	15.87	56	6.35	85	9.52
1994	8987	138	15.36	57	6.34	81	9.02
1995	9064	130	14.41	57	6.28	73	8.13
1996	9136	130	14.28	58	6.44	72	7.84
1997	9208	129	13.97	58	6.30	71	7.67
1998	9279	131	14.17	59	6.37	72	7.80
1999	9351	132	14.07	60	6.35	72	7.72
2000	9438	123	13.07	56	5.93	67	7.14
2001	9522	126	13.20	59	6.26	67	6.94
2002	9584	119	12.41	61	6.38	58	6.03
2003	9640	116	12.10	62	6.46	54	5.64
2004	9692	113	11.67	63	6.47	50	5.20
2005	9743	112	11.55	61	6.30	51	5.25
2006	9794	113	11.59	61	6.27	52	5.32
2007	9845	111	11.30	62	6.30	49	4.90
2008	9893	113	11.42	64	6.45	49	4.97
2009	9943	113	11.45	64	6.46	49	4.99
2010	10202	117	11.52	67	6.57	50	4.95
2011	10463	121	11.56	69	6.62	52	4.94
2012	10516	125	11.87	71	6.71	54	5.16
2013	10572	130	12.27	72	6.76	58	5.51
2014	10631	136	12.80	75	7.02	61	5.78
2015	10692	136	12.70	75	7.05	60	5.65
2016	10755	143	13.26	77	7.11	66	6.15

4-3 各市常住人口数

Resident Population by City

单位：万人 (10 000 persons)

市(县)	City(County)	2005	2006	2007	2008	2009	2010	2011	2012	2013	2014	2015	2016
全　　省	**Total**	**9380**	**9392**	**9360**	**9429**	**9487**	**9405**	**9388**	**9406**	**9413**	**9436**	**9480**	**9532**
省 辖 市	**City**												
郑 州 市	Zhengzhou	716	724	736	744	752	866	886	903	919	938	957	972
开 封 市	Kaifeng	471	469	468	469	471	468	466	465	465	455	454	455
洛 阳 市	Luoyang	635	636	634	642	642	655	657	659	662	668	674	680
平顶山市	Pingdingshan	484	484	484	487	490	491	492	493	496	496	496	498
安 阳 市	Anyang	521	522	519	521	522	517	515	508	509	509	512	513
鹤 壁 市	Hebi	146	144	142	143	144	157	158	159	161	160	161	161
新 乡 市	Xinxiang	557	555	552	551	552	571	566	567	568	571	572	574
焦 作 市	Jiaozuo	340	340	339	341	342	354	353	352	351	352	353	355
濮 阳 市	Puyang	355	353	349	350	352	360	356	360	358	360	361	363
许 昌 市	Xuchang	425	428	429	431	431	431	430	430	430	432	434	438
漯 河 市	Luohe	249	250	247	248	250	255	255	256	258	260	263	264
三门峡市	Sanmenxia	228	226	221	222	223	223	224	223	224	225	225	226
南 阳 市	Nanyang	996	997	995	1004	1013	1027	1013	1015	1009	999	1002	1007
商 丘 市	Shangqiu	761	765	764	777	781	735	736	732	728	726	727	728
信 阳 市	Xinyang	663	663	663	669	679	610	611	640	638	641	640	644
周 口 市	Zhoukou	994	994	990	996	1004	894	895	881	878	880	881	882
驻马店市	Zhumadian	777	777	764	768	770	723	709	694	690	693	696	699
济 源 市	Jiyuan	66	67	68	68	68	68	68	70	72	72	73	73
省直管县	**County Directly Administrated by Province**												
巩 义 市	Gongyi	80	80	81	81	81	81	81	81	82	82	82	83
兰 考 县	Lankao	73	73	75	75	76	68	67	67	66	63	63	64
汝 州 市	Ruzhou	93	93	93	93	93	93	93	93	93	93	93	94
滑　　县	Huaxian	115	114	113	114	114	126	120	114	111	111	111	110
长 垣 县	Changyuan	80	80	79	79	78	81	80	75	74	76	75	76
邓 州 市	Dengzhou	132	133	131	133	137	147	145	145	143	141	143	143
永 城 市	Yongcheng	127	126	122	127	127	124	123	123	123	121	123	123
固 始 县	Gushi	124	128	128	129	131	102	102	106	107	107	108	109
鹿 邑 县	Luyi	107	107	106	107	108	91	90	89	89	89	89	89
新 蔡 县	Xincai	94	95	92	93	93	85	84	83	83	84	84	84

4-4 各市城镇常住人口数

Urban Resident Population by City

单位：万人 (10 000 persons)

市(县) City(County)	2005	2006	2007	2008	2009	2010	2011	2012	2013	2014	2015	2016
全 省 Total	**2875**	**3050**	**3214**	**3397**	**3577**	**3651**	**3809**	**3991**	**4123**	**4265**	**4441**	**4623**
省 辖 市 City												
郑 州 市 Zhengzhou	424	436	451	463	477	551	574	599	617	641	667	691
开 封 市 Kaifeng	154	160	168	177	187	168	176	185	191	194	201	209
洛 阳 市 Luoyang	242	252	261	273	284	291	303	316	327	340	355	370
平 顶 山 市 Pingdingshan	169	179	187	196	205	203	212	222	230	237	244	253
安 阳 市 Anyang	169	179	185	195	203	200	209	216	223	230	240	249
鹤 壁 市 Hebi	62	64	65	68	71	75	79	82	85	86	89	92
新 乡 市 Xinxiang	187	197	206	216	226	235	243	253	261	272	280	290
焦 作 市 Jiaozuo	136	142	148	154	161	167	172	179	183	188	194	200
濮 阳 市 Puyang	102	107	112	118	125	113	119	127	132	139	146	152
许 昌 市 Xuchang	136	145	153	162	169	169	176	184	190	197	207	216
漯 河 市 Luohe	79	83	88	93	98	100	104	110	114	119	125	130
三 门 峡 市 Sanmenxia	89	92	94	97	101	99	103	106	110	113	116	120
南 阳 市 Nanyang	299	315	331	351	371	339	353	374	386	395	414	433
商 丘 市 Shangqiu	199	215	230	245	261	219	232	245	255	265	278	291
信 阳 市 Xinyang	182	195	207	218	232	210	221	244	253	263	274	286
周 口 市 Zhoukou	189	208	258	275	296	266	282	295	306	319	333	348
驻 马 店 市 Zhumadian	145	160	198	213	227	215	223	232	241	252	265	278
济 源 市 Jiyuan	26	28	30	32	34	33	35	38	39	41	42	44
省 直 管 县 County Directly Administrated by Province												
巩 义 市 Gongyi	29	32	33	34	36	37	38	39	40	41	43	45
兰 考 县 Lankao	14	16	19	20	21	18	19	20	21	21	22	24
汝 州 市 Ruzhou	21	26	28	30	31	30	32	34	35	37	38	41
滑 县 Huaxian	17	22	25	27	29	23	24	25	26	28	30	32
长 垣 县 Changyuan	17	19	20	21	23	26	27	27	28	30	31	33
邓 州 市 Dengzhou	34	38	40	43	47	42	44	46	48	49	52	55
永 城 市 Yongcheng	36	37	39	43	46	42	44	46	48	49	53	55
固 始 县 Gushi	30	34	37	38	39	29	31	34	36	38	40	43
鹿 邑 县 Luyi	14	19	28	31	33	26	28	29	30	32	34	35
新 蔡 县 Xincai	17	19	22	24	26	19	20	21	22	24	25	27

4-5 各市户数、人口数(2016年底)

Number of Households and Population by City (End of 2016)

分市数据是根据全省2016年人口抽样调查数据推算及公安年报数据。
Data by city were estimated on the basis of the 2016 National Sample Survey of Population and annual reports of the Bureau of Public Security.

市(县) City(County)	总户数(万户) Total Number of Households (10 000 households)	总人口数(万人) Total Population (10 000 persons)	常住人口(万人) Resident Population (10 000 persons)	男 Male	女 Female	城镇 Urban	乡村 Rural	年平均人口数(万人) Average Population (10 000 persons)	城镇化率(%) Urban Proportion (%)	年平均常住人口(万人) Average Resident Population (10 000 persons)
全省 Total	**3290**	**10788**	**9532**	**4842**	**4690**	**4623**	**4909**	**10755**	**48.5**	**9506**
省辖市 City										
郑州市 Zhengzhou	220	776	972	492	481	691	282	773	71.0	965
开封市 Kaifeng	171	520	455	234	221	209	246	518	45.9	454
洛阳市 Luoyang	217	705	680	344	336	370	310	703	54.4	677
平顶山市 Pingdingshan	160	547	498	256	242	253	245	545	50.8	497
安阳市 Anyang	182	586	513	253	260	249	264	584	48.5	513
鹤壁市 Hebi	49	164	161	84	77	92	69	163	57.2	161
新乡市 Xinxiang	181	611	574	292	282	290	285	609	50.4	573
焦作市 Jiaozuo	101	373	355	180	174	200	154	372	56.5	354
濮阳市 Puyang	122	394	363	184	179	152	210	393	42.0	362
许昌市 Xuchang	158	493	438	227	211	216	222	491	49.4	436
漯河市 Luohe	77	281	264	138	126	130	134	280	49.2	263
三门峡市 Sanmenxia	74	230	226	116	110	120	106	229	53.1	225
南阳市 Nanyang	360	1188	1007	522	485	433	574	1185	43.0	1004
商丘市 Shangqiu	303	915	728	367	361	291	437	912	40.0	728
信阳市 Xinyang	281	875	644	330	315	286	358	872	44.4	642
周口市 Zhoukou	337	1149	882	445	437	348	534	1145	39.5	881
驻马店市 Zhumadian	277	911	699	354	344	278	421	908	39.8	697
济源市 Jiyuan	20	70	73	38	35	44	30	70	59.6	73
省直管县 County Directly Administrated by Province										
巩义市 Gongyi	21	84	83	42	41	45	38	84	54.3	83
兰考县 Lankao	28	85	64	32	32	24	40	85	37.6	63
汝州市 Ruzhou	31	108	94	48	45	41	53	108	43.3	93
滑县 Huaxian	45	138	110	53	56	32	78	137	29.1	110
长垣县 Changyuan	28	87	76	38	38	33	43	87	43.8	75
邓州市 Dengzhou	49	178	143	74	69	55	88	177	38.4	143
永城市 Yongcheng	45	156	123	62	61	55	68	155	44.7	123
固始县 Gushi	57	176	109	57	51	43	66	176	39.3	108
鹿邑县 Luyi	35	122	89	43	46	35	54	122	39.8	89
新蔡县 Xincai	34	113	84	43	42	27	57	113	31.9	84

4-6 各市人口出生率、死亡率、自然增长率(2016年底)

Birth Rate, Death Rate, and Natural Growth Rate by City (End of 2016)

市(县)	City(County)	出生人口 (万人) Birth (10 000 person)	出生率 (‰) Birth Rate (‰)	死亡人口 (万人) Death (10 000 person)	死亡率 (‰) Death Rate (‰)	自然增长人口 (万人) Natural Growth (10 000 person)	自然增长率 (‰) Natural Growth Rate (‰)
全省	**Total**	**142.61**	**13.26**	**76.47**	**7.11**	**66.14**	**6.15**
省辖市	**City**						
郑州市	Zhengzhou	11.65	12.07	5.24	5.44	6.40	6.63
开封市	Kaifeng	6.49	12.52	3.33	6.43	3.16	6.09
洛阳市	Luoyang	8.71	12.40	4.10	5.84	4.61	6.56
平顶山市	Pingdingshan	7.27	13.32	3.63	6.66	3.63	6.66
安阳市	Anyang	6.93	11.87	3.67	6.29	3.26	5.58
鹤壁市	Hebi	1.89	11.59	0.92	5.65	0.97	5.94
新乡市	Xinxiang	8.08	13.27	4.14	6.79	3.94	6.48
焦作市	Jiaozuo	4.61	12.40	2.21	5.95	2.40	6.45
濮阳市	Puyang	5.25	13.36	2.70	6.87	2.55	6.49
许昌市	Xuchang	6.52	13.27	3.47	7.06	3.05	6.21
漯河市	Luohe	3.18	11.36	1.47	5.25	1.71	6.11
三门峡市	Sanmenxia	2.48	10.81	1.30	5.69	1.17	5.12
南阳市	Nanyang	14.01	11.82	8.06	6.80	5.95	5.02
商丘市	Shangqiu	12.03	13.18	6.22	6.81	5.81	6.37
信阳市	Xinyang	10.59	12.14	5.19	5.95	5.41	6.20
周口市	Zhoukou	14.95	13.05	7.89	6.88	7.06	6.16
驻马店市	Zhumadian	11.42	12.57	6.08	6.69	5.34	5.88
济源市	Jiyuan	0.99	14.10	0.46	6.55	0.53	7.55
省直管县	**County Directly Administrated by Province**						
巩义市	Gongyi	1.02	12.18	0.52	6.15	0.51	6.03
兰考县	Lankao	1.13	13.36	0.58	6.82	0.56	6.54
汝州市	Ruzhou	1.46	13.50	0.77	7.10	0.69	6.40
滑县	Huaxian	1.81	13.20	0.95	6.90	0.86	6.30
长垣县	Changyuan	1.16	13.35	0.59	6.76	0.57	6.59
邓州市	Dengzhou	2.16	12.16	1.25	7.07	0.90	5.09
永城市	Yongcheng	1.97	12.70	0.98	6.30	0.99	6.40
固始县	Gushi	2.27	12.91	1.22	6.93	1.05	5.98
鹿邑县	Luyi	1.64	13.45	0.83	6.83	0.81	6.62
新蔡县	Xincai	1.48	13.10	0.79	6.99	0.69	6.11

4-7 河南省人口预期寿命

Life Expectancy of Henan

单位：岁 (age)

年龄 Age	1990			2000			2010		
	合计 Total	男 Male	女 Female	合计 Total	男 Male	女 Female	合计 Total	男 Male	女 Female
	70.0	**68.1**	**72.0**	**72.8**	**71.0**	**74.7**	**74.6**	**71.8**	**77.6**
1	70.5	68.4	72.8	73.5	71.2	75.9	74.3	71.6	77.4
5	67.1	64.9	69.4	69.7	67.4	72.2	70.5	67.7	73.5
10	62.3	60.1	64.6	64.9	62.6	67.3	65.5	62.8	68.6
15	57.4	55.3	59.7	60.0	57.7	62.4	60.6	57.9	63.6
20	52.7	50.6	54.9	55.2	52.9	57.5	55.7	53.0	58.7
25	48.0	45.9	50.2	50.4	48.2	52.7	50.9	48.3	53.8
30	43.3	41.2	45.5	45.7	43.5	47.9	46.1	43.5	48.9
35	38.6	36.5	40.8	40.9	38.8	43.1	41.3	38.8	44.0
40	33.9	31.9	36.1	36.2	34.2	38.3	36.6	34.2	39.2
45	29.3	27.3	31.4	31.6	29.7	33.6	32.0	29.7	34.4
50	24.9	23.0	26.9	27.1	25.2	29.0	27.5	25.4	29.8
55	20.7	18.9	22.6	22.8	21.0	24.6	23.2	21.3	25.4
60	16.8	15.2	18.4	18.7	17.0	20.3	19.1	17.3	21.1
65	13.4	11.9	14.7	15.0	13.4	16.4	15.4	13.7	17.1
70	10.3	9.1	11.3	11.7	10.3	12.8	12.0	10.6	13.5
75	7.8	6.8	8.5	9.1	7.9	9.9	9.4	8.1	10.6
80	5.5	4.8	6.0	6.9	5.9	7.4	7.2	6.0	8.1
85	3.6	3.2	3.8	5.4	4.6	5.7	5.8	4.8	6.5
90	1.5	1.4	1.6	3.9	3.6	4.0	4.8	3.9	5.3
95	1.3	1.1	1.3	2.8	3.0	2.8			
100	1.1	1.0	1.2	0.5	0.5	0.5			

注：本表数据是根据普查数据计算。

a) Data in this table are calculated on the basis of the National Population Census.

4–8 各市常住人口年龄结构(2016年底)

Age Composition of Population by City (End of 2016)

全省数据是根据2016年人口抽样调查汇总数据推算，分市数据是2016年人口抽样调查数据(下表同)。
Data of total in this table are estimated from the national sample survey of population in 2016. Data by city are estimated from the provincial sample survey of population in 2016 (same as the next table).

市 City	常住人口数(万人) Resident Population (10 000 persons)	0–14岁 Age 0-14	15–64岁 Age 15-64	65岁及以上 Age 65+	比重(%) Proportion 0–14岁 Age 0-14	15–64岁 Age 15-64	65岁及以上 Age 65+
全省 Total	**9532**	**2032**	**6558**	**942**	**21.3**	**68.8**	**9.9**
省辖市 City							
郑州市 Zhengzhou	972	184	694	95	18.9	71.4	9.7
开封市 Kaifeng	455	98	306	50	21.6	67.4	11.0
洛阳市 Luoyang	680	127	480	73	18.7	70.5	10.8
平顶山市 Pingdingshan	498	111	334	53	22.2	67.1	10.7
安阳市 Anyang	513	115	347	51	22.4	67.6	10.0
鹤壁市 Hebi	161	34	113	14	21.2	70.2	8.6
新乡市 Xinxiang	574	127	391	57	22.1	68.0	9.9
焦作市 Jiaozuo	355	61	256	38	17.2	72.2	10.6
濮阳市 Puyang	363	80	244	39	21.9	67.3	10.7
许昌市 Xuchang	438	93	294	51	21.2	67.1	11.7
漯河市 Luohe	264	48	184	31	18.1	70.0	11.9
三门峡市 Sanmenxia	226	36	165	24	15.8	73.4	10.8
南阳市 Nanyang	1007	250	643	113	24.9	63.9	11.2
商丘市 Shangqiu	728	149	499	80	20.5	68.5	11.0
信阳市 Xinyang	644	139	431	75	21.5	66.8	11.6
周口市 Zhoukou	882	191	588	102	21.7	66.7	11.6
驻马店市 Zhumadian	699	157	453	89	22.5	64.8	12.7
济源市 Jiyuan	73	13	53	8	17.1	72.5	10.4
省直管县 County Directly Administrated by Province							
巩义市 Gongyi	83	14	59	10	16.8	71.3	12.0
兰考县 Lankao	64	16	40	8	24.7	63.4	11.8
汝州市 Ruzhou	94	26	59	8	28.0	63.2	8.8
滑县 Huaxian	110	27	69	13	25.0	63.5	11.5
长垣县 Changyuan	76	18	50	8	24.1	65.4	10.4
邓州市 Dengzhou	143	40	87	16	27.8	60.9	11.4
永城市 Yongcheng	123	29	79	15	23.7	64.0	12.3
固始县 Gushi	109	25	69	14	23.1	63.7	13.2
鹿邑县 Luyi	89	20	56	13	22.2	63.0	14.8
新蔡县 Xincai	84	19	54	11	22.3	64.6	13.0

4-9 各市常住人口抚养系数(2016年底)

Dependency Ratio of Population by City (End of 2016)

单位：% (%)

市	City	少儿系数 Ratio of Children	老年系数 Ratio of the aged	老少比 Ratio of the aged to Children	少儿抚养系数 Children Dependency Ratio	老年抚养系数 The Aged Dependency Ratio	总抚养系数 Gross Dependency Ratio
全省	**Total**	**21.3**	**9.9**	**46.3**	**31.0**	**14.4**	**45.3**
省辖市	**City**						
郑州市	Zhengzhou	18.9	9.7	51.4	26.5	13.6	40.1
开封市	Kaifeng	21.6	11.0	50.8	32.1	16.3	48.3
洛阳市	Luoyang	18.7	10.8	57.5	26.5	15.3	41.8
平顶山市	Pingdingshan	22.2	10.7	48.0	33.2	15.9	49.1
安阳市	Anyang	22.4	10.0	44.7	33.2	14.8	48.0
鹤壁市	Hebi	21.2	8.6	40.7	30.1	12.3	42.4
新乡市	Xinxiang	22.1	9.9	44.8	32.5	14.5	47.0
焦作市	Jiaozuo	17.2	10.6	61.5	23.9	14.7	38.6
濮阳市	Puyang	21.9	10.7	48.9	32.6	15.9	48.5
许昌市	Xuchang	21.2	11.7	55.5	31.6	17.5	49.1
漯河市	Luohe	18.1	11.9	65.6	25.9	17.0	42.9
三门峡市	Sanmenxia	15.8	10.8	68.4	21.6	14.8	36.3
南阳市	Nanyang	24.9	11.2	45.2	38.9	17.6	56.5
商丘市	Shangqiu	20.5	11.0	53.6	29.9	16.0	45.9
信阳市	Xinyang	21.5	11.6	53.9	32.2	17.4	49.6
周口市	Zhoukou	21.7	11.6	53.5	32.5	17.4	49.9
驻马店市	Zhumadian	22.5	12.7	56.5	34.7	19.6	54.3
济源市	Jiyuan	17.1	10.4	60.8	23.6	14.3	37.9
省直管县	**County Directly Administrated by Province**						
巩义市	Gongyi	16.8	12.0	71.3	23.5	16.8	40.3
兰考县	Lankao	24.7	11.8	47.8	39.0	18.6	57.6
汝州市	Ruzhou	28.0	8.8	31.5	44.3	14.0	58.2
滑县	Huaxian	25.0	11.5	46.0	39.4	18.1	57.6
长垣县	Changyuan	24.1	10.4	43.3	36.9	16.0	52.8
邓州市	Dengzhou	27.8	11.4	41.0	45.6	18.7	64.3
永城市	Yongcheng	23.7	12.3	51.9	37.1	19.2	56.4
固始县	Gushi	23.1	13.2	57.2	36.2	20.7	56.9
鹿邑县	Luyi	22.2	14.8	66.4	35.3	23.4	58.7
新蔡县	Xincai	22.3	13.0	58.4	34.5	20.2	54.7

4–10 分年龄、性别的人口结构(2016年)

Population Construction by Age and Sex (2016)

本表数据为2016年人口抽样调查汇总样本数据。抽样比为1.50%。(4-11，4-12表同)

Data in this table are the sumed data obtained from the provincial sample survey of population in 2016.The sampling fraction is 1.50%. (4-11, 4-12 are the same)

年龄	Age	占常住人口比重 (%) Percentage to Resident Population (%)	男 Male	女 Female	性别比 (女=100) Sex Ratio (Female=100)
合　计	**Total**	**100.0**	**50.8**	**49.2**	**103.2**
0-4岁	0-4 Age	6.5	3.5	3.0	117.7
5-9岁	5-9 Age	7.9	4.3	3.6	121.6
10-14岁	10-14 Age	6.9	3.9	3.0	127.1
15-19岁	15-19 Age	6.2	3.5	2.8	123.7
20-24岁	20-24 Age	5.9	3.0	2.9	103.4
25-29岁	25-29 Age	8.6	4.2	4.4	96.1
30-34岁	30-34 Age	6.3	3.1	3.2	96.9
35-39岁	35-39 Age	5.9	2.9	3.0	98.0
40-44岁	40-44 Age	7.7	3.8	3.9	98.7
45-49岁	45-49 Age	8.7	4.3	4.4	96.2
50-54岁	50-54 Age	8.2	4.0	4.2	94.4
55-59岁	55-59 Age	5.0	2.5	2.6	96.5
60-64岁	60-64 Age	6.2	3.1	3.1	98.3
65-69岁	65-69 Age	4.0	2.0	2.0	100.0
70-74岁	70-74 Age	2.6	1.3	1.3	98.2
75-79岁	75-79 Age	1.7	0.8	0.9	91.9
80-84岁	80-84 Age	1.1	0.5	0.6	79.2
85-89岁	85-89 Age	0.4	0.2	0.3	69.2
90-94岁	90-94 Age	0.2	0.1	0.1	50.0
95岁及以上	Above 95 Age	0.0	0.0	0.0	33.3

4-11 6岁及6岁以上分年龄、性别、受教育程度的人口结构(2016年)

Population Age 6 and over by Age, Sex and Educational Attainment (2016)

单位：% (%)

年龄	Age	6岁及6岁以上人口 6 and over	男 Male	女 Female	未上过学 No-Schooling	男 Male	女 Female	小学 Primary Schools	男 Male	女 Female	初中 Junior Secondary Schools	男 Male	女 Female
合 计	**Total**	**100.0**	**100.0**	**100.0**	**6.2**	**4.2**	**8.3**	**25.9**	**25.3**	**26.6**	**43.8**	**44.9**	**42.7**
6-9岁	6-9 Age	100.0	100.0	100.0	9.4	9.4	9.4	90.3	90.3	90.1	0.0	0.0	
10-14岁	10-14 Age	100.0	100.0	100.0	0.5	0.5	0.6	50.5	50.3	50.8	47.8	48.1	47.4
15-19岁	15-19 Age	100.0	100.0	100.0	0.2	0.3	0.2	2.1	2.1	2.0	37.6	38.9	36.0
20-24岁	20-24 Age	100.0	100.0	100.0	0.3	0.3	0.2	2.0	2.1	1.9	42.2	41.9	42.7
25-29岁	25-29 Age	100.0	100.0	100.0	0.3	0.3	0.3	2.6	2.5	2.7	51.7	50.4	52.9
30-34岁	30-34 Age	100.0	100.0	100.0	0.5	0.6	0.5	3.9	3.5	4.3	55.1	53.4	56.8
35-39岁	35-39 Age	100.0	100.0	100.0	0.7	0.7	0.8	6.4	5.7	7.1	58.7	57.5	59.9
40-44岁	40-44 Age	100.0	100.0	100.0	1.1	0.9	1.2	10.4	8.7	12.1	62.2	61.9	62.5
45-49岁	45-49 Age	100.0	100.0	100.0	1.8	1.2	2.3	17.5	14.4	20.5	61.7	62.7	60.7
50-54岁	50-54 Age	100.0	100.0	100.0	3.2	1.9	4.5	24.7	19.8	29.3	55.3	58.3	52.5
55-59岁	55-59 Age	100.0	100.0	100.0	6.6	3.6	9.6	33.3	28.5	37.9	44.5	48.7	40.4
60-64岁	60-64 Age	100.0	100.0	100.0	11.5	6.6	16.3	42.5	38.5	46.4	37.1	43.6	30.8
65岁及以上	Above 65 Age	100.0	100.0	100.0	31.0	20.4	40.8	44.2	47.1	41.5	19.2	24.8	14.0

年龄	Age	高中 Senior Secondary Schools	男 Male	女 Female	大学专科 College Students	男 Male	女 Female	大学本科 Undergraduates	男 Male	女 Female	研究生 Graduates	男 Male	女 Female
合 计	**Total**	**17.0**	**18.3**	**15.6**	**4.6**	**4.7**	**4.4**	**2.3**	**2.4**	**2.3**	**0.2**	**0.2**	**0.2**
6-9岁	6-9 Age												
10-14岁	10-14 Age	2.6	2.6	2.6	0.1	0.1	0.1						
15-19岁	15-19 Age	51.8	51.7	51.8	5.3	4.7	6.0	3.0	2.3	3.9			
20-24岁	20-24 Age	31.7	32.8	30.5	14.3	13.9	14.8	9.0	8.7	9.3	0.5	0.4	0.6
25-29岁	25-29 Age	28.7	30.3	27.1	10.8	10.6	11.0	5.3	5.2	5.3	0.6	0.7	0.6
30-34岁	30-34 Age	25.5	27.0	24.0	9.4	9.6	9.1	5.0	5.3	4.7	0.6	0.7	0.6
35-39岁	35-39 Age	22.9	24.3	21.5	7.4	7.7	7.0	3.5	3.7	3.3	0.4	0.4	0.4
40-44岁	40-44 Age	18.6	19.9	17.3	5.2	5.8	4.7	2.4	2.6	2.1	0.2	0.2	0.1
45-49岁	45-49 Age	14.1	15.9	12.4	3.2	3.7	2.8	1.6	1.9	1.3	0.1	0.1	0.1
50-54岁	50-54 Age	13.1	15.5	10.9	2.4	3.0	2.0	1.1	1.5	0.8	0.1	0.1	0.0
55-59岁	55-59 Age	13.0	15.9	10.2	1.9	2.3	1.4	0.7	0.9	0.5	0.1	0.1	0.0
60-64岁	60-64 Age	7.1	9.0	5.2	1.3	1.7	0.9	0.5	0.6	0.3	0.0	0.0	0.0
65岁及以上	Above 65 Age	4.1	5.5	2.8	1.0	1.5	0.6	0.5	0.7	0.3	0.0	0.0	0.0

4-12 15岁及以上分年龄、性别、婚姻状况的人口结构(2016年)

Population Aged 15 and over by Age, Sex and Marital Status (2016)

单位：% (%)

年龄	Age	未婚 Never married	男 Male	女 Female	有配偶 Married	男 Male	女 Female
合 计	**Total**	**18.2**	**21.2**	**15.2**	**74.6**	**73.0**	**76.1**
15-19岁	15-19 Age	98.0	98.0	98.1	1.9	2.0	1.9
20-24岁	20-24 Age	75.6	80.7	70.2	24.0	18.9	29.5
25-29岁	25-29 Age	32.5	37.3	27.8	66.3	61.1	71.3
30-34岁	30-34 Age	9.6	11.9	7.3	88.2	85.2	91.0
35-39岁	35-39 Age	3.7	5.5	2.0	93.4	91.1	95.6
40-44岁	40-44 Age	2.0	3.5	0.6	94.8	92.9	96.6
45-49岁	45-49 Age	1.4	2.5	0.3	95.0	93.8	96.2
50-54岁	50-54 Age	1.0	2.0	0.1	94.2	93.7	94.7
55-59岁	55-59 Age	1.3	2.4	0.1	91.3	91.1	91.5
60-64岁	60-64 Age	1.6	3.0	0.1	87.7	87.9	87.6
65岁及以上	Above 65 Age	1.7	3.4	0.2	68.3	75.4	61.7

年龄	Age	离婚 Divorced	男 Male	女 Female	丧偶 Widowed	男 Male	女 Female
合 计	**Total**	**1.3**	**1.6**	**1.0**	**6.0**	**4.3**	**7.7**
15-19岁	15-19 Age	0.0	0.0	0.0	0.0	0.0	0.0
20-24岁	20-24 Age	0.3	0.4	0.2	0.1	0.1	0.1
25-29岁	25-29 Age	1.1	1.5	0.8	0.1	0.1	0.1
30-34岁	30-34 Age	2.0	2.6	1.4	0.3	0.2	0.3
35-39岁	35-39 Age	2.4	3.0	1.7	0.5	0.4	0.7
40-44岁	40-44 Age	2.2	2.9	1.6	1.0	0.8	1.2
45-49岁	45-49 Age	1.8	2.2	1.4	1.8	1.5	2.1
50-54岁	50-54 Age	1.4	1.8	1.1	3.4	2.6	4.1
55-59岁	55-59 Age	1.3	1.5	1.0	6.1	4.9	7.3
60-64岁	60-64 Age	0.9	1.1	0.8	9.8	8.0	11.6
65岁及以上	Above 65 Age	0.7	0.7	0.7	29.3	20.5	37.5

4-13 育龄妇女分年龄、孩次的生育状况(2016年)

Age-specific Fertility Rate of Childbearing Women by Age of Mother and Birth Order (2016)

本表数据为2016年人口抽样调查汇总样本数据。抽样比为1.50%。
Data in this table are the sumed data obtained from the provincial sample survey of population in 2016.The sampling fraction is 1.50%.

年 龄	平均育龄妇女人数（人）Average Number of Childbearing Women(person)	出生人数（人）Births (person)	一 孩 1st Birth	二 孩 2nd Birth	三孩及以上 3rd Birth and Above	生育率（‰）Fertility Rate (‰)	一 孩 1st Birth	二 孩 2nd Birth	三孩及以上 3rd Birth and Above
总计 Total	**338595**	**11912**	**6097**	**4985**	**829**	**35.18**	**18.01**	**14.72**	**2.45**
15-19	**36941**	**193**	**173**	**19**	**1**	**5.23**	**4.69**	**0.50**	**0.03**
15	8077								
16	8058	12	9	3		1.46	1.10	0.36	
17	7698	27	26	2		3.56	3.33	0.23	
18	6812	53	47	4	1	7.72	6.97	0.56	0.19
19	6295	101	91	10		16.11	14.53	1.58	
20-24	**38598**	**2601**	**1829**	**728**	**44**	**67.40**	**47.39**	**18.87**	**1.13**
20	6622	258	213	42	3	39.01	32.12	6.39	0.50
21	6304	303	239	61	3	48.12	37.97	9.62	0.52
22	6950	470	334	132	4	67.59	48.01	19.05	0.53
23	8992	705	482	210	13	78.41	53.65	23.31	1.45
24	9730	865	561	283	20	88.89	57.66	29.13	2.10
25-29	**63999**	**5225**	**2655**	**2292**	**277**	**81.64**	**41.49**	**35.82**	**4.33**
25	12275	1067	631	407	29	86.90	51.38	33.19	2.33
26	14804	1308	711	551	46	88.35	48.02	37.20	3.13
27	13077	1095	535	505	55	83.75	40.92	38.66	4.18
28	12795	986	456	454	76	77.08	35.62	35.49	5.97
29	11049	769	323	374	72	69.61	29.25	33.89	6.48
30-34	**42283**	**2011**	**680**	**1092**	**239**	**47.55**	**16.08**	**25.83**	**5.64**
30	9083	556	196	299	62	61.27	21.57	32.87	6.82
31	7847	407	146	220	41	51.84	18.57	28.06	5.21
32	7903	367	124	208	35	46.47	15.69	26.38	4.40
33	8871	359	110	196	54	40.51	12.37	22.05	6.09
34	8579	321	104	170	47	37.40	12.16	19.76	5.47
35-39	**41396**	**969**	**275**	**534**	**161**	**23.42**	**6.64**	**12.90**	**3.88**
35	8223	237	67	138	32	28.77	8.10	16.81	3.86
36	8617	243	60	136	47	28.19	6.93	15.77	5.48
37	8468	192	56	111	25	22.67	6.65	13.12	2.90
38	7847	156	48	81	28	19.89	6.08	10.29	3.53
39	8241	142	44	68	29	17.22	5.39	8.27	3.56
40-44	**51474**	**520**	**237**	**210**	**73**	**10.10**	**4.60**	**4.08**	**1.42**
40	8595	109	41	52	16	12.69	4.76	6.06	1.87
41	9521	122	58	47	17	12.81	6.05	4.95	1.81
42	10455	97	46	42	10	9.30	4.39	4.00	0.91
43	11431	108	57	36	15	9.41	4.95	3.19	1.27
44	11472	84	36	33	16	7.34	3.11	2.86	1.37
45-49	**63905**	**391**	**247**	**110**	**35**	**6.13**	**3.86**	**1.72**	**0.55**
45	12436	90	46	33	12	7.25	3.68	2.63	0.94
46	12816	99	57	26	15	7.70	4.48	2.04	1.17
47	14002	75	55	15	4	5.32	3.95	1.06	0.31
48	12459	69	48	18	3	5.50	3.86	1.42	0.23
49	12191	60	40	18	1	4.89	3.32	1.49	0.08

4-14 六次人口普查主要指标

Main Indicators of National Population Censuses in 1953, 1964, 1982, 1990, 2000, 2010 and 2015

单位：万人 (10 000 persons)

项 目	Item	1953	1964	1982	1990	2000	2010
全省总人口	**Total Population**	**4378.50**	**5032.60**	**7442.30**	**8553.40**	**9255.80**	**9402.99**
按性别分的人口	**Population By Sex**						
男 性	Male	2231.50	2549.10	3795.00	4380.30	4775.30	4749.30
女 性	Female	2147.00	2483.50	3647.30	4173.10	4480.50	4653.70
按年龄分的人口	**Population By Age**						
0岁-6岁	Age 0-6	913.90	920.30	1026.60	1268.50	765.10	981.30
7岁-12岁	Age 7-12	510.90	846.40	1165.10	943.10	1211.20	759.90
育龄妇女(15-49岁)	Women at Childbearing Age (Age 15-49)	1017.00	1108.70	1780.60	2278.60	2495.70	2623.20
劳动年龄人口 (男16-59 女16-54)	Working Age Population (Male Age 16-59 and Female Age 16-54)	2289.70	2482.00	3927.40	4985.00	5600.90	5818.90
男60岁女55岁以上人口	Males Aged 60 and over and Females Aged 55 and Over	457.70	448.50	738.70	898.50	1105.00	1482.50
按民族分的人口	**Population By Nationality**						
汉 族	Han Nationality	4337.90	4980.90	7362.30	8452.50	9143.30	9290.80
各少数民族	Minority Nationality	40.60	51.70	80.00	100.90	112.50	112.20
按城乡分的人口	**Population By Residence**						
城镇总人口	Urban Population	310.60	551.70	1172.50	1302.90	2144.70	3622.00
乡村总人口	Rural Population	4067.90	4480.90	6269.80	7250.50	7111.10	5781.00
按文化程度分的人口	**Population By Educational Level**						
#大学和相当于大学	University and Equivalent		9.30	24.50	72.60	247.50	601.60
高中	Senior Secondary School		44.00	470.10	606.10	928.40	1242.30
初中	Junior Secondary School		208.50	1427.00	2269.80	3646.00	3992.50
小学	Primary School		1229.60	2321.80	2971.90	3072.60	2266.90
文盲和半文盲(12周岁以上)	Illiterate and Semi-literate (Age 12 and Over)		2146.80	2015.00	1395.80	543.20	399.20

注：1.第五次人口普查数据为快速汇总数据，其中文盲和半文盲人口是指15岁及以上。
2.第五次人口普查总人口指根据《第五次人口普查办法》规定的常住人口。
3.第六次人口普查数据为常住人口，其中文盲和半文盲人口是指15岁及以上。

a) Data of the fifth Population Census were fast collected results,and illiterate and semi-literate were age 15 and over.
b) Total population of the fifth Population Census refers to population of resident according to "Way of the fifth National Population Census".
c) Data of the sixth Population Census is resident population, and illiterate and semi-literate were age 15 and over.

主要统计指标解释

人口数 指一定时点、一定地区范围内的有生命的个人的总和。

年度统计的年末人口数指每年 12 月 31 日 24 时的人口数。

常住人口 指实际经常居住在某地区一定时间（指半年以上）的人口。按人口普查和抽样调查规定，主要包括：1、在本地居住，户口也在本地的人口；2、户口在外地，但在本地居住半年以上者，或离开户口地半年以上而调查时在本地居住的人口；3、调查时居住在本地，但在任何地方都没有登记常住户口，如手持户口迁移证、出生证、退伍证、劳改劳教释放证等尚未办理常住户口的人，即所谓"口袋户口"的人。

出生率（又称粗出生率） 指在一定时期内（通常为一年）平均每千人所出生的人数的比率，一般用千分率表示。计算公式为：

出生率＝年出生人数／年平均人数×1000‰

式中：出生人数指活产婴儿，即胎儿脱离母体时（不管怀孕月数），有过呼吸或其他生命现象。年平均人数指年初、年底人口数的平均数，也可用年中人口数代替。

死亡率（又称粗死亡率） 指在一定时期内（通常为一年）一定地区的死亡人数与同期平均人数（或期中人数）之比，一般用千分率表示。计算公式为：

死亡率＝年死亡人数／年平均人数×1000‰

人口自然增长率 指在一定时期内（通常为一年）人口自然增加数（出生人数减死亡人数）与该时期内平均人数（或期中人数）之比，一般用千分率表示。计算公式为：

人口自然增长率＝（本年出生人数－本年死亡人数）／年平均人数×1000‰＝人口出生率－人口死亡率

性别比 总人口中男性人数与女性人数之比。通常用每 100 个女性人口相应有多少男性人口表示。其计算公式为：

性别比＝男性人口数/女性人口数×100%

总抚养系数 指被抚养人口（0-14岁和65岁或60岁以上人口）与15-64岁或15-59岁人口的比例。计算公式为:

总抚养系数＝被抚养人口/15-64岁或15-59岁人口×100

老年抚养系数 指老年人口（65岁或60岁以上人口）与15-64岁或15-59岁人口的比例。计算公式为:

老年抚养系数＝老年人口/15-64岁或15-59岁人口×100

少年抚养系数 指少年儿童与 15-64 岁或 15-59 岁人口的比例。计算公式为:

少年抚养系数＝少年儿童人口/15-64 岁或 15-59 岁人口×100（修改）

Explanatory Notes on Main Statistical Indicators

Total Population refers to the total number of people alive at a certain point of time within a given area.

The annual statistics on total population is taken at midnight, the 3lst of December.

Resident Population refers to the population actual living in a certain area for six months or more. According to the census and sample surveys, it includes the following main items : 1, Population live in this area, with the local resident registered; 2, Population with the resident registered of other area, live this area over half a year or Less than half a year but Leaving the area where they resident registered over half a year; 3, Population live in the local area, but have no resident registered, only have Migration Certificate 、Birth certificate 、Legionnaires card 、Release card from Re-education through labor or haven not yet requisition the resident registered ,so-called "pocket-registered "population.

Birth Rate (or Crude Birth Rate) refers to the ratio of the number of births to the average population during a certain period of time (usually a year), which is often expressed in‰. The following formula is used:

Birth Rate=Number of Births/Average Number of Population×1000‰

Number of births refers to live births i.e. the births when babies had showed any vital phenomena regardless of the length of pregnancy.

Annual Average Number of Population is the average of the number of population at the beginning of the year and that at the end of the year. Sometimes it is substituted for with the mid year population.

Death Rate (or Crude Death Rate) refers to the ratio of the number of deaths to the average population (or mid year population) during a certain period of time (usually a year), which is often expressed in‰. The following formula is used:

Death Rate umber of Deaths=Number of Deaths/Annual Average Number of Population×1000‰

Natural Growth Rate of Population refers to the ratio of natural increase in population (number of births minus number of deaths) in a certain period of time (usually a year) to the average population (or mid year population) of the same period, which is often expressed in‰. The following formulas are applied:

Natural Growth of Population=(Number of Births－Number of Deaths)/Average Number of Population×1000‰

Natural Growth Rate of Population=Birth Rate－Death Rate

Sex Ratio Refers to the Proportion of Male to Female Among the Total Population Which is often described as the proportion of 100 females to males. the following formula is used:

Sex Ratio=Number of Males/Number of Females×100％

Total Dependency Ratio refers to the ratio of number of dependents to the total population aged 15-64, the number of dependents being population aged 0-14 and population aged 65 and over. The total dependency ratio is calculated as follows:

Total Dependency Ratio = Number of Dependents/Population Aged 15-64×100%

The Aged Dependency Ratio refers to the ratio of the number of the aged population to the total population aged 15-64, the aged being population aged 65 and over. The aged dependency ratio is calculated as follows:

The Aged Dependency Ratio = Number of the Aged Population/ Population Aged 15-64×100%

The Juvenile and Children Dependency Ratio refers to the ratio of the number of the juvenile and children to the total population aged 15-64, the juvenile and children being population aged 0-14. The juvenile and children dependency ratio is calculated as follows:

The Juvenile and Children Dependency Ratio = Number of Juvenile and Children/ Population Aged 15-64 or 15-59×100%

从业人员与职工工资

Employment and Wages

5

● 资料整理：谷永翔　吴娜

简要说明

一、主要内容

本篇资料反映从业人员就业情况、城镇登记失业情况，平均工资及指数变化情况等。

二、统计范围

《劳动统计报表制度》的调查范围为法人单位（不包括乡镇企业和个体工商户）；私营企业及个体工商业统计范围为城镇。1998年及以后城镇单位就业人员、平均工资等指标中不再包括离开本单位仍保留劳动关系职工及其生活费。

三、资料来源

就业基本情况及分组、工资总额和平均工资等资料，由河南省统计局人口处根据《劳动统计报表制度》编辑整理。城镇私营企业及个体工商业就业人员，由河南省工商行政管理局提供。城镇登记失业人数，由河南省人力资源和社会保障厅提供。

四、调查方法

劳动统计报表采用全面调查方法，由各级统计部门逐级上报。培训、就业统计及私营企业和个体工商业统计利用行政登记资料加工整理。

Brief Introduction

I. Main Contents

Data in this chapter include employment situation, the registered urban unemployment situation, average wages and index change situation, etc.

II. Scope of Statistics

Statistics Scope of "Labor statistics system" is investigation units (not including township enterprises and individual); Statistics Scope of private enterprises and individual industrial refers town. Data on employment personnel, total wages, average wage of town unit no-include leaving this unit but still keep working relationship worker and the cost of living since 1998.

III. Sources of Data

Data on employment, Earnings and wages of staff and workers is used in the labor statistics, are compiled by the Department of population and employment of the Henan provincial Bureau of Statistics. Data on the number of employed persons in private enterprises and self-employed individuals are provided by the Henan provincial Bureau of Industry and Commerce. Data on the number of registered unemployed persons in urban areas are collected provided by the Henan provincial Bureau of Human Resources and Social Security.

IV. Sampling Methodology

Labor statistics using comprehensive investigation method, statistical departments at various levels shall report to higher level. Training, employment statistics, private enterprises, individual industrial and commercial statistics are collected through administrative registration data.

5-1 按城乡分的就业人员数

Number of Employed Persons in Urban and Rural Areas

单位：万人 (10 000 persons)

年 份 Year	合 计 Total	城 镇 Urban Areas	#国有经济 State-owned Units	#集体经济 Collective-owned Units	#有限责任公司 Limited Liability Corporations	#港澳台投资经济 Units with Funds from Hong Kong, Macao and Taiwan	#外商投资经济 Foreign Funded Units	#私营经济 Private Enterrises	#城镇个体 Urban Self-employed Individuals	乡 村 Rural Areas
1978	2807	423	346	74						2384
1979	2873	444	363	78						2429
1980	2929	469	379	83						2460
1981	3039	508	407	90						2531
1982	3146	516	407	95						2630
1983	3289	542	425	99						2747
1984	3346	574	419	129						2772
1985	3520	627	454	139						2893
1986	3598	649	469	149						2949
1987	3782	686	488	156						3096
1988	3916	704	508	161						3212
1989	3943	717	512	168						3226
1990	4086	727	521	171						3359
1991	4216	774	544	177						3442
1992	4332	811	571	172						3521
1993	4400	865	599	162						3535
1994	4448	890	604	158						3558
1995	4509	931	617	162						3578
1996	4638	981	640	161						3657
1997	4820	1002	603	177						3818
1998	5000	933	485	149				26	135	4067
1999	5205	894	475	146	66	9	6	27	124	4311
2000	5572	860	464	143	69	10	6	28	97	4712
2001	5517	829	448	134	69	8	5	28	82	4688
2002	5522	831	417	123	99	8	5	35	86	4691
2003	5536	841	399	117	121	8	6	41	98	4695
2004	5587	869	409	96	121	8	7	57	117	4718
2005	5662	910	405	91	132	7	8	73	137	4752
2006	5719	942	402	86	147	8	10	88	143	4777
2007	5773	958	397	83	154	10	11	89	151	4815
2008	5835	976	391	68	160	10	10	106	156	4859
2009	5949	1067	381	49	192	10	11	161	172	4882
2010	6042	1127	389	50	192	11	12	177	198	4915
2011	6198	1287	400	52	238	28	16	196	252	4911
2012	6288	1383	409	51	287	19	17	208	294	4905
2013	6387	1535	370	46	435	53	20	169	291	4851
2014	6520	1713	368	43	450	55	18	225	380	4807
2015	6636	1839	366	39	493	57	19	286	427	4798
2016	6726	1924	367	34	520	52	19	308	471	4803

5-2 按城乡分的就业人员数(2016年底)

单位：万人

项目	Item	合计 Total
从业人员总计	**Total Number of Employed persons**	**6726.39**
按国民经济行业分	**By Sector**	
农、林、牧、渔业	Agriculture, Forestry, Animal Husbandry and Fishery	2582.92
采矿业	Mining	46.15
制造业	Manufacturing	1274.75
电力、燃气及水的生产和供应业	Production and Supply of Electricity, Gas and Water	27.36
建筑业	Construction	707.69
批发和零售业	Wholesale and Retail Trade	714.67
交通运输、仓储和邮政业	Transport, Storage and Post	245.65
住宿和餐饮业	Hotels and Catering Services	227.38
信息传输、软件和信息技术服务业	Information Transmission, Software and Information Technology	49.43
金融业	Financial Intermediation	31.56
房地产业	Real Estate	36.57
租赁和商务服务业	Leasing and Business Services	57.39
科学研究和技术服务业	Scientific Research and Technical Services	29.88
水利、环境和公共设施管理业	Management of Water Conservancy, Environment and Public Facilities	14.12
居民服务、修理和其他服务业	Services to Households, Repair and Other Services	367.35
教育	Education	125.64
卫生和社会工作	Health and Social Service	59.93
文化、体育和娱乐业	Culture, Sports and Entertainment	14.17
公共管理、社会保障和社会组织	Public Management, Social Security and Social Organization	113.79
按三次产业分	**By Three Strata of Industry**	
第一产业	Primary Industry	2582.92
第二产业	Secondary Industry	2055.94
第三产业	Tertiary Industry	2087.53

Number of Employed Persons in Urban and Rural Areas (End of 2016)

(10 000 persons)

城　镇 Urban Areas	国有经济 State-owned Units	集体经济 Collective-owned Units	其他经济 Units of other Types of Ownership	私营经济 Private Enterprises	城镇个体 Urban Self-employed Individuals	乡　村 Rural Areas
1923.88	**366.83**	**34.19**	**743.97**	**307.89**	**471.00**	**4802.51**
38.08	1.30	0.23	0.55	19.10	16.90	2544.85
46.15	2.91	2.16	40.11	0.65	0.31	
445.97	4.92	5.83	352.51	53.25	29.46	828.78
27.36	15.71	0.18	10.29	1.10	0.08	
197.19	6.53	8.31	158.53	22.00	1.82	510.50
442.47	7.71	3.55	44.87	109.56	276.79	272.20
56.99	21.84	1.41	22.58	7.53	3.62	188.67
92.42	1.76	0.43	8.81	5.89	75.53	134.96
24.38	1.70	0.18	10.28	11.40	0.81	25.05
31.56	5.20	2.70	22.10	1.55	0.01	
36.57	0.82	0.24	22.08	13.31	0.12	
57.39	3.74	0.54	13.85	35.43	3.83	
29.88	8.50	0.25	9.02	11.05	1.05	
14.12	9.70	0.25	3.10	1.04	0.03	
69.85	0.54	0.18	2.41	9.82	56.90	297.50
125.64	106.72	4.99	12.84	0.77	0.31	
59.93	49.65	2.38	6.41	0.89	0.59	
14.17	5.57	0.12	2.10	3.56	2.82	
113.79	112.00	0.25	1.54			
38.08	1.30	0.23	0.55	19.10	16.90	2544.85
716.66	30.07	16.48	561.44	77.00	31.68	1339.28
1169.14	335.46	17.48	181.99	211.79	422.43	918.38

5-3 各市分城乡的就业人员数(2016年底)

单位：万人

市(县) City(County)	合计 Total	城镇 Urban Areas	#国有经济 State-owned Units	集体经济 Collective-owned Units	股份合作经济 Cooperative Units	联营经济 Joint Ownership Units
全　　省 Total	**6726.39**	**1923.88**	**366.83**	**34.19**	**6.66**	**1.49**
省　辖　市 City						
郑　州　市 Zhengzhou	592.03	355.10	45.21	2.73	1.50	0.08
开　封　市 Kaifeng	287.88	90.37	15.74	2.42	0.55	0.07
洛　阳　市 Luoyang	454.13	165.44	25.91	2.23	0.21	0.02
平 顶 山 市 Pingdingshan	333.59	89.33	19.17	1.79	0.25	0.11
安　阳　市 Anyang	375.82	98.07	16.48	0.87	0.28	0.03
鹤　壁　市 Hebi	107.54	47.23	5.50	0.39	0.14	0.03
新　乡　市 Xinxiang	367.11	119.37	19.21	4.33	0.36	0.01
焦　作　市 Jiaozuo	250.13	101.90	13.45	0.72	0.28	0.08
濮　阳　市 Puyang	262.74	88.19	11.74	0.73	0.19	0.11
许　昌　市 Xuchang	294.70	91.79	12.47	0.91	0.20	0.02
漯　河　市 Luohe	180.91	51.47	9.38	0.83	0.01	0.00
三 门 峡 市 Sanmenxia	139.67	45.81	9.96	1.99	0.02	
南　阳　市 Nanyang	723.01	163.77	39.21	3.54	1.31	0.14
商　丘　市 Shangqiu	570.77	129.37	26.05	2.00	0.27	0.56
信　阳　市 Xinyang	510.71	105.05	26.15	2.83	0.37	0.05
周　口　市 Zhoukou	688.19	135.07	26.45	3.07	0.20	0.07
驻 马 店 市 Zhumadian	597.79	129.74	24.92	2.75	0.45	0.09
济　源　市 Jiyuan	46.62	20.25	2.97	0.07	0.06	
省 直 管 县 County Directly Administrated by Province						
巩　义　市 Gongyi	50.07	16.68	1.55	0.63	0.15	0.01
兰　考　县 Lankao	59.74	13.29	1.61	0.13	0.01	0.01
汝　州　市 Ruzhou	69.22	15.08	2.98	0.37		0.00
滑　　　县 Huaxian	78.13	9.71	2.99	0.38	0.07	
长　垣　县 Changyuan	58.04	24.94	1.68	0.36	0.05	
邓　州　市 Dengzhou	94.18	13.49	4.17	0.16	0.05	0.00
永　城　市 Yongcheng	98.50	22.22	3.68	0.07	0.05	
固　始　县 Gushi	102.25	23.06	4.18	0.33	0.14	0.01
鹿　邑　县 Luyi	77.48	13.20	2.44	0.12	0.01	0.01
新　蔡　县 Xincai	75.72	7.77	1.74	0.20	0.04	0.03

Number of Employed Persons in Urban and Rural Areas by City (End of 2016)

(10 000 persons)

有限责任公司 Limited Liability Corporations	股份有限公司 Share Holding Corporations	港澳台投资经济 Units with Funds from Hong Kong, Macao and Taiwan	外商投资经济 Foreign Funded Units	私营经济 Urban Private	城镇个体 Urban Self-employed Individuals	乡 村 Rural Areas
520.27	**120.04**	**52.35**	**18.59**	**307.89**	**471.00**	**4802.51**
91.96	19.31	31.35	4.41	81.82	72.43	236.93
25.51	5.86	0.75	1.24	18.73	17.90	197.51
34.26	7.67	2.33	1.04	42.46	47.59	288.69
18.60	13.00	0.75	0.47	10.92	23.41	244.26
34.44	3.99	0.42	0.34	11.16	29.41	277.75
14.43	1.57	0.70	0.20	14.09	9.85	60.31
31.57	6.84	0.64	2.38	24.68	28.35	247.73
27.65	7.79	2.59	0.48	29.39	18.25	148.23
21.24	5.51	0.79	0.27	17.26	29.43	174.55
25.39	6.51	0.50	1.69	18.08	24.93	202.91
16.76	1.79	2.94	1.81	2.45	12.10	129.43
6.41	6.09	0.06	0.48	6.12	14.63	93.85
36.69	7.99	1.93	0.35	18.05	51.03	559.24
37.50	5.97	1.87	0.37	18.14	34.15	441.39
25.54	5.88	0.49	0.36	11.68	30.20	405.66
30.07	8.64	1.05	1.49	28.54	34.04	553.12
35.22	4.82	0.48	1.18	30.00	28.31	468.05
5.71	0.82	2.72	0.04	2.62	5.11	26.37
4.64	0.89	0.06	0.14	3.69	4.62	33.39
2.40	0.17		0.19	4.84	3.32	46.45
2.12	0.71	0.07	0.00	4.22	4.34	54.14
2.63	0.32	0.21		0.48	2.55	68.41
11.68	0.56	0.02	0.03	4.79	5.63	33.10
3.00	0.49	0.17	0.00	0.81	4.47	80.68
5.70	0.33		0.01	4.33	8.02	76.29
3.86	0.32		0.07	3.66	10.46	79.19
4.25	0.55			0.39	5.25	64.28
1.58	0.22			1.76	2.14	67.95

5-4 分三次产业的就业人员数

Number of Employed Persons by Three Strata of Industry

年 份 Year	从业人员 (万人) Number of Employed Persons (10 000 persons)	第一产业 Primary Industry	第二产业 Secondary Industry	第三产业 Tretiary Industry	从业人员构成(以从业人员为100) Composition in Percentage (Total=100) 第一产业 Primary Industry	第二产业 Secondary Industry	第三产业 Tretiary Industry
1952	1683	1511	74	98	89.8	4.4	5.8
1957	1829	1577	111	141	86.2	6.1	7.7
1962	2021	1698	82	241	84.0	4.1	11.9
1965	2172	1796	91	285	82.7	4.2	13.1
1970	2481	2037	150	294	82.1	6.0	11.9
1975	2689	2279	230	180	84.8	8.6	6.7
1978	2807	2262	296	249	80.6	10.5	8.9
1979	2873	2366	290	217	82.4	10.1	7.6
1980	2929	2378	304	247	81.2	10.4	8.4
1981	3039	2470	310	259	81.3	10.2	8.5
1982	3146	2530	315	301	80.4	10.0	9.6
1983	3289	2598	341	350	79.0	10.4	10.6
1984	3346	2578	376	392	77.0	11.2	11.7
1985	3520	2571	523	426	73.0	14.9	12.1
1986	3598	2574	568	456	71.5	15.8	12.7
1987	3782	2596	616	570	68.6	16.3	15.1
1988	3916	2648	659	609	67.6	16.8	15.6
1989	3943	2719	659	565	69.0	16.7	14.3
1990	4086	2833	671	582	69.3	16.4	14.2
1991	4216	2921	689	606	69.3	16.3	14.4
1992	4332	2955	724	653	68.2	16.7	15.1
1993	4400	2910	808	682	66.1	18.4	15.5
1994	4448	2865	864	719	64.4	19.4	16.2
1995	4509	2814	929	766	62.4	20.6	17.0
1996	4638	2822	988	828	60.8	21.3	17.9
1997	4820	2909	1011	900	60.4	21.0	18.7
1998	5000	2947	962	1091	58.9	19.2	21.8
1999	5205	3305	913	987	63.5	17.5	19.0
2000	5572	3564	977	1031	64.0	17.5	18.5
2001	5517	3478	997	1042	63.0	18.1	18.9
2002	5522	3398	1038	1086	61.5	18.8	19.7
2003	5536	3332	1084	1120	60.2	19.6	20.2
2004	5587	3246	1142	1200	58.1	20.4	21.5
2005	5662	3139	1251	1272	55.4	22.1	22.5
2006	5719	3050	1351	1318	53.3	23.6	23.0
2007	5773	2920	1487	1366	50.6	25.8	23.7
2008	5835	2847	1564	1424	48.8	26.8	24.4
2009	5949	2765	1675	1509	46.5	28.2	25.4
2010	6042	2712	1753	1577	44.9	29.0	26.1
2011	6198	2670	1853	1675	43.1	29.9	27.0
2012	6288	2628	1919	1740	41.8	30.5	27.7
2013	6387	2563	2035	1789	40.1	31.9	28.0
2014	6520	2652	1996	1873	40.7	30.6	28.7
2015	6636	2587	2042	2007	39.0	30.8	30.2
2016	6726	2583	2056	2088	38.4	30.6	31.0

5-5 各市分三次产业的就业人员数(2016年底)

Number of Employed Persons by Three Strata of Industry and City (End of 2016)

市(县)	City(County)	从业人员(万人) Number of Employed Persons (10 000 persons)	第一产业 Primary Industry	第二产业 Secondary Industry	第三产业 Tretiary Industry	从业人员构成(以从业人员为100) Composition in Percentage (Total=100) 第一产业 Primary Industry	第二产业 Secondary Industry	第三产业 Tretiary Industry
全　　省	**Total**	**6726.39**	**2582.92**	**2055.94**	**2087.53**	**38.4**	**30.6**	**31.0**
省辖市	**City**							
郑州市	Zhengzhou	592.03	94.41	208.78	288.83	15.9	35.3	48.8
开封市	Kaifeng	287.88	116.80	90.00	81.08	40.6	31.3	28.2
洛阳市	Luoyang	454.13	152.61	140.06	161.46	33.6	30.8	35.6
平顶山市	Pingdingshan	333.59	156.99	85.02	91.57	47.1	25.5	27.5
安阳市	Anyang	375.82	129.30	140.03	106.49	34.4	37.3	28.3
鹤壁市	Hebi	107.54	28.88	40.57	38.09	26.9	37.7	35.4
新乡市	Xinxiang	367.11	122.41	138.32	106.38	33.3	37.7	29.0
焦作市	Jiaozuo	250.13	75.70	99.26	75.17	30.3	39.7	30.1
濮阳市	Puyang	262.74	103.28	86.51	72.95	39.3	32.9	27.8
许昌市	Xuchang	294.70	120.53	91.14	83.03	40.9	30.9	28.2
漯河市	Luohe	180.91	77.25	58.63	45.03	42.7	32.4	24.9
三门峡市	Sanmenxia	139.67	63.32	29.92	46.43	45.3	21.4	33.2
南阳市	Nanyang	723.01	332.25	190.83	199.92	46.0	26.4	27.7
商丘市	Shangqiu	570.77	221.03	174.66	175.07	38.7	30.6	30.7
信阳市	Xinyang	510.71	222.46	126.46	161.79	43.6	24.8	31.7
周口市	Zhoukou	688.19	305.59	203.95	178.66	44.4	29.6	26.0
驻马店市	Zhumadian	597.79	235.16	187.24	175.39	39.3	31.3	29.3
济源市	Jiyuan	46.62	14.86	17.30	14.45	31.9	37.1	31.0
省直管县	**County Directly Administrated by Province**							
巩义市	Gongyi	50.07	11.65	23.06	15.36	23.3	46.0	30.7
兰考县	Lankao	59.74	19.14	11.19	29.42	32.0	18.7	49.2
汝州市	Ruzhou	69.22	33.54	17.00	18.68	48.5	24.6	27.0
滑县	Huaxian	78.13	33.07	24.78	20.28	42.3	31.7	26.0
长垣县	Changyuan	58.04	9.29	32.47	16.28	16.0	56.0	28.0
邓州市	Dengzhou	94.18	54.69	20.62	18.87	58.1	21.9	20.0
永城市	Yongcheng	98.50	27.94	46.80	23.76	28.4	47.5	24.1
固始县	Gushi	102.25	32.41	32.08	37.76	31.7	31.4	36.9
鹿邑县	Luyi	77.48	18.00	34.17	25.32	23.2	44.1	32.7
新蔡县	Xincai	75.72	21.12	28.90	25.70	27.9	38.2	33.9

5-6 分行业就业人员数

单位：万人

年 份 Year	合 计 Total	农 林 牧渔业 Agriculture Forestry, Animal Husbandry and Fishery	采矿业 Mining	制造业 Manufacturing	电力、燃气及水的生产和供应业 Production and Supply of Electricity,Gas and Water	建筑业 Construction	批发和零售业 Wholesale and Retail Trades	交通运输仓储及邮政业 Transport, Storage, and Post	住宿和餐饮业 Hotels and Catering Services	信息传输、软件和信息技术服务业 Information Transmission, software and Information Technology
2003	5535.67	3331.86	49.44	614.84	23.14	396.13	318.00	166.37	44.47	6.63
2004	5587.44	3245.66	49.27	652.80	22.90	417.15	315.33	180.37	106.05	17.98
2005	5662.44	3138.83	49.96	732.53	22.66	446.55	343.71	187.29	123.50	17.14
2006	5718.70	3050.00	50.20	800.40	22.20	477.80	362.30	188.90	129.10	20.70
2007	5772.72	2920.29	51.33	884.14	21.61	529.90	378.70	198.65	139.50	24.25
2008	5835.45	2847.31	51.27	933.43	20.99	558.23	406.10	204.46	147.07	25.63
2009	5948.78	2764.86	55.49	1006.00	21.23	592.00	443.94	207.70	157.12	31.34
2010	6041.56	2711.72	54.43	1053.52	21.66	623.76	481.71	213.14	165.97	34.25
2011	6197.85	2670.45	65.17	1109.32	22.01	656.00	535.44	217.80	176.52	35.74
2012	6287.50	2628.01	64.48	1155.66	23.20	675.97	565.80	222.77	186.60	35.73
2013	6386.57	2562.60	63.40	1222.81	24.98	723.88	575.91	242.80	184.76	38.58
2014	6520.03	2651.74	57.25	1211.15	26.06	701.11	639.70	234.71	189.51	39.62
2015	6636.08	2586.93	52.59	1256.30	26.07	707.45	692.51	242.84	209.46	45.29
2016	6726.39	2582.92	46.15	1274.75	27.36	707.69	714.67	245.65	227.38	49.43
省 辖 市 City										
郑 州 市 Zhengzhou	592.03	94.41	5.21	141.03	3.54	59.00	99.76	24.75	28.49	10.38
开 封 市 Kaifeng	287.88	116.80	0.00	58.24	0.90	30.87	28.87	8.57	8.26	1.71
洛 阳 市 Luoyang	454.13	152.61	2.13	95.16	1.74	41.02	61.38	14.34	18.97	4.50
平顶山市 Pingdingshan	333.59	156.99	11.51	49.95	2.85	20.71	31.82	10.22	10.52	1.63
安 阳 市 Anyang	375.82	129.30	0.74	64.61	0.99	73.69	38.25	13.31	12.56	3.66
鹤 壁 市 Hebi	107.54	28.88	3.14	24.82	0.41	12.21	13.19	4.18	3.99	0.38
新 乡 市 Xinxiang	367.11	122.41	0.38	76.60	1.34	60.00	36.26	11.49	12.32	2.53
焦 作 市 Jiaozuo	250.13	75.70	3.24	79.99	0.99	15.03	26.60	11.62	7.66	1.94
濮 阳 市 Puyang	262.74	103.28	4.17	51.31	1.56	29.46	28.24	7.47	8.23	0.49
许 昌 市 Xuchang	294.70	120.53	1.11	71.79	0.78	17.47	32.56	8.20	9.79	2.05
漯 河 市 Luohe	180.91	77.25	0.00	41.59	0.40	16.65	14.84	5.59	5.00	0.98
三门峡市 Sanmenxia	139.67	63.32	17.13	4.99	0.66	7.13	17.28	5.52	5.09	1.03
南 阳 市 Nanyang	723.01	332.25	2.14	129.44	1.78	57.48	75.12	20.74	22.65	3.74
商 丘 市 Shangqiu	570.77	221.03	4.11	111.89	0.86	57.82	80.51	16.58	16.60	5.21
信 阳 市 Xinyang	510.71	222.46	2.75	46.73	2.81	74.16	47.78	30.27	21.86	6.53
周 口 市 Zhoukou	688.19	305.59	0.01	122.42	1.18	80.34	58.95	4.25	31.71	12.72
驻马店市 Zhumadian	597.79	235.16	1.49	104.50	1.32	79.93	57.46	15.55	31.91	13.19
济 源 市 Jiyuan	46.62	14.86	0.52	13.18	0.20	3.40	4.48	2.03	1.61	0.18
省直管县 County Directly Administrated by Province										
巩 义 市 Gongyi	50.07	11.65	0.48	19.69	0.13	2.76	5.18	2.16	2.19	0.24
兰 考 县 Lankao	59.74	19.14	0.00	4.11	0.13	6.95	4.97	2.34	1.54	0.21
汝 州 市 Ruzhou	69.22	33.54	0.93	12.31	0.10	3.66	6.97	2.23	1.75	0.38
滑 县 Huaxian	78.13	33.07	0.00	11.75	0.08	12.95	6.60	2.85	3.04	1.39
长 垣 县 Changyuan	58.04	9.29	0.00	14.35	0.20	17.92	6.31	1.05	2.39	0.34
邓 州 市 Dengzhou	94.18	54.69	0.00	15.19	0.17	5.27	7.34	1.80	2.42	0.47
永 城 市 Yongcheng	98.50	27.94	4.08	30.33	0.12	12.26	9.36	2.04	3.44	0.48
固 始 县 Gushi	102.25	32.41	0.07	21.05	0.20	10.76	16.52	9.06	5.39	0.88
鹿 邑 县 Luyi	77.48	18.00		22.74	0.07	11.36	9.96	4.32	0.89	0.12
新 蔡 县 Xincai	75.72	21.12		18.18	0.13	10.59	6.86	0.97	4.96	3.01

Number of Employed Persons by Sector

(10 000 persons)

金融业 Financial Intermediation	房地产业 Real Estate	租赁和商务服务业 Leasing and Business Services	科学研究和技术服务业 Scientific Research, and Technical Services	水利、环境和公共设施管理业 Management of Water conservancy, Environment and Public Facilities	居民服务、修理和其他服务业 Services to Households, Repair and Other Services	教育 Education	卫生和社会工作 Health and social service	文化、体育和娱乐业 Culture, Sports and Entertainment	公共管理、社会保障和社会组织 Public Management, Social Security and Social Organization
21.11	4.56	8.34	10.73	10.37	294.74	103.84	31.80	7.00	92.30
21.19	6.04	11.21	11.09	10.45	278.48	104.75	33.27	7.70	95.75
20.92	7.68	13.98	11.09	10.58	291.37	107.22	33.43	6.92	97.08
20.70	8.80	15.30	11.40	11.30	301.90	109.60	34.40	8.20	95.50
22.32	9.82	16.29	11.56	11.70	300.75	111.60	35.51	8.22	96.58
21.58	10.87	20.08	13.07	11.78	310.18	109.81	36.50	8.28	98.81
22.48	15.06	26.85	13.88	11.98	314.83	112.58	39.21	8.43	103.80
23.47	17.18	29.04	14.92	12.82	314.08	114.27	41.27	8.62	105.72
25.15	21.98	32.15	16.30	13.53	323.86	117.59	43.75	8.99	106.11
24.75	24.43	33.06	18.65	13.90	330.46	119.17	46.66	9.79	108.40
25.35	26.02	31.05	20.00	13.00	345.34	117.30	49.07	11.27	108.48
25.44	31.23	41.90	23.66	13.99	340.83	119.60	50.90	11.06	110.56
25.90	35.02	51.69	26.98	14.48	357.56	125.86	56.49	12.89	109.75
31.56	36.57	57.39	29.88	14.12	367.35	125.64	59.93	14.17	113.79
9.43	9.70	22.57	12.15	2.21	26.74	15.43	10.10	3.45	13.66
0.80	2.06	3.13	1.07	0.57	11.68	5.03	3.01	0.67	5.67
2.75	3.00	5.55	5.34	1.07	21.82	8.33	4.49	1.24	8.69
1.74	1.43	1.91	1.01	1.19	15.09	5.26	2.77	0.71	6.27
1.58	1.16	2.50	0.53	0.54	18.25	5.50	2.84	0.60	5.21
0.67	1.10	1.25	0.75	0.56	7.06	1.67	0.90	0.29	2.09
1.30	2.01	3.03	1.35	0.81	17.79	6.76	3.41	0.75	6.57
1.61	1.41	1.72	1.02	0.64	8.77	4.08	2.20	0.75	5.15
0.64	0.92	2.06	0.52	0.38	13.18	4.14	1.57	0.52	4.58
0.94	1.57	1.69	0.83	0.65	12.44	4.45	2.37	0.56	4.93
0.60	0.80	1.49	0.33	0.33	4.99	3.22	1.41	0.24	3.16
1.26	0.40	0.87	0.39	0.27	6.70	2.73	1.47	0.39	3.03
2.34	1.77	3.86	2.02	1.78	31.16	17.12	6.97	1.17	9.47
1.37	3.27	2.46	0.74	0.80	21.49	10.36	5.04	0.65	9.98
1.27	2.20	4.36	1.35	0.98	17.72	11.89	7.37	0.75	7.46
1.68	1.26	2.77	0.79	0.53	39.26	11.13	3.69	0.67	9.25
1.34	3.66	2.65	1.16	0.76	25.01	9.88	4.18	1.09	7.56
0.20	0.15	0.21	0.08	0.20	2.68	0.86	0.47	0.13	1.18
0.11	0.20	0.27	0.10	0.06	2.40	0.83	0.35	0.10	0.78
0.09	0.47	0.50	0.24	0.09	17.06	0.70	0.53	0.09	0.59
0.14	0.22	0.62	0.24	0.15	3.38	0.93	0.64	0.17	0.85
0.18	0.11	0.09	0.03	0.01	3.36	1.22	0.51	0.07	0.83
0.09	0.46	0.41	0.29	0.10	2.62	0.98	0.43	0.17	0.65
0.07	0.18	0.13	0.07	0.25	2.67	1.89	0.66	0.07	0.84
0.12	0.23	0.09	0.11	0.31	4.22	1.26	0.67	0.10	1.33
0.17	0.37	0.18	0.26	0.30	0.94	2.01	0.64	0.11	0.93
0.13	0.11	0.16	0.10	0.11	6.90	1.42	0.31	0.06	0.71
0.12	0.19	0.22	0.07	0.06	7.71	0.63	0.37	0.06	0.48

5-7 城镇单位就业人员数

Number of Employed Persons in Urban Units

单位：万人 (10 000 persons)

年份 Year	合计 Total	在岗职工 Staff and Workers	其他从业人员 Others	国有单位 State-owned Units	城镇集体单位 Urban Collective-owned Units	其他单位 Units of Other Types of Ownership	第一产业 Primary Industry	第二产业 Secondary Industry	第三产业 Tretiary Industry
1978	420			346	74				
1979	441			363	78				
1980	462			379	83				
1981	497			407	90				
1982	502			407	95				
1983	524			425	99				
1984	548			419	129				
1985	593			454	139				
1986	618			469	149				
1987	645			488	156	1			
1988	670			508	161	1			
1989	681			512	168	1			
1990	693			521	171	1			
1991	722			544	177	1			
1992	746			571	172	3			
1993	771			599	162	10			
1994	788			604	158	26			
1995	815			617	162	36			
1996	842			640	161	41			
1997	841			603	177	61			
1998	772	748	24	495	162	115	5	361	406
1999	742	723	19	475	146	121	5	335	402
2000	734	718	16	464	143	127	5	321	408
2001	719	704	15	457	138	124	5	308	406
2002	710	694	16	427	127	156	5	278	428
2003	702	683	19	399	117	187	10	293	399
2004	696	677	19	409	96	191	9	287	400
2005	701	681	20	405	91	205	10	291	400
2006	711	692	19	402	86	224	9	302	401
2007	719	699	20	397	83	240	9	306	404
2008	714	692	22	391	68	255	8	305	401
2009	735	708	27	381	49	305	8	316	412
2010	752	723	28	389	50	312	7	326	418
2011	839	809	30	400	52	387	30	395	414
2012	881	850	32	409	51	421	6	429	446
2013	1076	1023	53	370	46	660	5	589	482
2014	1109	1058	51	368	43	698	5	609	495
2015	1126	1077	49	366	39	721	3	609	515
2016	1145	1096	49	367	34	744	2	608	535

5−8 各市城镇单位就业人员数(2016年底)

Number of Employed Persons in Urban Units by City (End of 2016)

单位：万人 (10 000 persons)

市(县) City(County)	合计 Total	在岗职工 Staff and Workers	#劳务派遣 Labor Dispatching	其他从业人员 Others	国有单位 State-owned Units	城镇集体单位 Urban Collective-owned Units	其他单位 Units of Other Types of Ownership	第一产业 Primary Industry	第二产业 Secondary Industry	第三产业 Tretiary Industry
全 省 Total	**1144.99**	**1096.13**	**46.73**	**48.86**	**366.83**	**34.19**	**743.97**	**2.08**	**607.99**	**534.92**
省 辖 市 City										
郑 州 市 Zhengzhou	200.85	193.07	13.73	7.78	45.21	2.73	152.92	0.25	106.07	94.54
开 封 市 Kaifeng	53.75	51.40	3.28	2.35	15.74	2.42	35.59	0.06	29.50	24.19
洛 阳 市 Luoyang	75.39	70.82	5.52	4.57	25.91	2.23	47.25	0.10	36.97	38.32
平 顶 山 市 Pingdingshan	54.99	53.05	2.47	1.94	19.17	1.79	34.03	0.04	30.43	24.52
安 阳 市 Anyang	57.49	53.52	2.58	3.97	16.48	0.87	40.14	0.06	35.48	21.95
鹤 壁 市 Hebi	23.29	22.25	0.55	1.04	5.50	0.39	17.39	0.01	15.70	7.58
新 乡 市 Xinxiang	66.34	62.30	2.96	4.04	19.21	4.33	42.81	0.05	40.79	25.50
焦 作 市 Jiaozuo	54.25	52.65	1.89	1.60	13.45	0.72	40.07	0.05	32.21	21.98
濮 阳 市 Puyang	41.49	39.00	1.42	2.49	11.74	0.73	29.02	0.01	24.62	16.85
许 昌 市 Xuchang	48.78	47.99	0.77	0.79	12.47	0.91	35.40	0.00	29.05	19.74
漯 河 市 Luohe	33.77	33.08	0.72	0.68	9.38	0.83	23.56	0.00	20.68	13.08
三 门 峡 市 Sanmenxia	25.07	23.95	0.73	1.11	9.96	1.99	13.12	0.07	13.10	11.89
南 阳 市 Nanyang	94.68	90.96	1.93	3.72	39.21	3.54	51.93	0.48	43.08	51.13
商 丘 市 Shangqiu	77.08	74.22	3.49	2.86	26.05	2.00	49.04	0.05	36.39	40.64
信 阳 市 Xinyang	63.16	59.51	1.45	3.65	26.15	2.83	34.18	0.10	27.83	35.24
周 口 市 Zhoukou	72.49	71.24	0.96	1.25	26.45	3.07	42.97	0.39	35.82	36.28
驻 马 店 市 Zhumadian	71.42	67.53	1.39	3.89	24.92	2.75	43.75	0.32	35.29	35.81
济 源 市 Jiyuan	12.52	11.54	0.46	0.98	2.97	0.07	9.48	0.03	8.27	4.22
省 直 管 县 County Directly Administrated by Province										
巩 义 市 Gongyi	8.38	8.22	0.14	0.16	1.55	0.63	6.20	0.00	5.26	3.11
兰 考 县 Lankao	5.13	4.94	0.11	0.20	1.61	0.13	3.39	0.02	2.12	3.00
汝 州 市 Ruzhou	6.52	6.28	0.40	0.24	2.98	0.37	3.17	0.01	2.46	4.06
滑 县 Huaxian	6.69	6.27	0.25	0.42	2.99	0.38	3.32	0.02	2.73	3.95
长 垣 县 Changyuan	14.51	13.81	1.32	0.71	1.68	0.36	12.47	0.01	11.13	3.37
邓 州 市 Dengzhou	8.21	7.67	0.20	0.55	4.17	0.16	3.88	0.03	3.58	4.61
永 城 市 Yongcheng	9.86	9.68	1.10	0.18	3.68	0.07	6.11		5.55	4.32
固 始 县 Gushi	8.94	8.63	0.10	0.31	4.18	0.33	4.43	0.00	3.19	5.74
鹿 邑 县 Luyi	7.56	7.46	0.04	0.11	2.44	0.12	5.01	0.02	3.65	3.89
新 蔡 县 Xincai	3.87	3.86	0.01	0.01	1.74	0.20	1.93		1.44	2.44

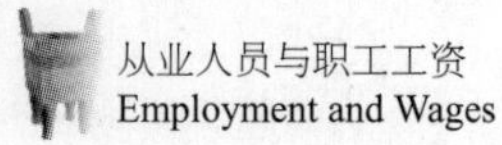

5-9 分行业城镇单位就业人员数

单位：万人

年份 Year	合计 Total	农林牧渔业 Agriculture Forestry, Animal Husbandry and Fishery	采矿业 Mining	制造业 Manufacturing	电力、燃气及水的生产和供应业 Production and Supply of Electricity,Gas and Water	建筑业 Construction	批发和零售业 Wholesale and Retail Trade	交通运输仓储及邮政业 Transport, Storage and Post	住宿和餐饮业 Hotels and Catering Services	信息传输、软件和信息技术服务业 Information Transmission, Software and Information Technology
2003	701.70	9.63	48.72	159.91	23.14	61.70	58.92	32.94	9.79	5.32
2004	695.89	9.06	48.62	152.07	21.97	64.22	53.24	33.34	9.49	5.12
2005	700.59	9.54	49.24	155.24	21.69	64.79	48.18	32.91	11.00	4.84
2006	711.25	8.80	49.29	159.06	21.93	71.26	46.04	31.51	10.65	5.06
2007	719.18	8.68	50.41	157.11	21.15	77.79	43.11	30.96	10.04	4.58
2008	714.41	7.95	50.33	153.62	20.42	80.64	41.03	29.42	9.07	3.99
2009	734.73	6.97	53.32	154.78	20.67	87.32	38.88	28.78	9.53	5.20
2010	751.68	7.12	52.65	158.82	21.09	93.66	38.19	29.15	9.95	4.87
2011	839.09	7.25	63.67	193.82	21.46	116.06	42.73	30.24	10.53	5.87
2012	881.18	5.83	63.00	218.25	22.50	125.58	42.59	30.89	10.10	6.34
2013	1075.99	5.19	62.57	312.67	24.56	189.48	52.66	43.62	11.82	9.46
2014	1108.89	5.09	56.34	337.10	25.53	189.61	53.26	44.49	11.25	9.72
2015	1125.85	2.53	51.64	352.88	25.32	178.83	54.91	45.27	11.27	10.43
2016	1144.99	2.08	45.18	363.26	26.18	173.37	56.13	45.84	11.00	12.16
省辖市 City										
郑州市 Zhengzhou	200.85	0.25	5.08	68.06	3.48	29.45	10.33	8.10	3.09	3.89
开封市 Kaifeng	53.75	0.06		20.03	0.87	8.60	3.75	1.19	0.67	0.49
洛阳市 Luoyang	75.39	0.10	1.80	25.25	1.57	8.34	3.62	1.90	0.81	0.97
平顶山市 Pingdingshan	54.99	0.04	11.43	12.00	2.80	4.21	2.35	1.33	0.53	0.28
安阳市 Anyang	57.49	0.06	0.73	14.22	0.91	19.63	1.74	1.43	0.33	0.42
鹤壁市 Hebi	23.29	0.01	3.09	9.57	0.37	2.68	0.62	0.34	0.17	0.11
新乡市 Xinxiang	66.34	0.05	0.37	20.33	1.18	18.92	1.92	1.35	0.44	0.49
焦作市 Jiaozuo	54.25	0.05	3.21	25.21	0.87	2.92	2.86	3.07	0.31	0.29
濮阳市 Puyang	41.49	0.01	4.17	10.40	1.53	8.53	1.48	0.99	0.17	0.38
许昌市 Xuchang	48.78	0.00	1.08	23.52	0.75	3.69	2.08	0.92	0.53	0.47
漯河市 Luohe	33.77	0.00		17.71	0.38	2.59	1.49	0.98	0.19	0.10
三门峡市 Sanmenxia	25.07	0.07	6.95	3.89	0.60	1.66	0.86	0.85	0.21	0.35
南阳市 Nanyang	94.68	0.48	2.04	25.74	1.59	13.72	4.47	2.87	0.94	0.56
商丘市 Shangqiu	77.08	0.05	4.10	20.40	0.78	11.10	4.96	2.56	0.56	0.93
信阳市 Xinyang	63.16	0.10	0.69	13.57	1.17	12.39	4.50	2.06	0.74	0.91
周口市 Zhoukou	72.49	0.39		24.78	1.01	10.02	4.26	2.11	0.31	0.77
驻马店市 Zhumadian	71.42	0.32	0.02	20.88	1.19	13.20	4.43	2.41	0.68	0.65
济源市 Jiyuan	12.52	0.03	0.40	6.33	0.19	1.35	0.33	0.57	0.06	0.08
省直管县 County Directly Administrated by Province										
巩义市 Gongyi	8.38	0.00	0.46	4.36	0.12	0.33	0.24	0.27	0.08	0.06
兰考县 Lankao	5.13	0.02		1.79	0.09	0.24	0.39	0.10	0.02	0.03
汝州市 Ruzhou	6.52	0.01	0.88	1.20	0.08	0.30	0.46	0.28	0.03	0.04
滑县 Huaxian	6.69	0.02		1.15	0.08	1.50	0.68	0.13	0.08	0.08
长垣县 Changyuan	14.51	0.01		3.36	0.17	7.59	0.38	0.08	0.12	0.01
邓州市 Dengzhou	8.21	0.03		2.61	0.16	0.81	0.41	0.16	0.03	0.02
永城市 Yongcheng	9.86		4.08	0.24	0.11	1.11	0.24	0.10	0.10	0.06
固始县 Gushi	8.94	0.00		1.84	0.20	1.15	0.43	0.36	0.08	0.06
鹿邑县 Luyi	7.56	0.02		2.89	0.05	0.71	0.74	0.08	0.06	0.01
新蔡县 Xincai	3.87			0.99	0.13	0.32	0.25	0.18	0.09	0.05

Number of Employed Persons in Urban Units by Sector

(10 000 persons)

金融业 Financial Intermediation	房地产业 Real Estate	租赁和商务服务业 Leasing and Business Services	科学研究和技术服务业 Scientific Research, and Technical Services	水利、环境和公共设施管理业 Management of Water Conservancy, Environment and Public Facilities	居民服务、修理和其他服务业 Services to Households, Repair and Other Services	教育 Education	卫生和社会工作 Health and Social Service	文化、体育和娱乐业 Culture, Sports and Entertainment	公共管理、社会保障和社会组织 Public Management, Social Security and Social Organization
21.11	4.56	8.34	10.73	10.37	1.56	103.84	31.80	7.00	92.30
21.19	4.59	9.30	11.09	10.45	1.72	104.75	32.97	6.94	95.75
20.92	5.45	10.27	11.09	10.58	1.48	107.22	33.09	5.98	97.08
20.72	5.93	10.36	11.41	11.33	1.71	109.60	34.11	7.03	95.45
22.32	6.94	10.43	11.56	11.70	1.80	111.60	35.24	7.17	96.58
21.49	6.91	12.39	11.95	11.61	1.66	109.78	36.17	7.17	98.81
22.02	8.57	12.05	11.08	11.54	1.77	112.51	38.85	7.10	103.80
22.60	8.97	11.29	11.49	12.22	1.94	114.11	40.85	7.00	105.72
23.81	11.64	11.14	12.25	12.89	1.92	117.40	43.21	7.09	106.11
23.32	13.10	11.29	13.12	13.13	1.60	118.90	46.12	7.12	108.40
24.13	15.76	12.49	14.82	12.44	1.99	116.92	48.44	8.51	108.47
23.98	18.40	15.07	16.39	13.20	2.39	119.05	50.02	7.47	110.55
24.35	21.16	16.11	17.15	13.52	2.71	125.00	55.22	7.82	109.72
30.00	23.14	18.13	17.78	13.05	3.12	124.55	58.45	7.79	113.79
9.06	6.32	4.32	6.09	2.07	0.40	15.29	9.63	2.32	13.62
0.76	1.10	0.90	0.56	0.52	0.26	4.98	2.99	0.37	5.66
2.67	1.66	0.75	3.04	0.94	0.14	8.19	4.34	0.61	8.69
1.69	0.88	0.88	0.67	1.11	0.16	5.23	2.74	0.41	6.27
1.52	0.79	1.13	0.28	0.48	0.06	5.46	2.79	0.30	5.21
0.52	0.31	0.23	0.21	0.46	0.02	1.62	0.84	0.06	2.08
1.23	0.95	0.82	0.73	0.69	0.08	6.65	3.32	0.26	6.57
1.56	0.61	0.48	0.47	0.58	0.25	4.00	2.15	0.23	5.11
0.64	0.64	1.68	0.29	0.36	0.27	3.75	1.45	0.17	4.58
0.86	1.12	0.46	0.53	0.61	0.17	4.41	2.35	0.29	4.93
0.58	0.46	0.73	0.14	0.33	0.03	3.22	1.41	0.24	3.16
1.24	0.20	0.35	0.21	0.22	0.06	2.69	1.44	0.19	3.03
2.24	1.01	1.56	1.66	1.67	0.25	17.07	6.73	0.64	9.47
1.29	2.26	1.15	0.37	0.76	0.24	10.29	5.00	0.29	9.98
1.15	1.54	0.97	1.10	0.93	0.27	10.02	3.24	0.38	7.43
1.62	1.14	0.70	0.51	0.47	0.14	11.01	3.62	0.38	9.25
1.18	1.97	0.89	0.78	0.66	0.31	9.79	3.93	0.57	7.56
0.20	0.14	0.06	0.05	0.17	0.01	0.84	0.46	0.07	1.18
0.10	0.14	0.07	0.06	0.06	0.04	0.83	0.35	0.04	0.78
0.08	0.19	0.09	0.12	0.07	0.09	0.68	0.53	0.04	0.58
0.14	0.06	0.21	0.19	0.12	0.05	0.92	0.64	0.07	0.85
0.18	0.10	0.04	0.02	0.01	0.02	1.22	0.51	0.06	0.83
0.08	0.22	0.12	0.18	0.09	0.01	0.97	0.42	0.04	0.65
0.07	0.13	0.04	0.06	0.25	0.01	1.89	0.65	0.04	0.84
0.11	0.07	0.02	0.03	0.30	0.03	1.23	0.66	0.04	1.33
0.17	0.35	0.09	0.26	0.27	0.04	1.97	0.62	0.10	0.93
0.07	0.11	0.14	0.09	0.11	0.02	1.42	0.31	0.03	0.71
0.12	0.08	0.07	0.04	0.02	0.04	0.62	0.37	0.03	0.48

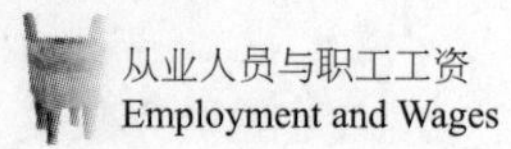

5-10 各种分组的城镇单位就业人员数(2016年底)

Number of Employed Persons in Urban Units by Groups (End of 2016)

单位：万人 (10 000 persons)

类别	Type	合计 Total	在岗职工 Staff and Workers	#劳务派遣 Labor Dispatching	其他从业人员 Others	国有单位 State-owned Units	城镇集体单位 Urban Collective-owned Units	其他单位 Units of Other Types of Ownership
总计	**Total**	**1144.99**	**1096.13**	**46.73**	**48.86**	**366.83**	**34.19**	**743.97**
按企业、事业、机关分	**By Enterprises, Institutions and Agencies**							
企业	Enterprises	833.68	794.12	42.51	39.56	77.50	26.57	729.62
事业	Institutions	217.40	211.07	2.10	6.33	203.69	7.11	6.60
机关	Agencies & Organizations	83.28	81.34	1.98	1.93	82.77	0.09	0.41
按国民经济行业分	**By Sector**							
农、林、牧、渔业	**Agriculture Forestry, Animal Husbandry and Fishery**	**2.08**	**2.03**	**0.01**	**0.05**	**1.30**	**0.23**	**0.55**
农业	Agriculture	0.90	0.85	0.00	0.05	0.57	0.13	0.20
林业	Forestry	0.30	0.30	0.00	0.00	0.27		0.03
畜牧业	Animal Husbandry	0.23	0.23			0.03	0.01	0.19
渔业	Fishery	0.03	0.03			0.03		0.00
农、林、牧、渔服务业	Service Activities for Agriculture, Forestry, Animal Husbandry and Fishery	0.61	0.61	0.00	0.00	0.39	0.08	0.14
采矿业	**Mining**	**45.18**	**44.84**	**3.25**	**0.33**	**2.91**	**2.16**	**40.11**
制造业	**Manufacturing**	**363.26**	**358.47**	**7.04**	**4.79**	**4.92**	**5.83**	**352.51**
电力、燃气及水的生产和供应业	**Production and Supply of Electricity, Gas and Water**	**26.18**	**25.86**	**0.47**	**0.32**	**15.71**	**0.18**	**10.29**
建筑业	**Construction**	**173.37**	**151.24**	**20.99**	**22.13**	**6.53**	**8.31**	**158.53**
房屋建筑业	Building Construction	109.44	95.42	15.84	14.03	2.07	6.71	100.67
土木工程建筑业	Civil Engineering Construction	40.34	34.96	2.79	5.38	3.92	0.94	35.48
建筑安装业	Architectural Installation	10.62	8.88	0.68	1.74	0.46	0.62	9.54
建筑装饰和其他建筑业	Architectural Decoration and Others	12.98	11.99	1.68	0.99	0.08	0.05	12.85
批发和零售业	**Wholesale and Retail Trade**	**56.13**	**54.17**	**1.51**	**1.96**	**7.71**	**3.55**	**44.87**
批发业	Wholesale	22.10	21.45	0.90	0.65	5.59	1.17	15.33
零售业	Retail Trade	34.03	32.72	0.61	1.31	2.11	2.38	29.54
交通运输、仓储和邮政业	**Transport, Storage and Post**	**45.84**	**44.39**	**3.51**	**1.44**	**21.84**	**1.41**	**22.58**
铁路运输业	Transport via Railway	11.36	11.21	0.29	0.15	10.76	0.02	0.57
道路运输业	Transport via Road	25.45	24.48	1.39	0.97	6.35	0.74	18.36
水上运输业	Water Transport	0.42	0.42	0.00	0.00	0.01	0.26	0.15

5-10 续表 1 continued

单位：万人 (10 000 persons)

类别	Type	合计 total	在岗职工 Staff and Workers	#劳务派遣 Labor Dispatching	其他从业人员 Others	国有单位 State-owned Units	城镇集体单位 Urban Collective-owned Units	其他单位 Units of Other Types of Ownership
航空运输业	Air Transport	1.12	1.07	0.71	0.04	0.01		1.11
管道运输业	Transport via Pipeline	0.02	0.02		0.00			0.02
装卸搬运和运输代理业	Loading, Unloading, Portage and Transportation Agency	1.25	1.22	0.05	0.03	0.19	0.27	0.79
仓储业	Storage	2.76	2.61	0.04	0.14	1.42	0.12	1.22
邮政业	Post	3.46	3.36	1.03	0.10	3.10	0.01	0.35
住宿和餐饮业	**Hotels and Catering Services**	**11.00**	**10.71**	**0.30**	**0.29**	**1.76**	**0.43**	**8.81**
住宿业	Hotels	7.22	7.01	0.23	0.21	1.56	0.38	5.28
餐饮业	Catering Services	3.78	3.69	0.07	0.08	0.19	0.05	3.53
信息传输、软件和信息技术服务业	**Information Transmission, Software and Information Technology**	**12.16**	**11.48**	**1.68**	**0.68**	**1.70**	**0.18**	**10.28**
电信、广播电视和卫星传输服务	Telecom,Radio,Television and Satellite Transmission Service	8.72	8.15	1.38	0.57	1.58	0.15	6.99
互联网和相关服务	Internet and Related Services	0.99	0.95	0.15	0.05	0.09	0.00	0.90
软件和信息技术服务业	Software and Information Services	2.45	2.39	0.14	0.07	0.04	0.02	2.39
金融业	**Financial Intermediation**	**30.00**	**25.02**	**0.64**	**4.98**	**5.20**	**2.70**	**22.10**
货币金融服务	Monetary and Financial Services	18.95	18.75	0.44	0.20	3.70	2.58	12.68
资本市场服务	Capital Market Services	0.64	0.63	0.00	0.01	0.07		0.57
保险业	Insurance	10.20	5.44	0.20	4.77	1.41	0.13	8.67
其他金融业	Other Financial Activities	0.21	0.20	0.00	0.00	0.02		0.18
房地产业	**Real Estate**	**23.14**	**22.34**	**0.97**	**0.80**	**0.82**	**0.24**	**22.08**
#房地产开发经营	Real Estate Development and Operation	15.30	14.83	0.22	0.46	0.30	0.01	14.99
物业管理	Property Management	6.47	6.18	0.68	0.29	0.18	0.16	6.12
房地产中介服务	Intermediate Service of Real Estate	0.59	0.59	0.01	0.00	0.09	0.02	0.49
租赁和商务服务业	**Leasing and Business Services**	**18.13**	**17.44**	**1.12**	**0.69**	**3.74**	**0.54**	**13.85**
租赁业	Leasing	0.69	0.68	0.00	0.01	0.04	0.01	0.64
商务服务业	Business Service	17.44	16.76	1.12	0.67	3.71	0.52	13.20
科学研究和技术服务业	**Scientific Research and Technical Services**	**17.78**	**17.20**	**0.76**	**0.58**	**8.50**	**0.25**	**9.02**
研究和试验发展	Research and Experimental Development	3.15	3.03	0.22	0.12	2.38	0.01	0.75
专业技术服务业	Professional Technique Services	11.39	11.01	0.51	0.38	4.84	0.22	6.34
科技推广和应用服务业	Science and Technology Popularization and Application Services	3.24	3.15	0.04	0.08	1.28	0.02	1.93

5-10 续表 2　continued

单位:万人　(10 000 persons)

类别	Type	合计 total	在岗职工 Staff and Workers	#劳务派遣 Labor Dispatching	其他从业人员 Others	国有单位 State-owned Units	城镇集体单位 Urban Collective-owned Units	其他单位 Units of Other Types of Ownership
水利、环境和公共设施管理业	**Management of Water Conservancy, Environment and Public Facilities**	**13.05**	**11.40**	**0.17**	**1.64**	**9.70**	**0.25**	**3.10**
水利管理业	Management of Water Conservancy	3.15	3.07	0.05	0.09	2.88	0.06	0.21
生态保护和环境治理业	Ecological Protection and Environmental Management	0.50	0.49	0.02	0.01	0.28	0.00	0.22
公共设施管理业	Management of Public Facilities	9.39	7.84	0.09	1.55	6.54	0.19	2.67
居民服务、修理和其他服务业	**Services to Households, Repair and Other Services**	**3.12**	**3.04**	**0.15**	**0.08**	**0.54**	**0.18**	**2.41**
居民服务业	Services to Households	1.63	1.59	0.05	0.03	0.44	0.09	1.10
机动车、电子产品和日用产品修理业	Motor Vehicle, Electronic Products and Daily Products Repair Services	0.74	0.71	0.01	0.03	0.03	0.03	0.67
其他服务业	Other Services	0.76	0.74	0.09	0.01	0.07	0.05	0.64
教育	**Education**	**124.55**	**121.52**	**0.47**	**3.03**	**106.72**	**4.99**	**12.84**
#初等教育	Primary Education	42.00	41.53	0.09	0.47	36.74	2.51	2.74
中等教育	Secondary Education	62.13	60.24	0.27	1.89	54.25	2.21	5.67
高等教育	Higher Education	10.46	10.07	0.02	0.39	9.06	0.04	1.37
卫生和社会工作	**Health and Social Service**	**58.45**	**56.46**	**0.97**	**1.99**	**49.65**	**2.38**	**6.41**
卫生	Health	57.68	55.73	0.95	1.96	49.11	2.37	6.20
社会工作	Social Service	0.77	0.73	0.02	0.04	0.55	0.01	0.21
文化、体育和娱乐业	**Culture, Sports and Entertainment**	**7.79**	**7.60**	**0.13**	**0.20**	**5.57**	**0.12**	**2.10**
新闻和出版业	Press and Publishing Activities	1.55	1.53	0.01	0.02	1.16	0.01	0.39
广播、电视、电影和影视录音制作业	Broadcasting, Movies, Television and aud Video Recordings	2.57	2.52	0.05	0.06	2.03	0.08	0.47
文化艺术业	Culture and Art	2.55	2.48	0.05	0.07	2.02	0.03	0.49
体育	Sports	0.34	0.30	0.02	0.03	0.23		0.11
娱乐业	Entertainment	0.78	0.76	0.01	0.02	0.13	0.00	0.65
公共管理、社会保障和社会组织	**Public Management, Social Security and Social Organization**	**113.79**	**110.93**	**2.59**	**2.87**	**112.00**	**0.25**	**1.54**
#中国共产党机关	Chinese Communist Party Organs	3.64	3.59	0.03	0.06	3.64		
国家机构	State Organs	106.55	103.79	2.53	2.76	105.20	0.22	1.13
人民政协、民主党派	People's Political Consultative Conference and Democratic Parties	0.60	0.60	0.01	0.00	0.60		
社会保障	Social Security	0.85	0.83	0.01	0.02	0.83	0.00	0.02
群众团体、社会团体和其他成员组织	Mass Communities, Social Communities and Other Organizations	2.11	2.09	0.02	0.02	1.71	0.03	0.37

5-11 各种分组的城镇单位女性就业人员数(年底数)

Number of Female Employed Persons by Groups (Year-end)

单位：万人 (10 000 persons)

项 目	Item	2013	2014	2015	2016
合 计	**Total**	**371.86**	**400.59**	**413.01**	**417.59**
按国民经济行业分	**By Sector**				
农、林、牧、渔业	Agriculture, Forestry, Animal Husbandry and Fishery	1.55	1.61	0.76	0.66
采矿业	Mining	11.17	9.56	8.79	7.86
制造业	Manufacturing	128.22	141.58	147.96	148.34
电力、燃气及水的生产和供应业	Production and Supply of Electricity,Gas and Water	7.35	8.40	8.33	7.19
建筑业	Construction	21.43	22.69	22.63	21.22
批发和零售业	Wholesale and Retail Trade	24.05	25.10	25.81	26.37
交通运输、仓储和邮政业	Transport, Storage and Post	11.89	12.16	12.05	12.64
住宿和餐饮业	Hotels and Catering Services	6.51	6.40	6.49	6.24
信息传输、软件和信息技术服务业	Information Transmission, Software and Information Technology	3.98	4.54	4.84	5.52
金融业	Financial Intermediation	11.35	11.58	11.82	12.49
房地产业	Real Estate	5.10	6.54	7.75	8.40
租赁和商务服务业	Leasing and Business Services	3.93	4.95	5.41	6.12
科学研究和技术服务业	Scientific Research and Technical Services	4.44	5.15	5.31	5.32
水利、环境和公共设施管理业	Management of Water conservancy, Environment and Public Facilities	4.51	4.99	5.33	5.20
居民服务、修理和其他服务业	Services to Households, Repair and Other Services	0.73	0.99	1.17	1.28
教育	Education	60.17	64.79	66.18	66.95
卫生和社会工作	Health, Social Service	27.90	30.97	32.67	34.78
文化、体育和娱乐业	Culture, Sports and Entertainment	3.41	3.21	3.29	3.23
公共管理、社会保障和社会组织	Public Management,Social Security and Social Organization	34.16	35.38	36.46	37.77
按三次产业分	**By Three Strata of Industry**				
第一产业	Primary Industry	1.55	1.61	0.76	0.66
第二产业	Secondary Industry	168.18	182.22	187.70	184.61
第三产业	Tertiary Industry	202.13	216.75	224.55	232.32
按注册类型分	**By Status of Registration**				
#国有单位	State-owned Units	147.50	153.71	154.63	154.31
城镇集体单位	Urban Collective Owned Units	15.87	16.22	14.14	12.45
股份合作单位	Cooperative Units	3.20	3.15	3.18	3.03
联营单位	Joint Ownership Units	0.53	0.42	0.41	0.75
有限责任公司	Limited Liability Corporations	118.26	136.48	147.85	157.76
股份有限公司	Share-holding Corporations Ltd.	36.91	38.06	38.22	37.73
港澳台商投资单位	Units with Funds from Hong Kong, Macao & Taiwan	32.05	33.89	35.88	32.36
外商投资单位	Foreign Funded Units	8.13	8.46	8.07	7.73

5-12 各市城镇登记失业人数及失业率

Registered Unemployed Persons and Unemployment Rate in Urban Area by City

市(县) City(County)	年底登记失业人数（万人） Unemployed Persons at year-end (10 0000 person)								登记失业率（%） Registered Unemployment Rate (%)							
	2005	2010	2011	2012	2013	2014	2015	2016	2005	2010	2011	2012	2013	2014	2015	2016
全 省 Total	**33.02**	**38.20**	**38.40**	**38.27**	**40.19**	**40.01**	**42.46**	**43.58**	**3.5**	**3.4**	**3.4**	**3.1**	**3.1**	**3.0**	**3.0**	**3.0**
省 辖 市 City																
郑 州 市 Zhengzhou	4.64	2.95	2.23	5.03	6.13	4.26	4.92	5.68	3.5	2.8	2.0	2.0	2.2	1.4	1.6	1.9
开 封 市 Kaifeng	2.15	2.54	2.49	2.37	1.90	1.88	1.85	1.81	3.0	3.9	3.9	3.7	2.9	3.0	2.9	2.9
洛 阳 市 Luoyang	2.53	2.80	3.23	3.98	3.93	4.46	4.60	4.86	3.9	3.3	3.5	3.8	3.8	3.9	3.9	4.0
平 顶 山 市 Pingdingshan	1.93	2.01	2.20	2.03	2.21	2.41	2.82	2.64	3.6	3.2	3.3	3.0	3.3	3.3	3.3	3.1
安 阳 市 Anyang	1.96	2.09	2.27	2.64	2.72	2.61	2.99	3.08	3.3	3.3	3.4	3.9	3.6	3.0	3.3	3.3
鹤 壁 市 Hebi	0.47	0.70	0.88	0.54	0.55	0.66	0.42	0.43	4.0	3.7	3.9	2.0	2.6	2.8	1.7	2.1
新 乡 市 Xinxiang	2.07	2.45	2.53	2.42	2.68	3.67	4.32	4.36	2.9	3.9	3.9	3.8	3.8	4.0	4.0	3.8
焦 作 市 Jiaozuo	1.36	2.17	2.41	2.25	2.64	3.26	3.15	3.06	3.3	3.9	4.0	4.0	4.1	4.1	4.0	3.9
濮 阳 市 Puyang	1.28	0.94	1.39	1.37	1.41	1.51	1.53	1.72	3.8	2.6	2.7	3.0	2.6	2.8	2.6	2.3
许 昌 市 Xuchang	0.95	0.99	0.46	1.11	1.06	0.49	0.81	1.02	4.1	3.3	3.2	3.0	3.0	2.8	2.9	3.0
漯 河 市 Luohe	0.60	0.62	0.53	0.79	0.92	0.70	0.78	0.42	3.1	2.5	2.7	2.6	2.6	1.9	2.0	2.5
三 门 峡 市 Sanmenxia	1.07	0.90	0.84	0.77	0.75	0.74	0.80	0.84	3.1	3.3	3.2	2.9	2.9	2.8	2.8	2.8
南 阳 市 Nanyang	3.31	3.70	3.73	3.83	3.81	3.93	4.02	4.21	3.8	3.3	3.3	3.4	3.2	3.2	2.8	2.7
商 丘 市 Shangqiu	2.42	2.52	2.66	2.42	2.76	2.63	2.70	2.83	3.4	3.6	3.7	3.4	3.7	3.6	3.7	3.7
信 阳 市 Xinyang	1.75	1.19	0.92	0.82	0.92	0.94	0.87	0.76	3.8	2.9	2.3	2.9	2.4	2.9	2.8	2.7
周 口 市 Zhoukou	2.64	3.17	3.02	3.59	3.56	3.65	3.61	3.43	3.4	4.0	4.0	4.0	4.0	4.0	2.9	3.7
驻 马 店 市 Zhumadian	1.56	1.50	1.58	1.60	1.54	1.45	1.51	1.59	3.7	3.4	3.7	3.4	3.2	3.0	3.1	3.2
济 源 市 Jiyuan	0.33	0.69	0.82	0.67	0.70	0.75	0.77	0.83	3.3	3.3	3.5	2.8	2.8	2.9	2.9	2.9
省 直 管 县 County Directly Administrated by Province																
巩 义 市 Gongyi	0.19	0.47	0.53	0.44	1.30	0.58	0.58	0.58	0.8	2.0	2.0	1.0	3.9	4.4	2.7	2.7
兰 考 县 Lankao	0.48	0.10	0.10	0.04	0.01	0.01	0.02	0.01	4.4	3.2	2.4	1.1	2.7	0.3	0.6	0.1
汝 州 市 Ruzhou	0.16	0.21	0.17	0.16	0.23	0.14	0.28	0.27	3.4	3.8	3.3	3.5	3.0	2.3	3.2	3.5
滑 县 Huaxian	0.19	0.13	0.16	0.18	0.25	0.25	0.25	0.28	3.9	3.7	3.8	4.0	4.1	4.1	4.0	4.0
长 垣 县 Changyuan	0.14	0.23	0.23	0.22	0.22	0.21	0.21	0.21	4.2	3.8	3.7	3.6	3.6	3.4	3.3	3.4
邓 州 市 Dengzhou	0.18	0.14	0.19	0.34	0.23	0.22	0.87	0.83	3.4	2.4	2.7	3.7	3.2	3.5	3.6	3.5
永 城 市 Yongcheng	0.14	0.27	0.26	0.27	0.27	0.27	0.27	0.27	3.9	4.0	4.1	4.0	3.9	3.9	3.9	3.9
固 始 县 Gushi	0.16	0.17	0.18	0.17	0.18	0.18	0.07	0.05	3.2	3.2	3.2	3.0	3.2	3.1	1.3	0.9
鹿 邑 县 Luyi	0.21	0.15	0.13	0.13	0.35	0.35	0.35	0.35	4.1	3.8	3.7	3.7	3.9	3.9	3.9	3.9
新 蔡 县 Xincai	0.15	0.08	0.20	0.21	0.21	0.21	0.21	0.22	3.1	2.8	3.0	3.1	2.9	2.9	2.9	3.0

5-13 城镇单位就业人员平均工资

Average Wage of Employed Persons in Urban Areas

单位：元 (yuan)

年 份 Year	合 计 Total	国有单位 State-owned Units	城 镇 集体单位 Urban Collective-owned Units	股份合作单 位 Cooperative Units	联 营 单 位 Joint Ownership Units	有限责任公 司 Limited Liability Corporations Units	股份有限公 司 Share Holding Corporations	港、澳、台商投资单位 Units with Funds from Hong Kong, Macao and Taiwan	外商投资单 位 Foreign Funded Units	其 他 Others
1998	5641	6103	4050	4026	5270	6201	5342	6009	8503	2213
1999	6136	6562	4524	5201	3897	6637	5895	6997	7502	4017
2000	6877	7408	4840	5640	5084	6910	7515	9267	7997	5521
2001	7868	8518	5669	5685	5661	7811	8077	9596	9070	5512
2002	9714	9791	6607	7208	6370	9148	10003	10482	9992	7507
2003	10639	11280	7828	9285	8482	10789	11862	12091	13363	8718
2004	11970	12562	8582	9586	9211	12150	13629	14278	14045	9864
2005	14119	14740	10248	11722	10386	14796	14986	14937	15437	10886
2006	16791	17702	12377	13075	12247	17051	17034	17710	17452	14811
2007	20639	22044	15674	17581	13370	19728	21771	20133	21371	17488
2008	24438	26222	16873	21493	17581	24012	24740	23315	25237	18435
2009	26906	28503	18006	26731	20665	25701	29628	25153	27120	22135
2010	29819	31470	20385	29928	25245	28775	32377	27257	29620	25087
2011	33634	35386	24220	32982	32881	33136	34884	31948	32674	28909
2012	37338	39344	27682	36536	33885	36386	38581	36814	36053	31329
2013	38301	42270	33135	41673	34299	34323	41388	42801	36985	32572
2014	42179	46604	37601	49356	38770	38334	44432	46005	39721	37188
2015	45403	49978	41511	52724	46112	41188	47676	50235	42546	45290
2016	49505	56609	45608	60727	53879	43560	53519	52300	46116	45946

注：2013年后工资数据为联网直报平台汇总(下同)。

a) Data in 2013 are collected from network platform (the same as following table).

5-14 各种分组的城镇单位从业人员平均工资(2016年)

Average Wage of Employed Persons in Urban Units by Groups (2016)

单位：元 (yuan)

类别	Type	平均工资 Average Wage	在岗职工 Staff and Workers	#劳务派遣 Labor Dispatching	其他从业人员 Others	国有单位 State-owned Units	集体单位 Collectiveowned Units	其他单位 Units of Other Types of Ownership
总计	**Total**	**49505**	**50028**	**43885**	**37439**	**56609**	**45608**	**46104**
按企业、事业、机关分	**By Enterprises, Institutions and Agencies**							
企业	Enterprises	47772	48184	45126	39338	64873	43763	46050
事业	Institutions	55173	55876	33305	30513	55420	52127	50801
机关	Agencies & Organizations	51823	52366	27828	28142	51810	60473	52430
按国民经济行业分	**By Sector**							
农、林、牧、渔业	**Agriculture, Forestry, animal Husbandry and Fishery**	**36785**	**37193**	**34881**	**21581**	**36182**	**36408**	**38420**
农业	Agriculture	32396	33048	30036	20950	31264	32970	35521
林业	Forestry	38543	38624	38972	27455	39651		28683
畜牧业	Animal Husbandry	37111	37111			34192	39007	37447
渔业	Fishery	39194	39194			39216		38444
农、林、牧、渔服务业	Service Activities for Agriculture, Forestry, Animal Husbandry and Fishery	42208	42292	31000	26909	41014	41680	45982
采矿业	**Mining**	**46833**	**47037**	**42165**	**21551**	**53470**	**37460**	**46811**
制造业	**Manufacturing**	**43783**	**43853**	**42998**	**38727**	**50701**	**41974**	**43714**
电力、燃气及水的生产和供应业	**Production and Supply of Electricity, Gas and Water**	**66658**	**67066**	**52916**	**36199**	**74452**	**38008**	**54962**
建筑业	**Construction**	**44753**	**45254**	**47768**	**41317**	**51751**	**42492**	**44579**
房屋建筑业	Building Construction	43651	43922	48843	41819	51820	42691	43542
土木工程建筑业	Civil Engineering Construction	46893	48165	46702	38604	50492	42007	46625
建筑安装业	Architectural Installation	50601	51343	43019	46413	64960	41681	50496
建筑装饰和其他建筑业	Architectural Decoration and Others	42391	42527	42095	40734	35180	35924	42464
批发和零售业	**Wholesale and Retail Trade**	**43592**	**43985**	**37647**	**33622**	**66519**	**35241**	**40194**
批发业	Wholesale	52516	52820	40329	43830	78502	40606	43452
零售业	Retail Trade	37788	38198	34363	28066	33573	32610	38523
交通运输、仓储和邮政业	**Transport, Storage and Post**	**55485**	**56026**	**41285**	**40688**	**66435**	**36321**	**46068**
铁路运输业	Transport via Railway	86024	86701	52028	45244	86620	33493	77129
道路运输业	Transport via Road	42724	42859	39813	39707	43412	34649	42811
水上运输业	Water Transport	46856	46926	58304	40809	45000	41105	57094
航空运输业	Air Transport	84888	87403	45453	22903	85111		84887
管道运输业	Transport via Pipeline	59187	63960		14190			59187
装卸搬运和运输代理业	Loading, Unloading, Portage and Transportation Agency	44214	44375	41142	38500	63126	33960	43115
仓储业	Storage	47932	48521	52979	37807	52133	41744	43670
邮政业	Post	49391	49191	37252	55988	49370	40803	49868
住宿和餐饮业	**Hotels and Catering Services**	**36591**	**36691**	**38213**	**32982**	**41128**	**37397**	**35628**
住宿业	Hotels	37449	37654	36817	30752	39540	37226	36831
餐饮业	Catering Services	34957	34872	43029	38772	53891	38671	33845
信息传输、软件和信息技术服务业	**Information Transmission, Software and Information Technology**	**62467**	**63692**	**55481**	**43139**	**53053**	**42645**	**64432**
电信、广播电视和卫星传输服务	Telecom, Radio, Television and Satellite Transmission Service	62207	63513	57422	44278	53142	43007	64725
互联网和相关服务	Internet and Related Services	62006	63312	52912	33995	38290	37840	64375
软件和信息技术服务业	Software and Information Services	63652	64512	36342	39771	84121	40664	63542
金融业	**Financial Intermediation**	**91212**	**100125**	**59392**	**33442**	**85076**	**74123**	**94921**
货币金融服务	Monetary and Financial Services	107196	107770	65103	47461	96097	74902	117029
资本市场服务	Capital Market Services	118741	119673	46560	61127	155910		114046
保险业	Insurance	53730	67870	47881	32672	52352	58094	53910
其他金融业	Other Financial Activities	200856	201254	40800	65500	66530		215555

5-14 续表 continued

单位：元 (yuan)

类别	Type	平均工资 Average Wage	在岗职工 Staff and Workers	#劳务派遣 Labor Dispatching	其他从业人员 Others	国有单位 State-owned Units	集体单位 Collectiveowned Units	其他单位 Units of Other Types of Ownership
房地产业	**Real Estate**	**48503**	**48471**	**36573**	**49293**	**46873**	**38619**	**48672**
#房地产开发经营	Real Estate Development and Operation	54281	54054	50337	60860	59820	36608	54192
物业管理	Property Management	34807	34871	30301	33548	38300	39774	34561
房地产中介服务	Intermediate Service of Real Estate	53466	53638	35341	22031	41134	35276	56330
租赁和商务服务业	**Leasing and Business Services**	**40417**	**40783**	**29084**	**31044**	**42025**	**32939**	**40283**
租赁业	Leasing	46915	47214	38923	32167	99278	38781	43894
商务服务业	Business Service	40170	40534	29050	31022	41445	32775	40116
科学研究和技术服务业	**Scientific Research and Technical Services**	**59171**	**59959**	**44271**	**36408**	**62540**	**51277**	**56193**
研究和试验发展	Research and Experimental Development	64925	66450	43309	25857	69445	46736	51095
专业技术服务业	Professional Technique Services	61211	61912	44219	41498	62390	52105	60620
科技推广和应用服务业	Science and Technology Popularization and Application Services	45919	46422	50053	27242	50335	46745	42789
水利、环境和公共设施管理业	**Management of Water Conservancy, Environment and Public Facilities**	**41903**	**44124**	**34971**	**25687**	**41932**	**47980**	**41302**
水利管理业	Management of Water Conservancy	47216	47594	38830	32358	46779	45997	53288
生态保护和环境治理业	Ecological Protection and Environmental Management	49419	49394	35618	50537	48433	33714	50753
公共设施管理业	Management of Public Facilities	39689	42425	31746	25145	39497	48706	39509
居民服务、修理和其他服务业	**Services to Households, Repair and other Services**	**36848**	**37051**	**37111**	**29466**	**40825**	**41085**	**35592**
居民服务业	Services to Households	36479	36588	34121	31552	41674	45159	33501
机动车、电子产品和日用产品修理业	Motor Vehicle Repair Services, Electronic Products and Daily Products Repair Service	38898	39473	74123	26630	38742	31942	39262
其他服务业	Other services	35607	35702	25669	30870	36025	39568	35237
教育	**Education**	**55087**	**55731**	**32348**	**27300**	**56262**	**51493**	**46506**
#初等教育	Primary Education	52517	52797	37123	26160	52920	49778	49573
中等教育	Secondary Education	54814	55712	32108	24692	55837	53880	45317
高等教育	Higher Education	70579	71441	38949	42466	73078	43476	53220
卫生和社会工作	**Health and social service**	**61045**	**61778**	**35850**	**39957**	**62403**	**55137**	**52666**
卫生	Health	61222	61947	36213	40249	62538	55184	53078
社会工作	Social Service	47622	48773	21299	24111	50438	46508	39849
文化、体育和娱乐业	**Culture, Sports and Entertainment**	**51908**	**52459**	**49213**	**30851**	**52538**	**36211**	**51082**
新闻和出版业	Press and Publishing Activities	61418	61786	36326	37030	60003	38978	66169
广播、电视、电影和影视录音制作业	Broadcasting,Movies, Television and Audiovisual Activities	51756	52252	76639	31145	54223	34683	43850
文化艺术业	Culture and Art	45673	46119	33678	29354	46705	39119	41749
体育	Sports	73961	78986	50255	26905	52871		121325
娱乐业	Entertainment	43956	44130	52103	35204	49383	40571	42832
公共管理、社会保障和社会组织	**Public Management, Social security and Social Organization**	**50552**	**51127**	**27410**	**27292**	**50690**	**47734**	**41003**
#中国共产党机关	Chinese Communist Party Organs	57058	57413	25836	31145	57058		
国家机构	State Organs	50245	50836	27411	27122	50367	47191	39512
人民政协、民主党派	People's Political Consultative Conference and Democratic Parties	59599	59650	27208	32182	59599		
社会保障	Social Security	48791	49240	25307	30631	49009	54682	37483
群众团体、社会团体和其他成员组织	Mass Communities, Social Communities and Other Organizations	53149	53318	31431	36335	54758	51509	45874
按三次产业分	**By Industry**							
第一产业	Primary Industry	36785	37193	34881	21581	36182	36408	38420
第二产业	Secondary Industry	45315	45409	46037	40510	63680	41586	44400
第三产业	Tertiary Industry	54270	55090	39409	33361	56041	49459	51402

5-15 各市城镇单位从业人员平均工资(2016年)

单位：元

市(县) City(County)	平均工资 Average Wages	在岗职工 Staff and Workers	#劳务派遣 Labor Dispatching	其他从业人员 Others	#国有单位 State-owned Units	#集体单位 Urban Collective-owned Units	#股份合作单位 Cooperative Units
全　省 Total	**49505**	**50028**	**43885**	**37439**	**56609**	**45608**	**60727**
省辖市 City							
郑州市 Zhengzhou	60373	61149	47972	39599	71940	50502	70276
开封市 Kaifeng	48379	48807	52950	38865	57200	49555	49722
洛阳市 Luoyang	50076	51295	39793	30561	54211	51468	71942
平顶山市 Pingdingshan	46182	46759	39078	29372	51839	49275	106598
安阳市 Anyang	45125	45734	42410	36657	51063	37484	63349
鹤壁市 Hebi	41739	42148	31591	32965	50496	46433	72920
新乡市 Xinxiang	43872	44237	43488	38186	52205	40913	54625
焦作市 Jiaozuo	45773	46103	38685	32861	52470	40288	54933
濮阳市 Puyang	45647	46227	40902	36005	49507	38707	29177
许昌市 Xuchang	48104	48235	48275	42295	50123	54555	63776
漯河市 Luohe	45616	45838	36124	35536	53162	44102	26700
三门峡市 Sanmenxia	45821	46479	32786	31366	55795	40799	38059
南阳市 Nanyang	47209	47468	40267	40640	55423	44633	53791
商丘市 Shangqiu	47326	47508	41986	42681	50062	53443	50514
信阳市 Xinyang	44968	45413	48222	37313	49734	45450	52267
周口市 Zhoukou	46243	46355	46916	40192	55185	43146	65775
驻马店市 Zhumadian	44425	44657	37884	40418	49747	42724	57316
济源市 Jiyuan	48175	48963	40813	38405	57597	34900	92955
省直管县 County Directly Administrated by Province							
巩义市 Gongyi	44657	44870	67259	32951	56895	56930	103336
兰考县 Lankao	50881	51047	64074	47117	51408	50319	52826
汝州市 Ruzhou	50302	50811	49019	37390	60855	54217	
滑县 Huaxian	40295	40685	29703	34545	46277	38116	49419
长垣县 Changyuan	40800	40930	41380	38056	46880	52880	42489
邓州市 Dengzhou	43266	43597	23323	38263	47958	46391	84421
永城市 Yongcheng	48065	48358	44195	31320	43382	68302	57356
固始县 Gushi	47935	47974	74139	46755	56281	52167	40561
鹿邑县 Luyi	43311	43354	23392	40927	61143	45390	33483
新蔡县 Xincai	44502	44436	39396	60440	45596	49085	34688

Average Wage of Employed Persons in Urban Units by City (2016)

(yuan)

#联营单位 Joint Ownership Units	#有限责任公司 Limited Liability Corporations	#股份有限公司 Share Holding Corporations Ltd	#港澳台投资 Units with Funds from Hong Kong, Macao and Taiwan	#外商投资 Foreign Funded Units	第一产业 Primary Industry	第二产业 Secondary Industry	第三产业 Tertiary industry
53879	**43560**	**53519**	**52300**	**46116**	**36785**	**45315**	**54270**
40065	50671	87564	58232	55623	39552	53128	68349
47548	41863	51343	52805	39247	50819	44090	53518
30947	45978	62251	35680	47613	34416	47498	52636
37787	38383	46708	54019	56489	35075	42910	50247
28385	42122	58666	34265	45681	46340	43008	48542
36930	37648	46589	41635	43118	35065	38458	48818
58250	39793	39412	51680	45823	32955	40211	49701
50061	43263	47751	36477	36253	32517	43804	48738
45893	40630	61083	32355	47539	35779	46762	44023
37433	46327	51370	38882	41632	42118	47272	49292
21333	40341	45700	56230	39229	50667	42417	50699
	41581	34978	39058	66970	42826	38624	54047
44134	38377	45539	41810	34498	38522	41117	52290
71005	44939	44595	44074	48993	49064	44988	49354
40238	40583	42033	41857	47485	39181	42092	47202
41908	39834	42641	45627	35311	30859	38749	53708
43988	40723	45607	37238	41259	32589	41399	47469
	43180	44668	48312	55712	45937	44794	55015
31730	37873	41176	33200	40590	49472	39964	52460
53248	48552	63881		50091	58785	50938	50793
22889	35711	48620	49324	64286	48115	42329	55329
	35319	32349	35404		30945	35796	43597
	39745	36189	39353	65818	33686	39959	43518
37833	36752	34594	44527	42724	37203	38225	47022
	51385	40583		45860		51835	43302
48909	39324	32343		62750	35955	41095	51726
40000	33103	41983			41740	34700	51376
46141	40260	63990				43069	45334

5-16 各市分行业城镇单位从业人员平均工资(2016年)

单位：元

市(县) City(County)	合计 Total	农林牧渔业 Agriculture Forestry, Animal Husbandry and Fishery	采矿业 Mining	制造业 Manufacturing	电力、燃气及水的生产和供应业 Production and Supply of Electricity,Gas and Water	建筑业 Construction	批发和零售业 Wholesale and Retail Trade	交通运输仓储及邮政业 Transport, Storage and Post	住宿和餐饮业 Hotels and Catering Services
省辖市 City									
郑州市 Zhengzhou	60373	39552	44923	53222	67028	52752	48356	57293	38798
开封市 Kaifeng	48379	50819		42194	70109	45917	43420	42979	43771
洛阳市 Luoyang	50076	34416	38034	46023	76677	48710	46320	38168	33268
平顶山市 Pingdingshan	46182	35075	44253	40720	56398	36304	44487	34185	30788
安阳市 Anyang	45125	46340	42264	40610	55599	44191	36979	39076	27353
鹤壁市 Hebi	41739	35065	34878	38495	75632	37671	38222	38655	35359
新乡市 Xinxiang	43872	32955	63861	37893	60666	40958	39641	53493	31069
焦作市 Jiaozuo	45773	32517	52257	41772	69220	43119	42144	45200	33106
濮阳市 Puyang	45647	35779	69911	35894	65917	43906	40039	36047	36641
许昌市 Xuchang	48104	42118	58128	46806	57732	44791	45766	47042	38340
漯河市 Luohe	45616	50667		42604	70910	36871	45220	48412	30407
三门峡市 Sanmenxia	45821	42826	33677	40191	72404	44652	54743	40180	30920
南阳市 Nanyang	47209	38522	64415	38669	54734	40035	44578	34455	32112
商丘市 Shangqiu	47326	49064	54503	42503	62682	44708	41446	45550	38324
信阳市 Xinyang	44968	39181	31895	39067	44888	45868	35285	38050	34548
周口市 Zhoukou	46243	30859		35421	50965	45668	41745	52523	35769
驻马店市 Zhumadian	44425	32589	39125	42372	48468	39209	42984	40105	33455
济源市 Jiyuan	48175	45937	35801	45214	80574	39741	41359	50852	34701
省直管县 County Directly Administrated by Province									
巩义市 Gongyi	44657	49472	29308	39319	72648	53651	41628	46196	26641
兰考县 Lankao	50881	58785		48603	82110	55895	43691	49510	44909
汝州市 Ruzhou	50302	48115	47130	38090	70029	36703	39923	39860	33766
滑县 Huaxian	40295	30945		36794	46701	34545	32952	30973	26919
长垣县 Changyuan	40800	33686		37683	55110	40663	31669	29729	31802
邓州市 Dengzhou	43266	37203		37434	51673	37910	40055	28646	25212
永城市 Yongcheng	48065		54609	44391	65278	41985	36262	39767	27747
固始县 Gushi	47935	35955		35058	42927	51423	30806	37949	32265
鹿邑县 Luyi	43311	41740		29230	67039	54423	32801	40233	30825
新蔡县 Xincai	44502			42323	45766	44317	37577	55051	30386

Average Wage of Employed Persons in Urban Units by Sector and City (2016)

(yuan)

信息传输、软件和信息技术服务业 Information Transmission, Software and Information Technology Services	金融业 Financial Intermediation	房地产业 Real Estate	租赁和商务服务业 Leasing and Business Services	科学研究和技术服务业 Scientific Research, and Technical Services	水利、环境和公共设施管理业 Management of Water Conservancy, Environment and Public Facilities	居民服务、修理和其他服务业 Services to Households, Repair and Other Services	教育 Education	卫生和社会工作 Health and Social Work	文化、体育和娱乐业 Culture, Sports and Entertainment	公共管理、社会保障和社会组织 Public Management, Social Security and Social Organization
70196	134639	56947	49896	69461	46282	42490	66004	81838	71561	61970
52559	82840	51243	42218	48743	48615	47295	58792	65058	49953	52390
73804	81074	42827	39061	71074	32886	31386	50994	56129	44117	49035
48491	82482	43965	38636	43104	35570	32838	56832	56547	45224	47419
54821	66831	42529	29230	57214	40884	33863	52488	51924	44333	50645
50855	85931	41591	37918	42931	31911	35682	47631	52475	38436	51861
74850	71527	45474	29821	46885	38738	38974	51948	51991	45672	48417
53923	59467	41093	35935	43172	41449	29684	52255	49466	44994	53663
48415	71547	37873	35158	49565	35683	27059	47013	46632	38524	45443
63851	65088	47575	44271	43595	39621	43064	49673	55215	42384	48390
42446	80496	45159	36036	48691	41224	29137	52845	55831	42284	51125
53455	66891	44761	36866	54072	48923	34825	54404	60010	40599	55149
50611	69306	37784	41554	51352	56641	34896	56646	62349	40794	48370
57261	64851	53768	43706	42079	28259	39280	52927	56548	40988	46213
57848	70975	44015	34100	44915	42613	33327	51367	54741	41219	48056
64223	81954	44686	37450	48951	39676	42040	58048	65150	47158	48196
51679	68606	44215	32115	42342	39166	37166	50074	54439	41758	47701
54685	89517	41435	33781	47725	35557	35496	66633	53560	46931	54622
38080	117093	39384	32826	45244	41780	28386	53475	60424	38689	55194
38971	82210	48356	46561	45924	40639	50846	51024	63856	44115	44600
32630	98292	45187	39864	39657	44856	35549	66390	66582	55735	52926
39916	54786	38833	27726	47535	31590	29478	47525	53115	33805	43816
34926	86275	38921	37342	32298	37959	48412	47110	55780	33070	42678
27913	71482	43545	63479	41632	40975	39309	46596	56346	38819	49528
34077	70871	45145	31416	34172	20094	31747	46595	60551	36798	38351
56143	63932	42772	37487	52702	46007	29913	60265	64600	33107	47336
30026	52756	37819	29944	59179	40468	29839	65709	73410	27836	42907
47544	61215	35048	36574	42000	34538	30032	45547	51211	36008	45357

5-17 职工工资及指数

Wages and Related Indices of Staff and Workers

年 份 Year	工资总额(亿元) Total Wages (100 million yuan)	国有单位 State-owned Units	城镇集体单位 Urban Collective-owned Units	其他单位 Units of Other Types of Ownership	平均工资(元) Average Wage (yuan)	国有单位 State-owned Units	城镇集体单位 Urban Collective-owned Units	其他单位 Units of Other Types of Ownership	平均工资指数(以上年为100) Index of Average Wage (Preceding year=100) 全部职工 Total Staff and Workers	国有单位 State-owned Units	城镇集体单位 Urban Collective-owned Units	其他单位 Units of Other Types of Ownership
1978	24.30	20.65	3.64		590	609	496		104.8	105.4	99.8	
1979	27.63	23.60	4.03		644	668	533		108.8	109.4	107.1	
1980	32.93	28.14	4.79		730	759	597		106.9	107.2	105.7	
1981	35.43	30.33	5.09		742	772	604		99.3	99.3	98.8	
1982	37.40	31.82	5.59		754	789	604		99.8	100.4	98.2	
1983	39.19	33.36	5.82		767	805	606		98.9	99.2	97.5	
1984	46.24	37.76	8.47	0.01	866	921	686	809	110.5	111.9	110.8	
1985	57.85	47.06	10.76	0.02	1015	1080	804	1014	110.1	110.1	110.0	117.7
1986	69.57	56.97	12.57	0.03	1159	1245	882	1079	106.9	107.9	102.7	99.6
1987	78.98	64.34	14.58	0.06	1258	1347	974	1559	100.7	100.4	102.4	134.0
1988	95.90	78.66	17.18	0.07	1470	1582	1110	1520	96.2	96.7	93.8	80.2
1989	108.70	89.48	19.12	0.09	1628	1767	1191	1724	96.4	97.2	93.4	98.7
1990	123.86	102.52	21.19	0.15	1825	1997	1288	2128	111.5	112.5	107.6	122.8
1991	138.18	113.58	24.33	0.27	1964	2132	1433	2477	102.4	101.6	105.9	110.8
1992	165.51	138.38	26.51	0.62	2269	2473	1583	2544	107.3	107.7	102.6	95.4
1993	200.82	168.89	28.90	3.03	2646	2860	1821	3097	105.4	104.6	104.0	110.1
1994	275.18	229.87	35.66	9.66	3545	3851	2295	4038	105.2	105.7	98.9	102.3
1995	347.70	284.17	47.79	15.75	4344	4677	3007	4644	104.8	103.9	112.1	98.4
1996	407.43	332.03	54.77	20.63	4924	5265	3485	5197	103.5	102.8	105.8	102.2
1997	434.08	336.34	66.05	31.69	5225	5643	3797	5209	103.6	104.7	106.4	97.9
1998	431.01	299.76	63.36	67.88	5781	6204	4258	5976	119.9	120.4	117.5	117.2
1999	445.61	307.17	62.31	76.13	6194	6594	4639	6384	110.9	110.0	112.8	110.6
2000	495.66	338.39	66.44	90.84	6930	7453	4913	7212	112.9	114.1	106.9	114.0
2001	553.40	381.92	75.73	95.75	7916	8573	5726	7889	113.4	114.2	115.7	108.6
2002	622.42	400.42	80.84	141.15	9174	9864	6664	9335	116.1	115.3	116.6	118.5
2003	720.52	436.31	88.51	195.69	10749	11397	7894	11160	115.2	113.6	116.5	117.5
2004	801.95	497.47	79.62	224.86	12114	12701	8686	12588	106.9	105.7	104.4	107.0
2005	949.97	575.63	90.29	284.05	14282	14877	10383	14852	115.5	114.7	117.1	115.6
2006	1152.05	690.58	103.21	358.26	16981	17886	12483	17088	117.5	118.8	118.8	113.7
2007	1431.35	849.87	125.01	456.48	20935	22345	15850	20333	117.0	118.5	120.5	112.9
2008	1702.22	1008.08	111.75	582.39	24816	26536	17118	24189	110.8	111.0	100.9	111.2
2009	1918.14	1066.34	85.52	766.28	27357	28914	18352	26817	110.9	109.6	107.9	111.5
2010	2171.69	1200.07	98.62	873.00	30303	31924	20769	29770	107.1	106.8	109.5	107.4
2011	2721.42	1390.91	119.85	1210.66	34203	35894	24397	33719	107.1	106.6	111.3	107.5
2012	3146.25	1575.98	134.27	1436.00	37958	39948	28103	37145	111.0	111.3	115.2	110.2
2013	4048.73	1556.02	149.02	2343.68	38804	42831	33954	36765	102.2	107.2	120.8	99.0
2014	4432.94	1667.53	152.34	2613.08	42670	47258	38288	40435	108.2	110.6	107.8	103.7
2015	4862.54	1786.62	151.60	2924.32	45920	50662	42058	43633	107.6	107.2	109.8	107.9
2016	5365.62	2026.18	144.86	3194.58	50028	57333	46168	46451	108.9	113.2	109.8	106.5

注：1.本表平均工资指数按实际工资计算，即扣除了职工生活费用价格变动因素。
2.1998年及以后年度工资总额为在岗职工口径，与以前年度不尽可比。

a) Indices of average wage in this table were calculated on practical wage ,change factor of employee maintenance price was taken out.

b) Total wages funds since 1998 were totalized by all employed staff and workers ,and can't compared with former years.

5－18 城镇私营单位就业人员平均工资

Average Wage of Employed Persons in Private Enterprises in Urban Area

单位：元 (yuan)

项　　目	Item	2011	2012	2013	2014	2015	2016
从业人员总计	**Total Employed persons**	**18749**	**21255**	**23936**	**27414**	**30546**	**33312**
按国民经济行业分	**By Sector**						
农、林、牧、渔业	Agriculture, Forestry, Animal Husbandry and Fishery	14364	17071	19869	23179	25526	27450
采矿业	Mining	21144	22361	24314	27319	29201	33175
制造业	Manufacturing	18188	20844	23142	26867	30554	33157
电力、燃气及水的生产和供应业	Production and Supply of Electricity, Gas and Water	16119	21024	23711	25437	25060	30413
建筑业	Construction	21607	24054	27104	31471	34154	36021
批发和零售业	Wholesale and Retail Trade	17087	19339	23086	26384	27570	30965
交通运输、仓储和邮政业	Transport, Storage and Post	19600	19581	24919	26689	29940	35533
住宿和餐饮业	Hotels and Catering Services	16807	19352	21798	25552	28682	33817
信息传输、软件和信息技术服务业	Information Transmission, Software and Information Technology	18550	19111	22215	25343	30674	31976
金融业	Financial Intermediation	16894	21652	20682	24345	28828	30091
房地产业	Real Estate	20679	22621	26746	29808	32428	38208
租赁和商务服务业	Leasing and Business Services	19364	21498	24655	26967	28815	32661
科学研究、技术服务业	Scientific Research and Technical Services	24949	26399	28898	32733	31556	33106
水利、环境和公共设施管理业	Management of Water Conservancy, Environment and Public Facilities	17755	20480	24411	27333	29130	33090
居民服务、修理和其他服务业	Services to Households, Repair and Other Services	16217	18705	21372	24484	26621	30215
教育	Education	18859	21028	24772	27354	29957	32784
卫生和社会工作	Health and Social Work	20492	24293	25966	29323	30145	34318
文化、体育和娱乐业	Culture, Sports and Entertainment	16542	19982	22177	25405	26439	30192
公共管理、社会保证和社会组织	Mass Communities, Social Communities and Other Organizations	15545	15341	18940	20448	24519	25433

5-19 各市城镇私营单位就业人员工资

Wage of Empleyed Persons in Private Enterprises in Urban Area by City

市 City	2010	2011	2012	2013	2014	2015	2016
郑 州 市 Zhengzhou	18832	22326	24686	27533	30853	33495	37998
开 封 市 Kaifeng	16049	19153	21609	24902	28671	32628	35249
洛 阳 市 Luoyang	16363	20583	23271	25208	29500	31613	34139
平 顶 山 市 Pingdingshan	17091	19374	21514	23807	25853	27980	29925
安 阳 市 Anyang	16226	18477	20324	23003	26824	28357	31081
鹤 壁 市 Hebi	13023	16635	18662	20581	24440	31292	34392
新 乡 市 Xinxiang	16014	18852	21116	23552	26455	28837	30935
焦 作 市 Jiaozuo	14171	16736	19511	22369	24714	31142	31837
濮 阳 市 Puyang	13536	16222	18807	20489	22789	25077	27898
许 昌 市 Xuchang	17407	20224	22378	27662	30760	37665	39601
漯 河 市 Luohe	13692	16244	19022	23882	30471	30565	32859
三 门 峡 市 Sanmenxia	15659	17296	21909	23899	28835	29296	30764
南 阳 市 Nanyang	14379	15880	18115	20263	23325	27095	30955
商 丘 市 Shangqiu	13101	15265	18338	21696	26111	31229	35401
信 阳 市 Xinyang	16510	18750	20649	22838	27972	29744	32190
周 口 市 Zhoukou	14525	16912	19033	21881	25159	28005	29690
驻 马 店 市 Zhumadian	13968	16192	18847	22500	26155	29342	31679
济 源 市 Jiyuan	15379	19733	25678	29938	30082	30603	33539

5-20 各市按行业分城镇私营单位就业人员平均工资(2016年)

Average Wage of Employed Persons in Urban Private Units by Sector and City (2016)

单位：元 (yuan)

市 City	平均工资 Average Wage	农林牧渔业 Agriculture Forestry, Animal Husbandry and Fishery	采矿业 Mining	制造业 Manufacturing	电力、燃气及水的生产和供应业 Production and Supply of Electricity,Gas and Water	建筑业 Construction	批发和零售业 Wholesale and Retail Trade	交通运输仓储及邮政业 Transport, Storage and Post	住宿和餐饮业 Hotels and Catering Services	信息传输、软件和信息技术服务业 Information Transmission, Software and Information Technology
郑州市 Zhengzhou	37998	35546	41161	35667	33126	39428	37524	39868	42127	38743
开封市 Kaifeng	35249	33957		35483	37361	36233	32214	39004	33762	35671
洛阳市 Luoyang	34139	27607	34326	35666	30261	40274	27356	31772	28569	28479
平顶山市 Pingdingshan	29925	26572	28921	30337	34457	32204	28904	30130	26070	31389
安阳市 Anyang	31081	22745	29304	28338	29567	35319	29389	30125	25614	29374
鹤壁市 Hebi	34392	23047	38365	35297	30900	34444	24656	27880	27262	29468
新乡市 Xinxiang	30935	28428	29517	31100	28850	32696	28214	41641	25004	28557
焦作市 Jiaozuo	31837	29759	26674	32216	28153	31882	29336	27761	32999	35640
濮阳市 Puyang	27898	22679		28227	19701	34055	23692	27299	22047	26923
许昌市 Xuchang	39601	28842	32983	39778	32209	41459	35967	47440	35910	30416
漯河市 Luohe	32859			31594		46571	30399	46774	30049	27750
三门峡市 Sanmenxia	30764	25358	32736	31335	30051	34949	26776	33873	27698	27131
南阳市 Nanyang	30955	25812	32452	31374	28134	32837	26919	29047	28854	29638
商丘市 Shangqiu	35401	20872	29100	37459	28028	42261	24660	35103	26033	38373
信阳市 Xinyang	32190	30154	29793	34315	30918	28050	32596	28807	32012	31698
周口市 Zhoukou	29690	31629		28609	29921	32237	32995	36423	27860	26474
驻马店市 Zhumadian	31679	31422	32721	30959	34886	35684	31064	36974	27890	33517
济源市 Jiyuan	33539	34600	34916	33016	32200		32573	37651	35882	32285

市 city	金融业 Financial Intermediation	房地产业 Real estate	租赁和商务服务业 Leasing and Business Services	科学研究和技术服务业 Scientific Research, and Technical Services	水利、环境和公共设施管理业 Management of Water Conservancy, Environment and Public Facilities	居民服务、修理和其他服务业 Services to Households, Repair and Other Services	教育 Education	卫生和社会工作 Health and Social Work	文化、体育和娱乐业 Culture, Sports and Entertainment	公共管理、社会保障和社会组织 Public Management, Social Security and Social Organization
郑州市 Zhengzhou	35973	43778	35828	36621	45968	35143	35756	39713	36309	25430
开封市 Kaifeng	47625	35477	30738	37808	33800	34326	38879	37999	37408	27062
洛阳市 Luoyang	24766	41341	28376	31109	27930	27461	28743	31066	25358	22733
平顶山市 Pingdingshan	28655	30252	30075	27312	29335	34786	32084	28950	29129	25563
安阳市 Anyang	30474	37137	35229	32026	32206	25247	31631	25804	29503	30112
鹤壁市 Hebi	21586	35401	25454	27365	28555	25357	27506	32554	26290	21588
新乡市 Xinxiang	35145	32698	29880	29652	26340	24656	33500	25669	27787	25393
焦作市 Jiaozuo	21404	29196	26706	32248	27748	24491	35626	34247	32245	21895
濮阳市 Puyang		28374	24059	24248	24731	21052	24394	24766	20937	
许昌市 Xuchang		45367	61986	46500	36402	45346		37885	33300	
漯河市 Luohe	38500	30029	31417	54038	21409	32852	26797	32311	29971	
三门峡市 Sanmenxia	27123	28744	28106	28908	24656	33995	25903	29810	28683	
南阳市 Nanyang	27984	39516	30804	30598	31446	29268	33843	32855	28440	25417
商丘市 Shangqiu	28616	28613	25481	27672	28910	23822	31363	25252	21030	23360
信阳市 Xinyang	33206	32674	33937	28014	32719	28690	33128	34986	31964	
周口市 Zhoukou		25856	30550	36416		32744	32208	38318	27842	
驻马店市 Zhumadian	44981	33031	33821	34328	34424	29989	34339	35044	31278	25639
济源市 Jiyuan		32689	32152	37047	35066	37030		30182	35897	

主要统计指标解释

从业人员　指在16周岁及以上，从事一定社会劳动并取得劳动报酬或经营收入的人员。这一指标反映了一定时期内全部劳动力资源的实际利用情况，是研究我国基本国情国力的重要指标。

单位就业人员　指报告期末最后一日24时在本单位中工作，并取得工资或其他形式劳动报酬的人员数。该指标为时点指标，不包括最后一日当天及以前已经与单位解除劳动合同关系的人员，是在岗职工、劳务派遣人员及其他就业人员之和。就业人员不包括：

(1)离开本单位仍保留劳动关系，并定期领取生活费的人员；

(2)利用课余时间打工的学生及在本单位实习的各类在校学生；

(3)本单位因劳务外包而使用的人员。

城镇私营和个体就业人员　城镇私营就业人员指在工商管理部门注册登记，其经营地址设在县城关镇(含县城关镇)以上的私营企业就业人员，包括私营企业投资者和雇工。城镇个体就业人员指在工商管理部门注册登记，并持有城镇户口或在城镇长期居住，经批准从事个体工商经营的就业人员，包括个体经营者和在个体工商户劳动的家庭帮工和雇工。

在岗职工　指在本单位工作且与本单位签订劳动合同，并由单位支付各项工资和社会保险、住房公积金的人员，以及上述人员中由于学习、病伤、产假等原因暂未工作仍由单位支付工资的人员。在岗职工还包括：

(1)应订立劳动合同而未订立劳动合同人员(如使用的农村户籍人员)；

(2)处于试用期人员；

(3)编制外招用的人员；

(4)派往外单位工作，但工资仍由本单位发放的人员(如挂职锻炼、外派工作等情况)。

工资总额　指根据《关于工资总额组成的规定》(1990年1月1日国家统计局发布的一号令)进行修订，在报告期内(季度或年度)直接支付给本单位全部就业人员的劳动报酬总额。包括计时工资、计件工资、奖金、津贴和补贴、加班加点工资、特殊情况下支付的工资，是在岗职工工资总额、劳务派遣人员工资总额和其他就业人员工资总额之和。

工资总额是税前工资，包括单位从个人工资中直接为其代扣或代缴的房费、水费、电费、住房公积金和社会保险基金个人缴纳部分等。

工资总额不论是计入成本的还是不计入成本的，不论是以货币形式支付的还是以实物形式支付的，均应列入工资总额的计算范围。

平均工资　指单位就业人员在一定时期内平均每人所得的货币工资额。它表明一定时期职工工资收入的高低程度，是反映就业人员工资水平的主要指标。计算公式为：

$$\text{平均工资}=\frac{\text{报告期实际支付的全部就业人员工资总额}}{\text{报告期全部就业人员平均人数}}$$

平均工资指数　指报告期就业人员平均工资与基期就业人员平均工资的比率，是反映不同时期就业人员货币工资水平变动情况的相对数。计算公式为：

$$\text{平均工资指数}=\frac{\text{报告期就业人员平均工资}}{\text{基期就业人员平均工资}}\times 100\%$$

平均实际工资指数　就业人员平均实际工资指扣除物价变动因素后的就业人员平均工资。就业人员平均实际工资指数是反映实际工资变动情况的相对数，表明就业人员实际工资水平提高或降低的程度。计算公式为：

$$平均实际工资指数 = \frac{报告期就业人员平均工资指数}{报告期城镇居民消费价格指数} \times 100\%$$

城镇登记失业人员 指有非农业户口，在一定的劳动年龄内(16 周岁至退休年龄)，有劳动能力，无业而要求就业，并在当地劳动保障部门进行失业登记的人员。

城镇登记失业率 城镇登记失业人员与城镇单位就业人员(扣除使用的农村劳动力、聘用的离退休人员、港澳台及外方人员)、城镇单位中的不在岗职工、城镇私营业主、个体户主、城镇私营企业和个体就业人员、城镇登记失业人员之和的比。

Explanatory Notes on Main Statistical Indicators

Employed Persons refer to persons aged 16 and over who are engaged in gainful employment and thus receive remuneration payment or earn business income. This indicator reflects the actual utilization of total labour force during a certain period of time and is often used for the research on China's economic situation and national power.

Persons Employed in Various Units refer to the total number of employees who work at his unit and obtain wages or other forms of payment at the end of the reporting period. This indicator is a kind of time point index and it equals to the sum of the number of employed staff and workers, labor dispatch personnel and other employed persons. Employed persons do not include:

1) persons who have left their working units while keeping their labour contract (employment relation) unchanged and receiving regular alimony;

2) students who do part-time jobs in spare time and all kinds of enrolled students who do internship in various units;

3) persons employed due to labor outsourcing;

4) persons who dissolve labor contracts with their units on the last day of reporting period or before.

Persons Employed in Private Enterprises and Self-Employed Individuals in Urban Areas Persons employed in private enterprises refer to the persons employed in the private enterprises which have been registered at the departments of industrial and commercial administration for which the business operation are situated at a county town (i.e. a town where the county government is located), or at urban areas with administrative hierarchy higher than a county town. The self-employed individuals in urban areas refer to persons who hold the certificates of residence in urban areas or have resided in the urban areas for a long time and have been registered at the departments of industrial and commercial administration and approved to be engaged in individual industrial or commercial business, including self-employed persons as well as helpers and hired laborers who work in individual households.

Employed Staff and Workers refer to persons who signed labor contracts with working units and working units would pay wages, social insurance and housing funds for them. Persons who have their work posts but are temporarily absent from work for reasons of study or on sick, injury or maternal leave and still receive wages from their working units are also included. Employed staff and workers also include:

1) Persons who should have signed the labor contracts but not (like people with rural household registration);

2) Employees on probation;

3) Employees beyond the staffing quota;

4) Employees who are sent to other working units but still obtain wages from their original units (situations like on-the-job placement, expatriated assignment, etc.)

1) Employed Staff and Workers do not include: Dispatched personnel who work and are paid directly by the working units; they shall be counted into "labour dispatch personnel" of the working units;

2) Personnel through labor outsourcing, they shall be counted into "employed staff and workers" of the units which contracted them.

Total Wage Bill It is revised according to the "Provision of Composition of Total Wages" (Order No.1 by National Bureau of Statistics on January, 1st, ,1990), total wage bill refers to the total remuneration payment to all employed persons in various units during the reporting period (by quarter or by year), including hourly-paid wages, piece-rate wages, bonuses, allowance and subsidies, overtime wages and wages paid under special circumstances. It equals to the sum of total wages of employed staff and workers, dispatch labors and other employed persons.

Total wage bill is pre-tax wages, including the room charges, utility bills, housing funds and social insurance paid or withheld by employee's units.

Total wage bill, whether or not included in cost, whether or not paid in money or in kind, shall be included in the calculation of total wage.

Average Wage refers to the average per capita wage in money terms during a certain period of time for employed persons. It shows the general level of wage income of staff and worker during a certain period of time, one major indicator to reflect the wage level. It is calculated as follows:

$$\text{Average Wage} = \frac{\text{Total Wage Bill of Employed Persons at Reference Time}}{\text{Average Number of Persons Employed at Reference Time}}$$

Average Wage Indices refers to the ratio of average wage of employed persons the reporting period to that at the base period, which reflects the change of wage of employed persons at the different period. It is calculated as follows:

$$\text{Average Wage Indices} = \frac{\text{Average Wage of Employed Persons at Reference Time}}{\text{Average Wage of Persons Employeds at Base Period}} \times 100\%$$

Average Real Wage Indices average real wage of employed persons refers to the average wage of employed persons after removing the effects of the price changes and average real wage indices of employed persons refers to the change of real wage, which reflects the relative increasing or decreasing level of real wage of employed persons ,which is calculated as follows:

$$\text{Average Real Wage Indices} = \frac{\text{Average Wage Indices of Employed Persons at the Reference Time}}{\text{Urban Consumer Price Indices at Reference Time}} \times 100\%$$

Registered Unemployed Persons in Urban Areas refer to the persons with non-agricultural household registration at certain working ages (16 years old to retirement age), who are capable of working, unemployed and willing to work, and have been registered at the local employment service agencies to apply for a job.

Registered Unemployment Rate in Urban Areas refers to the ratio of the number of the registered unemployed persons to the sum of the number of persons employed in various units (minus the employed rural labour force, re-employed retirees, and Hong Kong, Macao, Taiwan or foreign employees), laid-off staff and workers in urban units, owners of private enterprises in urban areas, owners of self-employed individuals in urban areas, employees of private enterprises in urban areas, employee of self-employed individuals in urban areas, and the registered unemployed persons in urban areas.

固定资产投资

Investment in Fixed Assets

资料整理：郑颖龙

简要说明

一、主要内容

本篇包括固定资产投资的规模、结构和比例关系、资金来源、投资效果及大型项目等资料。

二、统计范围

固定资产投资统计范围包括：城乡计划总投资500万元及500万元以上建设项目投资，房地产开发投资及农户投资。

三、统计口径的变化

自1997年起，除房地产开发投资、农村非农户投资、个人投资及城镇和工矿区私人建房投资外，固定资产投资的统计起点由5万元提高到50万元。自2006年起，非农户固定资产投资统计改为按项目统计，调查方法由抽样调查改为全面统计报表，起点提高到50万元。城镇和工矿区私人建房投资改为按项目统计，起点为50万元。自2011年起，固定资产投资的统计起点由50万元提高到500万元,2010年新口径数据与2011年标准一致；取消"城镇固定资产投资"指标。

四、资料来源

农村居民投资数据来源于农村住户抽样调查，除此以外的固定资产投资统计资料均为全面统计报表，由河南省统计局固定资产投资统计处编辑整理。

Brief Introduction

I. Main Contents

Statistics in this chapter include the size, growth, structure, ratio, financing and results of the investment in fixed assets and major projects.

II. Scope of Statistics

Statistics on the investment in fixed assets cover investments in capital construction projects investment 5 million yuan and over , investments in real estate development and farm household investment.

III. Changes in Statistical Scope

Since 1997, the cut-off point of projects covered by statistics of investment in fixed assets are raised from an investment of 50,000 yuan to 500,000 yuan, except investment in real estate development, farm household investment, non-farm household investment and private investment in housing construction in urban areas and industrial and mining areas. Since 2006, statistics on investments in fixed assets of rural non-farm households are changed to project-based, the sample survey method changed from Sampling survey to comprehensive statistics, investments in private investment in housing construction in urban areas and industrial and mining areas The cut-off point has been raised to 500,000 yuan. Since 2011, the cut-off point of projects covered by statistics of investment in fixed assets are raised from an investment of 500,000 yuan to 5 million yuan, and the same as New caliber data on 2010Index of investment in fixed assets in unban areas was canceled.

IV. Sources of Data

Data on individual investments in fixed assets in rural areas are collected through sample surveys, Other data on investment in fixed assets are collected by the system of reporting form with complete enumeration, which are provided by the Department of investment in fixed assets of the Henan provincial Bureau of Statistics.

6-1 全社会固定资产投资总额

Total Investment in Fixed Assets in the whole Province

年 份 Year	全社会固定资产投资总额(亿元) Total Investment in Fixed Assets (100 million yuan)	固定资产投资 Investment	#工业投资 Industry Investment	#房地产开发投资 Real Estate Development	#基础设施投资 Infrastructure Investment	农户投资 Peasant Households Investment	#民间投资 Private Investment	#基础设施投资 Infrastructure Investment
1978	24.80							
1979	23.75							
1980	24.27							
1981	47.25							
1982	53.52							
1983	61.40							
1984	86.93							
1985	126.95	82.64				44.32	62.38	
1986	144.94	92.05				52.89	72.47	
1987	160.42	103.20				57.22	78.05	
1988	204.05	134.32				69.73	98.42	
1989	187.68	124.53			24.20	63.15	88.06	24.20
1990	206.12	139.33	87.77	3.43	29.42	66.79	97.89	29.42
1991	256.46	175.38	115.46	4.07	38.12	81.08	112.18	38.12
1992	318.83	250.07	133.83	8.78	55.03	68.76	129.68	55.03
1993	450.43	395.22	181.93	25.27	107.55	55.21	155.58	107.55
1994	628.03	560.32	238.54	49.61	163.30	67.71	215.51	163.30
1995	805.03	713.72	301.69	62.56	224.20	91.31	303.96	224.20
1996	1003.61	881.61	357.97	54.84	290.86	122.00	427.83	290.86
1997	1165.19	979.48	365.52	51.75	328.42	152.00	539.44	328.42
1998	1252.22	1047.41	337.88	58.10	382.03	193.10	595.69	382.03
1999	1324.18	1073.24	404.71	70.41	420.74	210.94	639.42	420.74
2000	1475.72	1176.76	446.77	77.87	509.22	254.95	698.79	509.22
2001	1627.99	1305.87	480.15	102.84	581.51	276.13	781.97	581.51
2002	1820.45	1483.81	524.86	138.36	628.57	295.42	911.76	628.57
2003	2310.54	1983.75	833.27	185.56	828.88	321.79	1228.28	828.88
2004	3099.38	2750.61	1287.17	258.82	1052.59	348.77	1526.42	1075.62
2005	4378.69	3928.49	1938.66	388.52	1331.78	450.20	2434.94	1368.55
2006	5907.74	5399.54	2704.35	581.95	1633.77	508.20	3600.76	1733.94
2007	8010.11	7418.57	4081.42	837.11	1694.92	591.54	5573.14	1725.19
2008	10490.65	9821.02	5385.76	1206.71	1972.73	669.63	7659.96	2008.46
2009	13704.65	12924.53	6954.42	1553.76	2687.75	780.12	10561.40	2715.39
2010	14124.69 (16585.85)	13338.05 (15799.21)	6800.63 (8223.57)	2114.08	2007.31 (3209.62)	786.64	11109.84 (13021.83)	2035.79 (3238.10)
2011	17770.51	16935.88	9110.52	2626.54	2371.06	834.63	14151.06	2399.55
2012	21449.99	20558.61	11024.18	3035.29	2755.72	891.38	17513.16	2786.17
2013	26087.45	25188.06	13132.81	3843.76	3259.53	899.39	21540.29	3293.03
2014	30782.17	30012.28	15378.16	4375.71	3883.47	769.89	26203.10	3917.96
2015	35660.34	34951.28	17023.35	4818.93	5246.64	709.06	30368.11	5278.89
2016	40415.09	39753.93	18536.63	6179.13	6770.19	661.16	32075.89	6780.45

注：1.1997-2003年全社会投资总额中含规模为5-50万元地方项目投资，其他指标均不包括(下同)。

2.2005年及以前年度全社会、固定资产投资及各种分组中包括城镇工矿区私人建房投资(下同)。

a) Data of investment in fixed assets in 1997~2003 contained local projects from 50000 to 500000 Yuan,other indicators didn't contained these projects (the same as in following tables)

b) Fixed assets investment in the whole province as well as investment by group in and before 2005 included the Housing investment by individuals in urban areas and in industrial and mining areas.(the same as the following tables)

6-2 各种分组的全社会固定资产投资

Total Investment in Fixed Assets in the whole Province by Group

项　目	Item	2010	2011	2012	2013	2014	2015	2016
投资总额(亿元)	**Total Investment (100 million yuan)**	**14124.69**	**17770.51**	**21449.99**	**26087.45**	**30782.17**	**35660.34**	**40415.09**
按登记注册类型分	**By Registration status**							
国有经济	State-Owned Units	2390.83	2829.97	3177.10	3681.96	3883.08	4456.11	5636.36
集体经济	Collective-Owned Units	1006.82	1044.34	1133.53	1348.33	1624.90	1532.78	435.83
城乡个人	Individuals	940.55	959.53	1021.83	980.57	854.46	826.35	765.36
#农村	Rural	786.64	834.63	891.38	899.40	769.89	709.06	661.16
联营经济	Joint-Ownership Economic Units	23.82	52.51	32.30	51.64	39.34	35.11	13.66
股份制经济	Share-Holding Economic Units	4267.91	6212.65	7381.51	8976.59	10767.24	13043.41	19685.99
港澳台投资经济	Economic Units Funded by Entrepreneurs from Hong Kong, Macao and Taiwan	207.72	230.74	228.54	212.65	139.21	141.71	507.64
外商投资经济	Foreign Funded Economic Units	145.87	185.92	208.96	245.44	166.11	144.03	237.32
私营经济	Privately Owned Enterprises	4228.95	4748.55	5963.83	7791.74	9847.52	11098.51	10616.92
其他经济	Others	912.21	1506.31	2302.39	2798.56	3460.31	4382.29	2516.01
按隶属关系分	**Grouped by Administrative Relationship**							
中央	Central Investment	286.04	254.68	256.29	266.26	208.89	246.35	308.89
地方	Local Investment	13838.65	17515.83	21193.70	25821.20	30573.28	35414.00	40106.20
按构成分	**Grouped by Use of Funds**							
建筑安装工程	Construction and Installation	8790.41	11161.90	13036.40	16008.51	19647.87	22912.74	27705.12
设备、工具、器具购置	Purchase of Equipment and Instruments	3647.26	4522.66	5808.30	7285.86	8065.60	9185.75	9015.51
其他费用	Others	1687.02	2085.96	2605.29	2793.08	3068.70	3561.86	3694.45
资金来源(亿元)	**Source of Funds (100 million yuan)**							
国家预算内资金	State Budgetary	303.21	353.71	412.02	583.90	861.17	1228.73	1295.80
国内贷款	Domestic Loans	1376.95	2100.74	2494.87	3271.21	4000.91	4076.22	4082.95
债券	Bond							
利用外资	Foreign Investment	38.98	100.68	78.08	86.88	94.69	46.55	59.31
自筹资金	Fundraising	11192.79	13990.31	16790.36	20362.65	23785.09	27936.72	31513.76
其他资金	Others	3681.56	4115.97	5129.70	1782.81	2040.31	2272.66	3463.27
房屋建筑面积(万平方米)	**Floor Space of Buildings (10 000 sq.m)**							
施工面积	Floor Space Under Construction	67803	72560	81028	96791	89258	80328	75452
#住宅	Residential Buildings	38503	41376	42960	45800	44616	42087	45175
竣工面积	Floor Space Completed	29614	28120	27641	24856	24529	20641	18614
#住宅	Residential Buildings	20123	19810	18074	16175	15700	12560	11952

6-3 各市按城乡及三次产业分的全社会固定资产投资(2016年)

Investment in Fixed Assets in the whole Province by Rural and Urban Area and Industry (2016)

单位：亿元 (100 million yuan)

市(县) City(County)	合 计 Total	固定资产投资 Investment in Fixed Assets	农户投资 Rural Area	第一产业 Primary Industry	第二产业 Secondary Industry	第三产业 Tertiary Industry
全 省 Total	**40415.09**	**39753.93**	**661.16**	**2022.79**	**18527.34**	**19864.97**
省 辖 市 City						
郑 州 市 Zhengzhou	7070.37	6998.64	71.73	89.68	1491.38	5489.32
开 封 市 Kaifeng	1555.09	1526.63	28.46	70.74	853.17	631.18
洛 阳 市 Luoyang	4120.10	4082.68	37.42	243.60	1837.47	2039.04
平 顶 山 市 Pingdingshan	1755.50	1732.73	22.77	193.00	763.47	799.04
安 阳 市 Anyang	2102.43	2074.87	27.56	107.37	1014.09	980.98
鹤 壁 市 Hebi	816.89	809.06	7.83	29.06	519.64	268.19
新 乡 市 Xinxiang	2041.73	2006.86	34.87	102.56	986.14	953.03
焦 作 市 Jiaozuo	2221.45	2198.01	23.44	46.94	1491.89	682.61
濮 阳 市 Puyang	1542.21	1523.28	18.93	66.26	800.12	675.84
许 昌 市 Xuchang	2294.79	2263.79	31.00	94.32	1435.01	765.45
漯 河 市 Luohe	1078.39	1060.42	17.97	13.50	720.92	343.97
三 门 峡 市 Sanmenxia	1782.96	1773.12	9.84	118.96	990.25	673.75
南 阳 市 Nanyang	3471.71	3395.49	76.22	351.40	1890.61	1229.70
商 丘 市 Shangqiu	2039.09	1991.16	47.93	16.95	986.02	1036.12
信 阳 市 Xinyang	2277.94	2217.70	60.24	153.41	777.99	1346.55
周 口 市 Zhoukou	1940.97	1862.15	78.82	187.33	1016.35	737.29
驻 马 店 市 Zhumadian	1755.16	1692.71	62.45	118.33	769.49	867.35
济 源 市 Jiyuan	548.32	544.60	3.72	29.13	197.77	321.43
省 直 管 县 County Directly Administrated by Province						
巩 义 市 Gongyi	550.69	543.54	7.15	6.23	341.40	203.06
兰 考 县 Lankao	181.24	174.95	6.29	0.81	112.37	68.06
汝 州 市 Ruzhou	332.56	329.27	3.29	28.36	122.89	181.30
滑 县 Huaxian	178.70	173.82	4.88	15.92	68.79	93.99
长 垣 县 Changyuan	295.92	290.99	4.93	36.95	137.01	121.96
邓 州 市 Dengzhou	335.57	326.28	9.29	44.33	124.39	166.85
永 城 市 Yongcheng	357.55	354.88	2.67	0.34	144.04	213.17
固 始 县 Gushi	300.43	291.06	9.37	10.84	146.22	143.37
鹿 邑 县 Luyi	199.98	188.63	11.35	4.88	133.54	61.56
新 蔡 县 Xincai	149.17	142.25	6.92	3.45	54.49	91.23

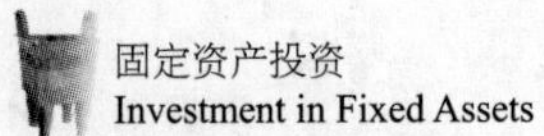

6-4 各市全社会固定资产投资实际到位资金(2016年)

Actual Funds for Investment in Fixed Assets in the whole Province by City (2016)

单位：亿元 (100 million yuan)

市(县)	City(County)	本年实际到位资金 Subtotal of Actual Funds for Investment	国家预算资金 State Budget	国内贷款 Domestic Loans	利用外资 Foreign Investment	自筹资金 Self-raising Funds	其他资金 Others
全　　省	**Total**	**39774.36**	**1295.80**	**4082.95**	**59.31**	**31513.76**	**2822.54**
省 辖 市	**City**						
郑 州 市	Zhengzhou	6979.42	320.96	875.81	17.33	4420.40	1344.93
开 封 市	Kaifeng	1573.78	27.51	103.16	1.25	1384.42	57.43
洛 阳 市	Luoyang	4044.75	67.64	220.06	4.26	3455.95	296.83
平顶山市	Pingdingshan	1710.04	75.70	223.58	9.54	1268.22	133.01
安 阳 市	Anyang	2073.36	47.24	85.44	4.40	1859.51	76.77
鹤 壁 市	Hebi	782.74	23.32	112.86	2.03	609.10	35.43
新 乡 市	Xinxiang	2008.36	65.25	200.27	0.80	1637.10	104.94
焦 作 市	Jiaozuo	2216.78	29.13	446.00	8.15	1701.92	31.57
濮 阳 市	Puyang	1538.76	107.64	75.53	3.10	1255.86	96.63
许 昌 市	Xuchang	2309.78	33.42	262.90	0.66	1929.14	83.66
漯 河 市	Luohe	983.43	12.75	33.57		919.12	18.00
三门峡市	Sanmenxia	1677.36	67.62	310.55	4.09	1223.13	71.96
南 阳 市	Nanyang	3408.31	113.14	185.22	1.37	2959.63	148.96
商 丘 市	Shangqiu	2048.79	10.55	197.70	0.05	1777.45	63.04
信 阳 市	Xinyang	2226.17	106.16	328.12	0.93	1614.66	176.29
周 口 市	Zhoukou	1936.93	46.21	206.14	0.47	1637.78	46.33
驻马店市	Zhumadian	1723.23	134.17	146.73	0.43	1386.09	55.81
济 源 市	Jiyuan	532.41	7.38	80.35	0.44	430.57	13.66
省直管县	**County Directly Administrated by Province**						
巩 义 市	Gongyi	539.25	0.06	56.60		477.70	4.89
兰 考 县	Lankao	180.32	1.10	2.46		176.76	
汝 州 市	Ruzhou	340.67	5.81	57.99	0.10	239.20	37.57
滑 县	Huaxian	180.77	2.05			173.88	4.85
长 垣 县	Changyuan	297.87	26.56	16.31		251.70	3.29
邓 州 市	Dengzhou	284.39	12.63	53.58		194.84	23.34
永 城 市	Yongcheng	362.63		2.11		340.76	19.77
固 始 县	Gushi	305.49	1.83	19.13		268.98	15.55
鹿 邑 县	Luyi	199.50	8.58	0.14		186.29	4.49
新 蔡 县	Xincai	136.60	8.76	2.70		124.90	0.24

6-5 各市按登记注册类型分的全社会固定资产投资(2016年)

Investment in Fixed Assets in the whole Province by Status of Registration and City (2016)

单位：亿元 (100 million yuan)

市(县) City(County)	总计 Total	内资 Domestic	国有 State-owned	集体 Collective-owned	股份合作 Cooperative	联营 Joint
全省 Total	**40415.09**	**39670.13**	**4620.40**	**361.66**	**69.45**	**23.73**
省辖市 City						
郑州市 Zhengzhou	7070.37	6816.28	799.88	18.99	18.35	0.50
开封市 Kaifeng	1555.09	1513.30	95.05	45.78	8.08	0.63
洛阳市 Luoyang	4120.10	4036.14	451.70	68.45	4.93	1.06
平顶山市 Pingdingshan	1755.50	1735.36	224.16	11.33	5.71	4.82
安阳市 Anyang	2102.43	2097.47	238.65	27.24		
鹤壁市 Hebi	816.89	813.44	51.80		2.71	
新乡市 Xinxiang	2041.73	2010.45	236.82	43.19	3.80	0.91
焦作市 Jiaozuo	2221.45	2183.56	106.34	9.99	6.79	0.64
濮阳市 Puyang	1542.21	1521.12	265.63	8.23	1.91	0.49
许昌市 Xuchang	2294.79	2242.70	142.88	12.13	7.27	2.42
漯河市 Luohe	1078.39	1065.18	48.71	10.00		0.58
三门峡市 Sanmenxia	1782.96	1734.31	317.38	41.61		0.40
南阳市 Nanyang	3471.71	3423.21	391.95	13.08	2.22	3.84
商丘市 Shangqiu	2039.09	2006.98	283.11	1.69		
信阳市 Xinyang	2277.94	2270.23	465.83	31.49	2.92	1.19
周口市 Zhoukou	1940.97	1926.00	161.22	3.79	1.17	4.78
驻马店市 Zhumadian	1755.16	1736.80	272.51	11.79	3.59	1.47
济源市 Jiyuan	548.32	537.65	66.81	2.88		
省直管县 County Directly Administrated by Province						
巩义市 Gongyi	550.69	550.69	39.03	3.60	12.30	0.50
兰考县 Lankao	181.24	175.72	15.06	2.93		
汝州市 Ruzhou	332.56	332.56	40.72			
滑县 Huaxian	178.70	178.70	40.96	2.82		
长垣县 Changyuan	295.92	295.92	42.42			
邓州市 Dengzhou	335.57	321.06	86.86	3.44		
永城市 Yongcheng	357.55	356.86	0.80			
固始县 Gushi	300.43	300.43	61.70	0.42	1.80	0.70
鹿邑县 Luyi	199.98	199.98	15.74			
新蔡县 Xincai	149.17	149.17	15.25	2.64	3.13	

6-5 续表 continued

单位：亿元 (100 million yuan)

市(县) City(County)	有限责任公司 Limited Liability	股份有限公司 Share-holding	私营 Private	个体 Self-employed Individual	其他 Others	港、澳、台商投资 Funds from Hong Kong, Macao and Taiwan	外商投资 Foreign Funded
全省 Total	**19202.52**	**1494.09**	**10616.92**	**765.36**	**2516.01**	**507.64**	**237.32**
省辖市 City							
郑州市 Zhengzhou	4508.19	179.16	848.29	71.98	370.93	229.01	25.08
开封市 Kaifeng	750.60	69.37	472.61	29.01	42.18	16.96	24.83
洛阳市 Luoyang	1536.09	114.46	1412.89	49.54	397.03	37.55	46.42
平顶山市 Pingdingshan	905.87	34.99	434.25	33.59	80.65	7.37	12.78
安阳市 Anyang	1011.11	86.18	567.12	40.10	127.09	4.65	0.31
鹤壁市 Hebi	536.97	49.99	130.65	7.83	33.48	1.30	2.15
新乡市 Xinxiang	909.04	96.94	530.14	37.58	152.03	26.11	5.17
焦作市 Jiaozuo	1084.41	131.61	714.10	26.59	103.08	36.65	1.24
濮阳市 Puyang	779.28	84.80	265.63	20.41	94.74	18.09	3.00
许昌市 Xuchang	1008.46	167.19	677.08	31.30	193.96	1.25	50.84
漯河市 Luohe	645.19	48.17	249.57	17.97	44.98	4.83	8.39
三门峡市 Sanmenxia	508.43	54.33	723.39	9.84	78.93	22.78	25.88
南阳市 Nanyang	1221.62	51.47	1432.21	80.36	226.46	31.76	16.74
商丘市 Shangqiu	918.31	80.26	599.17	47.93	76.52	32.12	
信阳市 Xinyang	719.44	64.05	678.40	69.41	237.50	4.33	3.38
周口市 Zhoukou	964.26	126.00	424.88	125.40	114.50	8.04	6.94
驻马店市 Zhumadian	883.29	45.79	380.26	62.84	75.27	14.17	4.19
济源市 Jiyuan	311.95	9.33	76.27	3.72	66.69	10.67	
省直管县 County Directly Administrated by Province							
巩义市 Gongyi	224.07	23.88	180.73	7.40	59.18		
兰考县 Lankao	102.15	4.67	35.47	6.29	9.15	0.80	4.72
汝州市 Ruzhou	208.16	2.43	61.89	3.29	16.07		
滑县 Huaxian	87.80	2.01	33.91	4.88	6.34		
长垣县 Changyuan	203.53	5.15	14.98	4.93	24.91		
邓州市 Dengzhou	137.55	6.34	69.43	13.01	4.43	14.51	
永城市 Yongcheng	46.64	15.97	290.78	2.67		0.68	
固始县 Gushi	137.11	6.60	29.55	9.37	53.19		
鹿邑县 Luyi	135.25	9.60	27.46	11.35	0.58		
新蔡县 Xincai	43.92	12.48	37.30	7.31	27.15		

6-6 各市分行业全社会固定资产投资(2016年)

Investment in Fixed Assets in the Urban Area by Sector and City (2016)

单位：亿元 (100 million yuan)

市(县) City(County)	合计 Total	农林牧渔业 Agriculture Forestry, Animal Husbandry and Fishery	工业 Industry	建筑业 Construction	批发和零售业 Wholesale and Retail Trade	交通运输仓储及邮政业 Transport, Storage and Post	住宿和餐饮业 Hotels and Catering Services	信息传输、软件和信息技术服务业 Information Transmission, Software and Information Technology	金融业 Financial Intermediation
全 省 Total	**40415.09**	**2250.44**	**18540.81**	**3.56**	**1236.09**	**1954.49**	**358.04**	**238.95**	**30.77**
省辖市 City									
郑州市 Zhengzhou	7070.37	95.19	1485.27	6.11	77.41	449.32	20.66	60.75	21.08
开封市 Kaifeng	1555.09	78.99	853.17		79.76	48.56	18.92	0.85	
洛阳市 Luoyang	4120.10	274.00	1839.63	0.14	135.77	181.08	67.13	47.80	1.05
平顶山市 Pingdingshan	1755.50	201.86	764.90	0.22	102.16	96.90	20.23	10.57	4.44
安阳市 Anyang	2102.43	151.30	1015.78	4.58	54.43	122.27	9.77	3.30	1.02
鹤壁市 Hebi	816.89	29.31	519.64		33.69	42.43	5.14	10.17	0.30
新乡市 Xinxiang	2041.73	115.65	987.06		57.41	61.16	9.65	11.67	0.71
焦作市 Jiaozuo	2221.45	53.25	1490.84	1.89	89.53	110.56	20.81	9.20	0.79
濮阳市 Puyang	1542.21	79.29	800.10	0.01	51.40	69.37	14.51	2.97	0.09
许昌市 Xuchang	2294.79	96.78	1435.01		76.14	62.20	28.94	14.33	
漯河市 Luohe	1078.39	14.46	720.92		54.81	75.60	16.66	5.40	
三门峡市 Sanmenxia	1782.96	127.59	993.95	0.06	36.03	77.39	8.33	4.62	
南阳市 Nanyang	3471.71	384.52	1891.21	0.20	141.91	191.26	26.05	11.70	
商丘市 Shangqiu	2039.09	19.39	986.18	0.03	76.71	43.84	11.69	6.29	
信阳市 Xinyang	2277.94	172.56	775.57	2.42	52.68	162.09	38.04	6.57	0.50
周口市 Zhoukou	1940.97	195.56	1016.28	0.07	32.13	76.55	4.40	2.63	
驻马店市 Zhumadian	1755.16	139.67	767.87	1.61	57.93	75.43	12.21	9.14	0.30
济源市 Jiyuan	548.32	30.82	197.53	0.24	24.15	31.55	25.45	22.11	0.50
省直管县 County Directly Administrated by Province									
巩义市 Gongyi	550.69	6.55	341.40		11.07	14.67	3.11		
兰考县 Lankao	181.24	1.63	112.37		5.92	14.08			
汝州市 Ruzhou	332.56	28.48	122.85	0.05	23.67	29.54	2.14		2.34
滑县 Huaxian	178.70	18.29	68.79		12.26	4.43	1.10		0.08
长垣县 Changyuan	295.92	36.96	137.01		11.52	19.10	1.60		
邓州市 Dengzhou	335.57	48.22	124.39		6.23	19.70	0.60		
永城市 Yongcheng	357.55	0.34	144.04		0.91	3.41	3.46		
固始县 Gushi	300.43	12.32	146.22		2.71	13.82	0.68		
鹿邑县 Luyi	199.98	4.88	133.54		1.24	9.21			
新蔡县 Xincai	149.17	9.83	54.49		20.19	1.69			

6-6 续表 continued

单位：亿元 (100 million yuan)

市(县) City(County)	房地产业 Real Estate	租赁和商务服务业 Leasing and Business Services	科学研究和技术服务业 Scientific Research, and Technical Service	水利、环境和公共设施管理业 Management of water Conservancy, Environment and Public Facilities	居民服务、修理和其他服务业 Services to Households, Repair and Other Services	教育 Education	卫生和社会工作 Health and Social Work	文化、体育和娱乐业 Culture, Sports and Entertainment	公共管理、社会保障和社会组织 Public Management, Social Security and Social Organization
全　　省 Total	**9484.10**	**455.36**	**252.20**	**3698.25**	**153.76**	**533.74**	**555.87**	**547.66**	**120.98**
省　辖　市 City									
郑　州　市 Zhengzhou	3664.02	111.81	48.91	776.10	18.47	69.06	78.06	84.56	3.61
开　封　市 Kaifeng	308.00	14.82	7.44	102.69	2.31	15.25	12.56	11.33	0.44
洛　阳　市 Luoyang	663.93	44.34	19.58	559.91	30.25	60.82	83.80	100.64	10.26
平 顶 山 市 Pingdingshan	250.29	11.81	10.06	169.82	7.05	22.53	30.72	39.65	12.30
安　阳　市 Anyang	395.59	45.13	23.11	151.27	29.50	37.47	17.04	29.24	11.61
鹤　壁　市 Hebi	103.36	4.17	4.98	37.09		5.92	7.12	12.94	0.62
新　乡　市 Xinxiang	541.38	11.79	14.51	135.92	4.34	47.68	24.27	14.73	3.80
焦　作　市 Jiaozuo	226.32	25.20	18.48	75.15	9.26	28.91	16.98	35.53	8.75
濮　阳　市 Puyang	243.91	3.33	13.90	161.48	15.49	37.51	14.49	26.99	7.35
许　昌　市 Xuchang	323.28	5.24	21.38	107.51	5.42	22.67	64.23	23.96	7.69
漯　河　市 Luohe	116.32		4.91	55.38	2.00	5.01	5.11	1.68	0.16
三 门 峡 市 Sanmenxia	191.70	5.27	2.92	255.53	11.79	14.04	34.74	15.89	3.12
南　阳　市 Nanyang	282.83	58.55	13.15	286.52	5.39	63.19	56.05	33.78	25.41
商　丘　市 Shangqiu	580.36	25.67	4.44	207.65	6.24	27.40	15.45	27.36	0.10
信　阳　市 Xinyang	685.51	9.70	11.82	238.65	1.79	30.58	35.42	33.52	20.53
周　口　市 Zhoukou	332.10	33.44	18.17	112.29	2.34	27.60	45.82	39.81	1.78
驻 马 店 市 Zhumadian	466.75	12.35	7.10	162.48	6.70	14.03	11.31	6.71	3.57
济　源　市 Jiyuan	58.54	27.75	7.36	103.76	2.30	4.16	2.69	9.43	
省　直　管　县 County Directly Administrated by Province									
巩　义　市 Gongyi	92.83		0.53	69.04	0.42	0.04	7.91	3.13	
兰　考　县 Lankao	34.11	3.54	5.22	0.50	0.06	3.51			0.31
汝　州　市 Ruzhou	44.69	2.58	5.75	40.20	2.17	4.51	11.19	7.80	4.61
滑　　县 Huaxian	25.54	3.99	2.69	29.89	0.51	5.31	3.72		2.10
长　垣　县 Changyuan	61.22	0.49	3.73	18.01	0.49	4.91		0.50	0.41
邓　州　市 Dengzhou	35.68	36.45		48.83		9.31	2.24	0.59	3.34
永　城　市 Yongcheng	153.30	2.80	0.10	26.69	3.86	7.25	1.75	9.65	
固　始　县 Gushi	69.22	0.76		43.19	0.01	2.61	4.15	4.75	
鹿　邑　县 Luyi	25.91	4.60	3.00	4.80		5.46	5.52	1.61	0.22
新　蔡　县 Xincai	52.91			8.14		0.77	0.39	0.28	0.48

6-7 各市按构成分的全社会固定资产投资及房屋面积(2016年)

Total Investment in Fixed Assets and Floor Space of Buildings by Composition in Cities (2016)

市(县) City(County)	全社会固定资产投资总额(亿元) Total Investment in Fixed Assets(100 million yuan)					房屋面积(万平方米) Floor Space of Buildings (10 000 sq.m)			
	合计 Total	建筑工程 Construction	安装工程 Installation	设备、工具、器具购置 Purchase of Equipment and Instruments	其他费用 Others	施工面积 Floor Space Under Construction	#住宅 Residential Buildings	竣工面积 Floor Space Completed	#住宅 Residential Buildings
全　省 Total	**40415.09**	**26478.73**	**1226.39**	**9015.51**	**3694.45**	**75452**	**45175**	**18614**	**11952**
省辖市 City									
郑州市 Zhengzhou	7070.37	4794.99	189.72	812.32	1273.34	17781	11029	2360	1652
开封市 Kaifeng	1555.09	847.65	43.99	612.40	51.06	4163	1821	1231	674
洛阳市 Luoyang	4120.10	2545.12	115.38	999.14	460.47	6809	4144	1165	794
平顶山市 Pingdingshan	1755.50	946.24	66.81	521.17	221.30	3025	1853	529	348
安阳市 Anyang	2102.43	1376.14	101.49	557.32	67.48	3250	2041	729	413
鹤壁市 Hebi	816.89	620.45	13.95	164.93	17.55	1568	750	165	113
新乡市 Xinxiang	2041.73	1491.44	51.29	414.33	84.67	4417	2963	898	653
焦作市 Jiaozuo	2221.45	811.80	49.88	1169.04	190.72	2600	1242	889	437
濮阳市 Puyang	1542.21	835.53	76.69	415.58	214.41	1661	1296	428	361
许昌市 Xuchang	2294.79	1492.73	122.73	585.00	94.34	3249	1851	891	572
漯河市 Luohe	1078.39	785.52	19.87	233.24	39.75	1451	992	227	199
三门峡市 Sanmenxia	1782.96	999.92	97.54	458.45	227.04	1780	1045	364	305
南阳市 Nanyang	3471.71	2568.02	142.19	517.79	243.72	4828	3390	1708	1433
商丘市 Shangqiu	2039.09	1434.17	27.25	466.24	111.42	4473	2941	1326	848
信阳市 Xinyang	2277.94	1738.33	32.74	228.22	278.66	5774	3897	2409	1812
周口市 Zhoukou	1940.97	1478.92	13.09	377.44	71.53	4440	2205	2252	1442
驻马店市 Zhumadian	1755.16	1336.22	18.19	368.22	32.53	4275	2382	1982	1120
济源市 Jiyuan	548.32	307.60	43.68	152.14	44.90	624	373	122	104
省直管县 County Directly Administrated by Province									
巩义市 Gongyi	550.69	347.94	22.12	171.71	8.91	414	203	63	39
兰考县 Lankao	181.24	173.95	0.36	5.92	1.00	223	197	172	162
汝州市 Ruzhou	332.56	220.92	10.54	80.09	21.01	422	163	45	27
滑县 Huaxian	178.70	156.22	1.31	18.80	2.37	421	279	139	87
长垣县 Changyuan	295.92	169.38	11.29	111.39	3.85	878	501	181	72
邓州市 Dengzhou	335.57	221.31	38.99	58.63	16.64	575	417	238	168
永城市 Yongcheng	357.55	242.78	0.54	95.79	18.43	746	597	63	58
固始县 Gushi	300.43	251.67	9.13	20.25	19.39	476	360	170	156
鹿邑县 Luyi	199.98	178.66	3.07	18.07	0.18	297	262	123	121
新蔡县 Xincai	149.17	113.81	1.70	33.52	0.14	310	189	67	44

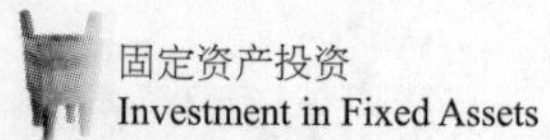

6-8 固定资产投资
Investment in Fixed Assets

项 目	Item	2010	2011	2012	2013	2014	2015	2016
投资总额(亿元)	**Total Investment (100 million yuan)**	**13338.05**	**16935.88**	**20558.61**	**25188.06**	**30012.28**	**34951.28**	**39753.93**
按控股情况分	By Share-holding							
国有控股	State-holding	2721.10	3264.78	3594.37	4206.72	4333.37	5109.88	7915.93
集体控股	Collective-holding	1371.79	1416.32	1466.92	1668.07	2015.49	2004.29	1172.98
港澳台商控股	Hong Kong, Macao and Taiwan-holding	177.92	203.24	192.94	179.49	130.14	114.73	430.79
外商控股	Foreign-holding	115.83	151.43	149.13	159.27	122.52	107.67	131.43
私人及其他控股	Private and others-holding	8951.40	11900.11	15155.26	18974.51	23410.78	27614.67	30102.80
按隶属关系分	Grouped by Administrative Relationship							
中央	Central Investment	286.04	254.68	256.29	266.26	208.89	246.35	308.89
地方	Local Investment	13052.01	16681.20	20302.32	24921.80	29803.40	34704.94	39445.04
按构成分	Grouped by Use of Funds							
建筑安装工程	Construction and Installation	8097.28	10418.25	12242.18	15213.67	18955.96	22271.38	27120.86
设备、工器具购置	Purchase of Equipment and Instruments	3567.21	4438.31	5718.27	7188.35	7994.89	9126.17	8953.81
其他费用	Others	1673.56	2079.33	2598.16	2786.04	3061.43	3553.74	3679.25
按建设性质分	Grouped by Type of Construction							
#新建	New Construction	8061.23	10893.91	13731.39	17695.98	21842.58	26228.12	28142.61
扩建	Expansion	1978.27	2070.08	2185.20	2140.70	2032.49	2110.29	3430.39
改建和技术改造	Reconstruction	956.16	1107.52	1306.37	1195.15	1308.28	1203.33	1240.84
资金来源(亿元)	**Source of Funds (100 million yuan)**	**13704.12**	**17254.35**	**20818.69**	**25631.18**	**30162.83**	**34851.81**	**39113.20**
国家预算资金	State Budget Appropriation	303.21	353.71	412.02	578.32	861.17	1228.73	1295.80
国内贷款	Domestic Loans	1373.40	2093.30	2490.13	3270.31	3995.63	4066.45	4058.25
债券	Bond					0.69		
利用外资	Foreign Investment	38.98	100.68	78.08	86.88	94.69	46.55	59.31
自筹资金	Self-raising Fund	10419.57	13166.16	15910.74	19473.88	23026.80	27244.43	30881.57
其他资金	Others	1568.95	1540.50	1927.70	2221.79	2183.85	2265.65	2818.27
新增固定资产(亿元)	**Newly Increased Fixed Assets (100 million yuan)**	**8842.09**	**11001.17**	**13036.64**	**15604.51**	**19672.97**	**25436.06**	**22342.05**
房屋建筑面积(万平方米)	**Floor Space of Buildings (10 000 sq.m)**							
施工面积	Floor Space Under Construction	51050	56480	65885	84386	79979	73693	68765.65
#住宅	Residential Buildings	22658	25800	29089	34650	35889	35453	39092.57
竣工面积	Floor Space Completed	14537	14291	14703	14701	16515	14204	12596.20
#住宅	Residential Buildings	5921	7117	6812	6603	8037	6425	6381.94

6-9 分行业固定资产投资实际到位资金(2016年)
Actual Funds for Investment in Fixed Assets by Sector (2016)

单位：亿元 (100 million yuan)

指标	Item	实际到位资金 Actual Funds	国家预算资金 State Budget	国内贷款 Domestic Loans	利用外资 Foreign Investment	自筹资金 Self-raising Funds	其他资金 Others
总　计	**Total**	**39113.20**	**1295.80**	**4058.25**	**59.31**	**30881.57**	**2818.27**
农、林、牧、渔业	**Agriculture, Forestry, animal Husbandry and Fishery**	**2115.92**	**64.73**	**145.18**	**4.22**	**1847.02**	**54.78**
农业	Agriculture	1179.93	16.39	98.24	1.70	1038.88	24.73
林业	Forestry	159.26	2.35	6.47		140.98	9.46
畜牧业	Animal Husbandry	506.05	1.13	25.65	0.20	468.32	10.75
渔业	Fishery	45.82		5.02		39.92	0.87
农、林、牧、渔服务业	Services in Support of Agriculture, Forestry, Animal Husbandry and Fishery	224.86	44.87	9.80	2.32	158.91	8.96
工业	**Industry**	**18023.52**	**110.13**	**1993.54**	**38.91**	**15677.70**	**203.24**
采矿业	Mining	540.12	2.27	67.09	2.28	456.96	11.52
煤炭开采和洗选业	Mining and Washing of Coal	69.10	2.10	6.55		60.25	0.20
石油和天然气开采业	Extraction of Petroleum and Natural Gas	12.66		1.19		11.47	
黑色金属矿采选业	Mining of Ferrous Metal Ores	16.36				16.36	
有色金属矿采选业	Mining of Non-ferrous Metal Ores	332.56	0.17	43.55	2.28	275.66	10.90
非金属矿采选业	Mining and Processing of Nonmetal Ores	95.99		15.81		79.80	0.38
开采辅助活动	Support Activitis for Mining	10.99				10.99	
其他采矿业	Mining of Other Ores	2.46				2.42	0.03
制造业	Manufacturing	15811.90	17.04	1675.40	34.68	13929.60	155.18
农副食品加工业	Processing of Food from Agricultural Products	1047.24	0.56	87.49	0.03	947.30	11.86
食品制造业	Manufacture of Foods	786.68	0.44	75.88	3.98	698.15	8.23
酒、饮料和精制茶制造业	Manufacture of Liquor, Beverages and Refined Tea	447.64		52.23		391.45	3.97
烟草制造业	Manufacture of Tobacco	17.47				17.47	
纺织业	Manufacture of Textile	619.30	4.69	86.54	0.05	517.79	10.21
纺织服装、服饰业	Manufacture of Textile, Wearing Apparel and Accessories	576.02	0.56	63.04		505.69	6.74
皮革、毛皮、羽毛及其制品和制鞋业	Manufacture of Leather, Fur, Feather and Its Products, Footwear	276.28		32.03		241.49	2.76
木材加工及木、竹、藤、棕、草制品业	Processing of Timbers, Manufacture of Wood, Bamboo, Rattan, Palm, and Straw Products	248.17		22.26		223.06	2.85
家具制造业	Manufacture of Furniture	347.66		39.31	0.30	305.55	2.49
造纸及纸制品业	Manufacture of Paper and Paper Products	177.85		24.95		151.89	1.01
印刷和记录媒介复制业	Printing,Reproduction of Recording Media	114.97		10.48		103.45	1.03
文教、工美、体育和娱乐用品制造业	Manufacture of Articles for Culture, Arts ad Crafts, Sport and Entertainment Activities	234.28		23.13		211.00	0.15
石油加工、炼焦及核燃料加工业	Processing of Petroleum, Coking, Processing of Nucleus Fuel	86.04	0.18	8.45		75.83	1.58

6–9 续表 1 continued

单位：亿元 (100 million yuan)

指　标	Item	实际到位资金 Actual Funds	国家预算资金 State Budget	国内贷款 Domestic Loans	利用外资 Foreign Investment	自筹资金 Self-raising Funds	其他资金 Others
化学原料及化学制品制造业	Manufacture of Raw Chemical Material and Chemical Products	1001.39	0.22	126.63	0.01	866.30	8.23
医药制造业	Manufacture of Medicines	580.54	0.20	58.19	9.58	507.53	5.04
化学纤维制造业	Manufacture of Chemical Fiber	49.85		8.13		36.92	4.79
橡胶和塑料制品业	Manufacture of Rubber and Plastic Products	492.46		57.67	0.60	431.13	3.06
非金属矿物制品业	Manufacture of Non-metallic Mineral Products	1649.06	4.76	162.48		1459.08	22.74
黑色金属冶炼和压延加工业	Smelting and Pressing of Ferrous Metals	96.09		16.86		78.20	1.02
有色金属冶炼及压延加工业	Smelting and Pressing of Non-ferrous Metals	590.97		57.11		531.30	2.55
金属制品业	Manufacture of Metal Products	869.78	0.57	87.68	0.34	774.19	7.00
通用设备制造业	Manufacture of General Purpose Machinery	1135.62	3.70	124.39	12.91	987.94	6.67
专业设备制造业	Manufacture of Special Purpose Machinery	1071.39	1.07	126.76		938.81	4.75
汽车制造业	Manufacture of Automobile	893.57	0.08	78.37	3.05	790.66	21.41
铁路、船舶、航空航天和其他运输设备制造业	Manufacture of Railway, Ship, Aerospace, and Other Transport Equipment	256.06		19.12		234.97	1.97
电气机械及器材制造业	Manufacture of Electrical Machinery and Equipment	1131.16		113.55	3.80	1004.00	9.81
计算机、通信和其他电子设备制造业	Manufacture of Computer, Communication and Other Electronic Equipment	703.49		73.58	0.03	628.84	1.05
仪器仪表制造业	Manufacture of Measuring Instrument and Machinery	122.14		17.45		103.92	0.77
其他制造业	Manufacture of Others	105.82		6.54		97.90	1.39
废弃资源综合利用业	Comprehensive Utilization of Waste Resources	77.14		13.69		63.45	
金属制品、机械和设备修理业	Repair Services of Metal products, Machinery and Equipment	5.77		1.4		4.34	0.03
电力、燃气及水的生产和供应业	Production and Distribution of Electricity, Gas and Water	1671.51	90.82	251.06	1.95	1291.1	36.55
电力、热力生产和供应业	Production and Supply of Electric Power and Heat Power	1296.08	34.67	209.78	1.87	1019.9	29.85
燃气生产和供应业	Production and Supply of Gas	143.54	6.11	18.83		117.37	1.23
水的生产和供应业	Production and Supply of Water	231.89	50.04	22.45	0.07	153.86	5.47
建筑业	**Construction**	**3.56**				**3.56**	
#房屋建筑业	Building Construction	1.86				1.86	
批发和零售业	**Wholesale and Retail Trade**	**1195.33**	**11.71**	**106.26**	**4.65**	**1023.77**	**48.95**
#批发业	Wholesale	408.64	1.79	39.17		358.11	9.57
交通运输、仓储和邮政业	**Transport, Storage and Post**	**1871.25**	**247.13**	**252.59**	**3.60**	**1318.18**	**49.75**
#铁路运输	Transport via Railway	68.27	6.33	9.83		52.11	
道路运输业	Transport via Road	969.84	226.71	148.70	2.20	549.24	42.99
仓储业	Storage	658.20	3.49	81.73	1.30	565.38	6.31

6-9 续表 2 continued

单位：亿元 (100 million yuan)

指标	Item	实际到位资金 Actual Funds	国家预算资金 State Budget	国内贷款 Domestic Loans	利用外资 Foreign Investment	自筹资金 Self-raising Funds	其他资金 Others
邮政业	Post	10.44	0.23	0.80		9.41	
住宿和餐饮业	**Hotels and Catering Services**	**347.15**	**0.12**	**18.20**		**323.86**	**4.98**
#住宿业	Hotels	231.06	0.12	13.37		213.20	4.37
信息传输、软件和信息技术服务业	**Information Transmission, Software and Information Technology Services**	**228.35**	**4.62**	**18.40**	**1.85**	**201.78**	**1.70**
#电信、广播电视和卫星传输服务业	Telecom, Radio, Television and Satellite Transmission Service	31.94	0.10	2.80		28.77	0.27
互联网和相关服务	Internet and Related Services	48.90	3.62	5.29		39.90	0.09
金融业	**Finance**	**31.70**	**0.16**	**10.76**		**18.96**	**1.81**
#货币金融服务	Monetary and Financial Services	6.41	0.16			5.54	0.70
保险业	Insurance	**0.73**				**0.73**	
房地产业	**Real Estate**	**9213.71**	**182.71**	**970.49**	**2.69**	**5776.09**	**2281.73**
租赁和商务服务业	**Leasing and Business Services**	**435.45**	**7.54**	**43.30**	**0.72**	**381.91**	**1.97**
#商务服务业	Business Service	421.77	7.54	41.27	0.72	370.27	1.97
科学研究和技术服务业	**Scientific Research and Technical Service**	**248.02**	**8.36**	**19.93**	**0.67**	**210.90**	**8.15**
#研究和试验发展	Research and Experimental Development	44.01	1.35	5.72		36.67	0.27
专业技术服务业	Professional Technique Services	75.73	3.93	3.63		62.54	5.63
水利、环境和公共设施管理业	**Management of Water Conservancy, Environment and Public Facilities**	**3549.03**	**485.22**	**375.90**	**1.33**	**2581.72**	**104.85**
水利管理业	Management of Water Conservancy	323.04	117.88	13.03		180.82	11.32
生态保护和环境治理业	Ecological Protection and Environmental Management	163.03	5.94	11.11		140.85	5.13
公共设施管理业	Management of Public Facilities	3062.96	361.40	351.77	1.33	2260.06	88.41
居民服务、修理和其他服务业	**Service to Households, Repair and Other Services**	**151.32**	**3.10**	**24.85**		**116.64**	**6.73**
#居民服务业	Service to Households	110.33	1.99	22.29		79.32	6.73
教育	**Education**	**523.13**	**96.93**	**16.67**	**0.36**	**392.10**	**17.07**
卫生和社会工作	**Health and Social Work**	**530.18**	**34.03**	**36.49**	**0.19**	**451.65**	**7.82**
#卫生	Health	348.12	30.37	18.26	0.19	293.26	6.04
文化、体育和娱乐业	**Culture, Sports and Entertainment**	**525.87**	**17.51**	**23.29**	**0.12**	**464.24**	**20.72**
#广播、电视、电影和影视录音制作业	Broadcasting,Movies,Television and Audiovisual Activities	26.79		0.60		24.64	1.54
文化艺术业	Culture and Art	243.70	7.06	7.27	0.10	217.71	11.56
公共管理、社会保障和社会组织	**Public Management,Social Welfare and Social Organization**	**119.71**	**21.79**	**2.40**		**91.49**	**4.03**
国家机构	Organ of State	79.85	20.67	0.91		56.63	1.64
社会保障	Social Welfare	4.10	0.68			2.91	0.51

6-10 按行业和注册类型分固定资产投资(2016年)

单位：亿元

指　　标	Item	投资额 Total Investment	中央 Central Investment	地方 Local Investment
总　计	**Total**	**39753.93**	**308.89**	**39445.04**
农、林、牧、渔业	**Agriculture, Forestry, animal Husbandry and Fishery**	**2159.76**	**1.02**	**2158.75**
农业	Agriculture	1199.82	0.52	1199.30
林业	Forestry	163.93		163.93
畜牧业	Animal Husbandry	522.53		522.53
渔业	Fishery	45.83		45.83
农、林、牧、渔服务业	Services in Support of Agriculture, Forestry, Animal Husbandry and Fishery	227.65	0.50	227.15
工业	**Industry**	**18536.63**	**227.50**	**18309.13**
采矿业	Mining	567.59	37.18	530.41
煤炭开采和洗选业	Mining and Washing of Coal	70.43		70.43
石油和天然气开采业	Extraction of Petroleum and Natural Gas	12.66	12.66	
黑色金属矿采选业	Mining of Ferrous Metal Ores	16.30		16.30
有色金属矿采选业	Mining of Non-ferrous Metal Ores	354.91	24.52	330.39
非金属矿采选业	Mining and Processing of Nonmetal Ores	99.85		99.85
开采辅助活动	Support Activities for Mining	10.99		10.99
其他采矿业	Mining of Other Ores	2.45		2.45
制造业	Manufacturing	16237.24	98.81	16138.42
农副食品加工业	Processing of Food from Agricultural Products	1065.75		1065.75
食品制造业	Manufacture of Foods	800.74		800.74
酒、饮料和精制茶制造业	Manufacture of Liquor, Beverevges and Refined Tea	450.51		450.51
烟草制造业	Manufacture of Tobacco	17.88		17.88
纺织业	Manufacture of Textile	633.35		633.35
纺织服装、服饰业	Manufacture of Textile, Wearing Apparel and Accessories	580.32		580.32
皮革、毛皮、羽毛及其制品和制鞋业	Manufacture of Leather, Fur, Feather and Its Products, Footwear	285.68		285.68
木材加工及木、竹、藤、棕、草制品业	Processing of Timbers, Manufacture of Wood, Bamboo, Rattan, Palm, and Straw Products	249.34		249.34
家具制造业	Manufacture of Furniture	351.47		351.47
造纸及纸制品业	Manufacture of Paper and Paper Products	178.81		178.81
印刷和记录媒介复制业	Printing,Reproduction of Recording Media	114.97		114.97
文教、工美、体育和娱乐用品制造业	Manufacture of Articles for Culture, Arts and Crafts, Sport and Entertainment Activities	236.91		236.91
石油加工、炼焦及核燃料加工业	Processing of Petroleum ,Coking, Processing of Nucleus Fuel	88.38		88.38
化学原料及化学制品制造业	Manufacture of Raw Chemical Material and Chemical Products	1024.07	4.20	1019.87
医药制造业	Manufacture of Medicines	604.97	0.43	604.54
化学纤维制造业	Manufacture of Chemical Fiber	50.91		50.91
橡胶和塑料制品业	Manufacture of Rubber and Plastic Products	504.68	1.55	503.14
非金属矿物制品业	Manufacture of Non-metallic Mineral Products	1720.32	18.24	1702.09
黑色金属冶炼和压延加工业	Smering and pressing of Ferrous Metals	96.83		96.83
有色金属冶炼及压延加工业	Smelting and Pressing of Non-ferrous Metals	615.65	48.84	566.81
金属制品业	Manufacture of Metal Products	885.78	0.81	884.97
通用设备制造业	Manufacture of General Purpose Machinery	1153.59	0.75	1152.83
专业设备制造业	Manufacture of Special Purpose Machinery	1110.93	7.57	1103.36
汽车制造业	Manufacture of Automobile	920.58	10.45	910.13
铁路、船舶、航空航天和其他运输设备制造业	Manufacture of Railway, Ship, Aerospace, and other Transport Equipment	269.60	2.12	267.47
电气机械及器材制造业	Manufacture of Electrical Machinery and Equipment	1154.98	2.97	1152.02
计算机、通信和其他电子设备制造业	Manufacture of Computer, Communication and Other Electronic Equipment	751.49	0.40	751.08

Investment in Fixed Assets by Registration Status and Sector (2016)

(100 million yuan)

内 资 Domestic Funds	港澳台商投资 Funds from Hong Kong, Macao and Taiwan	外商投资 Foreign Funded	国有控股 State-holding	集体控股 collective-holding	私人控股 Private-holding	港澳台控股 Hong Kong, Macao and Taiwan holding	外商控股 Foreign-holding	其他控股 others
39008.97	**507.64**	**237.32**	**7915.93**	**1172.98**	**25903.09**	**430.79**	**131.43**	**4199.71**
2157.95	**1.81**		**182.78**	**48.32**	**1704.55**	**7.20**		**216.91**
1199.72	0.11		51.35	20.97	987.70			139.81
163.93			13.14	5.07	128.23			17.48
520.83	1.70		11.90	12.59	441.44	7.20		49.40
45.83			3.75		40.54			1.55
227.65			102.64	9.69	106.65			8.66
17934.52	**400.87**	**201.24**	**1369.96**	**322.93**	**14919.38**	**335.33**	**110.08**	**1478.95**
552.05	4.88	10.66	89.18	52.30	364.85	4.88		56.38
70.43			29.26	7.62	28.89			4.66
12.66			12.66					
16.30			6.78		9.40			0.12
339.37	4.88	10.66	39.57	41.73	241.61	4.88		27.12
99.85					79.43			20.42
10.99			0.92	2.95	3.06			4.06
2.45					2.45			
15690.99	368.91	177.34	659.19	209.71	13674.60	304.57	94.29	1294.88
1044.10	8.71	12.93	15.18	15.49	964.58	2.26	8.44	59.81
778.75	18.78	3.21	28.73	5.70	705.57	2.88	3.21	54.66
446.42	3.60	0.49	14.95	10.66	371.30	0.49	9.09	44.02
17.88			11.05	4.38	2.45			
611.58	17.39	4.37	27.10	6.52	553.53	19.37		26.83
551.59	27.83	0.90	20.71	9.09	507.77	12.40	1.89	28.46
249.65	25.17	10.87	2.66	7.71	239.65	18.41	10.87	6.38
245.54	3.80		1.45	0.41	224.62	3.80		19.06
350.37		1.10		2.35	343.51			5.61
177.81		1.00		0.74	157.04		1.69	19.33
114.01	0.96		4.07		103.41			7.49
224.15	0.65	12.11	2.12	0.57	209.07		2.61	22.54
88.38			4.70		78.61			5.07
1016.52	6.79	0.76	58.21	9.58	849.53	4.98		101.76
579.35	6.67	18.95	13.47	8.31	496.67	5.53	16.16	64.84
50.91			15.31		32.40			3.19
500.86	1.59	2.24	10.95	3.55	452.34			37.85
1682.19	2.74	35.39	67.39	15.14	1481.44	0.59	1.89	153.87
96.83			12.61		79.24			4.98
580.74	14.74	20.17	99.72	0.98	461.09	10.66	4.08	39.13
879.19	6.59		16.18	5.12	819.06	6.59		38.83
1119.02	34.11	0.46	17.35	24.74	966.77	34.06	0.46	110.21
1099.44	0.75	10.74	49.54	19.49	950.10		4.44	87.37
906.47	3.00	11.12	22.44	14.82	761.52	2.50	8.97	110.34
266.59		3.00	19.96		224.98		3.00	21.65
1119.63	18.77	16.59	56.80	20.20	943.98	17.62	17.49	98.89
586.08	161.81	3.59	43.58	24.15	432.25	162.07		89.43

6-10 续表

单位：亿元

指　　标	Item	投资额 Total Invest-ment	中 央 Central Invest-ment	地 方 Local Invest-ment
仪器仪表制造业	Manufacture of Measuring Instrument and Machinery	126.05		126.05
其他制造业	Manufacture of Others	107.70		107.70
废弃资源综合利用业	Comprehensive Utilization of Waste Resources	78.95	0.48	78.47
金属制品、机械和设备修理业	Repairing of Metal Products, Machinery and Equipment	6.05		6.05
电力、燃气及水的生产和供应业	Production and Distribution of Electricity, Gas and Water	1731.80	91.51	1640.29
电力、热力生产和供应业	Production and Supply of Electric Power and Heat Power	1339.56	83.98	1255.58
燃气生产和供应业	Production and Supply of Gas	151.35	4.04	147.31
水的生产和供应业	Production and Supply of Water	240.90	3.50	237.41
建筑业	**Construction**	**3.56**		**3.56**
#房屋建筑业	Building Construction	1.86		1.86
批发和零售业	**Wholesale and Retail Trade**	**1221.76**	**0.97**	**1220.79**
#批发业	Wholesale	413.95	0.23	413.73
交通运输、仓储和邮政业	**Transport, Storage and Post**	**1944.56**	**14.17**	**1930.39**
#铁路运输	Transport via Railway	73.52	2.46	71.07
道路运输业	Transport via road	1007.19	1.68	1005.51
仓储业	Storage	684.80	10.04	674.76
邮政业	Post	10.44		10.44
住宿和餐饮业	**Hotels and Catering Services**	**358.04**		**358.04**
#住宿业	Hotels	240.13		240.13
信息传输、软件和信息技术服务业	**Information Transmission and Information Technology services**	**238.95**	**3.30**	**235.65**
#电信、广播电视和卫星传输服务业	Telecom,Radio,Television and Satellite Transmission Service	31.88	1.89	29.99
互联网和相关服务	Internet and Related Services	48.82	1.41	47.41
金融业	**Finance**	**30.77**		**30.77**
#货币金融服务	Monetary and Financial Services	6.41		6.41
保险业	Insurance	0.73		0.73
房地产业	**Real Estate**	**8949.07**	**43.33**	**8905.74**
租赁和商务服务业	**Leasing and Business Services**	**450.23**	**0.28**	**449.95**
#商务服务业	Business Service	436.54	0.28	436.27
科学研究和技术服务业	**Scientific Research and Technical Service**	**252.20**	**4.34**	**247.86**
#研究和试验发展	Research and Experimental Development	47.46	4.34	43.12
专业技术服务业	Professional Technique Services	74.72		74.72
水利、环境和公共设施管理业	**Management of Water Conservancy, Environment and Public Facilities**	**3697.92**	**9.07**	**3688.85**
水利管理业	Management of Water Conservancy	336.87		336.87
生态保护和环境治理业	Ecological Protection and Environmental Management	170.86	4.80	166.06
公共设施管理业	Management of Public Facilities	3190.19	4.27	3185.92
居民服务、修理和其他服务业	**Service to Households, Repair and other Services**	**152.21**		**152.21**
#居民服务业	Service to Households	111.32		111.32
教育	**Education**	**533.74**	**1.36**	**532.38**
卫生和社会工作	**Health and Social Work**	**555.87**	**2.61**	**553.26**
#卫生	Health	369.43	2.61	366.82
文化、体育和娱乐业	**Culture, Sports and Entertainment**	**547.66**	**0.15**	**547.51**
#广播、电视、电影和影视录音制作业	Broadcasting,Movies,Television and Audiovisual Activities	26.98		26.98
文化艺术业	Culture and Art	259.42	0.15	259.28
公共管理、社会保障和社会组织	**Public Management,Social welfare and Social Organization**	**120.98**	**0.79**	**120.20**
国家机构	Organ of State	80.33	0.79	79.55
社会保障	Social welfare	4.11		4.11

continued

(100 million yuan)

内资 Domestic Funds	港澳台商投资 Funds from Hong Kong, Macao and Taiwan	外商投资 Foreign Funded	国有控股 State-holding	集体控股 collective-holding	私人控股 Private-holding	港澳台控股 Hong Kong, Macao and Taiwan holding	外商控股 Foreign-holding	其他控股 others
120.31	4.09	1.66			106.76			19.30
101.64	0.36	5.71	16.69		86.57	0.36		4.08
78.95			6.28		67.98			4.68
6.05					0.80			5.25
1691.49	27.08	13.24	621.59	60.93	879.93	25.88	15.79	127.68
1318.83	15.96	4.76	447.55	46.49	747.16	12.80	3.78	81.77
142.17	9.18		31.24	5.60	86.17	9.18		19.16
230.49	1.93	8.48	142.80	8.84	46.60	3.89	12.02	26.75
3.56					**3.39**			**0.17**
1.86					1.81			0.06
1199.09	**21.42**	**1.24**	**108.47**	**34.52**	**940.90**	**20.21**	**0.49**	**117.16**
405.51	7.20	1.24	18.55	4.57	342.83	5.86		42.14
1934.56	**2.49**	**7.52**	**812.78**	**57.90**	**849.70**	**2.49**		**221.70**
73.52			35.98		22.55			14.99
1004.99	2.20		698.28	35.01	163.00	2.20		108.70
676.99	0.29	7.52	61.20	22.89	517.74	0.29		82.69
10.44			3.93		6.51			
357.72	**0.32**		**20.27**	**14.90**	**289.46**			**33.42**
240.13			14.21	11.23	197.64			17.06
234.85	**0.81**	**3.28**	**52.57**	**1.27**	**162.64**	**0.81**	**1.98**	**19.67**
31.07	0.81		23.17		1.80	0.81		6.10
47.41		1.41	3.41	1.17	42.33		1.41	0.51
30.77			**9.03**	**0.09**	**18.31**			**3.35**
6.41			1.63		2.40			2.37
0.73				0.09	0.60			0.05
8854.08	**72.92**	**22.07**	**2068.06**	**444.84**	**4884.25**	**63.97**	**17.36**	**1470.59**
447.23	**3.00**		**117.52**	**15.71**	**251.94**			**65.06**
433.54	3.00		117.52	15.71	242.92			60.39
251.79		**0.41**	**65.91**	**8.39**	**150.16**		**1.10**	**26.65**
47.05		0.41	17.83		26.54		1.10	1.99
74.72			19.39	8.34	33.41			13.59
3696.42	**0.37**	**1.13**	**2272.84**	**115.48**	**999.07**	**0.13**		**310.39**
336.87			269.22	18.10	23.33			26.22
170.08	0.13	0.65	80.46	4.03	68.57	0.13		17.67
3189.47	0.23	0.48	1923.16	93.36	907.17			266.50
152.21			**56.79**	**17.73**	**60.81**			**16.89**
111.32			53.86	17.73	28.60			11.13
533.32		**0.42**	**283.35**	**42.67**	**151.40**		**0.42**	**55.90**
555.87			**229.70**	**25.47**	**227.78**			**72.92**
369.43			198.31	23.31	111.69			36.12
544.02	**3.64**		**189.31**	**13.36**	**277.89**	**0.65**		**66.46**
26.98			1.38		25.60			
259.42			138.70	7.44	79.80			33.49
120.98			**76.59**	**9.40**	**11.48**			**23.51**
80.33			65.69	2.14	4.69			7.82
4.11			2.52	1.52				0.07

6-11 分行业固定资产投资和在建总规模(2016年)

单位：亿元

行　　业	Item	建设总规模 Investment in Construction	在建总规模 Investment in Projects under Construction
总　计	**Total**	**93766.74**	**63068.31**
农、林、牧、渔业	**Agriculture, Forestry, Animal Husbandry and Fishery**	**3732.48**	**2045.27**
农业	Agriculture	2138.89	1274.24
林业	Forestry	313.9	175.48
畜牧业	Animal Husbandry	821.5	374.54
渔业	Fishery	102.62	65.41
农、林、牧、渔服务业	Services in Support of Agriculture, Forestry, Animal Husbandry and Fishery	355.57	155.61
工业	**Industry**	**33018.66**	**18491.28**
采矿业	Mining	967.96	540.19
煤炭开采和洗选业	Mining and Washing of Coal	157.96	103.67
石油和天然气开采业	Extraction of Petroleum and Natural Gas	31.99	16.88
黑色金属矿采选业	Mining of Ferrous Metal Ores	28.14	22.34
有色金属矿采选业	Mining of Non-ferrous Metal Ores	568.23	292.31
非金属矿采选业	Mining and Processing of Nonmetal Ores	165.02	98.32
开采辅助活动	Support Activitis for Mining	14.16	6.67
其他采矿业	Mining of Other Ores	2.45	
制造业	Manufacturing	28676.36	15615.34
农副食品加工业	Processing of Food from Agricultural Products	1744.08	937.08
食品制造业	Manufacture of Foods	1386.04	764.21
酒、饮料和精制茶制造业	Manufacture of Liquor, Beverages and Refined Tea	833.33	459.89
烟草制造业	Manufacture of Tobacco	44.59	37.38
纺织业	Manufacture of Textile	1165.6	805.8
纺织服装、服饰业	Manufacture of Textile, Wearing Apparel and Accessories	1054.49	641.77
皮革、毛皮、羽毛及其制品和制鞋业	Manufacture of Leather, Fur, Feather and Its Products, Footwear	508.42	300.09
木材加工及木、竹、藤、棕、草制品业	Processing of Timbers, Manufacture of Wood, Bamboo, Rattan, Palm, and Straw Products	442.73	220.08
家具制造业	Manufacture of Furniture	714.22	441.73
造纸及纸制品业	Manufacture of Paper and Paper Products	396.38	224.05
印刷和记录媒介复制业	Printing,Reproduction of Recording Media	199.7	96.06
文教、工美、体育和娱乐用品制造业	Manufacture of Articles for Culture, Arts ad Crafts, Sport and Entertainment Activities	387.41	216.76
石油加工、炼焦及核燃料加工业	Processing of Petroleum, Coking, Processing of Nucleus Fuel	153.17	115.2
化学原料及化学制品制造业	Manufacture of Raw Chemical Material and Chemical Products	1931.82	1088.9
医药制造业	Manufacture of Medicines	1045.7	636.24
化学纤维制造业	Manufacture of Chemical Fiber	91.52	63.32
橡胶和塑料制品业	Manufacture of Rubber and Plastic Products	800.48	389.84
非金属矿物制品业	Manufacture of Non-metallic Mineral Products	2884.49	1413.73
黑色金属冶炼和压延加工业	Smelting and Pressing of Ferrous Metals	184.03	115.78
有色金属冶炼及压延加工业	Smelting and Pressing of Non-ferrous Metals	1194.57	582.53
金属制品业	Manufacture of Metal Products	1400.21	679.88
通用设备制造业	Manufacture of General Purpose Machinery	1840.04	834.48
专业设备制造业	Manufacture of Special Purpose Machinery	1937.21	1003.12
汽车制造业	Manufacture of Automobile	1745.29	1094.13
铁路、船舶、航空航天和其他运输设备制造业	Manufacture of Railway, Ship, Aerospace, and other Transport Equipment	542.63	318.64
电气机械及器材制造业	Manufacture of Electrical Machinery and Equipment	2146.87	1161.14
计算机、通信和其他电子设备制造业	Manufacture of Computer, Communication and Other Electronic Equipment	1312.45	631.74

Investment in Fixed Assets by Sector and Total Investment in Construction (2016)

(100 million yuan)

在建净规模 Net Investment in Projects under Construction	投资总额 Total Investment	按构成分 By Composition of Funds 建筑工程 Construction	安装工程 Installation	设备购置 Purchase of Equipment	其他费用 Others	按建设性质分 By Type of Construction #新建 New Construction	#扩建 Expansion	#改建和技术改造 Reconstruction and Technical Alteration
33496.96	**39753.93**	**25894.47**	**1226.39**	**8953.81**	**3679.25**	**28142.61**	**3430.39**	**1240.84**
1226.94	**2159.76**	**1431.91**	**52.9**	**375.24**	**299.71**	**1966.42**	**163.8**	**22.82**
773.31	1199.82	780.9	31.26	211.79	175.87	1094.53	94.58	7.17
105.44	163.93	93.01	2.74	22.54	45.64	161.35	2.58	
208.85	522.53	359.31	13.71	99.42	50.09	469.29	49.13	2.32
52.41	45.83	35.18	0.28	6.35	4.02	39	6.83	
86.92	227.65	163.5	4.91	35.14	24.09	202.25	10.68	13.34
9578.48	**18536.63**	**9711.49**	**767.86**	**6907.68**	**1149.6**	**14723.8**	**2444.35**	**788.6**
256.04	567.59	298.47	29.77	137.07	102.28	353.21	124.66	83.16
51.15	70.43	28.47	3.82	32.6	5.55	31.17	13.48	19.71
8.51	12.66	12.66				10.99		1.67
11.32	16.3	6.32	1.35	7.79	0.85	2.72	5.88	7.7
134.37	354.91	174.12	21.4	69.21	90.18	220.58	91.59	42.25
49.17	99.85	70.86	2.99	20.52	5.47	77.09	12.79	9.98
1.52	10.99	4.09	0.19	6.48	0.23	8.21	0.92	1.86
	2.45	1.94	0.03	0.48		2.45		
7962.71	16237.24	8547.37	639.37	6134.19	916.31	12848.65	2205.55	632.77
469.45	1065.75	592.22	38.39	368.22	66.91	863.27	162.07	27.62
411.8	800.74	436	28.71	280.86	55.16	641.14	115.23	19.74
270.3	450.51	252.52	11.31	153.24	33.44	346.51	71.45	19.18
12.67	17.88	10.31	0.68	4.99	1.9	13.28		0.2
400.35	633.35	308.64	16.75	286.92	21.04	437.22	142.24	52.32
294.62	580.32	320.38	11.9	218.72	29.33	481.11	78.47	11.99
111.15	285.68	151.93	8.65	110.78	14.33	214.58	64.12	4.76
140.59	249.34	150.17	9.61	74.4	15.17	216.36	24.59	5.89
277.99	351.47	186.19	22.77	116.78	25.73	302.86	45.57	3.04
132.21	178.81	90.47	6.84	73.08	8.42	128.57	41.49	4.55
34.83	114.97	65.49	4.16	41.51	3.82	89.68	15.33	4.72
125.37	236.91	164.32	6.43	58.27	7.89	195.59	30.02	4.18
51.6	88.38	48.84	3.48	31.29	4.77	59.07	16.16	6.24
595.33	1024.07	511.56	38.43	424.15	49.93	817.61	115.04	54.05
305.25	604.97	341.13	17.35	216.37	30.12	474.46	100.12	19.49
20.19	50.91	28.9	0.97	20.09	0.95	44.11	3.59	3.2
198.76	504.68	247.41	11.7	212.85	32.73	421.19	59.65	5.53
725.97	1720.32	950.49	80.14	577.47	112.23	1281.74	289.57	134.58
46.94	96.83	42.49	2.87	45.91	5.55	67.17	10.62	18.12
294.16	615.65	223.02	30.91	333.86	27.86	480.69	84.44	37.46
316.28	885.78	432.54	45.72	362.45	45.07	722.22	116.24	21.42
429.13	1153.59	578.13	39.67	466.63	69.16	903.44	155.82	40.07
516.23	1110.93	529.36	47.82	457.3	76.46	898.76	123.72	33.5
584.93	920.58	508	58.53	297.66	56.39	786.82	85.63	33.97
124.75	269.6	158.58	13.42	87.43	10.16	219	33.77	12.63
636.14	1154.98	621.74	44.77	430.99	57.48	934.34	130.87	39.2
232.91	751.49	387.7	21.61	304.81	37.37	534.83	46.14	14.37

6-11 续表

单位：亿元

行　　业	Item	建设总规模 Investment in Construction	在建总规模 Investment in Projects under Construction
仪器仪表制造业	Manufacture of Measuring Instrument and Machinery	210.61	114.57
其他制造业	Manufacture of others	193.39	115.34
废弃资源综合利用业	Comprehensive Utilization of Waste Resources	177.74	107.00
金属制品、机械和设备修理业	Repairing of Metal Products, Machinery and Equipment	7.14	4.85
电力、燃气及水的生产和供应业	Production and Distribution of Electricity, Gas and Water	3374.35	2335.75
电力、热力生产和供应业	Production and Supply of Electric Power and Heat Power	2628.35	1886.37
燃气生产和供应业	Production and Supply of Gas	326.63	184.42
水的生产和供应业	Production and Supply of Water	419.36	264.96
建筑业	**Construction**	**4.16**	**-0.17**
#房屋建筑业	Building Construction	2.46	0.01
批发和零售业	**Wholesale and Retail Trade**	**2323.83**	**1350.19**
#批发业	Wholesale	759.45	434.30
交通运输、仓储和邮政业	**Traffic,Transport, Storage and Post**	**4409.96**	**3145.93**
#铁路运输	Transport via Railway	137.83	103.46
道路运输业	Transport via Road	2313.82	1649.43
仓储业	Storage	1488.49	1032.73
邮政业	Post	24.43	13.96
住宿和餐饮业	**Hotels and Catering Services**	**664.33**	**436.03**
#住宿业	Hotels	492.78	348.52
信息传输、软件和信息技术服务业	**Information Transmission, Software and Information Technology Services**	**683.99**	**567.53**
#电信、广播电视和卫星传输服务业	Telecom, Radio, Television and Satellite Transmission Service	128.2	111.26
互联网和相关服务	Internet and Related Services	93.97	74.20
金融业	**Finance**	**86.27**	**62.63**
#货币金融服务	Monetary and Financial Services	16.56	11.01
保险业	Insurance	1.58	0.99
房地产业	**Real Estate**	**35589.76**	**28055.25**
租赁和商务服务业	**Leasing and Business Services**	**1395.82**	**1138.37**
#商务服务业	Business Service	1376.07	1133.37
科学研究和技术服务业	**Scientific Research and Technical Service**	**513.88**	**324.71**
#研究和试验发展	Research and Experimental Development	91.47	61.32
专业技术服务业	Professional Technique Services	103.89	46.17
水利、环境和公共设施管理业	**Management of Water Conservancy, Environment and Public Facilities**	**7574.91**	**5115.30**
水利管理业	Management of Water Conservancy	571.02	358.2
生态保护和环境治理业	Ecological Protection and Environmental Management	390.86	284.28
公共设施管理业	Management of Public Facilities	6613.03	4472.82
居民服务、修理和其他服务业	**Service to Households, Repair and other Services**	**255.70**	**136.06**
#居民服务业	Service to Households	193.35	115.88
教育	**Education**	**946.64**	**495.99**
卫生和社会工作	**Health and Social Work**	**1003.94**	**581.10**
#卫生	Health	**664.05**	**367.39**
文化、体育和娱乐业	**Culture, Sports and Entertainment**	**1379.97**	**1060.39**
#广播、电视、电影和影视录音制作业	Broadcasting, Movies, Television and Audiovisual Activities	42.57	31.48
文化艺术业	Culture and Art	699.96	562.02
公共管理、社会保障和社会组织	**Public Management, Social Welfare and Social Organization**	**182.42**	**62.45**
国家机构	Organ of State	130.65	47.96
社会保障	Social welfare	5.75	2.02

continued

(100 million yuan)

在建净规模 Net Investment in Projects under Construction	投资总额 Total Investment	按构成分 By Composition of Funds				按建设性质分 By Type of Construction		
		建筑工程 Construction	安装工程 Installation	设备购置 Purchase of Equipment	其他费用 Others	#新 建 New Construction	#扩 建 Expansion	#改建和技术改造 Reconstruction and Technical Alteration
61.40	126.05	82.96	9.07	27.48	6.54	106.21	19.09	0.75
64.76	107.70	77.87	2.27	22.09	5.47	87.38	18.90	
75.53	78.95	45.99	4.32	24.02	4.62	73.38	5.57	
1.09	6.05	2.04	0.12	3.58	0.30	6.05		
1359.73	1731.80	865.66	98.71	636.42	131.01	1521.94	114.15	72.67
1075.22	1339.56	652.60	81.36	516.66	88.94	1190.22	72.25	56.28
144.36	151.35	59.81	10.62	71.72	9.20	118.44	22.25	9.71
140.15	240.90	153.25	6.74	48.04	32.87	213.28	19.65	6.67
-0.37	**3.56**	**2.45**		**1.10**	**0.01**	**2.20**		**0.44**
-0.19	1.86	1.01		0.86		0.69		0.44
761.60	**1221.76**	**877.10**	**35.84**	**204.91**	**103.91**	**1105.72**	**78.20**	**29.80**
246.97	413.95	261.71	13.42	98.81	40.01	385.75	20.73	6.67
1726.80	**1944.56**	**1413.39**	**62.09**	**277.92**	**191.16**	**1695.84**	**118.08**	**111.27**
57.27	73.52	53.74	4.54	9.54	5.71	62.04	9.13	1.38
863.47	1007.19	765.48	29.48	99.12	113.11	830.60	69.72	92.88
588.86	684.80	461.21	24.73	142.56	56.30	639.19	31.12	10.07
7.79	10.44	7.71	0.02	2.69	0.02	10.44		
240.85	**358.04**	**280.37**	**6.79**	**37.41**	**33.48**	**299.10**	**31.74**	**25.27**
209.63	240.13	185.76	5.24	22.95	26.18	204.64	18.49	15.08
347.61	**238.95**	**143.1**	**12.83**	**67.11**	**15.91**	**213.98**	**11.71**	**1.26**
58.37	31.88	14.47	2.87	12.87	1.67	24.97		
43.28	48.82	30.29	2.73	10.92	4.89	43.12	4.83	
50.18	**30.77**	**28.25**	**0.28**	**0.99**	**1.25**	**30.16**	**0.09**	**0.52**
8.63	6.41	5.05	0.23	0.58	0.55	5.88	0.09	0.44
0.85	0.73	0.70	0.01	0.02		0.64		0.09
14573.69	**8949.07**	**7193.14**	**122.82**	**352.66**	**1280.45**	**2495.48**	**180.28**	**61.08**
730.66	**450.23**	**324.50**	**21.11**	**65.23**	**39.39**	**416.48**	**19.95**	**13.18**
730.33	436.54	319.48	19.91	58.48	38.67	403.27	19.47	13.18
212.95	**252.20**	**170.66**	**6.09**	**47.60**	**27.86**	**235.62**	**1.53**	**12.42**
36.08	47.46	31.80	1.51	6.13	8.02	43.50		3.96
20.83	74.72	44.95	3.40	18.91	7.46	69.75	0.48	1.86
2745.68	**3697.92**	**2899.79**	**87.90**	**363.74**	**346.49**	**3310.69**	**224.20**	**129.96**
172.48	336.87	253.59	8.51	30.18	44.6	302.81	16.94	15.93
181.24	170.86	118.02	5.06	39.25	8.52	145.87	1.38	22.32
2391.96	3190.19	2528.18	74.33	294.31	293.37	2862.01	205.88	91.71
75.23	**152.21**	**124.95**	**2.91**	**14.35**	**10.01**	**140.93**	**4.07**	**7.21**
65.67	111.32	89.64	2.54	10.69	8.44	101.30	3.74	6.28
286.38	**533.74**	**414.67**	**14.05**	**53.47**	**51.55**	**445.94**	**64.41**	**10.12**
295.33	**555.87**	**424.10**	**13.77**	**83.10**	**34.90**	**460.09**	**53.08**	**10.89**
173.11	**369.43**	**283.79**	**7.88**	**61.32**	**16.44**	**293.90**	**34.54**	**9.25**
613.08	**547.66**	**362.27**	**17.55**	**85.91**	**81.93**	**493.14**	**29.27**	**12.60**
9.89	26.98	17.71	0.48	2.65	6.14	26.98		
337.00	259.42	164.70	6.48	36.70	51.54	227.57	13.66	6.02
31.84	**120.98**	**92.33**	**1.60**	**15.40**	**11.65**	**107.04**	**5.61**	**3.38**
25.83	80.33	58.16	1.20	13.47	7.50	70.45	3.39	1.54
0.84	4.11	2.95	0.03	0.39	0.73	4.11		

6-12 各市分行业固定资产投资(2016年)

单位：亿元

市(县)	City(County)	合计 Total	农林牧渔业 Agriculture Forestry, Animal Husbandry and Fishery	工业 Industry	建筑业 Construction	批发和零售业 Wholesale and Retail Trade	交通运输仓储及邮政业 Transport, Storage and Post	住宿和餐饮业 Hotels and Catering Services	信息传输、软件和信息技术服务业 Information Transmission, Software and Information Technology Services
全省	**Total**	**39753.93**	**2159.76**	**18536.63**	**3.56**	**1221.76**	**1944.56**	**358.04**	**238.95**
省辖市	**City**								
郑州市	Zhengzhou	6998.64	87.92	1485.27	0.75	71.91	431.04	20.29	60.75
开封市	Kaifeng	1526.63	76.67	853.17		77.17	48.56	18.92	0.85
洛阳市	Luoyang	4082.68	269.19	1839.06		135.60	179.46	67.12	47.67
平顶山市	Pingdingshan	1732.73	199.35	764.85	0.17	101.48	96.07	20.23	10.57
安阳市	Anyang	2074.87	146.91	1015.77	1.93	53.45	119.51	9.77	3.30
鹤壁市	Hebi	809.06	25.93	519.64		33.18	41.61	5.14	10.17
新乡市	Xinxiang	2006.86	112.45	987.06		57.18	60.64	9.54	11.67
焦作市	Jiaozuo	2198.01	51.90	1490.43	0.44	89.24	110.26	20.81	9.20
濮阳市	Puyang	1523.28	78.45	799.19		50.64	69.37	14.51	2.97
许昌市	Xuchang	2263.79	96.55	1434.93		75.96	62.20	28.94	14.33
漯河市	Luohe	1060.42	9.88	720.92		54.81	75.09	16.66	5.40
三门峡市	Sanmenxia	1773.12	125.11	993.95		36.03	77.39	8.33	4.62
南阳市	Nanyang	3395.49	373.83	1889.22	0.20	141.86	188.74	26.05	11.70
商丘市	Shangqiu	1991.16	8.37	985.95		76.71	41.95	11.63	6.29
信阳市	Xinyang	2217.70	162.96	775.57		52.50	162.09	38.04	6.57
周口市	Zhoukou	1862.15	184.58	1016.25	0.07	32.13	74.95	4.40	2.63
驻马店市	Zhumadian	1692.71	119.00	767.86		57.77	74.43	12.21	8.15
济源市	Jiyuan	544.60	30.71	197.53		24.15	31.22	25.45	22.11
省直管县	**County Directly Administrated by Province**								
巩义市	Gongyi	543.54	6.55	341.40		11.07	14.67	3.11	
兰考县	Lankao	174.95	1.63	112.37		5.92	14.08		
汝州市	Ruzhou	329.27	28.22	122.80		23.18	28.99	2.14	
滑县	Huaxian	173.82	18.14	68.79		12.26	4.43	1.10	
长垣县	Changyuan	290.99	36.93	137.01		11.52	19.10	1.60	
邓州市	Dengzhou	326.28	45.78	124.39		6.23	19.70	0.60	
永城市	Yongcheng	354.88	0.16	144.04		0.91	3.41	3.46	
固始县	Gushi	291.06	11.23	146.22		2.71	13.82	0.68	
鹿邑县	Luyi	188.63	4.30	133.54		1.24	9.21		
新蔡县	Xincai	142.25	7.45	54.49		20.19	1.69		

Investment in Fixed Assets by Sector and City (2016)

(100 million yuan)

金融业 Finance	房地产业 Real Estate	租赁和商务服务业 Leasing and Business Services	科学研究和技术服务业 Scientific Research, and Technical Service	水利、环境和公共设施管理业 Management of Water Conservancy, Environment and Public Facilities	居民服务、修理和其他服务业 Service to Households, Repair and other Services	教育 Education	卫生和社会工作 Health and Social work	文化、体育和娱乐业 Culture, Sports and Entertainment	公共管理、社会保障和社会组织 Public Management, Social Security and Social Organization
30.77	**8949.07**	**450.23**	**252.20**	**3697.92**	**152.21**	**533.74**	**555.87**	**547.66**	**120.98**
21.08	3629.16	111.71	48.91	776.10	18.47	69.06	78.06	84.56	3.61
	284.57	14.82	7.44	102.69	2.19	15.25	12.56	11.33	0.44
1.05	634.22	44.34	19.58	559.91	30.15	60.73	83.80	100.55	10.26
4.44	232.24	11.81	10.06	169.82	6.57	22.53	30.72	39.65	12.18
1.02	379.94	45.10	23.11	151.21	28.49	37.47	17.04	29.24	11.61
0.30	100.26	4.17	4.98	37.09		5.92	7.12	12.94	0.62
0.71	510.60	11.79	14.51	135.92	4.31	47.68	24.27	14.73	3.80
0.79	206.72	25.20	18.48	75.15	9.23	28.91	16.98	35.53	8.75
0.09	227.56	3.33	13.90	161.48	15.44	37.51	14.49	26.99	7.35
	292.77	5.24	21.38	107.51	5.42	22.67	64.23	23.96	7.69
	103.43		4.91	55.38	2.00	5.01	5.11	1.68	0.16
	184.39	5.27	2.92	255.53	11.79	14.04	34.74	15.89	3.12
	221.85	58.55	13.15	286.52	5.39	63.19	56.05	33.78	25.41
	546.00	25.67	4.44	207.65	6.20	27.40	15.45	27.36	0.10
0.50	637.47	9.70	11.82	238.65	1.79	30.58	35.42	33.52	20.53
	266.97	33.44	18.17	111.22	2.34	27.60	45.82	39.81	1.78
0.30	435.43	12.35	7.10	162.34	0.16	14.03	11.31	6.71	3.57
0.50	55.49	27.75	7.36	103.76	2.30	4.16	2.69	9.43	
	85.68		0.53	69.04	0.42	0.04	7.91	3.13	
	27.88	3.54	5.22	0.50		3.51			0.31
2.34	43.08	2.58	5.75	40.20	1.99	4.51	11.19	7.80	4.50
0.08	21.33	3.99	2.69	29.83	0.06	5.31	3.72		2.10
	56.31	0.49	3.73	18.01	0.49	4.91		0.50	0.41
	28.83	36.45		48.83		9.31	2.24	0.59	3.34
	150.80	2.80	0.10	26.69	3.86	7.25	1.75	9.65	
	60.95	0.76		43.19		2.61	4.15	4.75	
	15.14	4.60	3.00	4.80		5.46	5.52	1.61	0.22
	48.37			8.14		0.77	0.39	0.28	0.48

6-13 各市按三次产业分的固定资产投资和建设总规模(2016年)

Investment in Fixed Assets by Type of Industry and Total Investment in Construction by City (2016)

单位：亿元 (100 million yuan)

市(县)	City(County)	投资总额 Total Investment	第一产业 Primary Industry	第二产业 Secondary Industry	第三产业 Tertiary Industry	建设总规模 Investment in Construction	在建总规模 Investment in Projects under Construction	在建净规模 Net Investment in Projects under Construction
全省	**Total**	**39753.93**	**1932.11**	**18523.16**	**19298.66**	**93766.74**	**63068.31**	**33496.96**
省辖市	**City**							
郑州市	Zhengzhou	6998.64	82.41	1486.02	5430.21	20946.00	15599.94	7715.00
开封市	Kaifeng	1526.63	68.42	853.17	605.04	4314.39	2938.28	1612.96
洛阳市	Luoyang	4082.68	238.79	1836.76	2007.14	8866.76	5504.59	2725.36
平顶山市	Pingdingshan	1732.73	190.49	763.37	778.88	3996.65	2770.20	1572.69
安阳市	Anyang	2074.87	102.97	1011.42	960.48	4023.66	2425.56	1127.16
鹤壁市	Hebi	809.06	25.67	519.64	263.75	2194.68	1624.20	886.80
新乡市	Xinxiang	2006.86	99.36	986.14	921.36	4558.96	2579.48	1221.93
焦作市	Jiaozuo	2198.01	45.59	1490.03	662.38	4069.29	2185.66	1166.20
濮阳市	Puyang	1523.28	65.42	799.19	658.67	3123.75	2187.84	1159.43
许昌市	Xuchang	2263.79	94.09	1434.93	734.76	5011.43	3429.19	1947.66
漯河市	Luohe	1060.42	8.93	720.92	330.57	2436.42	1499.93	844.75
三门峡市	Sanmenxia	1773.12	116.49	990.19	666.44	3493.08	2074.02	1051.76
南阳市	Nanyang	3395.49	340.72	1888.62	1166.15	8392.75	5935.04	3930.15
商丘市	Shangqiu	1991.16	5.93	985.46	999.77	4468.23	3274.87	1576.75
信阳市	Xinyang	2217.70	143.81	775.57	1298.33	4433.71	2577.77	1335.81
周口市	Zhoukou	1862.15	176.35	1016.32	669.48	3797.13	2465.94	1285.29
驻马店市	Zhumadian	1692.71	97.66	767.86	827.19	4691.20	3426.99	2065.61
济源市	Jiyuan	544.60	29.02	197.53	318.05	948.65	568.79	271.64
省直管县	**County Directly Administrated by Province**							
巩义市	Gongyi	543.54	6.23	341.40	195.91	1019.62	639.40	303.63
兰考县	Lankao	174.95	0.81	112.37	61.77	559.63	390.14	248.82
汝州市	Ruzhou	329.27	28.10	122.80	178.36	861.35	625.10	412.76
滑县	Huaxian	173.82	15.77	68.79	89.26	372.81	218.64	127.86
长垣县	Changyuan	290.99	36.93	137.01	117.05	524.61	236.40	116.19
邓州市	Dengzhou	326.28	41.88	124.39	160.00	522.87	361.48	159.61
永城市	Yongcheng	354.88	0.16	144.04	210.67	701.91	640.35	218.12
固始县	Gushi	291.06	9.75	146.22	135.10	538.64	320.84	153.27
鹿邑县	Luyi	188.63	4.30	133.54	50.79	471.33	345.87	178.71
新蔡县	Xincai	142.25	1.07	54.49	86.69	351.53	246.13	90.84

6-14 各市按建设性质和构成性质分的固定资产投资(2016年)

Investment in Fixed Assets by Type of Construction, Composition of Funds and City (2016)

单位：亿元 (100 million yuan)

市(县) City(County)	投资总额	按建设性质分 by Type of Construction			按构成性质分 by Composition of Funds			
		#新 建	#扩 建	#改建和技术改造	建筑工程	安装工程	设备购置	其他费用
	Total Investment	New Construction	Expansion	Reconstruction	Construction	Installation	Purchase of Equipment	Others
全 省 Total	**39753.93**	**28142.61**	**3430.39**	**1240.84**	**25894.47**	**1226.39**	**8953.81**	**3679.25**
省 辖 市 City								
郑 州 市 Zhengzhou	6998.64	3571.89	296.45	117.91	4757.32	189.72	806.75	1244.85
开 封 市 Kaifeng	1526.63	1088.16	206.58	20.09	824.07	43.99	611.83	46.74
洛 阳 市 Luoyang	4082.68	3009.87	350.99	229.79	2511.41	115.38	996.73	459.16
平 顶 山 市 Pingdingshan	1732.73	1327.60	171.77	67.47	926.33	66.81	519.13	220.47
安 阳 市 Anyang	2074.87	1596.98	76.78	106.47	1359.46	101.38	549.99	64.04
鹤 壁 市 Hebi	809.06	687.75	32.32	10.57	617.26	13.95	161.60	16.24
新 乡 市 Xinxiang	2006.86	1391.33	115.69	47.95	1460.21	51.29	410.73	84.63
焦 作 市 Jiaozuo	2198.01	1655.71	285.60	89.24	789.89	49.88	1167.64	190.60
濮 阳 市 Puyang	1523.28	1155.31	200.56	37.66	818.94	76.69	413.33	214.32
许 昌 市 Xuchang	2263.79	1776.58	197.07	61.14	1461.98	122.73	584.87	94.21
漯 河 市 Luohe	1060.42	773.66	86.75	41.16	771.21	19.87	230.09	39.24
三 门 峡 市 Sanmenxia	1773.12	1253.41	287.39	102.25	992.61	97.54	456.47	226.49
南 阳 市 Nanyang	3395.49	2723.33	398.84	70.82	2505.74	142.19	504.27	243.29
商 丘 市 Shangqiu	1991.16	1436.18	217.91	23.93	1400.29	27.25	452.70	110.92
信 阳 市 Xinyang	2217.70	1731.39	65.93	58.07	1685.85	32.74	220.54	278.58
周 口 市 Zhoukou	1862.15	1190.20	344.55	92.17	1413.78	13.09	364.42	70.87
驻 马 店 市 Zhumadian	1692.71	1311.53	65.90	32.30	1294.20	18.19	350.62	29.71
济 源 市 Jiyuan	544.60	461.74	29.32	31.84	303.93	43.68	152.09	44.90
省 直 管 县 County Directly Administrated by Province								
巩 义 市 Gongyi	543.54	410.05	68.67	17.37	340.79	22.12	171.71	8.91
兰 考 县 Lankao	174.95	134.63	12.58	6.15	167.72	0.36	5.86	1.00
汝 州 市 Ruzhou	329.27	277.80	29.99	9.30	219.31	10.54	78.77	20.65
滑 县 Huaxian	173.82	150.72	5.25	2.60	151.95	1.31	18.80	1.76
长 垣 县 Changyuan	290.99	255.80	4.05	5.10	164.47	11.29	111.37	3.85
邓 州 市 Dengzhou	326.28	257.21	46.51	8.10	214.46	38.99	56.43	16.39
永 城 市 Yongcheng	354.88	297.54	2.07		240.27	0.54	95.63	18.43
固 始 县 Gushi	291.06	230.73	20.71	9.97	242.33	9.13	20.22	19.39
鹿 邑 县 Luyi	188.63	137.30	31.52	5.50	167.89	3.07	17.49	0.18
新 蔡 县 Xincai	142.25	110.06	5.91	8.01	109.27	1.70	31.14	0.14

6-15 各市按登记注册类型分的固定资产投资(2016年)

单位：亿元

市(县) City(County)	总 计 Total	内 资 Domestic	国 有 State-owned	集 体 Collective-owned	股份合作 Cooperative	联 营 Joint
全 省 Total	**39753.93**	**39008.97**	**4620.40**	**361.66**	**69.45**	**23.73**
省 辖 市 City						
郑 州 市 Zhengzhou	6998.64	6744.55	799.88	18.99	18.35	0.50
开 封 市 Kaifeng	1526.63	1484.84	95.05	45.78	8.08	0.63
洛 阳 市 Luoyang	4082.68	3998.72	451.70	68.45	4.93	1.06
平 顶 山 市 Pingdingshan	1732.73	1712.59	224.16	11.33	5.71	4.82
安 阳 市 Anyang	2074.87	2069.91	238.65	27.24		
鹤 壁 市 Hebi	809.06	805.61	51.80		2.71	
新 乡 市 Xinxiang	2006.86	1975.58	236.82	43.19	3.80	0.91
焦 作 市 Jiaozuo	2198.01	2160.12	106.34	9.99	6.79	0.64
濮 阳 市 Puyang	1523.28	1502.19	265.63	8.23	1.91	0.49
许 昌 市 Xuchang	2263.79	2211.70	142.88	12.13	7.27	2.42
漯 河 市 Luohe	1060.42	1047.21	48.71	10.00		0.58
三 门 峡 市 Sanmenxia	1773.12	1724.47	317.38	41.61		0.40
南 阳 市 Nanyang	3395.49	3346.99	391.95	13.08	2.22	3.84
商 丘 市 Shangqiu	1991.16	1959.05	283.11	1.69		
信 阳 市 Xinyang	2217.70	2209.99	465.83	31.49	2.92	1.19
周 口 市 Zhoukou	1862.15	1847.18	161.22	3.79	1.17	4.78
驻 马 店 市 Zhumadian	1692.71	1674.35	272.51	11.79	3.59	1.47
济 源 市 Jiyuan	544.60	533.93	66.81	2.88		
省 直 管 县 County Directly Administrated by Province						
巩 义 市 Gongyi	543.54	543.54	39.03	3.60	12.30	0.50
兰 考 县 Lankao	174.95	169.43	15.06	2.93		
汝 州 市 Ruzhou	329.27	329.27	40.72			
滑 县 Huaxian	173.82	173.82	40.96	2.82		
长 垣 县 Changyuan	290.99	290.99	42.42			
邓 州 市 Dengzhou	326.28	311.77	86.86	3.44		
永 城 市 Yongcheng	354.88	354.19	0.80			
固 始 县 Gushi	291.06	291.06	61.70	0.42	1.80	0.70
鹿 邑 县 Luyi	188.63	188.63	15.74			
新 蔡 县 Xincai	142.25	142.25	15.25	2.64	3.13	

Investment in Fixed Assets by Status of Registration and City (2016)

(100 million yuan)

有限责任公司 Limited Liability	股份有限公司 Share-holding	私营 Private	个体 Self-employed Individual	其他 Others	港、澳、台商投资 Funds from Hong Kong, Macao and Taiwan	外商投资 Foreign Funded
19202.52	**1494.09**	**10616.92**	**104.20**	**2516.01**	**507.64**	**237.32**
4508.19	179.16	848.29	0.25	370.93	229.01	25.08
750.60	69.37	472.61	0.55	42.18	16.96	24.83
1536.09	114.46	1412.89	12.12	397.03	37.55	46.42
905.87	34.99	434.25	10.82	80.65	7.37	12.78
1011.11	86.18	567.12	12.54	127.09	4.65	0.31
536.97	49.99	130.65		33.48	1.30	2.15
909.04	96.94	530.14	2.71	152.03	26.11	5.17
1084.41	131.61	714.10	3.15	103.08	36.65	1.24
779.28	84.80	265.63	1.48	94.74	18.09	3.00
1008.46	167.19	677.08	0.30	193.96	1.25	50.84
645.19	48.17	249.57		44.98	4.83	8.39
508.43	54.33	723.39		78.93	22.78	25.88
1221.62	51.47	1432.21	4.14	226.46	31.76	16.74
918.31	80.26	599.17		76.52	32.12	
719.44	64.05	678.40	9.17	237.50	4.33	3.38
964.26	126.00	424.88	46.58	114.50	8.04	6.94
883.29	45.79	380.26	0.39	75.27	14.17	4.19
311.95	9.33	76.27		66.69	10.67	
224.07	23.88	180.73	0.25	59.18		
102.15	4.67	35.47		9.15	0.80	4.72
208.16	2.43	61.89		16.07		
87.80	2.01	33.91		6.34		
203.53	5.15	14.98		24.91		
137.55	6.34	69.43	3.72	4.43	14.51	
46.64	15.97	290.78			0.68	
137.11	6.60	29.55		53.19		
135.25	9.60	27.46		0.58		
43.92	12.48	37.30	0.39	27.15		

6-16 各市固定资产投资实际到位资金(2016年)

Actual Funds for Investment in Fixed Assets by City (2016)

单位：亿元 (100 million yuan)

市(县)	City(County)	本年实际到位资金 Subtotal of Actual Funds for Investment	国家预算资金 State Budget	国内贷款 Domestic Loans	利用外资 Foreign Investment	自筹资金 Self-raising Funds	其他资金 Others
全省	**Total**	**39113.20**	**1295.80**	**4058.25**	**59.31**	**30881.57**	**2818.27**
省辖市	**City**						
郑州市	Zhengzhou	6907.69	320.96	871.69	17.33	4352.79	1344.93
开封市	Kaifeng	1545.32	27.51	102.86	1.25	1356.40	57.29
洛阳市	Luoyang	4007.33	67.64	219.70	4.26	3425.92	289.80
平顶山市	Pingdingshan	1687.27	75.70	223.45	9.54	1246.24	132.35
安阳市	Anyang	2045.80	47.24	84.80	4.40	1833.95	75.41
鹤壁市	Hebi	774.91	23.32	112.67	2.03	602.94	33.95
新乡市	Xinxiang	1973.49	65.25	199.20	0.80	1603.30	104.94
焦作市	Jiaozuo	2193.34	29.13	422.75	8.15	1701.92	31.39
濮阳市	Puyang	1519.83	107.64	75.53	3.10	1237.71	95.85
许昌市	Xuchang	2278.78	33.42	262.14	0.66	1898.90	83.66
漯河市	Luohe	965.46	12.75	33.57		901.30	17.84
三门峡市	Sanmenxia	1667.52	67.62	310.55	4.09	1213.29	71.96
南阳市	Nanyang	3332.09	113.14	183.49	1.37	2887.87	146.22
商丘市	Shangqiu	2000.86	10.55	197.70	0.05	1733.31	59.25
信阳市	Xinyang	2165.93	106.16	328.12	0.93	1563.36	167.35
周口市	Zhoukou	1858.11	46.21	206.14	0.47	1566.92	38.37
驻马店市	Zhumadian	1660.78	134.17	143.54	0.43	1328.57	54.07
济源市	Jiyuan	528.69	7.38	80.35	0.44	426.85	13.66
省直管县	**County Directly Administrated by Province**						
巩义市	Gongyi	532.10	0.06	56.60		470.55	4.89
兰考县	Lankao	174.03	1.10	2.46		170.47	
汝州市	Ruzhou	337.38	5.81	57.93	0.10	236.42	37.12
滑县	Huaxian	175.89	2.05			169.00	4.85
长垣县	Changyuan	292.94	26.56	16.31		246.77	3.29
邓州市	Dengzhou	275.10	12.63	53.58		185.55	23.34
永城市	Yongcheng	359.96		2.11		339.63	18.22
固始县	Gushi	296.12	1.83	19.13		259.61	15.55
鹿邑县	Luyi	188.15	8.58	0.14		174.94	4.49
新蔡县	Xincai	129.68	8.76	2.70		117.98	0.24

6-17 高成长性制造业、传统支柱产业和六大高载能行业投资完成额及结构

Investment in Fixed Assets in High-growth industries, Traditional Pillar Industrial Exterprises and Six Carrying Energy Industrial Enterprises

单位：亿元 (100million yuan)

行 业	Sector	2015	占工业投资比重(%) Percentage of Industry Investment (%)	2016	占工业投资比重(%) Percentage of Industry Investment (%)
高成长性制造业	**High-growth industries**	**9315.71**	**54.2**	**10018.7**	**54.0**
电子信息产业	Electronic Information Industry	767.98	4.9	751.5	4.1
装备制造业	Equipment Manufacturing Industry	3787.62	4.5	4143.8	22.4
汽车及零部件产业	Automobile and Parts Industry	905.38	20.9	920.6	5.0
食品产业	Food Industry	2156.76	13.0	2334.9	12.6
现代家居产业	Modern Furniture Industry	748.61	5.0	897.4	4.8
服装服饰	Clothing Accessories	949.35	5.9	970.6	5.2
传统支柱产业	**Traditional Pillar Industries**	**6021.15**	**35.1**	**6558.2**	**35.4**
冶金工业	Metallurgical Industry	914.01	7.5	712.5	3.8
建材工业	Building Materials Industry	1470.16	5.7	1573.7	8.5
化学工业	Chemical Industry	1216.58	9.1	1223.5	6.6
轻纺工业	Textile Industry	1366.56	8.3	1474.6	8.0
能源工业	Energy Industry	1053.84	4.5	1574.0	8.5
六大高载能行业	**Six Carrying Energy Industrial**	**4324.87**	**25.8**	**4866.9**	**26.3**
煤炭开采和洗选业	Mining and Washing of Coal	99.98	0.9	70.4	0.4
化学原料及化学制品制造业	Manufacture of Raw Chemical Material and Chemical Products	1014.61	6.6	1024.1	5.5
非金属矿物制品业	Manufacture of Non-metallic Mineral Products	1585.82	10.1	1720.3	9.3
黑色金属冶炼及压延加工业	Smelting and Pressing of Ferrous Metals	219.97	1.5	96.8	0.5
有色金属冶炼及压延加工业	Smelting and Pressing of Non-ferrous Metals	694.04	4.2	615.7	3.3
电力、热力的生产和供应业	Production and Supply of Electric Power and Heat Power	710.46	2.5	1339.6	7.2

6-18 能源原材料工业投资额及结构

Investment and Structure of Energy Raw Material Industry

行　业	Sector	2015	2016
能源原材料工业(亿元)	**Energy and raw material industrial (100 million)**	**5785.56**	**6414.84**
煤炭开采和洗选业	Mining and Washing of Coal	99.98	70.43
石油和天然气开采业	Extraction of Petroleum and Natural Gas	31.45	12.66
黑色金属矿采选业	Mining of Ferrous Metal Ores	29.41	16.30
有色金属矿采选业	Mining of Non-ferrous Metal Ores	295.20	354.91
非金属矿采选业	Mining of Nonmetal Ores	85.84	99.85
石油加工、炼焦和核燃料加工业	Processing of Petroleum ,Coking, Processing of Nucleus Fuel	99.79	88.38
化学原料和化学制品制造业	Manufacture of Raw Chemical Material and Chemical Products	1014.61	1024.07
橡胶和塑料制品业	Manufacture of Rubber and Plastic	452.37	504.68
非金属矿物制品业	Manufacture of Non-metallic Mineral Products	1585.82	1720.32
黑色金属冶炼和压延加工业	Smelting and Pressing of Ferrous Metals	219.97	96.83
有色金属冶炼和压延加工业	Smelting and Pressing of Non-ferrous Metals	694.04	615.65
废弃资源综合利用业	Comprehensive Utilization of Waste Resources	63.48	78.95
电力、热力生产和供应业	Production and Supply of Electric Power and Heat Power	710.66	1339.56
燃气生产和供应业	Production and Distribution of Gas	211.96	151.35
水的生产和供应业	Production and Distribution of Water	191.00	240.90
能源原材料工业占工业投资比重(%)	**Proportion in Investment of Industry Enterprises (%)**	**34.0**	**34.6**
煤炭开采和洗选业	Mining and Washing of Coal	0.6	0.4
石油和天然气开采业	Extraction of Petroleum and Natural Gas	0.2	0.1
黑色金属矿采选业	Mining of Ferrous Metal Ores	0.2	0.1
有色金属矿采选业	Mining of Non-ferrous Metal Ores	1.7	1.9
非金属矿采选业	Mining and Processing of Nonmetal Ores	0.5	0.5
石油加工、炼焦和核燃料加工业	Processing of Petroleum ,Coking, Processing of Nucleus Fuel	0.6	0.5
化学原料和化学制品制造业	Manufacture of Raw Chemical Material and Chemical Products	6.0	5.5
橡胶和塑料制品业	Manufacture of Rubber and Plastic	2.7	2.7
非金属矿物制品业	Manufacture of Non-metallic Mineral Products	9.3	9.3
黑色金属冶炼和压延加工业	Manufacture and Processing of Ferrous Metals	1.3	0.5
有色金属冶炼和压延加工业	Manufacture and Processing of Non-ferrous Metals	4.1	3.3
废弃资源综合利用业	Comprehensive Utilization of Waste Materials	0.4	0.4
电力、热力生产和供应业	Production and Supply of Electric Power and Heat Power	4.2	7.2
燃气生产和供应业	Production and Supply of Gas	1.2	0.8
水的生产和供应业	Production and Supply of Water	1.1	1.3

6-19 各市能源工业投资
Investment in Energy Industry by City

单位：亿元 (100 million yuan)

年份 Year 市(县) City(County)	合计 Total	煤炭开采及洗选业 Mining and Washing of Coal	石油和天然气开采业 Extraction of Petroleum and Natural Gas	石油加工、炼焦和核燃料加工业 Processing of Petroleum, Coking, Processing of Nucleus Fuel	电力、热力及燃气的生产和供应业 Production and Supply of Electric Power, Heat Power and Gas
2005	523.11	122.62	55.83	21.10	323.56
2006	606.29	162.67	55.40	26.95	361.27
2007	697.43	234.03	68.40	39.03	355.97
2008	869.09	302.55	72.75	46.83	446.96
2009	971.24	335.29	73.21	59.36	503.37
2010	812.32	256.15	71.23	76.08	408.87
2010(新口径 New Caliber)	707.83	225.48	71.23	65.97	345.16
2011	824.27	295.80	56.90	96.29	375.28
2012	785.22	247.61	59.16	77.80	400.65
2013	868.14	187.27	50.28	69.07	561.51
2014	754.92	145.50	33.01	59.16	517.25
2015	1153.83	99.98	31.45	99.79	922.61
2016	1662.38	70.43	12.66	88.38	1490.90
省辖市 City					
郑州市 Zhengzhou	130.09	22.06		3.99	104.04
开封市 Kaifeng	38.66			5.83	32.83
洛阳市 Luoyang	153.88	9.67		5.18	139.03
平顶山市 Pingdingshan	154.73	6.09		7.57	141.07
安阳市 Anyang	165.77	4.18		8.52	153.07
鹤壁市 Hebi	59.55	0.08		9.72	49.75
新乡市 Xinxiang	74.79	0.87		0.96	72.96
焦作市 Jiaozuo	126.48	14.77		0.22	111.48
濮阳市 Puyang	118.72		2.37	14.37	101.97
许昌市 Xuchang	95.41	0.19		11.86	83.36
漯河市 Luohe	36.52			0.96	35.56
三门峡市 Sanmenxia	156.22	10.47		0.40	145.35
南阳市 Nanyang	102.56		10.28	9.77	82.50
商丘市 Shangqiu	25.96	0.56			25.40
信阳市 Xinyang	35.81	1.48		0.01	34.32
周口市 Zhoukou	81.87				81.87
驻马店市 Zhumadian	52.65				52.65
济源市 Jiyuan	52.71			9.04	43.67
省直管县 County Directly Administrated by Province					
巩义市 Gongyi	41.99			1.61	40.38
兰考县 Lankao	7.38				7.38
汝州市 Ruzhou	56.34			5.26	51.07
滑县 Huaxian	7.27				7.27
长垣县 Changyuan	17.41				17.41
邓州市 Dengzhou	16.40				16.40
永城市 Yongcheng	3.25	0.56			2.68
固始县 Gushi	5.40	1.48		0.01	3.92
鹿邑县 Luyi	13.60				13.60
新蔡县 Xincai	0.54				0.54

6-20 分行业固定资产投资项目个数及新增固定资产(2016年)
Number of Projects of Investment in Fixed Assets and Newly Increased Fixed Assets by Sector (2016)

行业	Item	在建规模（亿元）Investment in Projects under Construction (100 million yuan)	#新开工规模 Started in This Year	施工项目（个）Number of Projects under Construction (unit)	#新开工 Started in This Year	全部投产项目（个）Number of Projects Completed and Put into Use (unit)	新增固定资产（亿元）Newly Increased Fixed Assets (100 million yuan)
总计	**Total**	**64499**	**35713**	**24602**	**17959**	**16409**	**20561**
农、林、牧、渔业	**Agriculture, Forestry, Animal Husbandry and Fishery**	**3732**	**2413**	**2930**	**2302**	**2100**	**1491**
农业	Agriculture	2139	1435	1562	1268	1085	776
林业	Forestry	314	185	211	146	139	115
畜牧业	Animal Husbandry	822	517	764	594	571	396
渔业	Fishery	103	60	63	50	44	37
农、林、牧、渔服务业	Services in Support of Agriculture, Forestry, animal Husbandry and Fishery	356	216	330	244	261	166
工业	**Industry**	**33019**	**19702**	**11400**	**8246**	**7582**	**11735**
采矿业	Mining	968	599	341	246	216	373
煤炭开采和洗选业	Mining and Washing of Coal	158	99	58	41	30	39
石油和天然气开采业	Extraction of Petroleum and Natural Gas	32	19	14	8	8	17
黑色金属矿采选业	Mining of Ferrous Metal Ores	28	26	15	12	11	6
有色金属矿采选业	Mining of Non-ferrous Metal Ores	568	332	133	90	90	233
非金属矿采选业	Mining and Processing of Nonmetal Ores	165	109	106	81	65	65
开采辅助活动	Support Activities for Mining	14	11	12	11	9	11
其他采矿业	Mining of Other Ores	2	2	3	3	3	2
制造业	Manufacturing	28676	16969	10037	7234	6710	10423
农副食品加工业	Processing of Food from Agricultural Products	1744	1208	730	551	491	614
食品制造业	Manufacture of Foods	1386	890	504	358	341	436
酒、饮料和精制茶制造业	Manufacture of Liquor, Beverages and Refined Tea	833	453	266	191	184	303
烟草制造业	Manufacture of Tobacco	45	20	8	5	4	5
纺织业	Manufacture of Textile	1166	743	369	275	201	353
纺织服装、服饰业	Manufacture of Textile, Wearing Apparel and Accessories	1054	687	407	269	243	316
皮革、毛皮、羽毛及其制品和制鞋业	Manufacture of Leather, Fur, Feather and Its Products, Footwear	508	241	169	116	108	153
木材加工及木、竹、藤、棕、草制品业	Processing of Timbers, Manufacture of Wood, Bamboo, Rattan, Palm, and Straw Products	443	300	214	154	142	180
家具制造业	Manufacture of Furniture	714	389	259	193	174	203
造纸及纸制品业	Manufacture of Paper and Paper Products	396	206	145	111	94	120
印刷和记录媒介复制业	Printing, Reproduction of Recording Media	200	102	88	62	64	81
文教、工美、体育和娱乐用品制造业	Manufacture of Articles for Culture, Arts and Crafts, Sport and Entertainment Ativities	387	280	164	116	109	163
石油加工、炼焦及核燃料加工业	Processing of Petroleum, Coking, Processing of Nucleus Fuel	153	112	55	43	24	44
化学原料及化学制品制造业	Manufacture of Raw Chemical Material and Chemical Products	1932	1142	632	464	459	678
医药制造业	Manufacture of Medicines	1046	612	300	200	188	342
化学纤维制造业	Manufacture of Chemical Fiber	92	46	27	19	17	24
橡胶和塑料制品业	Manufacture of Rubber and Plastic Products	800	557	359	279	246	347
非金属矿物制品业	Manufacture of Non-metallic Mineral Products	2884	1672	1458	1075	1042	1209
黑色金属冶炼和压延加工业	Smelting and Pressing of Ferrous Metals	184	104	62	49	40	59
有色金属冶炼及压延加工业	Smelting and Pressing of Non-ferrous Metals	1195	671	242	177	155	433
金属制品业	Manufacture of Metal Products	1400	737	539	381	390	626
通用设备制造业	Manufacture of General Purpose Machinery	1840	1077	753	555	528	886
专业设备制造业	Manufacture of Special Purpose Machinery	1937	1086	685	485	466	744
汽车制造业	Manufacture of Automobile	1745	1064	422	289	256	541
铁路、船舶、航空航天和其他运输设备制造业	Manufacture of Railway, Ship, Aerospace, and other Transport Equipment	543	242	138	93	88	149
电气机械及器材制造业	Manufacture of Electrical Machinery and Equipment	2147	1317	576	411	366	764
计算机、通信和其他电子设备制造业	Manufacture of Computer Communication and Other Electronic Equipment	1312	677	253	171	143	434

6-20 续表　continued

行　　业	Item	在建规模(亿元) Investment in Projects under Construction (100 million yuan)	#新开工规模 Started in This Year	施工项目(个) Number of Projects under Construction (unit)	#新开工 Started in This Year	全部投产项目(个) Number of Projects Completed and Put into Use (unit)	新增固定资产(亿元) Newly Increased Fixed Assets (100 million yuan)
仪器仪表制造业	Manufacture of Measuring Instrument and Machinery	211	121	70	39	48	91
其他制造业	Manufacture of others	193	83	76	53	51	69
废弃资源综合利用业	Comprehensive Utilization of Waste Materials	178	125	63	46	45	53
金属制品、机械和设备修理业	Repairing of Metal Products, Machinery and Equipment	7	7	4	4	3	2
电力、燃气及水的生产和供应业	Production and Distribution of Electricity, Gas and Water	3374	2134	1022	766	656	938
电力、热力生产和供应业	Production and Supply of Electric Power and Heat Power	2628	1672	637	471	376	678
燃气生产和供应业	Production and Supply of Gas	327	241	153	122	124	119
水的生产和供应业	Production and Supply of Water	419	221	232	173	156	141
建筑业	**Construction**	**4**	**3**	**7**	**6**	**6**	**4**
#房屋建筑业	Building Construction	2	1	3	2	2	2
批发和零售业	**Wholesale and Retail Trade**	**2324**	**1289**	**1115**	**832**	**769**	**771**
#批发业	Wholesale	759	487	358	289	240	247
交通运输、仓储和邮政业	**Transport, Storage and Post**	**4410**	**1961**	**1468**	**1100**	**971**	**1019**
#铁路运输	Transport via Railway	138	87	21	13	10	33
道路运输业	Transport via Road	2314	953	905	716	636	534
仓储业	Storage	1488	746	451	319	280	381
邮政业	Post	24	12	10	6	6	9
住宿和餐饮业	**Hotels and Catering Services**	**664**	**357**	**415**	**319**	**295**	**202**
#住宿业	Hotels	493	248	257	192	181	130
信息传输、软件和信息技术服务业	**Information Transmission, Software and Information Technology Services**	**684**	**353**	**117**	**86**	**59**	**93**
#电信、广播电视和卫星传输服务业	Telecom,Radio,Television and Satellite Transmission Service	128	76	13	9	6	10
互联网和相关服务	Internet and Related Services	94	71	36	27	19	17
金融业	**Finance**	**86**	**29**	**30**	**23**	**23**	**24**
#货币金融服务	Monetary and Financial Services	17	6	18	14	16	5
保险业	Insurance	2	2	4	4	2	1
房地产业	**Real Estate**	**6322**	**2520**	**1327**	**751**	**783**	**1478**
租赁和商务服务业	**Leasing and Business Services**	**1396**	**524**	**230**	**161**	**132**	**237**
#商务服务业	Business Service	1376	515	219	152	122	231
科学研究和技术服务业	**Scientific Research and Technical Service**	**514**	**336**	**189**	**141**	**122**	**178**
#研究和试验发展	Research and Experimental Development	91	47	36	20	21	23
专业技术服务业	Professional Technique Services	104	82	68	57	51	55
水利、环境和公共设施管理业	**Management of Water Conservancy, Environment and Public Facilities**	**7575**	**4157**	**3232**	**2369**	**2102**	**2160**
水利管理业	Management of Water Conservancy	571	287	292	212	206	195
生态保护和环境治理业	Ecological Protection and Environmental Management	391	238	168	128	110	92
公共设施管理业	Management of Public Facilities	6613	3632	2772	2029	1786	1873
居民服务、修理和其他服务业	**Service to Households, Repair and Other Services**	**256**	**156**	**179**	**142**	**123**	**117**
#居民服务业	Service to Households	193	133	131	106	85	75
教育	**Education**	**947**	**574**	**868**	**681**	**621**	**364**
卫生和社会工作	**Health and Social Work**	**1004**	**542**	**501**	**353**	**327**	**334**
#卫生	Health	664	303	339	232	228	222
文化、体育和娱乐业	**Culture, Sports and Entertainment**	**1380**	**697**	**372**	**272**	**223**	**257**
#广播、电视、电影和影视录音制作业	Broadcasting,Movies,Television and Audiovisual Activities	43	18	15	13	10	9
文化艺术业	Culture and Art	700	353	167	117	97	107
公共管理、社会保障和社会组织	**Public Management,Social Welfare and Social Organization**	**182**	**100**	**222**	**175**	**171**	**98**
国家机构	Organ of State	131	69	148	115	115	63
社会保障	Social welfare	6	4	17	12	11	3

6-21 各市固定资产投资项目个数和在建规模

Number of Projects of Investment in Fixed Assets and Investment in Projects under Construction

年份 Year 市(县) City(County)	施工项目 (个) Number of Projects under Construction (unit)	#新开工 Started in This Year	全部建成投产项目 (个) Number of Projects Completed (unit)	全部建成投产率 (%) Rate of Construction Projects Completed (%)	在建规模 (亿元) Investment in Projects under Construction (100 million yuan)	#新开工 Started in This Year
2005	21983	18254	15889	72.3	7695.80	3497.32
2006	26522	22685	20467	77.2	9475.15	4210.22
2007	37501	32426	28660	76.4	12112.77	6555.77
2008	44123	37575	35032	79.4	14725.49	8687.27
2009	52790	46133	41654	78.9	20204.60	13922.86
2010	48651	38652	35323	72.6	27675.97	17545.39
2010(新口径 New Caliber)	43075	33549	29973	69.6	22986.67	14481.25
2011	32091	19612	20466	63.8	32945.44	17807.55
2012	27886	17278	16776	60.2	42713.41	22390.48
2013	24215	13698	14069	58.1	53548.82	26038.14
2014	24602	14687	13996	56.9	61621.40	26785.12
2015	24083	14061	16810	69.8	62976.65	26743.35
2016	24602	17959	16409	66.7	64499.46	35713.38
省辖市 City						
郑州市 Zhengzhou	2283	1474	1386	60.7	10390.33	3589.18
开封市 Kaifeng	977	640	713	73.0	3018.62	1471.84
洛阳市 Luoyang	2673	2078	1917	71.7	6469.71	3879.30
平顶山市 Pingdingshan	1451	1167	1017	70.1	2668.47	1682.25
安阳市 Anyang	1250	971	967	77.4	2841.99	1834.31
鹤壁市 Hebi	602	347	308	51.2	1705.70	785.06
新乡市 Xinxiang	1537	1308	1332	86.7	2874.56	1644.09
焦作市 Jiaozuo	1196	886	821	68.6	3402.69	1984.98
濮阳市 Puyang	1025	721	686	66.9	2288.34	1454.04
许昌市 Xuchang	1282	841	703	54.8	3954.28	2355.21
漯河市 Luohe	515	349	291	56.5	1942.23	1119.45
三门峡市 Sanmenxia	882	706	602	68.3	2866.92	1666.43
南阳市 Nanyang	2629	1632	1587	60.4	6868.19	3835.78
商丘市 Shangqiu	1057	721	566	53.5	3030.73	1870.06
信阳市 Xinyang	1960	1513	1359	69.3	3134.85	1878.28
周口市 Zhoukou	1784	1554	1175	65.9	2938.56	2047.18
驻马店市 Zhumadian	1051	718	669	63.7	3310.80	2077.68
济源市 Jiyuan	448	333	310	69.2	792.51	538.27
省直管县 County Directly Administrated by Province						
巩义市 Gongyi	384	305	280	72.9	914.69	525.65
兰考县 Lankao	93	48	56	60.2	491.97	181.22
汝州市 Ruzhou	211	178	125	59.2	703.72	466.29
滑县 Huaxian	214	173	169	79.0	272.23	200.30
长垣县 Changyuan	211	168	179	84.8	425.97	261.45
邓州市 Dengzhou	226	190	147	65.0	448.76	283.98
永城市 Yongcheng	123	118			441.64	440.18
固始县 Gushi	366	265	240	65.6	409.52	292.70
鹿邑县 Luyi	184	117	99	53.8	393.79	186.90
新蔡县 Xincai	80	27	24	30.0	286.13	97.67

6-22 各市亿元及以上固定资产投资项目投资情况(2016年)

Investment of Projects above 100 Million yuan by City (2016)

市(县) City(County)	施工项目(个) Number of Projects under Construction (unit)	#新开工 Started in This Year	在建规模(亿元) Total Investment Under Corstruction (100 million yuan)	#新开工 Started in This Year	本年完成投资(亿元) Investment Completed in this year (100 million yuan)
全省 Total	**11435**	**7175**	**58335.27**	**31028.90**	**28358.13**
省辖市 City					
郑州市 Zhengzhou	1120	583	9872.40	3208.91	3814.01
开封市 Kaifeng	492	290	2765.95	1299.38	1097.24
洛阳市 Luoyang	1091	711	5599.70	3216.67	2930.71
平顶山市 Pingdingshan	514	348	2291.56	1360.98	1250.95
安阳市 Anyang	519	347	2551.83	1593.89	1534.00
鹤壁市 Hebi	302	155	1550.99	687.43	631.05
新乡市 Xinxiang	462	310	2483.26	1290.99	1262.50
焦作市 Jiaozuo	652	439	3126.12	1793.31	1849.58
濮阳市 Puyang	450	285	2062.61	1282.89	1213.06
许昌市 Xuchang	707	382	3670.58	2152.08	1873.43
漯河市 Luohe	393	240	1779.24	1059.06	851.12
三门峡市 Sanmenxia	437	316	2654.42	1483.06	1463.05
南阳市 Nanyang	1648	950	6304.53	3459.67	2749.78
商丘市 Shangqiu	648	427	2831.53	1730.85	1531.86
信阳市 Xinyang	662	446	2493.23	1361.32	1334.25
周口市 Zhoukou	630	478	2544.63	1688.79	1326.73
驻马店市 Zhumadian	525	340	3093.97	1921.10	1237.64
济源市 Jiyuan	183	128	658.72	438.50	407.17
省直管县 County Directly Administrated by Province					
巩义市 Gongyi	138	105	811.67	443.74	417.92
兰考县 Lankao	63	26	477.27	170.84	143.81
汝州市 Ruzhou	134	103	669.62	433.15	287.22
滑县 Huaxian	64	47	220.60	155.73	115.24
长垣县 Changyuan	91	65	368.97	211.87	210.41
邓州市 Dengzhou	87	60	393.85	232.81	261.04
永城市 Yongcheng	91	91	428.35	428.35	287.16
固始县 Gushi	110	84	302.00	216.85	191.88
鹿邑县 Luyi	88	57	352.10	159.10	147.57
新蔡县 Xincai	51	16	273.51	93.13	116.75

6-23 各市施工、竣工房屋建筑面积及竣工价值
Floor Space and Value of Buildings under Construction and Completed by City

年份 Year	施工房屋建筑面积(万平方米) Floor Space Under Construction (10 000 sq.m)	#住宅 Residential Buildings	竣工房屋建筑面积(万平方米) Floor Space Completed (10 000 sq.m)	#住宅 Residential Buildings	竣工房屋价值(亿元) Value of Buildings Completed (100 million yuan)	#住宅 Residential Buildings
2005	15413.62	7576.97	7550.16	3715.38		
2006	18750.06	8750.92	8095.71	3147.69		
2007	26899.30	13145.07	11832.65	4667.34	1166.97	450.02
2008	33856.85	16809.66	13416.52	5197.16	1400.69	563.17
2009	43284.53	19299.84	16008.93	5590.59	1659.51	638.20
2010	51476.60	22709.88	15121.38	6075.41	1889.14	790.29
2010(新口径 New Caliber)	51049.72	22657.97	14537.36	5920.74	1815.36	768.71
2011	56480.43	25799.52	14290.72	7116.73	1996.32	979.06
2012	65885.02	29089.23	14702.60	6811.91	2051.92	1057.28
2013	84386.05	34649.82	14701.06	6602.76	2268.51	1105.87
2014	79978.89	35889.25	16515.03	8036.68	1417.52	1096.18
2015	73693.45	35452.76	14203.57	6424.79	1079.75	812.59
2016	68765.65	39092.57	12596.20	6381.94	5121.69	1188.10
省辖市 City						
郑州市 Zhengzhou	17274.21	10543.44	1853.57	1167.65	458.00	322.00
开封市 Kaifeng	3773.90	1432.28	842.25	285.27	118.81	48.04
洛阳市 Luoyang	6204.66	3629.71	637.31	330.31	130.75	62.79
平顶山市 Pingdingshan	2799.63	1626.99	303.49	122.33	64.22	23.57
安阳市 Anyang	3017.49	1818.79	496.20	190.48	3130.30	37.16
鹤壁市 Hebi	1515.88	698.62	112.97	61.98	20.32	11.07
新乡市 Xinxiang	3997.67	2594.24	536.59	297.89	96.38	58.58
焦作市 Jiaozuo	2224.73	878.82	515.40	75.78	44.77	16.70
濮阳市 Puyang	1447.89	1088.37	215.66	153.39	49.01	39.19
许昌市 Xuchang	2816.87	1419.16	467.44	147.80	49.89	26.27
漯河市 Luohe	1292.99	852.77	86.88	69.27	15.98	12.48
三门峡市 Sanmenxia	1636.85	902.01	221.29	162.40	41.51	28.00
南阳市 Nanyang	3831.87	2406.81	742.55	474.50	121.85	78.16
商丘市 Shangqiu	3951.54	2425.19	805.73	332.97	111.83	50.83
信阳市 Xinyang	5246.30	3388.18	1926.84	1339.78	289.22	201.51
周口市 Zhoukou	3387.47	1160.57	1201.11	397.54	148.73	50.39
驻马店市 Zhumadian	3806.89	1938.66	1592.52	752.20	222.95	116.52
济源市 Jiyuan	538.80	287.96	38.40	20.40	7.18	4.85
省直管县 County Directly Administrated by Province						
巩义市 Gongyi	413.60	202.86	62.74	38.50	11.47	7.73
兰考县 Lankao	120.32	93.66	69.17	59.48	10.32	8.70
汝州市 Ruzhou	407.07	148.34	30.16	12.83	8.30	2.97
滑县 Huaxian	356.65	215.42	75.16	22.87	18.09	3.74
长垣县 Changyuan	824.66	447.56	129.84	20.71	3.84	3.16
邓州市 Dengzhou	477.54	319.65	140.88	70.56	15.36	10.32
永城市 Yongcheng	695.94	546.43	16.82	16.82	3.24	3.24
固始县 Gushi	355.93	246.99	73.63	65.15	16.10	14.11
鹿邑县 Luyi	180.77	145.55	6.57	5.01	0.67	0.50
新蔡县 Xincai	306.83	186.21	64.13	40.62	15.76	7.77

6-24 分行业农村农户固定资产投资

Investment in Fixed Assets of Households in Rural Area by Sector

单位：亿元 (100 million yuan)

产　　业	Branch	2010	2011	2012	2013	2014	2015	2016
总　　计	**Total**	**786.64**	**834.63**	**891.38**	**899.40**	**769.88**	**709.06**	**661.16**
农、林、牧、渔业	Agriculture, Forestry, Animal Husbandry and Fishery	85.04	79.87	79.15	88.80	78.38	72.46	90.68
工业	Industry	4.49	2.64	5.55	6.20	6.71	7.39	4.18
采矿业	Mining						0.01	
制造业	Manufacturing	4.09	2.32	4.89	5.51	6.04	6.62	4.18
电力煤气及水的生产和供应业	Production and Distribution of Electricity,Gas and Water	0.40	0.32	0.65	0.70	0.66	0.75	
建筑业	Construction	2.63	2.55	5.33	5.20	4.81	4.57	
交通运输、仓储和邮政业	Transport, Storage and Post	28.08	28.17	30.45	32.84	33.25	31.20	9.93
批发和零售业	Wholesale and Retail Trade	3.45	3.08	3.21	3.97	3.98	4.01	14.33
住宿和餐饮业	Hotels and Catering Services	0.25	0.26	0.24	0.27	0.28	3.69	
房地产业	Real estate	641.27	696.87	745.02	734.20	612.20	559.29	535.03
居民服务和其他服务业	Service to Households and Other Services	21.43	21.19	22.44	24.61	27.02	23.33	1.55

6-25 各市按三次产业分的农村农户固定资产投资(2016年)

Investment in Fixed Assets of Households in Rural Area by Industry and City (2016)

单位：亿元 (100 million yuan)

市(县) City(County)	投资总额 Total Investment	第一产业 Primary Industry	第二产业 Secondary Industry	#工业 Industry	第三产业 Tertiary Industry
省辖市 City					
郑州市 Zhengzhou	71.73	7.27	5.36		59.11
开封市 Kaifeng	28.46	2.32			26.14
洛阳市 Luoyang	37.42	4.81	0.71	0.57	31.90
平顶山市 Pingdingshan	22.77	2.51	0.10	0.05	20.16
安阳市 Anyang	27.56	4.40	2.67	0.01	20.50
鹤壁市 Hebi	7.83	3.39			4.44
新乡市 Xinxiang	34.87	3.20			31.67
焦作市 Jiaozuo	23.44	1.35	1.86	0.41	20.23
濮阳市 Puyang	18.93	0.84	0.93	0.91	17.17
许昌市 Xuchang	31.00	0.23	0.08	0.08	30.69
漯河市 Luohe	17.97	4.57			13.40
三门峡市 Sanmenxia	9.84	2.47	0.06		7.31
南阳市 Nanyang	76.22	10.68	1.99	1.99	63.55
商丘市 Shangqiu	47.93	11.02	0.56	0.53	36.35
信阳市 Xinyang	60.24	9.60	2.42		48.22
周口市 Zhoukou	78.82	10.98	0.03	0.03	67.81
驻马店市 Zhumadian	62.45	20.67	1.63	0.01	40.16
济源市 Jiyuan	3.72	0.11	0.24		3.38
省直管县 County Directly Administrated by Province					
巩义市 Gongyi	7.15				7.15
兰考县 Lankao	6.29				6.29
汝州市 Ruzhou	3.29	0.26	0.09	0.05	2.94
滑县 Huaxian	4.88	0.15			4.73
长垣县 Changyuan	4.93	0.02			4.91
邓州市 Dengzhou	9.29	2.45			6.85
永城市 Yongcheng	2.67	0.18			2.50
固始县 Gushi	9.37	1.09			8.27
鹿邑县 Luyi	11.35	0.58			10.77
新蔡县 Xincai	6.92	2.38			4.54

6-26 各市按构成性质分的农村农户固定资产投资(2016年)

Investment in Fixed Assets of Households in Rural Area by City and Composition of Funds (2016)

单位：亿元 (100 million yuan)

市(县) City(County)	投资总额 Total Investment	建筑工程 Construction	安装工程 Installation	设备购置 Purchase of Equipment	其他费用 Others
省辖市 City					
郑州市 Zhengzhou	71.73	37.67		5.57	28.49
开封市 Kaifeng	28.46	23.58		0.57	4.32
洛阳市 Luoyang	37.42	33.71		2.41	1.31
平顶山市 Pingdingshan	22.77	19.91		2.04	0.83
安阳市 Anyang	27.56	16.68	0.11	7.33	3.44
鹤壁市 Hebi	7.83	3.19		3.33	1.31
新乡市 Xinxiang	34.87	31.23		3.60	0.04
焦作市 Jiaozuo	23.44	21.91		1.40	0.12
濮阳市 Puyang	18.93	16.59		2.25	0.09
许昌市 Xuchang	31.00	30.75		0.13	0.13
漯河市 Luohe	17.97	14.31		3.15	0.51
三门峡市 Sanmenxia	9.84	7.31		1.98	0.55
南阳市 Nanyang	76.22	62.28		13.52	0.43
商丘市 Shangqiu	47.93	33.88		13.54	0.50
信阳市 Xinyang	60.24	52.48		7.68	0.08
周口市 Zhoukou	78.82	65.14		13.02	0.66
驻马店市 Zhumadian	62.45	42.02		17.60	2.82
济源市 Jiyuan	3.72	3.67		0.05	
省直管县 County Directly Administrated by Province					
巩义市 Gongyi	7.15	7.15			
兰考县 Lankao	6.29	6.23		0.06	
汝州市 Ruzhou	3.29	1.61		1.32	0.36
滑县 Huaxian	4.88	4.27			0.61
长垣县 Changyuan	4.93	4.91		0.02	
邓州市 Dengzhou	9.29	6.85		2.20	0.25
永城市 Yongcheng	2.67	2.51		0.16	
固始县 Gushi	9.37	9.34		0.03	
鹿邑县 Luyi	11.35	10.77		0.58	
新蔡县 Xincai	6.92	4.54		2.38	

6−27 各市分行业农村农户固定资产投资(2016年)

Investment in Fixed Assets of Households in Rural Area by Sector and City (2016)

单位：亿元 (100 million yuan)

市(县)	City(County)	合 计 Total	#农、林、牧、渔业 Agriculture Forestry, Animal Husbandry and Fishery	工 业 Industry	建筑业 Construc-tion	交通运输、仓储和邮政业 Transport, Storage and Post	批发和零售业 Wholesale and Retail Trade	住宿和餐饮业 Hotels and Catering Services	房地产业 Real Estate	居民服务修理和其他服务业 Service to Households, Repair and Other Services
省 辖 市	**City**									
郑 州 市	Zhengzhou	71.73	7.27		5.36	18.29	5.50	0.37	34.86	
开 封 市	Kaifeng	28.46	2.32				2.59		23.43	0.12
洛 阳 市	Luoyang	37.42	4.81	0.57	0.14	1.61	0.17	0.01	29.71	0.10
平 顶 山 市	Pingdingshan	22.77	2.51	0.05	0.05	0.83	0.69		18.05	0.48
安 阳 市	Anyang	27.56	4.40	0.01	2.65	2.76	0.98		15.65	1.01
鹤 壁 市	Hebi	7.83	3.39			0.83	0.51		3.10	
新 乡 市	Xinxiang	34.87	3.20			0.52	0.22	0.10	30.78	0.04
焦 作 市	Jiaozuo	23.44	1.35	0.41	1.45	0.30	0.29		19.60	0.03
濮 阳 市	Puyang	18.93	0.84	0.91	0.01		0.76		16.35	0.05
许 昌 市	Xuchang	31.00	0.23	0.08			0.18		30.51	
漯 河 市	Luohe	17.97	4.57			0.51			12.89	
三 门 峡 市	Sanmenxia	9.84	2.47		0.06				7.31	
南 阳 市	Nanyang	76.22	10.68	1.99		2.53	0.05		60.98	
商 丘 市	Shangqiu	47.93	11.02	0.53	0.03	1.88		0.07	34.36	0.03
信 阳 市	Xinyang	60.24	9.60		2.42		0.18		48.04	0.01
周 口 市	Zhoukou	78.82	10.98	0.03	.	1.60			65.13	
驻 马 店 市	Zhumadian	62.45	20.67	0.01	1.61	1.00	0.16		31.32	6.54
济 源 市	Jiyuan	3.72	0.11		0.24	0.33			3.05	
省 直 管 县	**County Directly Administrated by Province**									
巩 义 市	Gongyi	7.15							7.15	
兰 考 县	Lankao	6.29							6.23	0.06
汝 州 市	Ruzhou	3.29	0.26	0.05	0.05	0.55	0.49		1.61	0.18
滑 县	Huaxian	4.88	0.15						4.21	0.46
长 垣 县	Changyuan	4.93	0.02						4.91	
邓 州 市	Dengzhou	9.29	2.45						6.85	
永 城 市	Yongcheng	2.67	0.18						2.50	
固 始 县	Gushi	9.37	1.09						8.27	0.01
鹿 邑 县	Luyi	11.35	0.58						10.77	
新 蔡 县	Xincai	6.92	2.38						4.54	

主要统计指标解释

全社会固定资产投资 是以货币形式表现的在一定时期内全社会建造和购置固定资产的工作量以及与此有关的费用的总称。该指标是反映固定资产投资规模、结构和发展速度的综合性指标，又是观察工程进度和考核投资效果的重要依据。全社会固定资产投资按登记注册类型可分为国有、集体、个体、联营、股份制、外商、港澳台商、其他等。

固定资产投资 指城镇和农村各种登记注册类型的企业、事业、行政单位及城镇个体户进行的计划总投资（或实际需要总投资）500 万元及以上的建设项目投资和房地产开发投资。

固定资产投资的资金来源 根据固定资产投资的资金来源不同，分为国家预算资金、国内贷款、利用外资、自筹资金和其他资金来源。

（1）国家预算资金：自 2011 年起，按照全国人大和国务院的要求，各级财政的所有资金，包括税收和非税收入，均必须纳入预算管理，我国已不存在预算外资金的概念，因此各级政府用于固定资产投资的财政资金均为预算资金。由于已经没有预算外资金，因此名称改为国家预算资金，包括中央预算资金和地方预算资金，旧的国家预算内资金的内容和现中央预算资金的内容基本一致。

国家预算包括一般预算、政府性基金预算、国有资本经营预算和社保基金预算。各类预算中用于固定资产投资的资金全部作为国家预算资金填报，其中一般预算中用于固定资产投资的部分包括基建投资、车购税、灾后恢复重建基金和其他财政投资。各级政府债券也应归入国家预算资金。

（2）国内贷款：指报告期固定资产投资项目单位向银行及非银行金融机构借入的用于固定资产投资的各种国内借款，包括银行贷款、非银行金融机构贷款等。

银行贷款：是指向各商业银行、政策性银行借入的用于固定资产投资的各项贷款。

非银行金融机构贷款：是指向除上述银行之外从事金融业务的机构借入的用于固定资产投资的各项贷款。非银行金融机构包括保险公司和养老基金（企业年金）、信托投资公司、金融租赁公司、金融资产管理公司、汽车金融服务公司、金融担保公司、证券公司、投资基金、证券交易所、其他金融辅助机构。

投资项目单位从上级部门、总公司或公司股东处取得的用于固定资产投资的资金中，来源于银行或非银行金融机构贷款的部分，也应归入国内贷款。

通过银行理财产品和信托产品筹集的资金，如果是用于固定资产投资的，也做为国内贷款统计。

（3）利用外资：指报告期收到的用于固定资产建造和购置的国外资金（包括设备、材料、技术在内）。包括对外借款（外国政府贷款、国际金融组织贷款、出口信贷、外国银行商业贷款、对外发行债券和股票）、外商直接投资、外商其他投资（包括利用外商投资收益在国内进行固定资产再投资活动的资金）。不包括我国自有外汇资金（国家外汇、地方外汇、留成外汇、调济外汇和国内银行自有资金发放的外汇贷款等）。

（4）自筹资金：指固定资产投资单位在报告期收到的，由各企事业单位筹集用于固定资产投资的资金，包括各类企事业单位的自有资金和从其他单位筹集的用于固定资产投资的资金，但不包括各类财政性资金、从各类金融机借入资金和国外资金。

（5）其他资金来源：指在报告期收到的除以上各种资金之外的用于固定资产投资的资金。包括社会集资、个人资金、无偿捐赠的资金及其他单位拨入的资金等。

固定资产投资按国民经济行业分 根据建设项目建成投产后的主要产品种类或主要用途及社会经济活动性质来确定国民经济行业。一般情况下，一个建设项目或一个企业、事业单位只能属于一种国民经济行业。

固定资产投资按建设性质分 根据整个建设项目情况来确定。建设项目的性质一般分为新建、扩建、改建和技术改造、迁建、恢复。房地产开发单位、农村投资不划分建设性质。

（1）新建：一般是指从无到有、“平地起家”新开始建设的单位。有的单位原有的基础很小，经过建设后其新增加的固定资产价值超过原有固定资产价值（原值）三倍以上的也算新建。

（2）扩建：一般是指为扩大原有产品的生产能力，在厂内或其他地点增建主要生产车间（或主要工程）、独立的生产线或分厂的企业；事业单位和行政单位在原单位增建业务用房（如学校增建教学用房、医院增建门诊部或病床用房、行政机关增建办公楼等）也作为扩建。

（3）改建和技术改造：指现有企业、事业单位，对原有设施进行技术改造或更新（包括相应配套的辅助性生产、生活福利设施）的建设项目。现有企业、事业单位为适应市场变化的需要，而改变企业的主要产品种类（如军工企业转产民用品等）的建设项目，应作为改建。原有产品生产作业线由于各工序（车间）之间能力不平衡，为填平补齐充分发挥原有生产能力而增建不增加本企业主要产品设计能力的车间，也应作为改建。技术改造是指企业、事业单位在现有基础上，用先进的技术代替落后的技术，用先进的工艺和装备代替落后的工艺和装备，以改变企业落后的技术经济面貌，实现以内涵为主的扩大再生产，达到提高产品质量、促进产品更新换代、节约能源、降低消耗、扩大生产规模、全面提高社会经济效益的目的。技术改造具体包括以下内容：机器设备和工具的更新改造；生产工艺改革、节约能源和原材料的改造；厂房建筑和公共设施的改造；劳动条件和生产环境的改造等。

固定资产投资按构成分 固定资产投资活动按其工作内容和实现方式分为建筑安装工程，设备、工具、器具购置，其他费用三个部分。

（1）建筑安装工程（建筑安装工作量）：指各种房屋、建筑物的建造工程和各种设备、装置的安装工程。包括各种房屋建造工程，各种用途设备基础和各种工业窑炉的砌筑工程；为施工而进行的各种准备工作和临时工程以及完工后的清理工作等；铁路、道路的铺设，矿井的开凿及石油管道的架设等；水利工程；防空地下建筑等特殊工程；以及各种机械设备的安装工程；为测定安装工程质量，对设备进行的试运工作。在安装工程中，不包括被安装设备本身的价值。

（2）设备、工具、器具购置：指购置或自制达到固定资产标准的设备、工具、器具的价值，固定资产的标准按财务部门规定。新建单位、扩建单位的新建车间按照设计和计划要求购置或自制的全部设备、工具、器具，不论是否达到固定资产标准均计入“设备、工具、器具购置”中。

（3）其他费用：指在固定资产建造和购置过程中发生的，除建筑安装工程和设备、工具、器具购置以外的各种应摊入固定资产的费用。

施工项目 指报告期内曾进行建筑或安装工程施工活动的建设项目，包括报告期内新开工项目、报告期以前开工跨入报告期继续施工的项目以及报告期施过工并在报告期内全部建成投产或停缓建的项目。

全部建成投产项目 工业项目是指设计文件规定形成生产能力的主体工程及其相应配套的辅助设施全部建成，经负荷试运转，证明具备生产设计规定合格产品的条件，并经过验收鉴定合格或达到竣工验收标准，与生产性工程配套的生活福利设施可以满足近期正常生产的需要，正式移交生产的建设项目。非工业项目是指设计文件规定的主体工程和相应的配套工程全部建成，能够发挥设计规定的全部效益，经验收鉴定合格或达到竣工验收标准，正式移交使用的建设项目。

新增生产能力（或工程效益） 指通过固定资产投资活动而增加的设计能力(或工程效益)，该指标是以实物形态表现的反映固定资产投资成果的指标，也是考核投资经济效果的重要依据之一。

新增生产能力（或工程效益）一般有以下几种表现形式：

（1）用产品数量表示，以工程在单位时间内（一般是一年）所能生产的产品数量（即年产量）表示。如原煤开采用万吨／年表示，化学农药用吨／年表示，汽车制造用辆／年表示等。某些化工产品由于含量差别较大，按其设计含量计算折合量表示，如氮肥、磷肥等。

（2）用单位时间内所能处理的原料数量表示，以工程每天（或小时）所能处理原料的数量表示。如城市污水处理能力用万吨／日表示等。

（3）用新增加的主要设备的数量或容量表示，如毛纺锭等锭数，发电厂新增发电机组容量用万千瓦表示等。

（4）用建筑物个数、容积、容量、面积、长度表示，是非工业项目或工程新增效益的一种表现形式。如铁路投产里程、公路里程、桥梁隧道延长米里程、新（扩）建公路客货运站个数等。

根据工程的特点，有时需要用两种或两种以上的复合计量单位表示新增生产能力或工程效益。如新增内燃机生产能力同时用年产台数、万千瓦数表示等。

为了规范新增生产能力（或工程效益）的名称和计算单位，国家统计局制订了《新增生产能力（或工程效益）目录及代码》。各固定资产投资单位在统计新增生产能力（或工程效益）时，必须按目录中规定的名称、计量单位和代码填报。

新增固定资产　指已经完成建造和购置过程，并已交付生产或使用单位的固定资产的价值，包括已经建成投入生产或交付使用的工程投资和达到固定资产标准的设备、工具、器具的投资及有关应摊入的费用。

属于增加固定资产价值的其他建设费用，应随同交付使用的工程一并计入新增固定资产。

房屋建筑面积　指房屋建筑物勒脚以上外墙外围的水平截面面积，包括房屋建筑物的有效面积和结构面积。该指标是从实物形态上反映建设规模和建设成果的重要指标之一，也是检查工程形象进度、计算工程造价、分析投资效果、研究施工任务和建筑材料之间平衡情况的重要依据。

住宅建筑面积　指施工和竣工房屋建筑面积中供居住用的房屋建筑面积。

施工面积　指报告期内施工的全部房屋建筑面积。包括本期新开工的面积和上期开工跨入本期继续施工的房屋面积，以及上期已停建在本期复工的房屋面积。本期竣工和本期施工后又停缓建的房屋，其建筑面积仍计入本期施工房屋面积中。

竣工面积　指在报告期内房屋建筑按照设计要求已全部完工，达到住人和使用条件，经验收鉴定合格（或达到竣工验收标准），可正式移交使用的各栋房屋建筑面积的总和。

Explanatory Notes on Main Statistical Indicators

Total Investment in Fixed Assets in the Whole Country refers to the volume of activities in construction and purchases of fixed assets and related fees, expressed in monetary terms. It is a comprehensive indicator which shows the size, structure and growth of the investment in fixed assets, providing basis for observing the progress of construction projects and evaluating results of investment. Total investment in fixed assets in the whole country includes, by type of ownership, the investment by the state-owned units, collective units, individuals, joint ownership units, share-holding units, as well as investment by businessmen from foreign countries and from Hong Kong, Macao and Taiwan, and by other units.

Investment in Fixed Assets refers to construction projects involving a total planned (or required) investment of 5 million yuan and over by urban and rural enterprises and institutions of various types of ownership, by administrative units and by individuals, investment in real estate development, and housing investment by individuals in urban areas and in industrial and mining areas.

Sources of Funds for Investment in Fixed Assets Including State budgetary appropriation, domestic loans, foreign investment, self-raised funds, and others.

(1) State budgetary appropriation Since 2011, according to the National People's Congress and the requirements of the state council, all of the money at all levels for finance, including tax and non-taxable, must be included in the budget management.

State budgetary appropriation include general budget, government fund budget, state-owned capital management budget and social security fund budget. Governments at all levels should also be classified as State budgetary appropriation.

(2) Domestic loans refer to various funds borrowed by enterprises and institutions from banks and non-bank financial institutions assets, include bank loans, non-bank financial institutions loans.

Bank loans refers to the investment in fixed assets loans borrowed from commercial Banks, policy Banks.

Non-bank financial institutions loans refers to the investment in fixed assets loans borrowed from other organization of lending loans. The non-bank financial institutions including insurance companies and pension funds, trust and investment companies, financial leasing companies, financial assets management companies, financial services company, car finance guarantee companies, securities companies, investment funds, securities exchanges, and other financial assistant mechanism.

Investment project units fixed assets funds from higher level department, the corporation or the shareholders of a company, which from Banks and other financial institutions, also should be classified as domestic loans.

(3) Foreign Investment refers to foreign funds received during the reference period for the purpose of investment in fixed assets, including foreign borrowing(foreign government loans, the international finance organization loans, export credit, commercial loans of foreign Banks, foreign issue bonds and stock), foreign direct investment, foreign other investments. Not including has its own foreign exchange funds in China (state foreign exchange, the local foreign exchange, the foreign exchange, has retained the foreign exchange and domestic Banks issue their own funds of foreign exchange loan, etc.)

(4) Self-raised funds refer to funds received by construction enterprises from their higher responsible authorities, local governments, for a fixed asset investment funds.

(5) Others refer to funds received during the reference period which are not included in the above-mentioned sources, Include fund raising, personal capital, free donation funds and other units dial the money into, etc..

Investment in Fixed Assets by Sector The classification of construction projects by sector is determined by the major products or the purpose of the projects when they are put into production or use, and by the nature of their social economic activities. In general, one project or one enterprise or institution can only be classified into one sector.

Investment in Fixed Assets by Type of Construction The construction projects in general can be classified by the type of construction into new construction, expansion, reconstruction and moving away. In capital construction, the type of construction is determined by the condition of the project. In investment in innovation, in other investment by state-owned units and investment by collective-owned units, the type of construction is determined by the condition of the whole enterprise or institutions. Investment by type of construction is not applied to investment by real-estate development units, investment in rural areas and investment in housing by urban individuals.

(1) New construction in general refers to newly constructed units. In the case in which the value of the original fixed assets is quite small, and the value of newly added fixed assets exceeds the original ones by three times, the expansion construction is considered as new construction.

(2) Expansion refers to construction of new major production workshop or independent production line within a factory or in other locations, or construction of a branch factory so as to increase the production capacity of the original products. Newly constructed business houses in institutions and administrative organizations (such as the newly constructed teaching buildings in schools, clinics or bed building in hospitals, and office buildings in administrative agencies, etc.) are also classified as expansion.

(3) Reconstruction refers to technical innovation and transformation of the existing equipment and technical conditions undertaken by enterprises and institutions for the purposes of technological advancement, improvement in product quality, enlarging variety of products, promoting new generation of products, reducing production consumption and cost, promoting comprehensive utilization of resources, strengthening treatment of waste gas, waste water and solid wastes, and safety in production, etc. through application of new technologies and techniques, use of new equipment and new materials (including accessory facilities for production or for living and welfare purposes).Construction of new workshops for improving existing production capacity rather than increasing production capacity is also considered as reconstruction.

Investment in Fixed Assets by Structure refers to the three major parts of investment activities, i.e. construction and installation, purchase of equipment and instrument, and other expenses.

(1) Construction and installation (work volume of construction and installation) refers to the construction of various houses and buildings and installation of various kinds of equipment and instruments, including construction of various houses, equipment foundations and industrial kilns and stoves, preparation works for project construction, and clearing up works post project construction, pavement of railways and roads, drilling of mines and putting up of oil pipes, construction of projects of water conservancy, construction of underground air-raid shelters and construction of other special projects, installation of various machinery equipment, testing operation for pre-testing the quality of installation projects. The value of equipment installed is not included in the value of installation projects.

(2) Purchase of equipment and instruments refers to the total value of equipment, tools, and vessels purchased or self-produced which come up to standards for fixed assets. Equipment, tools and vessels purchased or self-produced for new workshops by newly established or expanded units are categorized as "purchase of equipment and instruments" no matter whether they come up to the standards for fixed assets or not.

(3)Other expenses refer to expenses occurring during the construction or purchase of fixed assets other than construction, installation or purchase of equipment and instruments.

Projects Under Construction refer to projects having construction and installation activities undertaken in the reference period, including projects started in the reference period, or continued from the previous period, or completed and put into production or suspended in the reference period.

Projects Completed and Put into Use Industrial projects refer to the major projects and accessory facilities completed which result in forming production capacity and have been checked and accepted while the living and welfare facilities have been completed and can ensure normal production and formally put into production. Non-industrial projects refer to the major projects and accessory facilities completed which possess the designed capacity and have been checked, accepted and formally put into production.

Newly Increased Production Capacity (or Project Efficiency) refers to the increase in design capacity (or project efficiency) through investment in fixed assets, which reflects the accomplishment of investment in fixed assets in physical form and serves as an important basis for evaluating the economic efficiency of investment.

The newly increased production capacity (project efficiency) are usually expressed in one of the following forms:

(1) volume of output of products, i.e. the volume of output that the project can produce during a given period (usually a year). For instance, the capacity in coal mining is expressed in 10,000 tons/year, the capacity in producing chemical pesticides expressed in ton/year, the capacity in producing automobile in set/year, etc. For some chemical products where the effective contents differ significantly, the production capacity is expressed as the designed effective content equivalent, such as in the case of sulphuric acid, soda ash, caustic soda, etc;

(2) volume of raw materials processed per unit of time, i.e. the volume of raw materials that could be processed by the project per day (or per hour), such as tons of urban sewage processed per day;

(3) number or capacity of major equipment increased, such as number of wool spindles increased, or capacity (in 10 000kilowatts) of power generators increased;

(4) physical measures (number, volume, capacity, area, and length) of construction, which is typical for non-industrial projects, for instance, the length of railways put into operation, Highway mileage, bridge tunnel mileage, new (enlarge) built highway passenger/station number etc.

The special features of projects may sometimes call for the combined use of two or more measurements to reflect the increase in production capacity (or project efficiency); for instance, the new capacity for the production of internal combustion engines is expressed in sets per year and 10 000 kilowatts per year simultaneously.

To standardize the nomenclature and unit of measurement for newly increased production capacity (or project efficiency), the National Bureau of Statistics has developed the Nomenclature and Codes for New Production Capacity (Project Efficiency). All reporting units with investment activities are required to follow these two nomenclatures in reporting statistics on new production capacity (project efficiency).

Newly Increased Fixed Assets refer to the newly increased value of fixed assets, constructed or purchased, that have been transferred to the investors. Including finished fixed assets value and equipment, instrument investment and should be the cost of the relevant booth that reach the standard.

Belong to the increase of fixed assets value of the other construction cost, along with the work of the service of the delivery shall be included in the new with fixed assets.

Floor Space of Buildings under Construction refers to total floor space of the horizontal section of outer walls above the plinth of the building, including the effective area and the area occupied by the structure. This indicator is one of the important indicators in physical terms to reflect the scale and accomplishment of the construction industry, and important basis for monitoring the progress, calculating the cost, analyzing the efficiency and studying the supply of building materials in relation with the construction projects.

Floor Space of Residential Buildings refers to the floor space of the residential buildings among the total space of buildings under construction or completed.

Floor Space under Construction refers to total floor space of all buildings under construction during the reference period, including floor space of newly started buildings during the reference period, floor space of construction extended from the previous period to the current period, and floor space of construction suspended during the previous period and resumed in the current period. Floor space of construction completed in the current period, and floor space of construction started and then suspended in the current period are also included in the floor space under construction of the current year.

Floor Space of Buildings Completed refers to the floor space of all buildings completed in the reference period, which have been appraised and accepted (or come up to the designed standards) and have been transferred to the owners for use.

对外经济贸易和旅游

Foreign Trade and Tourism

● 资料整理：周文瑞

简要说明

一、主要内容

本篇包括河南对外贸易资料，利用外资资料，对外经济合作以及旅游等资料。

二、统计范围

对外贸易统计的范围是全省各进、出口贸易公司和有进出口经营权的生产企业、外商及港澳台商投资企业、科研机构等辖区内全部有进出口经营权的企业；利用外资统计的范围是辖区内全部外商投资企业、港澳台商投资企业和有外商其他投资的单位；对外经济合作统计范围是经各级商务部门批准的从事对外承包和劳务合作业务并具有法人地位的对外承包劳务企业。对外直接投资统计范围是境内投资主体通过直接投资在境外设立的各类公司型企业和非公司型企业。

三、资料来源

对外贸易、外商投资企业的登记注册情况、对外经济合作和对外直接投资资料采用全面调查方法。对外贸易资料1992年及以后为海关进出口统计数字，由郑州海关提供；利用外资资料中外商投资企业的登记注册情况资料由河南省工商行政管理局提供,其他由河南省商务厅提供；对外经济合作资料和对外直接投资资料由河南省商务厅提供。本篇资料由河南省统计局贸易外经处编辑整理。

旅游资料由河南省旅游局等有关部门提供，由河南省统计局贸易外经处编辑整理。

Brief Introduction

I. Main Contents

Data in this chapter provide summary data of Henan provincial foreign trade, utilization of foreign capital, economic cooperation with foreign countries or territories and Tourists.

II. Statistical Scopes

The statistics of foreign trade cover the Henan provincial import and export corporation, the manufacturing enterprises that have right to operate import and export, foreign and Hong Kong, Macao and Taiwan-invested enterprises and scientific research institutions. The statistics of utilization of foreign capital cover the foreign direct investments and other foreign investments, and the basic condition of registration of foreign funded enterprises. The statistics of economic cooperation with foreign countries or territories cover the corporate enterprise engaged in contracted projects and labour services cooperation with foreign countries and has been approved by the department of commerce at various levels. The statistics of foreign direct investment cover overseas corporate and non-corporate enterprises of various forms established by domestic investors through their investment operation.

III. Data Sources

Data on foreign trade, utilization of foreign capital, economic cooperation with foreign countries or territories are calculated through a comprehensive reporting system. Data on foreign trade since 1992 and later are calculated by Zhengzhou Customs. Data on utilization of foreign capital are calculated by the Henan provincial bureau of Commerce, data on registered cases of foreign-invested enterprises are calculated by the Henan provincial administration of Industry and Commerce. Data on overseas direct investment and economic cooperation with foreign countries or territories are calculated by the Henan provincial bureau of Commerce. Data in this chapter are provided by the Department of Trade and External Economic Relations of the Henan provincial bureau of Statistics.

Data on tourism are calculated by the Henan provincial bureau of tourism. Data on tourism are provided by the Department of Trade and External Economic Relations of the Henan provincial bureau of Statistics.

7-1 对外经济贸易基本情况

Foreign Trade and Economic Cooperation

指　　标	Item	2005	2010	2014	2015	2016
货物进出口总额(人民币亿元)	**Total Value of Imports and Exports (RMB 100 million yuan)**	**626.54**	**1204.40**	**3994.36**	**4600.19**	**4714.70**
出口总额	Total Exports	413.12	713.13	2418.81	2684.03	2835.34
进口总额	Total Imports	213.42	491.27	1575.55	1916.16	1879.35
进出口差额	Balance	199.71	221.86	843.25	767.86	955.99
货物进出口总额(亿美元)	**Total Value of Imports and Exports (USD 100 million)**	**77.36**	**177.92**	**650.33**	**737.81**	**712.26**
出口总额	Total Exports	51.01	105.34	393.84	430.61	428.34
进口总额	Total Imports	26.35	72.57	256.49	307.19	283.92
进出口差额	Balance	24.66	32.77	137.35	123.42	144.42
外商直接投资合同项目(个)	**Number of Projects for Contracted Foreign Direct Investment (unit)**	**472**	**362**	**328**	**272**	**196**
实际使用外资额(亿美元)	**Total Amount of Foreign Investment Actually Utilized (USD 100 million)**	**23.52**	**62.47**	**149.27**	**160.86**	**169.93**
#外商直接投资	Foreign Direct Investments	12.30	62.47	149.27	160.86	169.93
外资企业基本情况	**Registered Foreign-funded Enterprises**					
年末实有企业数(户)	Number of Registered Enterprise in the Year-end (unit)	2877	2459	2127	2154	2272
投资总额(亿美元)	Total Investment (USD 100 million)	206.41	378.66	588.78	687.10	822.49
注册资本(亿美元)	Registered Capital (USD 100 million)	112.29	205.35	296.92	348.16	449.00
#外方	Capital from Foreign Investors	75.34	148.66	223.26	248.44	331.63
对外经济合作(亿美元)	**Economic Cooperation with Foreign Countries & Regions (USD 100 million)**					
合同金额	Contracted Value	6.29	25.26	42.29	43.35	40.70
#对外承包工程	Contracted Projects	5.85	23.73	27.95	27.53	33.30
对外劳务合作	Labor Services	0.39	1.53	14.33	15.82	7.20
完成营业额	Value of Turnover Fulfilled	4.99	23.23	47.08	48.32	45.10
#对外承包工程	Contracted Projects	4.53	20.71	32.08	37.78	34.60
对外劳务合作	Labor Services	0.42	2.51	15.00	10.54	9.50

7-2 进出口总额

Total Value of Imports and Exports

年份 Year	美元(万美元) USD (10 000 dollors)				人民币(万元) RMB (10 000 yuan)			
	进出口总额 Total Imports & Exports	出口总额 Total Exports	进口总额 Total Imports	顺差 Balance	进出口总额 Total Imports & Exports	出口总额 Total Exports	进口总额 Total Imports	顺差 Balance
1978	11843	10231	1612	8619	19896	17188	2708	14480
1979	15406	13422	1984	11438	23879	20804	3075	17729
1980	22644	20448	2196	18252	33966	30672	3294	27378
1981	28487	24948	3539	21409	42855	37531	5324	32207
1982	28761	25471	3290	22181	54358	48140	6218	41922
1983	30418	27963	2455	25508	60228	55367	4861	50506
1984	38203	34174	4029	30145	89013	79625	9388	70237
1985	44991	36710	8281	28429	167367	136561	30806	105755
1986	50671	45263	5408	39855	188496	168378	20118	148260
1987	74732	65434	9298	56136	278003	243414	34589	208825
1988	84961	75052	9909	65143	316055	279193	36862	242331
1989	98539	81897	16642	65255	335157	304657	30500	274157
1990	100385	86689	13696	72993	481848	416107	65741	350366
1991	121489	104297	17192	87105	643892	552774	91118	461656
1992	116194	81632	34562	47070	633257	444894	188363	256532
1993	131423	75546	55877	19669	756996	435145	321852	113293
1994	163193	102242	60951	41291	1398564	876214	522350	353864
1995	222918	135759	87159	48600	1861365	1133588	727778	405810
1996	196855	124001	72854	51147	1631928	1027968	603960	424009
1997	189699	128663	61036	67627	1572604	1066616	505988	560628
1998	173196	118675	54521	64154	1435795	983816	451979	531837
1999	175044	112889	62155	50734	1449364	934721	514643	420078
2000	227486	149338	78148	71190	1883584	1236519	647065	589453
2001	279256	171548	107708	63840	2311339	1419864	891475	528389
2002	320351	211876	108475	103401	2652506	1754333	898173	856160
2003	471640	298041	173599	124442	3905179	2467779	1437400	1030380
2004	661346	417610	243736	173874	5475945	3457811	2018134	1439677
2005	773604	510093	263511	246582	6265419	4131243	2134176	1997067
2006	979594	663497	316097	347400	7809094	5289240	2519853	2769387
2007	1280493	839145	441347	397798	9803869	6424771	3379098	3045673
2008	1747934	1071890	676044	395846	12238006	7504743	4733263	2771481
2009	1343839	734648	609191	125457	9179764	5018380	4161384	856997
2010	1779157	1053447	725710	327737	12044003	7131309	4912694	2218616
2011	3264212	1924040	1340172	583868	20711951	12208344	8503607	3704736
2012	5175027	2967788	2207239	760549	32602703	18697083	13905620	4791463
2013	5995687	3598710	2396977	1201733	37165081	22312067	14853013	7459054
2014	6503288	3938370	2564918	1373452	39943605	24188066	15755539	8432527
2015	7378063	4306142	3071921	1234221	46001884	26840255	19161629	7678626
2016	7122554	4283385	2839169	1444215	47146980	28353441	18793539	9559902

注：本表1991年及以前年度为有关部门统计数据，从1992年开始为海关进出口数据。

a) Data before 1991 are obtained from the related Department, and the data since 1992 are obtained from the customs statistics.

7-3 各种分组的进出口总额

Total Value of Imports and Exports by Group

单位：万元 (10 000 yuan)

项　目	Item	进出口总额 Total Value of Imports and Exports		#出口总额 Exports Trade	
		2015	2016	2015	2016
合　计	**Total**	**46001884**	**47146980**	**26840255**	**28353441**
按贸易方式分	**By trade system**				
一般贸易	General Trade	12105103	13101529	8293054	8633452
援助物资	Aid Material	4495	8357	4495	8357
加工贸易	Processing Trade	31606643	32141907	18118711	19345376
#来料加工贸易	Processing Trade with Customer's Materials	93364	68529	60424	47313
进料加工贸易	Processing Trade with Imported Materials	31513278	32073379	18058287	19298063
对外承包工程出口	Export of Contracted Projects	344393	256099	344393	256099
三资企业投资设备进口	Import of Machines Invested by Equrty Joint Venture, Contractual Joint Venture, Wholly Foreign-owned Enterprise	53691	38400		
保税监管场所进出境货物	Inbound and Outbound Goods in Bounded Areas	374354	112314	33247	32468
其他贸易方式	Other Trade System	1513206	1488375	46355	77690
按注册类型分	**By Registration**				
国有企业	State-owned Enterprises	3874071	3986489	2074678	1913545
外商投资企业	Foreign Investment	32502533	32810024	18392989	19515977
合作	Cooperative Operation	51019	10878	12426	8406
合资	Equity Joint Ventures	31371247	31538838	17592467	18614882
独资	Sole Proprietorship	1080267	1260308	788095	892688
民营企业	Private Enterprise	9625280	10350460	6372588	6923918
其他企业	Others				

7-4 河南向一些国家(地区)进出口总额

Total Value of Imports and Exports To Related Countries and Regions

单位：万元 (10 000 yuan)

国家(地区)名　称	Country (Region)	进出口总额 Total Imports & Exports		#出口 Exports	
		2015	2016	2015	2016
合　计	**Total**	**46001884**	**47146980**	**26840255**	**28353441**
亚洲	**Asia**	**24306335**	**24409820**	**9091658**	**9847267**
韩国	South Korea	5872596	4238848	1004085	794739
日本	Japan	3198869	4143165	1496378	2482003
中国	China	4383690	4100451		292
台湾省	Taiwan	2869971	3817710	432852	266450
越南	Vietnam	1208429	1305308	566357	553877
中国香港	Hong Kong, China	1803444	1350539	1802345	1349059
非洲	**Africa**	**1635136**	**1469426**	**1315370**	**1159657**
南非	South Africa	442140	502463	277936	336153
贝宁	Benin	202697	125431	202697	125431
欧洲	**Europe**	**4705929**	**8143746**	**3875978**	**7141966**
荷兰	Holland	1522290	2994448	1462946	2956070
德国	Germany	748729	1535446	480215	1219683
英国	United Kingdom	504889	1109573	428662	1008551
俄罗斯联邦	Russia	351742	620061	280171	493659
意大利	Italy	318205	404480	264531	353528
拉丁美洲	**Latin America**	**2701302**	**2731777**	**1307022**	**1218315**
巴西	Brazil	782801	767679	269655	371143
墨西哥	Mexico	784175	837623	348385	252630
智利	Chile	248831	269641	143997	109320
北美洲	**North America**	**11362572**	**9254909**	**10613546**	**8476407**
美国	United States	10717488	8640252	10043901	7940011
加拿大	Canada	645076	614657	569638	536396
大洋洲	**Oceania**	**1282991**	**1131921**	**636680**	**509830**
澳大利亚	Australia	1206382	1024193	581270	451941
新西兰	New Zealand	67891	73784	47933	49503

7-5 人民币汇率(年平均价)

Exchange Rate of Renminbi (Annual Average)

单位：元 (yuan)

年 份 Year	100美元 100 US Dollars	100日元 100 Japanese Yen	100港元 100 Hong Kong Dollars	100欧元 100 Euros
1985	293.66	1.2457	37.57	
1986	345.28	2.0694	44.22	
1987	372.21	2.5799	47.74	
1988	372.21	2.9082	47.70	
1989	376.51	2.7360	48.28	
1990	478.32	3.3233	61.39	
1991	532.33	3.9602	68.45	
1992	551.46	4.3608	71.24	
1993	576.20	5.2020	74.41	
1994	861.87	8.4370	111.53	
1995	835.10	8.9225	107.96	
1996	831.42	7.6352	107.51	
1997	828.98	6.8600	107.09	
1998	827.91	6.3488	106.88	
1999	827.83	7.2932	106.66	
2000	827.84	7.6864	106.18	
2001	827.70	6.8075	106.08	
2002	827.70	6.6237	106.07	800.58
2003	827.70	7.1466	106.24	936.13
2004	827.68	7.6552	106.23	1029.00
2005	819.17	7.4484	105.30	1019.53
2006	797.18	6.8570	102.62	1001.90
2007	760.40	6.4632	97.46	1041.75
2008	694.51	6.7427	89.19	1022.27
2009	683.10	7.2986	88.12	952.70
2010	676.95	7.7279	87.13	897.25
2011	645.88	8.1050	82.97	900.11
2012	631.25	7.9037	81.38	810.67
2013	619.32	6.3323	79.85	822.19
2014	614.28	5.8196	79.22	816.51
2015	622.84	5.1543	80.34	691.41
2016	664.23	6.1243	85.58	734.26

注：数据来源于国家外汇管理局。

a) Data are from State Administration of Foreign Exchange.

7-6 外商和港澳台商直接投资情况

Foreign, Hong Kong, Macao and Taiwan's Direct Investments

单位：万美元 (USD 10 000)

年 份 Year	签订协议(合同) New Signed Agreement		实际利用外资额			
	个 数 Number of Projects(unit)	金 额 Value	Actually Utilized Foreign Value	#独资经营 Foreign Investment Enterprises	#合资经营 Equity Joint Venture	#合作经营 Contractual Joint Venture
1985	29	6870	565		541	24
1986	14	2724	605		542	63
1987	31	12562	467	31	244	192
1988	38	1986	6436		6268	168
1989	36	1681	4266	37	4199	30
1990	50	2107	1049	75	708	266
1991	154	12716	3791	294	3214	283
1992	1053	88327	10691	717	9655	319
1993	1727	157768	34197	5190	27338	1669
1994	1011	79168	42488	7168	32008	3312
1995	815	86748	47981	5064	42121	796
1996	478	92166	52566	7543	36831	8192
1997	423	86799	64735	14096	30159	20480
1998	353	57333	61794	6198	36356	19240
1999	264	61832	49527	8185	32317	9025
2000	237	69921	53999	4459	27292	6248
2001	224	62188	35861	9510	20685	5666
2002	290	101964	45165	9860	29592	5713
2003	324	182560	56149	16628	32970	5911
2004	478	205383	87367	39866	36071	11430
2005	472	235176	122960	48312	54698	10267
2006	497	336788	184526	89313	81926	8702
2007	516	483538	306162	150935	97847	18572
2008	364	604146	403266	203739	94822	14715
2009	274	492055	479858	284554	163957	27023
2010	362	578385	624670	366770	191196	58545
2011	355	767752	1008209	593537	322191	84563
2012	363	1172936	1211777	766291	368604	76373
2013	344	1154233	1345659	888056	411544	28321
2014	328	1183590	1492688	893738	537869	25846
2015	272	737323	1608637	963356	536546	33182
2016	196	875349	1699312	989249	628254	10981

7-7 外商和港澳台商在豫直接投资(2016年)

Direct Investment From Foreign, Hong Kong, Macao and Taiwan Businessmen in Henan (2016)

项目	Item	新签协议 New Signed Agreement 合同个数(个) Number of Contracts (unit)	投资额(万美元) Investments Value (USD 10 000)	实际投资(万美元) Actually Investments (USD 10 000)
总计	**Total**	**196**	**875349**	**1699312**
按登记注册类型分	**By Registration**			
#合资经营	Equity Joint Venture	88	497211	628254
合作经营	Contractual Joivt Venture	5	64561	10981
独资	Foreign Investment Enterprises	102	319088	989249
股份有限公司	FDI Shareholding Inc	1	-5511	70828
按国民经济行业分	**By Sector**			
#农、林、牧、渔业	Agriculture, Forestry, Animal Husbandry and Fishery	18	100100	28698
采矿业	Mining		8801	85958
制造业	Manufacturing	70	465469	1044590
电力、燃气及水的生产和供应业	Production and Supply of Electricity,Gas and Water	11	99708	200875
建筑业	Construction	2	6851	1272
交通运输、仓储及邮政业	Transport, Storage and Post	8	24213	17472
信息传输、计算机服务和软件业	Information Transimission, Computer Services and Software	6	9709	6800
批发和零售业	Wholesale and Retail Trade	26	22664	17025
住宿和餐饮业	Hotels and Catering Sevrices	3	27	2911
金融业	Financial Intermediation	2	7294	27700
房地产业	Real Estate	2	24278	176395
租赁和商务服务业	Leasing and Business Services	24	23046	59599
科学研究、技术服务和地质勘查业	Scientific Research, Technical Service and Geologic Perambulation	10	18887	10
水利、环境和公共设施管理业	Management of Water Conservancy, Environment and Public Facilities	2	56452	8886
居民服务和其他服务业	Services to Households and Other Services	4	68	11938
教育	Education	2	750	
卫生、社会保障和社会福利业	Health, Social Security and Social Welfare	1	1386	
文化、体育和娱乐业	Culture, Sports and Entertainment	5	5646	9183
按地区、国别分	**by Country or Region**			
香港	Hong Kong, China	93	608098	995876
台湾	Taiwan	27	20031	87835
加拿大	Canada		5190	12588
日本	Japan		250	32305
英国	United Kingdom	1	608	56222
美国	America	8	6855	70725
新加坡	Singapore	6	4917	115223
德国	Germany		-377	22433
韩国	South Korea	12	6490	36795

7–8 各市外商和港澳台商在豫直接投资金额

Direct Investment from Foreign, Hong Kong, Macao and Taiwan in Henan by City

单位：万美元 (USD 10 000)

市 City	新签协议(合同)金额 Value of New Signed Agreement (Contract)		实际利用外资 Actually Utilized Foreign Capital	
	2015	2016	2015	2016
全　　省 Total	**737323**	**875349**	**1608637**	**1699312**
省　辖　市 City				
郑　州　市 Zhengzhou	125514	426930	382661	403305
开　封　市 Kaifeng	55013	14357	58807	62338
洛　阳　市 Luoyang	46057	127080	255371	268798
平　顶　山　市 Pingdingshan	21708	44378	40633	43221
安　阳　市 Anyang	36163	15204	49454	50076
鹤　壁　市 Hebi	41251	18687	77067	81394
新　乡　市 Xinxiang	39411	34879	95072	102289
焦　作　市 Jiaozuo	27840	3210	78735	82733
濮　阳　市 Puyang	17930	2670	57544	63301
许　昌　市 Xuchang	34895	34486	68090	71951
漯　河　市 Luohe	71168	1777	85574	90032
三　门　峡　市 Sanmenxia	29688	10522	100817	106296
南　阳　市 Nanyang	44587	44173	57136	60228
商　丘　市 Shangqiu	24607	27450	34346	36249
信　阳　市 Xinyang	16313	4702	49517	52415
周　口　市 Zhoukou	27395	19928	49052	52197
驻　马　店　市 Zhumadian	57632	39806	36888	38879
济　源　市 Jiyuan	20151	5110	31873	33610
省　直　管　县 County Directly Administrated by Province				
巩　义　市 Gongyi	-280	209	30090	32205
兰　考　县 Lankao	12659		2149	2398
汝　州　市 Ruzhou	20110	203	10349	11348
滑　县 Huaxian	1756		3042	1001
长　垣　县 Changyuan	3049	7342	11968	12930
邓　州　市 Dengzhou	5026	287	1470	1560
永　城　市 Yongcheng	255	600	3426	3645
固　始　县 Gushi	6448	3942	2609	2781
鹿　邑　县 Luyi		2670		529
新　蔡　县 Xincai	2000	5000	130	220

7–9 外商和港澳台商投资企业(单位)注册登记情况
Registration Status of Foreign, Hong Kong, Macao and Taiwan Funded Enterprises

指 标	Item	2005	2010	2013	2014	2015	2016
年末实有企业数(户)	**Number of Registered Enterprise in the Year-end (unit)**	**2877**	**2459**	**2045**	**2127**	**2154**	**2272**
与外商和港澳台商合资经营	Equity Joint Venture	1717	1251	979	998	974	1016
与外商和港澳台商合作经营	Contractual Joint Venture	292	181	108	120	118	120
外商和港澳台商独资	Wholly owned Enterprise	860	1006	932	979	1027	1092
外商和港澳台商投资股份有限公司	FDI Shareholding Inc	8	21	26	30	35	44
年末实有企业投资总额(亿美元)	**Total Investments (100 million USD)**	**206.41**	**378.66**	**477.87**	**588.78**	**687.10**	**822.49**
注册资本(亿美元)	**Registered Capital (100 million USD)**	**112.29**	**205.35**	**244.79**	**296.92**	**348.16**	**449.00**
#外方	Capital Invested by Foreign Partner	75.34	148.66	179.10	223.26	248.44	331.63
本年登记企业数(户)	**Number of Registered Enterprise in the Year (unit)**	**420**	**252**	**143**	**162**	**154**	**186**
中外合资	Joint-venture Enterprises	212	91	62	75	52	79
中外合作	Cooperation Enterprises	39	19	3	11	3	6
外商独资	Wholly Foreign-owned Enterprise	169	142	78	76	98	100
中外股份公司	Share-holding Corporations					1	1
本年注册企业投资总额(万美元)	**Total Investments of Registered Enterprise in the Year (USD 10 000)**	**401029**	**507457**	**363741**	**518010**	**412106**	**926552**
本年注册资本(万美元)	**Registered Capital ih the Year (USD 10 000)**	**201757**	**269995**	**173492**	**286752**	**216162**	**471102**
#外方	Capital Invested by Foreign Partner	152789	225467	150904	226465	186371	402824

7-10 各市外商和港澳台商投资企业登记注册情况(2016年)

Registration Status of Foreign, Hong Kong, Macao and Taiwan Funded Enterprises by City (2016)

市 City	年末实有企业数(个) Real Number of Enterprises by the end of the year (unit)	年末实有企业投资总额(万美元) Realized Investment by the end of the year (USD 10 000)	本年登记企业数(个) Registered Enterprises in the year (unit)	本年注册企业投资总额(万美元) Total Value of Investment by Registered Enterprises This Year (USD 10 000)	累计注销企业数(个) Accumulative Number of Deregistered Enterprises (unit)
全省 Total	**2272**	**8224877**	**186**	**926551**	**1212**
河南省(省级) Provincial	**184**	**1541780**	**13**	**124780**	**162**
郑州市 Zhengzhou	634	2144891	70	232873	478
开封市 Kaifeng	103	225740	4	20759	39
洛阳市 Luoyang	186	523222	28	235495	88
平顶山市 Pingdingshan	60	320079	4	49517	13
安阳市 Anyang	82	186931	5	37920	37
鹤壁市 Hebi	41	126313	1	500	17
新乡市 Xinxiang	125	232427	5	30000	55
焦作市 Jiaozuo	85	338214	3	15935	67
濮阳市 Puyang	79	116916	3	5453	44
许昌市 Xuchang	77	257803	6	5829	21
漯河市 Luohe	56	185324	1	3	60
三门峡市 Sanmenxia	45	264508	4	8778	18
南阳市 Nanyang	144	419394	8	9706	36
商丘市 Shangqiu	61	126853	9	31426	13
信阳市 Xinyang	39	360410			22
周口市 Zhoukou	78	116991	3	23355	14
驻马店市 Zhumadian	85	196668	7	11844	15
济源市 Jiyuan	24	305849	1	2490	6
省直管县 County Directly Administrated by Province					
巩义市 Gongyi	15	28675		32600	
兰考县 Lankao	10	66858	2		1
汝州市 Ruzhou	3	3245			
滑县 Huaxian	6	21187			
长垣县 Changyuan	11	19315		20103	4
邓州市 Dengzhou	13	38804	2	9700	
永城市 Yongcheng	9	24928	2	4486	
固始县 Gushi	9	5672	3	8000	2
鹿邑县 Luyi	4	17441	1	5000	
新蔡县 Xincai	4	8440	1		

7-11 对外国和港澳台地区投资

Investment to Foreign, Hong Kong, Macao and Taiwan

项　目	Item	2010	2011	2012	2013	2014	2015	2016
新签协议(合同)个数(个)	Number of New Signed Agreements (Contracts) (unit)	62	83	69	81	87	92	121
中方新签协议(合同)	Investments of New Agreement (Contract)							
投资额(万美元)	Signed by China (USD 10 000)	53132	92823	108405	130207	159014	232461	436751
中方实际投资(万美元)	Actually Investments by China (USD 10 000)	11864	30171	24497	65675	62614	182243	389313
年末已建成投产(开业)	Number of Business Completed and							
企业数(个)	Put into Use in the Year-end (unit)	288	295	360	382	442	561	682

7-12 对外承包工程和劳务合作

Contracted Projects and Labor Cooperation with Foreign Countries or Regions

指　标	Item	2010	2011	2012	2013	2014	2015	2016
签订合同数(个)	Number of Contracts Signed (unit)	860	241	229	315	128	151	127
签订合同金额(万美元)	Contracted Value (USD 10 000)	252599	293368	347086	405763	422878	433503	406988
营业额(万美元)	Value of Business (USD 10 000)	232269	319937	370866	420916	470801	483160	451011
派出人员(人次)	Person Send Abroad (person-time)	32350	32001	16492	68877	69703	70243	60942
年底在外人员(人)	Number of Abroad Person at Year-end (person)	56251	68948	57103	81751	88825	101289	116302

7-13 河南与国外结成友好城市一览表
List of Foreign Sister Cities with Henan

友好城市 Sister City	国　别 Country of Origin	缔结时间 Time of Conclusion	友好城市 Sister City	国　别 Country of Origin	缔结时间 Time of Conclusion
河南省			**图尔市**	**法国**	**1982年12月**
堪萨斯州	美国	1981年5月	拉克罗斯市	美国	1997年10月
三重县	日本	1986年11月	**陶里亚蒂市**	俄罗斯	2000年4月
瓦隆地区	比利时	1988年4月	**平顶山市**		
普利亚大区	意大利	1988年6月	安东市	韩国	1997年4月
索恩-卢瓦尔省	法国	1990年10月	塞兹兰市	俄罗斯	2000年11月
布勒伊拉县	罗马尼亚	1993年9月	圣路易斯.里约.科罗拉	墨西哥	2009年11月
曼尼托巴省	加拿大	1994年11月	**坎布里乌市**	巴西	2011年11月
庆尚北道	韩国	1995年10月	**安阳市**		
萨马拉州	俄罗斯	1997年3月	斯哈尔贝克市	比利时	1985年9月
阿尔及尔省	阿尔及利亚	1998年4月	草加市	日本	1998年11月
同塔省	越南	1998年7月	莱桥市	加拿大	2005年5月
蒂罗尔州	奥地利	1999年11月	**纳库鲁市**	肯尼亚	2006年9月
奥罗莫州	埃塞俄比亚	2000年9月	**新乡市**		
春武里府	泰国	2001年6月	柏原市	日本	1990年9月
圣卡塔琳娜州	巴西	2002年4月	伊塔亚伊市	巴西	2008年11月
科马隆州	匈牙利	2002年8月	**乌波塔尔市**	德国	2014年6月
莫吉廖夫州	白俄罗斯	2004年8月	**焦作市**		
伊达尔戈州	墨西哥	2005年5月	热伊勒地区	吉尔吉斯斯坦	2001年4月
恩特雷里奥斯省	阿根廷	2005年5月	帕辽沙市	巴西	2007年9月
东芬兰省	芬兰	2005年8月	卢布林市	波兰	2010年4月
玻利瓦尔州	委内瑞拉	2006年8月	**忠州市**	韩国	2013年9月
科金博大区	智利	2007年11月	**濮阳市**		
法尤姆省	埃及	2007年11月	阿什伯顿市	新西兰	2000年9月
西北省	南非	2008年4月	**楚河区**	吉尔吉斯斯坦	2008年5月
纽卡斯尔市	英国	2008年9月	**许昌市**		
卢布林省	波兰	2008年9月	博灵布鲁克市	美国	2005年5月
梅克伦堡-前波莫瑞州	德国	2009年7月	**基涅利市**	俄罗斯	2007年9月
哈瓦那市	古巴	2009年7月	**蔚山广域市，中区**	韩国	2015年4月
马格尼西亚省	希腊	2009年10月	**漯河市**		
林波波省	南非	2011年6月	**伊普斯威奇市**	英国	2008年3月
打拉省	菲律宾	2011年9月	**三门峡市**		
马鲁古省	印度尼西亚	2011年9月	北上市	日本	1985年5月
加兹-纳杰孔-索尔诺克州	匈牙利	2012年3月	索尔诺克市	匈牙利	2009年9月
瓜亚斯省	厄瓜多尔	2012年3月	东豆川市	韩国	2011年5月
阿肯色州	美国	2012年4月	**南阳市**		
干拉省	柬埔寨	2014年10月	南阳市	日本	1988年10月
磅湛省	柬埔寨	2014年10月	**加特市**	以色列	1995年11月
郑州市			**春川市**	**韩国**	**2013年1月**
埼玉市	日本	1981年10月	斯洛博齐亚市	罗马尼亚	2013年2月
里士满市	美国	1994年9月	阿斯蒂市	意大利	2014年2月
克卢日.纳波卡市	罗马尼亚	1995年5月	**商丘市**		
晋州市	韩国	2000年7月	**大谢珀顿市**	澳大利亚	2012年12月
马林塔尔市	纳米比亚	2001年8月	**信阳市**		
伊尔比德市	约旦	2002年4月	**高敞郡**	韩国	2010年3月
萨马拉市	俄罗斯	2002年4月	**驻马店市**		
若茵维莱市	巴西	2003年11月	**梅杰迪亚市**	罗马尼亚	2002年9月
什未林市	德国	2006年4月	**济源市**		
舒门市	保加利亚	2007年4月	**新座市**	日本	2003年2月
莫吉廖夫市	**白俄罗斯**	**2014年6月**	**漆谷郡**	**韩国**	**2015年4月**
开封市			**郑州市管城回族区**		
户田市	日本	1984年8月	**青松郡**	韩国	2016年1月
威奇托市	美国	1985年12月	**禹州市**		
永川市	韩国	2005年6月	**山清郡**	韩国	2009年5月
温格卡瑞比郡	澳大利亚	2007年10月	信阳市浉河区		
鄂木斯克市	**俄罗斯**	**2009年8月**	**新见市**	日本	**1992年4月**
莫茨金市	以色列	2014年10月	阿什凯隆市	以色列	1995年6月
洛阳市			**濮阳市濮阳县**		
冈山市	日本	1981年4月	诗巫市	马来西亚	2013年1月

7-14 各市利用省外资金情况

Direct Investment by Other Provinces in Henan by City

单位：亿元 (100 million yuan)

市 City	新签协议(合同)金额 Value of New Signed Agreement (Contract) 2015	2016	实际利用省外资金 Actually utilized Foreign Capital 2015	2016
全 省 Total	**18147.2**	**19202.6**	**7821.5**	**8438.1**
省 辖 市 City				
郑 州 市 Zhengzhou	2019.5	1831.1	924.2	997.6
开 封 市 Kaifeng	1239.3	1352.2	498.3	539.0
洛 阳 市 Luoyang	1640.3	1759.6	661.0	709.9
平 顶 山 市 Pingdingshan	1008.4	2120.0	476.3	511.1
安 阳 市 Anyang	1470.7	1633.2	578.9	626.3
鹤 壁 市 Hebi	528.6	446.4	261.4	283.8
新 乡 市 Xinxiang	1551.5	665.1	550.5	594.6
焦 作 市 Jiaozuo	757.9	1219.6	538.9	577.1
濮 阳 市 Puyang	575.4	550.9	194.3	210.8
许 昌 市 Xuchang	1236.2	1264.2	406.8	441.0
漯 河 市 Luohe	545.1	466.8	207.9	223.5
三 门 峡 市 Sanmenxia	638.0	685.2	327.3	352.2
南 阳 市 Nanyang	1356.1	1110.7	478.7	515.9
商 丘 市 Shangqiu	1303.0	1719.2	595.2	643.7
信 阳 市 Xinyang	654.7	674.9	224.7	243.9
周 口 市 Zhoukou	708.4	1044.0	479.2	516.4
驻 马 店 市 Zhumadian	512.5	337.9	241.2	261.7
济 源 市 Jiyuan	401.6	321.6	176.7	189.6
省 直 管 县 County Directly Administrated by Province				
巩 义 市 Gongyi	113.1	241.1	66.3	71.5
兰 考 县 Lankao	100.8	173.4	57.9	62.3
汝 州 市 Ruzhou	84.5	231.7	63.8	68.8
滑 县 Huaxian	79.3	158.1	58.2	62.6
长 垣 县 Changyuan	53.9	121.9	44.2	47.7
邓 州 市 Dengzhou	167.8	92.7	45.7	49.0
永 城 市 Yongcheng	158.2	235.7	56.2	60.8
固 始 县 Gushi	40.7	125.7	30.0	32.2
鹿 邑 县 Luyi	101.4	102.5	58.3	62.9
新 蔡 县 Xincai	94.6	23.6	18.8	20.1

7-15 旅游业基本情况
Basic Information of International Tourism

项目	Item	2010	2011	2012	2013	2014	2015	2016
旅游设施	**Tourist Facilities**							
饭店(个)	Number of Hotels (unit)	502	503	566	575	557	545	520
床位(万张)	Number of Beds (10 000 units)	11.21	11.25	12.37	12.48	12.25	12.24	11.66
接待入境游客人数	**Number of International Tourists**							
(万人次)	**Received (10 000 person-times)**	**146.84**	**168.29**	**190.77**	**207.33**	**227.20**	**268.29**	**293.95**
外国人	Foreigner	96.09	104.29	118.74	125.27	139.75	172.62	191.98
香港同胞	Compatriots from Hongkong	17.91	23.40	26.48	29.38	32.56	31.00	35.50
澳门同胞	Compatriots from Macao	8.07	10.00	11.25	11.62	11.72	14.54	14.31
台湾同胞	Compatriots from Taiwan	24.77	30.16	34.30	41.06	43.17	50.13	52.15
旅游创汇收入	**Income from International Tourists**							
(万美元)	**(USD 10 000)**	**49877**	**54902**	**61141**	**65997**	**72530**	**84948**	**89542**

注：1.本表接待入境旅游者人数包括不过夜人数(下表同)。
2.旅游创汇收入为旅游部门抽样调查数。
3.饭店和床位为星级饭店年报数据。

a) Number of international tourists received exclude persons who didn't stay for night. (same as the following table).
b) Data on the income of international tourists received are obtained from sample survey by tourism administration.
c) Numbers of Hotels and Beds were Obtained from Starred Hotels Annual Report.

7-16 各市入境旅游情况(2016年)
Basic Information of International Tourism by City (2016)

市	City	星级饭店数(个) Total Number of Starred Hotels (unit)	接待入境游客人数(人次) Number of International Tourists Received (person-time)	#外国人 Foreigner	旅游创汇收入(万美元) Income from International Tourists (USD 10 000)
郑州市	Zhengzhou	89	480652	372488	19945
开封市	Kaifeng	21	270765	136445	7322
洛阳市	Luoyang	62	1149900	762550	34869
平顶山市	Pingdingshan	35	87557	14871	863
安阳市	Anyang	17	144613	140701	3191
鹤壁市	Hebi	10	8320	2029	9313
新乡市	Xinxiang	13	175120	167665	189
焦作市	Jiaozuo	28	359160	17558	3355
濮阳市	Puyang	10	19460	205305	2329
许昌市	Xuchang	20	4321	3733	136
漯河市	Luohe	10	9492	5608	231
三门峡市	Sanmenxia	18	87557	28894	247
南阳市	Nanyang	82	20299	1761	1008
商丘市	Shangqiu	13	8461	1608	252
信阳市	Xinyang	34	15214	3721	392
周口市	Zhoukou	20	61663	29413	1680
驻马店市	Zhumadian	35	42210	18637	421
济源市	Jiyuan	3	12374	6822	199

7-17 接待国内游客人数和收入

Number and Income of Domestic Tourists Received

本表为抽样调查数。
Date in this table are obtained from the sample survey.

项目	Item	2015	省内游客 Local Tourists	省外游客 Non-local Tourists	2016	省内游客 Local Tourists	省外游客 Non-local Tourists
接待国内游客人数 (万人次)	Number of Domestic Tourists Received (10 000 person-time)	51621	38767	12854	58013	43800	14213
#一日游	One Day Tour	21433	16096	5337	28426	21320	7106
接待国内游客收入 (亿元)	From Domestic Tourists (100 million yuan)	4982	3330	1652	5703	3730	1973

7-18 各市国内旅游基本情况(2016年)

Basic Information of Domestic Tour by City (2016)

市	City	总人次数(万人次) Number of Person-time (10 000 person-times)	总花费(亿元) Total Cost (100 million yuan)	人均花费(元) Per Capita Cost (yuan)
郑州市	Zhengzhou	13701	1566.98	1144
开封市	Kaifeng	5303	405.66	765
洛阳市	Luoyang	8930	1012.66	1134
平顶山市	Pingdingshan	2096	186.28	889
安阳市	Anyang	3386	288.27	851
鹤壁市	Hebi	1005	66.00	657
新乡市	Xinxiang	3274	215.59	658
焦作市	Jiaozuo	4170	332.62	798
濮阳市	Puyang	1852	144.51	780
许昌市	Xuchang	1424	81.52	572
漯河市	Luohe	978	61.11	625
三门峡市	Sanmenxia	3208	235.61	734
南阳市	Nanyang	2941	233.08	793
商丘市	Shangqiu	1761	109.21	620
信阳市	Xinyang	2918	171.59	588
周口市	Zhoukou	1626	112.16	690
驻马店市	Zhumadian	1968	132.59	674
济源市	Jiyuan	982	45.94	468

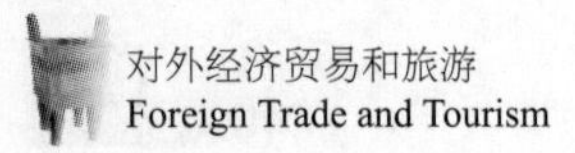

主要统计指标解释

进出口总额　海关进出口总额指实际进出我国国境的货物总金额。包括对外贸易实际进出口货物，来料加工装配进出口货物，国家间、联合国及国际组织无偿援助物资和赠送品，华侨、港澳台同胞和外籍华人捐赠品，租赁期满归承租人所有的租赁货物，进料加工进出口货物，边境地方贸易及边境地区小额贸易进出口货物(边民互市贸易除外)，中外合资企业、中外合作经营企业、外商独资经营企业进出口货物和公用物品，到、离岸价格在规定限额以上的进出口货样和广告品(无商业价值、无使用价值和免费提供出口的除外)，从保税仓库提取在中国境内销售的进口货物，以及其他进出口货物。进出口总额用以观察一个国家在对外贸易方面的总规模。我国规定出口货物按离岸价格统计，进口货物按到岸价格统计。

利用外资　指我国各级政府、部门、企业和其他经济组织通过对外借款、吸收外商直接投资以及用其他方式筹措的境外现汇、设备、技术等。

外商直接投资　指外国企业和经济组织或个人(包括华侨、港澳台胞以及我国在境外注册的企业)按我国有关政策、法规，用现汇、实物、技术等在我国境内开办外商独资企业、与我国境内的企业或经济组织共同举办中外合资经营企业、合作经营企业或合作开发资源的投资(包括外商投资收益的再投资)，以及经政府有关部门批准的项目投资总额内企业从境外借入的资金。

外商其他投资　指除对外借款和外商直接投资以外的各种利用外资的形式。包括企业在境内外股票市场公开发行的以外币计价的股票（目前主要是在香港证券市场发行的H股和在境内证券市场发行的B股）发行价总额，国际租赁进口设备的应付款，补偿贸易中外商提供的进口设备、技术、物料的价款，加工装配贸易中外商提供的进口设备、物料的价款。

对外承包工程　指各对外承包公司以招标议标承包方式承揽的下列业务：⑴承包国外工程建设项目，⑵承包我国对外经援项目，⑶承包我国驻外机构的工程建设项目，⑷承包我国境内利用外资进行建设的工程项目，⑸与外国承包公司合营或联合承包工程项目时我国公司分包部分，⑹对外承包兼营的房屋开发业务。对外承包工程的营业额是以货币表现的本期内完成的对外承包工程的工作量，包括以前年度签订的合同和本年度新签订的合同在报告期内完成的工作量。

对外劳务合作　指以收取工资的形式向业主或承包商提供技术和劳动服务的活动。我国对外承包公司在境外开办的合营企业，中国公司同时又提供劳务的，其劳务部分也纳入劳务合作统计。劳务合作营业额按报告期内向雇主提交的结算数(包括工资、加班费和奖金等)统计。

旅游人数

(1)入境旅游人数：指报告期内来我国观光、度假、探亲访友、就医疗养、购物、参加会议或从事经济、文化、体育、宗教活动的外国人、港澳台同胞等入境游客。统计时，外国人、港澳台同胞每入境一次统计 1 人次。

(2)出境人数：指中国（大陆）居民因公或因私出境前往其他国家、中国香港特别行政区、澳门特别行政区和台湾省观光、度假、探亲访友、就医疗养、购物、参加会议或从事经济、文化、体育、宗教活动的人数，即出境游客。统计时，按每出境一次统计 1 人次。

(3)国内旅游人数：指在报告期内在中国（大陆）观光游览、度假、探亲访友、就医疗养、购物、参加会议或从事经济、文化、体育、宗教活动的中国（大陆）居民人数，其出游的目的不是通过所从事的活动谋取报酬。统计时，国内游客按每出游一次统计 1 人次。

国际旅游(外汇)收入　指入境游客在中国（大陆）境内旅行、游览过程中用于交通、参观游览、住宿、餐饮、购物、娱乐等全部花费。

国内旅游收入　指国内游客在国内旅行、游览过程中用于交通、参观游览、住宿、餐饮、购物、娱乐等全部花费。

星级饭店　指设备、设施、服务符合《旅游饭店星级的划分与评定》(GB/T14308-2003)，通过相关旅游管理部门评定，并取得星级饭店称号的饭店（含预备星级饭店）。

Explanatory Notes on Main Statistical Indicators

Total Imports and Exports at Customs refer to the value of commodities imported into and exported from the boundary of China. They include the actual imports and exports through foreign trade, imported and exported goods under the processing and assembling trades and materials, supplies and gifts as aid given gratis between governments and by the United Nations and other international organizations, and contributions donated by overseas Chinese, compatriots in Hong Kong and Macao and Chinese with foreign citizenship, leasing commodities owned by tenant at the expiration of leasing period, the imported and exported commodities processed with imported materials, commodities trading in border areas(excluding mutual exchange goods), the imported and exported commodities and articles for public use of the Sino-foreign joint ventures, cooperative enterprises and ventures exclusively with foreign own investment. Also included are import or export of samples and advertising goods for whose CIF or FOB value are beyond the permitted ceiling (excluding goods of no trading or use value and free commodities for export), imported goods sold in China from bonded warehouses and other imported or exported goods. The indicator of the total imports and exports at customs can be used to observe the total size of external trade in a country. In accordance with the stipulation of the Chinese government, imports are calculated at CIF, while exports are calculated at FOB.

Utilization of Foreign Capital refers to remittance, equipment and technology financed from abroad, by loans, foreign direct investment and other forms undertaken by the Chinese governments at all levels, by various departments, enterprises and other economic units.

Direct Investment by Foreign Entrepreneurs refers to the investments inside China by foreign enterprises and economic organizations or individuals (including overseas Chinese, compatriots from Hong Kong and Macao, and Chinese enterprises registered abroad), following the relevant policies and laws of China, for the establishment of ventures exclusively with foreign own investment, Sino-foreign joint ventures and cooperative enterprises or for co-operative exploration of resources with enterprises or economic organizations in China. It includes the re investment of the foreign entrepreneurs with the profits gained from the investment and the funds that enterprises borrow from abroad in the total investment of projects which are approved by the relevant department of the government.

Other Investment by Foreign Entrepreneurs refers to all forms of utilization of foreign capitals other than foreign borrowings and foreign direct investment. It includes the total value of stock shares in foreign currencies issued by enterprises at domestic or foreign stock exchanges (now mainly consisting of H shares issued at Hong Kong Security Market and B shares issued at domestic security markets), rent payable for the imported equipment through international leasing arrangement, cost of imported equipment, technology and materials provided by foreign counterparts in compensation trade and processing and assembly trade.

Contracted Projects with Foreign Countries refer to projects undertaken by Chinese contractors (project contracting companies) through bidding process. They include: (1) overseas civil engineering construction projects financed by foreign investors; (2) overseas projects financed by the Chinese government through its foreign aid programs; (3) construction projects of Chinese diplomatic missions, trade offices and other institutions stationed abroad; (4) construction projects in China financed by foreign investment; (5)sub-contracted projects to be taken by Chinese contractors through a joint umbrella project with foreign contractor's); (6)housing development projects. The business income from international contracted projects is the work volume of contracted projects completed during the reference period, expressed in monetary terms, including completed work on projects signed in previous years.

Service Cooperation with Foreign Countries refers to the activities of providing technology and labor services to employers or contractors in the forms of receiving salaries and wages. Labor services providing by contractual joint ventures of Chinese international contracting corporations should be included in the statistics of service co-operation with foreign countries. The business income of labor service co-operation is the income in the form of wages and salaries, overtime pay, bonuses and other remuneration received from the employers during the reference period.

Number of Tourists

(1) Visitor arrivals refer to the number of foreigners, Chinese compatriots from Hong Kong, Macao and Taiwan Chinese (mainland) who come to China (mainland) for sight-seeing, vacation, visiting relatives, medical treatment, shopping, attending conference, or to engage in economic, cultural, sports and religious activities. In compiling statistics, each time of entering China is counted as one person-time.

(2) Number of Chinese residents going abroad refer to the number of Chinese (mainland) residents going to other countries, Hong Kong Special Administrative region, Macao Special Administrative region and Taiwan for on official or private purposes, for sight-seeing, vacation, visiting relatives, medical treatment, shopping, attending conference, or to engage in economic, cultural, sports and religious activities. In compiling statistics, each time of leaving is counted as one person-time.

(3) Number of domestic tourists refers to the number Of Chinese (mainland) residents who travel within China (mainland) for sight-seeing, vacation, visiting relatives, medical treatment, shopping, attending conference, or to engage in economic, cultural, sports and religious activities. In compiling statistics, each time of traveling is counted as one person-time.

Foreign Exchange Earnings from International Tourism refer to the total expenditure of foreigners, overseas Chinese, Chinese compatriots from Hong Kong, Macao and Taiwan during their stay in the mainland of China on transportation, sighting, accommodation, food, shopping and entertainment.

Income from Domestic Tourism refer to expenditure of domestic tourists on transportation, sighting, accommodation, food, shopping and entertainment while they travel.

Star-rated Hotels refer to hotels rated with stars as assessed by the relevant tourism authorities according to GB/T14308-2003 standard with reference to their infrastructure, facilities and service levels.

能源
Energy

8

● 资料整理：曹战峰

简要说明

一、主要内容

本篇包括能源生产、消费及品种构成，能源生产和消费弹性系数、能源加工转换效率、单位能耗、规模以上工业分行业主要能源品种的购进、消费及库存，主要耗能工业企业单位产品能源消耗，水资源消耗和电力消耗等资料。

二、统计范围

能源统计范围为全社会。单位工业增加值能耗的统计范围是规模以上工业法人企业(年主营业收入达到2000万元及以上)。能源加工转换效率表中，电力折算标准煤系数采用当量值计算，每千瓦小时折0.1229千克标准煤。

三、资料来源

本篇数据来自能源平衡表以及规模以上工业企业能源购进、消费、库存统计本篇数据来自能源平衡表以及规模以上工业企业能源购进、消费、库存统计年报。能源生产与消费弹性系数分别以能源生产、消费增长速度与国内生产总值增长速度相比求得。根据第三次经济普查结果，对2010年以来有关数据进行了修订。本部分资料由河南省统计局能源统计处编辑整理。

Brief Introduction

I. Main Contents

Data in this chapter cover mainly energy production, consumption, and composition; elasticity ratio of energy production and consumption; efficiency of energy processing and conversion; energy consumption per unit; Purchase, consumption and Stock of enterprises above designated size by sector, Energy consumption per unit of product, consumption of water and electric.

II. Scope of Statistics

The scope of data in this chapter is the whole province. The scope of data on energy consumption per unit of added-value of industrial is enterprises above designated size (Main business income over 20 million yuan). In the table on the efficiency of energy conversion, the coefficient for the conversion of electric power into standard coal equivalent. One kilowatt is equal to 0.1229kg SCE.

III. Sources of Data

Data in this part comes from the energy balance sheets and annual report on energy purchase, consumption and Stock by industrial enterprises above designated size. The elasticity ratio of energy production is calculated as the quotient of the growth rate of energy production divided by the growth rate of GDP; and the elasticity ratio of energy consumption is calculated as the quotient of the growth rate of energy consumption divided by the growth rate of GDP. Data on Energy consumption since 2010 are revised by the basis of the third Economic Census. Data in this chapter are provided by Department of Energy of the Henan provincial Bureau of Statistics.

8-1 能源生产总量及构成
Total Production of Energy and Its Composition

年 份 Year	能源生产总量 (万吨标准煤) Total Energy Production (10 000 tons of SCE)	占能源生产总量的比重 (%) As Percentage of Total Energy Production			
		原 煤 Coal	原 油 Crude Oil	天然气 Natural Gas	一次电力及其他能源 Primary Electricity and Other Energy
1978	4434	93.7	5.4		0.9
1979	4536	91.9	7.1		1.0
1980	4402	91.3	7.5	0.1	1.1
1981	4760	87.4	11.1	0.5	1.0
1982	4998	85.3	12.8	0.7	1.2
1983	5456	83.8	14.1	0.9	1.2
1984	5981	82.8	15.3	0.9	1.0
1985	6909	81.5	16.4	1.2	0.9
1986	7261	80.3	17.3	1.6	0.8
1987	7361	79.3	18.1	1.9	0.7
1988	7624	78.6	18.3	2.3	0.8
1989	8031	80.0	17.0	2.2	0.8
1990	8071	81.3	15.6	2.3	0.8
1991	7999	81.9	15.2	2.2	0.7
1992	8058	82.8	14.4	2.1	0.7
1993	8037	83.7	13.6	1.9	0.8
1994	8085	85.0	12.1	2.0	0.9
1995	8454	87.5	10.2	1.6	0.7
1996	8757	88.1	9.6	1.6	0.7
1997	8558	87.9	9.8	1.7	0.6
1998	8080	87.4	10.4	2.0	0.2
1999	6947	85.6	11.6	2.5	0.3
2000	6591	83.7	12.2	2.8	1.4
2001	7238	84.0	11.2	2.9	1.9
2002	8321	85.2	9.8	2.8	2.3
2003	10634	88.3	7.4	2.3	2.0
2004	13079	90.4	5.7	1.7	2.2
2005	14522	91.3	5.0	1.8	1.9
2006	15002	91.7	4.7	1.7	2.0
2007	14604	91.8	4.8	1.4	2.0
2008	15487	92.6	4.4	1.2	1.8
2009	17002	93.4	4.0	0.8	1.8
2010	17438	92.4	4.1	0.5	3.0
2011	15786	91.3	4.4	0.4	3.9
2012	12224	90.2	5.6	0.5	3.7
2013	13133	90.6	5.2	0.5	3.7
2014	11796	89.8	5.7	0.6	3.9
2015	11231	89.3	5.2	0.5	5.0
2016	9705	88.9	4.6	0.5	6.0

注：电力折算标准煤数根据当年平均发电煤耗计算。

a) The coefficient for conversion of electric power into SCE is calculated on the basis of the data on average coal consunption in generating electric power in the same year.The same applies to the tables following.

8-2 能源消耗总量及构成

Total Consumption of Energy and Its Composition

年 份 Year	能源生产总量 (万吨标准煤) Total Energy Consumption (10 000 tons of SCE)	占能源生产总量的比重 (%) As Percentage of Total Energy Consumption			
		原 煤 Coal	原 油 Crude Oil	天然气 Natural Gas	一次电力及其他能源 Primary Electricity and Other Energy
1978	3353	92.3	6.8		0.9
1979	3228	92.1	6.9		1.0
1980	3389	91.6	7.0	0.2	1.2
1981	3612	91.3	6.9	0.6	1.2
1982	3560	91.1	6.5	0.9	1.5
1983	4035	90.9	6.5	1.1	1.5
1984	4474	91.0	6.5	1.2	1.3
1985	4618	89.9	7.0	1.8	1.3
1986	4709	88.3	8.4	2.2	1.1
1987	5006	88.4	8.4	2.2	1.0
1988	5292	87.7	8.8	2.5	1.0
1989	5112	87.7	8.7	2.3	1.3
1990	5206	87.8	8.4	2.6	1.2
1991	5363	88.3	8.5	2.2	1.0
1992	5583	88.4	8.4	2.3	0.9
1993	5862	88.2	8.8	2.0	1.0
1994	6225	87.7	9.0	2.2	1.1
1995	6473	87.6	9.6	1.8	1.0
1996	6654	87.5	9.8	1.7	1.0
1997	6711	87.8	9.6	1.7	0.9
1998	7244	87.6	9.8	1.6	1.0
1999	7380	87.5	9.8	1.7	1.0
2000	7919	87.6	9.6	1.7	1.1
2001	8367	87.0	9.5	1.9	1.6
2002	9005	86.6	9.3	2.0	2.1
2003	10595	86.7	9.4	1.9	2.0
2004	13074	86.6	9.2	2.0	2.2
2005	14625	87.2	8.7	2.2	1.9
2006	16234	87.4	8.0	2.5	2.1
2007	17838	87.7	7.9	2.5	1.9
2008	18976	87.2	8.0	2.6	2.2
2009	19751	87.0	7.9	2.8	2.3
2010	18594	82.8	9.3	3.4	4.5
2011	20462	81.6	10.4	3.6	4.4
2012	20920	80.0	11.5	4.7	3.8
2013	21909	77.2	12.9	4.8	5.2
2014	22890	77.7	12.6	4.5	5.3
2015	23161	76.5	13.1	4.5	5.9
2016	23117	75.1	13.5	5.2	6.2

8-3 能源生产弹性系数

Elasticity Ratio of Energy Production

年 份 Year	能源生产比上年增长 (%) Growth Rate of Energy Production over Preceding Year (%)	电力生产比上年增长 (%) Growth Rate of Electricity Production over Preceding Year (%)	生产总值比上年增长 (%) Growth Rate of Gross Domestic Product(GDP) over Preceding Year (%)	能源生产弹性系数 Elasticity Ratio of Energy Production	电力生产弹性系数 Elasticity Ratio of Electricity Production
1980	-3.0		15.4		
1981	8.1	13.6	7.8	1.04	1.74
1982	5.0	4.1	4.3	1.16	0.95
1983	9.2	5.6	23.8	0.39	0.24
1984	9.6	5.8	10.1	0.95	0.57
1985	15.5	5.3	13.5	1.15	0.39
1986	5.1	12.3	4.6	1.11	2.67
1987	1.4	12.0	15.0	0.09	0.80
1988	3.6	0.1	9.8	0.37	0.01
1989	5.3	5.6	4.4	1.20	1.27
1990	0.5	5.4	4.5	0.11	1.20
1991	-0.9	11.3	6.9		1.64
1992	0.7	16.2	13.7	0.05	1.18
1993	-0.3	8.8	15.8		0.56
1994	0.6	10.3	13.8	0.04	0.75
1995	4.6	12.8	14.8	0.31	0.86
1996	3.6	8.5	13.9	0.26	0.61
1997	-2.3	6.2	10.4		0.60
1998	-5.6	0.0	8.8		0.00
1999	-14.0	4.4	8.1		0.55
2000	-5.1	6.6	9.5		0.70
2001	9.8	12.8	9.0	1.09	1.42
2002	15.0	14.4	9.5	1.57	1.52
2003	27.8	12.7	10.7	2.60	1.19
2004	23.0	24.2	13.7	1.68	1.77
2005	11.0	11.3	14.2	0.78	0.80
2006	3.3	12.6	14.4	0.23	0.88
2007	-2.7	19.9	14.6		1.36
2008	6.1	2.2	12.1	0.50	0.18
2009	9.8	4.9	10.9	0.90	0.45
2010	2.6	10.4	12.5	0.20	0.83
2011	-9.5	13.8	11.9		1.16
2012	-22.6	1.9	10.1		0.18
2013	7.4	8.3	9.0	0.83	0.92
2014	-10.2	-4.9	8.9		
2015	-4.8	-4.3	8.3		
2016	-13.6	1.5	8.1		0.18

8-4 能源消费弹性系数

Elasticity Ratio of Energy Consumption

年 份 Year	能源消费比上年增长 (%) Growth Rate of Energy Consumption over Preceding Year (%)	电力消费比上年增长 (%) Growth Rate of Electricity Consumption over Preceding Year (%)	生产总值比上年增长 (%) Growth Rate of Gross Domestic Product(GDP)over Preceding Year (%)	能源消费弹性系数 Elasticity Ratio of Energy Consumption	电力消费弹性系数 Elasticity Ratio of Electricity Consumption
1980	5.0		15.4	0.32	
1981	6.6	5.6	7.8	0.85	0.72
1982	-1.4	32.3	4.3		7.51
1983	13.3	-3.2	23.8	0.56	
1984	10.9	6.5	10.1	1.08	0.64
1985	3.2	5.6	13.5	0.24	0.41
1986	2.0	7.0	4.6	0.43	1.52
1987	6.3	10.6	15.0	0.42	0.71
1988	5.7	12.1	9.8	0.58	1.23
1989	-3.4	9.8	4.4		2.23
1990	1.8	2.2	4.5	0.40	0.49
1991	3.0	9.3	6.9	0.43	1.35
1992	4.1	15.7	13.7	0.30	1.15
1993	5.0	7.5	15.8	0.32	0.47
1994	6.2	8.8	13.8	0.45	0.64
1995	4.0	13.2	14.8	0.27	0.89
1996	2.8	8.3	13.9	0.20	0.60
1997	0.9	6.5	10.4	0.09	0.63
1998	7.9	-0.5	8.8	0.90	
1999	1.9	3.4	8.1	0.23	0.42
2000	7.3	6.8	9.5	0.77	0.71
2001	5.7	12.7	9.0	0.63	1.41
2002	8.2	14.7	9.5	0.87	1.55
2003	17.0	13.7	10.7	1.59	1.28
2004	23.4	22.3	13.7	1.71	1.63
2005	11.9	7.6	14.2	0.84	0.53
2006	11.0	10.6	14.4	0.76	0.73
2007	9.9	21.5	14.6	0.68	1.47
2008	6.4	12.0	12.1	0.53	0.99
2009	4.1	5.6	10.9	0.38	0.51
2010	8.5	13.1	12.5	0.68	1.05
2011	7.9	13.0	11.9	0.66	1.09
2012	2.2	3.3	10.1	0.22	0.33
2013	4.7	5.5	9.0	0.53	0.61
2014	4.5	0.7	8.9	0.50	0.08
2015	1.2	-1.4	8.3	0.14	
2016	-0.2	3.8	8.1		0.47

8-5 能源加工转换效率

Efficiency of Energy Conversion

单位：%　　(%)

年 份 Year	总效率 Total Efficiency	发电及供热 Electricity Generation and Heating by Power Stations	炼 焦 Coking	炼 油 Petroleum Refining
1995	59.73	33.58	93.35	96.93
1996	61.21	35.64	91.90	97.71
1997	61.61	36.27	94.79	95.69
1998	67.84	35.41	99.40	99.40
1999	63.57	36.54	95.44	95.44
2000	61.78	36.03	96.71	96.71
2001	61.26	35.49	96.06	96.06
2002	59.47	36.36	98.31	98.31
2003	58.34	34.34	97.90	97.90
2004	58.36	33.45	94.38	94.38
2005	60.97	34.18	96.81	96.81
2006	64.94	36.10	99.08	99.08
2007	66.22	38.10	89.43	99.67
2008	65.96	39.49	91.89	95.43
2009	70.15	39.62	91.97	99.16
2010	72.64	40.85	93.24	87.14
2011	73.74	41.96	91.22	97.01
2012	72.24	41.99	91.62	97.66
2013	73.09	42.61	97.40	96.25
2014	74.30	43.51	96.33	97.88
2015	74.29	43.23	96.75	97.15
2016	73.65	43.47	91.64	98.92

8-6 综合平衡表
Overall Energy Balance Sheet

单位：万吨标准煤 (10 000 tons of SCE)

项 目	Item	2011	2012	2013	2014	2015	2016
可供量	**Total Energy Available for Consumption**	**20462.38**	**20994.60**	**21909.13**	**22841.80**	**23201.26**	**23075.73**
一次能源生产量	Primary Energy Output	15786.31	12223.70	13132.69	11795.76	11231.36	9705.44
外省(区、市)调入量	Transfer from Other Provinces (Districts, Cities)	8293.05	12074.01	12152.29	12850.42	14836.14	18304.81
进口量	Imports	465.72	659.48	690.01	537.34	455.18	
本省(区、市)调出量(－)	Transfer to Other Provinces (Districts, Cities)	4163.99	3910.15	4128.28	2971.16	2707.97	4926.50
出口量(–)	Exports (-)				36.37		
年初年末库存差额	Stock Changes in the Year	81.27	-52.44	62.42	665.81	-613.44	-8.02
年初库存量	Stock at the beginning of the year	1425.78	1335.39	1255.28	1251.83	578.46	1188.36
年末库存量(–)	Stock at the end of the year	1344.51	1387.83	1192.87	586.01	1191.90	1196.38
消费量	**Total Energy Consumption**	**20462.41**	**20919.96**	**21909.09**	**22889.85**	**23161.16**	**23117.43**
在总量中：	Consumption by Sector						
农、林、牧、渔业	Agriculture, Forestry, Animal Husbandry, Fishery	509.27	530.79	562.25	601.38	665.81	609.00
工 业	Industry	15735.49	15728.51	16239.00	16769.71	16392.42	16290.52
建筑业	Construction	163.45	173.49	180.21	213.55	269.59	263.44
交通运输、仓储和邮政业	Transport, Storage and Post	1159.64	1339.83	1436.20	1487.58	1602.82	1669.80
批发、零售业和住宿、餐饮业	Wholesale and Retail Trades, Hotels and Catering Services	329.81	352.09	475.04	604.51	664.68	789.32
其他	Other Sectors	480.89	502.17	670.27	732.04	911.15	850.90
生活消费	Household Consumption	2083.88	2293.09	2346.12	2481.07	2654.68	2644.44
在总量中：	Consumption by Usage						
终端消费	End-use Consumption	19325.36	20251.55	20968.39	22005.83	22324.66	22835.95
#工业	Industry	14598.43	15060.09	15298.30	15897.69	15568.16	16017.15
加工转换损失	Losses During the Process of Energy Conversion	705.27	426.70	324.41	218.45	159.92	183.74
#火力发电损失	Power Generation				0.00		0.00
供热损失	Heating	176.67	184.59	194.42	261.23	226.39	238.17
洗选煤损失	Coal Cleaning	230.69	319.35	380.60	207.59	169.28	190.84
炼焦损失	Coking	298.37	235.25	75.88	112.46	103.19	269.78
炼油及煤制油损失	Petroleum Refining	36.78	31.52	49.60	27.52	32.95	11.50
制气损失	Gas Production	10.34	10.20	1.22	1.19	1.55	2.19
天然气液化损失	Gas Liquidation				1.16	0.31	0.30
煤制品加工损失	Coal Products Processing	0.37	0.13	1.13	0.15	0.22	
回收能	Recovery of Energy	-47.95	-354.34	-378.44	-392.84	-373.98	-529.05
损失量	**Energy Losses**	**431.79**	**241.71**	**616.29**	**665.65**	**676.59**	**97.75**
平衡差额	**Balance**	**-0.04**	**74.64**	**0.04**	**-48.13**	**40.10**	**-41.70**

8-7 分行业能源消费总量(2016年)
Energy Consumption by Sector (2016)

行业	Sector	综合能源消费量(万吨标煤) Overall Energy Consumption (10 000 tons of SCE)	煤炭消费总量(万吨) Coal Consumption (10 000 tons)	电力消费总量(亿千瓦时) Power Consumption (100 million kwh)
消费总量	**Total Energy Consumption**	**23117.43**	**23226.52**	**3215.46**
农、林、牧、渔业	**Agriculture, Forestry, animal Husbandry and Fishery**	**609.00**	**72.00**	**90.04**
工业	**Industry**	**16290.52**	**22678.68**	**2249.50**
采矿业	Mining	1756.85	3139.44	176.36
煤炭开采和洗选业	Mining and Washing of Coal	1469.57	3126.03	126.09
石油和天然气开采业	Extraction of Petroleum and Natural Gas	122.57	9.04	15.54
黑色金属矿采选业	Mining and processing of Ferrous Metal Ores	21.29	0.10	4.97
有色金属矿采选业	Mining and processing of Non-ferrous Metal Ores	99.19	0.73	21.71
非金属矿采选业	Mining and Processing of Nonmetal Ores	25.92	2.23	6.57
开采辅助活动	Support Activities for Mining	18.12	0.40	1.49
其他采矿业	Mining of Other Ores	0.20	0.92	
制造业	Manufacturing	12141.45	8840.47	1813.81
农副食品加工业	Processing of Food from Agricultural Products	249.20	16.84	61.88
食品制造业	Manufacture of Foods	206.16	147.43	30.97
酒、饮料和精制茶制造业	Manufacture of Liquor, Beverages and Refined Tea	93.45	14.56	23.05
烟草制造业	Manufacture of Tobacco	9.73	0.10	1.77
纺织业	Manufacture of Textile	255.82	2.32	76.38
纺织服装、服饰业	Manufacture of Textile, Wearing Apparel and Accessories	45.23	1.14	11.18
皮革、毛皮、羽毛及其制品和制鞋业	Manufacture of Leather, Fur, Feather and Related Products and Footwear	36.15	5.76	8.21
木材加工及木、竹、藤、棕、草制品业	Processing of Timbers, Manufacture of Wood, Bamboo, Rattan, Palm, and Straw Products	63.05	2.02	13.66
家具制造业	Manufacture of Furniture	20.30	0.56	5.82
造纸及纸制品业	Manufacture of Paper and Paper Products	172.34	35.56	43.27
印刷和记录媒介复制业	Printing,Reproduction of Recording Media	24.80	0.33	6.95
文教、工美、体育和娱乐用品制造业	Manufacture of Articles for Culture, Education, Arts and Crafts, Sport and Entertainment Activities	34.76	0.39	8.15
石油加工、炼焦及核燃料加工业	Processing of Petroleum ,Coking, Processing of Nucleus Fuel	878.35	4482.57	24.76
化学原料及化学制品制造业	Manufacture of Raw Chemical Material and Chemical Products	1720.75	876.80	269.77

8-7 续表 continued

行 业	Sector	综合能源消费量（万吨标煤）Overall Energy Consumption (10 000 tons of SCE)	煤炭消费总量（万吨）Coal Consumption (10 000 tons)	电力消费总量（亿千瓦时）Power Consumption (100 million kwh)
医药制造业	Manufacture of Medicines	131.08	16.37	29.90
化学纤维制造业	Manufacture of Chemical Fiber	29.47	35.87	7.46
橡胶和塑料制品业	Manufacture of Rubber and Plastic	74.21	50.36	29.04
非金属矿物制品业	Manufacture of Non-metallic Mineral Products	930.46	746.53	259.92
黑色金属冶炼和压延加工业	Smelting and Pressing of Ferrous Metals	4064.72	2138.36	185.62
有色金属冶炼及压延加工业	Smelting and Pressing of Non-ferrous Metals	2200.20	256.31	481.56
金属制品业	Manufacture of Metal Products	142.06	1.54	35.65
通用设备制造业	Manufacture of General Purpose Machinery	150.18	2.42	36.68
专业设备制造业	Manufacture of Special Purpose Machinery	144.79	2.12	37.30
汽车制造业	Manufacture of Automobile	183.47	1.47	51.74
铁路、船舶、航空航天和其他运输设备制造业	Manufacture of Railway, Ship, Aerospace, and Other Transport Equipment	36.21	0.40	9.45
电气机械及器材制造业	Manufacture of Electrical Machinery and Equipment	134.14	2.03	30.79
计算机、通信和其他电子设备制造业	Manufacture of Computer Communication Equipment, and Other Electronic Equipment	87.18	0.07	26.59
仪器仪表制造业	Manufacture of Measuring Instrument and Machinery	13.34	0.00	3.90
其他制造业	Manufacture of others	4.38	0.08	1.19
废弃资源综合利用业	Comprehensive Utilization of Waste Resources	4.30	0.14	1.08
金属制品、机械和设备修理业	Repairing of Metal products, machinery and equipment	1.17		0.12
电力、燃气及水的生产和供应业	Production and Distribution of Electricity, Gas and Water	2392.22	10698.77	259.33
电力、热力生产和供应业	Production and Supply of Electric Power and Heat Power	2340.59	10672.39	249.76
燃气生产和供应业	Production and Supply of Gas	29.58	21.26	3.71
水的生产和供应业	Production and Supply of Water	22.05	5.12	5.86
建筑业	**Construction**	**263.44**	**40.15**	**27.49**
交通运输、仓储和邮政业	**Transport, Storage and Post**	**1669.80**	**12.44**	**109.96**
批发和零售业、住宿和餐饮业	**Wholesale and retail trade, Hotels and Catering Services**	**789.32**	**3.19**	**124.03**
其他行业	**Others**	**850.90**		**189.33**
生活消费	**Residential Consumption**	**2644.44**	**420.06**	**425.12**

8-8 平均每天能源消费量

Average Daily Energy Consumption by Type of Energy

能源品种	Item	1995	2000	2005	2010	2011	2012	2013	2014	2015	2016
合计 （万吨标准煤）	**Total (10 000 tons of SCE)**	**17.73**	**21.70**	**40.07**	**50.94**	**56.06**	**57.31**	**60.02**	**62.71**	**63.46**	**63.34**
原煤 （万吨）	Coal (10 000 tons)	23.33	26.58	55.38	73.33	78.65	76.69	77.02	73.79	70.71	71.14
焦炭 （万吨）	Coke (10 000 tons)	1.08	1.17	2.72	4.78	5.62	4.64	4.98	7.40	8.02	8.34
原油 （万吨）	Crude Oil (10 000 tons)	1.10	1.67	1.83	2.29	2.40	2.63	2.64	2.32	2.32	1.94
汽油 （万吨）	Gasoline (10 000 tons)	0.39	0.33	0.64	0.81	0.95	1.11	1.53	1.45	1.85	1.92
煤油 （万吨）	Kerosene (10 000 tons)	0.04	0.04	0.04	0.08	0.14	0.12	0.13	0.14	0.19	0.20
柴油 （万吨）	Diesel Oil (10 000 tons)	0.37	0.42	0.90	1.54	1.79	2.03	2.13	2.19	2.29	2.21
燃料油 （万吨）	Fuel Oil (10 000 tons)	0.14	0.16	0.21	0.05	0.11	0.04	0.09	0.14	0.19	0.19
天然气 （亿立方米）	Natural Gas (100 million cu.m)	0.03	0.03	0.06	0.13	0.15	0.20	0.21	0.21	0.21	0.25
电力 （亿千瓦小时）	Electricity (100 million kwh)	1.57	1.97	3.80	7.00	7.81	8.04	8.45	8.66	8.90	8.81

8-9 人均生活能源消费量

Average Per Capita Energy Consumption of Households

能源品种	Item	1995	2000	2005	2010	2011	2012	2013	2014	2015	2016
平均每人生活消费	**Annual Per Capita Consumption**										
能源（千克标准煤）	**for Households (kg of SCE)**	**112.97**	**121.27**	**161.29**	**179.79**	**221.77**	**244.02**	**249.33**	**263.26**	**280.68**	**278.19**
煤炭（千克）	Coal (kg)	119.76	95.36	112.90	53.89	75.99	67.89	58.45	64.18	70.55	44.19
液化石油气（千克）	Liquefied Petroleum gas (kg)	0.91	2.18	2.62	3.40	4.33	8.71	7.34	8.06	8.37	10.77
天然气（立方米）	Natural Gas (cu.m)	2.63	2.00	5.49	6.45	9.68	10.75	11.80	14.32	14.57	18.45
热力（百万千焦）	Heat (million kJ)	0.02	0.09	0.17	0.24	0.28	0.37	0.40	0.51	0.56	0.86
电力（千瓦小时）	Electricity (kwh)	46.28	80.05	128.91	288.20	356.09	402.36	394.73	406.08	437.80	447.21

注：2010年以后使用常住人口计算人均生活能源消费量。

a) Per capita energy consumption is calculated on resident population since 2010.

8-10 规模以上工业企业分品种能源购进、消费及库存(2016年)

Purchase, Consumption, and Stock of Energy in above Designated Size Industrial Enterprises by Catalog (2016)

项目	Item	年初库存 Stock of Year Beginning	购进量 Purchase Capacity	消费量 Total Energy Consump-tion	工业生产消费 Consump-tin of Industry Production	非工业生产消费 Consumptin of Industry Nonindustry Production	年末库存 Stock at Year-end
原煤(万吨)	Coal (10 000tons)	1030.36	25019.55	27249.46	27196.63	52.83	975.07
洗精煤(万吨)	Clean Coal (10 000tons)	72.57	3580.73	3776.50	3776.50		64.82
其他洗煤(万吨)	Other Clean Coal (10 000tons)	37.82	371.44	456.98	456.86	0.12	20.65
煤制品(万吨)	Coal Products (10 000tons)	0.22	9.31	9.30	9.29		0.22
焦炭(万吨)	Coke (10 000tons)	20.53	999.47	1298.20	1298.20		19.42
其他焦化产品(万吨)	Other Coking Products (10 000 tons)	0.05	23.07	31.05	31.05		0.31
焦炉煤气(亿立方米)	Coking Gas (100 million cu.m)		8.50	33.99	33.75	0.24	
高炉煤气(亿立方米)	Blast furnace Gas (100 million cu.m)		20.53	305.12	305.12		
其他煤气(亿立方米)	Other Gas (100 million cu.m)		13.25	49.25	49.25		
天然气(亿立方米)	Natural Gas (100 million cu.m)	0.07	56.53	51.55	51.18	0.37	0.03
液化天然气(万吨)	Liquefied Gas (10 000 tons)	0.01	5.07	4.75	4.67	0.08	0.15
原油(万吨)	Crude Oil (10 000 tons)	24.04	593.43	685.33	685.33		17.76
汽油(万吨)	Gasoline (10 000 tons)	0.18	32.59	31.31	26.90	4.41	0.05
煤油(万吨)	Kerosene (ton)	0.49	0.62	0.63	0.60	0.03	0.01
柴油(万吨)	Diesel Fuel Oil (10 000 tons)	1.62	43.64	43.97	40.44	3.54	1.38
燃料油(万吨)	Fuel Oil (10 000 tons)	0.88	12.31	12.95	12.93	0.02	0.74
液化石油气(万吨)	Liquefied Petroleum Gas (10 000 tons)	0.02	34.13	32.67	32.65	0.02	1.46
炼厂干气(万吨)	Net Gas of Plant (10 000 tons)		1.50	26.06	26.06		
其他石油制品(万吨)	Other Petroleum Products (10 000 tons)	1.84	93.94	102.63	102.63		4.53
热力(万百万千焦)	Heat (10 billion kilo-joule)		7137.65	13825.18	13802.91	22.27	
电力(亿千瓦时)	Power (100 millin kwh)		1974.45	2221.78	2203.29	18.49	
其他燃料(万吨标准煤)	Other Fuel (10 000 tons of SCE)	0.07	6.14	6.67	6.65	0.02	

8-11 规模以上工业企业分行业主要能源消费量(2016年)

行 业	Sector	综合能源消费量(万吨标准煤) Total Energy Consumption (10 000 tons of SCE)
总 计	**Total**	**14396.83**
采矿业	**Mining**	**1101.08**
煤炭开采和洗选业	Mining and Washing of Coal	932.30
石油和天然气开采业	Extraction of Petroleum and Natural Gas	79.86
黑色金属矿采选业	Mining and Processing of Ferrous Metal Ores	10.03
有色金属矿采选业	Mining and Processing of Non-ferrous Metal Ores	46.63
非金属矿采选业	Mining and Processing of Nonmetal Ores	17.16
开采辅助活动	Support Activities for Mining	15.09
其他采矿业	Mining of Other Ores	
制造业	**Manufacturing**	**9269.50**
农副食品加工业	Processing of Food from Agricultural Products	163.65
食品制造业	Manufacture of Foods	160.87
酒、饮料和精制茶制造业	Manufacture of Liquor, Beverages and Refined Tea	89.63
烟草制造业	Manufacture of Tobacco	6.24
纺织业	Manufacture of Textile	121.76
纺织服装、服饰业	Manufacture of Textile, Wearing, Apparel and Accessories	27.75
皮革、毛皮、羽毛及其制品和制鞋业	Manufacture of Leather, Fur, Feather and Related Products and Footwear	34.88
木材加工及木、竹、藤、棕、草制品业	Processing of Timbers, Manufacture of Wood, Bamboo, Rattan, Palm, and Straw Products	44.01
家具制造业	Manufacture of Furniture	12.15
造纸及纸制品业	Manufacture of Paper and Paper Products	197.14
印刷和记录媒介复制业	Printing,Reproduction of Recording Media	12.25
文教、工美、体育和娱乐用品制造业	Manufacture for Culture, Education, Arts and Crafts Sport and Entertainment Activities	18.74
石油加工、炼焦及核燃料加工业	Processing of Petroleum, Coking, and Processing of Nucleus Fuel	473.97
化学原料及化学制品制造业	Manufacture of Raw Chemical Materials and Chemical Products	2200.94
医药制造业	Manufacture of Medicines	123.80
化学纤维制造业	Manufacture of Chemical Fibers	18.43
橡胶和塑料制品业	Manufacture of Rubber and Plastics Products	81.99
非金属矿物制品业	Manufacture of Non-metallic Mineral Products	1432.44
黑色金属冶炼和压延加工业	Smelting and Pressing of Ferrous Metals	1791.50
有色金属冶炼及压延加工业	Smelting and Pressing of Non-ferrous Metals	1814.73
金属制品业	Manufacture of Metal Products	70.30
通用设备制造业	Manufacture of General Purpose Machinery	72.46
专业设备制造业	Manufacture of Special Purpose Machinery	73.11
汽车制造业	Manufacture of Automobiles	80.93
铁路、船舶、航空航天和其他运输设备制造业	Manufacture of Railway, Ship, Aerospace, and other Transport Equipments	17.44
电气机械及器材制造业	Manufacture of Electrical Machinery and Apparatus	81.78
计算机、通信和其他电子设备制造业	Manufacture of Computer, Communication and Other Electronic Equipment	36.10
仪器仪表制造业	Manufacture of Measuring Instrument and Machinery	5.18
其他制造业	Others Mannfacture	2.27
废弃资源综合利用业	Utilization of Waste Resources	2.48
金属制品、机械和设备修理业	Repairing Services of Metal Products, Machinery and Equipment	0.55
电力、燃气及水的生产和供应业	**Production and Supply of Electric Pouver Gas and Water**	**4026.25**
电力、热力生产和供应业	Production and Supply of Electric Power and Heat Power	4003.77
燃气生产和供应业	Production and Distribution of Gas	13.51
水的生产和供应业	Production and Distribution of Water	8.98

Consumption of Main Energy in above Designated Size Industrial Enterprises by Sector (2016)

原 煤 (万吨) Coal (10 000tons)	焦 炭 (万吨) Coke (10 000tons)	原 油 (万吨) Crude Oil (10 000tons)	柴 油 (万吨) Diesel Fuel Oil (10 000tons)	燃料油 (万吨) Fuel Oil (10 000tons)	热 力 (万百万千焦) Heat (10 billion Kilo Joule)	电 力 (亿千瓦时) Electricity (100 million kwh)
27249.46	**1298.20**	**685.33**	**43.97**	**12.95**	**13825.18**	**2221.78**
10091.98	**1.31**	**85.63**	**19.85**	**3.78**	**945.00**	**176.36**
10053.20			2.02		440.46	126.09
15.81		85.63	2.12	3.78	482.28	15.54
1.12	0.01		1.64			4.97
8.47	1.30		5.69			21.71
8.86			1.00		5.75	6.57
4.52			7.38		16.52	1.49
7300.79	**1296.88**	**599.70**	**21.88**	**8.69**	**12143.90**	**1813.81**
83.84	0.72		0.89	0.01	363.32	61.88
133.38	0.04		1.42	0.03	501.10	30.97
71.06	0.12		0.22		127.07	23.05
0.59			0.02		29.80	1.77
24.96			0.63		101.21	76.38
9.61	0.75		0.12	0.04	14.42	11.18
26.33	0.08		0.09		79.28	8.21
22.62	0.20		0.62		26.63	13.66
6.20			0.24			5.82
175.45			0.38	0.01	544.93	43.27
3.55			0.16		7.63	6.95
4.16			0.33		119.01	8.15
744.82		599.70	1.52	0.54	824.99	24.76
2307.80	48.52		0.75	0.83	4958.36	269.77
92.22	0.28		0.41		272.84	29.90
40.72			0.01	0.07	73.46	7.46
56.96	0.23		0.43		327.13	29.04
1126.16	12.66		4.80	1.80	129.51	259.92
361.58	1173.29		2.00		0.42	185.62
1924.88	40.84		2.28	5.29	3414.51	481.56
15.59	7.54		0.14		6.43	35.65
15.26	8.22		0.75		19.06	36.68
17.91	2.57		1.19	0.01	89.17	37.30
6.94	0.67		1.06		17.93	51.74
4.52			0.37		7.13	9.45
21.41			0.75	0.06	46.31	30.79
0.80			0.14		36.39	26.59
0.04	0.16		0.05		0.27	3.90
0.84			0.04			1.19
0.58			0.03			1.08
			0.08		5.55	0.12
9856.69	**0.01**		**2.24**	**0.48**	**736.28**	**231.61**
9835.56			2.20	0.48	736.28	222.04
17.69			0.01			3.71
3.45	0.01		0.03			5.86

8-12 规模以上工业分部门主要能源消费量(2016年)

Consumption of Main Energy in above Designated Size Industrial Enterprises by Sector (2016)

部门	Sector	综合能源消费量(万吨标准煤) Total Energy Consumption (10 000 (tons of SCE)	原煤(万吨) Coal (10 000 tons)	焦炭(万吨) Coke (10 000 tons)	原油(万吨) Crude Oil (10 000 tons)	柴油(万吨) Diesel Fuel Oil (10 000 tons)	燃料油(万吨) Fuel Oil (10 000 tons)	热力(万百万千焦) Heat (10 billion Kilo Joule)	电力(亿千瓦时) Electricity (100 million kwh)
全省总计	**Total**	**14396.83**	**27249.46**	**1298.20**	**685.33**	**43.97**	**12.95**	**13825.18**	**2221.78**
煤　炭	Coal	932.58	10056.73			2.02		440.46	126.10
石油石化	Petroleum	209.01	72.17		685.33	10.09	4.32	1319.41	28.85
冶　金	Metallurgy	2174.55	1057.21	1173.30		4.59		6.80	210.32
有　色	coloured Coherer	1861.36	1933.35	42.14		7.97	5.29	3414.51	503.27
建　材	Construction Material	1472.92	1136.44	12.85		5.86	1.80	133.23	282.97
化　工	Chymic Industry	2241.60	2347.71	48.73		0.86	0.83	5281.61	276.60
轻　工	Light Industry	793.76	530.30	7.95		4.17	0.05	1765.69	233.24
烟　草	Tobacco	6.24	0.59			0.02		29.80	1.77
纺　织	Textile	167.94	75.30	0.75		0.76	0.11	189.09	95.02
医　药	Medication	125.87	92.23	0.28		0.60		272.84	31.00
机　械	Machinery	290.07	63.55	11.62		3.92	0.08	166.44	154.78
电　子	Electron	36.10	0.80			0.14		36.39	26.59
电　力	Electric Power	3923.13	9646.69			2.08	0.48	394.66	217.75
其　他	Other	161.70	236.40	0.59		0.91		374.24	33.51

8-13 各市规模以上工业企业分品种主要能源消费量(2016年)

Consumption of Main Energy Sources in above Designated Size Industrial Enterprises by Industrial Sector and City (2016)

市(县) City(County)	综合能源消费量(万吨标准煤) Total Energy Consumption (10 000 (tons of SCE)	原煤(万吨) Coal (10 000 tons)	焦炭(万吨) Coke (10 000 tons)	原油(万吨) Crude Oil (10 000 tons)	柴油(万吨) Diesel Fuel Oil (10 000 tons)	燃料油(万吨) Fuel Oil (10 000 tons)	热力(万百万千焦) Heat (10 billion Kilo Joule)	电力(亿千瓦时) Electricity (100 million kwh)
全省 Total	**14396.83**	**27249.46**	**1298.20**	**685.33**	**43.97**	**12.95**	**13825.18**	**2221.78**
省辖市 City								
郑州市 Zhengzhou	1785.32	3083.84	12.28		4.90	5.83	942.32	364.58
开封市 Kaifeng	524.38	638.14	27.84		1.43		27.96	65.68
洛阳市 Luoyang	1512.97	2319.61	11.30	564.38	2.95	0.90	1130.77	342.80
平顶山市 Pingdingshan	1040.17	6158.83	125.87		3.16	0.18	1954.07	132.35
安阳市 Anyang	1656.99	1861.90	675.82		1.61		252.62	221.81
鹤壁市 Hebi	356.98	1497.23	0.09		0.58		138.32	34.79
新乡市 Xinxiang	1016.94	1499.35	0.42		0.70	0.07	501.83	125.16
焦作市 Jiaozuo	1075.90	1696.34	6.49		1.09	1.41	3113.78	175.33
濮阳市 Puyang	477.29	286.50		77.34	7.94		911.26	52.34
许昌市 Xuchang	633.06	1133.13	14.03		3.74		527.70	66.94
漯河市 Luohe	275.58	341.29	0.69		1.55	0.06	342.58	45.15
三门峡市 Sanmenxia	943.61	1906.62	3.89		7.59	0.14	2475.08	97.46
南阳市 Nanyang	745.83	772.65	65.02	43.61	2.19	4.27	1117.82	158.56
商丘市 Shangqiu	506.04	2020.43	0.35		1.12	0.02	9.17	104.60
信阳市 Xinyang	528.62	454.09	197.90		1.73		15.14	48.09
周口市 Zhoukou	129.67	92.31	1.10		0.22		67.88	45.64
驻马店市 Zhumadian	453.57	586.24	0.01		0.36	0.07	166.38	68.64
济源市 Jiyuan	733.91	900.98	155.09		1.12	0.01	130.50	71.86
省直管县 County Directly Administrated by Province								
巩义市 Gongyi	347.75	384.46	4.80		0.19	0.05		104.73
兰考县 Lankao	20.29	7.65	0.01		0.96			3.53
汝州市 Ruzhou	179.92	1106.15	23.11		0.81	0.03	7.84	24.67
滑县 Huaxian	72.35	83.24						17.00
长垣县 Changyuan	99.63	219.05			0.12			6.99
邓州市 Dengzhou	30.84	14.18						8.85
永城市 Yongcheng	360.25	1803.59			0.57		0.86	67.93
固始县 Gushi	9.10	0.86	0.82		0.04			3.88
鹿邑县 Luyi	14.89	10.60						2.67
新蔡县 Xincai	3.88	0.35						2.98

8-14 规模以上工业企业分行业水消费总量(2016年)

单位：万吨

行　业	Sector	取水总量 Water consumption
总　计	**Total**	**340890**
轻工业	Light Industry	198290
重工业	Heavy Industry	142600
采矿业	**Mining**	**27512**
煤炭开采和洗选业	Mining and Washing of Coal	20587
石油和天然气开采业	Extraction of Petroleum and Natural Gas	1779
黑色金属矿采选业	Mining and Processing of Ferrous Metal Ores	941
有色金属矿采选业	Mining and Processing of Non-ferrous Metal Ores	3066
非金属矿采选业	Mining and Processing of Nonmetal Ores	1104
开采辅助活动	Support Activities for Mining	35
其他采矿业	Mining of Other Ores	
制造业	**Manufacturing**	**111226**
农副食品加工业	Processing of Food from Agricultural Products	7092
食品制造业	Manufacture of Foods	5673
酒、饮料和精制茶制造业	Manufacture of Liquor Beverages and Refined Tea	6896
烟草制造业	Manufacture of Tobacco	202
纺织业	Manufacture of Textile	4002
纺织服装、服饰业	Manufacture of Textile, Wearing, Apparel and Accessories	656
皮革、毛皮、羽毛及其制品和制鞋业	Manufacture of Leather, Fur, Feather and Related Products and Footwear	1406
木材加工及木、竹、藤、棕、草制品业	Processing of Timbers, Manufacture of Wood, Bamboo, Rattan, Palm, and Straw Products	450
家具制造业	Manufacture of Furniture	266
造纸及纸制品业	Manufacture of Paper and Paper Products	5774
印刷和记录媒介复制业	Printing,Reproduction of Recording Media	220
文教、工美、体育和娱乐用品制造业	Manufacture for Culture, Education, Arts and Crafts, Sport and entertainment Activities	697
石油加工、炼焦及核燃料加工业	Processing of Petroleum ,Coking, and Processing of Nucleus Fuel	2573
化学原料及化学制品制造业	Manufacture of Raw Chemical Material and Chemical Products	22739
医药制造业	Manufacture of Medicines	4697
化学纤维制造业	Manufacture of Chemical Fibers	2221
橡胶和塑料制品业	Manufacture of Rubber and Plastics Products	1428
非金属矿物制品业	Manufacture of Non-metallic Mineral Products	12153
黑色金属冶炼和压延加工业	Smelting and Pressing of Ferrous Metals	8716
有色金属冶炼及压延加工业	Smelting and Pressing of Non-ferrous Metals	13202
金属制品业	Manufacture of Metal Products	848
通用设备制造业	Manufacture of General Purpose Machinery	1769
专业设备制造业	Manufacture of Special Purpose Machinery	1295
汽车制造业	Manufacture of Automobiles	1126
铁路、船舶、航空航天和其他运输设备制造业	Manufacture of Railway, Ship, Aerospace, and other Transport Equipment	188
电气机械及器材制造业	Manufacture of Electrical Machinery and Apparatus	1456
计算机、通信和其他电子设备制造业	Manufacture of Computer Communication and Other Electronic Equipment	2805
仪器仪表制造业	Manufacture of Measuring Instrument and Machinery	288
其他制造业	Others Manufacture	275
废弃资源综合利用业	Utilization of Waste Resources	83
金属制品、机械和设备修理业	Repair Services of Metal Products, Machinery and Equipment	33
电力、燃气及水的生产和供应业	**Production and Supply of Electric Power Gas and Water**	**202152**
电力、热力生产和供应业	Production and Supply of Electric Power and Heat Power	46454
燃气生产和供应业	Production and Distribution of Gas	84
水的生产和供应业	Production and Distribution of Water	155614

Computation of Water in above Designated Size Industrial Enterprises by Sector (2016)

(10 000 tons)

地表水 Surface Water	地下水 Ground-water	自来水 Tap water	其它水 Others	重复用水 Volume of Repeated Consumption
161921	**118568**	**37384**	**23017**	**2251557**
107839	74155	16196	100	18774
54082	44413	21188	22917	2232783
4465	**17295**	**1861**	**3892**	**36128**
670	14297	1733	3888	27162
166	1607	6	0	
699	233	7	2	923
2404	601	60	2	8033
526	557	20	0	9
	0	35		
28985	**52176**	**25997**	**4068**	**874467**
169	4044	2873	6	173
74	4346	1248	5	184
597	4283	2006	10	789
	24	172	5	32
25	3052	911	14	4567
57	407	191	0	42
67	1187	116	36	56
47	341	61	1	7
21	202	43	0	0
699	4492	574	9	2565
7	137	74	2	1
98	475	124	0	6
1006	673	555	340	61433
8055	7954	3898	2830	466708
129	3271	1285	12	5076
9	1047	1164	2	3740
29	1005	268	126	8613
2614	6535	2884	120	9508
5070	1877	1382	387	204427
9665	2963	470	104	96165
44	510	294	0	59
379	800	589	1	184
17	556	690	33	3013
27	514	565	21	6230
16	90	82	0	7
35	762	655	4	221
9	260	2536	0	283
15	89	183	1	342
3	254	18		0
3	25	55	0	5
0	0	33		31
128471	**49097**	**9525**	**15058**	**1340963**
23465	3298	4633	15058	1338503
5	29	51		2383
105002	45770	4841		76

8-15 各市规模以上工业企业水消费量(2016年)

Computation of Water in above Designated Size Industrial Enterprises by City (2016)

单位：万吨 (10 000 tons)

市(县) City(County)	取水总量 Water consumption	地表水 Surface Water	地下水 Ground-water	自来水 Tap Water	其它水 Others	重复用水 Volume of Repeated Consumption
全 省 Total	**340890**	**161921**	**118568**	**37384**	**23017**	**2251557**
省 辖 市 City						
郑 州 市 Zhengzhou	61923	39425	12248	6883	3368	205891
开 封 市 Kaifeng	15390	12017	1717	1656	0	202789
洛 阳 市 Luoyang	30783	8667	16277	2999	2840	269065
平 顶 山 市 Pingdingshan	25778	15307	2138	4795	3538	136215
安 阳 市 Anyang	17405	7167	7459	2112	667	197663
鹤 壁 市 Hebi	4473	1997	821	424	1232	113394
新 乡 市 Xinxiang	19277	8939	6166	2179	1994	179742
焦 作 市 Jiaozuo	24141	1586	19003	1093	2459	132026
濮 阳 市 Puyang	10219	5854	3027	1256	83	134941
许 昌 市 Xuchang	10852	5427	3427	284	1714	146429
漯 河 市 Luohe	9993	4830	3434	1173	556	1580
三 门 峡 市 Sanmenxia	17142	9224	3673	3317	928	113956
南 阳 市 Nanyang	19205	5567	11947	1659	31	40606
商 丘 市 Shangqiu	9030	3725	3166	435	1705	45860
信 阳 市 Xinyang	34192	22075	6398	5250	469	29473
周 口 市 Zhoukou	9728	34	9503	191	0	733
驻 马 店 市 Zhumadian	11645	5921	4204	1141	378	45746
济 源 市 Jiyuan	9713	4160	3959	537	1056	255447
省 直 管 县 County Directly Administrated by Province						
巩 义 市 Gongyi	1965	1178	217	344	226	1582
兰 考 县 Lankao	53	0	42	10		1
汝 州 市 Ruzhou	1115	309	601	18	186	5118
滑 县 Huaxian	794	0	182	611	0	1856
长 垣 县 Changyuan	1138	458	66	6	607	20241
邓 州 市 Dengzhou	407	39	352	16	0	53
永 城 市 Yongcheng	2117	2	1032	24	1059	3624
固 始 县 Gushi	233	69	150	13		42
鹿 邑 县 Luyi	541	0	535	6		4
新 蔡 县 Xincai	461	10	422	30		2

8-16 各市年耗能万吨标准煤以上工业企业个数

Number of Industrial Enterprises of Consumption of Energy Above 10 000 tons by City

单位：个 (unit)

市(县)	City(County)	2005	2010	2011	2012	2013	2014	2015	2016
全省	**Total**	**849**	**1071**	**1118**	**1003**	**978**	**958**	**907**	**857**
省辖市	**City**								
郑州市	Zhengzhou	165	212	212	191	189	167	165	145
开封市	Kaifeng	21	36	36	31	27	27	24	22
洛阳市	Luoyang	64	76	74	63	65	69	72	68
平顶山市	Pingdingshan	49	79	92	86	86	84	81	75
安阳市	Anyang	64	72	98	85	90	93	82	86
鹤壁市	Hebi	42	41	30	27	26	26	22	24
新乡市	Xinxiang	63	62	68	61	61	63	63	61
焦作市	Jiaozuo	106	113	108	84	77	68	70	62
濮阳市	Puyang	23	54	60	48	40	35	30	28
许昌市	Xuchang	38	92	91	95	94	97	82	71
漯河市	Luohe	23	28	22	23	19	17	21	20
三门峡市	Sanmenxia	36	46	65	56	51	54	53	53
南阳市	Nanyang	59	46	45	51	52	55	53	56
商丘市	Shangqiu	11	22	21	19	17	16	12	10
信阳市	Xinyang	21	22	24	20	20	21	19	19
周口市	Zhoukou	13	21	20	21	22	21	16	16
驻马店市	Zhumadian	27	22	26	20	19	20	21	20
济源市	Jiyuan	24	27	26	22	23	25	21	21
省直管县	**County Directly Administrated by Province**								
巩义市	Gongyi	38	36	36	34	33	32	30	30
兰考县	Lankao		1						1
汝州市	Ruzhou	12	26	36	36	30	29	29	26
滑县	Huaxian	3	3	2			1	1	2
长垣县	Changyuan	1	1	2	2	3	3	3	2
邓州市	Dengzhou	10	2	2	5	4	6	4	4
永城市	Yongcheng	6	4	6	6	5	7	3	3
固始县	Gushi			1	1	3	3	3	2
鹿邑县	Luyi	1	5	5	5	7	7	3	4
新蔡县	Xincai								

8-17 各行业年耗能万吨标准煤以上工业企业单位数

Number of Industrial Enterprises of Consumption of Energy Above 10 000 tons by Sector

单位：个 (unit)

行 业	Sector	2015	2016
总 计	**Total**	**907**	**857**
采矿业	**Mining**	**92**	**89**
煤炭开采和洗选业	Mining and Washing of Coal	79	77
石油和天然气开采业	Extraction of Petroleum and Natural Gas	2	2
黑色金属矿采选业	Mining and Processing of Ferrous Metal Ores	2	2
有色金属矿采选业	Mining and Processing of Non-ferrous Metal Ores	4	4
非金属矿采选业	Mining and Processing of Nonmetal Ores	3	2
开采辅助活动	Support Activities for Mining	2	2
其他采矿业	Mining of Other Ores		
制造业	**Manufacturing**	**715**	**666**
农副食品加工业	Processing of Food from Agricultural Products	19	18
食品制造业	Manufacture of Foods	22	24
酒、饮料和精制茶制造业	Manufacture of Liquor, Beverages and Refined Tea	15	13
烟草制造业	Manufacture of Tobacco	1	1
纺织业	Manufacture of Textile	14	15
纺织服装、服饰业	Manufacture of Textile, Wearing Apparel and Accessories	7	6
皮革、毛皮、羽毛及其制品和制鞋业	Manufacture of Leather, Fur, Feather and Related Products and Footwear	7	3
木材加工及木、竹、藤、棕、草制品业	Processing of Timbers, Manufacture of Wood, Bamboo, Rattan, Palm, and Straw Products	9	8
家具制造业	Manufacture of Furniture		
造纸及纸制品业	Manufacture of Paper and Paper Products	36	36
印刷和记录媒介复制业	Printing,Reproduction of Recording Media		
文教、工美、体育和娱乐用品制造业	Manufacture of Articles for Culture, Education, Arts and Crafts, Sport and entertainment Activities	1	2
石油加工、炼焦及核燃料加工业	Processing of Petroleum ,Coking, Processing of Nucleus Fuel	24	23
化学原料及化学制品制造业	Manufacture of Raw Chemical Material and Chemical Products	100	97
医药制造业	Manufacture of Medicines	18	16
化学纤维制造业	Manufacture of Chemical Fiber	2	2
橡胶和塑料制品业	Manufacture of Rubber and Plastics Products	11	9
非金属矿物制品业	Manufacture of Non-metallic Mineral Products	231	210
黑色金属冶炼和压延加工业	Smelting and Pressing of Ferrous Metals	67	61
有色金属冶炼及压延加工业	Smelting and Pressing of Non-ferrous Metals	63	62
金属制品业	Manufacture of Metal Products	11	8
通用设备制造业	Manufacture of General Purpose Machinery	7	7
专业设备制造业	Manufacture of Special Purpose Machinery	6	7
汽车制造业	Manufacture of Automobile	15	14
铁路、船舶、航空航天和其他运输设备制造业	Manufacture of Railway, Ship, Aerospace, and other Transport Equipment	3	1
电气机械及器材制造业	Manufacture of Electrical Machinery and Spparatus	21	18
计算机、通信和其他电子设备制造业	Manufacture of Computer, Communication and Other Electronic Equipment	5	5
仪器仪表制造业	Manufacture of Measuring Instrument		
其他制造业	Others Manafacture		
废弃资源综合利用业	Utilization of Waste Resaurces		
金属制品、机械和设备修理业	Repairing of Metal Products, Machinery and Equipment		
电力、燃气及水的生产和供应业	**Production and Distribution of Electricity, Gas and Water**	**100**	**102**
电力、热力生产和供应业	Production and Supply of Electric Power and Heat Power	96	98
燃气生产和供应业	Production and Supply of Gas	3	3
水的生产和供应业	Production and Supply of Water	1	1

8-18 主要耗能工业企业单位产品能源消耗情况

Energy Consumption per Unit of Product in Major Energy Consuming Industrial Enterprises

单位：千克标准煤/吨 (kg SEC/ton)

指标名称	Item	2010	2012	2013	2014	2015	2016
吨原煤生产综合能耗	Overall Energy Consumption per ton of Machining Coal	7.70	6.44	6.31	6.67	6.75	6.70
单位油气产量综合能耗	Overall Energy Consumption of Manufacturing Oil and Gas	172.34	174.66	187.25	187.73	186.87	198.82
铁矿采矿工序单位能耗	Energy Consumption per Uint of Mining of Iron ore	4.60	4.50	4.45	4.45	4.62	4.16
铁矿选矿工序单位能耗	Energy Consumption per Uint of Milling run Iron ore	4.03	4.10	4.27	4.38	4.48	4.35
每吨涤纶综合能耗(短纤)	Overall Energy Consumption per ton of Terylene(short fibre)	146.42	131.20	136.69	139.92	129.97	1047.76
每吨纱(线)混合数综合能耗	Overall Energy Consumption per ton of Mixed Yarn(Cotton)	447.16	390.22	397.39	379.89	376.62	381.00
机制纸及纸板综合能耗	Overall Energy Consumption of Machinemade Paper and Paperboard	318.44	349.10	364.66	354.80	325.06	331.31
炼焦工序单位能耗	Energy Consumption per Unit of Coking plant	130.84	142.56	138.87	137.77	132.04	126.65
原油加工单位综合能耗	Overall Energy Consumption of Machining Base oil	63.12	62.87	62.89	67.88	70.24	67.46
单位烧碱生产综合能耗	Overall Energy Consumption of Manufacturing Caustic Soda	342.11	330.16	329.95	329.68	326.20	327.57
单位烧碱生产综合能耗(离子膜法30%)	Overall Energy Consumption per Unit of Manufacturing Caustic Soda(Ion Film 30%)	311.35	330.16	329.95	329.68	326.20	327.44
单位纯碱生产能耗	Overall Energy Consumption per Unit of Manufacturing Sodium carbonate	298.23	286.49	288.19	281.81	281.27	292.11
联碱法纯碱双吨产品生产综合能耗	Overall Energy Consumption per Unit of Sodium carbonate in Joint Alkali	249.34	264.10	262.61	254.66	249.59	244.89
天然碱法单位纯碱生产综合能耗	Overall Energy Consumption per Unit of Sodium carbonate in Natural Law	379.19	303.75	315.04	316.60	319.97	345.87
单位电石生产综合能耗	Overall Energy Consumption per Unit of Manufacturing Calcium carbide	1222.08	1117.65	1211.49	1016.59	989.45	901.82
单位乙烯生产综合能耗	Overall Energy Consumption per Unit of Manufacturing Ethylene	877.27	1082.58	1050.74	1070.02	1047.85	978.49
单位合成氨生产综合能耗	Overall Energy Consumption per Unit of Manufacturing Compound Ammonia	1243.06	1264.57	1292.30	1408.38	1227.06	1159.24
吨水泥熟料综合能耗	Energy Consumption per ton of Cement Ripe-material	112.68	109.48	106.93	107.05	105.56	103.96
吨水泥综合能耗	Energy Consumption per ton of Cement	87.27	78.84	76.91	78.38	74.48	74.70
每重量箱平板玻璃综合能耗(千克标准煤/重量箱)	Energy Consumption per weight case of Plate Glass (Kg SEC/weight Case)	18.45	16.61	16.22	16.66	17.67	16.57
硅铁工序单位能耗	Energy Consumption per Unit of Ferrosilicon Processes	630.60	641.08	690.55	585.67	545.58	540.48
吨钢综合能耗	Energy Consumption per ton of Steel	476.00	468.68	497.51	497.63	496.80	499.02
吨钢耗新水(吨/吨)	Fresh Water Consumption per ton of Steel (ton/ton)	3.91	3.51	3.37	3.20	3.02	2.92
单位氧化铝综合能耗	Energy Consumption per Unit of Coking Alumina	562.28	525.23	474.01	478.06	463.64	456.60
单位电解铝综合能耗	Energy Consumption per Unit of Coking Aluminum	1726.71	1657.77	1637.44	1625.04	1649.35	1641.27
单位粗铅综合能耗	Energy Consumption per Unit of Coking Lead	382.48	362.75	343.44	329.43	325.44	310.18
单位铅冶炼综合能耗	Energy Consumption per Unit of Lead smelting	474.53	451.00	419.25	392.15	381.80	377.33
吨铜加工材消耗能源量	Energy Consumption per ton of Machining Cuprum	282.90	284.04	265.05	245.41	279.41	278.41
吨铝加工材消耗能源量	Energy Consumption per ton of Machining Aluminium	170.74	147.86	148.13	137.81	132.39	126.94
电厂火力发电标准煤耗(克标准煤/千瓦时)	SEC Consumption of Firepower Generate Electricity (g SEC/kwh)	315.38	305.10	304.28	303.34	300.76	299.70

8-19 主要耗能工业企业单位产品电力消耗情况

Electric Power Consumption per Unit of Product in Major Energy Consuming Industrial Enterprises

单位：千瓦时/吨 (kwh/ton)

指标名称	Item	2010	2012	2013	2014	2015	2016
吨原煤生产耗电	Electric Power Consumption per ton of Machining Coal	32.55	33.87	34.19	36.28	38.03	38.72
选煤电力单耗	Electric Power Consumption per ton of Milling run Coal	6.82	7.85	8.10	8.30	8.85	8.54
单位油气产量耗电	Electric Power Consumption per ton of Manufacturing Oil and Gas	343.99	344.11	352.32	348.83	360.27	418.94
每吨粘胶纤维用电量(短纤)	Electric Power Consumption per ton of Pectic-fibre (short fibre)	1715.28	1486.76	1377.31	1460.38	1415.57	1385.40
每吨粘胶纤维用电量(长丝)	Electric Power Consumption per ton of Pectic-fibre (long silk)	7575.17	7675.56	7746.77	7402.36	7207.63	7139.79
每吨涤纶用电量(短纤)	Electric Power Consumption per ton of Terylene (short fibre)	196.75	239.88	234.45	232.46	222.47	192.81
每吨纱(线)混合数生产用电量	Electric Power Consumption per ton of Gauze and Line	1492.42	1846.18	2058.10	1924.48	2641.64	2791.52
机制纸及纸板耗电	Electric Power Consumption per ton of Machinemade Paper and Paperboard	455.63	511.89	583.00	550.67	523.10	526.93
原油加工单位耗电	Electric Power Consumption per ton of Machining Base oil	63.79	59.81	60.63	62.31	73.59	76.96
单位烧碱耗电	Electric Power Consumption per unit of Manufacturing Caustic Soda	2315.05	2299.22	2339.13	2318.52	2297.69	2304.90
单位烧碱生产耗交流电(离子膜法30%)	Electric Power Consumption per ton of Manufacturing Caustic Soda (Ion Film 30%)	2306.70	2299.22	2339.13	2318.52	2297.69	2304.34
单位纯碱耗电	Electric Power Consumption per ton of Manufacturing Sodium carbonate	262.33	315.83	310.95	306.86	303.70	292.50
联碱法纯碱双吨产品生产耗电	Electric Power Consumption per Unit of Sodium carbonate in Joint Alkali	290.38	330.70	303.31	300.00	299.52	289.92
天然碱法单位纯碱生产耗电	Electric Power Consumption per Unit of Sodium carbonate in Natural Law	336.07	304.38	318.97	315.37	308.79	295.46
单位电石生产电力消耗	Electric Power Consumption per ton of Manufacturing Calcium carbide	3000.94	3079.22	3399.49	2813.27	3381.20	2940.74
单位乙烯生产耗电	Electric Power Consumption per ton of Manufacturing Ethylene	170.46	102.63	102.71	107.42	94.65	127.11
单位合成氨耗电	Electric Power Consumption per ton of Manufacturing Compound ammonia	1261.43	1246.20	1079.32	1234.32	1023.10	917.09
吨水泥熟料综合电耗	Overall Electric Power Consumption per ton of Cement Ripe-material	74.41	69.28	69.31	67.76	66.49	63.56
吨水泥综合电耗	Overall Electric Power Consumption per ton of Cement	90.45	83.75	80.89	81.93	76.38	76.98
每重量箱平板玻璃耗电(千瓦时/重量箱)	Electric Power Consumption per ton of Plate Glass (kwh/weight case)	7.40	9.29	9.32	8.64	11.61	10.59
吨钢耗电	Electric Power Consumption per ton of Steel	332.67	360.59	339.48	344.87	357.52	348.03
电炉炼钢综合电力消耗	Electric Power Consumption per ton of Electric Cooker Ferroalloy-making	398.00	428.96	472.28	334.89	325.80	320.01
硅铁单位电耗(千瓦时/标准吨)	Energy Consumption per Unit of Ferrosilicon Processes (kwh/SET)	4310.10	4425.13	4240.11	3569.33	3261.88	3257.13
轧钢工序单位电力消耗	Electric Power Consumption per ton of Steel rolling	87.44	125.75	136.94	127.47	129.91	129.93
单位铝锭综合交流电耗	Overall Alternating Current Electric Power Consumption per ton of Aluminium	13993.26	13881.93	13830.45	13441.60	13740.03	13732.71
析出铅直流电单耗	DC Electric Power Consumption per ton of Separate out Aluminium	127.98	109.99	109.73	109.55	108.76	107.76
析出锌(湿法)直流电单耗	DC Electric Power Consumption per ton of Separate out Zn	2974.65	2923.90	2923.04	2923.22	2920.92	2898.24
吨铜加工材消耗电量	Electric Power Consumption per ton of Machining Cuprum	1793.33	1673.72	1559.47	1594.56	1726.25	1668.16
吨铝加工材消耗电量	Electric Power Consumption per ton of Machining Aluminium	539.24	475.56	467.02	474.57	448.65	442.04
发电厂用电率(%)	Electro-rate of Power plant (%)	6.40	5.75	5.92	5.96	6.05	6.04

8−20 各市全社会用电量

Electricity Consumption by City

单位：亿千瓦时 (100 millin kwh)

市(县) City(County)	2007	2008	2009	2010	2011	2012	2013	2014	2015	2016
省辖市 City										
郑州市 Zhengzhou	334.89	366.67	365.84	410.09	455.99	479.52	504.92	496.85	500.65	502.89
开封市 Kaifeng	40.00	42.89	51.78	59.71	68.00	75.13	85.64	95.47	95.59	99.01
洛阳市 Luoyang	270.55	287.74	294.67	349.42	408.29	392.98	390.33	395.13	382.44	397.00
平顶山市 Pingdingshan	109.38	124.12	126.14	131.70	149.98	159.11	161.32	161.05	157.17	159.24
安阳市 Anyang	118.03	125.73	131.45	164.93	193.84	179.44	196.57	216.17	214.53	215.74
鹤壁市 Hebi	29.62	35.48	34.24	38.93	41.82	43.80	49.56	52.58	52.40	50.31
新乡市 Xinxiang	98.24	117.88	128.06	144.02	162.23	173.70	186.07	196.41	196.32	206.32
焦作市 Jiaozuo	166.97	186.50	182.03	186.31	207.59	197.91	210.90	213.96	215.23	205.87
濮阳市 Puyang	44.60	46.33	51.71	56.85	60.03	73.84	83.92	89.85	90.37	94.22
许昌市 Xuchang	49.36	55.77	65.89	76.16	84.11	93.70	103.57	109.13	104.53	107.15
漯河市 Luohe	31.61	33.89	36.51	41.17	46.92	50.59	53.62	58.21	57.87	59.37
三门峡市 Sanmenxia	99.71	105.11	117.86	141.72	140.91	133.97	130.90	127.36	114.68	99.69
南阳市 Nanyang	112.77	124.55	132.38	160.69	190.25	203.87	215.92	211.69	180.13	188.23
商丘市 Shangqiu	107.34	114.56	121.83	134.34	152.56	156.04	173.92	170.95	158.02	167.82
信阳市 Xinyang	46.01	50.53	62.10	69.22	78.24	87.59	95.77	95.25	95.86	103.36
周口市 Zhoukou	37.35	41.84	47.41	53.92	59.88	70.54	81.94	83.82	86.56	94.45
驻马店市 Zhumadian	51.31	53.89	59.89	66.32	80.10	91.77	100.48	108.68	111.44	114.60
济源市 Jiyuan	39.35	48.28	53.44	59.68	67.61	75.10	80.30	82.97	82.12	81.27
省直管县 County Directly Administrated by Province										
巩义市 Gongyi	76.73	79.67	83.21	94.79	105.07	103.67	100.72	100.66	94.17	86.54
兰考县 Lankao	2.14	3.04	3.67	5.07	5.85	7.18	9.59	11.11	10.34	11.03
汝州市 Ruzhou	11.60	13.57	12.70	13.47	16.43	19.60	20.07	19.41	19.63	21.98
滑县 Huaxian	5.71	6.22	6.96	7.52	10.22	11.07	13.29	14.92	16.30	18.81
长垣县 Changyuan	4.90	5.60	6.40	7.50	8.90	9.76	10.58	11.34	13.48	15.16
邓州市 Dengzhou	5.39	5.45	6.91	7.58	8.34	10.81	12.11	12.76	13.32	15.56
永城市 Yongcheng	55.94	55.08	50.50	52.54	55.23	61.34	74.71	74.51	72.42	74.09
固始县 Gushi	3.85	4.44	5.34	5.96	6.94	8.31	9.43	9.76	10.21	11.74
鹿邑县 Luyi	2.63	3.05	3.48	4.12	4.92	5.87	7.09	7.58	7.80	8.89
新蔡县 Xincai	1.47	1.67	2.10	2.48	2.95	3.75	4.27	4.37	4.64	5.72

注：本表由省电力公司提供。

a) Data in this table are provided by provincial electric company.

8-21 平均每万元地区生产总值能耗情况

Basic Imformation of Energy Consumption

市(县) City(County)	万元地区生产总值能耗上升或下降(±%) Change of Energy Consumption for GDP (%)	能源消费总量增速(%) Growth Rate of Total Consumption (%)	万元地区生产总值电耗上升或下降(±%) Change of Energy Consumption for GDP (%)	万元工业增加值能耗上升或降低(±%) Change of Energy Consumption for Value-added of Industry(%)
2005				
2006	-2.98	10.99	-1.58	-5.93
2007	-4.11	9.89	3.55	-7.08
2008	-5.10	6.38	-2.77	-10.83
2009	-6.16	4.10	-4.79	-11.56
2010	-3.53	8.50	0.80	-10.75
2011	-3.57	7.91	1.27	-8.60
2012	-7.14	2.24	-6.42	-14.75
2013	-3.92	4.73	-3.16	-8.32
2014	-4.06	4.48	-7.53	-11.29
2015	-6.57	1.20	-8.98	-11.54
2016	-7.64	-0.19	-3.95	-10.98
省辖市 City				
郑州市 Zhengzhou	-11.33	-3.93	-7.54	-13.62
开封市 Kaifeng	-5.08	2.86	-4.76	-7.23
洛阳市 Luoyang	-7.80	0.12	-4.41	-13.07
平顶山市 Pingdingshan	-4.78	2.03	-6.87	-9.37
安阳市 Anyang	-6.40	1.04	-7.97	-10.11
鹤壁市 Hebi	-9.72	-2.62	-10.99	-2.59
新乡市 Xinxiang	-9.90	-2.59	-3.29	-14.51
焦作市 Jiaozuo	-8.62	-1.09	-11.64	-3.56
濮阳市 Puyang	-5.28	2.92	-4.04	-5.65
许昌市 Xuchang	-7.65	0.49	-5.45	-15.71
漯河市 Luohe	-6.42	1.10	-5.03	-12.74
三门峡市 Sanmenxia	-10.81	-3.99	-19.25	-10.50
南阳市 Nanyang	-6.82	1.07	-4.54	-15.13
商丘市 Shangqiu	-5.41	2.73	0.82	-14.32
信阳市 Xinyang	-4.24	3.66	-1.18	-6.44
周口市 Zhoukou	-5.00	2.95	0.24	-9.31
驻马店市 Zhumadian	-17.18	-10.15	-6.02	-19.23
济源市 Jiyuan	-7.67	-0.27	-8.38	-6.49
省直管县 County Directly Administrated by Province				
巩义市 Gongyi	-4.85	3.46	-6.39	-11.98
兰考县 Lankao	-12.05	-3.77	1.99	-2.06
汝州市 Ruzhou	-14.04	-5.86	2.28	-17.51
滑县 Huaxian	-5.28	2.93	6.17	-8.36
长垣县 Changyuan	-4.18	4.92	2.73	9.57
邓州市 Dengzhou	-3.56	4.81	7.14	-14.32
永城市 Yongcheng	-8.50	-0.49	-5.93	-16.25
固始县 Gushi	-7.03	0.96	5.86	-9.02
鹿邑县 Luyi	-7.60	1.10	4.24	-8.44
新蔡县 Xincai	-3.56	4.20	14.06	-5.95

注：本表中，省辖市数据不包含直管县(市)数据。

a) In this table, the data of cities do not include the data of counties directly administrated by province.

主要统计指标解释

能源生产总量　指一定时期内全国(地区)一次能源生产量的总和。该指标是观察全国(地区)能源生产水平、规模、构成和发展速度的总量指标。一次能源生产量包括原煤、原油、天然气、水电、核能及其他动力能(如风能、地热能等)发电量，不包括低热值燃料生产量、生物质能、太阳能等的利用和由一次能源加工转换而成的二次能源产量。

能源消费总量　指一定地域内（国家或地区）国民经济各行业和居民家庭在一定时期消费的各种能源的总和。能源消费总量分为终端能源消费量、能源加工转换损失量和能源损失量三部分。

（1）终端能源消费量：指一定时期内，生产和生活消费的各种能源在扣除了用于加工转换二次能源消费量和损失量以后的数量。

（2）能源加工转换损失量：指一定时期内，投入加工转换的各种能源数量之和与产出各种能源产品之和的差额。该指标是观察能源在加工转换过程中损失量变化的指标。

（3）能源损失量：指一定时期内，能源在输送、分配、储存过程中发生的损失和由客观原因造成的各种损失量，不包括各种气体能源放空、放散量。

能源生产弹性系数　研究能源生产增长速度与国民经济增长速度之间关系的指标。计算公式为：

能源生产弹性系数=能源生产总量年平均增长速度/国民经济年平均增长速度

国民经济年平均增长速度，可根据不同的目的或需要，用国民生产总值、国内生产总值等指标来计算，本年鉴是采用国内生产总值指标计算的。

电力生产弹性系数　是研究电力生产增长速度与国民经济增长速度之间关系的指标。一般来说，电力的发展应当快于国民经济的发展，也就是说电力应超前发展。计算公式为：

电力生产弹性系数=电力生产量年平均增长速度/国民经济年平均增长速度

能源消费弹性系数　反映能源消费增长速度与国民经济增长速度之间比例关系的指标。计算公式为：

能源消费弹性系数=能源消费量年平均增长速度/国民经济年平均增长速度

电力消费弹性系数　反映电力消费增长速度与国民经济增长速度之间比例关系的指标。计算公式为：

电力消费弹性系数=电力消费量年平均增长速度/国民经济年平均增长速度

能源加工转换效率　指一定时期内能源经过加工、转换后，产出的各种能源产品的数量与同期内投入加工转换的各种能源数量的比率。该指标是观察能源加工转换装置和生产工艺先进与落后、管理水平高低等的重要指标。计算公式为：

能源加工转换效率=能源加工转换产出量/能源加工转换投入量×100%

单位地区生产总值能耗　指一定时期内，每生产一个单位的地区生产总值所消耗的能源。能源消费的核算范围既包括全部三次产业的生产、经营及其他活动用能，也包括居民生活用能。计算方法：

单位地区生产总值能耗=能源消费总量/ 地区生产总值

单位地区生产总值电耗　指一定时期内，每生产一个单位的地区生产总值所消耗的电力。计算公式为：

单位地区生产总值电耗=全社会用电量/ 地区生产总值

单位工业增加值能耗　指一定时期内，每生产一个单位的工业增加值所消耗的能源。计算公式为：

单位工业增加值能耗=工业能源消耗量/工业增加值

Explanatory Notes on Main Statistical Indicators

Total Energy Production refers to the total production of primary energy by all energy producing enterprises in the country in a given period of time. It is a comprehensive indicator to show the capacity, scale, composition and development of energy production of the country. The production of primary energy includes that of coal, crude oil, natural gas, hydro-power and electricity generated by nuclear energy and other means such as wind power and geothermal power. However, it excludes the production of fuels of low calorific value, bio-energy, solar energy and the secondary energy converted from the primary energy.

Total Domestic Energy Consumption refers to the total consumption of energy of various kinds by sectors and households in the country in a given period of time. Total domestic energy consumption can be divided into three parts: final energy consumption, loss during the process of energy conversion, and energy loss.

(1) End-use Energy Consumption: It refers to the total energy consumption by the production sectors and the households in the country (region) in a given period of time. It does not include the consumption during the conversion of primary energy into secondary energy and the loss in the process of energy conversion.

(2) Loss During the Process of Energy Conversion: It refers to the total input of various kinds of energy for conversion, minus the total output of various kinds of energy in the country in a given period of time. It is an indicator to show the loss that occurs during the process of energy conversion.

(3) Energy Loss: It refers to the total of the loss of energy during the course of energy transport, distribution and storage and the loss caused by any objective reason in a given period of time. The loss of various kinds of gas due to gas discharges and stocktaking is not included.

Elasticity Ratio of Energy Production the indicator to show the relationship between the growth rate of energy production and the growth rate of the national economy. The formula is:

Elasticity Ratio of Energy Production = Average Annual Growth Rate of Energy Production / Average Annual Growth Rate of National Economy

The average annual growth rate of the national economy can be shown by the gross national product, gross domestic product and other indicators, depending upon the purposes or needs. The gross domestic product is used in calculation of the ratio in this chapter.

Elasticity Ratio of Electricity Production is an indicator to show the relationship between the growth rate of electricity production and the growth rate of the national economy. Generally speaking, the growth rate of electricity production should be higher than that of the national economy.

Its formula is:

$$\text{Elasticity Ratio of Electricity Production} = \frac{\text{Average Annual Growth Rate of Electricity Production}}{\text{Average Annual Growth Rate of National Economy}}$$

Elasticity Ratio of Energy Consumption the indicator to show the relationship between the growth rate of energy consumption and the growth rate of the national economy. The formula is:

Elasticity Ratio of Energy Consumption = Average Annual Growth Rate of Energy Consumption / Average Annual Growth Rate of National Economy

Elasticity Ratio of Electricity Consumption is an indicator to show the relationship between the growth rate of electricity consumption and the growth rate of the national economy. The formula is:

$$\text{Elasticity Ratio of Electricity Consumption} = \frac{\text{Average Annual Growth Rate of Electricity Consumption}}{\text{Average Annual Growth Rate of National Economy}}$$

Efficiency of Energy Processing and Conversion refers to the ratio of the total output of energy products of various kinds after processing and conversion and the total input of energy of various kinds for processing and conversion in the same reference period. It is an important indicator to show the current conditions of energy processing and conversion equipment, production technique and management. The formula is:

Efficiency of Energy Processing & Conversion = (Output of Energy After Processing & Conversion / Input of Energy for Processing & Conversion)×100%

Energy Consumption per Unit of GDP refers to the energy consumption per unit of gross domestic production in a country or the gross region production in a region in the same reference period. The consumption of energy accounting scope includes both all three times of industry production and business operations and other activities can use, including residents with life.

The formula is:

Energy Consumption per Unit of GDP = Total Energy Consumption / Gross Domestic Production

Electricity Consumption per Unit of GDP refers to the electricity consumption per unit of gross domestic production in a country or the gross region production in a region in the same reference period. The formula is:

Electricity Consumption per Unit of GDP = Total Electricity Consumption / Gross Domestic Production

Energy Consumption per Unit of Industrial Value-added refers to the energy consumption per unit of industrial value-added in a country or region in the same reference period. The formula is:

Energy Consumption per Unit of Industrial Value-added = Total Energy Consumption / Industrial Value-added

财政
Government Finance

9

● 资料整理：赵国顺

简要说明

一、主要内容

本篇包括地方财政收支和预算外资金收支资料。

二、统计口径

2007年起，财政收支科目实施了较大改革，特别是财政支出项目口径变化很大，与往年数据不可比，2015年开始，财政收支指标改为财政一般公共预算收支，财政部门对指标口径进行相应调整。

三、资料来源

资料来源于河南省财政厅的财政总决算，由河南省统计局国民经济核算处编辑整理。

Brief Introduction

I. Main Contents

The data in this chapter present the government revenue and expenditure situation, the extra-budgetary revenue and expenditure.

II. Scope of Statistics

Because of the classifications of revenue and expenditure accounts have been adjusted largely since 2007, especially the government expenditure, the relative data are not compared with data in preceding years.

III. Sources of Data

The data are based on final Henan provincial financial accounts, which are provided by the Department of National Accounts of the Henan provincial Bureau of Statistics.

9-1 一般公共预算收支额

General Public Budget Revenue and Expenditure of the Local Government

单位：亿元 (100 million yuan)

年份 Year	财政总收入 Total Revenue	一般公共预算收入 General Public Budget Revenue of Local Government	#税收收入 Taxes	一般公共预算支出 General Public Budget Expenditure of Local Government	#农林水事务 Agriauture Forestry Water Conservancy Operating	#社会保障和就业 Social Security and Employment	#教科文卫 Culture, Education, Science & Health Care	#科学技术 Technology	#教育 Education	#医疗卫生 Medical Treatment and Public Health
1978		33.73	23.04	27.67	4.20		5.77	0.43		
1979		33.68	23.62	29.86	5.28		7.05	0.53		
1980		31.86	24.86	26.74	4.66		8.31	0.59		
1981		34.23	29.73	25.84	4.25		8.84	0.61		
1982		33.49	30.96	29.81	4.57		9.83	0.67		
1983		36.49	30.69	30.06	4.73		10.45	0.91		
1984		39.26	34.54	36.79	4.86		11.83	1.08		
1985		48.93	44.57	49.51	5.01		13.93	1.16		
1986		54.92	49.71	69.20	5.92		15.78	1.31		
1987		63.15	56.10	65.26	6.90		16.67	1.18		
1988		70.98	65.09	76.22	8.64		19.47	1.35		
1989		80.97	75.50	87.67	10.85		22.76	1.49		
1990		83.59	78.85	89.53	10.74		24.54	1.53		
1991		91.36	84.61	97.88	12.18		26.99	1.70		
1992		104.03	95.41	116.49	13.29		33.22	1.93		
1993		139.20	126.36	147.73	14.34		39.28	2.01		
1994		(171.38)								
		93.35	81.77	169.62	15.09		50.64	2.54		
1995		124.63	103.45	207.28	17.59		58.30	3.24		
1996		162.06	126.63	255.29	21.12		69.49	3.75		
1997		192.63	152.09	290.84	23.47		75.43	4.52		
1998		208.20	160.60	323.63	25.71		82.89	5.05		
1999		223.35	176.12	384.32	28.39		95.57	6.01		
2000		246.47	195.04	445.53	34.19		108.46	6.86		
2001		267.75	226.70	508.58	36.94		131.35	7.25		
2002		296.72	242.24	629.18	44.77		166.56	7.95		
2003		338.05	264.40	716.60	47.92		188.27	9.06		
2004	789.05	428.78	307.12	879.96	65.99		220.81	10.40		
2005	967.16	537.65	365.67	1116.04	82.28		270.22	13.85		
2006	1202.96	679.17	471.80	1440.09	(99.12)		(344.21)	(18.84)		
					111.34		362.82	17.37		
2007	1530.48	862.08	625.02	1870.61	152.51	281.22	523.51	25.23	366.12	98.78
2008	1781.89	1008.90	742.27	2281.61	209.59	330.23	661.40	30.44	444.03	145.47
2009	1921.80	1126.06	821.50	2905.76	361.60	403.62	843.47	35.52	526.14	223.15
2010	2293.70	1381.32	1016.55	3416.14	399.19	461.22	979.24	44.67	609.37	270.21
2011	2851.91	1721.76	1263.10	4248.82	480.48	547.96	1332.75	56.59	857.14	361.48
2012	3282.48	2040.33	1469.57	5006.40	551.73	631.61	1671.77	69.64	1106.51	425.99
2013	3686.81	2415.45	1764.71	5582.31	629.85	731.41	1824.78	80.00	1171.52	492.48
2014	4094.78	2739.26	1951.46	6028.69	661.94	790.87	1976.74	81.25	1201.38	602.95
2015	4426.96	3016.05	2101.17	6799.35	791.63	945.83	2177.38	83.25	1270.99	717.74
2016	4706.96	3153.48	2158.45	7453.74	807.06	1067.40	2315.19	96.10	1343.76	778.01

注：1.财政收入1993年以前为分税制前老口径，1994年以后为分税制后新口径，括号内为分税制前老口径。

2.1994年以后的财政收支均为地方财政一般预算收支。

3.2007年起，财政收支项目按新科目列支。2006年财政支出括号内数据为按老科目列支。

4.2011年起，财政一般预算收支改称公共财政预算收支，2015年起，改为一般公共预算收支。

a) Before 1993,government revenue are calculated on old caliber. Data on 1994 and after are calculated on new caliber, and the date in parentheses are calculated on old caliber.

b) Financial revenue and expenditure refer to generalpublic budget revenue and expenditure of local government since 1994.

c) Data of revenue and expenditure based on new system since 2007.Data of expenditure Parentheses are based on old system in 2006.

d) Data of financial general budget revenue and expenditure changed to public financial revenue and expenditure since 2011,and changed to general public budget revenue and expenditure.

9-2 各项税收
Taxes

单位：亿元 (100 million yuan)

年份 Year	一般公共预算收入 General Public Budget Revenue of Local Government	#增值税 Value-added Tax	#营业税 Business Tax	#企业所得税 Corporate Income Tax	#个人所得税 Individual Income Tax	#城市维护建设税 City Maintenance and Construction Tax
1995	124.63	25.57	22.78	18.64	3.44	8.39
1996	162.06	30.00	29.76	19.83	4.92	10.13
1997	192.63	32.80	38.85	28.43	6.38	11.18
1998	208.20	36.07	42.83	22.68	8.84	12.28
1999	223.35	36.72	47.22	29.47	10.83	12.69
2000	246.47	42.24	48.18	39.60	12.88	13.64
2001	267.75	44.35	52.89	60.85	19.25	13.73
2002	296.72	49.25	63.14	31.97	17.82	17.24
2003	338.05	57.95	75.31	29.14	15.60	20.54
2004	428.78	65.78	92.81	38.43	19.32	24.60
2005	537.65	87.97	111.60	51.56	22.05	29.18
2006	679.17	105.84	143.34	70.21	24.05	35.02
2007	862.08	129.96	184.24	103.06	30.26	42.87
2008	1008.90	153.89	209.55	116.76	32.30	49.06
2009	1126.06	140.82	252.81	114.81	33.33	51.93
2010	1381.32	155.79	319.34	136.63	40.29	61.35
2011	1721.76	181.38	404.27	185.21	48.38	80.22
2012	2040.33	187.79	482.40	209.13	41.41	89.77
2013	2415.45	202.66	581.79	235.60	47.63	98.57
2014	2739.26	256.47	627.33	261.00	58.01	106.67
2015	3016.05	263.73	659.16	281.41	62.03	112.72
2016	3153.48	550.61	345.54	297.31	71.75	117.09

9-3 一般公共预算收入
General Public Budget Revenue of the Local Government

单位：亿元 (100 million yuan)

项目	Item	2015 绝对数 Absolute Value	2015 比重(%) Proportion (%)	2016 绝对数 Absolute Value	2016 比重(%) Proportion (%)
收入合计	**Total Revenue**	**3016.05**	**100.0**	**3153.48**	**100.0**
税收收入	Tax Revenue	2101.17	69.7	2158.45	68.4
增值税	Value-added Tax	263.73	8.7	550.61	17.5
营业税	Business Tax	659.16	21.9	345.54	11.0
企业所得税	Corporate Income Tax	281.41	9.3	297.31	9.4
个人所得税	Individual Income Tax	62.03	2.1	71.75	2.3
资源税	Resources Tax	35.35	1.2	28.07	0.9
城市维护建设税	Tax on Urban Maintenance and Construction	112.72	3.7	117.09	3.7
房产税	Tax on Real Estates	52.52	1.7	53.78	1.7
印花税	Stamp Tax	27.94	0.9	29.94	0.9
城镇土地使用税	Tax on the Use of Urban Land	102.81	3.4	104.76	3.3
土地增值税	Land Value Added Tax	139.43	4.6	144.83	4.6
车船税	Tax on Vehicles and Ships	30.06	1.0	33.51	1.1
耕地占用税	Tax on The Occupancy of Cultivated Land	184.74	6.1	184.34	5.8
契税	Contract Tax	138.75	4.6	186.95	5.9
烟叶税及其他	Tax on Tobacco leaf and others	10.53	0.3	9.96	0.3
非税收入	Non-Tax Revenue	914.88	30.3	995.03	31.6
专项收入	Special Revenue	201.29	6.7	241.07	7.6
行政事业性收费收入	Income from Adiministrative Fees	238.34	7.9	238.63	7.6
罚没收入	Penalty and Confiscator Income	89.11	3.0	90.55	2.9
国有资本经营收入	Stated-owned Assets Profit	103.28	3.4	92.53	2.9
国有资源(资产)有偿使用收入	Revenue from Using Stated-owned Assets Profit	195.26	6.5	219.17	7.0
其他收入	Others	87.60	2.9	113.07	3.6

9-4 各级一般公共预算收入(2016年)

General Public Budget Revenue of the Local Government by Rank (2016)

单位：亿元 (100 million yuan)

项　目	Item	合　计 Total	省 级 Province	市 级 City	县市级 County	乡镇级 Town & Township
收入合计	**Total Revenue**	**3153.48**	**151.61**	**1257.20**	**1200.55**	**544.12**
税收收入	Tax Revenue	2158.45	77.34	851.00	744.15	485.96
增值税	Value-added Tax	550.61	23.66	211.33	182.85	132.76
营业税	Business Tax	345.54	5.30	145.84	103.76	90.64
企业所得税	Corporate Income Tax	297.31	47.92	128.05	79.96	41.37
个人所得税	Individual Income Tax	71.75		41.92	22.18	7.65
资源税	Resources Tax	28.07		3.88	11.76	12.43
城市维护建设税	Tax on Urban Maintenance and Construction	117.09	0.45	60.44	39.37	16.83
房产税	Tax on Real Estates	53.78		18.77	24.20	10.82
印花税	Stamp Tax	29.94		11.64	12.15	6.15
城镇土地使用税	Tax on the Use of Urban Land	104.76		29.66	42.15	32.95
土地增值税	Land Value Added Tax	144.83		45.16	65.47	34.20
车船税	Tax on Vehicles and Ships	33.51		11.59	10.94	10.99
耕地占用税	Tax on The Occupancy of Cultivated Land	184.34		30.57	102.86	50.90
契税	Contract Tax	186.95	0.00	112.14	44.88	29.93
烟叶税及其他	Tax on Tobacco leaf and other	9.96		0.02	1.59	8.35
非税收入	Non-Tax Revenue	995.03	74.27	406.20	456.40	58.15
专项收入	Special Revenue	241.07	46.28	140.18	51.94	2.67
行政事业性收费收入	Income from Adiministrative Fees	238.63	17.96	68.48	141.98	10.21
罚没收入	Penalty and Confiscator Income	90.55	0.93	37.99	51.24	0.39
国有资本经营收入	Stated-owned Assets Profit	92.53		48.06	34.45	10.02
国有资源(资产)有偿使用收入	Revenue from Using Stated-owned Assets Profit	219.17	6.24	66.93	130.96	15.03
其他收入	Other	113.07	2.86	44.55	45.82	19.84

9-5 一般公共预算支出

General Public Budget Expenditure of the Local Government

单位：亿元 (100 million yuan)

项 目	Item	2015		2016	
		绝对数 Absolute Value	比重(%) Proportion (%)	绝对数 Absolute Value	比重(%) Proportion (%)
本年支出合计	**Total Expenditure**	**6799.35**	**100.0**	**7453.74**	**100.00**
一般公共服务	General Public Service	695.32	10.2	750.94	10.07
国防	National Defense	6.08	0.1	9.52	0.13
公共安全	Public Security	301.12	4.4	358.41	4.81
教育	Education	1271.00	18.7	1343.76	18.03
科学技术	Technology	83.25	1.2	96.10	1.29
文化体育与传媒	Culture, Sport and Medium	105.38	1.5	97.33	1.31
社会保障和就业	Social Security and employment	945.83	13.9	1067.40	14.32
医疗卫生与计划生育支出	Medical Treatment and Public Health	717.74	10.6	778.01	10.44
环境保护	Environment Protection	177.77	2.6	195.72	2.63
城乡社区事务	Urban and Rural Area Community Operating	645.21	9.5	879.33	11.80
农林水事务	Agriculture Forestry and Water Conservancy Operating	791.63	11.6	807.06	10.83
交通运输	Transport	371.01	5.5	347.97	4.67
资源勘探电力信息等事务	Resource Exploration Power Information, etc	149.98	2.2	120.86	1.62
商业服务业等事务	Business Services, etc	57.71	0.8	42.97	0.58
金融监管支出	Financial Supervision Expenditure	40.92	0.6	34.95	0.47
援助其它地区支出	Aid Spending	2.84	0.0	2.89	0.04
国土资源气象等事务	The Land and Resources, etc	55.72	0.8	54.37	0.73
住房保障支出	Housing Security Expenditure	242.04	3.6	268.58	3.60
粮油物资储备管理等事务	Grain and Oil Reserves Management	36.21	0.5	37.24	0.50
国债付息支出	Debt Servicing Expenditure	29.92	0.4	101.43	1.36
债务发行费用支出	Debt Distribution Expenditure	1.07	0.0	2.07	0.03
其他支出	Others	71.58	1.1	56.84	0.76

9-6 各级一般公共预算支出(2016年)

General Public Budget Expenditure of the Local Government by Rank (2016)

单位：亿元 (100 million yuan)

项目	Item	合计 Total	省级 Province	市级 City	县市级 County	乡镇级 Town & Township
本年支出合计	**Total Expenditure**	**7453.74**	**922.27**	**1922.70**	**4128.83**	**479.94**
一般公共服务	General Public Service	750.94	63.85	145.39	352.02	189.68
国防	National Defense	9.52	4.75	1.70	3.06	0.01
公共安全	Public Security	358.41	45.05	130.59	181.48	1.29
教育	Education	1343.76	188.26	240.81	896.26	18.42
科学技术	Technology	96.10	17.95	33.96	40.56	3.63
文化体育与传媒	Culture Sport and Medium	97.33	16.34	32.35	44.80	3.83
社会保障和就业	Social Security and Employment	1067.40	294.40	163.28	576.04	33.68
医疗卫生与计划生育支出	Medical Treatment and Public Health	778.01	36.74	91.93	631.48	17.87
节能环保	Energy Conservation and Environmental Protection	195.72	24.73	89.04	72.78	9.17
城乡社区事务	Urban and Rural Area Community Operating	879.33	0.56	514.93	283.40	80.44
农林水事务	Agriculture Forestry and Water Conservancy Operating	807.06	69.65	66.48	574.59	96.35
交通运输	Transport	347.97	62.18	141.23	140.23	4.32
资源勘探电力信息等事务	Resource Exploration Power Information, etc	120.86	17.74	53.07	45.07	4.98
商业服务业等事务	Business Services, etc	42.97	2.11	13.87	26.06	0.93
金融监管等事务	Financial Supervision Expenditure	34.95	24.00	6.45	4.50	
援助其它地区支出	Aid Spending	2.89	1.49	1.10	0.30	
国土资源气象等事务	The Land and Resources, etc	54.37	8.37	12.59	32.39	1.02
住房保障支出	Housing Security Expenditure	268.58	10.61	92.92	156.94	8.10
粮油物资储备管理等事务	Grain and Oil Reserves Management	37.24	15.85	5.46	15.92	0.02
国债付息支出	Debt Servicing Expenditure	101.43	16.19	58.88	26.14	0.21
债务发行费用支出	Debt Distribution Expenditure	2.07	1.30		0.77	
其他支出	Others	56.84	0.15	26.66	24.02	6.00

9-7 各市一般公共预算收入(2016年)

单位：亿元

市（县） City(County)	收入合计 Total Revenue	税收收入 Tax Revenue	增值税 Value-added Tax	营业税 Business Tax	企业所得税 Corporate Income Tax	个人所得税 Individual Income Tax
全　　省 Total	**3153.48**	**2158.45**	**550.61**	**345.54**	**297.31**	**71.75**
省　辖　市 City						
郑　州　市 Zhengzhou	1011.18	723.26	169.39	129.63	124.93	34.48
开　封　市 Kaifeng	113.21	78.13	17.24	12.95	6.51	1.65
洛　阳　市 Luoyang	302.66	198.40	55.48	30.14	18.69	6.04
平　顶　山　市 Pingdingshan	124.46	83.93	25.33	9.31	6.37	2.24
安　阳　市 Anyang	117.45	82.35	22.69	13.48	10.43	1.67
鹤　壁　市 Hebi	55.61	35.25	7.72	4.48	2.66	0.57
新　乡　市 Xinxiang	148.06	101.79	27.92	14.93	11.36	3.07
焦　作　市 Jiaozuo	124.18	78.94	21.64	9.54	6.94	2.35
濮　阳　市 Puyang	72.16	53.97	14.94	8.96	4.82	1.75
许　昌　市 Xuchang	131.89	97.21	24.29	16.97	8.64	2.44
漯　河　市 Luohe	75.99	59.19	15.36	6.75	7.90	2.81
三　门　峡　市 Sanmenxia	100.12	68.39	15.29	8.50	4.33	1.37
南　阳　市 Nanyang	167.07	105.64	29.59	17.41	8.47	3.50
商　丘　市 Shangqiu	117.43	81.31	20.73	17.39	5.28	1.75
信　阳　市 Xinyang	94.65	65.05	15.22	14.56	5.49	2.07
周　口　市 Zhoukou	103.86	69.40	15.63	9.59	6.02	1.51
驻　马　店　市 Zhumadian	105.39	72.24	17.52	13.05	6.68	1.78
济　源　市 Jiyuan	36.50	26.66	10.97	2.60	3.86	0.66
省　直　管　县 County Directly Administrated by Province						
巩　义　市 Gongyi	38.37	20.42	6.37	1.79	1.42	0.35
兰　考　县 Lankao	14.10	11.07	2.45	1.75	0.95	0.09
汝　州　市 Ruzhou	23.06	16.18	2.45	1.35	0.60	0.17
滑　县 Huaxian	10.16	7.19	1.64	1.98	0.83	0.15
长　垣　县 Changyuan	16.76	13.49	4.93	2.38	2.15	0.13
邓　州　市 Dengzhou	13.10	8.58	1.88	1.31	0.62	0.13
永　城　市 Yongcheng	35.05	23.18	6.93	3.73	0.92	0.36
固　始　县 Gushi	11.31	7.23	1.57	2.13	0.72	0.14
鹿　邑　县 Luyi	11.07	7.73	1.78	0.63	0.62	0.13
新　蔡　县 Xincai	6.31	4.19	0.88	0.95	0.24	0.06

General Public Budget Revenue of the Local Government by City (2016)

(100 million yuan)

城市维护建设税 Tax on Town Maintenance and Construction	耕地占用税 Tax on Occupation of Cultivated Land	契税 Deed Tax	其他各项税收 Other Tax	非税收入 Non-Tax Revenue	#专项收入 Special Revenue	#行政事业性收费收入 Income from Adiministrative Fees	#国有资本经营收入 Income from Stated-owned Assets Profit
117.09	**184.34**	**186.95**	**73.41**	**995.03**	**241.07**	**238.63**	**92.53**
39.72	15.38	76.81	21.15	287.92	102.64	40.40	39.11
3.03	14.91	7.50	2.65	35.09	3.94	17.15	0.88
12.47	24.12	14.70	6.06	104.26	11.78	25.35	11.68
4.45	10.00	9.34	3.33	40.53	6.14	9.19	3.18
6.65	4.41	5.82	4.74	35.10	7.77	10.75	0.38
1.48	4.52	1.87	0.85	20.36	2.38	3.00	0.44
4.77	10.69	8.50	2.92	46.26	5.89	9.37	1.37
3.81	13.24	2.57	2.21	45.24	5.57	5.98	18.08
3.24	6.39	3.19	1.74	18.19	4.95	5.39	0.00
7.62	11.59	6.90	3.60	34.68	8.65	10.63	2.01
3.96	3.81	4.80	4.65	16.79	3.85	3.28	1.25
2.88	4.20	15.52	6.40	31.73	3.55	6.47	7.13
6.45	14.56	7.26	4.06	61.43	7.02	23.09	0.14
4.24	8.09	7.64	2.29	36.13	4.67	9.10	3.03
3.05	9.20	4.88	1.62	29.61	5.21	13.71	0.05
2.62	18.40	3.93	2.15	34.46	4.20	9.79	3.81
4.40	9.26	5.18	2.14	33.14	4.09	16.89	0.00
1.81	1.58	0.55	0.85	9.84	2.49	1.14	0.00
0.94	2.82	0.21	1.33	17.95	0.94	0.83	2.10
0.25	2.25	0.82	0.95	3.03	0.53	0.97	0.01
0.42	3.21	5.36	0.42	6.88	1.13	0.82	3.15
0.24	0.53	0.67	0.19	2.97	0.34	1.48	0.00
0.60	0.65	0.77	0.35	3.27	0.80	1.13	0.02
0.32	2.80	0.43	0.32	4.52	0.29	2.92	0.00
1.34	3.32	0.94	0.52	11.87	1.18	1.81	3.03
0.24	0.73	0.53	0.13	4.08	0.50	0.70	0.04
0.19	2.01	0.35	0.20	3.34	0.25	0.40	0.00
0.11	0.96	0.52	0.08	2.12	0.16	1.04	0.00

9–8 各市一般公共预算支出(2016)

单位：亿元

市(县) City(County)	支出合计 Payout	#一般公共服务 General Public Service	#公共安全 Public Security	#教育 Education	#科学技术 Technology	#文化体育与传媒 Culture Sport and Medium
全 省 Total	**7453.74**	**750.94**	**358.41**	**1343.76**	**96.10**	**97.33**
省 辖 市 City						
郑 州 市 Zhengzhou	1321.53	96.86	53.10	155.53	21.72	12.62
开 封 市 Kaifeng	295.57	50.48	15.22	51.57	3.03	4.21
洛 阳 市 Luoyang	516.91	48.55	25.62	94.47	9.33	8.83
平 顶 山 市 Pingdingshan	275.68	31.65	16.06	50.51	3.04	3.58
安 阳 市 Anyang	291.73	31.67	17.12	63.05	4.19	5.05
鹤 壁 市 Hebi	115.80	11.84	6.16	18.32	1.27	1.67
新 乡 市 Xinxiang	325.71	37.56	19.20	66.44	5.11	3.25
焦 作 市 Jiaozuo	217.82	25.24	14.12	34.79	3.17	3.42
濮 阳 市 Puyang	221.62	20.68	12.23	44.56	2.30	3.17
许 昌 市 Xuchang	265.06	38.66	13.87	54.91	2.83	3.31
漯 河 市 Luohe	176.91	21.20	8.30	27.22	1.32	2.50
三 门 峡 市 Sanmenxia	186.81	27.36	9.91	36.97	2.08	2.65
南 阳 市 Nanyang	548.78	55.31	25.23	108.80	7.07	7.68
商 丘 市 Shangqiu	422.43	39.37	19.09	69.81	1.94	3.47
信 阳 市 Xinyang	403.00	53.57	17.34	90.52	2.12	4.69
周 口 市 Zhoukou	475.52	48.07	20.57	96.51	2.60	6.72
驻 马 店 市 Zhumadian	414.02	41.96	16.94	81.66	4.21	3.32
济 源 市 Jiyuan	56.56	7.04	3.28	9.86	0.81	0.83
省 直 管 县 County Directly Administrated by Province						
巩 义 市 Gongyi	58.27	7.28	2.80	8.63	0.81	0.69
兰 考 县 Lankao	52.56	7.05	2.17	9.84	0.09	0.73
汝 州 市 Ruzhou	49.73	7.07	1.76	9.78	0.55	0.54
滑 县 Huaxian	50.83	4.33	2.11	11.37	0.07	0.58
长 垣 县 Changyuan	45.76	6.37	2.00	9.03	0.79	0.38
邓 州 市 Dengzhou	64.44	4.40	2.76	13.41	0.07	0.37
永 城 市 Yongcheng	73.95	7.38	2.58	10.40	0.21	0.44
固 始 县 Gushi	70.56	9.32	2.61	14.44	0.10	1.04
鹿 邑 县 Luyi	47.67	4.92	1.49	9.79	0.53	0.37
新 蔡 县 Xincai	49.79	2.84	0.99	10.35	0.01	0.32

General Public Budget Expenditure of the Local Government by City (2016)

(100 million yuan)

#社会保障和就业 Social Security and Employment	#医疗卫生与计划生育支出 Medical Treatment and Public Health	#节能保护 Energy Conservation and Environmental Protection	#城乡社区事务 Urban and Rural Area Community Operating	#农林水事务 Agriculture Forestry and Water Conservancy Operating	#交通运输 Transport	#住房保障 Housing Security
1067.40	**778.01**	**195.72**	**879.33**	**807.06**	**347.97**	**268.58**
85.90	86.55	62.39	466.76	63.45	49.46	48.44
41.99	37.13	3.85	18.31	37.04	11.87	9.41
46.72	48.75	9.66	75.69	59.47	26.34	28.40
42.62	35.95	5.97	18.24	31.85	10.51	12.40
37.40	38.23	6.14	20.34	36.41	10.00	11.75
14.44	11.46	9.04	12.61	10.73	3.66	4.96
38.18	39.13	8.20	22.97	41.80	15.44	11.51
30.30	28.16	3.73	26.46	21.01	10.93	4.70
31.77	27.91	2.71	14.99	34.23	6.19	9.84
30.88	31.05	8.10	20.43	29.21	10.10	9.79
21.15	17.32	2.38	22.68	15.28	8.80	14.39
17.20	19.16	4.03	12.84	25.03	10.72	8.57
79.80	71.76	17.38	34.56	83.90	22.86	11.34
57.21	57.10	8.91	38.88	53.49	20.66	25.58
54.51	49.35	6.35	18.88	66.28	17.14	9.88
69.74	78.59	5.76	26.41	59.37	30.39	15.64
66.05	59.12	5.25	22.67	61.14	17.47	19.17
7.12	4.55	1.12	5.05	7.72	3.25	2.20
5.66	10.14	1.82	6.10	4.98	1.56	3.42
5.04	6.63	0.52	4.25	9.17	2.87	2.60
6.74	6.99	0.89	2.19	6.86	1.27	3.16
6.03	8.02	0.54	3.50	10.58	1.39	0.88
5.29	6.18	0.54	2.10	6.44	2.05	3.47
8.60	10.19	1.19	3.70	10.15	3.76	1.47
7.28	9.54	0.69	10.38	9.28	4.61	6.62
9.16	9.12	0.47	2.94	12.49	4.85	1.81
7.80	8.65	0.26	0.84	7.16	1.70	3.03
8.36	8.32	0.58	2.62	8.16	0.85	5.43

主要统计指标解释

财政收入 指国家财政参与社会产品分配所取得的收入，是实现国家职能的财力保证。公共财政预算收入主要包括税收收入和非税收入。

(1) 税收收入：包括国内增值税、国内消费税、进口货物增值税和消费税、出口货物退增值税和消费税、营业税、企业所得税、个人所得税、资源税、城市维护建设税、房产税、印花税、城镇土地使用税、土地增值税、车船税、船舶吨税、车辆购置税、关税、耕地占用税、契税、烟叶税等。

(2) 非税收入：包括专项收入、行政事业性收费收入、罚没收入、国有资本经营收入、国有资源（资产）有偿使用收入和其他收入。

财政支出 指国家财政将筹集起来的资金进行分配使用，以满足经济建设和各项事业的需要。公共财政预算支出主要包括：

(1) 一般公共服务：指政府提供基本公共管理与服务的支出，包括人大事务、政协事务、政府办公厅（室）及相关机构事务、发展与改革事务、统计信息事务、财政事务、税收事务、审计事务、海关事务、人力资源事务、纪检监察事务、人口与计划生育事务、商贸事务、知识产权事务、工商行政管理事务、质量技术监督与检验检疫事务、国土资源事务、海洋管理事务、测绘事务、地震事务、气象事务、民族事务、宗教事务、港澳台侨事务、档案事务、共产党事务、民主党派及工商联事务、群众团体事务、彩票发行事务、国债事务、债券投资、其他一般公共服务支出。

(2) 国防：指政府用于国防方面的支出，包括现役部队、预备役部队、民兵、国防科研事业、专项工程、国防动员等方面的支出。

(3) 公共安全：指政府维护社会公共安全方面的支出，包括武装警察、公安、国家安全、检察、法院、司法行政、监狱、劳教、国家保密、缉私警察等。

(4) 教育：指政府教育事务支出，包括教育管理、学前教育、小学教育、初中教育、普通高中教育、普通高等教育、中专教育、技校教育、职业高中教育、高等职业教育、广播电视教育、留学生教育、特殊教育、干部继续教育、教育机关服务等。

(5) 科学技术：指用于科学技术方面的支出，包括科学技术管理事务、基础研究、应用研究、技术研究与开发、科技条件与服务、社会科学、科学技术普及、科技交流与合作等。

(6) 文化体育与传媒：指政府在文化、文物、体育、广播影视、新闻出版等方面的支出。

(7) 社会保障和就业：指政府在社会保障与就业方面的支出，包括社会保障和就业管理事务、民政管理事务、财政对社会保险基金的补助、补充全国社会保障基金、行政事业单位离退休、企业改革补助、就业补助、抚恤、退役安置、社会福利、残疾人事业、城市居民最低生活保障、其他城镇社会救济、农村社会救济、自然灾害生活救助、红十字事务等。

(8) 医疗卫生：指政府在医疗卫生方面的支出，包括医疗卫生管理事务、医疗服务、社区卫生服务、医疗保障、疾病预防控制、卫生监督、妇幼保健、农村卫生、中医药等。

(9) 节能环保：指政府节能环保的支出，包括环境保护管理事务、环境监测与监察、污染防治、自然生态保护、天然林保护工程、退耕还林、风沙荒漠治理、退牧还草、已垦草原退耕还草、能源节约利用、污染减排、可再生能源和资源综合利用等支出。

(10) 城乡社区事务：指政府城乡社区事务支出，包括城乡社区管理事务、城乡社区规划与管理、城乡社区公共设施、城乡社区住宅、城乡社区环境卫生、建设市场管理与监督等。

(11) 农林水事务：指政府农林水事务的支出，包括农业、林业、水利、扶贫、农业综合开发等。

（12）交通运输：指政府交通运输和邮政业方面的支出，包括公路运输、水路运输、铁路运输、民用航空运输、邮政业支出等。

（13）资源勘探电力信息等事务：指政府对资源勘探电力信息等事务支出，包括资源勘探业、制造业、建筑业、电力监管、工业和信息产业监管、安全生产监管、国有资产监管、支持中小企业发展和管理支出等。

（14）商业服务业等事务：指政府对商业服务业等事务的支出，包括商业流通事务、旅游业管理与服务、涉外发展服务支出等。

（15）金融监管等事务：指政府对金融保险业监管等事务方面的支出。

（16）国土资源气象等事务：指政府用于国土资源、海洋、测绘、地震、气象等公益服务事业方面的支出。

（17）住房保障支出：指政府用于住房保障方面的支出。

（18）粮油物资储备事务：指政府用于粮油物资储备事务方面的支出。

（19）国债还本付息支出：指政府在国债还本、付息、发行等方面的支出。

Explanatory Notes on Main Statistical Indicators

Government Revenue refers to income for the government finance through participating in the distribution of social products. It is the financial guarantee to ensure government functioning. Now it includes Tax Revenue and Non-Tax Revenue:

(1) Tax Revenue: Including Value-added tax, consumption tax, business tax, enterprise income tax, enterprise income tax rebate, personal income tax, resources tax , regulatory taxes on investment in fixed assets, urban maintenance and construction taxes, property taxes, stamp duty, tax on using urban land, land value-added tax, tax on using Vehicles and Ships, tax on using licence , Ship tons of tax, vehicle purchase tax (charges),tax on Slaughtering, banquet tax, customs, agriculture (tobacco) specialty tax, land tax, contract taxes and other tax revenue.

(2) Non-Tax Revenue: Including Special revenue, the Community Chest lottery income, administrative fees income, confiscated income, the state capital operating revenue, compensation income of using state-owned resources (assets), other income.

Government Expenditure refers to the distribution and use of the funds which the government finance has raised, so as to meet the needs of economic construction and various causes. It includes the following main items:

(1) Commonly Public servings :including affairs of People's Congress, affairs of Committee of People's Political Consultative Conference, the Government Office (room) and related organizations affairs, development and reform Affairs, statistical information Affairs, financial services, revenue Affairs, audit Affairs, customs affairs, personnel affairs, the discipline inspection and supervision Affairs, population and family planning Affairs, commerce and trade Affairs, intellectual property Affairs, administration affairs of industrial and commercial, supervision and administration Affairs of food and drug, quality of technical supervision and inspection and quarantine Affairs, land and natural resources Affairs, marine management Affairs, surveying and mapping Affairs, seismic Affairs, meteorological Affairs, ethical affairs, religion Affairs, Hong Kong, Macao and Taiwan affairs, file Affairs, the Communist Party affairs, other parties and the Federation of Industry and Commerce Services Mass organizations Affairs, Lottery Affairs, Treasury Affairs, bond investment, the other general public Affairs expenditure.

(2) Defense: refers to the government for defense spending, including standing army, the reserve forces and the militia, national defense scientific research career, special engineering, national defense mobilization of expenditure.

(3) National Defense: including Active-duty troops and reserve forces of national defense, national defense mobilization, and other defense expenditure.

(4) Education: including Education and management Affairs, general education, vocational education, adult education, radio and television education, studying abroad education, special education, teacher education and continuing education of cadres, education surcharge and education fund, other educational expenses.

(5) Science and technology : including Science and technology management Affairs, basic research, applied research, technology research and development, conditions and service of science and technology, social science, science and technology popularization , Science and technology exchanges and cooperation, and other science and technology expenditure.

(6) Culture Sport and Medium : including Culture, heritage, sports, radio, television, press, publishing, sports and other cultural and media expenditure.

(7) Social Security and Obtain employment: including Social security and Obtain employment Affairs, civil administration Management Affairs, added the National Social Security Fund, retired from administrative institutions, subsidies for shutdown and bankruptcy enterprises, employment subsidies, pension, placement of retirement, social welfare, handicapped Affairs, the minimum

living guarantee for urban residents, other urban social relief, rural social relief, living relief for natural disaster, the Red Cross Affairs, other social security expenditure and employment expenditure.

(8) Medical Treatment and Public Health: including Medical and health management affairs, medical services, community health services, health ensure, disease prevention and control, sanitation surveillance, health care of female and child, rural sanitation, Chinese traditional medicine, other medical and health expenditure.

(9) Energy conservation and environmental protection: including Environmental management affairs, environmental monitoring and surveillance, pollution control, natural ecological protection, natural forests protection, returning farmland to forests, desertification and sandstorms control, returning farmland to grassland, other environmental protection expenditure.

(10) Urban and Rural Area Community Operating :Including The management of urban and rural communities affairs, planning and management of urban and rural community, public facilities in rural and urban communities, residential of rural and urban communities, sanitation of urban and rural communities, management and supervision of marketable construction, the Government Housing Fund expenditures, expenditures of using land, additional expenditures of urban public utilities, other expenses of urban and rural community affairs.

(11) Farming Forestry and Water Conservancy Operating : including Agriculture, forestry, water conservancy, moving water from north to south, poverty alleviation, agricultural development, and other expenditures of agriculture, forestry, water affairs.

(12) Traffic and Transport : including Highway and waterway transport, rail transport, air transport, and other transport expenses.

(13) Resource exploration of electric power information: Mining, manufacturing, construction, electricity, the information industry, tourism, foreign-related development, grain and oil services, commercial circulation services, material reserves, the financial industry, tobacco affairs, production safety, state-owned assets supervision, the SME affairs, other industrial business Services such as financial expenditures.

(14) Business service and other affairs: refers to the government to business service and other affairs expenses, including commercial distribution affairs, tourism management and service, foreign development service expenditure, etc.

(15) Financial supervision: refers to the government for financial insurance regulatory affairs expenses.

(16) Land and resources weather affairs: refers to the government for land and resources, ocean, surveying and mapping, earthquake, meteorology and so on public service business spending.

(17) Housing security spending: refers to the government for housing safeguard expenses.

(18) Grain and oil materials reserve affairs: refers to the government for cereals and oil materials reserve affairs expenses

(19) National debt repayment of capital and interest expenses: refers to the government in national debt repayment of principal and interest payment and issue of expenditure.

物价

Prices

10

资料整理：王燕　芦松林　孟凡玲

简要说明

一、主要内容

本篇包括居民消费价格指数，商品零售价格指数，农业生产资料价格指数，农产品生产价格指数，工业生产者出厂价格指数，工业生产者购进价格指数，固定资产投资价格指数等资料。

二、资料来源

价格指数编制由国家统计局河南调查总队组织实施。由省、市及抽选出的市、县调查队依据国家统计局统一制定的价格统计调查制度向基层采集原始数据汇总后得到。

居民消费、商品零售、农业生产资料价格指数采用抽样调查和重点调查相结合的方法取得，即在全省选择不同经济区域和分布合理的地区，以及有代表性的商品作为样本，对其市场价格进行定期调查，以样本推断总体。由国家统计局河南调查总队消费价格调查处编辑整理。

工业生产者价格调查采用重点调查与典型调查相结合的调查方法。重点调查将全部年主营业务收入2000万元以上的企业列为调查对象，采用主观选样的方法选择调查企业；典型调查是把年主营业务收入2000万元以下的企业作为抽样对象，采用随机抽样的调查方法。由国家统计局河南调查总队生产投资价格调查处编辑整理。

固定资产投资价格指数采用重点调查与典型调查相结合的方法。由国家统计局河南调查总队生产投资价格调查处编辑整理。

Brief Introduction

I. Main Contents

Data on price indices in this chapter including mainly consumer price indices, retail price indices, price indices for means of agricultural production, producer price indices for farm products, Industrial producers ex-factory price index, industrial producers purchase price index, price indices for investment in fixed assets.

II. Sources of Data

Compilation of statistics on price indices is organized by the Department of Henan Survey organizations, NBS. The survey organizations of the provinces, cities directly under the Central Government and of the selected cities and counties collect data from the grassroots units in accordance with the scheme of price survey system, tabulate them and report them to the higher agencies.

Data for compilation of the consumer price indices, the retail price indices and the producer price indices for farm products in Henan province are collected through a combination of sample surveys and surveys of key units. Areas distributed in different economic regions are selected as the sample areas and representative commodities are selected as the sample commodities. Regular surveys are conducted to collect data on their market prices. Population parameters are inferred on the basis of the sample data. Data of this part are provided by the Department of Henan Survey organizations, NBS.

Industrial producer prices are collected through a combined use of the key units' survey and typical units' survey methods. Key units refer to enterprises which annual sale revenue above 20 million yuan, using the method of subjective selection. Typical units refer to the enterprises which annual sale revenue below 20 million yuan, using the method of sampling survey. Data of this part are provided by the Department of Henan Survey organizations, NBS.

Data on prices of investment in fixed assets are collected by a program involving the combined use of surveys on key units and surveys on typical units. Data of this part are provided by the Department of Henan Survey organizations, NBS.

10-1 各种物价总指数
General Price Indices

(上年=100) (preceding year=100)

年份 Year	居民消费价格总指数 General Consumer Price Index	城市 Urban Areas	农村 Rural Areas	商品零售价格总指数 General Retail Price Index	农业生产资料价格总指数 General Price Index of Agricultural Means of Production	工业生产者出厂价格指数 Producer Price Index for Industrial Products	工业生产者购进价格指数 Purchasing Price Index for Industrial Producers	固定资产投资价格指数 Price Index for Investment In Fixed Assets
1978	100.1	100.0	100.1	100.1	97.9			
1980	104.6	106.0	103.8	104.9	100.1			
1985	104.6	106.5	103.6	105.4	103.0			
1990	100.7	100.5	100.9	100.1	98.3	105.5	105.5	
1991	102.3	105.1	100.0	102.0	100.1	104.3	104.4	109.4
1992	105.4	107.7	102.9	105.0	101.2	106.2	110.0	119.8
1993	110.4	110.6	110.3	108.3	109.2	118.1	133.0	126.7
1994	125.2	127.4	123.5	120.6	124.4	124.1	122.0	106.0
1995	116.5	116.9	116.3	114.9	125.8	115.0	114.1	105.9
1996	110.5	109.5	110.9	107.9	107.9	104.1	106.0	103.9
1997	103.5	102.4	103.9	100.6	99.3	100.6	100.6	102.9
1998	97.5	97.9	97.1	96.6	94.2	95.3	94.8	98.7
1999	96.9	96.6	97.1	96.2	95.7	95.4	94.3	98.0
2000	99.2	99.1	99.2	98.5	99.6	104.0	105.1	102.9
2001	100.7	100.7	100.7	99.8	99.1	100.5	101.9	100.4
2002	100.1	99.8	100.6	99.2	100.8	98.6	97.6	98.7
2003	101.6	101.7	101.4	101.3	101.9	105.0	107.8	103.8
2004	105.4	105.4	105.4	105.7	111.4	110.2	115.7	110.1
2005	102.1	102.1	102.1	101.7	107.9	106.1	108.3	101.4
2006	101.3	101.2	101.5	100.9	101.2	104.3	105.3	101.6
2007	105.4	105.4	105.5	104.4	106.1	105.2	106.4	104.6
2008	107.0	106.5	107.9	107.5	120.9	112.1	111.9	109.0
2009	99.4	98.8	100.4	99.4	98.1	94.9	97.1	96.4
2010	103.5	103.4	103.8	103.7	103.1	107.8	110.2	103.5
2011	105.6	105.4	106.1	105.7	111.1	107.2	110.1	107.4
2012	102.5	102.6	102.4	102.3	105.4	99.4	99.2	101.0
2013	102.9	102.9	102.9	101.9	101.3	98.5	99.3	99.9
2014	101.9	102.0	101.6	101.0	97.9	98.1	98.4	100.0
2015	101.3	101.3	101.2	99.8	100.3	95.4	95.4	97.6
2016	101.9	101.9	102.0	100.3	100.8	99.0	99.2	99.2

10-2 各种物价定基指数

Fixed-base Price Indices

(1978年＝100) (1978 year =100)

年 份 Year	居民消费价格总指数 General Consumer Price Index	城 市 Urban Areas	农 村 Rural Areas	商品零售价格总指数 General Retail Price Index	农业生产资料价格总指数 General Price Index of Agricultural Means of Production	工业生产者出厂价格指数 Producer Price Index for Industrial Products	工业生产者购进价格指数 Purchasing Price Index for Industrial Producers	固定资产投资价格指数 Price Index for Investment In Fixed Assets
1978	100.0	100.0	100.0	100.0	100.0			
1979	100.4	100.3	100.4	100.4	100.0			
1980	105.0	106.3	104.2	105.3	100.1			
1981	106.5	108.9	105.0	107.0	101.4			
1982	108.0	110.8	106.3	108.6	103.5			
1983	109.7	114.0	107.3	110.5	109.4			
1984	110.6	116.6	107.4	111.5	116.1			
1985	115.7	124.1	111.2	117.5	119.6			
1986	122.0	132.6	116.0	123.3	125.7			
1987	129.7	142.9	122.2	131.1	143.8			
1988	154.9	173.6	144.3	156.9	175.1	100.0	100.0	
1989	183.9	199.5	176.0	186.3	204.6	119.7	130.0	
1990	185.1	200.5	177.6	186.5	201.1	126.3	137.2	100.0
1991	189.4	210.7	177.6	190.2	201.3	131.7	143.2	109.4
1992	199.6	227.0	182.8	199.7	203.7	139.9	157.5	131.1
1993	220.4	251.0	201.6	216.3	222.4	165.2	209.5	166.1
1994	275.9	319.8	249.0	260.8	276.7	205.0	255.6	176.0
1995	321.4	373.8	289.5	299.7	348.1	235.8	291.6	186.4
1996	355.2	409.3	321.1	323.4	375.6	245.4	309.1	193.7
1997	367.6	419.2	333.6	325.0	373.0	246.9	310.9	199.3
1998	358.4	410.4	323.9	314.0	351.3	235.3	294.8	196.7
1999	347.3	396.4	314.6	302.0	336.2	224.5	278.0	192.8
2000	344.6	392.9	312.0	297.5	334.9	233.5	292.2	198.4
2001	347.0	395.6	314.2	296.9	331.9	234.6	297.7	199.1
2002	347.3	394.8	316.1	294.5	334.5	231.4	290.5	196.6
2003	352.9	401.5	320.5	298.4	340.9	243.0	313.0	204.0
2004	371.9	423.2	337.8	315.4	379.7	267.9	362.0	224.6
2005	379.7	432.1	344.9	320.7	409.7	284.1	392.0	227.8
2006	384.7	437.3	350.1	323.6	414.7	296.3	412.7	231.3
2007	405.5	460.9	369.4	337.8	440.0	311.8	439.2	242.0
2008	433.9	490.9	398.6	363.1	532.0	349.6	491.3	263.7
2009	431.3	485.0	400.2	360.9	521.9	331.8	477.2	254.2
2010	446.4	501.5	415.4	374.3	538.1	357.7	525.9	263.1
2011	471.4	528.6	440.7	395.6	597.8	383.4	579.1	282.4
2012	483.2	542.3	451.3	404.7	630.1	381.2	574.2	285.2
2013	497.2	558.0	464.4	412.4	638.3	375.6	570.0	285.0
2014	506.7	569.2	471.8	416.5	624.9	368.2	560.8	284.8
2015	513.3	576.8	477.7	415.5	626.9	351.1	534.9	278.1
2016	523.1	587.5	487.3	416.9	632.2	347.7	530.8	275.7

注：工业生产者出厂价格和工业生产者购进价格指数以1988年=100，固定资产投资价格指数以1990年=100。

a) Producer Price Index for Industrial Products and Purchasing Prices Index for Industrial Products are Calculated as the index on 1988=100, Prices Index for Investment in Fixed Assets is Calculated as the index on 1990=100.

10−3 居民消费价格指数(2016年)

Consumer Price Indices (2016)

(上年=100) (preceding year=100)

项 目		全 省 The Whole Province	城 市 Urban Indices	农 村 Rural Indices
总 指 数	**General Consumer Price Index**	**101.9**	**101.9**	**102.0**
食品烟酒	**Food、Tobacco and Liquor**	**103.2**	**103.1**	**103.4**
食品	Food	104.1	104.0	104.3
粮食	Grain	100.1	100.2	99.8
食用油	Cooking Oil	101.2	100.9	101.6
菜	Vegetables	110.6	110.8	110.3
#鲜菜	Fresh Vegetables	111.3	111.4	111.1
畜肉类	Livestock Meat	112.8	112.5	113.4
#猪肉	Pork	118.3	118.9	117.4
禽肉类	Meal and Poultry	100.0	99.9	100.2
水产品	Aquatic Products	101.4	101.0	102.4
蛋类	Eggs	95.6	96.9	93.8
奶类	Milk	99.6	99.6	99.8
干鲜瓜果类	Dried and Fresh Melons and Fruits	96.2	96.6	95.2
#鲜瓜果	Fresh Fruits	95.0	95.4	94.0
茶及饮料	Tea and Beverages	99.4	99.7	99.0
烟酒	Tobacco and Liquor	100.3	100.4	100.1
在外餐饮	Dining Out	102.4	102.2	102.7
衣着	**Clothing**	**100.7**	**100.8**	**100.6**
服装	Garments	100.5	100.6	100.4
服装材料	Clothing Material	100.6	100.4	101.0
其他衣着及配件	Other Clothing and accessories	101.0	100.9	101.1
衣着加工服务费	Tailoring and Laundering Service	105.1	106.3	102.1
鞋类	Footwear	100.9	100.9	101.0
居住	**Residence**	**102.2**	**103.0**	**100.8**
租赁房房租	Renting	103.3	103.4	102.9
住房保养维修及管理	Maintenance and Management of Housing	101.3	101.4	101.2
水电燃料	Water, Electricity and Fuels	100.3	101.7	98.2
自有住房	Private Housing	103.4	103.8	102.3
生活用品及服务	**Supplies and services**	**100.2**	**100.3**	**99.9**
家具及室内装饰品	Furniture and Decorations	100.9	100.7	101.2
家用器具	Home Appliances	97.6	97.7	97.4
家用纺织品	Home Textile	100.0	100.2	99.5
家庭日用杂品	Daily Use Household Articles	100.7	100.5	101.0
个人护理用品	Personal Article and Service	101.2	101.3	100.8
家庭服务	Household Service	106.2	107.0	103.4
交通和通信	**Transportation and Communication**	**98.3**	**97.9**	**98.9**
交通	Transportation	98.0	97.5	98.8
通信	Communication	98.9	98.7	99.1
教育文化和娱乐	**Education Culture and Recreation**	**102.4**	**100.9**	**105.2**
教育	Education	104.1	101.6	108.1
文化娱乐	Cultural and Recreational Articles	99.8	99.9	99.4
医疗保健	**Health Care**	**102.8**	**103.1**	**102.4**
药品及医疗器具	Medicines and Medical Instrument	106.3	106.3	106.3
医疗服务	Medical Service	100.8	101.0	100.4
其他用品和服务	**Other Articles and Service**	**103.9**	**103.8**	**103.9**
其他用品类	Articles	105.8	106.7	104.6
其他服务类	Service	102.2	101.9	103.0

10-4 分类商品零售价格指数

Retail Price Indices by Category

(上年=100) (preceding year=100)

项 目	Item	2008	2009	2010	2011	2012	2013	2014	2015	2016
商品零售价格总指数	**Retail Price Index of commodities**	**107.5**	**99.4**	**103.7**	**105.7**	**102.3**	**101.9**	**101.0**	**99.8**	**100.3**
食品类	Food	116.1	101.2	108.7	112.4	103.1	105.6	102.5	101.5	103.4
饮料、烟酒类	Beverage and Tobacco and Alcohol	103.6	101.9	101.5	104.0	103.8	101.4	99.6	101.0	100.0
服装、鞋帽类	Garments Shoes and Hats	100.8	99.7	100.9	101.4	103.2	102.7	102.4	102.3	100.6
纺织品类	Textile Product	102.3	100.5	104.0	109.8	102.4	100.8	100.5	101.0	100.1
家用电器及音像器材	Household Appliance and Audio-video Material	98.7	95.7	97.8	98.8	99.5	99.8	99.6	98.9	95.6
文化办公用品类	Office Supplies	100.0	98.1	98.7	98.5	99.3	99.2	100.0	99.0	100.7
日用品类	Articles for Everyday Use	104.5	101.6	100.1	102.5	102.8	101.3	100.9	100.4	100.2
体育娱乐用品类	Sport and Entertainment Goods	99.0	99.4	99.8	100.8	100.9	100.3	100.6	100.6	100.1
交通、通信用品类	Transportation and Communication Appliances	92.3	93.2	96.1	97.1	97.7	97.4	99.3	95.5	95.8
家具类	Furniture	101.4	99.8	99.6	102.3	101.8	101.4	101.4	100.7	100.9
化妆品类	Cosmetics	100.6	100.6	100.3	101.1	103.2	102.0	101.0	100.4	101.2
金银珠宝类	Gold and Sliver and Jewellery	118.8	93.8	111.3	114.3	103.2	91.5	91.6	93.6	106.0
中西药品及医疗保健用品类	Chinese Traditional Medicine and Western Medicine and Health Product	102.9	101.2	104.0	103.9	102.4	102.2	101.7	103.8	106.1
书报杂志及电子出版物类	Books and Newspapers and Magazines and Electronic Publications	102.8	106.7	99.4	100.9	103.9	102.5	100.7	102.1	101.8
燃料类	Fuel	119.3	98.7	110.5	113.6	104.5	98.3	98.5	87.8	96.6
建筑材料及五金电料类	Architectural and Hardware Material	109.3	96.9	104.3	107.0	101.3	100.0	100.4	99.5	100.5

10-5 农业生产资料价格指数

Price Indices for Means of Agricultural Production

(上年=100) (preceding year=100)

项 目	Item	2008	2009	2010	2011	2012	2013	2014	2015	2016
农业生产资料价格总指数	**Price Indices of Means of Agricultural Production**	**120.9**	**98.1**	**103.1**	**111.1**	**105.4**	**101.3**	**97.9**	**100.3**	**100.8**
农用手工工具	Farm Handtools	118.1	105.9	101.1	104.9	102.9	105.0	106.1	102.1	104.3
饲料	Forage	113.2	108.1	109.1	105.5	106.5	106.4	101.0	96.1	98.2
产品畜	Commodity Animals	126.4	80.9	101.8	136.4	103.1	98.5	93.6	112.3	151.6
半机械化农具	Semi-mechanized Farm Machinery	105.6	100.1	100.9	105.8	104.6	102.3	102.1	101.6	101.1
机械化农具	Mechanized Farm Machinery	107.3	100.9	100.1	103.7	100.5	100.3	100.4	99.3	99.5
化学肥料	Chemical Fertilizer	138.5	92.6	98.5	115.2	106.0	95.4	91.2	101.7	95.7
农药及农药机械	Pesticide and Appliances	108.4	100.0	100.6	106.0	101.4	102.1	102.6	100.5	99.1
化学农药	Chemical Pesticide	109.0	98.1	99.4	106.3	101.4	102.4	102.5	100.4	99.1
农药器械	Pesticide Appliances	105.8	108.8	105.9	102.5	100.8	99.6	103.5	100.5	100.0
农用机油	Oil for Farm Machinery	115.4	89.4	113.1	114.7	104.2	99.3	97.5	83.8	95.2
其他农业生产资料	Other Means of Agricultural Production	105.1	104.5	109.5	108.2	107.9	106.0	102.4	101.4	98.3
农用种子	Farm Seed	104.8	110.6	113.6	108.7	109.2	106.6	102.5	101.8	98.0
其他	Others	105.8	90.5	99.5	105.6	100.6	102.0	101.6	98.8	
农业生产服务	Service for Agriculture Production	106.0	105.5	102.3	106.9	107.1	106.1	103.9	104.8	101.5

10−6 各市(县)居民消费价格指数(2016年)

Consumer Price Indices by City (2016)

各市(县)数据不含所辖市(县)数据(10−7表同)。

Price Indices of every city(county) exclude the data of city(county) under its administration. (the same as table 10-7).

(上年=100) (preceding year=100)

市 City	居民消费价格总指数 Consumer Price Index	食品烟酒 Food, Tobacco, Liquor	衣着 Clothing	居住 Residence	生活用品及服务 Living Supplies and Services	交通和通信 Transportation and Communication	教育文化和娱乐 Education, Culture and Entertainment	医疗保健 Health Care	其他用品和服务 Others
省辖市 City	**101.9**	**103.1**	**100.8**	**103.0**	**100.3**	**97.9**	**100.9**	**103.1**	**103.8**
郑州市 Zhengzhou	102.3	102.3	100.2	106.9	100.4	98.1	100.7	102.7	104.8
开封市 Kaifeng	101.6	102.0	100.4	102.6	101.0	98.2	100.5	106.0	105.3
洛阳市 Luoyang	101.7	103.4	100.0	100.7	101.2	98.1	100.0	107.4	104.9
平顶山市 Pingdingshan	101.5	103.7	102.0	100.5	99.7	98.7	100.3	100.9	103.2
安阳市 Anyang	101.7	104.5	101.4	100.2	99.9	97.7	102.0	102.8	97.8
鹤壁市 Hebi	101.6	102.8	103.2	101.9	100.7	99.1	98.9	102.8	103.3
新乡市 Xinxiang	101.8	103.8	100.6	103.1	100.0	97.8	100.5	101.5	102.1
焦作市 Jiaozuo	101.4	102.9	100.2	101.3	100.3	97.1	101.3	104.2	104.1
濮阳市 Puyang	101.6	103.0	100.7	101.6	99.9	98.1	101.2	103.9	104.2
许昌市 Xuchang	101.9	102.4	101.6	105.4	100.5	98.3	99.1	101.3	104.0
漯河市 Luohe	101.6	104.2	101.4	100.9	100.5	94.4	102.6	102.8	104.2
三门峡市 Sanmenxia	101.2	101.9	99.6	101.5	99.9	98.1	102.9	102.8	103.7
南阳市 Nanyang	101.7	105.5	101.8	98.7	99.7	97.9	101.3	102.1	102.8
商丘市 Shangqiu	101.4	102.4	100.9	101.9	99.8	98.8	101.3	101.4	104.3
信阳市 Xinyang	101.7	102.4	101.8	101.2	100.6	98.3	103.8	102.3	103.4
周口市 Zhoukou	101.5	101.8	102.0	102.6	99.3	97.4	102.4	102.7	103.9
驻马店市 Zhumadian	101.3	103.5	101.5	100.8	99.8	98.1	100.2	101.2	102.9
济源市 Jiyuan									
省直管县 County Directly Administrated by Province									
巩义市 Gongyi									
兰考县 Lankao									
汝州市 Ruzhou									
滑县 Huaxian	101.5	103.3	101.9	100.1	100.0	98.1	101.1	102.6	104.7
长垣县 Changyuan									
邓州市 Dengzhou									
永城市 Yongcheng	102.0	103.6	100.7	100.6	100.3	98.9	104.8	101.3	104.4
固始县 Gushi	101.6	103.3	101.2	100.0	99.9	100.4	101.9	101.7	102.3
鹿邑县 Luyi									
新蔡县 Xincai									

10-7 各市(县)商品零售价格指数(2016年)

(上年=100)

市 City	商品零售价格总指数 General Index	食品类 Food	饮料烟酒类 Beverage and Tabacco, Liquor	服装鞋帽类 Clothing, Shoes and Hats	纺织品类 Textiles	家用电器及音像器材类 Household Appliance and Audio-video Material	文化办公用品类 Cultural and Office Supplies	日用品类 Articles for Daily Use
省辖市 City	**100.3**	**103.4**	**100.2**	**100.6**	**100.3**	**95.6**	**100.7**	**100.2**
郑州市 Zhengzhou	100.2	102.6	99.5	100.1	100.0	95.5	100.4	100.4
开封市 Kaifeng	100.3	102.5	98.6	100.2	99.3	95.7	100.9	100.3
洛阳市 Luoyang	100.7	103.4	101.9	99.8	102.7	95.5	101.2	100.7
平顶山市 Pingdingshan	100.2	104.0	100.6	101.5	99.7	94.8	100.3	99.6
安阳市 Anyang	100.4	104.3	100.9	101.0	100.2	96.0	100.5	98.6
鹤壁市 Hebi	100.8	102.8	100.6	103.3	99.2	95.5	100.9	103.0
新乡市 Xinxiang	100.2	104.1	100.3	100.8	98.7	95.5	100.6	99.8
焦作市 Jiaozuo	100.1	103.1	101.0	100.1	99.3	95.4	100.9	100.2
濮阳市 Puyang	99.8	102.8	101.0	100.4	100.2	95.8	100.2	99.6
许昌市 Xuchang	99.9	102.9	98.2	101.3	105.1	95.2	101.4	101.9
漯河市 Luohe	101.0	104.6	100.6	101.2	101.2	95.2	100.7	100.8
三门峡市 Sanmenxia	99.7	101.7	100.0	99.6	99.5	96.4	99.6	98.7
南阳市 Nanyang	100.5	105.7	100.0	101.6	99.7	95.4	100.7	98.9
商丘市 Shangqiu	100.4	102.2	101.9	100.6	100.0	96.0	101.0	99.6
信阳市 Xinyang	100.4	103.0	100.4	101.9	98.5	96.1	101.5	101.8
周口市 Zhoukou	99.9	102.3	98.5	101.9	99.0	95.1	100.5	99.7
驻马店市 Zhumadian	100.4	103.8	100.5	101.5	99.8	95.2	100.5	99.5
济源市 Jiyuan								
省直管县 County Directly Administrated by Province								
巩义市 Gongyi								
兰考县 Lankao								
汝州市 Ruzhou								
滑县 Huaxian	100.4	103.0	100.5	101.8	100.0	96.8	101.4	98.8
长垣县 Changyuan								
邓州市 Dengzhou								
永城市 Yongcheng	100.3	103.7	99.8	100.7	101.2	96.2	101.5	101.4
固始县 Gushi	100.7	103.1	101.1	101.0	100.2	95.5	99.4	101.3
鹿邑县 Luyi								
新蔡县 Xincai								

Retail Price Indices by City (County) (2016)

(preceding year=100)

体育娱乐用品类 Sport and Entertainment Goods	交通、通信用品 Traffic and Communi-cation Goods	家具类 Furniture	化妆品类 Cosmetics	金银饰品 Gold、Sliver and Jewellery	中、西药品及医疗保健用品 Chinese Traditional Medicine and Western Medicine and Health Product	书报杂志及电子出版物类 Books& Newspapers、Magazines and E-publication	燃料类 Fuels	建筑材料及五金电料类 Architectural and hardware material
100.0	**95.8**	**100.8**	**101.3**	**105.9**	**106.1**	**101.8**	**96.8**	**100.4**
99.7	95.6	99.9	101.7	109.4	106.1	103.5	97.6	101.0
99.7	95.7	105.4	99.0	101.9	113.1	99.9	96.6	99.1
101.4	95.5	100.2	101.3	108.1	110.8	103.5	96.2	100.1
99.9	95.8	100.2	101.0	105.5	101.9	99.9	97.6	99.9
100.0	95.2	99.8	102.3	96.8	108.2	102.8	97.3	98.4
100.0	96.6	100.7	101.7	103.7	107.7	101.5	97.0	100.9
100.0	95.5	103.6	99.5	103.6	102.6	100.3	96.7	101.4
101.4	95.5	99.7	104.5	106.6	104.9	100.8	96.4	101.0
100.6	95.5	101.6	101.3	105.0	102.9	99.9	96.1	99.9
99.5	95.7	100.9	101.9	99.5	104.0	100.8	95.7	100.8
100.5	95.5	101.1	102.2	109.3	106.0	101.6	97.1	103.0
99.7	95.4	100.5	103.1	105.4	106.4	99.9	97.1	101.1
98.6	96.4	102.5	102.0	99.5	103.5	100.5	94.0	99.1
100.2	99.0	102.0	100.4	109.2	102.2	100.8	96.9	99.5
100.9	95.7	99.5	100.8	101.0	105.2	100.5	96.6	101.4
100.0	95.6	99.2	99.0	108.4	105.8	101.5	96.6	99.3
99.1	95.5	102.5	100.9	106.9	103.1	100.0	98.7	100.2
100.7	95.8	103.9	100.5	107.1	105.8	101.3	97.5	99.1
99.2	95.6	102.1	100.4	106.5	103.7	100.5	96.5	101.2
99.9	96.3	104.7	99.8	103.7	106.5	100.5	95.5	101.1

10-8 各市居民消费价格指数(2016年)

Consumer Price Indices by City (2016)

本表数据全市口径(10-9表同)。

Price Indices of every city refers to the whole city's caliber (the same as table 10-9).

(上年=100) (preceding year=100)

市(县)	City(County)	居民消费价格总指数 Consumer Price Index	食品烟酒 Food, Tobacco, Liquor	衣着 Clothing	居住 Residence	生活用品及服务 Living Supplies and Services	交通和通信 Transportation and Communication	教育文化和娱乐 Education, Culture, Entertainment	医疗保健 Health Care	其他用品和服务 Others
省辖市	**City**									
郑州市	Zhengzhou	102.3	102.3	100.2	106.9	100.4	98.1	100.7	102.7	104.8
开封市	Kaifeng	101.8	103.3	99.6	102.5	100.0	98.9	102.1	102.8	101.9
洛阳市	Luoyang	101.9	103.4	101.4	101.9	101.4	99.0	101.3	101.7	101.0
平顶山市	Pingdingshan	101.2	103.5	100.5	100.3	99.9	98.8	100.2	101.0	103.3
安阳市	Anyang	101.7	105.3	100.8	100.1	100.0	97.6	101.5	101.4	98.6
鹤壁市	Hebi	102.1	104.9	102.0	100.2	100.2	99.1	101.6	100.8	104.1
新乡市	Xinxiang	101.7	103.9	100.5	102.4	100.2	98.2	100.5	101.3	102.0
焦作市	Jiaozuo	101.8	103.2	100.7	100.5	100.1	99.8	102.9	103.1	103.0
濮阳市	Puyang	101.7	103.2	100.8	101.5	100.1	99.1	100.6	104.2	102.6
许昌市	Xuchang	101.2	102.2	100.5	103.3	99.4	97.4	99.7	102.1	102.4
漯河市	Luohe	101.3	103.9	101.2	100.5	99.8	97.4	100.8	100.7	102.4
三门峡市	Sanmenxia	101.3	102.7	99.4	100.6	100.1	100.0	100.8	102.7	102.3
南阳市	Nanyang	101.4	102.5	101.1	101.0	100.3	99.3	101.5	103.1	101.7
商丘市	Shangqiu	101.1	102.5	100.5	100.1	100.1	99.8	100.6	101.3	101.7
信阳市	Xinyang	101.6	103.1	101.0	101.5	100.2	99.8	100.3	102.1	103.1
周口市	Zhoukou	101.5	102.7	101.8	101.2	99.7	98.9	101.4	102.0	102.8
驻马店市	Zhumadian	101.5	103.3	101.6	100.4	100.3	97.9	101.7	101.6	102.8
济源市	Jiyuan	101.4	105.5	99.7	99.7	100.1	94.0	98.8	105.6	103.0
省直管县	**County Directly Administrated by Province**									
巩义市	Gongyi	100.7	103.4	96.6	101.1	98.2	97.1	98.7	103.9	106.6
兰考县	Lankao	101.2	103.3	100.1	100.0	100.6	100.2	101.7	98.2	101.9
汝州市	Ruzhou	101.8	105.4	99.7	100.5	100.4	98.7	100.6	100.0	104.6
滑县	Huaxian	101.5	103.3	101.9	100.1	100.0	98.1	101.1	102.6	104.7
长垣县	Changyuan	101.7	104.3	99.4	100.1	100.8	101.4	100.8	100.0	101.5
邓州市	Dengzhou	102.3	103.7	105.0	100.7	100.7	98.8	102.2	102.9	102.9
永城市	Yongcheng	101.9	105.0	99.7	100.0	99.4	100.3	101.2	101.3	102.5
固始县	Gushi	101.6	103.3	101.2	100.0	99.9	100.4	101.9	101.7	102.3
鹿邑县	Luyi	101.6	102.7	100.3	102.3	100.0	100.6	100.0	104.0	98.6
新蔡县	Xincai	102.5	104.4	102.3	104.9	101.8	99.0	97.4	102.3	101.0

10—9 各市商品零售价格指数(2016年)

Retail Price Indices by City (2016)

(上年=100) (preceding year=100)

市(县) City(County)	商品零售价格总指数 General Index	食品类 Food	饮料烟酒 Beverage, Tobacco, Liquor	服装鞋帽类 Clothing, Shoes and Hats	纺织品类 Textiles	家用电器及音像器材类 Household Appliance and Audio-video Material	文化办公用品类 Cultural and Office supplies	日用品 Articles for Daily Use	体育娱乐用品类 Sport and Entertainment Goods
省辖市 City									
郑州市 Zhengzhou	100.2	102.6	99.5	100.1	100.0	95.5	100.4	100.4	99.7
开封市 Kaifeng	100.3	102.6	98.6	99.9	98.8	95.6	100.9	100.4	99.8
洛阳市 Luoyang	101.5	104.7	100.4	101.8	100.0	99.9	99.9	100.4	101.6
平顶山市 Pingdingshan	100.6	104.1	100.7	100.3	100.1	97.3	100.1	99.9	99.9
安阳市 Anyang	100.6	105.3	101.1	100.8	100.7	97.9	100.6	98.8	99.9
鹤壁市 Hebi	101.5	105.1	103.7	101.8	100.0	99.4	99.7	100.5	100.9
新乡市 Xinxiang	100.2	104.2	100.3	100.7	98.7	95.6	100.6	99.7	100.1
焦作市 Jiaozuo	101.2	103.3	100.4	100.8	101.1	100.0	100.1	100.1	101.0
濮阳市 Puyang	101.1	104.4	100.3	100.6	101.5	97.8	99.6	100.2	99.9
许昌市 Xuchang	100.0	102.8	99.8	101.2	100.0	97.7	98.7	100.1	100.4
漯河市 Luohe	100.7	105.1	101.3	101.3	100.2	97.9	99.6	100.2	100.0
三门峡市 Sanmenxia	100.8	103.2	101.6	99.1	100.0	99.6	99.5	100.2	100.2
南阳市 Nanyang	100.8	103.1	99.2	101.0	99.9	100.1	99.8	98.9	100.1
商丘市 Shangqiu	100.7	102.7	100.9	100.4	100.1	99.9	100.0	100.1	100.1
信阳市 Xinyang	101.1	103.6	101.0	101.0	100.2	99.9	99.6	100.2	100.0
周口市 Zhoukou	100.8	103.8	100.0	101.2	100.6	98.6	100.1	100.0	100.6
驻马店市 Zhumadian	100.8	104.6	99.9	101.5	102.7	98.4	99.2	100.3	100.6
济源市 Jiyuan	100.3	107.9	96.0	99.4	99.7	93.5	95.1	99.3	98.9
省直管县 County Directly Administrated by Province									
巩义市 Gongyi	100.4	103.9	100.8	96.7	97.1	91.9	100.9	101.4	101.3
兰考县 Lankao	101.3	104.0	101.1	100.0	99.3	100.0	100.0	100.6	101.7
汝州市 Ruzhou	101.5	105.6	103.8	99.6	100.0	98.7	100.0	101.2	100.0
滑县 Huaxian	100.4	103.0	100.5	101.8	100.0	96.8	101.4	98.8	100.7
长垣县 Changyuan	101.4	105.3	99.6	99.3	99.1	100.4	99.9	100.6	100.0
邓州市 Dengzhou	101.6	102.9	101.6	104.9	100.0	98.7	100.0	103.8	100.0
永城市 Yongcheng	101.6	106.1	100.4	99.8	100.0	98.4	100.9	101.1	101.5
固始县 Gushi	100.7	103.1	101.1	101.0	100.2	95.5	99.4	101.3	99.9
鹿邑县 Luyi	101.4	103.1	100.9	100.2	100.0	100.0	100.0	99.5	99.2
新蔡县 Xincai	102.2	105.8	100.0	102.7	100.0	101.2	100.0	103.2	100.0

10-9 续表 continued

(上年=100) (preceding year=100)

市(县) City(County)	交通、通信用品 Traffic& Communication Goods	家具 Furniture	化妆品 Cosmetics	金银珠宝类 Gold、Sliver and Jewellery	中、西药品及医疗保健用品 Chinese Traditional Medicine and Western Medicine and Health Product	书报杂志及电子出版物类 Books& Newspapers、Magazines and E-publication	燃料类 Fuels	建筑材料及五金电料类 Architectural and Hardware Material
省辖市 City								
郑州市 Zhengzhou	95.6	99.9	101.7	109.4	106.1	103.5	97.6	101.0
开封市 Kaifeng	95.8	105.1	99.1	101.8	112.3	100.0	96.6	99.3
洛阳市 Luoyang	98.4	101.8	104.5	99.5	102.0	106.6	97.6	101.3
平顶山市 Pingdingshan	97.3	100.0	100.8	107.1	102.3	100.0	97.8	100.4
安阳市 Anyang	95.0	99.9	101.5	96.9	106.2	101.9	97.0	97.9
鹤壁市 Hebi	97.1	100.1	101.3	107.0	101.8	104.7	97.0	101.4
新乡市 Xinxiang	95.6	103.5	99.4	103.7	102.7	100.3	96.7	101.6
焦作市 Jiaozuo	100.6	98.4	100.3	105.4	105.5	100.1	97.1	100.5
濮阳市 Puyang	98.8	100.2	99.7	106.0	106.8	99.8	95.7	100.6
许昌市 Xuchang	94.4	100.2	100.1	104.3	103.0	100.3	97.6	99.4
漯河市 Luohe	93.1	98.2	102.8	101.3	102.0	103.2	95.7	100.0
三门峡市 Sanmenxia	98.0	100.4	100.0	105.8	104.7	100.8	97.2	100.5
南阳市 Nanyang	97.8	101.3	97.5	102.6	107.1	100.7	97.0	100.2
商丘市 Shangqiu	99.5	100.4	100.1	101.4	103.2	100.4	96.6	99.7
信阳市 Xinyang	99.7	99.9	100.3	108.1	104.1	99.9	96.5	100.0
周口市 Zhoukou	98.3	99.6	99.9	104.2	103.0	101.0	97.7	99.7
驻马店市 Zhumadian	94.4	100.0	101.0	105.8	102.9	100.2	96.3	101.5
济源市 Jiyuan	79.4	100.3	100.4	105.9	112.8	98.2	100.1	100.8
省直管县 County Directly Administrated by Province								
巩义市 Gongyi	92.5	99.6	100.3	102.7	118.3	102.3	95.8	101.1
兰考县 Lankao	100.0	101.1	101.6	101.9	101.6	100.0	100.6	99.4
汝州市 Ruzhou	96.9	100.5	100.1	112.4	100.0	101.2	98.6	102.2
滑县 Huaxian	95.8	103.9	100.5	107.1	105.8	101.3	97.5	99.1
长垣县 Changyuan	100.9	100.2	100.0	101.7	100.0	100.0	100.3	100.3
邓州市 Dengzhou	98.6	100.2	100.0	102.3	102.3	102.2	99.7	100.3
永城市 Yongcheng	100.0	96.6	101.3	105.1	100.2	100.1	97.8	99.5
固始县 Gushi	96.3	104.7	99.8	103.7	106.5	100.5	95.5	101.1
鹿邑县 Luyi	100.0	100.0	100.0	99.3	111.1	100.0	98.3	100.2
新蔡县 Xincai	99.0	104.6	99.6	102.6	106.1	102.7	96.8	99.3

10-10 工业生产者出厂价格指数
Producer Price Index for Industrial Products

(上年=100) (preceding year=100)

类 别	Type	2009	2010	2011	2012	2013	2014	2015	2016
总 指 数	**General Index**	**94.9**	**107.8**	**107.2**	**99.4**	**98.5**	**98.1**	**95.4**	**99.0**
按轻、重工业分	**Grouped by Light & Heavy Industry**								
轻工业	Light Industry	98.4	104.3	106.9	100.1	101.8	100.9	99.8	99.1
以农产品为原料	Using Farm Products as Raw Materials	99.4	106.0	107.5	100.0	102.1	100.8	99.6	99.2
以非农产品为原料	Using Non-Farm Products as Raw Materials	97.2	102.4	104.3	100.5	100.0	101.0	100.5	98.8
重工业	Heavy Industry	92.2	110.7	107.3	99.2	97.3	96.9	93.6	99.0
采掘工业	Mining & Quarrying Industry	92.3	116.7	112.6	96.8	91.8	91.3	82.1	96.5
原料工业	Raw Materials Industry	91.6	112.9	108.4	100.2	96.8	96.9	93.4	99.4
加工工业	Manufacturing Industry	92.7	105.0	105.2	99.2	99.1	98.5	96.9	99.1
按部类分	**Grouped by Division**								
生产资料	Means of Production	93.3	108.8	107.7	98.6	97.5	97.2	93.9	99.2
采掘工业	Mining & Quarrying Industry	92.6	116.8	112.6	96.8	91.8	91.3	82.1	96.5
原料工业	Raw Materials Industry	91.7	112.0	108.3	100.1	96.9	97.5	94.1	100.0
加工工业	Manufacturing Industry	94.4	104.6	106.1	98.1	99.2	98.5	96.7	99.2
生活资料	Consumer Goods	101.1	103.9	105.5	102.5	102.2	100.9	100.4	98.6
食品类	Food	101.1	103.7	104.9	102.9	103.5	101.2	100.4	99.6
衣着类	Clothing	101.8	105.6	111.4	104.9	100.4	100.9	100.8	99.1
一般日用品类	Articles for Daily Use	100.4	103.7	105.0	101.0	100.0	100.3	100.1	97.5
耐用消费品类	Durable Consumer Goods	101.8	103.9	105.6	101.5	100.5	99.8	100.0	96.9
按工业部门分	**Grouped by Sector**								
冶金工业	Metallurgical Industry	82.9	116.4	108.7	95.2	95.9	95.6	90.5	103.7
电力工业	Power Industry	103.7	103.6	104.3	108.0	100.8	99.7	96.9	93.6
煤炭及冶炼工业	Coal and Smelt Industry	99.8	113.1	107.8	95.9	89.1	88.5	83.1	100.9
石油工业	Petroleum Industry	75.1	127.9	121.7	101.5	96.4	96.9	77.6	91.9
化学工业	Chemical Industry	91.0	107.3	111.0	98.8	97.0	97.6	96.8	96.9
机械工业	Machine Buiding Industry	99.8	101.4	103.5	100.4	100.1	99.8	99.0	97.8
建筑材料工业	Building Materials Industry	99.5	101.1	104.5	101.3	100.5	100.2	98.9	99.0
森林工业	Timber Industry	97.2	99.9	106.0	102.2	100.8	101.3	100.7	99.4
食品工业	Food Industry	100.9	103.7	104.8	102.4	103.6	101.1	99.9	99.2
纺织工业	Textile Industry	96.2	116.4	120.4	88.8	99.5	97.7	95.9	98.3
缝纫工业	Tailoring Industry	103.9	105.3	111.4	105.5	99.5	100.7	99.5	97.6
皮革工业	Leather Industry	99.7	102.7	106.3	103.0	104.1	108.1	109.3	105.2
造纸工业	Paper Industry	94.4	103.4	102.9	99.9	99.1	99.8	98.8	99.3
文教艺术用品工业	Cultural,Educational & Handicrafts Articles	99.9	101.8	100.5	102.1	102.5	99.3	98.6	97.8
其他工业	Others	94.4	103.5	106.3	100.0	99.1	99.6	99.6	99.3

10-11 工业生产者购进价格指数
Purchasing Price Index for Industrial Producers

(上年=100) (preceding year=100)

类 别	Type	2009	2010	2011	2012	2013	2014	2015	2016
总 指 数	**General Index**	**97.1**	**110.2**	**110.1**	**99.2**	**99.3**	**98.4**	**95.4**	**99.2**
燃料、动力类	Fuels and Motive Power	102.5	108.9	106.6	101.6	96.7	96.8	91.0	98.1
黑色金属材料类	Ferrous Metals Materials	86.4	108.4	108.1	94.1	96.4	93.6	85.4	96.7
#钢材	Steel Products	86.7	105.9	106.1	95.5	95.9	97.9	91.9	96.2
有色金属材料和电线类	Nonferrous Metals Materials and Electric Wire	83.8	123.2	109.2	98.2	96.4	97.9	95.4	101.2
化工原料类	Chemical Raw Materials	90.9	116.8	115.0	91.5	94.6	97.1	92.7	99.1
木材及纸浆类	Logging and Paper Pulp	98.7	104.7	107.4	102.2	100.8	98.5	98.2	98.1
建筑材料及非金属矿类	Building Materials and Nonmetal Minerals	96.6	103.9	106.3	101.4	98.8	99.5	98.7	97.7
其他工业原材料及半成品类	Others Industry Materials & Semi Finished Articles	99.6	107.4	111.5	104.6	104.4	102.3	100.5	100.1
农副产品类	Farm Products	101.0	108.3	114.2	97.0	101.3	97.9	97.0	100.2
纺织原料类	Textile Raw Materials	93.4	118.1	111.7	91.6	99.7	96.2	93.4	100.0

10-12 固定资产投资价格指数
Price Index for Investment in Fixed Assets

(上年=100) (preceding year=100)

类 别	Type	2009	2010	2011	2012	2013	2014	2015	2016
固定资产投资价格指数	**Price Index for Investment In Fixed Assets**	**96.4**	**103.5**	**107.4**	**101.0**	**99.9**	**100.0**	**97.6**	**99.2**
建筑安装工程	Construction and Installation	94.6	104.9	110.1	101.4	99.8	100.1	96.5	99.1
设备、工器具购置	Purchase of Equipments and Instruments	98.8	100.5	102.3	99.7	99.7	99.4	99.0	98.6
其他费用	Other Expenses	102.5	101.3	103.0	101.9	101.2	100.7	100.5	100.7

主要统计指标解释

商品零售价格指数 是反映一定时期城乡商品零售价格变动趋势的一种经济指数。零售物价的调整变动直接影响到城乡居民的生活支出和国家的财政收入，影响居民购买力和市场供需平衡，影响消费与积累的比例。因此，计算零售价格指数，可以从一个侧面对上述经济活动进行观察和分析。

居民消费价格指数 是反映一定时期内城乡居民所购买的生活消费品价格和服务项目价格变动趋势和程度的相对数，是对城市居民消费价格指数和农村居民消费价格指数进行综合汇总计算的结果。利用居民消费价格指数，可以观察和分析消费品的零售价格和服务价格变动对城乡居民实际生活费支出的影响程度。

城市居民消费价格指数 是反映一定时期城市居民家庭所购买的生活消费品价格和服务项目价格变动趋势和程度的相对数。城市居民消费价格指数可以观察和分析消费品的零售价格和服务项目价格变动对职工货币工资的影响，作为研究职工生活和确定工资政策的依据。

农村居民消费价格指数 是反映一定时期农村居民家庭所购买的生活消费品价格和服务项目价格变动趋势和程度的相对数。农村居民消费价格指数可以观察农村消费品的零售价格和服务项目价格变动对农村居民生活消费支出的影响，直接反映农民生活水平的实际变化情况，为分析和研究农村居民生活问题提供依据。

农业生产资料价格指数 是反映一定时期工业、商业及其他单位和个人向农民出售农业生产资料价格变动趋势和变动程度的相对数。编制农业生产资料价格指数，目的在于掌握农业生产资料的平均价格水平，为国家制定经济政策提供依据；同时，为研究市场流通和国民经济核算提供参考依据。

农产品生产价格指数 是反映一定时期内，农产品生产者出售农产品价格水平变动趋势及幅度的相对数。该指数可以客观反映全国农产品生产价格水平和结构变动情况，满足农业与国民经济核算需要。其中某代表品生产价格指数是通过对全部有出售该产品行为的调查单位的个体指数进行几何平均求得的，类价格指数是通过对其所属的类（或代表品）的价格指数进行加权平均求得的。

工业生产者出厂价格指数 是反映一定时期全部工业产品出厂价格总水平的变动趋势和程度的相对数，包括工业企业售给本企业以外所有单位的各种产品和直接售给居民用于生活消费的产品。通过工业生产者出厂价格指数能观察出厂价格变动对工业总产值的影响。

工业生产者购进价格指数 是反映工业企业作为生产投入，而从物资交易市场和能源、原材料生产企业购买原材料、燃料和动力产品时，所支付的价格水平变动趋势和程度的统计指标，是扣除工业企业物质消耗成本中的价格变动影响的重要依据。

固定资产投资价格指数 是反映固定资产投资额价格变动趋势和程度的相对数。固定资产投资额是由建筑安装工程投资完成额、设备、工器具购置投资完成额和其他费用投资完成额三部分组成的。编制固定资产投资价格指数应首先分别编制上述三部分投资的价格指数，然后采用加权算术平均法求出固定资产投资价格总指数。

固定资产投资价格指数可以准确地反映固定资产投资中涉及的各类商品和取费项目价格变动趋势和变动幅度，消除按现价计算的固定资产投资指标中的价格变动因素，真实地反映固定资产投资的规模、速度、结构和效益，为国家科学地制定、检查固定资产投资计划并提高宏观调控水平，为完善国民经济核算体系提供科学的、可靠的依据。

Explanatory Notes on Main Statistical Indicators

Retail Price Index reflects the general change in retail prices of commodities. The change and adjustment in retail prices directly affect the living expenditure of urban and rural residents, government revenue, purchasing power of residents and the equilibrium of market supply and demand, and the ratio of consumption to accumulation. Therefore, the calculation of retail price index is useful to analyze the changes of the above economic activities.

Consumer Price Index reflects the trend and degree of changes in prices of consumer goods and services purchased by urban and rural residents, and is a composite index derived from the urban consumer price index and the rural consumer price index. Consumer price index can be used to analyze the impact of consumer price change on actual expenditure for living cost of urban and rural residents.

Urban Consumer Price Index reflects the trend and degree of changes in prices of consumer goods and services purchased by urban households. It can be used to observe and analyze the impact of price changes in consumer goods and services on money wages of staff and workers, and provide basis for policymaking concerning the living cost and wages of staff and workers.

Rural Consumer Price Index reflects the trend and degree of changes in prices of consumer goods and services purchased by rural households. It can be used to observe the impact of change in retail prices of consumer goods and service prices in rural areas on living expenditure of rural households, and to show the changes in the living standard of peasants. It provides basis for analysis and research on condition of life in rural areas.

Price Indices of Means of Agricultural Production reflect the trend and degree of changes in prices of means of agricultural production bought by farmers from industry, commerce, other units of nature person. Compilation of these indices helps to command the mean prices of means of agricultural production, providing basis for economic decision-making of the Nation, research in market circulation and national account statistics.

Producer Prices Indices for Farm Products reflect the trend and degree of changes in producers' prices received by farmers when they sell farm products during a given period. These indices depict the change in the level and structure of producer prices for farm products of the country and meet the needs of agricultural statistics and national accounts statistics. The producer price index for a given product is calculated as the geometrical mean of individual indices for all surveyed units which sell such product, and the indices for a product category is obtained as the weighted mean of price indices for all products in the category. Method for calculating accumulative quarterly indices is the same as for calculating the individual quarterly indices.

Ex-factory Price Index of Industrial Products reflects the trend and degree of changes in general ex-factory prices of all industrial products, including sales of industrial products by an industrial enterprise to all units outside the enterprise, as well as sales of consumer goods to residents. It can be used to analyze the impact of ex-factory prices on gross industrial output value.

Price Index of Investment in Fixed Assets reflects the trend and degree of changes in prices of investment in fixed assets. The investment in fixed assets consists of three components, namely the investment in construction and installation, the investment in purchases of equipment and instrument, and the investment in other items. Price index of investment in fixed assets is calculated as the weighted arithmetic mean of the price indices of the three components of investment in fixed assets.

Removing the factor of price change in the aggregates of investment at current prices, this indicator shows the changes in the prices of commodities and fees involved in the investment of fixed assets, and can be used to observe the actual size, growth, structure, and efficiency of investment in fixed assets and provides reliable and scientific data for government planning, management, decision making, and further improving the current national accounting system.

人民生活

People's Living Conditions

11

资料整理：孙晓亮　刘凤玲 魏 巍

简要说明

一、主要内容

本篇资料反映全省人民生活现状及变化情况，包括居民家庭情况、收入、消费等资料，分为全体居民生活、城镇居民生活和农村居民生活三部分。

二、资料来源

从2013年起，国家统计局开展了城乡一体化住户收支与生活状况调查，全省人民生活状况的数据来源于住户收支生活状况调查，该调查采用抽样调查的方法，国家统计局使用统一的抽样框，以省为总体，在对县级调查网点代表性进行评估的基础上，采用分层、多阶段随机抽样方法抽选调查住宅，确定调查户。采用固定样本户连续记帐的调查方式，调查网点实行样本轮换制度，每五年为一个周期，抽中调查小区五年内保持不变，抽中住宅每年轮换一半。省级数据调查网点分布在18个市、43个县的7200余住宅，2014年以后数据根据城乡一体化调查取得，2014年以前数据为老口径，农民收入为纯收入口径，由国家统计局河南调查总队编辑整理。各省辖市、省直管县数据由河南省地方经济社会调查队编辑整理。

Brief Introduction

I. Main Contents

Data in this chapter show the people's living conditions in Henan province, including basic condition, revenue and expenditure of household, consisting of two parts, on the life of urban and rural households respectively.

II. Sources of Data

Since 2013, the national bureau of statistics (NBS) caries out the integration of urban and rural residents income and expenditure survey and living conditions survey. Data on the living condition of the whole province of people come from the data collected through a sample survey on the rural households conducted. The national bureau of statistics using uniform sampling frame collected the data of living condition through a combination of Regular accounting and One-time accounting .This is on the basis of evaluating representative of the county network. The NBS adopts the survey method of charging to an account continuously for fixed sample. Network survey is set through a sample rotation, which is conducted for every five years. The sample remains unchanged for five years, and the sample rotation is half the year. The provincial sample of provincial data included 7200 households from 18 cities and 43 counties 2014 data cannot do compare with the data of antecedent years. Data in this part are provided by the Department of Henan Survey organizations, NBS. Data of the provincial cities and Provincial-controlled division are provided by Henan provincial survey organizations of social and economy.

11-1 城乡居民家庭人均收支

Per Capita Income, Expenditure in Urban and Rural Areas

指数以上年为100，按可比价格计算。
Indices of preceding year=100, and indices are calculated at comparable prices.

单位：元 (yuan)

年份 Year	城镇居民家庭人均 Per Capita Income and Expenditure of Urban Household			农村居民家庭人均 Per Capita Income and Expenditure of Rural Household		
	可支配收入 Disposable Income	可支配收入指数 Disposable Income Index	消费支出 Consumption Expenditure	纯收入 Net Income	纯收入指数 Index of Net Income	生活消费支出 Household Expenditure
1978	315.00		274.00	104.71		81.70
1979	361.04	114.3	302.98	133.56	127.6	
1980	365.00	108.1	335.02	160.78	120.5	135.51
1981	395.00	103.1	363.23	215.57	133.4	165.57
1982	429.00	103.9	382.47	216.74	99.7	177.90
1983	452.50	101.6	405.00	272.00	124.5	196.35
1984	497.49	108.8	431.68	301.17	110.3	219.64
1985	600.59	114.2	556.72	328.78	107.0	260.19
1986	724.21	113.2	653.83	333.64	99.7	292.48
1987	814.20	104.9	711.27	377.72	110.1	309.90
1988	946.10	87.2	896.55	401.32	98.2	346.73
1989	1111.46	102.2	963.97	457.06	102.5	390.05
1990	1267.73	113.5	1067.67	526.95	105.5	437.73
1991	1384.81	103.9	1199.95	539.29	102.3	454.68
1992	1608.03	107.8	1342.58	588.48	104.9	472.61
1993	1962.75	110.4	1609.26	695.85	109.0	564.93
1994	2618.55	104.7	2155.15	909.81	103.4	731.78
1995	3299.46	107.8	2673.95	1231.97	109.5	929.39
1996	3755.44	103.9	3009.35	1579.19	113.8	1206.43
1997	4093.62	106.4	3378.02	1733.89	107.4	1270.52
1998	4219.42	105.3	3415.65	1864.05	106.5	1240.30
1999	4532.36	111.2	3497.53	1948.36	106.4	1163.98
2000	4766.26	106.1	3830.71	1985.82	103.9	1315.83
2001	5267.42	108.8	4110.17	2097.86	104.9	1375.60
2002	6245.40	114.2	4504.68	2215.74	105.1	1451.51
2003	6926.12	109.0	4941.60	2235.68	99.6	1508.67
2004	7704.90	105.5	5294.19	2553.15	108.1	1664.09
2005	8667.97	110.2	6038.02	2870.58	107.5	1891.57
2006	9810.26	111.9	6685.18	3261.03	112.1	2229.28
2007	11477.05	111.0	7826.72	3851.60	112.2	2676.41
2008	13231.11	108.3	8837.46	4454.24	107.2	3044.21
2009	14371.56	109.9	9566.99	4806.95	107.5	3388.47
2010	15930.26	107.2	10838.49	5523.73	111.0	3682.21
2011	18194.80	108.4	12336.47	6604.03	112.7	4319.95
2012	20442.62	109.5	13732.96	7524.94	111.3	5032.14
2013	22398.03	106.6	14821.98	8475.34	109.5	5627.73
2014	24391.45	106.8	15726.12	9416.10	109.4	6438.12
2014新口径	23672.00	106.8	16184.00	9966.07	109.4	7277.21
2015	25575.61	106.7	17154.30	10852.86	107.6	7887.45
2016	27232.92	104.5	18087.79	11696.74	105.7	8586.59

注：1. 1978年-1991年城镇居民可支配收入根据当年生活费收入测算。
2. 2014年以后为实施城乡一体化调查的数据。(以下相关全省的表格相同)

a) Data on disposable income of urban household on 1978-1991 are calculated on basis of income of living to the corresponding year.

b) Data since 2014 are calculated on the basis of investigation of the integration of urban and rural areas.(the same as the following tables about provincial data)

11-2 家庭平均每人收入、支出及结构(2016年)

Per Capita Income and Expenditure and Structure in Households (2016)

项　目	Item	绝对数 (元) Absolute number (yuan)	结　构 (%) Structure (%)
可支配收入	**Disposable Income**	**18442.96**	**100.0**
工资性收入	Laborage	9265.54	50.2
工资	Wages and Salaries	8258.69	44.8
实物福利	Physical Welfare	16.65	0.1
其他	Others	990.20	5.4
经营净收入	Net Business Income	4257.29	23.1
第一产业	Primary Industry	2002.23	10.9
第二产业	Secondary Industry	266.27	1.4
第三产业	Tertiary Industry	1988.80	10.8
财产净收入	Net Income of Properties	1142.22	6.2
转移净收入	Net Income of Transfers	3777.91	20.5
现金可支配收入(未扣除生产费用)	**Cash Disposable Income**	**19362.26**	**100.0**
工资性收入	Laborage	9248.89	47.8
工资	Wages and Salaries	8258.69	42.7
其他	Others	990.20	5.1
经营净收入	Net Business Income	5527.33	28.5
第一产业	Primary Industry	2552.12	13.2
第二产业	Secondary Industry	361.64	1.9
第三产业	Tertiary Industry	2613.57	13.5
财产净收入	Net Income of Properties	559.18	2.9
转移净收入	Net Income of Transfers	4026.86	20.8
消费支出	**Consumption Expenditure**	**12712.21**	**100.0**
食品烟酒	Food,Tobacco and Liquor	3585.16	28.2
衣着	Clothing	1141.70	9.0
居住	Residence	2629.89	20.7
生活用品及服务	Living Supplies and Services	953.78	7.5
交通通信	Transportation and Communication	1550.84	12.2
教育文化娱乐	Education, Culture and Entertainment	1439.45	11.3
医疗保健	Health Care	1113.36	8.8
其他用品和服务	Others	298.02	2.3
现金消费支出	**Cash Consumption Expenditures**	**10814.81**	**100.0**
食品烟酒	Food,Tobacco and Liquor	3478.69	32.2
衣着	Clothing	1141.38	10.6
居住	Residence	1051.40	9.7
生活用品及服务	Living Supplies and Services	952.06	8.8
交通通信	Transportation and Communication	1550.14	14.3
教育文化娱乐	Education, Culture and Entertainment	1439.30	13.3
医疗保健	Health Care	904.60	8.4
其他用品和服务	Others	297.24	2.7

11-3 各市居民家庭人均收支情况(2016年)

Per Capita Income and Expenditure in Urban and Rural Areas by City (2016)

单位：元 (yuan)

市(县)	City(County)	居民家庭人均 Per Capita Residents			城镇居民家庭人均 Per Capita (Urban) Residents			农村居民家庭人均 Per Capita (Rural) Residents		
		可支配收入 Disposable Income	消费支出 Consumption Expenditure	#食品 Food	可支配收入 Disposable Income	消费支出 Consumption Expenditure	#食品 Food	可支配收入 Disposable Income	消费支出 Consumption Expenditure	#食品 Food
省辖市	**City**									
郑州市	Zhengzhou	28039	19845	5114	33214	23210	6620	18426	13595	3060
开封市	Kaifeng	16607	12882	3129	24596	19947	4642	11166	8073	2099
洛阳市	Luoyang	20812	15757	3564	30752	22659	5088	11457	9261	2129
平顶山市	Pingdingshan	18462	11569	3627	27102	17702	5463	11244	6446	2093
安阳市	Anyang	19321	11225	3247	28168	15764	4671	12624	7789	2169
鹤壁市	Hebi	20288	12975	3501	26184	16089	4070	14022	9666	2895
新乡市	Xinxiang	19115	12721	3761	26892	18520	5394	12679	7921	2409
焦作市	Jiaozuo	20942	15405	4347	26876	19616	5484	14851	11081	3181
濮阳市	Puyang	16434	10615	3307	26482	16098	4996	10622	7444	2330
许昌市	Xuchang	19862	13024	3828	27016	18027	5364	14357	9173	2646
漯河市	Luohe	18887	12460	3548	26618	19456	5302	12938	7076	2198
三门峡市	Sanmenxia	18343	13392	3269	25254	18556	4558	11982	8639	2082
南阳市	Nanyang	17421	12761	4272	26898	19414	6381	11701	8397	3054
商丘市	Shangqiu	15027	10040	3211	25217	16047	4784	9605	6845	2374
信阳市	Xinyang	15853	11301	4261	23959	16225	5904	10651	8141	3206
周口市	Zhoukou	13822	10007	3476	22471	16613	5569	9279	6536	2377
驻马店市	Zhumadian	14857	11337	3430	24158	17950	4936	9935	7838	2634
济源市	Jiyuan	22351	15685	3795	28231	20727	4614	15540	9845	2806
省直管县	**County Directly Administrated by Province**									
巩义市	Gongyi	23491	13675	3079	27854	18428	4069	19459	9282	2164
兰考县	Lankao	13461	10144	2673	21124	13755	2735	9943	8484	2645
汝州市	Ruzhou	17796	9994	3108	23884	15906	4680	14145	6448	2165
滑县	Huaxian	12864	9063	2591	22184	13844	3953	9942	7564	2165
长垣县	Changyuan	18840	10772	2904	23109	14579	3789	16236	8450	2364
邓州市	Dengzhou	16704	12822	4192	24654	20630	6158	12797	8984	3226
永城市	Yongcheng	17773	11123	4005	26784	14061	4193	12051	9257	3886
固始县	Gushi	15394	11509	4303	23186	17367	5464	11420	8521	3711
鹿邑县	Luyi	14951	9034	2600	22661	13025	3920	10959	6974	2314
新蔡县	Xincai	13160	10906	3724	21271	17224	6163	10163	8572	2823

11-4 城镇居民家庭人口及居住情况(2016年)

Population and Living condition of Urban Households (2016)

指　标	Item	2015	2016
人口及就业情况(人)	**Population and Living condition (person)**		
期内住户常住人口数	Number of Resident Population During the Period	3.17	3.11
就业及离退休人员数	Number of Employee and Retiree		
户均就业人数	Average Number of Employee per household	1.76	1.66
#雇主	Employers	0.05	0.03
公职人员	Civil Servants	0.11	0.12
事业单位人员	Staff of Public Institution	0.25	0.23
国有企业雇员	Staff of State-owned Enterprise	0.18	0.17
住房情况	**Housing condition**		
现住房总建筑面积(平方米/人)	Construction area of Present Housing	38.35	40.04
期末拥有房屋面积(平方米/人)	Housing Area at year-end	40.18	42.20
#自有现住房面积	Area of Private Housing	36.47	38.46
现住房房屋来源结构(%)	Source Structure of Present Housing		
#租赁私房	Leasing Private Housing	4.3	4.6
自建住房	Self-built Housing	31.8	31.7
购买商品房	Purchasing Commercial Housing	34.2	34.2
购买房改住房	Purchasing Housing-reform House	19.4	19.9
购买保障性住房	Purchasing indemnificatory Housing	2.2	1.9
拆迁安置房	Removal Settlement Housing	4.3	5.2
本住户居住空间样式结构(%)	Structure of Residents Living Space Style		
#单栋楼房	Single-span Building	22.4	22.6
单栋平房	Single-span Bungalow	11.8	10.2
四居室及以上单元房	Flat with Four and Over Bedrooms	3.7	4.4
三居室单元房	Flat with Three Bedrooms	34.1	35.0
二居室单元房	Flat with Two Bedrooms	24.9	24.3
住户主要饮用水来源情况结构(%)	Source Structure of Resident Main Drinking Water		
#经过净化处理的自来水	Purificatory Tap water	89.1	91.0
受保护的井水和泉水	Wells and Springs with Protection	7.4	6.3
不受保护的井水和泉水	Wells and Springs without Protection	2.2	1.5
住户厕所类型结构(%)	Structure of Household Toilet Type		
水冲式卫生厕所	Flush Sanitary Toilet	81.4	85.2
水冲式非卫生厕所	Flush Insanitary Toilet	1.9	1.7
卫生旱厕	Sanitary Dry Toilet	4.8	4.6
普通旱厕	General Dry Toilet	9.9	7.1
无厕所	No Toilet	2.0	1.3
住户洗澡设施情况结构(%)	Structure of Resident Shower Facility		
#统一供热水	Unified Hot Water	3.6	2.9
家庭自装热水器	Water Heater Installed by Household	75.8	83.4
无洗澡设施	No Shower Facilities	14.6	9.5
住户主要取暖设备状况结构(%)	Structure of Main Heating Facility		
由市政或小区集中供暖	Unified Heating Supplied by Municipal Administration and Community	21.9	22.7
自行供暖	Self-heating	48.8	51.6
无取暖设备	No Heating Facilities	29.3	25.6

11-5 城镇居民家庭人均收支及结构(2016年)

Per Capita Income, Expenditure and Structure in Urban Areas (2016)

指 标	Item	城镇平均 Average	低收入户 Low Income Households	中低收入户 Lower Middle Income Households
城镇家庭人均可支配收入(元)	**Per Capita Disposable Income of Urban Household (yuan)**	**27233**	**12312**	**19693**
工资性收入	Wage Income	15829	8868	14200
经营净收入	Net Income from Operations	3755	1342	1468
财产净收入	Property Net Income	2412	868	1430
#出租房屋财产性收入	Income from Renting Room	614	102	311
房屋虚拟租金	Building Virtual Money	1375	645	893
转移净收入	Transfer Net Income	5238	1234	2594
城镇家庭人均可支配收入结构(%)	**Structure of Per Capita Disposable Income (%)**	**100.0**	**100.0**	**100.0**
工资性收入	Wage Income	58.1	72.0	72.1
经营净收入	Net Income from Operations	13.8	10.9	7.5
财产净收入	Net Property Income	8.9	7.1	7.3
转移净收入	Net Transfer Income	19.2	10.0	13.2
家庭人均总支出(元)	**Per Capita Total Expenditure of Households**	**22644**	**12863**	**16387**
消费支出	Consumption Expenditure	18088	10037	13798
食品烟酒	Food,Tobacco and Liquor	5068	3095	4260
衣着	Clothing	1747	990	1389
居住	Residence	3753	2001	2839
生活用品及服务	Living Supplies and Services	1430	678	1016
交通通信	Transportation and Communication	1994	956	1375
教育文化娱乐	Education, Culture and Entertainment	2079	1466	1570
医疗保健	Health Care	1525	641	1032
其他用品和服务	Others	493	209	318
生产经营费用支出	Production and Operation Costs	935	839	280
财产性支出	Property Expenditure	24	4	27
转移性支出	Transfer Expenditure	823	485	567
部分商业保险支出	Part of Commercial Insurance	98	35	45
购置资产及非经常性转移支出	Purchase of Assets and Non Regular Payments	2225	1274	1363
购置资产支出	Purchase of Assets	514	289	58
非经常性转移支出	Non Regular Payments	1711	985	1305
借贷性支出	Debit and Credit	451	190	306
家庭人均总支出结构(%)	**Structure of Per Capita Expenditure of Households (%)**	**100.0**	**100.0**	**100.0**
消费支出	Consumption Expenditure	79.9	78.0	84.2
生产经营费用支出	Production and Operation Costs	4.1	6.5	1.7
财产性支出	Property Expenditure	0.1	0.0	0.2
转移性支出	Transfer Expenditure	3.6	3.8	3.5
部分商业保险支出	Part of Commercial Insurance	0.4	0.3	0.3
购置资产及非经常性转移支出	Purchase of Assets and Non Regular Payments	9.8	9.9	8.3
借贷性支出	Debit and Credit	2.0	1.5	1.9

11-5 续表 continued

指 标	Item	中等收入户 Middle Income Households	中高收入户 Upper Middle Income Households	高收入户 High Income Households
城镇家庭人均可支配收入(元)	**Per Capita Disposable Income of Urban Household (yuan)**	**25881**	**34371**	**54460**
工资性收入	Wage Income	16896	19250	23530
经营净收入	Net Income from Operations	2300	4287	12001
财产净收入	Property Net Income	2172	2871	5972
#出租房屋财产性收入	Income from Renting Room	544	743	1781
房屋虚拟租金	Building Virtual Money	1373	1709	2803
转移净收入	Transfer Net Income	4513	7962	12957
城镇家庭人均可支配收入结构(%)	**Structure of Per Capita Disposable Income (%)**	**100.0**	**100.0**	**100.0**
工资性收入	Wage Income	65.3	56.0	43.2
经营净收入	Net Income from Operations	8.9	12.5	22.0
财产净收入	Net Property Income	8.4	8.4	11.0
转移净收入	Net Transfer Income	17.4	23.2	23.8
家庭人均总支出(元)	**Per Capita Total Expenditure of Households**	**22741**	**27937**	**40419**
消费支出	Consumption Expenditure	18167	22624	31266
食品烟酒	Food,Tobacco and Liquor	5210	6209	7753
衣着	Clothing	1853	2166	2800
居住	Residence	3565	4474	7168
生活用品及服务	Living Supplies and Services	1548	1780	2626
交通通信	Transportation and Communication	1906	2747	3716
教育文化娱乐	Education Culture and Entertainment	2321	2442	3023
医疗保健	Health Care	1264	2251	3080
其他用品和服务	Others	501	555	1099
生产经营费用支出	Production and Operation Costs	741	870	2351
财产性支出	Property Expenditure	24	25	50
转移性支出	Transfer Expenditure	860	1069	1382
部分商业保险支出	Part of commercial insurance	102	183	166
购置资产及非经常性转移支出	Purchase of Assets and Non Regular Payments	2253	2665	4386
购置资产支出	Purchase of Assets	426	770	1334
非经常性转移支出	Non Regular Payments	1827	1895	3052
借贷性支出	Debit and Credit	595	503	819
家庭人均总支出结构(%)	**Structure of Per Capita Expenditure of Households (%)**	**100.0**	**100.0**	**100.0**
消费支出	Consumption Expenditure	79.9	81.0	77.4
生产经营费用支出	Production and Operation Costs	3.3	3.1	5.8
财产性支出	Property Expenditure	0.1	0.1	0.1
转移性支出	Transfer Expenditure	3.8	3.8	3.4
部分商业保险支出	Part of Commercial Insurance	0.4	0.7	0.4
购置资产及非经常性转移支出	Purchase of Assets and Non Regular Payments	9.9	9.5	10.9
借贷性支出	Debit and Credit	2.6	1.8	2.0

11-6 城镇居民家庭人均购买生活消费品及服务现金支出(2016年)
Per Capita Cash Expenditure of Urban Households to Purchase Living Goods and Services (2016)

单位：元 (yuan)

指标	Index	城镇平均 Average	低收入户 Low Income Households	中低收入户 Lower Middle Income Households	中等收入户 Middle Income Households	中高收入户 Upper Middle Income Households	高收入户 High Income Households
购买生活消费品及服务	**Purchasing Living Goods and Services**	**15631.46**	**8626.73**	**12023.88**	**15703.23**	**19605.55**	**26882.17**
食品烟酒	Food, Cigarettes and Wine	4961.30	3020.22	4193.18	5090.39	6062.33	7605.41
食品	Food	3262.52	2155.61	2814.52	3386.73	3890.46	4719.95
谷物	Cereal	411.79	331.25	368.12	409.82	471.14	531.98
薯类	Tubers	57.41	43.22	45.43	64.00	67.34	76.52
豆类	Beans	59.64	45.51	51.03	64.75	68.29	77.18
食用油	Edible Oil	140.45	101.26	118.82	138.31	171.49	198.50
蔬菜和食用菌	Vegetables and Edible Fungus	441.04	287.70	371.85	440.13	540.35	662.04
肉类	Meat	692.05	442.69	575.69	730.91	849.11	1010.54
禽类	Poultry	146.26	100.12	139.52	143.71	172.29	199.84
水产品	Aquatic Products	115.54	56.65	83.17	111.76	156.37	210.06
蛋类	Egg	128.31	99.60	118.86	129.98	141.75	168.26
奶类	Milk	294.73	163.07	271.21	337.42	338.16	425.86
干鲜瓜果类	Dried and Fresh Melons and Fruits	404.09	223.94	313.05	432.92	493.62	671.18
糖果糕点类	Sugar and Cake	128.87	79.53	106.11	131.91	160.08	197.34
其他食品	Others	242.33	181.07	251.65	251.11	260.47	290.65
饮料	Beverages	152.34	86.90	129.33	161.91	184.77	236.11
烟	Tobacco	253.18	157.74	224.91	256.64	313.20	366.32
酒类	Liquor	285.11	147.64	240.12	243.83	361.46	525.14
饮食服务	Catering Services	1008.15	472.32	784.29	1041.28	1312.43	1757.90
衣着	Dress	**1731.10**	**981.76**	**1384.39**	**1834.97**	**2143.19**	**2770.29**
衣类	Clothing	1310.47	738.20	1025.43	1390.35	1624.57	2133.28
鞋类	Footwear	420.64	243.56	358.95	444.61	518.62	637.01
居住	Residence	**1561.63**	**783.81**	**1201.83**	**1351.94**	**1818.78**	**3245.01**
租赁房房租	Rental Housing Rent	123.87	28.37	81.38	76.71	180.02	326.87
住房维修及管理	Housing Maintenance and Management	625.45	200.82	431.31	523.90	706.17	1594.13
水电燃料及其他	Water, Electricity and Fuels	812.31	554.61	689.15	751.33	932.60	1324.01
生活用品及服务	Supplies and Services	**1413.68**	**668.80**	**1007.01**	**1530.24**	**1748.58**	**2606.24**
家具及室内装饰品	Furniture and Interior Decorations	311.20	122.99	178.20	298.55	391.90	714.55
家用器具	Home Appliances	343.97	135.27	226.74	388.69	436.79	668.57
家用纺织品	Home Textiles	139.72	54.59	104.78	184.20	176.50	221.25
家庭日用杂品	Household Articles for Daily Use	346.05	220.79	305.78	376.06	400.90	494.40
个人用品	Personal Items	225.01	119.91	167.30	230.88	289.29	387.44
家庭服务	Household Services	47.74	15.24	24.21	51.86	53.21	120.03
交通通信	Transportation and Communication	**1928.38**	**927.67**	**1330.56**	**1846.67**	**2650.64**	**3592.21**
交通	Transportation	1199.47	503.08	692.35	1086.41	1762.77	2489.96
通信	Communication	728.91	424.59	638.21	760.26	887.87	1102.24
教育文化娱乐	Recreation, Education and Cultural Serveces	**2052.96**	**1411.08**	**1564.02**	**2299.72**	**2413.92**	**3008.98**
教育	Education	1122.26	1055.95	994.99	1292.49	1202.59	1096.47
文化娱乐	Recreation Durable Consumer	930.70	355.14	569.02	1007.22	1211.33	1912.50
医疗保健	Health Care	**1499.87**	**633.58**	**1028.15**	**1254.53**	**2224.69**	**2981.42**
医疗器具及药品	Medical Equipment and Drugs	556.01	247.48	411.76	478.91	677.05	1195.99
医疗服务	Medical Services	943.86	386.10	616.40	775.62	1547.63	1785.42
其他用品和服务	Others	**482.54**	**199.82**	**314.75**	**494.78**	**543.44**	**1072.62**

11-7 城镇居民家庭平均每人购买食品数量(2016年)

Food Consumption Per Person of Urban Households (2016)

单位：千克 (kg)

指标	Indicator	城镇平均 Average	低收入户 Low Income Households	中低收入户 Lower Middle Income Households	中等收入户 Middle Income Households	中高收入户 Upper Middle Income Households	高收入户 High Income Households
面粉	Flour	19.57	17.11	19.60	18.17	20.44	24.05
大米	Rice	19.01	14.68	18.15	18.20	21.54	25.03
食用植物油	Edible Vegetable Oil	9.30	7.57	8.57	9.12	10.67	11.65
鲜菜	Vegetable	95.82	71.17	87.01	97.08	112.93	124.84
猪肉	Pork	12.95	9.46	11.39	13.60	14.66	17.72
牛肉	Beef	1.89	0.89	1.51	2.07	2.48	3.05
羊肉	Mutton	1.88	1.03	1.51	2.02	2.55	2.79
鸡	Chicken	4.83	3.69	4.83	4.61	5.54	6.01
鸭	Duck	0.66	0.44	0.75	0.63	0.78	0.72
鱼类	Fish	4.38	2.52	3.82	4.35	5.75	6.48
虾类	Shrimp	0.50	0.18	0.25	0.43	0.72	1.16
鲜蛋	Fresh Eggs	13.94	11.36	13.36	14.14	15.33	16.86
鲜奶	Fresh Milk	10.13	6.01	7.91	10.90	13.06	15.30
酸奶	Yogurt	4.65	2.05	3.34	4.49	6.72	8.36
奶粉	Milk Powder	0.51	0.33	0.62	0.76	0.39	0.45
鲜瓜果	Fresh Fruit and Melon	60.67	42.95	53.40	66.27	69.42	81.03
坚果类	Nuts	4.43	2.63	3.58	4.85	5.52	6.59
糕点	Cakes	4.13	2.91	3.60	4.46	4.86	5.48
茶叶	Tea	0.25	0.11	0.18	0.26	0.33	0.44
卷烟	Cigarette	19.73	15.09	18.19	20.43	22.53	24.92
啤酒	Beer	4.07	2.98	4.42	3.35	5.01	5.05
白酒	Liquor	2.78	1.76	2.34	2.74	3.55	4.11
果酒	Wine	0.14	0.06	0.06	0.09	0.24	0.29

11-8 城镇居民家庭平均每百户主要消费品年末拥有量(2016年)

Main Consumer Goods Owned Per 100 Urban Households in the year end (2016)

指 标	Item	城镇平均 Average	低收入户 Low Income Households	中低收入户 Lower Middle Income Households	中等收入户 Middle Income Households	中高收入户 Upper Middle Income Households	高收入户 High Income Households
家用汽车(辆)	Car (unit)	30.30	16.37	31.43	29.51	32.72	41.42
摩托车(辆)	Motorcycle (unit)	19.56	30.17	22.42	17.31	13.98	13.95
助力车(台)	Electric Bicycle (unit)	105.71	113.63	125.80	111.06	93.26	84.91
洗衣机(台)	Washing Machine (unit)	100.23	97.55	99.63	102.55	99.69	101.75
电冰箱(柜)(台)	Refrigerator (unit)	98.04	91.99	98.50	99.58	98.29	101.86
微波炉(台)	Microware Oven (unit)	44.27	24.60	38.78	47.07	51.19	59.64
彩色电视机(台)	Color TV Set (unit)	121.28	119.42	123.12	120.60	119.76	123.49
#接入有线电视(台)	Cable TV (unit)	85.34	68.21	87.52	87.21	90.32	93.38
空调(台)	Air Conditioner (unit)	155.11	116.03	151.78	158.05	164.98	184.58
热水器(台)	Water Heater (unit)	87.41	77.29	82.61	91.11	90.32	95.69
#太阳能热水器(台)	Solar Water Heater (unit)	37.56	42.66	38.26	40.98	34.71	31.22
消毒碗柜(台)	Antiseptic Cupboard (unit)	6.47	2.34	5.68	6.95	7.32	10.01
排油烟机(台)	Exhaust Fan (set)	68.80	48.31	63.74	70.25	78.43	83.21
固定电话(线)(部)	Telephone (unit)	28.59	19.51	26.53	28.13	28.27	40.49
移动电话(部)	Mobile Phone (unit)	234.39	230.83	254.84	241.34	225.78	219.21
#接入互联网(部)	Internet Mobile Phones (unit)	128.27	115.85	133.42	131.66	132.69	127.68
计算机(台)	Computers (unit)	74.62	57.46	75.06	79.66	78.03	82.84
#接入互联网(台)	Internet Computers (unit)	60.46	45.67	59.60	65.47	63.09	68.44
摄像机(台)	Video Camera (unit)	5.12	1.52	3.78	6.06	7.03	7.21
照相机(台)	Camera (unit)	21.85	7.68	16.03	23.94	25.23	36.32
中高档乐器(架)	Medium and High-Grade Musical Instrument (unit)	3.27	0.32	3.02	4.96	3.62	4.46
健身器材(台)	Fitness Equipment (unit)	4.16	0.83	4.38	5.94	3.83	5.83
组合音响(套)	Audio System (set)	4.33	2.64	4.33	3.38	5.37	5.91

11−9 各市城镇居民家庭平均每人全年可支配收入情况(2016年)

Per Capita Annual Disposable Income of Urban Households by City (2016)

单位：元 (yuan)

市(县)	City(County)	平均可支配收入 Average	低收入户 Low Income Households	中低收入户 Lower Middle Income Households	中等收入户 Middle Income Households	中高收入户 Upper Middle Income Households	高收入户 High Income Households
省辖市	**City**						
郑州市	Zhengzhou	33214	13925	25037	33062	42014	63546
开封市	Kaifeng	24596	12539	17938	22895	29016	41059
洛阳市	Luoyang	30752	12410	22042	28966	37079	55986
平顶山市	Pingdingshan	27102	9262	17109	22974	30586	50799
安阳市	Anyang	28168	11538	17608	24030	31160	51880
鹤壁市	Hebi	26184	11978	17454	22355	29276	55549
新乡市	Xinxiang	26893	12120	18309	23446	31958	53210
焦作市	Jiaozuo	26876	12651	20276	25524	31297	51651
濮阳市	Puyang	26482	9245	17994	24136	31477	48863
许昌市	Xuchang	27016	10618	18363	24757	32596	57178
漯河市	Luohe	26618	13054	20452	25925	32045	46870
三门峡市	Sanmenxia	25254	12792	19929	25418	30109	45437
南阳市	Nanyang	26898	10070	17132	26896	34692	44770
商丘市	Shangqiu	25217	11319	18565	24241	31730	46820
信阳市	Xinyang	23959	12348	19032	23698	29479	41728
周口市	Zhoukou	22471	9932	17045	21358	27011	45845
驻马店市	Zhumadian	24158	9599	17175	22221	28877	45757
济源市	Jiyuan	28231	13256	19133	25935	31483	45440
省直管县	**County Directly Administrated by Province**						
巩义市	Gongyi	27854	9652	14905	20830	27225	70613
兰考县	Lankao	21124	12493	16287	19562	25886	35043
汝州市	Ruzhou	23884	12000	16275	21774	28566	46940
滑县	Huaxian	22184	10401	15169	20770	28345	37886
长垣县	Changyuan	23109	12496	16821	20330	27815	48944
邓州市	Dengzhou	24654	13446	18745	23125	29207	41138
永城市	Yongcheng	26784	12861	19879	26372	33441	50413
固始县	Gushi	23186	11885	15158	21204	28490	43747
鹿邑县	Luyi	22661	9056	18996	24854	31087	38864
新蔡县	Xincai	21271	10010	14527	20432	24509	39457

11-10 各市城镇居民家庭消费支出情况(2016年)

Per Capita Consumption Expenditure of Urban Households by City (2016)

单位：元 (yuan)

市(县)	City(County)	消费支出 Consumption Expenditure	食品烟酒 Food, Tobacco, Liquor	衣着 Clothing	居住 Residence	生活用品及服务 Household Appliances and Service	交通、通信及服务 Transport, and Communi-cations	教育及文化娱乐 Education, Culture and Entertainment	医疗、保健及服务 Health Care and Medical Service	其他商品及服务 Other Goods and Services
省辖市	**City**									
郑州市	Zhengzhou	23210	6620	2539	4938	2131	2585	2438	1409	551
开封市	Kaifeng	19947	4642	1806	3518	2129	3331	2102	1378	1042
洛阳市	Luoyang	22659	5088	2290	4170	2099	3232	2939	2021	820
平顶山市	Pingdingshan	17702	5463	2001	3159	1534	1734	1833	1354	623
安阳市	Anyang	15764	4671	2001	2447	1524	1806	1680	1081	554
鹤壁市	Hebi	16089	4070	1374	2911	1104	2949	1946	1417	319
新乡市	Xinxiang	18520	5394	2180	2891	1733	2262	1959	1551	550
焦作市	Jiaozuo	19616	5484	2237	2805	1808	2661	2088	1689	844
濮阳市	Puyang	16098	4996	1391	3060	1304	2263	1827	978	279
许昌市	Xuchang	18027	5364	1994	2707	1429	2199	2070	1379	885
漯河市	Luohe	19456	5302	3106	2239	1653	2737	2231	1438	750
三门峡市	Sanmenxia	18556	4558	2219	3883	1378	2463	2047	1482	525
南阳市	Nanyang	19414	6381	2371	2026	1379	2390	2306	2029	534
商丘市	Shangqiu	16047	4784	2076	2654	1311	2326	1432	1058	405
信阳市	Xinyang	16225	5904	1606	3602	1347	1459	1284	704	320
周口市	Zhoukou	16613	5569	1532	2604	1536	2660	1447	843	422
驻马店市	Zhumadian	17950	4936	1833	3284	2010	1932	1764	1349	843
济源市	Jiyuan	20727	4752	2839	2516	1961	2831	3345	933	1549
省直管县	**County Directly Administrated by Province**									
巩义市	Gongyi	18428	4069	1730	3115	1762	3834	2225	822	871
兰考县	Lankao	13755	2735	1422	2029	980	2147	1911	1868	663
汝州市	Ruzhou	15906	4680	2221	1803	1436	2148	1438	1392	788
滑县	Huaxian	13844	3953	1706	2175	1308	2020	1467	887	328
长垣县	Changyuan	14579	3789	1640	2608	1702	2063	1474	797	509
邓州市	Dengzhou	20630	6158	1683	5473	1351	2123	1697	1743	402
永城市	Yongcheng	14061	4193	1536	2337	994	1911	1205	1629	256
固始县	Gushi	17367	5464	1869	4351	1698	884	1407	1295	401
鹿邑县	Luyi	13025	4262	1079	2131	1065	2547	825	953	163
新蔡县	Xincai	17224	6163	2368	3279	1280	1355	1438	1164	177

11-11 各市按收入等级分的城镇居民家庭平均每人全年消费支出(2016年)

Per Capita Annual Consumption Expenditure of Urban Households by Level of Income By City (2016)

单位：元 (yuan)

市(县)	City(County)	城镇平均 Average	低收入户 Low Income Households	中低收入户 Lower Middle Income Households	中等收入户 Middle Income Households	中高收入户 Upper Middle Income Households	高收入户 High Income Households
省辖市	**City**						
郑州市	Zhengzhou	23210	11138	17656	22252	26653	35916
开封市	Kaifeng	19947	11863	15686	19628	24252	26985
洛阳市	Luoyang	22659	11944	16597	22614	25296	37116
平顶山市	Pingdingshan	17702	8006	11418	17319	19848	27278
安阳市	Anyang	15764	7224	10907	12883	18786	26336
鹤壁市	Hebi	16089	7847	11454	12997	18680	32495
新乡市	Xinxiang	18520	12194	13042	16032	20472	31820
焦作市	Jiaozuo	19616	13377	15784	19041	21705	31125
濮阳市	Puyang	16098	8363	12358	16701	18320	22490
许昌市	Xuchang	18027	8925	14288	16753	23470	30118
漯河市	Luohe	19456	12753	13573	18826	20688	35378
三门峡市	Sanmenxia	18556	8864	15258	18172	22321	33747
南阳市	Nanyang	19414	9414	14375	19416	24127	29052
商丘市	Shangqiu	16047	10578	11186	18471	16706	23502
信阳市	Xinyang	16225	12154	13258	17159	17903	23148
周口市	Zhoukou	16613	8594	12641	17423	17708	21139
驻马店市	Zhumadian	17950	10049	14267	17622	20590	27225
济源市	Jiyuan	20727	12580	14465	15435	23194	27702
省直管县	**County Directly Administrated by Province**						
巩义市	Gongyi	18428	4713	11362	12945	17265	48181
兰考县	Lankao	13755	7789	9701	11264	14100	28924
汝州市	Ruzhou	15906	8354	10319	16074	22092	27188
滑县	Huaxian	13844	5965	9578	7397	19216	27633
长垣县	Changyuan	14579	10383	10929	16806	17305	22670
邓州市	Dengzhou	20630	11924	14404	18091	24836	36164
永城市	Yongcheng	14061	7238	15195	11340	16190	23544
固始县	Gushi	17367	9235	13408	17083	21438	27476
鹿邑县	Luyi	13025	7155	11463	13139	15533	21324
新蔡县	Xincai	17224	7484	11995	14125	17374	37801

11-12 各市城镇居民家庭平均每人主要食品消费量(2016年)

Per Capita Consumption of Major Food of Urban Households by City (2016)

单位：千克 (kg)

市(县)	City(County)	粮食 Grain	食用油 Edible Oil	蔬菜及菜制品 Vegetables	猪牛羊肉 Pork, Beef and Mutton	家禽 Poultry	水产品 Aquatic Products	蛋类及其制品 Eggs and Related Products	奶和奶制品 Fresh Milk and Dairy products	干鲜瓜果类 Dry Fresh Fruit	糖果糕点类 Sugar	酒类 Liquor
省辖市	**City**											
郑州市	Zhengzhou	113.2	10.2	103.0	17.0	5.8	6.8	14.6	22.1	71.7	6.5	6.6
开封市	Kaifeng	122.6	10.1	82.7	11.1	4.7	5.3	15.3	13.4	65.3	8.0	10.4
洛阳市	Luoyang	110.1	9.0	105.7	18.6	4.2	4.7	12.5	21.6	61.0	6.2	5.7
平顶山市	Pingdingshan	128.8	9.9	101.8	22.1	5.6	3.0	12.3	13.2	61.1	7.5	9.1
安阳市	Anyang	155.1	10.2	107.1	16.9	4.1	3.2	16.7	17.4	55.6	6.7	7.2
鹤壁市	Hebi	188.0	14.5	96.8	12.9	3.0	2.9	15.8	16.2	56.7	6.3	6.8
新乡市	Xinxiang	136.2	8.5	115.1	13.9	4.4	3.8	17.0	13.8	72.2	7.5	8.9
焦作市	Jiaozuo	128.6	10.3	95.6	19.1	4.4	3.7	14.7	21.6	58.4	6.4	5.4
濮阳市	Puyang	128.1	15.2	119.4	21.1	6.8	5.6	15.3	16.2	70.7	6.6	6.4
许昌市	Xuchang	126.9	8.5	98.0	19.0	5.7	3.7	14.2	18.6	76.2	7.2	5.6
漯河市	Luohe	134.4	11.1	94.1	18.5	6.4	3.5	14.3	17.4	70.7	5.8	10.7
三门峡市	Sanmenxia	123.5	8.0	87.6	12.9	2.7	2.6	11.0	19.6	63.0	6.7	5.9
南阳市	Nanyang	115.7	11.8	119.3	27.0	6.9	5.7	17.5	19.6	59.0	6.5	12.7
商丘市	Shangqiu	184.8	11.4	111.4	17.4	7.6	5.0	17.8	13.4	73.5	6.0	7.8
信阳市	Xinyang	161.3	13.8	123.6	33.0	14.7	11.4	11.4	10.2	46.0	6.1	12.4
周口市	Zhoukou	121.9	9.9	76.8	18.1	8.9	5.7	15.0	11.7	55.2	4.7	7.4
驻马店市	Zhumadian	141.2	11.1	92.4	18.8	11.0	6.7	16.0	15.5	74.8	4.9	8.4
济源市	Jiyuan	134.7	9.0	139.4	13.7	8.7	3.1	19.1	26.9	31.0	8.4	5.3
省直管县	**County Directly Administrated by Province**											
巩义市	Gongyi	100.7	9.3	60.5	11.6	2.0	2.6	9.3	13.5	52.3	5.0	3.7
兰考县	Lankao	122.8	7.0	70.7	6.8	3.4	1.4	11.4	6.2	48.5	1.5	6.1
汝州市	Ruzhou	151.8	10.0	61.2	12.4	1.1	0.6	9.4	11.0	39.0	4.7	7.3
滑县	Huaxian	116.3	9.9	88.3	12.7	5.3	1.9	15.4	6.0	59.7	6.2	5.5
长垣县	Changyuan	125.3	5.8	68.2	7.9	3.4	1.7	11.2	7.5	49.6	3.5	12.4
邓州市	Dengzhou	123.1	12.2	90.0	15.8	8.0	13.1	18.3	11.2	40.8	6.9	8.4
永城市	Yongcheng	142.8	13.5	86.9	15.8	8.2	5.2	14.7	7.8	64.0	3.3	7.4
固始县	Gushi	157.2	8.5	132.4	22.6	24.3	5.5	7.8	5.9	27.8	2.2	10.3
鹿邑县	Luyi	122.7	7.3	53.5	26.3	14.3	4.2	20.7	10.3	55.2	5.5	6.0
新蔡县	Xincai	135.9	10.0	115.9	26.7	26.2	9.9	21.1	8.7	51.9	5.7	4.1

11-13 按收入分组的农民家庭人口，劳动力及居住状况(2016年)
Status of the Peasant Family Population, Labor Force and Housing Conditions by Income Level (2016)

项目	Item	全省平均 Average	低收入户 Low Income Households	中低收入户 Lower Middle Income Households
调查户数(户)	Number of Households Surveyed (household)	3837	767	768
调查户常住人口(人)	Number of Residents Surveyed (person)	13359	2972	2906
平均每户中	Average Number of Permanent			
常住人口	Residents Per Household	3.48	3.87	3.79
整、半劳动力	Average Number of Able-bodied and Semi-abledbodied Laborers Per Household	2.23	2.25	2.24
劳动力占常住人口比重(%)	Percentage of Laborers to Residents Surveyed (%)	64.2	58.0	59.3
平均每个劳动力负担人口	Average Number of Persons Supported by a Laborer	1.56	1.72	1.69
平均每百个常住人口中(人)	Among Per 100 Permanent Residents (person)			
5岁及以下	Age 5 and Below	7.0	8.0	8.2
6-15岁	Age 6-15	16.7	20.0	18.5
16-60岁	Age 16-60	61.9	54.4	58.7
61岁及以上	Age 61 and above	14.3	17.6	14.6
每百个就业劳动力文化程度(人)	Among Per 100 Laborers (person) (by cultur level)			
未上过学	Illiterate or Semiliterate	3.3	4.9	2.8
小学	Primary School	19.1	21.4	21.1
初中	Junior Secondary School	60.9	63.5	62.9
高中	Senior Secondary School	12.5	8.3	10.6
大学专科	Specialty	3.1	1.5	2.3
大学本科	Undergraduate College	0.9	0.3	0.2
研究生	Graduate Degrees	0.1	0.1	0.0
每百个就业劳动力从事的主要行业(人)	Among Per 100 Laborers (person)			
第一产业	Primary Industry	55.3	67.6	62.3
第二产业	Secondary Industry	22.4	17.2	21.4
第三产业	Tertiary Industry	22.3	15.2	16.3
居住情况	**Housing condition**			
期末人均住房情况	Per Capita Housing Situation			
住房面积(平方米)	Living Space (sq.m.)	46.65	39.14	42.27
#租用住房面积	Rental Living Space	0.25	0.02	0.20
住房价值(万元)	Value of Owned Houses (10 000yuan)	3.69	2.91	3.37
住房主要建筑材料构成(%)	Construction of Main Building Materials (%)			
#钢筋混凝土	Reinforced Concrete	17.9	15.7	17.3
砖混材料	Brick mixed material	62.0	57.3	63.9
砖瓦砖木	Brick tile and brick wood	19.0	24.9	17.5
住宅外道路路面构成(%)	Construction of the Road Pavement Outside Home (%)			
水泥或柏油路面	Asphalt or Cement Road	59.5	54.8	60.4
沙石或石板等硬质路面	Rigid Pavement	16.1	18.6	14.7
其他	Others	24.4	26.6	24.9
住户主要饮用水来源构成(%)	Construction of Drinking Water for Residents (%)			
#经过净化处理的自来水	After Purification Treatment of Tap Water	45.4	47.0	44.2
受保护的井水和泉水	Protected Well and Spring Water	31.3	28.1	30.0
不受保护的井水和泉水	Unprotected Wells and Springs Water	18.9	20.0	21.4
住户厕所类型构成(%)	Construction of Toilet(%)			
#水冲式卫生厕所	Flush Sanitary Dry Toilet	7.2	5.1	6.2
水冲式非卫生厕所	Flush Insanitary Dry Toilet	2.6	1.6	3.2
卫生旱厕	Sanitary Dry Toilet	22.8	21.9	23.3
普通旱厕	General Dry Toilet	66.7	70.5	66.3
主要炊用能源构成(%)	Construction of Cooking Energy (%)			
柴草	Straw	13.2	16.0	13.2
煤炭	Coal	20.6	18.9	17.9
罐装液化石油气	Canned Liquefied Petroleum Gas	5.0	4.3	5.9
电	Electricity	23.8	20.0	23.3

11−13 续表 continued

项 目	Item	中等收入户 Middle Income Households	中高收入户 Upper Middle Income Households	高收入户 High Income Households
调查户数(户)	Number of Households Surveyed (household)	769	766	767
调查户常住人口(人)	Number of Residents Surveyed (person)	2783	2553	2146
平均每户中	Average Number of Permanent			
常住人口	Residents Per Household	3.62	3.33	2.80
整、半劳动力	Average Number of Able-bodied and Semi-abledbodied Laborers Per Household	2.29	2.25	2.14
劳动力占常住人口比重(%)	Percentage of Laborers to Residents Surveyed (%)	63.3	67.7	76.4
平均每个劳动力负担人口	Average Number of Persons Supported by a Laborer	1.58	1.48	1.31
平均每百个常住人口中(人)	Among Per 100 Permanent Residents (person)			
5岁及以下	Age 5 and Below	8.2	6.0	3.8
6−15岁	Age 6-15	18.1	15.2	9.9
16−60岁	Age 16-60	60.7	66.5	72.8
61岁及以上	Age 61 and above	13.0	12.2	13.5
每百个就业劳动力文化程度(人)	Among Per 100 Laborers (person) (by cultur level)			
未上过学	Illiterate or Semiliterate	2.7	3.7	2.2
小学	Primary School	18.9	18.1	16.2
初中	Junior Secondary School	59.7	59.9	58.4
高中	Senior Secondary School	15.0	13.6	15.1
大学专科	Specialty	2.8	3.8	5.3
大学本科	Undergraduate College	0.9	0.9	2.5
研究生	Graduate Degrees	0.1	0.0	0.3
每百个就业劳动力从事的主要行业(人)	Among Per 100 Laborers (person)			
第一产业	Primary Industry	50.9	49.4	46.2
第二产业	Secondary Industry	26.1	24.3	22.8
第三产业	Tertiary Industry	23.0	26.3	31.0
居住情况	**Housing condition**			
期末人均住房情况	Per Capita Housing Situation			
住房面积(平方米)	Living Space(sq.m.)	47.33	52.72	64.59
#租用住房面积	Rental Living Space	0.48	0.34	1.53
住房价值(万元)	Value of Owned Houses (10 000yuan)	3.65	4.45	5.69
住房主要建筑材料构成(%)	Construction of Main Building Materials (%)			
#钢筋混凝土	Reinforced Concrete	16.7	20.4	19.1
砖混材料	Brick mixed material	64.0	62.0	62.9
砖瓦砖木	Brick tile and brick wood	19.1	16.4	17.1
住宅外道路路面构成(%)	Construction of the Road Pavement Outside Home (%)			
水泥或柏油路面	Asphalt or Cement Road	58.8	63.6	60.0
沙石或石板等硬质路面	Rigid Pavement	16.7	14.9	15.5
其他	Others	24.5	21.5	24.6
住户主要饮用水来源构成(%)	Construction of Drinking Water for Residents (%)			
#经过净化处理的自来水	After Purification Treatment of Tap Water	44.7	42.8	48.3
受保护的井水和泉水	Protected Well and Spring Water	33.8	33.5	31.2
不受保护的井水和泉水	Unprotected Wells and Springs Water	16.5	19.5	17.3
住户厕所类型构成(%)	Construction of Toilet (%)			
#水冲式卫生厕所	Flush Sanitary Dry Toilet	6.9	6.0	11.9
水冲式非卫生厕所	Flush Insanitary Dry Toilet	2.3	3.1	2.8
卫生旱厕	Sanitary Dry Toilet	22.8	22.3	23.6
普通旱厕	General Dry Toilet	67.3	68.4	61.2
主要炊用能源构成(%)	Construction of Cooking Energy (%)			
柴草	Straw	13.2	11.7	11.9
煤炭	Coal	19.7	22.5	24.0
罐装液化石油气	Canned Liquefied Petroleum Gas	5.3	4.5	5.2
电	Electricity	24.4	26.4	25.0

11-14 按收入分组的农民家庭平均每人总收支及结构(2016年)

Per Capita Total Income and Expenditure in Rural Households by Level of Income (2016)

单位：元 (yuan)

项　目	Item	全省平均 Average	低收入户 Low Income Households	中低收入户 Lower Middle Income Households
总收入	**Total Cash Income**	**14384**	**6625**	**9489**
工资性收入	Wage Income	4228	1484	2843
经营性收入	Income from Operations	7140	3737	4283
第一产业	Primary Industry	5275	3198	3474
第二产业	Secondary Industry	348	48	85
第三产业	Tertiary Industry	1517	491	724
财产性收入	Property Income	174	58	120
转移性收入	Transfer Income	2842	1346	2243
家庭外出从业人员寄回带回收入	Earning from Migrant Workers	2012	940	1689
农民家庭平均每人总收入构成(%)	**Structure of Peasant Family Per Capita Income (%)**			
总收入	Total Cash Income			
工资性收入	Wage Income	29.4	22.4	30.0
经营性收入	Income from Operations	49.6	56.4	45.1
财产性收入	Property Income	1.2	0.9	1.3
转移性收入	Transfer Income	19.8	20.3	23.6
总支出	**Total Expenditure**	**13006**	**9438**	**9918**
消费支出	Consumption Expenditure	8587	6059	7120
生产经营费用支出	Expenditure of Production Business	2247	1945	1255
第一产业	Primary Industry	1792	1643	1026
第二产业	Secondary Industry	98	15	35
第三产业	Tertiary Industry	357	287	194
财产性支出	Property Expenditure	6	2	4
转移性支出	Transfer Expenditure	184	178	151
部分商业保险支出	Expenditure of Commercial Insurance	41	20	19
购置资产及非经常性转移支出	Expenditure of Purchasing Assets and Non-transfer Expenditur	1711	1148	1223
借贷性支出	Expenditure of Debit and Credit	231	86	145
农民家庭平均每人总支出构成(%)	**Structure of Per Capita Total Expenditure of Rural Households (%)**			
总支出	Total Expenditure			
消费支出	Consumption Expenditure	66.0	64.2	71.8
生产经营费用支出	Expenditure of Production Business	17.3	20.6	12.7
财产性支出	Property Expenditure	0.0	0.0	0.0
转移性支出	Transfer Expenditure	1.4	1.9	1.5
部分商业保险支出	Expenditure of Commercial Insurance	0.3	0.2	0.2
购置资产及非经常性转移支出	Expenditure of Purchasing Assets and Non-transfer Expenditur	13.2	12.2	12.3
借贷性支出	Expenditure of Debit and Credit	1.8	0.9	1.5

11-14 续表 continued

单位：元 (yuan)

项目	Item	中等收入户 Middle Income Households	中高收入户 Upper Middle Income Households	高收入户 High Income Households
总收入	**Total Cash Income**	**12489**	**16992**	**31156**
工资性收入	Wage Income	4296	5571	8248
经营性收入	Income from Operations	5225	7636	17614
第一产业	Primary Industry	4215	5690	11471
第二产业	Secondary Industry	82	420	1379
第三产业	Tertiary Industry	927	1526	4764
财产性收入	Property Income	142	176	446
转移性收入	Transfer Income	2827	3609	4849
家庭外出从业人员寄回带回收入	Income from Migrant Workers	2175	2777	2828
农民家庭平均每人总收入构成(%)	**Structure of Peasant Family Per Capita Income (%)**			
总收入	Total Cash Income			
工资性收入	Wage Income	34.4	32.8	26.5
经营性收入	Income from Operations	41.8	44.9	56.5
财产性收入	Property Income	1.1	1.0	1.4
转移性收入	Transfer Income	22.6	21.2	15.6
总支出	**Total Expenditure**	**11376**	**13795**	**23309**
消费支出	Consumption Expenditure	8045	9469	13741
生产经营费用支出	Expenditure of Production Business	1475	2051	5229
第一产业	Primary Industry	1302	1540	3959
第二产业	Secondary Industry	12	183	309
第三产业	Tertiary Industry	161	329	962
财产性支出	Property Expenditure	6	6	13
转移性支出	Transfer Expenditure	181	190	234
部分商业保险支出	Expenditure of Commercial Insurance	30	47	105
购置资产及非经常性转移支出	Expenditure of Purchasing Assets and Non-transfer Expenditur	1453	1779	3402
借贷性支出	Expenditure of Debit and Credit	186	252	585
农民家庭平均每人总支出构成(%)	**Structure of Per Capita Total Expenditure of Rural Households (%)**			
总支出	Total Expenditure			
消费支出	Consumption Expenditure	70.7	68.6	59.0
生产经营费用支出	Expenditure of Production Business	13.0	14.9	22.4
财产性支出	Property Expenditure	0.1	0.0	0.1
转移性支出	Transfer Expenditure	1.6	1.4	1.0
部分商业保险支出	Expenditure of Commercial Insurance	0.3	0.3	0.5
购置资产及非经常性转移支出	Expenditure of Purchasing Assets and Non-transfer Expenditur	12.8	12.9	14.6
借贷性支出	Expenditure of Debit and Credit	1.6	1.8	2.5

11−15 按收入分组的农民家庭平均每人可支配收入及消费性支出(2016年)

Per Capita Disposable Income and Consumption Expenditure of Rural Households by Income Level (2016)

单位：元 (yuan)

项　目	Item	全省平均 Average	低收入户 Low Income Households	中低收入户 Lower Middle Income Households
可支配收入	**Disposable Income**	**11697**	**4239**	**7911**
工资性收入	Wages	4228	1484	2843
经营净收入	Net Business Income	4643	1531	2860
第一产业	Primary Industry	3339	1414	2353
第二产业	Secondary Industry	238	25	36
第三产业	Tertiary Industry	1066	93	471
财产净收入	Net Income of Properties	168	56	116
转移净收入	Net Income of Transfers	2658	1167	2092
家庭外出从业人员寄回带回收入	Income from Migrant Workers	2012	940	1689
生活消费支出	**Living Consumption Expenditure**	**8587**	**6059**	**7120**
食品	Food	2447	1849	2123
衣着	Clothing	677	468	579
居住	Residence	1768	1274	1536
家庭设备、用品及服务	Household Appliances	588	383	482
交通和通讯	Transport and Communications	1211	695	732
文化、教育、娱乐用品及服务	Culture, Education, Recreation and Service	949	719	940
医疗保健	Health Care	798	584	616
其他商品和服务	Other Goods and Servies	149	88	113

项　目	Item	中等收入户 Middle Income Households	中高收入户 Uper Middle Income Households	高收入户 High Income Households
可支配收入	**Disposable Income**	**10654**	**14481**	**25253**
工资性收入	Wages	4296	5571	8248
经营净收入	Net Business Income	3576	5321	11957
第一产业	Primary Industry	2804	3990	7271
第二产业	Secondary Industry	60	233	1043
第三产业	Tertiary Industry	713	1097	3642
财产净收入	Net Income of Properties	136	170	433
转移净收入	Net Income of Transfers	2646	3419	4615
家庭外出从业人员寄回带回收入	Income from Migrant Workers	2175	2777	2828
生活消费支出	**Living Consumption Expenditure**	**8045**	**9469**	**13741**
食品	Food	2308	2746	3544
衣着	Clothing	635	771	1048
居住	Residence	1638	1930	2745
家庭设备、用品及服务	Household Appliances	536	676	981
交通和通讯	Transport and Communications	1194	1271	2527
文化、教育、娱乐用品及服务	Culture, Education, Recreation and Service	970	923	1284
医疗保健	Health Care	644	985	1317
其他商品和服务	Other Goods and Servies	122	167	294

11-16 按收入分组的农民家庭平均每人现金收入及支出(2016年)

Per Capita Cash Income and Expenditure of Rural Households by Income Level (2016)

单位：元 (yuan)

项　目	Item	全省平均 Average	低收入户 Low Income Households	中低收入户 Lower Middle Income Households
现金收入(未扣除生产费用)	**Cash Income (including Product Expenditure)**	**13172**	**5846**	**8499**
现金工资性收入	Cash Income from Wages	4224	1484	2840
现金经营性收入	Cash Income from Business	6079	3013	3375
第一产业	Primary Industry	4214	2473	2566
第二产业	Secondary Industry	348	48	85
第三产业	Tertiary Industry	1517	491	724
现金财产性收入	Cash Income of Properties	174	58	120
现金转移性收入	Cash Income of Transfers	2695	1292	2164
家庭外出从业人员寄回带回收入	Income Taken back by Employees out Home	2012	940	1689
现金支出	**Cash Expenditure**	**11569**	**8426**	**8704**
现金消费支出	Cash Expenditure on consumption	7167	5062	5917
生产经营现金费用支出	Cash Expenditure on Business	2230	1930	1244
第一产业	Primary Industry	1775	1628	1015
第二产业	Secondary Industry	98	15	35
第三产业	Tertiary Industry	357	287	194
现金财产性支出	Cash Expenditure of Properties	6	2	4
现金转移性支出	Cash Expenditure of Transfers	184	178	151
部分商业保险支出	Expenditure of Commercial Insurance	41	20	19
购置资产及非经常性转移支出	Expenditure of Purchasing Assets and Non-transfer Expenditure	1711	1148	1223
借贷性支出	Expenditure of Debit and Credit	231	86	145

项　目	Item	中等收入户 Middle Income Households	中高收入户 Upper Middle Income Households	高收入户 High Income Households
现金收入(未扣除生产费用)	**Cash Income (including Product Expenditure)**	**11366**	**15545**	**29206**
现金工资性收入	Cash Income from Wages	4294	5561	8240
现金经营性收入	Cash Income from Business	4206	6403	16026
第一产业	Primary Industry	3197	4457	9883
第二产业	Secondary Industry	82	420	1379
第三产业	Tertiary Industry	927	1526	4764
现金财产性收入	Cash Income of Properties	142	176	446
现金转移性收入	Cash Income of Transfers	2724	3405	4494
家庭外出从业人员寄回带回收入	Income Taken back by Employees out Home	2175	2777	2828
现金支出	**Cash Expenditure**	**10042**	**12139**	**21108**
现金消费支出	Cash Expenditure on Consumption	6725	7833	11570
生产经营现金费用支出	Cash Expenditure on Business	1462	2031	5199
第一产业	Primary Industry	1289	1520	3928
第二产业	Secondary Industry	12	183	309
第二产业	Tertiary Industry	161	329	962
现金财产性支出	Cash Expenditure of Properties	6	6	13
现金转移性支出	Cash Expenditure of Transfers	181	190	234
部分商业保险支出	Expenditure of Commercial Insurance	30	47	105
购置资产及非经常性转移支出	Expenditure of Purchasing Assets and Non-transfer Expenditure	1453	1779	3402
借贷性支出	Expenditure of Debit and Credit	186	252	585

11–17 按收入分组的农民家庭主要食品消费量(2016年)

Consumption of Major Food in Rural Households by Income Level (2016)

单位：公斤/人 (kg/person)

项　目	Item	全省平均 Average	低收入户 Low Income Households	中低收入户 Lower Middle Income Households
粮食消费量	Grain Consumption	126.91	106.34	115.41
#小麦	Wheat	88.26	76.48	81.68
稻谷	Rice	21.97	16.83	19.20
玉米	Corn	5.84	4.47	5.06
油脂类消费量	Oil	7.49	6.25	6.58
蔬菜及菜制品消费量	Vegetables	73.71	61.59	65.20
肉类	Meat	12.36	9.76	11.57
禽类	Poultry	4.53	3.82	4.04
水产品	Aquatic Products	2.80	2.33	2.62
蛋类及蛋制品	Eggs and Related Productions	11.29	9.21	10.29
奶和奶制品	Milk and Dairy Products	5.82	3.95	5.06
干鲜瓜果类	Dried and Fresh Melons and Fruits	46.40	38.92	41.96
糖果糕点类	Confectionery	4.86	4.13	4.49
酒	Liquor	6.54	5.32	5.23

项　目	Item	中等收入户 Middle Income Households	中高收入户 Upper Middle Income Households	高收入户 High Income Households
粮食消费量	Grain Consumption	124.66	141.54	156.71
#小麦	Wheat	84.01	96.95	108.77
稻谷	Rice	23.37	25.57	26.80
玉米	Corn	5.66	8.14	6.32
油脂类消费量	Oil	7.26	8.12	9.99
蔬菜及菜制品消费量	Vegetables	70.44	82.50	95.94
肉类	Meat	11.79	13.40	16.55
禽类	Poultry	4.46	5.04	5.66
水产品	Aquatic Products	2.59	3.03	3.69
蛋类及蛋制品	Eggs and Related Productions	10.90	13.04	13.95
奶和奶制品	Milk and Dairy Products	5.44	6.48	9.15
干鲜瓜果类	Dried and Fresh Melons and Fruits	45.78	50.08	59.28
糖果糕点类	Confectionery	4.42	4.79	7.04
酒	Liquor	6.38	7.43	9.15

11－18 按收入分组的农民家庭平均每百户主要耐用消费品及生产性固定资产年末拥有量(2016年)

Main Durable Goods and Productive Fixed Assets Owned Per hundred Rural Households at Year-end by Income Level (2016)

项　目	Item	全省平均 Average	低收入户 Low Income Households	中低收入户 Lower Middle Income Households
耐用消费品年末拥有量	**Durable Consumer Goods**			
家用汽车(台)	Car (unit)	18.10	13.46	13.19
摩托车(台)	Motorcycle (unit)	58.12	53.24	54.52
助力车(台)	Electric Bicycle (unit)	101.60	94.30	101.38
洗衣机(台)	Washing Machine (unit)	95.15	92.22	96.59
电冰箱(台)	Refrigerator (unit)	87.63	81.76	85.27
微波炉(台)	Microwave Oven (unit)	8.75	5.25	7.29
彩色电视机(台)	Color TV Set (unit)	115.08	113.24	112.16
#接入有线电视	Cable (unit)	52.86	44.33	48.50
空调(台)	Air Conditioner (unit)	70.37	48.91	62.52
热水器(台)	Water Heater (unit)	57.94	46.61	57.01
#太阳能热水器	Solar Water Heater (unit)	48.21	38.80	48.26
消毒碗柜(台)	Disinfection Cabinet (unit)	0.48	0.35	0.28
洗碗机(台)	Dishwasher (unit)	0.84	0.50	0.43
排油烟机(台)	Exhaust Fan (unit)	10.45	7.06	6.62
固定电话(部)	Telephone (unit)	13.93	11.21	14.46
移动电话(部)	Mobile Phone (unit)	242.07	232.47	235.90
#接入互联网	Internet Mobile Phones (unit)	100.86	87.22	98.11
计算机(台)	Computer (unit)	31.13	22.29	29.21
#接入互联网	Internet Computer (unit)	22.59	15.76	19.87
摄像机(架)	Video Camera (unit)	0.31	0.11	
照相机(架)	Camera (unit)	2.28	1.26	1.59
中高档乐器(件)	Medium and High-Grade Musical Instrument (unit)	0.46	0.28	0.17
健身器材(套)	Fitness Equipment (unit)	0.84	0.41	1.13
组合音响(套)	Audio System (unit)	1.30	1.29	1.08
生产性固定资产数量	**Productive Fixed Assets**			
生产性用房及建筑物(平方米)	Productive Occupancy and Buildings (sq.m.)	872.52	1193.25	528.27
大中型农用拖拉机(台)	Large and Medium Tractors (unit)	2.64	2.74	1.56
小型农用拖拉机(台)	Minitype Tractors (unit)	36.49	35.21	37.43
农用排灌动力机械(台)	Drainage and Irrigation Agricultural Machinery (unit)	22.75	21.87	21.23
插秧机(台)	Transplanter (unit)	0.34	0.24	
收割机(台)	Harvesters (unit)	1.46	1.44	0.54
脱粒机(台)	Thresher (unit)	12.40	13.16	12.59
役畜(头)	Draught Animals (unit)	7.68	4.50	1.08
产品畜(头)	Product Livestock (unit)	51.08	7.71	14.69

11-18 续表 continued

项　目	Item	中等收入户 Middle Income Households	中高收入户 Upper Middle Income Households	高收入户 High Income Households
耐用消费品年末拥有量	**Durable Consumer Goods**			
家用汽车(台)	Car (unit)	**16.97**	**18.46**	**28.43**
摩托车(台)	Motorcycle (unit)	62.50	63.21	57.13
助力车(台)	Electric Bicycle (unit)	105.16	108.17	98.96
洗衣机(台)	Washing Machine (unit)	96.21	96.78	93.95
电冰箱(台)	Refrigerator (unit)	89.95	89.96	91.22
微波炉(台)	Microwave Oven (unit)	8.43	7.27	15.51
彩色电视机(台)	Color TV Set (unit)	114.97	116.82	118.22
#接入有线电视	Cable (unit)	53.12	51.46	66.89
空调(台)	Air Conditioner (unit)	73.27	74.71	92.40
热水器(台)	Water Heater (unit)	58.20	61.03	66.84
#太阳能热水器	Solar Water Heater (unit)	49.46	52.32	52.22
消毒碗柜(台)	Disinfection Cabinet (unit)	0.44	0.64	0.69
洗碗机(台)	Dishwasher (unit)	0.24	1.52	1.52
排油烟机(台)	Exhaust Fan (unit)	9.82	10.62	18.10
固定电话(部)	Telephone (unit)	13.27	14.45	16.28
移动电话(部)	Mobile Phone (unit)	243.34	249.88	248.74
#接入互联网	Internet Mobile Phones (unit)	101.08	101.36	116.53
计算机(台)	Computer (unit)	31.48	31.82	40.82
#接入互联网	Internet Computer (unit)	22.28	23.48	31.56
摄像机(架)	Video Camera (unit)	0.29	0.33	0.84
照相机(架)	Camera (unit)	1.40	2.20	4.94
中高档乐器(件)	Medium and High-Grade Musical Instrument (unit)	0.30	0.29	1.26
健身器材(套)	Fitness Equipment (unit)	0.69	0.46	1.53
组合音响(套)	Audio System (unit)	1.34	1.46	1.34
生产性固定资产数量	**Productive Fixed Assets**			
生产性用房及建筑物(平方米)	Productive Occupancy and Buildings (sq.m.)	630.95	1286.21	724.23
大中型农用拖拉机(台)	Large and Medium Tractors (unit)	1.96	3.05	3.90
小型农用拖拉机(台)	Minitype Tractors (unit)	37.46	37.85	34.49
农用排灌动力机械(台)	Drainage and Irrigation Agricultural Machinery (unit)	25.83	22.75	22.06
插秧机(台)	Transplanter (unit)		0.68	0.78
收割机(台)	Harvesters (unit)	1.82	1.83	1.68
脱粒机(台)	Thresher (unit)	12.36	11.98	11.90
役畜(头)	Draught Animals (unit)	1.74	29.91	1.13
产品畜(头)	Product Livestock (unit)	14.87	67.27	150.78

11-19 各市农村居民家庭平均每人全年可支配收入按收入来源分组情况(2016年)

Per Capita Annual Disposable Income of Rural Household by Source and City (2016)

单位：元 (yuan)

市(县) City(County)	合计 Total	工资性收入 Net Income from Wages and Salaries	经营净收入 Net Income from Household Operations	财产净收入 Net Income from Properties	转移净收入 Net Income from Transfers
省辖市 City					
郑州市 Zhengzhou	18426	11854	4504	1083	985
开封市 Kaifeng	11166	4129	5161	276	1599
洛阳市 Luoyang	11457	5521	3069	182	2686
平顶山市 Pingdingshan	11244	4615	3645	326	2658
安阳市 Anyang	12624	5056	4240	236	3092
鹤壁市 Hebi	14022	6582	6028	73	1339
新乡市 Xinxiang	12679	5914	4641	114	2010
焦作市 Jiaozuo	14851	8606	4626	345	1274
濮阳市 Puyang	10622	4981	4690	175	776
许昌市 Xuchang	14357	7574	4234	270	2278
漯河市 Luohe	12938	5532	5696	405	1305
三门峡市 Sanmenxia	11982	3894	6488	161	1438
南阳市 Nanyang	11701	3507	6070	140	1983
商丘市 Shangqiu	9605	3985	3483	109	2028
信阳市 Xinyang	10651	2988	5161	38	2465
周口市 Zhoukou	9279	2824	3132	71	3252
驻马店市 Zhumadian	9935	3364	4342	125	2104
济源市 Jiyuan	15540	7530	7076	203	731
省直管县 County Directly Administrated by Province					
巩义市 Gongyi	19459	11490	6325	183	1462
兰考县 Lankao	9943	1280	4836	202	3625
汝州市 Ruzhou	14145	6497	6610	194	844
滑县 Huaxian	9942	2268	3211	144	4319
长垣县 Changyuan	16236	5845	6664	94	3633
邓州市 Dengzhou	12797	2679	6344	294	3597
永城市 Yongcheng	12051	3118	3728	148	5057
固始县 Gushi	11420	3764	5344	30	2283
鹿邑县 Luyi	10959	2607	3856	28	4469
新蔡县 Xincai	10163	2219	4333	124	3487

11-20 各市农村居民家庭平均每人全年可支配收入分组情况(2016年)

Per Capita Annual Disposable Income of Rural Household by City (2016)

单位：元 (yuan)

市(县)	City(County)	低收入户 Low Income Households	中低收入户 Lower Middle Income Households	中等收入户 Middle Income Households	中高收入户 Upper Middle Income Households	高收入户 High Income Households
省辖市	**City**					
郑州市	Zhengzhou	8788	12778	16442	21692	39566
开封市	Kaifeng	3707	7973	10560	14153	25063
洛阳市	Luoyang	4665	8170	10538	13854	24494
平顶山市	Pingdingshan	3807	6709	9630	13656	28896
安阳市	Anyang	5425	8807	11885	16006	26595
鹤壁市	Hebi	6898	10180	12470	15887	26957
新乡市	Xinxiang	5330	9252	12214	15882	25908
焦作市	Jiaozuo	6166	10196	13362	17182	31684
濮阳市	Puyang	3557	6429	8803	12406	26334
许昌市	Xuchang	6690	9971	12658	16325	28540
漯河市	Luohe	3064	7441	11481	16330	29369
三门峡市	Sanmenxia	3779	7466	10407	14556	28468
南阳市	Nanyang	5394	8420	11161	14714	23573
商丘市	Shangqiu	3786	6984	9342	12343	19427
信阳市	Xinyang	4412	7684	10015	12797	22857
周口市	Zhoukou	4071	7092	9328	12075	20135
驻马店市	Zhumadian	4420	7145	9302	12307	20175
济源市	Jiyuan	7142	10688	13405	16790	26380
省直管县	**County Directly Administrated by Province**					
巩义市	Gongyi	7527	10361	13944	20379	41410
兰考县	Lankao	5019	7848	9280	11887	19622
汝州市	Ruzhou	4376	6678	8686	12105	30347
滑县	Huaxian	4755	6925	9089	12472	21536
长垣县	Changyuan	6950	10838	14949	19022	30934
邓州市	Dengzhou	5372	9529	12647	15569	23400
永城市	Yongcheng	5007	9019	12322	16781	21240
固始县	Gushi	4181	7553	10418	13571	25182
鹿邑县	Luyi	5513	8656	10603	13395	19303
新蔡县	Xincai	4266	6885	8851	12804	21950

11-21 各市农村居民家庭平均每人生活消费总支出(2016年)

Per Capita Consumption Expenditure of Rural Households by City (2016)

单位：元 (yuan)

市(县)	City(County)	生活消费支出合计 Consumption Expenditure	食品烟酒 Food, Tobacco, Liquor	衣着 Clothing	居住 Residence	生活用品及服务 Household Appliances and Services	交通、通信及服务 Transport, and Communi-cations	教育及文化娱乐 Education, Culture and Entertainment	医疗、保健及服务 Health Care and Medical Services	其他商品及服务 Other Goods and Services
省辖市	**City**									
郑州市	Zhengzhou	13595	3060	1089	3640	904	2393	1234	878	398
开封市	Kaifeng	8073	2099	634	1820	597	1122	1062	481	258
洛阳市	Luoyang	9261	2129	845	2313	758	1281	951	807	175
平顶山市	Pingdingshan	6446	2093	577	1301	541	569	488	721	154
安阳市	Anyang	7789	2169	686	1824	537	1016	678	686	192
鹤壁市	Hebi	9666	2895	843	1981	681	1273	869	997	129
新乡市	Xinxiang	7921	2409	755	1421	596	1007	828	716	189
焦作市	Jiaozuo	11081	3181	954	2263	986	1457	939	925	377
濮阳市	Puyang	7444	2330	586	1302	728	901	961	568	70
许昌市	Xuchang	9173	2646	800	2078	608	1125	835	769	313
漯河市	Luohe	7076	2198	694	1298	838	717	596	557	179
三门峡市	Sanmenxia	8639	2082	626	1858	675	1120	1069	989	219
南阳市	Nanyang	8397	3054	619	2049	512	775	479	678	233
商丘市	Shangqiu	6845	2374	620	1340	544	663	628	570	107
信阳市	Xinyang	8141	3206	513	1788	518	787	729	468	131
周口市	Zhoukou	6536	2377	545	1529	547	572	392	434	139
驻马店市	Zhumadian	7838	2634	663	1430	659	903	793	611	145
济源市	Jiyuan	9845	2840	814	1429	974	1867	701	813	408
省直管县	**County Directly Administrated by Province**									
巩义市	Gongyi	9282	2164	754	2251	439	1295	1354	732	293
兰考县	Lankao	8484	2645	572	1862	624	804	1336	514	127
汝州市	Ruzhou	6448	2165	647	1277	521	616	353	615	255
滑县	Huaxian	7564	2164	561	1681	398	1054	850	768	89
长垣县	Changyuan	8450	2364	757	1733	849	1410	676	482	180
邓州市	Dengzhou	8984	3226	584	1967	564	739	817	954	134
永城市	Yongcheng	9257	3886	871	1315	532	1057	873	654	69
固始县	Gushi	8521	3711	442	1663	584	626	674	700	120
鹿邑县	Luyi	6974	3193	475	1546	452	630	331	313	36
新蔡县	Xincai	8572	2823	775	1783	672	853	1064	570	32

11-22 各市农村居民家庭平均每人生活消费现金支出(2016年)

Per Capita Cash Consumption Expenditure of Rural Households by City (2016)

单位：元 (yuan)

市(县)	City(County)	生活消费支出合计 Consumption Expenditure	食品烟酒 Food, Tobacco, Liquor	衣着 Clothing	居住 Residence	生活用品及服务 Household Appliances and Services	交通、通信及服务 Transport, and Communi-cations	教育及文化娱乐 Education, Culture and Entertainment	医疗、保健及服务 Health Care and Medical Services	其他商品及服务 Other Goods and Services
省辖市	**City**									
郑州市	Zhengzhou	11356	2967	1089	1612	900	2393	1234	764	398
开封市	Kaifeng	6768	1952	634	801	597	1122	1062	343	258
洛阳市	Luoyang	7850	1972	845	1201	757	1281	949	669	175
平顶山市	Pingdingshan	4985	1993	577	471	541	569	488	193	154
安阳市	Anyang	6539	2039	686	781	537	1016	678	610	192
鹤壁市	Hebi	8380	2819	843	980	681	1273	869	787	129
新乡市	Xinxiang	6840	2291	752	565	594	1005	828	617	188
焦作市	Jiaozuo	9563	2955	954	1132	986	1454	938	767	377
濮阳市	Puyang	6608	2239	586	677	728	901	961	447	70
许昌市	Xuchang	7889	2500	800	1055	607	1125	835	655	313
漯河市	Luohe	6189	2102	693	526	837	717	596	540	179
三门峡市	Sanmenxia	7318	1854	626	971	675	1120	1069	784	219
南阳市	Nanyang	6645	2554	614	909	522	725	610	476	235
商丘市	Shangqiu	5673	2273	620	428	539	663	628	416	107
信阳市	Xinyang	6226	2694	513	528	515	787	728	329	131
周口市	Zhoukou	5256	1986	545	718	547	572	392	357	139
驻马店市	Zhumadian	6801	2533	663	564	658	903	793	541	146
济源市	Jiyuan	8609	2646	905	1241	900	1115	841	644	317
省直管县	**County Directly Administrated by Province**									
巩义市	Gongyi	7579	2083	754	838	439	1295	1353	524	293
兰考县	Lankao	7404	2423	572	1019	624	804	1336	500	127
汝州市	Ruzhou	5489	2154	647	494	521	616	353	448	255
滑县	Huaxian	6159	2114	561	452	398	1054	850	641	89
长垣县	Changyuan	7315	2358	757	696	849	1410	676	391	180
邓州市	Dengzhou	7117	3159	584	432	564	739	817	688	134
永城市	Yongcheng	8308	3821	871	487	532	1057	873	597	69
固始县	Gushi	6422	2958	442	496	584	626	674	521	120
鹿邑县	Luyi	6888	3118	475	1535	452	630	331	313	36
新蔡县	Xincai	7341	2789	775	632	672	853	1064	523	32

11-23 各市农村居民家庭平均每人主要食品消费量(2016年)

Per Capita Consumption of Major Food of Rural Households by City (2016)

单位：千克 (kg)

市(县)	City(County)	粮食 Grain	食用油 Edible Oil	蔬菜及食用菌 Vegetables	猪牛羊肉 Pork, Beef and Mutton	家禽 Poultry	水产品 Aquatic Products	蛋类及其制品 Eggs and Related Products	奶和奶制品 Milk and Dairy products	干鲜瓜果 Dry and Fresh Fruits and Melons	糖果糕点 Sugar	酒类 Liquor
省辖市	**City**											
郑州市	Zhengzhou	107.2	7.7	70.5	9.9	2.4	2.3	9.4	8.9	47.5	5.6	6.1
开封市	Kaifeng	128.5	5.8	59.9	8.4	3.3	2.6	9.0	3.9	46.8	5.8	7.3
洛阳市	Luoyang	114.0	8.0	57.7	9.6	1.1	0.7	7.9	7.2	27.3	5.3	4.7
平顶山市	Pingdingshan	100.0	5.4	52.6	10.5	2.0	1.3	7.1	4.5	32.0	3.7	3.7
安阳市	Anyang	152.8	8.5	65.8	9.3	2.1	1.2	13.0	4.7	32.8	4.5	6.0
鹤壁市	Hebi	163.3	11.8	66.7	8.6	1.0	1.5	15.6	7.6	51.1	7.1	13.2
新乡市	Xinxiang	116.7	6.4	94.7	7.5	2.4	1.7	12.6	6.9	48.5	4.9	7.0
焦作市	Jiaozuo	147.4	7.3	67.3	9.9	1.8	1.2	9.8	10.1	38.6	4.2	5.2
濮阳市	Puyang	149.2	10.7	69.0	10.7	3.1	1.7	13.4	5.8	43.5	4.3	6.1
许昌市	Xuchang	131.7	8.3	80.0	12.5	3.3	1.7	9.2	6.3	67.2	5.0	4.4
漯河市	Luohe	129.8	10.4	60.9	12.1	4.5	2.4	9.5	6.0	50.1	5.3	4.8
三门峡市	Sanmenxia	151.4	11.9	65.9	7.0	0.8	0.6	7.0	4.7	30.3	3.5	3.8
南阳市	Nanyang	174.2	7.2	91.5	13.3	3.6	2.4	15.8	6.2	29.3	4.9	9.3
商丘市	Shangqiu	136.8	9.0	61.6	10.3	5.6	2.8	12.3	6.7	51.2	3.3	6.7
信阳市	Xinyang	175.4	11.1	116.9	23.3	9.1	8.0	8.2	2.7	32.3	3.8	14.2
周口市	Zhoukou	116.1	6.5	55.1	9.4	5.4	3.7	9.2	4.2	38.1	3.8	4.3
驻马店市	Zhumadian	124.1	8.4	68.0	13.0	6.9	3.8	11.2	4.2	52.5	4.3	8.3
济源市	Jiyuan	133.4	7.0	62.9	11.2	2.3	1.3	14.9	8.1	27.0	2.2	8.9
省直管县	**County Directly Administrated by Province**											
巩义市	Gongyi	105.6	6.9	63.3	8.9	1.8	1.7	8.4	7.7	40.0	4.1	1.9
兰考县	Lankao	193.0	7.9	71.8	8.6	5.1	3.1	12.6	6.2	57.1	4.0	9.3
汝州市	Ruzhou	115.0	8.0	32.0	12.3	1.1	0.4	5.6	6.0	31.8	2.4	4.4
滑县	Huaxian	115.9	7.5	63.0	9.3	2.6	1.9	12.9	0.9	48.3	5.1	7.0
长垣县	Changyuan	109.1	6.2	67.5	8.9	2.8	1.6	12.0	4.3	55.2	4.2	5.1
邓州市	Dengzhou	114.6	8.7	80.6	11.9	4.6	2.4	15.1	5.6	29.0	4.9	8.4
永城市	Yongcheng	140.0	13.2	88.2	15.9	9.3	3.9	14.6	6.2	62.6	2.9	10.7
固始县	Gushi	164.4	9.6	109.8	27.3	27.3	9.8	11.0	1.0	32.8	2.4	9.1
鹿邑县	Luyi	89.4	6.2	76.7	15.9	7.9	2.9	11.1	4.2	27.9	1.7	3.0
新蔡县	Xincai	138.3	4.8	60.0	14.1	5.9	5.8	11.1	4.0	44.0	5.3	7.0

11-24 各市农村居民家庭住房情况(2016年)

Housing Conditions of Rural Households by City (2016)

市(县) City(County)	拥有住房面积(平方米/人) Per Capita Floor Space of Owned Houses (sq.m/person)	拥有住房价值(元/平方米) Value of Owned Houses (yuan/sq.m)	实际住房按主要建筑材料分的户数占比重(%) #钢筋混凝土 Reinforced Concrete Structure	砖混材料 Brick Mixed Structure	砖瓦砖木 Brick Tile and Wood	竹草土坯 Bamboo Grass Adobe
省辖市 City						
郑州市 Zhengzhou	55.3	1148.9	31.1	65.2	3.8	
开封市 Kaifeng	51.2	755.3	14.2	69.2	16.4	
洛阳市 Luoyang	48.0	772.9	13.0	76.7	7.8	0.8
平顶山市 Pingdingshan	37.5	783.8	15.3	60.2	23.5	1.0
安阳市 Anyang	46.4	748.7	9.7	78.4	11.9	
鹤壁市 Hebi	42.7	814.6	6.1	72.9	20.6	
新乡市 Xinxiang	45.5	699.4	9.8	62.0	27.8	0.1
焦作市 Jiaozuo	46.1	855.8	12.0	63.5	24.1	
濮阳市 Puyang	36.0	611.8	3.4	46.0	50.4	0.2
许昌市 Xuchang	46.3	729.6	14.4	68.6	14.6	
漯河市 Luohe	45.6	534.1	17.2	72.8	9.5	0.5
三门峡市 Sanmenxia	42.3	667.3	9.7	67.8	17.7	4.9
南阳市 Nanyang	39.9	929.8	30.9	56.4	12.5	0.3
商丘市 Shangqiu	50.3	631.9	12.8	44.5	42.2	0.3
信阳市 Xinyang	40.1	1059.0	34.4	46.0	17.0	2.1
周口市 Zhoukou	40.3	680.0	12.3	50.5	36.8	0.4
驻马店市 Zhumadian	40.4	804.0	19.9	63.5	16.6	
济源市 Jiyuan	53.8	967.6	5.1	81.8	12.0	1.1
省直管县 County Directly Administrated by Province						
巩义市 Gongyi	43.8	1072.6	1.9	95.4	2.7	
兰考县 Lankao	46.0	645.5	5.7	45.7	48.6	
汝州市 Ruzhou	41.1	592.0	22.7	50.3	27.0	
滑县 Huaxian	42.2	905.0	11.0	68.0	21.0	
长垣县 Changyuan	39.4	893.5	11.3	43.2	45.5	
邓州市 Dengzhou	50.5	1020.6	72.8	21.1	6.1	
永城市 Yongcheng	48.6	587.0	7.4	45.4	45.5	1.6
固始县 Gushi	44.7	816.5	25.4	66.2	8.5	
鹿邑县 Luyi	40.5	869.0	17.0	22.0	59.0	2.0
新蔡县 Xincai	40.7	775.0	43.7	25.3	31.0	

注：拥有住房，包括出租的住房面积和价值，但不包括租住的面积。实际住房，包括租住的面积。
a) Owned houses include leasing housing area and value, but exclude the area of rental area.The actual housing including the rental area.

主要统计指标解释

期内常住人口数　指居住在一个住宅内，共同分享生活开支或收入的一群人。凡计算为家庭常住人口的成员其全部收支都包括在本家庭中。

户均就业人数　指家庭人口与就业人口之比。

可支配收入　指调查户在调查期内获得的、可用于最终消费支出和储蓄的综合，即调查户可以用来自由支配的收入。可支配收入既包括现金，也包括实物收入。按照收入的来源，可支配收入包含四项，分别为：工资性收入、经营净收入、财产净收入和转移净收入。计算公式为：

可支配收入=工资性收入+经营净收入+财产净收入+转移净收入

总支出　指全部家庭支出。包括消费支出、生产经营费用支出、财产性支出、转移性支出、部分商业保险支出、购置资产及非经常性转移支出、借贷性支出。

消费性支出　指用户用于满足家庭日常生活消费需要的全部支出，包括用于消费品的支出和用于服务性消费的支出。根据用途不同，消费支出可以划分为食品烟酒、衣着、居住、生活用品及服务、交通通讯、教育文化娱乐、医疗保健、其他用品及服务八大类。根据来源不同，消费支出可以划分为现金消费支出、实物消费支出（含自产自用、来自单位、来自政务和其他社会组织）。

收入分组方法　是将所有调查户分别按照全体居民、城镇居民、农村居民，将户人均可支配收入由低到高排队，按20%，20%，20%，20%，20%的比例依次分成：低收入户、中低收入户、中等收入户、中高收入户、高收入户等五组。

Explanatory Notes on Main Statistical Indicators

Number of Usual Population refers to members of households living and sharing living cost and income together. All the income and expenditure of all the members of such households are included in the income and expenditure of the household.

Number of Employee per Household refers to the ratio between number of persons in an urban household and the number of employed persons.

Disposal Income refers to the total income at the disposal of investigation residents which can be used for final consumption and savings in the investigation period. It includes income both in cash and in kind from four categories: income from wages and salaries, net income from household operations, net income from transfers and net income from properties. The following formula is used:

Disposal income = income from wages and salaries+ net income from household operations+ net income from transfers+ net income from properties

Total Expenditure refers to all expenditure of households. It includes consumption expenditure, production and operation expenditure, property expenditure, transfer expenditure, expenditure on commercial insurance, expenditure on purchase of assets and non regular transfer expenditure and expenditure on debit and credit.

Consumption Expenditure refers to total expenditure of households for consumption in daily life, including expenditure on consumer goods and on services. It is classified by usage into eight categories of food; clothing; housing; household appliances and services; health care and medical services; transport and communications; recreation, education and cultural services; and miscellaneous goods and services. It is classified by source of expenditure into expenditure in cash and reality consumption expenditure (including it from produce on their own, from the unit, from government and other social groups).

Methods of Income Group All households in the sample are grouped according to all the residents, urban residents and rural residents, by per capita disposal income of the household, into groups of low income, lower middle income, middle income, upper middle income and high income, each group consisting of 20%，20%，20%，20% and 20% of all households respectively.

城市概况

General Survey of Cities

12

◉ 资料整理：靳伟莉　王习涛　陈 琛

简要说明

一、主要内容

本篇反映河南省城市社会经济发展和城市建设的规模及综合水平的资料。城市公用事业概况主要包括：城市建设、供水、供气、供热、市政设施、公共交通、城市绿化、环境卫生等资料。

二、统计范围

包括全省所有设市城市在建成区范围内的城市规划管理、投资、建设或经营管理相关设施的单位。

三、资料来源

省辖市主要经济指标由河南省统计局地方经济社会调查队编辑整理。省辖市和县级市城市公用事业基本情况资料由省住房城乡建设厅和省交通厅提供，由河南省统计局社会与科技处和服务业统计处编辑整理。

Brief Introduction

I. Main Contents

Data in this chapter present the scale and the comprehensive level of Social economic development and urban construction of Henan provincial cities, main include supply of water, gas and heating; municipal infrastructure; public transportation; urban greenery; public transportation and environmental, sanitation.

II. Scope of Statistics

Data in this chapter cover all units under the jurisdiction of cities which are engaged in urban planning and management, investment, construction and operation of relevant facilities.

III. Sources of Data

Data on Districts are provided by Henan provincial survey organizations of social and economy. Data on basic conditions and overall level of urban public facilities in provincial and county city are collected by the Henan provincial bureau of Housing and Urban-Rural development. Data on this chapter are provided by Department of social and scientific and technological of Henan provincial bureau of statistics and Department of Service industry statistical of Henan provincial bureau of statistics.

12-1 城市社会经济主要指标

Major Social and Economic Indicators of Cities

本表价值量指标均按当年价格计算。
Value in this table are calculated at current prices.

指　标	Item	2015	2016
行政区域土地面积(万平方公里)	Total Area (10 000 sq.km)	1.59	1.96
城镇登记失业人员（万人）	Number of Registered Urban Unemployed Persons at the Year-end (10 000persons)	20.24	20.83
生产总值(亿元)	Gross Domestic Product (100 million yuan)	11843.16	12802.97
第一产业	Primary Industry	460.73	492.72
第二产业	Secondary Industry	5408.69	5424.79
第三产业	Tertiary Industry	5973.74	6884.72
一般公共预算收入(亿元)	Total Revenue of Local Governments (100 million yuan)	1641.84	1757.81
一般公共预算支出(亿元)	Total Expenditures of Local Governments (100 million yuan)	2450.13	2750.28
规模以上工业企业主营业务收入(亿元)	Enterprises above Designated Size Product Sales (100 million yuan)	20494.98	22037.55
利润总额(亿元)	Total Profits (100 million yuan)	813.07	839.61
限额以上批零贸易业商品销售总额(亿元)	Total Sales of Enterprise above Designated Size in Wholesale and Retail Sale Trades (100 million yuan)	8336.09	7510.94
当年实际使用外资金额(万美元)	Amount of Foreign Capital Actually Vtilized This Year (USD 10 000)	714156	853357
人民币住户存款余额(亿元)	Outstanding Amount of Savings Deposit in Urban and Rural Areas (year-end) (100 million yuan)	11577.45	13178.21
在校学生数(万人)	Student Enrollment (10 000 persons)		
#普通高等学校	Number of Regular Institutes of Higher Education	157.57	162.48
普通中学	Number of Regular Secondary Schools	140.95	153.61
小学	Number of Primary Schools	196.00	212.09
医院、卫生院个数(个)	Number of Hospitals (unit)	983	1041
医院、卫生院床位数(万张)	Number of Beds in Hospitals (10 000 beds)	19.21	20.22
医生(万人)	Number of Doctors (10 000 persons)	7.64	8.46

12-2 省辖市市区社会经济主要指标(2016年)

本表价值量指标均按当年价格计算。
Value in this table are calculated at current prices.

指标	Item	郑州 Zhengzhou	开封 Kaifeng	洛阳 Luoyang	平顶山 Pingdingshan	安阳 Anyang
年底(末)户籍人口(万人)	Total Population (year-end) (10 000 persons)	353.60	170.15	204.53	110.80	117.87
从业人员期末人数(城镇)(万人)	Number of Employed Persons (year-end) (10 000 persons)	143.81	31.68	40.75	30.88	18.63
在岗职工平均人数(万人)	Staff and Workers (10 000 persons)	133.10	26.92	38.10	29.66	17.49
行政区域土地面积(平方公里)	Total Administrative Area (sq.km)	1010	1596	879	443	534
#建成区面积	Area of Built-up Districts	457	129	216	73	82
生产总值(亿元)	Gross Domestic Product (100 million yuan)	3743.85	637.10	1488.51	510.96	553.19
#第二产业	Secondary Industry	1254.58	228.95	587.66	267.02	253.12
第三产业	Tertiary Industry	2478.27	337.88	882.12	237.04	291.91
一般公共预算收入(亿元)	General Public Budget Revenue of Local Government (100 million yuan)	774.26	62.09	181.28	64.16	63.24
一般公共预算支出(亿元)	General Public Budget Expenditure of Local Government (100 million yuan)	960.00	128.94	253.18	96.45	108.69
规模以上工业法人企业主营业务收入(亿元)	Principal Business Revenue of above Designated Size Industrial Enterprises (100 million yuan)	5638.56	867.45	2602.41	727.70	927.89
利润总额(亿元)	Total Profits (100 million yuan)	257.24	57.78	69.71	55.63	13.42
社会用电量(亿千瓦小时)	Electricity Consumption (100 million kwh)	373.90	58.68	174.99		151.51
#工业用电	Industrial Electricity Consumption	229.04	37.80	140.77		129.80
城乡居民生活用电	Residents Electricity Consumption	51.55		14.31		10.98
限额以上批零贸易业商品销售总额(亿元)	Revenue of above Designated Size Enterprises in Wholesale and Retail Sale Trades (100 million yuan)	2291.38	382.51	940.99	367.63	363.63
当年实际使用外资金额(万美元)	Foreign Capital Actually Utilized This Year (USD 10 000)	321436		147448	14388	27119
人民币住户存款余额(亿元)	Savings Deposit (100 million yuan)	4700.50	601.83	1347.53	618.36	528.00
在岗职工工资总额(亿元)	Total Wages of Staff and Workers (100 million yuan)	882.73	143.52	223.23	142.86	88.42
在校学生数(万人)	Student Enrollment (10 000 persons)					
普通高等学校	Number of Regular Institutes of Higher Education	64.93	9.12	13.26	5.79	7.83
中等职业学校	Number of Vocational Secondary Schools	20.65	2.87	6.84	3.07	2.15
普通中学	Number of Regular Secondary Schools	28.40	10.22	11.94	6.04	7.06
小学	Number of Primary Schools	34.60	14.62	16.95	9.71	12.27
医院、卫生院个数(个)	Number of Hospitals (unit)	175	69	95	75	41
医院、卫生院床位数(万张)	Number of Beds in Hospitals (10 000 beds)	5.84	0.96	2.24	0.94	0.89
医生(万人)	Number of Doctors (10 000 persons)	2.07	0.50	0.88	0.39	0.46

Major Social and Economic Indicators in Urban Area of Cities (2016)

鹤 壁 Hebi	新 乡 Xinxiang	焦 作 Jiaozuo	濮 阳 Puyang	许 昌 Xuchang	漯 河 Luohe	三门峡 Sanmenxia	南 阳 Nanyang	商 丘 Shangqiu	信 阳 Xinyang	周 口 Zhoukou	驻马店 Zhumadian
64.65	107.20	99.18	71.62	134.10	135.31	63.54	189.13	184.46	155.20	63.50	85.58
15.12	20.57	22.25	22.69	19.82	22.43	9.11	27.38	22.92	20.38	12.21	21.42
13.64	17.86	19.52	20.70	19.00	21.48	8.13	26.12	21.77	18.37	11.72	19.10
679	431	578	263	1099	1020	1927	2135	1697	3604	333	1365
64	118	113	59	108	67	49	150	63	94	70	80
369.40	720.11	473.56	387.27	660.04	647.63	385.01	716.65	430.05	536.15	211.18	332.31
233.98	314.14	208.73	181.28	365.51	407.54	172.03	264.54	184.15	243.29	104.70	153.58
123.29	397.56	258.17	186.98	268.08	187.87	187.25	401.75	176.09	222.18	97.72	150.55
40.45	70.84	61.62	43.34	67.28	58.53	40.04	72.34	42.14	48.07	24.68	43.44
69.30	110.96	92.69	77.06	108.67	115.65	79.55	152.54	123.40	110.37	77.50	85.35
874.76	1473.16	1021.95	784.27	1366.78	1912.10	627.93	665.23	724.96	857.67	420.01	544.70
11.33	84.45	31.63	-122.80	100.23	172.87	11.70	-29.93	22.89	40.61	38.91	23.94
35.06	27.68		57.99	36.94	36.68	44.75	62.10	82.92		13.44	39.55
26.74	27.68		40.68	21.25	20.25	31.55	31.88	60.07		6.99	25.97
3.07			9.19	8.54	8.11	3.17	15.58	11.24		2.71	5.36
110.10	429.31	234.66	139.19	280.91	304.86	152.38	503.90	384.20	291.81	158.81	174.68
60760	41986	21252	20802	26066	62706	47256	14881	12448	17485	10336	6988
215.74	549.31	427.40	450.36	513.21	421.40	281.73	788.52	538.39	556.23	254.56	385.14
59.74	92.35	96.79	106.91	97.26	92.85	47.07	135.99	101.89	85.04	69.81	86.11
1.38	14.89	6.17	1.12	3.83	3.08	1.40	7.74	8.53	6.77	4.23	2.40
1.97	3.37	3.20	2.00	1.37	2.39	1.00	4.09	2.37	1.68	2.59	2.33
4.89	6.91	5.59	9.60	6.64	8.16	3.34	14.23	10.86	8.64	4.36	6.73
5.82	9.98	6.92	9.21	9.70	10.82	3.94	23.97	15.37	13.00	5.91	9.30
30	45	60	33	68	58	32	93	49	61	34	23
0.37	1.04	0.87	0.80	0.70	0.84	0.55	1.64	0.73	0.69	0.49	0.63
0.19	0.48	0.36	0.35	0.32	0.43	0.24	0.68	0.34	0.29	0.26	0.23

12-3 城市建设基本情况

Basic Statistics on City Construction

指 标	Item	2005	2010	2013	2014	2015	2016
城市个数(个)	Number of Cities (unit)	38	38	38	38	38	38
城区面积(平方公里)	Urban Area (sq.km)		4101	4658	4663	4810	4822
建成区面积(平方公里)	Area of Built-up Districts (sq.km)	1572	2014	2289	2375	2503	2544
年底供水综合生产能力(万立方米/日)	General Production Capacity of Tap Water Supply (year-end) (10 000 cu.m/day)	1027	1010	1047	1084	1121	1180
全年供水总量(万立方米)	Total Annual Volume of Water Supply (10 000 cu.m)	183436	179122	188710	191001	196709	203936
#生活用水量	Consumption of Tap Water for Residential Use		76986	82258	87246	87545	96128
平均每人每天生活用水量(升)	Per Capita Daily Consumption of Tap Water for Residential Use (liter)	147.1	109.1	105.3	107.4	111.0	115.6
用水普及率(%)	Percentage of Population with Access to Tap Water (%)	91.9	91.0	92.2	93.0	93.1	93.4
公共交通标准运营车辆(标台)	Standard Public Vehicles Under Operation (Standard unit)	12514	18912	22790	25257	27355	29615
出租汽车数(辆)	Taxi (unit)			59966	60935	61555	61899
煤气家庭用量(万立方米)	Consumption of Coal Gas for Residential Use (10 000cu.m)	12735	15420	3374	2590	1553	440
天然气家庭用量(万立方米)	Consumption of Natural Gas for Residential Use (10 000cu.m)	18649	48243	94825	96766	109376	113076
液化石油气家庭用量(吨)	Consumption of Liquefied Petroleum Gas for Residential Use (ton)	198629	201931	190221	186581	179752	178357
燃气普及率(%)	Percentage of Population with Access to Gas (%)		73.4	82.0	83.8	86.0	88.9
集中供热面积(万平方米)	Heated Area (10 000 sq.m)	5361	10737	15151	18993	22375	26506
道路长度(千米)	Length of Roads (km)	7090	9413	11235	11627	12318	13042
道路面积(万平方米)	Area of Roads (10 000sq.m)	15653	21767	26843	28017	29915	31395
排水管道长度(千米)	Length of Sewage Pipelines (km)	10201	14733	18297	19348	20467	21376
建成区绿化覆盖面积(公顷)	Coverage Space of Green Areas Developed (hectare)	50822	73652	86076	90995	94345	100070
建成区绿化覆盖率(%)	Coverage Rate of Green Areas Developed (%)	32.3	36.5	37.6	38.3	37.7	39.3
公园个数(个)	Number of Parks (unit)	272	262	290	306	327	344
公园绿地面积(公顷)	Public Green Areas (hectare)		18361	22226	23834	25201	25429
人均公园绿地面积(平方米)	Per Capita Public Green Area (sq.m)		8.7	9.6	9.9	10.2	10.4
生活垃圾清运量(万吨)	Collection,Transport and Disposal of Consumption Wastes (10 000 tons)	754	694	805	833	892	915
生活垃圾无害化处理率(%)	Harmless Treatment Rate of Consumption Wastes (%)	58.1	82.5	90.0	92.8	96.0	98.7
城市污水排放量(亿吨)	Volume of Consumption Waste Water in Cities (100 million tons)		14.74	16.77	16.95	19.47	18.50
城市污水处理量(亿吨)	Processing Volume of Consumption Waste Water in Cities (100 million tons)		12.91	15.24	15.68	18.22	17.78
城市污水处理厂集中处理率(%)	Concentration Treatment Rate of Consumption Waste Water in Cities (%)			89.3	91.0	93.1	95.3

12-4 城市市政公用设施水平情况(2016年)

Statistics on Level of Public Facilities by City (2016)

市 City	人口密度(人/平方公里) Population Density (person/sq.km)	人均日生活用水量(升) Daily Water Consumption Per Capita (liter)	用水普及率(%) Water Coverage Rate (%)	燃气普及率(%) Gas Coverage Rate (%)	建成区供水管道密度(公里/平方公里) Built-up Areas Density of Water Pipes (km/sq.km)	人均城市道路面积(平方米) Road Surface Area Per Capita (sq.m)	建成区排水管道密度(公里/平方公里) Density of sewers in Built District (km/sq.km)	污水处理率(%) Wastewater Treatment Rate (%)
全 省 Total	**5056**	**116**	**93**	**89**	**9**	**13**	**8**	**96**
郑州市 Zhengzhou	14073	88	100	95	7	9	10	100
巩义市 Gongyi	9075	85	97	99	6	11	7	96
荥阳市 Xingyang	6189	129	94	96	10	23	13	95
新密市 Xinmi	2058	158	93	94	10	19	5	97
新郑市 Xinzheng	7580	161	70	93	12	16	7	90
登封市 Dengfeng	3482	86	82	54	6	17	9	90
开封市 Kaifeng	5469	124	93	97	11	16	8	94
洛阳市 Luoyang	7149	121	99	83	8	11	8	100
偃师市 Yanshi	8848	104	94	80	11	8	6	93
平顶山市 Pingdingshan	3654	120	98	94	17	14	7	100
舞钢市 Wugang	1807	117	98	85	9	20	13	95
汝州市 Ruzhou	2381	84	43	52	8	12	8	99
安阳市 Anyang	4778	172	100	99	10	15	12	98
林州市 Linzhou	5455	121	99	99	11	14	10	93
鹤壁市 Hebi	3620	120	97	95	9	16	7	92
新乡市 Xinxiang	5507	172	99	99	7	15	7	92
卫辉市 Weihui	3300	161	100	74	9	11	6	99
辉县市 Huixian	1898	148	93	86	19	13	12	90
焦作市 Jiaozuo	5600	117	99	95	10	16	8	95
沁阳市 Qinyang	4238	64	95	93	9	27	13	56
孟州市 Mengzhou	1347	91	98	92	14	21	17	94
濮阳市 Puyang	3715	187	98	98	8	14	10	93
许昌市 Xuchang	5661	124	98	90	7	12	6	91
禹州市 Yuzhou	8274	112	90	68	6	12	8	99
长葛市 Changge	2581	101	88	87	4	20	10	98
漯河市 Luohe	5491	130	88	75	7	16	8	98
三门峡市 Sanmenxia	6942	113	94	95	6	11	4	96
义马市 Yima	1579	71	90	90	5	17	4	93
灵宝市 Lingbao	6403	96	98	86	5	13	6	92
南阳市 Nanyang	2582	112	74	73	10	12	9	99
邓州市 Dengzhou	9208	64	88	84	18	14	13	89
商丘市 Shangqiu	9362	104	67	82	9	10	7	79
永城市 Yongcheng	5298	125	93	86	8	16	10	94
信阳市 Xinyang	2181	142	98	90	14	16	4	90
周口市 Zhoukou	3918	171	100	97	5	21	9	93
项城市 Xiangcheng	5027	104	99	72	9	12	11	89
驻马店市 Zhumadian	2562	133	94	95	7	25	9	97
济源市 Jiyuan	4103	122	100	98	8	19	8	97

12-4 续表 continued

市 City	人均公园绿地面积(平方米) Public Recreational Green Space Per Capita (sq.m)	建成区绿化覆盖率(%) Green Coverage Rate of Built-up District (%)	建成区绿地率(%) Green Space Rate of Built-up District (%)	生活垃圾无害化处理率(%) Consumption Wastes Harmless Treatment Rate (%)	建成区面积(平方公里) Built-up District Area (sq.km)
全省 Total	**10.4**	**39.3**	**34.7**	**98.7**	**2544**
郑州市 Zhengzhou	8.4	43.6	38.4	100.0	422
巩义市 Gongyi	14.9	40.6	36.8	100.0	32
荥阳市 Xingyang	11.0	37.9	33.7	100.0	23
新密市 Xinmi	12.7	32.6	27.1	100.0	26
新郑市 Xinzheng	12.3	35.8	31.0	100.0	33
登封市 Dengfeng	11.3	40.0	35.6	91.3	24
开封市 Kaifeng	9.3	32.2	29.8	100.0	130
洛阳市 Luoyang	10.5	39.7	35.2	95.4	216
偃师市 Yanshi	9.0	36.0	33.1	100.0	20
平顶山市 Pingdingshan	10.3	40.8	34.4	100.0	73
舞钢市 Wugang	12.3	41.0	36.7	99.8	16
汝州市 Ruzhou	14.7	36.0	31.4	100.0	37
安阳市 Anyang	11.0	40.6	34.9	100.0	82
林州市 Linzhou	10.9	38.6	34.4	100.0	24
鹤壁市 Hebi	14.6	39.6	35.4	100.0	64
新乡市 Xinxiang	11.0	40.0	37.1	100.0	118
卫辉市 Weihui	8.3	36.1	31.0	100.0	21
辉县市 Huixian	7.1	35.4	31.2	98.6	22
焦作市 Jiaozuo	13.2	40.0	34.7	97.5	113
沁阳市 Qinyang	8.2	24.7	16.8	100.0	20
孟州市 Mengzhou	10.8	38.4	33.7	92.2	16
濮阳市 Puyang	14.3	39.0	34.4	99.8	59
许昌市 Xuchang	12.8	40.0	35.5	100.0	95
禹州市 Yuzhou	9.7	37.4	32.6	100.0	46
长葛市 Changge	14.5	33.7	27.5	91.7	26
漯河市 Luohe	14.9	36.2	31.0	100.0	67
三门峡市 Sanmenxia	12.0	39.8	34.9	96.7	56
义马市 Yima	11.1	33.0	27.4	83.8	18
灵宝市 Lingbao	10.6	35.0	30.2	100.0	23
南阳市 Nanyang	8.0	37.2	33.1	96.5	150
邓州市 Dengzhou	7.7	36.1	35.4	92.7	33
商丘市 Shangqiu	7.3	41.9	37.4	100.0	63
永城市 Yongcheng	13.4	40.3	35.4	96.1	44
信阳市 Xinyang	14.1	42.5	37.0	100.0	94
周口市 Zhoukou	13.6	38.2	33.2	99.3	70
项城市 Xiangcheng	11.3	39.5	36.4	100.0	33
驻马店市 Zhumadian	11.2	40.4	34.5	95.5	80
济源市 Jiyuan	12.0	40.1	36.4	100.0	55

12-5 城市供、排水情况(2016年)

Basic Statistics on Tap Water Supply and Drainage in Cities (2016)

市 City	综合生产能力(万立方米/日) Production Capacity of Tap Water Supply (10 000 cu.m/day)	供水管道长度(公里) Length of Water Supply Pipelines (km)	供水总量(万立方米) Total Volume of Water Supply (10 000 cu.m)	生产运营用水 Water for Production and Oporation	公共服务用水 Water for Public Service	居民家庭用水 Water for use	用水人口(万人) Number of Residents with Access to Tap Water (10000person)	污水排放量(万立方米) Volume of Sewage Drainage (10 000 cu.m)
全　省 Total	**1180**	**22234**	**203936**	**61084**	**16760**	**78649**	**2278.0**	**185413**
郑州市 Zhengzhou	191	2997	37260	1276	649	18192	596.5	35397
巩义市 Gongyi	12	176	1796	389	345	614	31.8	1269
荥阳市 Xingyang	4	227	1304	501	126	571	14.8	1230
新密市 Xinmi	11	253	1331	185	293	572	15.0	1296
新郑市 Xinzheng	16	406	1390	167	251	799	18.1	1250
登封市 Dengfeng	4	142	1042	292	240	286	16.7	910
开封市 Kaifeng	64	1452	11775	4453	986	3471	98.1	10309
洛阳市 Luoyang	86	1725	16365	4146	3093	7174	233.4	16339
偃师市 Yanshi	8	207	1061	213	58	601	17.4	944
平顶山市 Pingdingshan	61	1217	10583	4546	274	3804	93.0	10516
舞钢市 Wugang	14	142	1488	887	84	428	12.0	1090
汝州市 Ruzhou	9	284	1096	510	112	320	14.0	1094
安阳市 Anyang	86	800	10225	4099	1128	3466	73.1	7318
林州市 Linzhou	6	264	1336	104	105	801	20.5	998
鹤壁市 Hebi	28	551	4370	1771	27	1967	45.6	3473
新乡市 Xinxiang	62	866	14803	7249	980	3816	76.5	10802
卫辉市 Weihui	6	185	1917	807	224	651	14.9	1768
辉县市 Huixian	15	414	2161	776	412	692	20.5	2078
焦作市 Jiaozuo	53	1094	8272	3303	594	2708	77.8	11019
沁阳市 Qinyang	8	172	606	132	59	259	13.7	424
孟州市 Mengzhou	7	219	1067	459	213	286	15.0	936
濮阳市 Puyang	52	447	7413	2770	565	3256	56.0	5540
许昌市 Xuchang	39	633	5374	1816	414	2021	53.9	5313
禹州市 Yuzhou	14	291	2246	430	82	1521	39.1	2216
长葛市 Changge	16	93	1579	455	186	451	17.2	1570
漯河市 Luohe	34	473	8308	4368	755	1496	51.7	8219
三门峡市 Sanmenxia	19	344	3104	702	126	1836	47.4	2382
义马市 Yima	15	85	1556	1021	44	366	15.9	1089
灵宝市 Lingbao	8	122	2156	1345	141	497	18.2	1682
南阳市 Nanyang	73	1482	9594	2706	2056	2807	122.1	9256
邓州市 Dengzhou	13	608	1413	390	183	568	32.3	990
商丘市 Shangqiu	37	566	4335	949	138	2318	64.7	4300
永城市 Yongcheng	14	334	3268	1163	296	1522	40.0	2306
信阳市 Xinyang	27	1313	4388	933	362	2513	55.6	3949
周口市 Zhoukou	29	360	4646	571	615	1825	39.2	4411
项城市 Xiangcheng	9	313	3040	1481	127	1008	30.0	2379
驻马店市 Zhumadian	23	524	6674	2060	205	1948	44.4	5873
济源市 Jiyuan	11	454	3596	1661	213	1216	32.0	3478

12-6 城市天然气、石油液化气供应情况(2016年)

Basic Statistics on Supply of Natural Gas and Liquefied Gas in Cities (2016)

市 City	天然气 Natural Gas					液化气 Liquefied Gas		
	供气管道长度(公里) Length of Gas Supply Pipelines (km)	供气总量合计(万立方米) Volume of Gas Supply (10 000 cu.m)	#居民家庭	用气人口(万人) Population with Access to Gas (10 000person)	天然气汽车加气站(座) Natural Gas Station (unite)	供气总量合计(吨) Volume of Gas Supply (ton)	#居民家庭	用气人口(万人) Population with Access to Gas (10 000person)
全省 Total	**21182.71**	**366133**	**113076**	**1652.33**	**141**	**215099**	**178357**	**512.61**
郑州市 Zhengzhou	5885.92	112864	33813	477.53	14	60734	42181	86.17
巩义市 Gongyi	143.27	4941	662	25.90		4938	2500	6.52
荥阳市 Xingyang	191.21	1414	722	10.20	1	2251	1795	4.90
新密市 Xinmi	286.51	2917	1293	12.58	2	696	690	2.50
新郑市 Xinzheng	228.54	4427	1535	18.00	3	2280	1586	6.30
登封市 Dengfeng	115.82	3027	188	7.10	4	1354	1110	4.00
开封市 Kaifeng	1418.71	14042	3714	78.96	17	13520	12200	22.70
洛阳市 Luoyang	345.03	24518	3962	167.30	11	18865	17170	29.90
偃师市 Yanshi	33.76	1389	1272	10.46	1	1127	1123	4.40
平顶山市 Pingdingshan	405.89	9855	3298	89.00	10			
舞钢市 Wugang	63.90	912	540	10.50	2			
汝州市 Ruzhou	332.00	744	286	14.00		2647	680	2.88
安阳市 Anyang	1758.00	30598	5620	62.36	3	6255	2950	6.50
林州市 Linzhou	568.37	2659	2210	17.91	3	1147	1135	2.71
鹤壁市 Hebi	370.43	4193	2304	40.60	2	1436	1436	4.30
新乡市 Xinxiang	1318.65	15630	9263	73.99	8	800	800	2.00
卫辉市 Weihui	85.41	1172	720	7.53	2	962	959	3.40
辉县市 Huixian	195.06	4380	1399	10.05	3	2997	2987	9.01
焦作市 Jiaozuo	1524.50	19093	6626	74.48				
沁阳市 Qinyang	319.30	1740	400	5.23		2015	2015	8.17
孟州市 Mengzhou	171.50	1313	1310	14.00		7090	7060	18.20
濮阳市 Puyang	395.32	6659	4507	56.00		5390	5377	19.04
许昌市 Xuchang	231.63	6306	3420	31.30	4	5520	4500	10.50
禹州市 Yuzhou	149.85	5961	1566	10.30	2	8510	8510	23.60
长葛市 Changge	82.02	10148	405	6.50	2	3639	3317	21.25
漯河市 Luohe	326.60	2473	1539	20.40	3	2593	2577	4.96
三门峡市 Sanmenxia	218.26	11922	558	26.80	3			
义马市 Yima	92.00	549	373	10.92				
灵宝市 Lingbao	95.00	244	242	9.17		1390	1250	6.72
南阳市 Nanyang	453.15	8826	3865	72.10	12	14667	14615	49.01
邓州市 Dengzhou	40.80	344	209	3.95	4	4523	4390	27.00
商丘市 Shangqiu	721.89	10404	2474	31.70	5	14041	12010	47.30
永城市 Yongcheng	257.00	1717	649	18.16	4	4192	3890	18.96
信阳市 Xinyang	633.77	11118	4282	31.11	8	9180	7218	20.07
周口市 Zhoukou	495.29	8195	1366	21.83	4	4200	4200	16.18
项城市 Xiangcheng	240.35	1301	746	11.68	1	2305	2300	10.00
驻马店市 Zhumadian	633.00	6389	3205	31.91		3570	3560	13.17
济源市 Jiyuan	355.00	11749	2534	30.82	3	266	266	0.29

12-7 城市道路、园林和绿化情况(2016年)

Basic Statistics on Road, Botanical Garden and Green Coverage Area in Cities (2016)

市 City	道路长度(公里) Length of Road (km)	道路面积(万平方米) Road Area (10000sq.m)	道路照明灯盏数(盏) Number of Road Lamp (unit)	安装路灯的道路长度(公里) Length of Road Installed with Lamps (km)	绿化覆盖面积(公顷) Green Coverage Area (hectare)	#建成区 Built-up Areas	园林绿地面积(公顷) Botanical Garden Areas (hectare)	公园绿地面积(公顷) Public Green Areas (hectare)	公园个数(个) Number of Parks (unit)
全　　省 Total	**13042.05**	**31395**	**896115**	**10381**	**108676**	**100070**	**95410**	**25429**	**344**
郑　州　市 Zhengzhou	1931.76	5125	97020	1786	20638	18432	17628	5027	94
巩　义　市 Gongyi	118.98	352	16404	95	1317	1280	1194	487	2
荥　阳　市 Xingyang	155.50	356	9861	138	890	889	791	172	3
新　密　市 Xinmi	113.00	308	12886	112	838	834	701	204	2
新　郑　市 Xinzheng	128.26	410	8718	117	1188	1187	1040	319	9
登　封　市 Dengfeng	169.51	357	14540	131	965	940	847	232	9
开　封　市 Kaifeng	631.85	1720	38806	481	5171	4186	4587	978	14
洛　阳　市 Luoyang	824.75	2495	76555	663	8598	8590	7627	2477	14
偃　师　市 Yanshi	93.31	157	11600	93	707	702	658	167	4
平顶山市 Pingdingshan	346.70	1283	45946	314	3226	2991	2691	981	14
舞　钢　市 Wugang	126.23	246	3296	70	713	672	630	151	2
汝　州　市 Ruzhou	165.74	402	8466	146	1335	1326	1156	479	11
安　阳　市 Anyang	477.09	1090	31145	475	3380	3331	2867	806	11
林　州　市 Linzhou	158.92	295	22084	158	950	910	851	226	2
鹤　壁　市 Hebi	336.08	760	19696	323	2542	2541	2280	688	9
新　乡　市 Xinxiang	477.31	1149	30836	436	4733	4732	4391	848	16
卫　辉　市 Weihui	87.14	169	7821	71	777	775	667	123	1
辉　县　市 Huixian	127.35	285	8966	91	785	775	692	157	5
焦　作　市 Jiaozuo	487.40	1264	23119	417	4537	4537	3936	1035	13
沁　阳　市 Qinyang	177.89	384	8254	108	489	484	330	118	3
孟　州　市 Mengzhou	97.30	325	14566	94	616	614	542	166	2
濮　阳　市 Puyang	325.05	816	25871	324	2396	2304	2234	817	9
许　昌　市 Xuchang	346.10	685	38550	337	3805	3800	3480	705	6
禹　州　市 Yuzhou	298.51	509	24086	143	1791	1706	1570	418	3
长　葛　市 Changge	177.47	381	10149	154	887	877	732	283	3
漯　河　市 Luohe	376.75	909	24777	322	2550	2426	2078	873	13
三门峡市 Sanmenxia	291.19	581	29117	271	2239	2229	1964	610	7
义　马　市 Yima	135.90	292	4022	57	615	585	504	197	4
灵　宝　市 Lingbao	85.00	245	5246	84	806	806	710	196	1
南　阳　市 Nanyang	1427.71	2021	33397	464	7937	5582	7120	1329	10
邓　州　市 Dengzhou	211.80	527	19704	155	1529	1190	1350	285	3
商　丘　市 Shangqiu	400.63	944	35436	336	2665	2642	2371	707	9
永　城　市 Yongcheng	268.55	682	11728	239	1865	1765	1631	578	9
信　阳　市 Xinyang	421.02	893	28565	421	5277	3991	4666	800	6
周　口　市 Zhoukou	252.71	825	35251	249	3030	2683	2832	531	6
项　城　市 Xiangcheng	175.79	364	5472	120	1323	1303	1203	341	3
驻马店市 Zhumadian	374.99	1185	24195	152	3259	3248	2825	532	4
济　源　市 Jiyuan	240.81	603	29964	235	2306	2206	2035	385	8

12-8 城市市容环境卫生情况(2016年)
Basic Statistics on Urban Sanitation in Cities (2016)

市 City	排水管道长度(公里) Length of Drainage Pipelines (km)	污水处理总量(万立方米) Volume of Sewage Treatment (10 000 cu.m)	道路清扫保洁面积(万平方米) Road Area Under Cleaning Program (10 000 sq.m)	生活垃圾 Living Garbage 清运量(万吨) Volume of Disposal (10 000 tons)	无害化处理量(万吨) Volume of Harmless Treatment (10 000 tons)	公共厕所(座) Number of Public Lavatories (unit)	市容环卫专用车辆设备总数(辆) Number of Special Vehicles for Enviromental Sanitation (unit)
全 省 Total	**21376**	**177826**	**32248**	**915.41**	**903.91**	**7932**	**8448**
郑 州 市 Zhengzhou	4065	35333	5125	223.08	223.08	966	2846
巩 义 市 Gongyi	225	1214	355	10.07	10.07	39	43
荥 阳 市 Xingyang	305	1170	471	9.15	9.15	52	65
新 密 市 Xinmi	126	1256	342	10.90	10.90	58	106
新 郑 市 Xinzheng	231	1125	413	8.70	8.70	125	205
登 封 市 Dengfeng	221	816	375	8.40	7.67	51	19
开 封 市 Kaifeng	1002	9639	1925	30.70	30.70	971	356
洛 阳 市 Luoyang	1697	16330	2928	69.24	66.07	598	371
偃 师 市 Yanshi	114	874	220	7.80	7.80	35	23
平 顶 山 市 Pingdingshan	548	10510	1283	29.57	29.57	400	141
舞 钢 市 Wugang	214	1040	149	5.31	5.30	76	48
汝 州 市 Ruzhou	291	1083	551	12.60	12.60	55	76
安 阳 市 Anyang	949	7152	1090	42.08	42.08	415	341
林 州 市 Linzhou	236	924	424	10.57	10.57	49	48
鹤 壁 市 Hebi	433	3212	875	17.89	17.89	83	49
新 乡 市 Xinxiang	864	9938	1710	44.10	44.10	281	120
卫 辉 市 Weihui	135	1748	253	7.95	7.95	23	25
辉 县 市 Huixian	252	1870	188	7.77	7.66	46	39
焦 作 市 Jiaozuo	912	10468	1561	28.41	27.70	172	201
沁 阳 市 Qinyang	247	238	374	5.94	5.94	40	24
孟 州 市 Mengzhou	270	882	296	4.90	4.52	17	18
濮 阳 市 Puyang	581	5158	816	25.60	25.55	141	176
许 昌 市 Xuchang	562	4810	550	21.98	21.98	261	119
禹 州 市 Yuzhou	345	2197	549	12.78	12.78	56	86
长 葛 市 Changge	257	1540	185	7.14	6.55	29	50
漯 河 市 Luohe	532	8021	752	23.00	23.00	353	108
三 门 峡 市 Sanmenxia	231	2282	411	15.96	15.44	165	82
义 马 市 Yima	64	1016	228	5.61	4.70	30	29
灵 宝 市 Lingbao	140	1550	245	8.23	8.23	61	20
南 阳 市 Nanyang	1424	9152	2249	49.56	47.82	670	519
邓 州 市 Dengzhou	422	885	550	13.60	12.60	110	96
商 丘 市 Shangqiu	464	3388	887	30.12	30.12	303	1212
永 城 市 Yongcheng	452	2176	650	15.30	14.71	116	53
信 阳 市 Xinyang	352	3557	671	25.35	25.35	366	142
周 口 市 Zhoukou	636	4112	618	17.00	16.88	123	67
项 城 市 Xiangcheng	379	2106	510	10.59	10.59	58	32
驻 马 店 市 Zhumadian	737	5677	907	19.16	18.29	427	405
济 源 市 Jiyuan	461	3377	562	19.30	19.30	111	88

主要统计指标解释

城区面积 包括：市本级（1）街道办事处所辖地域；（2）城市公共设施、居住设施和市政公用设施等连接到的其他镇（乡）地域；（3）常住人口在3000人以上独立的工矿区、开发区、科研单位、大专院校等特殊区域。

建成区面积 城市行政区内实际已成片开发建设、市政公用设施和公共设施基本具备的区域。对核心城市，它包括集中连片的部分以及分散的若干个已经成片建设起来，市政公用设施和公共设施基本具备的地区；对一城多镇来说，它包括由几个连片开发建设起来的，市政公用设施和公共设施基本具备的地区组成。因此建成区范围，一般是指建成区外轮廓线所能包括的地区，也就是这个城市实际建设用地所达到的范围。

供水总量 指报告期供水企业（单位）供出的全部水量。包括有效供水量和漏损水量。

有效供水量指水厂将水供出厂外后，各类用户实际使用到的水量。包括售水量和免费供水量。

城市燃气 指符合《城镇燃气设计规范》的规定，供城市生产和生活作燃料使用的天然气、人工煤气和液化石油气等气体能源的统称。

供气总量 指报告期燃气企业（单位）向用户供应的燃气数量。包括销售量和损失量

集中供热面积 指从一个或多个热源通过热网向城市的热用户供给生产和生活热能，供热企业（单位）向城市各类房屋建筑物、构筑物及其附属设施供热的全部建筑面积。

道路长度 指道路长度和与道路相通的桥梁、隧道的长度，按车行道中心线计算。

道路面积 指道路实际铺装面积和与道路相通的广场、桥梁、隧道的铺装面积（统计时，将人行道面积单独统计）。

人行道面积按道路两侧面积相加计算，包括步行街和广场，不含人车混行的道路。

排水管道长度 指所有排水总管、干管、支管、检查井及连接井进出口等长度之和。计算时应按单管计算，即在同一条街道上如有两条或两条以上并排的排水管道时，应按每条排水管道的长度相加计算。

污水排放总量 指生活污水、工业废水的排放总量，包括从排水管道和排水沟（渠）排出的污水量。

污水处理量 指污水处理厂（或污水处理装置）实际处理的污水量。包括物理处理量、生物处理量和化学处理量。

其中处理本市（县）外，指污水处理厂作为区域设施，不仅处理本市（县）的污水，还处理本市（县）以外其他市、县或乡镇等的污水。这部分污水处理量单独统计，并在计算本市（县）的污水处理率时扣除。

公园绿地面积 城市中向公众开放的、以游憩为主要功能，有一定的游憩设施和服务设施，同时兼有健全生态、美化景观、防灾减灾等综合作用的绿化用地。它是城市建设用地、城市绿地系统和城市市政公用设施的重要组成部分。

生活垃圾清运量 指报告期内收集和运送到各生活垃圾处理厂(场)和生活垃圾最终消纳点的生活垃圾数量。生活垃圾指城市日常生活或为城市日常生活提供服务的活动中产生的固体废物以及法律行政规定的视为城市生活垃圾的固体废物。包括：居民生活垃圾、商业垃圾、集市贸易市场垃圾、街道清扫垃圾、公共场所垃圾和机关、学校、厂矿等单位的生活垃圾。

生活垃圾处理量 指报告期内简易处理场和各种生活垃圾无害化处理场（厂）处理生活垃圾总量。生活垃圾简易处理量指生活垃圾简易处理场所处理的生活垃圾总量。生活垃圾无害化处理量指生活垃圾无害化处理场（厂）所处理的生活垃圾总量。

Explanatory Notes on Main Statistical Indicators

City Area include three parts:(1), area under the jurisdiction of the street agency;(2), urban public facilities, residential facilities and municipal public facilities connected to other towns area, (3) Independent industrial and mining district, development area, scientific research units, colleges and other special areas with over 3000 resident population.

Area of Built Districts refers to the Urban area that already development and construction and have public facilities. Core cities include focused even dispersion of parts, as well as several have film build up, the urban areas of basic public infrastructure and public facilities; on more than one city, town, it included several continuous development and construction, municipal and public facilities and public areas with basic facilities. Scope of the built-up area, generally refer to the built-up areas can include outer contour line, which is achieved by the actual construction of the city's range.

Volume of Water Supply refers to the total volume of water supplied by water-works (units) during the reference period, including both the effective water supply and loss during the water supply.

Available water supply refers to all kinds of users actually use water volume after water plant form water factory. Includes water sale and free water.

City gas refers to supply to urban for production and daily life, such as natural gas, manufactured gas and LPG gas energy collectively.

Volume of gas supply refers to Volume of gas supply for household by gas enterprises in reference period. Including sales and the amount of loss.

Central heating Area refers to supply to user Production and life heat energy us heat net from one or more Means from one or more sources of heat, all heat area of urban housing buildings, structures and their ancillary equipment by Heating enterprise (units).

Road length refers to the length of roads with paved surface including bridges and tunnels connected with roads. Length of the roads is measured by the central lines for vehicles for paved roads.

Road area refers to actual pavement area and with a road paving of squares, bridges, tunnels area (statistics, sidewalk area separate statistics). The sidewalk area are calculated on add of both sides area, including walking Street and square, does not contain mixed line of road vehicles and pedestrians.

Length of Urban Sewage Pipes refers to the total length of general drainage, trunks, branch and inspection wells, connection wells, inlets and outlets, etc. if there are two or more than two side-by-side in a street pipes, length of pipes should be Calculated by adding length.

Volume of waste water discharge refers to Sewage and industrial waste water, include sewer and drain (drainage) discharge of waste water.

Treatment capacity Sewage treatment plant (or sewage treatment plant) the actual amount of sewage treatment. Including physical treatment, biological treatment and chemical treatment. Which deal with the city (County), sewage treatment plants as a regional facility, not only dealing with the city (County) of sewage, also deals with the city (County), such as cities, counties or towns other than water. This portion of the amount of sewage to individual statistics and in the calculation of the city (County) when the sewage treatment rate of deduction.

Park Green Area refers to green areas open to the public for amusement and rest with the facilities of amusement, rest and services. Its function includes perfecting ecology, beautifying landscape, and preventing and reducing disaster. Park green areas include comprehensive park, community park, topic park, belt-shaped park and green area nearby street. Total areas of comprehensive park, topic park and belt-shaped is the area of park.

Consumption Wastes Transported refers to volume of consumption wastes collected and transported to disposal factories or sites. Consumption wastes are solid wastes produced from urban households or from service activities for urban households, and solid wastes regarded by laws and regulations as urban consumption wastes, including those from households, commercial activities, markets, cleaning of streets, public sites, offices, schools, factories, mining units and other sources.

Volume of consumption Wastes treatment refers to Volume of consumption Wastes Simple processing and consumption wastes treated in the reporting period.

农业
Agriculture

13

◎ 资料整理：韩爱桃　郑 洁　贾世云　刘露霞　王庆先

简要说明

一、主要内容

本篇包括我省农业生产和农村经济的基本情况，内容主要包括农村劳动力、耕地、农业机械拥有量、农林牧渔业增加值、农作物播种面积、主要农产品及畜禽产品产量、水利设施与除涝治碱、农村居民家庭拥有生产性固定资产等方面的统计资料。

二、统计范围

统计范围包括农村各种经济组织和农户经营的农林牧渔业生产活动；各种专业性农、林、牧、渔场的农业生产活动；国家各级机关、团体、学校、部队进行的农业生产活动；集体所有制的乡、镇、村办农场的农业生产活动；以及工矿企业经营的农、林、牧、渔业生产活动。

2006年农林牧渔业增加值及农业、牧业生产情况已与第二次农业普查数据进行了衔接。2010年以后的农业、林业增加值数据是按照国家统计局制定的新《统计用产品分类目录》进行了调整。

三、资料来源

全省农作物播种面积及产量、畜牧业生产情况由河南省统计局农业处和国家统计局河南调查总队编辑整理。农村基本情况、农林牧渔业增加值、市级农作物播种面积及产量、市级畜牧业生产情况等由河南省统计局农业处编辑整理。林业生产情况、渔业生产情况、耕地面积、灌溉、水库和除涝、治水、治碱资料，农业机械拥有情况及农机化作业情况、农村基层组织情况等由河南省统计局农业处根据河南省林业厅、河南省农业厅水产局、河南省国土资源厅、河南省水利厅、河南省农业机械化管理局、河南省民政厅等部门提供的资料整理编辑。市级粮食产量数据由河南省地方调查队编辑整理。

Brief Introduction

I. Main Contents

The data in this chapter show the basic conditions of agricultural production and rural economy, including mainly cultivated number of rural employed persons, land, quantity of agricultural machinery, value-added of agriculture, forestry, animal husbandry and fishery, sown areas of farm crops, output of major products and livestock, facilities of water conservancy and efforts to eliminate water-logging and combat alkalinity, productive fixed assets owned by rural households.

II. Scope of Statistics

Statistics on agriculture cover in agriculture statistics are production activities in agriculture, forestry, animal husbandry and fishery undertaken by rural economic units of various types and by rural households; production activities of farms specializing in agriculture, forestry, animal husbandry and fishery; production activities in agriculture undertaken by government agencies, institutions, schools and military units; production activities in agriculture undertaken by collective farms run by townships and villages; and production activities in agriculture, forestry, animal husbandry and fishery undertaken by manufacturing and mining enterprises.

Data on value-added of agriculture, forestry, animal husbandry and fishery and production of agriculture and animal husbandry in 2006 have been reflected basis on the second agricultural census. Data on value-added of agriculture and forestry since 2010 are adjusted according to the new classified catalogue of statistics product which formulated by NBS.

III. Sources of Data

Data on provincial sown areas, output of farm crops and livestock production are provided by Department of agricultural of the Henan provincial Bureau of Statistics and Department of Henan Survey organizations, NBS. Data on rural basic situation, value-added of agriculture, forestry, animal husbandry and fishery, municipal sown areas, output of farm crops and livestock production are provided by Department of agricultural of the Henan provincial Bureau of Statistics. Data on forestry, fishery, sown areas, irrigation and reservoirs, data on efforts to eliminate water-logging, to prevent floods by water control and to combat alkalinity, agricultural machinery, agricultural mechanization conditions and rural grassroots units are calculated by Henan province Bureau of statistics according to Henan provincial Bureau of forestry, Henan province agriculture department of administration, Henan provincial Bureau of Land and Resources, Henan provincial Bureau of water, Henan province administration of agricultural mechanization and Henan provincial Bureau of Civil affairs. Data on municipal output of farm crops come from Henan provincial survey organizations.

13-1 农村基本情况(年底数)

Basic Statistics on Rural Areas (Year-end)

指标	Item	2000	2005	2010	2012	2013	2014	2015	2016
农村基层组织(个)	**Rural Grassroots Units (unit)**								
乡镇	Number of Township and Town Governments	2129	1907	1878	1841	1840	1821	1808	1802
#镇	Number of Town Governments	844	841	949	1014	1085	1103	1105	1120
村民委员会	Number of Villagers' Committees	48206	48064	47311	47140	46997	46938	46115	46831
农村基础设施（个）	**Social Basic Facilities In Rural Areas(unit)**								
自来水受益村数	Number of Villages with Access to Tap Water	13252	17369	26329	29882	31284	33797	36528	38098
通有线电视村数	Number of Villages with Access to Cable TV						43194	43591	44001
通宽带村数	Number of Vllages with Broadband						45764	46079	46252
乡村劳动力和从业人员	**Number of Rural Labor Force and Employed Persons**								
乡村户数(万户)	Number of Rural Households (10 000 households)	1972	2026	2061	2066	2049	2037	2046	2089
乡村劳动力资源数(万人)	Number of Rural Laborer Resource (10 000 persons)	5069	5167	5338	5367	5334	5309	5307	5356
#男	Male				2854	2833	2824	2825	2871
女	Female				2512	2502	2485	2482	2486
乡村从业人员(万人)	Number of Rural Employed Persons (10 000 persons)	4712	4752	4915	4905	4851	4807	4798	4803
#男	Male	2493	2517	2630	2624	2591	2570	2567	2591
女	Female	2220	2235	2285	2281	2261	2237	2231	2212
#农业	Agriculture	3559	3128	2698	2611	2541	2621	2553	2545

注：乡镇个数、镇个数、村民委员会个数为民政部门数据。
a) Number of township and town governments,villagers' committees are taken from civil affairs bureau.

13-2 各市农村基本情况(2016年底)

Basic Statistics of Rural Areas by City (End of 2016)

市(县) City(County)	乡村户数 (万户) Number of Rural Households (10 000 households)	乡村劳动力资源数 (万人) Number of Rural Laborer Resource (10 000 persons)	男 Male	女 Female	乡村从业人员 (万人) Number of Rural Employed Persons (10 000 persons)	男 Male	女 Female	#农业 Agriculture
省辖市 City								
郑州市 Zhengzhou	108.31	270.51	146.59	123.92	236.93	129.05	107.88	91.75
开封市 Kaifeng	101.01	272.17	143.83	128.34	243.96	129.62	114.34	133.17
洛阳市 Luoyang	128.13	327.49	174.25	153.24	288.69	155.33	133.35	148.49
平顶山市 Pingdingshan	105.59	271.34	144.98	126.36	244.26	132.01	112.26	155.02
安阳市 Anyang	124.95	308.26	165.76	142.50	277.75	152.02	125.73	127.98
鹤壁市 Hebi	28.88	74.82	41.33	33.50	60.40	34.24	26.15	30.68
新乡市 Xinxiang	111.43	279.52	150.02	129.50	247.73	134.71	113.03	120.66
焦作市 Jiaozuo	66.29	166.94	88.74	78.20	148.23	79.05	69.18	71.34
濮阳市 Puyang	76.32	200.32	109.22	91.11	174.55	98.53	76.02	102.48
许昌市 Xuchang	83.83	224.01	119.31	104.70	202.91	107.12	95.79	117.47
漯河市 Luohe	54.78	143.38	76.26	67.12	129.43	68.78	60.66	76.29
三门峡市 Sanmenxia	45.10	105.73	56.36	49.37	93.85	50.50	43.35	62.30
南阳市 Nanyang	245.84	630.17	340.85	289.32	559.24	306.17	253.07	327.44
商丘市 Shangqiu	197.82	477.26	261.82	215.44	441.39	241.33	200.06	217.98
信阳市 Xinyang	188.41	453.14	246.69	206.45	405.66	217.17	188.49	220.49
周口市 Zhoukou	229.84	597.54	313.56	283.98	553.12	294.53	258.59	298.96
驻马店市 Zhumadian	180.50	522.35	274.45	247.90	468.04	246.42	221.62	227.64
济源市 Jiyuan	12.46	31.23	16.60	14.63	26.37	14.04	12.32	14.70
省直管县 County Directly Administrated by Province								
巩义市 Gongyi	16.27	36.47	20.52	15.95	33.39	18.74	14.65	11.48
兰考县 Lankao	16.95	49.84	26.16	23.68	46.45	24.49	21.96	18.69
汝州市 Ruzhou	23.27	60.93	31.95	28.97	54.14	28.74	25.40	32.94
滑县 Huaxian	33.09	75.85	38.11	37.74	68.41	35.17	33.25	32.93
长垣县 Changyuan	14.73	36.83	20.68	16.16	33.10	18.86	14.24	8.70
邓州市 Dengzhou	37.09	98.72	53.00	45.72	80.68	43.72	36.97	54.33
永城市 Yongcheng	34.71	81.99	53.29	28.70	76.29	49.59	26.70	24.11
固始县 Gushi	40.32	92.45	51.80	40.65	79.19	40.83	38.37	33.74
鹿邑县 Luyi	27.60	65.25	33.85	31.40	64.28	33.36	30.92	18.03
新蔡县 Xincai	22.89	67.98	34.66	33.32	67.95	34.65	33.30	19.39

13-3 农林牧渔业总产值

Value of Agriculture, Forestry, Animal Husbandry and Fishery

本表数据为当年价。

Data in this table are calculated at current prices.

单位：亿元 (100 million yuan)

年份 Year	农林牧渔业 Agriculture, Forestry, Animal Husbandry and Fishery	农业 Agriculture	林业 Forestry	牧业 Animal Husbandry	渔业 Fishery	农林牧渔服务业 Service for Agriculture,Fore-stry, Animal Husbandry and Fishery
1978	95.38	81.74	2.58	10.87	0.19	
1980	134.62	113.17	3.88	17.28	0.29	
1985	241.54	188.79	10.29	41.19	1.27	
1990	502.01	372.19	20.77	105.17	3.88	
1995	1304.25	865.82	38.32	391.08	9.03	
1996	1606.04	1092.35	41.61	461.41	10.67	
1997	1710.12	1105.73	47.20	544.05	13.14	
1998	1823.01	1159.55	50.20	597.13	16.13	
1999	1906.75	1231.89	51.75	605.61	17.50	
2000	1981.54	1264.29	56.18	641.56	19.51	
2001	2102.79	1331.55	57.00	693.81	20.43	
2002	2192.02	1215.22	64.42	773.57	21.31	117.50
2003	2193.09	1137.74	69.11	835.93	23.31	127.00
2004	2963.92	1602.88	75.85	1117.23	27.96	140.00
2005	3309.70	1790.37	83.92	1251.65	35.26	148.50
2006	3348.94	2011.09	94.92	1067.85	29.38	145.70
2007	3879.93	2254.52	104.85	1326.09	44.47	150.00
2008	4669.54	2561.10	122.89	1761.18	59.00	165.38
2009	4871.51	2833.27	134.09	1654.29	64.94	184.92
2010	5734.20	3540.83	115.29	1805.89	71.23	200.96
2011	6218.64	3599.90	127.32	2198.38	72.55	220.50
2012	6679.04	3958.95	140.85	2255.61	86.40	237.23
2013	7198.08	4202.30	152.35	2486.28	93.52	263.64
2014	7549.11	4491.95	152.40	2505.20	105.10	294.46
2015	7641.27	4610.71	134.28	2445.30	123.61	327.37
2016	7799.67	4577.16	121.28	2611.33	128.32	361.58

13-4 农林牧渔业总产值指数(上年=100)

Gross Output Value and Related Indices of Agriculture, Forestry, Animal Husbandry and Fishery (Preceding year=100)

本表数据按可比价格计算。
Data in this table are calculated at comparable prices.

年 份 Year	农林牧渔业 Agriculture, Forestry, Animal Husbandry and Fishery	农 业 Agriculture	林 业 Forestry	牧 业 Animal Husbandry	渔 业 Fishery	农林牧渔服务业 Service for Agriculture, Forestry, Animal Husbandry and Fishery
1978	109.6	110.2	109.7	105.3	100.7	
1980	105.0	106.4	117.9	93.7	114.0	
1985	104.3	98.8	119.3	143.6	130.5	
1990	107.8	107.0	105.0	111.9	119.8	
1995	117.6	113.3	106.1	128.5	115.3	
1996	112.6	111.2	110.8	115.4	115.1	
1997	107.9	105.6	103.3	112.5	117.3	
1998	106.9	105.3	104.7	109.7	114.7	
1999	107.7	108.8	103.7	106.3	108.9	
2000	105.4	104.2	105.6	107.2	112.1	
2001	105.6	105.4	101.3	106.2	104.5	
2002	104.3	104.9	105.2	103.1	113.7	
2003	98.0	90.4	103.8	106.9	108.3	108.7
2004	112.9	118.8	105.5	106.7	109.9	105.0
2005	107.5	107.7	104.7	107.6	122.5	104.0
2006	107.4	108.1	107.7	106.6	119.0	102.7
2007	103.9	104.7	105.0	101.9	113.1	104.1
2008	105.8	105.1	107.9	107.0	108.5	105.0
2009	104.5	103.1	107.5	106.0	106.6	105.5
2010	104.6	104.3	104.5	105.0	107.5	105.0
2011	103.8	104.3	107.1	102.2	107.2	105.5
2012	104.5	104.2	104.9	104.6	105.8	106.0
2013	104.4	104.1	107.0	104.1	106.5	108.9
2014	104.2	103.9	104.8	104.1	107.8	109.5
2015	104.6	105.6	101.7	102.2	110.5	109.7
2016	104.5	105.3	105.1	102.2	106.1	109.7

13－5 农林牧渔业增加值
Value-Added of Agriculture, Forestry, Animal Husbandry and Fishery

本表增加值按当年价格计算，指数按可比价格计算。
Data in this table are calculated at current prices.Indices are calculated on comparable prices.

年 份 Year	农林牧渔业 Agriculture, Forestry, Animal Husbandry and Fishery	农 业 Agriculture	林 业 Forestry	牧 业 Animal Husbandry	渔 业 Fishery	农林牧渔服务业 Service for Agriculture, Forestry, Animal Husbandry and Fishery
绝对值(亿元) Absolute value (100 million yuan)						
1985	173.43	139.96	9.19	23.07	1.21	
1990	325.77	251.82	16.61	54.08	3.26	
1995	762.99	512.10	28.55	215.85	6.49	
1996	937.64	644.25	31.04	254.70	7.65	
1997	1005.55	653.48	35.40	307.25	9.42	
1998	1068.58	690.35	37.65	329.21	11.37	
1999	1120.14	735.80	38.86	332.88	12.60	
2000	1160.22	751.03	41.72	353.77	13.70	
2001	1234.34	798.75	40.39	381.41	13.79	
2002	1246.44	722.49	37.73	431.69	15.20	39.33
2003	1239.70	673.54	42.16	466.45	16.55	41.00
2004	1692.79	956.92	46.27	624.53	19.85	45.22
2005	1892.01	1068.85	51.19	699.67	24.33	47.96
2006	1916.73	1196.84	57.72	595.05	20.21	46.91
2007	2217.65	1337.48	63.56	736.62	30.49	49.49
2008	2658.77	1514.57	74.26	975.22	40.32	54.39
2009	2769.05	1670.25	80.78	913.15	44.24	60.63
2010	3258.11	2080.78	69.49	993.79	48.37	65.68
2011	3512.24	2108.83	76.50	1205.96	49.10	71.84
2012	3769.54	2315.80	84.93	1233.46	58.29	77.05
2013	4058.98	2458.15	91.86	1359.60	63.10	86.27
2014	4261.67	2627.40	91.89	1369.79	70.92	101.66
2015	4348.41	2704.71	84.40	1337.04	83.41	138.85
2016	4439.96	2693.52	79.11	1427.90	85.68	153.75
指数(上年=100) Index (Preceding year=100)						
1985	100.8					
1990	105.4					
1995	111.9					
1996	111.3					
1997	107.6	105.3	104.2	112.0	117.8	
1998	107.0	105.4	104.7	109.7	114.6	
1999	107.2	108.2	103.0	106.2	106.3	
2000	104.5	103.2	105.2	106.6	110.2	
2001	105.5	105.4	96.4	107.1	100.2	
2002	104.5	103.8	103.2	105.4	115.3	
2003	97.5	90.1	108.0	106.9	108.3	106.9
2004	113.2	118.8	105.5	106.8	109.9	105.0
2005	107.6	107.7	104.7	107.6	119.0	104.0
2006	107.3	107.7	107.4	106.6	118.6	102.3
2007	103.8	104.7	105.0	101.5	111.7	104.1
2008	105.5	104.7	107.5	106.7	108.5	104.7
2009	104.2	102.9	107.2	105.8	106.3	105.2
2010	104.5	104.2	104.3	101.9	107.4	104.8
2011	103.7	104.2	107.0	102.0	106.9	105.3
2012	104.5	104.2	104.9	104.6	105.7	105.9
2013	104.3	104.1	107.0	104.1	106.5	108.9
2014	104.2	103.9	104.8	104.1	107.8	109.6
2015	104.5	105.5	101.7	102.2	110.5	109.7
2016	104.4	105.2	105.0	102.2	106.1	109.6

注：2010年起的增加值数据，按照2011年国家统计局修订的《统计用产品分类目录》进行计算。
a) Data of Value-Added of Farming, Forestry, Animal Husbandry and Fishery are calculated on new statistical product category in 2010.

13-6 各市农林牧渔业总产值(2016年)
Gross Output Value of Agriculture, Forestry, Animal Husbandry and Fishery by City (2016)

本表按当年价格计算。
Data in this table are calculated at current prices.
单位：亿元 (100 million yuan)

市(县)	City(County)	农林牧渔业 Agriculture, Forestry, Animal Husbandry and Fishery	农业 Agriculture	林业 Forestry	牧业 Animal Husbandry	渔业 Fishery	农林牧渔服务业 Service for Agriculture,Forestry, Animal Husbandry and Fishery
全省	**Total**	**7799.67**	**4577.16**	**121.28**	**2611.33**	**128.32**	**361.58**
省辖市	**City**						
郑州市	Zhengzhou	285.16	163.25	5.94	92.09	19.38	4.50
开封市	Kaifeng	549.20	325.19	8.92	171.97	7.57	35.55
洛阳市	Luoyang	438.54	241.64	42.64	116.07	7.08	31.12
平顶山市	Pingdingshan	327.12	152.45	15.57	141.37	7.34	10.38
安阳市	Anyang	385.04	272.88	10.92	85.79	1.65	13.79
鹤壁市	Hebi	118.95	44.35	1.01	66.54	1.51	5.54
新乡市	Xinxiang	387.18	225.13	5.87	134.95	7.83	13.40
焦作市	Jiaozuo	253.48	155.56	2.82	67.71	1.53	25.85
濮阳市	Puyang	290.63	177.03	7.75	93.86	2.69	9.31
许昌市	Xuchang	289.71	153.05	12.54	108.54	1.43	14.15
漯河市	Luohe	204.50	107.14	1.76	87.91	1.69	6.00
三门峡市	Sanmenxia	214.61	164.19	3.69	43.13	2.39	1.21
南阳市	Nanyang	903.42	547.17	22.58	291.86	16.40	25.41
商丘市	Shangqiu	686.16	452.79	9.14	188.98	11.16	24.10
信阳市	Xinyang	816.29	492.09	30.06	209.55	40.21	44.37
周口市	Zhoukou	848.45	537.33	15.35	235.32	6.45	54.01
驻马店市	Zhumadian	762.00	416.77	6.26	282.64	15.87	40.47
济源市	Jiyuan	39.45	16.18	2.56	17.23	3.05	0.44
省直管县	**County Directly Administrated by Province**						
巩义市	Gongyi	21.82	7.72	1.42	10.81	0.65	1.22
兰考县	Lankao	71.99	36.70	3.27	26.02	0.40	5.60
汝州市	Ruzhou	72.49	24.48	5.43	37.89	0.37	4.32
滑县	Huaxian	122.41	97.18	1.07	19.15	0.06	4.95
长垣县	Changyuan	57.29	40.72	2.40	12.17	0.60	1.40
邓州市	Dengzhou	182.32	111.56	1.03	60.10	0.99	8.64
永城市	Yongcheng	117.23	74.79	1.16	35.10	1.80	4.38
固始县	Gushi	135.23	81.65	1.73	43.14	6.91	1.80
鹿邑县	Luyi	95.25	53.69	1.26	33.62	0.56	6.12
新蔡县	Xincai	93.76	48.61	0.33	39.11	1.59	4.12

13-7 各市农林牧渔业增加值(2016年)

Value-Added of Agriculture, Forestry, Animal Husbandry and Fishery by City (2016)

本表按当年价格计算。
Data in this table are calculated at current prices.

单位：亿元 (100 million yuan)

市(县)	City(County)	农林牧渔业 Agriculture, Forestry, Animal Husbandry and Fishery	农业 Agriculture	林业 Forestry	牧业 Animal Husbandry	渔业 Fishery	农林牧渔服务业 Service for Agriculture, Forestry, Animal Husbandry and Fishery
全省	**Total**	**4439.96**	**2693.52**	**79.11**	**1427.90**	**85.68**	**153.75**
省辖市	**City**						
郑州市	Zhengzhou	159.17	93.53	3.55	49.45	9.83	2.81
开封市	Kaifeng	299.57	190.12	6.32	87.82	3.46	11.85
洛阳市	Luoyang	252.56	142.57	30.31	56.29	4.83	18.56
平顶山市	Pingdingshan	182.90	85.69	10.54	76.01	4.51	6.15
安阳市	Anyang	220.67	159.26	6.04	46.24	0.91	8.23
鹤壁市	Hebi	64.89	27.34	0.58	33.04	1.03	2.90
新乡市	Xinxiang	227.89	140.25	4.06	73.17	5.42	4.99
焦作市	Jiaozuo	141.05	95.90	2.09	35.10	0.86	7.10
濮阳市	Puyang	164.76	101.63	5.42	52.99	1.83	2.89
许昌市	Xuchang	168.07	97.13	8.99	55.32	1.05	5.59
漯河市	Luohe	116.28	62.54	1.27	49.05	1.01	2.40
三门峡市	Sanmenxia	124.29	98.93	2.77	20.05	1.75	0.79
南阳市	Nanyang	526.19	312.67	16.81	144.25	11.77	10.69
商丘市	Shangqiu	393.28	284.51	7.11	86.33	8.30	7.01
信阳市	Xinyang	466.65	292.05	26.21	95.17	32.62	20.59
周口市	Zhoukou	474.48	317.22	11.41	124.20	4.79	16.85
驻马店市	Zhumadian	433.91	233.10	3.32	166.27	10.16	21.04
济源市	Jiyuan	23.56	9.29	1.82	10.15	2.01	0.29
省直管县	**County Directly Administrated by Province**						
巩义市	Gongyi	12.52	4.45	0.91	6.12	0.27	0.78
兰考县	Lankao	41.21	22.13	2.32	14.98	0.14	1.63
汝州市	Ruzhou	40.67	15.46	4.11	18.71	0.21	2.18
滑县	Huaxian	69.62	55.20	0.68	10.26	0.03	3.45
长垣县	Changyuan	33.90	24.65	1.42	6.60	0.43	0.80
邓州市	Dengzhou	106.15	71.41	0.76	29.67	0.66	3.65
永城市	Yongcheng	66.04	44.97	0.91	17.09	1.53	1.53
固始县	Gushi	77.63	49.07	1.39	20.85	5.52	0.79
鹿邑县	Luyi	54.59	31.74	0.92	18.04	0.45	3.45
新蔡县	Xincai	49.27	26.56	0.18	19.74	1.22	1.57

13-8 农业生产条件
Conditions of Agriculture

年 份 Year	乡村从业人员 (万人) Employed persons in Rural Area (10 000 persons)	#农、林、牧、渔业 Agriculture, Forestry, Animal Husbandry and Fishery	耕地面积 (千公顷) Area of Cultivated land (1 000 hectares)	农用机械总动力 (万千瓦) Total Power of Agricultural Machinery (10 000 kw)	灌溉面积 (千公顷) Irrigated Area (1 000 hectares)	化肥施用折纯量 (万吨) Consumption of Chemical Fertilizer by 100% Effective Component (10 000tons)	农村用电量 (亿千瓦小时) Electricity Consumption in Rural Areas (100 million kwh)	农药施用实物量 (万吨) Consumption of Chemical Pesticides (10 000tons)	农用塑料薄膜使用量 (万吨) Plastic Film Use for Agriculture (10 000tons)
1978	2384	2251	7157.3	974.4	3722.67	52.54	13.25		
1979	2429	2300	7138.7	1079.3	3636.00	60.05	14.59		
1980	2505	2365	7128.1	1178.0	3536.23	72.52	17.23		
1981	2576	2457	7121.3	1262.1	3388.00	81.90	20.85		
1982	2669	2515	7109.3	1356.3	3265.33	105.50	22.76		
1983	2711	2537	7100.7	1405.9	3210.00	130.67	23.50		
1984	2819	2565	7079.3	1507.0	3278.67	140.16	25.83		
1985	2932	2558	7033.2	1590.0	3189.97	143.58	28.33		
1986	2998	2561	6998.9	1737.9	3212.71	148.73	33.30		
1987	3096	2583	6972.6	1865.9	3250.07	135.58	37.29		
1988	3212	2636	6956.4	2004.2	3358.76	150.57	40.81		
1989	3284	2706	6944.4	2153.4	3438.00	184.25	45.20		
1990	3424	2820	6933.2	2264.0	3550.09	213.18	46.93	3.31	2.75
1991	3511	2913	6920.0	2330.4	3676.59	239.74	52.06	3.88	3.15
1992	3601	2947	6887.8	2424.4	3779.72	251.13	59.58	4.76	3.45
1993	3658	2902	6871.0	2624.0	3868.33	288.21	61.10	5.44	3.84
1994	3717	2859	6830.0	2780.5	3931.30	292.47	70.54	6.53	4.87
1995	3773	2808	6805.8	3115.4	4044.19	322.21	85.07	7.56	5.32
1996	3848	2816	6786.3	4256.4	4191.05	345.33	103.66	8.33	6.17
1997	4015	2903	6773.4	4337.9	4333.06	355.31	118.27	8.49	6.95
1998	4067	2940	6834.0	4764.4	4513.86	382.80	121.21	9.10	7.49
1999	4311	3299	6825.9	5342.9	4648.78	399.85	122.54	9.61	7.94
2000	4712	3559	6875.3	5780.6	4725.31	420.71	125.80	9.55	9.19
2001	4688	3472	6907.3	6078.7	4766.00	441.73	134.61	9.85	9.41
2002	4691	3393	7262.8	6548.2	4802.36	468.83	141.36	10.20	9.86
2003	4695	3321	7187.2	6953.2	4792.22	467.89	144.59	9.87	9.88
2004	4718	3235	7177.5	7521.1	4829.10	493.16	157.69	10.12	10.16
2005	4752	3128	7201.2	7934.2	4864.12	518.14	172.15	10.51	10.84
2006	4777	3039	7202.4	8309.1	4918.80	540.43	188.82	11.16	11.84
2007	4815	2910	7201.9	8718.7	4955.84	569.68	223.43	11.80	12.66
2008	4859	2837	7202.2	9429.3	4989.20	601.68	237.36	11.91	13.07
2009	4882	2754	8192.0	9817.9	5033.03	628.67	257.76	12.14	14.14
2010	4915	2698	8177.5	10195.9	5080.96	655.15	269.41	12.49	14.70
2011	4911	2655	8161.9	10515.8	5150.44	673.71	281.82	12.87	15.16
2012	4905	2611	8156.8	10872.7	5205.63	684.43	290.03	12.83	15.52
2013	4851	2541	8140.7	11150.0	4969.11	696.37	305.42	13.01	16.78
2014	4807	2621	8126.1	11476.8	5101.74	705.75	313.23	12.99	16.35
2015	4798	2553	8105.9	11710.1	5333.90	716.09	321.01	12.87	16.20
2016	4803	2545	8111.0	9858.8	5360.30	715.03	317.23	12.71	16.31

注：1.2008年及以前年份耕地面积为年底常用耕地面积，2009年数据为第二次全省土地调查数据，2010年以后数据已按2009年数据口径进行了调整。

2.2013年及以前年份的数据为农田有效灌溉面积。(下表同)

3.2016年以后数据不再包含农用运输车和三轮运输车。

a) Data on area of cultivated land of 2008and before were cultivated land area at year-end, data in 2009 are from the second provincial land survey, and data since 2010 were adjusted by 2009's caliber.

b) The irrigated area before 2013 refer to the effective irrigation area of farmland. (The same as following tables)

c) Data on total power of agricultural machinery exclude the number of agricultural vehicles and three wheeled transport vehicles since 2016.

13-9 各市耕地面积

Arable Land Area by City

单位：千公顷 (1 000 hectares)

市(县) City(County)	2015 耕地面积 Cultivated land Area	2015 水田 Paddy Field	2015 水浇地 Irrigated land	2015 旱地 Dry Land	2016 耕地面积 Cultivated land Area	2016 水田 Paddy Field	2016 水浇地 Irrigated land	2016 旱地 Dry Land
省辖市 City								
郑州市 Zhengzhou	319.18	1.12	197.77	120.30	315.75	1.10	194.96	119.69
开封市 Kaifeng	413.98	6.30	389.21	18.47	416.30	6.37	391.73	18.19
洛阳市 Luoyang	430.93	1.69	82.62	346.63	430.79	1.68	82.40	346.70
平顶山市 Pingdingshan	319.51	1.10	217.39	101.02	320.38	1.10	217.92	101.35
安阳市 Anyang	407.77	0.04	330.29	77.44	407.15	0.04	329.83	77.29
鹤壁市 Hebi	119.67		109.81	9.87	119.60		109.71	9.89
新乡市 Xinxiang	473.10	40.21	413.87	19.02	472.81	39.87	413.97	18.97
焦作市 Jiaozuo	194.89	2.94	177.76	14.18	195.16	2.93	178.12	14.11
濮阳市 Puyang	282.70	25.22	255.04	2.44	282.83	25.17	255.30	2.36
许昌市 Xuchang	335.85	0.00	249.20	86.64	335.99	0.00	249.23	86.76
漯河市 Luohe	188.82		188.24	0.57	190.01		189.44	0.57
三门峡市 Sanmenxia	176.16	0.07	29.60	146.49	175.93	0.07	29.38	146.49
南阳市 Nanyang	1051.69	26.86	303.98	720.85	1052.18	26.80	305.24	720.14
商丘市 Shangqiu	704.00	0.00	565.57	138.43	707.81	0.00	569.72	138.09
信阳市 Xinyang	841.78	627.36	3.00	211.42	840.95	626.63	6.98	207.34
周口市 Zhoukou	853.06	0.30	807.02	45.75	856.13	0.30	809.80	46.03
驻马店市 Zhumadian	947.08	20.85	203.59	722.64	945.51	20.82	203.70	720.99
济源市 Jiyuan	45.78		16.42	29.36	45.73		16.39	29.34
省直管县 County Directly Administrated by Province								
巩义市 Gongyi	39.98		12.87	27.11	39.84		12.84	27.01
兰考县 Lankao	68.09	2.65	65.42	0.02	68.47	2.73	65.72	0.02
汝州市 Ruzhou	61.46	0.00	43.06	18.40	62.33	0.00	43.98	18.34
滑县 Huaxian	132.54		132.40	0.14	132.86		132.73	0.14
长垣县 Changyuan	69.27	4.36	64.82	0.08	69.07	4.35	64.63	0.08
邓州市 Dengzhou	168.40	0.01	63.21	105.18	168.51	0.01	63.65	104.86
永城市 Yongcheng	136.78		0.03	136.75	137.25		0.83	136.42
固始县 Gushi	156.46	143.83	0.27	12.35	156.24	143.65	0.27	12.32
鹿邑县 Luyi	85.04	0.00	85.03	0.01	84.95	0.00	84.94	0.01
新蔡县 Xincai	100.33		0.14	100.19	100.36		0.38	99.98

13-10 主要农业机械和农产品加工机械年末拥有量

Number of Agricultural Machinery and Machinery for Processing Farm Products at Year-end

指　　标	Item	1980	1990	2000	2010	2015	2016
农业机械总动力(万千瓦)	**Total Power of Agricultural Machinery (10 000 kw)**	**1178.00**	**2263.99**	**5780.60**	**10195.94**	**11710.08**	**9858.82**
#柴油发动机动力	Diesel Engines		1588.55	4859.20	9029.20	10405.41	8547.35
汽油发动机动力	Gasoline Engines		94.62	107.90	56.29	71.71	71.54
电动发动机动力	Electric Engines		580.82	812.40	1110.30	1232.96	1239.14
大中型拖拉机(混合台)(万台)	Large and Medium-sized Tractors (10 000 units)	5.97	4.93	6.62	27.44	40.23	43.27
(万千瓦)	(10 000 kw)	216.90	174.30	216.80	969.55	1639.38	1816.21
小型(包括手扶)拖拉机(万台)	Small Tractors (10 000 units)	12.77	82.20	224.67	358.61	339.62	328.95
(万千瓦)	(10 000 kw)	111.10	758.40	2317.70	3797.50	3704.77	3594.92
大中型拖拉机配套农具(万部)	Number of Large and Medium Tractor Towing Farm Machinery (10 000 units)	7.41	6.57	11.87	64.26	94.83	100.74
小型拖拉机配套农具(万部)	Number of Mini-Tractor Towing Farm Machinery (10 000 units)	4.76	83.34	357.32	666.42	661.37	640.70
机引犁(万台)	Tractor-propelled Plough (10 000 units)	3.81	63.93	196.23	318.33	320.51	316.80
机引耙(万台)	Citation Machine harrow (10 000 units)	2.24	18.51	110.17	214.60	214.62	211.09
旋耕机(万台)	Rotary cultivator (10 000 units)		1.17	4.08	18.38	26.33	27.91
播种机(万台)	Drill Machine				121.61	136.07	138.77
化肥深施机(万台)	Fertilizer deep-Shi Machine				10.05	11.28	11.09
秸秆粉碎还田机(万台)	Straw Mill				11.69	17.40	18.58
农用排灌动力机械(万台)	Drainage and Irrigation Agricultural Machinery (10 000 unit)	80.52	86.93	125.58	160.05	168.61	168.22
(万千瓦)	(10 000 kw)	574.60	609.60	905.90	1147.75	1194.69	1192.53
柴油机(万台)	Diesel Engines (10 000 units)	43.50	32.59	47.52	54.00	54.10	52.62
(万千瓦)	(10 000 kw)	356.70	295.40	458.70	525.50	526.74	512.72
电动机(万台)	Electric Engines (10 000 units)	37.02	54.29	78.06	106.06	113.36	113.52
(万千瓦)	(10 000 kw)	218.10	314.00	447.20	622.25	664.19	665.53

注：农业机械总动力：2015年及以前数据中包含农用运输车和三轮运输车，从2016年开始，不再包含在内。

a) Total power of agricultural machinery : Data on 2015 and before include the power of agricultural vehicles and three wheeled transport vehicles, while since 2016, the data do not include that.

13-10 续表 Continued

指 标	Item	1980	1990	2000	2010	2015	2016
节水灌溉机械(万套)	Watersaving Irrigation Machinery (10 000 sets)				17.37	21.56	21.83
农用水泵(万台)	Pumps (10 000 units)	56.53	79.51	175.89	216.29	223.34	219.68
联合收割机(台)	Combine Harvesters (unit)	799	837	26900	143760	241473	265476
水稻插秧机(台)	Rice Transplanter (unit)	1053			1250	3978	5048
割晒机(万台)	Swather Motor (10 000 units)			28.38	8.28	5.80	5.34
机动脱粒机(万台)	Mobile Thresher (10 000 units)	11.93	34.96	79.15	55.73	54.59	54.08
谷物烘干机(台)	Grain Dryer (unit)	41	9	100	646	1348	1790
种子加工机械(台)	Seed Processing Machinery (unit)	119	123	110	643	1322	1335
机动喷雾(粉)机(万部)	Mobile Spray Machines (10 000 units)	0.52	3.32	15.58	26.19	29.53	29.66
(万千瓦)	(10 000 kw)	1.00	5.40	24.90	50.15	55.49	55.93
饲草料加工机械(万台)	Composite Feed Processing Machinery (10 000 units)	11.38	9.92	11.53	16.92	18.71	18.74
农产品初加工动力机械(万台)	Primary Processing Power Machinery of Agricultural Products (10 000 units)	32.86	53.09	67.76	80.24	85.57	85.45
(万千瓦)	(10 000 kw)	223.80	355.10	466.80	582.70	611.00	609.41
柴油机(万台)	Diesel Engines (10 000 units)	9.14	9.50	11.44	15.74	16.28	16.09
(万千瓦)	(10 000 kw)	84.80	88.20	118.70	156.71	154.84	152.27
电动机(万台)	Electric Engines (10 000 units)	23.72	43.59	53.46	64.50	68.98	68.90
(万千瓦)	(10 000 kw)	139.00	266.90	348.10	426.04	452.71	452.30
农产品初加工作业机械(万台)	Agricultural Products Primary Processing machinery (10 000 units)			43.18	50.82	57.59	57.68
#粮食加工机	Food Processing Machine			32.31	34.80	35.83	35.46
棉花加工机	Cotton Processing Machine			3.87	4.94	4.48	4.43
油料加工机	Oil Processing Machine			6.82	8.88	9.35	9.32
农田基本建设机械(台)	Farmland Construction Machinery (unit)			5302	15743	22410	19700

13-11 各市农业机械和农产品加工机械年末拥有量(2016年)

市(县) City(County)	农业机械总动力(万千瓦) Total Power of Agricultural Machinery (10 000 kw)	柴油发动机动力 Diesel Engines	汽油发动机动力 Gasoline Engines	电动机动力 Electric Engines	农用大中型拖拉机 Large and Medium-sized Tractors (台) (unit)	(万千瓦) (10 000 kw)	小型及手扶拖拉机 Mini-Tractors (万台) (10 000 units)	(万千瓦) (10 000 kw)
省 辖 市 City								
郑 州 市 Zhengzhou	433.1	316.2	4.5	112.5	16196	78.03	10.90	106.98
开 封 市 Kaifeng	566.8	488.0	2.7	76.1	16415	80.24	20.35	225.06
洛 阳 市 Luoyang	516.9	415.5	4.5	96.9	11016	51.38	18.21	160.03
平 顶 山 市 Pingdingshan	378.2	311.1	3.0	64.1	23152	87.74	10.17	111.43
安 阳 市 Anyang	541.0	423.5	3.8	113.7	15021	81.58	12.66	152.38
鹤 壁 市 Hebi	218.7	189.4	0.6	28.7	8933	33.66	7.59	99.34
新 乡 市 Xinxiang	739.4	644.5	1.9	93.0	23597	119.13	16.27	191.27
焦 作 市 Jiaozuo	231.3	173.1	1.2	57.0	12900	63.63	4.54	52.28
濮 阳 市 Puyang	409.1	333.0	3.1	72.9	12401	58.92	8.42	100.91
许 昌 市 Xuchang	366.8	298.6	1.1	67.1	10470	57.99	4.35	52.39
漯 河 市 Luohe	247.3	230.0	0.3	17.0	8002	46.60	8.50	106.93
三 门 峡 市 Sanmenxia	116.8	89.4	1.8	25.5	3775	14.88	4.54	40.11
南 阳 市 Nanyang	1368.9	1243.3	13.3	112.3	51545	229.84	82.37	773.60
商 丘 市 Shangqiu	818.7	726.4	6.8	85.5	32178	166.88	19.62	240.96
信 阳 市 Xinyang	603.5	541.2	6.0	55.4	34720	140.21	18.19	184.08
周 口 市 Zhoukou	917.6	849.6	3.9	64.1	36299	183.94	31.88	357.91
驻 马 店 市 Zhumadian	1308.9	1223.0	12.6	73.3	112097	304.82	49.82	633.72
济 源 市 Jiyuan	72.0	51.8	0.3	19.9	3980	16.74	1.11	11.36
省 直 管 县 County Directly Administrated by Province								
巩 义 市 Gongyi	49.6	37.0	0.5	12.0	1925	7.79	1.24	10.36
兰 考 县 Lankao	70.9	57.9	0.2	12.8	2837	14.34	1.05	11.81
汝 州 市 Ruzhou	152.2	116.6	2.5	33.1	6357	22.24	3.19	32.54
滑 县 Huaxian	276.9	240.4	1.7	34.8	3797	24.47	8.89	112.32
长 垣 县 Changyuan	95.9	88.5	0.3	7.1	2959	15.41	3.79	48.14
邓 州 市 Dengzhou	189.3	166.0	3.0	20.4	12035	61.44	9.77	66.93
永 城 市 Yongcheng	130.2	120.0	0.7	9.6	4626	24.17	3.78	47.83
固 始 县 Gushi	123.7	112.4	1.2	10.1	4803	24.59	3.22	25.43
鹿 邑 县 Luyi	91.0	82.5	0.3	8.2	4490	19.75	1.77	22.01
新 蔡 县 Xincai	131.9	115.9	1.2	14.8	12130	36.01	4.46	55.33

Number of Agricultural Machinery and Machinery for Processing Farm Products at Year-end by City (2016)

大中型拖拉机配套农具(部) Number of Large and Medium-sized Tractor Towing Farm Machinery (unit)	小型拖拉机配套农具(万部) Number of Mini-Tractor Towing Farm Machinery (10000 units)	耕整地及种植机械(万台) Arable land and planting machinery (10 000 units)					
		机引犁 Tractor-propelled Plough	机引耙 Tractor propelled Harrow	旋耕机 Rotary Cultivator	播种机 Drill Machine	化肥深施机 Deep Fertilization Machine	秸秆粉碎还田机 Straw Mill
34356	16.00	7.98	6.82	1.28	2.87	0.24	1.03
38625	31.67	18.09	10.66	1.34	5.41	1.11	1.11
22128	29.89	14.51	9.79	2.51	6.02	0.20	0.32
50867	19.22	9.72	4.93	1.50	6.70	0.08	0.85
41429	25.68	11.30	8.71	1.35	5.35	0.47	1.16
20328	19.52	7.54	7.22	0.30	4.22	0.40	0.44
45893	28.22	11.70	9.73	1.61	7.63	0.30	1.55
31607	6.30	2.86	0.91	0.82	3.58		1.21
27805	16.64	6.72	4.60	0.84	3.92	1.47	1.31
23177	8.48	5.81	1.83	0.81	3.11	0.79	0.74
17537	19.57	7.03	6.77	0.65	4.74	0.38	0.87
7841	6.05	2.73	1.29	0.46	0.79	0.09	0.10
138562	167.79	86.59	60.48	3.30	21.22	0.94	0.99
71661	31.53	15.36	3.06	2.69	10.22	1.97	2.13
39085	28.79	15.90	9.71	2.28	1.00	0.63	0.21
56793	53.98	35.64	17.45	2.84	11.07	1.07	1.50
328843	128.13	56.33	46.62	2.84	39.83	0.95	2.90
10870	4.05	0.99	0.50	0.48	1.10	0.01	0.19
3785	1.69	0.86	0.43	0.15	0.37	0.02	0.07
4285	2.80	1.23	0.96	0.19	0.54	0.11	0.12
8400	5.41	2.45	0.87	0.50	2.12	0.00	0.15
8476	18.59	7.87	7.27	0.33	3.80	0.22	0.37
7099	6.27	3.08	1.73	0.19	2.05	0.05	0.20
32207	17.06	10.48	5.31	1.01	1.58	0.33	0.24
10550	7.66	2.44	0.71	0.44	2.13	0.12	0.21
5980	4.37	2.64	1.78	0.39	0.01	0.01	
8700	2.40	0.95	0.85	0.59	0.78	0.02	0.19
33800	13.21	5.31	4.11	0.48	2.72	0.04	0.24

13-11 续表 1

市(县) City(County)	农用排灌动力机械 Agricultural Power Machinery of Irrigation and Drainage (万台) (10 000 units)	(万千瓦) (10 000 kw)	柴油机 Diesel Engines (万台) (10 000 units)	(万千瓦) (10 000 kw)	电动机 Electric Engines (万台) (10 000 units)	(万千瓦) (10 000 kw)	农用水泵 (万台) Agricultural Pumps (10 000 units)	节水灌溉机械 (万套) Water-saving Irrigation Machinery (10 000 units)
省 辖 市 City								
郑 州 市 Zhengzhou	9.11	75.46	1.58	13.42	7.53	62.00	9.32	1.23
开 封 市 Kaifeng	12.76	79.75	3.26	32.90	9.50	46.84	14.36	3.17
洛 阳 市 Luoyang	7.83	66.65	2.80	23.44	5.03	43.08	3.97	1.44
平 顶 山 市 Pingdingshan	7.28	50.39	1.85	19.98	5.43	30.42	9.34	0.62
安 阳 市 Anyang	12.42	94.66	0.97	11.83	11.44	82.65	17.00	0.06
鹤 壁 市 Hebi	3.69	27.42	0.51	5.44	3.18	21.65	4.64	0.14
新 乡 市 Xinxiang	14.49	101.89	3.88	51.51	10.61	50.28	16.99	0.29
焦 作 市 Jiaozuo	7.87	44.88	0.20	1.95	7.63	42.87	7.09	0.04
濮 阳 市 Puyang	11.95	92.58	4.55	44.28	7.35	47.93	15.01	0.15
许 昌 市 Xuchang	10.78	58.46	1.89	22.13	8.86	35.91	9.83	0.01
漯 河 市 Luohe	5.14	34.85	3.29	24.99	1.82	9.75	6.29	0.29
三 门 峡 市 Sanmenxia	1.65	15.72	0.58	5.27	1.07	10.44	1.55	0.46
南 阳 市 Nanyang	11.69	75.59	3.88	32.46	7.00	41.20	21.41	2.10
商 丘 市 Shangqiu	19.06	125.13	7.20	73.86	10.92	42.05	14.67	2.48
信 阳 市 Xinyang	7.76	70.37	5.25	44.83	2.51	25.39	9.20	0.40
周 口 市 Zhoukou	15.42	98.12	7.72	69.57	7.58	27.71	38.02	1.52
驻 马 店 市 Zhumadian	7.87	68.78	3.17	34.74	4.63	33.66	19.78	7.43
济 源 市 Jiyuan	1.45	11.84	0.03	0.15	1.42	11.69	1.19	0.02
省 直 管 县 County Directly Administrated by Province								
巩 义 市 Gongyi	0.44	4.88	0.01	0.06	0.43	4.81	0.44	0.01
兰 考 县 Lankao	2.13	14.91	0.72	7.23	1.41	7.69	2.37	0.28
汝 州 市 Ruzhou	3.02	25.29	1.05	11.70	1.96	13.59	3.70	0.00
滑 县 Huaxian	4.57	28.22			4.57	28.22	6.08	0.00
长 垣 县 Changyuan	1.43	11.04	0.54	7.05	0.89	3.99	1.98	0.11
邓 州 市 Dengzhou	1.43	9.86	0.83	6.13	0.61	3.73	5.32	0.29
永 城 市 Yongcheng	2.17	20.93	1.57	17.09	0.60	3.84	2.18	0.71
固 始 县 Gushi	2.22	17.23	1.60	11.63	0.62	5.61	2.38	0.01
鹿 邑 县 Luyi	3.10	11.13	0.48	6.24	2.62	4.89	3.61	0.20
新 蔡 县 Xincai	0.54	5.06	0.30	3.30	0.24	1.76	1.49	1.28

continued

联合收割机 Combine Harvester		水稻插秧机 (台) Rice Transplanter (unit)	晒晒机 (台) Blind Drying Machine (unit)	机动脱粒机 (台) Mobile Thresher (unit)	谷物烘干机 (台) Grain Dryer (unit)	机动喷雾(粉)机 (台) Mobile Spray Machines (unit)	饲草料加工机械 (台) Composite Feed Processing Machinery (units)
(台) (unit)	(万千瓦) (10 000 kw)						
10681	73.23		3558	32519	62	10720	7798
14723	81.02	117	335	41559	408	6852	12856
6410	33.34		23880	102250	56	13596	8570
9798	47.72	4	1712	17795	19	5929	11395
17583	97.93			49632	124	19447	5746
8783	41.62		173	5498	9	4601	1387
20244	109.59	83	4682	14688	37	8843	16545
8828	46.76	22		11709	70	7062	5372
9641	62.10	49	3294	20173	62	11867	4289
10589	57.95			5172	72	7078	16805
8125	46.28			14145	62	2101	660
2161	10.14		685	24765	35	8179	4991
18172	103.83	153	2083	45199	229	54571	13420
32458	171.92		1680	63810	33	38277	22364
18387	96.04	4611	1200	14494	187	14028	6790
34039	199.08		3902	41800	126	21635	17024
33056	202.71	8	5300	30541	131	58032	26411
1798	9.94	1	899	5042	68	3771	4946
898	4.29		44	10586	3	469	1495
3465	21.24	1		8498	10		1170
2972	12.50		1712	11264	2	3640	6340
6109	32.94			10470	14	10490	2373
2679	15.47			2233	25	1355	588
4196	26.48			2006	20	12966	1658
5627	27.13		1680	7834		6883	5595
2783	15.60	2004		177	27	3550	1255
4050	28.55					2050	1250
3119	17.98	2		5180	12	7045	6052

13-11 续表 2

市(县) City(County)	农田基本建设机械 Farmland Construction Machinery		农产品初加工动力机械 Agricultural Products Primary Processing Power Machinery	
	(台) (unit)	(万千瓦) (10 000 kw)	(万台) (10 000 units)	(万千瓦) (10 000 kw)
省 辖 市 City				
郑 州 市 Zhengzhou	2715	21.53	4.62	36.98
开 封 市 Kaifeng	1967	9.55	5.52	37.57
洛 阳 市 Luoyang	2041	12.43	7.44	54.50
平 顶 山 市 Pingdingshan	929	5.52	3.82	25.05
安 阳 市 Anyang	1064	6.02	3.57	23.30
鹤 壁 市 Hebi	62	0.40	1.06	6.94
新 乡 市 Xinxiang	1370	7.95	5.67	40.06
焦 作 市 Jiaozuo	1140	3.21	1.78	11.44
濮 阳 市 Puyang	752	4.19	2.28	19.69
许 昌 市 Xuchang	831	4.40	4.82	30.93
漯 河 市 Luohe	136	0.81	1.38	10.37
三 门 峡 市 Sanmenxia	467	3.26	2.07	13.90
南 阳 市 Nanyang	1801	11.44	9.98	71.62
商 丘 市 Shangqiu	1193	5.25	9.18	69.93
信 阳 市 Xinyang	948	5.03	8.34	52.99
周 口 市 Zhoukou	513	2.83	6.66	49.52
驻 马 店 市 Zhumadian	1366	9.68	6.72	51.07
济 源 市 Jiyuan	405	3.87	0.51	3.55
省 直 管 县 County Directly Administrated by Province				
巩 义 市 Gongyi	225	2.01	1.05	5.92
兰 考 县 Lankao	210	0.79	0.87	5.71
汝 州 市 Ruzhou	281	1.59	1.82	13.66
滑 县 Huaxian	298	1.75	1.03	6.58
长 垣 县 Changyuan	235	1.29	0.49	3.99
邓 州 市 Dengzhou	360	2.04	1.35	13.45
永 城 市 Yongcheng	139	0.80	1.29	8.35
固 始 县 Gushi	239	1.27	0.72	7.32
鹿 邑 县 Luyi	120	1.07	0.41	3.02
新 蔡 县 Xincai	208	1.37	0.79	6.90

说明：根据农业部农机化司最新统计指标调整，农机部门不再统计农用运输车和三轮运输车数量。

a) According to the adjustment of indicators from the agricultural machinery division of the ministry of agriculture, the department no longer count the

continued

#柴油机 Diesel Engines		#电动机 Electric Engines		农产品初加工作业机械（万台）Agricultural Products Primary Processing Machine (10 000 units)	粮食加工机械 Food Processing Machine	棉花加工机械 Cotton Processing Machine	油料加工机械 Oil Processing Machine
（万台）(10 000 units)	（万千瓦）(10 000 kw)	（万台）(10 000 units)	（万千瓦）(10 000 kw)				
0.08	1.03	4.54	35.95	2.92	2.34	0.20	0.36
2.30	13.12	3.22	24.44	3.06	1.30	0.57	0.64
1.14	12.29	6.30	42.17	4.51	3.24	0.61	0.66
0.31	2.80	3.48	21.99	2.68	2.10	0.19	0.39
0.14	1.37	3.42	21.93	2.96	2.17	0.26	0.48
0.03	0.78	1.03	6.16	0.76	0.57	0.10	0.07
1.07	5.53	4.60	33.93	2.65	1.97	0.19	0.39
0.01	0.15	1.77	11.28	1.09	0.86	0.08	0.15
0.22	1.67	2.05	17.95	1.83	1.30	0.14	0.38
0.39	4.74	4.41	25.19	2.22	1.69	0.27	0.26
0.35	4.13	0.99	6.10	0.74	0.52	0.10	0.12
0.31	2.84	1.75	11.06	0.95	0.72	0.06	0.12
1.35	14.10	8.53	57.02	5.99	3.50	0.39	1.46
2.86	27.19	6.27	41.48	4.63	3.18	0.38	1.04
2.26	23.37	5.97	28.99	8.90	3.27	0.17	0.62
1.23	15.00	5.43	34.42	6.72	3.00	0.48	1.15
2.03	22.13	4.65	28.72	4.76	3.46	0.24	1.01
0.00	0.01	0.51	3.54	0.31	0.29	0.01	0.01
0.00	0.01	1.05	5.91	0.49	0.47	0.01	0.01
0.14	1.49	0.73	4.21	0.32	0.19	0.03	0.10
0.14	1.39	1.65	12.01	0.62	0.51	0.04	0.07
		1.03	6.58	0.54	0.41	0.00	0.12
0.12	1.26	0.36	2.73	0.36	0.26	0.02	0.07
0.05	0.79	1.29	12.66	0.54	0.39	0.01	0.14
0.44	2.93	0.85	5.41	0.68	0.50	0.06	0.12
0.30	2.95	0.42	4.37	0.73	0.52	0.02	0.19
		0.41	3.02	2.37	0.19	0.03	0.07
0.15	1.67	0.64	5.23	0.51	0.41	0.01	0.09

number of agricultural vehicles and three wheeled transport vehicles.

13-12 农业机械化、能源、主要物资消耗及水利建设情况

Agricultural Mechanization, Energy Resources, Consumption of Main Materials and Construction of Water Conservancy

指 标	Item	2000	2005	2010	2015	2016
农业机械化情况	**Agricultural Mechanization**					
当年实际机耕面积(千公顷)	Area Cultivated by Machine This Year (1 000 hectares)	5607	5804	8260	9104	9176
当年机械播种面积(千公顷)	Area Sown by Machine This Year (1 000 hectares)	4648	5855	9063	10399	10538
为农作物播种面积(%)	Percentage on Sown Area of Crops (%)	35.40	42.10	63.60	72.09	72.82
当年机械收获面积(千公顷)	Harvest Area by machine This Year (1 000 hectares)	4250	4801	7374	9789	10165
为农作物播种面积(%)	Percentage on Sown Area of Crops (%)	32.40	34.50	51.80	67.86	70.24
农村能源情况	**Agricultural Energy**					
农村用电量(亿千瓦小时)	Electricity Consumption in Rural Area (100 million kwh)	125.80	172.15	269.41	321.01	317.23
农业主要物资消耗情况	**Consumption of Main Agricultural Materials**					
农用化肥施用折纯量(万吨)	Consumption of Chemical Fertilizer by 100% Effective Component (10 000 tons)	420.71	518.14	655.15	716.09	735.24
农用塑料薄膜使用量(万吨)	Plastic Film Use for Agriculture (10 000 tons)	9.19	10.84	14.70	16.20	16.31
农药施用实物量(万吨)	Pesticide Use (10 000 tons)	9.55	10.51	12.49	12.87	14.37
农用柴油使用量(万吨)	Diesel Oil Use for Agriculture (10 000 tons)	79.56	89.79	107.92	114.70	112.44
农田水利建设情况	**Farm Water Conservancy Condition**					
灌溉面积(千公顷)	Irrigated Area (1 000 hectares)	4785.59	4941.21	5172.01	5333.90	5360.28
#耕地灌溉面积	Cultivated Irrigated Area	4725.31	4864.12	5080.96	5210.64	5244.49
林地灌溉面积	Woodland Irrigated Area	11.21	23.28	33.07	63.58	65.36
园地灌溉面积	Garden Irrigated Area	46.43	50.11	51.4	46.39	50.15
#节水灌溉面积	Water Saving Irrigated Area	949.61	1309.14	1536.64	1672.16	1806.61
节水灌溉面积占灌溉面积比重(%)	Mechanical and Electrical Irrigated Area Percentage to Effective Irrigated Area (%)	19.8	26.5	29.7	31.4	33.7
农业灌溉供水量(亿立方米)	Irrigated Water Supply (100million cu.m)	135.59	103.41	116.21	110.63	111.14

注：2011年以后的水利建设情况数据根据第一次全国水利普查数据调整。
a) Data on the construction of water conservancy are calculated from The first national water resources census since 2011.

13-13 各市农业机械化、能源及水利建设情况(2016年)

Agricultural Mechanization，Energy Resources Construction of Water Conservancy by City (2016)

市(县) City(County)	农业机械化情况 Agricultural Mechanization			农村能源情况 Agricultural Energy Resources	水利建设情况 Water Conservancy		
	机耕面积 (千公顷) Area Ploughed by Tractors (1 000 hectares)	机播面积 (千公顷) Area Sown by Machines (1 000 hectares)	机收面积 (千公顷) Area Harvested by Machines (1 000 hectares)	农村用电量 (亿千瓦小时) Electricity Consumption in Rural Areas (100 million kwh)	水库数量 (座) Reservoir (unit)	塘坝数量 (座) Spoilage (unit)	机电井数量 (眼) Motor-pumped Well (unit)
省 辖 市 City							
郑 州 市 Zhengzhou	226.25	363.03	324.31	36.99	136	519	54107
开 封 市 Kaifeng	550.18	640.50	564.80	9.11	2		165540
洛 阳 市 Luoyang	379.43	395.93	303.73	23.99	169	727	17470
平 顶 山 市 Pingdingshan	265.73	410.23	362.78	12.54	143	866	31194
安 阳 市 Anyang	380.30	510.01	573.42	28.74	157	1006	192558
鹤 壁 市 Hebi	96.80	180.87	219.77	2.39	38	170	25678
新 乡 市 Xinxiang	444.98	631.04	618.59	61.52	40	711	161472
焦 作 市 Jiaozuo	183.58	295.61	290.12	13.62	40	147	66089
濮 阳 市 Puyang	280.46	349.87	361.48	9.03			163944
许 昌 市 Xuchang	300.76	477.76	411.84	10.38	50	171	460635
漯 河 市 Luohe	205.80	288.37	295.53	6.07			226196
三 门 峡 市 Sanmenxia	115.27	106.12	91.76	3.78	172	141	37274
南 阳 市 Nanyang	1564.40	1470.75	1202.49	22.19	479	15961	513959
商 丘 市 Shangqiu	719.65	1155.18	1094.10	22.99	25		145971
信 阳 市 Xinyang	1054.69	409.78	864.32	17.14	870	112740	300608
周 口 市 Zhoukou	1075.74	1360.10	1274.43	15.47			147981
驻 马 店 市 Zhumadian	1307.58	1445.75	1264.76	19.54	182	5028	249683
济 源 市 Jiyuan	23.97	47.23	47.17	1.93	23	469	3983
省 直 管 县 County Directly Administrated by Province							
巩 义 市 Gongyi	24.00	39.53	33.45	13.85	14	68	1973
兰 考 县 Lankao	71.84	114.74	102.87	2.60			15260
汝 州 市 Ruzhou	59.86	99.89	96.35	3.32	26	323	12531
滑 县 Huaxian	118.20	180.20	182.53	4.81	1		147376
长 垣 县 Changyuan	71.97	103.09	102.50	5.60			12315
邓 州 市 Dengzhou	321.53	318.31	221.17	2.37	18	2715	161360
永 城 市 Yongcheng	122.18	205.56	189.80	4.01	1		27129
固 始 县 Gushi	246.00	79.00	204.33	2.87	61	18131	137839
鹿 邑 县 Luyi	102.65	149.95	135.63	1.53			21385
新 蔡 县 Xincai	157.60	161.10	141.75	0.91	3	275	131493

13-14 各市农用物资消耗情况(2016年)

Consumption of Agricultural Materials by City (2016)

单位：吨 (ton)

市(县) City(County)	农用化肥使用折纯量 Consumption of Chemical Fertilizer by 100% Effective Component	#氮肥 Nitrogenous Fertilizer	#磷肥 Phosphate Fertilizer	#钾肥 Potash Fertilizer	农用塑料薄膜使用量 Plastic Film Use for Agriculture	农用柴油使用量 Diesel Oil Use for Agriculture	农药使用量 Consumption of Chemical Pesticides
省辖市 City							
郑州市 Zhengzhou	219804	62988	34102	16439	7625	56107	3828
开封市 Kaifeng	319153	127332	63665	32859	10510	55484	5926
洛阳市 Luoyang	246807	72152	35208	23746	5363	45625	4659
平顶山市 Pingdingshan	383489	100279	44258	23853	3604	60292	4220
安阳市 Anyang	463715	136940	58098	27601	20903	58154	6344
鹤壁市 Hebi	81109	32858	13393	5557	1457	12748	1369
新乡市 Xinxiang	554912	193690	76429	31083	3827	83445	9674
焦作市 Jiaozuo	202039	66512	25113	7857	2233	37208	4090
濮阳市 Puyang	268001	114534	51536	21734	7002	31298	3882
许昌市 Xuchang	290763	76556	35161	19253	3370	35793	3575
漯河市 Luohe	175460	43728	16245	9793	3207	24354	2530
三门峡市 Sanmenxia	97778	27203	11661	12356	3696	20360	3009
南阳市 Nanyang	902349	279081	159882	102307	29493	146690	18408
商丘市 Shangqiu	829876	242625	149698	115745	13363	92320	20126
信阳市 Xinyang	518112	263467	113233	38021	14121	95850	10213
周口市 Zhoukou	820020	280631	147525	77043	19785	159005	18055
驻马店市 Zhumadian	749208	151534	96087	64571	12871	99373	6634
济源市 Jiyuan	24844	8485	5488	3078	718	10283	565
省直管县 County Directly Administrated by Province							
巩义市 Gongyi	28951	10051	4036	1670	125	7729	266
兰考县 Lankao	76860	29114	13473	6551	1145	10246	748
汝州市 Ruzhou	97545	24900	13830	4991	717	16809	717
滑县 Huaxian	216226	58069	21546	8316	3965	14747	1972
长垣县 Changyuan	77139	23885	11614	6251	687	12251	1135
邓州市 Dengzhou	187680	45893	29563	18381	3612	26678	3501
永城市 Yongcheng	126969	14600	10380	13800	2680	23400	2159
固始县 Gushi	101299	51087	25631	8701	3180	15804	2891
鹿邑县 Luyi	93810	58945	11752	4240	720	13650	1135
新蔡县 Xincai	69650	11240	20160	9030	1720	9730	1190

13-15 各市农田水利情况(2016年)

Condition of Irrigation and Conservancy Project by City (2016)

单位：千公顷 (1 000 hectares)

市(县) City(County)	灌溉面积 Irrigated Area	耕地灌溉面积 Effective Irrigated Area	实际耕地灌溉面积 Actual Irrigated area	园地灌溉面积 Garden Irrigated Area	节水灌溉面积 Water Saving Irrigated Area
全　　省 Total	**5360.28**	**5244.49**	**4451.74**	**50.15**	**1806.61**
省 辖 市 City					
郑 州 市 Zhengzhou	202.90	191.81	162.34	2.08	115.37
开 封 市 Kaifeng	352.28	335.44	240.68	5.79	35.61
洛 阳 市 Luoyang	153.61	145.55	111.38	4.41	78.05
平 顶 山 市 Pingdingshan	205.35	201.87	113.30	2.01	104.33
安 阳 市 Anyang	300.73	296.03	275.82	1.96	111.85
鹤 壁 市 Hebi	92.76	89.45	83.04	2.06	70.73
新 乡 市 Xinxiang	362.55	360.94	348.08	0.52	189.81
焦 作 市 Jiaozuo	185.74	170.83	158.32	2.61	129.44
濮 阳 市 Puyang	236.20	226.96	225.52	3.52	154.70
许 昌 市 Xuchang	247.59	247.25	203.81	0.31	172.07
漯 河 市 Luohe	143.68	143.68	143.68		22.33
三 门 峡 市 Sanmenxia	54.33	50.02	38.92	4.30	18.81
南 阳 市 Nanyang	490.71	482.87	415.48	1.79	171.90
商 丘 市 Shangqiu	606.65	594.17	530.74	7.08	127.65
信 阳 市 Xinyang	514.40	501.70	387.59	9.14	58.78
周 口 市 Zhoukou	576.40	575.73	573.63	0.21	86.86
驻 马 店 市 Zhumadian	607.81	605.37	418.14	2.28	154.96
济 源 市 Jiyuan	25.02	23.25	19.75	0.08	3.36
省 直 管 县 County Directly Administrated by Province					
巩 义 市 Gongyi	16.30	15.83	14.30		6.50
兰 考 县 Lankao	57.15	57.15	56.00		7.87
汝 州 市 Ruzhou	49.78	49.78	35.72		25.87
滑 县 Huaxian	111.93	108.68	97.00	1.30	46.74
长 垣 县 Changyuan	44.96	44.29	41.00		20.98
邓 州 市 Dengzhou	112.64	111.00	111.00	0.45	40.90
永 城 市 Yongcheng	86.34	86.34	69.00		20.07
固 始 县 Gushi	105.06	104.85	98.30	0.21	26.99
鹿 邑 县 Luyi	66.00	66.00	66.00		16.22
新 蔡 县 Xincai	75.49	75.37	13.84	0.12	16.18

13-16 水库、灌区情况
Reservoirs and Irrigated Areas

指 标	Item	2000	2010	2013	2014	2015	2016
年底水库数(座)	**Number of Reservoirs at Year-end (unit)**	**2396**	**2350**	**2663**	**2648**	**2653**	**2650**
大型水库(1亿立方米以上)	Large Reservoirs (100 million and over cu.m)	21	21	25	25	25	25
中型水库(1千万至1亿立方米)	Medium-sized Reservoirs (10 million - 100 million cu.m)	102	108	121	121	121	122
小型水库(10万至1千万立方米)	Small Reservoirs (100 thousand -10 million cu.m)	2273	2221	2517	2502	2507	2503
塘坝数量(座)	Small Reservoirs (in a hilly area,unit)		277838	141113	158514	160097	160168
窖池数量(座)	Pits(unit)			275431	276594	277873	278185
年底灌区数(处)	Number of Irrigation Areas at Year-end (unit)	171	191	664	666	664	666
规模以上灌区渠道长度(公里)	Irrigation Channel Length Above Designated Size (km)		2075	2296	2246	2454	2665

13-17 除涝、治水、堤防情况
Flood Prevention, Water-control and Embankment

指 标	Item	2000	2010	2013	2014	2015	2016
除涝面积(千公顷)	Flooded or Waterlogged Area Under Control (1 000 hectares)	1848.1	1973.3	1884.6	2031.7	2074.6	2108.1
水土流失综合治理面积(平方公里)	Area of Soil Erosion Under Control (sq.km)	3810	4413	3237	3314	3560	3601
堤防长度(公里)	Total Length of Dikes (km)	15758	16313	19361	19351	19531	19591
达标堤防长度(公里)	Standards Length of Dikes (km)		6440	10265	10410	10617	10692
堤防保护耕地面积(千公顷)	Area of Protected Land by Dikes (1 000 hectares)	3260	3388	3231	3482	3524	3512

13-18 农业生产情况

Agriculture Production

年 份 Year	播种面积(千公顷) Total Sown Area (1 000hectares)	#粮食 Grain	#棉花 Cotton	#油料 Oil-bearing Crops	粮食产量(万吨) Grain Output (10 000tons)	#小麦 Wheat	棉花产量(万吨) Cotton (10 000tons)	油料产量(万吨) Oil-bearing Crops (10 000tons)	园林水果产量(万吨) Garden Fruits (10 000tons)
1978	10966.70	9123.30	612.00	465.33	2097.40	868.18	22.42	24.16	47.11
1979	10917.00	9066.70	555.33	632.67	2134.50	969.00	19.84	36.87	52.37
1980	10788.20	8858.90	626.67	710.00	2148.68	890.37	40.62	46.20	43.55
1981	11013.00	9029.30	641.33	744.67	2314.50	1083.50	35.50	55.99	52.30
1982	11076.00	8923.30	754.00	709.33	2217.10	1220.10	32.04	44.16	46.63
1983	11326.70	9286.70	794.00	607.33	2904.00	1455.75	63.24	51.52	58.67
1984	11432.70	8996.70	1162.00	579.33	2893.50	1653.00	86.89	52.50	41.01
1985	11685.30	9029.30	814.30	793.70	2710.53	1528.23	54.73	96.18	53.33
1986	11819.50	9372.20	619.33	921.33	2545.67	1567.90	39.86	98.99	61.23
1987	11952.90	9365.20	717.33	977.33	2948.41	1626.00	57.00	136.57	77.84
1988	11930.20	9053.80	916.03	952.84	2663.00	1520.95	63.71	96.17	74.81
1989	11999.40	9262.00	836.15	915.43	3149.44	1695.13	52.72	118.48	76.75
1990	11889.70	9316.10	823.00	876.40	3303.66	1639.86	67.61	152.29	63.92
1991	12001.90	9040.40	1193.20	896.00	3010.30	1554.28	94.77	127.62	63.67
1992	11936.30	8804.70	1247.90	908.60	3109.61	1650.67	65.85	133.63	87.79
1993	12068.00	8969.00	974.00	1075.00	3639.21	1922.13	66.01	204.50	125.12
1994	12087.70	8810.90	966.70	1242.00	3253.80	1798.42	62.81	225.00	170.54
1995	12136.80	8810.00	1000.10	1271.50	3466.50	1754.18	77.00	298.00	211.66
1996	12257.40	8965.30	933.30	1181.10	3839.90	2026.76	73.57	278.46	247.26
1997	12276.74	8879.90	868.30	1208.50	3894.66	2372.35	79.00	276.66	269.26
1998	12567.05	9101.98	800.00	1235.90	4009.61	2073.53	72.84	312.13	312.60
1999	12659.90	9032.30	733.30	1316.10	4253.25	2291.46	70.73	349.25	349.42
2000	13136.91	9029.60	779.33	1492.54	4101.50	2235.95	70.38	392.55	364.73
2001	13127.70	8822.79	858.20	1443.97	4119.88	2299.71	82.77	362.49	399.12
2002	13359.80	8975.10	793.10	1537.00	4209.98	2248.39	76.49	420.68	427.01
2003	13684.40	8923.30	926.67	1569.90	3569.47	2292.50	37.67	309.91	430.38
2004	13805.69	8970.07	951.80	1554.96	4260.00	2480.93	66.67	408.75	507.07
2005	13922.60	9153.40	781.47	1605.80	4582.00	2577.69	67.70	449.60	555.69
2006	13995.39	9455.80	748.20	1489.10	5112.30	2936.50	81.00	460.07	591.78
2007	14087.84	9468.03	700.00	1497.41	5245.22	2980.21	75.00	483.98	663.49
2008	14181.67	9600.00	606.00	1518.32	5365.48	3051.00	65.08	505.34	714.09
2009	14196.59	9683.61	537.33	1541.22	5389.00	3056.00	51.75	532.98	755.90
2010	14248.69	9740.17	467.30	1564.12	5437.10	3082.22	44.72	540.72	795.99
2011	14258.61	9859.87	396.67	1578.91	5542.50	3123.00	38.24	532.36	833.58
2012	14262.17	9985.15	256.67	1573.63	5638.60	3177.35	25.69	569.51	870.43
2013	14323.54	10081.81	186.67	1589.93	5713.69	3226.44	18.97	589.08	888.30
2014	14378.34	10209.82	153.33	1598.21	5772.30	3329.00	14.70	584.33	895.95
2015	14424.94	10267.15	120.00	1600.80	6067.10	3501.00	12.64	599.74	915.76
2016	14472.25	10286.15	100.00	1624.76	5946.60	3466.00	10.10	619.09	922.73

13-19 农作物播种面积

Total Sown Areas of Farm Crops

单位：千公顷 (1 000 hectares)

指 标	Item	2009	2010	2011	2012	2013	2014	2015	2016
播种面积总计	**Total**	**14196.59**	**14248.69**	**14258.61**	**14262.17**	**14323.54**	**14378.34**	**14424.94**	**14472.25**
粮食作物	Grain	9683.61	9740.17	9859.87	9985.15	10081.81	10209.82	10267.15	10286.15
夏收粮食	Summer Harvest	5290.00	5306.67	5353.33	5366.67	5393.33	5433.33	5452.33	5492.33
秋收粮食	Autumn Harvest	4393.61	4433.50	4506.54	4618.48	4688.48	4776.49	4814.82	4793.82
谷物	Cereal	8838.97	8920.89	9055.35	9152.78	9276.11	9408.47	9499.13	9521.13
稻谷	Rice	611.30	628.00	638.00	648.16	641.33	649.67	656.00	655.00
小麦	Wheat	5263.30	5280.00	5323.33	5340.00	5366.66	5406.67	5425.66	5465.66
玉米	Corn	2895.42	2946.00	3025.00	3100.00	3203.33	3283.86	3343.86	3316.86
谷子	Millet	37.96	36.37	35.87	35.37	35.53	35.68	35.68	40.68
高粱	Sorghum	3.97	3.85	3.15	2.58	2.59	5.93	11.26	16.26
其他谷物	Others	27.02	26.67	30.00	26.67	26.67	26.66	26.67	26.67
#大麦	Barley	25.20	26.67	30.00	26.67	26.67	26.66	26.67	26.67
豆类	Beans	529.29	513.40	505.87	520.45	503.78	453.67	413.67	415.67
#大豆	Soybean	467.00	452.98	445.69	460.52	443.85	399.70	366.04	368.04
绿豆	Mung Bean	58.05	53.31	54.29	55.29	54.07	48.69	43.94	44.18
红薯	Tubers	315.35	305.88	298.65	311.92	301.92	347.68	354.35	349.35
油料	Oil- bearing Crops	1541.22	1564.12	1578.91	1573.63	1589.93	1598.21	1600.80	1624.76
#花 生	Peanuts	975.35	989.49	1010.58	1007.11	1037.27	1058.32	1074.61	1128.17
油菜籽	Rapeseeds	381.96	393.26	383.45	380.42	371.33	361.62	348.17	324.38
芝 麻	Sesame	177.46	175.96	177.49	180.67	175.80	172.57	172.00	166.30
棉花	Cotton	537.33	467.30	396.67	256.67	186.67	153.33	120.00	100.00
生麻	Fiber Crops	7.48	7.44	8.13	6.61	6.54	4.68	4.56	4.11
#黄红麻	Jute and Ambary Hemp	7.33	7.35	8.12	6.59	6.54	4.66	4.22	3.88
甘蔗	Sugarcane	5.00	3.92	3.96	3.97	3.95	3.86	3.54	3.41
烟叶	Tobacco	127.03	122.15	124.70	125.42	137.15	123.80	114.27	109.21
#烤烟	Flue-cured Tobacco	116.78	122.07	124.67	125.42	137.15	123.80	114.27	106.45
中草药材	Chinese Medicinal herbs	117.77	121.87	123.10	122.73	121.20	118.81	113.58	99.85
蔬菜及食用菌	Vegetables	1692.21	1704.06	1720.10	1730.28	1745.78	1725.62	1751.65	1772.53
瓜果类	Fruits	333.02	341.75	329.13	330.62	336.39	326.42	325.45	351.44
#西瓜	Watermelon	280.48	284.56	265.74	276.59	282.01	274.16	270.10	291.14
甜瓜	Honey-dew Melon	46.10	49.46	58.58	49.02	49.07	46.98	48.82	52.42
草莓	Strawberries	4.23	4.80	4.81	5.01	5.31	5.29	6.53	7.88
其他农作物	Others	151.92	175.91	114.04	127.09	114.12	113.79	123.96	120.80
#青饲料	Succulence	9.92	7.51	5.80	4.18	4.19	4.03	3.16	3.31
花卉	Flower	86.68	83.93	91.20	71.17	70.97	77.43	47.91	58.24

13-20 主要农作物种植结构

Planting Structure of Major Farm Crops

单位：%　　(%)

指　标	Item	2009	2010	2011	2012	2013	2014	2015	2016
总播种面积	**Total sown Area**	**100.0**	**100.0**	**100.0**	**100.0**	**100.0**	**100.0**	**100.0**	**100.0**
粮食作物	Grain	68.2	68.4	69.1	70.0	70.4	71.0	71.2	71.1
夏收粮食	Summer Harvest	37.3	37.2	37.5	37.6	37.7	37.8	37.8	38.0
秋收粮食	Autumn Harvest	30.9	31.1	31.6	32.4	32.7	33.2	33.4	33.1
谷物	Cereal	62.3	62.6	63.5	64.2	64.8	65.4	65.9	65.8
稻谷	Rice	4.3	4.4	4.5	4.5	4.5	4.5	4.5	4.5
小麦	Wheat	37.1	37.1	37.3	37.4	37.5	37.6	37.6	37.8
玉米	Corn	20.4	20.7	21.2	21.7	22.4	22.8	23.2	22.9
谷子	Millet	0.3	0.3	0.3	0.2	0.2	0.2	0.2	0.3
高粱	Sorghum	0.0	0.0	0.0				0.1	0.1
其他谷物	Others	0.2	0.2	0.2	0.2	0.2	0.2	0.2	0.2
#大麦	Barley	0.2	0.2	0.2	0.2	0.2	0.2	0.2	0.2
豆类	Beans	3.7	3.6	3.5	3.6	3.5	3.2	2.9	2.9
#大豆	Soybean	3.3	3.2	3.1	3.2	3.1	2.8	2.5	2.5
绿豆	Mung Bean	0.4	0.4	0.4	0.3	0.4	0.3	0.3	0.3
红薯	Tubers	2.2	2.1	2.1	2.2	2.1	2.4	2.5	2.4
油料	Oil- bearing Crops	10.9	11.0	11.1	11.0	11.1	11.1	11.1	11.2
#花　生	Peanuts	6.9	6.9	7.1	7.1	7.2	7.4	7.4	7.8
油菜籽	Rapeseeds	2.7	2.8	2.7	2.7	2.6	2.5	2.4	2.2
芝　麻	Sesame	1.3	1.2	1.2	1.3	1.2	1.2	1.2	1.1
棉花	Cotton	3.8	3.3	2.8	1.8	1.3	1.1	0.8	0.7
生麻	Fiber Crops	0.1	0.1	0.1	0.0	0.0	0.0	0.0	0.0
#黄红麻	Jute and Ambary Hemp	0.1	0.1	0.1	0.0	0.0	0.0	0.0	0.0
烟叶	Tobacco	0.9	0.9	0.9	0.9	1.0	0.9	0.8	0.8
#烤烟	Flue-cured Tobacco	0.8	0.9	0.9	0.9	1.0	0.9	0.8	0.8
中草药材	Chinese Medicinal herbs	0.8	0.9	0.9	0.9	0.8	0.8	0.8	0.7
蔬菜及食用菌	Vegetables	11.9	12.0	12.1	12.1	12.2	12.0	12.1	12.2
瓜果类	Fruits	2.3	2.4	2.3	2.3	2.3	2.3	2.3	2.4
#西瓜	Watermelon	1.9	2.0	1.9	1.9	2.0	1.9	1.9	2.0
甜瓜	Honey-dew Melon	0.3	0.3	0.4	0.3	0.3	0.3	0.3	0.4
其他农作物	Others	1.0	1.2	0.8	0.9	0.8	0.8	0.9	0.8
#青饲料	Succulence	0.1	0.1	0.0	0.0	0.0	0.0	0.0	0.0
花卉	Flower	0.6	0.6	0.6	0.5	0.5	0.5	0.3	0.4

13-21 主要农产品产量

Output of Major Farm Products

单位：万吨 (10 000 tons)

指 标	Item	2009	2010	2011	2012	2013	2014	2015	2016
粮 食	Grain	5389.00	5437.10	5542.50	5638.60	5713.69	5772.30	6067.10	5946.60
夏收粮食	Summer Harvest	3065.00	3090.70	3131.50	3186.00	3235.19	3339.00	3511.80	3476.80
秋收粮食	Autumn Harvest	2324.00	2346.4	2411.00	2452.60	2478.50	2433.30	2555.30	2469.80
谷物	Cereal	5159.87	5207.14	5308.08	5431.43	5522.72	5604.60	5902.56	5779.02
稻 谷	Rice	451.00	471.19	474.50	492.55	485.80	528.60	531.52	542.15
小 麦	Wheat	3056.00	3082.22	3123.00	3177.35	3226.44	3329.00	3501.00	3466.00
玉 米	Corn	1634.00	1634.79	1696.50	1747.75	1796.50	1732.05	1853.65	1752.97
谷 子	Millet	11.00	10.11	5.30	4.91	4.97	4.36	4.47	5.39
高 粱	Sorghum	0.37	0.35	0.28	0.22	0.26	0.59	1.12	1.71
其他谷物	Others	7.50	8.48	8.50	8.65	8.75	10.00	10.80	10.80
#大麦	Barley	7.38	8.48	8.50	8.65	8.75	10.00	10.80	10.80
豆类	Beans	93.00	93.34	95.15	84.56	78.83	59.00	53.75	54.50
#大 豆	Soybean	86.00	86.37	88.04	78.13	72.94	54.59	49.90	50.61
绿 豆	Mung Bean	6.40	6.42	6.54	6.01	5.42	4.05	3.62	3.66
红薯	Tubers	136.13	136.62	139.27	122.61	112.14	108.70	110.79	113.08
油 料	Oil- bearing Crops	532.98	540.72	532.36	569.51	589.08	584.33	599.74	619.09
#花 生	Peanuts	412.56	427.61	429.79	454.03	471.37	471.29	485.31	509.19
油菜籽	Rapeseeds	93.07	88.87	77.32	87.61	89.80	86.39	86.10	81.67
芝 麻	Sesame	26.17	23.22	24.14	26.76	26.86	25.88	27.34	27.23
棉 花	Cotton	51.75	44.72	38.24	25.69	18.97	14.70	12.64	10.10
生 麻	Fiber Crops	4.62	3.88	4.35	3.67	3.65	2.87	2.86	2.71
#黄红麻	Jute and Ambary Hemp	4.56	3.84	4.35	3.67	3.65	2.87	2.68	2.59
甘 蔗	Sugarcane	28.27	26.12	26.69	26.88	28.31	27.27	24.33	23.47
烟叶(未加工烟草)	Tobacco	29.73	28.75	29.25	30.68	34.65	29.99	28.85	28.26
#烤烟	Flue-cured Tobacco	29.73	28.74	29.24	30.68	34.65	29.67	23.34	27.61
蔬菜及食用菌	Vegetables	6370.38	6624.26	6709.74	7011.68	7112.51	7272.46	7456.52	7807.61
瓜果类	Fruits	1472.19	1598.01	1580.54	1664.61	1711.37	1664.23	1749.33	1948.53
#西 瓜	Watermelon	1279.36	1389.19	1346.71	1467.76	1508.00	1467.54	1565.62	1716.13
甜 瓜	Honey-dew Melon	164.50	185.79	219.86	182.00	188.55	182.42	165.67	211.16
草 莓	Strawberries	12.14	12.68	13.97	14.85	14.82	14.27	18.04	21.23

13-22 主要农产品单位面积产量(按播种面积计算)

Output of Major Farm Products Per Hectare (by Sown Areas)

单位：千克/公顷　　(kg/hectare)

指　标	Item	2009	2010	2011	2012	2013	2014	2015	2016
粮食	Grain	5565	5582	5621	5647	5667	5654	5912	5781
夏收粮食	Summer Harvest	5794	5824	5850	5937	5999	6146	6441	6330
秋收粮食	Autumn Harvest	5289	5292	5350	5310	5286	5094	5307	5152
谷物	Cereal	5838	5837	5862	5934	5954	5957	6214	6070
稻谷	Rice	7378	7504	7437	7599	7575	8136	8102	8277
小麦	Wheat	5806	5838	5867	5950	6012	6157	6453	6341
玉米	Corn	5643	5549	5608	5638	5608	5274	5544	5285
谷子	Millet	2898	2780	1478	1388	1399	1222	1252	1325
高粱	Sorghum	932	909	889	853	1004	995	995	1052
其他谷物	Others	2776	3180	2833	3243	3281	3751	4049	4049
#大麦	Barley	2929	3180	2833	3243	3281	3751	4049	4049
豆类	Beans	1757	1819	1881	1625	1565	1300	1299	1311
#大豆	Soybean	1842	1907	1975	1697	1643	1365	1363	1375
绿豆	Mung Bean	1102	1204	1205	1087	1002	832	824	828
红薯	Tubers	4317	4466	4663	3931	3714	3126	3127	3237
油料	Oil- bearing Crops	3458	3457	3372	3619	3705	3656	3747	3810
#花　生	Peanuts	4229	4322	4253	4508	4544	4453	4516	4513
油菜籽	Rapeseeds	2437	2260	2016	2303	2418	2389	2473	2518
芝　麻	Sesame	1474	1320	1360	1481	1528	1500	1590	1637
棉花	Cotton	963	957	964	1001	1016	959	1053	1010
生　麻	Fiber Crops	3857	5218	5351	5552	5582	6132	6272	6600
#黄红麻	Jute and Ambary Hemp	3854	5221	5353	5562.215	5582	6159	6351	6682
甘蔗	Sugarcane	61869	66622	67398	67709	71678	70648	68729	68866
烟叶(未加工烟草)	Tobacco (unprocessed)	2341	2353	2345	2446	2527	2422	2525	2588
#烤烟	Flue-cured Tobacco	2662	2355	2345	2446	2526	2397	2043	2594
蔬菜及食用菌	Vegetables and Edible Fungus	37645	38873	39008	40523	40741	42144	42569	44048
瓜果类	Fruits	45111	46759	48022	50348	50874	50984	53751	55444

注：本表单位面积产量均按原始计量单位计算，故与表13-18、20表的计算结果略有出入。

a) Output of farm crops per hectare in this table are calculated at original computation unit, so the data are different from 13-18、20.

13-23 各市主要农作物播种面积(2016年)

单位：千公顷

市(县) City(County)	农作物播种面积 Sown Area of Farm Crops	粮食作物 Grain	夏收粮食 Summer Harvest	秋收粮食 Autumn Harvest	谷物 Cereal	#稻谷 Rice	#小麦 Wheat	#玉米 Corn
省辖市 City								
郑州市 Zhengzhou	457.29	341.02	169.16	171.87	320.90		169.15	150.87
开封市 Kaifeng	813.88	494.01	299.06	194.95	461.01	7.09	299.06	154.82
洛阳市 Luoyang	698.73	521.24	250.13	271.10	461.23	1.95	250.12	193.09
平顶山市 Pingdingshan	541.54	424.94	214.55	210.40	396.49	1.44	214.44	180.31
安阳市 Anyang	763.58	580.34	320.31	260.03	567.69	0.31	320.29	241.16
鹤壁市 Hebi	193.78	170.95	87.78	83.17	167.92		87.78	79.21
新乡市 Xinxiang	807.43	653.46	357.13	296.33	633.44	17.93	357.09	257.81
焦作市 Jiaozuo	355.13	280.24	145.98	134.26	274.24	4.95	145.98	123.24
濮阳市 Puyang	497.48	388.89	214.10	174.79	374.29	35.12	214.10	124.67
许昌市 Xuchang	571.69	442.03	217.69	224.33	390.35		217.69	172.57
漯河市 Luohe	365.66	269.17	141.73	127.44	242.96		141.72	101.24
三门峡市 Sanmenxia	243.49	168.30	79.47	88.82	139.65		79.47	59.00
南阳市 Nanyang	1904.62	1200.62	677.10	523.53	1079.59	36.48	673.13	368.21
商丘市 Shangqiu	1378.10	1019.13	583.68	435.46	947.68	0.35	583.15	363.72
信阳市 Xinyang	1254.85	844.55	317.34	527.21	812.09	464.01	316.57	30.73
周口市 Zhoukou	1727.26	1245.33	680.02	565.30	1108.02	0.23	680.02	427.55
驻马店市 Zhumadian	1714.78	1247.11	715.33	531.78	1199.03	30.15	711.93	453.36
济源市 Jiyuan	54.29	42.84	20.87	21.97	40.63	0.05	20.87	19.70
省直管县 County Directly Administrated by Province								
巩义市 Gongyi	48.68	42.94	22.43	20.51	41.70		22.43	19.02
兰考县 Lankao	123.51	94.20	57.72	36.47	90.48	0.28	57.72	32.44
汝州市 Ruzhou	117.03	96.89	46.91	49.98	91.71	0.03	46.91	44.68
滑县 Huaxian	259.51	190.54	118.36	72.18	189.35	0.24	118.34	70.73
长垣县 Changyuan	121.80	97.59	54.49	43.11	93.66	1.94	54.45	37.19
邓州市 Dengzhou	339.89	213.28	134.68	78.60	195.36	0.46	133.79	61.11
永城市 Yongcheng	237.99	205.85	108.08	97.76	171.58		108.08	63.50
固始县 Gushi	240.76	157.47	41.38	116.09	155.60	111.22	41.38	3.00
鹿邑县 Luyi	174.27	134.31	70.38	63.94	118.29		70.38	47.84
新蔡县 Xincai	184.13	141.44	83.54	57.90	136.27	3.99	83.54	48.74

Total Sown Areas of Farm Crops by City (2016)

(1 000 hectares)

豆类 Beans	#大豆 Soybean	油料 Oilbearing Crops	#花生 Peanuts	#油菜籽 Rapeseeds	棉花 Cotton	烟叶 Fluecured Tobacco	蔬菜及食用菌 Vegetables and Edible Fungus	瓜果 Melon and Fruit
9.00	7.08	40.90	33.19	6.76	2.26	0.76	62.53	8.75
13.90	13.33	108.75	102.78	5.29	14.89		151.08	43.80
30.03	22.47	43.74	25.23	11.67	4.07	23.62	67.11	7.42
13.12	11.90	46.23	25.33	17.19	1.76	13.12	48.51	5.41
4.89	4.41	59.54	53.74	5.34	5.40		102.39	13.58
1.66	1.41	10.71	9.86	0.74	0.87		10.88	0.36
12.56	12.26	76.25	72.08	4.06	2.53		57.09	4.81
3.73	3.68	22.19	21.13	0.97	0.51		35.05	3.74
10.34	9.86	32.21	31.49	0.65	2.93		66.18	6.95
24.16	23.88	20.08	10.92	8.65	1.08	10.59	44.35	2.65
18.44	18.43	12.21	6.45	4.58	4.50	7.90	60.01	11.67
22.14	17.05	15.14	4.50	6.74	1.45	17.73	31.10	3.52
69.13	52.37	363.09	254.18	51.46	15.51	22.48	241.32	28.61
55.72	53.75	75.80	66.57	8.55	15.01	2.27	205.40	48.39
14.57	11.95	230.74	67.44	148.62	1.77	0.55	124.76	25.17
106.30	97.79	115.33	71.07	7.61	9.39	2.79	253.72	75.45
27.81	25.83	314.95	235.62	35.33	1.72	6.36	116.99	22.10
1.49	1.39	0.93	0.67	0.11	0.41	1.05	5.92	0.07
0.46	0.23	2.81	1.62	0.93	0.62		2.11	0.15
1.81	1.63	17.37	16.73	0.64	2.49		7.44	1.95
1.22	0.88	8.99	6.15	2.49	0.71	1.69	7.76	0.81
0.35	0.32	26.94	26.66	0.28	1.32		35.11	4.80
3.09	3.04	13.32	10.90	2.41	0.53		8.41	1.95
14.80	10.89	67.97	51.61	4.26	2.30	2.43	44.52	4.85
33.28	33.13	1.48	0.35	1.09	0.30		27.37	2.99
0.67	0.60	44.70	11.80	30.40	0.15		27.40	6.48
14.47	13.93	6.09	1.61	2.42	2.76	1.23	27.17	1.82
2.12	1.52	23.32	12.67	2.65	0.72		11.65	6.50

13-24 各市主要农产品产量(2016年)

单位：万吨

市(县) City(County)	粮食 Grain	夏粮 Summer Harvest	秋粮 Autumn Harvest	谷物 Cereal	#稻谷 Rice	#小麦 Wheat	#玉米 Corn
省辖市 City							
郑州市 Zhengzhou	161.04	81.80	79.24	151.31		81.80	69.30
开封市 Kaifeng	283.93	185.14	98.79	270.92	4.54	185.14	81.22
洛阳市 Luoyang	231.44	114.32	117.12	209.46	1.29	114.32	88.15
平顶山市 Pingdingshan	206.80	110.71	96.09	194.87	0.83	110.68	83.26
安阳市 Anyang	364.05	206.30	157.75	357.51	0.28	206.30	148.86
鹤壁市 Hebi	119.57	63.84	55.73	118.17		63.84	54.10
新乡市 Xinxiang	418.88	248.99	169.90	405.00	14.56	248.96	141.31
焦作市 Jiaozuo	204.76	112.53	92.23	202.07	3.89	112.53	85.63
濮阳市 Puyang	262.41	154.79	107.62	255.57	24.23	154.79	76.35
许昌市 Xuchang	284.17	157.48	126.69	264.84		157.48	107.31
漯河市 Luohe	176.92	103.41	73.50	169.17		103.41	65.77
三门峡市 Sanmenxia	66.79	33.14	33.64	58.12		33.14	24.61
南阳市 Nanyang	638.39	386.41	251.98	593.85	27.44	385.12	180.81
商丘市 Shangqiu	672.32	425.28	247.04	649.41	0.35	424.97	223.71
信阳市 Xinyang	576.73	150.00	426.73	564.39	394.30	149.80	20.09
周口市 Zhoukou	805.79	507.15	298.64	762.67	0.21	507.15	255.23
驻马店市 Zhumadian	745.61	469.46	276.15	725.28	17.90	468.28	237.76
济源市 Jiyuan	22.36	11.57	10.79	21.61	0.03	11.57	10.00
省直管县 County Directly Administrated by Province							
巩义市 Gongyi	15.81	8.43	7.38	15.38		8.43	6.92
兰考县 Lankao	52.50	33.82	18.68	50.55	0.22	33.82	16.48
汝州市 Ruzhou	46.97	24.63	22.34	44.98	0.01	24.63	20.32
滑县 Huaxian	144.57	89.24	55.33	143.63	0.22	89.24	54.16
长垣县 Changyuan	65.37	40.57	24.80	63.79	1.93	40.54	21.26
邓州市 Dengzhou	117.21	79.13	38.08	111.55	0.28	78.81	32.45
永城市 Yongcheng	132.01	79.74	52.28	122.60		79.74	42.86
固始县 Gushi	116.66	18.62	98.04	115.36	94.53	18.62	2.21
鹿邑县 Luyi	90.51	53.20	37.31	84.16		53.20	30.29
新蔡县 Xincai	83.26	54.12	29.14	81.41	2.09	54.12	25.19

Output of Major Farm Products by City (2016)

(10 000 tons)

豆类 Beans	#大豆 Soybean	油料 Oil-bearing Crops	#花生 Peanuts	#油菜籽 Rapeseeds	棉花 Cotton	烟叶(未加工) Flue-cured Tobacco	蔬菜及食用菌 Vegetables and Edible Fungus	瓜果 Melon and Fruit
1.54	1.37	14.72	13.46	1.14	0.22	0.16	259.65	35.24
4.12	3.98	48.59	46.92	1.51	1.79		712.20	228.14
4.40	3.44	12.75	8.81	2.97	0.52	5.78	283.06	18.71
4.24	4.03	13.94	9.54	3.85	0.19	3.26	235.23	21.40
1.32	1.23	27.08	25.94	1.08	0.78		585.09	87.41
0.48	0.45	2.96	2.85	0.10	0.06		40.88	1.37
3.58	3.52	34.63	33.49	1.12	0.47		292.46	26.30
1.06	1.04	12.61	12.35	0.24	0.06		196.95	15.09
3.15	3.03	14.47	14.21	0.22	0.30		253.80	28.79
5.34	5.31	6.22	3.94	2.20	0.11	2.94	169.59	11.90
3.80	3.79	3.51	2.30	1.08	0.38	1.40	182.99	42.02
4.60	3.66	3.52	1.28	1.40	0.14	4.36	110.87	8.99
14.40	10.74	145.87	121.20	14.29	1.44	6.50	1047.89	161.87
16.28	13.95	35.05	31.96	2.92	1.99	0.83	996.60	252.41
1.45	1.23	67.91	30.33	35.77	0.16	0.18	398.34	112.66
27.32	25.97	48.17	38.35	2.75	1.29	1.12	1003.27	436.14
8.17	6.73	129.55	114.74	9.03	0.16	1.50	451.54	125.57
0.33	0.32	0.27	0.21	0.02	0.05	0.24	28.33	0.24
0.03	0.02	0.42	0.25	0.15	0.07		5.96	0.42
0.55	0.52	7.54	7.37	0.16	0.31		25.64	8.57
0.20	0.16	3.18	2.68	0.46	0.07	0.41	35.09	2.95
0.13	0.12	13.21	13.14	0.07	0.17		196.90	30.90
0.81	0.80	5.08	4.33	0.74	0.07		55.79	13.51
3.63	2.66	29.24	25.93	1.31	0.21	1.04	221.78	23.58
9.09	7.69	0.51	0.14	0.37	0.09		143.54	22.19
0.26	0.25	12.32	4.69	7.20	0.01		103.92	34.34
4.86	4.70	1.77	0.65	0.85	0.29	0.39	101.29	8.41
0.50	0.34	7.09	5.70	0.67	0.06		45.26	33.19

13-25 各市主要农产品单位面积产量（2016年，按播种面积计算）

单位：千克/公顷

市(县) City(County)	粮食 Grain	夏粮 Summer Harvest	秋粮 Autumn Harvest	谷物 Cereal	稻谷 Rice	小麦 Wheat	玉米 Corn	豆类 Beans
省 辖 市 City								
郑 州 市 Zhengzhou	4722	4836	4611	4715		4836	4593	1713
开 封 市 Kaifeng	5748	6191	5068	5877	6397	6191	5246	2967
洛 阳 市 Luoyang	4440	4571	4320	4541	6608	4571	4565	1466
平 顶 山 市 Pingdingshan	4867	5160	4567	4915	5800	5162	4618	3231
安 阳 市 Anyang	6273	6441	6067	6298	8821	6441	6173	2700
鹤 壁 市 Hebi	6995	7273	6702	7037		7273	6830	2895
新 乡 市 Xinxiang	6410	6972	5733	6394	8120	6972	5481	2849
焦 作 市 Jiaozuo	7307	7708	6870	7368	7870	7708	6948	2838
濮 阳 市 Puyang	6748	7230	6157	6828	6900	7230	6124	3050
许 昌 市 Xuchang	6429	7234	5647	6785		7234	6219	2209
漯 河 市 Luohe	6573	7297	5767	6963		7297	6496	2060
三 门 峡 市 Sanmenxia	3968	4170	3788	4162		4170	4172	2077
南 阳 市 Nanyang	5317	5707	4813	5501	7522	5721	4911	2083
商 丘 市 Shangqiu	6597	7286	5673	6853	9847	7287	6151	2922
信 阳 市 Xinyang	6829	4727	8094	6950	8498	4732	6536	999
周 口 市 Zhoukou	6471	7458	5283	6883	9000	7458	5970	2570
驻 马 店 市 Zhumadian	5979	6563	5193	6049	5937	6578	5244	2936
济 源 市 Jiyuan	5221	5546	4913	5318	6234	5546	5077	2230
省 直 管 县 County Directly Administrated by Province								
巩 义 市 Gongyi	3682	3757	3600	3689		3757	3636	752
兰 考 县 Lankao	5573	5858	5123	5587	8094	5858	5081	3019
汝 州 市 Ruzhou	4848	5250	4470	4905	3500	5250	4548	1666
滑 县 Huaxian	7587	7540	7665	7585	9037	7541	7657	3701
长 垣 县 Changyuan	6698	7446	5753	6811	9969	7447	5717	2626
邓 州 市 Dengzhou	5496	5875	4845	5710	6185	5891	5309	2452
永 城 市 Yongcheng	6413	7377	5348	7145		7377	6750	2730
固 始 县 Gushi	7408	4500	8445	7414	8499	4500	7365	3868
鹿 邑 县 Luyi	6738	7559	5835	7115		7559	6465	3356
新 蔡 县 Xincai	5887	6479	5033	5974	5248	6479	5168	2379

Output of Major Farm Products Per Hectare by City (2016, by Sown Areas)

(kg/hectare)

大豆 Soybean	油料 Oil-bearing Crops	花生 Peanuts	油菜籽 Rapeseeds	烟叶（未加工） Tobacco	蔬菜及食用菌 Vegetables and Edible Fungus	瓜果类 Melon and Fruits
1932	3599	4057	1693	2086	41527	40258
2984	4468	4565	2852		47140	52088
1533	2916	3490	2548	2447	42180	25210
3390	3015	3765	2237	2486	48493	39573
2791	4548	4826	2028		57141	64377
3204	2764	2892	1397		37578	38150
2867	4541	4647	2748		51228	54663
2820	5680	5845	2515		56197	40361
3078	4492	4514	3378		38350	41436
2223	3097	3611	2550	2778	38236	44883
2057	2873	3562	2352	1773	30496	35991
2146	2324	2843	2078	2461	35651	25529
2052	4018	4768	2777	2892	43424	56580
2595	4623	4801	3415	3653	48519	52165
1027	2943	4497	2407	3245	31929	44763
2656	4177	5397	3614	4015	39543	57804
2606	4113	4870	2557	2352	38596	56826
2273	2908	3101	1411	2250	47847	33571
701	1490	1527	1567		28235	27997
3168	4340	4408	2571		34479	43945
1843	3536	4355	1856	2407	45243	36532
3772	4902	4928	2403		56089	64371
2626	3813	3975	3080		66301	69298
2445	4302	5025	3075	4292	49817	48668
2322	3454	3901	3360		52449	74131
4077	2757	3974	2368		37926	52966
3377	2909	4042	3510	3157	37287	46245
2250	3041	4500	2525		38863	51038

13-26 蔬菜生产情况
Production of Vegetables

指 标	Item	2015 播种面积（千公顷）Sown Areas (1 000 hectares)	2015 产 量（万吨）Output (10 000tons)	2016 播种面积（千公顷）Sown Areas (1 000 hectares)	2016 产 量（万吨）Output (10 000tons)
蔬菜及食用菌合计	**Vegetables and Edible fungus**	**1751.65**	**7456.52**	**1772.53**	**7807.61**
叶菜类	Leaf Type for Vegetable	221.30	851.29	242.98	1003.23
#芹菜	Celery	77.80	355.83	92.56	451.23
菠菜	Spinach	74.46	237.56	75.50	250.28
白菜类	Cabbage	211.50	1052.38	160.84	883.84
大白菜	Chinese Cabbage	157.23	836.71	140.08	755.51
甘蓝类	Cabbages	45.48	220.01	44.33	222.67
圆白菜	Cabbage Patch	42.09	205.56	40.68	197.23
块根、块茎类	Root and Stem Tuber for Vegetable	197.25	980.65	182.25	966.60
#白萝卜	Radish	108.44	560.15	99.48	521.57
胡萝卜	Carrot	42.33	213.12	38.37	194.91
瓜菜类	Melons for Vegetable	223.01	1071.79	220.53	1136.40
#黄瓜	Cucumber	174.27	844.61	162.31	796.79
菜用豆类	Legume for Vegetable	142.91	566.57	152.56	600.45
#长豆角	Carob	101.90	370.71	104.17	381.39
茄果菜类	Eggplant and Fruit for Vegetable	365.23	1339.80	411.23	1516.50
#茄子	Eggplant	77.55	356.92	83.24	377.49
西红柿	Tomato	110.49	548.90	120.08	508.55
葱蒜类	Shallot and Garlic for Vegetable	215.85	793.60	226.20	866.61
#大葱	Shallot	83.43	346.07	89.79	379.37
蒜头	Garlic	131.02	360.72	116.17	362.31
水生菜类	Aquicolous Vegetable	25.13	108.00	26.25	114.95
#莲藕	Lotus	23.61	103.82	25.42	105.48
其他蔬菜	Others	103.99	290.01	105.36	305.51
食用菌	Edible Fungus		182.41		190.85

13-27 各市蔬菜播种面积(2016年)

Total Sown Areas of Vegetables by City (2016)

单位：千公顷 (1000 hectare)

市(县)	City(County)	蔬菜及食用菌 Vegetables and Edible fungus	叶菜类 Leaf Vegetables	白菜类 Chinese Cabbage	甘蓝类 Cabbages	块根、块茎类 Root and Stem Tuber for Vegetable	瓜菜类 Melons for Vegetable	菜用豆类 Legume for Vegetable	茄果菜类 Eggplant and Fruit for Vegetable	葱蒜类 Shallot and Garlic for Vegetable	水生菜类 Aquicolous Vegetable	其他蔬菜 Others
省辖市	**City**											
郑州市	Zhengzhou	62.53	7.45	5.39	1.33	5.83	5.24	5.34	7.62	20.18	1.31	2.84
开封市	Kaifeng	151.08	12.88	12.75	3.30	19.60	11.53	8.23	22.99	46.75	1.44	11.62
洛阳市	Luoyang	67.11	8.65	4.76	1.27	9.18	7.08	7.54	17.38	8.51	0.29	2.44
平顶山市	Pingdingshan	48.51	9.02	5.06	1.21	6.79	5.22	4.55	8.27	5.69	0.61	2.08
安阳市	Anyang	101.89	14.46	9.35	2.28	6.05	17.11	11.01	32.34	6.52	0.11	2.67
鹤壁市	Hebi	10.89	2.14	1.69	0.46	1.00	1.68	0.76	1.73	0.48		0.95
新乡市	Xinxiang	57.36	8.91	10.39	0.78	4.91	9.92	4.88	10.87	3.73	0.39	2.59
焦作市	Jiaozuo	33.00	4.52	3.15	1.26	3.68	6.44	3.66	5.42	3.60	0.33	0.95
濮阳市	Puyang	66.18	6.86	6.78	1.22	4.14	11.54	6.06	19.24	3.89	2.60	3.85
许昌市	Xuchang	44.35	8.01	4.39	0.34	5.14	3.96	3.35	14.81	3.10	0.39	0.86
漯河市	Luohe	60.01	8.97	6.13	0.68	3.87	6.14	3.59	22.84	3.50	0.05	4.25
三门峡市	Sanmenxia	31.10	4.05	2.66	1.62	5.25	3.20	2.08	8.13	2.39	0.35	1.37
南阳市	Nanyang	241.32	22.94	17.21	8.59	30.00	23.03	18.64	50.54	27.70	8.55	34.12
商丘市	Shangqiu	205.40	23.68	21.49	4.11	13.65	22.97	17.27	63.57	28.76	0.71	9.20
信阳市	Xinyang	124.76	22.65	11.15	4.80	18.97	14.80	13.48	15.42	12.32	4.65	6.53
周口市	Zhoukou	253.72	39.34	17.12	5.76	23.18	40.33	22.62	65.48	24.15	2.82	12.93
驻马店市	Zhumadian	116.99	20.75	9.95	3.09	13.82	17.53	9.74	19.57	15.74	0.98	5.82
济源市	Jiyuan	5.92	0.62	0.66	0.07	0.44	0.93	0.86	1.54	0.45	0.01	0.33
省直管县	**County Directly Administrated by Province**											
巩义市	Gongyi	2.11	0.50	0.19	0.01	0.38	0.28	0.17	0.28	0.26	0.00	0.03
兰考县	Lankao	7.44	0.99	0.30	0.17	0.33	1.03	0.77	2.44	1.23	0.14	0.05
汝州市	Ruzhou	7.76	0.96	1.29	0.33	1.34	0.85	0.54	1.09	1.08	0.01	0.28
滑县	Huaxian	35.11	9.44	4.03	0.61	1.94	6.34	3.03	7.24	1.48	0.01	0.99
长垣县	Changyuan	8.41	1.50	0.82	0.07	1.09	1.85	0.52	1.34	0.65	0.32	0.27
邓州市	Dengzhou	44.52	2.60	2.36	0.93	4.63	7.42	4.35	13.57	5.76	2.70	0.20
永城市	Yongcheng	27.37	3.03	4.42	1.84	3.94	2.46	3.92	5.54	1.38	0.33	0.50
固始县	Gushi	27.40	5.18	2.10	0.99	2.81	2.84	3.39	3.37	4.87	0.89	0.97
鹿邑县	Luyi	27.17	7.43	2.72	1.02	2.10	4.08	2.05	3.89	2.02	0.06	1.81
新蔡县	Xincai	11.65	1.32	0.95	0.44	2.64	1.70	0.71	1.84	1.77	0.10	0.18

13-28 各市蔬菜及食用菌产量(2016年)

Output of Vegetables and Edible Fungus by City (2016)

单位：万吨 (10 000tons)

市(县)	City(County)	蔬菜及食用菌 Vegetables and Edible fungus	叶菜类 Leaf Vegetables	白菜类 Chinese Cabbage	甘蓝类 Cabbages	块根、块茎类 Root and Stem Tuber for Vegetable	瓜菜类 Melons for Vegetable	菜用豆类 Legume for Vegetable	茄果菜类 Eggplant and Fruit for Vegetable	葱蒜类 Shallot and Garlic for Vegetable	水生菜类 Aquicolous Vegetable	其他蔬菜 Others	食用菌 Edible Fungus
省辖市	**City**												
郑州市	Zhengzhou	259.65	24.46	35.23	6.15	30.71	26.09	19.26	35.72	60.86	6.82	13.18	1.19
开封市	Kaifeng	712.20	70.58	76.12	17.76	140.28	65.92	31.39	100.10	168.15	8.33	25.87	7.70
洛阳市	Luoyang	283.06	34.40	31.97	6.03	36.61	34.06	25.16	68.95	31.52	0.87	7.28	6.20
平顶山市	Pingdingshan	235.23	34.64	26.52	5.94	38.96	31.73	18.52	35.40	19.92	2.35	9.01	12.24
安阳市	Anyang	583.09	61.32	58.80	16.09	36.24	135.47	44.30	178.96	30.58	0.47	11.78	9.07
鹤壁市	Hebi	40.94	5.53	10.23	1.86	4.59	6.10	2.03	6.79	1.56		1.76	0.47
新乡市	Xinxiang	293.98	40.62	58.82	4.81	29.04	47.55	15.62	50.43	12.56	1.87	8.65	24.01
焦作市	Jiaozuo	186.82	18.70	20.64	6.71	20.97	42.76	14.25	34.37	19.62	1.29	6.13	1.38
濮阳市	Puyang	253.80	26.33	30.46	6.44	18.62	50.17	21.51	61.01	13.49	4.90	11.26	9.60
许昌市	Xuchang	169.58	30.31	25.03	1.40	27.62	18.51	11.78	37.09	12.99	1.11	3.57	0.16
漯河市	Luohe	182.99	33.00	20.81	1.56	20.35	23.51	12.71	39.06	12.27	0.26	18.05	1.41
三门峡市	Sanmenxia	110.87	10.28	9.11	7.43	18.28	14.27	5.90	23.32	8.12	1.82	4.01	8.31
南阳市	Nanyang	1047.89	98.05	89.84	48.03	159.40	120.55	112.08	153.16	136.17	45.05	62.99	22.56
商丘市	Shangqiu	996.60	119.45	147.97	22.15	89.59	112.90	66.22	237.09	121.89	4.84	42.37	32.14
信阳市	Xinyang	398.34	67.21	45.84	18.33	63.89	56.44	40.00	42.39	27.22	10.92	19.40	6.71
周口市	Zhoukou	1003.27	178.16	87.39	21.63	99.52	187.13	70.94	204.95	91.70	11.00	38.27	12.58
驻马店市	Zhumadian	451.54	69.50	48.01	13.42	68.04	61.45	27.47	72.22	45.90	4.03	19.51	21.99
济源市	Jiyuan	28.33	1.98	5.98	0.22	3.98	5.69	1.61	5.25	1.34	0.03	1.18	1.08
省直管县	**County Directly Administrated by Province**												
巩义市	Gongyi	5.96	0.84	0.65	0.03	1.39	1.10	0.40	1.03	0.44	0.00	0.05	0.05
兰考县	Lankao	25.64	4.51	0.98	0.66	1.59	4.29	2.15	5.69	4.41	0.41	0.10	0.85
汝州市	Ruzhou	35.09	4.71	6.08	1.70	7.10	3.90	1.55	4.34	4.62	0.04	0.95	0.09
滑县	Huaxian	196.90	41.25	23.29	3.21	10.89	54.75	10.79	41.39	6.48	0.06	4.35	0.45
长垣县	Changyuan	55.79	8.54	4.17	0.79	8.92	11.98	3.49	9.16	3.35	1.73	2.90	0.76
邓州市	Dengzhou	221.78	11.80	22.66	6.00	26.57	37.27	22.59	57.96	20.03	15.39	0.49	1.03
永城市	Yongcheng	143.54	15.27	24.76	11.00	23.93	16.58	13.19	24.29	9.12	3.28	2.01	0.12
固始县	Gushi	103.92	20.15	11.60	3.83	21.12	14.03	8.43	9.51	10.28	2.32	2.54	0.11
鹿邑县	Luyi	101.29	26.09	12.63	2.02	11.22	17.53	4.43	16.11	5.77	0.20	5.16	0.13
新蔡县	Xincai	45.26	2.98	7.87	0.99	9.51	7.07	2.28	8.95	3.74	0.29	0.86	0.72

13-29 茶叶、水果及食用坚果生产情况

Production of Tea, Fruit and Nuts

指 标	Item	2000	2005	2010	2013	2014	2015	2016
面 积	**Area**							
茶园面积(千公顷)	Area of Tea Plantations (1 000 hectares)	20.68	33.09	65.15	97.69	105.47	114.00	118.29
果园面积(千公顷)	Area of Orchards (1 000 hectares)	355.90	416.63	455.26	475.70	458.40	455.63	447.54
苹果园	Apple Orchards	206.97	165.78	177.63	176.65	171.95	170.21	156.54
梨园	Pears Orchards	30.87	39.23	47.28	52.32	52.97	54.73	54.57
葡萄园	Grapes Orchards	16.75	26.17	29.90	32.39	33.94	36.25	37.87
猕猴桃园	Chinese Goosebeery Orchards		6.90	9.20	10.30	10.82	10.99	11.16
桃园	Peach Orchards	29.11	60.22	73.90	76.39	70.01	73.82	78.61
柑桔园	Citrus Orchards	4.88	10.05	10.85	11.54	11.75	11.60	11.60
其他果园	Others	67.30	108.30	106.50	116.11	106.96	98.03	97.18
产 量	**Output**							
茶叶产量(吨)	Output of Tea (ton)	9163	16902	42732	55891	61119	64855	68571
园林水果产量(万吨)	Output of Garden Fruit (10 000 tons)	364.73	555.69	795.99	888.30	895.95	915.76	922.73
苹果	Apples	238.90	300.62	408.96	443.15	441.74	449.65	438.58
梨	Pears	33.30	65.47	94.66	107.73	112.91	114.83	117.48
葡萄	Grapes	20.83	41.26	48.41	55.67	58.39	63.78	68.27
鲜枣	Jujube	17.78	26.81	39.19	41.55	35.64	32.42	32.76
柿	Persimmon	15.88	25.86	44.38	54.63	54.33	51.98	50.91
桃	Peach	26.63	60.10	101.74	110.12	113.32	119.35	127.80
柑桔	Citrus	2.12	3.59	4.17	4.81	4.67	4.94	4.79
食用坚果产量(吨)	Nuts (ton)							
核桃	Walnuts	17143	25339	55407	130428	107018	165925	180303
板栗	Chestnut	85650	112351	206517	242671	176993	283562	281000

13-30 各市果园面积(2016年)

Area of Orchard by City (2016)

单位：千公顷 (1 000 hectares)

市(县) City(County)	合 计 Total	#苹果园 Apple Orchards	#梨园 Pears Orchards	#葡萄园 Grapes Orchards	#柑橘园 Orange Orchards	#猕猴桃园 Chinese Goosebeery Orchards	#桃园 Peach Orchards
省 辖 市 City							
郑 州 市 Zhengzhou	22.69	4.17	1.04	2.21	0.00	0.02	3.17
开 封 市 Kaifeng	25.06	14.06	1.52	2.14	0.00	0.00	5.07
洛 阳 市 Luoyang	46.57	22.78	3.38	4.40		0.06	3.00
平 顶 山 市 Pingdingshan	12.39	1.11	1.70	1.29		0.02	5.03
安 阳 市 Anyang	38.37	9.97	2.52	1.76			4.87
鹤 壁 市 Hebi	2.06	0.37	0.27	0.16			0.21
新 乡 市 Xinxiang	13.66	3.41	1.89	1.15		0.03	4.86
焦 作 市 Jiaozuo	6.45	1.42	0.82	0.63		0.01	2.23
濮 阳 市 Puyang	11.69	6.50	1.03	0.61			1.32
许 昌 市 Xuchang	4.99	1.21	0.34	1.06		0.00	1.08
漯 河 市 Luohe	2.85	0.12	0.54	1.47		0.02	0.60
三 门 峡 市 Sanmenxia	67.45	52.87	1.39	2.42		0.03	3.33
南 阳 市 Nanyang	82.88	9.31	12.50	2.34	11.39	10.86	18.39
商 丘 市 Shangqiu	51.08	26.23	9.48	6.50	0.00	0.01	7.29
信 阳 市 Xinyang	16.72	0.26	3.68	3.91	0.21	0.10	5.76
周 口 市 Zhoukou	22.15	3.33	5.55	3.01			4.98
驻 马 店 市 Zhumadian	20.17	0.31	6.88	2.91		0.01	7.19
济 源 市 Jiyuan	2.31	0.41	0.28	0.08	0.00		0.50
省 直 管 县 County Directly Administrated by Province							
巩 义 市 Gongyi	2.20	1.27	0.12	0.31	0.00	0.00	0.17
兰 考 县 Lankao	6.29	4.31	0.42	0.29			0.38
汝 州 市 Ruzhou	5.02	0.65	0.19	0.42			2.54
滑 县 Huaxian	4.83	1.87	0.94	0.38			0.96
长 垣 县 Changyuan	1.38	0.09	0.14	0.20			0.11
邓 州 市 Dengzhou	5.02	0.43	0.94	0.41	0.87		1.63
永 城 市 Yongcheng	5.42	1.43	1.62	1.02			1.12
固 始 县 Gushi	1.66	0.09	0.34	0.45	0.10		0.44
鹿 邑 县 Luyi	0.59	0.08	0.18	0.05			0.12
新 蔡 县 Xincai	2.76	0.13	0.72	0.71			0.63

13−31 各市园林水果产量(2016年)

Output of Garden Fruit by City (2016)

单位：吨 (ton)

市(县)	City(County)	合计 Total	#苹果 Apples	#梨 Pears	#葡萄 Grapes	#枣 Jujube	#柿 Persimmon	#桃 Peach
省辖市	**City**							
郑州市	Zhengzhou	272616	54515	20012	41344	57934	8411	43072
开封市	Kaifeng	540923	303576	36663	33620	6699	12366	135904
洛阳市	Luoyang	888221	489589	48999	110964	20085	68014	69567
平顶山市	Pingdingshan	141223	14741	20045	39148	1726	16131	47085
安阳市	Anyang	714718	279765	63812	39511	121962	56370	121190
鹤壁市	Hebi	36970	12554	6914	5858	1854	3738	5966
新乡市	Xinxiang	205019	47567	30915	12108	3957	7251	100589
焦作市	Jiaozuo	137827	36562	20449	15331	3617	10793	45621
濮阳市	Puyang	289542	193406	29442	13854	9611	4706	17396
许昌市	Xuchang	69950	20227	9033	16894	2709	1819	17401
漯河市	Luohe	91846	3545	16237	50439	245	867	19390
三门峡市	Sanmenxia	2360618	1893901	47679	65433	38393	136963	103221
南阳市	Nanyang	907004	44035	67550	19330	23104	44944	170523
商丘市	Shangqiu	1778801	927476	579657	108305	9378	27009	100049
信阳市	Xinyang	130870	1186	41023	29015	3017	17971	33346
周口市	Zhoukou	529857	88913	92661	62507	21448	83589	173788
驻马店市	Zhumadian	142975	2046	44664	20459	4231	6216	62287
济源市	Jiyuan	32195	10628	6958	1249	43	4266	6159
省直管县	**County Directly Administrated by Province**							
巩义市	Gongyi	30704	16522	2554	6601	180	2029	1460
兰考县	Lankao	169560	132013	14594	7244	846	185	10978
汝州市	Ruzhou	40292	8977	2235	5203	657	10985	12235
滑县	Huaxian	168692	72245	34849	14187	7659	12556	27196
长垣县	Changyuan	13779	2596	1702	3788	2370	40	2563
邓州市	Dengzhou	29472	1305	4734	3005	376	490	18696
永城市	Yongcheng	265783	58022	157431	12560			21457
固始县	Gushi	27689	185	9631	4585	586	5215	5063
鹿邑县	Luyi	10631	1950	5110	1767	95	320	1380
新蔡县	Xincai	18740	1090	5320	3630	240	2170	6290

13−32 林业生产情况
Conditions of Forestry Production

指 标	Item	2000	2005	2010	2013	2014	2015	2016
营林情况	**Afforestation Conditions**							
当年造林面积(千公顷)	New Forest Area This Year (1 000 hectares)	241.32	263.50	277.11	253.91	260.00	200.01	133.49
#人工造林	By Manpower	206.45	186.72	211.53	201.21	201.25	154.75	97.65
按造林用途分(千公顷)	Afforestation Area by Use (1 000 hectares)							
用材林	Timber Forest	56.77	73.90	72.81	55.70	67.18	55.39	25.82
经济林	Economic Forest	69.11	39.00	35.46	41.44	49.00	37.37	18.01
防护林	Shelter Forest	113.80	72.93	168.58	156.77	143.08	105.23	89.53
年末实有封山育林面积	Actual Area of Close Hillsides to Tend Forests							
(千公顷)	at year-end (1 000 hectares)	475.46	385.92	367.46	362.78	388.34	425.82	403.46
零星(四旁)植树(万株)	Scattered Planting Trees (10 000 trees)	25806	30639	27328	22948	20768	18921	14012
育苗面积(千公顷)	Area of Tending Seedlings (1 000 hectares)	18.21	28.65	34.94	42.55	53.66	59.15	65.83
当年苗木产量(万株)	Output of Nursery Stock (10 000 trees)		201169	153503	239485	253022	268911	279005
森林抚育面积(千公顷)	Forests Tending Area							
	(1 000 hectares)			634.61	323.95	349.13	217.07	300.39
主要林产品产量	**Output of Major Forest Products**							
天然生漆(吨)	Lacquer (ton)	569	955	2034	2209	2103	2111	2092
油桐籽(吨)	Tung-oil Seeds (ton)	57054	45802	120701	83830	84397	79182	81155
油茶籽(吨)	Tea-oil Seeds (ton)	3270	8079	20823	17461	18439	24324	29213
乌柏籽(吨)	Tallow-seeds (ton)	1157	2557	11631	10825	9765	8235	7869
五倍子(吨)	Chinese Gall (ton)	934	1709	3986	4181	4163	4173	4072
村及村以下竹木采伐量	**Logging of Bamboo and Tree in Rural Areas**							
木材(万立方米)	Wood (10 000 cu.m)	306.00	55.94	149.67	243.13	228.81	228.88	273.99
竹材(万根)	Bamboo (10 000 units)	158.00	506.50	76.50	125.85	151.44	153.89	153.50

13-33 各市林业生产情况(2016年)
Conditions of Forestry Production by City (2016)

单位：千公顷 (1 000 hectares)

市(县)	City(County)	当年造林面积 Current New Forest Area	#人工造林 By Manpower	#用材林 Timber Forest	#经济林 Economic Forest	#防护林 Shelter Forest
省辖市	**City**					
郑州市	Zhengzhou	2.75	2.48		0.50	2.24
开封市	Kaifeng	3.95	3.95	1.71	0.10	2.13
洛阳市	Luoyang	11.11	8.42	0.02	1.94	9.15
平顶山市	Pingdingshan	11.39	6.81	0.34	3.53	7.52
安阳市	Anyang	6.82	4.89	1.23	1.01	4.59
鹤壁市	Hebi	4.63	3.94	0.26	1.90	2.47
新乡市	Xinxiang	13.08	6.53	0.97	0.69	11.42
焦作市	Jiaozuo	6.97	5.30	2.84	0.31	3.81
濮阳市	Puyang	3.03	3.03	1.75	0.20	1.07
许昌市	Xuchang	3.38	3.38	1.54	1.11	0.73
漯河市	Luohe	1.17	1.17	0.32	0.19	0.66
三门峡市	Sanmenxia	6.46	5.10		1.00	5.45
南阳市	Nanyang	22.40	14.29	0.76	1.43	20.21
商丘市	Shangqiu	4.40	4.40	1.26	1.28	1.87
信阳市	Xinyang	13.56	11.55	8.18	1.90	3.34
周口市	Zhoukou	2.36	2.36	1.73	0.05	0.58
驻马店市	Zhumadian	11.78	7.42	2.92	0.87	7.99
济源市	Jiyuan	4.29	2.65			4.29
省直管县	**County Directly Administrated by Province**					
巩义市	Gongyi	0.51	0.25		0.25	0.27
兰考县	Lankao	0.60	0.60	0.50	0.10	
汝州市	Ruzhou	1.62	1.62		0.67	0.95
滑县	Huaxian	0.49	0.49	0.20	0.29	
长垣县	Changyuan	0.15	0.15			0.15
邓州市	Dengzhou	1.74	1.74			1.74
永城市	Yongcheng	1.80	1.80		0.50	1.29
固始县	Gushi	1.89	1.21	1.11	0.10	0.68
鹿邑县	Luyi	0.21	0.21	0.21		
新蔡县	Xincai	0.38	0.38	0.38		

13-33 续表 continued

单位：千公顷 (1 000 hectares)

市(县) City(County)	年末实有封山育林面积 Actual Area of Closing Hillsides to Tend Forest at year-end	零星(四旁)植树(万株) Scattered Planting Trees (10 000 trees)	当年苗木产量(万株) Quantity of Nursery Stock (10 000 trees)	森林抚育面积 Area of Tending Woods
省 辖 市 City				
郑 州 市 Zhengzhou	4.31	627.00	9009.75	3.15
开 封 市 Kaifeng		254.54	3042.89	1.23
洛 阳 市 Luoyang	27.90	798.50	28162.90	107.38
平 顶 山 市 Pingdingshan	15.55	755.00	15481.20	3.96
安 阳 市 Anyang	18.83	559.50	11317.15	4.71
鹤 壁 市 Hebi	12.68	438.80	3729.80	8.12
新 乡 市 Xinxiang	19.61	961.32	6269.46	8.92
焦 作 市 Jiaozuo	2.64	239.01	22257.56	6.19
濮 阳 市 Puyang		134.05	6903.78	0.65
许 昌 市 Xuchang	5.34	2104.60	13422.00	3.35
漯 河 市 Luohe		436.94	3119.67	0.79
三 门 峡 市 Sanmenxia	51.40	1507.30	22597.95	20.17
南 阳 市 Nanyang	131.31	1773.14	52419.34	76.31
商 丘 市 Shangqiu		799.50	12981.37	2.59
信 阳 市 Xinyang	86.88	913.02	35329.72	27.94
周 口 市 Zhoukou		632.20	13068.63	2.71
驻 马 店 市 Zhumadian	26.04	917.31	15587.15	18.04
济 源 市 Jiyuan	0.97	160.00	4305.16	4.19
省 直 管 县 County Directly Administrated by Province				
巩 义 市 Gongyi	0.27		445.00	1.45
兰 考 县 Lankao		0.01		
汝 州 市 Ruzhou	2.42	283.00	6926.00	1.82
滑 县 Huaxian			1327.00	0.10
长 垣 县 Changyuan		245.00	60.00	0.19
邓 州 市 Dengzhou	0.33	580.00	3148.00	0.20
永 城 市 Yongcheng		283.20	2899.00	0.25
固 始 县 Gushi	1.41	0.02	300.00	1.42
鹿 邑 县 Luyi			127.00	0.48
新 蔡 县 Xincai		211.56	928.65	0.04

13-34 牧渔业产量

Output of Animal Husbandry and Fishery

年 份 Year	肉类产量（万吨） Total Output of Meat (10 000 tons)	#猪肉 Pork	#牛肉 Beef	#羊肉 Mutton	#禽肉 Poultry	大牲畜年底头数（万头） Large Animals at Year-end (10 000 heads)	#役畜 Draught Animals	猪年底头数（万头） Hogs (10 000 heads)	禽蛋产量（万吨） Poultry Eggs (10 000 tons)	奶类产量（万吨） Output of Milk (10 000 tons)	水产品产量（万吨） Total Aquatic Products (10 000 tons)
1978	45.64	42.20				515.03	401.70	1724.90			2.47
1979	55.14	50.00				521.50	400.40	1592.30			2.30
1980	55.03	49.45	0.69	2.88	1.90	541.99	423.75	1474.24	15.86	2.20	2.91
1981	51.58	44.30	0.60	3.36		607.00	498.90	1386.50	16.31		3.00
1982	54.26	47.60	0.52	3.46		671.50	542.10	1310.70	16.75		3.25
1983	51.33	43.70	0.88	3.41		704.70	562.20	1195.70	21.41		3.78
1984	58.59	49.60	1.83	3.31		794.70	615.70	1327.00	31.38		4.89
1985	71.83	61.08	3.01	3.38	4.10	886.35	664.55	1621.74	37.15	4.50	6.37
1986	79.42	65.00	5.50	3.70		957.44	708.10	1539.41	37.32		6.61
1987	86.63	66.10	8.90	5.00		1000.82	738.44	1404.72	43.55		7.62
1988	103.75	76.87	12.24	6.48		1069.20	779.57	1586.18	50.43		9.39
1989	121.53	88.11	15.26	7.89		1111.56	794.04	1680.22	53.62		9.83
1990	134.86	97.45	18.16	8.05	9.40	1116.33	798.30	1750.32	59.58	7.40	10.48
1991	157.95	108.73	24.82	7.76		1102.10	782.25	1820.80	73.81		10.77
1992	171.66	119.23	25.67	7.96		1135.50	794.90	1959.70	79.29		11.55
1993	203.51	137.60	32.64	9.90	19.30	1211.00	843.00	2085.00	95.58	7.50	13.83
1994	253.31	165.81	44.00	12.57	25.70	1329.18	919.79	2325.17	125.28	8.90	15.84
1995	333.00	210.37	64.39	21.10	31.00	1420.45	985.76	2667.72	140.01	9.80	18.09
1996	347.72	225.63	59.45	21.72	34.10	1089.14	783.00	2229.67	154.54	9.70	20.51
1997	403.00	256.12	64.88	25.23	49.30	1420.87	857.03	2931.91	201.40	10.60	23.88
1998	461.63	297.86	76.71	28.00	50.76	1416.84	803.70	3439.66	229.34	12.30	27.02
1999	485.11	313.95	82.21	29.96	51.47	1448.42	530.60	3556.43	251.82	15.90	28.83
2000	517.00	337.88	83.00	32.00	55.00	1445.73	482.84	3787.69	270.00	20.20	32.17
2001	540.65	343.77	89.23	34.51	63.90	1435.93	479.53	3672.07	286.00	30.00	31.46
2002	570.01	366.49	89.20	37.85	66.40	1409.78	437.03	3800.00	302.00	39.00	36.22
2003	603.55	386.00	93.00	42.00	74.00	1469.45	430.00	3917.80	326.20	52.60	38.95
2004	643.00	412.37	98.33	44.06	79.55	1491.19	427.00	4152.87	347.40	78.90	42.70
2005	689.00	441.20	102.75	47.38	87.51	1508.80	412.90	4439.00	375.30	108.50	51.68
2006	584.60	391.30	82.00	23.80	76.60	1114.26	410.12	3953.30	329.50	154.07	61.43
2007	542.90	339.00	82.10	25.30	85.50	1081.93	353.76	4185.50	336.70	223.54	74.74
2008	584.50	367.10	84.10	26.50	93.50	1097.55	251.62	4462.00	173.60	298.62	85.68
2009	615.10	389.60	84.00	25.90	100.10	1080.11	216.55	4528.90	382.90	301.29	92.94
2010	638.40	408.30	83.00	25.20	105.80	1044.80	290.20	4547.00	388.60	307.90	99.41
2011	641.65	406.40	82.00	24.80	111.40	988.60	257.67	4569.00	390.50	321.14	102.90
2012	677.35	432.50	80.44	24.75	122.21	942.34	216.71	4587.28	404.17	330.43	109.75
2013	699.05	454.13	80.56	24.76	122.32	936.80	204.96	4426.74	410.23	328.77	116.65
2014	719.00	478.00	82.10	25.40	118.04	943.85	188.40	4420.00	404.00	342.37	120.39
2015	711.10	468.00	82.60	25.90	120.00	955.31	184.00	4376.00	410.00	352.30	125.36
2016	697.00	450.65	83.01	26.44	122.50	899.88	167.47	4284.10	422.50	336.60	128.35

13-35 畜禽产品年末存栏数量及产量

Number of Livestock and Output of Livestock Products at Year-end

单位：万头、万只 (10 000 heads)

指 标	Item	1980	1990	2000	2005	2010	2014	2015	2016
年底存栏总头数	**Number of Livestock at Year-end**								
#大牲畜	Large Livestock	541.99	1116.33	1445.73	1508.80	1044.80	943.85	955.31	899.88
#从事农事劳役	Draught Animals	423.75	798.30	482.84	412.90	290.20	188.40	175.75	167.47
牛	Cow	339.60	892.50	1340.20	1447.00	1010.20	918.20	934.00	887.30
#肉牛	Cattle	177.70		282.80	514.06	634.20	626.60	650.41	620.83
#乳牛	Dairy	0.90	1.90	6.70	31.22	98.50	103.20	107.84	99.00
马	Horse	52.20	39.20	29.30	17.29	13.10	9.89	8.10	4.61
驴	Donkey	94.30	120.90	49.50	29.60	16.10	12.48	10.48	6.41
骡	Mule	55.90	63.70	26.80	14.91	5.40	3.27	2.72	1.55
猪	Pig	1474.24	1750.32	3787.69	4439.00	4547.00	4420.00	4376.00	4284.10
羊	Sheep	1147.80	1279.50	2961.40	3988.00	1895.40	1886.00	1926.00	1858.59
山羊	Goat	764.80	1129.50	2730.10	3509.00	1794.90	1808.00	1844.00	1741.30
绵羊	Sheep	383.00	150.00	231.30	479.00	100.50	78.00	82.00	117.29
家禽	Poultry		19849.90	42529.00	61958.00	62104.00	68460.00	70020.00	71450.00
猪牛羊出栏头(只)数	**Slaughtered Fattened Hogs, Cattle and Sheep**								
肉猪	Hogs	684.70	1182.40	4180.00	5568.00	5390.50	6310.00	6171.18	6004.56
肉用牛	Cattle	9.00	167.90	578.00	702.64	551.90	546.00	548.60	550.25
肉用羊	Sheep and Goats	289.10	834.00	2903.80	4225.00	2114.70	2088.00	2126.00	2168.52
肉用禽	Poultry					85101.71	90087.16	91550.00	93420.00
肉类总产量(万吨)	**Total Output of Meat (10 000 tons)**	**55.03**	**134.86**	**517.00**	**689.00**	**638.40**	**719.00**	**711.10**	**697.00**
#猪肉	Pork	49.40	97.40	337.90	441.20	408.30	478.00	468.00	450.65
牛肉	Beef	0.70	18.20	83.00	102.75	83.00	82.10	82.60	83.01
羊肉	Mutton	2.90	8.10	32.00	47.38	25.20	25.40	25.90	26.44
禽肉	Meat of Poultry	1.90	9.40	55.00	87.51	105.80	118.04	120.00	122.50
兔肉	Rabbit	0.10	0.30	4.20	5.66	8.40	8.32	8.05	8.51
其他畜产品产量	**Others Output of Livestock Products**								
奶类总产量(万吨)	Output of Milk (10 000 tons)	2.20	7.40	20.20	108.50	307.90	342.37	352.30	336.60
牛奶	Cow Milk	0.80	2.70	16.10	104.00	290.90	332.00	342.20	326.80
羊奶	Sheep Milk	1.40	4.70	4.10	5.00	17.00	10.37	10.10	9.79
羊毛总产量(吨)	Output of Wool (ton)	10708	6745	10844	14335	14165	13028	10755	9370
山羊毛	Goat Wool	771	1372	2858	2873	5235	5663	3863	3657
绵羊毛	Sheep Wool	9937	5373	7986	11462	8930	7365	6892	5713
羊绒产量(吨)	Cashmere (ton)	52	102	277	7135	933	847	767	706
蜂蜜产量(吨)	Honey (ton)	5287	11908	23105	27441	98265	95383	93986	87823
禽蛋产量(万吨)	Poultry Eggs (10 000 tons)	15.90	59.60	270.00	375.30	388.60	404.00	410.00	422.50
蚕茧产量(吨)	Output of Silkworm Cocoons (ton)			15190	20366	28254	24303	24015	21936
#桑蚕茧	Mulberry Silkworm Cocoons			12560	14803	21052	17486	17503	15754
柞蚕茧	Tussore Silkworm Cocoons			2630	5563	7202	6817	6512	6182

13-36 各市牲畜饲养情况(2016年底)

Number of Livestock by City (End of 2016)

市(县)	City(County)	大牲畜年底头数(万头) Number of Large Animals (year-end) (10 000 heads)	牛(万头) Cattle's (10 000 heads)	马(头) Horses (head)	驴(头) Donkeys (head)	骡(头) Mules (head)
省辖市	**City**					
郑州市	Zhengzhou	13.10	12.94	585	759	197
开封市	Kaifeng	47.94	47.82	154	963	27
洛阳市	Luoyang	48.28	48.20	289	321	228
平顶山市	Pingdingshan	28.19	25.90	9565	9762	3506
安阳市	Anyang	8.78	8.25	626	3623	1047
鹤壁市	Hebi	3.44	3.07	593	1873	1288
新乡市	Xinxiang	21.22	21.12	124	622	183
焦作市	Jiaozuo	8.42	8.42	2		
濮阳市	Puyang	12.69	12.16	1915	2494	839
许昌市	Xuchang	12.35	12.03	989	2177	75
漯河市	Luohe	7.71	7.71	11		
三门峡市	Sanmenxia	24.67	24.67			
南阳市	Nanyang	117.28	113.97	12408	17996	2736
商丘市	Shangqiu	39.77	39.65	540	620	62
信阳市	Xinyang	15.73	15.73			
周口市	Zhoukou	35.06	34.80	953	920	780
驻马店市	Zhumadian	89.94	85.55	17379	22003	4516
济源市	Jiyuan	2.48	2.48			
省直管县	**County Directly Administrated by Province**					
巩义市	Gongyi	0.81	0.80	11	18	11
兰考县	Lankao	3.49	3.42		682	
汝州市	Ruzhou	6.04	4.81	5055	3771	3482
滑县	Huaxian	1.43	1.33		1001	
长垣县	Changyuan	0.65	0.65		30	
邓州市	Dengzhou	22.05	22.04	15	55	34
永城市	Yongcheng	2.06	2.06			
固始县	Gushi	1.12	1.12			
鹿邑县	Luyi	1.54	1.54			
新蔡县	Xincai	15.67	14.59	6150	2430	2210

13-36 续表 contiuned

市(县) City(County)	猪年底头数 (万头) Hogs (year-end) (10 000 heads)	羊年底只数 (万只) Sheep and Goats (year-end) (10 000 heads)	#山 羊 Goats	家 禽 (万只) Poultry (10 000 heads)	兔 (万只) Rabbits (10 000 heads)
省 辖 市 City					
郑 州 市 Zhengzhou	146.52	36.09	28.16	2101.34	40.88
开 封 市 Kaifeng	267.72	168.41	156.36	4444.43	164.46
洛 阳 市 Luoyang	168.74	79.84	49.18	2481.93	228.29
平 顶 山 市 Pingdingshan	245.08	115.46	78.36	2619.69	43.56
安 阳 市 Anyang	164.48	67.83	31.19	3596.64	39.78
鹤 壁 市 Hebi	88.28	25.81	17.31	2059.39	5.60
新 乡 市 Xinxiang	249.82	63.02	36.16	3060.80	64.59
焦 作 市 Jiaozuo	129.71	30.49	3.12	1300.68	47.10
濮 阳 市 Puyang	129.13	79.65	55.96	3594.15	48.48
许 昌 市 Xuchang	232.42	67.01	56.65	1939.45	45.80
漯 河 市 Luohe	216.83	23.05	22.37	2194.89	82.16
三 门 峡 市 Sanmenxia	74.30	44.03	24.20	729.84	3.37
南 阳 市 Nanyang	452.84	263.51	253.26	6583.31	369.07
商 丘 市 Shangqiu	325.12	240.90	233.54	6180.51	74.21
信 阳 市 Xinyang	297.95	81.98	81.98	6843.30	74.28
周 口 市 Zhoukou	469.64	285.46	283.19	6474.13	137.59
驻 马 店 市 Zhumadian	581.88	178.98	166.36	5553.29	472.71
济 源 市 Jiyuan	44.94	6.01	4.40	181.70	11.28
省 直 管 县 County Directly Administrated by Province					
巩 义 市 Gongyi	20.40	3.32	2.12	126.00	5.58
兰 考 县 Lankao	32.12	33.23	27.62	711.35	14.76
汝 州 市 Ruzhou	62.76	28.19	11.25	795.27	14.10
滑 县 Huaxian	30.42	25.33	9.01	1194.62	2.14
长 垣 县 Changyuan	17.28	6.19	4.79	351.40	0.85
邓 州 市 Dengzhou	91.43	53.01	47.26	1375.26	19.80
永 城 市 Yongcheng	40.79	50.86	50.86	2038.82	14.65
固 始 县 Gushi	62.03	27.42	27.42	1518.30	10.13
鹿 邑 县 Luyi	52.88	19.13	19.13	629.92	2.01
新 蔡 县 Xincai	63.15	27.00	16.20	832.53	111.18

13−37 各市畜产品产量(2016年)

Output of Livestock Products by City (2016)

市(县)	City(County)	猪牛羊出栏头(只)数 Slaughtered Fattened Hogs, Cattle, Sheep and Goats 猪(万头) Hogs (10 000 heads)	牛(万头) Cattle (10 000 heads)	羊(万只) Sheep and Goats (10 000 units)	肉类总产量 (万吨) Total Output of Meat (10 000 tons)	#猪肉 Pork	#牛肉 Beef	#羊肉 Mutton
省辖市	**City**							
郑州市	Zhengzhou	231.74	13.23	51.93	25.45	17.87	1.97	0.65
开封市	Kaifeng	373.76	33.33	198.42	40.77	28.65	4.99	2.44
洛阳市	Luoyang	233.44	21.91	63.74	25.36	17.93	3.35	0.78
平顶山市	Pingdingshan	356.10	30.99	113.46	38.51	26.44	4.64	1.41
安阳市	Anyang	228.56	4.31	82.60	26.99	16.97	0.66	1.02
鹤壁市	Hebi	123.73	2.72	24.76	18.51	9.40	0.36	0.30
新乡市	Xinxiang	355.89	17.57	78.96	37.38	26.36	2.48	0.95
焦作市	Jiaozuo	172.41	8.46	32.64	18.73	12.78	1.25	0.43
濮阳市	Puyang	180.98	13.32	108.25	26.83	13.42	2.02	1.39
许昌市	Xuchang	384.39	10.10	84.88	35.47	29.27	1.48	1.10
漯河市	Luohe	342.62	7.13	25.09	29.21	24.77	0.98	0.31
三门峡市	Sanmenxia	104.13	15.33	33.30	11.31	7.85	2.11	0.38
南阳市	Nanyang	625.45	93.94	316.08	73.79	47.27	13.89	3.85
商丘市	Shangqiu	455.67	31.62	313.77	51.98	33.91	4.69	3.88
信阳市	Xinyang	423.45	8.02	87.05	62.18	33.65	1.19	1.08
周口市	Zhoukou	643.02	42.81	334.14	74.42	48.73	6.08	4.03
驻马店市	Zhumadian	799.41	66.24	188.30	82.69	60.67	9.72	2.33
济源市	Jiyuan	62.99	1.01	6.26	5.23	4.68	0.14	0.08
省直管县	**County Directly Administrated by Province**							
巩义市	Gongyi	31.54	0.69	3.70	2.96	2.51	0.10	0.05
兰考县	Lankao	45.01	3.05	34.57	5.44	3.38	0.45	0.41
汝州市	Ruzhou	87.97	10.02	17.77	10.09	6.60	1.50	0.21
滑县	Huaxian	40.67	0.83	27.73	5.54	3.05	0.12	0.38
长垣县	Changyuan	29.79	0.84	9.69	3.75	2.28	0.12	0.11
邓州市	Dengzhou	118.92	19.02	56.09	14.70	9.46	2.97	0.73
永城市	Yongcheng	57.17	2.86	70.86	8.40	4.29	0.40	0.99
固始县	Gushi	92.80	1.53	34.99	14.94	8.13	0.23	0.42
鹿邑县	Luyi	68.70	4.08	23.00	7.73	5.63	0.63	0.30
新蔡县	Xincai	84.30	12.82	25.21	10.19	6.32	1.92	0.30

13-37 续表 contiued

市(县) City(County)	奶类总产量(吨) Total Output of Milk (ton)	#牛奶 Cow Milk	蜂 蜜(吨) Honey (ton)	禽 蛋(万吨) Poultry Eggs (10 000 ton)	绵羊毛(吨) Sheep Wool (ton)	#细羊毛 Fine Wool	山羊粗毛(吨) Goat Wool (ton)
省 辖 市 City							
郑 州 市 Zhengzhou	326496	320523	84	20.13	20	6	15
开 封 市 Kaifeng	312400	312324	98	29.80	424	2	0
洛 阳 市 Luoyang	307015	293206	2575	16.22	1098	281	438
平 顶 山 市 Pingdingshan	220573	220268	196	16.92	666	67	221
安 阳 市 Anyang	54180	54180	85	20.89	343		21
鹤 壁 市 Hebi	58608	58608	4	11.10	74	21	66
新 乡 市 Xinxiang	310211	310205	148	28.83	232	5	62
焦 作 市 Jiaozuo	185062	185062	128	11.21	319	1	
濮 阳 市 Puyang	82150	81972	4	30.22	930	0	137
许 昌 市 Xuchang	46030	45854	1014	17.46	65		17
漯 河 市 Luohe	70720	70720	16	13.02			
三 门 峡 市 Sanmenxia	45443	45393	2202	5.52	655	48	333
南 阳 市 Nanyang	335605	258779	31394	36.72	455	56	1221
商 丘 市 Shangqiu	243131	243091	383	30.40	256	36	
信 阳 市 Xinyang	1335	1335	6337	29.92			
周 口 市 Zhoukou	136588	136577	126	33.53	18		
驻 马 店 市 Zhumadian	45759	45351	43016	35.84	125	102	415
济 源 市 Jiyuan	38100	38052	11	2.29	33	2	6
省 直 管 县 County Directly Administrated by Province							
巩 义 市 Gongyi	6292	6292	69	1.22	4	1	12
兰 考 县 Lankao	10374	10338	0	5.16	4	2	0
汝 州 市 Ruzhou	52685	52685	5	7.39	22	0	21
滑 县 Huaxian	12993	12993	0	5.66	102		
长 垣 县 Changyuan	56	56		1.86	1		
邓 州 市 Dengzhou	14465	14424	13	7.39	2	1	18
永 城 市 Yongcheng	6136	6136		7.08			
固 始 县 Gushi			16	9.26			
鹿 邑 县 Luyi	3500	3500	0	3.37			
新 蔡 县 Xincai	8520	8520	3273	3.84			

13−38 渔业生产情况
Output of Aquatic Products

项　　目	Item	1980	1990	1995	2000	2005	2010	2014	2015	2016
水产品产量(万吨)	**Output of Aquatic Products (10 000 tons)**	**2.91**	**10.48**	**18.09**	**32.17**	**51.68**	**99.41**	**120.39**	**125.36**	**128.35**
鱼类	Fish	2.85	10.22	17.68	31.08	49.75	95.07	116.39	121.18	123.94
甲壳类	Crustaceans	0.04	0.17	0.23	0.66	1.45	3.12	2.97	3.16	3.31
贝类	Shellfish	0.02	0.09	0.04	0.11	0.14	0.28	0.10	0.14	0.19
其他	Others			0.14	0.32	0.34	0.94	0.93	0.89	0.91
淡水捕捞	Freshwater Fishing		1.09	1.18	1.94	3.46	5.56	6.61	6.83	7.06
鱼类	Fish			0.92	1.23	2.56	4.25	5.53	5.58	5.70
甲壳类	Crustaceans			0.17	0.54	0.79	1.17	1.01	1.13	1.18
贝类	Shellfish			0.03	0.11	0.08	0.14	0.07	0.12	0.17
其他	Others			0.06	0.06	0.03	0.01			0.01
淡水养殖	Freshwater Cultured	2.12	9.38	16.91	30.23	48.22	93.85	113.78	118.52	121.29
鱼类	Fish			16.76	29.84	47.19	90.83	110.87	115.59	118.24
甲壳类	Crustaceans			0.06	0.13	0.65	1.95	1.97	2.03	2.13
贝类	Shellfish			0.02		0.07	0.14	0.02	0.02	0.02
其他	Others			0.07	0.26	0.31	0.93	0.92	0.88	0.90
淡水养殖面积(千公顷)	**Freshwater Aquaculture Ware(1000 hectares)**	**147.56**	**161.76**	**174.27**	**189.15**	**229.95**	**259.90**	**289.26**	**298.25**	**291.71**
池塘养殖	Pond	57.53	70.82	82.14	91.65	103.80	124.83	132.14	137.43	133.74
湖泊养殖	Lakes	3.85	3.63	3.57	2.92	4.05	3.63	3.70	3.80	3.54
河沟养殖	rivulet	4.09	3.90	3.15	3.63	6.35	9.84	10.61	10.62	9.89
水库养殖	Reservoir	82.09	81.58	84.80	90.40	114.92	121.33	142.79	146.40	144.54
其他	Others		1.83	0.60	0.55	0.83	0.27	0.01	0.01	0.01

注：淡水养殖面积合计中不包括稻田养殖面积。

a) Data on area of freshwater aquaculture exclude the area of breeding in paddy field.

13-39 各市渔业生产情况(2016年)

Output of Aquatic Products by City (2016)

市(县) City(County)	养殖面积 (公顷) Aquaculture area (hectares)	水产品总产量 (吨) Output of Aquatic Products (ton)	捕捞产量 Fishing	养殖产量 Cultured	鱼类 Fish	甲壳类 Crustaceans	贝类 Shellfish	其他 Others
省辖市 City								
郑州市 Zhengzhou	8715	150570		150570	149948	42		580
开封市 Kaifeng	6846	73873	275	73598	73076	97		700
洛阳市 Luoyang	30591	54866	5189	49677	54315	470	1	80
平顶山市 Pingdingshan	15441	49159	1055	48104	48681	329	25	124
安阳市 Anyang	2741	19190	1370	17820	19186			4
鹤壁市 Hebi	1929	13110	237	12873	13096	7		7
新乡市 Xinxiang	4149	66339	255	66084	66291	18		30
焦作市 Jiaozuo	1368	13697	25	13672	13697			
濮阳市 Puyang	3572	39747	417	39330	39439	303		5
许昌市 Xuchang	4030	20567	1119	19448	20059	298	30	180
漯河市 Luohe	2023	17558	876	16682	17450	103	1	4
三门峡市 Sanmenxia	3240	21194	7498	13696	20963	6		225
南阳市 Nanyang	63105	132760	3062	129698	130106	1926	53	675
商丘市 Shangqiu	11966	91526	2973	88553	89850	1527		149
信阳市 Xinyang	68838	277726	17379	260347	249503	21837	317	6069
周口市 Zhoukou	17563	70210	8617	61593	69411	754	35	10
驻马店市 Zhumadian	35436	132235	18810	113425	126296	4227	1473	239
济源市 Jiyuan	10157	39219	1440	37779	38039	1180		
省直管县 County Directly Administrated by Province								
巩义市 Gongyi	365	5264		5264	5249			15
兰考县 Lankao	1019	10158	43	10115	10073	80		5
汝州市 Ruzhou	597	3135	16	3119	3121	12		2
滑县 Huaxian	150	710		710	710			
长垣县 Changyuan	452	5150	246	4904	5144	6		
邓州市 Dengzhou	3420	12915	95	12820	12915			
永城市 Yongcheng	2259	18239	860	17379	18086	143		10
固始县 Gushi	12517	50662	5293	45369	46552	2902	12	1196
鹿邑县 Luyi	2639	6399	1883	4516	5779	620		
新蔡县 Xincai	3267	14425	1941	12484	14059	289	72	5

主要统计指标解释

农林牧渔业总产值 指以货币表现的农、林、牧、渔业全部产品和对农林牧渔业生产活动进行的各种支持性服务活动的价值总量，它反映一定时期内农林牧渔业生产总规模和总成果。1957 年以前的农林牧渔业总产值中包括了厩肥和农民自给性手工业（如农民自制衣服、鞋、袜，自己从事粮食初步加工等）。1958 年及以后，林业中增加了村及村以下竹木采伐产值；牧业中取消了厩肥产值；副业中取消了农民自给性手工业产值，增加了村及村以下办的工业产值；渔业中增加了海洋捕捞水产品产值。1980 年及以后，在副业中增加了农民家庭兼营工业商品部分的产值。从 1984 年起村及村以下工业产值划归工业。从 1993 年起取消副业，将野生动物的捕猎划入牧业，野生植物采集和农民家庭兼营商品性工业划归农业。从 2003 年起，执行新的国民经济行业分类标准，农林牧渔业总产值中包括了农林牧渔服务业产值。林业中增加了森林采运业产值。农业中取消了家庭兼营商品性工业产值，将野生林产品的采集划归林业。第一次农业普查以后，由于畜牧业产品年报数据与普查数据之间存在一定的差距，根据农业普查结果，对畜牧业年报数据和畜牧业产值进行了修正。2010 年执行《统计用产品分类目录》，对 2009 年的农业、林业产值做了相应调整。

农林牧渔业总产值的计算方法通常是按农、林、牧、渔业产品及其副产品的产量分别乘以各自单位产品价格求得；少数生产周期较长，当年没有产品或产品产量不易统计的，则采用间接方法匡算其产值；然后将四业产品产值及农林牧渔服务业产值相加即为农林牧渔业总产值。

粮食产量 指农业生产经营者日历年度内生产的全部粮食数量。按收获季节包括夏收粮食、早稻和秋收粮食，按作物品种包括谷物、薯类和豆类。其产量计算方法：谷物按脱粒后的原粮计算，豆类按去豆荚后的干豆计算；薯类（包括甘薯和马铃薯，不包括芋头和木薯）1963 年以前按每 4 公斤鲜薯折 1 公斤粮食计算，从 1964 年开始改为按 5 公斤鲜薯折 1 公斤粮食计算。城市郊区作为蔬菜的薯类（如马铃薯等）按鲜品计算，并且不作粮食统计。1989 年以前全国粮食产量数据主要靠全面报表取得，1989 年开始使用抽样调查数据。

棉花产量 指全社会的产量。包括春播棉和夏播棉。产量按皮棉计算。不包括木棉。

油料产量 指全部油料作物的生产量。包括花生、油菜籽、芝麻、向日葵籽、胡麻籽（亚麻籽）和其他油料。不包括大豆、木本油料和野生油料。花生以带壳干花生计算。

水产品产量 指渔业（捕捞和养殖）生产活动的最终有效成果，包括全部海水和淡水鱼类、甲壳类（虾、蟹）、贝类、头足类、藻类和其他类渔业产品的最终产量。水产品产量是通过各级水产和统计部门逐级上报取得数据。1995 年及以前，贝类中牡蛎按鲜肉计算；蚶、蛤、蛙按 5 斤鲜品折 1 斤计算。1996 年以后则统一按鲜品计算。

猪、牛、羊肉产量 指当年出栏并已屠宰、除去头蹄下水后带骨肉（即胴体重）的重量。

期初(末)畜禽存栏头(只)数 指报告期初（末）农村各种合作经济组织和国营农场、农民个人、机关、团体、学校、工矿企业、部队等单位以及城镇居民饲养的大牲畜、猪、羊、家禽等畜禽的存栏数。

常用耕地 是指耕地总资源中专门种植农作物并经常进行耕种、能够正常收获的土地。包括当年实际耕种的熟地；弃耕、休闲不满三年，随时可以复耕的地；开荒利用三年以上的地。不包括临时种植农作物的坡度在 25 度以上的陡坡地；在河套、湖畔、库区临时开发的成片或零星土地；也不包括已列为国家和省（区、市）退耕计划但临时耕种的土地。

农作物播种面积 指实际播种或移植有农作物的面积。凡是实际种植有农作物的面积，不论种植在耕地上还是种植在非耕地上，均包括在农作物播种面积中。在播种季节基本结束后，因遭灾而重新改种和补种的农作物面积，也包括在内。

有效灌溉面积 指具有一定的水源，地块比较平整，灌溉工程或设备已经配套，在一般年景下当年能够进行正常灌溉的耕地面积。

农用化肥施用量 指本年内实际用于农业生产的化肥数量，包括氮肥、磷肥、钾肥和复合肥。化肥施用量要求按折纯量计算数量。折纯量是指把氮肥、磷肥、钾肥分别按含氮、含五氧化二磷、含氧化钾的百分之一百成份进行折算后的数量。复合肥按其所含主要成分折算。

农业机械总动力　指主要用于农、林、牧、渔业的各种动力机械的动力总和。包括耕作机械、排灌机械、收获机械、农用运输机械、植物保护机械、牧业机械、林业机械、渔业机械和其他农业机械〔内燃机按引擎马力折成瓦（特）计算、电动机按功率折成瓦（特）计算〕。不包括专门用于乡镇、村、组办工业、基本建设、非农业运输、科学试验和教学等非农业生产方面用的动力机械与作业机械。

Explanatory Notes on Main Statistical Indicators

Gross Output Value of Agriculture, Forestry, Animal Husbandry and Fishery refers to the total value of products of agriculture, forestry, animal husbandry and fishery, and total value of services in support of agriculture, forestry, animal husbandry and fishery activities. It reflects the total scale and results of agricultural production during a given period. Prior to 1957, China's gross agricultural output value included barnyard manure and handicraft products for self-consumption (clothes, shoes, stockings, and initial grain processing undertaken by peasants). Since 1958, cutting and felling of bamboo and trees by villages and other cooperative organizations under villages have been included in forestry; value of barnyard manure has been excluded from animal husbandry; self consumed handicrafts have not been included from sideline occupations, while the output value of industries run by villages and cooperative organizations under village has been included in sideline occupations; and the output value of fish catches by motor fishing boats has been added to fishery. Since 1980, the value of handicraft products made for sale by individuals in households has been added to sideline occupations. Since 1984, industries run by villages and under villages have been included in the sector of industry. Since 1993, the subdivision of sideline occupations has been cancelled, and the hunting of wild animals has been classified into animal husbandry, and the gathering of wild plants and commodity industry run by rural household have been included in farming. A new industrial classification of economic activities was introduced in 2003. Under the new classification, value of services to agriculture, forestry, animal husbandry and fishery is included in the gross output value of agriculture, value of wood felling and transport is included in forestry, value of industrial output by rural households is not included in agriculture. The First Agriculture Census of China revealed some discrepancy between the production of animal products from the annual reports and that from the census. According to the result of the First Agriculture census, efforts were made to adjust the annual reports of animal husbandry output and the output value of animal husbandry to make the figures from the annual reports consistent with the census data. "The Classification of Products for Statistical Purposes" implemented in 2010 made relevant revision on the output value of agriculture and forestry in 2009.

Gross output value of agriculture is obtained by multiplying the output of each product or by-product by its price, resulting in the output value of each single item. For a small number of products, annual output of which is not available or difficult to get due to the long production (growing) process involved, the output value is estimated through an indirect approach. The sum of output values of all products of agriculture, forestry, animal husbandry and fishery and services in support to those industries is then equal to the gross output value of agriculture.

Grain Output refers to the total output of grains produced by agricultural producers within a calendar year. It includes summer grain, early rice and autumn grain if classified by harvest seasons; it covers cereal, tubers and beans if classified by type of crops. Output of cereal should be limited to husked grain only. Output of beans refers to dry beans without pods. The output of tubers (sweet potatoes and potatoes, not including taros and cassava) are converted into that of grain at the ratio 4:1, i.e. 4 kilograms of fresh tubers were equivalent to 1 kilogram of grain up to 1963. Since 1964 the ratio for conversion has been 5:1. Tubers supplied as vegetables (such as potatoes) in cities and suburbs are calculated as fresh vegetables and their output is not included in the output of grain. Data on grain production before 1989 were obtained through the Comprehensive Statistical Reporting System. Since 1989, data from sample surveys are used.

Cotton Output refers to cotton production in the whole country including cotton planted in spring and in autumn. Output is measured as the weight of ginned cotton. Ceiba is not included.

Output of Oil-bearing Crops refers to the total production of oil-bearing crops of various kinds, including peanuts (dry, in shell), rapeseeds, sesame, sunflower seeds, flax seeds, and other oil-bearing crops. Soybeans, oil-bearing woody plants, and wild oil-bearing crops are not included.

Output of Aquatic Products refers to final output actually yielded from fishing production (fishery and breeding), including all output of marine and freshwater fish, crustaceans (shrimps, crabs), shellfish, cephalopod, seaweed and other fishery products. Data on output of aquatic products are reported by aquatic product and statistical agencies level by level. Before 1995, among the shellfish, oyster was counted as fresh meat; 5 kilograms of ark shell, clams and frogs are equivalent to 1 kilogram of fresh aquatic products; they have all been counted as fresh aquatic products since 1996.

Output of Pork, Beef, and Mutton refers to the meat of slaughtered hogs, cattle, sheep and goats with head, feet, and offal taken away.

Number of Livestock or Poultry in Stock at Beginning (or End) refers to the total number of large animals, pigs, sheep, fowls, etc. raised by rural cooperative organizations, state farms, rural individuals, government agencies, schools, industrial and mining enterprises, army, and urban residents at the beginning (or end) of the reference period.

Regularly Cultivated Land refers to farmland among the total land resources which is exclusively used for farming and is under regular cultivation with harvest in normal years. Included are currently cultivated land, land that has been abandoned or put in idle for less than 3 years and could be re-used for cultivation at any time, and new-claimed land that has been put into cultivation for more than 3 years. Excluded under this category are steep slope land over 25 degrees under temporary cultivation, land (large or small plots) that is claimed along river bends, lake sides or banks of reservoirs, as well as land that has been designated under the "Green for Grain" programs of the state and provincial governments but is still temporarily under cultivation.

Sown Area of Crops refers to area of land sown or transplanted with crops regardless of being in cultivated area or non cultivated area. Area of land re-sown due to natural disasters is also included.

Irrigated Area refers to areas that are effectively irrigated, i.e. level land, which has water source and complete sets of irrigation facilities to lift and move adequate water for irrigation purpose under normal conditions.

Consumption of Chemical Fertilizers in Agriculture refers to the quantity of chemical fertilizers applied in agriculture in the year, including nitrogenous fertilizer, phosphate fertilizer, potash fertilizer, and compound fertilizer. The consumption of chemical fertilizers is required in calculation to convert the gross weight into weight containing 100% effective component (e.g. 100% nitrogen content in nitrogenous fertilizer, 100% phosphorous-pent oxide contents in phosphate fertilizer, 100% potassium oxide contents in potash fertilizer). Compound fertilizer is converted with its major component.

Total Power of Farm Machinery refers to total mechanical power of machinery used in farming, forestry, animal husbandry, and fishery, including equipment of ploughing, irrigation and drainage, harvesting, transport, plant protection, stock breeding, forestry and fishery. The power of internal combustion engines is required to convert horsepower into watts and the power of electric motors is required to be converted into watts. Machinery employed for non agricultural purposes, such as the machines used in township run and village-run industry, construction, non agricultural transport, scientific experiments and teaching, is excluded.

工业
Industry

14

⊙ 资料整理：施 薇　罗 迪　张 静　任焱丽

简要说明

一、主要内容

本篇包括河南省规模以上工业企业单位数，工业增加值指数，工业主要产品产量和主要经济效益指标；规模以下工业单位数、工业增加值指数及从业人员情况。

二、统计范围

工业统计调查范围为河南省全部工业法人企业和个体工业单位。1997年以前，我国工业的统计范围按隶属关系划分，分为乡及乡以上独立核算工业企业和非独立核算生产单位、村办工业、城镇合作工业、农村合作工业、城镇个体工业、农村个体工业六大部分，（其中，1984年以前不包括农村的村及村以下办工业）。1998年起，工业统计调查对象范围的界定由按隶属关系划分，改变为按企业规模划分，分为“规模以上工业”和“规模以下工业”。规模以上工业是指全部国有及年主营业务收入在500万元及以上非国有工业企业，规模以下工业是指年主营业务收入在500万元以下非国有工业企业及个体工业。2006年年报起，规模以上工业统计范围由全部国有及年主营业务收入在500万元及以上非国有工业企业改为年主营业务收入在500万元及以上的工业法人企业，相应改变规模以下工业的调查范围为年主营业务收入在500万元以下的工业企业及个体工业。从2011年定报起，规模以上工业统计范围调整为年主营业务收入在2000万元及以上的工业法人企业，相应改变规模以下工业的调查范围为年主营业务收入在2000万元以下的工业企业及个体工业。

三、资料来源

年主营业务收入2000万元及以上的工业法人企业实行全数调查，由河南省统计局工业处整理提供；年主营业务收入2000万元以下的工业企业实行目录抽样调查，个体工业经营户实行整群抽样调查，省级数据由国家统计局河南调查总队整理提供，省级以下数据由河南省统计局工业处提供；能源类产品产量由河南省统计局能源统计处提供。

Brief Introduction

I. Main Contents

Data on this chapter including number of industrial enterprises, value-added of industrial enterprises, output, beneficial indicators of industrial enterprises above designated size , unit, value-added and employed persons of industrial enterprises below designated size and individual.

II. Scope of Statistics

The scopes of industrial statistics are all corporate and individual industrial enterprises. Before 1997, the scopes of industrial statistics include six parts, as enterprises above township, Village-run enterprises, cooperative industry in cities and towns, rural cooperative industry, urban individual industrial, individual industries in rural areas. From 1998 to 2005, the scope of the industrial statistical investigation was divided into " industrial enterprises above designated size " and "below designated size ". Industrial enterprises above designated size refers to all State-owned industrial enterprises and non-State-owned industrial enterprises with revenue from principal business over 5 million yuan, and industrial enterprises above designated size refers to non-State-owned industrial enterprises with revenue from principal business below 5 million yuan and individual enterprises. From 2006 to 2010, the industrial enterprises above designated size refers to all industrial enterprises with revenue from principal business over 5 million yuan, and the industrial enterprises below designated size refers to all industrial enterprises with revenue from principal business below 5 million yuan and individual. Since 2011, the industrial enterprises above designated size refers to all industrial enterprises with revenue from principal business over 20 million yuan, and the industrial enterprises below designated size refers to all industrial enterprises with revenue from principal business below 20 million yuan and individual industry.

III. Sources of Data

Data on industrial enterprises with principal business revenue above 5 million yuan are collected through a combination of full survey, which are provided by the Department of Industrial of the Henan provincial bureau of Statistics. Data on industrial enterprises with principal business revenue below 5 million yuan are collected through a combination of sample survey directory, data on individual household are collected through a combination of cluster sample survey. Provincial data are provided by the Department of Henan Survey organizations. The following data at the provincial levelare provided by the Department of Industrial of the Henan provincial bureau of Statistics. Data on output of energy product are provided by the Department of Energy of the Henan provincial bureau of Statistics.

14-1 各种分组的规模以上工业增加值指数

Indices of Value-added of Industrial Enterprises above Designated Size

上年=100 (Preceding=100)

项 目	Item	2000	2005	2010	2012	2013	2014	2015	2016
指 数	**Indices**	**111.6**	**123.3**	**119.0**	**114.6**	**111.8**	**111.2**	**108.6**	**108.0**
按注册类型分	**By Registration status**								
内资企业	Domestic Funded	111.6	124.0	119.8	113.4	111.3	111.0	108.5	108.2
国有	State-owned	114.6	109.5	115.5	105.5	106.6	103.1	98.6	99.9
集体	Collective-owned	106.7	128.8	115.9	109.6	109.9	107.5	105.4	106.7
股份合作	Cooperative	111.1	130.3	122.2	107.5	109.7	105.3	111.1	104.8
联营	Joint Ownership	93.6	120.7	101.9	95.3	103.3	83.9	73.5	113.4
有限责任公司	Limited Liability Corporations	108.3	119.9	120.5	114.2	114.0	112.9	110.6	109.5
股份有限公司	Share-holding Corporation Ltd	112.8	115.8	116.7	109.9	105.3	103.8	102.2	109.4
私营	Private	122.2	148.5	121.6	116.3	111.7	111.9	108.6	106.9
其他	Others	102.0	164.1	129.0	117.3	120.5	113.2	108.4	114.0
港澳台商投资	Enterprises with Funds from Hong Kong, Macao and Taiwan	113.9	110.8	117.4	173.6	127.3	117.4	116.0	103.6
外商投资	Foreign Funded	106.4	115.2	118.0	104.1	108.5	109.0	100.8	108.4
按控股类型分	**By Controlling Type**								
#国有控股	State-holding			113.6	104.3	105.3	100.4	97.9	98.3
集体控股	Collective-holding			117.9	109.0	110.3	104.5	101.2	106.9
私人控股	Private-holding			121.5	117.0	113.2	114.1	110.9	109.6
港澳台控股	Hong Kong, Macao and Taiwan-holding			117.4	182.1	130.0	117.7	116.4	104.6
外商控股	Foreign-holding			110.7	103.5	106.6	105.0	100.5	108.0
按所有制分	**By Proprietorial System**								
公有制	Public-owned		114.0	115.3	105.2	106.1	101.2	98.6	100.0
非公有制	Non-Public-owned		137.0	121.8	118.4	113.9	114.2	111.0	109.7
按轻重工业分	**Grouped by Light & Heavy Industry**								
轻工业	Enterprises of Light Industry	106.2	128.8	120.0	116.2	111.5	110.4	108.1	108.2
重工业	Enterprises of Heavy Industry	114.2	121.0	118.8	113.9	111.9	111.7	108.9	107.9
按企业规模分	**Grouped by Size of Enterprises**								
大型企业	Large Enterprises	116.0	114.3	116.3	111.8	110.3	107.5	106.7	104.8
中型企业	Medium-sized Enterprises	103.0	112.5	118.7	112.2	111.6	110.5	108.6	107.4
小型企业	Small Enterprises	110.4	138.0	122.4	118.4	113.6	116.4	111.6	112.9
微型企业	Micro-enterprises							68.9	82.7

注：本表按照定报数据整理。

a) Data in this table are calculated on Reports on a regular basis.

14−2 规模以上工业企业主要指标(2016年)

单位：亿元

行 业	Sector	单位数（个）Number of Enterprises (unit)	平均从业人员（万人）Number of Employed Persons (10 000 persons)
总 计	**Total**	**23679**	**721.37**
按轻重工业分	**Grouped by Light & Heavy Industry**		
轻工业	Enterprises of Light Industry	9177	273.18
重工业	Heavy Industry	14502	448.19
按企业规模分	**Grouped by Size of Enterprises**		
大型企业	Large Enterprises	734	263.82
中型企业	Medium-sized Enterprises	5006	257.79
小型企业	Small Enterprises	17222	197.15
微型企业	Micro-enterprises	717	2.61
按所有制分	**By Proprietorial System**		
公有制	Public-owned	1298	140.22
非公有制	Non-Public-owned	22381	581.15
按行业分	**By Sector**		
煤炭开采和洗选业	Mining and Washing of Coal	250	41.62
石油和天然气开采业	Extraction of Petroleum and Natural Gas	3	4.27
黑色金属矿采选业	Mining of Ferrous Metal Ores	81	0.99
有色金属矿采选业	Mining of Non-ferrous Metal Ores	298	8.21
非金属矿采选业	Mining and Processing of Nonmetal Ores	288	4.32
开采辅助活动	Support Activities for Mining	4	2.13
其他采矿业	Mining of Other Ores		
农副食品加工业	Processing of Food from Agricultural Products	2115	48.52
食品制造业	Manufacture of Foods	982	29.82
酒、饮料和精制茶制造业	Manufacture of Liquor, Beverages and Refined Tea	561	15.05
烟草制品业	Manufacture of Tobacco	12	1.95
纺织业	Manufacture of Textile	908	33.41
纺织服装服饰业	Manufacture of Textile,Wearing Apparel and Accessories	665	24.44
皮革、毛皮、羽毛及其制品和制鞋业	Manufacture of Leather, Fur, Feather and Its Products, Footwear	522	19.31
木材加工及木、竹、藤、棕、草制品业	Processing of Timbers, Manufacture of Wood, Bamboo, Rattan, Palm, and Straw Products	630	11.98
家具制造业	Manufacture of Furniture	380	8.35
造纸及纸制品业	Manufacture of Paper and Paper Products	370	10.80
印刷和记录媒介的复制业	Printing,Reproduction of Recording Media	323	7.55
文教、工美、体育和娱乐用品制造业	Manufacture of Articles for Culture, Education, Arts and Crafts, Sport and Entertainment Activities	496	13.66
石油加工、炼焦及核燃料加工业	Processing of Petroleum ,Coking, Processing of Nucleus Fuel	86	3.98
化学原料及化学制品制造业	Manufacture of Raw Chemical Material and Chemical Products	1321	31.38
医药制造业	Manufacture of Medicines	499	21.12
化学纤维制造业	Manufacture of Chemical Fiber	35	1.62
橡胶和塑料制品业	Manufacture of Rubber and Plastic	847	19.30
非金属矿物制品业	Manufacture of Non-metallic Mineral Products	4041	77.33
黑色金属冶炼及压延加工业	Smelting and Pressing of Ferrous Metals	581	21.52
有色金属冶炼及压延加工业	Smelting and Pressing of Non-ferrous Metals	559	22.42
金属制品业	Manufacture of Metal Products	1064	20.57
通用设备制造业	Manufacture of General Purpose Machinery	1274	30.13
专用设备制造业	Manufacture of Special Purpose Machinery	1343	34.64
汽车制造业	Manufacture of Automobile	722	24.85
铁路、船舶、航空航天和其他运输设备制造业	Manufacture of Railway, Ship, Aerospace, and other Transport Equipments	278	10.67
电气机械及器材制造业	Manufacture of Electrical Machinery and Apparatus	928	27.25
计算机、通信和其他电子设备制造业	Manufacture of Computer , Communication and Other Electronic Equipment	353	43.48
仪器仪表制造业	Manufacture of Measuring Instrument and Machinery	229	6.00
其他制造业	Manufacture of Others	107	3.14
废弃资源综合利用业	Utilization of Waste Resources	63	0.87
金属制品、机械和设备修理业	Repair Service of Metal Products, Machinery and Equipment	10	0.68
电力、热力的生产和供应业	Production and Supply of Electric Power and Heat Power	294	29.41
燃气生产和供应业	Production and Supply of Gas	76	1.92
水的生产和供应业	Production and Supply of Water	81	2.71

Main Indicators of Industrial Enterprises above Designated Size by Sector (2016)

(100 million yuan)

增加值指数(%) Indices (%)	资产总计 Total Assets	流动资产合计 Total Current Assets	负债合计 Total Liabilities	主营业务收入 Revenue from Principal Business	主营业务成本 Cost of Pricipal Business	利润总额 Total Profits
108.0	**60454.73**	**27043.59**	**28805.88**	**79657.15**	**69652.46**	**5240.61**
108.2	16798.71	7117.62	5641.66	27255.44	23325.36	2227.86
107.9	43656.01	19925.97	23164.21	52401.71	46327.10	3012.75
104.8	26429.87	13143.47	16485.44	27566.27	24412.65	1188.43
107.4	17148.08	6821.91	6652.21	25783.50	22478.21	1952.29
112.9	16315.11	6862.90	5450.09	25827.28	22338.13	2064.33
82.7	561.66	215.31	218.14	480.11	423.47	35.55
100.0	16331.80	6443.88	10844.20	12346.46	10901.55	206.33
109.7	44122.93	20599.71	17961.68	67310.70	58750.91	5034.28
99.3	3430.59	1240.06	2403.98	1712.08	1504.61	-5.40
69.8	239.58	44.26	145.65	95.55	173.11	-148.77
100.4	137.37	54.61	57.41	125.83	106.74	10.23
106.5	992.37	435.99	351.39	1581.89	1373.43	143.89
103.4	333.97	124.84	90.78	493.10	407.87	55.87
72.7	141.62	76.00	130.42	82.75	113.03	-43.43
110.4	3578.35	1501.91	1222.46	6830.48	6006.83	525.33
116.3	1777.91	799.85	627.09	3229.61	2778.77	286.14
109.3	1182.50	465.91	480.16	1619.49	1359.13	129.55
86.0	442.60	325.91	149.97	411.57	136.22	50.26
105.6	1811.63	758.66	706.88	2670.71	2339.25	209.84
110.1	900.53	340.26	244.98	1401.16	1212.75	106.64
98.5	853.06	352.18	204.58	1527.44	1305.35	132.75
103.5	546.02	204.83	116.88	933.72	802.17	79.35
114.0	425.39	146.47	69.09	729.74	615.36	68.33
103.1	748.58	295.23	294.67	1071.83	935.58	74.75
111.5	340.87	143.14	105.38	550.69	479.41	39.71
112.5	668.16	324.20	236.01	1095.02	953.41	81.63
93.3	602.40	263.87	362.30	1111.43	928.82	51.03
116.0	3638.89	1234.39	1777.68	4355.69	3841.72	283.29
116.0	1542.53	647.15	512.97	2265.50	1896.60	204.83
115.1	115.23	41.93	42.05	109.05	95.72	6.45
106.8	1295.87	499.19	373.21	2143.52	1851.51	185.02
108.2	6152.76	2667.00	2110.57	9478.62	8137.50	794.94
94.8	2532.69	1073.74	1281.20	3640.40	3293.56	182.70
105.8	4892.53	2368.68	3258.64	5350.12	4922.02	197.00
114.1	1404.92	597.18	424.30	2221.64	1922.76	167.82
113.6	2109.69	1053.88	786.29	3463.49	3031.16	241.74
109.0	2694.11	1307.00	1079.89	4012.28	3450.82	236.63
114.7	2026.40	1038.91	967.38	3140.77	2727.27	216.33
	696.42	326.56	190.30	1053.20	917.94	79.71
116.3	2652.74	1484.94	1221.41	3540.01	3045.83	269.53
115.4	4132.30	3480.67	3193.50	3873.05	3617.46	146.20
108.9	384.27	233.84	138.93	460.15	385.68	39.02
127.7	173.58	77.45	59.18	169.71	145.63	9.79
103.0	86.42	43.05	37.17	138.13	124.00	9.48
97.9	36.22	24.91	26.16	31.83	28.67	-0.25
101.3	4054.68	680.84	2964.41	2573.44	2388.32	86.48
110.0	419.67	181.68	247.34	274.09	228.40	26.77
114.4	259.29	82.43	113.19	88.39	68.05	9.42

14-3 规模以上国有控股工业企业主要指标(2016年)

单位：亿元

行 业	Sector	单位数 (个) Number of Enterprises (unit)	平均从业人员 (万人) Number of Employed Persons (10 000 persons)
总 计	**Total**	**798**	**120.72**
按轻重工业分	**Grouped by Light & Heavy Industry**		
轻工业	Enterprises of Light Industry	144	12.43
重工业	Heavy Industry	654	108.29
按企业规模分	**Grouped by Size of Enterprises**		
大型企业	Large Enterprises	132	90.86
中型企业	Medium-sized Enterprises	354	24.33
小型企业	Small Enterprises	275	3.92
微型企业	Micro-enterprises	37	1.61
按行业分	**By Sector**		
煤炭开采和洗选业	Mining and Washing of Coal	52	36.08
石油和天然气开采业	Extraction of Petroleum and Natural Gas	2	4.24
黑色金属矿采选业	Mining of Ferrous Metal Ores	2	0.12
有色金属矿采选业	Mining of Non-ferrous Metal Ores	27	1.91
非金属矿采选业	Mining and Processing of Nonmetal Ores	4	0.09
开采辅助活动	Support Activities for Mining	2	2.12
其他采矿业	Mining of Other Ores		
农副食品加工业	Processing of Food from Agricultural Products	29	1.83
食品制造业	Manufacture of Foods	13	0.61
酒、饮料和精制茶制造业	Manufacture of Liquor, Beverages and Refined Tea	13	1.16
烟草制品业	Manufacture of Tobacco	7	1.76
纺织业	Manufacture of Textile	9	1.61
纺织服装服饰业	Manufacture of Textile,Wearing Apparel and Accessories	10	0.24
皮革、毛皮、羽毛及其制品和制鞋业	Manufacture of Leather, Fur, Feather and Its Products, Footwear	4	0.29
木材加工及木、竹、藤、棕、草制品业	Processing of Timbers, Manufacture of Wood, Bamboo, Rattan, Palm, and Straw Products	3	0.04
家具制造业	Manufacture of Furniture		
造纸及纸制品业	Manufacture of Paper and Paper Products	5	0.60
印刷和记录媒介的复制业	Printing,Reproduction of Recording Media	6	0.20
文教、工美、体育和娱乐用品制造业	Manufacture of Articles for Culture, Education, Arts and Crafts, Sport and Entertainment Activities	3	0.05
石油加工、炼焦及核燃料加工业	Processing of Petroleum ,Coking, Processing of Nucleus Fuel	8	0.89
化学原料及化学制品制造业	Manufacture of Raw Chemical Material and Chemical Products	57	4.83
医药制造业	Manufacture of Medicines	8	0.83
化学纤维制造业	Manufacture of Chemical Fiber	1	0.02
橡胶和塑料制品业	Manufacture of Rubber and Plastic	8	0.92
非金属矿物制品业	Manufacture of Non-metallic Mineral Products	80	3.54
黑色金属冶炼及压延加工业	Smelting and Pressing of Ferrous Metals	11	4.10
有色金属冶炼及压延加工业	Smelting and Pressing of Non-ferrous Metals	32	5.18
金属制品业	Manufacture of Metal Products	12	0.33
通用设备制造业	Manufacture of General Purpose Machinery	34	2.64
专用设备制造业	Manufacture of Special Purpose Machinery	39	5.72
汽车制造业	Manufacture of Automobile	17	2.60
铁路、船舶、航空航天和其他运输设备制造业	Manufacture of Railway, Ship, Aerospace, and other Transport Equipments	10	1.97
电气机械及器材制造业	Manufacture of Electrical Machinery and Apparatws	29	2.86
计算机、通信和其他电子设备制造业	Manufacture of Computer , Communication and Other Electronic Equipment	6	0.23
仪器仪表制造业	Manufacture of Measuring Instrument and Machinery	11	0.50
其他制造业	Manufacture of Others	1	1.16
废弃资源综合利用业	Utilization of Waste Resources	1	0.03
金属制品、机械和设备修理业	Repair Service of Metal Products, Machinery and Equipment	1	0.40
电力、热力的生产和供应业	Production and Supply of Electric Power and Heat Power	199	27.08
燃气生产和供应业	Production and Supply of Gas	11	0.36
水的生产和供应业	Production and Supply of Water	31	1.55

Main Indicators of State-holding Industrial Enterprises above Designated Size (2016)

(100 million yuan)

增加值指数(%) Indices (%)	资产总计 Total Assets	流动资产合计 Total Current Assets	负债合计 Total Liabilities	主营业务收入 Revenue from Principal Business	主营业务成本 Cost of Pricipal Business	利润总额 Total Profits
98.3	**14814.67**	**5716.68**	**10298.52**	**9767.95**	**8665.43**	**-19.25**
92.9	1550.48	839.26	838.83	1174.09	806.33	65.31
100.1	13264.19	4877.42	9459.69	8593.86	7859.10	-84.55
96.1	10981.94	4411.96	7786.02	7449.91	6624.96	-92.21
102.6	2930.56	1022.92	1925.64	1731.71	1530.38	44.60
117.1	843.26	268.34	548.82	573.17	498.96	27.08
69.7	58.91	13.46	38.04	13.16	11.12	1.28
98.6	3042.07	1053.03	2233.82	1273.00	1134.87	-47.24
69.3	236.90	42.08	144.51	94.51	172.19	-148.84
108.9	28.58	2.69	12.42	4.86	3.73	-0.10
99.6	213.06	66.75	140.67	175.37	159.93	3.97
89.5	13.38	3.53	1.34	17.29	15.00	1.43
76.0	141.13	75.83	130.20	81.36	112.13	-43.76
104.3	125.63	64.71	71.70	164.22	155.32	4.07
85.7	40.80	17.47	23.97	57.61	49.44	2.43
92.5	223.03	93.34	176.79	100.73	91.77	-5.59
85.9	434.23	319.85	143.78	402.09	128.75	50.13
115.7	202.93	116.90	141.61	122.06	111.70	2.42
103.1	6.42	4.15	1.80	5.23	3.54	0.43
110.8	8.77	6.08	3.69	22.21	19.37	0.98
104.7	6.19	1.36	7.01	3.74	3.20	0.15
100.8	115.75	50.79	87.29	83.83	74.52	-4.12
110.8	10.52	6.21	1.77	8.72	6.77	0.74
172.6	4.43	3.91	1.59	8.50	8.24	0.10
100.9	188.47	91.87	153.86	314.99	226.77	-0.87
108.7	1129.02	319.90	888.34	687.36	635.66	4.64
129.8	67.91	26.13	32.63	73.14	53.77	7.96
114.3	4.66	1.46	3.25	3.16	2.74	0.10
102.7	82.23	38.15	50.22	70.32	58.14	2.99
99.1	541.67	226.63	290.39	313.63	271.72	10.37
97.4	659.58	287.85	480.59	463.55	426.67	1.03
100.1	1226.87	614.76	1057.61	1150.88	1074.27	-0.24
99.9	25.03	14.52	12.56	67.62	63.10	1.32
102.6	300.29	158.27	190.67	170.24	146.10	2.39
106.2	813.75	505.01	472.05	542.57	479.82	-0.86
106.9	292.70	163.88	229.03	291.30	254.99	1.90
	156.35	113.23	69.99	93.98	67.78	10.80
117.4	774.23	515.87	451.60	390.68	325.56	46.50
187.5	17.01	12.02	6.17	15.00	10.35	2.41
93.5	70.26	58.74	31.11	43.43	34.00	4.40
94.1	107.37	51.72	37.52	38.23	31.16	1.02
125.0	4.49	3.66	3.03	2.22	1.31	0.35
100.9	28.69	20.19	22.78	17.75	16.36	-0.78
100.3	3260.97	498.10	2396.60	2316.24	2174.97	61.86
109.6	35.40	12.47	21.17	34.12	28.36	2.03
120.9	173.89	53.56	73.39	42.20	31.37	4.24

14-4 规模以上公有制工业企业主要指标(2016年)

单位：亿元

行 业	Sector	单位数(个) Number of Enterprises (unit)	平均从业人员(万人) Number of Employed Persons (10 000 persons)
总 计	**Total**	**1298**	**140.22**
按轻重工业分	**Grouped by Light & Heavy Industry**		
轻工业	Enterprises of Light Industry	270	20.58
重工业	Heavy Industry	1028	119.63
按企业规模分	**Grouped by Size of Enterprises**		
大型企业	Large Enterprises	157	98.24
中型企业	Medium-sized Enterprises	470	31.14
小型企业	Small Enterprises	619	9.22
微型企业	Micro-enterprises	52	1.62
按行业分	**By Sector**		
煤炭开采和洗选业	Mining and Washing of Coal	63	36.78
石油和天然气开采业	Extraction of Petroleum and Natural Gas	3	4.27
黑色金属矿采选业	Mining of Ferrous Metal Ores	6	0.22
有色金属矿采选业	Mining of Non-ferrous Metal Ores	117	4.60
非金属矿采选业	Mining and Processing of Nonmetal Ores	10	0.82
开采辅助活动	Support Activities for Mining	2	2.12
其他采矿业	Mining of Other Ores		
农副食品加工业	Processing of Food from Agricultural Products	54	2.47
食品制造业	Manufacture of Foods	20	1.99
酒、饮料和精制茶制造业	Manufacture of Liguor, Beverages and refined tea	25	1.53
烟草制品业	Manufacture of Tobacco	11	1.93
纺织业	Manufacture of Textile	18	1.93
纺织服装服饰业	Manufacture of Textile,Wearing Apparel and Accessories	15	0.93
皮革、毛皮、羽毛及其制品和制鞋业	Manufacture of Leather, Fur, Feather and Its Products, Footwear	10	0.71
木材加工及木、竹、藤、棕、草制品业	Processing of Timbers, Manufacture of Wood, Bamboo, Rattan, Palm, and Straw Products	8	0.13
家具制造业	Manufacture of Furniture	1	0.01
造纸及纸制品业	Manufacture of Paper and Paper Products	13	1.11
印刷和记录媒介的复制业	Printing,Reproduction of Recording Media	17	0.40
文教、工美、体育和娱乐用品制造业	Manufacture of Articles for Culture, Education, Arts and Crafts, Sport and Entertainment Activities	7	0.56
石油加工、炼焦及核燃料加工业	Processing of Petroleum ,Coking, Processing of Nucleus Fuel	10	0.97
化学原料及化学制品制造业	Manufacture of Raw Chemical Material and Chemical Products	92	5.76
医药制造业	Manufacture of Medicines	21	2.28
化学纤维制造业	Manufacture of Chemical Fiber	2	0.99
橡胶和塑料制品业	Manufacture of Rubber and Plastic	27	1.62
非金属矿物制品业	Manufacture of Non-metallic Mineral Products	143	4.86
黑色金属冶炼及压延加工业	Smelting and Pressing of Ferrous Metals	16	4.17
有色金属冶炼及压延加工业	Smelting and Pressing of Non-ferrous Metals	42	5.36
金属制品业	Manufacture of Metal Products	37	0.78
通用设备制造业	Manufacture of General Purpose Machinery	59	3.61
专用设备制造业	Manufacture of Special Purpose Machinery	68	6.44
汽车制造业	Manufacture of Automobile	29	3.17
铁路、船舶、航空航天和其他运输设备制造业	Manufacture of Railway, Ship, Aerospace, and other Transport Equipments	12	2.03
电气机械及器材制造业	Manufacture of Electrical Machinery and Apparatus	57	3.45
计算机、通信和其他电子设备制造业	Manufacture of Computer , Communication and Other Electronic Equipment	11	0.64
仪器仪表制造业	Manufacture of Measuring Instrument and Machinery	12	0.53
其他制造业	Manufacture of Others	5	1.18
废弃资源综合利用业	Utilization of Waste Resources	1	0.03
金属制品、机械和设备修理业	Repair Service of Metal Products, Machinery and Equipment	2	0.42
电力、热力的生产和供应业	Production and Supply of Electric Power and Heat Power	204	27.19
燃气生产和供应业	Production and Supply of Gas	11	0.36
水的生产和供应业	Production and Supply of Water	37	1.86

Main Indicators of Public-owned Industrial Enterprises above Designated Size (2016)

(100 million yuan)

增加值指数(%) Indices (%)	资产总计 Total Assets	流动资产合计 Total Current Assets	负债合计 Total Liabilities	主营业务收入 Revenue from Principal Business	主营业务成本 Cost of Pricipal Business	利润总额 Total Profits
100.0	**16331.80**	**6443.88**	**10844.20**	**12346.46**	**10901.55**	**206.33**
96.0	2043.55	1053.77	1013.48	1973.69	1500.98	134.39
101.4	14288.25	5390.10	9830.72	10372.76	9400.57	71.94
97.2	11473.40	4616.41	7976.07	8237.52	7312.03	-25.39
103.0	3422.23	1278.76	2131.34	2431.80	2132.13	102.33
114.5	1355.67	526.35	692.64	1651.64	1435.26	127.28
36.0	80.50	22.36	44.15	25.50	22.12	2.11
98.6	3084.91	1072.87	2257.54	1302.04	1159.53	-46.49
69.1	239.58	44.26	145.65	95.55	173.11	-148.77
94.6	32.46	5.09	12.87	14.05	10.92	1.60
108.1	538.35	221.19	182.42	950.92	832.47	84.53
102.9	35.10	9.41	14.15	43.55	35.05	5.12
76.0	141.13	75.83	130.20	81.36	112.13	-43.76
103.5	166.89	78.57	86.21	253.20	233.83	11.74
111.5	154.12	77.34	65.26	278.70	230.98	31.67
94.7	252.06	101.14	183.89	152.86	136.16	-1.74
86.0	441.13	325.23	148.85	411.11	135.95	50.24
116.8	230.62	130.79	156.48	157.07	142.46	5.40
78.5	12.85	6.52	5.48	22.91	18.85	1.35
103.1	44.02	21.16	18.65	68.04	61.34	3.90
85.2	8.14	2.85	7.54	10.88	9.63	0.75
95.9	0.25	0.24	0.19	1.53	1.39	0.01
100.3	154.77	67.36	97.46	151.88	137.69	-0.13
102.7	20.75	14.09	6.26	21.05	17.66	1.00
149.0	9.16	5.79	3.16	21.02	18.86	1.13
101.2	191.26	93.42	155.39	320.52	231.12	-0.10
108.8	1264.79	374.31	943.44	899.89	822.71	20.01
116.4	136.21	53.23	47.13	238.43	202.72	19.08
111.9	74.51	24.55	26.72	39.33	34.11	2.39
99.4	125.71	60.30	60.64	144.54	118.81	11.69
99.9	647.65	274.91	331.36	483.41	417.30	26.70
99.2	691.56	307.84	508.26	479.94	440.62	1.82
99.1	1238.66	622.96	1063.31	1175.81	1097.75	0.64
103.9	47.87	30.39	24.07	99.13	90.33	3.04
108.7	400.54	212.84	233.34	309.24	269.08	11.32
106.4	851.92	523.67	484.32	642.50	568.89	4.77
108.1	327.07	184.45	249.11	359.82	317.37	3.79
	159.45	113.75	71.75	96.29	69.52	11.04
116.5	832.71	555.30	485.33	463.24	388.15	50.72
131.4	45.92	31.46	21.35	38.22	28.07	4.80
93.9	70.46	58.93	31.13	43.83	34.36	4.40
102.1	109.22	52.28	37.86	41.91	34.47	1.29
122.7	4.49	3.66	3.03	2.22	1.31	0.35
100.9	28.95	20.35	22.97	23.19	21.77	-0.78
100.4	3280.72	506.03	2411.24	2325.41	2180.97	65.35
109.6	35.40	12.47	21.17	34.12	28.36	2.03
118.5	200.46	67.04	89.02	47.77	35.75	4.42

14-5 分行业规模以上私营工业企业主要指标(2016年)

单位：亿元

行业	Sector	单位数(个) Number of Enterprises (unit)	平均从业人员(万人) Number of Employed Persons (10 000 persons)
总 计	**Total**	**10826**	**236.19**
按轻重工业分	**Grouped by Light & Heavy Industry**		
轻工业	Enterprises of Light Industry	4300	103.50
重工业	Heavy Industry	6526	132.69
按企业规模分	**Grouped by Size of Enterprises**		
大型企业	Large Enterprises	197	39.05
中型企业	Medium-sized Enterprises	2131	104.15
小型企业	Small Enterprises	8156	92.67
微型企业	Micro-enterprises	342	0.32
按行业分	**By Sector**		
煤炭开采和洗选业	Mining and Washing of Coal	99	2.19
石油和天然气开采业	Extraction of Petroleum and Natural Gas		
黑色金属矿采选业	Mining of Ferrous Metal Ores	56	0.60
有色金属矿采选业	Mining of Non-ferrous Metal Ores	123	2.63
非金属矿采选业	Mining and Processing of Nonmetal Ores	212	2.61
开采辅助活动	Support Activities for Mining	2	0.01
其他采矿业	Mining of Other Ores		
农副食品加工业	Processing of Food from Agricultural Products	1135	20.98
食品制造业	Manufacture of Foods	452	9.81
酒、饮料和精制茶制造业	Manufacture of Liquor, Beverages and refined tea	261	4.79
烟草制品业	Manufacture of Tobacco		
纺织业	Manufacture of Textile	468	15.35
纺织服装服饰业	Manufacture of Textile,Wearing Apparel and Accessories	242	8.37
皮革、毛皮、羽毛及其制品和制鞋业	Manufacture of Leather, Fur, Feather and Its Products, Footwear	241	6.74
木材加工及木、竹、藤、棕、草制品业	Processing of Timbers, Manufacture of Wood, Bamboo, Rattan, Palm, and Straw Products	362	7.41
家具制造业	Manufacture of Furniture	219	4.65
造纸及纸制品业	Manufacture of Paper and Paper Products	158	4.21
印刷和记录媒介的复制业	Printing,Reproduction of Recording Media	139	2.71
文教、工美、体育和娱乐用品制造业	Manufacture of Articles for Culture, Education, Arts and Crafts, Sport and Entertainment Activities	235	4.48
石油加工、炼焦及核燃料加工业	Processing of Petroleum ,Coking, Processing of Nucleus Fuel	30	1.50
化学原料及化学制品制造业	Manufacture of Raw Chemical Material and Chemical Products	556	11.39
医药制造业	Manufacture of Medicines	193	6.08
化学纤维制造业	Manufacture of Chemical Fiber	15	0.32
橡胶和塑料制品业	Manufacture of Rubber and Plastic	363	7.31
非金属矿物制品业	Manufacture of Non-metallic Mineral Products	2026	36.23
黑色金属冶炼及压延加工业	Smelting and Pressing of Ferrous Metals	333	7.81
有色金属冶炼及压延加工业	Smelting and Pressing of Non-ferrous Metals	226	6.86
金属制品业	Manufacture of Metal Products	483	9.27
通用设备制造业	Manufacture of General Purpose Machinery	565	11.15
专用设备制造业	Manufacture of Special Purpose Machinery	560	11.93
汽车制造业	Manufacture of Automobile	289	7.09
铁路、船舶、航空航天和其他运输设备制造业	Manufacture of Railway, Ship, Aerospace, and other Transport Equipments	145	5.39
电气机械及器材制造业	Manufacture of Electrical Machinery and Apparatws	352	8.81
计算机、通信和其他电子设备制造业	Manufacture of Computer, Communication and Other Electronic Equipment	106	4.27
仪器仪表制造业	Manufacture of Measuring Instrument and Machinery	84	1.75
其他制造业	Manufacture of Others	27	0.54
废弃资源综合利用业	Utilization of Waste Resources	22	0.33
金属制品、机械和设备修理业	Repair Service of Metal Products, Machinery and Equipment	1	0.02
电力、热力的生产和供应业	Production and Supply of Electric Power and Heat Power	25	0.32
燃气生产和供应业	Production and Supply of Gas	6	0.06
水的生产和供应业	Production and Supply of Water	15	0.23

Main Indicators of Private Industrial Enterprises above Designated Size (2016)

(100 million yuan)

增加值指数(%) Indices (%)	资产总计 Total Assets	流动资产合计 Total Current Assets	负债合计 Total Liabilities	主营业务收入 Revenue from Principal Business	主营业务成本 Cost of Principal Business	利润总额 Total Profits
106.9	**15868.36**	**6224.47**	**4516.09**	**28547.79**	**24782.29**	**2324.86**
107.2	6000.92	2273.64	1568.14	10774.70	9294.75	933.89
106.8	9867.44	3950.83	2947.96	17773.09	15487.54	1390.96
105.4	2822.10	1062.71	969.58	4752.15	4190.58	332.36
107.4	5957.13	2284.55	1616.73	11622.78	10129.61	963.82
110.1	6851.33	2781.41	1856.34	11921.03	10239.23	1009.34
25.4	237.79	95.80	73.45	251.83	222.88	19.34
95.4	164.84	83.13	66.91	215.17	180.69	19.39
110.3	91.03	43.85	39.38	83.02	73.03	5.40
104.5	258.97	118.28	72.58	495.30	432.04	43.67
102.8	224.68	89.36	55.22	353.76	295.46	37.42
8.3	0.49	0.17	0.22	1.38	0.90	0.33
106.0	1478.56	560.10	395.39	2836.71	2475.36	242.51
109.7	472.90	186.26	115.60	941.50	812.75	81.92
109.5	314.42	113.57	81.10	583.90	495.94	53.79
104.2	718.61	268.10	216.34	1275.64	1114.95	110.55
107.8	375.64	134.21	107.81	511.36	437.09	42.90
97.3	343.92	125.86	65.40	573.94	496.90	51.61
103.2	323.61	119.04	61.67	577.54	494.11	52.38
110.1	255.32	74.36	33.34	443.16	365.96	44.69
103.7	272.96	99.59	75.84	443.77	382.91	37.24
113.6	154.09	55.70	46.56	220.58	189.32	17.85
114.5	261.52	119.54	74.62	434.29	376.53	36.10
90.6	218.41	95.60	98.78	499.33	439.50	35.48
109.5	1068.51	355.83	317.46	1581.39	1378.43	122.05
112.8	462.78	185.47	163.17	689.87	568.30	56.97
121.0	16.77	6.04	1.87	39.39	34.71	2.49
108.6	490.21	173.19	109.72	921.13	794.40	81.12
107.1	2457.53	1010.89	704.10	4630.59	4002.44	400.01
94.7	908.76	329.61	288.37	1527.01	1351.79	101.09
106.9	813.17	382.31	318.02	1582.57	1425.23	97.77
108.9	635.97	239.62	177.42	1076.54	923.75	85.77
111.4	633.06	290.29	166.31	1351.13	1176.99	106.79
110.1	754.68	292.66	193.51	1364.44	1178.07	109.66
112.1	425.07	151.65	111.49	841.93	742.81	58.63
	346.09	132.02	56.27	639.74	566.29	50.38
111.2	562.09	250.75	178.26	1245.44	1087.50	94.23
121.5	158.10	57.51	47.48	288.87	250.96	22.82
121.5	83.03	38.96	25.65	147.61	127.23	10.96
106.1	22.47	10.31	6.15	46.10	39.34	3.01
103.2	20.90	9.81	5.95	40.16	34.45	4.26
	1.23	0.92	0.48	0.72	0.44	0.07
92.0	59.05	13.30	29.29	18.59	15.61	1.45
119.8	8.63	4.42	4.52	12.34	9.96	1.21
122.0	10.26	2.20	3.84	11.85	10.17	0.87

14-6 规模以上高成长性制造业、传统支柱产业和六大高载能行业主要指标(2016年)

Main indicators of High-growth industries, Traditional pillar Industrial Exterprises and Six Carrying energy Industrial Enterprises above Designated Size (2016)

行 业	Sector	单位数(个) Number of Enterprises (unit)	增加值占规模以上工业比重(%) Proportion of Added Value on Industry (%)	增加值指数(上年=100) Indices of Value-Added of Industry (Preceding =100)
高成长性制造业	**High-growth industries**	**11784**	**48.4**	**110.6**
电子信息产业	Electronic Information Industry	339	4.0	115.4
装备制造业	Equipment Manufacturing Industry	4281	16.6	112.7
汽车及零部件产业	Automobile and Parts Industry	716	4.1	114.7
食品产业	Food Industry	3616	15.6	107.0
现代家居产业	Modern Furniture Industry	1602	4.2	110.1
服装服饰	Clothing Accessories	1230	3.9	107.9
传统支柱产业	**Traditional Pillar Industries**	**10015**	**44.5**	**105.3**
冶金工业	Metallurgical Industry	1155	7.8	99.9
建材工业	Building Materials Industry	3778	12.5	108.0
化学工业	Chemical Industry	1574	7.0	110.7
轻纺工业	Textile Industry	2894	10.4	105.4
能源工业	Energy Industry	614	6.8	99.9
六大高载能行业	**Six Carrying Energy Industries**	**6924**	**32.3**	**106.1**
煤炭开采和洗选业	Mining and Washing of Coal	264	2.6	99.3
化学原料及化学制品制造业	Manufacture of Chemical Raw Material and Chemical Products	1316	5.3	116.0
非金属矿物制品业	Manufacture of Non-metallic Mineral Products	3914	13.0	108.2
黑色金属冶炼及压延加工业	Manufacture and Processing of Ferrous Metals	587	4.0	94.8
有色金属冶炼及压延加工业	Manufacture and Processing of Non-ferrous Metals	568	3.7	105.8
电力、热力的生产和供应业	Production and Supply of Electric Power and Heat Power	275	3.6	101.3
高技术产业	**High Technology Industries**	**1098**	**8.7**	**115.5**
医药制造业	Manufacture of Medicines	462	3.1	116.0
航空、航天器及设备制造业	Manufacture of Aviation, Spacecraft, and Equipment	6	0.0	125.6
电子及通信设备制造业	Manufacture of Electronic and Communication Equipment	327	4.2	115.9
计算机及办公设备制造业	Manufacture of Computer and Office Equipment	36	0.2	119.8
医疗仪器设备及仪器仪表制造业	Manufacture of Medical Equipment and Instruments	245	1.0	110.2
信息化学品制造业	Manufacture of Information Chemicals	22	0.2	142.4

注：本表按照定报数据整理。

a) Data in this table are calculated on reports on a regular basis.

14-7 规模以上能源原材料工业增加值结构

Struction of Added value on Raw Energy Material Industries Above Designated Size

行 业	sector	2008	2010	2011	2012	2013	2014	2015	2016
能源原材料工业占规模以上工业增加值比重(%)	**Proportion in Value-added of Industry Enterprises Above Designated Size(%)**	**55.1**	**51.5**	**50.2**	**48.7**	**45.2**	**42.3**	**39.1**	**38.0**
煤炭开采和洗选业	Mining and Washing of Coal	9.2	9.9	9.6	8.0	6.4	5.3	3.4	2.6
石油和天然气开采业	Extraction of Petroleum and Natural Gas	2.3	1.1	1.4	1.0	0.8	0.7	0.4	0.1
黑色金属矿采选业	Mining of Ferrous Metal Ores	0.5	0.6	0.5	0.5	0.4	0.4	0.3	0.2
有色金属矿采选业	Mining of Non-ferrous Metal Ores	3.2	3.4	3.2	3.3	2.9	2.4	2.1	2.0
非金属矿采选业	Mining and Processing of Nonmetal Ores	1.1	0.9	0.9	0.9	0.9	0.8	0.8	0.8
石油加工、炼焦和核燃料加工业	Processing of Petroleum ,Coking, Processing of Nucleus Fuel	2.4	2.8	2.2	1.9	1.6	1.3	1.1	1.1
化学原料和化学制品制造业	Manufacture of Raw Chemical Material and Chemical Products	5.1	5.1	5.0	5.1	4.9	4.9	4.9	5.3
橡胶制品业	Manufacture of Rubber	0.9	0.9	0.8	0.7	0.7	0.7	0.6	0.7
非金属矿物制品业	Manufacture of Non-metallic Mineral Products	10.6	12.7	12.4	12.9	12.9	13.1	13.4	13.0
黑色金属冶炼和压延加工业	Manufacture and Processing of Ferrous Metals	7.0	5.1	4.4	5.5	5.5	5.1	4.5	4.0
有色金属冶炼和压延加工业	Manufacture and Processing of Non-ferrous Metals	6.4	5.4	5.5	4.5	4.0	3.5	3.5	3.7
废弃资源综合利用业	Utilization of waste Resources	0.1	0.1	0.2	0.2	0.2	0.2	0.2	0.1
电力、热力生产和供应业	Production and Supply of Electric Power and Heat Power	6.1	3.0	3.9	3.9	3.6	3.4	3.5	3.6
燃气生产和供应业	Production and Supply of Gas	0.2	0.3	0.3	0.3	0.3	0.3	0.3	0.4
水的生产和供应业	Production and Supply of Water	0.1	0.1	0.1	0.1	0.1	0.1	0.2	0.2

注：本表按照定报数据整理。

a) Data in this table are calculated on Reports on a regular basis.

14-8 各市规模以上工业企业主要财务指标

单位：亿元

年份 市(县)	year City(County)	单位数 (个) Number of Enterprises (unit)	平均从业人员 (万人) Average Number of Employed Persons (10 000 persons)	资产总计 Total Assets	流动资产合计 Total Current Assets
	1998	10450	380.58	4813.59	
	1999	9922	358.02	5090.87	
	2000	9930	343.13	5234.71	
	2001	9720	335.73	5633.03	
	2002	9671	322.47	5987.80	
	2003	9091	317.32	6575.13	
	2004	9782	326.92	8142.33	
	2005	10867	355.70	9158.03	
	2006	11895	361.94	11026.18	
	2007	13518	382.43	13788.00	
	2008	15795	401.53	16421.08	
	2009	18592	449.14	19668.61	7769.93
	2010	19574	479.27	23467.42	9798.26
	2011	18338	546.84	29049.22	12411.51
	2012	19245	584.05	35174.81	15830.84
	2013	20583	632.57	43431.82	20131.51
	2014	21756	678.88	50540.15	22668.15
	2015	22892	703.26	55710.97	25075.84
	2016	23679	721.37	60454.73	27043.59
省辖市	**City**				
郑州市	Zhengzhou	2897	105.31	13101.62	7891.73
开封市	Kaifeng	1343	44.33	2295.09	809.96
洛阳市	Luoyang	1920	54.98	6594.07	2887.32
平顶山市	Pingdingshan	899	33.86	3141.88	1362.69
安阳市	Anyang	1120	28.29	2608.70	1045.69
鹤壁市	Hebi	562	19.88	1612.60	439.85
新乡市	Xinxiang	1257	38.63	2911.81	1320.60
焦作市	Jiaozuo	1336	50.30	3364.84	1255.91
濮阳市	Puyang	1010	23.66	1902.47	730.61
许昌市	Xuchang	1718	48.19	4394.63	2039.39
漯河市	Luohe	677	24.96	1629.08	646.22
三门峡市	Sanmenxia	618	21.32	2729.02	1156.62
南阳市	Nanyang	2470	50.14	4044.78	1795.81
商丘市	Shangqiu	1358	41.90	2138.06	897.55
信阳市	Xinyang	1294	36.27	1612.92	498.55
周口市	Zhoukou	1282	41.19	2899.71	1093.97
驻马店市	Zhumadian	1666	34.59	2230.47	655.88
济源市	Jiyuan	260	9.41	1242.96	515.23
省直管县	**County Directly Administrated by Province**				
巩义市	Gongyi	505	10.47	1225.24	544.36
兰考县	Lankao	240	6.27	364.18	127.22
汝州市	Ruzhou	197	3.73	448.87	191.19
滑县	Huaxian	224	2.70	177.79	70.50
长垣县	Changyuan	152	4.31	372.26	214.30
邓州市	Dengzhou	160	4.01	224.23	94.97
永城市	Yongcheng	198	7.22	796.63	389.02
固始县	Gushi	210	4.09	105.26	36.31
鹿邑县	Luyi	135	4.37	272.83	156.66
新蔡县	Xincai	154	2.37	84.53	32.27

Main Financial Indicators of Industrial Enterprises above Designated Size by City

(100 million yuan)

负债合计 Total Liabilities	主营业务收入 Revenue from Principal Business	主营业务成本 Cost of Pricipal Business	利润总额 Total Profits	增加值指数(上年=100) Indices of Value-Added (Preceding =100)
3237.58	2774.43	2278.26	71.21	107.2
3357.14	2889.61	2391.14	79.58	107.5
3477.34	3297.78	2708.84	139.97	111.6
3699.60	3642.32	3015.28	141.62	109.8
3825.08	4159.57	3438.38	183.85	114.2
4227.07	5284.81	4399.48	255.91	119.9
5087.83	7283.63	6078.52	403.65	123.6
5639.20	10114.21	8441.39	643.39	123.3
6644.10	13809.07	11463.04	1141.80	123.4
7970.01	18936.82	15478.08	1941.51	124.2
9497.17	25292.02	21251.31	2179.10	119.8
11103.26	28246.65	23765.05	2444.18	114.6
12960.96	36163.12	30316.67	3302.22	119.0
15651.99	47647.21	40301.82	4131.59	119.6
18087.58	52276.38	44546.45	4016.39	114.6
21050.58	59975.16	51549.68	4543.07	111.8
23717.27	68037.47	58959.69	4946.19	111.2
26189.58	73365.96	63992.81	4900.60	108.6
28805.88	79657.15	69652.46	5240.61	108.0
7623.11	14158.17	12261.99	1079.14	106.0
662.42	3001.75	2613.79	257.73	109.0
3758.03	7468.82	6642.92	276.00	108.9
1731.31	2480.53	2134.35	186.52	107.6
1439.69	3833.07	3377.07	167.59	107.5
791.68	2065.31	1806.28	109.68	108.8
1488.57	4480.34	4027.01	265.51	108.5
1315.47	5692.23	5050.56	362.53	107.9
648.31	3772.24	3349.15	178.26	109.1
1659.22	6295.50	5333.50	534.46	108.9
555.51	3275.20	2824.93	311.15	109.0
1532.24	3194.30	2874.82	161.78	107.3
1861.89	4513.85	3952.06	205.73	108.9
995.71	3545.19	3188.87	179.51	109.1
623.54	2714.39	2329.94	174.47	108.8
789.71	4530.41	3793.12	488.83	109.8
659.53	3073.22	2687.82	216.35	109.3
669.93	1562.62	1404.27	85.36	107.8
608.82	2063.45	1824.83	114.17	108.5
49.52	412.61	359.19	39.55	109.9
274.15	347.95	303.95	21.35	109.4
58.51	342.81	293.02	24.53	109.9
178.29	564.53	490.10	51.80	110.0
89.15	444.75	397.62	20.54	109.5
468.80	848.58	777.12	24.13	108.6
8.13	294.29	256.56	19.56	108.1
130.82	540.46	418.22	55.79	110.1
17.05	202.86	175.30	8.55	108.9

14-9 各市规模以上国有控股工业企业主要财务指标(2016年)

单位：亿元

市(县)	City(County)	平均从业人员(万人) Number of Employed Persons (10 000 persons)	资产总计 Total Assets	流动资产合计 Total Current Assets
全省	**Total**	**120.72**	**14814.67**	**5716.68**
省辖市	**City**			
郑州市	Zhengzhou	11.02	2052.76	916.04
开封市	Kaifeng	2.23	384.38	134.35
洛阳市	Luoyang	15.81	2431.25	978.51
平顶山市	Pingdingshan	18.75	1721.42	751.06
安阳市	Anyang	5.04	846.02	294.43
鹤壁市	Hebi	3.39	467.37	78.96
新乡市	Xinxiang	4.43	623.39	213.94
焦作市	Jiaozuo	6.22	665.86	188.81
濮阳市	Puyang	6.55	505.71	161.11
许昌市	Xuchang	4.48	843.84	483.73
漯河市	Luohe	1.11	234.93	74.00
三门峡市	Sanmenxia	8.20	1187.76	424.46
南阳市	Nanyang	7.02	859.71	313.60
商丘市	Shangqiu	5.09	817.96	346.87
信阳市	Xinyang	2.68	207.83	68.06
周口市	Zhoukou	0.82	62.85	9.90
驻马店市	Zhumadian	2.39	392.64	114.59
济源市	Jiyuan	1.33	508.99	164.25
省直管县	**County Directly Administrated by Province**			
巩义市	Gongyi	0.63	40.18	14.03
兰考县	Lankao	0.07	3.40	1.96
汝州市	Ruzhou	1.24	138.29	63.65
滑县	Huaxian	0.09	2.34	0.53
长垣县	Changyuan	0.08	4.20	0.39
邓州市	Dengzhou	0.23	13.75	2.67
永城市	Yongcheng	4.07	645.69	314.25
固始县	Gushi	0.14	1.91	0.43
鹿邑县	Luyi	0.10	1.43	0.45
新蔡县	Xincai	0.18	2.79	0.71

Main Financial Indicators of State-holding Industrial Enterprises above Designated Size by City (2016)

(100 million yuan)

负债合计 Total Liabilities	主营业务收入 Revenue from Principal Business	主营业务成本 Cost of Pricipal Business	利润总额 Total Profits	增加值指数(上年=100) Indices of Value-Added (Preceding=100)
10298.52	**9767.95**	**8665.43**	**-19.25**	**98.3**
1368.88	1241.91	1039.86	25.02	97.4
277.48	208.25	183.15	6.92	99.0
1684.24	1835.54	1598.49	8.21	98.0
1176.12	878.43	756.54	47.29	106.6
625.04	633.87	545.81	12.36	96.3
392.87	193.39	179.93	-3.80	108.1
409.58	412.06	357.26	20.22	101.6
433.08	496.27	451.79	3.08	98.9
405.96	360.29	424.95	-147.29	83.5
543.55	475.28	354.00	33.57	96.9
147.90	176.11	138.99	13.51	95.5
961.61	869.06	826.28	-33.58	102.4
532.76	536.74	492.58	-40.97	92.0
559.54	491.34	442.72	10.13	104.2
147.25	205.39	194.74	4.06	104.0
51.57	78.94	75.19	1.32	109.2
269.05	336.98	295.33	10.81	100.2
312.05	338.10	307.81	9.89	98.0
31.94	19.53	17.59	0.24	85.1
1.52	6.02	5.58	0.22	112.9
127.71	59.68	50.95	0.19	102.8
1.58	8.46	7.25	0.97	115.9
3.39	7.42	2.53	4.59	114.7
6.55	12.49	11.18	0.44	96.0
423.10	322.04	287.89	3.95	103.5
1.46	5.14	5.32	-0.23	118.9
1.47	4.23	4.12	0.02	122.6
0.91	14.64	13.57	0.38	143.7

14-10 各市规模以上公有制工业企业主要财务指标(2016年)
Main Financial Indicators of Public-owned Industrial Enterprises above Designated Size by City (2016)

单位：亿元

市(县)	City(County)	平均从业人员(万人) Number of Employed Persons (10 000 persons)	资产总计 Total Assets	流动资产合计 Total Current Assets	负债合计 Total Liabilities	主营业务收入 Revenue from Principal Business	主营业务成本 Cost of Pricipal Business	利润总额 Total Profits	增加值指数(上年=100) Indices of Value-Added (Preceding=100)
全省	**Total**	**140.22**	**16331.80**	**6443.88**	**10844.20**	**12346.46**	**10901.55**	**206.33**	**100.0**
省辖市	**City**								
郑州市	Zhengzhou	12.75	2260.25	1017.61	1462.63	1478.49	1241.64	48.58	98.9
开封市	Kaifeng	3.08	428.27	162.02	295.91	277.91	242.99	14.40	102.5
洛阳市	Luoyang	16.59	2484.58	1009.26	1707.56	1960.67	1715.73	10.37	99.2
平顶山市	Pingdingshan	19.40	1751.93	770.47	1196.74	900.29	776.33	48.06	106.7
安阳市	Anyang	5.27	859.00	304.28	632.14	650.67	559.36	14.38	96.2
鹤壁市	Hebi	4.43	525.17	109.70	423.15	314.28	282.21	4.18	105.9
新乡市	Xinxiang	7.65	805.96	286.09	468.29	762.58	683.93	36.87	104.2
焦作市	Jiaozuo	7.67	740.85	226.41	467.46	625.11	559.78	11.38	100.0
濮阳市	Puyang	7.17	571.57	192.37	417.54	500.04	541.73	-131.11	84.6
许昌市	Xuchang	5.09	904.49	517.68	578.89	533.00	402.63	38.05	97.5
漯河市	Luohe	2.25	348.15	134.38	190.42	392.81	317.82	42.90	104.9
三门峡市	Sanmenxia	11.16	1530.95	588.43	1008.70	1689.39	1538.10	51.21	107.0
南阳市	Nanyang	7.79	963.83	352.42	581.25	585.78	528.29	-33.39	91.8
商丘市	Shangqiu	5.88	846.50	360.80	575.99	547.91	493.39	12.82	105.8
信阳市	Xinyang	3.57	233.35	73.72	162.64	232.68	216.74	7.02	102.9
周口市	Zhoukou	1.31	117.73	30.71	69.55	146.99	135.48	6.08	107.4
驻马店市	Zhumadian	3.22	415.95	126.10	276.48	374.94	327.60	13.82	100.2
济源市	Jiyuan	1.80	543.25	181.42	328.87	372.89	337.82	10.71	98.9
省直管县	**County Directly Administrated by Province**								
巩义市	Gongyi	0.92	64.33	24.12	46.18	41.06	37.03	1.25	95.4
兰考县	Lankao	0.13	5.27	2.35	2.37	10.93	7.12	3.59	123.2
汝州市	Ruzhou	1.24	138.29	63.65	127.71	59.68	50.95	0.19	102.8
滑县	Huaxian	0.11	4.45	1.52	2.33	10.89	9.39	1.16	121.4
长垣县	Changyuan	0.09	5.73	1.34	3.74	8.80	3.62	4.78	118.1
邓州市	Dengzhou	0.26	14.38	3.05	6.98	13.63	12.08	0.47	78.4
永城市	Yongcheng	4.13	647.23	315.17	424.72	323.85	289.46	4.03	103.5
固始县	Gushi	0.19	2.39	0.64	1.50	6.71	6.60	-0.14	115.3
鹿邑县	Luyi	0.10	1.53	0.51	1.48	4.46	4.29	0.04	120.5
新蔡县	Xincai	0.20	4.13	1.32	1.05	17.59	16.13	0.52	121.2

14-11 各市规模以上私营工业企业主要财务指标(2016年)

Main Financial Indicators of Private Industrial Enterprises above Designated Size by City (2016)

单位：亿元 (100 million yuan)

市(县)	City(County)	平均从业人员(万人) Number of Employed Persons (10 000persons)	资产总计 Total Assets	流动资产合计 Total Current Assets	负债合计 Total Liabilities	主营业务收入 Revenue from Principal Business	主营业务成本 Cost of Pricipal Business	利润总额 Total Profits	增加值指数(上年=100) Indices of Value-Added (Preceding=100)
全省	**Total**	**236.19**	**15868.36**	**6224.47**	**4516.09**	**28547.79**	**24782.29**	**2324.86**	**106.9**
省辖市	**City**								
郑州市	Zhengzhou	19.14	1774.69	903.05	583.02	3215.54	2762.30	316.75	105.0
开封市	Kaifeng	21.62	1016.26	328.00	153.16	1494.22	1283.59	153.70	107.8
洛阳市	Luoyang	23.00	1683.57	750.58	582.32	3306.14	2907.60	188.65	110.0
平顶山市	Pingdingshan	5.64	525.37	221.36	144.69	713.59	602.96	74.23	103.8
安阳市	Anyang	9.36	748.35	310.11	307.09	1219.89	1090.29	71.50	104.0
鹤壁市	Hebi	5.53	477.56	111.50	102.56	797.98	689.22	65.18	110.9
新乡市	Xinxiang	12.54	749.01	345.62	307.51	1444.01	1305.97	85.88	106.6
焦作市	Jiaozuo	16.93	1093.91	419.79	250.49	2466.87	2175.19	188.19	104.1
濮阳市	Puyang	5.92	494.87	195.14	48.80	1329.32	1153.03	125.47	107.5
许昌市	Xuchang	21.03	1705.30	533.12	295.81	3239.85	2740.48	313.28	106.4
漯河市	Luohe	6.71	351.80	137.71	91.35	641.53	559.19	60.90	103.9
三门峡市	Sanmenxia	7.49	663.31	267.14	244.42	989.96	868.73	81.60	106.7
南阳市	Nanyang	17.98	1379.24	579.18	548.02	1834.07	1595.63	121.37	114.4
商丘市	Shangqiu	16.72	665.88	269.13	220.27	1532.26	1382.92	84.89	105.6
信阳市	Xinyang	19.09	753.63	211.49	223.52	1399.19	1179.07	96.32	109.2
周口市	Zhoukou	14.93	1084.15	410.53	275.74	1589.73	1320.36	193.08	105.4
驻马店市	Zhumadian	11.50	585.62	165.21	75.70	980.70	844.45	85.62	106.9
济源市	Jiyuan	1.04	115.86	65.81	61.64	352.96	321.32	18.24	113.4
省直管县	**County Directly Administrated by Province**								
巩义市	Gongyi	4.29	384.84	185.93	106.82	942.97	838.58	67.66	106.8
兰考县	Lankao	3.13	165.41	57.14	15.73	204.91	174.16	23.09	109.8
汝州市	Ruzhou	0.64	62.87	27.27	27.99	86.64	77.01	7.65	90.4
滑县	Huaxian	1.25	62.62	25.86	9.98	146.38	121.36	14.17	90.8
长垣县	Changyuan	0.50	28.80	22.36	13.43	66.91	60.66	4.74	107.3
邓州市	Dengzhou	1.51	104.51	42.07	41.33	232.06	205.12	11.52	105.5
永城市	Yongcheng	2.93	136.50	66.68	38.26	508.30	477.83	18.31	113.5
固始县	Gushi	1.62	38.51	15.12	2.46	125.76	109.57	8.53	106.5
鹿邑县	Luyi	0.43	135.63	67.28	78.27	68.42	52.16	8.97	122.0
新蔡县	Xincai	1.06	38.42	13.89	7.37	77.76	66.40	3.69	106.6

14−12 分行业规模以上工业企业主要经济效益指标(2016年)

行 业	Sector	总资产贡献率 (%) Ratio of Total Assets to Industrial Output Value (%)
总 计	**Total**	**13.1**
按轻重工业分	**Grouped by Light & Heavy Industry**	
轻工业	Light Industry	18.7
重工业	Heavy Industry	10.9
按企业规模分	**Grouped by Size of Enterprises**	
大型企业	Large Enterprises	9.1
中型企业	Medium-sized Enterprises	15.7
小型企业	Small Enterprises	17.0
微型企业	Micro-enterprises	9.0
按所有制分	**By Proprietorial System**	
公有制	Public-owned	6.9
非公有制	Non-Public-owned	15.4
按行业分	**Grouped by Sectors**	
煤炭开采和洗选业	Mining and Washing of Coal	4.8
石油和天然气开采业	Extraction of Petroleum and Natural Gas	-53.1
黑色金属矿采选业	Mining of Ferrous Metal Ores	11.3
有色金属矿采选业	Mining of Non-ferrous Metal Ores	17.2
非金属矿采选业	Mining and Processing of Nonmetal Ores	21.6
开采辅助活动	Support Activities for Mining	-30.7
其他采矿业	Mining of Other Ores	
农副食品加工业	Processing of Food from Agricultural Products	18.4
食品制造业	Manufacture of Foods	20.4
酒、饮料和精制茶制造业	Manufacture of Liquor, Beverages and Refined Tea	16.1
烟草制品业	Manufacture of Tobacco	64.2
纺织业	Manufacture of Textile	15.3
纺织服装服饰业	Manufacture of Textile,Wearing Apparel and Accessories	16.3
皮革、毛皮、羽毛及其制品和制鞋业	Manufacture of Leather, Fur, Feather and Its Products, Footwear	19.6
木材加工及木、竹、藤、棕、草制品业	Processing of Timbers, Manufacture of Wood, Bamboo, Rattan, Palm, and Straw Products	18.8
家具制造业	Manufacture of Furniture	20.5
造纸及纸制品业	Manufacture of Paper and Paper Products	14.7
印刷和记录媒介的复制业	Printing,Reproduction of Recording Media	16.2
文教、工美、体育和娱乐用品制造业	Manufacture of Articles for Culture, Education, Arts and Crafts, Sport and Entertainment Activities	16.8
石油加工、炼焦及核燃料加工业	Processing of Petroleum ,Coking, Processing of Nucleus Fuel	25.9
化学原料及化学制品制造业	Manufacture of Raw Chemical Material and Chemical Products	11.0
医药制造业	Manufacture of Medicines	17.9
化学纤维制造业	Manufacture of Chemical Fiber	8.7
橡胶和塑料制品业	Manufacture of Rubber and Plastic	18.4
非金属矿物制品业	Manufacture of Non-metallic Mineral Products	18.6
黑色金属冶炼及压延加工业	Smelting and Pressing of Ferrous Metals	11.3
有色金属冶炼及压延加工业	Smelting and Pressing of Non-ferrous Metals	7.5
金属制品业	Manufacture of Metal Products	16.0
通用设备制造业	Manufacture of General Purpose Machinery	15.8
专用设备制造业	Manufacture of Special Purpose Machinery	13.1
汽车制造业	Manufacture of Automobile	14.6
铁路、船舶、航空航天和其他运输设备制造业	Manufacture of Railway, Ship, Aerospace, and other Transport Equipments	14.0
电气机械及器材制造业	Manufacture of Electrical Machinery and Apparatus	14.0
计算机、通信和其他电子设备制造业	Manufacture of Computer , Communication and Other Electronic Equipment	4.0
仪器仪表制造业	Manufacture of Measuring Instrument and Machinery	13.5
其他制造业	Manufacture of Others	9.1
废弃资源综合利用业	Utilization of Waste Resources	14.6
金属制品、机械和设备修理业	Repair Service of Metal Products, Machinery and Equipment	3.5
电力、热力的生产和供应业	Production and Supply of Electric Power and Heat Power	6.2
燃气生产和供应业	Production and Supply of Gas	8.5
水的生产和供应业	Production and Supply of Water	6.2

Main Economic Efficiency Indicators of Industrial Enterprises above Designated Size by Sector (2016)

成本费用利润率 (%) Ratio of Profits to Industrial Cost (%)	资产负债率 (%) Assets-Liability Ratio (%)	产品销售率 (%) Products Sales Rate (%)	全员劳动生产率 (元/人.年) Labour Productivity of Industrial Enterpreses (yuan/person.year)
7.0	**47.7**	**97.9**	**232740**
9.0	33.6	98.0	222469
6.1	53.1	97.9	239000
4.5	62.4	98.3	198543
8.2	38.8	98.0	215657
8.7	33.4	97.5	301367
7.8	38.8	98.4	191995
1.7	66.4	98.3	186630
8.1	40.7	97.9	243866
-0.3	70.1	98.5	106748
-62.0	60.8	100.7	57683
8.9	41.8	96.8	407547
10.0	35.4	98.7	405764
12.9	27.2	97.3	311461
-34.5	92.1	100.0	199575
8.4	34.2	97.5	259564
9.7	35.3	97.6	215778
8.8	40.6	98.1	264154
28.3	33.9	102.2	1638500
8.3	39.0	98.7	181060
8.3	27.2	98.3	141706
9.7	24.0	98.6	207057
9.4	21.4	98.4	189262
10.4	16.2	98.8	226644
7.5	39.4	98.1	248497
7.8	30.9	98.0	145824
8.1	35.3	97.4	167703
5.0	60.1	98.5	459745
6.8	48.9	97.8	281006
9.9	33.3	98.4	243176
6.2	36.5	101.7	175196
9.5	28.8	98.8	249214
9.2	34.3	99.5	283115
5.2	50.6	98.0	314461
3.8	66.6	98.0	278930
8.2	30.2	98.4	239147
7.5	37.3	97.9	257009
6.3	40.1	98.0	235668
7.3	47.7	96.4	277301
8.2	27.3	97.5	189659
8.2	46.0	97.7	243084
3.9	77.3	93.2	153447
9.2	36.2	96.9	214094
6.1	34.1	97.5	88448
7.4	43.0	97.4	283375
-0.8	72.2	93.7	68266
3.3	73.1	98.4	206585
10.3	58.9	98.7	351333
11.3	43.7	96.6	117359

14-13 分行业规模以上国有控股工业企业主要经济效益指标(2016年)

行 业	Sector	总资产贡献率 (%) Ratio of Total Assets to Industrial Output Value (%)
总 计	**Total**	**5.7**
按轻重工业分	**Grouped by Light & Heavy Industry**	
轻工业	Enterprises of Light Industry	21.4
重工业	Heavy Industry	3.9
按企业规模分	**Grouped by Size of Enterprises**	
大型企业	Large Enterprises	5.7
中型企业	Medium-sized Enterprises	5.2
小型企业	Small Enterprises	7.0
微型企业	Micro-enterprises	4.8
按行业分	**By Sector**	
煤炭开采和洗选业	Mining and Washing of Coal	3.5
石油和天然气开采业	Extraction of Petroleum and Natural Gas	-53.8
黑色金属矿采选业	Mining of Ferrous Metal Ores	2.8
有色金属矿采选业	Mining of Non-ferrous Metal Ores	5.7
非金属矿采选业	Mining and Processing of Nonmetal Ores	18.4
开采辅助活动	Support Activities for Mining	-31.1
其他采矿业	Mining of Other Ores	
农副食品加工业	Processing of Food from Agricultural Products	4.7
食品制造业	Manufacture of Foods	11.6
酒、饮料和精制茶制造业	Manufacture of Liquor, Beverages and refined tea	0.8
烟草制品业	Manufacture of Tobacco	65.3
纺织业	Manufacture of Textile	3.5
纺织服装服饰业	Manufacture of Textile,Wearing Apparel and Accessories	14.2
皮革、毛皮、羽毛及其制品和制鞋业	Manufacture of Leather, Fur, Feather and Its Products, Footwear	12.7
木材加工及木、竹、藤、棕、草制品业	Processing of Timbers, Manufacture of Wood, Bamboo, Rattan, Palm, and Straw Products	4.8
家具制造业	Manufacture of Furniture	
造纸及纸制品业	Manufacture of Paper and Paper Products	2.0
印刷和记录媒介的复制业	Printing,Reproduction of Recording Media	14.2
文教、工美、体育和娱乐用品制造业	Manufacture of Articles for Culture, Education, Arts and Crafts, Sport and Entertainment Activities	4.0
石油加工、炼焦及核燃料加工业	Processing of Petroleum ,Coking, Processing of Nucleus Fuel	45.3
化学原料及化学制品制造业	Manufacture of Raw Chemical Material and Chemical Products	2.9
医药制造业	Manufacture of Medicines	18.0
化学纤维制造业	Manufacture of Chemical Fiber	8.1
橡胶和塑料制品业	Manufacture of Rubber and Plastic	6.2
非金属矿物制品业	Manufacture of Non-metallic Mineral Products	4.8
黑色金属冶炼及压延加工业	Smelting and Pressing of Ferrous Metals	3.3
有色金属冶炼及压延加工业	Smelting and Pressing of Non-ferrous Metals	4.5
金属制品业	Manufacture of Metal Products	8.0
通用设备制造业	Manufacture of General Purpose Machinery	4.5
专用设备制造业	Manufacture of Special Purpose Machinery	2.1
汽车制造业	Manufacture of Automobile	4.7
铁路、船舶、航空航天和其他运输设备制造业	Manufacture of Railway, Ship, Aerospace, and other Transport Equipments	9.2
电气机械及器材制造业	Manufacture of Electrical Machinery and Apparatus	8.4
计算机、通信和其他电子设备制造业	Manufacture of Computer, Communication and Other Electronic Equipment	16.1
仪器仪表制造业	Manufacture of Measuring Instrument and Machinery	8.1
其他制造业	Manufacture of Others	2.6
废弃资源综合利用业	Utilization of Waste Resources	6.6
金属制品、机械和设备修理业	Repair Service of Metal Products, Machinery and Equipment	0.5
电力、热力的生产和供应业	Production and Supply of Electric Power and Heat Power	6.1
燃气生产和供应业	Production and Supply of Gas	7.0
水的生产和供应业	Production and Supply of Water	5.0

Main Economic Efficiency Indicators of State-holding Industrial Enterprises above Designated Size by Sector (2016)

成本费用利润率 (%) Ratio of Profits to Industrial Cost (%)	资产负债率 (%) Assets-Liability Ratio (%)	产品销售率 (%) Products Sales Rate (%)	全员劳动生产率 (元/人.年) Labour Productivity of Industrial Enterpreses (yuan/person.year)
-0.2	**69.5**	**98.5**	**170310**
6.5	54.1	96.8	394709
-0.9	71.3	98.7	144553
-1.2	70.9	99.2	169029
2.5	65.8	96.4	155256
4.9	65.1	96.3	346816
7.7	64.6	99.5	40356
-3.5	73.4	99.9	67474
-62.3	61.0	100.7	56819
-2.1	43.5	107.5	277152
2.3	66.0	97.1	198988
9.2	10.0	98.3	583943
-35.0	92.3	100.0	198844
2.5	57.1	91.1	191822
4.0	58.8	103.3	132560
-5.3	79.3	94.1	189622
29.9	33.1	102.3	1802030
1.2	69.8	98.5	120400
9.0	28.1	98.3	84554
4.8	42.0	99.7	187527
3.5	113.4	113.9	217198
-4.8	75.4	100.4	345176
8.8	16.8	102.7	101963
1.2	36.0	96.0	472240
-0.3	81.6	100.1	654994
0.6	78.7	100.1	214252
12.1	48.1	96.8	237165
3.2	69.9	98.1	5462717
4.4	61.1	98.1	175303
3.2	53.6	99.8	213383
0.2	72.9	99.4	179907
0.0	86.2	96.9	228261
2.0	50.2	99.4	213886
1.4	63.5	95.3	90181
-0.2	58.0	99.2	168513
0.7	78.3	96.0	166663
12.7	44.8	98.1	42274
12.5	58.3	94.6	280806
19.1	36.3	97.9	401013
11.0	44.3	98.1	216057
2.7	35.0	97.5	2514
23.9	67.5	84.0	944254
-4.0	79.4	100.0	65570
2.6	73.5	98.9	176679
6.3	59.8	95.5	265711
10.3	42.2	98.5	99770

14−14 分行业规模以上公有制工业企业主要经济效益指标(2016年)

行　　业	Sector	总资产贡献率 (%) Ratio of Total Assets to Industrial Output Value (%)
总　计	**Total**	**6.9**
按轻重工业分	**Grouped by Light & Heavy Industry**	
轻工业	Enterprises of Light Industry	20.6
重工业	Heavy Industry	4.9
按企业规模分	**Grouped by Size of Enterprises**	
大型企业	Large Enterprises	6.2
中型企业	Medium-sized Enterprises	6.8
小型企业	Small Enterprises	12.8
微型企业	Micro-enterprises	4.9
按行业分	**By Sector**	
煤炭开采和洗选业	Mining and Washing of Coal	3.5
石油和天然气开采业	Extraction of Petroleum and Natural Gas	-53.1
黑色金属矿采选业	Mining of Ferrous Metal Ores	8.6
有色金属矿采选业	Mining of Non-ferrous Metal Ores	18.2
非金属矿采选业	Mining and Processing of Nonmetal Ores	19.7
开采辅助活动	Support Activities for Mining	-31.1
其他采矿业	Mining of Other Ores	
农副食品加工业	Processing of Food from Agricultural Products	9.0
食品制造业	Manufacture of Foods	25.0
酒、饮料和精制茶制造业	Manufacture of Liquor, Beverages and Refined Tea	3.0
烟草制品业	Manufacture of Tobacco	64.4
纺织业	Manufacture of Textile	4.9
纺织服装服饰业	Manufacture of Textile,Wearing Apparel and Accessories	20.5
皮革、毛皮、羽毛及其制品和制鞋业	Manufacture of Leather, Fur, Feather and Its Products, Footwear	12.2
木材加工及木、竹、藤、棕、草制品业	Processing of Timbers, Manufacture of Wood, Bamboo, Rattan, Palm, and Straw Products	11.7
家具制造业	Manufacture of Furniture	20.7
造纸及纸制品业	Manufacture of Paper and Paper Products	4.5
印刷和记录媒介的复制业	Printing,Reproduction of Recording Media	10.7
文教、工美、体育和娱乐用品制造业	Manufacture of Articles for Culture, Education, Arts and Crafts, Sport and Entertainment Activities	17.9
石油加工、炼焦及核燃料加工业	Processing of Petroleum ,Coking, Processing of Nucleus Fuel	45.1
化学原料及化学制品制造业	Manufacture of Raw Chemical Material and Chemical Products	4.3
医药制造业	Manufacture of Medicines	19.2
化学纤维制造业	Manufacture of Chemical Fiber	5.3
橡胶和塑料制品业	Manufacture of Rubber and Plastic	13.3
非金属矿物制品业	Manufacture of Non-metallic Mineral Products	7.4
黑色金属冶炼及压延加工业	Smelting and Pressing of Ferrous Metals	3.4
有色金属冶炼及压延加工业	Smelting and Pressing of Non-ferrous Metals	4.5
金属制品业	Manufacture of Metal Products	10.2
通用设备制造业	Manufacture of General Purpose Machinery	6.9
专用设备制造业	Manufacture of Special Purpose Machinery	2.8
汽车制造业	Manufacture of Automobile	5.5
铁路、船舶、航空航天和其他运输设备制造业	Manufacture of Railway, Ship, Aerospace, and other Transport Equipments	9.2
电气机械及器材制造业	Manufacture of Electrical Machinery and Apparatus	8.6
计算机、通信和其他电子设备制造业	Manufacture of Computer, Communication and Other Electronic Equipment	13.1
仪器仪表制造业	Manufacture of Measuring Instrument and Machinery	8.2
其他制造业	Manufacture of others	2.8
废弃资源综合利用业	Utilization of Waste Resources	6.6
金属制品、机械和设备修理业	Repair Service of Metal Products, Machinery and Equipment	0.5
电力、热力的生产和供应业	Production and Supply of Electric Power and Heat Power	6.2
燃气生产和供应业	Production and Supply of Gas	7.0
水的生产和供应业	Production and Supply of Water	4.7

Main Economic Efficiency Indicators of Public-owned Industrial Enterprises above Designated Size by Sector (2016)

成本费用利润率 (%) Ratio of Profits to Industrial Cost (%)	资产负债率 (%) Assets-Liability Ratio (%)	产品销售率 (%) Products Sales Rate (%)	全员劳动生产率 (元/人.年) Labour Productivity of Industrial Enterpreses (yuan/person.year)
1.7	**66.4**	**98.3**	**186630**
7.7	49.6	97.1	329475
0.7	68.8	98.5	162072
-0.3	69.5	98.9	173546
4.2	62.3	96.6	175952
8.3	51.1	98.0	387855
7.5	54.9	98.9	40107
-3.4	73.2	99.3	68509
-62.0	60.8	100.7	57025
12.9	39.7	102.4	262061
9.8	33.9	98.8	443806
14.1	40.3	94.6	145153
-35.0	92.3	100.0	198844
4.9	51.7	92.8	274991
12.6	42.4	98.1	198855
-1.1	73.0	95.7	230594
28.4	33.7	102.2	1653244
2.4	67.9	98.4	141748
6.3	42.6	99.3	77156
6.2	42.4	98.3	281558
7.0	92.7	98.8	113221
1.0	78.0	98.0	629845
-0.1	63.0	95.5	359528
4.8	30.2	101.4	228492
5.6	34.5	97.6	69959
0.0	81.2	98.0	610844
2.0	74.6	99.2	229706
8.7	34.6	97.2	271956
6.3	35.9	107.2	140756
8.8	48.2	98.6	200569
5.6	51.2	99.4	238544
0.4	73.5	99.2	192443
0.1	85.8	96.9	232190
3.2	50.3	99.1	276882
3.8	58.3	96.1	126356
0.8	56.9	98.6	180533
1.1	76.2	96.9	177224
12.7	45.0	98.2	45959
11.5	58.3	95.3	269361
14.3	46.5	92.6	283370
10.9	44.2	98.1	208846
3.1	34.7	97.6	6647
23.9	67.5	84.0	1038305
-3.1	79.4	100.0	62570
2.8	73.5	98.9	176597
6.3	59.8	95.5	265711
9.4	44.4	98.7	92331

14-15 分行业规模以上私营工业企业主要经济效益指标(2016年)

行 业	Sector	总资产贡献率(%) Ratio of Total Assets to Industrial Output Value (%)
总 计	**Total**	**19.3**
按轻重工业分	**Grouped by Light & Heavy Industry**	
轻工业	Enterprises of Light Industry	20.0
重工业	Heavy Industry	18.8
按企业规模分	**Grouped by Size of Enterprises**	
大型企业	Large Enterprises	15.6
中型企业	Medium-sized Enterprises	21.1
小型企业	Small Enterprises	19.5
微型企业	Micro-enterprises	11.1
按行业分	**By Sector**	
煤炭开采和洗选业	Mining and Washing of Coal	16.9
石油和天然气开采业	Extraction of Petroleum and Natural Gas	9.4
黑色金属矿采选业	Mining of Ferrous Metal Ores	19.9
有色金属矿采选业	Mining of Non-ferrous Metal Ores	21.4
非金属矿采选业	Mining and Processing of Nonmetal Ores	84.8
开采辅助活动	Support Activities for Mining	
其他采矿业	Mining of Other Ores	
农副食品加工业	Processing of Food from Agricultural Products	20.5
食品制造业	Manufacture of Foods	21.7
酒、饮料和精制茶制造业	Manufacture of Liquor, Beverages and Refined Tea	22.1
烟草制品业	Manufacture of Tobacco	
纺织业	Manufacture of Textile	19.6
纺织服装服饰业	Manufacture of Textile,Wearing Apparel and Accessories	15.4
皮革、毛皮、羽毛及其制品和制鞋业	Manufacture of Leather, Fur, Feather and Its Products, Footwear	19.7
木材加工及木、竹、藤、棕、草制品业	Processing of Timbers, Manufacture of Wood, Bamboo, Rattan, Palm, and Straw Products	20.8
家具制造业	Manufacture of Furniture	22.6
造纸及纸制品业	Manufacture of Paper and Paper Products	18.3
印刷和记录媒介的复制业	Printing,Reproduction of Recording Media	15.2
文教、工美、体育和娱乐用品制造业	Manufacture of Articles for Culture, Education, Arts and Crafts, Sport and Entertainment Activities	18.7
石油加工、炼焦及核燃料加工业	Processing of Petroleum ,Coking, Processing of Nucleus Fuel	21.5
化学原料及化学制品制造业	Manufacture of Raw Chemical Material and Chemical Products	15.3
医药制造业	Manufacture of Medicines	17.7
化学纤维制造业	Manufacture of Chemical Fiber	21.8
橡胶和塑料制品业	Manufacture of Rubber and Plastic	21.0
非金属矿物制品业	Manufacture of Non-metallic Mineral Products	22.2
黑色金属冶炼及压延加工业	Smelting and Pressing of Ferrous Metals	15.2
有色金属冶炼及压延加工业	Smelting and Pressing of Non-ferrous Metals	15.9
金属制品业	Manufacture of Metal Products	18.0
通用设备制造业	Manufacture of General Purpose Machinery	22.1
专用设备制造业	Manufacture of Special Purpose Machinery	19.4
汽车制造业	Manufacture of Automobile	18.7
铁路、船舶、航空航天和其他运输设备制造业	Manufacture of Railway, Ship, Aerospace, and other Transport Equipments	17.1
电气机械及器材制造业	Manufacture of Electrical Machinery and Apparatus	22.1
计算机、通信和其他电子设备制造业	Manufacture of Computer, Communication and Other Electronic Equipment	18.5
仪器仪表制造业	Manufacture of Measuring Instrument and Machinery	17.5
其他制造业	Manufacture of Others	22.2
废弃资源综合利用业	Utilization of Waste Resources	24.8
金属制品、机械和设备修理业	Repair Service of Metal products, Machinery and Equipment	10.9
电力、热力的生产和供应业	Production and Supply of Electric Power and Heat Power	4.3
燃气生产和供应业	Production and Supply of Gas	16.1
水的生产和供应业	Production and Supply of Water	11.4

Main Economic Efficiency Indicators of Private Industrial Enterprises above Designated Size by Sector (2016)

成本费用利润率 (%) Ratio of Profits to Industrial Cost (%)	资产负债率 (%) Assets-Liability Ratio (%)	产品销售率 (%) Products Sales Rate (%)	全员劳动生产率 (元/人.年) Labour Productivity of Industrial Enterpreses (yuan/person.year)
8.9	**28.5**	**98.7**	**261134**
9.5	26.1	98.2	223776
8.5	29.9	99.0	290275
7.6	34.4	102.3	220730
9.1	27.1	98.6	236182
9.3	27.1	97.4	304341
8.3	30.9	98.4	800711
10.1	40.6	96.2	457267
7.0	43.3	96.4	465568
9.7	28.0	98.8	373460
11.9	24.6	97.4	361190
32.8	44.2	99.9	250023
9.4	26.7	98.0	254269
9.6	24.5	97.7	204520
10.2	25.8	98.6	296563
9.5	30.1	98.6	183935
9.2	28.7	98.8	146264
9.9	19.0	98.2	212757
10.1	19.1	98.3	182197
11.3	13.1	98.9	261506
9.2	27.8	99.0	259799
8.9	30.2	98.3	152768
9.1	28.5	97.0	219930
7.7	45.2	98.5	473619
8.4	29.7	97.9	301752
9.1	35.3	99.0	271277
6.8	11.1	99.4	222256
9.7	22.4	98.9	282715
9.5	28.7	101.8	294342
7.2	31.7	98.4	414399
6.6	39.1	98.8	318058
8.7	27.9	98.6	237285
8.6	26.3	98.0	277644
8.8	25.6	97.4	242130
7.5	26.2	95.7	246020
8.6	16.3	97.1	234671
8.2	31.7	98.3	273138
8.6	30.0	98.8	181613
8.0	30.9	96.6	268764
7.0	27.4	98.5	187217
12.0	28.5	99.7	191751
10.4	39.4	106.7	
8.5	49.6	96.3	186564
10.5	52.3	99.2	787634
8.0	37.4	96.6	145563

14-16 各市规模以上工业企业主要经济效益指标

Main Economic Efficiency Indicators of Industrial Enterprises above Designated Size by City

年份 市(县)	Year City(County)	总资产贡献率 (%) Ratio of Total Assets to Industrial Output Value (%)	成本费用利润率 (%) Ratio of Profits to Industrial Cost (%)	资产负债率 (%) Assets-Liability Ratio (%)	产品销售率 (%) Products Sales Rate (%)	全员劳动生产率 (元/人.年) Labour Productivity of Industrial Enterprises (yuan/person.year)
	1998	7.6	2.7	67.3	97.2	25496
	1999	7.3	2.8	65.9	97.8	27753
	2000	8.6	4.5	66.4	98.0	33643
	2001	8.1	4.1	65.7	97.9	37827
	2002	9.4	4.7	63.9	98.3	44368
	2003	10.7	5.2	64.3	98.5	55278
	2004	23.0	6.0	62.4	98.4	76834
	2005	15.7	6.9	61.6	98.4	88950
	2006	20.7	9.1	60.3	97.0	111021
	2007	23.5	11.6	57.8	98.3	142201
	2008	24.7	9.5	57.8	98.4	181939
	2009	21.0	9.6	56.5	98.5	172874
	2010	22.4	10.2	55.2	98.7	206596
	2011	22.7	9.5	53.9	98.6	217295
	2012	18.9	8.3	51.4	98.3	216674
	2013	16.9	8.2	48.5	98.4	221106
	2014	15.8	7.8	46.9	98.3	224089
	2015	13.9	7.2	47.0	98.2	229637
	2016	13.1	7.0	47.7	97.9	232740
省辖市	**City**					
郑州市	Zhengzhou	11.8	8.6	59.1	96.1	270390
开封市	Kaifeng	14.3	9.2	31.7	98.7	140997
洛阳市	Luoyang	8.7	3.9	57.0	98.1	258045
平顶山市	Pingdingshan	10.2	7.3	54.1	97.3	190868
安阳市	Anyang	12.3	4.3	56.8	97.9	296780
鹤壁市	Hebi	10.9	5.7	49.1	96.9	226016
新乡市	Xinxiang	12.2	5.8	51.6	98.1	240960
焦作市	Jiaozuo	15.4	6.8	39.1	98.8	240954
濮阳市	Puyang	14.2	5.0	34.1	98.3	316429
许昌市	Xuchang	18.6	9.4	37.8	98.0	286117
漯河市	Luohe	23.7	10.6	34.1	104.1	265068
三门峡市	Sanmenxia	9.6	5.3	56.2	97.7	288931
南阳市	Nanyang	9.1	4.8	46.4	96.9	205917
商丘市	Shangqiu	16.2	6.1	39.3	98.2	184905
信阳市	Xinyang	15.9	6.9	40.8	98.5	168241
周口市	Zhoukou	20.4	12.3	25.1	98.6	242896
驻马店市	Zhumadian	14.3	7.9	29.9	98.8	195077
济源市	Jiyuan	11.5	5.8	53.9	96.4	321084
省直管县	**County Directly Administrated by Province**					
巩义市	Gongyi	15.9	5.8	49.7	95.4	368042
兰考县	Lankao	13.9	10.7	13.6	98.2	144418
汝州市	Ruzhou	7.5	6.2	61.1	95.8	240938
滑县	Huaxian	17.2	7.8	32.9	98.8	273667
长垣县	Changyuan	17.2	10.1	47.9	99.2	296125
邓州市	Dengzhou	12.4	4.9	39.8	97.8	251322
永城市	Yongcheng	7.8	2.9	58.9	98.6	262756
固始县	Gushi	21.4	7.1	7.7	100.0	148411
鹿邑县	Luyi	24.0	12.8	48.0	98.5	348947
新蔡县	Xincai	13.4	4.4	20.2	99.1	185105

14−17 各市规模以上国有控股工业企业主要经济效益指标(2016年)

Main Economic Efficiency Indicators of State-holding Industrial Enterprises above Designated Size by City (2016)

市(县)	City(County)	总资产贡献率(%) Ratio of Total Assets to Industrial Output Value (%)	成本费用利润率(%) Ratio of Profits to Industrial Cost (%)	资产负债率(%) Assets-Liability Ratio (%)	产品销售率(%) Products Sales Rate (%)	全员劳动生产率(元/人.年) Labour Productivity of Industrial Enterprises (yuan/person.year)
全省	**Total**	**5.7**	**-0.2**	**69.5**	**98.5**	**170310**
省辖市	**City**					
郑州市	Zhengzhou	11.8	8.6	59.1	96.1	273691
开封市	Kaifeng	14.3	9.2	31.7	98.7	140761
洛阳市	Luoyang	8.7	3.9	57.0	98.1	201961
平顶山市	Pingdingshan	10.2	7.3	54.1	97.3	113975
安阳市	Anyang	12.3	4.3	56.8	97.9	292391
鹤壁市	Hebi	10.9	5.7	49.1	96.9	110189
新乡市	Xinxiang	12.2	5.8	51.6	98.1	163408
焦作市	Jiaozuo	15.4	6.8	39.1	98.8	119001
濮阳市	Puyang	14.2	5.0	34.1	98.3	132440
许昌市	Xuchang	18.6	9.4	37.8	98.0	378511
漯河市	Luohe	23.7	10.6	34.1	104.1	505182
三门峡市	Sanmenxia	9.6	5.3	56.2	97.7	121398
南阳市	Nanyang	9.1	4.8	46.4	96.9	189203
商丘市	Shangqiu	16.2	6.1	39.3	98.2	233309
信阳市	Xinyang	15.9	6.9	40.8	98.5	188093
周口市	Zhoukou	20.4	12.3	25.1	98.6	200728
驻马店市	Zhumadian	14.3	7.9	29.9	98.8	277983
济源市	Jiyuan	11.5	5.8	53.9	96.4	452803
省直管县	**County Directly Administrated by Province**					
巩义市	Gongyi	15.9	5.8	49.7	95.4	63153
兰考县	Lankao	13.9	10.7	13.6	98.2	175649
汝州市	Ruzhou	7.5	6.2	61.1	95.8	140149
滑县	Huaxian	17.2	7.8	32.9	98.8	151591
长垣县	Changyuan	17.2	10.1	47.9	99.2	162200
邓州市	Dengzhou	12.4	4.9	39.8	97.8	116984
永城市	Yongcheng	7.8	2.9	58.9	98.6	206043
固始县	Gushi	21.4	7.1	7.7	100.0	65429
鹿邑县	Luyi	24.0	12.8	48.0	98.5	84525
新蔡县	Xincai	13.4	4.4	20.2	99.1	188510

14-18 各市规模以上公有制工业企业主要经济效益指标(2016年)

Main Economic Efficiency Indicators of Public-owned Industrial Enterprises above Designated Size by City (2016)

市(县) City(County)	总资产贡献率 (%) Ratio of Total Assets to Industrial Output Value (%)	成本费用利润率 (%) Ratio of Profits to Industrial Cost (%)	资产负债率 (%) Assets-Liability Ratio (%)	产品销售率 (%) Products Sales Rate (%)	全员劳动生产率 (元/人.年) Labour Productivity of Industrial Enterprises (yuan/person.year)
全 省 Total	**6.9**	**1.7**	**66.4**	**98.3**	**186630**
省 辖 市 City					
郑 州 市 Zhengzhou	11.7	4.8	59.2	96.1	276486
开 封 市 Kaifeng	9.5	7.9	43.6	97.2	148973
洛 阳 市 Luoyang	7.3	0.5	68.7	97.5	205763
平 顶 山 市 Pingdingshan	6.7	5.0	65.1	96.7	113282
安 阳 市 Anyang	10.9	4.1	66.7	99.9	287439
鹤 壁 市 Hebi	5.0	1.3	80.6	96.9	148287
新 乡 市 Xinxiang	10.7	6.8	54.8	97.9	188543
焦 作 市 Jiaozuo	5.6	1.8	63.1	99.6	131932
濮 阳 市 Puyang	-17.7	-21.0	73.1	99.1	157220
许 昌 市 Xuchang	13.7	8.3	64.0	100.1	361913
漯 河 市 Luohe	19.8	12.7	54.7	98.7	480846
三 门 峡 市 Sanmenxia	7.4	3.1	65.9	98.5	247172
南 阳 市 Nanyang	4.0	-1.3	56.5	99.0	185046
商 丘 市 Shangqiu	8.2	3.2	62.3	98.6	224650
信 阳 市 Xinyang	11.5	5.4	50.3	99.1	163188
周 口 市 Zhoukou	19.8	10.8	51.1	98.9	233455
驻 马 店 市 Zhumadian	10.5	4.1	58.9	99.8	231881
济 源 市 Jiyuan	6.0	3.0	60.5	97.4	403997
省 直 管 县 County Directly Administrated by Province					
巩 义 市 Gongyi	6.0	3.1	71.8	99.0	85350
兰 考 县 Lankao	71.4	49.0	45.0	95.3	153752
汝 州 市 Ruzhou	3.9	0.3	92.4	99.2	140149
滑 县 Huaxian	30.7	11.9	52.3	101.4	180451
长 垣 县 Changyuan	88.8	120.1	65.4	100.0	201453
邓 州 市 Dengzhou	9.6	3.5	48.6	100.9	115129
永 城 市 Yongcheng	5.4	1.3	65.6	98.1	203734
固 始 县 Gushi	5.1	-2.0	62.7	100.0	75095
鹿 邑 县 Luyi	17.1	1.0	96.9	11.1	89017
新 蔡 县 Xincai	22.3	3.0	25.4	99.2	198226

14-19 各市规模以上私营工业企业主要经济效益指标(2016年)

Main Economic Efficiency Indicators of Private Industrial Enterprises above Designated Size by City (2016)

市(县) City(County)	总资产贡献率 (%) Ratio of Total Assets to Industrial Output Value (%)	成本费用利润率 (%) Ratio of Profits to Industrial Cost (%)	资产负债率 (%) Assets-Liability Ratio (%)	产品销售率 (%) Products Sales Rate (%)	全员劳动生产率 (元/人.年) Labour Productivity of Industrial Enterpreses (yuan/person.year)
全　　省 Total	**19.3**	**8.9**	**28.5**	**98.7**	**261134**
省辖市 City					
郑州市 Zhengzhou	11.8	8.6	59.1	96.1	350227
开封市 Kaifeng	14.3	9.2	31.7	98.7	145522
洛阳市 Luoyang	8.7	3.9	57.0	98.1	296527
平顶山市 Pingdingshan	10.2	7.3	54.1	97.3	353838
安阳市 Anyang	12.3	4.3	56.8	97.9	298692
鹤壁市 Hebi	10.9	5.7	49.1	96.9	319192
新乡市 Xinxiang	12.2	5.8	51.6	98.1	245745
焦作市 Jiaozuo	15.4	6.8	39.1	98.8	319120
濮阳市 Puyang	14.2	5.0	34.1	98.3	446997
许昌市 Xuchang	18.6	9.4	37.8	98.0	317763
漯河市 Luohe	23.7	10.6	34.1	104.1	212092
三门峡市 Sanmenxia	9.6	5.3	56.2	97.7	321209
南阳市 Nanyang	9.1	4.8	46.4	96.9	228451
商丘市 Shangqiu	16.2	6.1	39.3	98.2	196322
信阳市 Xinyang	15.9	6.9	40.8	98.5	170343
周口市 Zhoukou	20.4	12.3	25.1	98.6	214429
驻马店市 Zhumadian	14.3	7.9	29.9	98.8	190266
济源市 Jiyuan	11.5	5.8	53.9	96.4	578115
省直管县 County Directly Administrated by Province					
巩义市 Gongyi	15.9	5.8	49.7	95.4	417858
兰考县 Lankao	13.9	10.7	13.6	98.2	146957
汝州市 Ruzhou	7.5	6.2	61.1	95.8	430584
滑县 Huaxian	17.2	7.8	32.9	98.8	269140
长垣县 Changyuan	17.2	10.1	47.9	99.2	318377
邓州市 Dengzhou	12.4	4.9	39.8	97.8	345318
永城市 Yongcheng	7.8	2.9	58.9	98.6	347640
固始县 Gushi	21.4	7.1	7.7	100.0	154002
鹿邑县 Luyi	24.0	12.8	48.0	98.5	400104
新蔡县 Xincai	13.4	4.4	20.2	99.1	158015

14-20 主要工业产品产量

Output of Major Industrial Products

年 份 year	纱 (万吨) Yarn (10 000 tons)	卷 烟 (亿支) Cigarettes (100 million rolls)	农用化肥 (万吨) Chemical Fertilizers (10 000 tons)	原 煤 (万吨) Coal (10 000 tons)	原 油 (万吨) Crude Oil (10 000 tons)	发电量 (亿千瓦小时) Electricity (100 million kwh)	粗 钢 (万吨) Steel (10 000 tons)	平板玻璃 (万重量箱) Plate Glass (10 000 weight cases)
1978	16.28	161.70	51.92	5845	167.44	130.68	54.22	184.20
1979	18.88	187.70	55.65	5838	225.72	145.50	59.18	231.71
1980	20.17	231.60	65.06	5625	230.89	159.45	64.50	294.61
1981	22.90	258.80	65.57	5825	369.23	171.17	55.78	284.16
1982	23.27	277.90	75.35	5968	448.32	177.97	63.88	343.90
1983	22.43	254.30	89.06	6402	541.21	187.88	77.08	402.13
1984	21.22	290.40	99.01	6934	639.59	198.72	86.68	485.03
1985	22.92	316.20	81.43	7857	793.31	209.34	97.26	595.73
1986	26.01	329.20	80.29	7949	880.78	231.63	103.99	665.07
1987	28.46	326.30	111.62	8062	932.04	259.33	118.09	769.16
1988	30.65	323.30	129.28	8245	979.07	286.57	138.95	877.52
1989	32.58	285.56	131.84	8858	953.15	302.82	159.00	981.57
1990	31.45	291.49	140.58	9080	882.06	319.14	168.98	904.80
1991	31.95	293.68	156.50	8973	848.32	356.49	186.12	1014.20
1992	37.45	298.71	169.78	9027	810.13	405.17	212.87	1132.95
1993	47.65	297.51	164.84	9279	764.07	440.65	239.39	1299.13
1994	35.20	295.51	189.70	9618	688.25	485.46	241.30	1604.21
1995	41.03	298.30	219.19	10334	601.96	547.71	280.98	2127.41
1996	42.70	290.95	241.09	10781	587.19	593.99	309.87	1832.36
1997	49.59	290.28	237.89	10520	587.13	630.83	334.16	1546.18
1998	47.06	275.77	267.89	9406	587.60	631.05	366.58	2165.02
1999	52.85	287.67	252.72	8012	565.40	658.97	392.03	2137.14
2000	61.06	294.23	258.56	7578	562.18	694.93	404.84	2425.41
2001	67.64	291.56	280.13	8448	566.57	791.05	530.98	2794.30
2002	81.33	282.62	308.30	9921	568.06	909.68	672.22	2920.37
2003	86.91	285.50	307.70	11871	547.60	1025.10	851.75	2978.20
2004	106.37	1434.73	345.03	14445	523.41	1185.58	974.73	3346.34
2005	138.80	1430.19	396.64	18761	507.16	1414.68	1226.62	3894.92
2006	188.36	1484.44	440.87	18532	492.06	1590.25	1740.84	3463.84
2007	246.66	1552.10	523.98	18917	485.08	1910.97	2264.65	3588.17
2008	305.20	1586.08	536.04	20888	475.81	1952.78	2187.85	3208.94
2009	340.40	1613.50	554.80	23018	474.50	2068.00	2329.00	2764.70
2010	402.96	1650.45	439.25	21349	497.90	2180.87	2327.35	2414.41
2011	464.71	1676.15	474.03	20935	485.50	2571.88	2370.65	2153.48
2012	483.15	1691.01	435.47	18058	476.56	2626.90	2215.78	1216.06
2013	568.67	1712.96	535.89	16043	476.51	2853.27	2786.08	1128.04
2014	619.64	1733.25	536.32	14416	470.46	2722.27	2882.15	1455.98
2015	638.46	1674.29	561.52	13548	412.05	2615.00	2897.41	1178.40
2016	628.90	1528.06	532.41	11905	315.74	2622.50	2849.45	1120.48

注：2003年以前卷烟产量计量单位为“万箱”。

a) Data on unit of cigarette is "10 000 cases" before 2003.

14-21 主要工业产品产量

Output of Major Industrial Products

产品名称	Item	2000	2005	2009	2010	2013	2014	2015	2016
两轮脚踏自行车(万辆)	Bicycles (10 000 units)	35.74	11.05	8.80	13.26	1.45	1.36	1.79	1.34
电动自行车(万辆)	Electric bicycle (10 000 units)					367.93	427.94	617.98	819.01
彩色电视机(万台)	Colour Television Set (10 000 units)	90.91	177.00	43.50	17.45	46.39	29.45	18.86	13.83
家用电冰箱(万台)	Household Refrigerators (10 000 units)	107.97	249.00	319.20	366.47	517.75	335.47	253.08	283.74
化学纤维(吨)	Chemical Fiber (ton)	186297	397266	525154	522459	538231	559074	486077	566329
纱(万吨)	Yarn (10 000 tons)	61.06	138.80	340.45	402.96	568.67	619.64	638.46	628.90
布(亿米)	Cloth (100 million m)	11.09	16.03	31.68	39.34	31.34	23.85	25.15	25.78
呢绒(万米)	Woolen Piece Goods (10 000 m)	184.90	529.40	366.60	375.10	557.20	745.49	526.73	829.24
毛线(吨)	Knitting Wool (ton)	12115	16207	32363	24915	41637	50131	54047	61457
服装(万件)	Garments (10 000 sets)	6502	20138	38774	55743	116659	138281	157528	227827
原盐(万吨)	Salt (10 000 tons)	59.38	109.95	217.35	262.50	412.23	370.59	328.19	287.64
卷烟(亿支)	Cigarettes (100 million rolls)	294.23	1430.19	1613.50	1650.45	1712.96	1733.25	1674.29	1528.06
饮料酒(万千升)	Alcoholic Beverages (10 million litre)	141.45	227.53	468.41	525.05	562.44	541.05	528.12	551.59
方便面(万吨)	Instant Noodles (10 000 tons)		64.87	158.51	212.53	347.21	349.19	357.79	409.17
速冻米面食品(万吨)	Quick-frozen Rice and Wheat Flour foods (10 000 tons)		93.47	181.43	220.88	365.13	351.42	356.68	381.50
罐头(吨)	Canned Food (ton)	24615	31270	156848	141681	176426	398582	389979	383680
畜肉制品(万吨)	Raise Meat Products (10 000 tons)		88.39	111.61	123.12	201.04	212.14	237.47	230.13
液体乳(万吨)	Liquid Milk (10 000 ton)		30.91	88.26	106.45	188.61	220.23	236.29	305.89
配、混合饲料(万吨)	Mixed Feed (10 000 tons)	185.03	475.20	866.02	1109.53	1409.40	1551.02	1611.62	2268.09
机制纸及纸板(万吨)	Machine-made Paper and Paperboard (10 000 tons)	290.06	562.18	1023.66	975.64	826.11	739.38	698.39	739.39
合成洗涤剂(万吨)	Synthetic Detergents (10 000 tons)	19.03	16.33	43.98	47.38	74.93	91.25	98.74	117.07
日用精铝制品(吨)	Fine Aluminium Products Daily-use (ton)	16527	23089	12751	16521	45414	51449	40884	41314
卫生陶瓷制品(万件)	Household Ceramics (10 000 pcs)					5425	7016	7928	8477
日用玻璃制品(万吨)	Daily-use Glassware (10 000 ton)	26.99	71.66	31.63	43.94	51.44	58.98	54.25	104.99
塑料制品(万吨)	Plastic Products (10 000 tons)	46.88	103.95	155.70	314.68	426.59	477.29	544.08	601.50
#农用薄膜	Plastic Film for Farm Use	9.28	15.14	11.20	15.83	38.38	42.60	48.85	60.03
原煤(万吨)	Coal (10 000 tons)	7578	18761	23018	21349	16042.8	14416	13548	11905
原油(万吨)	Crude Oil (10 000 tons)	562.18	507.16	474.50	497.90	476.51	470.46	412.05	315.74
原油加工量(万吨)	Volume of Crude Oil Processing (10 000 tons)	573.65	553.58	793.80	879.35	876.12	772.94	589.99	673.78
汽油(万吨)	Gasoline (10 000 tons)	136.86	127.03	189.40	207.98	222.47	209.60	163.95	203.62
柴油(万吨)	Diesel Oil (10 000 tons)	213.42	218.97	287.01	297.54	250.51	191.22	138.43	143.80
润滑油(吨)	Lubricating Oil (ton)	42783	101431	149612	177113	35497	51570	80722	222818
天然气(万立方米)	Natural Gas (10 000 cu.m)	149465	201432	99915	67488	49313	48720	41858	32981
发电量(亿千瓦小时)	Electricity (100 million kwh)	694.93	1414.68	2067.96	2180.87	2853.27	2722.27	2615.00	2622.50

注：卷烟产量2000年计量单位为“万箱”，饮料酒2005年以前计量单位为“万吨”。

a) unit of cigarette is "10 000 cases" in 2000，unit of alcoholic beverages is "10 000 tons" before 2005.

14−21 续表 contiuned

产品名称	Item	2000	2005	2009	2010	2013	2014	2015	2016
铁矿石原矿(万吨)	Iron ore (10 000 tons)	154.66	281.32	828.38	1269.21	2024.89	957.31	1662.36	1334.45
生铁(万吨)	Pig Iron (10 000 tons)	508.88	973.00	1944.63	2073.92	2551.91	2779.61	2903.60	2862.93
粗钢(万吨)	Steel (10 000 tons)	404.84	1226.62	2328.99	2327.35	2786.08	2882.16	2897.41	2849.45
钢材(万吨)	Steel Products (10 000 tons)	405.62	1337.40	2882.47	3196.42	4255.19	4704.14	4766.83	4667.91
铁合金(万吨)	Ferroalloy (10 000 tons)	14.27	54.98	136.80	149.23	190.60	181.62	149.45	155.23
焦炭(万吨)	Coke (10 000 tons)	355.22	1317.27	2163.06	2570.18	2705.61	2898.34	2942.21	2919.89
十种有色金属(万吨)	10 Nonferrous Metal (10 000 tons)	70.92	294.86	481.62	516.69	536.30	529.79	521.35	543.23
铜材(万吨)	Copper Products (10 000 tons)	11.69	25.74	40.90	45.56	57.85	60.26	60.68	63.93
原铝(万吨)	Aluminium (10 000 tons)	41.53	193.96	317.74	365.49	332.49	337.82	325.93	314.78
氧化铝(万吨)	Alumina (10 000 tons)	144.42	353.35	852.10	957.11	1213.41	1237.44	1295.05	1213.42
硫酸(万吨)	Sulfuric Acid (10 000 tons)	75.01	124.76	207.59	247.73	378.78	476.03	520.35	611.09
浓硝酸(吨)	Concentrated Nitric Acid (ton)	38451	110114	227109	209189	334236	440205	390037	383593
纯碱(万吨)	Soda Ash (10 000 tons)	33.65	118.65	212.20	188.14	337.58	333.20	350.07	349.43
烧碱(万吨)	Caustic Soda (10 000 tons)	37.62	67.84	111.24	140.28	181.13	182.04	154.24	149.82
电石(折合量)(万吨)	Calcium Carbide (10 000 tons)	9.88	21.98	76.62	78.15	116.07	122.64	127.76	114.65
纯苯(吨)	Pure Benzene (ton)	47545	106730	106582	115454	328053	447692	408777	400078
合成氨(万吨)	Synthetic Ammonia (10 000 tons)	316.55	515.71	485.58	427.50	490.72	578.44	630.25	674.95
农用化肥(折纯量)(万吨)	Chemical Fertilizers (10 000 tons)	258.56	396.64	554.77	439.25	535.89	536.32	561.52	532.41
化学农药原药(吨)	Chemical Pesticide (ton)	21008	47476	108339	87763	216078	305476	324047	312431
化学药品原药(吨)	Chemical Raw Medicine (ton)	13832	68544	125228	135926	289158	272205	206208	207157
橡胶轮胎外胎(万条)	Tires (10 000 units)	555.51	851.81	1576.55	2128.89	2357.73	2686.39	2840.82	2395.87
初级形态的塑料(万吨)	Plastics (10 000 tons)	38.20	69.63	122.59	148.02	209.63	198.99	163.77	179.06
人造板(万立方米)	Artificial Board (10 000 cu.m)	64.66	316.47	1422.59	2118.34	2744.99	3025.76	2826.54	2980.70
水泥(万吨)	Cement (10 000 tons)	3723	6211	11711	11480	16764	16975	16565	15604
平板玻璃(万重量箱)	Plate Glass (10 000 weight cases)	2425	3895	2765	2414	1128	1456	1178	1120
发电设备(万千瓦)	Power Generating Equipment (10 000kw)	17.18	115.68	50.60	76.31	98.25	130.51	95.83	117.31
交流电动机(万千瓦)	Alternating Eguipment (10 000 Kw)	152.74	429.35	1206.15	1434.67	2286.17	2856.39	3099.16	3005.85
金属切削机床(台)	Metal-cutting Machine Tools (unit)	1197	8701	5847	8035	9223	11426	11002	19631
汽车(辆)	Motor Vehicles (unit)	7903	36352	124573	235211	511670	560037	529809	584702
大中型拖拉机(台)	Large and Medium Tractors (unit)	7059	29548	71376	81624	137392	109538	123532	116033
小型拖拉机(万台)	Small-size Tractor (10 000 units)	42.01	53.39	22.81	25.08	30.95	34.19	26.78	28.48
手机(万台)	Mobile phone (10 000 units)				2.2	9720.7	12065.2	19841.9	25919.46

14−22 各市主要工业产品产量(2016年)

Output of Major Industrial Products by City (2016)

市(县)	City(County)	化学纤维(吨) Chemical Fiber (ton)	纱(万吨) Yarn (10 000tons)	布(万米) Cloth (10 000m)	服装(万件) Garments (10 000sets)	卷烟(亿支) Cigarettes (100millinrolls)	饮料酒(千升) Alcoholic Beverages (1 000 litre)
全省	**Total**	**566328.95**	**628.90**	**257849.70**	**227826.82**	**1528.06**	**5515896**
省辖市	**City**						
郑州市	Zhengzhou		5.17	3322.91	21742.78		837494
开封市	Kaifeng		80.76	7388.10	16250.91		214237
洛阳市	Luoyang	103596.00	1.93	4038.91	942.70		260166
平顶山市	Pingdingshan	136945.99	19.82	5223.85	1256.18		47697
安阳市	Anyang		22.98	6007.00	31676.26		822816
鹤壁市	Hebi	4260.00	9.51	2172.40	9848.93		243927
新乡市	Xinxiang	170657.00	53.07	8374.00	421.00		633450
焦作市	Jiaozuo	14710.00	18.62	10843.01	1703.32		140342
濮阳市	Puyang	6708.00	19.29	1667.00	3814.47		43162
许昌市	Xuchang	57150.00	54.98	58802.00	1793.50		88068
漯河市	Luohe		1.36	8921.61	1606.78		164038
三门峡市	Sanmenxia		2.07				49648
南阳市	Nanyang		160.36	58163.10	14232.11		199288
商丘市	Shangqiu	22802.40	66.24	1157.70	97657.06		352816
信阳市	Xinyang	47996.56	4.50		5972.08		282680
周口市	Zhoukou	1503.00	82.91	76666.11	15300.09		977183
驻马店市	Zhumadian		23.91	5102.00	3608.65		158884
济源市	Jiyuan		1.40				
省直管县	**County Directly Administrated by Province**						
巩义市	Gongyi				32.54		
兰考县	Lankao		1.75	168.00	463.52		35299
汝州市	Ruzhou						
滑县	Huaxian		15.04	1254.00	469.49		132801
长垣县	Changyuan						
邓州市	Dengzhou		24.97	15157.00	3450.47		87424
永城市	Yongcheng		3.80	280.95	158.78		21949
固始县	Gushi				156.61		5010
鹿邑县	Luyi		0.56		591.56		26734
新蔡县	Xincai		2.40	2494.00	1018.06		1052

14-22 续表 1 contiuned

市(县)	City(County)	液体乳 (吨) Liquid Milk (ton)	畜肉制品 (吨) Raise Meat Products (ton)	速冻米面食品 (吨) Quick-frozen Rice and Wheat Flour foods (ton)	机制纸及纸板 (万吨) Machinema-de Paper and Paperboard (10 000 tons)	塑料制品 (万吨) Plastic Products (10 000 tons)	焦炭 (万吨) Synthetic Detergents (10 000 tons)	十种有色金属 (万吨) Ten Kinds of Nonferrous Metals (10 000 tons)
全 省	**Total**	**3058897**	**2301277**	**3815039**	**739.39**	**601.50**	**2919.89**	**543.23**
省 辖 市	**City**							
郑 州 市	Zhengzhou	146525	154559	1281473	212.84	40.03		57.22
开 封 市	Kaifeng	34501	54722	72075	0.38	16.44		13.44
洛 阳 市	Luoyang	47149	55614		12.10	70.47	57.38	143.97
平 顶 山 市	Pingdingshan	98787	73833		8.94	2.48	607.19	0.06
安 阳 市	Anyang		28310	56628	6.61	23.79	1474.18	48.85
鹤 壁 市	Hebi	317848	705355	414966	3.88	45.88		3.98
新 乡 市	Xinxiang	1965	19257	61773	112.08	43.12		1.01
焦 作 市	Jiaozuo	719617	47585	189143	54.50	54.47		40.91
濮 阳 市	Puyang	44943	52592	35101	65.57	51.61		
许 昌 市	Xuchang			23691	68.36	21.78	443.28	
漯 河 市	Luohe	588070	795497	641697	57.40	39.06		
三 门 峡 市	Sanmenxia	52800				11.83		52.24
南 阳 市	Nanyang	101697	44623	6653	55.03	31.74		3.97
商 丘 市	Shangqiu	660879	35810	901220	21.63	5.65		36.19
信 阳 市	Xinyang		13569			7.66	50.31	
周 口 市	Zhoukou	75059	90960	44621	26.52	114.06		
驻 马 店 市	Zhumadian	169058	115160	35877	33.56	19.24		
济 源 市	Jiyuan		13832	50120		2.18	287.55	141.39
省 直 管 县	**County Directly Administrated by Province**							
巩 义 市	Gongyi					1.81		46.05
兰 考 县	Lankao		7877	6049	0.38	2.67		
汝 州 市	Ruzhou						233.48	
滑 县	Huaxian		7200		0.34	11.88		
长 垣 县	Changyuan					0.22		
邓 州 市	Dengzhou			4642	19.66	2.78		
永 城 市	Yongcheng					0.01		36.19
固 始 县	Gushi		8573					
鹿 邑 县	Luyi				1.16	0.38		
新 蔡 县	Xincai		3121			0.63		

14-22 续表 2 contiuned

市(县) City(County)	发电量(亿千瓦小时) Electricity (100 million kwh)	生铁(万吨) Pig Iron (10 000 tons)	粗钢(万吨) Steel (10 000 tons)	成品钢材(万吨) Steel Products (10 000 tons)	硫酸(万吨) Sulfuric Acid (10 000 tons)	烧碱(万吨) Caustic Soda (10 000 tons)	原铝(万吨) Aluminum (10 000 tons)
全 省 Total	**2622.50**	**2862.93**	**2849.45**	**4667.91**	**611.09**	**149.82**	**314.78**
省 辖 市 City							
郑 州 市 Zhengzhou	446.65	15.63	20.86	536.09	33.30		57.22
开 封 市 Kaifeng	57.30			3.11		13.16	
洛 阳 市 Luoyang	433.06		23.61	368.95	31.23		142.86
平 顶 山 市 Pingdingshan	193.37	246.44	279.19	353.72		26.82	
安 阳 市 Anyang	95.03	1829.21	1739.15	1887.13	17.48		25.01
鹤 壁 市 Hebi	118.73				27.70		
新 乡 市 Xinxiang	202.91			35.95	142.59		
焦 作 市 Jiaozuo	209.95		17.76	27.71	55.45	55.93	35.81
濮 阳 市 Puyang	18.16			24.38	0.66		
许 昌 市 Xuchang	94.47			171.07			
漯 河 市 Luohe	29.48			8.33		10.00	
三 门 峡 市 Sanmenxia	122.81			21.30	143.07	4.38	17.69
南 阳 市 Nanyang	116.46	162.74	168.70	202.20		0.95	
商 丘 市 Shangqiu	111.02			280.64			36.19
信 阳 市 Xinyang	75.55	247.69	239.81	373.35			
周 口 市 Zhoukou	3.96						
驻 马 店 市 Zhumadian	80.04			17.45			
济 源 市 Jiyuan	213.57	361.22	360.36	356.55	159.60	38.57	
省 直 管 县 County Directly Administrated by Province							
巩 义 市 Gongyi	71.22	2.22	2.67	53.84			46.05
兰 考 县 Lankao	1.87			3.11			
汝 州 市 Ruzhou	9.20						
滑 县 Huaxian							
长 垣 县 Changyuan	52.10						
邓 州 市 Dengzhou	2.64						
永 城 市 Yongcheng	61.16			222.87			36.19
固 始 县 Gushi	0.06						
鹿 邑 县 Luyi	2.13						
新 蔡 县 Xincai				1.74			

14-22 续表 3 contiuned

市(县)	City(County)	合成氨 (万吨) Synthetic Ammonia (10 000 tons)	农用化肥(折纯量) (万吨) Synthetic Ammonia (10 000 tons)	化学农药(原药) (吨) Chemical Pesticide (ton)	人造板 (万立方米) Artificial Board (10 000 cu.m)	水 泥 (万吨) Cement (10 000 tons)	平板玻璃 (万重量箱) Plate Glass (10 000 weight cases)	小型拖拉机 (台) Small Tractors (unit)
全 省	**Total**	**674.95**	**532.41**	**312431**	**2980.70**	**15604.21**	**1120.48**	**284836**
省 辖 市	**City**							
郑 州 市	Zhengzhou		4.50	49373	14.68	2168.18		
开 封 市	Kaifeng	173.54	80.17	7327.00	572.79	122.79		267178
洛 阳 市	Luoyang	13.59	6.51	1079	23.85	727.86	565.85	5765
平 顶 山 市	Pingdingshan				1.48	1190.54		
安 阳 市	Anyang	22.65	64.41	3169	43.91	981.90		
鹤 壁 市	Hebi		8.44	9342		388.30		
新 乡 市	Xinxiang	193.31	138.99	1182	155.63	1956.95		
焦 作 市	Jiaozuo	59.05	43.51		67.94	740.45		563
濮 阳 市	Puyang	26.67	19.26	34217	183.02	136.68		
许 昌 市	Xuchang		21.86	57070	346.59	1119.76		11330
漯 河 市	Luohe		2.68	1339	145.25	100.15		
三 门 峡 市	Sanmenxia	16.68	9.59		132.99	574.62		
南 阳 市	Nanyang		25.53		253.56	1713.76	3.48	
商 丘 市	Shangqiu		0.41	12793	205.72	511.07	530.82	
信 阳 市	Xinyang				357.48	736.46		
周 口 市	Zhoukou	16.45	19.84	107607	142.79	189.98	20.33	
驻 马 店 市	Zhumadian	153.02	76.48	27933	333.02	1802.78		
济 源 市	Jiyuan		10.21			441.98		
省 直 管 县	**County Directly Administrated by Province**							
巩 义 市	Gongyi				6.40	433.03		
兰 考 县	Lankao				268.93			
汝 州 市	Ruzhou					328.18		
滑 县	Huaxian		49.38	2129	21.10			
长 垣 县	Changyuan					34.01		
邓 州 市	Dengzhou				163.72	189.11	3.48	
永 城 市	Yongcheng				7.05	153.21		
固 始 县	Gushi				51.86	52.47		
鹿 邑 县	Luyi							
新 蔡 县	Xincai				9.06	52.91		

14-23 规模以下工业主要经济指标

Main Indicators of Industrial Enterprises below Designated Size

年份 Year	企业单位数（个）Number (unit)	企业从业人员（万人）Number of Employed Persons (10 000person)	增加值指数（%）Indices of Value-added (%)	企业 Enterpirses	个体 Individual
1998	71160	232.53			
1999	70711	223.46	107.5	110.0	106.2
2000	71239	201.92	111.5	113.7	110.2
2001	71686	205.42	109.6	109.9	109.4
2002	72418	225.38	109.9	109.7	109.9
2003	69915	212.19	113.5	103.7	119.6
2004	66420	196.19	110.5	113.7	108.8
2005	64625	219.76	110.8	111.0	110.7
2006	67542	214.32	110.4	111.3	109.8
2007	75134	218.22	109.5	112.6	107.4
2008	70460	185.92	106.1	98.7	110.4
2009	75266	159.25	105.0	100.0	107.4
2010	84400	177.27	103.0	102.5	103.3
2011	83383	176.81	106.0	106.1	106.0
2012	74328	157.06	101.9	102.1	101.8
2013	71617	140.38	103.5	103.8	103.3
2014	68096	130.07	102.7	102.9	102.5
2015	53940	98.60	104.9	105.3	104.6
2016	49812	80.08	103.5	103.8	103.3

注：规模以下工业指标均为抽样调查数据。
a) Data on industrial enterprises below designated size are from sampling survey .

14-24 各市规模以下工业主要指标(2016年)

Main Indicators of Industrial below Designated Size by City (2016)

市（县） City(County)	企业单位数（个） Number (unit)	平均从业人员（万人） Number of Employed Persons (10 000 persons)	增加值指数（上年=100） Indices of Value Added (Preceding year=100)	企 业 Enterpirses	个 体 Individual
省 辖 市 City					
郑 州 市 Zhengzhou	5054	8.70	103.6	106.4	101.9
开 封 市 Kaifeng	3057	6.71	103.6	106.4	101.9
洛 阳 市 Luoyang	4781	7.98	103.9	106.9	102.1
平 顶 山 市 Pingdingshan	2276	3.68	103.9	106.9	102.1
安 阳 市 Anyang	3166	6.11	103.2	105.7	101.7
鹤 壁 市 Hebi	1050	1.32	103.0	105.3	101.6
新 乡 市 Xinxiang	4673	7.60	103.9	106.9	102.1
焦 作 市 Jiaozuo	2804	5.99	103.5	106.2	101.9
濮 阳 市 Puyang	2530	4.65	103.9	106.9	102.1
许 昌 市 Xuchang	5315	9.00	103.4	105.8	102.0
漯 河 市 Luohe	605	0.95	102.5	104.4	101.3
三 门 峡 市 Sanmenxia	846	1.23	103.8	106.7	102.0
南 阳 市 Nanyang	5033	13.07	104.5	108.0	102.4
商 丘 市 Shangqiu	5382	10.41	104.0	107.1	102.1
信 阳 市 Xinyang	2933	5.31	103.9	106.9	102.1
周 口 市 Zhoukou	3788	8.00	104.3	107.6	102.3
驻 马 店 市 Zhumadian	3340	6.92	104.2	107.4	102.2
济 源 市 Jiyuan	370	0.70	103.6	106.4	101.9
省 直 管 县 County Directly Administrated by Province					
巩 义 市 Gongyi	1671	2.48	104.1	107.2	102.2
兰 考 县 Lankao	626	1.43	103.9	106.9	102.1
汝 州 市 Ruzhou	622	1.31	104.2	107.4	102.2
滑 县 Huaxian	554	1.09	104.2	107.4	102.2
长 垣 县 Changyuan	668	0.98	104.1	107.2	102.2
邓 州 市 Dengzhou	994	1.40	104.5	108.0	102.4
永 城 市 Yongcheng	726	0.91	103.7	106.5	102.0
固 始 县 Gushi	486	1.01	104.3	107.6	102.3
鹿 邑 县 Luyi	113	0.17	104.3	107.6	102.3
新 蔡 县 Xincai	313	0.38	104.1	107.2	102.2

主要统计指标解释

工业 指从事自然资源的开采，对采掘品和农产品进行加工和再加工的物质生产部门。具体包括：(1)对自然资源的开采，如采矿、晒盐等(但不包括禽兽捕猎和水产捕捞)；(2)对农副产品的加工、再加工，如粮油加工、食品加工、缫丝、纺织、制革等；(3)对采掘品的加工、再加工，如炼铁、炼钢、化工生产、石油加工、机器制造、木材加工等，以及电力、自来水、煤气的生产和供应等；(4)对工业品的修理、翻新，如机器设备的修理、交通运输工具(如汽车)的修理等。

工业统计调查单位为独立核算法人工业企业。

独立核算法人工业企业指从事工业生产经营活动的单位。独立核算法人工业企业应同时具备以下条件：①依法成立，有自己的名称、组织机构和场所，能够承担民事责任；②独立拥有和使用资产，承担负债，有权与其他单位签订合同；③独立核算盈亏，并能够编制资产负债表。

国有及国有控股企业 指国有企业加上国有控股企业。国有企业(即原全民所有制工业或国营工业)指企业全部资产归国家所有，并按《中华人民共和国企业法人登记管理条例》规定登记注册的非公司制的经济组织。包括国有企业、国有独资公司和国有联营企业。1957 年以前的公私合营和私营工业，后均改造为国营工业，1992 年改为国有工业，这部分工业的资料不单独分列时，均包括在国有企业内。国有控股企业是对混合所有制经济的企业进行的“国有控股”分类。它是指这些企业的全部资产中国有资产(股份)相对其他所有者中的任何一个所有者占资(股)最多的企业。该分组反映了国有经济控股情况。

本篇涉及的其他企业登记注册类型的解释详见综合篇。

轻工业 指主要提供生活消费品和制作手工工具的工业。按其所使用的原料不同，可分为两大类：(1)以农产品为原料的轻工业，是指直接或间接以农产品为基本原料的轻工业。主要包括食品制造、饮料制造、烟草加工、纺织、缝纫、皮革和毛皮制作、造纸以及印刷等工业；(2)以非农产品为原料的轻工业，是指以工业品为原料的轻工业。主要包括文教体育用品、化学药品制造、合成纤维制造、日用化学制品、日用玻璃制品、日用金属制品、手工工具制造、医疗器械制造、文化和办公用机械制造等工业。

重工业 指为国民经济各部门提供物质技术基础的主要生产资料的工业。按其生产性质和产品用途，可以分为下列三类：(1)采掘(伐)工业，是指对自然资源的开采，包括石油开采、煤炭开采、金属矿开采、非金属矿开采等工业；(2)原材料工业，指向国民经济各部门提供基本材料、动力和燃料的工业。包括金属冶炼及加工、炼焦及焦炭、化学、化工原料、水泥、人造板以及电力、石油和煤炭加工等工业；(3)加工工业，是指对工业原材料进行再加工制造的工业。包括装备国民经济各部门的机械设备制造工业、金属结构、水泥制品等工业，以及为农业提供的生产资料如化肥、农药等工业。

根据上述划分原则，修理业中以重工业产品为修理作业对象的划为重工业，反之划为轻工业。

资产总计 指企业过去的交易或者事项形成的、由企业拥有或者控制的、预期会给企业带来经济利益的资源。资产一般按流动性分为流动资产和非流动资产。其中流动资产可分为货币资金、交易性金融资产、应收票据、应收账款、预付款项、其他应收款、存货等；非流动资产可分为长期股权投资、固定资产、无形资产及其他非流动资产等。根据会计“资产负债表”中“资产总计”项目的期末余额数填报。

流动资产合计 资产满足以下条件之一应归为流动资产：(1) 预计在一个正常营业周期中变现、出售或耗用，主要包括存货、应收账款等；(2) 主要为交易目的而持有；(3) 预计在资产负债表日起一年内（含一年）变现；(4) 自资产负债日起一年内，交换其他资产或清偿负债的能力不受限制的现金或现金等价物。包括货币资金、应收票据、应收账款、存货等项目。根据会计“资产负债表”中“流动资产合计”项目的期末余额数填报。

固定资产原价 指固定资产的成本，包括企业在购置、自行建造、安装、改建、扩建、技术改造某项固定资产时所发生的全部支出总额。根据会计“固定资产”科目的期末借方余额填报。

累计折旧 指企业在报告期末提取的历年固定资产折旧累计数。根据会计“累计折旧”科目的期末贷方余额填报。

负债合计 指企业过去的交易或者事项形成的，预期会导致经济利益流出企业的现时义务。负债一般按偿还期长短分为流动负债和非流动负债。根据会计“资产负债表”中“负债合计”项目的期末余额数填报。

流动负债合计 负债满足下列条件之一的应归为流动负债：（1）预计在一个正常营业周期中清偿；（2）主要为交易目的而持有；（3）自资产负债表日起一年内到期应予清偿；（4）企业无权自主地将清偿推迟至资产负债表日后一年以上。包括短期借款、应付票据、应付账款、应付职工薪酬、应交税费等项目。根据会计“资产负债表”中“流动负债合计”项目的期末余额数填报。

所有者权益合计 指企业资产扣除负债后由所有者享有的剩余权益。公司的所有者权益又称股东权益。包括实收资本、资本公积、盈余公积、未分配利润等。根据会计“资产负债表”中“所有者权益合计”项目的期末余额数填报。

主营业务收入 指企业确认的销售商品、提供劳务等主营业务的收入。根据会计“主营业务收入”科目的期末贷方余额填报。

主营业务成本 指企业经营主要业务所发生的成本总额。根据会计“主营业务成本”科目的期末借方余额填报。

主营业务税金及附加 指企业经营主要业务应负担的营业税、消费税、城市维护建设税、教育费附加等。根据会计“主营业务税金及附加”科目的期末借方余额填报。

利润总额 指企业在一定会计期间的经营成果，是生产经营过程中各种收入扣除各种耗费后的盈余，反映企业在报告期内实现的盈亏总额。根据会计“利润表”中“利润总额”项目的本期金额数填报。

应交增值税 指企业按税法规定，从事货物销售或提供加工、修理修配劳务等增加货物价值的活动本期应交纳的税金。计算公式为：

应交增值税=销项税额−（进项税额−进项税额转出）−出口抵减内销产品应纳税额−减免税款+出口退税

进项税额指企业在报告期内购入货物或接受应税劳务而支付的、准予从销项税额中抵扣的增值税额。

销项税额指企业在报告期内销售货物或提供应税劳务应收取的增值税额。

总资产贡献率 反映企业全部资产的获利能力，是企业经营业绩和管理水平的集中体现，是评价和考核企业盈利能力的核心指标。计算公式为：

$$\text{总资产贡献率(\%)} = \frac{\text{利润总额} + \text{税金总额} + \text{利息支出}}{\text{平均资产总额}} \times 100\%$$

公式中：税金总额为主营业务税金及附加与应交增值税之和；平均资产总额为期初期末资产之和的算术平均值。

资产负债率 该指标既反映企业经营风险的大小，也反映企业利用债权人提供的资金从事经营活动的能力。计算公式为：

$$\text{资产负债率(\%)} = \frac{\text{负债总额}}{\text{资产总额}} \times 100\%$$

资产与负债均为报告期期末数。

流动资产周转次数 指一定时期内流动资产完成的周转次数，反映投入工业企业流动资金的周转速度。计算公式为：

$$\text{流动资产周转次数} = \frac{\text{主营业务收入}}{\text{全部流动资产平均余额}}$$

公式中：全部流动资产平均余额为期初和期末的流动资产之和的算术平均值。

成本费用利润率 反映企业投入的生产成本及费用的经济效益，同时也反映企业降低成本所取得的经济效益。计算公式为：

$$\text{成本费用利润率(\%)} = \frac{\text{利润总额}}{\text{成本费用总额}} \times 100\%$$

公式中：成本费用总额为主营业务成本、销售费用、管理费用、财务费用之和。

产品销售率 该指标反映工业产品已实现销售的程度，是分析工业产销衔接情况，研究工业产品满足社会需求的指标。计算公式为：

$$\text{产品销售率}(\%)=\frac{\text{工业销售产值}}{\text{工业总产值}}\times 100\%$$

Explanatory Notes on Main Statistical Indicators

Industry refers to the material production sector which is engaged in the extraction of natural resources and processing and reprocessing of minerals and agricultural products, including (1) extraction of natural resources, such as mining, salt production (but not including hunting and fishing); (2) processing and reprocessing of farm and sideline produces, such as rice husking, flour milling, wine making, oil pressing, silk reeling, spinning and weaving, and leather making; (3) manufacture of industrial products, such as steel making, iron smelting, chemicals manufacturing, petroleum processing, machine building, timber processing; water and gas production and electricity generation and supply; (4)repairing of industrial products such as the repairing of machinery and means of transport (including cars).

In industrial statistics surveys, the units of enquiry are corporate industrial enterprises with independent accounting systems.

Corporate industrial enterprises with independent accounting systems refer to enterprises engaging in industrial production activities, which meet the following requirements: (1) They are established legally, having their own names, organizations, location and able to take civil liability; (2) They possess and use their assets independently, assume liabilities and are entitled to sign contracts with other units; (3) They are financially independent and compile their own balance sheets.

State-owned and State-holding Enterprises refer to state-owned enterprises plus State-holding enterprises. State-owned enterprises (originally known as State-run enterprises with ownership by the whole society) are non-corporate economic entities registered in accordance with the Regulation of the People's Republic of China on the Management of Registration of Legal Enterprises, where all assets are owned by the State. Included in this category are State-owned enterprises, State-funded corporations and State-owned joint-operation enterprises. Joint State-private industries and private industries, which existed before 1957, were transformed into state-run industries since 1957, and into State-owned industries after 1992. Statistics on those enterprises are included in the State-owned industries instead of being grouped them separately. State-holding enterprises are a sub-classification of enterprises with mixed ownership, referring to enterprises where the percentage of State assets (or shares by the State) is larger than any other single share holder of the same enterprise. This sub-classification illustrates the control of the State over a particular industry.

For explanation of enterprises of other types of registration covered in this chapter, please refer to General Survey.

Light Industry refers to the industry that produces consumer goods and hand tools. It consists of two categories, depending on the materials used:

(1) Industries using farm products as raw materials. These are the branches of light industry which directly or indirectly use farm products as basic raw materials, including the manufacture of food and beverages, tobacco processing, textile, clothing, fur and leather manufacturing, paper making, printing, etc.

(2) Industries using non-farm products as raw materials. These are the branches of light industry which use manufactured goods as raw materials, including the manufacture of cultural, educational articles and sports goods, chemicals, synthetic fibre, chemical products for daily use, glass products for daily use, metal products for daily use, hand tools, medical apparatus and instruments, and the manufacture of cultural and office machinery.

Heavy Industry refers to the industry which produces capital goods, and provides various sectors of the national economy with necessary material and technical basis for production. It consists of the following three branches according to the purpose of production or the use of products:

(1) Mining, quarrying and logging industry, which refers to the industry that extracts natural resources, including extraction of petroleum, coal, metal and non-metal ores.

(2) Raw materials industry refers to the industry that provides various sectors of the national economy with raw materials, fuels and power. It includes smelting and processing of metals, coking and coke chemistry, chemical materials and building materials such as cement, plywood, and power, petroleum refining and coal dressing.

(3) Manufacturing industry which refers to the industry that processes raw materials. It includes machine-building industries which equip sectors of the national economy; industries producing metal structure and cement products; and industries producing means of agricultural production, such as chemical fertilizers and pesticides.

In accordance with the above principles of classification, the repairing trades, which are engaged primarily in repairing products of heavy industry, are classified as heavy industry while those which are engaged in repairing products of light industry are classified as light industry.

Total Assets refer to all resources that are owned or controlled by enterprises through previous trades or transactions with expectation of making economic profits. Classified by the degree of liquidity, total assets include current assets, and non-current assets. Current assets can be classified into monetary assets, trading financial assets, notes receivable, accounts receivable, advanced payments, other prepaid money and inventories. Non-current assets can be divided into long-term equity investment, fixed assets, intangible assets and other non-current assets. Data on this indicator can be obtained by the year-end figures of total assets in the Assets and Liability Table of accounting records of enterprises.

Total Current Assets refer to the assets that meet one of the following requirements: (1) expected to be cashed, sold or used in a normal operation cycle, mainly including inventory and accounts receivable; (2) be owned for trading purpose mainly; (3) expected to be cashed in one year (including one year) from the day of the Assets and Liability Table; (4) unlimited cash or cash equivalents that can be exchanged with other assets or being capable of settling debts during one year since the day of Assets and Liability Table. Included are monetary assets, notes receivable, accounts receivable and inventories. Data on this indicator can be obtained by the year-end figures of total current assets in the Assets and Liability Table of the accounting records of enterprises.

Original Value of Fixed Assets refers to the cost of fixed assets, or the total expenditure of an enterprise spent on certain fixed assets, through purchase, construction, installation, transformation, expansion or technical upgrading. It is reported according to the year-end debit balance of fixed assets of accounting records.

Accumulated Depreciation refers to the accumulated figure of fixed assets depreciation over the past years that are extracted by the enterprise at the end of the reference period. It is reported according to the year-end credit balance of accumulated depreciation of accounting records.

Total Liabilities refer to payable liabilities of enterprises that accumulated from previous trades or transactions with expectation of economic profits leaking out. In terms of payment, it can be divided into liquid liabilities and long-term liabilities. Data on this item is obtained from the year-end figures on total liabilities from the Assets and Liability Table of the accounting record of the enterprises.

Total Liquid Liabilities refer to the liabilities that meet one of the following requirements: (1) expected to be repaid in a normal operation cycle; (2) be owned for trading purpose mainly; (3) expected to be repaid in one year from the day of the Assets and Liability Table; (4) enterprise has no right to postpone the settlement of which over a year from the day of the Assets and Liability Table. Included are short-term loans, notes payable, accounts payable, employee compensations, taxes and expenses due. Data on this indicator can be obtained by the year-end figures of total liquid liabilities in the Assets and Liability Table of the accounting records of enterprises.

Total Equity refers to the residual ownership of enterprise investors by deducting total liabilities from the total assets, including the paid-in capital, accumulation of capital, operating surplus and non-distributed profits. Data are obtained from the year-end figures on “total equity” from the Assets and Liability Table of the accounting record of enterprise.

Revenue from Principal Business refers to the income confirmed of an enterprise from the principal business of selling products and providing labor services. Data on this indicator can be obtained from the year-end credit balance of "revenue from principal business" in the accounting record of enterprise.

Cost of Principal Business refers to the total cost occurred from the principal business of the enterprise. Data can be obtained from the year-end debit balance of "cost of principal business" in the accounting record of enterprise.

Tax and Extra Charges from Principal Business refer to the sales tax, consumption tax, urban maintenance and construction tax and education expenses shouldered by the enterprise from its principal business. Data are obtained from the year-end debit balance of "tax and extra charges from principal business" in the accounting record of enterprise.

Total Profits refers to the operation results in a certain accounting period, and it is the balance of various incomes minus various spendings in the course of operation, reflecting the total profits and losses of enterprises in reference period. Data are obtained from the amount of "total profits" in the "profit table" of the accounting record of enterprise.

Value-added Tax Payable refers to the payable tax of enterprises which engaged in selling of goods or providing services that bring added value to the goods, such as processing, repairing, fitting and other activities should be paid according to Tax Law. The formula is as follows:

Value-added Tax Payable = tax on sales-(tax on purchase-transferred tax on purchase)-exports deduct tax payable on domestic sales-tax relief+the export tax rebate.

Tax on Purchase refers to the value-added tax payable by enterprises that purchase goods or receiving taxable services during the reference period and this part of the tax is allowed to be deducted from the tax on sales.

Tax on Sales refers to the value-added tax chargeable by enterprises that sell goods or provide taxable services during the reference period.

Ratio of Profits, Taxes and Interests to Average Assets reflects the profit-making capability of all assets of the enterprise and is a key indicator manifesting the performance and management and evaluating the profit-making potential of the enterprise. It is calculated as follows:

$$\text{Ratio of Profits, Taxes and Interests to Average Assets (\%)} = \frac{\text{total profits + total taxes + interest payment}}{\text{average assets}} \times 100\%$$

In the above formula, total taxes is the sum of tax and extra charges on the principal business and value-added tax payable; and average assets is the arithmetic mean of the sum of beginning assets and ending assets.

Ratio of Debts to Assets reflects both the operation risk and the capability of the enterprise in making use of the capital from the creditors. It is calculated as follows:

$$\text{Ratio of Debts to Assets (\%)} = \frac{\text{total debts}}{\text{total assets}} \times 100\%$$

Both assets and debts are figures at the end of the reference period.

Turnover of Current Assets refers to the number of times of turnover of current assets in a given period of time, which reflects the speed of the turnover of current assets of industrial enterprises, and is calculated as follows:

$$\text{Turnover of Current Assets} = \frac{\text{sales revenue of products}}{\text{average balance of total current assets}}$$

In the above formula, average balance of total current assets refers to the arithmetic mean of the sum of current assets at the beginning and at the end of the reference period.

Ratio of Profits to Total Industrial Costs refers to the ratio of profits realized in a given period to the total costs in the same period, which reflects the economic efficiency of input cost and is calculated as follows:

$$\begin{array}{c}\text{Ratio of Profits to}\\ \text{Total Industrial Cost (\%)}\end{array} = \frac{\text{total profits}}{\text{total costs}} \times 100\%$$

Total costs in the above formula are the sum of cost of principal business, marketing cost, management cost and financial cost.

Sales Ratio of Products is an indicator reflecting the actual sale of industrial products, analyzing the production-selling and supply-demand relations. It is calculated as:

$$\begin{array}{c}\text{Sales Ratio}\\ \text{of Products (\%)}\end{array} = \frac{\begin{array}{c}\text{value of}\\ \text{industrial sales}\end{array}}{\begin{array}{c}\text{gross industrial output}\\ \text{value (current prices)}\end{array}} \times 100\%$$

建筑业
Construction

15

● 资料整理：高 彦

简要说明

一、主要内容

本篇反映河南省建筑业企业的基本情况和经营情况。包括企业个数、从业人员数、建筑业总产值、房屋建筑面积、资产、利润、税金、劳动生产率等资料。

二、统计范围

从2002年起，由原具有建筑业资质等级四级及四级以上的独立核算建筑业企业，调整为具有建筑业资质的总承包和专业承包、劳务分包建筑业企业。

三、资料来源

建筑业资料采取全面调查的方法，由河南省统计局固定资产投资处编辑整理。

Brief Introduction

I. Main Contents

Data in this chapter show the general and operation situation of the construction industry in Henan provincial. They cover the situation of production and management of the construction enterprises, including the number of enterprises; number of employed persons; gross output value of the construction industry; floor space of buildings under construction; profits and taxes ; and labour productivity etc.

II. Scope of Statistics

Starting from 2002 the scope of construction statistics has been adjusted to include all the construction enterprises of various types of ownership with qualification certificates and independent accounting systems, replacing the previous criteria that required construction enterprises of various types of ownership to have qualification certificates at or above Class 4 with independent accounting systems.

III. Sources of Data

Data on construction enterprises are collected in accordance with the Reporting Form System of Construction Statistics, which are provided by Department of investment in fixed assets of the Henan provincial Bureau of Statistics.

15-1 建筑业企业主要统计指标

Main Indicators on Construction Enterprises

年份 Year	单位数 (个) Number of Enterprise (unit)	建筑业总产值 (亿元) Gross Output Value of Construction (100 million yuan)	从业人员 (万人) Number of Employed Person (10 000persons)	房屋建筑面积(万平方米) Floor Spece of Buildings (10 000 sq.m) 施工 Under Construction	竣工 Completed	资产 (亿元) Asset (100 million yuan)	利润 (亿元) Profit (100 million yuan)	税金 (亿元) Tax (100 million yuan)	劳动生产率 (按总产值计算) (元/人.年) Overall Labor Productivity by Total Output (yuan/person.year)
1978									
1979									
1980									
1981									
1982									
1983	249	13.30		1050.00	608.40		0.90	0.26	4749
1984	264	19.53		1177.00	647.10		1.10	0.38	5762
1985	375	26.09		1287.70	607.90		1.39	0.58	7435
1986	383	29.20		1324.70	659.70		1.09	0.45	7991
1987	412	31.56		1482.90	731.30		1.16	0.68	8429
1988	442	36.81		1829.20	674.90		1.10	0.91	9720
1989	403	39.26		1355.50	594.60		0.64	0.95	10759
1990	393	41.05		1264.50	609.70		1.02	1.14	11985
1991	493	53.91		1614.72	701.61		0.98	1.67	13098
1992	511	70.33		1934.10	878.60		1.27	2.04	16060
1993	979	101.26		2476.25	1015.03	108.10	1.10	2.74	19549
1994	1332	145.52		2966.28	1322.53	147.44	1.47	3.99	24100
1995	1384	182.07		3386.46	1533.55	186.59	2.07	5.18	27121
1996	2278	271.56		5335.91	2726.45	255.43	4.02	8.32	27910
1997	1975	294.69		4984.41	2447.91	274.48	2.60	8.63	31485
1998	2027	304.96	93.79	5061.35	2418.40	305.48	2.11	9.23	35619
1999	1936	316.99	79.77	5016.55	2584.82	324.54	3.72	9.51	40279
2000	1983	357.34	79.90	5308.29	2629.33	356.53	3.09	11.76	45237
2001	1824	452.49	84.01	6295.47	3146.07	437.70	5.86	14.40	52002
2002	1926	536.73	92.65	7118.44	3630.82	562.05	7.53	16.93	57930
2003	1905	634.52	93.44	8026.07	3433.59	656.32	9.40	20.36	65943
2004	2556	817.13	107.66	9086.52	4186.89	828.57	19.05	27.65	83239
2005	2842	1066.15	125.03	10813.15	4787.12	926.11	25.55	37.01	83308
2006	2834	1530.95	141.37	14472.92	6530.01	1130.11	37.10	50.78	108464
2007	3110	2151.72	176.43	19015.67	9177.80	1484.90	57.43	74.30	123272
2008	3894	2824.06	197.86	21966.53	10289.20	1898.06	92.92	98.71	140560
2009	4146	3596.49	224.34	24596.04	11994.23	2386.99	118.67	129.09	162702
2010	4341	4400.61	235.00	28677.13	13156.03	2856.03	161.65	162.31	183639
2011	4511	5279.36	228.91	33282.01	15146.83	3562.79	200.09	185.44	224132
2012	4738	6009.08	227.12	38328.73	16397.59	4159.13	232.86	210.94	287736
2013	5149	7003.20	237.19	43408.63	18179.14	4981.35	312.47	257.48	277186
2014	5129	7911.89	240.89	48825.35	19818.32	5812.88	321.89	275.37	307264
2015	5142	8047.65	238.83	53132.48	18026.91	5759.66	322.38	273.37	287604
2016	5710	8807.99	261.06	55784.03	19425.80	7135.13	440.61	347.82	322917

注：本表不包括劳务分包企业(下同)。

a) Construction Enterprises in this table exclude work subcontractors enterprises(the same as following tables).

15-2 建筑业企业主要经济指标

Main Economic Indicators on Construction Enterprises

指 标	Item	2012	2013	2014	2015	2016
企业单位数（个）	Number of Construction Enterprises (unit)	4738	5149	5129	5142	5710
从业人员（万人）	Number of Employed Persons (10 000 persons)	227.12	237.19	240.89	238.83	261.06
固定资产原价（亿元）	Original Value of Fixed Assets (100 million yuan)	829.59	943.97	1037.24	1031.21	1146.22
固定资产合计（亿元）	Fixed Assets (100 million yuan)	633.36	716.82	784.33	782.59	889.14
自有施工机械设备年末总台数（万台）	Total Number of Machinery and Equipment Owned (10 000 sets)	81.90	80.22	78.93	64.77	64.59
自有施工机械设备年末净值（亿元）	Net Value of Machinery and Equipment Owned (100 million yuan)	267.22	287.23	310.59	317.51	330.29
自有施工机械设备年末总功率（万千瓦）	Total Power of Machinery and Equipment Owned (10 000 kw)	1660.3	1640.19	1650.01	1651.00	2264.27
建筑业总产值（亿元）	Gross Output Value of Construction (100 million yuan)	6009.1	7003.2	7911.89	8047.65	8807.99
全员劳动生产率	Overall Labor Productivity					
按总产值计算（元/人）	In Terms of Gross Output Value (yuan/person)	287736	277186	307264	287604	322917
房屋建筑施工面积（万平方米）	Floor Space of Buildings under Construction (10 000 sq.m)	38329	43409	48825	53132	55784
房屋建筑竣工面积（万平方米）	Floor Space of Buildings Completed (10 000 sq.m)	16398	18179	19818	18027	19426
技术装备率（元/期末人数）	Value of Machines per Laborer (yuan/person)	11766	12110	12893	13294	12652
动力装备率（千瓦/期末人数）	Power of Machines per Laborer (kw/person)	7.31	6.92	6.85	6.91	8.67
工程结算收入（亿元）	Revenue of Project Settlement Accounts (100 million yuan)	5841.7	6838.92	7435.36	7398.20	8332.02
工程结算成本（亿元）	Costs of Project Settlement Accounts (100 million yuan)	5114.5	5873.62	6437.53	6401.10	7182.65
工程结算税金及附加（亿元）	Taxes and Extra Charges on Project Settlement Accounts (100 million yuan)	192.61	237.82	253.62	251.89	236.68
管理费用中的税金（亿元）	Taxes in Management Expenses (100 million yuan)	12.28	15.00	15.78	15.53	16.90
本年固定资产折旧（亿元）	Depreciation of Fixed Assets (100 million yuan)	59.76	66.82	66.18	65.90	66.57
应付职工薪酬（亿元）	Wages Payable (100 million yuan)	586.83	786.87	857.81	849.73	1297.95
利润总额（亿元）	Total Profits (100 million yuan)	232.86	312.47	321.89	322.38	440.61
税金总额（亿元）	Total Tax (100 million yuan)	210.94	257.48	275.37	273.37	347.82
产值利润率（%）	Ratio of Profit to Gross Output Value (%)	3.9	4.5	4.1	4.0	3.9
产值利税率（%）	Ratio of Pre-tax Profit to Gross Output Value (%)	7.4	8.1	7.6	7.4	7.8

15—3 建筑业企业房屋建筑竣工面积及竣工价值(2016年)

Floor space and Value of Building completed of Construction Enterprises (2016)

指 标	Item	竣工面积 (万平方米) Floor space Completed (10 000 sq.m)	竣工价值 (亿元) Value of Floor Space Completed (10 million yuan)
竣工房屋	**Buildings Completed**	**19425.80**	**2504.62**
住宅房屋	Residential Building	13914.60	1784.32
商业及服务用房屋	Buildings for Commercial and Service	961.72	126.56
商厦房屋(批发和零售用房)	Malls Housing	335.42	43.32
宾馆用房屋(住宿用房)	Hotel	151.39	18.66
餐饮用房屋(餐饮用房)	Dining	50.59	6.01
商务会展用房屋	Commercial Exhibition	41.12	5.46
其他商业及服务用房屋(居民服务业用房)	Others (Residents Service)	383.20	53.12
办公用房屋	Official Building	1266.89	168.09
科研、教育、医疗用房屋	Buildings for Scientific Research，Education and Public Health and Medical	1099.68	147.85
科学研究用房屋	Buildings for Scientific Research	67.71	9.47
教育用房屋	Buildings for Education	844.99	106.34
医疗用房屋(卫生医疗用房)	Buildings for Public Health and Medical	186.99	32.04
文化、体育、娱乐用房屋	Buildings for Culture and Sports and Amusement	122.73	18.01
厂房及建筑物	Workshop and Buildings	1466.38	180.67
#厂房	Workshop	762.83	86.35
仓库	Buildings for Other Uses	219.05	25.38
其他未列明的房屋建筑物	Others	374.76	53.74

15-4 建筑业企业生产情况(2016年)

指 标	Item	合 计 Total	内 资 Domestic Funded	港澳台商投 资 Funded from Hong Kong, Macao and Taiwan
企业个数(个)	Number of Enterprises (unit)	7012	6999	6
签订的合同额(亿元)	Contract Value Signed (100 million yuan)	15758.07	15743.54	13.22
上年结转合同额	Value from Contracts Signed in Last Year	6226.22	6220.84	5.33
本年新签合同额	Value from New Contracts Signed in this Year	9531.85	9522.70	7.88
承包工程完成情况(亿元)	Conditions Finished of Contracted Projects (100 million yuan)			
直接从建设单位承揽	Contracted Directly from Investors			
工程完成的产值	Output Value of Finished Projects	8694.88	8690.26	3.46
自行完成施工产值	Output Value of Own-completed Buildings	8609.57	8604.95	3.46
分包出去工程的产值	Output Value of Projects Subcontracted	85.31	85.31	
从建设单位以外承揽	Contracted From Non-investors			
工程完成的产值	Output Value of Finished Projects	198.42	198.42	
建筑业总产值(亿元)	Gross Output Value of Construction (100 million yuan)	8807.99	8803.37	3.46
建筑工程	Construction	7695.35	7694.41	0.55
安装工程	Installation	787.09	786.28	0.05
其他	Others	325.55	322.68	2.85
#装修装饰	Building Decoration	428.39	425.19	2.85
建筑业竣工产值(亿元)	Output Value of Buildings Completed (100 million yuan)	4959.45	4955.41	2.88
从业人员(万人)	Number of Persons Engaged (10 000 persons)	261.06	260.92	0.05
#工程技术人员	Engineering	34.91	34.87	0.02
#一级建造师	Constructor	2.63	2.63	
直接从事生产经营活动的平均人数(万人)	Annual Average people Directly Engaged in Production and Business Operation Activities (10 000 persons)	272.76	272.62	0.06
全员劳动生产率	Overall Labor Productivity			
按总产值计算(元/人)	In Terms of Gross Output Value (yuan/person)	322917	322914	591044
房屋建筑施工面积(万平方米)	Floor Space of Buildings Under Construction (10 000 sq.m)	55784.03	55736.11	47.91
#本年新开工	Beginning Projects This Year	22378.36	22333.24	45.12
#投标承包面积	Floor Space of Enter a Bid Contract	42370.11	42365.58	4.53
房屋建筑竣工面积(万平方米)	Floor Space of Buildings Completed (10 000 sq.m)	19425.8	19422.0	3.8
房屋竣工率(%)	Rate of Floor Space of Buildings Completed (%)	34.8	34.9	7.9
自有施工机械设备年末总台数(台)	Number of Machinery and Equipment Owned (set)	645929	645633	183.00

Main Indicators on Construction Enterprises (2016)

、外商投资 Foreign Funded	#国有控股 State-holding	#集体控股 Collective-holding	#私人控股 Private-holding	房屋建筑业 Floor Space Construction	土木工程建筑业 Civil Engineering	建筑安装业 Building Installation	建筑装饰和其他建筑业 Building Decoration and Others	公有制 Public-owned	非公有制 Non-public owned
7	343	348	5717	2570	1452	836	2154	691	6321
1.31	3604.72	641.63	7003.80	7960.76	6229.56	969.96	597.80	4246.35	11511.72
0.04	1892.97	147.99	2262.08	3284.79	2532.27	308.50	100.67	2040.95	4185.26
1.27	1711.75	493.65	4741.71	4675.97	3697.29	661.46	497.13	2205.40	7326.46
1.16	1546.31	507.19	4836.61	4554.71	3058.56	599.43	482.18	2053.50	6641.38
1.16	1530.82	506.34	4770.05	4530.74	3044.64	561.05	473.14	2037.16	6572.41
	15.49	0.85	66.56	23.98	13.91	38.38	9.04	16.34	68.97
	50.47	8.34	126.43	63.67	61.44	53.96	19.35	58.81	139.61
1.16	1581.28	514.68	4896.48	4594.41	3106.09	615.00	492.49	2095.96	6712.02
0.39	1369.98	429.74	4225.75	4257.78	2807.69	279.07	350.80	1799.72	5895.63
0.75	178.12	62.05	459.82	224.91	196.40	273.35	92.43	240.17	546.92
0.02	33.19	22.88	210.91	111.71	101.99	62.59	49.26	56.07	269.48
0.35	47.63	10.57	352.41	176.52	16.62	80.60	154.65	58.21	370.18
1.16	654.23	346.45	3201.06	2773.85	1502.14	408.65	274.81	1000.68	3958.77
0.08	32.25	18.98	176.36	161.77	62.87	15.77	20.64	51.23	209.84
0.01	4.77	2.29	22.24	18.70	10.57	3.20	2.44	7.06	27.85
	0.37	0.11	1.78	1.23	0.72	0.34	0.33	0.48	2.16
0.08	33.73	20.45	182.77	166.12	69.88	15.69	21.07	54.18	218.58
142204	468754	251730	267904	276565	444511	391910	233736	386855	307069
	5650.85	3347.38	39755.91	51642.65	1877.82	1433.03	830.52	8998.22	46785.80
	1897.98	1932.27	16691.73	20445.34	924.99	803.84	204.19	3830.25	18548.11
	3549.59	2742.31	30684.30	39713.22	1384.87	1119.54	152.49	6291.90	36078.21
	1046.3	1767.6	15008.8	17760.0	743.9	652.9	269.0	2813.8	16612.0
	18.5	52.8	37.8	34.4	39.6	45.6	32.4	31.3	35.5
113	93075	43178	425149	371897	157463	47575	68994	136253	509676

15-5 建筑业企业主要财务指标(2016年)

单位：万元

指 标	Item	合 计 Total	内 资 Domestic Funded	港澳台商投资 Funded from Hong Kong, Macao and Taiwan	外商投资 Foreign Funded
资产总计	Total Assets	71351290	71102061	149770	99459
流动资产合计	Total Circulating Funds	56523655	56323916	133887	65853
#应收工程款	Accounts Receivable	15624581	15584472	6073	34035
存货	Stock	12158109	12131731	23462	2916
固定资产合计	Total Fixed Assets	8891413	8864317	5255	21841
固定资产原价	Original Value of Fixed Assets	11462170	11428314	25789	8067
累计折旧	Total Depreciation Drawn Accumulated	4756257	4730737	20597	4923
#本年折旧	Draw Depreciation This Year	795415	793382	855	1177
在建工程	Under Construction Project	885966	884803		1163
流动负债合计	Liquid Liabilities	40686202	40530016	121973	34212
#应付账款	Accounts payable	14790357	14759429	27549	3379
非流动负债合计	Non-current liabilities	2068347	2032919	998	34430
负债合计	Total Liabilities	44574954	44382071	124241	68642
所有者权益合计	Owners' Equity	26760632	26704286	25529	30817
#实收资本	Paid-in Capitals	16751872	16723975	15123	12774
国家资本	State capital	2664489	2664489		
集体资本	Collective	808824	806619	2205	
法人资本	Legal person	5135686	5123824	9445	2417
个人资本	Individual	8131752	8122716	2997	6039
港澳台资本	Hong Kong, Macao and Taiwan	6475	5999	476	
外商资本	Foreign	4647	328		4318
营业收入	Business Revenue	84802187	84517942	185507	98738
#主营业务收入	Revenue from Principal Business	83320196	83036220	185281	98695
营业成本	Operating costs	73887729	73632682	177185	77863
#主营业务成本	Cost of Principle Business	71826543	71571495	177185	77863
营业税金及附加	Business tax and extra	2460885	2453289	6758	839
#主营业务税金及附加	Main business taxes and add	2366789	2359357	6758	674
其他业务利润	Other Profit from Business	90474	90453		21
销售费用	Sales expenses	441630	440682	171	777
管理费用	Management Expenses	2995837	2987240	3608	4988
#税金	Taxes	245067	244881	124	62
财务费用	Financial Expenses	563529	563091	868	
#利息收入	Income of Interest	125108	125112		23
营业利润	Profits of Business	4420971	4402322	4207	14442
利润总额	Total Profits	4406111	4387656	4272	14183
利税总额	Total Pre-tax Profits	7112063	7085825	11154	15083
应付职工薪酬	Wages Payable	12979544	12959972	3598	15974
亏损企业个数(个)	Number of Loss-Making Enterprises(unit)	706	703	1	2

Main Financial Indicators on Construction Enterprises by Registration Status (2016)

(10 000 yuan)

#国有控股 State-holding	#集体控股 Collective-holding	#私人控股 Private-holding	房屋建筑业 Floor Space Construction	土木工程建筑业 Civil Engineering	建筑安装业 Building Installation	建筑装饰和其他建筑业 Building Decoration and Others	公有制 Public-owned	非公有制 Non-public owned
25477159	2908369	33976605	30411746	30217822	5448627	5273096	28385528	42965762
21320246	2044393	25843523	23718393	24409283	4394539	4001440	23364639	33159016
5632973	647139	7477310	6425221	6520361	1538702	1140296	6280112	9344469
4204050	323021	5373428	5360514	5415709	754970	626916	4527071	7631038
2012092	541447	4992024	3638821	3983365	571910	697317	2553539	6337874
2954493	723584	5732660	4096837	5778867	800639	785828	3678077	7784094
1495001	297630	1901092	1350502	2783094	359076	263585	1792631	2963626
210168	57989	355831	239337	436466	61044	58569	268157	527258
196533	35756	468792	429640	356644	38235	61447	232289	653677
19153616	1583150	13767071	16185323	19102988	3210910	2186981	20736766	19949436
7995090	590939	3784369	5212356	7365698	1394139	818164	8586028	6204328
845088	50945	707801	717938	1236317	58188	55904	896033	1172314
20371031	1727796	15556112	17806847	21001016	3358917	2408175	22098827	22476127
5106128	1180573	18404789	12586525	9219459	2089703	2864945	6286701	20473931
3156642	733705	11491837	7425717	5437195	1289625	2599336	3890347	12861525
2416011	34389	69708	1007585	1532219	93929	30755	2450400	214089
56940	451208	225324	358238	242256	156441	51890	508148	300676
578994	152848	3711450	1710848	1622196	415734	1386908	731841	4403844
104405	94809	7478717	4345269	2036406	623115	1126963	199213	7932539
		6404	3449		406	2620		6475
292	453	235	328	4118	0	200	745	3902
22689648	5007966	46570064	42594663	31737660	5615736	4854128	27697614	57104573
22458054	4950347	45480893	41811063	31312205	5467976	4728952	27408401	55911794
20473233	4011984	40032820	37562984	27722217	4732767	3869761	24485216	49402513
20240655	3959727	38351982	36448123	27259531	4433863	3685026	24200381	47626161
353907	316287	1583130	1409476	733038	140606	177765	670194	1790691
347099	312676	1508327	1359582	718229	120685	168293	659775	1707014
15245	6601	56462	33481	38099	11183	7712	21846	68628
38600	41228	326673	172408	162834	45002	61386	79828	361802
860630	257654	1450535	1022865	1400235	337005	235731	1118284	1877553
63820	27626	136014	101346	86458	35165	22098	91446	153621
142309	31479	293894	258352	232415	38622	34139	173788	389741
95259	3132	14108	64464	55831	3460	1353	98390	26717
778242	364498	2902373	2169781	1465796	305488	479906	1142740	3278231
778909	363039	2881117	2151577	1465853	307676	481006	1141948	3264163
1196636	706952	4600261	3662399	2285349	483447	680868	1903588	5208475
3105819	831813	7603398	7308403	4078102	857324	735715	3937632	9041912
38	26	576	192	151	113	250	64	642

15-6 劳务分包建筑企业生产经营情况(2016年)

单位：万元

指标	Item	合计 Total	#内资 Domestic Funded	国有控股 State-holding	集体控股 Collective-holding
企业数(个)	Number of Construction Enterprises (unit)	1290	1289	12	24
年末从业人员(人)	Number of Employed Persons at the Year-end (penson)	133142	133142	605	2280
#现场施工人员	Builder in Employed Persons at the Year-end	93135	93135	478	1782
从业人员平均人数(人)	Average Number of Employed Persons (penson)	132288	132288	2406	2037
年末资产负债	Year-end Assets and Liabilities				
固定资产原价	Original Value of Fixed Assets	152603	152603	1504	2656
本年折旧	Draw Depreciation This Year	15228	15228	106	293
资产总计	Total Assets	790295	790295	5709	27735
负债总计	Total Liabilities	344863	344863	915	16323
实收资本	Capitals Hold	265066	265066	2016	3129
损益及分配	Total Creditors Equity (10 000 yuan)				
营业收入	Total Income	1357584	1357584	8527	49096
#主营业务收入	Income form Principal Operations	1195977	1195977	6861	37231
营业成本	Operating costs	1350089	1350089	8437	49034
#主营业务成本	Advocate business wu cost	1153573	1153573	6861	37065
营业税金及附加	Business tax and extra	42766	42766	300	1648
#主营业务税金及附加	Main business taxes and add	37584	37584	300	1648
销售费用	Profits of Business	20856	20856		503
管理费用	Management Fee	65334	65334	857	3402
#税金	Taxes	3647	3647	53	128
财务费用	Financial Expenses	50569	50569	2	267
营业利润	Profits of Business	62082	62082	510	6973
利润总额	Total Profits	12571	12571	596	6733
建筑业总产值	Gross Output Value of Construction	1214351	1214351	8437	45471
#装饰装修产值	Output Value of Fitment	101566	101566		13664
应付职工薪酬	Handle employee compensation	499381	499381	3943	4846

Main Indicators on Construction Enterprises of Work Subcontractors (2016)

(10 000 yuan)

私人控股 Private-holding	其他 Others	房屋建筑业 Floor Space Construction	土木工程建筑业 Civil Engineering	建筑安装业 Building Installation	建筑装饰和其他建筑业 Building Decoration and Others	公有制 Public-owned	非公有制 Non-public owned
1154	100	555	95	140	500	36	1254
114371	15886	77990	8426	8910	37816	2885	130257
80579	10296	56891	3884	6105	26255	2260	90875
112557	15288	75918	8079	9487	38804	4443	127845
138884	9559	63885	13262	16343	59113	4159	148443
13748	1082	4688	1472	1343	7725	399	14829
709365	47486	306878	81474	77793	324149	33444	756851
309587	18038	131124	42579	41047	130113	17238	327625
241452	18469	101522	22383	25453	115708	5145	259921
1194613	105348	728408	73122	122532	433522	57623	1299962
1064172	87713	653394	58672	105137	378774	44092	1151885
1187529	105089	727833	73016	122072	427168	57471	1292618
1034793	74854	628671	56579	104092	364231	43926	1109647
37499	3319	22700	2267	2966	14832	1948	40818
32725	2912	18659	2254	2807	13864	1947	35637
17806	2547	11066	911	805	8074	503	20353
57375	3700	23825	3792	6196	31521	4259	61075
3279	187	1646	191	241	1569	181	3466
50030	269	47778	1065	228	1498	270	50299
46114	8484	22765	6940	6582	25795	7483	54599
848	4394	-22736	3958	6268	25082	7329	5242
1043913	116531	592796	85289	108584	427682	53908	1160444
73844	14058	51994	8322	15037	26213	13664	87902
450571	40021	305298	20949	26117	147017	8788	490593

15-7 各市建筑业企业总产值

Total Output Value of Construction by City

单位：亿元 (100 million yuan)

市(县)	City(County)	2000	2005	2010	2011	2012	2013	2014	2015	2016
全省	**Total**	**357.34**	**1066.15**	**4400.61**	**5279.36**	**6009.08**	**7003.20**	**7911.89**	**8047.65**	**8807.99**
省辖市	**City**									
郑州市	Zhengzhou	105.93	299.39	1352.33	1549.16	1816.99	2264.38	2715.24	2715.91	2891.14
开封市	Kaifeng	10.77	35.16	105.80	132.88	164.04	198.46	216.34	212.85	241.99
洛阳市	Luoyang	50.18	168.54	877.67	1110.90	1214.38	1202.35	1263.52	1255.70	1323.31
平顶山市	Pingdingshan	15.48	31.18	88.66	102.88	121.59	130.40	137.92	120.66	126.99
安阳市	Anyang	28.68	71.78	319.14	359.22	410.82	532.27	601.64	678.74	771.07
鹤壁市	Hebi	3.65	6.34	34.25	43.37	42.37	50.61	58.24	61.08	67.67
新乡市	Xinxiang	26.84	79.44	238.71	294.56	344.56	418.86	449.31	443.91	490.11
焦作市	Jiaozuo	9.31	36.26	87.51	99.18	108.09	121.99	114.34	96.70	110.60
濮阳市	Puyang	23.45	46.84	138.98	168.44	192.39	224.91	235.04	228.38	251.82
许昌市	Xuchang	9.69	21.28	85.04	95.32	106.11	120.28	159.95	127.98	138.15
漯河市	Luohe	3.73	10.10	35.29	41.72	42.86	51.45	55.09	49.93	54.56
三门峡市	Sanmenxia	7.55	26.25	82.44	104.68	112.55	126.56	133.64	117.05	133.98
南阳市	Nanyang	21.29	75.70	197.79	242.66	260.52	292.65	310.00	328.76	376.47
商丘市	Shangqiu	9.42	43.76	170.41	214.74	228.96	272.16	322.59	362.93	424.81
信阳市	Xinyang	14.78	43.34	207.15	247.60	278.23	321.66	372.18	428.70	482.71
周口市	Zhoukou	9.73	40.60	184.06	216.63	250.73	298.99	352.64	361.95	403.14
驻马店市	Zhumadian	6.09	23.14	175.48	233.82	284.85	342.04	377.51	425.19	480.42
济源市	Jiyuan	0.78	7.08	19.88	21.61	29.04	33.17	36.72	31.23	39.04
省直管县	**County Directly Administrated by Province**									
巩义市	Gongyi	0.52	3.50	9.24	11.68	11.47	16.94	18.70	15.35	16.36
兰考县	Lankao	0.08	0.31	4.80	5.93	7.62	8.51	10.12	11.20	14.64
汝州市	Ruzhou	0.16	0.52	1.01	1.43	2.03	2.78	3.82	4.17	5.37
滑县	Huaxian	0.22	6.07	18.72	22.07	24.08	26.18	29.02	33.08	38.22
长垣县	Changyuan	4.24	7.78	61.53	78.67	104.86	141.61	151.71	161.07	177.06
邓州市	Dengzhou	0.58	3.81	18.69	25.56	34.76	31.49	38.83	41.05	51.47
永城市	Yongcheng	1.44	5.86	22.04	26.92	34.78	49.05	49.11	48.66	54.10
固始县	Gushi	2.72	5.10	21.69	25.01	27.32	34.50	34.53	32.71	38.50
鹿邑县	Luyi	0.82	4.87	10.66	13.63	15.51	20.82	26.85	34.69	40.94
新蔡县	Xincai	0.18	0.26	10.58	14.74	16.13	17.54	19.69	22.57	26.04

15-8 各市建筑业企业利税总额
Total Pre-Tax Profits of Construction Enterprises by City

单位：万元 (10 000 yuan)

市(县)	City(County)	2000	2005	2010	2011	2012	2013	2014	2015	2016
全省	**Total**	**148547**	**625512**	**3239587**	**3855334**	**4437985**	**5699485**	**5972587**	**5957558**	**7112063**
省辖市	**City**									
郑州市	Zhengzhou	35374	136720	981163	1086687	1285770	**1664808**	**1747851**	1801655	1649242
开封市	Kaifeng	3581	18134	69580	102444	142594	176426	174210	172487	204672
洛阳市	Luoyang	6407	96068	435593	568588	626172	612825	603274	582412	468388
平顶山市	Pingdingshan	5962	19443	60208	67976	84575	111784	108247	108088	114257
安阳市	Anyang	15184	29358	168267	237826	274682	354032	415905	417861	552928
鹤壁市	Hebi	1296	1649	20348	26354	21382	32964	37903	36227	55054
新乡市	Xinxiang	15297	56331	282720	321634	353188	463834	319120	308212	500240
焦作市	Jiaozuo	2673	17570	59892	62343	60720	66864	75926	74608	67261
濮阳市	Puyang	11834	24647	94763	113504	137242	185635	161124	153925	141639
许昌市	Xuchang	6812	8436	54114	81835	100773	116294	156975	161803	159745
漯河市	Luohe	2363	5093	30699	38042	38067	48080	52891	52793	48549
三门峡市	Sanmenxia	2626	12422	71644	111018	108904	138632	144746	144220	103844
南阳市	Nanyang	10156	45817	216463	246672	237262	283888	236195	232857	438718
商丘市	Shangqiu	8610	33083	136697	131181	176922	245662	236755	265895	412639
信阳市	Xinyang	7246	44549	197830	199190	226530	328460	320301	320301	567853
周口市	Zhoukou	9263	38970	196239	249295	310958	404723	399796	362657	604498
驻马店市	Zhumadian	3624	30310	149536	193600	231026	436653	331019	317404	995229
济源市	Jiyuan	241	6915	13832	17146	21219	27922	30530	30530	27308
省直管县	**County Directly Administrated by Province**									
巩义市	Gongyi	420	3594	8948	15425	17602	21635	26478	25323	19396
兰考县	Lankao	106	428	2955	7607	7240	11678	19003	18270	24376
汝州市	Ruzhou	26	344	999	973	1423	2453	4450	4450	7576
滑县	Huaxian	64	4085	12871	17413	18799	22539	23385	23162	50021
长垣县	Changyuan	5342	13344	98909	108407	132565	171898	171525	165938	195916
邓州市	Dengzhou	207	1188	20956	30406	33279	35484	44021	44021	68228
永城市	Yongcheng	444	4915	18550	21044	24762	52966	47592	47592	76403
固始县	Gushi	1835	3208	11541	19827	23184	30554	33663	35168	41668
鹿邑县	Luyi	1301	8136	11652	13058	13802	16975	22798	22798	80320
新蔡县	Xincai	134	291	16246	21024	22642	26645	26904	26904	37889

15-9 各市建筑业企业利润总额
Total Profits of Construction Enterprises by City

单位：万元 (10 000 yuan)

市(县)	City(County)	2000	2005	2010	2011	2012	2013	2014	2015	2016
全省	**Total**	**30936**	**255460**	**1616515**	**2000905**	**2328601**	**3124690**	**3218893**	**3223825**	**4406111**
省辖市	**City**									
郑州市	Zhengzhou	3508	40921	490101	601868	708762	932512	892177	931924	1050648
开封市	Kaifeng	418	6952	33919	56990	84683	104543	101758	100232	135931
洛阳市	Luoyang	-8040	39499	159910	198078	221691	194882	217403	215929	297777
平顶山市	Pingdingshan	528	7813	29104	33541	42639	67700	62069	61959	85332
安阳市	Anyang	1411	6107	73664	101678	122522	168122	213906	215140	320296
鹤壁市	Hebi	-57	-388	8743	12104	7617	13662	19667	18128	32372
新乡市	Xinxiang	4511	23368	179761	199307	224733	304239	201118	193916	347238
焦作市	Jiaozuo	88	6175	28387	24161	25604	27950	40484	39761	40787
濮阳市	Puyang	5261	11735	46593	62702	78615	109568	83855	78639	71004
许昌市	Xuchang	4307	2563	27695	51954	63095	72502	92927	95679	96632
漯河市	Luohe	1454	2394	12734	19277	18941	25832	28889	28815	26492
三门峡市	Sanmenxia	710	2950	40519	68636	63252	85149	89576	89537	78765
南阳市	Nanyang	3271	20315	95397	130764	119710	157240	120876	120430	273503
商丘市	Shangqiu	5148	17363	82915	64956	92003	138498	143851	160289	262070
信阳市	Xinyang	2725	24434	101907	110457	133704	176769	174082	174082	329944
周口市	Zhoukou	4782	23148	119227	142577	170790	243275	238401	218278	396044
驻马店市	Zhumadian	895	15027	78544	112237	138168	286425	194177	182584	547094
济源市	Jiyuan	17	5086	7395	9618	12071	15823	17015	17015	14184
省直管县	**County Directly Administrated by Province**									
巩义市	Gongyi	222	1843	4933	10150	12447	15541	18250	17354	12268
兰考县	Lankao	88	348	1219	5518	5089	8238	13206	12967	18777
汝州市	Ruzhou	15	109	516	481	551	1204	2877	2877	5492
滑县	Huaxian	0	1792	5772	9417	9317	13418	12906	12774	29162
长垣县	Changyuan	1591	9713	68503	77664	92844	121710	122973	118362	137638
邓州市	Dengzhou	45	209	13386	18899	18581	20870	27175	27175	44060
永城市	Yongcheng	201	3389	10576	11569	12962	34683	31765	31765	53551
固始县	Gushi	801	1348	4836	11843	15703	20632	22380	23085	30384
鹿邑县	Luyi	833	6648	7331	8401	8667	10191	14607	14607	48089
新蔡县	Xincai	70	23	13456	17315	16363	19948	20525	20525	32306

15-10 各市建筑业企业主要指标(2016年)

市(县)	City(County)	企业个数 (个) Number of Enterprises (unit)	从业人员 (万人) Number of Empleyed Persons (10 000 person)	直接从事生产经营活动的平均人数 (万人) Annual Average People Directly Engaged in Production and Business Operation Activities(10 000 person)	签定的合同额 (亿元) Value of Signed Contract (100 million yuan)
全省	**Total**	**5710**	**261.06**	**272.76**	**15758.07**
省辖市	**City**				
郑州市	Zhengzhou	1610	67.71	70.87	5798.54
开封市	Kaifeng	281	11.59	11.28	367.56
洛阳市	Luoyang	480	23.74	24.38	3963.93
平顶山市	Pingdingshan	264	5.41	5.54	204.20
安阳市	Anyang	302	28.75	29.69	1005.64
鹤壁市	Hebi	103	2.63	3.06	104.17
新乡市	Xinxiang	468	21.82	23.80	597.35
焦作市	Jiaozuo	220	3.72	3.78	221.86
濮阳市	Puyang	239	9.34	9.86	329.38
许昌市	Xuchang	146	4.27	4.66	240.11
漯河市	Luohe	93	2.87	2.97	78.34
三门峡市	Sanmenxia	145	3.74	3.72	335.88
南阳市	Nanyang	381	14.00	14.70	439.36
商丘市	Shangqiu	201	13.86	13.61	493.09
信阳市	Xinyang	226	17.01	18.15	521.03
周口市	Zhoukou	214	12.74	13.76	481.10
驻马店市	Zhumadian	242	16.36	17.42	513.45
济源市	Jiyuan	95	1.48	1.50	63.07
省直管县	**County Directly Administrated by Province**				
巩义市	Gongyi	29	0.63	1.41	31.61
兰考县	Lankao	24	0.83	0.79	17.77
汝州市	Ruzhou	18	0.42	0.42	7.61
滑县	Huaxian	36	1.54	2.30	40.31
长垣县	Changyuan	160	7.69	8.74	203.20
邓州市	Dengzhou	32	1.23	1.36	59.99
永城市	Yongcheng	32	1.75	1.78	56.72
固始县	Gushi	22	1.63	1.66	49.80
鹿邑县	Luyi	16	0.88	0.92	45.82
新蔡县	Xincai	12	0.40	0.40	3.73

Main Indicators of Construction Enterprises by City (2016)

总产值 (亿元) Gross Output Value (100 million yuan)	竣工产值 (亿元) Output Value of Buildings Completed (100 million yuan)	房屋建筑施工面积 (万平方米) Floor Space of Buildings Under Construction (10 000 sq.m)	房屋建筑竣工面积 (万平方米) Floor Space of Buildings Completed (10 000 sq.m)	自有施工机械设备年末净值 (亿元) Net Value of Machinery and Equipment Owned (100 million yuan)
8807.99	**4959.45**	**55784.03**	**19425.80**	**330.29**
2891.14	1188.42	25323.51	4829.42	83.83
241.99	156.09	1932.07	719.01	9.27
1323.31	746.68	6286.98	1208.05	61.49
126.99	77.91	899.15	333.46	5.26
771.07	544.76	5103.11	3195.68	26.70
67.67	40.91	577.20	227.90	3.45
490.11	291.49	2243.54	1154.40	32.86
110.60	58.86	530.07	188.70	4.35
251.82	181.64	947.68	533.66	14.87
138.15	101.47	1073.91	624.68	5.19
54.56	42.08	516.68	277.21	2.99
133.98	87.04	606.08	99.68	15.24
376.47	210.66	1752.30	832.10	11.83
424.81	301.13	1966.97	1295.15	9.51
482.71	318.96	2508.33	1573.34	20.15
403.14	321.91	1614.62	1160.35	12.47
480.42	258.40	1667.61	1039.12	8.88
39.04	31.03	234.23	133.90	1.95
16.36	6.85	154.28	40.34	1.15
14.64	13.29	94.68	65.77	0.72
5.37	3.07	48.39	19.00	0.23
38.22	32.73	222.77	162.07	1.81
177.06	103.65	388.93	148.89	15.36
51.47	33.19	126.84	72.17	1.15
54.10	44.35	438.79	244.80	2.85
38.50	33.86	279.07	180.54	3.45
40.94	40.94	344.09	339.66	1.00
26.04	12.59	61.04	61.00	0.04

15-11 各市建筑业企业个数(2016年)

单位：个

市(县) City(County)	企业个数 Number of Enterprises	内资 Domestic Funded	港澳台商投资 Funded from Hong Kong, Macao and Taiwan	外商投资 Foreign Funded	公有制 Public-owned	非公有制 Non-public owned
全省 Total	**5710**	**5697**	**6**	**7**	**656**	**5054**
省辖市 City						
郑州市 Zhengzhou	1610	1601	5	4	106	1504
开封市 Kaifeng	281	280		1	36	245
洛阳市 Luoyang	480	480			65	415
平顶山市 Pingdingshan	264	264			32	232
安阳市 Anyang	302	302			28	274
鹤壁市 Hebi	103	103			13	90
新乡市 Xinxiang	468	467		1	42	426
焦作市 Jiaozuo	220	219		1	21	199
濮阳市 Puyang	239	239			18	221
许昌市 Xuchang	146	146			15	131
漯河市 Luohe	93	93			15	78
三门峡市 Sanmenxia	145	145			21	124
南阳市 Nanyang	381	381			63	318
商丘市 Shangqiu	201	200	1		38	163
信阳市 Xinyang	226	226			61	165
周口市 Zhoukou	214	214			27	187
驻马店市 Zhumadian	242	242			49	193
济源市 Jiyuan	95	95			6	89
省直管县 County Directly Administrated by Province						
巩义市 Gongyi	29	29			2	27
兰考县 Lankao	24	24			1	23
汝州市 Ruzhou	18	18			3	15
滑县 Huaxian	36	36			3	33
长垣县 Changyuan	160	160			5	155
邓州市 Dengzhou	32	32			9	23
永城市 Yongcheng	32	32			10	22
固始县 Gushi	22	22			3	19
鹿邑县 Luyi	16	16				16
新蔡县 Xincai	12	12			4	8

Number of Construction Enterprises by City (2016)

(unit)

#国有控股 State-holding	#集体控股 Collective-holding	#私人控股 Private-holding	房屋建筑业 Floor Space Construction	土木工程建筑业 Civil Engineering	建筑安装业 Building Installation	建筑装饰和其他建筑业 Building Decoration and Others
331	**325**	**4575**	**2014**	**1356**	**693**	**1647**
70	36	1363	358	341	299	612
16	20	227	130	54	51	46
26	39	381	169	81	55	175
13	19	223	109	59	22	74
13	15	246	189	43	37	33
7	6	63	62	19	10	12
16	26	394	174	102	52	140
12	9	161	65	39	26	90
13	5	199	70	84	21	64
3	12	119	61	28	15	42
4	11	65	51	13	7	22
18	3	122	38	84	5	18
36	27	297	96	107	32	146
19	19	146	107	54	6	34
29	32	150	106	62	17	41
7	20	175	78	88	12	36
25	24	164	119	70	12	41
4	2	80	32	28	14	21
	2	21	17	10	2	
1		22	16	8		
1	2	15	10	6		2
1	2	30	18	10	6	2
4	1	149	38	33	8	81
8	1	23	12	12	6	2
3	7	21	21	6	1	4
1	2	18	12	8	1	1
		16	7	8		1
3	1	8	6	4		2

15-12　各市建筑业企业总产值(2016年)

单位：亿元

市(县) City(County)	总产值 Gross Output Value	内　资 Domestic Funded	港澳台商投资 Funded from Hong Kong, Macao and Taiwan	外商投资 Foreign Funded	公有制 Public-owned	非公有制 Non-public owned
全　　省 Total	**8807.99**	**8803.37**	**3.46**	**1.16**	**2095.96**	**6712.02**
省辖市 City						
郑州市 Zhengzhou	2891.14	2887.38	3.38	0.39	606.31	2284.83
开封市 Kaifeng	241.99	241.97		0.02	58.06	183.94
洛阳市 Luoyang	1323.31	1323.31			384.12	939.19
平顶山市 Pingdingshan	126.99	126.99			14.14	112.86
安阳市 Anyang	771.07	771.07			34.70	736.37
鹤壁市 Hebi	67.67	67.67			15.19	52.48
新乡市 Xinxiang	490.11	489.65		0.46	47.99	442.12
焦作市 Jiaozuo	110.60	110.31		0.29	60.87	49.73
濮阳市 Puyang	251.82	251.82			52.07	199.75
许昌市 Xuchang	138.15	138.15			19.85	118.29
漯河市 Luohe	54.56	54.56			11.19	43.38
三门峡市 Sanmenxia	133.98	133.98			89.48	44.51
南阳市 Nanyang	376.47	376.47			146.09	230.38
商丘市 Shangqiu	424.81	424.73	0.08		130.89	293.92
信阳市 Xinyang	482.71	482.71			168.54	314.17
周口市 Zhoukou	403.14	403.14			60.91	342.23
驻马店市 Zhumadian	480.42	480.42			193.71	286.71
济源市 Jiyuan	39.04	39.04			1.86	37.17
省直管县 County Directly Administrated by Province						
巩义市 Gongyi	16.36	16.36			0.94	15.41
兰考县 Lankao	14.64	14.64			1.09	13.55
汝州市 Ruzhou	5.37	5.37			0.92	4.45
滑县 Huaxian	38.22	38.22			4.67	33.55
长垣县 Changyuan	177.06	177.06			6.26	170.80
邓州市 Dengzhou	51.47	51.47			29.29	22.17
永城市 Yongcheng	54.10	54.10			28.95	25.15
固始县 Gushi	38.50	38.50			1.68	36.83
鹿邑县 Luyi	40.94	40.94				40.94
新蔡县 Xincai	26.04	26.04			13.79	12.24

Total Output Value of Construction Enterprises by City (2016)

(100 million yuan)

#国有控股 State-holding	#集体控股 Collective-holding	#私人控股 Private-holding	房屋建筑业 Floor Space Construction	土木工程建筑业 Civil Engineering	建筑安装业 Building Installation	建筑装饰和其他建筑业 Building Decoration and Others
1581.28	**514.68**	**4896.48**	**4594.41**	**3106.09**	**615.00**	**492.49**
571.49	34.81	1500.60	1390.39	1009.37	328.32	163.06
38.95	19.11	167.07	156.44	31.62	47.34	6.60
341.90	42.22	293.30	398.87	857.59	48.45	18.40
4.26	9.88	73.45	84.82	34.18	3.59	4.40
23.41	11.29	657.50	716.43	35.84	16.00	2.79
13.10	2.09	45.32	59.08	5.19	3.07	0.32
23.86	24.13	415.22	268.42	93.96	27.10	100.63
50.82	10.05	42.86	39.73	52.37	10.01	8.48
48.25	3.81	177.44	109.21	105.58	11.87	25.15
4.79	15.06	89.05	89.10	33.43	5.03	10.59
3.32	7.87	35.63	42.47	7.98	2.25	1.86
88.48	1.00	44.40	21.97	111.37	0.32	0.33
88.68	57.41	195.01	187.40	134.42	43.22	11.43
88.91	41.98	280.30	289.80	102.77	11.20	21.03
79.36	89.19	288.37	294.05	146.15	15.59	26.92
18.79	42.12	321.57	177.36	178.97	24.65	22.16
91.09	102.62	234.08	244.66	153.14	15.25	67.37
1.81	0.05	35.32	24.19	12.15	1.74	0.95
	0.94	15.01	13.85	2.37	0.14	
1.09		13.45	9.79	4.85		
0.14	0.78	4.45	3.07	2.06		0.25
2.93	1.74	30.27	25.09	9.55	3.50	0.09
3.80	2.46	152.66	55.08	20.86	9.22	91.90
24.64	4.66	22.17	15.36	26.62	9.42	0.06
11.86	17.09	24.98	38.00	15.15	0.07	0.88
1.02	0.66	34.01	25.30	10.05	0.17	2.99
		40.94	20.30	20.22		0.41
10.93	2.86	12.24	16.50	9.41		0.12

15-13 各市建筑业企业资产总计(2016年)

单位：亿元

市(县) City(County)	资产合计 Total Assets	内资 Domestic Funded	港澳台商投资 Funded from Hong Kong, Macao and Taiwan	外商投资 Foreign Funded	公有制 Public-owned	非公有制 Non-public owned
全省 Total	**7135.13**	**7110.21**	**14.98**	**9.95**	**2838.55**	**4296.58**
省辖市 City						
郑州市 Zhengzhou	2820.60	2807.07	12.16	1.38	1556.61	1264.00
开封市 Kaifeng	243.62	241.07	2.43	0.11	67.53	176.09
洛阳市 Luoyang	1203.00	1203.00			294.50	908.50
平顶山市 Pingdingshan	222.36	222.36			99.49	122.87
安阳市 Anyang	344.32	343.26		1.05	38.19	306.13
鹤壁市 Hebi	100.23	100.17	0.06		46.50	53.73
新乡市 Xinxiang	385.59	380.44		5.15	54.85	330.75
焦作市 Jiaozuo	135.08	133.62		1.46	67.77	67.31
濮阳市 Puyang	216.78	216.78			61.79	154.99
许昌市 Xuchang	197.50	197.50			21.81	175.68
漯河市 Luohe	57.13	57.13			6.61	50.52
三门峡市 Sanmenxia	228.51	228.51			170.68	57.83
南阳市 Nanyang	247.45	247.44	0.01		106.49	140.96
商丘市 Shangqiu	203.89	202.78	0.32	0.79	102.78	101.12
信阳市 Xinyang	186.87	186.87			61.28	125.59
周口市 Zhoukou	132.44	132.44			22.57	109.87
驻马店市 Zhumadian	165.49	165.49			47.38	118.10
济源市 Jiyuan	44.28	44.28			11.74	32.54
省直管县 County Directly Administrated by Province						
巩义市 Gongyi	23.10	23.10			5.49	17.61
兰考县 Lankao	11.73	11.73			0.79	10.93
汝州市 Ruzhou	5.97	5.97			0.71	5.25
滑县 Huaxian	20.72	20.72			3.41	17.31
长垣县 Changyuan	145.71	145.71			6.06	139.65
邓州市 Dengzhou	16.05	16.05			9.99	6.06
永城市 Yongcheng	25.82	25.82			13.18	12.64
固始县 Gushi	21.29	21.29			1.75	19.53
鹿邑县 Luyi	2.38	2.38				2.38
新蔡县 Xincai	4.04	4.04			2.19	1.85

Total Assets of Construction Enterprises by City (2016)

(100 million yuan)

#国有控股 State-holding	#集体控股 Collective-holding	#私人控股 Private-holding	房屋建筑业 Floor Space Construction	土木工程建筑业 Civil Engineering	建筑安装业 Building Installation	建筑装饰和其他建筑业 Building Decoration and Others
2547.72	**290.84**	**3397.66**	**3041.17**	**3021.78**	**544.86**	**527.31**
1525.29	31.32	1218.04	1242.79	1032.20	273.12	272.49
54.79	12.74	167.79	110.87	68.36	57.04	7.35
254.99	39.51	313.63	287.67	828.62	55.94	30.76
89.31	10.18	95.72	150.61	50.38	8.90	12.47
19.06	19.12	267.87	278.79	44.21	13.90	7.42
41.93	4.56	40.79	86.03	10.54	3.06	0.60
34.17	20.68	295.08	163.37	120.39	27.11	74.72
47.62	20.15	53.63	45.59	58.38	17.40	13.70
55.21	6.57	141.20	56.93	121.99	13.29	24.57
9.88	11.93	166.75	106.67	69.70	11.37	9.75
1.79	4.82	44.10	39.35	9.63	5.28	2.87
169.82	0.86	57.38	39.85	187.06	0.60	1.00
75.11	31.38	124.41	88.43	117.67	29.77	11.58
88.01	14.77	86.87	88.91	96.93	0.72	17.33
30.33	30.96	105.11	101.26	53.53	13.80	18.28
11.96	10.61	99.45	47.66	71.88	5.14	7.76
29.42	17.96	89.40	86.40	61.80	4.38	12.91
9.03	2.71	30.45	20.01	18.50	4.03	1.74
	5.49	15.75	16.68	6.21	0.21	
0.79		10.93	6.72	5.01		
0.29	0.43	5.25	3.18	2.08		0.71
1.01	2.40	15.84	11.69	6.39	2.60	0.05
4.34	1.72	122.06	44.38	27.84	4.46	69.03
9.20	0.79	6.06	3.31	10.28	2.39	0.08
9.40	3.78	11.57	14.38	11.00	0.03	0.42
0.47	1.28	10.90	6.64	12.22	0.14	2.29
		2.38	1.25	1.13		
1.73	0.46	1.85	2.56	1.42		0.06

15-14 各市建筑业企业负债合计(2016年)

单位：亿元

市(县) City(County)	负债合计 Total Liabilities	内资 Domestic Funded	港澳台商投资 Funded from Hong Kong, Macao and Taiwan	外商投资 Foreign Funded	公有制 Public-owned	非公有制 Non-public owned
全　　省 Total	**4457.50**	**4438.21**	**12.42**	**6.86**	**2209.88**	**2247.61**
省　辖　市 City						
郑　州　市 Zhengzhou	1892.73	1881.84	10.62	0.27	1289.89	602.83
开　封　市 Kaifeng	142.74	141.01	1.70	0.02	44.37	98.36
洛　阳　市 Luoyang	936.14	936.14			229.25	706.88
平 顶 山 市 Pingdingshan	144.09	144.09			88.79	55.30
安　阳　市 Anyang	139.62	138.83		0.79	24.31	115.31
鹤　壁　市 Hebi	62.63	62.63	0.00		36.76	25.88
新　乡　市 Xinxiang	146.17	141.50		4.67	34.06	112.11
焦　作　市 Jiaozuo	85.90	85.03		0.87	51.69	34.21
濮　阳　市 Puyang	116.34	116.34			59.05	57.29
许　昌　市 Xuchang	131.95	131.95			10.20	121.75
漯　河　市 Luohe	28.27	28.27			2.83	25.44
三 门 峡 市 Sanmenxia	150.47	150.47			122.78	27.69
南　阳　市 Nanyang	147.14	147.14	0.00		73.47	73.66
商　丘　市 Shangqiu	101.56	101.22	0.10	0.24	65.49	36.07
信　阳　市 Xinyang	93.71	93.71			33.47	60.24
周　口　市 Zhoukou	37.39	37.39			10.54	26.85
驻 马 店 市 Zhumadian	77.36	77.36			24.57	52.79
济　源　市 Jiyuan	23.30	23.30			8.36	14.94
省 直 管 县 County Directly Administrated by Province						
巩　义　市 Gongyi	8.77	8.77			3.18	5.59
兰　考　县 Lankao	3.60	3.60			0.47	3.12
汝　州　市 Ruzhou	1.47	1.47			0.23	1.24
滑　　　县 Huaxian	7.49	7.49			2.25	5.24
长　垣　县 Changyuan	38.47	38.47			3.10	35.37
邓　州　市 Dengzhou	5.00	5.00			4.01	1.00
永　城　市 Yongcheng	12.25	12.25			8.13	4.12
固　始　县 Gushi	12.22	12.22			1.18	11.04
鹿　邑　县 Luyi						
新　蔡　县 Xincai	1.07	1.07			0.58	0.49

Total Liabilities of Construction Enterprises by City (2016)

(100 million yuan)

#国有控股 State-holding	#集体控股 Collective-holding	#私人控股 Private-holding	房屋建筑业 Floor Space Construction	土木工程建筑业 Civil Engineering	建筑安装业 Building Installation	建筑装饰和其他建筑业 Building Decoration and Others
2037.10	**172.78**	**1555.61**	**1780.68**	**2100.10**	**335.89**	**240.82**
1274.26	15.64	573.76	821.64	741.02	175.88	154.19
39.11	5.27	93.12	56.33	46.18	38.36	1.86
204.69	24.56	175.32	193.97	691.92	36.20	14.05
80.85	7.95	37.75	105.08	29.04	4.47	5.51
9.81	14.49	97.87	105.78	24.18	6.64	3.02
33.23	3.53	20.38	55.57	5.75	1.18	0.14
25.32	8.73	98.68	70.56	54.75	10.35	10.51
36.36	15.33	23.99	28.72	40.96	9.48	6.73
53.90	5.15	51.98	21.59	76.50	8.48	9.77
2.11	8.08	118.23	78.75	43.94	6.70	2.55
0.90	1.92	23.25	19.98	4.97	2.59	0.73
122.54	0.23	27.37	27.82	122.17	0.28	0.20
52.70	20.77	65.07	52.14	72.26	18.18	4.56
58.38	7.11	27.83	33.72	57.48	0.48	9.88
15.58	17.89	49.54	48.00	25.19	9.82	10.70
4.89	5.66	23.13	12.60	20.72	2.52	1.55
16.03	8.55	34.48	38.28	32.69	2.12	4.27
6.45	1.91	13.86	10.17	10.38	2.16	0.59
	3.18	4.47	7.04	1.61	0.12	
0.47		3.12	2.04	1.55		
0.22	0.01	1.24	0.76	0.46		0.25
0.35	1.90	4.56	3.34	3.14	1.01	0.01
2.69	0.41	30.66	18.70	9.72	0.90	9.15
3.93	0.08	1.00	0.24	4.27	0.48	0.02
6.60	1.53	3.50	4.69	7.20	0.01	0.35
0.08	1.10	5.36	3.96	7.15	0.08	1.02
0.58		0.49	0.81	0.25		0.01

15-15 各市建筑业企业工程结算收入(2016年)

单位：亿元

市(县) City(County)	工程结算收入 Revenue of Project Settlement Accounts	内资 Domestic Funded	港澳台商投资 Funded from Hong Kong, Macao and Taiwan	外商投资 Foreign Funded	公有制 Public-owned	非公有制 Non-public owned
全 省 Total	**8332.02**	**8303.62**	**18.53**	**9.87**	**2740.84**	**5591.18**
省辖市 City						
郑州市 Zhengzhou	2843.94	2834.30	8.73	0.91	1354.40	1489.53
开封市 Kaifeng	226.63	216.90	9.67	0.06	62.15	164.48
洛阳市 Luoyang	1215.26	1215.26			284.26	931.00
平顶山市 Pingdingshan	109.24	109.24			32.76	76.49
安阳市 Anyang	727.91	726.66		1.25	36.94	690.97
鹤壁市 Hebi	62.09	62.05	0.05		13.47	48.62
新乡市 Xinxiang	430.36	429.44		0.92	46.42	383.93
焦作市 Jiaozuo	111.90	110.62		1.28	57.44	54.46
濮阳市 Puyang	241.00	241.00			33.92	207.08
许昌市 Xuchang	158.35	158.35			24.96	133.40
漯河市 Luohe	51.02	51.02			9.38	41.64
三门峡市 Sanmenxia	200.60	200.60			152.43	48.17
南阳市 Nanyang	349.84	349.83	0.01		138.12	211.71
商丘市 Shangqiu	391.74	386.21	0.08	5.45	136.70	255.03
信阳市 Xinyang	411.77	411.77			148.22	263.55
周口市 Zhoukou	370.15	370.15			56.66	313.49
驻马店市 Zhumadian	386.70	386.70			148.25	238.44
济源市 Jiyuan	43.55	43.55			4.36	39.19
省直管县 County Directly Administrated by Province						
巩义市 Gongyi	17.75	17.75			2.50	15.24
兰考县 Lankao	15.04	15.04			0.35	14.69
汝州市 Ruzhou	4.01	4.01			0.86	3.15
滑县 Huaxian	37.59	37.59			5.79	31.80
长垣县 Changyuan	144.38	144.38			6.58	137.79
邓州市 Dengzhou	42.86	42.86			26.70	16.16
永城市 Yongcheng	50.04	50.04			24.54	25.50
固始县 Gushi	43.25	43.25			1.56	41.69
鹿邑县 Luyi	30.85	30.85				30.85
新蔡县 Xincai	15.32	15.32			6.99	8.33

Revenue of Project Settlement Accounts of Construction Enterprises by City (2016)

(100 million yuan)

#国有控股 State-holding	#集体控股 Collective-holding	#私人控股 Private-holding	房屋建筑业 Floor Space Construction	土木工程建筑业 Civil Engineering	建筑安装业 Building Installation	建筑装饰和其他建筑业 Building Decoration and Others
2245.81	**495.03**	**4548.09**	**4181.11**	**3131.22**	**546.80**	**472.90**
1316.46	37.94	1457.35	1342.51	1014.78	294.91	191.73
37.02	25.13	153.05	138.93	30.73	48.83	8.14
246.73	37.53	266.98	318.20	838.90	39.68	18.48
24.64	8.11	61.39	70.82	29.87	4.16	4.40
21.80	15.14	613.34	672.02	40.66	10.61	4.62
11.16	2.31	39.73	53.20	6.19	2.26	0.45
21.61	24.82	360.87	231.53	92.26	22.28	84.28
44.50	12.94	45.67	41.35	48.92	10.39	11.23
29.14	4.77	189.10	93.34	116.75	9.53	21.38
8.35	16.60	104.06	94.95	45.00	6.74	11.66
2.25	7.13	34.72	37.82	8.16	3.06	1.98
151.32	1.11	48.05	24.41	175.29	0.52	0.37
78.51	59.61	181.69	175.42	124.36	40.67	9.38
94.44	42.26	231.79	260.20	112.67	3.59	15.28
76.63	71.58	242.20	251.81	122.49	15.72	21.75
12.09	44.57	288.70	155.44	182.02	19.30	13.39
66.01	82.24	191.92	193.48	127.41	12.48	53.32
3.13	1.22	37.50	25.65	14.78	2.06	1.06
	2.50	13.55	15.28	2.43	0.03	
0.35		14.69	9.53	5.51		
0.14	0.71	3.15	2.22	1.55		0.23
2.93	2.86	29.05	23.41	10.67	3.43	0.09
4.38	2.21	122.40	40.48	22.02	4.77	77.11
22.04	4.66	16.16	12.78	22.74	7.26	0.07
10.69	13.85	22.71	35.96	13.01	0.06	1.00
0.93	0.63	33.06	25.76	15.07	0.11	2.30
		30.85	20.30	10.55		
4.43	2.56	8.33	7.66	7.54		0.12

15-16 各市建筑业企业利润总额(2016年)

单位：万元

市(县) City(County)	利润总额 Total Profits	内资 Domestic Funded	港澳台商投资 Funded from Hong Kong, Macao and Taiwan	外商投资 Foreign Funded	公有制 Public-owned	非公有制 Non-public Owned
全省 Total	**4406111**	**4387656**	**4272**	**14183**	**1141948**	**3264163**
省辖市 City						
郑州市 Zhengzhou	1050648	1047091	3501	56	351450	699198
开封市 Kaifeng	135931	135260	670	1	27565	108366
洛阳市 Luoyang	297777	297777			99539	198238
平顶山市 Pingdingshan	85332	85332			16112	69220
安阳市 Anyang	320296	319955		341	16803	303493
鹤壁市 Hebi	32372	32342	29		9832	22540
新乡市 Xinxiang	347238	343456		3782	42951	304287
焦作市 Jiaozuo	40787	40461		326	13155	27632
濮阳市 Puyang	71004	71004			-28389	99393
许昌市 Xuchang	96632	96632			23264	73368
漯河市 Luohe	26492	26492			3151	23342
三门峡市 Sanmenxia	78765	78765			56562	22203
南阳市 Nanyang	273503	273501	1		105188	168315
商丘市 Shangqiu	262070	252322	71	9678	84837	177234
信阳市 Xinyang	329944	329944			120851	209093
周口市 Zhoukou	396044	396044			59521	336522
驻马店市 Zhumadian	547094	547094			138230	408864
济源市 Jiyuan	14184	14184			1328	12856
省直管县 County Directly Administrated by Province						
巩义市 Gongyi	12268	12268			778	11490
兰考县 Lankao	18777	18777			1041	17736
汝州市 Ruzhou	5492	5492			333	5159
滑县 Huaxian	29162	29162			1337	27825
长垣县 Changyuan	137638	137638			8519	129120
邓州市 Dengzhou	44060	44060			25822	18239
永城市 Yongcheng	53551	53551			25523	28028
固始县 Gushi	30384	30384			1024	29360
鹿邑县 Luyi	48089	48089				48089
新蔡县 Xincai	32306	32306			13107	19199

Total Profits of Construction Enterprises by City (2016)

(10 000 yuan)

#国有控股 State-holding	#集体控股 Collective-holding	#私人控股 Private-holding	房屋建筑业 Floor Space Construction	土木工程建筑业 Civil Engineering	建筑安装业 Building Installation	建筑装饰和其他建筑业 Building Decoration and Others
778909	**363039**	**2881117**	**2151577**	**1465853**	**307676**	**481006**
337002	14448	686750	497662	359866	90864	102256
16988	10577	98732	77226	25267	24887	8551
66149	33390	93517	88640	157324	39493	12320
7590	8522	59112	49510	29247	1673	4901
9848	6955	278058	281199	22927	10852	5318
6762	3070	17705	26795	4882	668	27
22809	20142	272876	139004	102565	17846	87823
5190	7965	28830	10346	12221	11021	7199
-30620	2231	89432	50928	-3720	4404	19393
9426	13837	47692	51883	31341	4283	9124
709	2442	19242	18281	5123	1532	1557
55632	931	22169	8808	69633	68	256
70305	34883	135572	99769	133503	32428	7803
50219	34618	156572	140528	89727	9398	22418
67870	52980	190241	202223	98050	11418	18253
12265	47256	316925	166888	186606	22544	20006
69547	68683	355635	236015	134528	23617	152935
1218	110	12058	5872	6764	681	867
	778	10954	11170	1089	9	
1041		17736	13603	5173		
60	274	5159	922	4271		300
577	760	24718	18873	5594	4609	86
4433	4086	111002	37632	14479	5819	79708
23494	2328	18239	14551	23531	5836	143
10261	15262	27326	36469	15595	14	1472
1073	-49	20385	16799	12362	146	1077
		48089	30037	18052		
9687	3420	19199	17145	14926		235

15-17 各市建筑业企业利税总额(2016年)

单位：万元

市(县)	City(County)	利税总额 Total Pre-tax Profits	内资 Domestic Funded	港澳台商投资 Funded from Hong Kong, Macao and Taiwan	外商投资 Foreign Funded	公有制 Public-owned	非公有制 Non-public owned
全省	**Total**	**7112063**	**7085825**	**11154**	**15083**	**1903588**	**5208475**
省辖市	**City**						
郑州市	Zhengzhou	1649242	1643078	6003	161	526854	1122389
开封市	Kaifeng	204672	199880	4766	27	39955	164717
洛阳市	Luoyang	468388	468388			123579	344808
平顶山市	Pingdingshan	114257	114257			21852	92405
安阳市	Anyang	552928	552437		491	29019	523909
鹤壁市	Hebi	55054	55015	38		13520	41534
新乡市	Xinxiang	500240	496192		4048	59583	440657
焦作市	Jiaozuo	67261	66755		507	21465	45796
濮阳市	Puyang	141639	141639			-23052	164690
许昌市	Xuchang	159745	159745			36899	122847
漯河市	Luohe	48549	48549			9176	39373
三门峡市	Sanmenxia	103844	103844			65272	38571
南阳市	Nanyang	438718	438713	5		169596	269122
商丘市	Shangqiu	412639	402448	343	9849	137721	274919
信阳市	Xinyang	567853	567853			223660	344194
周口市	Zhoukou	604498	604498			102735	501762
驻马店市	Zhumadian	995229	995229			343100	652130
济源市	Jiyuan	27308	27308			2655	24653
省直管县	**County Directly Administrated by Province**						
巩义市	Gongyi	19396	19396			1500	17896
兰考县	Lankao	24376	24376			1106	23270
汝州市	Ruzhou	7576	7576			1089	6486
滑县	Huaxian	50021	50021			4089	45932
长垣县	Changyuan	195916	195916			10617	185299
邓州市	Dengzhou	68228	68228			43516	24712
永城市	Yongcheng	76403	76403			36536	39867
固始县	Gushi	41668	41668			1474	40193
鹿邑县	Luyi	80320	80320				80320
新蔡县	Xincai	37889	37889			15823	22067

Total Pre-tax Profits of Construction Enterprises by City (2016)

(10 000 yuan)

#国有控股 State-holding	#集体控股 Collective-holding	#私人控股 Private-holding	房屋建筑业 Floor Space Construction	土木工程建筑业 Civil Engineering	建筑安装业 Building Installation	建筑装饰和其他建筑业 Building Decoration and Others
1196636	**706952**	**4600261**	**3662399**	**2285349**	**483447**	**680868**
502310	24543	1100584	797791	529615	173609	148228
21832	18123	146166	127647	34723	30967	11335
78031	45548	165150	142264	258873	49908	17343
10234	11618	77648	66190	38707	3054	6306
19907	9112	477560	491149	38177	17028	6573
9862	3658	33126	46230	6764	1760	300
29574	30010	401125	217794	132730	23399	126318
10558	10907	44672	21322	21414	13535	10990
-25870	2819	150237	86704	20767	7747	26421
13306	23593	77410	93750	45325	5773	14898
1807	7369	33151	35072	8448	2509	2520
64071	1201	38504	16488	86749	210	396
111000	58597	222843	178306	192254	54408	13749
86516	51204	245727	243200	134171	10145	25123
103783	119876	316234	353752	168759	17371	27972
17313	85423	474365	273097	266702	33892	30807
140117	202983	572387	459050	288964	36899	210316
2286	369	23375	12594	12208	1232	1274
	1500	16417	17414	1960	23	
1106		23270	17246	7130		
106	984	6486	2253	4982		341
2812	1277	41633	30907	12486	6513	114
5854	4763	161466	53096	21185	7219	114416
37717	5799	24712	19404	38213	10443	169
15704	20832	38244	52406	22184	48	1764
1386	89	31071	24614	14934	221	1899
		80320	51793	28527		
11072	4751	22067	19830	17784		275

主要统计指标解释

建筑业统计单位 指从事房屋、构筑物建造和设备安装活动的法人企业。建筑业法人企业应同时具备的条件是：① 依法成立，有自己的名称、组织机构和场所，能够承担民事责任；②独立拥有和使用资产，承担负债，有权与其他单位签订合同；③独立核算盈亏，能够编制资产负债表。

建筑业总产值 是以货币形式表现的建筑业企业在一定时期内生产的建筑业产品和提供的服务的总和。建筑业总产值包括：

（1）建筑工程产值：指列入建筑工程预算内的各种工程价值。

（2）安装工程产值：指设备安装工程价值，不包括被安装设备本身的价值。

（3）其他产值：建筑业总产值中除建筑工程、安装工程以外的产值。包括房屋构筑物修理产值、非标准设备制造产值、总包企业向分包企业收取的管理费以及不能明确划分的施工活动所完成的产值。

a. 房屋构筑物修理产值：指房屋和构筑物修理所完成的产值，但不包括被修理房屋、构筑物本身价值和生产设备的修理产值。

b. 非标准设备制造产值：指加工制造没有定型的非标准生产设备的加工费和原材料价值(如化工厂、炼油厂用的各种罐、槽，矿井生产统一使用的各种漏斗、三角槽、阀门等)以及附属加工厂为本企业承建工程制作的非标准设备的价值。

房屋建筑施工面积 指在报告期内施工的全部房屋建筑面积，包括本期新开工的房屋面积、上期施工跨入本期继续施工的房屋面积、上期停缓建在本期恢复施工的房屋面积、本期竣工的房屋面积及本期施工后又停缓建的房屋面积。

房屋建筑竣工面积 指在报告期内房屋建筑按照设计要求全部完工，达到了住人和使用条件，经验收鉴定合格，正式移交使用单位的房屋建筑面积。

自有机械设备年末总台数 指归本企业所有，属于本企业固定资产的生产性机械设备年末总台数。包括施工机械、生产设备、运输设备以及其他设备。

自有机械设备年末总功率 指本企业自有施工机械、生产设备、运输设备以及其他设备等列为在册固定资产的生产性机械设备年末总功率，按设定能力或查定能力计算。包括机械本身的动力和为该机械服务的单独动力设备，如电动机等。计算单位用千瓦，动力换算可按 1 马力＝0.735 千瓦折合成千瓦数。电焊机、变压器、锅炉不计算动力。

工程结算收入 指企业承包工程实现的工程价款结算收入，以及向发包单位收取的除工程价款以外的按规定列作营业收入的各种款项，如临时设施费、劳动保险费、施工机械调迁费等以及向发包单位收取的各种索赔款。

工程结算利润 指已结算工程实现的利润，如亏损以“－”号表示。计算公式为：

工程结算利润＝工程结算收入－工程结算成本－工程结算税金及附加-经营费用

Explanatory Notes on Main Statistical Indicators

Statistical Unit in Construction refers to corporate enterprise engaged in the construction of buildings and structures and in the installation of equipment. A corporate construction enterprise should meet the following 3 requirements:①being set up in line with relevant legal basis, having its full name, organization and location, and capable of taking civil liabilities;②independently possessing and using its assets and assuming its liabilities, and entitled to sign contracts with other institutions; and ③ making independent accounts of its profits and losses, and capable of compiling its own balance sheet

Gross Output Value of Construction refers to total of construction products and services, expressed in money terms, produced or rendered by construction and installation enterprises during a given period of time. It includes:

(1) Output value of construction projects: the value of projects covered by the project budgets;

(2) Output value of installation projects: the value of the installation of equipment, (excluding the value of the equipment to be installed);

(3) Other output values: the output value of construction industry apart from that of construction projects and installation projects. It includes: output value of repair of buildings and structures; output value of non-standard equipment manufacturing; overhead expenses received by contracted enterprises from the sub-contracted enterprises and the completed output value of construction activities for which there is no clear definition.

a. Output value of repair of buildings and structures: the value created through the repairs of buildings or structures. It does not include the value of buildings or structures being repaired and the value of the repair of production equipment;

b. Output value of manufactured non-standard equipment: the value of non-standard production equipment, including raw materials and manufacturing cost, made for the construction project (i.e., chemical plant; kettles or tanks used by refineries; various fillers, triangle tanks, valves used by mines). It also includes the output value of equipment manufactured by subsidiary workshops.

Floor Space of Buildings Under Construction refers to floor space of buildings under construction during the reference period, including newly started buildings, buildings started earlier and continued during the reference period, and buildings suspended earlier but restarted during the reference period, buildings completed during the reference period, and buildings under construction and then suspended during the reference period.

Floor Space of Buildings Completed refers to the floor space of buildings that are completed in the reference period in accordance with the requirements of the design, up to the standard for putting them into use, and have been checked and accepted by concerned departments as qualified ones.

Total Number of Machinery and Equipment Owned by the End of Year refers to the number of machines and equipment owned by the enterprises, and listed as the fixed assets of the enterprises by the end of the year, including machinery and equipment for construction, production and transportation.

Total Power of Machinery and Equipment Owned by the End of Year refers to the total power of machinery and equipment owned by the enterprises, and listed as the fixed assets of the enterprises by the end of the year, including machinery and equipment for construction, production and transportation. The power of the machinery is calculated on basis of the designed or verified capacity, covering the power of the machinery/equipment and the separate power equipment serving the machinery/equipment (such as electric motors), but excluding welders, transformers and boilers. The unit used for the calculation of power is kilowatt, with horsepower converted to kilowatt by 1 horsepower＝0.735 kilowatt.

Income from Settlement of Projects refers to the income received by the construction enterprise from the contracted project through settlement procedures, and other charges of Operating income in addition to the value of the project, such as temporary facility fee, labour insurance premium, moving cost of construction equipment, as well as various types of claims to the contract.

Profit from Settlement of Projects refers to profit realized through settled projects. It is calculated with the following formula: Profit from Settlement of Projects＝Income from Settlement of Projects－Settled Cost－Settled Taxes and Other Cost- Operating expenses

房地产业
Real Estate

16

● 资料整理：朱丽玲

简要说明

一、本篇资料的主要内容及统计范围

本篇资料通过对一定时期内房地产开发企业开发经营活动的数量方面的描述，反映报告期内房地产开发企业土地开发和购置情况、投资总规模及完成情况、实际到位资金情况、房屋建筑面积和造价情况、房屋新开工面积情况、商品房销售情况以及资产负债和经营情况。

本篇资料的统计范围包括全部房地产开发经营业法人单位。

二、统计范围

本篇统计资料是根据《房地产开发统计报表制度》进行搜集和加工整理而得，全部数据采用全面调查的统计方法。本篇资料由河南省统计局固定资产投资统计处编辑整理。

Brief Introduction

I. Main Contents and Scope

Statistics in this chapter describe activities made by real estate development companies during a given period of time, and reflect the development and purchase of land, size of investment and its progressing, funds actually available, floor space and cost of housing constructed, floor space of new housing starts, sales of commercial housing, assets and liabilities, and operation status of real estate developers during the reference period.

Data in this chapter covers all legal entities engaged in real estate development.

II. Sources of Data

Data in this chapter are collected and compiled with the Statistical Reports Program on Real Estate Development, which has a full coverage of all companies.Data in this chapter are provided by the Department of investment in fixed assets of Henan provincial Bureau of Statistics.

16-1 房地产开发企业主要指标

Main Indicators of Enterprises for Real Estate Development

年份 Year	企业个数 (个) Number of Enterprises (unit)	本年完成投资额 (亿元) Investment Completed This Year (100 million yuan)	#住宅 Residential Buildings	房屋建筑面积竣工率 (%) Rate of Floor Space of Buildings Completed (%)	商品房销售面积 (万平方米) Floor Space of Commercialized Buildings Sold (10 000 sq.m)	#住宅 Residential Buildings	商品房销售额 (亿元) Total Sale of Commercialized Buildings (100 million yuan)	#住宅 Residential Buildings
1990		3.43						
1991		4.07		42.2	83.16		2.99	
1992		8.78		35.1	103.36		4.83	
1993		25.27		31.2	100.20		6.41	
1994	896	49.61	35.22	39.3	225.04	198.19	16.43	9.58
1995	880	62.56	39.38	64.0	660.29	484.53	26.14	20.86
1996	731	54.84	30.49	37.1	255.82	215.27	22.75	18.55
1997	509	51.75	27.15	35.5	220.49	201.65	20.26	17.69
1998	655	58.10	32.09	33.3	279.61	262.94	27.32	24.70
1999	677	70.41	42.94	33.2	297.10	275.28	30.37	26.41
2000	1020	77.87	50.37	36.0	509.21	438.41	64.18	50.51
2001	938	102.84	75.87	32.6	529.21	483.77	65.59	56.55
2002	1108	138.36	101.31	35.9	639.94	584.74	88.29	75.50
2003	1430	185.56	135.10	31.3	862.71	795.78	120.75	103.60
2004	1774	258.82	174.81	28.8	1055.37	948.61	165.91	136.76
2005	1906	388.52	271.62	28.0	1724.82	1539.60	322.01	255.37
2006	2100	581.95	432.64	24.0	2409.33	2190.99	484.72	403.72
2007	2586	837.11	639.08	26.4	3928.04	3569.18	885.16	742.83
2008	4146	1206.71	970.86	21.8	3191.98	2943.36	746.46	629.40
2009	3798	1553.76	1235.21	21.2	4336.90	4019.26	1156.22	1005.21
2010	4176	2114.08	1685.21	21.7	5452.23	5092.49	1658.79	1454.57
2011	4963	2626.54	2021.19	21.8	6275.16	5725.12	2196.81	1788.04
2012	5316	3035.29	2203.06	19.9	5968.49	5455.50	2286.67	1915.57
2013	5438	3843.76	2827.09	16.6	7310.21	6561.41	3074.14	2516.26
2014	5662	4375.71	3289.20	18.8	7879.67	7009.09	3440.58	2739.71
2015	6158	4818.93	3529.15	13.1	8556.34	7645.84	3945.55	3300.33
2016	6687	6179.13	4558.07	13.3	11306.27	10137.13	5612.90	4839.03

注：商品房销售面积、销售额2005年开始采用新口径，与以前不可比，新口径包括期房销售和现房销售(下同)。

a) Figures on Floor Space and Sales of selling House are Accounted in New Caliber in 2005, So they are different from former years. New Caliber Include marketable housing and futures marketable housing (the same as following tables).

16-2 房地产开发企业(单位)个数和从业人员数

Number of Employed Persons and Enterprises for Real Estate Development

指 标	Item	2010	2011	2012	2013	2014	2015	2016
企业个数（个）	**Number of Enterprises (unit)**	**4176**	**4963**	**5316**	**5438**	**5662**	**6158**	**6687**
#国有控股	State-holding	209	237	251	234	233	249	266
集体控股	Collective-holding	167	172	167	148	133	123	117
私人控股	Private-holding	3511	4104	4407	4498	4670	5125	5565
港澳台控股	Hong Kong, Macao and Taiwan-holding	63	68	66	63	56	50	50
外资控股	Foreign-holding	61	58	49	44	37	29	23
从业人数（人）	**number of Employed Persons (person)**	**100350**	**138716**	**144708**	**158600**	**173215**	**192193**	**211588**
#国有控股	State-holding	6352	6227	6600	6636	7254	8026	8679
集体控股	Collective-holding	4257	9225	13720	9945	5602	5476	4990
私人控股	Private-holding	81719	108264	108426	123771	138896	154686	171281
港澳台控股	Hong Kong, Macao and Taiwan-holding	1694	1900	1573	1507	1685	1590	1810
外资控股	Foreign-holding	2491	2461	1700	1918	1710	1300	762

16-3 各市房地产开发企业(单位)个数(2016年)

Number of Enterprises for Real Estate Development by City (2016)

单位：个 (unit)

市(县) City(County)	企业(单位)个数 Enterprises Number	一级 First Class	二级 Second Class	三级 Third Class	四级 Fourth Class	暂定 Provisional	其他 Others
全　　省 Total	**6687**	**82**	**674**	**1019**	**770**	**3413**	**729**
省　辖　市 City							
郑　州　市 Zhengzhou	1237	23	169	178	26	747	94
开　封　市 Kaifeng	304	4	19	28	16	189	48
洛　阳　市 Luoyang	531	12	90	145	95	166	23
平顶山市 Pingdingshan	449	10	37	58	36	207	101
安　阳　市 Anyang	301	3	48	52	14	163	21
鹤　壁　市 Hebi	145	1	5	21	31	73	14
新　乡　市 Xinxiang	444	2	55	76	21	250	40
焦　作　市 Jiaozuo	281	3	21	51	29	154	23
濮　阳　市 Puyang	192		27	23	9	106	27
许　昌　市 Xuchang	400	3	44	70	58	147	78
漯　河　市 Luohe	143	2	13	28	35	60	5
三门峡市 Sanmenxia	174		9	30	36	83	16
南　阳　市 Nanyang	514	8	52	85	165	191	13
商　丘　市 Shangqiu	454	3	17	39	7	290	98
信　阳　市 Xinyang	399	6	19	58	131	166	19
周　口　市 Zhoukou	258	1	13	37	12	179	16
驻马店市 Zhumadian	379	1	17	25	47	196	93
济　源　市 Jiyuan	82		19	15	2	46	
省直管县 County Directly Administrated by Province							
巩　义　市 Gongyi	40		2	8	2	25	3
兰　考　县 Lankao	39	1		1	1	22	14
汝　州　市 Ruzhou	28	1	4	4		18	1
滑　　县 Huaxian	31	1	6	4	1	17	2
长　垣　县 Changyuan	54		9	6	1	25	13
邓　州　市 Dengzhou	37		2	5	8	14	8
永　城　市 Yongcheng	54		2	5		46	1
固　始　县 Gushi	39	2	2	5	16	14	
鹿　邑　县 Luyi	27		2	2	1	21	1
新　蔡　县 Xincai	35					27	8

16-4 各市房地产开发企业从业人员(2016年)

Number of Employed Persons in Enterprises for Real Estate Development (2016)

单位：人 (person)

市(县)	City(County)	从业人员 Number of Employed Persons	一级 First Class	二级 Second Class	三级 Third Class	四级 Fourth Class	暂定 Provisional	其他 Others
全省	**Total**	**211588**	**7649**	**29836**	**29437**	**17402**	**107123**	**20141**
省辖市	**City**							
郑州市	Zhengzhou	43048	2502	8160	5823	634	24549	1380
开封市	Kaifeng	10285	137	710	710	258	6709	1761
洛阳市	Luoyang	13199	643	3497	3164	1526	4036	333
平顶山市	Pingdingshan	9788	584	1292	1565	490	3947	1910
安阳市	Anyang	8267	221	1864	1321	250	4092	519
鹤壁市	Hebi	2999	31	116	394	639	1617	202
新乡市	Xinxiang	12033	27	2522	1686	386	6616	796
焦作市	Jiaozuo	6664	203	1006	1169	519	3205	562
濮阳市	Puyang	5308		1297	653	251	2585	522
许昌市	Xuchang	10278	379	2309	1701	1006	3299	1584
漯河市	Luohe	4458	102	601	903	922	1850	80
三门峡市	Sanmenxia	3641		299	700	655	1610	377
南阳市	Nanyang	13610	626	2216	2472	3089	4927	280
商丘市	Shangqiu	27385	325	1110	2221	233	17956	5540
信阳市	Xinyang	15681	1646	1120	2209	4406	5838	462
周口市	Zhoukou	8296	28	556	855	290	5913	654
驻马店市	Zhumadian	15295	195	745	1497	1829	7850	3179
济源市	Jiyuan	1353		416	394	19	524	
省直管县	**County Directly Administrated by Province**							
巩义市	Gongyi	700		47	88	21	503	41
兰考县	Lankao	1983	35		55	45	1147	701
汝州市	Ruzhou	912	105	149	89		543	26
滑县	Huaxian	969	36	236	117	10	505	65
长垣县	Changyuan	1890		684	175	35	848	148
邓州市	Dengzhou	1146		83	197	210	514	142
永城市	Yongcheng	1609		150	243		1196	20
固始县	Gushi	2869	1498	358	106	487	420	
鹿邑县	Luyi	715		68	58	24	533	32
新蔡县	Xincai	659					554	105

16-5 房地产开发投资额

Completed Investment in Real Estate Development

单位：亿元 (100 million yuan)

项　　目	Item	2005	2010	2012	2013	2014	2015	2016
投资总额	**Total Investment**	**388.52**	**2114.08**	**3035.29**	**3843.76**	**4375.71**	**4818.93**	**6179.13**
#国有控股	State-holding		100.87	193.56	292.53	359.98	404.77	663.17
集体控股	Collective-holding		153.07	119.33	114.01	113.43	89.93	72.58
私人控股	Private-holding		1618.75	2279.02	2809.27	3138.71	3361.14	4334.01
港澳台控股	Hong Kong, Macao and Taiwan-holding		46.97	55.08	59.10	56.26	81.75	55.97
外资控股	Foreign-holding		59.62	58.39	47.67	32.80	27.68	17.36
按构成分	**By Composition**							
建筑、安装工程	Construction and Installation	283.87	1657.06	2397.41	3132.97	3704.57	4125.78	4974.04
设备、工器具购置	Purchase of Equipment and Instruments	2.84	25.34	44.27	57.26	87.05	117.27	170.72
其他费用	Others	101.81	431.68	593.61	653.53	584.10	575.88	1034.37
#土地购置费	Total Value of Land Purchased	74.81	293.23	307.36	391.70	352.80	362.68	681.51
按工程用途分	**By Use of Projects**							
住宅	Residential Buildings	271.62	1685.21	2203.06	2827.09	3289.20	3529.15	4558.07
#144平方米以上	Over 144 sq.m		253.23	302.78	352.01	375.65	429.98	690.76
90平方米以下	Under 90 sq.m		422.33	676.46	857.86	1028.50	1272.26	1530.62
办公楼	Office Buildings	14.05	56.74	136.35	175.40	198.84	218.54	230.86
商业营业用房	Houses for Bussiness Use	67.79	192.77	319.39	442.10	531.22	694.23	789.84
其他	Others	35.06	179.36	376.49	399.17	356.46	377.00	600.36
新增固定资产	**Newly Increased Fixed Assets**	**189.47**	**861.63**	**1602.45**	**1572.90**	**2008.37**	**1717.29**	**1780.82**
资金来源	**Source of Funds**	**388.52**	**2114.08**	**3455.04**	**4402.70**	**4688.97**	**5076.92**	**6558.25**
国内贷款	Domestic Loans	60.75	209.37	321.09	387.13	527.01	475.69	698.56
利用外资	Foreign Investment	2.10	1.51	1.13	5.40	0.67	3.22	1.76
#外商直接投资	Foreign Direct Investment	1.45	1.46	1.03	0.27	0.67	1.92	1.76
自筹资金	Self-raising Funds	180.91	1144.53	1920.72	2472.67	2601.55	2956.20	3671.81
其他资金	Others	144.76	758.67	1212.10	1537.51	1559.74	1641.82	2186.12

注：2011年以前资金来源是按完成投资分，2011年以后是企业到位资金。
a) Data of source of funds before 2011 refers to completed investment,and data since 2011 refers to funds available.

16-6 房地产开发企业(单位)建设房屋建筑面积和造价

Floor Space and Cost of Buildings Developed by Enterprises for Real Estate Development

市(县)	City(County)	施工房屋面积(万平方米) Floor Space Under Construction (10 000 sq.m)	竣工房屋面积(万平方米) Floor Space Completed (10 000 sq.m)	房屋建筑面积竣工率(%) Rate of Floor Space of Buildings Completed (%)	竣工房屋价值(亿元) Value of Buildings Completed (100 million yuan)	竣工房屋造价(元/平方米) Cost of Buildings Completed (yuan/sq.m)
	1997	1042.19	370.26	35.5	32.10	867
	1998	1175.96	392.03	33.3	28.41	725
	1999	1339.60	444.87	33.2	34.05	765
	2000	1657.53	597.21	36.0	40.49	678
	2001	1976.84	644.40	32.6	45.74	710
	2002	2484.01	892.32	35.9	67.83	760
	2003	3210.26	1005.52	31.3	86.33	859
	2004	3940.64	1135.32	28.8	100.94	889
	2005	4902.98	1370.94	28.0	144.72	1056
	2006	7017.17	1681.42	24.0	184.87	1099
	2007	10550.90	2785.48	26.4	326.78	1173
	2008	13906.18	3026.04	21.8	403.95	1335
	2009	16074.35	3400.98	21.2	434.30	1277
	2010	20393.98	4426.94	21.7	630.25	1424
	2011	25343.32	5527.42	21.8	923.85	1671
	2012	29559.36	5870.54	19.9	1059.08	1804
	2013	35979.33	5965.87	16.6	1117.83	1874
	2014	38857.60	7324.34	18.8	1417.52	1935
	2015	40994.40	5390.32	13.1	1079.75	2003
	2016	47359.55	6299.44	13.3	1260.4	2001
省辖市	**City**					
郑州市	Zhengzhou	14229.97	1455.24	10.2	396.19	2723
开封市	Kaifeng	1852.81	280.84	15.2	47.81	1702
洛阳市	Luoyang	4766.95	367.15	7.7	82.57	2249
平顶山市	Pingdingshan	1978.52	145.35	7.3	27.75	1909
安阳市	Anyang	2243.83	231.22	10.3	47.66	2061
鹤壁市	Hebi	885.66	83.55	9.4	16.14	1932
新乡市	Xinxiang	2864.41	304.18	10.6	62.31	2048
焦作市	Jiaozuo	1045.46	104.57	10.0	22.12	2115
濮阳市	Puyang	1268.95	169.93	13.4	42.95	2528
许昌市	Xuchang	1738.00	155.93	9.0	32.63	2093
漯河市	Luohe	917.85	74.28	8.1	13.06	1758
三门峡市	Sanmenxia	893.54	91.16	10.2	20.33	2230
南阳市	Nanyang	2826.22	443.41	15.7	74.04	1670
商丘市	Shangqiu	3006.60	467.64	15.6	80.43	1720
信阳市	Xinyang	2673.62	563.66	21.1	96.03	1704
周口市	Zhoukou	1363.61	435.50	31.9	58.33	1339
驻马店市	Zhumadian	2431.57	906.25	37.3	135.10	1491
济源市	Jiyuan	371.98	19.56	5.3	4.97	2541
省直管县	**County Directly Administrated by Province**					
巩义市	Gongyi	193.83	51.26	26.4	9.69	1890
兰考县	Lankao	112.32	69.17	61.6	10.32	1492
汝州市	Ruzhou	127.95	15.19	11.9	2.94	1935
滑县	Huaxian	242.99	31.12	12.8	5.52	1774
长垣县	Changyuan	481.56	25.91	5.4	3.84	1482
邓州市	Dengzhou	278.81	8.54	3.1	2.15	2518
永城市	Yongcheng	689.75	16.82	2.4	3.24	1926
固始县	Gushi	310.72	73.63	23.7	16.10	2187
鹿邑县	Luyi	164.29	6.57	4.0	0.67	1020
新蔡县	Xincai	233.91	51.57	22.0	5.82	1129

16-7 房地产开发企业开发情况

Operating Statistics of Enterprises for Real Estate Development

项　　目	Item	2005	2010	2012	2013	2014	2015	2016
本年购置土地面积	Land Space Purchased This year							
(万平方米)	(10 000sq.m)	2015.82	2864.32	1742.63	1501.56	1116.16	951.41	1108.04
本年待开发的土地面积	Land Space Pending Development							
(万平方米)	This year(10 000sq.m)	763.50	1209.47	1318.72	1309.60	1343.57	1627.82	2475.98
房屋建筑面积(万平方米)	Floor Space of Building							
	Construction (10 000 sq.m)							
施工面积	Floor Space Under Construction	4902.98	20393.98	29559.36	35979.33	38857.60	40994.40	47359.55
#住宅	Residential Buildings	3895.44	16901.99	23466.99	28113.59	29831.26	31210.56	35579.02
竣工面积	Floor Space Completed	1370.94	4426.94	5870.54	5965.87	7324.34	5390.32	6299.44
#住宅	Residential Buildings	1151.39	3852.60	4888.17	4916.31	5767.18	4237.92	5015.23
房屋竣工价值(亿元)	Value of Buildings Completed							
	(100 million yuan)	144.72	630.25	1059.08	1117.83	1417.52	1079.75	1260.41
房屋竣工造价	Cost of Buildings Completed							
(元/平方米)	(yuan/sq.m)	1056	1424	1804	1874	1935	2003	2001
商品房屋销售建筑面积	Floor Space of Commercialized Buildings							
(万平方米)	(10 000 sq.m)	1724.82	5452.23	5968.49	7310.21	7879.67	8556.34	11306.27
现房销售面积	Sale Space of marketable housing	791.21	1910.83	2179.25	2547.91	2890.93	2811.98	3235.83
期房销售面积	Sale Space of futures marketable housing	933.61	3541.40	3789.24	4762.30	4988.73	5744.37	8070.44
商品房屋销售额(亿元)	Total Sales of Commercialized Buildings							
	(100 million yuan)	322.01	1658.79	2286.67	3074.14	3440.58	3945.55	5612.90
现房销售额	Sale of marketable housing	128.95	438.82	646.01	837.71	1072.06	1038.88	1232.67
期房销售额	Sale of futures marketable housing	193.06	1219.97	1640.65	2236.43	2368.52	2906.67	4380.23
商品住宅销售套数(万套)	Total Number of Flats of Residential							
	Buildings Sold (10 000 sets)		45.93	48.93	58.38	62.48	69.37	91.33
现房销售套数	Sale of marketable housing		14.92	16.44	19.32	21.95	21.10	23.86
期房销售套数	Sale of futures marketable housing		31.01	32.49	39.07	40.53	48.27	67.46
商品房待售面积(万平方米)	Area of commercialized Buildings for Sale							
	(10 000 sq.m)	307.30	1161.14	2453.46	2716.66	3694.06	3606.83	3395.26

16-8 房地产开发企业施工、销售和待售情况(2016年)

项 目	Item	合 计 Total	住 宅 Commercially Residential Buildings
房屋施工面积(万平方米)	Floor Space of Buildings under Construction (10 000 sq.m)	47359.55	35579.02
#新开工	Started This Year	14669.72	10954.03
房屋竣工面积(万平方米)	Floor Space of Buildings Completed (10 000 sq.m)	6299.44	5015.23
#不可销售面积	Floor Space Cannot be Solded	247.74	97.35
住宅竣工套数(万套)	Total Number of Flats of Residential Buildings Completed (10 000 sets)		44.89
竣工房屋价值(亿元)	Value of Buildings Completed (100 million yuan)	1260.41	983.38
批准预售面积(万平方米)	Approved Pre-Sale Area (10 000 sq.m)	6135.54	5268.22
批准预售住宅套数(套)	Approved Pre-Sale of Residential Flats (set)		47.21
出租房屋面积(万平方米)	Space of Buildings Leased (10 000 sq.m)	37.23	12.90
商品房销售面积(万平方米)	Sold Area of Commercialized Buildings (10 000 sq.m)	11306.27	10137.13
现房销售	Sale of marketable housing	3235.83	2717.89
期房销售	Sale of futures marketable housing	8070.44	7419.24
商品房销售额(亿元)	Total Sale of Commercialized Buildings (100 million yuan)	5612.90	4839.03
现房销售	Sale of marketable housing	1232.67	942.04
期房销售	Sale of futures marketable housing	4380.23	3896.98
商品住宅销售套数(万套)	Total Number of Flats of Residential Buildings Sold (10 000 sets)		91.33
现房销售	Sale of marketable housing		23.86
期房销售	Sale of futures marketable housing		67.46
商品房待售面积(万平方米)	Floor Number of Space of Buildings Emptied Sold (10 000 sq.m)	3395.26	2530.41
#待售1–3年	On Sale for 1-3Years	1049.48	720.03
待售3年以上	On Sale Over 3 Years	21.15	12.02

Situation of Construction, Sale and for Sale of Real Estate Enterprises (2016)

#90平方米以下 Under 90 sq.m	#144平方米以上 Over 144sq.m	#别墅、高档公寓 Villas, Highgrade Apartments	办公楼 Office Buildings	商业营用房 House for Business Use	其 他 Others
9713.54	4673.81	399.81	1698.99	5630.64	4450.91
3165.35	1463.81	101.07	331.61	1791.85	1592.22
1250.21	714.54	53.86	163.38	748.05	372.78
35.35	8.21		18.63	25.85	105.90
15.55	4.10	0.24			
258.99	148.66	13.19	40.02	157.17	79.84
1101.64	709.12	62.33	115.21	611.95	140.16
13.86	3.88	0.30			
5.57			6.66	9.37	8.31
2449.92	1473.11	90.56	173.35	816.65	179.14
572.07	439.30	13.14	40.99	396.83	80.12
1877.85	1033.81	77.42	132.37	419.82	99.01
1309.88	879.32	74.20	141.16	552.52	80.20
201.53	172.36	5.90	29.93	231.99	28.71
1108.36	706.96	68.30	111.24	320.52	51.49
30.45	8.72	0.63			
7.01	2.69	0.10			
23.44	6.03	0.53			
519.83	396.60	18.31	99.42	605.31	160.11
139.28	130.74	8.37	44.21	225.27	59.97
1.92	4.11		0.42	7.63	1.09

16-9 各市房地产开发投资情况(2016年)

Development and Investment Completed for Real Estate by City (2016)

市(县)	City(County)	投资总额(亿元) Total Investment (100 million yuan)	住宅 Residential Buildings	#90平方米以下 Under 90 sq.m	#144平方米以上 Over 144sq.m	#别墅、高档公寓 Villas, Highgrade Apartments	办公楼 Office Buildings	商业营业用房 Houses for Business Use	其他 Other
全省	**Total**	**6179.13**	**4558.07**	**1530.62**	**690.76**	**41.80**	**230.86**	**789.84**	**600.36**
省辖市	**City**								
郑州市	Zhengzhou	2778.95	1916.40	895.26	334.93	10.46	145.04	290.79	426.73
开封市	Kaifeng	211.80	152.90	54.89	26.27	2.48	15.46	34.71	8.72
洛阳市	Luoyang	372.51	264.96	75.45	48.62	15.46	21.21	45.21	41.13
平顶山市	Pingdingshan	148.41	109.05	35.90	13.20	1.82	5.05	17.27	17.04
安阳市	Anyang	279.80	221.80	30.45	32.64	0.66	8.54	38.49	10.97
鹤壁市	Hebi	76.20	57.08	14.14	4.51		2.16	15.83	1.13
新乡市	Xinxiang	365.86	332.51	80.17	54.39	3.65	4.38	20.78	8.19
焦作市	Jiaozuo	112.60	86.70	20.98	5.31		0.15	23.04	2.72
濮阳市	Puyang	124.13	98.34	21.43	7.62	0.16	3.08	14.27	8.44
许昌市	Xuchang	174.61	138.42	32.06	29.71	5.38	4.08	18.40	13.70
漯河市	Luohe	60.82	55.31	17.40	4.98	0.03	0.98	4.07	0.45
三门峡市	Sanmenxia	114.63	66.54	15.71	9.47	0.23	8.46	34.56	5.07
南阳市	Nanyang	184.43	146.99	41.86	21.46	0.18	4.06	19.18	14.19
商丘市	Shangqiu	301.15	214.42	49.23	23.74	0.50	1.54	75.90	9.29
信阳市	Xinyang	358.48	296.53	45.32	41.00	0.35	1.33	44.70	15.91
周口市	Zhoukou	219.22	169.31	23.84	8.07	0.01	1.87	44.68	3.37
驻马店市	Zhumadian	278.46	216.64	74.74	21.51	0.28	3.43	46.53	11.85
济源市	Jiyuan	17.08	14.15	1.78	3.34	0.15	0.05	1.42	1.46
省直管县	**County Directly Administrated by Province**								
巩义市	Gongyi	47.34	32.66	5.18	8.67		2.00	5.15	7.53
兰考县	Lankao	21.59	18.82	5.66	3.39	0.37	0.12	2.19	0.45
汝州市	Ruzhou	10.25	8.97	2.81	0.69	1.36	0.09	0.89	0.30
滑县	Huaxian	15.25	12.10	0.17	2.91			2.31	0.83
长垣县	Changyuan	25.73	23.92	4.15	10.13	0.57	0.29	1.40	0.12
邓州市	Dengzhou	14.46	13.36	5.25	0.12			0.63	0.48
永城市	Yongcheng	55.27	35.73	4.42	4.19		0.28	15.70	3.56
固始县	Gushi	29.66	23.47	0.23	0.26		0.01	2.06	4.12
鹿邑县	Luyi	11.69	10.41	0.09	0.73	0.01	0.01	1.19	0.09
新蔡县	Xincai	18.26	16.47	7.54	2.34			1.08	0.71

16-10 各市房地产开发企业实际到位资金(2016年)

Actual Funds in Place of Enterprises for Real Estate Development (2016)

单位：亿元 (100 million yuan)

市(县) City(County)	合计 Total	国内贷款 Domestic Loans	利用外资 Foreign Investment	#外商直接投资 Foreign Direct Investment	自筹资金 Self-raising Funds	其他资金来源 Others
全　省 Total	**6558.25**	**698.56**	**1.76**	**1.76**	**3671.81**	**2186.12**
省辖市 City						
郑州市 Zhengzhou	2988.83	350.74			1410.61	1227.48
开封市 Kaifeng	240.20	14.52	1.25	1.25	179.30	45.12
洛阳市 Luoyang	417.88	46.95			146.10	224.84
平顶山市 Pingdingshan	168.34	21.15			96.40	50.79
安阳市 Anyang	288.67	19.53			201.71	67.43
鹤壁市 Hebi	74.84	5.65			49.02	20.17
新乡市 Xinxiang	361.79	44.68			230.16	86.95
焦作市 Jiaozuo	119.95	7.48			83.79	28.68
濮阳市 Puyang	143.10	10.68			71.75	60.67
许昌市 Xuchang	195.54	17.16			118.04	60.33
漯河市 Luohe	71.51	1.46			56.67	13.38
三门峡市 Sanmenxia	115.11	8.47	0.51	0.51	79.22	26.91
南阳市 Nanyang	198.27	12.48			99.45	86.34
商丘市 Shangqiu	321.89	31.14			241.64	49.12
信阳市 Xinyang	366.49	68.07			240.23	58.18
周口市 Zhoukou	210.97	15.31			164.39	31.27
驻马店市 Zhumadian	255.25	22.24			194.51	38.49
济源市 Jiyuan	19.60	0.85			8.81	9.95
省直管县 County Directly Administrated by Province						
巩义市 Gongyi	48.77				48.77	
兰考县 Lankao	21.03				21.03	
汝州市 Ruzhou	16.57	1.20			8.11	7.26
滑县 Huaxian	16.97				12.22	4.75
长垣县 Changyuan	29.01	0.20			26.37	2.44
邓州市 Dengzhou	16.88	1.20			2.01	13.67
永城市 Yongcheng	61.12	2.11			40.79	18.22
固始县 Gushi	34.87	4.02			18.29	12.56
鹿邑县 Luyi	12.57				9.48	3.09
新蔡县 Xincai	6.68	1.55			5.13	

16-11 各市房地产开发施工房屋面积(2016年)

Floor Space of Buildings under Construction by City (2016)

单位：万平方米 (10 000 sq.m)

市(县) City(County)	施工房屋面积 Floor Space of Buildings under Construction	住宅 Residential Buildings	#90平方米以下 Under 90 sq.m	#144平方米以上 Over 144 sq.m	#别墅、高档公寓 Villas, Luxury Apartments	办公楼 Office Buildings	商业营业用房 Houses for Business Use	其他 Others
全 省 Total	**47359.55**	**35579.02**	**9713.54**	**4673.81**	**399.81**	**1698.99**	**5630.64**	**4450.91**
省 辖 市 City								
郑 州 市 Zhengzhou	14229.97	9603.74	4266.53	1269.13	150.60	974.41	1439.36	2212.46
开 封 市 Kaifeng	1852.81	1368.81	458.59	238.98	14.80	106.46	259.90	117.64
洛 阳 市 Luoyang	4766.95	3367.42	757.67	460.33	89.22	257.43	497.15	644.95
平 顶 山 市 Pingdingshan	1978.52	1524.66	440.88	225.54	11.80	32.32	228.45	193.10
安 阳 市 Anyang	2243.83	1785.15	174.29	355.50	13.67	49.21	280.91	128.56
鹤 壁 市 Hebi	885.66	689.09	140.91	37.34		32.55	109.36	54.65
新 乡 市 Xinxiang	2864.41	2511.36	493.81	411.11	24.16	32.11	243.89	77.04
焦 作 市 Jiaozuo	1045.46	833.70	118.67	87.58		5.20	158.26	48.30
濮 阳 市 Puyang	1268.95	1059.62	192.90	118.08	15.79	17.78	130.70	60.85
许 昌 市 Xuchang	1738.00	1382.44	248.82	219.80	48.88	34.35	166.35	154.86
漯 河 市 Luohe	917.85	810.73	196.85	139.68	2.84	10.50	69.57	27.04
三 门 峡 市 Sanmenxia	893.54	606.81	163.70	78.31	8.70	42.11	168.55	76.07
南 阳 市 Nanyang	2826.22	2291.14	500.90	279.79	0.75	35.18	353.24	146.66
商 丘 市 Shangqiu	3006.60	2295.79	486.29	215.74	3.50	10.65	603.72	96.45
信 阳 市 Xinyang	2673.62	2178.22	232.92	226.81	6.17	19.28	282.30	193.82
周 口 市 Zhoukou	1363.61	1140.09	130.23	30.21	2.01	5.55	197.88	20.09
驻 马 店 市 Zhumadian	2431.57	1845.75	689.35	197.72	6.75	29.68	397.42	158.72
济 源 市 Jiyuan	371.98	284.47	20.24	82.18	0.15	4.23	43.62	39.66
省 直 管 县 County Directly Administrated by Province								
巩 义 市 Gongyi	193.83	145.88	23.10	41.34		9.52	18.68	19.75
兰 考 县 Lankao	112.32	93.66	5.30	28.77	2.88	0.46	13.50	4.70
汝 州 市 Ruzhou	127.95	91.21	26.95	3.59	4.11	1.34	22.58	12.82
滑 县 Huaxian	242.99	210.61	7.34	41.04	2.06		21.66	10.72
长 垣 县 Changyuan	481.56	447.56	47.66	176.14	5.08	4.83	22.28	6.88
邓 州 市 Dengzhou	278.81	237.34	52.55	3.93			27.91	13.55
永 城 市 Yongcheng	689.75	546.43	98.94	68.54		4.78	121.09	17.45
固 始 县 Gushi	310.72	224.68	5.53	2.07		0.86	22.74	62.44
鹿 邑 县 Luyi	164.29	145.51	12.26	0.91	0.01		18.78	
新 蔡 县 Xincai	233.91	169.99	87.94	11.38			59.80	4.12

16-12 各市房地产开发竣工房屋面积(2016年)

Floor Space of Buildings Completed by City (2016)

单位：万平方米 (10 000 sq.m)

市(县)	City(County)	竣工房屋面积 Floor Space of Buildings Completed	住宅 Residential Buildings	#90平方米以下 Under 90 sq.m	#144平方米以上 Over 144sq.m	#别墅高档公寓 Villas, Luxury Apartments	办公楼 Office Buildings	商业营业用房 Houses for Business Use	其他 Others
全省	**Total**	**6299.44**	**5015.23**	**1250.21**	**714.54**	**53.86**	**163.38**	**748.05**	**372.78**
省辖市	**City**								
郑州市	Zhengzhou	1455.24	1056.28	423.79	200.86	30.20	89.92	119.73	189.31
开封市	Kaifeng	280.84	238.17	100.61	61.89	1.51	10.53	27.41	4.73
洛阳市	Luoyang	367.15	254.97	41.74	37.81		25.31	43.17	43.70
平顶山市	Pingdingshan	145.35	115.51	17.15	24.27	5.38	0.79	12.43	16.61
安阳市	Anyang	231.22	172.58	12.79	23.14	9.54	2.82	38.30	17.53
鹤壁市	Hebi	83.55	61.95	6.92	7.91		5.95	10.39	5.25
新乡市	Xinxiang	304.18	270.82	49.13	38.60	0.70	0.37	29.68	3.31
焦作市	Jiaozuo	104.57	75.78	11.96	4.48			25.88	2.91
濮阳市	Puyang	169.93	153.39	10.21	40.88		2.88	8.62	5.04
许昌市	Xuchang	155.93	127.33	33.06	11.67	1.31	7.12	19.51	1.98
漯河市	Luohe	74.28	69.27	16.12	1.82	2.60	0.50	0.40	4.12
三门峡市	Sanmenxia	91.16	71.36	8.59	11.01		1.86	11.41	6.53
南阳市	Nanyang	443.41	385.67	83.93	48.95		2.21	44.60	10.93
商丘市	Shangqiu	467.64	332.56	62.32	52.97		1.06	130.14	3.88
信阳市	Xinyang	563.66	490.61	40.16	48.27	1.11	6.07	52.20	14.77
周口市	Zhoukou	435.50	380.51	65.42	12.74		3.00	50.23	1.76
驻马店市	Zhumadian	906.25	739.64	266.30	75.25	1.51	3.00	123.45	40.16
济源市	Jiyuan	19.56	18.84		12.02			0.48	0.25
省直管县	**County Directly Administrated by Province**								
巩义市	Gongyi	51.26	38.50	12.54	15.46			6.49	6.27
兰考县	Lankao	69.17	59.48	5.02	20.06	1.51	0.12	7.53	2.05
汝州市	Ruzhou	15.19	12.02	7.33	0.20	2.80	0.47	0.20	2.50
滑县	Huaxian	31.12	22.87	0.08	1.14	2.06		6.29	1.96
长垣县	Changyuan	25.91	20.71	8.26	11.20			5.20	
邓州市	Dengzhou	8.54	7.95					0.59	
永城市	Yongcheng	16.82	16.82		16.82				
固始县	Gushi	73.63	65.15	1.57	1.39		0.40	3.91	4.17
鹿邑县	Luyi	6.57	5.01					1.57	
新蔡县	Xincai	51.57	40.62	26.38	0.18			10.74	0.20

16-13 各市房地产开发竣工房屋价值(2016年)

Value of Buildings Completed by City (2016)

单位：亿元 (100 million yuan)

市(县) City(County)	竣工房屋价值 Value of Buildings Completed	住宅 Residential Buildings	#90平方米以下 Under 90 sq.m	#144平方米以上 Over 144sq.m	#别墅、高档公寓 Villas, Luxury Apartments	办公楼 Office Buildings	商业营业用房 Houses for Business Use	其他 Others
全　省 Total	**1260.41**	**983.38**	**258.99**	**148.66**	**13.19**	**40.02**	**157.17**	**79.84**
省辖市 City								
郑州市 Zhengzhou	396.19	292.50	119.90	53.25	8.32	22.83	33.30	47.55
开封市 Kaifeng	47.81	39.09	18.08	8.03	0.26	2.36	5.58	0.78
洛阳市 Luoyang	82.57	55.79	7.60	8.71		6.76	10.52	9.51
平顶山市 Pingdingshan	27.75	21.98	3.12	5.82	1.06	0.11	2.23	3.43
安阳市 Anyang	47.66	34.78	2.04	5.59	2.32	0.50	9.61	2.77
鹤壁市 Hebi	16.14	11.07	1.55	1.60		1.61	2.13	1.33
新乡市 Xinxiang	62.31	55.66	9.46	7.15	0.20	0.11	5.95	0.59
焦作市 Jiaozuo	22.12	16.70	2.72	0.88			4.94	0.47
濮阳市 Puyang	42.95	39.19	2.84	10.23		0.62	1.89	1.25
许昌市 Xuchang	32.63	26.08	6.83	2.06	0.16	1.50	4.77	0.28
漯河市 Luohe	13.06	12.48	4.35	0.07	0.40	0.03	0.09	0.45
三门峡市 Sanmenxia	20.33	16.44	2.01	2.52		0.47	2.52	0.89
南阳市 Nanyang	74.04	64.43	14.08	9.32		0.37	7.07	2.18
商丘市 Shangqiu	80.43	50.73	10.85	9.11		0.20	28.85	0.64
信阳市 Xinyang	96.03	80.80	7.54	6.52	0.12	1.54	10.97	2.72
周口市 Zhoukou	58.33	48.47	7.92	1.97		0.71	8.84	0.32
驻马店市 Zhumadian	135.10	112.42	38.10	12.81	0.35	0.30	17.77	4.62
济源市 Jiyuan	4.97	4.78		3.00			0.12	0.07
省直管县 County Directly Administrated by Province								
巩义市 Gongyi	9.69	7.73	2.78	3.55			0.97	0.98
兰考县 Lankao	10.32	8.70	0.72	2.84	0.26	0.02	1.23	0.37
汝州市 Ruzhou	2.94	2.66	1.23	0.05	0.75	0.05	0.08	0.16
滑县 Huaxian	5.52	3.74	0.02	0.33	0.40		1.41	0.38
长垣县 Changyuan	3.84	3.16	1.15	1.70			0.69	
邓州市 Dengzhou	2.15	1.98					0.17	
永城市 Yongcheng	3.24	3.24		3.24				
固始县 Gushi	16.10	14.11	0.36	0.32		0.10	1.02	0.87
鹿邑县 Luyi	0.67	0.50					0.17	
新蔡县 Xincai	5.82	4.66	3.10	0.02			1.14	0.02

16-14 房地产开发企业房屋销售情况
Selling of Enterprises for Real Estate Development

指 标	Item	2005	2010	2012	2013	2014	2015	2016
商品房屋销售额(亿元)	**Total Sales of Commercialized Buildings (100 million yuan)**	**322.01**	**1658.79**	**2286.67**	**3074.14**	**3440.58**	**3945.55**	**5612.90**
商品住宅	Commercially Residential Buildings	255.37	1454.57	1915.57	2516.26	2739.71	3300.33	4839.03
#90平方米以下	Under 90 sq.m		400.76	530.66	620.02	664.51	850.73	1309.88
144平方米以上	Over 144 sq.m		301.59	294.95	407.11	454.02	551.39	879.32
#别墅、高档公寓	Villas and Good Apartments	24.19	20.55	22.18	32.38	29.58	45.48	74.20
办公楼	Office Buildings	7.60	50.31	111.57	187.16	164.40	123.18	141.16
商业营业用房	Houses for Bussiness Use	58.32	137.09	228.15	334.53	437.64	457.80	552.52
其他房屋	Others	0.72	16.82	31.38	36.19	98.83	64.24	80.20
商品房屋销售面积(万平方米)	**Sold Area of Commercialized Buildings (10 000 sq.m)**	**1724.82**	**5452.23**	**5968.49**	**7310.21**	**7879.67**	**8556.34**	**11306.27**
商品住宅	Commercially Residential Buildings	1539.60	5092.49	5455.50	6561.41	7009.09	7645.84	10137.13
#90平方米以下	Under 90 sq.m		1106.32	1251.73	1374.32	1492.55	1811.42	2449.92
144平方米以上	Over 144 sq.m		941.14	898.24	1001.95	1016.57	1084.55	1473.11
#别墅、高档公寓	Villas and Good Apartments	94.85	41.14	33.69	41.23	32.72	58.64	90.56
办公楼	Office Buildings	24.86	60.79	126.49	205.44	181.67	149.50	173.35
商业营业用房	Houses for Bussiness Use	154.91	246.44	297.96	444.99	554.60	639.18	816.65
其他房屋	Others	5.45	52.51	88.54	98.37	134.30	121.82	179.14

16-15 各市房地产开发商品房屋销售面积(2016年)

Floor Space of Commercialized Buildings Sold by City (2016)

单位：万平方米 (10 000sq.m)

市(县) City(County)	商品房屋销售面积 Floor Space of Commercialized Buildings Sold	现房 Marketable Housing	期房 Futures Marketable Housing	住宅 Residential Buildings	#90平方米以下 Under 90 sq.m	#别墅、高档公寓 Villas, High-grade Apartments	办公楼 Office Buildings	商业营业用房 Houses for Business Use	其他 Others
全　　省 Total	**11306.27**	**3235.83**	**8070.44**	**10137.13**	**2449.92**	**90.56**	**173.35**	**816.65**	**179.14**
省　辖　市 City									
郑　州　市 Zhengzhou	2859.18	256.77	2602.41	2571.44	999.88	35.10	95.74	153.15	38.85
开　封　市 Kaifeng	415.44	139.22	276.22	371.63	111.16	1.12	4.53	32.49	6.78
洛　阳　市 Luoyang	770.39	173.98	596.41	664.96	108.04	13.81	16.17	43.12	46.14
平顶山市 Pingdingshan	303.57	54.51	249.05	292.65	40.25	3.02	0.14	10.47	0.31
安　阳　市 Anyang	696.73	135.90	560.82	603.84	84.31	2.20	19.01	57.80	16.07
鹤　壁　市 Hebi	193.79	30.64	163.15	174.02	23.38		1.81	17.15	0.81
新　乡　市 Xinxiang	739.95	173.92	566.03	709.36	145.56	7.44	4.39	24.57	1.63
焦　作　市 Jiaozuo	278.26	152.65	125.62	251.13	54.21		0.36	25.69	1.08
濮　阳　市 Puyang	400.39	110.69	289.71	383.05	35.78	5.24	1.60	14.67	1.07
许　昌　市 Xuchang	528.33	94.85	433.48	495.60	73.52	17.31	9.03	22.13	1.57
漯　河　市 Luohe	142.97	16.00	126.96	132.41	33.37	0.57	0.19	6.62	3.75
三门峡市 Sanmenxia	211.78	70.52	141.25	185.31	23.69	1.47	7.12	16.88	2.46
南　阳　市 Nanyang	653.90	175.17	478.73	613.21	119.41	0.19	2.86	30.00	7.83
商　丘　市 Shangqiu	943.67	351.38	592.30	789.03	160.86		0.48	138.96	15.19
信　阳　市 Xinyang	724.06	426.50	297.56	657.66	88.08	0.29	3.43	49.02	13.95
周　口　市 Zhoukou	459.99	321.44	138.55	393.80	41.32	0.13	1.75	64.12	0.33
驻马店市 Zhumadian	926.56	540.62	385.94	792.87	302.67	2.66	4.34	108.05	21.30
济　源　市 Jiyuan	57.32	11.06	46.25	55.14	4.43		0.41	1.75	0.01
省直管县 County Directly Administrated by Province									
巩　义　市 Gongyi	106.29	67.95	38.34	77.30	14.65		4.30	14.11	10.59
兰　考　县 Lankao	67.89	67.32	0.57	61.79	6.74	1.12	0.11	5.21	0.78
汝　州　市 Ruzhou	56.29	14.64	41.65	53.41	8.27	2.61		2.88	
滑　　县 Huaxian	89.09	3.49	85.60	86.51	0.77			2.58	
长　垣　县 Changyuan	125.36	16.18	109.18	117.93	31.81	1.97	3.32	4.10	
邓　州　市 Dengzhou	96.20	7.08	89.11	93.01	4.79			2.30	0.89
永　城　市 Yongcheng	121.23	31.55	89.68	109.93	11.30			11.19	0.11
固　始　县 Gushi	79.17	64.38	14.79	72.81	1.40			4.13	2.23
鹿　邑　县 Luyi	34.51	7.18	27.34	30.42	2.58	0.06		4.10	
新　蔡　县 Xincai	70.31	70.31		66.86	21.27			3.45	

16-16 各市房地产开发商品房屋销售额(2016年)

Total Sales of Commercialized Buildings Commercial Houses by City (2016)

单位：亿元 (100 million yuan)

市(县) City(County)	商品房屋销售额 Total Sales of Commercialized Buildings	现房 Marketable Housing	期房 Futures Marketable Housing	住宅 Residential Buildings	#90平方米以下 Under 90 sq.m	#别墅、高档公寓 Villas, High-grade Apartments	办公楼 Office Buildings	商业营业用房 Houses for Business Use	其他 Others
全　　省 Total	**5612.90**	**1232.67**	**4380.23**	**4839.03**	**1309.88**	**74.20**	**141.16**	**552.52**	**80.20**
省辖市 City									
郑州市 Zhengzhou	2333.89	153.69	2180.20	2081.13	784.18	40.00	98.30	130.65	23.81
开封市 Kaifeng	169.51	43.14	126.36	143.15	41.74	0.54	1.56	22.62	2.17
洛阳市 Luoyang	350.14	77.84	272.30	291.76	45.66	11.88	11.35	29.56	17.48
平顶山市 Pingdingshan	129.82	20.81	109.01	119.94	18.72	1.44	0.13	9.47	0.29
安阳市 Anyang	255.74	51.17	204.57	206.09	28.17	1.11	11.92	33.18	4.55
鹤壁市 Hebi	71.79	10.81	60.98	61.23	6.89		1.06	9.33	0.16
新乡市 Xinxiang	282.57	56.81	225.76	265.25	55.78	3.54	2.34	14.35	0.63
焦作市 Jiaozuo	113.12	64.57	48.55	98.91	21.98		0.07	13.64	0.50
濮阳市 Puyang	162.61	45.52	117.10	152.86	15.98	2.58	0.61	8.92	0.22
许昌市 Xuchang	219.49	36.83	182.66	196.25	34.85	10.34	4.22	18.41	0.60
漯河市 Luohe	58.20	4.32	53.88	48.64	12.52	0.32	0.15	7.64	1.76
三门峡市 Sanmenxia	72.03	22.78	49.25	59.70	7.97	0.76	2.43	9.30	0.60
南阳市 Nanyang	231.94	54.83	177.10	210.51	41.26	0.14	1.70	15.76	3.97
商丘市 Shangqiu	393.60	140.87	252.73	266.43	54.83		0.30	115.73	11.14
信阳市 Xinyang	270.98	156.25	114.72	238.65	29.59	0.10	1.75	24.93	5.64
周口市 Zhoukou	161.52	109.46	52.06	123.89	11.50	0.08	0.97	36.56	0.10
驻马店市 Zhumadian	315.41	179.33	136.08	255.03	96.70	1.36	2.10	51.71	6.57
济源市 Jiyuan	20.55	3.63	16.92	19.61	1.58		0.19	0.74	0.01
省直管县 County Directly Administrated by Province									
巩义市 Gongyi	48.45	28.31	20.14	30.49	5.59		3.67	8.67	5.62
兰考县 Lankao	18.26	18.10	0.16	14.70	1.60	0.54	0.07	3.11	0.38
汝州市 Ruzhou	20.03	4.90	15.13	18.44	3.03	1.14		1.59	
滑县 Huaxian	26.38	0.91	25.47	25.00	0.21			1.38	
长垣县 Changyuan	34.87	3.78	31.09	32.37	9.02	0.60	1.17	1.33	
邓州市 Dengzhou	33.23	2.32	30.91	30.60	1.50			2.25	0.38
永城市 Yongcheng	40.79	9.87	30.92	34.64	3.53			6.11	0.04
固始县 Gushi	27.53	22.60	4.93	24.57	0.50			2.20	0.76
鹿邑县 Luyi	10.72	1.97	8.75	8.62	0.73	0.02		2.10	
新蔡县 Xincai	20.82	20.82		19.76	6.45			1.06	

16-17 房地产开发企业(单位)财务状况

Financial Conditions of Enterprises for Real Estate Development

单位：万元 (10 000 yuan)

年份 Year	实收资本合计 Total Capital Hold	资产总计 Total Assets	累计折旧 Total Depreciation	#本年折旧 Depriciation This Year	负债总计 Total Liabilities	所有者权益 Owners' Equity	资产负债率(%) Ratio of Liabilities to Assets (%)
1995		1764785	14267	5342	1279978	484807	72.5
1996	551806	1807658	26520	7591	1387989	419669	76.8
1997	406745	1740105	19949	7588	1447544	292561	83.2
1998	505463	2280437	30805	8592	1910905	369532	83.8
1999	510523	2173758	36403	10014	1753236	420520	80.7
2000	817805	3018825	56674	12183	2338003	680822	77.4
2001	945883	3442486	63638	15519	2604287	838199	75.7
2002	1150354	4595641	85859	17913	3481164	1114477	75.7
2003	1455042	5510446	102740	19951	4038378	1472068	73.3
2004	2202011	8276947	129627	29240	5938250	2338698	71.7
2005	2318891	9784926	143625	29277	6816474	2968452	69.7
2006	3014227	12757587	186086	48428	8971739	3785848	70.3
2007	4432599	19659483	230093	45495	13732874	5926609	69.9
2008	6637409	26964335	304507	73239	17873731	9090604	66.3
2009	7364502	33620940	378972	80626	22812498	10808442	67.9
2010	8508683	45243820	493246	114146	32685619	12558201	72.2
2011	11222136	65168658	585018	136696	48594182	16574476	74.6
2012	13021039	86412935	688028	144209	66347192	20065743	76.8
2013	17606463	118597788	946125	228537	92631519	25966268	78.1
2014	18176192	149779271	998051	250516	119599889	30179382	79.8
2015	21513722	182626392	1135933	315165	145839268	36787123	79.9
2016	22900193	225366766	1366514	333911	184403598	40963168	81.8
省辖市 City							
郑州市 Zhengzhou	9651895	117601033	559378	106417	98160579	19440454	83.5
开封市 Kaifeng	795555	6879247	22666	5995	5834522	1044726	84.8
洛阳市 Luoyang	2102783	22107835	144918	28853	17548446	4559389	79.4
平顶山市 Pingdingshan	1326946	7652518	67385	12146	6116381	1536137	79.9
安阳市 Anyang	783051	7374534	44635	9410	6212346	1162188	84.2
鹤壁市 Hebi	262492	2672414	13885	3191	2349880	322534	87.9
新乡市 Xinxiang	1106642	9579904	81141	28490	7511332	2068572	78.4
焦作市 Jiaozuo	563684	4063147	19865	7634	3346205	716942	82.4
濮阳市 Puyang	578940	4455248	20036	4392	3846192	609057	86.3
许昌市 Xuchang	1041593	8756931	48769	9385	7160887	1596044	81.8
漯河市 Luohe	353986	3666503	26805	6847	3121664	544839	85.1
三门峡市 Sanmenxia	375068	3129745	15497	3048	2615739	514006	83.6
南阳市 Nanyang	1169123	8729680	55982	12751	6986701	1742979	80.0
商丘市 Shangqiu	716383	5096002	72780	46798	3660874	1435128	71.8
信阳市 Xinyang	674375	5732479	60645	19608	4448561	1283918	77.6
周口市 Zhoukou	484770	2921707	65466	16729	1999825	921882	68.4
驻马店市 Zhumadian	706721	3778888	32701	8222	2620016	1158872	69.3
济源市 Jiyuan	206184	1168952	13962	3997	863451	305501	73.9
省直管县 County Directly Administrated by Province							
巩义市 Gongyi	100178	486657	8655	3517	340550	146107	70.0
兰考县 Lankao	76167	306231	2899	784	210459	95773	68.7
汝州市 Ruzhou	117996	547540	10973	1947	262588	284952	48.0
滑县 Huaxian	59381	535470	1819	326	415788	119681	77.6
长垣县 Changyuan	139742	998401	31273	16042	786355	212046	78.8
邓州市 Dengzhou	50725	343501	4376	1035	236834	106668	68.9
永城市 Yongcheng	53706	1030566	2856	776	964959	65607	93.6
固始县 Gushi	76667	893797	3747	803	716389	177409	80.2
鹿邑县 Luyi	31776	311286	1110	379	260102	51184	83.6
新蔡县 Xincai	13005	101965	1280	390	55641	46323	54.6

16-18 房地产开发企业(单位)经营状况
Operating Statistics on Enterprises for Real Estate Development

单位：万元 (10 000 yuan)

年份 Year	主营业务总收入 Revenue from Principal Business	土地转让收入 Land Transferred	商品房屋销售收入 Commercialized Buildings Sold	房屋出租收入 Houses Leased	其他收入 Others	主营业务税金及附加 Taxes and other Charges on Principal Business	利润总额 Operating Profit
1995	296217	12144	261429	6646	15998		
1996	255167	5452	233920	3017	12778	11632	-25046
1997	253688	5168	219637	15007	13876	10766	-25754
1998	351299	13176	281049	12390	44684	14994	-24228
1999	372131	5429	305042	8766	52894	13786	-32030
2000	589976	5061	540151	2006	42758	25236	-31592
2001	795263	9742	667394	28533	89594	38027	-37939
2002	1076871	5910	922688	23136	125137	54990	-24806
2003	1456160	21772	1368253	18096	48039	76469	-33501
2004	2020881	15111	1918110	38611	49049	115015	26208
2005	2811080	61734	2675030	11543	62773	160582	176260
2006	3979391	24054	3887229	23325	44783	258454	273585
2007	6090315	45874	5939029	14200	91212	438474	632245
2008	7046582	53621	6772130	29211	191620	481789	694067
2009	8933162	63141	8721890	13006	135125	645284	1015016
2010	12005594	37385	11676405	137383	154421	895513	1328860
2011	13865231	45658	13400414	203150	216009	1055193	1583907
2012	15709431	77198	15133586	209955	288692	1318915	1817922
2013	26254232	175336	25111237	529686	437973	2154407	3930904
2014	25292238	67897	24247358	736829	240155	2056709	3056275
2015	28395941	83725	27499841	480320	332056	2436180	3322897
2016	36784420	321760	35468060	374437	620163	2484115	3480551
省辖市 City							
郑州市 Zhengzhou	14683593	203730	13803257	193872	482735	1134610	1045818
开封市 Kaifeng	1302119	7009	1283598	13725		65217	64482
洛阳市 Luoyang	1772112	2277	1700292	30564	38979	161161	31574
平顶山市 Pingdingshan	880936	12991	841962	5100	20883	46982	
安阳市 Anyang	1434118	1451	1426788	2326	3553	76291	114836
鹤壁市 Hebi	498968	5948	490758	609	1653	20010	27582
新乡市 Xinxiang	2223788	9951	2164400	46786	2652	131804	321374
焦作市 Jiaozuo	950366	5855	939777	2889	1845	54164	84242
濮阳市 Puyang	669711	1579	663952	1654	2527	32773	28492
许昌市 Xuchang	1585189	7243	1568377	4025	5544	103602	122703
漯河市 Luohe	761671	5422	751919	2227	2104	36912	36952
三门峡市 Sanmenxia	411137	5621	385808	2983	16725	17161	17324
南阳市 Nanyang	1278594	8096	1253027	9617	7855	66358	117595
商丘市 Shangqiu	2765135	22415	2698289	29693	14737	194001	563756
信阳市 Xinyang	2050301	20833	2011258	12647	5563	149851	339705
周口市 Zhoukou	1601365	1082	1597099	88	3096	84923	242524
驻马店市 Zhumadian	1752515		1728129	13170	11216	97118	306970
济源市 Jiyuan	162803	259	159371	2463	710	11177	18458
省直管县 County Directly Administrated by Province							
巩义市 Gongyi	295090	4112	290978			13388	41934
兰考县 Lankao	164854	2755	156165	5934		10294	22032
汝州市 Ruzhou	145540	2830	141484		1226	7265	12817
滑县 Huaxian	180120		180056	65		7586	18193
长垣县 Changyuan	259589	400	259013	144	32	16385	24059
邓州市 Dengzhou	102929	2384	99334	5	1206	3833	10070
永城市 Yongcheng	378290		378277		13	8151	167197
固始县 Gushi	285665	14588	267346	2531	1200	14122	25509
鹿邑县 Luyi	98460	1052	96311	79	1018	5297	22912
新蔡县 Xincai	95101		92839		2261	2761	19738

主要统计指标解释

房地产开发投资　指各种登记注册类型的房地产开发法人单位统一开发的包括统代建、拆迁还建的住宅、厂房、仓库、饭店、宾馆、度假村、写字楼、办公楼等房屋建筑物，配套的服务设施，土地开发工程（如道路、给水、排水、供电、供热、通讯、平整场地等基础设施工程）和土地购置的投资；不包括单纯的土地开发和交易活动。

房屋建筑面积　指从房屋外墙线算起的各层平面面积的总和，包括可供使用的有效面积和房屋结构(如柱、墙)占用的面积。多层建筑按各层（包括地下室）面积总和计算。

施工面积　指报告期内施工的全部房屋建筑面积。包括本期新开工的面积、上期跨入本期继续施工的房屋面积、上期停缓建在本期恢复施工的房屋面积、本期竣工的房屋面积及本期施工后又停缓建的房屋面积。

竣工面积　指在报告期内房屋建筑按照设计要求已全部完工，达到住人和使用条件，经验收鉴定合格，正式移交使用单位的建筑面积。

新增固定资产　指报告期内已经完成建造和购置过程，并已交付生产或使用单位的固定资产价值。该指标是表示固定资产投资成果的价值指标，也是反映建设进度，计算固定资产投资效果的重要指标。

别墅、高档公寓　指建筑造价和销售价格明显高于一般商品住宅的商品住宅。别墅一般指地处郊区，独立成栋的商品住宅；高档公寓一般指地处市内高尚社区，高层或多层的商品住宅。别墅、高档公寓的确定标准：一是经有房地产投资计划审批权的主管部门审批建设的别墅、高档公寓开发项目；二是销售价格高于当地同等地段商品住宅平均销售价格一倍以上的别墅、公寓开发项目。该指标可以分析房地产投资结构，反映高收入家庭商品住宅的供求平衡情况。

商品房销售面积　指报告期内出售商品房屋的合同总面积(即双方签署的正式买卖合同中所确定的建筑面积)。由现房销售建筑面积和期房销售建筑面积两部分组成。

商品房销售额　指报告期内出售商品房屋的合同总价款(即双方签署的正式买卖合同中所确定的合同总价)。该指标与商品房销售面积同口径，由现房销售额和期房销售额两部分组成。

本年购置土地面积　指在本年内通过各种方式获得土地使用权的土地面积。

Explanatory Notes on Main Statistical Indicators

Investment in Real Estate Development refers to investment by real estate development companies, commercialized buildings construction companies and other real estate development units of various types of ownership in the construction of buildings, such as residential buildings, factory buildings, warehouses, hotels, guesthouses, holiday villages, office buildings, the complementary service facilities and land development projects, such as roads, water supply, water drainage, power supply, heating supply, telecommunications, land leveling and other infrastructural projects. It does not include activities in pure land transactions.

Floor Space of Buildings Under Construction and Completed refers to total floor space in each story of buildings calculated from the outside line of building walls, including both usable space and the space occupied by constructions like pillars or walls. The floor space of multi-story buildings includes the total floor space of each story (including basement).

Floor Space Under Construction refers to total floor space of all buildings under construction during the reference period, including floor space of newly started buildings during the reference period, floor space of construction extended from the previous period to the current period, floor space of construction suspended during the previous period and resumed in the current period, floor space of construction completed in the current period, and floor space of construction started and then suspended in the current period.

Floor Space of Buildings Completed refers to the floor space of buildings completed in the reference period, which have come up to the designed standards and have been put into use.

Newly Increased Fixed Assets refer to the newly increased value of fixed assets, constructed or purchased, that have been transferred to the investors. This is an indicator that demonstrates the results of investment in fixed assets in monetary terms, and an important indicator to reflect the speed of construction and to calculate the efficiency of investment.

Villas, High-Grade Apartments refers to commercial houses whose construction costs and marketing prices are significantly higher than ordinary housing. Villas are independent structures generally located in the suburbs; high-grade apartments are multi-story buildings located in elegant urban neighborhoods. Criteria for villas and high-grade apartments include: 1) projects for the construction of villas or high-grade apartments have to be approved by competent departments in charge of real estate development and investment plans, and 2) prices for projects on villas or high-grade apartments are higher by over 100% compared with the average prices of ordinary commercial housing projects in similar location. This indicator helps to analyze the investment structure of the real estate industry and the demand and supply of housing for high-income households.

Area of Commercialized Housing Sold refers to total contracted area of commercialized housing (i.e. area of floor space as designated in the formal contracts signed by both sides) during the reference time. It constitutes floor space of completed housing and floor space of future housing.

Value of Commercialized Housing Sold refers to the total contracted value (i.e. value of sales/purchase for selling/purchase of commercialized housing as designated in the contract signed by both sides) during the reference time. This indicator has the same coverage as the area of commercialized housing sold, which constitutes floor space of completed housing and floor space of housing yet to be completed

Purchased Land Area in Current Year refers to the land area accessible by various means in current year.

批发和零售业、住宿和餐饮业

Wholesale and Retail Trades,Hotels and Catering Services

17

● 资料整理：董 军

简要说明

一、主要内容

本篇包括河南省商品市场状况和批发零售业、住宿餐饮业经营情况以及主要财务状况。

二、统计范围

辖区内批发零售业和住宿餐饮业企业（单位）、个体经营户、连锁经营企业和亿元商品交易市场。

社会消费品零售总额不包括农业生产资料、居民购买住房；不包括各种经济类型的制造业法人企业、产业活动单位和个体工业直接售给城乡居民（包括本企业职工）和社会集团的商品；不包括农民在田间地头出售的农产品。

限额以上批发和零售业、住宿和餐饮业企业统计限额标准：批发业，年主营业务收入2000万元及以上；零售业，年主营业务收入500万元及以上；住宿业，年主营业务收入200万元及以上；餐饮业，年主营业务收入200万元及以上。

三、资料来源

达到限额以上标准的批发和零售业、住宿和餐饮业企业、个体经营户和其他行业附营的产业活动单位经营性指标和财务指标以及连锁经营企业、亿元商品交易市场采用全面调查的方法取得资料；限额以下批发零售企业、采用抽样调查方法取得资料，限额以下住宿和餐饮业企业采用全面调查方法取得资料；批发零售和住宿餐饮业个体经营户资料采用抽样调查方法取得。由省统计局贸易外经处编辑整理。

Brief Introduction

I. Main Contents

Data in this chapter include the conditions of commodity market and wholesale and retail trades, hotels and catering services in Henan province.

II. Scope of Statistics

Wholesale and retail， accommodation catering enterprises (units), individual, chain business enterprises and one hundred million yuan commodity trading market.

Total retail sales of consumer goods do not include means of agricultural production; purchase of housing by residents; and do not include commodities that various types of corporate enterprise, industrial activity units and individual industrial directly sale to residents and social groups; and do not include agricultural products that sold by farmers in the fields.

Criteria for wholesale and retail sale trades, hotels and catering services above designated size are as follows: wholesale trade, having main business income over 20 million yuan; retail trade, having main business income over 5 million yuan; hotels, having main business income over 2 million yuan; catering services, having main business income over 2 million yuan.

III. Sources of Data

Data on business index and financial indicators of wholesale and retail trades, hotels and catering services enterprises, individual, Industrial activity unit above designated size, Chain group, trading market above one hundred million yuan are collected through comprehensive reporting form system. Data on enterprises and individual enterprises below the designated size are collected by sample surveys. Data in this chapter are provided by the Department of Trade and External Economic Relations of the Henan provincial bureau of Statistics.

17-1 社会消费品零售总额
Total Retail Sale of Consumer Goods

单位：亿元 (100 million yuan)

年 份 Year	社会消费品零售总额 Total Retail Sales of Consumer Goods	#批发和零售业 Wholesale and Retail Trades	住宿和餐饮业 Hotels and Catering Services	城 镇 Urban	乡 村 Rural
绝对数					
1978	71.79				
1980	96.04				
1985	180.59				
1990	314.31	283.78	16.42	217.06	97.25
1991	368.92	332.88	19.81	259.31	109.61
1992	470.30	427.64	27.85	334.90	135.40
1993	577.96	524.17	34.77	417.39	160.57
1994	790.17	696.31	60.37	566.34	223.83
1995	957.76	823.67	87.06	677.01	280.75
1996	1194.76	1045.79	115.26	831.69	363.07
1997	1427.53	1211.04	172.19	1009.55	417.98
1998	1565.88	1339.39	177.10	1102.45	463.43
1999	1691.20	1445.48	191.09	1189.81	501.39
2000	1869.80	1586.69	219.35	1313.92	555.88
2001	2071.93	1743.90	258.65	1458.11	613.82
2002	2292.75	1906.72	312.70	1623.97	668.78
2003	2539.33	2103.25	359.08	1809.43	729.90
2004	2938.26	2468.73	402.21	2131.42	806.84
2005	3380.88	2840.62	470.90	2479.08	901.80
2006	3932.55	3264.86	596.57	2911.99	1020.56
2007	4690.32	3830.07	779.77	3505.48	1184.84
2008	5815.44	4725.41	992.28	4375.69	1439.75
2009	6746.38	5525.51	1115.22	5085.74	1660.64
2010	8004.15	6790.78	1102.67	6618.76	1385.39
2011	9453.65	8018.88	1304.03	7821.77	1631.88
2012	10915.62	9272.24	1515.37	9021.73	1893.89
2013	12426.61	10564.79	1711.81	10236.77	2189.84
2014	14004.95	12076.29	1928.67	11503.06	2501.89
2015	15740.43	13552.51	2187.92	12886.63	2853.81
2016	17618.35	15157.87	2460.48	14399.86	3218.49
增速(%)					
1991	17.4	17.3	20.6	19.5	12.7
1992	27.5	28.5	40.6	29.2	23.5
1993	22.9	22.6	24.8	24.6	18.6
1994	36.7	32.8	73.6	35.7	39.4
1995	21.2	18.3	44.2	19.5	25.4
1996	24.7	27.0	32.4	22.8	29.3
1997	19.5	15.8	49.4	21.4	15.1
1998	9.7	10.6	2.9	9.2	10.9
1999	8.0	7.9	7.9	7.9	8.2
2000	10.6	9.8	14.8	10.4	10.9
2001	10.8	9.9	17.9	11.0	10.4
2002	10.7	9.3	20.9	11.4	9.0
2003	10.8	10.3	14.8	11.4	9.1
2004	15.7	17.4	12.0	17.8	10.5
2005	15.1	15.1	17.1	16.3	11.8
2006	16.3	14.9	26.7	17.5	13.2
2007	19.3	17.3	30.7	20.4	16.1
2008	24.0	23.4	27.3	24.8	21.5
2009	16.0	16.9	12.4	16.2	15.3
2010	19.0	18.9	19.1	19.4	16.3
2011	18.1	18.1	18.3	18.2	17.8
2012	15.7	15.6	16.2	15.6	16.1
2013	13.8	13.9	13.0	13.5	15.6
2014	12.7	12.7	12.7	12.3	14.5
2015	12.4	12.2	13.5	12.0	14.1
2016	11.9	11.8	12.5	11.7	12.8

17-2 社会消费品零售总额

Total Retail Sale of Consumer Goods

单位：亿元 (100 million yuan)

指　标	Item	2010	2011	2012	2013	2014	2015	2016
社会消费品零售总额	**Total Retail Sales of Consumer Goods**	**8004.15**	**9453.65**	**10915.62**	**12426.61**	**14004.95**	**15740.43**	**17618.35**
批发和零售业	Wholesale and Retail Trade	6790.78	8018.88	9272.24	10564.79	12076.29	13552.51	15157.87
限额以上	Above Designed Size	2185.37	3017.92	3626.93	4317.99	5084.15	5874.33	6899.16
限额以下	Below Designed Size	4605.41	5000.95	5645.31	6246.81	6992.14	7678.18	8258.71
住宿和餐饮业	Hotels and Catering Services	1102.67	1304.03	1515.37	1711.81	1928.67	2187.92	2460.48
限额以上	Above Designed Size	195.04	271.23	346.07	372.60	388.46	426.81	484.26
限额以下	Below Designed Size	907.63	1032.80	1169.30	1339.21	1540.21	1761.11	1976.22

17-3 各市社会消费品零售总额(2016年)

Total Retail Sale of Consumer Goods by City (2016)

单位：亿元 (100 million yuan)

市(县)	City(County)	社会消费品零售总额 Total Retail Sales of Consumer Goods	城镇 Urban Area	乡村 Urual Area	批发和零售业 Wholesale and Retail Sale Trade	#限额以上 Above Designated Size	住宿和餐饮业 Hotels and Catering Services	#限额以上 Above Designated Size
全省	**Total**	**17618.35**	**14399.86**	**3218.49**	**15157.87**	**6899.16**	**2460.48**	**484.26**
省辖市	**City**							
郑州市	Zhengzhou	3665.83	3333.07	332.76	3081.33	1802.34	584.49	105.05
开封市	Kaifeng	840.99	676.53	164.46	733.21	344.31	107.79	32.87
洛阳市	Luoyang	1807.38	1575.70	231.67	1513.78	695.85	293.60	50.88
平顶山市	Pingdingshan	771.71	649.57	122.14	641.45	317.75	130.26	29.28
安阳市	Anyang	755.79	618.50	137.29	658.48	236.94	97.31	9.42
鹤壁市	Hebi	205.89	194.70	11.19	171.32	62.81	34.57	7.04
新乡市	Xinxiang	862.40	767.90	94.49	769.38	301.46	93.02	14.99
焦作市	Jiaozuo	698.92	567.33	131.59	591.57	241.25	107.34	17.17
濮阳市	Puyang	529.96	378.86	151.10	438.78	265.03	91.17	19.34
许昌市	Xuchang	794.29	637.31	156.98	652.20	321.68	142.09	34.10
漯河市	Luohe	491.55	392.41	99.15	417.60	219.01	73.95	17.47
三门峡市	Sanmenxia	441.13	367.97	73.16	384.63	139.13	56.50	4.79
南阳市	Nanyang	1756.43	1366.54	389.89	1480.42	437.55	276.01	34.97
商丘市	Shangqiu	918.53	676.58	241.96	761.85	419.77	156.68	15.42
信阳市	Xinyang	981.47	800.47	181.01	705.65	389.08	275.82	38.11
周口市	Zhoukou	1094.09	890.73	203.36	871.45	299.17	222.64	21.87
驻马店市	Zhumadian	849.11	618.30	230.81	727.87	365.06	121.25	29.95
济源市	Jiyuan	152.89	148.35	4.54	122.80	40.98	30.09	1.52
省直管县	**County Directly Administrated by Province**							
巩义市	Gongyi	276.73	254.06	22.67	214.06	38.66	62.67	8.68
兰考县	Lankao	94.07	67.17	26.90	78.72	32.15	15.35	2.53
汝州市	Ruzhou	132.98	90.32	42.66	117.16	42.72	15.81	1.42
滑县	Huaxian	93.14	69.96	23.19	82.68	12.64	10.46	1.10
长垣县	Changyuan	77.24	64.92	12.31	66.84	33.43	10.40	1.71
邓州市	Dengzhou	157.75	119.98	37.76	124.71	26.16	33.04	2.19
永城市	Yongcheng	164.53	129.98	34.56	119.16	25.40	45.37	1.21
固始县	Gushi	170.59	138.19	32.40	129.78	28.24	40.81	3.68
鹿邑县	Luyi	124.72	108.17	16.55	95.36	16.63	29.36	1.07
新蔡县	Xincai	62.74	44.22	18.52	52.26	22.36	10.48	1.55

17-4 各市批发和零售业、住宿和餐饮业商品销售额(营业额)增幅(2016年)

Growth rate of Total Sales of Wholesale and Retail Sale, Hotels and Catering Services by City (2016)

单位：% (%)

市(县)	City(County)	批发和零售业商品销售额 Wholesale and Retail Sale Trade	#限额以上 Above Designated Size	住宿和餐饮业营业额 Hotels and Catering Services	#限额以上 Above Designated Size
省辖市	**City**				
郑州市	Zhengzhou	14.1	16.5	16.3	6.8
开封市	Kaifeng	14.5	12.5	16.1	16.2
洛阳市	Luoyang	14.2	12.3	15.6	16.3
平顶山市	Pingdingshan	13.9	7.7	14.7	10.5
安阳市	Anyang	14.2	12.3	14.2	-4.4
鹤壁市	Hebi	11.5	38.8	15.2	12.1
新乡市	Xinxiang	13.5	1.9	14.8	5.1
焦作市	Jiaozuo	13.8	16.8	15.2	13.7
濮阳市	Puyang	14.0	12.6	15.4	19.0
许昌市	Xuchang	14.1	17.5	14.7	23.9
漯河市	Luohe	14.0	9.1	15.8	6.7
三门峡市	Sanmenxia	13.5	21.2	14.6	18.5
南阳市	Nanyang	13.9	11.7	15.6	21.9
商丘市	Shangqiu	12.5	12.5	15.6	16.6
信阳市	Xinyang	14.2	16.2	15.0	11.3
周口市	Zhoukou	14.2	15.4	15.4	9.1
驻马店市	Zhumadian	14.7	24.5	15.6	11.2
济源市	Jiyuan	13.5	8.7	15.2	-4.5
省直管县	**County Directly Administrated by Province**				
巩义市	Gongyi	14.3	23.2	15.6	21.6
兰考县	Lankao	16.1	4.5	17.4	17.8
汝州市	Ruzhou	15.1	10.7	15.4	19.2
滑县	Huaxian	14.5	24.2	14.1	11.2
长垣县	Changyuan	15.6	25.9	17.7	-1.2
邓州市	Dengzhou	14.8	8.5	15.2	11.7
永城市	Yongcheng	7.8	-23.0	15.4	-0.3
固始县	Gushi	14.7	14.6	15.0	13.7
鹿邑县	Luyi	15.0	27.7	16.4	15.6
新蔡县	Xincai	15.2	15.1	15.0	0.5

17-5 限额以上批发和零售业法人基本情况(2016年)

Basic Conditions of Corporation in Wholesale and Retail Trades above Designated Size (2016)

指标名称	Item	法人企业(个) Corporate Enterprises (unit)	从业人员期末人数(人) Persons Employed (person)	法人属产业活动单位数(个) Establish _ments Units (unit)	#批发和零售业 Wholesale and Retail Trades
总 计	**Total**	**12217**	**743235**	**22874**	**11207**
批发业	**Wholesale Trades**	**4350**	**270925**	**7139**	**2885**
按国民经济行业分	By Sector				
农、林、牧产品	Agricalturel, Forestry and Livestock Products	599	31775	699	106
食品、饮料及烟草制品	Food, Beverages, Tobaccos	563	76802	1061	519
纺织、服装及家庭用品	Textiles, Wearing Apparel and Household Articles	277	20554	289	11
文化、体育用品及器材	Culture, Sports Supplies and Equipment	103	7742	144	46
医药及医疗器材	Medicine and the Medical Equipment	314	31860	613	317
矿产品、建材及化工产品	Mineral Products, Building Materials and Chemical Products	1769	71452	3549	1817
机械设备、五金产品及电子产品	Machinery Hardware and Electronic Products	581	25919	595	20
贸易经纪与代理	Trade Brokers and Agents	11	401	11	
其他	Others	133	4420	178	49
按登记注册类型分	By Registration				
内资企业	Domestic-Funded Enterprises	4334	269728	7030	2792
港澳台商投资企业	Enterprises With Investment from Hong Kong, Macao and Taiwan	9	486	10	
外商投资企业	Enterprises With Foreign Investment	7	711	99	93
按控股情况分	By Controlling Type				
国有控股	State-holding	350	58998	2460	2165
集体控股	Collective-holding	109	6790	316	227
私人控股	Private-holding	3497	182259	3856	378
港澳台商控股	Hong Kong, Macao and Taiwan-holding	8	611	9	
外商控股	Foreign-holding	3	114	3	
其他	Others	383	22153	495	115
按经营形式分	By Management Style				
独立门店	Independent Store	3233	184499	4596	1425
连锁总店(总部)	Head Office of Chain Store	36	10320	1121	1100
连锁门店	Chain store	12	693	22	12
其他	Others	1069	75413	1400	348

17-5 续表 continued

指标名称	Item	法人企业 (个) Corporate Enterprises (unit)	从业人员期末人数 (人) Persons Employed (person)	法人属产业活动单位数 (个) Establish_ments Units (unit)	#批发和零售业 Wholesale and Retail Trades
零售业	**Retail trades**	**7867**	**472310**	**15735**	**8322**
按国民经济行业分	By Sector				
综合	Comprehensive	1466	179480	3688	2376
食品、饮料及烟草制品	Food, Beverages, Tobaccos	603	24058	935	363
纺织、服装及日用品	Textiles, Wearing Apparel and Household Articles	455	23514	631	190
文化、体育用品及器材	Culture, Sports supplies and Equipment	410	23467	756	400
医药及医疗器材	Medicine and Medical Equipment	316	30999	4024	3805
汽车、摩托车、燃料及零配件	Automobile, Motorcycle, Fuel and Spare Parts	2409	108754	3196	838
家用电器及电子产品	Household Appliances and Electronic Products	1084	35828	1365	331
五金、家具及室内装饰材料	Hardware, Furniture and Indoor Decoration Materials	601	24238	614	15
货摊、无店铺及其他	Non-store and Others	523	21972	526	4
按登记注册类型分	By Registration				
内资企业	Domestic-Funded Enterprises	7816	457282	15445	8079
港澳台商投资企业	Enterprises With Investment from Hong Kong, Macao and Taiwan	33	11983	266	237
外商投资企业	Enterprises With Foreign Investment	18	3045	24	6
按控股情况分	By Controlling Type				
国有控股	State-holding	392	39173	3076	2795
集体控股	Collective-holding	365	27622	1577	1265
私人控股	Private-holding	6367	340945	9269	3124
港澳台商控股	Hong Kong, Macao and Taiwan-holding	26	10867	254	231
外商控股	Foreign-holding	17	2966	23	6
其他	Others	700	50737	1536	901
按经营形式分	By Management Style				
独立门店	Independent Store	6827	344020	10121	3564
连锁总店(总部)	Head Office of Chain Store	193	56066	3499	3429
连锁门店	Chain Store	145	30146	925	805
其他	Others	702	42078	1190	524
按零售业态分	By Retail Formats				
有店铺零售	Store Retailing	7484	454239	15349	8317
无店铺零售	Non-store Retailing	383	18071	386	5

17-6 限额以上住宿和餐饮业法人基本情况(2016年)

Basic Conditions of Corporation of Hotels and Catering Services above Designated Size (2016)

指标名称	Item	法人企业 (个) Corporate Enterprises (unit)	从业人员期末人数 (人) Persons Employed (person)	法人属产业活动单位数 (个) Establish_ments Units (unit)	#住宿和餐饮业 Wholesale and Retail Trades
总　计	**Total**	**2870**	**170037**	**3189**	**379**
住宿业	**Hotels**	**1454**	**98416**	**1533**	**106**
按国民经济行业分	By sector				
旅游饭店	Tourist hotel	736	63814	779	62
一般旅馆	Fonda	669	31987	705	44
其他住宿业	Others	49	2615	49	
按登记注册类型分	By Registration				
内资企业	Domestic-Funded Enterprises	1435	95218	1514	106
国有企业	State-owned	93	11618	111	22
集体企业	Collective-owned	34	2749	37	4
股份合作企业	Cooperative	3	216	3	
联营企业	Joint Ownership	1	28	1	
有限责任公司	Limited Liability Corporations	657	45426	692	44
股份有限公司	Share-holding Corporation Ltd	58	4118	62	7
私营企业	Private	579	30886	598	29
其他企业	Other	10	177	10	
港澳台商投资企业	Enterprises With Investment from Hong Kong, Macao and Taiwan	14	2869	14	
外商投资企业	Enterprises With Foreign Investment	5	329	5	
按控股情况分	By Controlling Type				
国有控股	State-holding	139	18072	159	25
集体控股	Collective-holding	67	5427	73	9
私人控股	Private-holding	1083	61575	1128	60
港澳台商控股	Hong Kong, Macao and Taiwan-holding	8	1596	8	
外商控股	Foreign-holding	4	181	4	
其他	Others	153	11565	161	12
按经营形式分	By Management Style				
独立门店	Independent Store	1323	90996	1375	69
连锁总店(总部)	Head Office of Chain Store	13	629	17	7
连锁门店	Chain Store	49	2828	69	26
其他	Others	69	3963	72	4
按星级分	By Star Level				
五星	Five-star	31	7088	33	3
四星	Four-star	118	16757	129	17
三星	Three-star	229	20851	244	22
二星	Two-star	90	4546	100	10
一星	One-star	5	328	5	
其他	Others	981	48846	1022	54

17-6 续表 continued

指标名称	Item	法人企业（个）Corporate Enterprises (unit)	从业人员期末人数（人）Persons Employed (person)	法人属产业活动单位数（个）Establish _ments Units (unit)	#住宿和餐饮业 Wholesale and Retail Trades
餐饮业	**Catering Services**	**1416**	**71621**	**1656**	**273**
按国民经济行业分	By sector				
正餐服务	Dinner	1323	62200	1408	113
快餐服务	Snack	68	7800	220	156
饮料及冷饮服务	Drinks and Cold drinks	6	172	6	
其他餐饮业	Others	19	1449	22	4
按登记注册类型分	By Registration				
内资企业	Domestic-Funded Enterprises	1409	66592	1544	166
国有企业	State-owned	12	449	13	1
集体企业	Collective-owned	11	335	20	11
股份合作企业	Cooperative	1	95	1	
联营企业	Joint Ownership	1	62	1	
有限责任公司	Limited Liability Corporations	524	26396	589	78
股份有限公司	Share-holding Corporation Ltd	43	3015	43	
私营企业	Private	802	35580	862	76
其他企业	Other	15	660	15	
港澳台商投资企业	Enterprises With Investment from Hong Kong, Macao and Taiwan	2	263	5	4
外商投资企业	Enterprises With Foreign Investment	5	4766	107	103
按控股情况分	By Controlling Type				
国有控股	State-holding	19	949	20	1
集体控股	Collective-holding	22	1041	31	11
私人控股	Private-holding	1266	57200	1338	93
港澳台商控股	Hong Kong, Macao and Taiwan-holding	2	263	5	4
外商控股	Foreign-holding	5	4766	107	103
其他	Others	102	7402	155	61
按经营形式分	By Management Style				
独立门店	Independent Store	1297	58836	1338	55
连锁总店(总部)	Head Office of Chain Store	25	7403	196	183
连锁门店	Chain Store	28	1438	51	28
其他	Others	66	3944	71	7

17-7 各市批发和零售、住宿和餐饮业法人企业单位数(2016年)

Number of Corporations in Wholesale and Retail Sale, Hotels and Catering Services by City (2016)

单位：个 (unit)

市(县)	City(County)	批发业 Wholesale Trade	#限额以上 Above Designated Size	零售业 Retail Sale	#限额以上 Above Designated Size	住宿业 Hotels	#限额以上 Above Designated Size	餐饮业 Catering Services	#限额以上 Above Designated Size
省辖市	**City**								
郑州市	Zhengzhou	33808	901	25703	1113	879	248	1508	200
开封市	Kaifeng	2230	221	2800	518	204	79	394	114
洛阳市	Luoyang	7636	306	8163	573	519	143	673	96
平顶山市	Pingdingshan	4405	214	3499	461	252	104	361	90
安阳市	Anyang	3970	145	3616	261	195	42	276	33
鹤壁市	Hebi	1455	34	2481	124	85	27	182	22
新乡市	Xinxiang	4750	155	4994	382	195	46	316	57
焦作市	Jiaozuo	2776	162	3281	388	145	45	172	30
濮阳市	Puyang	3137	167	3742	291	92	29	252	27
许昌市	Xuchang	7876	394	8614	477	245	92	581	112
漯河市	Luohe	1105	72	1800	189	97	38	193	48
三门峡市	Sanmenxia	3562	84	3619	241	185	46	275	16
南阳市	Nanyang	7835	616	9884	932	415	173	866	189
商丘市	Shangqiu	3358	264	5466	526	196	54	421	79
信阳市	Xinyang	1346	144	3253	532	205	100	373	127
周口市	Zhoukou	1852	165	3255	357	166	71	463	80
驻马店市	Zhumadian	3116	256	5165	448	224	108	497	92
济源市	Jiyuan	1659	50	955	54	33	9	58	4
省直管县	**County Directly Administrated by Province**								
巩义市	Gongyi	1126	39	571	58	35	11	49	10
兰考县	Lankao	380	37	707	116	12	7	63	15
汝州市	Ruzhou	411	74	560	140	18	3	22	6
滑县	Huaxian	423	29	501	53	19	5	26	3
长垣县	Changyuan	225	15	1423	74	16	3	59	18
邓州市	Dengzhou	196	21	639	85	35	12	52	10
永城市	Yongcheng	305	4	577	73	17	5	58	21
固始县	Gushi	202	26	562	135	37	23	52	25
鹿邑县	Luyi	96	30	129	59	19	13	18	7
新蔡县	Xincai	253	22	669	63	24	14	87	16

17-8 各市批发和零售、住宿和餐饮业法人企业从业人员(2016年)

Number of Persons Employed in Wholesale and Retail Sale, Hotels and Catering Services by City (2016)

单位：人 (person)

市(县) City(County)	批发业 Wholesale Trade	#限额以上 Above Designated Size	零售业 Retail Sale	#限额以上 Above Designated Size	住宿业 Hotels	#限额以上 Above Designated Size	餐饮业 Catering Services	#限额以上 Above Designated Size
省辖市 City								
郑州市 Zhengzhou	336643	60864	241707	70675	36028	22429	40100	17076
开封市 Kaifeng	51716	16935	60692	24435	8087	4906	10999	5498
洛阳市 Luoyang	74236	13659	103759	43252	15608	9046	17696	6719
平顶山市 Pingdingshan	41283	10434	45778	24134	9789	6510	8024	3520
安阳市 Anyang	40910	6649	39559	12564	5424	2858	5656	1533
鹤壁市 Hebi	15819	1844	23210	5541	2344	1215	3250	739
新乡市 Xinxiang	47772	7361	61894	23238	6219	3240	6779	3394
焦作市 Jiaozuo	37790	8181	56538	26230	5877	3034	5110	1637
濮阳市 Puyang	45242	6356	52040	13564	2340	1221	4657	878
许昌市 Xuchang	114559	13126	106548	22410	9707	6384	14174	4801
漯河市 Luohe	16711	3300	31123	14076	3822	2278	5830	2272
三门峡市 Sanmenxia	33721	5335	34369	11574	6234	3563	5183	662
南阳市 Nanyang	134182	31968	136087	39034	16727	9763	19549	6846
商丘市 Shangqiu	69560	27186	89172	39402	7156	4260	10481	4280
信阳市 Xinyang	35180	16851	77106	40363	8928	6544	10035	5119
周口市 Zhoukou	39427	18850	67265	31521	5925	4207	9540	2782
驻马店市 Zhumadian	62412	20512	86510	27058	8794	6181	12669	3748
济源市 Jiyuan	14380	1514	10732	3239	1348	777	842	117
省直管县 County Directly Administrated by Province								
巩义市 Gongyi	11956	986	7206	1985	1178	791	1225	463
兰考县 Lankao	7605	1444	12357	4430	577	431	1531	508
汝州市 Ruzhou	7827	2938	10047	5258	661	349	442	167
滑县 Huaxian	5991	1215	6456	2264	665	250	381	94
长垣县 Changyuan	3650	862	20836	4282	428	227	2746	1265
邓州市 Dengzhou	5736	1508	9709	3909	798	395	932	346
永城市 Yongcheng	4253	795	11412	5840	770	284	1928	1082
固始县 Gushi	3514	1008	9634	4132	1320	1053	1144	526
鹿邑县 Luyi	7892	4913	5431	3338	995	668	467	257
新蔡县 Xincai	3271	742	11044	1596	841	575	1397	401

17-9 各市批发和零售、住宿和餐饮业限额以上企业(单位)单位数(2016年)

Number of Corporation in Wholesale and Retail Sale, Hotels and Catering Services Above Designated Size by City (2016)

单位：个 (unit)

市(县) City(County)	批发业 Wholesale Trade	限额以上法人 Corporations Above Designated Size	产业活动单位、个体经营户 Establishment and Individual	零售业 Retail Sale	限额以上法人 Corporations Above Designated Size	产业活动单位、个体经营户 Establishment and Individual
省辖市 City						
郑州市 Zhengzhou	943	901	42	1611	1113	498
开封市 Kaifeng	230	221	9	644	518	126
洛阳市 Luoyang	319	306	13	952	573	379
平顶山市 Pingdingshan	221	214	7	747	461	286
安阳市 Anyang	152	145	7	368	261	107
鹤壁市 Hebi	37	34	3	164	124	40
新乡市 Xinxiang	156	155	1	572	382	190
焦作市 Jiaozuo	164	162	2	500	388	112
濮阳市 Puyang	185	167	18	507	291	216
许昌市 Xuchang	432	394	38	647	477	170
漯河市 Luohe	77	72	5	282	189	93
三门峡市 Sanmenxia	94	84	10	286	241	45
南阳市 Nanyang	640	616	24	1096	932	164
商丘市 Shangqiu	271	264	7	721	526	195
信阳市 Xinyang	158	144	14	704	532	172
周口市 Zhoukou	171	165	6	458	357	101
驻马店市 Zhumadian	272	256	16	687	448	239
济源市 Jiyuan	53	50	3	68	54	14
省直管县 County Directly Administrated by Province						
巩义市 Gongyi	40	39	1	126	58	68
兰考县 Lankao	38	37	1	157	116	41
汝州市 Ruzhou	77	74	3	189	140	49
滑县 Huaxian	33	29	4	81	53	28
长垣县 Changyuan	15	15		92	74	18
邓州市 Dengzhou	22	21	1	132	85	47
永城市 Yongcheng	4	4		85	73	12
固始县 Gushi	27	26	1	151	135	16
鹿邑县 Luyi	30	30		60	59	1
新蔡县 Xincai	34	22	12	103	63	40

17-9 续表 continued

单位：个 (unit)

市(县) City(County)	住宿业 Hotels	限额以上法人 Corporations Above Designated Size	产业活动单位、个体经营户 Establishment, Individual	餐饮业 Catering Services	限额以上法人 Corporations Above Designated Size	产业活动单位、个体经营户 Establishment, Individual
省　辖　市 City						
郑　州　市 Zhengzhou	345	248	97	853	200	653
开　封　市 Kaifeng	107	79	28	236	114	122
洛　阳　市 Luoyang	231	143	88	656	96	560
平 顶 山 市 Pingdingshan	148	104	44	329	90	239
安　阳　市 Anyang	57	42	15	136	33	103
鹤　壁　市 Hebi	38	27	11	91	22	69
新　乡　市 Xinxiang	72	46	26	222	57	165
焦　作　市 Jiaozuo	71	45	26	146	30	116
濮　阳　市 Puyang	52	29	23	145	27	118
许　昌　市 Xuchang	120	92	28	333	112	221
漯　河　市 Luohe	53	38	15	144	48	96
三 门 峡 市 Sanmenxia	66	46	20	118	16	102
南　阳　市 Nanyang	207	173	34	303	189	114
商　丘　市 Shangqiu	77	54	23	166	79	87
信　阳　市 Xinyang	142	100	42	306	127	179
周　口　市 Zhoukou	87	71	16	137	80	57
驻 马 店 市 Zhumadian	141	108	33	171	92	79
济　源　市 Jiyuan	17	9	8	28	4	24
省 直 管 县 County Directly Administrated by Province						
巩　义　市 Gongyi	24	11	13	106	10	96
兰　考　县 Lankao	9	7	2	29	15	14
汝　州　市 Ruzhou	6	3	3	22	6	16
滑　　　县 Huaxian	12	5	7	13	3	10
长　垣　县 Changyuan	4	3	1	30	18	12
邓　州　市 Dengzhou	20	12	8	32	10	22
永　城　市 Yongcheng	6	5	1	30	21	9
固　始　县 Gushi	33	23	10	42	25	17
鹿　邑　县 Luyi	14	13	1	12	7	5
新　蔡　县 Xincai	19	14	5	19	16	3

17－10 各市批发和零售、住宿和餐饮业限上企业(单位)从业人员(2016年)

Number of Persons Employed in Wholesale and Retail Sale, Hotels and Catering Services Above Designated Size by City (2016)

单位：人 (Person)

市(县) City(County)	批发业 Wholesale Trade	限额以上法人 Corporations Above Designated Size	产业活动单位、个体经营户 Establishment, Individual	零售业 Retail Sale	限额以上法人 Corporations Above Designated Size	产业活动单位、个体经营户 Establishment, Individual
省辖市 City						
郑州市 Zhengzhou	63208	60864	2344	80279	70675	9604
开封市 Kaifeng	16991	16935	56	26706	24435	2271
洛阳市 Luoyang	13992	13659	333	49863	43252	6611
平顶山市 Pingdingshan	10623	10434	189	29394	24134	5260
安阳市 Anyang	6875	6649	226	14938	12564	2374
鹤壁市 Hebi	2103	1844	259	6270	5541	729
新乡市 Xinxiang	7472	7361	111	27480	23238	4242
焦作市 Jiaozuo	8251	8181	70	29613	26230	3383
濮阳市 Puyang	6695	6356	339	16237	13564	2673
许昌市 Xuchang	13732	13126	606	24740	22410	2330
漯河市 Luohe	3984	3300	684	15762	14076	1686
三门峡市 Sanmenxia	5544	5335	209	12535	11574	961
南阳市 Nanyang	32194	31968	226	42003	39034	2969
商丘市 Shangqiu	27320	27186	134	43366	39402	3964
信阳市 Xinyang	17392	16851	541	43235	40363	2872
周口市 Zhoukou	18919	18850	69	33639	31521	2118
驻马店市 Zhumadian	20739	20512	227	31315	27058	4257
济源市 Jiyuan	1543	1514	29	3389	3239	150
省直管县 County Directly Administrated by Province						
巩义市 Gongyi	996	986	10	4715	1985	2730
兰考县 Lankao	1461	1444	17	5185	4430	755
汝州市 Ruzhou	3013	2938	75	6162	5258	904
滑县 Huaxian	1356	1215	141	3393	2264	1129
长垣县 Changyuan	862	862		4965	4282	683
邓州市 Dengzhou	1517	1508	9	4861	3909	952
永城市 Yongcheng	795	795		6118	5840	278
固始县 Gushi	1058	1008	50	4443	4132	311
鹿邑县 Luyi	4913	4913		3351	3338	13
新蔡县 Xincai	868	742	126	1976	1596	380

17-10 续表 continued

单位：人 (Person)

市(县) City(County)	住宿业 Hotels	限额以上法人 Corporations Above Designated Size	产业活动单位、个体经营户 Establishment, Individual	餐饮业 Catering Services	限额以上法人 Corporations Above Designated Size	产业活动单位、个体经营户 Establishment, Individual
省辖市 City						
郑州市 Zhengzhou	25835	22429	3406	35350	17076	18274
开封市 Kaifeng	5390	4906	484	7976	5498	2478
洛阳市 Luoyang	11102	9046	2056	17948	6719	11229
平顶山市 Pingdingshan	7627	6510	1117	7605	3520	4085
安阳市 Anyang	3534	2858	676	4066	1533	2533
鹤壁市 Hebi	1860	1215	645	2155	739	1416
新乡市 Xinxiang	3659	3240	419	7057	3394	3663
焦作市 Jiaozuo	3766	3034	732	4462	1637	2825
濮阳市 Puyang	1632	1221	411	2904	878	2026
许昌市 Xuchang	7051	6384	667	8673	4801	3872
漯河市 Luohe	2539	2278	261	4477	2272	2205
三门峡市 Sanmenxia	4274	3563	711	2343	662	1681
南阳市 Nanyang	10458	9763	695	8993	6846	2147
商丘市 Shangqiu	4674	4260	414	6004	4280	1724
信阳市 Xinyang	7447	6544	903	8939	5119	3820
周口市 Zhoukou	4705	4207	498	4086	2782	1304
驻马店市 Zhumadian	6914	6181	733	5246	3748	1498
济源市 Jiyuan	963	777	186	854	117	737
省直管县 County Directly Administrated by Province						
巩义市 Gongyi	1017	791	226	2947	463	2484
兰考县 Lankao	485	431	54	843	508	335
汝州市 Ruzhou	431	349	82	529	167	362
滑县 Huaxian	506	250	256	509	94	415
长垣县 Changyuan	267	227	40	1738	1265	473
邓州市 Dengzhou	538	395	143	711	346	365
永城市 Yongcheng	300	284	16	1334	1082	252
固始县 Gushi	1232	1053	179	836	526	310
鹿邑县 Luyi	669	668	1	302	257	45
新蔡县 Xincai	655	575	80	433	401	32

17-11 限额以上批发和零售企业(单位)商品分类销售总额(2016年)

Total Sales of Enterprises above Designated Size of Wholesale and Retail Trade by Category of Main Commodities (2016)

单位：亿元 (100 million yuan)

指标	Item	合计 Total	批发业 Wholesale Trade	零售业 Retail Trade
粮油、食品类	Food	2318.09	1731.60	586.49
#粮油类	Grain and oils	657.19	485.83	171.36
肉禽蛋类	Meat, Poultry and Eggs	249.51	151.03	98.49
水产品类	Aquatic products	183.25	168.93	14.32
蔬菜类	Vegetables	499.66	443.60	56.06
干鲜果品类	Nuts	365.67	309.51	56.16
饮料类	Beverages	251.98	100.59	151.39
烟酒类	Tobacco and Liquor	1279.36	1058.93	220.44
服装、鞋帽、针纺织品类	Clothing, Shoes, Hats and Textiles	784.11	148.54	635.57
服装类	Clothing	540.26	81.83	458.43
鞋帽类	Shoes and Hats	134.85	24.97	109.88
针纺织品类	Knitwear and Textiles	108.99	41.74	67.25
化妆品类	Cosmetics	121.28	12.99	108.28
金银珠宝类	Gold, Silver and Jewelry	191.37	82.42	108.95
日用品类	Articles for Daily Use	325.49	49.17	276.32
儿童玩具类	Children Toys	14.38	0.66	13.72
五金、电料类	Hardware and Electrical Materials	174.79	76.92	97.86
体育、娱乐用品类	Sports and Recreation Articles	39.33	8.26	31.08
照相器材类	Photographic equipment class	1.93	0.44	1.50
书报杂志类	Newspapers and Magazines	94.36	40.30	54.06

17-11 续表 continued

单位：亿元 (100 million yuan)

指 标	Item	合 计 Total	批发业 Wholesale Trade	零售业 Retail Trade
电子出版物及音像制品类	E-journal and Video Products	6.78	0.99	5.78
家用电器和音像器材类	Household Appliances and Video Appliances	694.39	261.36	433.03
中西药品类	Traditional Chinese and Western Medicines	1295.17	1081.37	213.80
#西药类	Western Medicines	797.22	677.76	119.46
中草药及中成药类	Traditional Chinese Medicines	160.01	119.42	40.59
文化办公用品类	Cultural and Official Goods	172.04	59.94	112.10
计算机及其配套产品	Computer and its supporting products	57.36	15.39	41.97
家具类	Furniture	211.07	20.16	190.91
通讯器材类	Communication Appliances	125.95	26.10	99.85
煤炭及制品类	Coal and Related Products	917.02	872.78	44.23
木材及制品类	Wood and Wooden Products	8.90	8.24	0.66
石油及制品类	Petroleum and Related Products	1600.37	1176.57	423.79
化工材料及制品类	Raw Chemical Materials	544.24	495.47	48.77
#化肥类	Fertilizer	231.72	195.95	35.77
金属材料类	Metal Materials	1268.61	1267.31	1.30
建筑及装潢材料类	Building and Decoration Materials	341.03	278.73	62.30
机电产品及设备类	Mechanical and Electrical Products	399.13	342.13	57.00
#农机类	Agricultural Machinery	109.97	107.89	2.08
汽车类	Automobile	2478.76	277.71	2201.05
种子饲料类	Seed and Feedstuff	106.33	103.33	3.00
棉麻类	Cotton, Hemp	72.94	72.50	0.43
其他类	Others	722.53	593.28	129.24

17－12 各市限额以上批发和零售企业(单位)商品分类批发总额(2016年)

Total Wholesale Value of Enterprises above Designated Size of Wholesales and Retail Trades by City and Sort (2016)

单位：万元 (10 000 yuan)

市(县)	City(County)	粮油食品类 Grain and Oil, Food	日用品类 Articles for Daily Use	服装、鞋帽针纺织品类 Clothing,Shoes and Hats, Knitwear and Textiles	文化办公用品类 Cultural and Office Supplies	家用电器和音像器材类 Household and Video Appliances	中西药品类 Traditional Chinese and Western Medicines	书报杂志类 Newspapers and Magazines
省辖市	**City**							
郑州市	Zhengzhou	8398333	54533	343135	495225	1640878	5807890	338656
开封市	Kaifeng	484036	4776	41476	12280	33581	81249	3522
洛阳市	Luoyang	296337	1317	33629	2651	67806	783605	3
平顶山市	Pingdingshan	266208	3112	12132	44	67186	280607	7723
安阳市	Anyang	220773	22067	236	1527	2490	199211	9491
鹤壁市	Hebi	285804		2773			7168	
新乡市	Xinxiang	287229	7037	12778	5825	56786	717543	0
焦作市	Jiaozuo	86839	27	5768	11	110078	61512	125
濮阳市	Puyang	272304	60853	60031	6843	17457	75499	4225
许昌市	Xuchang	143320	124615	67901	15610	27193	250119	
漯河市	Luohe	617166	43072	10341	23	136108	105986	
三门峡市	Sanmenxia	27695	3238	167		11246	31298	
南阳市	Nanyang	714727	5606	117262	25135	244970	656181	21819
商丘市	Shangqiu	401857	20440	471049	51545	121159	683855	4
信阳市	Xinyang	1346212	12331	106519	1	54795	107256	5383
周口市	Zhoukou	777355	15973	12802	1	31621	207248	3962
驻马店市	Zhumadian	1479609	58409	53723	1011	48045	260275	10793
济源市	Jiyuan					1140	25492	
省直管县	**County Directly Administrated by Province**							
巩义市	Gongyi	3754	135	256	5		6565	
兰考县	Lankao	41191				78	3837	3203
汝州市	Ruzhou	28770	14					
滑县	Huaxian	140025	4	12		769	13793	5516
长垣县	Changyuan					20	38763	
邓州市	Dengzhou	68159	561	3749	20	21	3217	
永城市	Yongcheng						3063	
固始县	Gushi	49152	41	20				
鹿邑县	Luyi	51958	4573	10587		1826	2510	
新蔡县	Xincai	20126	78			2034	5038	377

17-13 各市限额以上批发和零售企业(单位)商品分类零售总额(2016年)

Retail Trades Value of Enterprises above Designated Size in Wholesales and Retail Trades by City and Sort (2016)

单位：万元 (10 000 yuan)

市(县) City(County)	粮油食品类 Grain and Oil, Food	日用品类 Articles for Daily Use	服装、鞋帽针纺织类 Clothing,Shoes and Hats, Knitwear and Textiles	文化办公用品类 Cultural and Office Supplies	家用电器和音像器材类 Household and Video Appliances	中西药品类 Traditional Chinese and Western Medicines	书报杂志类 Newspapers and Magazines
省辖市 City							
郑州市 Zhengzhou	1204622	749090	1580197	509904	905169	606761	84949
开封市 Kaifeng	426940	119418	442374	27272	341606	173171	24076
洛阳市 Luoyang	669535	207058	753126	58929	445219	217390	43400
平顶山市 Pingdingshan	412919	146892	217291	81549	153154	373496	22101
安阳市 Anyang	200161	135492	169940	19707	143942	214167	20230
鹤壁市 Hebi	44705	15440	44675	3351	66154	22790	7170
新乡市 Xinxiang	296734	71536	186878	19925	107621	114727	29024
焦作市 Jiaozuo	246712	86828	225324	18895	198451	112887	18533
濮阳市 Puyang	237324	140400	313041	40454	202386	42635	15599
许昌市 Xuchang	313724	94926	388955	23711	231025	56542	34490
漯河市 Luohe	369278	83948	136297	44372	112817	59448	12327
三门峡市 Sanmenxia	183212	110998	215577	14955	76666	130259	11408
南阳市 Nanyang	439749	142459	378021	55034	360875	107154	47086
商丘市 Shangqiu	271638	77517	270109	44582	161890	84757	34431
信阳市 Xinyang	757484	222695	428772	65452	213836	87554	56086
周口市 Zhoukou	515517	108463	369731	12001	249884	126067	32365
驻马店市 Zhumadian	459599	290598	321942	60263	263041	66502	41292
济源市 Jiyuan	25218	13703	47101	2358	37594	13362	3319
省直管县 County Directly Administrated by Province							
巩义市 Gongyi	31529	33009	53705	6463	15912	8281	3936
兰考县 Lankao	39170	11307	30973	3270	33771	7608	123
汝州市 Ruzhou	26427	46563	26238	24382	27460	24972	5181
滑县 Huaxian	32121	3657	14799	629	12178		169
长垣县 Changyuan	62439	8408	17910	3304	21405	22035	4557
邓州市 Dengzhou	22218	11231	49213	7346	20146	4973	7769
永城市 Yongcheng	41231	9177	24079	1428	11208	11938	5326
固始县 Gushi	58151	7838	24048	2914	12424	6393	7293
鹿邑县 Luyi	21061	7287	3349	4842	18870	18527	3233
新蔡县 Xincai	28097	14614	18371	9508	21235	14598	3756

17－14　限额以上批发和零售企业(单位)商品购销存总额(2016年)

Total Purchases, Sales and Inventory above Designated Size of Wholesale and Retail Trades (2016)

单位：万元　　(10 000yuan)

指　标	Iterm	商品购进额 purchases	#进口 Imports	商品销售额 Total Sales
总　计	**Total**	**151882029**	**2018712**	**171189295**
批发业	**Wholesale Trades**	**96729072**	**1243079**	**107744643**
#国有控股	State-ownedand State-holding	31598234	344376	36520462
按登记注册类型分	By Registration status			
内资企业	Domestic Funded Enterprises	91417739	1239097	102054681
国有企业	State-owned	8925173	1757	12216459
集体企业	Collective-owned	1372688		1424092
股份合作企业	Cooperative	6535		6565
联营企业	Joint Ownership			
有限责任公司	Limited Liability Corporations	57171294	1040878	61512810
股份有限公司	Share-holding Corporation Ltd	9159541		10221782
私营企业	Private	14267799	196462	16035759
其他企业	Other	514710		637215
港澳台商投资企业	Enterprises with Funds from Hong Kong, Macao and Taiwan	3277946		3330590
外商投资企业	Foreign Funded	422242		506241
个体经营	Individual	1611146	3982	1853131
按国民经济行业分	By sector			
农、林、牧产品	Farming, forestry, animal husbandry products	5646020	439541	6230541
食品、饮料及烟草制品	Food, drinks and tobacco products	21511650	12520	25582494
纺织、服装及家庭用品	Textile, clothing and household items	4477800	68373	5145318
文化、体育用品及器材	Cultural and sports supplies and equipment	1879597	840	2271928
医药及医疗器材	Pharmaceutical and medical equipment	10986268	132621	12093475
矿产品、建材及化工产品	Minerals, building materials and chemical products	40634062	548706	43885259
机械设备、五金产品及电子产品	Mechanical equipment, metal products and electronic products	9949476	21152	10778309
贸易经纪与代理	Trade brokers and agents	41375		48358
其他批发业	Others	1602823	19327	1708962
零售业	**Retail Trades**	**55152957**	**775633**	**63444652**
#国有控股	State-ownedand State-holding	5189850	51541	5563307
按登记注册类型分	By Registration status			
内资企业	Domestic Funded Enterprises	47849889	733456	54512593
国有企业	State-owned	1151408	2400	1252266
集体企业	Collective-owned	2239394		2418871
股份合作企业	Cooperative	35682		35693
联营企业	Joint Ownership	18600		19600
有限责任公司	Limited Liability Corporations	24854607	512934	28831590
股份有限公司	Share-holding Corporation Ltd	4540249	105698	5043901
私营企业	Private	14897786	112425	16785810
其他企业	Other	112163		124862
港澳台商投资企业	Enterprises with Funds from Hong Kong, Macao and Taiwan	1104579	39384	2034820
外商投资企业	Foreign Funded	433424	1976	488167
个体经营	Individual	5765065	817	6409072
按国民经济行业分	By sector			
综合零售	Comprehensive retail	13673341	89805	16831177
食品、饮料及烟草制品	Food, drinks and tobacco products	2206135	533	2563955
纺织、服装及日用品	Textile, clothing and household items	2244733	4187	2508731
文化、体育用品及器材	Cultural and sports supplies and equipment	1712017		2086994
医药及医疗器材	Pharmaceutical and medical equipment	1834169	2315	2118995
汽车、摩托车、燃料及零配件	Automobiles, motorcycles, fuel and spare parts	24503709	633142	26821071
家用电器及电子产品	Household appliances and electronic products	4936558	3311	5565174
五金、家具及室内装饰材料	Hardware, furniture and interior decoration materials	2570745	1571	2980847
货摊、无店铺及其他	Booth and others	1471551	40767	1967707

17-14 续表 continued

单位：万元 (10 000yuan)

指标	Iterm	批发额 Wholesale trade	#出口 Imports	零售额 Retail Trade	年末商品库存额 Inventory (year-end)
总 计	**Total**	**104339082**	**857982**	**66850213**	**10210119**
批发业	**Wholesale Trades**	**98980607**	**826944**	**8764037**	**5676046**
#国有控股	State-ownedand State-holding	32788205	150342	3732257	2824175
按登记注册类型分	By Registration status				
内资企业	Domestic Funded Enterprises	93522340	745885	8532341	5604827
国有企业	State-owned	12076665		139794	1720187
集体企业	Collective-owned	1230185		193907	28720
股份合作企业	Cooperative	6565			77
联营企业	Joint Ownership				
有限责任公司	Limited Liability Corporations	57929174	377835	3583637	2575301
股份有限公司	Share-holding Corporation Ltd	7224098	59340	2997684	453028
私营企业	Private	14516289	308308	1519470	818187
其他企业	Other	539365	403	97850	9326
港澳台商投资企业	Enterprises with Funds from Hong Kong, Macao and Taiwan	3326015	76309	4575	8239
外商投资企业	Foreign Funded	430970	4750	75271	13115
个体经营	Individual	1701282		151849	49865
按国民经济行业分	By sector				
农、林、牧产品	Farming, forestry, animal husbandry products	5828813	82661	401727	1312767
食品、饮料及烟草制品	Food, drinks and tobacco products	24223120	53761	1359374	1270865
纺织、服装及家庭用品	Textile, clothing and household items	4731126	190969	414192	572315
文化、体育用品及器材	Cultural and sports supplies and equipment	2009441	21417	262488	167463
医药及医疗器材	Pharmaceutical and medical equipment	11566593	43232	526881	840924
矿产品、建材及化工产品	Minerals, building materials and chemical products	39003740	183555	4881519	1097773
机械设备、五金产品及电子产品	Mechanical equipment, metal products and electronic products	9946306	230803	832003	314426
贸易经纪与代理	Trade brokers and agents	45935	10123	2423	1389
其他批发业	Others	1625533	10424	83430	98123
零售业	**Retail Trades**	**5358475**	**31038**	**58086177**	**4534073**
#国有控股	State-ownedand State-holding	575381	9	4987927	366486
按登记注册类型分	By Registration status				
内资企业	Domestic Funded Enterprises	4899125	31038	49613468	4093382
国有企业	State-owned	169965		1082301	53211
集体企业	Collective-owned	384911		2033960	77352
股份合作企业	Cooperative	10149		25545	745
联营企业	Joint Ownership	4850		14750	546
有限责任公司	Limited Liability Corporations	2676206	23620	26155385	2388185
股份有限公司	Share-holding Corporation Ltd	421500		4622400	330495
私营企业	Private	1225482	7418	15560328	1237668
其他企业	Other	6063		118799	5179
港澳台商投资企业	Enterprises with Funds from Hong Kong, Macao and Taiwan	13502		2021318	107619
外商投资企业	Foreign Funded	969		487198	47775
个体经营	Individual	444879		5964193	285298
按国民经济行业分	By sector				
综合零售	Comprehensive retail	1086476	1660	15744701	998419
食品、饮料及烟草制品	Food, drinks and tobacco products	581387		1982568	144876
纺织、服装及日用品	Textile, clothing and household items	238366	230	2270366	139580
文化、体育用品及器材	Cultural and sports supplies and equipment	268387	2224	1818607	213600
医药及医疗器材	Pharmaceutical and medical equipment	348541		1770454	192678
汽车、摩托车、燃料及零配件	Automobiles, motorcycles, fuel and spare parts	1130253	11554	25690818	2138099
家用电器及电子产品	Household appliances and electronic products	975208	2521	4589966	406472
五金、家具及室内装饰材料	Hardware, furniture and interior decoration materials	460542	7912	2520305	137023
货摊、无店铺及其他	Booth and others	269316	4937	1698391	163328

17-15 各市限额以上批发和零售企业(单位)商品购、销、存总额(2016年)

Total Purchases, Sales and Inventory of Enterprises above Designated Size of Wholesale and Retail Trades by City (2016)

单位：亿元 (100 million yuan)

市(县)	City(County)	商品购进额 purchases	商品销售额 Total Sales	批发额 Wholesale trade	零售额 Retail Trade	年末商品库存额 Inventory (year-end)
全省	**Total**	**15188.20**	**17118.93**	**10433.91**	**6685.02**	**1021.01**
省辖市	**City**					
郑州市	Zhengzhou	5784.80	6258.51	4484.73	1773.78	333.94
开封市	Kaifeng	481.79	552.95	220.00	332.95	21.19
洛阳市	Luoyang	1177.58	1345.72	675.77	669.95	81.88
平顶山市	Pingdingshan	629.82	721.81	407.20	314.61	37.82
安阳市	Anyang	496.49	596.18	388.15	208.03	26.48
鹤壁市	Hebi	281.33	314.55	249.53	65.02	7.11
新乡市	Xinxiang	491.17	549.88	245.66	304.23	53.72
焦作市	Jiaozuo	311.60	403.53	156.37	247.17	28.27
濮阳市	Puyang	367.10	416.38	176.29	240.09	20.04
许昌市	Xuchang	753.49	849.49	535.27	314.21	36.89
漯河市	Luohe	345.93	419.46	206.30	213.15	12.29
三门峡市	Sanmenxia	352.95	397.91	261.14	136.76	13.96
南阳市	Nanyang	931.71	1076.45	646.19	430.26	116.84
商丘市	Shangqiu	897.48	1008.39	620.78	387.62	43.55
信阳市	Xinyang	631.13	731.43	359.57	371.85	58.70
周口市	Zhoukou	515.03	597.73	295.29	302.45	75.12
驻马店市	Zhumadian	637.03	762.83	437.12	325.71	46.03
济源市	Jiyuan	101.78	115.74	68.57	47.18	7.16
省直管县	**County Directly Administrated by Province**					
巩义市	Gongyi	53.32	58.16	18.90	39.26	3.53
兰考县	Lankao	43.86	46.94	15.74	31.20	2.25
汝州市	Ruzhou	113.36	126.28	86.58	39.70	5.91
滑县	Huaxian	29.80	31.81	20.07	11.74	3.66
长垣县	Changyuan	31.56	38.99	9.52	29.47	2.69
邓州市	Dengzhou	44.69	62.41	32.90	29.52	38.11
永城市	Yongcheng	133.99	138.75	116.05	22.70	2.32
固始县	Gushi	30.81	39.08	10.78	28.30	2.02
鹿邑县	Luyi	39.80	48.98	32.36	16.62	1.54
新蔡县	Xincai	21.93	24.66	8.41	16.26	10.83

17-16 限额以上住宿和餐饮业企业(单位)经营情况(2016年)

Management of Enterprises above Designated Size of Star-rated Hotels and Catering Services (2016)

单位：万元 (10 000 yuan)

指标名称	Item	营业额 Total Business Revenue	客房收入 Guest room Revenue	餐费收入 Meal Revenue	商品销售额 Total Retail Sales of Consumer Goods	其他收入 Other Revenue
总　计	**Total**	**6277003**	**1457339**	**4422905**	**253806**	**142953**
住宿业	**Hotels**	**2251277**	**1225136**	**842543**	**84142**	**99455**
#国有控股	State-holding	281029	118289	118888	17378	26474
按国民经济行业分	By sector					
旅游饭店	Tourist hotel	1263167	625347	521332	44478	72010
一般旅馆	General hotel	913992	557608	295846	37110	23428
其他住宿业	Others	74118	42180	25365	2555	4017
按登记注册类型分	By Registration					
内资企业	Domestic-Funded Enterprises	1804564	924098	726134	66908	87424
国有企业	State-owned	204705	89719	90957	11395	12634
集体企业	Collective-owned	44559	19855	20504	1384	2817
股份合作企业	Cooperative	4926	2908	1601	75	342
联营企业	Joint Ownership	204	200	4		
有限责任公司	Limited Liability Corporations	776631	414215	295600	25857	40958
股份有限公司	Share-holding Corporation Ltd	80826	37533	34717	4077	4498
私营企业	Private	674272	348417	276750	23293	25811
其他企业	Other	18442	11251	6000	827	364
港澳台商投资企业	Enterprises With Investment from Hong Kong, Macao and Taiwan	45603	18246	20246	1807	5305
外商投资企业	Enterprises With Foreign Investment	17196	8297	5231	2305	1362
个体经营	Individual	383914	274495	90932	13123	5364
按经营形式分	By Management Style					
独立门店	Independent store	2078210	1121740	783952	79829	92689
连锁总店(总部)	Head office of Chain Store	11371	6470	4669	111	121
连锁门店	Chain store	55628	39007	11345	908	4367
其他	Others	106068	57919	42577	3294	2279
按星级分	By Star Level					
五星	Five-star	140580	63008	63748	3414	10409
四星	Four-star	275496	126390	115745	11519	21843
三星	Three-star	343655	151744	155132	16319	20461
二星	Two-star	156377	79221	70153	4656	2348
一星	One-star	16156	11423	3865	657	211
其他	Others	1319014	793350	433900	47579	44185

17-16 续表 continued

单位：万元 (10 000 yuan)

指标名称	Item	营业额 Total Business Revenue	客房收入 Guest room Revenue	餐费收入 Meal Revenue	商品销售额 Total Retail Sales of Consumer Goods	其他收入 Other Revenue
餐饮业	**Catering Services**	**4025726**	**232204**	**3580362**	**169663**	**43498**
#国有控股	State-holding	27737	2665	23680	660	733
按国民经济行业分	By sector					
正餐服务	Dinner	3637037	226809	3223071	157360	29797
快餐服务	Snack	293024	4244	268631	9159	10991
饮料及冷饮服务	Drinks and cold drinks	12999		10892	1702	405
其他餐饮业	Others	82667	1151	77769	1442	2305
按登记注册类型分	By Registration					
内资企业	Domestic-Funded Enterprises	1725204	167243	1473129	59647	25185
国有企业	State-owned	24218	2289	21030	194	705
集体企业	Collective-owned	13185	1497	11619	53	16
股份合作企业	Cooperative	1228		42	1048	138
联营企业	Joint Ownership	2367	183	2052	133	
有限责任公司	Limited Liability Corporations	500165	61885	408828	19581	9872
股份有限公司	Share-holding Corporation Ltd	63829	7772	50985	2226	2846
私营企业	Private	1090688	91901	951396	36067	11324
其他企业	Other	29525	1716	27178	347	285
港澳台商投资企业	Enterprises With Investment from Hong Kong, Macao and Taiwan	2742		2699	43	
外商投资企业	Enterprises With Foreign Investment	75642		65184	15	10442
个体经营	Individual	2222139	64960	2039350	109958	7870
按经营形式分	By Management Style					
独立门店	Independent store	3690715	218135	3284696	158692	29194
连锁总店(总部)	Head office of Chain Store	130014	613	116456	2292	10653
连锁门店	Chain store	68753	1467	63927	3243	116
其他	Others	136244	11989	115283	5437	3535

17-17 各市限额以上住宿和餐饮企业(单位)经营情况(2016年)

Operation Conditions of Enterprises above Designated Size of Star-rated Hotels and Catering Services by City (2016)

单位：万元 (10 000 yuan)

市(县) City(County)	营业额 Total Business Revenue	客房收入 Guest Room Revenue	餐费收入 From Meals	商品销售额 Total Retail Sales of Consumer Goods	其他收入 Other Revenue
省辖市 City					
郑州市 Zhengzhou	1434472	324002	974004	73761	62706
开封市 Kaifeng	440821	116306	311881	9680	2954
洛阳市 Luoyang	651163	119766	491460	23064	16873
平顶山市 Pingdingshan	384265	69492	270188	30757	13828
安阳市 Anyang	127571	31470	85221	4349	6531
鹤壁市 Hebi	93426	20682	68990	3161	593
新乡市 Xinxiang	184355	38813	132797	9185	3561
焦作市 Jiaozuo	188915	34120	142165	10505	2125
濮阳市 Puyang	219482	51281	163878	3733	591
许昌市 Xuchang	431352	95521	315637	12134	8060
漯河市 Luohe	207219	37321	163367	5516	1015
三门峡市 Sanmenxia	90214	25598	56817	5030	2770
南阳市 Nanyang	468731	132977	313402	13831	8521
商丘市 Shangqiu	207362	58740	134090	13806	726
信阳市 Xinyang	493709	124032	344695	18613	6368
周口市 Zhoukou	282621	62615	212131	5572	2303
驻马店市 Zhumadian	347303	108454	224990	10902	2957
济源市 Jiyuan	24021	6148	17195	207	471
省直管县 County Directly Administrated by Province					
巩义市 Gongyi	110491	24049	82493	2929	1021
兰考县 Lankao	30750	6279	22468	1935	69
汝州市 Ruzhou	17198	2933	12227	1835	204
滑县 Huaxian	17899	5943	11477	304	175
长垣县 Changyuan	20613	4922	14935	396	360
邓州市 Dengzhou	28829	6924	21475	21	409
永城市 Yongcheng	16287	3107	12835	94	251
固始县 Gushi	34740	9082	24338	1143	177
鹿邑县 Luyi	18619	8221	9012	602	784
新蔡县 Xincai	16894	6491	10383	20	

17−18 各市限额以上住宿企业(单位)经营情况(2016年)

Operation Conditions of Star-rated Hotels above Designated Sized by City (2016)

单位：万元 (10 000 yuan)

市(县) City(County)	营业额 Total Business Revenue	客房收入 Guest Room Revenue	餐费收入 From Meals	商品销售额 Total Retail Sales of Consumer Goods	其他收入 other Revenue
省辖市 City					
郑州市 Zhengzhou	502292	287238	156389	19938	38726
开封市 Kaifeng	144556	97739	42654	2374	1789
洛阳市 Luoyang	184264	99508	64532	5178	15046
平顶山市 Pingdingshan	147200	66480	53588	15077	12054
安阳市 Anyang	53820	25453	22296	1967	4104
鹤壁市 Hebi	36913	16586	18016	1760	552
新乡市 Xinxiang	57491	30732	21043	2591	3126
焦作市 Jiaozuo	63591	25276	35709	1080	1525
濮阳市 Puyang	80570	48264	30328	1709	269
许昌市 Xuchang	138286	79737	51740	2508	4302
漯河市 Luohe	43112	31460	10525	574	553
三门峡市 Sanmenxia	48235	23736	20032	1719	2748
南阳市 Nanyang	205028	104263	89277	5983	5504
商丘市 Shangqiu	83796	48604	29037	5762	392
信阳市 Xinyang	163640	80580	70290	8759	4012
周口市 Zhoukou	122428	58082	60075	2129	2141
驻马店市 Zhumadian	165257	95507	62524	5026	2200
济源市 Jiyuan	10799	5890	4489	9	411
省直管县 County Directly Administrated by Province					
巩义市 Gongyi	28703	21694	5894	703	412
兰考县 Lankao	6706	3351	3010	345	
汝州市 Ruzhou	4790	2102	2337	332	18
滑县 Huaxian	7976	4963	2595	243	175
长垣县 Changyuan	4962	3987	315	332	328
邓州市 Dengzhou	9837	5141	4524	21	151
永城市 Yongcheng	2821	1773	703	94	251
固始县 Gushi	17160	8352	8283	366	159
鹿邑县 Luyi	11635	7888	2512	451	784
新蔡县 Xincai	8032	5579	2452		

17-19 各市限额以上餐饮企业(单位)经营情况(2016年)

Operation Conditions of Catering Services above Designated Size by City (2016)

单位：万元 (10 000 yuan)

市(县) City(County)	营业额 Total Business Revenue	客房收入 Guest Room Revenue	餐费收入 From Meals	商品销售额 Total Retail Sales of Consumer Goods	其他收入 other Revenue
省 辖 市 City					
郑 州 市 Zhengzhou	932181	36763	817614	53823	23980
开 封 市 Kaifeng	296265	18567	269226	7306	1165
洛 阳 市 Luoyang	466899	20258	426927	17887	1827
平 顶 山 市 Pingdingshan	237065	3012	216600	15679	1774
安 阳 市 Anyang	73752	6017	62925	2382	2427
鹤 壁 市 Hebi	56513	4096	50975	1402	41
新 乡 市 Xinxiang	126864	8081	111755	6594	435
焦 作 市 Jiaozuo	125324	8844	106456	9425	599
濮 阳 市 Puyang	138912	3017	133551	2023	321
许 昌 市 Xuchang	293066	15785	263897	9626	3758
漯 河 市 Luohe	164107	5861	152842	4942	463
三 门 峡 市 Sanmenxia	41979	1861	36785	3311	21
南 阳 市 Nanyang	263703	28714	224124	7848	3018
商 丘 市 Shangqiu	123566	10136	105052	8044	334
信 阳 市 Xinyang	330069	43452	274405	9855	2357
周 口 市 Zhoukou	160194	4533	152056	3443	161
驻 马 店 市 Zhumadian	182047	12948	162466	5876	757
济 源 市 Jiyuan	13222	258	12706	198	60
省 直 管 县 County Directly Administrated by Province					
巩 义 市 Gongyi	81788	2355	76598	2226	609
兰 考 县 Lankao	24045	2928	19458	1590	69
汝 州 市 Ruzhou	12409	830	9890	1503	186
滑 县 Huaxian	9922	980	8882	61	
长 垣 县 Changyuan	15651	935	14619	65	31
邓 州 市 Dengzhou	18992	1783	16950		259
永 城 市 Yongcheng	13465	1334	12131		
固 始 县 Gushi	17580	731	16055	777	18
鹿 邑 县 Luyi	6984	333	6500	151	
新 蔡 县 Xincai	8863	912	7931	20	

17−20 限额以上批发和零售、住宿和餐饮法人企业主要财务指标(2016年)

Main Financial Indicators of Enterprises in Wholesale and Retail Trades, Hotels and Catering Services above Designated Size (2016)

单位：万元 (10 000 yuan)

指　标	Item	批发业 Wholesale	零售业 Retail Sale	住宿业 Hotels	餐饮业 Catering Services
期末资产负债	**Assets and Liability(year-end)**				
流动资产合计	Current Assets	28660267	15301984	1554563	597668
应收帐款	Accounts receivable	6425927	1583901	109523	55097
存货	Inventory	5786526	3489120	86868	47161
固定资产合计	Total Fixed assets	4337419	4033780	1466207	526848
固定资产原价	Original Value of Fixed Assets	5618501	5190737	2176994	693902
累计折旧	Accumulated Depreciation	1350404	1189195	736648	171795
本年折旧	Depreciation of Deducted This Year	212622	248393	85667	26786
在建工程	Project under construction	341081	303370	188209	42902
资产总计	Total Assets	38426659	23018782	3811456	1489894
流动负债合计	Total Flow liabilities	22982725	14303472	1915581	630788
应付账款	Accounts payable	6020147	2168732	167596	64100
非流动负债合计	Total current liabilities	1380795	980620	649991	128397
负债合计	Total liabilities	24349343	15345480	2589746	765570
所有者权益合计	Total Creditors'Equity	14077316	7673302	1221710	724324
实收资本	Actual Capital	6693863	5197514	1290674	587719
损益及分配	**Profit and Loss Apportionment**				
营业收入	Business income	93387778	50829050	1723674	1710365
主营业务收入	Revenue from Principle Busintss	93134945	50252316	1705131	1696858
营业成本	Operating costs	82956299	44126152	929461	1078471
主营业务成本	Cost of Principle Business	82656438	43907232	920173	1069322
营业税金及附加	Sales Tax and Extra Changes	1450060	424716	53364	54024
主营业务税金及附加	Tax and Extra Changes on Principle Business	1427804	409687	52202	53114
其他业务利润	Other Profits	101806	356214	17446	7321
销售费用	Selling Expenses	2271483	2135752	310165	202626
管理费用	Management Expenses	1613258	1474610	301146	134421
税金	Taxes	77741	79669	14144	8752
财务费用	Financial Expenses	515841	425251	62626	28360
利息收入	Interest income	75217	11543	1072	369
利息支出	Intrest Expense	237053	122879	23953	5458
资产减值损失	Loss of asset impairment	26263	11043	592	3746
公允价值变动收益	The changes in the fair value	-17	-2004	33	11
投资收益	Investment income	40307	24890	740	1107
营业利润	Operating profit	4712526	2293504	71847	211568
营业外收入	Non-operating income	143763	41234	7903	3894
政府补助	Subsidies income	67959	4182	1685	773
营业外支出	Non-business expenses	34709	30039	6798	2067
利润总额	Profit total	4712719	6574998	74560	208126
应交所得税	Payable income tax	486928	183515	9169	10875
人工成本及增值税	**Labor cost and value added tax**				
应付职工薪酬	Wages Payable	1372913	1603946	332063	218049
应交增值税	VAT payable	1226174	722141	23466	19703

17-21 各市限额以上批发和零售法人企业主要财务指标(2016年)

Main Financial Indicators of Enterprises in Wholesale and Retail Trades above Designated Size by City (2016)

单位：万元 (10 000 yuan)

市(县) City(County)	流动资产合计 Circulating Funds	#存货 Inventory	固定资产原价 Original Values of Fixed Asset	资产总计 Total Assets	所有者权益 Total Owners' Equity	主营业务收入 From Principal Business Revenue	主营业务成本 Cost of Principal Business
省辖市 City							
郑州市 Zhengzhou	18767104	2917983	2163454	23259536	5668322	51838436	47539251
开封市 Kaifeng	909654	199436	555215	1626369	984777	4779035	3838522
洛阳市 Luoyang	4091581	720210	659623	5491011	1282902	11167058	10196444
平顶山市 Pingdingshan	1706514	279661	643405	2624731	979206	6018299	5371857
安阳市 Anyang	1386530	222305	334895	1986928	623578	5138457	4709393
鹤壁市 Hebi	467001	86817	125003	674135	211990	2062016	1911792
新乡市 Xinxiang	1521070	350244	425896	2100777	713724	4631970	4199064
焦作市 Jiaozuo	991270	196537	296911	1398540	478170	3268732	2860219
濮阳市 Puyang	722377	125364	319917	1319030	762353	3082884	2693741
许昌市 Xuchang	1857886	333964	716203	2718806	1304172	7052168	5690295
漯河市 Luohe	706923	158875	162613	1084295	569428	3659100	3112206
三门峡市 Sanmenxia	654914	190658	233809	949584	424055	2699994	2340822
南阳市 Nanyang	3222274	1056901	1042040	4725384	2336277	9344573	7885468
商丘市 Shangqiu	1926815	375532	647522	2976981	1439794	9175466	8030208
信阳市 Xinyang	1080282	260275	783164	2371341	1061261	6324174	5193054
周口市 Zhoukou	2088594	1392231	807420	3057655	1274781	5431830	4404884
驻马店市 Zhumadian	1614700	365821	815848	2735643	1541668	6672278	5630419
济源市 Jiyuan	246763	42833	76299	344694	94161	1040792	956033
省直管县 County Directly Administrated by Province							
巩义市 Gongyi	102217	25900	30731	142273	55576	309444	266281
兰考县 Lankao	87196	21128	83924	205368	133375	402186	294662
汝州市 Ruzhou	239262	61359	222584	509506	285630	1135540	997654
滑县 Huaxian	69883	16797	35884	115510	79860	249586	209848
长垣县 Changyuan	176779	46397	73342	261156	96249	296531	245928
邓州市 Dengzhou	561722	379243	108837	666151	210116	503248	428049
永城市 Yongcheng	241568	26414	39143	338624	107558	1230114	1189866
固始县 Gushi	72038	20656	84767	154937	116618	355018	297677
鹿邑县 Luyi	173956	84905	121550	318550	205690	469460	363318
新蔡县 Xincai	46889	11091	13602	68925	38091	165221	130509

17-21 续表 continued

单位：万元 (10 000 yuan)

市(县) City(County)	主营业务税金及附加 Main Sales Tax and Extra Charges	销售费用 Selling Expenses	管理费用 Management Expenses	财务费用 Financial Expenses	营业利润 Profits of Main Sales	利润总额 Total Profits	本年应缴增值税 VAT Payable
省 辖 市 City							
郑 州 市 Zhengzhou	249110	1427830	757006	244302	1926654	1911208	491018
开 封 市 Kaifeng	89152	191458	136007	36405	521782	512534	84383
洛 阳 市 Luoyang	106933	369024	221157	84277	194945	201898	149371
平 顶 山 市 Pingdingshan	81900	181184	142313	35968	213946	206537	86268
安 阳 市 Anyang	76904	100380	82352	20805	162849	158984	69670
鹤 壁 市 Hebi	28411	40313	36855	8572	37510	36996	16914
新 乡 市 Xinxiang	62420	149071	104481	27614	103533	106964	66715
焦 作 市 Jiaozuo	49486	110365	94683	31695	131953	128770	42324
濮 阳 市 Puyang	53309	68637	57959	19137	185977	174831	29953
许 昌 市 Xuchang	106216	290003	236085	67476	642778	4996492	101151
漯 河 市 Luohe	56445	122948	63143	16580	290437	287012	95385
三 门 峡 市 Sanmenxia	53907	102402	75559	15617	114780	112749	93119
南 阳 市 Nanyang	235834	335626	283853	69755	562756	563004	179302
商 丘 市 Shangqiu	136257	255636	222003	49442	497782	477350	119790
信 阳 市 Xinyang	151904	259578	197183	93958	449764	446591	92856
周 口 市 Zhoukou	171222	181544	187354	68417	415094	416787	84722
驻 马 店 市 Zhumadian	117549	194376	171183	45212	525872	522321	136706
济 源 市 Jiyuan	10533	26861	18693	5863	27618	26688	8668
省 直 管 县 County Directly Administrated by Province							
巩 义 市 Gongyi	3610	6644	9200	3808	23904	21488	2626
兰 考 县 Lankao	10378	20014	15508	8313	52384	53235	11600
汝 州 市 Ruzhou	11706	31317	17076	7966	69087	63847	11198
滑 县 Huaxian	2479	9372	6945	1198	20155	17445	1003
长 垣 县 Changyuan	2468	25306	11438	2875	8167	9177	3370
邓 州 市 Dengzhou	15890	20100	20146	14065	12718	19470	6688
永 城 市 Yongcheng	2420	17099	10809	3624	10362	9920	6810
固 始 县 Gushi	5267	13857	10028	2649	25298	24807	3460
鹿 邑 县 Luyi	10125	18634	19056	7079	51230	51016	7475
新 蔡 县 Xincai	2427	12967	8425	1609	12031	11183	316

17-22 各市限额以上住宿和餐饮法人企业主要财务指标(2016年)

Main Economic Indicators of Enterprises in Hotels and Catering Services above Designated Size by City (2016)

单位：万元 (10 000 yuan)

市(县)	City(County)	流动资产合计 Circulating Funds	#存货 Inventory	固定资产原价 Original Values of Fixed Asset	资产总计 Total Assets	所有者权益 Total Creditors' Equity	#实收资本 Paid-in Capital	主营业务收入 Revenue From Principal Business
省辖市	**City**							
郑州市	Zhengzhou	873833	33502	875970	1685824	372250	485066	659437
开封市	Kaifeng	62634	8697	113909	209630	135067	95807	313194
洛阳市	Luoyang	238370	10319	282622	513803	155570	194694	241865
平顶山市	Pingdingshan	109646	4632	244567	377808	206221	189590	203829
安阳市	Anyang	38769	2445	91062	121153	30292	29006	61150
鹤壁市	Hebi	8684	681	15043	23670	10781	10467	43999
新乡市	Xinxiang	88115	4472	56577	201953	55831	59147	86965
焦作市	Jiaozuo	62564	2672	60383	118820	9993	30104	58174
濮阳市	Puyang	14002	890	57856	68571	43446	33603	58953
许昌市	Xuchang	143845	6046	125257	322620	131144	124938	268113
漯河市	Luohe	23949	4157	35951	84718	50102	16699	125439
三门峡市	Sanmenxia	28607	4167	69793	99121	7744	28186	53066
南阳市	Nanyang	134352	11886	265160	522271	204431	190182	323725
商丘市	Shangqiu	50935	4976	71875	142049	101492	51296	127071
信阳市	Xinyang	137720	6688	236901	384178	175988	153433	273968
周口市	Zhoukou	40240	7344	121001	163157	114972	80081	225702
驻马店市	Zhumadian	80730	19463	130103	234994	142281	99675	267571
济源市	Jiyuan	15236	994	16867	27009	-1570	6421	9767
省直管县	**County Directly Administrated by Province**							
巩义市	Gongyi	8213	3462	24073	31083	14074	11063	18699
兰考县	Lankao	6493	1916	37258	43175	35867	19921	17902
汝州市	Ruzhou	8798	180	5923	12855	9194	8860	5989
滑县	Huaxian	725	143	11449	12910	1093	1260	2877
长垣县	Changyuan	13631	818	14119	41993	20470	18053	11066
邓州市	Dengzhou	3370	1070	11827	20746	12928	6699	8445
永城市	Yongcheng	2040	333	2740	4885	2603	2514	12965
固始县	Gushi	10047	948	24098	39807	22751	17370	24497
鹿邑县	Luyi	2079	391	16786	21834	13630	6421	14766
新蔡县	Xincai	3482	404	4385	9585	7072	3949	11342

17-22 续表 continued

单位：万元 (10 000 yuan)

市(县) City(County)	主营业务成本 Cost of Principal Business	主营业务税金及附加 Tax and Extra Charges on Principal Business	销售费用 Selling Expenses	管理费用 Management Expenses	财务费用 Financial Expenses	营业利润 Operating Profits	利润总额 Total Profits
省辖市 City							
郑州市 Zhengzhou	270575	17300	223764	166824	18301	-32128	-29908
开封市 Kaifeng	182814	10974	24092	28815	3557	62881	61132
洛阳市 Luoyang	134650	6989	51707	41183	10868	-1664	-3806
平顶山市 Pingdingshan	127481	6551	23607	21381	7068	17089	19839
安阳市 Anyang	33083	1761	9176	11525	2068	4016	5578
鹤壁市 Hebi	31543	1678	4541	3223	726	2248	2247
新乡市 Xinxiang	49184	3023	15502	12483	3895	4641	3981
焦作市 Jiaozuo	33239	1336	11542	8959	1494	1918	3477
濮阳市 Puyang	44419	1149	5396	4601	907	3575	3124
许昌市 Xuchang	165235	7382	23317	24790	9868	40341	40654
漯河市 Luohe	89947	3471	4662	3868	1096	22124	22343
三门峡市 Sanmenxia	29275	1684	11253	11186	1501	-1972	-2499
南阳市 Nanyang	213713	9729	36435	31668	10776	23837	22929
商丘市 Shangqiu	80135	5216	10128	9303	2753	19463	16272
信阳市 Xinyang	167224	9270	25310	22027	8826	42428	43616
周口市 Zhoukou	146110	11956	12063	13499	3739	38217	37463
驻马店市 Zhumadian	187097	5656	16763	17642	3466	36872	36828
济源市 Jiyuan	3773	192	3533	2591	76	-471	-584
省直管县 County Directly Administrated by Province							
巩义市 Gongyi	10347	546	3031	2284	197	2506	3779
兰考县 Lankao	9601	370	825	601	384	6321	6432
汝州市 Ruzhou	3432	107	878	904	249	558	559
滑县 Huaxian	1523	148	657	752	38	-23	53
长垣县 Changyuan	5912	412	2487	1706	472	421	-54
邓州市 Dengzhou	4412	343	1172	929	436	1179	853
永城市 Yongcheng	7018	620	2071	960	72	2333	2319
固始县 Gushi	14956	760	3405	2303	1142	1958	1927
鹿邑县 Luyi	8840	471	1054	1240	362	2796	2719
新蔡县 Xincai	8566	170	738	669	131	1097	1080

17-23 各种分组的连锁企业单位数(2016年)

Number of Chain Enterprise By variety of Group (2016)

单位：个 (unit)

指标名称	Item	连锁总店 Head Offices of Chain Store	连锁门店数 Number of Chain Stores	直营店 Under Direct Management	加盟店 Through License Arrangement
批发和零售业	**Wholesale and Retail**	**127**	**5590**	**4677**	**913**
按登记注册类型分	By Status of Registration				
内资企业	Domestic Funded Enterprises	123	5239	4326	913
国有企业	State-owned	8	157	144	13
集体企业	Collective-owned	1			
有限责任公司	Limited Liability Corporations	57	1924	1825	99
股份有限公司	Share-holding Corporation Ltd	21	1484	1374	110
私营企业	Private	35	1670	979	691
私营独资企业	Proprietorship	3	53	38	15
私营合伙企业	Partnership	1	20	20	
私营有限责任公司	Limited Liability Corporations	29	1112	561	551
私营股份有限公司	Share-holding Corporation Ltd	2	485	360	125
其他企业	Others	1	4	4	
港、澳、台商投资企业	Enterprises with Funds from Hong Kong, Macao and Taiwan	3	251	251	
外商投资企业	Foreign Funded	1	100	100	
按国民经济行业分	By Sector				
批发业	Wholesale Trades	15	982	982	
食品、饮料及烟草制品批发	Food, drink and tobacco products wholesale	1	38	38	
矿产品、建材及化工产品批发	Minerals, building materials and chemical products wholesale	13	940	940	
机械设备、五金产品及电子产品批发	Mechanical equipment, metal products and electronic products wholesale	1	4	4	
零售业	Retail Trades	112	4608	3695	913
综合零售	Comprehensive retail	45	1421	988	433
食品、饮料及烟草制品专门零售	Food, drink and tobacco retail	6	470	332	138
纺织、服装及日用品专门零售	Special retail textile, clothing and daily necessities	5	33	28	5
文化、体育用品及器材专门零售	Cultural and sports supplies and equipment retail	5	26	26	
医药及医疗器材专门零售	Pharmaceutical and medical equipment	30	1896	1670	226
汽车、摩托车、燃料及零配件专门零售	Automobiles, motorcycles, fuel and spare parts	6	608	498	110
家用电器及电子产品专门零售	Household appliances and electronic products retail	15	154	153	1
按业态分	By Format				
便利店	Neighbourhood Market	2	125	125	
超市	Supermarker	24	862	429	433
大型超市	large supermarket	15	397	397	
百货店	Department Store	1			
专业店	Professional Shop	2	17	17	
#加油站	Gas station	19	1548	1438	110
专卖店	Regie Shop	11	554	418	136
住宿和餐饮业	**Hotels and Catering**	**21**	**227**	**227**	
按登记注册类型分	By Status of Registration				
内资企业	Domestic Funded Enterprises	18	80	80	
有限责任公司	Limited Liability Corporations	7	29	29	
私营企业	Private	11	51	51	
私营独资企业	proprietorship	2	8	8	
私营有限责任公司	Limited Liability Corporations	9	43	43	
外商投资企业	Foreign Funded	3	147	147	
按国民经济行业分	By Sector				
住宿业	Hotels	2	13	13	
旅游饭店	Tourist hotel	1	2	2	
一般旅馆	General hotel	1	11	11	
餐饮业	Catering Services	19	214	214	
正餐服务	Restaurant	15	63	63	
快餐服务	Fast food	3	147	147	
小吃服务	Snack	1	4	4	

17−24 各种分组的连锁企业基本情况(2016年)

Basic Conditions of Chain Enterprise By variety of Group (2016)

指标名称	Item	营业面积(平方米) Operational Area(sq.m)	从业人数(人) Employed Persons(person)	商品销售总额(万元) Total Sale Value (10 000yuan)	零售额(万元) Retail Sale (10 000yuan)
批发和零售业	**Wholesale and Retail**	**6258664**	**66461**	**8768087**	**7869077**
按登记注册类型分	By Status of Registration				
内资企业	Domestic Funded Enterprises	5228674	58297	7185890	6464565
国有企业	State-owned	57667	1519	144264	126353
集体企业	Collective-owned				
有限责任公司	Limited Liability Corporations	1820452	31436	2264725	2216717
股份有限公司	Share-holding Corporation Ltd	2939780	13242	4066655	3427018
私营企业	Private	406975	12080	708879	693109
私营独资企业	Proprietorship	14556	459	13822	13822
私营合伙企业	Partnership	2500	85	6525	6525
私营有限责任公司	Limited Liability Corporations	336197	9937	623485	616661
私营股份有限公司	Share-holding Corporation Ltd	53722	1599	65047	56102
其他企业	Others	3800	20	1367	1367
港、澳、台商投资企业	Enterprises with Funds from Hong Kong, Macao and Taiwan	803791	7618	1337077	1337077
外商投资企业	Foreign Funded	226199	546	245120	67435
按国民经济行业分	By Sector				
批发业	Wholesale Trades	2090910	5327	2418086	1762640
食品、饮料及烟草制品批发	Food, drink and tobacco products wholesale	1975	158	3206	1449
矿产品、建材及化工产品批发	Minerals, building materials and chemical products wholesale	2087435	5108	2404056	1754175
机械设备、五金产品及电子产品批发	Mechanical equipment, metal products and electronic products wholesale	1500	61	10824	7015
零售业	Retail Trades	4167754	61134	6350002	6106438
综合零售	Comprehensive retail	2626217	40810	3386797	3373328
食品、饮料及烟草制品专门零售	Food, drink and tobacco retail	43942	1620	70515	70515
纺织、服装及日用品专门零售	Special retail textile, clothing and daily necessities	10899	327	18209	18209
文化、体育用品及器材专门零售	Cultural and sports supplies and equipment retail	17001	814	26876	26596
医药及医疗器材专门零售	Pharmaceutical and medical equipment	289746	10603	424468	404492
汽车、摩托车、燃料及零配件专门零售	Automobiles, motorcycles, fuel and spare parts	817572	3302	1749284	1575242
家用电器及电子产品专门零售	Household appliances and electronic products retail	362377	3658	673853	638055
按业态分	By Format				
便利店	Neighbourhood Market	33248	837	34939	34939
超市	Supermarker	309128	6645	349994	349994
大型超市	large supermarket	2210041	31895	2941874	2928405
百货店	Department Store	71300	1348	53466	53466
专业店	Professional Shop	3535052	22980	5187729	4310076
#加油站	Gas station	2905007	8410	4153339	3329417
专卖店	Regie Shop	59595	2417	143397	135508
住宿和餐饮业	**Hotels and Catering**	**75526**	**6925**		
按登记注册类型分	By Status of Registration				
内资企业	Domestic Funded Enterprises	36079	1916		
有限责任公司	Limited Liability Corporations	14810	536		
私营企业	Private	21269	1380		
私营独资企业	proprietorship	2187	199		
私营有限责任公司	Limited Liability Corporations	19082	1181		
外商投资企业	Foreign Funded	39447	5009		
按国民经济行业分	By Sector				
住宿业	Hotels	300	123		
旅游饭店	Tourist hotel	100	28		
一般旅馆	General hotel	200	95		
餐饮业	Catering Services	75226	6802		
正餐服务	Restaurant	31979	1712		
快餐服务	Fast food	39447	5009		
小吃服务	Snack	3800	81		

17-25 连锁企业商品购进和配送情况(2016年)
Conditions of Purchase and Delivery of Chain Enterprise (2016)

单位：万元 (10 000 yuan)

指标名称	Item	商品购进总额 Total Purchases	统一配送商品购进额 Centralized Pruchase and Delivery	自有配送中心配送商品购进额 Self Centralized Purchase and Delivery	非自有配送中心配送商品购进额 Non-self Centralized Purchase and Delivery
批发和零售业	**Wholesale and Retail**	**8088795**	**4671637**	**2671635**	**263102**
按登记注册类型分	By Status of Registration				
内资企业	Domestic Funded Enterprises	7053034	4349666	2463673	149093
国有企业	State-owned	119203	82957	17411	364
集体企业	Collective-owned				
有限责任公司	Limited Liability Corporations	2210957	1825368	1147745	147546
股份有限公司	Share-holding Corporation Ltd	4099412	1871547	968988	
私营企业	Private	622261	568592	329530	1184
私营独资企业	Proprietorship	9360	3558	3558	
私营合伙企业	Partnership	6170	6170	6170	
私营有限责任公司	Limited Liability Corporations	540900	493836	319802	1184
私营股份有限公司	Share-holding Corporation Ltd	65832	65028		
其他企业	Others	1201	1201		
港、澳、台商投资企业	Enterprises with Funds from Hong Kong, Macao and Taiwan	833228	119439	5430	114009
外商投资企业	Foreign Funded	202532	202532	202532	
按国民经济行业分	By Sector				
批发业	Wholesale Trades	2329988	1223203	599861	
食品、饮料及烟草制品批发	Food, drink and tobacco products wholesale	2813	2813	2813	
矿产品、建材及化工产品批发	Minerals, building materials and chemical products wholesale	2317499	1210714	597048	
机械设备、五金产品及电子产品批发	Mechanical equipment, metal products and electronic products wholesale	9676	9676		
零售业	Retail Trades	5758807	3448434	2071774	263102
综合零售	Comprehensive retail	2788954	1595408	1048476	118155
食品、饮料及烟草制品专门零售	Food, drink and tobacco retail	82236	79471	8966	299
纺织、服装及日用品专门零售	Special retail textile, clothing and daily necessities	11913	11913	5430	
文化、体育用品及器材专门零售	Cultural and sports supplies and equipment retail	18556	13348	7368	
医药及医疗器材专门零售	Pharmaceutical and medical equipment	370165	358701	87362	144649
汽车、摩托车、燃料及零配件专门零售	Automobiles, motorcycles, fuel and spare parts	1810704	910691	574471	
家用电器及电子产品专门零售	Household appliances and electronic products retail	676279	478904	339701	
按业态分	By Format				
便利店	Neighbourhood Market	39821	31599	14127	
超市	Supermarker	258182	170555	69864	3782
大型超市	large supermarket	2438336	1371658	946424	114373
百货店	Department Store	46446	15427	11892	
专业店	Professional Shop	5110445	2887754	1552385	144649
其中：加油站	Gas station	4128203	2121404	1171520	
专卖店	Regie Shop	138548	137627	20927	299
住宿和餐饮业	**Hotels and Catering**	**43622**	**39206**	**25**	**2722**
按登记注册类型分	By Status of Registration				
内资企业	Domestic Funded Enterprises	11078	6662	25	2722
有限责任公司	Limited Liability Corporations	3742	495	25	
私营企业	Private	7336	6167		2722
私营独资企业	proprietorship	603			
私营有限责任公司	Limited Liability Corporations	6733	6167		2722
外商投资企业	Foreign Funded	32544	32544		
按国民经济行业分	By Sector				
住宿业	Hotels	198	173	25	
旅游饭店	Tourist hotel	78	78		
一般旅馆	General hotel	120	95	25	
餐饮业	Catering Services	43424	39033		2722
正餐服务	Restaurant	10379	6489		2722
快餐服务	Fast food	32544	32544		
小吃服务	Snack	500			

17-26 各种分组的住宿餐饮业连锁企业主要指标(2016年)
Main Indicators of Chain Hotels and Catering Services Enterprise By variety of Group (2016)

指标名称	Item	客房数(间) Number of Rooms (Unit)	床位数(个) Number of Beds (Unit)	餐位数(位) Numbers of Seats in Restaurant (unit)	营业额(万元) Bussiness revinue (10 000yuan)	餐费收入(万元) From Meals (10 000yuan)
总　计	**Total**	**1330**	**3380**	**31866**	**108848**	**105435**
按登记注册类型分	By Status of Registration					
内资企业	Domestic Funded Enterprises	1330	3380	10590	24301	20888
有限责任公司	Limited Liability Corporations	1100	3000	3288	11561	8536
私营企业	Private	230	380	7302	12739	12352
私营独资企业	proprietorship			569	1310	1310
私营有限责任公司	Limited Liability Corporations	230	380	6733	11429	11042
外商投资企业	Foreign Funded			21276	84547	84547
按国民经济行业分	By Sector					
住宿业	Hotels	1330	3380	350	2800	20
旅游饭店	Tourist hotel	230	380	50	388	
一般旅馆	General hotel	1100	3000	300	2412	20
餐饮业	Catering Services			31516	106047	105414
正餐服务	Restaurant			9540	20458	19825
快餐服务	Fast food			21276	84547	84547
小吃服务	Snack			700	1042	1042

17–27 亿元以上商品交易市场情况

Statistics on Commodity Exchange Market of Turnover above 100 million yuan

类　　别	Type	2015		2016	
		摊位数量 (个) Number of Booths (Unit)	成交额 (亿元) Total Turnover (100 million yuan)	摊位数量 (个) Number of Booths (Unit)	成交额 (亿元) Total Turnover (100 million yuan)
总　　计	**Total**	**121518**	**3348.90**	**120935**	**3573.04**
粮油、食品类	Food	30872	1417.68	30080	1729.95
#粮油类	Grain,Edible Oil, Fruits, Vegetables	3818	200.40	4327	239.24
肉禽蛋类	Meat, Poultry and Eggs	3316	96.50	3372	146.70
水产品类	Aquatic Products	4294	312.95	4056	297.15
蔬菜类	Vegetables	12998	450.36	12148	541.60
干鲜果品类	Dried and Fresh Melons and Fruits	5791	351.44	5638	499.17
饮料类	Beverages	1795	34.32	1788	35.64
烟酒类	Tobacco and Liquor	2167	25.74	2123	24.95
服装、鞋帽、针纺织品类	Garments,Footwears, Hats, Kintwear and Textiles	35769	248.30	32958	256.94
服装类	Clothing	23921	162.77	21476	166.40
鞋帽类	Shoes and Hats	5987	49.96	6005	55.44
针纺织品类	Knitwear and Textiles	5861	35.57	5477	35.10
化妆品类	Cosmetics	1255	10.08	1216	9.99
金银珠宝类	Gold,Silver and Fewelry	198	9.10	195	7.99
日用品类	Articles for Daily Use	5050	28.18	5598	25.35
儿童玩具类	Childern toys	942	4.18	924	3.56
五金、电料类	Hardware and Electrical Materials	4175	81.87	5265	84.80
体育、娱乐用品类	Sports & Recreation Articles	760	5.47	748	5.40
书报杂志类	Newspapers and Magazines	547	2.31	529	2.22
电子出版物及音像制品类	E-journals and Video Products	569	2.58	547	2.49
家用电器和音像器材类	Household Appliances and Video Appliances	2179	50.83	2311	55.71
中西药品类	Traditional Chinese and Western Medicines	2835	42.42	2795	37.26
#西药类	Western Medicines	147	0.62	145	0.69
中草药及中成药类	Traditional Chinese l Medicines	2672	41.75	2647	36.57
文化办公用品类	Cultural and Official Appliances	3709	32.86	3751	39.54
家具类	Furniture	2525	58.16	2515	63.62
通讯器材类	Communication Appliances	546	41.22	503	38.62
煤炭及制品类	Coal and Related Products	68	0.12	55	0.08
木材及制品类	Wood and Wooden Products	349	22.93	318	20.89
石油及制品类	Petroleum and Related Products	977	13.08	970	12.17
化工材料及制品类	Chemical Materials and Related Products	1616	7.81	1803	8.20
#化肥类	Fertilizers	770	5.00	756	5.17
金属材料类	Metals Materials	3308	742.62	3212	582.16
建筑及装潢材料类	Building and Decoration Materials	7760	196.71	9641	237.85
机电产品及设备类	Mechanical & Electrical Products	1616	20.82	1476	19.96
#农机类	Agricultural Machineries	316	8.85	308	9.76
汽车类	Automobiles	1631	88.79	1819	104.68
种子饲料类	Seeds and Feedstuff	596	6.73	573	8.29
棉麻类	Cotton and Hemp	109	5.99	107	4.56
其他类	Others	8537	152.18	8039	153.75

17-28 各市亿元以上商品交易市场情况

Statistics on Commodity Exchange Market of Turnover above 100 million yuan by City

市(县)	City(County)	2015		2016	
		摊位数量 (个) Number of Booths (Unit)	成交额 (亿元) Total Turnover (100 million yuan)	摊位数量 (个) Number of Booths (Unit)	成交额 (亿元) Total Turnover (100 million yuan)
省辖市	**City**				
郑州市	Zhengzhou	33151	1201.49	36952	1430.65
开封市	Kaifeng	4768	32.14	4601	31.69
洛阳市	Luoyang	12399	323.12	12695	333.29
平顶山市	Pingdingshan	1888	19.54	1904	19.66
安阳市	Anyang	3301	27.13	630	12.22
鹤壁市	Hebi	437	20.64	474	21.68
新乡市	Xinxiang	5149	72.24	4857	71.13
焦作市	Jiaozuo	649	1.09	590	1.02
濮阳市	Puyang				
许昌市	Xuchang	7235	640.60	7263	539.83
漯河市	Luohe	4531	30.18	4521	33.68
三门峡市	Sanmenxia	768	7.23	269	6.57
南阳市	Nanyang	12575	254.44	12359	261.78
商丘市	Shangqiu	9756	417.82	9756	504.82
信阳市	Xinyang	2159	22.38	2171	26.46
周口市	Zhoukou	5074	120.57	4135	97.29
驻马店市	Zhumadian	5874	75.57	5948	95.23
济源市	Jiyuan	2932	18.42	2891	19.01
省直管县	**County Directly Administrated by Province**				
巩义市	Gongyi				
兰考县	Lankao				
汝州市	Ruzhou	41	1.32	41	1.34
滑县	Huaxian				
长垣县	Changyuan	290	5.84	290	6.13
邓州市	Dengzhou	2695	36.43	2695	38.06
永城市	Yongcheng	987	9.44	987	10.10
固始县	Gushi	4375	5.85	4422	6.15
鹿邑县	Luyi				
新蔡县	Xincai	484	5.42	484	5.26

主要统计指标解释

社会消费品零售总额 指企业（单位、个体户）通过交易直接售给个人、社会集团非生产、非经营用的实物商品金额，以及提供餐饮服务所取得的收入金额。个人包括城乡居民和入境人员，社会集团包括机关、社会团体、部队、学校、企事业单位、居委会或村委会等。

批发业 指向其他批发或零售单位（含个体经营者）及其他企事业单位、机关团体等批量销售生活用品、生产资料的活动，以及从事进出口贸易和贸易经纪与代理的活动，包括拥有货物所有权，并以本单位(公司)的名义进行交易活动，也包括不拥有货物的所有权，收取佣金的商品代理、商品代售活动；还包括各类商品批发市场中固定摊位的批发活动，以及以销售为目的的收购活动。

零售业 指百货商店、超级市场、专门零售商店、品牌专卖店、售货摊等主要面向最终消费者（如居民等）的销售活动，以互联网、邮政、电话、售货机等方式的销售活动，还包括在同一地点，后面加工生产，前面销售的店铺（如面包房）；谷物、种子、饲料、牲畜、矿产品、生产用原料、化工原料、农用化工产品、机械设备（乘用车、计算机及通信设备除外）等生产资料的销售不作为零售活动；多数零售商对其销售的货物拥有所有权，但有些则是充当委托人的代理人，进行委托销售或以收取佣金的方式进行销售。

批发和零售业商品购进、销售、库存额 指各种登记注册类型的批发和零售业企业(单位)以本企业(单位)为总体的，从国内、国外市场购进的商品总量，销售和出口的商品总量，库存的商品总量等情况。该指标可以反映商品流转过程中商品的购进、销售、库存之间的比例关系和存在的问题。

商品购进额 指从本企业以外的单位和个人购进（包括从国外直接进口）作为转卖或加工后转卖的商品金额（含增值税）。商品购进包括：（1）从工农业生产者、批发和零售业企业、住宿和餐饮业企业、出版社或报社的出版发行部门和其他服务业企业购进的商品；（2）从机关团体、事业单位购进的商品；（3）从海关、市场管理部门购进的缉私和没收的商品；（4）从居民收购的废旧商品等。不包括：（1）企业为本单位自身经营用，不是作为转卖而购进的商品，如材料物资、包装物、低值易耗品、办公用品等；（2）未通过买卖行为而收入的商品，如接受其他部门移交的商品、借入的商品、收入代其他单位保管的商品、其他单位赠送的样品、加工回收的成品等；（3）经本单位介绍，由买卖双方直接结算，本单位只收取手续费的业务；（4）销售退回和买方拒付货款的商品；（5）商品溢余。

商品销售额 指对本单位以外的单位和个人出售的商品金额（包括售给本单位消费用的商品，含增值税）。商品销售包括（1）售给城乡居民和社会集团消费用的商品；（2）售给农业、工业、建筑业、服务业等国民经济各行业用于生产、经营用的商品，包括售予批发和零售业作为转卖或加工后转卖的商品；（3）对国（境）外直接出口的商品。不包括：（1）未通过买卖行为付出的商品，如随机构变动移交给其他企业单位的商品、借出的商品、归还受其他单位委托代保管的商品、付出的加工原料和赠送给其他单位的样品等；（2）经本单位介绍，由买卖双方直接结算，本单位只收取手续费的业务；（3）购货退回的商品；（4）商品损耗和损失；（5）出售本单位自用的废旧物资。

商品库存额 对于批发和零售业法人单位和个体经营户，是指报告期末取得所有权的全部商品金额（含增值税）；对于批发和零售业产业活动单位，是指报告期末实际在库且归属法人具有所有权的全部商品金额（含增值税）。库存商品包括：(1)存放在本单位(如门市部、批发站、采购站、经营处)的仓库、货场、货柜和货架中的商品；(2)挑选、整理、包装中的商品；(3)已记入购进而尚未运到本单位的商品，即发货单或银行承兑凭证已到而货未到的商品；(4)寄放他处的商品，如因购货方拒绝付款而暂时存在购货方的商品；(5)委托其他单位代销(未作销售或调出)尚未售出的商品；(6)代其他单位购进尚未交付的商品。不包括：所有权不属于本单位的商品；委托外单位加工的商品；外贸企业代理其他单位从国外进口，尚未付给订货单位的商品；代国家储备部门保管的商品。

连锁总店（总部） 指负责连锁企业资源（商号、商誉、经营模式、服务标准、管理模式等等）的开发、配置、控制或使用等功能的企业核心管理机构。连锁经营是指经营同类商品或服务，使用统一商号的若干店铺，在同一总店（总部）的管理下，采取统一采购或特许经营等方式，实现规模效益的组织形式，包括直营连锁、特许连锁和自愿连锁三种形式。其中，直营连锁是指连锁店铺由连锁公司全资或控股开设，在总部的直接控制下，开展统一经营的连锁经营形式；特许连锁是指拥有注册商标、企业标志、专利、专有技术等经营资源的企业（特许人），以合同形式将其拥有的经营资源许可其他经营者（被特许人）使用，被特许人按合同约定在统一的经营模式下开展经营，并向特许人支付特许经营费用的连锁经营形式；自愿连锁是指若干个店铺或企业自愿组合起来，在不改变各自资产所有权关系的情况下，以同一个品牌形象面对消费者，以共同进货为纽带开展的连锁经营形式。

亿元以上商品交易市场 指年成交额在亿元及以上的商品交易市场。商品交易市场是指经有关部门和组织批准设立，有固定场所、设施，有经营管理部门和监管人员，若干市场经营者入内，常年或实际开业三个月以上，集中、公开、独立地进行生活消费品、生产资料等现货商品交易以及提供相关服务的交易场所，包括各类消费品市场、生产资料市场等。

住宿业 指为旅行者提供短期留宿场所的活动，有些单位只提供住宿，也有些单位提供住宿、饮食、商务、娱乐一体的服务，不包括主要按月或按年长期出租房屋住所的活动。

餐饮业 指通过即时制作加工、商业销售和服务性劳动等，向消费者提供食品和消费场所及设施的服务。

营业额 指住宿和餐饮业单位在经营活动中因提供服务或销售商品等取得的收入。包括：客房收入、餐费收入、商品销售额（含增值税）和其他收入。其中，客房收入指住宿和餐饮业单位在经营活动中因提供住宿服务取得的收入。餐费收入指本单位为顾客提供就餐服务取得的收入，包括：经烹饪、调制加工后出售的各种食品，如主食、炒菜、凉拌菜等的收入。

Explanatory Notes on Main Statistical Indicators

Total Retail Sales of Consumer Goods refer to the amount obtained by enterprises (units, self-employed individuals) through direct sales of non-production and non-business physical commodity to individuals, social institutions, and revenue from providing catering services. Individuals include rural and urban households, population from abroad, social institutions include government agencies, social organizations, military units, schools, institutions, neighbourhood (village) committees.

Wholesale Trade refers to the activities of selling wholesale commodities for daily use and capital goods to enterprises of wholesale and retail trades (including self-employed individuals) and other enterprises, institutions and government organs and organizations, and the activities of engaging in import and export and acting as a trade agent. The wholesaler may have the ownership of the commodities for wholesale and trade in the name of its own (a company), and the wholesaler can act as commission agent or commodity broker without the ownership of commodities. Also included are the wholesale activities at the fixed stalls in wholesale market and the acquisition for sales purpose.

Retail Trade refers to the activities of department store, supermarket, franchised store, brand store, retail stall and on-the-spot-making-selling store selling commodities to the final consumers (residents) by any means including internet, post, telephone, sales machine. It also includes shops with sales and production localted in the same places (such as bakeries). Retail trade excludes the activities of sales of capital goods such as grain, seed, feed, livestock, mineral products, raw material for production, industrial chemicals, chemical products for agricultural use, machine and equipment (excluding vehicles, computers and communication equipment). Most retailers have the ownership of commodities to sell, but some are acting as agents or brokers to make transactions for a commission.

Purchase, Sales and Stock of Commodities by Wholesale and Retail Trades refer to the total volume of commodities purchased, total volume of sales and exports, and the stock of commodities by wholesale and retail enterprises (establishments) of different status of registration from domestic and overseas markets. This indicator reflects the relationship among purchase, sales and stock of commodities in the circulation of goods and reveals the existing problems.

Total Purchases of Commodities refer to the total value of purchases of commodities by enterprises (establishments) from other establishments or individuals (including direct import from abroad) for the purpose of re-selling, either with or without further processing of the commodities purchased. The commodities include: (1) commodities purchased from agricultural and industrial producer, wholesaler, retailer, publishing house and other service business; (2) commodities purchased from institutions and government departments; (3) confiscated goods purchased from the customs authorities or market management agencies; (4) second-hand goods and wastes purchased from residents; The commodities exclude (1) commodities purchased by enterprises (establishments) for use in their own business operation, commodities obtained without buying or selling procedures such as materials, consumable goods of low value, office appliance, etc. (2) received goods without trading, such as goods handed over from others, borrowed goods, preserved goods for others, donated goods from others, processed and retrieved goods, etc. (3) goods of direct settlement between buyer and seller with handling fees introduced by others, (4) goods returned or refused to pay by the buyer, (5) excessive goods.

Total Sales of Commodities refer to value of commodities sold by the establishments to other establishments and individuals (including goods sold for self consumption, including the value-added tax). The commodities include: (1) commodities sold to urban and rural residents and social groups for their consumption; (2) commodities sold to establishments in all industries for their production and operation, including agriculture, industry, construction, and catering services including commodities sold to wholesale and retail establishments for re-selling, with or without further processing; and (3) commodities for direct export to abroad. Excluded are (1) extended commodities without trading, such as goods handed over to other enterprises and institutions because of the change of organizations, lent goods, returned goods preserved for others, extended processing materials and samples donated to others, (2) goods of direct settlement between buyer and seller with handling fees introduced by others, (3) goods returned after purchase, (4) damaged and spoiled goods, (5) waste and used goods of self use,

Total Stock of Commodities For the legal entities and self-employed individuals engaged in wholesale and retail trade, it refers to total value (including VAT) of commodities possessed at the end of the reference period; and for wholesale and retail establishments, it refers to the value (including VAT) of all commodities actually in stock and owned by their legal persons at the end of reference period. The commodities in stock includes: (1) commodities located in storage, garages, counters, and shelves of operating places of wholesale and retail trades (such as sale stores, wholesale centres, procurement stations and operating offices); (2) commodities in the process of being selected, sorted, and packed; (3) commodities not arrived but recorded as purchase in the account, i.e. commodities not arrived but payment receipts for the commodities from the sellers or the banks arrived; (4) commodities deposited in other places rather than places mentioned above, for instance: commodities in the hold of purchasers temporarily due to the refusal of payment; (5) commodities entrusted to other units to sell but not sold yet; (6) commodities purchased for other units but not delivered yet. Commodities not included as stock are those not owned by the enterprises (units), commodities on commission for processing, imported commodities of agency of foreign trade enterprise but not yet delivered to ordering units and finally those put in stock on behalf of the state reserves units.

Chain Head Stores (headquarter) refer to the core leading stores responsible for development, allocation, administration and utilization of resources (name of stores, brand of stores, operation model, service standard, management way, etc.) of chain stores. Chain stores refers to the stores engaged in providing homogeneous commodities or services, with the central leadership of head store (headquarters) and guided by common policies, conduct centralized purchase and distributed selling of commodities, in order to gain better efficiency through standardized operation. The chain stores include regular chain stores, franchise chain stores and voluntary chain stores.

Regular Chain store refers to chain stores that are invested or controlled by the headquarters. They operate under direct and unified management from the headquarters.

Franchise chain store refers to the chain stores (franchisees) which are franchised with operation resources such as trade marks, names, patent and operation know-how by the franchisors in form of contract and pay the operation fees to the franchisors.

Voluntary chain store refers to the stores operate jointly on the voluntary bases while maintaining their status of independent legal entities with full ownership of their assets. They sell goods of same brand from same channel of resource to the consumers.

Large Commodity Markets with Transaction Value over 100 Million Yuan refers to the commodity markets with an annual transaction at and above 100 million. The commodity market refers to the markets approved and managed by related departments, where there are fixed sites, facilities, managers and administration offices, where there are a certain number of traders to operate for three month and above or all the year, where the commodities including the articles for daily consumption and capital goods and services are traded in a centralized, independent and open way. Such market includes markets of daily goods and market of capital goods, etc.

Hotel Services refer to the accommodation services provided to visitors. Some units may provide only accommodation while others provide a combination of accommodation, meals, business services and/or recreational facilities. It excludes activities related to the provision of long-term primary residences in facilities such as apartments typically leased on a monthly or annual basis.

Catering Services refer to the activities of providing foods, serving locations and facilities to customers through instant processing, commercial sales and service-type labor.

Business Revenue refers to revenue of hotels and catering services received from providing services or selling commodities through business activities, including income from hotels, from catering services, from selling of commodities (including VAT) and from other services. Income from hotels refers to income of hotels and catering services by providing lodging services through business activities. Income from catering services refers to income from providing catering services, including selling of cooked or prepared foods, such as staple food, cooked dishes, or cold dishes.

金融业
Financial Intermediation

18

● 资料整理：赵国顺

简要说明

一、主要内容

本篇包括金融机构、证券业、保险业和国债发行情况资料。

二、资料来源

金融机构和国债发行情况资料来源于中国人民银行郑州中心支行。证券业资料来源于河南证监局。保险业资料来源于河南保监局。本篇资料由河南省统计局国民经济核算处编辑整理。

Brief Introduction

I. Main Contents

Data in this chapter including four aspects: the financial activities of the financial institutions; the situations of the securities industry; the situation regarding the insurance business and the situation regarding the issuance of treasury bonds.

II. Sources of Data

Data on financial institutions and issuance of treasury bonds are calculated from The People's Bank of China and Zhengzhou Central Sub-branch. Data on securities industry are calculated from Henan provincial Securities Regulatory Commission. Data on insurance business are calculated from Henan provincial Insurance Regulatory. Data on this chapter are provided of Department of National Accounts of the Henan provincial Bureau of Statistics.

18-1 金融机构和保险业主要指标

Main Indicators of Financial Institutions and Insurance

单位：亿元 (100 million yuan)

年 份 Year	金融机构人民币存款年底余额 Total Saving Deposit Balance	金融机构人民币贷款年底余额 Total Loan Balance	#短期 Short-term	#中长期 Medium-term & Long-term	保险公司保费收入 Premium Income of Insarance Companies	保险公司赔款及给付 Claim & Payment of Insarance Companies
1978	45.71	99.99				
1979	52.00	108.14				
1980	57.77	125.01				
1981	68.45	146.42				
1982	74.08	153.73				
1983	88.10	174.83				
1984	136.84	229.88				
1985	146.42	284.91				
1986	184.66	350.21				
1987	231.71	392.32				
1988	270.67	447.99				
1989	329.01	511.90				
1990	593.96	773.04			6.57	3.18
1991	754.03	945.90			8.47	4.49
1992	936.04	1127.26			13.65	5.46
1993	1143.66	1366.98			18.48	7.55
1994	1602.95	1704.82			21.03	11.89
1995	2131.69	2170.17			25.57	11.47
1996	2707.65	2665.41			26.87	15.23
1997	3271.76	3320.89			34.84	16.02
1998	3772.51	3878.53			44.92	17.78
1999	4198.10	4179.51			47.89	15.83
2000	4753.41	4356.94	3114.58	1057.50	55.77	17.30
2001	5530.16	4885.73	3336.16	1447.99	69.57	21.85
2002	6451.59	5553.58	3673.39	1702.63	126.22	22.68
2003	7618.03	6422.66	4025.08	2138.16	162.98	27.53
2004	8631.79	7092.31	4200.53	2487.19	202.05	33.84
2005	10003.96	7434.53	4088.16	2736.63	213.55	38.16
2006	11492.55	8567.33	4731.54	3259.90	252.31	50.98
2007	12576.42	9545.48	5213.08	3800.96	323.56	100.88
2008	15255.42	10368.05	5180.84	4302.41	518.92	128.77
2009	19175.06	13437.43	6016.17	6066.05	565.39	148.23
2010	23148.83	15871.32	6995.81	7806.31	793.28	153.91
2011	26646.15	17506.24	8273.66	8690.17	839.82	171.14
2012	31970.43	20301.72	9977.52	9608.35	841.13	199.55
2013	37591.70	23511.41	11823.35	11029.60	916.52	279.75
2014	41374.91	27228.27	12801.98	13625.90	1036.08	324.03
2015	47629.91	31432.62	13763.71	16416.30	1248.76	447.71
2016	53977.62	36501.17	14253.21	20570.22	1555.15	548.03

注：各项存款、贷款年底余额1989年及以前为国家银行口径，1990年以后为金融机构口径。

a) The balance of Deposits and loans before 1998 are measured by statistics of state-owned banks,otherwise,after 1990,they are evaluated by data from financial institutions.

18-2 金融机构人民币存贷款情况(2016年)

Deposits and Loans of Financial Institutions (2016)

单位：亿元 (100 million yuan)

项　目	Item	2016
各项存款	**Deposits**	**53977.62**
境内存款	Domestic Savings	53967.08
住户存款	Household Savings	29421.19
非金融企业存款	Non-financial Corporate Deposits	14845.34
广义政府存款	General Government Deposits	7883.48
非银行业金融机构存款	Non-banking Financial Institutions Deposits	1817.07
境外存款	Overseas Deposits	10.54
各项贷款	**Loans**	**36501.17**
境内贷款	Domestic Loans	36500.22
住户贷款	Households Loans	12556.75
短期贷款	Short-term Loans	3605.26
中长期贷款	Medium and Long-term Loans	8951.49
非金融企业及机关团体贷款	Non-financial Companies and Organizations Loans	23943.46
非银行业金融机构贷款	Non-banking Financial Institutions Loans	
境外贷款	Foreign Loans	0.95

18-3 各类银行人民币存贷款情况（2016年）

Deposits and Loans of Financial Institutions (2016)

单位：亿元 (100 million yuan)

项目	Item	大型银行 Large Banks	中小型银行 Small and Medium Banks	区域性中小型银行 Urban Commercial Banks	农村信用社 Rural Credit Cooperatives
各项存款	**Deposits**	**27365.64**	**7611.47**	**11797.95**	**6294.91**
境内存款	Domestic Savings	27357.40	7609.34	11797.88	6294.91
个人存款	Individual Deposit	16898.47	1275.08	5828.60	5418.11
单位存款	Unit Deposit	9815.47	5643.49	5300.58	867.50
国库定期存款	Treasury deposit	38.24	8.70	17.00	
非存款类金融机构存款	Financial Institutions Deposits	605.21	682.08	651.70	9.30
境外存款	Overseas Deposits	8.24	2.13	0.08	
各项贷款	**Loans**	**18119.05**	**7369.47**	**6936.71**	**3443.34**
境内贷款	Domestic Loans	18118.57	7369.00	6936.71	3443.34
短期贷款	Short-term Loans	3205.81	4219.69	4533.99	2028.58
#个人贷款及透支	Personal Loans and Overdrafts	723.10	555.10	1323.64	1003.40
#个人消费贷款	Personal Consumption Loans	482.22	231.74	147.03	44.32
单位贷款及透支	Unit Loans and Overdrafts	2482.70	3661.59	3183.85	1025.18
中长期贷款	Medium-term & Long-term Loans	14017.43	2984.80	2022.97	1395.65
个人贷款	Personal Loan	6353.72	1239.79	696.14	658.62
#个人消费贷款	Personal Consumption Loans	5900.08	1006.20	375.87	189.87
单位贷款	Unit Loans	7663.71	1745.01	1326.79	737.03
票据融资	Bill Financing	888.89	146.75	365.23	19.11
融资租赁	Financing Lease				
各项垫款	Advance Payment	6.44	17.76	14.52	
境外贷款	Foreign Loans	0.48	0.47		

18-4 各市金融机构贷款年底余额

Loans of Financial Institutions by City

单位：亿元 (100 million yuan)

市(县)	City(County)	2015	#短期 Short-term	#中长期 Medium-term & Long-term	2016	#短期 Short-term	#中长期 Medium-term & Long-term
省辖市	**City**						
郑州市	Zhengzhou	12659.48	3919.63	8352.02	15422.39	3971.16	10850.81
开封市	Kaifeng	1018.06	428.28	558.23	1188.54	471.30	685.02
洛阳市	Luoyang	2635.68	1244.33	1055.45	3011.90	1322.12	1235.62
平顶山市	Pingdingshan	1405.26	775.40	532.04	1589.41	823.14	598.46
安阳市	Anyang	1009.64	537.85	419.81	1160.79	541.63	548.81
鹤壁市	Hebi	484.60	244.90	228.75	536.83	238.57	295.54
新乡市	Xinxiang	1276.15	600.63	649.85	1339.54	566.18	748.55
焦作市	Jiaozuo	944.58	457.25	434.24	1087.24	475.63	553.51
濮阳市	Puyang	543.35	248.86	279.81	635.79	275.18	355.32
许昌市	Xuchang	1357.02	853.17	473.55	1464.22	820.40	607.76
漯河市	Luohe	504.18	302.73	194.24	641.23	376.12	253.27
三门峡市	Sanmenxia	671.76	378.38	259.12	701.12	388.72	283.51
南阳市	Nanyang	1723.16	1057.53	604.98	1885.33	1099.55	733.33
商丘市	Shangqiu	1137.75	606.36	498.92	1288.55	671.92	595.44
信阳市	Xinyang	1290.94	677.60	592.69	1442.69	706.87	721.40
周口市	Zhoukou	917.97	524.00	379.98	976.40	545.14	421.49
驻马店市	Zhumadian	1114.67	513.76	588.39	1227.64	539.13	674.62
济源市	Jiyuan	227.36	128.73	76.79	258.04	134.36	76.89
省直管县	**County Directly Administrated by Province**						
巩义市	Gongyi	182.40	116.88	64.93	207.55	108.91	98.42
兰考县	Lankao	85.80	40.28	45.43	117.12	41.85	74.78
汝州市	Ruzhou	147.98	99.57	45.24	173.84	114.95	58.64
滑县	Huaxian	98.60	46.13	52.47	106.15	41.10	65.05
长垣县	Changyuan	160.47	71.27	88.49	182.56	79.60	102.23
邓州市	Dengzhou	137.13	92.60	42.43	166.36	113.55	52.81
永城市	Yongcheng	245.67	101.34	144.19	258.30	138.67	118.63
固始县	Gushi	154.43	104.74	49.69	167.47	112.74	54.73
鹿邑县	Luyi	96.34	58.93	37.16	100.18	52.33	47.85
新蔡县	Xincai	62.16	24.28	37.88	76.87	39.54	37.32

18-5 个人贷款总额

Total Amount of Personal Loans

单位：亿元 (100 million yuan)

指标	Indicators	2005	2009	2010	2013	2014	2015	2016
个人贷款总额	**Total Amount of Personal Loans**	**377.79**	**1229.86**	**1898.14**	**4022.70**	**4658.82**	**5961.59**	**8377.37**
个人消费贷款	Personal Consumption Loan	347.30	1044.37	1623.94	3413.66	4658.82	5961.59	8377.37
#个人住房贷款	Housing Mortgage Loan	269.71	829.03	1257.00	2687.08	3606.34	4719.70	6976.82
汽车消费贷款	Car Consumption Loan	41.02	47.24	68.09	58.56	67.10	71.49	78.92
个人住房贷款占个人消费贷款额比重(%)	**Percentage of Housing Mortgage Loan in Personal Consumption Loan (%)**	**77.7**	**79.4**	**77.4**	**78.7**	**77.4**	**79.2**	**83.3**

注：2014年以后数据不含公积金贷款。
a) Data since 2014 do not include provident fund loans.

18-6 人民币一年期存贷款利率

Official Interest Rates of RMB Deposits and Loans of Financial Institutions

单位：年利率 % (annual interest rate %)

执行日期 Ajust Time	金融机构存款基准利率 Official Interest Rates of Deposits of Financial Institutions	金融机构贷款基准利率 Official Interest Rates of Loans of Financial Institutions	中央银行对金融机构贷款基准利率 Official Interest Rates of Loans of Central Bank
1978	3.24	5.04	
1980	3.96-5.76	5.04	
1985	5.40-7.20	3.60-7.92	
1990.01.01	11.34	11.34	
1990.04.15	10.08	10.08	
1990.08.21	8.64	9.36	
1991.04.21	7.56	8.64	
1993.05.15	9.18	9.36	
1993.07.11	10.98	10.98	
1995.07.01	10.98	12.06	
1996.05.01	9.18	10.98	10.98
1996.08.23	7.47	10.08	10.62
1997.10.23	5.67	8.64	9.36
1998.03.25	5.22	7.92	7.92
1998.07.01	4.77	6.93	5.67
1998.12.07	3.78	6.39	5.13
1999.06.10	2.25	5.85	3.78
2002.02.21	1.98	5.31	3.24
2004.03.25	1.98	5.31	3.87
2004.10.29	2.25	5.58	3.87
2006.04.28	2.25	5.85	3.87
2006.08.19	2.52	6.12	3.87
2007.03.18	2.79	6.39	3.87
2007.05.19	3.06	6.57	3.87
2007.07.21	3.33	6.84	3.87
2007.08.22	3.60	7.02	3.87
2007.09.15	3.87	7.29	3.87
2007.12.21	4.14	7.47	3.87
2008.01.01	4.14	7.47	4.68
2008.09.16	4.14	7.20	4.68
2008.10.09	3.87	6.93	4.68
2008.10.30	3.60	6.66	4.68
2008.11.27	2.52	5.58	3.60
2008.12.23	2.25	5.31	3.33
2010.10.20	2.50	5.56	3.33
2010.12.26	2.75	5.81	3.85
2011.02.09	3.00	6.06	3.85
2011.04.06	3.25	6.31	3.85
2011.07.07	3.50	6.56	3.85
2012.06.08	3.25	6.31	3.85
2012.07.06	3.00	6.00	3.85
2014.11.22	2.75	5.60	3.85
2015.03.01	2.50	5.35	3.85
2015.05.11	2.25	5.10	3.85
2015.06.28	2.00	4.85	3.85
2015.08.26	1.75	4.60	3.85
2015.10.24	1.50	4.35	3.85

18-7 各市证券交易额

Stock Turnover by City

单位：亿元 (100 million yuan)

市	City	2009	2010	2011	2012	2013	2014	2015	2016
全　　省	**Total**	**26443.67**	**25065.78**	**19873.60**	**15987.46**	**18586.20**	**36532.64**	**100578.31**	**51654.18**
省 辖 市	**City**								
郑　州　市	Zhengzhou	14739.50	13928.78	11176.51	9241.54	10132.35	21409.34	54869.28	27571.06
开　封　市	Kaifeng	558.49	577.66	445.92	315.76	441.43	730.87	2295.89	1270.85
洛　阳　市	Luoyang	2431.37	2387.21	1886.47	1433.71	1830.23	3413.54	10204.13	5449.89
平顶山市	Pingdingshan	907.18	939.37	741.02	538.33	718.20	1177.05	3637.42	1323.06
安　阳　市	Anyang	709.46	645.36	574.31	406.11	494.45	840.87	2272.12	1242.19
鹤　壁　市	Hebi	155.91	250.49	203.57	161.61	152.79	316.61	779.87	378.35
新　乡　市	Xinxiang	864.90	930.63	788.36	704.73	759.19	1466.30	3897.78	2031.59
焦　作　市	Jiaozuo	750.33	640.65	462.84	363.18	449.34	877.84	2668.86	1522.14
濮　阳　市	Puyang	494.01	453.68	336.87	312.22	341.07	661.58	2561.37	1000.83
许　昌　市	Xuchang	949.15	860.20	629.23	453.74	585.25	1021.34	3216.74	979.01
漯　河　市	Luohe	366.88	312.01	239.84	180.64	281.89	367.44	1187.18	620.44
三门峡市	Sanmenxia	546.46	438.41	282.79	212.67	275.74	457.88	1311.51	626.50
南　阳　市	Nanyang	858.51	827.87	617.53	492.04	638.12	1128.20	3316.89	2007.01
商　丘　市	Shangqiu	469.56	290.30	370.97	278.46	337.20	544.38	1803.07	1080.61
信　阳　市	Xinyang	605.73	525.41	379.96	310.93	386.30	880.53	2537.20	1402.63
周　口　市	Zhoukou	474.30	415.59	295.90	229.53	306.28	452.73	1535.72	1013.33
驻马店市	Zhumadian	561.93	488.09	361.94	293.89	383.13	626.86	2015.70	1406.21
济　源　市	Jiyuan		154.09	79.56	58.37	73.24	159.28	467.59	272.43

18-8 各市国债发行情况

Issuance of National Debt by City

单位：万元　　(10 000 yuan)

市	City	2000	2005	2010	2011	2012	2013	2014	2015	2016
全　　省	**Total**	**485000**	**460969**	**618676**	**648960**	**406549**	**617544**	**226256**	**575315**	**721789**
郑　州　市	Zhengzhou	160330	190559	140710	185175	127292	197459	64297	147775	165744
开　封　市	Kaifeng	23266	18625	31839	29823	16598	18066	6091	15767	16918
洛　阳　市	Luoyang	79250	68155	55497	64665	58884	66022	25102	70383	78712
平 顶 山 市	Pingdingshan	21000	13410	24190	25692	9140	15522	5218	16030	45033
安　阳　市	Anyang	30500	16682	13050	14902	9350	30300	8173	26826	34782
鹤　壁　市	Hebi	2880	3360	10755	18427	3711	7714	1575	4789	13230
新　乡　市	Xinxiang	30737	24089	45620	24177	17054	25976	10575	41586	38782
焦　作　市	Jiaozuo	25021	11699	31401	47384	33237	49336	20966	51015	58950
濮　阳　市	Puyang	35300	35975	45013	35024	24604	41366	22477	45038	40376
许　昌　市	Xuchang	14600	10770	10737	12095	9384	13934	5379	16112	20667
漯　河　市	Luohe	3296	6080	8191	13582	8902	15142	3899	8551	24661
三 门 峡 市	Sanmenxia	11710	9690	18821	17897	16683	22276	8843	26949	39412
南　阳　市	Nanyang	8000	17220	25086	30194	14152	24980	8106	21534	31067
商　丘　市	Shangqiu	6515	4505	22454	26705	12951	23326	4550	16529	32036
信　阳　市	Xinyang	8275	9900	37562	20307	9077	14013	3752	7666	11653
周　口　市	Zhoukou	8800	5575	28285	44135	15044	25154	11164	23988	31010
驻 马 店 市	Zhumadian	11600	9125	59963	33382	16847	18472	9817	19278	15393
济　源　市	Jiyuan	3920	5550	9502	5394	3640	8486	6272	15499	23363

18-9 证券市场情况

Basic Statistics on Securities Market

指　标	Item	2012	2013	2014	2015	2016
年末河南上市公司数量(家)	Number of Listed Companies in Henan at the Year-end(unit)	103	95	99	101	108
年末发行股票(只)	Number of Listed Stocks at the Year-end (unit)	104	97	99	105	110
发行A股	A Shares	66	65	67	73	74
#新发行	Issued in this Year	3		1	6	1
发行境外股票	Overseas stock	38	32	32	32	36
#新发行	Issued in this Year	1	3	3	1	3
截止年末募集资金总额(亿元)	Capital Avaliable at the end year (100 million yuan)	1166.57	1831.32	2249.21	2631.60	2984.70
本年首次发行、再融资募集资金(亿元)	Capital Avaliable from First Issued and Refinancing (100 million yuan)	209.20	226.63	417.89	377.35	442.85
#A股	A Shares	188.97	210.38	256.32	226.71	436.73
年末A股上市公司流通股市价总值(亿元)	Total Market Value of Circulation Stock of Companies Listed in A Share Market at the Year-end(100 million yuan)	2460.69	2992.47	2278.90	6581.30	3617.80
股票成交量(亿元)	Total Stock Turnover (100 million yuan)	12685.78	18586.20	29757.37	100578.31	51234.66
债券成交量金额(亿元)	Bonds Turnover (100 million yuan)	411.41	582.35	407.29	590.61	594.44
投资者开户数(万户)	Total Investors (10 000 households)	408.00	421.51	447.07	579.00	687.00
#机构	Institutions	0.40	0.42	0.50	0.28	0.62
个人	Individuals	407.60	421.09	446.57	578.42	686.38
证券营业部个数(个)	Number of Business Departments of Security Companies (unit)	148	208	219	301	287
#外省证券公司设本省营业部	Number of Local Business Departments of Security Companies from Other Provinces	105	159	156	234	221

18-10 河南A股股票发行情况(1993-2016年)
Issuance of A Shares (1993-2016)

股票名称 Name of Stocks	证券代码 Code of Stocks	发行(上市)日期 Issue or the Listing date	发行数量(万股) Total Issued Volume (10 000 shares)	发行价格(元/股) Issued Prices (yuan/share)	发行总市值(万元) Issued Aggregate Market Value (10 000yuan)	募集资金净额(万元) Net Capitalization Collected (10 000yuan)
中原环保	000544.SZ	1993/12/08	4500	3.50	15750	15075
神马股份	600810.SH	1994/01/06	4950	4.68	23166	23166
洛阳玻璃	600876.SH	1995/10/31	5000	5.03	25150	23900
焦作万方	000612.SZ	1996/09/26	3201	6.80	21767	21127
东方银星	600753.SH	1996/09/27	2000	5.18	10360	9760
*ST思 达	000676.SZ	1996/12/24	1250	5.20	6500	6000
大地传媒	000719.SZ	1997/03/31	1478			
许继电气	000400.SZ	1997/04/18	5000	9.24	46200	44700
银鸽投资	600069.SH	1997/04/30	4000	4.62	18480	17810
宇通客车	600066.SH	1997/05/08	3500	9.75	34125	33075
郑州煤电	600121.SH	1998/01/07	8000	5.50	44000	42520
豫能控股	001896.SZ	1998/01/22	8000	3.36	26880	25920
莲花味精	600186.SH	1998/08/25	10000	7.01	70100	68000
黄河旋风	600172.SH	1998/11/26	4000	6.40	25600	24721
双汇发展	000895.SZ	1998/12/10	5000	6.24	31200	30046
同力水泥	000885.SZ	1999/03/19	6000	7.08	42480	40980
安彩高科	600207.SH	1999/07/14	18000	7.20	129600	127623
神火股份	000933.SZ	1999/08/31	7000	7.50	52500	51170
新乡化纤	000949.SZ	1999/10/21	7500	7.80	58500	56752
太龙药业	600222.SH	1999/11/05	3500	6.52	22820	21823
羚锐制药	600285.SH	2000/10/18	4000	8.30	33200	32030
天方药业	600253.SH	2000/12/27	6000	7.75	46500	44820
平高电气	600312.SH	2001/02/21	6000	12.45	74700	72787
安阳钢铁	600569.SH	2001/08/20	27500	6.80	187000	182925
中孚实业	600595.SH	2002/06/26	5000	8.30	41500	39939
豫光金铅	600531.SH	2002/07/30	4500	7.34	33030	31502
瑞 贝 卡	600439.SH	2003/07/10	2400	10.40	24960	23956
中原高速	600020.SH	2003/08/08	28000	6.36	178080	172754
大有能源	600403.SH	2003/10/09	3000	6.67	20010	19078
风神股份	600469.SH	2003/10/21	7500	4.30	32250	30533
华兰生物	002007.SZ	2004/06/25	2200	15.74	34628	32985
轴研科技	002046.SZ	2005/05/26	2500	6.39	15975	14784
平煤股份	601666.SH	2006/11/23	37000	8.16	301920	294892
新野纺织	002087.SZ	2006/11/30	8000	5.19	41520	38821
恒星科技	002132.SZ	2007/04/27	4100	8.00	32800	30200
中航光电	002179.SZ	2007/11/01	3000	16.19	48570	46231
利达光电	002189.SZ	2007/12/03	5000	5.1	25500	23512

18-10 续表 continued

股票名称 Name of Stocks	证券代码 Code of Stocks	发行(上市)日期 Issue or the Listing date	发行数量(万股) Total Issued Volume (10 000 shares)	发行价格(元/股) Issued Prices (yuan/share)	发行总市值(万元) Issued Aggregate Market Value (10 000yuan)	募集资金净额(万元) Net Capitalization Collected (10 000yuan)
三全食品	002216.SZ	2008/02/20	2350	21.59	50737	48864
濮耐股份	002225.SZ	2008/04/25	6000	4.79	28740	27012
辉煌科技	002296.SZ	2009/09/29	1550	25.00	38750	37004
汉威电子	300007.SZ	2009/10/30	1500	27.00	40500	37364
华英农业	002321.SZ	2009/12/16	3700	16.98	62826	58884
森源电气	002358.SZ	2010/02/10	2200	26.00	57200	54715
豫金刚石	300064.SZ	2010/03/26	3800	21.32	81016	74502
远东传动	002406.SZ	2010/05/18	4700	26.60	125020	121490
多 氟 多	002407.SZ	2010/05/18	2700	39.39	106353	99085
中原特钢	002423.SZ	2010/06/03	7900	9.00	71100	67383
新大新材	300080.SZ	2010/06/25	3500	43.40	151900	148008
中原内配	002448.SZ	2010/07/16	2350	21.80	51230	47275
郑 煤 机	601717.SH	2010/08/03	14000	20.00	280000	270040
新 开 源	300109.SZ	2010/08/25	900	30.00	27000	24805
雏鹰农牧	002477.SZ	2010/09/15	3350	35.00	117250	108623
林州重机	002535.SZ	2011/01/11	5120	25.00	128000	120520
西泵股份	002536.SZ	2011/01/11	2400	36.00	86400	81749
四 方 达	300179.SZ	2011/02/15	2000	24.75	49500	46312
通达股份	002560.SZ	2011/03/03	2000	28.80	57600	53389
好 想 你	002582.SZ	2011/05/20	1860	46.00	85560	81478
佰 利 联	002601.SZ	2011/07/15	2400	55.00	132000	125818
新 开 普	300248.SZ	2011/07/29	1120	30.00	33600	29903
北玻股份	002613.SZ	2011/08/30	6700	13.50	90450	82145
新天科技	300259.SZ	2011/08/31	1900	21.90	41610	38732
隆华节能	300263.SZ	2011/09/16	2000	33.00	66000	61074
明泰铝业	601677.SH	2011/09/19	6000	20.00	120000	113549
中信重工	601608.SH	2012/07/06	68500	4.67	319895	308557
一拖股份	601038.SH	2012/08/08	15000	5.40	81000	77373
洛阳钼业	603993.SH	2012/10/09	20000	3.00	60000	55815
牧原股份	002714.SZ	2014/01/17	6050	24.07	72210	66782
清水源	300437.SZ	2015/04/23	1670	10.53	17585	15230
普莱柯	603566.SH	2015/05/18	4000	15.52	62080	55988
科迪乳业	002770.SZ	2015/06/30	6840	6.85	46854	40698
濮阳惠成	300481.SZ	2015/06/30	2000	9.13	18260	14599
光力科技	300480.SZ	2015/07/02	2300	7.28	16744	13938
思维列控	603508.SH	2015/12/24	4000	33.56	134240	127427
安图生物	603658.SH	2016-09-01	4200	14.58	61236	57453

注：2007年及以前为发行日期，2008年起为上市日期。
a) Data before 2007 is issue date, and Since 2008 is listing date.

18-11 保险业务情况

Main Indicators of Insurance Business

单位：亿元 (100 million yuan)

项　目	Item	2008	2009	2010	2011	2012	2013	2014	2015	2016
保费收入	**Premium Income**	**518.92**	**565.39**	**793.28**	**839.82**	**841.13**	**916.52**	**1036.08**	**1248.76**	**1555.15**
财产保险	Property Insurance	77.85	97.74	134.72	163.33	195.77	238.83	278.38	320.16	372.95
#机动车辆险	Motor Vehicle Insurance	63.15	81.70	119.34	139.95	162.66	197.36	237.73	271.09	308.70
企业财产险	Enterprise Property Insurance	5.71	5.43	6.63	8.94	8.67	8.14	7.90	7.34	6.95
家庭财产险	Family Property Insurance	0.25	0.22	0.20	0.24	0.22	0.23	0.41	0.41	0.60
人身保险	Personal Insurance	441.07	467.66	658.56	676.49	645.36	677.69	757.70	928.60	1182.19
寿险	Life Insurance	411.01	434.45	618.34	637.16	595.49	613.40	659.88	794.72	1003.37
健康险	Health Insurance	22.36	24.91	31.03	28.31	37.10	49.49	79.05	111.44	151.10
意外伤害险	Accident Insurance	7.70	8.30	9.19	11.02	12.78	14.81	18.77	22.44	27.73
赔款及给付	**Claim and Payment**	**128.77**	**148.23**	**153.91**	**171.14**	**199.55**	**279.75**	**324.03**	**447.71**	**548.03**
财产保险	Property Insurance	45.13	52.13	70.72	80.54	102.50	122.08	141.02	156.14	184.32
#机动车辆险	Motor Vehicle Insurance	38.24	43.15	58.66	68.59	88.85	105.82	122.65	134.92	154.16
企业财产险	Enterprise Property Insurance	2.39	2.95	5.27	3.57	3.70	3.55	4.72	3.15	4.34
家庭财产险	Family Property Insurance	0.06	0.07	0.08	0.06	0.06	0.04	0.06	0.11	0.15
人身保险	Personal Insurance	83.64	96.10	83.19	90.60	97.05	157.67	183.01	291.57	363.72
寿险	Life Insurance	74.56	86.22	68.64	76.14	83.72	141.09	161.27	251.99	316.69
健康险	Health Insurance	6.51	7.32	11.58	11.61	9.79	12.83	17.18	34.97	40.70
意外伤害险	Accident Insurance	2.56	2.57	2.97	2.85	3.54	3.75	4.57	4.61	6.33

18－12　各市国内保险业务主要指标(2016年)

Main Indicators of Domestic Insurance Business by City (2016)

单位：万元　　(10 000 yuan)

市	City	保费收入 Premium Income	财产保险 Property Insurance	#机动车辆险 Motor Vehicle Insurance	#企业财产险 Enterprise Property Insurance	#家庭财产险 Family Property Insurance	人身保险 Personal Insurance	寿险 Life Insurance	健康险 Health Insurance	意外伤害险 Accident Insurance
全省	Total	**15551471**	**3729535**	**3086986**	**69543**	**6014**	**11821935**	**10033704**	**1510967**	**277264**
省辖市	City									
郑州市	Zhengzhou	4633594	1366384	1143667	36533	1214	3267210	2656119	497470	113622
开封市	Kaifeng	486112	86761	74479	1141	86	399351	322527	65786	11038
洛阳市	Luoyang	1110675	268681	231190	4384	298	841994	723058	103820	15116
平顶山市	Pingdingshan	619264	145178	119983	2883	289	474086	407675	58863	7548
安阳市	Anyang	744114	178766	155920	2808	205	565348	495948	57236	12164
鹤壁市	Hebi	184852	49976	42035	738	44	134876	115700	16149	3026
新乡市	Xinxiang	843301	159605	140504	2907	177	683696	586322	83490	13884
焦作市	Jiaozuo	668467	141778	119709	2372	102	526689	454208	61699	10781
濮阳市	Puyang	639646	100159	86515	1350	158	539486	470837	58066	10583
许昌市	Xuchang	627032	137079	120878	2310	199	489953	430950	48255	10748
漯河市	Luohe	383287	71171	56730	714	255	312115	272414	34749	4952
三门峡市	Sanmenxia	315096	60889	51644	485	156	254206	224395	22843	6968
南阳市	Nanyang	1256774	245069	185983	4363	326	1011705	844590	150781	16335
商丘市	Shangqiu	715199	184529	150763	1361	504	530671	462224	58287	10160
信阳市	Xinyang	741078	145707	120676	1181	787	595371	525993	59910	9468
周口市	Zhoukou	775146	202228	152369	1141	997	572918	490818	73134	8966
驻马店市	Zhumadian	668418	145309	101639	1209	176	523109	446827	66863	9420
济源市	Jiyuan	153566	35887	29723	1283	31	117679	96635	19099	1945

市	City	赔款及给付 Claim and Payment	财产保险 Property Insurance	#机动车辆险 Motor Vehicle Insurance	#企业财产险 Enterprise Property Insurance	#家庭财产险 Family Property Insurance	人身保险 Personal Insurance	寿险 Life Insurance	健康险 Health Insurance	意外伤害险 Accident Insurance
全省	Total	**5480347**	**1843177**	**1541551**	**43416**	**1504**	**3637170**	**3166894**	**406970**	**63306**
省辖市	City									
郑州市	Zhengzhou	1255839	627053	548849	17473	218	628786	464097	144282	20406
开封市	Kaifeng	156449	40507	35093	268	27	115942	96745	17861	1337
洛阳市	Luoyang	408037	119794	100148	961	42	288243	261128	23332	3783
平顶山市	Pingdingshan	270422	77070	62940	690	43	193352	176351	14794	2206
安阳市	Anyang	253038	79432	67430	2082	54	173605	153214	15319	5072
鹤壁市	Hebi	73892	24892	21534	298	19	49001	43688	3873	1440
新乡市	Xinxiang	319741	87792	74199	4694	58	231949	204467	24324	3158
焦作市	Jiaozuo	227470	73471	61868	3161	21	153999	138614	12882	2503
濮阳市	Puyang	239564	52272	47299	2503	16	187292	174083	10624	2585
许昌市	Xuchang	221550	80308	69166	1055	50	141243	127550	11868	1825
漯河市	Luohe	156965	39869	33302	220	91	117096	105485	10742	870
三门峡市	Sanmenxia	127573	27268	21570	238	8	100305	90343	5586	4375
南阳市	Nanyang	468879	132189	103044	4068	25	336690	297394	34344	4952
商丘市	Shangqiu	282938	89178	75748	2476	144	193760	175152	15217	3391
信阳市	Xinyang	306231	83774	71282	427	97	222457	198341	22750	1366
周口市	Zhoukou	365655	106406	76133	392	543	259248	234023	23551	1674
驻马店市	Zhumadian	289081	76735	51749	641	24	212346	198646	11772	1927
济源市	Jiyuan	48812	17534	14140	1097	8	31278	27220	3652	406

主要统计指标解释

信贷资金　指金融机构以信用方式积聚和分配的货币资金。金融机构信贷资金的来源有各项存款、对国际金融机构负债、流通中货币、银行自有资金及当年结益等；信贷资金的运用有各项贷款、黄金占款、外汇占款、财政借款及在国际金融机构中的资产等。

存款　指企业、机关、团体或居民根据资金必须收回的原则，把货币资金存入银行或其他信用机构保管并取得一定利息的一种信用活动形式。根据存款对象的不同可划分为企业存款、财政存款、机关团体存款、基本建设存款、城镇储蓄存款、农村存款等科目。它是银行信贷资金的主要来源。

贷款　指银行或其他信用机构根据资金必须归还的原则，按一定利率，为企业、个人等提供资金的一种信用活动形式。我国银行贷款分为短期贷款、委托及信托类贷款、其他贷款等。

保险公司　在中国境内的、经过保险监督部门批准设立，并依法登记注册的各类商业保险公司。

保险金额　指保险人承担赔偿或者给付保险金责任的最高限额。

证券　由债券购买者承购的或因销售产品而拥有的，可在金融市场上交易并代表一定债权的书面证明。包括政府债券、金融债券、企业债券、商业票据、股票、支付固定收入但不提供法人企业残余价值分享权的优先股等。

股票　指股票购买者及直接投资者对其投资企业净资产所拥有的权益。股票是股份公司签发的证明股东投资并按其所持股份享有权益和承担义务的权益性证券。

保费　指投保人为取得保险人在约定范围内所承担赔偿责任而支付给保险人的费用。

赔款　指保险人根据保险合同的规定，向被保险人支付的赔偿保险责任损失的金额。

给付　包括死伤医疗给付和满期给付。死伤医疗给付是指保险人根据人寿保险及长期健康保险合同的规定，因被保险人在保险期内发生保险责任范围内的保险事故支付给被保险人（或受益人）的金额。满期给付是指被保险人生存期满，保险人按人寿保险合同规定支付给被保险人的满期保险金额。

Explanatory Notes on Main Statistical Indicators

Credit Funds refer to the funds issued as loans by banking institutions. The sources of credit funds of the banking institutions included deposits, liabilities to international financial institutions, currency in circulation, self-owned funds and current retained profits, etc. The credit funds can be used in forms of loans, gold, foreign exchange, government debt and assets in the international financial institutions.

Deposit is a form of credit by which enterprises, institutions, organizations or households can put money into banks and other credit institutions for safekeeping and interest earning under the principle of free withdrawal. According to different depositors, deposits are divided into enterprise deposits, treasury deposits, deposits of government agencies and organizations, capital construction deposits, urban savings deposits, rural deposits and other deposits. Deposits are major sources of the credit funds of banks.

Loan is a form of credit by which banks and other credit institutions provide funds at certain interest rate to enterprises and individuals in the light of the principle of unconditional repayment. Loans from Chinese banks include short-term loans, medium-term and long-term loans, entrusted loans, and other loans.

Insurance Companies refer to commercial insurance companies of various forms registered by law and established in china with the approval of insurance regulatory agencies.

Insurance amount refers to the insurer undertakes to indemnify or pay under its insurance obligation ceiling.

Securities refer to written certificates representing creditors' rights, purchased by bond holders or owned by selling products, which can be transacted at the financial markets. They include government bonds, financial bonds, corporation bonds, commercial drafts, stocks, preferential stocks that provide fixed income without the right to share the residual value of corporations, etc.

Stocks refer to the rights by stockholders and direct investors on the net assets of corporations they invested in. Stocks refer to negotiable securities on creditor's rights, issued by stock companies certifying the investment by stockholders and their rights and duties depending on their stocks.

Premium is the fee paid by the insurant to the insurer to obtain the obligation of compensation from the insurance within the agreed terms.

Settled Claim is the compensation paid by the insurer to the insurant in accordance with the insurance contract.

Payment includes payment for death, injury or medical treatment and mature payment. Payment for death, injury or medical treatment refers to the money paid to the insurant (or the beneficiary) in accordance with the life or health insurance contract when the insurant encounters accidents within the insured period covered in the contract. Mature payment refers to the mature payment to the insurant in accordance with the life insurance contract at the end of the insured period.

其他服务业
Other Services

19

● 资料整理：陈 哲

简要说明

一、主要内容

本篇主要包括河南省规模以上服务业企业单位数、从业人数、营业收入、营业利润、应付职工薪酬等主要财务指标。

二、统计范围

辖区内年营业收入1000万元及以上，或年末从业人员50人及以上服务业法人单位。包括交通运输、仓储和邮政业，信息传输、软件和信息技术服务业，租赁和商务服务业，科学研究和技术服务业，水利、环境和公共设施管理业，教育，卫生和社会工作；以及物业管理、房地产中介服务等自有房地产经营活动、其他房地产业行业。

辖区内年营业收入500万元及以上，或年末从业人员50人及以上服务业法人单位。主要包括居民服务、修理和其他服务业，文化、体育和娱乐业。

三、资料来源

规模以上服务业法人企业实行全数调查，由河南省统计局服务业统计处整理提供。

Brief Introduction

I. Main Contents

Data on this chapter including number of Services enterprises above designated size, employment, main financial indicators of operating income, operating profit, employee compensation and so on in Henan.

II. Scope of Statistics

The Services enterprises with revenue from principal business over 10 million yuan or employee at the end of year over 50 persons includes: transportation, storage and post, Information transfer, software and Information technology services, leasing and business services, management of water conservancy, environment and public facilities, education, sanitation and social work, property management, real estate intermediary and so on.

The Services enterprises with revenue from principal business over 5 million yuan or employee over 50 person at the end of year includes: resident services, repairing and other services, culture, sports and entertainment.

III. Sources of Data

Data on services enterprises above designated size are collected through a combination of full survey, which are provided by the Department of Services industry of the Henan provincial bureau of Statistics.

19-1 规模以上服务业企业主要财务指标(2016年)

Main indictors of Enterprises Above Designated size in Service Industry (2016)

单位：亿元 (100 million yuan)

指　标	indictor	单位数（个）Number of Enterprises (unit)	资产总计 Total Assets	所有者权益 Owner's equity	营业收入 Revenue	营业成本 Cost of Operation
总　计	**Total**	**9161**	**25322.35**	**10860.52**	**4813.99**	**3425.69**
交通运输、仓储和邮政业	Traffic, transport, storage and post	2277	11651.20	4627.23	2204.74	1698.07
信息传输、软件和信息技术服务业	Information transfer, software and Information technology services	600	1484.16	577.63	781.79	507.91
房地产业(不含房地产开发经营)	Realty industry	722	292.74	79.29	108.72	66.52
租赁和商务服务业	Tenancy and business services	1574	9304.25	4156.49	560.05	340.81
科学研究和技术服务业	Scientific research and technical service	1311	1040.56	555.79	602.47	440.49
水利、环境和公共设施管理业	Management of water conservancy,environment and public Facilities	429	628.83	390.05	100.37	58.95
居民服务、修理和其他服务业	Resident services, Repair and other services	591	94.84	53.72	70.23	46.30
教育	Education	750	163.61	97.20	107.04	66.69
卫生和社会工作	Health and social work	439	235.90	109.00	175.35	134.34
文化、体育和娱乐业	Culture, sports and entertainment	468	426.26	214.12	103.23	65.61

19-1 续表 continued

单位：亿元 (100 million yuan)

指 标	indictor	营业税金及附加 Business tax and Extra Charges	营业利润 Total Profits	应付职工薪酬 Wages Payable	应交增值税 Value Added Tax Payable	从业人员平均人数（人） Number of Employed Persons (person)
总 计	**Total**	**61.68**	**502.20**	**728.75**	**116.17**	**1303468**
交通运输、仓储和邮政业	Traffic, transport, storage and post	23.88	115.36	342.00	43.95	507185
信息传输、软件和信息技术服务业	Information transfer, software and Information technology services	3.89	139.07	83.40	34.40	113484
房地产业(不含房地产开发经营)	Realty industry	3.15	12.59	33.85	2.86	106641
租赁和商务服务业	Tenancy and business services	11.11	108.80	66.89	11.14	173371
科学研究和技术服务业	Scientific research and technical service	9.80	54.10	92.58	15.14	131834
水利、环境和公共设施管理业	Management of water conservancy, environment and public Facilities	1.99	14.63	15.07	2.12	41274
居民服务、修理和其他服务业	Resident services, Repair and other services	1.88	12.07	10.67	1.54	34199
教育	Education	2.35	21.13	26.18	1.46	79440
卫生和社会工作	Health and social work	0.65	13.56	36.49	0.69	72084
文化、体育和娱乐业	Culture, sports and entertainment	2.98	10.89	21.62	2.87	43956

19−2 各市规模以上服务业企业单位数(2016年)

Number of Enterprises Above Designated size in Service Industry by Sector and City (2016)

单位：个 (unit)

市(县)	City(County)	合　计 Total	交通运输、仓储及邮政业 Transport, Storage and Post	信息传输、软件和信息技术服务业 Information Tansmission, Software and Information Technology Services	房地产业(不含房地产开发经营) Realty Industry	租赁和商务服务业 Leasing and Business Services
全　　省	**Total**	**9161**	**2277**	**600**	**722**	**1574**
省辖市	**City**					
郑州市	Zhengzhou	1697	312	208	208	389
开封市	Kaifeng	401	95	24	29	84
洛阳市	Luoyang	520	123	40	44	83
平顶山市	Pingdingshan	327	51	17	48	36
安阳市	Anyang	177	63	9	10	23
鹤壁市	Hebi	94	27	9	10	20
新乡市	Xinxiang	219	62	14	14	38
焦作市	Jiaozuo	332	141	20	24	40
濮阳市	Puyang	450	108	28	47	56
许昌市	Xuchang	676	140	37	45	106
漯河市	Luohe	115	57	8	10	20
三门峡市	Sanmenxia	203	68	8	13	32
南阳市	Nanyang	629	191	21	34	116
商丘市	Shangqiu	507	149	54	35	137
信阳市	Xinyang	545	100	22	34	90
周口市	Zhoukou	504	112	26	11	48
驻马店市	Zhumadian	559	178	17	26	79
济源市	Jiyuan	130	42	17	6	10
省直管县	**County Directly Administrated by Province**					
巩义市	Gongyi	139	38	1	21	16
兰考县	Lankao	136	47	3	6	19
汝州市	Ruzhou	206	38	6	4	28
滑县	Huaxian	45	10	1	1	7
长垣县	Changyuan	80	11	2	13	9
邓州市	Dengzhou	44	11	2	5	7
永城市	Yongcheng	64	24	2	5	17
固始县	Gushi	95	49		5	11
鹿邑县	Luyi	181	16	2	7	26
新蔡县	Xincai	86	14	2	7	27

19-2 续表 continued

单位：个 (unit)

市(县)	City(County)	科学研究和技术服务业 Scientific Research, and Technical Service	水利、环境和公共设施管理业 Management of Water Conservancy, Environment and Public Facilities	居民服务、修理和其他服务业 Resident Services, Repair and other services	教育 Education	卫生和社会工作 Health and Social Work	文化、体育和娱乐业 Culture, Sports and Entertainment
全省	**Total**	**1311**	**429**	**591**	**750**	**439**	**468**
省辖市	**City**						
郑州市	Zhengzhou	306	62	49	26	51	86
开封市	Kaifeng	45	18	39	41	6	20
洛阳市	Luoyang	73	43	16	6	24	68
平顶山市	Pingdingshan	70	14	29	25	12	25
安阳市	Anyang	27	15	5	18	4	3
鹤壁市	Hebi	7	3	3	6	8	1
新乡市	Xinxiang	14	10	8	8	40	11
焦作市	Jiaozuo	26	15	19	27	9	11
濮阳市	Puyang	47	15	55	74	12	8
许昌市	Xuchang	109	42	66	56	23	52
漯河市	Luohe	9	4	1	2	2	4
三门峡市	Sanmenxia	15	14	20	2	12	19
南阳市	Nanyang	80	40	56	36	24	31
商丘市	Shangqiu	50	5	32	25	3	17
信阳市	Xinyang	123	35	36	29	63	13
周口市	Zhoukou	101	2	21	114	48	21
驻马店市	Zhumadian	57	15	43	77	44	23
济源市	Jiyuan	6	21	14	5	5	4
省直管县	**County Directly Administrated by Province**						
巩义市	Gongyi	6	8	11	26	5	7
兰考县	Lankao	24	3	15	8	2	9
汝州市	Ruzhou	66	23	13	17	7	4
滑县	Huaxian	3	1	4	10	8	
长垣县	Changyuan	13	9	3	13	3	4
邓州市	Dengzhou	4	1	3	5	5	1
永城市	Yongcheng	4	1	3	2	1	5
固始县	Gushi	5	3	5	5	3	9
鹿邑县	Luyi	12	6	10	79	16	7
新蔡县	Xincai	9	1	12	8	1	5

19-3 各市规模以上服务业企业营业收入(2016年)

Operating income of Everage Employed Persons of Enterprises Above Designated size in Service Industry by Sector and City (2016)

单位：亿元 (100 million yuan)

市(县)	City(County)	合计 Total	交通运输、仓储及邮政业 Transport, Storage and Post	信息传输、软件和信息技术服务业 Information Transmission, Software and Information Technology Services	房地产业(不含房地产开发经营) Realty Industry	租赁和商务服务业 Leasing and Business Services
全省	**Total**	**4813.99**	**2204.74**	**781.79**	**108.72**	**560.05**
省辖市	**City**					
郑州市	Zhengzhou	2056.45	1145.50	251.32	54.58	237.56
开封市	Kaifeng	165.81	46.35	26.74	2.13	37.16
洛阳市	Luoyang	297.22	61.03	64.64	8.69	21.36
平顶山市	Pingdingshan	83.36	21.57	27.09	2.45	3.45
安阳市	Anyang	90.57	27.69	32.08	0.79	18.58
鹤壁市	Hebi	38.06	11.78	9.68	0.27	5.63
新乡市	Xinxiang	111.07	39.87	39.10	1.07	6.59
焦作市	Jiaozuo	124.20	80.19	20.59	1.12	5.26
濮阳市	Puyang	97.80	25.88	22.00	2.06	14.71
许昌市	Xuchang	249.60	96.95	34.04	6.98	28.14
漯河市	Luohe	129.68	95.47	16.17	0.68	11.68
三门峡市	Sanmenxia	72.92	19.52	13.98	0.22	25.96
南阳市	Nanyang	209.84	106.13	45.46	2.86	13.46
商丘市	Shangqiu	177.42	82.42	41.84	5.95	23.70
信阳市	Xinyang	212.51	62.39	37.06	9.35	24.27
周口市	Zhoukou	291.70	113.39	54.80	2.57	32.84
驻马店市	Zhumadian	188.84	77.77	35.43	2.02	21.99
济源市	Jiyuan	35.19	23.23	6.21	0.12	0.85
省直管县	**County Directly Administrated by Province**					
巩义市	Gongyi	18.27	7.81	0.07	0.69	1.69
兰考县	Lankao	23.88	9.36	0.40	1.16	2.90
汝州市	Ruzhou	35.68	10.35	1.56	0.57	5.37
滑县	Huaxian	10.91	1.72	0.55		4.01
长垣县	Changyuan	19.40	4.09	0.34	0.13	5.00
邓州市	Dengzhou	4.95	1.29	0.11	0.12	0.60
永城市	Yongcheng	12.71	8.20	0.29	0.45	1.26
固始县	Gushi	23.60	16.81		0.44	1.15
鹿邑县	Luyi	22.57	2.12	0.19	1.02	3.23
新蔡县	Xincai	9.74	5.87	0.05	0.22	1.67

19-3 续表 continued

单位：亿元 (100 million yuan)

市(县) City(County)	科学研究和技术服务业 Scientific Research, and Technical Service	水利、环境和公共设施管理业 Management of Water Conservancy, Environment and Public Facilities	居民服务、修理和其他服务业 Resident Services, Repair and other Services	教育 Education	卫生和社会工作 Health and Social Work	文化、体育和娱乐业 Culture, Sports and Enterta-inment
全 省 Total	**602.47**	**100.37**	**70.23**	**107.04**	**175.35**	**103.23**
省 辖 市 City						
郑 州 市 Zhengzhou	259.61	24.51	6.22	4.09	31.39	41.67
开 封 市 Kaifeng	28.40	7.21	7.31	5.98	0.82	3.71
洛 阳 市 Luoyang	118.12	4.88	1.26	1.07	9.78	6.39
平 顶 山 市 Pingdingshan	4.77	8.28	1.72	2.52	2.67	8.84
安 阳 市 Anyang	6.98	1.49	0.22	1.39	0.95	0.40
鹤 壁 市 Hebi	7.51	0.33	0.32	0.42	2.10	0.02
新 乡 市 Xinxiang	1.86	2.98	0.45	1.24	16.65	1.26
焦 作 市 Jiaozuo	4.38	6.10	1.35	2.36	2.05	0.80
濮 阳 市 Puyang	7.55	1.95	4.96	4.16	13.97	0.56
许 昌 市 Xuchang	29.44	7.87	9.19	9.42	16.68	10.89
漯 河 市 Luohe	4.06	0.80	0.09	0.37		0.36
三 门 峡 市 Sanmenxia	2.28	1.61	1.01	0.12	7.30	0.92
南 阳 市 Nanyang	13.67	6.67	4.43	3.60	10.79	2.77
商 丘 市 Shangqiu	9.00	3.34	3.78	4.74	0.66	1.99
信 阳 市 Xinyang	41.30	6.35	10.23	10.17	10.89	0.50
周 口 市 Zhoukou	30.35	0.41	4.72	22.38	18.82	11.42
驻 马 店 市 Zhumadian	13.44	4.18	6.32	13.52	8.85	5.32
济 源 市 Jiyuan	0.46	2.97	0.23	0.39	0.61	0.12
省 直 管 县 County Directly Administrated by Province						
巩 义 市 Gongyi	0.35	1.16	0.36	3.05	2.46	0.63
兰 考 县 Lankao	3.20	0.51	2.39	1.61	0.50	1.85
汝 州 市 Ruzhou	9.43	3.04	1.51	2.10	1.28	0.47
滑 县 Huaxian	1.03	0.01	0.10	0.60	2.89	
长 垣 县 Changyuan	0.69	2.00	0.13	1.71	5.18	0.13
邓 州 市 Dengzhou	0.51	0.19	0.06	1.79	0.26	0.02
永 城 市 Yongcheng	0.36	0.15	0.19	0.14	1.27	0.40
固 始 县 Gushi	0.64	0.43	0.63	0.56	1.91	1.03
鹿 邑 县 Luyi	2.60	0.90	0.60	6.86	4.49	0.56
新 蔡 县 Xincai	0.48	0.04	0.43	0.67	0.12	0.19

19-4 各市规模以上服务业企业营业利润(2016年)

Profit of Enterprises Above Designated size in Service Industry by Sector and City (2016)

单位：亿元 (100 million yuan)

市(县) City(County)	合计 Total	交通运输、仓储及邮政业 Transport, Storage and Post	信息传输、软件和信息技术服务业 Information Transmission, Software and Information Technology Services	房地产业(不含房地产开发经营) Realty Industry	租赁和商务服务业 Leasing and Business Services
全 省 Total	**502.12**	**115.34**	**139.07**	**12.59**	**108.80**
省 辖 市 City					
郑 州 市 Zhengzhou	129.89	34.47	31.69	6.17	41.64
开 封 市 Kaifeng	33.50	5.27	5.27	0.37	10.58
洛 阳 市 Luoyang	12.76	-1.70	6.15	0.38	3.43
平 顶 山 市 Pingdingshan	8.62	-0.82	5.58	-0.08	0.35
安 阳 市 Anyang	13.49	1.19	6.66	0.05	2.64
鹤 壁 市 Hebi	0.85	-0.11	0.46	-0.02	-0.29
新 乡 市 Xinxiang	11.09	0.18	9.42	-0.31	0.46
焦 作 市 Jiaozuo	6.11	3.52	2.52	0.05	0.28
濮 阳 市 Puyang	9.90	1.88	4.46	0.20	0.65
许 昌 市 Xuchang	42.24	9.96	7.84	1.11	8.68
漯 河 市 Luohe	26.40	16.80	3.52	0.07	4.93
三 门 峡 市 Sanmenxia	7.41	-0.90	0.84		6.84
南 阳 市 Nanyang	23.43	5.60	10.55	0.44	2.36
商 丘 市 Shangqiu	35.89	11.23	12.63	1.27	6.52
信 阳 市 Xinyang	16.61	-6.45	7.94	0.88	3.26
周 口 市 Zhoukou	59.05	16.67	15.74	0.49	6.98
驻 马 店 市 Zhumadian	33.06	7.87	7.13	0.45	5.31
济 源 市 Jiyuan	2.47	1.40	0.35		0.05
省 直 管 县 County Directly Administrated by Province					
巩 义 市 Gongyi	1.01	0.36	-0.01	0.01	0.10
兰 考 县 Lankao	8.29	3.02	0.10	0.50	1.07
汝 州 市 Ruzhou	5.57	1.14	0.16	0.13	0.72
滑 县 Huaxian	0.32	0.07	-0.05		0.16
长 垣 县 Changyuan	2.37	0.30	0.01	-0.03	0.64
邓 州 市 Dengzhou	0.86	0.11	-0.01	0.01	0.06
永 城 市 Yongcheng	1.26	0.72	0.05	0.07	0.23
固 始 县 Gushi	3.50	2.74		0.10	0.14
鹿 邑 县 Luyi	4.79	0.48	0.05	0.16	0.61
新 蔡 县 Xincai	1.37	0.35	0.01	0.11	0.38

19-4 续表 continued

单位：亿元 (100 million yuan)

市(县) City(County)	科学研究和技术服务业 Scientific Research, and Technical Service	水利、环境和公共设施管理业 Management of Water Conservancy, Environment and Public Facilities	居民服务、修理和其他服务业 Resident Services, Repair and other Services	教 育 Education	卫 生 和 社会工作 Health and Social Work	文化、体育和娱乐业 Culture, Sports and Entertainment
全 省 Total	**54.09**	**14.59**	**12.07**	**21.12**	**13.56**	**10.89**
省 辖 市 City						
郑 州 市 Zhengzhou	8.25	2.55	0.29	0.05	1.48	3.30
开 封 市 Kaifeng	8.03	1.86	1.22	1.48	0.20	-0.78
洛 阳 市 Luoyang	4.76	-0.04	0.01	-0.32	-0.14	0.23
平 顶 山 市 Pingdingshan	0.59	2.23	0.14	0.16	0.23	0.24
安 阳 市 Anyang	2.09	0.05		0.31	0.44	0.06
鹤 壁 市 Hebi	0.56	0.04	0.03	-0.03	0.21	
新 乡 市 Xinxiang	0.32	-0.56	0.03	0.34	1.16	0.05
焦 作 市 Jiaozuo	-0.21	-0.10	0.03	0.09	-0.14	0.07
濮 阳 市 Puyang	0.81	0.33	0.64	0.59	0.55	-0.21
许 昌 市 Xuchang	5.71	2.18	2.03	2.07	0.66	2.00
漯 河 市 Luohe	0.87	0.10		0.06		0.05
三 门 峡 市 Sanmenxia	0.22	0.15		0.02	0.20	0.04
南 阳 市 Nanyang	1.59	0.64	0.81	0.52	0.45	0.47
商 丘 市 Shangqiu	1.39	0.79	0.98	0.60	0.07	0.41
信 阳 市 Xinyang	6.50	0.70	1.44	1.73	0.53	0.08
周 口 市 Zhoukou	6.30	0.10	1.23	6.06	3.30	2.18
驻 马 店 市 Zhumadian	2.73	1.18	1.41	3.68	1.80	1.50
济 源 市 Jiyuan	0.04	0.49	0.02	0.10	0.01	0.01
省 直 管 县 County Directly Administrated by Province						
巩 义 市 Gongyi	0.03	0.29	0.04	0.03	0.05	0.11
兰 考 县 Lankao	1.32	0.11	0.93	0.49	0.15	0.60
汝 州 市 Ruzhou	1.62	0.51	0.40	0.38	0.37	0.14
滑 县 Huaxian	0.04		0.01	0.14	-0.05	
长 垣 县 Changyuan	-0.32	0.58	0.01	0.05	1.12	0.01
邓 州 市 Dengzhou	0.09	0.03	0.01	0.54	0.02	
永 城 市 Yongcheng	0.07	0.03	0.02	0.01	-0.04	0.10
固 始 县 Gushi	0.11	0.05	0.14	0.08	0.05	0.09
鹿 邑 县 Luyi	0.43	0.30	0.07	1.73	0.85	0.11
新 蔡 县 Xincai	0.16	0.01	0.14	0.13	0.05	0.03

19-5 各市规模以上服务业企业应付职工薪酬(2016年)

Wages Payable of Enterprises Above Designated size in Service Industry by Sector and City (2016)

单位：亿元 (100 million yuan)

市(县) City(County)	合计 Total	交通运输、仓储及邮政业 Transport, storage and post	信息传输、软件和信息技术服务业 Information Transmission, Software and Information Technology Services	房地产业(不含房地产开发经营) Realty Industry	租赁和商务服务业 Leasing and Business Services
全 省 Total	**728.75**	**342.00**	**83.40**	**33.85**	**66.89**
省 辖 市 City					
郑 州 市 Zhengzhou	367.08	209.22	33.86	20.54	25.46
开 封 市 Kaifeng	13.25	4.41	1.93	0.66	1.94
洛 阳 市 Luoyang	48.82	11.20	7.92	3.00	3.55
平 顶 山 市 Pingdingshan	16.44	4.73	2.50	1.25	0.82
安 阳 市 Anyang	11.92	4.79	2.54	0.38	2.43
鹤 壁 市 Hebi	4.05	1.60	0.58	0.14	0.75
新 乡 市 Xinxiang	19.09	6.52	4.29	0.34	1.68
焦 作 市 Jiaozuo	22.32	14.20	1.73	0.46	1.42
濮 阳 市 Puyang	16.76	4.40	1.61	0.57	5.35
许 昌 市 Xuchang	26.61	7.21	4.07	1.31	2.49
漯 河 市 Luohe	8.43	5.12	1.32	0.29	1.24
三 门 峡 市 Sanmenxia	10.28	2.72	1.94	0.16	1.68
南 阳 市 Nanyang	27.74	13.40	4.05	0.67	3.01
商 丘 市 Shangqiu	25.40	10.79	4.52	1.23	4.35
信 阳 市 Xinyang	24.57	7.82	3.51	0.88	3.00
周 口 市 Zhoukou	30.61	12.49	3.40	0.30	2.10
驻 马 店 市 Zhumadian	21.83	8.91	2.48	0.52	2.08
济 源 市 Jiyuan	5.97	4.13	0.57	0.07	0.19
省 直 管 县 County Directly Administrated by Province					
巩 义 市 Gongyi	3.06	1.15	0.03	0.28	0.19
兰 考 县 Lankao	3.61	1.49	0.15	0.15	0.36
汝 州 市 Ruzhou	4.32	1.00	0.12	0.06	0.70
滑 县 Huaxian	1.08	0.10	0.14		0.08
长 垣 县 Changyuan	3.55	0.55	0.02	0.09	0.47
邓 州 市 Dengzhou	1.35	0.37	0.06	0.06	0.28
永 城 市 Yongcheng	1.91	0.96	0.05	0.08	0.13
固 始 县 Gushi	3.08	1.47		0.20	0.22
鹿 邑 县 Luyi	3.95	0.30	0.01	0.10	0.71
新 蔡 县 Xincai	1.70	0.96		0.07	0.18

19−5 续表 continued

单位：亿元 (100 million yuan)

市(县) City(County)	科学研究和技术服务业 Scientific Research, and Technical Service	水利、环境和公共设施管理业 Management of Water Conservancy, Environment and Public Facilities	居民服务、修理和其他服务业 Resident Services, Repair and other Services	教育 Education	卫生和社会工作 Health and Social Work	文化、体育和娱乐业 Culture, Sports and Entertainment
全　　省 Total	**92.58**	**15.07**	**10.67**	**26.18**	**36.49**	**21.62**
省　辖　市 City						
郑　州　市 Zhengzhou	52.41	4.09	1.43	1.22	7.32	11.53
开　封　市 Kaifeng	1.25	0.65	0.66	0.99	0.11	0.65
洛　阳　市 Luoyang	16.19	1.18	0.42	1.10	2.93	1.33
平 顶 山 市 Pingdingshan	1.37	0.69	0.37	1.39	0.71	2.61
安　阳　市 Anyang	0.72	0.48	0.11	0.35	0.07	0.05
鹤　壁　市 Hebi	0.25	0.03	0.06	0.18	0.45	0.01
新　乡　市 Xinxiang	0.31	0.65	0.11	0.49	4.44	0.26
焦　作　市 Jiaozuo	1.11	1.33	0.51	1.05	0.34	0.17
濮　阳　市 Puyang	1.53	0.14	0.76	1.17	1.09	0.14
许　昌　市 Xuchang	2.61	0.89	1.12	1.53	4.24	1.14
漯　河　市 Luohe	0.17	0.06	0.04	0.12		0.07
三 门 峡 市 Sanmenxia	0.56	0.21	0.27	0.02	2.40	0.32
南　阳　市 Nanyang	2.13	1.26	0.74	0.67	1.43	0.38
商　丘　市 Shangqiu	1.37	0.40	0.79	1.45	0.14	0.36
信　阳　市 Xinyang	3.57	0.90	1.00	1.99	1.78	0.12
周　口　市 Zhoukou	3.33	0.02	0.44	4.64	3.26	0.63
驻 马 店 市 Zhumadian	1.11	0.44	0.70	2.90	1.79	0.90
济　源　市 Jiyuan	0.09	0.47	0.11	0.15	0.15	0.04
省 直 管 县 County Directly Administrated by Province						
巩　义　市 Gongyi	0.05	0.11	0.13	0.41	0.61	0.10
兰　考　县 Lankao	0.47	0.08	0.31	0.26	0.10	0.24
汝　州　市 Ruzhou	1.15	0.47	0.19	0.39	0.17	0.07
滑　　县 Huaxian	0.04	0.01	0.05	0.26	0.40	
长　垣　县 Changyuan	0.25	0.17	0.01	0.86	1.10	0.03
邓　州　市 Dengzhou	0.05	0.03	0.04	0.36	0.08	0.02
永　城　市 Yongcheng	0.03	0.04	0.02	0.07	0.45	0.08
固　始　县 Gushi	0.07	0.17	0.11	0.23	0.37	0.24
鹿　邑　县 Luyi	0.33	0.09	0.07	1.71	0.55	0.08
新　蔡　县 Xincai	0.07	0.02	0.12	0.22	0.02	0.04

19-6 各市规模以上服务业企业平均从业人员人数(2016年)

Number of Everage Employed Persons of Enterprises Above Designated size in Service Industry by Sector and City (2016)

单位：人 (person)

市(县) City(County)	合　计 Total	交通运输、仓储及邮政业 Transport, Storage and Post	信息传输、软件和信息技术服务业 Information Transmission, Software and Information Technology Services	房地产业(不含房地产开发经营) Realty Industry	租赁和商务服务业 Leasing and Business Services
全　省 Total	**1303468**	**507185**	**113484**	**106641**	**173371**
省辖市 City					
郑州市 Zhengzhou	441355	198702	40634	62576	42651
开封市 Kaifeng	34410	11316	3956	1663	5843
洛阳市 Luoyang	95227	25920	11553	9776	9270
平顶山市 Pingdingshan	44661	15634	2554	4810	2600
安阳市 Anyang	29514	11888	3347	1142	7888
鹤壁市 Hebi	9728	3072	965	596	1821
新乡市 Xinxiang	38041	10728	4138	839	6575
焦作市 Jiaozuo	55403	34225	2975	1590	3542
濮阳市 Puyang	50300	10539	3027	2337	20251
许昌市 Xuchang	58381	17274	5245	3803	6304
漯河市 Luohe	20158	11590	1376	1165	4663
三门峡市 Sanmenxia	22714	7615	3628	693	4073
南阳市 Nanyang	65876	27775	4698	2766	12137
商丘市 Shangqiu	61854	26771	6918	3363	11908
信阳市 Xinyang	64232	19306	5763	2705	9368
周口市 Zhoukou	62769	21386	5904	796	6188
驻马店市 Zhumadian	59428	25556	4291	1691	7287
济源市 Jiyuan	12157	7177	870	313	825
省直管县 County Directly Administrated by Province					
巩义市 Gongyi	9516	2793	60	1074	718
兰考县 Lankao	8144	3182	432	291	803
汝州市 Ruzhou	13954	2950	378	187	2487
滑县 Huaxian	2905	203	253		372
长垣县 Changyuan	8516	1002	68	418	1127
邓州市 Dengzhou	4021	1382	211	262	521
永城市 Yongcheng	4457	2270	189	321	398
固始县 Gushi	9633	4243		825	701
鹿邑县 Luyi	12066	945	26	387	2481
新蔡县 Xincai	4048	1741	25	252	569

19-6 续表 continued

单位：人 (person)

市(县)	City(County)	科学研究和技术服务业 Scientific Research, and Technical Service	水利、环境和公共设施管理业 Management of Water Conservancy, Environment and Public Facilities	居民服务、修理和其他服务业 Resident Services, Repair and other Services	教育 Education	卫生和社会工作 Health and Social Work	文化、体育和娱乐业 Culture, Sports and Entertainment
全省	**Total**	**131834**	**41274**	**34199**	**79440**	**72084**	**43956**
省辖市	**City**						
郑州市	Zhengzhou	55939	9695	3731	2167	10826	14434
开封市	Kaifeng	3540	1612	1898	2822	347	1413
洛阳市	Luoyang	13079	3539	1428	11767	5054	3841
平顶山市	Pingdingshan	3537	2089	1377	2483	1330	8247
安阳市	Anyang	1627	1707	356	1131	225	203
鹤壁市	Hebi	1180	105	180	573	1181	55
新乡市	Xinxiang	734	1805	356	1685	10386	795
焦作市	Jiaozuo	2375	3145	2447	3385	1193	526
濮阳市	Puyang	3074	563	3035	4061	2974	439
许昌市	Xuchang	6401	2464	3007	4213	6712	2958
漯河市	Luohe	464	183	220	304	193	193
三门峡市	Sanmenxia	1000	600	832	80	3135	1058
南阳市	Nanyang	4668	3518	2404	2198	4234	1478
商丘市	Shangqiu	3584	1116	2100	4590	490	1014
信阳市	Xinyang	10929	2619	3287	4833	4962	460
周口市	Zhoukou	8054	77	1150	11158	6152	1904
驻马店市	Zhumadian	3005	1330	2198	7662	4520	1888
济源市	Jiyuan	311	1030	646	374	420	191
省直管县	**County Directly Administrated by Province**						
巩义市	Gongyi	208	420	591	1877	1448	327
兰考县	Lankao	1183	172	613	544	379	545
汝州市	Ruzhou	3690	1784	655	1156	423	244
滑县	Huaxian	140	26	236	671	1004	
长垣县	Changyuan	1661	473	78	2044	1543	102
邓州市	Dengzhou	194	104	241	746	284	76
永城市	Yongcheng	101	101	72	302	506	197
固始县	Gushi	254	596	387	842	864	921
鹿邑县	Luyi	687	343	270	5157	1460	310
新蔡县	Xincai	215	58	404	615	32	137

运输和邮电

Transport, Postal and Telecommunication Services

20

● 资料整理：陈 琛

简要说明

一、主要内容

本篇反映河南省交通运输业和邮政、通信、软件业发展的基本情况。交通运输业资料主要包括：主要运输方式的线路里程、运输设备拥有量、货物运输量和旅客运输量。邮政、通信业资料主要包括：全省邮政局(所)及邮路情况，邮政设备拥有量，邮政业务完成情况，邮政通信业发展水平等资料。

二、统计范围

铁路包括国家铁路、合资铁路、地方铁路。公路里程包括全省范围内所有国道、省道、县道、乡道(含村道)、专用公路。民用车辆拥有量包括辖区内全部登记注册民用车辆。公路、水路运输量统计范围是在全省交通运输主管部门办理营运证的从事公路、水路客、货运输的营业性的车辆和船舶所完成的运输量。邮电通信包括省邮政管理局、省邮政公司、省通信管理局及所有从事邮电通信运营的企业。

三、资料来源

铁路资料由郑州铁路局、武汉铁路局、登封铁路公司提供；公路资料由省交通运输厅提供；民用车辆资料由省公安厅、省农机局和各省辖市统计局提供。民航资料由郑州新郑国际机场、南方航空公司河南分公司提供；邮政业资料由河南省邮政管理局、省邮政公司和省通信管理局提供。由河南省统计局服务业统计处编辑整理。

Brief Introduction

I. Main Contents

Data in this chapter present the development of transportation, post, telecommunication and software in Henan province. Data on traffic and transport include the length of the routes of main transportation, the possession of transport equipment, the condition of technological quality, freight traffic and passenger traffic accomplished. Data on post and telecommunication cover mainly the situation of post offices and postal routes; telephone lines, telegraph lines and the possession of post facilities; business volume of postal services achieved; and the level of development of postal services.

II. Scope of Statistics

Data on railway transportation including National railway, joint-venture and local railways. The length of highways refer to the road of the national, provincial, county, town and dedicated lanes. Data on the possession of civil motor vehicles include all registered vehicles. Data on passenger traffic and freight traffic by highways, the statistical scope encompasses all the enterprises, institutional units and individuals (including joint-households) engaged in highway freight or passenger transport business. The data on civil aviation transport cover the civil enterprises that set up base in Henan. The data on post cover the Henan provincial bureau of post, Henan provincial postal company, Henan provincial bureau of communications authority and all enterprises for post.

III. Sources of Data

Data on railway transportation are calculated from Henan provincial operation bureau of local railways, Zhengzhou Railway Administration, Wuhan Railway Administration. Data on highway transportation are calculated from Henan provincial bureau of transportation. Data on civilian vehicles are calculated from Henan provincial bureau of public safety, Henan provincial bureau of agricultural machinery and municipal Henan provincial bureau of statistics. Data on civil aviation are calculated from Xinzheng international airport and Henan Branch of China Southern airlines. Data on postal services come from the Henan provincial bureau of post, Henan provincial post company and Henan provincial communications authority. Data in this chapter are provided by the Department of Services industry of the Henan provincial bureau of Statistics.

20-1 交通运输基本情况

Basic Conditions of Transport

年份 Year	铁路营业里程(公里) Length of Railways in Operation (km)	公路里程(公里) Length of Highways (km)	#高速公路 Expressway	通航里程(公里) Length of Navigable Inland Waterways (km)	民用汽车拥有量(万辆) Possession of Civil Motor Vehicles (10 000 units)	#私人汽车 Private Vehicles
1949	1224	3909		2312	0.04	
1952	1225	5766		2916	0.11	
1957	1318	14945		3837	0.33	
1962	1690	17876		2537	1.05	
1965	1823	19907		3389	1.10	
1970	2792	22320		2072	1.71	
1975	3113	26934		2268	3.80	
1978	3212	31549		2202	6.30	
1979	3216	36155		1352	7.35	
1980	3192	36423		1361	8.51	
1981	3460	36478		1419	10.13	
1982	3401	36912		1110	11.28	
1983	3305	37196		1110	12.21	
1984	3342	37704		1110	14.10	
1985	3248	38840		1110	17.82	
1986	3344	39286		1110	18.42	3.29
1987	3409	39713		1110	21.60	3.72
1988	3358	40622		1110	24.92	5.87
1989	3546	41170		1110	28.61	6.97
1990	3536	43150		1110	30.79	7.65
1991	3384	44199		1110	33.38	8.12
1992	3486	45049		1105	34.32	8.46
1993	3456	46487		1105	38.40	7.04
1994	3350	47704	81	1104	45.23	12.45
1995	3382	49707	230	1104	46.93	12.18
1996	3426	50907	294	1104	51.41	14.98
1997	3428	55016	416	1104	60.35	19.41
1998	3461	57172	465	1104	68.09	22.01
1999	3354	60330	465	1104	76.59	29.93
2000	3354	64453	505	1104	84.73	34.93
2001	3319	69041	1077	1587	92.46	39.24
2002	3347	71741	1231	1587	105.82	50.41
2003	3410	73831	1418	1208	119.75	57.20
2004	3752	75718	1759	1381	130.97	64.10
2005	4000	79506	2678	1439	206.01	132.16
2006	3988	236351	3439	1439	252.94	169.91
2007	3989	238676	4556	1439	292.69	209.22
2008	3989	240645	4841	1439	338.44	248.77
2009	3898	242314	4861	1439	404.53	305.49
2010	4224	245089	5016	1439	484.89	377.32
2011	4203	247587	5196	1439	582.14	463.08
2012	4822	249649	5830	1439	645.92	529.67
2013	4822	249831	5859	1439	746.90	628.22
2014	5108	249857	5859	1439	896.02	774.37
2015	5205	250584	6305	1514	1342.13	866.76
2016	5466	267441	6448	1514	1481.66	1010.01

注：2006年起，公路里程包括村道(以下相关表同)。
a) Length of ways include county ways since 2006 (the same as following tables).

20-2 旅客和货物运输量

Passenger and Freight Traffic

年份 Year	客运量(万人) Passenger Traffic (10000 persons)	#铁路 Railway	#公路 Highway	#水运 Waterway	货运量(万吨) Freight Traffic (10000 tons)	#铁路 Railway	#公路 Highway	#水运 Waterway
1978	11145	4319	6781	45	18176	6722	11321	133
1979	12784	4513	8218	53	17533	6693	10728	112
1980	15092	4860	10151	81	17047	6758	10183	106
1981	17559	4752	12724	83	16403	6614	9705	84
1982	20129	4680	15373	76	19847	6934	12794	119
1983	23050	5060	17907	82	21579	7142	14308	129
1984	25985	5474	20412	97	23908	7456	16296	155
1985	36576	5723	30729	121	35642	8101	27340	201
1986	43590	5659	37822	105	36436	8420	27799	217
1987	46140	5524	40510	100	39539	8632	30670	237
1988	54667	6073	48421	168	38357	8772	29282	303
1989	52328	5476	46634	211	38245	9089	28811	345
1990	53567	4429	48977	150	38111	9038	28818	255
1991	53846	4223	49494	119	39923	9193	30486	244
1992	58096	4271	53703	106	44018	9343	34404	271
1993	61285	4602	56511	146	47347	9811	37182	354
1994	62686	4563	57996	81	50988	9974	40428	395
1995	61964	4288	57522	82	53582	10373	42692	324
1996	66490	3818	62464	129	55920	10594	44800	382
1997	69863	3843	65786	152	56113	9996	45542	433
1998	74182	4133	69917	55	58150	9416	48250	342
1999	78009	4366	73493	76	59218	9657	49208	352
2000	83912	4727	79017	91	60678	10172	50133	372
2001	85412	4980	80259	95	65191	11196	53596	398
2002	90334	5085	85078	86	68397	12148	55743	505
2003	81323	4864	76301	63	69689	12925	56100	663
2004	91013	5695	85016	84	73796	14732	58147	915
2005	98099	5842	91920	97	78827	14806	62684	1334
2006	108060	6313	101345	105	86608	15190	69898	1516
2007	122557	6585	115460	160	101410	16010	83537	1858
2008	(139290)	7476	(131291)	(167)	(116889)	16226	(98433)	(2226)
	130436	7476	122414	190	138392	16226	118198	3964
2009	144666	7724	136278	206	169643	13856	151343	4439
2010	167804	8399	158630	255	202470	14224	183291	4950
2011	193882	8952	184213	268	240965	14312	220122	6527
2012	208094	9628	197785	250	272240	12779	251772	7685
2013	(225738)	11160	(213900)	(261)	(304369)	12762	(282970)	(8632)
	137571	11160	125450	255	184669	12762	162040	9854
2014	141780	12400	128279	254	200626	11577	179680	9350
2015	(146066)	13068	(131788)	280	(211854)	9802	(191572)	10459
	126812	13068	112535	280	192715	9802	172431	10459
2016	122342	14525	106415	288	205385	9562	184255	11545

注：2008年客货运输量为公路水路运输量专项调查数据，2013年客货运输量按交通部新统计方法测算,括号内均为原口径数据，2015年客货运输量按交通部新统计方法测算,括号内均为原口径数据。

a) Data on passenger and freight Volume in 2008 are calculated on basis of Highway and waterway traffic special investigation,Data on passenger and freight Volume in 2013 are calculated on new statistical methods of Ministry of Communications,and data in the brakfets are original data.

20−3 旅客和货物周转量
Passenger-Kilometers and Freight Ton-Kilometers

年份 Year	旅客周转量(亿人公里) Passenger-Kilometers (100 million passenger-km)	#铁路 Railways	#公路 Highways	货物周转量(亿吨公里) Freight Ton-Kilometers (100 million ton-km)	#铁路 Railways	#公路 Highways
1949	6.46	6.45	0.01	16.53	16.00	0.21
1952	15.62	15.26	0.36	39.12	36.56	0.88
1957	33.23	30.85	2.33	112.68	106.68	3.13
1962	90.02	82.01	7.98	131.21	125.02	4.08
1965	46.46	37.79	8.65	227.88	219.56	6.07
1970	80.54	64.74	15.66	332.55	322.03	8.74
1975	105.23	82.18	22.90	390.77	372.64	16.29
1978	123.22	92.62	30.47	508.41	484.79	21.57
1979	140.25	105.73	34.37	529.00	507.56	19.77
1980	163.98	122.40	41.35	547.65	525.31	21.01
1981	176.99	126.76	49.98	563.45	537.75	24.45
1982	195.70	135.60	59.87	617.77	578.55	37.41
1983	226.31	155.09	70.96	674.22	624.37	47.86
1984	253.11	171.10	81.71	702.70	643.53	55.88
1985	323.50	209.77	113.36	838.22	728.25	105.72
1986	358.20	228.54	129.34	881.90	777.12	99.73
1987	400.06	249.01	150.75	1020.81	880.94	133.83
1988	484.77	290.16	194.24	1079.26	932.37	139.64
1989	488.56	280.00	208.16	1157.63	1007.00	142.70
1990	423.46	229.90	193.10	1169.44	1001.79	160.66
1991	459.53	249.52	209.64	1199.31	1022.17	170.03
1992	511.40	275.46	235.56	1302.34	1085.18	209.03
1993	538.45	295.85	242.15	1337.03	1099.61	227.37
1994	566.29	305.35	260.74	1432.97	1164.43	258.41
1995	573.85	304.66	262.11	1538.82	1233.74	295.18
1996	584.25	285.72	289.65	1603.52	1263.13	326.16
1997	620.28	296.80	314.26	1547.18	1179.62	352.74
1998	640.16	310.79	320.93	1452.74	1083.35	355.48
1999	689.89	339.15	342.56	1432.08	1058.12	363.56
2000	740.98	378.80	353.78	1476.51	1101.74	363.94
2001	779.93	401.77	369.41	1573.28	1185.36	375.78
2002	820.83	421.00	390.00	1649.22	1234.77	398.87
2003	822.92	462.10	350.02	1891.73	1463.20	405.20
2004	963.09	542.00	395.40	2107.26	1650.00	422.02
2005	1000.70	535.43	437.84	2282.60	1759.77	467.00
2006	1113.77	586.88	492.72	2415.89	1810.80	538.76
2007	1264.10	620.68	601.81	2729.30	1962.93	681.85
2008	(1444.29)	667.32	(734.96)	(2969.81)	1985.84	(848.22)
	1517.33		808.32	5215.84		2995.15
2009	1645.18	675.48	914.80	6146.09	1955.36	3927.08
2010	1840.64	747.20	1031.18	7141.82	1980.23	4860.63
2011	2033.68	766.45	1211.28	8471.07	2120.10	5949.04
2012	2144.50	779.57	1309.58	9436.42	2088.97	6863.01
2013	(2328.12)	853.38	(1417.54)	(10357.41)	2096.81	(7702.95)
	1661.89	853.38	712.39	7205.05	2096.81	4488.01
2014	1858.89	895.65	844.86	7367.09	1926.50	4822.37
2015	(1941.88)	910.24	(898.08)	(7582.38)	1666.02	(5208.16)
	1787.70	910.24	743.91	6916.89	1666.02	4542.67
2016	1857.17	938.30	760.57	7336.28	1685.89	4838.53

注：2008年客货运输周转量为公路水路运输量专项调查数据，2013年客货周转量按交通部新统计方法测算,括号内为原口径数据。2015年客货运输量按交通部新统计方法测算,括号内均为原口径数据。

a) Data on Passenger-Kilometers and Freight Ton-Kilometers in 2008 are calculated on basis of Highway and waterway traffic special investigation, and data in 2013 are calculated on new statistical methods of Ministry of Communications, and data in the brakfets are original data.

20-4 铁路、公路、内河通车通航里程(年底数)

Length of Railways, Highways and Navigable Inland Waterways (Year-end)

单位：公里 (km)

指 标	Item	2000	2005	2010	2013	2014	2015	2016
铁 路	**Length of Railways**	**3354**	**4000**	**4224**	**4822**	**5108**	**5205**	**5466**
#电气化	Electrified Railways		1309	2109	2125	2132	2291	2302
中央铁路	National Railways	2043	2788	3395	4014	4300	4397	4659
地方铁路	Local Railways	1311	1212	829	808	808	808	807
公 路	**Length of Highways**	**64453**	**79506**	**245089**	**249831**	**249857**	**250584**	**267441**
#高级、次高级路面	Senior and Second-senior	46917	63474	165944	183579	184801	188020	220248
#高速公路	Expressways	505	2678	5016	5859	5859	6305	6448
内 河	**Length of Navigable Inland Waterways**	**1104**	**1439**	**1439**	**1439**	**1439**	**1514**	**1514**

注：铁路通车里程为正线里程；铁路电气化里程为郑州铁路局全局数据。

a) Length of railways refers to trunk lines.Length of electrified railways refers to data of Zhengzhou Railway Administration.

20-5 交通运输工具拥有量(年底数)

Possession of Means of Transportation (Year-end)

指 标	Item	2000	2005	2010	2013	2014	2015	2016
铁路	**Railways**							
国家铁路	National Railways							
内燃机车(台)	Diesel Locomotives(unit)	951	446	297	218	210	220	215
电力机车(台)	Electric Locomotives(unit)	981	570	837	1204	1043	1053	1048
客车(辆)	Passenger Coaches(unit)	4981	1860	2400	2760	2399	2699	2985
地方铁路	Local Railways							
内燃机车(台)	Diesel Locomotives(unit)	85	106	64	62	53	5	6
客车(辆)	Passenger Coaches(unit)	80	60	14	14	13		
货车(辆)	Freight Cars(unit)	1476	1219	622	618	492	20	20
公路	**Highways**							
载货汽车(辆)	Trucks(unit)	363723	491669	907504	1207263	1087637	1297191	1329070
#重型	Heavy	212965	136946	307187	398613	249136	426097	432688
中型	Middle			144914	89426	79862	69610	50867
轻型	Light	150758	199410	443372	714257	753972	797052	842608
载客汽车(辆)	Buses and Cars(unit)	456068	988796	3049045	5717116	7507955	8170640	9665820
#大型	Large	32771	46187	61940	64452	121643	69068	72016
中型	Middle			80896	44803	101514	38589	38389
小型	Small	423297	672144	2660344	5339141	6981935	7834810	9390964
内河	**Inland Rivers**							
机动船(艘)	Motor Vessels (unit)	3314	4687	4916	5088	5166	5202	5296
驳船(艘)	Barges (unit)	418	431	127	108	279	308	306

注：国家铁路为郑州铁路局数据。由于郑州铁路局调整，2005年以后的数据与以前年份不可比。2015年起，受地方铁路改制影响，地方铁路交通运输工具拥有量数据仅包含登封铁路公司。

a) Data on national railways are calculated by ZhengZhou Railways Administration. Because of The Change of ZhengZhou Railways Administration, data since 2005 could not be Compared with former Years.Data of Locomotives only refers to DengFeng railway company since 2015.

20-6 各市公路线路里程(2016年底)

Length of Highways by City (End of 2016)

单位：公里 (km)

市(县)	City(County)	总 计 Total	等级公路 Expressway and Class Ⅰ to Ⅳ Highways	高 速 Express-way	一 级 First Class	二 级 Second Class	三 级 Third Class	四 级 Four Class
全 省	**Total**	**267441**	**230288**	**6448**	**3065**	**26180**	**21033**	**173563**
省 辖 市	**City**	**238105**	**204487**	**5865**	**2813**	**23467**	**18972**	**153371**
郑 州 市	Zhengzhou	11372	10412	499	424	1767	1119	6604
开 封 市	Kaifeng	7697	6509	421	33	998	154	4904
洛 阳 市	Luoyang	19390	17254	500	83	1831	2079	12761
平 顶 山 市	Pingdingshan	11747	11717	328	138	1353	917	8980
安 阳 市	Anyang	9237	8471	210	135	1179	1160	5786
鹤 壁 市	Hebi	4573	4028	75	125	349	299	3180
新 乡 市	Xinxiang	11435	10607	232	163	1809	1045	7359
焦 作 市	Jiaozuo	8013	7366	240	175	1592	947	4413
濮 阳 市	Puyang	6784	6429	193	240	874	788	4335
许 昌 市	Xuchang	9936	8270	275	234	1137	729	5896
漯 河 市	Luohe	5374	4664	126	54	501	465	3519
三 门 峡 市	Sanmenxia	10089	8050	312	70	1031	816	5821
南 阳 市	Nanyang	35532	29847	684	250	2583	3138	23192
商 丘 市	Shangqiu	21149	15040	379	242	1418	979	12023
信 阳 市	Xinyang	23314	18757	483	137	1531	1765	14841
周 口 市	Zhoukou	20701	19885	447	81	1579	972	16805
驻 马 店 市	Zhumadian	19259	14853	366	161	1404	1215	11707
济 源 市	Jiyuan	2504	2328	96	68	532	387	1245
省 直 管 县	**County Directly Administrated by Province**	**29336**	**25801**	**583**	**252**	**2713**	**2060**	**20192**
巩 义 市	Gongyi	2138	1946	56	47	188	379	1276
兰 考 县	Lankao	1869	1687	50	12	167	139	1320
汝 州 市	Ruzhou	2859	2731	65		413	256	1997
滑 县	Huaxian	3718	3168	56	64	374	81	2593
长 垣 县	Changyuan	2055	1965	26		393	148	1397
邓 州 市	Dengzhou	4424	3405	28	45	281	262	2789
永 城 市	Yongcheng	3525	3141	115	2	311	273	2441
固 始 县	Gushi	3243	3016	67	10	255	263	2421
鹿 邑 县	Luyi	3179	2559	48	73	125	185	2129
新 蔡 县	Xincai	2324	2183	71		206	76	1829

20-6 续表 continued

单位：公里 (km)

市(县) City(County)	等外公路 Highways Below Class Ⅳ	有铺装路面里程 paved Highway	沥青混凝土 Bitumen	水泥混凝土 concrete	简易铺装路面里程 Simply Paved Highway	未铺装路面里程 Unpaved Highway
全　　省 Total	**37153**	**194442**	**47915**	**146527**	**25806**	**47192**
省　辖　市 City	**33617**	**172528**	**42539**	**129989**	**23242**	**42335**
郑　州　市 Zhengzhou	960	9677	4111	5566	739	955
开　封　市 Kaifeng	1188	6472	3293	3178	99	1126
洛　阳　市 Luoyang	2137	16240	2863	13377	91	3059
平 顶 山 市 Pingdingshan	31	9825	1324	8500	8	1914
安　阳　市 Anyang	766	7495	1640	5855	314	1428
鹤　壁　市 Hebi	544	3433	707	2725	417	723
新　乡　市 Xinxiang	827	9323	2549	6773	1274	838
焦　作　市 Jiaozuo	646	6653	1806	4847	665	694
濮　阳　市 Puyang	355	6168	1657	4511	259	357
许　昌　市 Xuchang	1666	7208	2059	5148	987	1741
漯　河　市 Luohe	710	3872	551	3322	803	699
三 门 峡 市 Sanmenxia	2039	7652	1877	5775	41	2396
南　阳　市 Nanyang	5685	25581	5607	19974	859	9092
商　丘　市 Shangqiu	6108	10404	3243	7161	6073	4672
信　阳　市 Xinyang	4557	15859	1755	14103	398	7057
周　口　市 Zhoukou	816	10664	3440	7224	9155	883
驻 马 店 市 Zhumadian	4406	13836	3214	10622	851	4571
济　源　市 Jiyuan	176	2167	840	1327	208	128
省 直 管 县 County Directly Administrated by Province	**3535**	**21914**	**5376**	**16538**	**2564**	**4857**
巩　义　市 Gongyi	192	1842	395	1446	104	192
兰　考　县 Lankao	182	1681	1272	409	3	186
汝　州　市 Ruzhou	128	2075	234	1841		784
滑　　　县 Huaxian	550	3053	496	2557	115	550
长　垣　县 Changyuan	91	1843	492	1351	122	91
邓　州　市 Dengzhou	1019	2993	544	2450	251	1180
永　城　市 Yongcheng	385	2300	518	1782	356	870
固　始　县 Gushi	228	2267	412	1855	748	228
鹿　邑　县 Luyi	619	2274	567	1707	269	635
新　蔡　县 Xincai	141	1586	445	1141	597	141

20-7　各种民用车辆拥有量(2016年底)

Possession of Civil Vehicles (End of 2016)

单位：辆　　(unit)

指　标	Item	总　计 Total	营　运 Commerial	非营运 Non-commerial	#进口 Imports	#私人 Private-owned	#新注册 Newly-registered	报　废 Abandoned
合　计	**Total**	**21287766**	**1405590**	**16145105**	**291166**	**12630398**	**2012556**	**159329**
汽车	Vehicles	14816643	1107317	13694433	289524	10100102	1907229	153482
载客汽车	Passenger Vehicles	9665820	187106	9463821	288660	9039452	1694101	54831
大型	Large	72016	56532	9377	388	842	11459	7103
中型	Medium	38389	15349	14254	792	6291	6505	4680
小型	Small	9390964	115194	9275770	286584	8876365	1672940	38328
微型	Minicar	164451	31	164420	896	155954	3197	4720
#轿车	Saloon Cars	5820715	113475	5707240	97193	5498272	962408	27232
载货汽车	Trucks	1329070	823462	505608	713	861154	194140	63972
重型	Heavy	432688	422172	10516	118	94087	56704	14273
中型	Medium	50867	46166	4701	8	36187	2514	7944
轻型	Light	842608	354488	488120	584	728428	134922	40157
微型	Mini	2907	636	2271	3	2452		1598
#普通载货	Cargo Vehicle	645513	237905	407608	555	568830	94372	27597
其他汽车	Others	3821753	96749	3725004	151	199496	18988	34679
#三轮	Tricycle	2407866	48371	2359495	0	111128	6403	22687
低速货车	Low-speed truck	1364085	42145	1321940	0	65292	5938	10456
电车	Buses							
摩托车	Motorcycle	2540521	91139	2449382	1615	2513042	77021	5011
普通	Standard	2530269	91129	2439140	1615	2503229	76833	4944
轻便	Light	10252	10	10242		9813	188	67
拖拉机	Tractors	3722178						
#大中型	Large and Medium							
小型	Small							
挂车	Trailer	208266	207062	1204	27	17237	28306	828
其他类型车	Others	158	72	86	0	17	0	8

注：1.拖拉机数据来源于农机管理局，其他数据来源于公安厅。

2.全省"营运"、"非营运"、"进口"、"私人"、"新注册"和"报废"车辆分类中不包括"拖拉机"分类数据。

a) Data of Tractor was calculated from the Administration of agricultural machinery,data of cars and other vehicles was calculated from Provincial public security department.

b) In addition to the total, other index data in Penn column does not include the tractor.

20-8 各市民用车辆拥有量(2016年底)

Possession of Civil Vehicles by City (End of 2016)

单位：辆 (unit)

市 City	民用汽车 Civil Vehicles	载客汽车 Passenger Vehicles	#大型 Large	#轿车 Sedan	载货汽车 Trucks	#重型 Heavy	#普通载货 Ordinary Trucks
全　省 Total	**14816643**	**9665820**	**72016**	**5820715**	**1329070**	**432688**	**645513**
郑州市 Zhengzhou	2676879	2485498	18236	1534587	169567	54117	63207
开封市 Kaifeng	456195	391508	3078	220076	54612	11231	32813
洛阳市 Luoyang	855771	747404	6229	443119	97109	24756	54000
平顶山市 Pingdingshan	518276	440459	3570	230812	62857	17011	33109
安阳市 Anyang	599488	528570	3050	341853	60704	27011	23658
鹤壁市 Hebi	198172	174041	1417	112884	19425	6678	9721
新乡市 Xinxiang	753106	661669	4048	415573	81865	24930	44958
焦作市 Jiaozuo	434955	362631	2485	234018	60551	38957	15838
濮阳市 Puyang	493502	421052	2212	268159	63021	21708	29145
许昌市 Xuchang	503403	436612	2329	254783	58180	18905	26737
漯河市 Luohe	249452	211317	1281	131457	33870	14070	14331
三门峡市 Sanmenxia	249157	214723	1394	130477	29497	8971	15224
南阳市 Nanyang	774697	639099	4683	377121	115038	30553	61208
商丘市 Shangqiu	744346	598746	6988	364897	123306	38312	63713
信阳市 Xinyang	442645	354026	2900	203369	59510	8978	36243
周口市 Zhoukou	648595	474807	4220	248541	150732	66240	65901
驻马店市 Zhumadian	471786	379116	2842	207994	76808	15484	49786
济源市 Jiyuan	132391	117843	603	86081	11766	4758	5419

市 City	其他汽车 Other	#新注册 Newly-registered	摩托车 Motors	挂车 Trailer	拖拉机 Tractors	机动车驾驶员(万人) Number of Motor Drivers (10 000 Person)	#汽车 Automobile Drivers
全　省 Total	**3821753**	**1907229**	**2540521**	**208266**	**3722178**	**2278**	**2114**
郑州市 Zhengzhou	21814	384423	101011	15199	125226	362	359
开封市 Kaifeng	10075	90705	44996	4777	219924	99	98
洛阳市 Luoyang	11258	132009	244678	9343	193105	180	169
平顶山市 Pingdingshan	14960	89975	148895	7124	124852	112	103
安阳市 Anyang	10214	94764	63271	17897	141637	114	101
鹤壁市 Hebi	4706	31255	24212	3613	84830	36	35
新乡市 Xinxiang	9572	121218	67838	9793	186274	153	148
焦作市 Jiaozuo	11773	72745	85729	29444	58260	93	90
濮阳市 Puyang	9429	66642	48039	10372	96582	88	86
许昌市 Xuchang	8611	86103	119388	4632	53971	93	87
漯河市 Luohe	4265	49558	46803	5963	93042	52	51
三门峡市 Sanmenxia	4937	32709	127374	4301	49194	58	51
南阳市 Nanyang	20560	144622	578573	13393	875257	233	192
商丘市 Shangqiu	22294	153810	98141	19962	228413	159	153
信阳市 Xinyang	29109	97009	298254	2175	216573	119	98
周口市 Zhoukou	23056	131615	208498	40352	355061	185	169
驻马店市 Zhumadian	15862	109304	201627	6091	610335	119	101
济源市 Jiyuan	2782	2209	17602	3802	15117	24	23

20-9　各市私人车辆拥有量(2016年底)

Possession of Private Vehicles by City (End of 2016)

单位：辆　　(unit)

市 City	民用汽车 Civil Vehicles	载客汽车 Passenger Vehicles	载货汽车 Trucks	其他汽车 Other Special Vehicles	摩托车 Motors	#普通 Bicycle Motor
全省 Total	**10100102**	**9039452**	**861154**	**199496**	**2513042**	**2503229**
郑州市 Zhengzhou	2430561	2321623	93896	15042	99327	98869
开封市 Kaifeng	418320	368366	41081	8873	44489	44225
洛阳市 Luoyang	767386	691202	66554	9630	242858	240308
平顶山市 Pingdingshan	469884	411610	45105	13169	148351	147474
安阳市 Anyang	542710	498674	35126	8910	62608	62113
鹤壁市 Hebi	182231	163307	14669	4255	23994	23514
新乡市 Xinxiang	692980	625920	60198	6862	66686	66318
焦作市 Jiaozuo	373956	340634	22725	10597	74201	73688
濮阳市 Puyang	451051	402500	41282	7269	47770	47651
许昌市 Xuchang	453761	405799	40704	7258	119233	119074
漯河市 Luohe	220637	198483	18751	3403	42946	42851
三门峡市 Sanmenxia	223386	200635	18822	3929	126756	125683
南阳市 Nanyang	685554	601198	67029	17327	577418	576746
商丘市 Shangqiu	672866	566621	85270	20975	97272	97104
信阳市 Xinyang	408390	328550	52287	27553	297753	297122
周口市 Zhoukou	559656	447987	91840	19829	207290	206996
驻马店市 Zhumadian	424305	355009	57714	11582	201038	200679
济源市 Jiyuan	121522	111365	7676	2481	17467	17269

20-10 客货运量及周转量

Passenger and Freight Traffic, Turnover Volume

指　　标	Item	2005	2010	2011	2012	2013	2014	2015	2016
运输量	**Traffic Volume**								
客运量(万人)	Passenger Traffic (10 000 persons)	98099	167804	193882	208094	225738	141777	146066	122342
铁路	Railways	5842	8399	8952	9628	11160	12400	13068	14525
国家铁路	National Railways	5758	8392	8948	9628	11160	12400	13068	14525
地方铁路	Local Railways	84	7	4					
公路	Highways	91920	158630	184213	197785	213900	128279	131788	106415
水运	Waterways	97	255	268	250	261	254	280	288
货运量(万吨)	Freight Traffic (10 000 tons)	78827	202470	240965	272240	304369	200628	211854	205385
#铁路	Railways	14806	14224	14312	12779	12762	11577	9802	9562
国家铁路	National Railways	12697	13292	13292	11772	11685	10540	9482	9257
地方铁路	Local Railways	2109	931	1020	1007	1077	1037	321	305
公路	Highways	62684	183291	220122	251772	282970	179680	191572	184255
水运	Waterways	1334	4950	6527	7685	8631	9350	10459	11545
周转量	**Turnover Volume**								
旅客周转量(百万人公里)	Passenger-Kilometers (million person-km)	100070	184064	203368	214450	232812	185889	194188	185717
铁路	Railways	53543	74720	76645	77957	85337	89565	91024	93830
国家铁路	National Railways	53468	74715	76643	77957	85337	89565	91024	93830
地方铁路	Local Railways	75	5	3					
公路	Highways	43784	103118	121128	130958	141754	84486	89808	76057
水运	Waterways	53	60	65	60	63	54	54	57
货物周转量(百万吨公里)	Freight Ton-Kilometers (million ton-km)	228260	714182	847107	943642	1035741	736709	758238	733628
铁路	Railways	175977	198023	212010	208897	209681	192650	166602	168589
国家铁路	National Railways	173606	197118	210941	207904	208607	191593	166447	168444
地方铁路	Local Railways	2371	905	1069	992	1074	1057	156	145
公路	Highways	46700	486063	594904	686301	770295	482237	520816	483853
水运	Waterways	5549	30028	40132	48390	55719	61559	70529	80861

注：2009年3月起国家铁路运输量包含漯阜公司，地方铁路数据不包括漯阜公司;2015年起，受地方铁路改制影响，地方铁路数据仅包含登封铁路公司。

a) Data of LuoFu company was adjusted from local railways to national railways since March 2009.Data of Locomotives only refers to DengFeng railway company since 2015.

20-11 各市公路客货运输量(2016年)

Passenger and Freight Traffic of Highway by City (2016)

市(县) City(County)	客运量(万人) Passenger Traffic (10 000 persons)	旅客周转量(亿人公里) Passenger-Kilometers (100 million person-km)	货运量(万吨) Freight Traffic (10 000 tons)	货物周转量(亿吨公里) Freight Ton-Kilometers (100 million ton-km)
全　省 Total	**106415**	**761**	**184255**	**4839**
省辖市 City				
郑州市 Zhengzhou	11007	108	19269	495
开封市 Kaifeng	3630	25	3318	96
洛阳市 Luoyang	11456	57	22045	614
平顶山市 Pingdingshan	7781	39	11749	216
安阳市 Anyang	5446	27	10624	280
鹤壁市 Hebi	1246	6	6470	153
新乡市 Xinxiang	5458	26	12336	317
焦作市 Jiaozuo	2628	15	9796	241
濮阳市 Puyang	3889	32	5141	180
许昌市 Xuchang	3956	15	8116	185
漯河市 Luohe	2338	13	5947	142
三门峡市 Sanmenxia	2335	12	5014	151
南阳市 Nanyang	11058	110	15449	488
商丘市 Shangqiu	8231	59	13494	391
信阳市 Xinyang	6174	51	7109	114
周口市 Zhoukou	6788	65	13990	499
驻马店市 Zhumadian	12273	95	12230	224
济源市 Jiyuan	723	5	2157	51
省直管县 County Directly Administrated by Province				
巩义市 Gongyi	1523	7	2728	60
兰考县 Lankao	557	4	1241	25
汝州市 Ruzhou	1073	5	1069	16
滑县 Huaxian	883	6	1152	16
长垣县 Changyuan	1523	8	777	16
邓州市 Dengzhou	1656	12	1484	51
永城市 Yongcheng	1679	11	2022	46
固始县 Gushi	1101	9	1888	49
鹿邑县 Luyi	1010	13	975	15
新蔡县 Xincai	1336	9	1124	13

20−12 铁路主要站客货发送量(2016年)

Number of Passengers and Volume of Freight Dispatched from Principal Railway Stations (2016)

车站名称	Name	旅客发送量 (万人) Number of Passengers Dispatched (10 000 persons)	车站名称	Name	货物发送量 (万吨) Volume of Freight Dispatched (10 000 tons)
郑州	Zhengzhou	3593.03	圃田西	Western putian	102.26
郑州东	Eastern zhengzhou	1471.34	郑州北	Northern zhengzhou	43.76
巩义	Gongyi	100.62	新密	Xinmi	94.28
开封	Kaifeng	369.12	上街	Shangjie	92.52
兰考	Lankao	139.63	新郑	Xinzheng	279.79
洛阳	Luoyang	669.55	开封	Kaifeng	118.69
洛阳龙门	Luoyang Longmen	355.10	洛阳东	Eastern luoyang	69.01
偃师	Yanshi	56.75	巩义	Gongyi	63.79
安阳	Anyang	350.06	平顶山西	Western pingdingshan	198.60
新乡	Xinxiang	470.05	安阳	Anyang	64.74
焦作	Jiaozuo	238.25	鹤壁北	Northern hebi	129.26
许昌	Xuchang	209.43	新乡	Xinxiang	91.28
三门峡	Sanmenxia	137.39	焦作北	Northern jiaozuo	56.06
三门峡南	Southern sanmenxia	126.50	许昌	Xuchang	20.35
灵宝	Lingbao	78.54	三门峡	Sanmenxia	151.17
南阳	Nanyang	358.10	三门峡西	Western sanmenxia	98.31
商丘	Shangqiu	598.94	南阳	Nanyang	15.68
商丘南	Southern shangqiu	162.39	商丘	Shangqiu	68.69
民权	Minquan	158.20	商丘北	Northern shangqiu	31.77
			济源	Jiyuan	109.38

注：本表为郑州铁路局辖区内主要站数据。
a) Data in this table are from Principal stations of zhengzhou Railways Administration.

20-13 铁路分货类运输量
Freight Traffic of Railway by Category

货 类	Type of Freight	2015 运输量 (万吨) Traffic Volume (10 000 tons)	2015 货物周转量 (万吨公里) Freight Ton-Kilometers (10 000 ton-km)	货 类	Type of Freight	2016 运输量 (万吨) Traffic Volume (10 000 tons)	2016 货物周转量 (万吨公里) Freight Ton-Kilometers (10 000 ton-km)
煤	Coal	20408	6181923	煤	Coal	20777	6068000
石油	Petroleum	1798	435468	石油	Petroleum	1878	482669
焦炭	Coke	2662	843477	焦炭	Coke	2693	863503
金属矿石	Metal Ores	5460	1518510	金属矿石	Metal Ores	7167	2026805
钢铁及有色金属	Steel and Iron,	3347	1226277	钢铁及有色金属	Steel and Iron,	2794	1002015
非金属矿石	Nonmetal Ores	610	158236	非金属矿石	Nonmetal Ores	381	107915
磷矿石	Phosphorus Ores	145	58713	磷矿石	Phosphorus Ores	121	51399
矿建材料	Mineral Building Materials	518	166039	矿建材料	Mineral Building Materials	635	213661
水泥	Cement	9	3107	水泥	Cement	9	2918
木材	Timber	186	66060	木材	Timber	295	120867
粮食	Grain	2385	802806	粮食	Grain	2566	900505
棉花	Cotton	164	75642	棉花	Cotton	69	31402
化肥和农药	Chemical Fertilizers and Pesticides	2691	972060	化肥和农药	Chemical Fertilizers and Pesticides	2483	875222
盐	Salt	40	13197	盐	Salt	25	9980
化工品	Chemical Products	1565	631889	化工品	Chemical Products	1554	606679
工业机械	Industry Machinery	237	94570	工业机械	Industry Machinery	369	138520
电子电气	Electronic and Electric	12	4349	电子电气	Electronic and Electric	34	12482
金属制品	Metal Products	114	47312	金属制品	Metal Products	205	83662
农业机具	Agriculture Implements		10	农业机具	Agricultural Machinery		9
鲜活易腐货物	Fresh, Live and Perishable Goods	36	13410	鲜活易腐货物	Fresh, Live and Perishable Goods	52	16348
农副土特产品	Agriculture Products	112	29932	农副土特产品	Agricultural Products	63	23038
饮食烟草	Diet and Tobaccos	390	131283	饮食烟草	Diet and Tobaccos	397	140899
纺织品	Textile Products	30	10839	纺织品	Textile Products	42	17236
文教用品	Cultural and Educational Products	116	49338	文教用品	Cultural and Educational Products	140	57659
医药品	Medicine Products	17	5851	医药品	Medicine Products	24	7779
零担	Fragmentary Freight	370	135398	零担	Less-Than-Truckload	543	201577
集装箱	Container	2996	1309628	集装箱	Container	3053	1244261

注：铁路为郑州铁路局全局数。

a) Freight Traffic of railway refers to data of Zhengzhou Railways Administration, highway refers to data of transportation department.

20-14 铁路运输主要技术经济指标

Major Economic and Technical Indicators of Railway Transport

指　　标	Item	2010	2011	2012	2013	2014	2015	2016
货运机车日产量 （万吨公里）	Average Daily Ton-kilometers of Freight Locomotives (10 000 ton-kms)	133	129	121	121	120	115	113
内燃机车	Diesel Locomotives	125	34	31	29	24	20	21
电力机车	Electric Locomotives	135	134	125	125	124	118	116
货运机车平均牵引总重量 （吨）	Average Total Tonnage of Freight Locomotives (ton)	3667	3663	3723	3697	3584	3460	3390
内燃机车	Diesel Locomotives	3634	2662	2646	2485	2150	1873	1811
电力机车	Electric Locomotives	3674	3681	3740	3713	3600	3475	3404
客运机车日车公里 （公里）	Daily Distance per Passenger Locomotive (km)	823	858	835	761	790	814	445
货运机车日车公里 （公里）	Daily Distance per Freight Locomotive (km)	443	467	448	446	459	448	788
内燃机车万吨公里耗油（公斤）	Oil Consumption of Diesel Locomotive Per 10 000 tons.km (kg)	23.0	60.6	79.9	111.2	124.7	129.9	138.0
电力机车万吨公里耗电 （千瓦小时）	Electricity Consumption of Electric Locomotive Per 10 000 tons.km (kwh)	107.4	98.5	100.2	105.2	105.6	107.1	107.8
旅客列车技术速度 （公里/小时）	Technical Speed of Passenger Trains (km/hr)	85.6	87.9	86.2	84.5	86.3	88.4	87.5
旅客列车旅行速度 （公里/小时）	Traveling Speed of Passenger Trains (km/hr)	73.9	76.2	75.3	73.8	75.2	77.1	76.7
货物列车技术速度 （公里/小时）	Technical Speed of Freight Trains (km/hr)	46.5	47.3	46.2	46.2	48.1	48.9	48.8
货物列车旅行速度 （公里/小时）	Running Speed of Freight Trains (km/hr)	33.6	34.2	31.9	29.8	33.7	33.7	34.3
货物列车运行正点率 （%）	Punctuality Rate of Freight Trains in Running (%)	85.9	92.2	91.9	93.8	94.4	93.8	94.3
货物列车出发正点率 （%）	Punctuality Rate of Freight Trains at Departure (%)	88.0	92.4	92.3	93.8	94.0	93.5	94.0
货车周转时间 （天）	Trunning Around Time of Freight Cars (day)	1.6	1.6	1.8	1.8	1.8	1.8	1.6
货车一次作业时间 （小时）	Handling Time of Freight Cars (hour)	24.5	25.7	27.0	28.1	28.6	29.5	26.1
货车中转停留时间 （小时）	Transfer Waiting Time Per Freight Car (hour)	4.2	4.4	4.8	5.0	4.7	4.9	4.8

注：本表数据来源于郑州铁路局。

a) Data in this chapter are from ZhengZhou Railways Administration.

20－15 民航基本情况
Main Indicators of Civil Aviation

指　　标	Item	2012	2013	2014	2015	2016
航线条数(条)	Number of Civil Aviation Routes(unit)	69	51	62	61	63
#国际	International Routes	2	3	6	11	8
国内	Domestic Routes	65	46	53	47	52
地区	Regional Routes	2	2	3	3	3
航线里程(公里)	Length of Civil Aviation Routs(km)	223578	205253	212190	202462	203763
#国际	International Routes	12326	14078	33099	39764	36727
国内	Domestic Routes	203960	183883	165491	152148	156486
地区	Regional Routes	7292	7292	13601	10550	10550
飞行架次	Number of Flight	37363	38109	39665	41782	42271
#国际	International Routes	916	1279	2036	2786	3047
国内	Domestic Routes	35277	35746	36133	37345	38223
地区	Regional Routes	1170	1084	1496	1651	1001
民用机场数(个)	Number of Civil Airports (unit)	3	3	3	3	3
#可降737以上机型	Airports Serving Boeing 737 and above	3	3	3	3	3
民用飞机架数(架)	Number of Civil Aircraft (unit)	20	23	24	26	28
通航国家和地区(个)	Navigable Country and Region (unit)	4	4	4	5	5
#通航城市	Navigable City	4	4	4	10	9
客货吞吐量	Passenger and Cargo throughput					
旅客吞吐量(万人)	Passenger throughput (10 000persons)	1268.87	1412.86	1693.64	1860.69	2229.09
货邮吞吐量(万吨)	Cargo throughput(10 000tons)	15.31	25.79	37.31	40.58	45.90

注：民用机场数和客货吞吐量为全省数据，其他指标数据为中国南方航空股份有限公司河南分公司数据。

a) Data of Civil Airports and Passenger and Cargo throughput refer to the whole province,and other data come from China southern airlines co., LTD., henan branch.

20－16 邮政行业基本情况及邮政水平(年底数)
Basic Conditions and Level of Post Services (Year-end)

指　　标	Item	2012	2013	2014	2015	2016
局所网络	Offices and Network					
邮政局所(处)	Number of Post Offices(unit)	2531	2507	2596	2595	2595
邮路总长度(公里)	Length of Postal Routes(km)	63846	65935	74663	74234	77488
#汽车邮路总长度	Length of Postal Routes and Rural	55415	57504	70472	70167	73460
铁路邮路总长度	Delivery Routes	7621	7621	3508	3508	3508
农村投递线路总长度(公里)	Rural Delivery Routes(km)	197726	198258	199992	194476	190288
邮政行业业务总量(万元)	Business Volume of Post (10 000 yuan)	691594	924593	1165358	1637756	2332232
函件(万件)	Number of Letters (10 000 pcs)	17517	17570	15828	12011	9496
包裹(万件)	Number of Parcels (10 000 pcs)	284	295	264	198	160
快递(万件)	Pieces of Express Mail Services (10 000 pcs)	12503	19444	29484	51450	83875
报刊期发数(万份)	Issue of Newspapers and Magazines(10 000 copies)	1010	951	1029	980	1032
集邮业务(万枚)	Collecting Stamps (10 000 units)	7595	6138	5338	6766	7129
邮政水平	Level of Post Services					
平均每一邮电局所服务面积(平方公里)	Average Area Served by Every Post Office (sq.km)	66	67	64	64	64
平均每一邮电局所服务人口(万人)	Average People Served by Every Post Office (10 000 persons)	4.1	3.8	3.6	3.6	3.6
平均每人发函件数(件)	Average Number of Letters Mailed per Capita (piece)	1.7	1.9	1.7	1.2	1.0
平均每百人订有报刊数(份)	Average Number of Newspaper and Magazine Subscribed per 100 Persons (piece)	9.6	10.1	10.9	10.4	10.7

注：1.括号内为上个时期不变价数据。

2.2010年起快递为全社会快递业务量；邮政业务总量也做同口径调整。

a) Data of Business Volume of Post and Telecommunications in brackets is last year constant price.

b) Data of pieces of express mail refer to the amount of whole social since 2010.

20–17 邮电通信行业基本情况

年份 Year	邮电业务总量（万元）Business Volume of Postal and Telecommunications Services (10 000 yuan)	#邮政行业业务总量 Business Volume of Postal Services	函件（万件）Number of Letters (10 000 pcs)	包裹（万件）Package (10 000 pcs)	快递（万件）Pieces of Express Mail Services (10 000 pcs)	订销报刊期发数（万份）Subscription and Issue of Newspapers and Magazines (10 000 pcs)
1978	(5450)7120		11629			
1979	7540		12783			
1980	8062		14230			
1981	8390		14823			
1982	8666		14726			
1983	9024		15144			
1984	9647		16974			
1985	11057		20304			
1986	11977		21055			
1987	14675		24020			
1988	19182		25368			
1989	22805		23345			
1990	(27872)48983		22032			
1991	59324		17335			
1992	80685		17795			
1993	122245		20260			
1994	188902		21963			
1995	302583		21958	648		
1996	461609		22470	648	225	
1997	643107		19164	489	173	
1998	1035556		18799	489	197	
1999	1384139		19452	509	296	
2000	(1869359)1300586	117999	21408	499	423	
2001	1740235	210508	29260	492	539	
2002	2201977	236549	29532	482	761	
2003	3035707	264200	35938	486	945	880
2004	4359263	282726	26470	433	1105	768
2005	5565060	318093	24471	415	1163	686
2006	7214687	365236	23030	405	1136	707
2007	9331635	412016	21515	367	1248	759
2008	11241309	470421	22147	315	1497	846
2009	12968686	548800	19786	271	1788	809
2010	(15077061)5359762	703421(897962)	24704	253	(1793)5765	803
2011	5958822	627996	32396	264	8378	1062
2012	6613588	691594	17516	283	12503	1010
2013	7949251	924593	17570	295	19444	951
2014	10110624	1165358	15828	264	29484	1029
2015	13172754	1637756	12011	198	51450	980
2016	20658962	2332232	9496	160	83875	1032

注：1.邮电业务总量2010-2016年按2010年不变价计算，2000-2009年按2000年不变价格计算，1990-1999年按1990年不变价格计算，1978-1989年按1980年不变价格计算。括号内为上个时期不变价数据。
2.2007年起，局用交换机容量包含接入网设备容量。
3.2010年起快递为全社会快递业务量，括号内为原口径数据。
4.2010年起，国际互联网用户含手机上网用户。

Basic Conditions of Postal and Telecommunication Services

集邮业务 (万枚) Stamps for Collection (10 000 units)	固定电话用户 (万户) Subscribers of Fixed Telephone (10 000 subscribers)	移动电话用户 (万户) Subscribers of Mobile Telephone (10 000 subscribers)	本地电话局用交换机容量 (万门) Capacity of Local Telephone Exchanges (10 000 line)	长途光缆线路长度 (公里) Length of Optical Cable Lines (km)	电话普及率 (含移动) (部/百人) Populariza-tion Rate of Telephone (sets/100 persons)	国际互联网用户 (万户) Number of Subscribers of Internet Services (10 000 subscribers)
	12.05		21.15		0.17	
	12.40		22.01		0.17	
	12.96		22.58		0.18	
	13.12		22.92		0.18	
	13.37		23.77		0.18	
	13.25		24.45		0.17	
	14.33		25.23		0.19	
	15.67		26.91		0.20	
	16.75		27.39		0.21	
	14.00		29.47		0.17	
	16.10		32.50		0.20	
	18.92		35.31		0.23	
	22.76		40.79		0.27	
	27.31		54.45		0.31	
	36.65		66.04		0.42	
	55.70		103.31		0.63	
	89.31		171.76		0.99	
	135.74		238.36		1.50	
	205.71	23.87	349.34		2.51	
2295	292.55	48.02	479.17		3.70	
1045	442.76	118.64	723.20		6.05	
13581	773.51	173.04	837.21		8.68	
13614	912.10	310.30	969.87		12.95	67.52
12352	1096.09	503.03	1049.71	18029	16.79	185.66
10441	1180.31	531.00	1095.47	20658	17.86	208.42
9159	1370.86	1072.57	1159.70	26650	25.72	245.81
10500	1625.03	1392.31	1296.62	32644	31.14	269.17
8769	1863.48	1814.81	1349.56	33093	37.90	274.28
7038	2027.50	2351.20	1376.00	33536	44.90	326.87
6883	1940.47	2914.54	2548.50	34927	49.50	403.26
7100	1562.44	3498.89	2382.21	35718	51.20	494.38
6064	1463.89	4016.84	2304.06	36127	55.10	625.49
8158	1432.00	4449.72	1996.00	36446	59.00	3043.42
7090	1340.39	5061.69	1855.45	30519	68.07	3857.20
7585	1288.90	5787.70	1804.26	30271	75.38	5098.00
6138	1224.38	7200.22	1843.36	30296	89.60	5657.14
5338	1143.04	7712.93	1298.35	31430	94.10	5672.06
6766	1009.66	7975.06	1043.95	33578	95.22	6626.93
7129	798.60	7889.01	146.23	32533	91.14	8145.49

a) The business volume of Postal and telecommunication services since 2000 are calculated at 2000 constant prices.1990~1999 are calculated at 1990constant prices.1978~1989 are calculated at 1980 constant prices.Data in bracket are calculated at last period constant prices .

b) Data on capacity of local telephone exchanges include network equipment since 2007.

c) Data of pieces of express mail refer to the whole social since 2010, data in the brakfets are original data.

d) Data on Subscribers of Internet Services include Mobile Internet since 2010.

20−18 通信行业基本情况及通信水平(年底数)

Basic Conditions and Level of Telecommunication Services (Year-end)

指 标	Item	2013	2014	2015	2016
通信网络	**Network of Telecommunication**				
电信业务总量(万元)	Business Volume of Telecommunication Services (10 000 yuan)	7024658	8945199	11534998	18326732
长途电话业务电路(2M)	Long-distance Call Lines(2M line)	4554119	6924553	7066311	12250689
固定长途电话通话时长(万分钟)	Length of Long-distance Calls of Fixed Telephone (10 000 minutes)	177532	127457	100490	90400
移动电话用户期末数(万户)	Number of Mobile Telephones Subscribers at Year-end (10 000 subscribers)	7200	7713	7975	7889
固定电话用户(万户)	Number of Local Telephone Subscribers of at Year-end (10 000 subscribers)	1224	1143	1010	799
#城市	Number of Urban Telephone Subscribers	754	737	678	541
住宅电话用户(万户)	Number of Household Telephone Subscribers (10 000 subscribers)	750.60	693.30	556.11	271.34
#城市	Number of Urban Telephone Subscribers	367.62	355.74	330.11	242.40
公用电话(万户)	Number of Public Telephone Subscribers(10 000 Subscribers)	118.08	113.52	92.34	76.80
国际互联网用户(万户)	Number of Subscribers of Internet Service (10 000 Subscribers)	5657.14	5672.06	6626.93	8145.49
电信主要通信能力	**Major Capacity of Telecommunication Services**				
固定长途电话交换机容量(路端)	Capacity of Long-distance Telephone Exchanges(unit)	1446394	1337449	328980	188040
局用电话交换机容量(万门)	Capacity of Office Telephone Exchanges(10 000 units)	1843	1298	1044	146
移动电话交换机容量(万户)	Capacity of Mobile Telephone Exchanges(10 000 subscribers)	8968	11097	11713	12357
长途光缆线路长度(公里)	Length of Optical Cable Lines(km)	30296	31430	33578	32533
通信水平	**Level of Telecommunication**				
固定电话普及率(部/百人)	Popularization Rate of Telephone (sets/100 persons)	13.0	12.1	10.7	8.4
移动电话普及率(部/百人)	Popularization Rate of Mobile Telephone (sets/100 persons)	76.5	82.0	84.5	82.8
平均每千人拥有公用电话数(部)	Public Telephone Owned Per 1000 Person(set)	12.6	12.1	9.8	8.6
已通固定电话的乡(镇)比重(%)	Percentage of Townships with Telephone(%)	100	100	100	100
移动电话(GSM)网络覆盖县(市)	Number of County(city) Covered by GSM (unit)	109	109	109	109
移动电话(CDMA)网络覆盖县(市)	Number of County(city) Covered by CDMA (unit)	109	109	109	109
移动电话漫游国家和地区(个)	Number of country (Territory) Roamed through Mobile Telephone(unit)	245	245	245	245
数据通信网覆盖地(市)	Number of Region(city) Covered by Data Traffic (unit)	18	18	18	18

注：从2012年起，长途电话业务电路包含固定电话网、移动电话网和各类数据通信网内为疏通长话业务开放使用的长途电路。
a) since 2012,Long-distance Call Lines include Fixed Telephone,Mobile Telephones and other Communication network.

20-19 各市邮政网和业务量(2016年)

Network and Business Volume of Post by City (2016)

市(县) City(County)	邮政局所 (处) Number of Post Offices (unit)	邮路总长度 (公里) Length of Postal Routes (km)	农村投递线路总长度 (公里) Rural Delivery Routes (km)	邮政行业业务总量 (亿元) Business Volume of Post	函件 (万件) Number of Letters (10 000 pcs)	包裹 (万件) Package (10 000 pcs)	快递业务量 (万件) Business Volume of Express Delivery (10 000 pcs)	订销报刊期发数 (万份) Subscription and Issue of Newspapers and Magazines (10 000 pcs)	集邮业务 (万枚) Collecting Stamps (10 000 units)
全　　省 Total	**2595**	**77487.7**	**190287.5**	**233.22**	**9496.43**	**160.39**	**83875**	**1032**	**7129**
省　辖　市 City									
郑　州　市 Zhengzhou	245	7078	17184	86.90	4168.29	42.14	42375	94	967
开　封　市 Kaifeng	117	2050	8898	6.66	686.97	4.27	1915	33	311
洛　阳　市 Luoyang	199	4969.5	12050.5	15.85	242.32	23.86	5761	80	799
平　顶　山　市 Pingdingshan	132	2136	8463	5.27	339.21	1.90	1177	45	306
安　阳　市 Anyang	118	2600	10399.5	9.86	369.89	6.93	2460	57	431
鹤　壁　市 Hebi	31	385	2705	2.22	140.30	1.33	711	21	172
新　乡　市 Xinxiang	166	2719.2	14043	12.23	319.50	14.81	3705	67	585
焦　作　市 Jiaozuo	112	1171.5	7980	9.04	179.27	3.93	3307	69	579
濮　阳　市 Puyang	97	1454.5	6117	5.05	301.91	8.08	1248	43	267
许　昌　市 Xuchang	104	1618	8176	7.41	212.00	20.88	2348	50	292
漯　河　市 Luohe	59	723	3862	6.12	356.84	1.61	2222	21	129
三　门　峡　市 Sanmenxia	84	1678	7305	3.40	151.17	1.90	843	36	299
南　阳　市 Nanyang	272	5704	24166	14.91	671.45	7.85	3920	140	507
商　丘　市 Shangqiu	209	4359	12067	15.91	349.84	8.46	4865	62	256
信　阳　市 Xinyang	225	6679	15852	9.72	240.50	2.86	2257	51	377
周　口　市 Zhoukou	199	3350	16511	11.05	270.11	4.76	2332	104	380
驻　马　店　市 Zhumadian	201	4292	12076	10.21	326.95	3.81	1981	48	401
济　源　市 Jiyuan	25	465	2433	1.42	169.91	1.01	450	10	72

注：本表全省合计包括郑州邮区中心局数据。

a) Data of Total include Data of Center situation in zhengzhou postal district.EMS only refers to postal.

20-20 各市电信网和业务量(2016年)

市 City	固定长途电话交换机容量(路端) Capacity of Long-distance Telephone Exchanges (unit)	局用电话交换机容量(万门) Capacity of Office Telephone Exchanges (10 000 lines)	移动电话交换机容量(万户) Capacity of Mobile Telephone Exchanges (10 000 subscribers)	电信业务总量(亿元) Business Volume of Telecommunications (100 million yuan)	固定长途电话通话时长(万分钟) Length of Long-distance Calls of Fixed Telephone (10 000 minutes)
全省 Total	**188040**	**146**	**12357**	**1832.67**	**90400**
郑州市 Zhengzhou	87570	80	2637	395.10	45649
开封市 Kaifeng	6450	4	400	77.45	3760
洛阳市 Luoyang	9720	9	774	154.32	5372
平顶山市 Pingdingshan	8820	6	529	82.52	2147
安阳市 Anyang	3960	3	617	103.24	3268
鹤壁市 Hebi	3330	1	179	28.11	1276
新乡市 Xinxiang	7350	5	880	119.10	4435
焦作市 Jiaozuo	4710	6	485	69.09	2592
濮阳市 Puyang	2970	1	386	65.91	2600
许昌市 Xuchang	2520	2	596	69.49	2599
漯河市 Luohe	6060	2	180	44.03	4040
三门峡市 Sanmenxia	5580	4	310	44.58	1115
南阳市 Nanyang	13680	8	980	128.75	2464
商丘市 Shangqiu	5970	1	924	113.85	1867
信阳市 Xinyang	6690	4	545	94.69	1896
周口市 Zhoukou	6630	7	1124	124.09	1953
驻马店市 Zhumadian	6030	3	751	100.38	2856
济源市 Jiyuan			60	14.81	510

Network of Telecommunications and Business Volume by City (2016)

移动电话通话时长(万分钟) Length of Calls of Mobile Telephone (10 000 minutes)	移动电话用户(万户) Number of Mobile Telephones Subscribers (10 000 subscribers)	移动短信业务量(亿条) SMS business (100 million piece)	固定电话用户(万户) Number of Fixed Telephone Subscribers at Year-end (10 000 subscribers)	#城市电话用户 Number of Urban Telephone Subscribers	住宅电话用户(万户) Number of Household Telephone Subscribers (10 000 subscribers)	公用电话(万户) Number of Public Telephone (10 000 subscribers)	国际互联网用户(万户) Number of Subscribers of Internet Services (10 000 subscribers)
28998647	**7889.01**	**163.04**	**798.60**	**541.36**	**271.34**	**76.80**	**8145.49**
5280288	1340.49	48.37	180.28	149.89	71.34	21.71	1438.84
1308026	342.68	5.56	30.00	18.26	8.44	5.68	353.80
2252444	602.72	11.87	88.76	65.61	33.76	6.37	618.22
1410850	380.58	6.96	33.63	27.19	14.05	4.24	376.37
1525571	465.64	7.44	58.85	34.62	19.34	1.37	502.20
448769	134.46	2.42	13.10	8.07	4.49	0.76	143.11
1787375	496.54	8.89	61.26	32.29	13.72	5.37	554.00
1131934	300.47	4.82	30.01	17.74	9.56	1.00	321.51
1167729	298.31	5.83	22.01	15.06	8.38	1.18	302.10
1194461	345.70	7.16	40.63	21.54	11.87	3.29	347.79
688878	194.91	3.17	17.42	13.53	6.15	3.42	191.75
685291	185.65	4.06	18.42	14.29	6.80	1.49	193.78
2384624	679.76	12.39	60.38	32.05	13.45	11.66	702.27
2117305	581.16	8.46	46.09	29.52	17.63	4.25	585.26
1472957	418.30	8.58	38.20	27.84	16.26	3.02	429.91
2082286	556.40	8.16	20.87	11.71	5.89	0.30	532.92
1804052	493.31	7.50	30.58	17.53	7.74	1.38	473.53
255808	71.93	1.41	8.11	4.60	2.46	0.29	78.15

主要统计指标解释

铁路营业里程 又称营业长度（包括正式营业和临时营业里程），指办理客货运输业务的铁路正线总长度。凡是全线或部分建成双线及以上的线路，以第一线的实际长度计算；复线、站线、段管线、岔线和特殊用途线以及不计算运费的联络线都不计算营业里程。铁路营业里程是反映铁路运输业基础设施发展水平的重要指标，也是计算客货周转量、运输密度和机车车辆运用效率等指标的基础资料。

铁路电气化里程 指具备了电力机车牵引条件，并已交付运营的线路里程。

公路里程 指在一定时期内实际达到《公路工程技术标准JTG B01–2003》规定的技术等级的公路，并经公路主管部门正式验收交付使用的公路里程数。包括大、中城市的郊区公路，以及公路通过小城镇（指县城、集镇）街道的公路里程和公路桥梁长度、隧道长度、渡口的宽度以及分期修建的公路已验收交付使用的里程，不包括大中城市的街道、厂矿、林区生产用道和农业生产用道的里程。两条或多条公路共同经由同一路段，只计算一次，不得重复计算里程长度。按公路技术等级分为等级公路和等外公路，其中等级公路分为高速公路、一级公路、二级公路、三级公路和四级公路。该指标可以反映公路建设的发展规模，也是计算运输网密度等指标的基础资料。

内河航道里程 指在一定时期内，能通航运输船舶及排筏的天然河流、湖泊水库、运河及通航渠道的长度。包括全年季节性通航累计三个月以上的航道，不包括仅供零散流放竹、木排的河道。两省以河为界的航道里程，双方均按一半计算，以免重复。该指标可以反映内河水运网的规模、水平和发展情况。

民用航空航线里程 指统计期间内全部民用航空航线的航线总长度。航线长度指民用航空航线的计费距离。计算航线里程可按重复和不重复两种方法，前者是指各航线长度相加的总和；后者则要扣除各航线之间相同航段重复计算的部分。

货（客）运量 指在一定时期内，各种运输工具实际运送的货物（旅客）数量。它是反映运输业为国民经济和人民生活服务的数量指标，也是制定和检查运输生产计划、研究运输发展规模和速度的重要指标。货运按吨计算，客运按人计算。货物不论运输距离长短、货物类别，均按实际重量统计。旅客不论行程远近或票价多少，均按一人一次客运量统计；半价票、小孩票也按一人统计。

货物（旅客）周转量 指在一定时期内，由各种运输工具运送的货物（旅客）数量与其相应运输距离的乘积之总和。它是反映运输业生产总成果的重要指标，也是编制和检查运输生产计划，计算运输效率、劳动生产率以及核算运输单位成本的主要基础资料。计算货物周转量通常按发出站与到达站之间的最短距离，也就是计费距离计算。计算公式为：

货物（旅客）周转量＝Σ货物（旅客）运输量×运输距离

民用汽车拥有量 指报告期末，在公安交通管理部门按照《机动车注册登记工作规范》，已注册登记领有民用车辆牌照的全部汽车数量。汽车拥有量统计的主要分类：根据汽车结构分为载客汽车、载货汽车以及其他汽车；根据汽车所有者的不同分为个人（私人）汽车、单位汽车；根据汽车的使用性质分为营运汽车、非营运汽车和特种汽车；根据汽车大小规格不同载客汽车分为大型、中型、小型和微型，载客汽车分为重型、中型、轻型和微型。

电信 指利用有线、无线的电磁系统或者光电系统，传送、发射或者接受语音、文字、数据图像以及其他任何形式信息的活动。主要包括固定电信服务、移动电信服务和其他电信服务。

移动电话用户 指通过移动电话交换机进入移动电话网、占用移动电话号码的电话用户。用户数量以报告期末在移动电话营业部门实际办理登记手续进入移动电话网的户数进行计算，一部移动电话统计为一户。

互联网上网人数 指平均每周使用互联网 6 周岁以上中国公民人数。

固定电话用户 指在电信运营企业营业网点办理开户登记手续并已接入固定电话网上的全部电话用户。包括普通电话用户、公用电话用户、窄带综合业务数字网（N—ISDN）用户、智能网专用接入终端用户等。按行政区划分为城市电话用户和农村电话用户。

城市电话用户 指直辖市、省辖市、地级市、县级市的市区、市郊区及县城(包括县人民政府所在地的县城关区或行政建制相当于县人民政府所在地的镇)范围内接入局用交换机的电话用户数，包括分布在农村地区的独立工矿区、林区、驻军等接入局用交换机的电话用户数。

农村电话用户 指县城关区以下的集镇和农村接入局用交换机的电话用户数。

住宅电话用户 指安装在居民住宅或农民家里并按照住宅电话用户登记注册和收费的各类电话用户。包括私人付费、单位付费和按规定免费安装的住宅电话用户。

固定长途电话交换机容量 指用于接入长途电话网的电话交换机的设备额定容量，包括国际电话交换机容量。

局用交换机容量 指安装在本地电信运营商内用于接续本地固定电话的电话交换机容量，有倍增设备按倍增后的数量计数。包括现用和备用的人工或自动交换机的全部容量。

移动电话交换机容量 指移动电话交换机根据一定话务模型和交换机处理能力计算出来的最大同时服务用户的数量。

Explanatory Notes on Main Statistical Indicators

Length of Railways in Operation refers to the total length of the trunk line under passenger and freight transportation (including both full operation and temporary operation). The calculation is based on the actual length of the first line even if this line has a full or partial double track or more tracks, excluding double tracks, station sidings, tracks under the charge of stations, branch lines, special-purpose lines and the non-payable connecting lines. The length of railways in operation is an important indicator to show the development of the infrastructure for the railway transport, and also the essential data to calculate volume of passenger freight transport, traffic density and utilization efficiency of the locomotives and carriages.

Length of Electrified Railways refers to the length of the section of railways in operation in which the power supply lines and other equipment are installed for the running of electrified locomotives. The proportion of the length of electrified railways to the total length of railways in operation is an important indicator to show the modernization of railways.

Length of Highways refers to the length of highways which are built in conformity with the grades specified by the highway engineering standard formulated by the Ministry of Communications, and have been formally checked and accepted by the departments of highways and put into use. The length of highways includes that of the suburb highways at large and medium-sized cities, highways passing through streets at small cities and towns, and also the length of bridges and ferries. It does not include the length of streets in big and medium-sized cities and highways built for the production purpose at factories, mines, forest areas and agricultural areas. If two or more highways go the same section of the way, the length of the section is only calculated for once and no duplication is allowed. The length of highways is an important indicator to show the development of the highway construction and to provide essential information to calculate the transport network density.

Length of Navigable Inland Waterways an indicator reflecting the size and development of inland water network, it refers to the length of the natural rivers, lakes, reservoirs, canals, and ditches open to navigation during a given period, which enables the transport by ships and rafts. It includes the channels open to navigation for over an accumulative 3 months in a year, yet this does not include the river courses which are only used to float odd logs and bamboo rafts.

Length of Civil Aviation Routes refers to the length of all routes for civil aviation flights, which is used to account the freight, during the period of statistics.. There are usually two ways to calculate the route length: duplicated calculation and non-duplicated calculateion, the former is the sum of length of all civil aviation routes, and the latter should deduct the duplication length of same route among all routes.

Freight (Passenger) Traffic refers to the volume of freight (passenger) transported with various means. Freight transport is calculated in tons and passenger traffic is calculated in the number of persons. Despite the type of freight and travelling distance, the freight transport is calculated in the actual weight of the goods: and despite the travelling distance and ticket price, the passenger traffic is calculated by the principle that one person can be counted only once in one travel. The passenger who travel with a half price ticket or a child ticket is also calculated as one person. The freight (passenger) traffic provides a quantitative measure to show how the transport industry serves the national economy and people, and is also an important indicator for planning the transport industry and for studying the development scale and speed of the transport industry.

Freight Ton-kilometers (Passenger-kilometers) refer to the sum of the products of the volume of transported cargo (passengers) multiplying by the transport distance, usually using ton-kilometer and passenger-kilometer as units for measurement. Normally, the shortest distance between the departure station and the destination station (i.e., the payable distance) is the basis to calculate the freight ton-kilometers. This is an important indicator to show the total results of the transport industry, to prepare and examine the transport plan and to measure the efficiency, the labour productivity and the unit cost of transport.

The formula is as follows:

Freight Ton-kilometers (Passenger-kilometers) =∑{Freight (Passenger) Traffic x Distance of Transportation}

Measuring unit: ton-kilometer (person-kilometer)

Possession of civil Motor Vehicles refer to the total numbers of vehicles that are registered and received vehicles' license tags according to the Work Standard for Motor Vehicles Registration formulated by transport management office under department of public security at the end of reference period. They are divided into following categories according to the structure of motor vehicles: passenger vehicles, trucks and others; and private vehicles and vehicles for units use according to ownerships; working vehicles, non-working vehicles and special motor vehicles according to kind of usage; large passenger vehicles; medium passenger vehicles and small passenger vehicles, heavy trucks, light-heavy trucks and light trucks according to sizes of vehicles.

Telecom refers to fixed telecom service, mobile telecom service and other telecommunications services.

Mobile Telephone Subscribers refer to the persons who own mobile telephone numbers and are connected with the mobile telephone communication network through the mobile telephone switchboards. The number of subscribers is calculated by the subscribers who have completed registration at mobile communication business centers and entered into the mobile telephone network. One mobile telephone is taken as a subscriber.

Internet Users refer to the number of Chinese citizens aged 6 and over who use the Internet.

Local Telephone Subscribers refer to all subscribers who have gone through registration procedures in the operation points of enterprises engaged in telecommunications and are hence connected to the local telecommunications service provider through fixed line network. Included are general subscribers, public telephones subscribers, N-ISDN subscribers and intelligent network terminal subscribers. They are also classified in terms of administrative districts as urban telephone subscribers and rural telephone subscribers according to location.

Urban Telephone Subscribers refer to the number of telephone subscribers, located at the different administrative districts of municipalities directly under the Central Government, cities under the jurisdiction of province, cities at prefecture level, downtown and suburb of city at county level town and county towns, that are connected to the public line telephone network, including rural mineral area, forest area, military area.

Rural Telephone Subscribers refer to telephone subscribers, located at the towns below the level of county town and villages, that are connected to the public line telephone network.

Household Telephone Subscribers refer to telephone sets installed in the dwelling units of urban or rural residents, and registered as residence subscribers for payment, including three types of payment for the service: private payment, public payment and free service in accordance with relevant regulations.

Capacity of Long Distance Telephone Exchanges refers to the rated capacity of telephone exchanges to connect long distance telephone network, including capacity of international telephone exchanges.

Capacity of Office Telephone Exchanges refers to the capacity (measured in gate) of telephone exchanges installed in the offices of telecommunication service providers for communication between fixed telephones. It includes the capacity of both manual and automatic exchanges in use and for stand-by purpose. The capacity of subscriber exchanges is not included

Capacity of Mobile Telephone Exchanges refers to the capacity of the maximum services provided to subscribers at any one time as computed based on a certain model of calls distribution and transacting capacity of the mobile telephone exchanges.

资源和环境
Resources and Environment

21

● 资料整理：陈向真

简要说明

一、主要内容

本篇包括水环境，大气环境，固体废物，生态环境，自然灾害和环境污染治理投资等资料。

二、资料来源

环境污染与治理、污染物排放及处理、工业污染治理投资情况为省环境保护厅提供。水资源、城市生活垃圾清运及处理、耕地变动、森林资源、自然灾害等情况分别为省水利厅、省住房和城乡建设厅、省国土资源厅、省林业厅、省民政厅提供。由省统计局能源处理编辑整理。

Brief Introduction

I. Main Contents

Data in this chapter mainly reflect the Water Environment, Atmospheric environment, solid waste, ecological environment, natural disasters and investment in environmental pollution treatment.

II. Sources of Data

Data on environmental pollution and reatment, pollutants from consumption, investment in the treatment of industrial pollution are provided by the Henan provincial bureau of environmental protection. Data on water resource, city life garbage removed and disposed, change of cultivated land, forest resources, natural disaster are provided from the Henan provincial bureau of Land and Resources, Henan provincial bureau of Water Resources, Henan provincial bureau of Housing and Urban-Rural Development, Henan provincial bureau of Forestry Administration and Henan provincial bureau of civil affairs. Data in this chapter are provided by Department of Energy of the Henan provincial Bureau of Statistics.

21-1 生态环境保护情况

Basic Conditions of Environmental Protection

指标名称	Item	2005	2010	2015	2016
森林面积(万公顷)	Forest Area (10 000 hectares)	270.30	336.59	394.50	402.80
森林覆盖率(%)	Forest-coverage Rate (%)	16.2	20.2	23.6	24.2
活立木蓄积量(万立方米)	Total Standing Stock Volume (10 000cu.m)	13371	18051	22881	22881
森林蓄积量(万立方米)	Stock Volume of the Forest (10 000cu.m)	8405	12936	17095	17095
当年造林面积(万公顷)	Area of Afforestation for This Year (10 000 hectares)	26.35	27.71	20.00	13.35
人工造林面积	Artificial afforestation	18.67	21.23	15.47	9.76
无林地和疏林地本年新封	Closure in non-stocked Land and Scattered Wood Land	7.68	5.15	3.19	2.24
湿地面积(万公顷)	Area of Wetlands (10 000 hectares)	110.87	110.87	62.79	62.79
自然保护区数(个)	Number of Nature Reserves (unit)	32	35	30	30
#国家级自然保护区	National-level Nature Reserves	10	11	12	13
自然保护区面积(万公顷)	Area of Nature Reserves (10 000 hectares)	73.77	73.48	75.90	76.06
自然保护区面积占辖区总面积比重(%)	Percentage of Nature Reserves in the Region (%)	4.3	4.4	4.5	4.5

21-2 水资源情况

Water Resources

指标名称	Item	2005	2010	2015	2016
降水量(毫米)	Precipitation(mm)	905.8	841.7	704.1	787.1
水资源总量(亿立方米)	Total Amount of Water Resources (100 million cu.m)	558.56	534.89	287.17	337.35
#地表水资源量	Surface Water Resources	435.92	415.70	186.74	220.13
地下水资源量	Ground Water Resources	219.74	214.66	173.07	190.23
地表水与地下水资源重复量	Duplicated Measurement Between Surface Water and Ground Water		95.47	72.64	73.01
用水总量(亿立方米)	Water Use (100 million cu.m)	197.81	224.61	222.83	227.60
农业用水	Agriculture	114.59	125.59	120.09	125.60
工业用水	Industry	45.71	55.57	52.51	50.30
生活用水	Consumption	37.51	36.11	41.17	38.70
生态环境补水	Ecological Protection		7.34	9.07	13.00
废水排放总量(亿吨)	Total Volume of Waste Water Discharge (100 millin tons)	26.26	35.87	43.35	40.21
工业废水排放量	Volume of Industrial Waste Water Discharge	12.35	15.04	12.98	6.95
城镇生活污水排放量	Volume of Urban Living Waste Water Discharge	13.91	20.83	30.35	33.24
集中式治理设施污水排放量	Waste Water Discharged from Centralized treatment facilities			0.01	0.02
化学需氧量(COD)排放量(万吨)	Volume of COD Discharge (10 000 tons)	72.08	61.97	128.72	46.43
工业废水中COD排放量	COD Emission from Industrial Waste Water	34.26	29.56	15.02	4.84
农业COD排放量	COD Emission from Agricultur			75.32	2.71
城镇生活污水中COD排放量	COD Emission from Consumption Waste Water	37.82	32.41	37.86	38.57
集中式治理设施污水排放量	Centralized wastewater treatment facilities			0.53	0.31
氨氮排放量(万吨)	Volume of Ammonia Nitrogen Emission (10 000 tons)	10.36	7.25	13.43	6.48
工业废水中氨氮排放量	Ammonia Nitrogen Emission from Industrial Waste Wate	5.36	2.31	0.99	0.39
农业氨氮排放量	Ammonia Nitrogen Emission from Agricultural			5.77	0.04
城镇生活污水中氨氮排放量	Ammonia Nitrogen Emission from Consumption Waste Wate	5.00	4.94	6.61	6.02
集中式治理设施污水排放量	Waste Water Discharged from Centralized treatment facilities			0.06	0.03

注：由于环境统计制度统计口径调整，四项污染物指标2016年与上年数不可比。(下表同)

a) According to the adjustment of environment statistic caliber, the data on volume of ammonia nitrogen emission can't comparable with last year (the same as following table).

21-3 大气环境情况
Basic Conditions of Atmosphere Environment

指标名称	Item	2005	2010	2015	2016
二氧化硫(SO2)排放量(万吨)	Volume of Sulphur Dioxide Emission (10 000 tons)	162.45	133.87	114.43	41.36
工业SO2排放量	Volume of Sulphur Dioxide Emission by Industry	147.11	116.29	91.50	28.47
城镇生活SO2排放量	Volume of Sulphur Dioxide Emission by Consumption	15.34	17.58	22.92	12.89
集中式治理设施SO2排放量	Volume of SO2 Emission from Centralized treatment facilities			0.01	
氮氧化物排放量(万吨)	Nitrogen oxides Volume (10 000tons)		121.24	126.24	80.82
工业氮氧化物排放量	Nitrogen oxides Volume from Industrial		100.02	71.95	30.31
城镇生活氮氧化物排放量	Nitrogen oxides Volume from Urban life		21.22	5.08	2.98
机动车氮氧化物排放量	Nitrogen oxides Volume from Motor vehicle			49.19	47.53
集中式治理设施氮氧化物排放量	Centralized Nitrogen oxides treatment facilities			0.01	
烟(粉)尘排放量(万吨)	Volume of Smoke and Dust Emission ((10 000 tons)	163.28	77.35	84.61	42.88
工业烟(粉)尘排放量	Volume of Industrial Sulphur Dioxide Emission	156.16	70.07	66.63	30.73
城镇生活烟尘排放量	Volume of Urban Consumption Soot Emission	7.12	7.28	12.95	7.38
机动车烟尘排放量	Volume of Motor vehicle Soot Emission			5.02	4.77
集中式治理设施烟尘排放量	Centralized Soot Emission from treatment facilities				

注：由于环境统计制度统计口径调整，四项污染物指标2016年与上年数不可比。
a) According to the adjustment of environment statistic caliber, the data on volume of pollutant emission can't comparable with last year.

21-4 固体废物的产生及利用情况
Production and Utilization of Industrial Solid Wastes

指标名称	Item	2005	2010	2015	2016
一般工业固体废物产生量(万吨)	Volume of General Industrial Solid Wastes Produced (10 000tons)	6178.00	10714.00	14722.47	14255.63
一般工业固体废物综合利用量(万吨)	Volume of General Industrial Solid Wastes Utilized (10 000tons)	4244.00	8380.00	11456.11	10485.55
#综合利用往年贮存量(万吨)	Volume of Storage of Former Years Utilized	212.50	154.48	63.15	23.27
一般工业固体废物综合利用率(%)	Proportion of General Industrial Solid Wastes Utilized (%)	66.4	77.1	77.8	73.6
一般工业固体废物处置量(万吨)	Volume of General Industrial Solid Wastes Disposed (10 000tons)	1287.00	1770.00	2786.10	3253.53
#处置往年贮存量(万吨)	Accumulated in Previous Years		0.09	17.82	1.36
一般工业固体废物处置率(%)	Proportion of General Industrial Solid Wastes Disposed (%)	20.8	16.5	18.9	22.8
一般工业固体废物贮存量(万吨)	Storage capacity of General Industrial Solid Wastes(10 000tons)	831.20	721.66	561.23	541.18
一般工业固体废物倾倒丢弃量(吨)	Dump quantity of General Industrial Solid Wastes(ton)				
危险废物产生量(吨)	Volume of Hazardous waste (ton)	151000	186430	743504	742277
危险废物综合利用量(吨)	Volume of Hazardous waste Utilized (ton)	135000	186292	296974	321322
#综合利用往年贮存量	Volume of Storage of Former Years Utilized			5253	8452
危险废物综合利用率(%)	Proportion of Hazardous waste Utilized (%)			39.9	43.3
危险废物处置量(吨)	Volume of Hazardous wastes Treated (ton)	15300	35129	421393	421635
#处置往年贮存量(吨)	Accumulated in Previous Years			3080	10532
危险废物处置率(%)	Proportion of Hazardous wastes Disposed (%)			56.7	56.8
危险废物贮存量(吨)	Storage capacity of Hazardous wastes(ton)	800	2040	33470	18304

21-5 各市废水排放、废气排放和固体废物处理利用情况(2016年)

Production and Utilization of Waste water, toxic emission and Industrial Solid Wastes by City (2016)

单位：万吨 (10 000 tons)

市 City	废水排放总量 Total Volume of Waste Water Discharge	废水COD排放量 Volume of COD Discharge	废水中氨氮排放量 Volume of Ammonia Nitrogen Discharge	二氧化硫排放量 Volume of Sulphur Dioxide Emission	氮氧化物排放量 Nitrogen oxides Volume	烟(粉)尘排放量 Volume of Soot Emission	一般工业固体废物产生量 Volume of General Industrial Solid Wastes Produced	一般工业固体综合利用量 Volume of General Industrial Solid Wastes Utilized	一般工业固体废物处置量 Volume of General Industrial Solid Wastes Disposed	一般工业固体废物贮存量 Storage capacity of General Industrial Solid Wastes
全　省 Total	**402063.72**	**46.43**	**6.48**	**41.36**	**80.82**	**42.89**	**14255.63**	**10485.55**	**3253.53**	**541.18**
省辖市 City										
郑州市 Zhengzhou	75169.18	2.82	0.94	3.88	8.54	3.56	1585.88	1321.07	204.35	60.97
开封市 Kaifeng	9557.22	0.57	0.06	1.01	2.00	0.96	149.84	146.76	3.08	
洛阳市 Luoyang	37410.91	1.52	0.28	4.03	5.88	2.36	2893.88	1306.14	1587.68	0.05
平顶山市 Pingdingshan	16625.24	2.41	0.39	1.90	4.09	3.52	1680.79	1645.65	0.56	38.98
安阳市 Anyang	15315.99	2.19	0.39	5.81	6.94	6.19	964.42	942.70	21.37	0.34
鹤壁市 Hebi	8393.47	1.27	0.12	1.79	1.55	0.91	369.15	356.75	4.29	13.27
新乡市 Xinxiang	28722.15	2.39	0.33	1.52	4.41	1.94	334.39	207.11	128.07	
焦作市 Jiaozuo	23786.55	1.28	0.07	2.15	5.42	2.37	1010.78	695.48	79.45	238.78
濮阳市 Puyang	13867.86	1.32	0.18	0.96	4.14	0.74	113.28	112.62	0.84	0.03
许昌市 Xuchang	13435.62	1.67	0.25	2.56	4.37	2.06	330.99	320.76	1.78	11.56
漯河市 Luohe	12420.22	0.45	0.12	0.66	1.39	0.36	124.80	124.80		
三门峡市 Sanmenxia	11872.91	1.14	0.11	2.40	3.55	1.63	1695.65	624.48	992.53	80.48
南阳市 Nanyang	24699.03	5.14	0.69	2.14	4.74	2.70	399.45	286.51	33.14	79.85
商丘市 Shangqiu	18258.48	2.43	0.26	1.28	3.16	0.99	71.92	70.90	1.13	0.01
信阳市 Xinyang	14707.01	4.57	0.45	0.67	2.36	2.26	308.38	269.33	40.18	
周口市 Zhoukou	24364.39	4.44	0.55	0.75	6.38	1.13	44.16	43.83	0.32	
驻马店市 Zhumadian	18642.89	3.20	0.43	2.30	3.20	1.48	278.90	278.72	0.29	
济源市 Jiyuan	4718.36	0.18	0.05	1.55	2.02	4.40	655.30	652.11	2.81	0.58
省直管县 County Directly Administrated by Province										
巩义市 gongyi	3695.91	0.62	0.09	1.45	1.19	0.98	144.05	119.58	24.48	
兰考县 lankao	1631.48	0.30	0.03	0.12	0.27	0.09	11.95	11.95		
汝州市 ruzhou	2937.37	0.95	0.09	0.57	1.02	0.49	436.64	436.64		
滑县 huaxian	1799.83	0.87	0.05	0.09	0.46	0.11	11.67	11.42	0.22	0.04
长垣县 changyuan	2536.70	0.45	0.04	0.19	0.38	0.24	85.05	85.05		
邓州市 dengzhou	3450.07	1.53	0.17	0.28	0.53	0.26	1.97	1.87	0.10	
永城市 yongcheng	3579.80	0.84	0.09	0.89	1.19	0.75	545.03	407.23	125.58	16.26
固始县 gushui	2441.31	0.71	0.10	0.13	0.49	0.11				
鹿邑县 luyi	2120.57	0.68	0.10	0.16	0.63	0.19	5.32	5.32		
新蔡县 xincai	1675.31	0.19	0.02	0.10	0.24	0.09	0.05	0.05		

21-6 农村环境基本情况
Basic Condition of Rural Enviroment

指 标	Item	2005	2010	2014	2015	2016
农村自来水普及率(%)	Popularizing rate of rural Tap water (%)	50.2	55.1	69.0	72.7	78.4
农村卫生厕所普及率(%)	Popularizing rate of rural Sanitation toilets (%)	61.1	69.8	75.3	76.6	80.3
农村沼气池产气总量(万立方米)	Total gas production of rural digester (10 000 cu.m)	63869	133893	136690	143343	141506
农村生活污水净化沼气池(个)	Purification pool (unit)	100	815	549	521	480
农村太阳能热水器面积(万立方米)	Area of Rural Solar water heater (10 000 cu.m)	122	341	532	563	603

21-7 自然灾害情况
Conditions of Natural Disasters

指标名称	Item	2005	2010	2014	2015	2016
地质灾害次数(次)	Number of Geological disasters (time)	79	583	30	30	89
地质灾害人员伤亡(人)	Casualties in Geological disasters (person)	18	10		4	
地质灾害直接经济损失(万元)	Direct Economic Losses in Geological disasters (10 000 yuan)	4476	11173	130	256	2437
森林火灾次数(次)	Number of Forest fires (time)	982	519	265	45	191
森林火灾受害森林面积(火场总面积，公顷)	Destructed Forest area in Forest fires (ha)	507	505	334	210	382
突发环境事件次数(次)	Number of Environmental Emergencies (time)	7	18	6	10	4

21-8 各市农村改厕情况(2016年)

Condition of Rural Compost toilets by City (2016)

市 City	累计卫生厕所户数(万户) Sanitary toilet number (10 000 household)	卫生厕所普及率(%) Popularizing Rate of Sanitary toilets (%)	无害化卫生厕所普及率(%) Popularizing Rate of Harmless Sanitary toilets (%)	农村改厕投资合计(万元) Investment in Compost toilets (10 000 yuan)
全　省 Total	**1719.25**	**80.30**	**61.55**	**36224**
郑　州　市 Zhengzhou	86.39	92.93	85.93	
开　封　市 Kaifeng	50.96	62.27	39.73	228
洛　阳　市 Luoyang	101.32	82.07	51.48	893
平顶山市 Pingdingshan	62.76	76.82	66.33	956
安　阳　市 Anyang	70.24	79.86	46.24	302
鹤　壁　市 Hebi	20.60	78.22	57.87	980
新　乡　市 Xinxiang	82.28	78.98	77.69	103
焦　作　市 Jiaozuo	58.29	87.91	43.31	3678
濮　阳　市 Puyang	55.35	70.40	68.73	2248
许　昌　市 Xuchang	70.73	84.66	40.99	655
漯　河　市 Luohe	81.42	79.11	48.26	100
三门峡市 Sanmenxia	29.24	69.21	35.98	648
南　阳　市 Nanyang	165.86	79.83	58.31	5073
商　丘　市 Shangqiu	120.68	79.72	45.99	3102
信　阳　市 Xinyang	101.17	86.86	77.62	2403
周　口　市 Zhoukou	234.70	92.77	84.23	803
驻马店市 Zhumadian	125.88	78.29	67.30	853
济　源　市 Jiyuan	11.22	90.05	19.98	156
省直管县 County Directly Administrated by Province				
巩　义　市 Gongyi	13.79	88.97	89.00	
兰　考　县 Lankao	13.58	80.12	80.12	1000
汝　州　市 Ruzhou	13.90	63.21	49.11	609
滑　县 Huaxian	17.34	52.40	45.46	179
长　垣　县 Changyuan	14.04	78.00	27.94	611
邓　州　市 Dengzhou	20.98	60.29	60.29	420
永　城　市 Yongcheng	30.81	84.41	75.04	2895
固　始　县 Gushi	38.48	79.01	79.01	328
鹿　邑　县 Luyi	16.50	73.33	55.56	800
新　蔡　县 Xincai	10.74	56.23	32.93	6200

注：本表省辖市数据不包括直管县。

a) Data of city is not include county directly administrated by province.

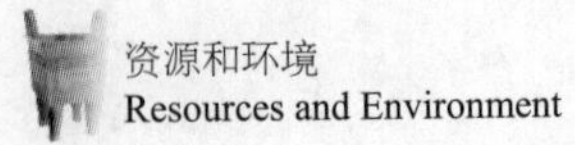

21-9 各市农村可再生能源利用情况(2016年)

Condition of Rural Renewable energy utilization by City (2016)

地区	City	沼气池产气总量（万立方米）Biogas gas volume (10 000 cu m)	户用沼气池 Household biogas digester	沼气工程 Biogas project	太阳能热水器（万平方米）Solar water heater (10 000 cu m)	生活污水净化沼气池（个）Sewage purification pool (unit)
全省	**Total**	**141506.48**	**383.12**	**6233.00**	**602.78**	**480**
省辖市	**City**					
郑州市	Zhengzhou	9565.06	16.31	242.00	7.59	
开封市	Kaifeng	2512. 60	12. 08	23. 00	32. 72	28
洛阳市	Luoyang	6499.84	27.92	354.00	24.65	14
平顶山市	Pingdingshan	5609.39	17.31	118.00	42.42	
安阳市	Anyang	5500.43	12.39	1150.00	44.42	
鹤壁市	Hebi	1509.70	6.03	94.00	11.26	10
新乡市	Xinxiang	10739.84	34.36	669.00	36.52	
焦作市	Jiaozuo	5418.88	12.78	444.00	28.01	16
濮阳市	Puyang	3308.90	11.71	156.00	16.22	
许昌市	Xuchang	3731.30	13.67	76.00	30.01	7
漯河市	Luohe	8923.36	16.92	63.00	18.39	
三门峡市	Sanmenxia	942.85	10.94	64.00	13.07	24
南阳市	Nanyang	29423.20	35.00	741.00	92.26	27
商丘市	Shangqiu	10290.27	42.64	95.00	22.44	
信阳市	Xinyang	5150.38	16.82	681.00	34.06	35
周口市	Zhoukou	11135.09	29.91	411.00	56.71	200
驻马店市	Zhumadian	6001.87	22.81	179.00	25.54	15
济源市	Jiyuan	1572.26	3.20	289.00	3.87	8
省直管县	**County Directly Administrated by Province**					
巩义市	Gongyi	1396.37	1.77	77.00	0.21	
兰考县	Lankao	703.50	2.66	5.00	7.60	
汝州市	Ruzhou	1437.71	3.86	19.00	8.40	
滑县	Huaxian	1826.66	5.58	51.00	1.51	1
长垣县	Changyuan	1443.00	5.97	18.00	6.82	
邓州市	Dengzhou	1143.60	3.41	60.00	9.24	
永城市	Yongcheng	1379.32	5.43	14.00	3.78	
固始县	Gushi	1148.97	3.13	73.00	10.20	
鹿邑县	Luyi	1648.53	5.77	33.00	10.36	92
新蔡县	Xincai	1543.59	2.76	34.00	4.49	

21-10 环境污染治理投资情况

Investment in Treatment of Environment Pollution

项　　目	Item	2005	2010	2015	2016
环境污染治理投资总额(万元)	Total Investment in Treatment of Environment Pollution (10 000 yuan)	823431	1322450	3601628	4550848
城市环境基础设施投资	Investment in Urban Environment Infrastructure	442771	710056	1933694	2131492
燃气	Gas Supply	48237	85960	182662	170203
集中供热	Centralized Hezting	103205	141445	366507	262007
排水	Frainage Works	104074	200684	404208	523005
园林绿化	Gardening and Greening	164533	252500	899517	1036074
市容环境卫生	Environmental Sanitation	22722	29467	80800	140203
工业企业污染防治投资	Investment in the Treatment of Industrial Pollution	206815	125120	330143	651538
治理废水	Treatment of Waste Water	101842	44301	44387	30863
治理废气	Treatment of Waste Gas	70824	75616	234181	551861
治理固体废物	Treatment of Solid Wastes	24178	856	7862	1364
治理噪声	Treatment of Noise Pollution	438	445	53	153
治理其他	Others	9533	3902	43660	67298
完成环保验收项目环保投资	Investment in New Construction, Expansion and Reconstruction Projects of Environment Protection	173845	487274	1337791	1767818
环境污染治理投资占GDP比重 (%)	Total Investment in the Treatment of Environment Pollution as Percent of GDP (%)	0.8	0.6	1.0	1.1
工业废气治理设施运行费用(万元)	Operation cost on Industrial waste gas treatment facilities (10 000 yuan)		490262	956014	970873
工业废水治理设施运行费用(万元)	Operation cost on Industrial waste water treatment facilities (10 000 yuan)		208840	239467	235963
排污费收入总额(万元)	Income of Pollutant discharge expenses (10 000yuan)				

21-11　工业重点调查单位分行业工业废水排放及处理利用情况(2016年)

Industrial waste water discharge, treatment and utilization in Key research Industrial unit by Sector (2016)

行　业	Sector	汇总工业企业数(个) Number of Enterprises (unit)	工业废水排放量(万吨) Volume of Industrial Waste Water (10 000tons)	废水治理设施数(套) Number of Wastewater treatment facilities (set)
总　计	**Total**	**6917**	**143518.49**	**2935**
煤炭开采和洗选业	Mining and Washing of Coal	188	14253.18	210
石油和天然气开采业	Extraction of Petroleum and Natural Gas	14	2487.08	9
黑色金属矿采选业	Mining of Ferrous Metal Ores	69	682.28	40
有色金属矿采选业	Mining of Non-ferrous Metal Ores	206	3190.17	96
非金属矿采选业	Mining and Processing of Nonmetal Ores	61	165.81	18
开采辅助活动	Support Activities for Mining	5		
其他采矿业	Mining of Other Ores	3		
农副食品加工业	Processing of Food from Agricultural Products	621	4505.60	331
食品制造业	Manufacture of Foods	228	2607.60	136
酒、饮料和精制茶制造业	Manufacture of Liquor,Beverages and refined tea	193	2963.16	136
烟草制品业	Manufacture of Tobacco	10	93.62	5
纺织业	Manufacture of Textile	131	1055.23	70
纺织服装、服饰业	Manufacture of Textile, Wearing Apparel and Accessories	39	205.23	13
皮革、毛皮、羽毛及其制品和制鞋业	Manufacture of Leather, Fur, Feather and Its Products and Footwear	230	3721.42	86
木材加工和木、竹、藤、棕、草制品业	Processing of Timbers, Manufacture of Wood, Bamboo, Rattan, Palm, and Straw Products	132	54.22	25
家具制造业	Manufacture of Furniture	43	6.83	15
造纸和纸制品业	Manufacture of Paper and Paper Products	163	9569.79	123
印刷和记录媒介复制业	Printing,Reproduction of Recording Media	75	16.52	14
文教、工美、体育和娱乐用品制造业	Manufacture of Articles for Culture, Education, Arts and Crafts,Sport and Entertainment Activities	86	224.40	41
石油加工、炼焦和核燃料加工业	Processing of Petroleum ,Coking, Processing of Nucleus Fuel	48	1628.95	40
化学原料和化学制品制造业	Manufacture of Raw Chemical Material and Chemical Products	608	9394.85	349
医药制造业	Manufacture of Medicines	200	2509.37	131
化学纤维制造业	Manufacture of Chemical Fiber	17	2024.23	18
橡胶和塑料制品业	Manufacture of Rubber and Plastic Prodncts	131	385.41	29
非金属矿物制品业	Manufacture of Non-metallic Mineral Products	2198	1876.83	296
黑色金属冶炼和压延加工业	Smelting and Pressing of Ferrous Metals	68	64235.24	60
有色金属冶炼和压延加工业	Smelting and Pressing of Non-ferrous Metals	232	4491.62	122
金属制品业	Manufacture of Metal Products	139	357.02	58
通用设备制造业	Manufacture of General Purpose Machinery	149	2470.04	37
专用设备制造业	Manufacture of Special Purpose Machinery	96	286.75	49
汽车制造业	Manufacture of Automobile	114	447.03	74
铁路、船舶、航空航天和其他运输设备制造业	Manufacture of Railway, ship, aerospace, and other transport equipment	28	177.44	28
电气机械和器材制造业	Manufacture of Electrical Machinery and Apparatus	88	195.37	53
计算机、通信和其他电子设备制造业	Manufacture of Computer, Communication and Other Electronic Equipment	35	911.27	32
仪器仪表制造业	Manufacture of Measuring Instruments and Machinery	8	84.17	5
其他制造业	Manufacture of others	66	29.77	24
废弃资源综合利用业	Utilization of waste Resources	29	2.07	5
金属制品、机械和设备修理业	Repairing of Metal products, machinery and equipment	4	0.33	1
电力、热力生产和供应业	Production and Supply of Electric Power and Heat Power	157	5633.26	155
燃气生产和供应业	Production and Supply of Gas	4	577.29	3

21-12 工业重点调查单位分行业工业废气排放及处理情况(2016年)

Industrial Wastes gas discharge and treatment and utilization in Key research Industrial unit by Sector (2016)

行业	Sector	废气治理设施数(套) Number of Wastegas treatment facilities (set)	工业废气排放量(亿标立方米) Volume of Industrial Waste Gas (100 million cu.m)	工业二氧化硫排放量(吨) Volume of Industrial so2 (ton)
总计	**Total**	**12984**	**29810.21**	**238963.67**
煤炭开采和洗选业	Mining and Washing of Coal	214	51.05	1346.96
石油和天然气开采业	Extraction of Petroleum and Natural Gas	6	24.35	454.08
黑色金属矿采选业	Mining of Ferrous Metal Ores	3	5.99	
有色金属矿采选业	Mining of Non-ferrous Metal Ores	69	7.49	126.55
非金属矿采选业	Mining and Processing of Nonmetal Ores	56	51.70	998.64
开采辅助活动	Support Activities for Mining	2	0.25	4.34
其他采矿业	Mining of Other Ores n.e.c	12	2.11	
农副食品加工业	Processing of Food from Agricultural Products	415	235.34	4711.26
食品制造业	Manufacture of Foods	129	117.92	2007.08
酒、饮料和精制茶制造业	Manufacture of Liquor,Beverages and refined tea	106	96.88	1584.05
烟草制品业	Manufacture of Tobacco	22	5.36	47.79
纺织业	Manufacture of Textile	78	24.22	1046.13
纺织服装、服饰业	Manufacture of Textile, Wearing and Accessories	7	2.68	229.43
皮革、毛皮、羽毛及其制品和制鞋业	Manufacture of Leather, Fur, Feather and Its Products and Footwear	80	26.34	606.13
木材加工和木、竹、藤、棕、草制品业	Processing of Timbers, Manufacture of Wood, Bamboo, Rattan, Palm, and Straw Products	154	76.80	1857.57
家具制造业	Manufacture of Furniture	58	8.97	9.51
造纸和纸制品业	Manufacture of Paper and Paper Products	228	246.14	3411.53
印刷和记录媒介复制业	Printing,Reproduction of Recording Media	68	12.83	73.91
文教、工美、体育和娱乐用品制造业	Manufacture Articles for Culture, Education, Arts and Crafts, Sport and Entertainment Activities	17	3.83	27.35
石油加工、炼焦和核燃料加工业	Processing of Petroleum, Coking, Processing of Nucleus Fuel	109	659.71	5256.29
化学原料和化学制品制造业	Manufacture of Raw Chemical Material and Chemical Products	1043	1555.15	16340.59
医药制造业	Manufacture of Medicines	178	63.12	2175.29
化学纤维制造业	Manufacture of Chemical Fiber	24	251.10	922.31
橡胶和塑料制品业	Manufacture of Rubber and Plastic Products	170	69.43	698.81
非金属矿物制品业	Manufacture of Non-metallic Mineral Products	6764	7559.59	66660.64
黑色金属冶炼和压延加工业	Smelting and Pressing of Ferrous Metals	546	4637.69	39136.35
有色金属冶炼和压延加工业	Smelting and Pressing of Non-ferrous Metals	598	3206.32	32200.38
金属制品业	Manufacture of Metal Products	190	50.05	332.80
通用设备制造业	Manufacture of General Purpose Machinery	141	33.60	688.99
专用设备制造业	Manufacture of Special Purpose Machinery	190	37.83	225.45
汽车制造业	Manufacture of Automobile	195	161.66	174.42
铁路、船舶、航空航天和其他运输设备制造业	Manufacture of Railway, ship, aerospace, and other transport equipment	68	125.71	97.94
电气机械和器材制造业	Manufacture of Electrical Machinery and Apparatus	203	146.93	119.68
计算机、通信和其他电子设备制造业	Manufacture of Computer Communication and Other Electronic Equipment	141	135.20	31.03
仪器仪表制造业	Manufacture of Measuring Instruments and Machinery	2	0.19	0.34
其他制造业	Manufacture of others	97	16.17	222.61
废弃资源综合利用业	Utilization of waste Resources	34	3.99	76.40
金属制品、机械和设备修理业	Repairing of Metal products, machinery and equipment			
电力、热力生产和供应业	Production and Supply of Electric Power and Heat Power	568	10006.85	52692.19
燃气生产和供应业	Production and Supply of Gas	6	87.08	2415.71

21-13 工业重点调查单位分行业工业固体废物产生及处理利用情况(2016年)

Industrial Solid Wastes Produced discharge and treatment and utilization in Key research Industrial unit by Sector (2016)

单位：万吨 (10 000tons)

行业	Sector	一般工业固体废物产生量 Volume of General Industrial Solid Wastes Produced	一般工业固体废物综合利用量 Volume of General Industrial Solid Wastes Utilized	一般工业固体废物贮存量 Storage capacity of General Industrial Solid Wastes	一般工业固体废物处置量 Volume of General Industrial Solid Wastes Treated
总计	**Total**	**12618.20**	**9279.02**	**506.60**	**2855.05**
煤炭开采和洗选业	Mining and Washing of Coal	1451.54	1247.31	53.40	167.12
石油和天然气开采业	Extraction of Petroleum and Natural Gas	9.34	8.11		1.42
黑色金属矿采选业	Mining of Ferrous Metal Ores	317.80	297.49	18.27	2.04
有色金属矿采选业	Mining of Non-ferrous Metal Ores	1847.98	341.54	102.27	1404.16
非金属矿采选业	Mining and Processing of Nonmetal Ores	40.24	38.75	0.40	1.09
开采辅助活动	Support Activities for Mining	0.18	0.08		0.11
其他采矿业	Mining of Other Ores				
农副食品加工业	Processing of Food from Agricultural Products	64.99	63.82	0.00	1.23
食品制造业	Manufacture of Foods	39.22	36.91	0.00	2.31
酒、饮料和精制茶制造业	Manufacture of Liquor,Beverages and refined tea	19.59	18.26	0.00	1.33
烟草制品业	Manufacture of Tobacco	0.93	0.39	0.00	0.54
纺织业	Manufacture of Textile	3.38	3.00	0.01	0.49
纺织服装、服饰业	Manufacture of Textile, Wearing Apparel and Accessories	0.40	0.40		
皮革、毛皮、羽毛及其制品和制鞋业	Manufacture of Leather, Fur, Feather and Its Products and Footwear	8.48	7.53	0.00	0.95
木材加工和木、竹、藤、棕、草制品业	Processing of Timbers, Manufacture of Wood, Bamboo, Rattan, Palm, and Straw Products	15.26	15.15	0.00	0.11
家具制造业	Manufacture of Furniture	0.13	0.12	0.01	0.02
造纸和纸制品业	Manufacture of Paper and Paper Products	72.68	70.91		1.77
印刷和记录媒介复制业	Printing, Reproduction of Recording Media	0.92	0.43	0.00	0.49
文教、工美、体育和娱乐用品制造业	Manufacture of Articles for Culture, Education, Arts and Crafts,Sport and Entertainment Activities	0.35	0.31	0.00	0.06
石油加工、炼焦和核燃料加工业	Processing of Petroleum, Coking, Processing of Nucleus Fuel	193.06	193.04	0.00	0.02
化学原料和化学制品制造业	Manufacture of Raw Chemical Material and Chemical Products	753.59	647.98	0.54	105.58
医药制造业	Manufacture of Medicines	17.69	17.11	0.00	0.58
化学纤维制造业	Manufacture of Chemical Fiber	34.40	34.40		0.00
橡胶和塑料制品业	Manufacture of Rubber and Plastic Products	8.31	8.28	0.01	0.04
非金属矿物制品业	Manufacture of Non-metallic Mineral Products	336.80	327.21	0.13	10.39
黑色金属冶炼和压延加工业	Smelting and Pressing of Ferrous Metals	1466.62	1436.73		29.90
有色金属冶炼和压延加工业	Smelting and Pressing of Non-ferrous Metals	1644.00	492.49	291.76	860.94
金属制品业	Manufacture of Metal Products	2.78	3.41		0.51
通用设备制造业	Manufacture of General Purpose Machinery	3.90	3.72	0.00	0.19
专用设备制造业	Manufacture of Special Purpose Machinery	10.17	7.50	0.00	2.67
汽车制造业	Manufacture of Automobile	4.74	4.19	0.00	0.56
铁路、船舶、航空航天和其他运输设备制造业	Manufacture of Railway, ship,aerospace, and other transport equipment	2.63	2.27		0.36
电气机械和器材制造业	Manufacture of Electrical Machinery and Apparatus	2.30	1.45	0.02	0.82
计算机、通信和其他电子设备制造业	Manufacture of Computer, Communication and Other Electronic Equipment	2.26	0.21	0.04	2.06
仪器仪表制造业	Manufacture of Measuring Instruments and Machinery	0.07	0.07		0.00
其他制造业	Manufacture of others	0.48	0.44		0.05
废弃资源综合利用业	Utilization of waste Resources	4.47	3.59	0.03	0.93
金属制品、机械和设备修理业	Repairing of Metal products, machinery and equipment	0.01	0.01		
电力、热力生产和供应业	Production and Supply of Electric Power and Heat Power	4156.79	3943.26	39.69	175.68
燃气生产和供应业	Production and Supply of Gas	79.87	1.35		78.53

主要统计指标解释

森林覆盖率 指一个国家或地区森林面积占土地总面积的百分比。森林覆盖率是反映森林资源的丰富程度和生态平衡状况的重要指标。在计算森林覆盖率时，森林面积包括郁闭度 0.2 以上的乔木林地面积和竹林地面积，国家特别规定的灌木林地面积、农田林网以及四旁(村旁、路旁、水旁、宅旁)林木的覆盖面积。

湿地 指天然或人工、长久或暂时性的沼泽地、泥炭地或水域地带，包括静止或流动、淡水、半咸水、咸水体，低潮时水深不超过 6 米的水域以及海岸地带地区的珊瑚滩和海草床、滩涂、红树林、河口、河流、淡水沼泽、沼泽森林、湖泊、盐沼及盐湖。

自然保护区 指对有代表性的自然生态系统、珍稀濒危野生动植物物种的天然分布区、水源涵养区、有特殊意义的自然历史遗迹等保护对象所在的陆地、陆地水体或海域，依法划出一定面积进行特殊保护和管理的区域。以县及县以上各级人民政府正式批准建立的自然保护区为准(包括“六五”以前由部门或“革委会”批准且现仍存在的自然保护区)。风景名胜区、文物保护区不计在内。

水资源总量 指评价区内降水形成的地表和地下产水总量，不包括过境水量。水资源总量等于地表水资源量与地下水资源量之和减去地表水和地下水资源重复量。

地表水资源量 指评价区内河流、湖泊、冰川等地表水体中可以逐年更新的动态水量，即当地天然河川径流量。

地下水资源量 指评价区内降水和地表水对饱水岩土层的补给量。

用水总量 指分配给各类用户的包括输水损失在内的毛用水量之和，不包括海水直接利用量。按用户特性分为农业、工业、生活和生态用水四大类。

农业用水 指农田灌溉用水、林果地灌溉用水、草地灌溉用水和鱼塘补水。

工业用水 指工矿企业在生产过程中用于制造、加工、冷却、空调、净化、洗涤等方面的用水，按新水取用量计，不包括企业内部的重复利用水量。

生活用水 包括城镇生活用水和农村生活用水。城镇生活用水由居民用水和公共用水（含第三产业及建筑业等用水）组成；农村生活用水除居民生活用水外，还包括牲畜用水在内。

生态环境补水 仅包括人为措施供给的城镇环境用水和部分河湖、湿地补水。

废水排放总量 为工业废水排放量、城镇生活污水排放量和集中式治理设施污水排放量之和。

工业废水排放量 指报告期内经过企业厂区所有排放口排到企业外部的工业废水量。包括生产废水、外排的直接冷却水、超标排放的矿井地下水和与工业废水混排的厂区生活污水，不包括外排的间接冷却水(清污不分流的间接冷却水应计算在废水排放量内)。

城镇生活污水排放量 指报告期内城镇居民排放生活污水的量。城镇生活包括“住宿业与餐饮业、居民服务和其他服务业、医院和独立燃烧设施以及城镇生活污染源”。

集中式治理设施污水排放量 指报告期内集中式治理设施的渗滤液排放量。集中式治理设施包括垃圾处理场（厂）和危险废物（医疗废物）集中处置厂。

化学需氧量（COD）排放量 为工业、农业、城镇生活和集中式治理设施排放的废水中 COD 排放量之和。

氨氮排放量 为工业、农业、城镇生活和集中式治理设施排放的废水中氨氮排放量之和。

二氧化硫排放量 指报告期内工业、城镇生活和集中式治理设施 SO_2 排放量之和。

工业 SO_2 排放量 指报告期内企业在燃料燃烧和生产工艺过程中排入大气的 SO_2 总量。

烟（粉）尘排放量 指报告期内工业、城镇生活、机动车和集中式治理设施烟（粉）尘排放量之和。

工业烟（粉）尘排放量 指报告期内企业在燃料燃烧和生产工艺过程中排入大气的烟尘及工业粉尘的总质量之和。烟尘或工业粉尘排放量可以通过除尘系统的排风量和除尘设备出口烟尘浓度相乘求得。

一般工业固体废物产生量 指未被列入《国家危险废物名录》或者根据国家规定的危险废物鉴别标准、固体废物浸出毒性浸出方法及固体废物浸出毒性测定方法鉴别方法判定不具有危险特性的工业固体废物。计算公式为：

一般工业固体废物产生量=（一般工业固体废物综合利用量-其中：综合利用往年贮存量）+一般工业固体废物贮存量+（一般工业固体废物处置量-其中：处置往年贮存量）+一般工业固体废物倾倒丢弃量

一般工业固体废物综合利用量 指报告期内企业通过回收、加工、循环、交换等方式，从固体废物中提取或者使其转化为可以利用的资源、能源和其他原材料的固体废物量（包括当年利用的往年工业固体废物累计贮存量）。如用作农业肥料、生产建筑材料、筑路等。

一般工业固体废物综合利用率 指一般工业固体废物综合利用量占一般工业固体废物产生量与综合利用往年贮存量之和的百分率。计算公式为：

一般工业固体废物综合利用率=一般工业固体废物综合利用量/一般工业固体废物产生量+综合利用往年贮存量×100%

一般工业固体废物处置量 指报告期内企业将工业固体废物焚烧和用其他改变工业固体废物的物理、化学、生物特性的方法，达到减少或者消除其危险成分的活动，或者将工业固体废物最终置于符合环境保护规定要求的填埋场的活动中，所消纳固体废物的量。

一般工业固体废物处置率 指一般工业固体废物处置量占一般工业固体废物产生量与处置往年贮存量之和的百分率。计算公式为：

一般工业固体废物处置率=一般工业固体废物处置量/一般工业固体废物产生量+处置往年贮存量×100%

环境污染治理投资 指城市环境基础设施投资、工业企业污染防治投资和完成环保验收项目环保投资之和。

Explanatory Notes on Main Statistical Indicators

Forest Coverage Rate Forest Coverage Rate refers to the ratio of area of afforested land to total land area. It is a very important indicator that reflects the status of abundance of forest resource and balance of the ecosystem. Forest area includes the area of trees and bamboo grow with canopy density above 0.2, the area of shrubby tree according to regulations of the government, the area of forest land inside farm land and the area of trees planted by the side of villages, farm houses and along roads and rivers.

Wetlands refer to marshland and peat bog, whether natural or man-made, permanent or temporary; water covered areas, whether stagnant or flowing, with fresh or semi-fresh or salty water that is less than 6 meters deep at low tide; as well as coral beach, weed beach, mud beach, mangrove, river outlet, rivers, fresh-water marshland, marshland forests, lakes, salty bog and salt lakes along the coastal areas.

Natural Reserves refer to certain areas of land, waters or sea that are representative in natural ecological systems, or are natural habitats for rare or endangered wild animals or plants, or water conservation zones, or the location of important natural or historic relics, which are demarked by law and put under special protection and management. Natural reserves are designated by the formal approval of governments at and above county level (including those approved by relevant departments or "revolutionary committees" before 1980). Scenic spots and cultural preservation zones are not included

Water Resource refers to sum of Surface Water and Ground Water. Water Resource is as follows:

Water Resource= Surface Water + Ground Water – repetitious volume of Surface Water and Ground Water

Surface Water Resources refers to total renewable resources which exist in rivers, lakes, glaciers and other collectors from rainfall and are measured as run-off of rivers.

Groundwater Resources refers to replenishment of aquifers with rainfall and surface water.

Water Use refers to gross water use distributed to users, including loss during transportation, broken down into use by agriculture, industry, living consumption and ecological protection.

Water Use by Agriculture includes uses of water by irrigation of farming fields and by forestry, animal husbandry and fishing. Water use by forestry, animal husbandry and fishery includes irrigation of forestry and orchards, irrigation of grassland and replenishment of fishing farms.

Water Use by Industry refers to new withdrawals of water, excluding reuse of water within enterprises.

Water Use by Living Consumption includes use of water for living consumption in both urban and rural areas. Urban water use by living consumption is composed of household use and public use (including services, commerce, restaurants, cargo transportation, posts, telecommunications and construction). Rural water use by living consumption includes both households and animals.

Water Use by Ecological and Environmental Protection includes replenishment of rivers and lakes and use for urban environment.

Waste water discharge Resources for industrial wastewater emissions, urban sewage emissions and centralized treatment facilities of wastewater.

Waste Water Discharged by Industry refers to the volume of waste water discharged by industrial enterprises through all their outlets, including waste water from production process, directly cooled water, groundwater from mining wells which does not meet discharge standards and sewage from households mixed with waste water produced by industrial activities, but excluding indirectly cooled water discharged (It should be included if the discharge is not separated from waste water).

Urban Waste Water Discharge refers to annual discharge of non-industrial waste water by urban households. Include accommodations industry and food industry, residents service and other services, hospitals and independent combustion facilities and urban life pollution sources.

Centralized treatment facilities wastewater refers to report period of centralized treatment facilities leachate emissions. Centralized management facilities including landfill (factory) and hazardous waste (medical waste) disposal factory.

Volume of Chemical Oxygen Demand (COD) refers to volume of COD in wastewater discharge form Industry, agriculture, urban life and centralized management facilities emissions.

Volume of Ammonia nitrogen refers to volume of ammonia nitrogen in wastewater discharge form Industry, agriculture, urban life and centralized management facilities emissions.

Volume of Sulfur dioxide refers to volume of SO_2 form Industry, urban life and centralized management facilities emissions.

Volume of Industrial Sulfur Dioxide Discharged refers to the volume of sulfur dioxide discharged to the air in the process of fuel burning or in the production process.

Volume of Industrial Soot Discharged refers to the volume of solid soot in the smoke discharged in the process of fuel burning in the area of the factory.

Industrial Dust Discharged refers to the total weight of solid dust discharged by industrial enterprises in the production process, such as dust of refractory materials from iron plants, dust from coke-screening system or from sintering machines of coking plants, dust from lime kilns, cement dust from building material enterprises, etc., but excluding smoke and dust discharged by power plants.

General Industrial Solid Wastes Produced refers to have not listed in the national hazardous waste list or according to the regulations of the state identification of hazardous waste standard, solid waste leaching-out toxicity leaching method and the solid waste leaching-out toxicity identification method for determining if a risk characteristics of industrial solid waste.

General Industrial Solid Wastes Utilized refers to volume of solid wastes from which useful materials can be extracted or which can be converted into usable resources, energy or other materials by means of reclamation, processing, recycling and exchange (including utilizing in the year the stocks of industrial solid wastes of the previous year). Examples of such utilizations include fertilizers, building materials and road materials.

Rate of General Utilization of Industrial Solid Wastes refers to the percentage of industrial solid wastes utilized over industrial solid wastes produced.

Rate of General Utilization of Industrial Solid Wastes= General Industrial Solid Wastes Utilized / (General Industrial Solid Wastes Produced+ Solid Wastes Utilized of ever reserves)×100%

General industrial solid waste disposal refers to enterprises during the reporting period the industrial solid waste incineration and other changes of industrial solid waste methods of physical, chemical, biological characteristics, activities to reduce or eliminate its dangerous substances, or the final placing of industrial solid waste landfill activities comply with the environmental protection requirements, the Council is satisfied that the amount of solid waste.

Rate of General industrial solid waste disposal refer to general industrial solid waste disposal accounted for general industrial solid waste generation and disposal of storage volume and percentage in previous years. Calculation formula is:

Rate of General industrial solid waste disposal= General industrial solid waste disposal / (General Industrial Solid Wastes Produced+ Disposal of ever reserves) ×100%

Investment in Environment Pollution Harnessing Projects refers to the proportion of investment in fixed assets in the total investment in harnessing industrial pollution and in the construction of urban environment infrastructure facilities.

科学技术

Science and Technology

资料整理：王习涛

简要说明

一、主要内容

本篇包括全社会以及大中型工业企业、政府部门属研究机构、高校的研究与试验发展（R&D）活动及规模以上工业企业的研究与试验发展（R&D）人员、经费支出情况；全省专利申请和授权情况；科研成果及科研项目，技术市场技术合同成交资料；测绘、质量监督、气象、地震等综合技术服务部门业务机构及业务活动情况。

二、统计范围

科技活动统计资料范围为全社会有研究与试验发展（R&D）活动的企事业单位，具体包括工业企业、政府部门属研究机构、普通高等学校以及研究与试验发展（R&D）活动相对密集行业（包括农、林、牧、渔业，建筑业，交通运输、仓储和邮政业，信息传输、计算机服务和软件业，金融业，租赁和商务服务业，科学研究、技术服务和地质勘查业，水利、环境和公共设施管理业，卫生、社会保障和社会福利业，文化、体育和娱乐业等）中从事研究与试验发展（R&D）活动的企事业单位。

三、资料来源

全省综合资料、企业及有关行业企事业单位的研究与试验发展（R&D）活动情况资料由省统计局调查提供；政府部门属研究机构资料由省科技厅和国防科技工业局调查提供；科学研究、技术服务和地址勘查业企事业的研究与试验发展（R&D）活动情况资料，以及科技论文资料、技术市场资料由省科技厅调查提供；高校资料由省教育厅调查提供；测绘、产品质量监督抽查、专利、气象、地震等资料，分别由省测绘局、省质量监督局、省知识产权局、省气象局、省地震局等部门调查提供。

四、统计调查方法

研究与试验发展(R&D)活动情况采用全面调查取得；测绘、产品质量监督抽查、专利资料采用抽样等多种调查方法取得。

科技活动统计资料口径变动说明：2005年以前科技活动统计资料只包括大中型工业企业、政府部门属研究机构、普通高等学校，2005年及以后年份扩大到了全社会范围。本篇资料由河南省统计局社会与科技统计处编辑整理。

Brief Introduction

I. Main Contents

Data on this chapter include the R&D personnel, the expenditure funds of R&D activities under whole society, large and medium-sized industrial enterprise, government departments, universities and colleges, data on patents application accepted and granted; data on technological markets; data on activities of the surveying and mapping, product quality supervision., Weather and earthquake, etc.

II. Scope of Statistics

Data on research and development (R&D) activities of enterprises and institutions all over the country, mainly including industrial enterprises, scientific and technological institutions under government departments, universities and colleges and R&D-intensive enterprises of different industries (such as agriculture, forestry, animal husbandry, fisher, construction, transport, storage and post, information transmission, computer services and software, financial intermediation, leasing and business services, scientific research, technical service and geologic prospecting, management of water conservancy, environment and public facilities , health, social security and social welfare, culture, sports and entertainment).

III. Sources of Data

Data on national aggregates and R&D activities of various enterprises and institutions are from Henan provincial bureau of statistics; data on scientific and technological institutions under government departments are from Henan provincial bureau of scientific and technological and Henan provincial bureau of defense science, technology industry; data on scientific research, technical service and geologic prospecting, scientific and technological papers; technological markets and high and new-tech industrial enterprises in development zones are from Henan provincial bureau of scientific and technological; data on scientific and technological activities in universities and colleges are from Henan provincial bureau of Education; Data on the development of surveying and mapping, product quality supervision and patents, Weather and earthquake are provided separately by Henan provincial bureau of Survey and Mapping, Henan provincial bureau of product quality supervision and quarantine, Henan provincial Intellectual Property Office, Henan provincial bureau of meteorology, and. Henan provincial bureau of seismological.

IV. Statistical methodology

Data on R&D activities of industrial enterprises, scientific and technological institutions under government departments, universities and colleges are collected through complete surveys. Data on surveying and mapping, product quality supervision and patent applications are through sample surveys and other surveys.

Changes of the statistical coverage of data on scientific and technological activities: Data only included large and medium-sized industrial enterprises, scientific research institutions under government departments, and universities and colleges before 2005. Since 2005 (inclusive) data have covered all industries. Data on this chapter are provided by Department of social and technological of Henan provincial bureau of statistics.

22-1 研究与试验发展(R&D)主要指标

Basic Statistics on R&D Activities

年份 Year	有(R&D)活动的单位数 (个) Number of Institutions for R&D (unit)	(R&D)人员 (人) R&D Personnel (person)	(R&D)人员折合全时当量 (人年) Full-time Equivalent of R&D Personnel (person-year)	(R&D)经费内部支出 (万元) Internal Expenditures on R&D (10 000 yuan)	(R&D)经费外部支出 (万元) External Expenditures on R&D (10 000 yuan)	(R&D)项目数 (项) R&D Projects (item)	(R&D)机构数 (个) Number of R&D Institutions (unit)
2000	1017		34629	248024	15050	7904	1331
2001	985		36138	283091	24064	8100	1122
2002	982		41492	293151	31148	8470	1151
2003	989		40742	341910	24664	9293	1173
2004	1090		38250	423560	24573	12105	1423
2005	1107		50888	556090	39913	16069	1498
2006	1109		58716	798414	47729	18904	1432
2007	1169		64888	1011302	59761	24395	1531
2008	1286		72830	1240890	55061	27349	1727
2009	1636		92571	1747599	96107	22347	1821
2010	1555	144408	101668	2113773	89253	24050	1798
2011	1585	167386	118266	2644922	109950	28422	1817
2012	1720	185116	128323	3107803	124399	30319	1870
2013	2051	216269	152541	3553486	109470	33015	2064
2014	2473	232105	161441	4000099	91021	36449	2203
2015	2850	241171	158855	4350430	92040	39956	2543
2016	3112	249876	173265	4941880	117270	41513	2953

22-2 研究与试验发展(R&D)活动概况
Basic Statistics on R&D Activities

指 标	Item	2015	2016
科技活动人员(人)	Number of Persons for S&T (person)	346902	371369
#大学本科及以上学历	Graduated from Bachelor and Above	167603	232664
有研究与试验发展(R&D)活动的单位数(个)	Number of Institutions for R&D (unit)	2850	3112
研究与试验发展(R&D)人员(人)	Number of Persons for R&D (person)	241171	249876
#女性	Female	58657	60479
#研究人员	Researchers	95660	98639
#全时人员	Full-time Personnel	136824	149205
非全时人员	Part-time Personnel	104347	100671
#博士毕业	Graduated from Doctor	7771	8792
硕士毕业	Graduated from Master	28266	29240
本科毕业	Graduated from Bachelor	73291	109637
其他学历	Other Degree	131843	102207
研究与试验发展(R&D人)员折合全时当量(人年)	Full-time Equivalent of R&D Personnel (person-year)	158855	173265
#研究人员	Researchers	61960	65768
#基础研究	Basic Research	4281	4594
应用研究	Applied Research	9659	10441
试验发展	Experimental Development	144914	158230
研究与试验发展(R&D)经费内部支出(万元)	Internal Expenditures on R&D (10 000 yuan)	4350430	4941880
#基础研究	Basic Research	80500	107583
应用研究	Applied Research	218183	294916
试验发展	Experimental Development	4051746	4539381
#日常性支出	Daily spending	3703693	4192007
#人员劳务费	Labour Cost	1083595	1266028
#资产性支出	Assets spending	646737	749872
#仪器和设备	Instruments and Equipment	615117	718291
#政府资金	Government Funds	483254	493898
企业资金	Self-raised Funds by Enterpirses	3719668	4292055
境外资金	Foreign Funds	2124	36
其他资金	Other Funds	145384	155891
研究与试验发展(R&D)经费外部支出(万元)	External Expenditures on R&D (10 000 yuan)	92040	117270
#对境内研究机构支出	Expenses on Domestic R&D Institutions	44836	45588
对境内高等学校支出	Expenses on Domestic Colleges and Universities	32577	39085
对境内企业支出	Expenses on Domestic Enterprises	12193	27893
对境外支出	Expenses on Overseas	2433	4704
研究与试验发展(R&D)产出情况	Statistics on R&D Outputs		
专利申请数(件)	Number of Patent Applications(piece)	23762	28851
#发明专利申请数	Inventions	8771	11273
专利授权数数(件)	Number of Patents Applications Granted (piece)	4740	6881
#发明专利	Inventions	1730	2292
有效发明专利数(件)	Number of Effective Invention Patent (piece)	17408	26151
专利所有权转让及许可数(件)	Assignment and Permit of Patent Ownership (piece)	313	385
专利所有权转让及许可收入(万元)	Income from Assignment and Permit of Patent Ownership (10 000 yuan)	6337	5596
植物新品种权授予数(项)	Number of New Varieties of Plants Applications Granted (item)	87	110
形成国家或行业标准数(项)	Become National or Trade standards (item)	800	761
发表科技论文(篇)	Scientific and Technological Treatise Published (paper)	63293	60287
出版科技著作(种)	Scientific and Technological Books Publiced (type)	2650	2831
研究与试验发展(R&D)项目(课题)情况	Statistics on R&D Topics		
项目(课题)数(项)	Projects of R&D (item)	39956	41513
项目(课题)参加人员(人)	Number of R&D Personnel(person)	144023	157365
#研究人员	Researchers	49518	51758
项目(课题)经费内部支出(万元)	Internal Expenditures on R&D (10 000 yuan)	3898617	4437380
研究与试验发展(R&D)机构情况	Statistics on R&D Institutions		
机构数(个)	Number of R&D Institutions (unit)	2543	2953
从事研究与试验发展(R&D)人员(人)	Number of R&D Personnel (person)	111339	113056
#博士毕业	Graduated from Doctor	3867	4400
#硕士毕业	Graduated from Master	14480	16727
研究与试验发展(R&D)经费支出(万元)	Expenditures on R&D (10 000 yuan)	2174461	2345332
科研用仪器设备原价(万元)	Original price of Equipment for S&T (10 000yuan)	2227218	2720899
#进口	Import	381822	551202

22-3 研究与试验发展(R&D)活动概况(2016年)

Basic Statistics on R&D Activities (2016)

指　　标	Item	总 计 Total	#科学研究与技术开发机构 Institution for Scientific Research and Technological Empolder	#全日制普通高等学校 Full-time Regular Institutions of Higher Edcation	#大中型工业企业 Large and Medium-sized Industrial Enterprises
有研究与试验发展(R&D)活动的单位数(个)	Number of Institutions for R&D (unit)	3112	66	129	1391
研究与试验发展(R&D)人员(人)	Number of Persons for R&D (person)	249876	15429	24780	160343
#女性	Female	60479	3989	12126	32227
#研究人员	Researchers	98639	8183	20459	51568
#全时人员	Full-time Personnel	149205	9794	5718	103359
非全时人员	Timing Personnel	100671	5635	19062	56984
博士毕业	Graduated from Doctor	8792	891	5696	1382
硕士毕业	Graduated from Master	29240	5162	11560	9287
本科毕业	Graduated from Bachelor	109637	4912	6900	75397
其他学历	Other Degree	102207	4464	624	74277
研究与试验发展(R&D人)员折合全时当量(人年)	Full-time Equivalent of R&D Personnel (person-year)	173265	10801	7910	120416
#研究人员	Researchers	65768	7453	6709	39252
#基础研究	Basic Research	4594	757	3407	27
应用研究	Applied Research	10441	3014	3363	2304
试验发展	Experimental Development	158230	7030	1140	118086
研究与试验发展(R&D)经费内部支出(万元)	Internal Expenditures on R&D (10 000 yuan)	4941880	360378	199691	3584117
#基础研究	Basic Research	107583	42011	60874	810
应用研究	Applied Research	294916	92532	93107	62328
试验发展	Experimental Development	4539381	225834	45710	3520979
#日常性支出	Daily spending	4192007	292823	149704	3076436
#人员劳务费	Labour Fee	1266028	82269	20741	909038
#资产性支出	Assets spending	749872	67554	49986	507681
#仪器和设备	Instruments and Equipment	718291	50382	45105	499679
#政府资金	Government Funds	493898	256423	120630	78668
企业资金	Self-raised Funds by Enterpirses	4292055	12993	45308	3486775
境外资金	Foreign Funds	36		6	
其他资金	Other Funds	155891	90962	33747	18674
研究与试验发展(R&D)经费外部支出(万元)	External Expenditures on R&D (10 000 yuan)	117270	1192	2552	96370
#对国内研究机构支出	Expenses on Domestic R&D Institutions	45588	775	855	38629
对国内高等学校支出	Expenses on Domestic Colleges and Universities	39085	260	1422	30722
对国内企业支出	Expenses on Domestic Enterprises	27893	157	244	22435
对境外支出	Expenses on Overseas	4704		32	4584

22-3 续表 continued

指 标	Item	总 计 Total	#科学研究与技术开发机构 Institution for Scientific Research and Technological Empolder	#全日制普通高等学 校 Full-time Regular Institutions of Higher Edcation	#大中型工业企业 Large and Medium-sized Industrial Enterprises
研究与试验发展(R&D)产出情况	Statistics on R&D Outputs				
专利申请数(件)	Number of Patent Applications (piece)	28851	1359	7913	13263
#发明专利申请数	Inventions	11273	1076	3356	4870
专利授权数(件)	Number of Patents Applications Granted (piece)	6881	742	6130	
#发明专利	Inventions	2292	494	1795	
有效发明专利数(件)	Number of Effective Invention Patent (piece)	26151	2325	5471	11732
专利所有权转让及许可数(件)	Assignment and Permit of Patent Ownership (piece)	385	3	59	226
专利所有权转让及许可收入(万元)	Income from Assignment and Permit of Patent Ownership (10 000 yuan)	5596	1020	1251	843
集成电路布图设计登记数(件)	Number of Integrated Circuit Layout Rosters (piece)				
植物新品种权授予数(项)	Number of New Varieties of Plants Applications Granted (item)	110	101	5	
形成国家或行业标准数(项)	Become National or Trade standards(item)	761	84	1	543
发表科技论文(篇)	Scientific and Technological Treatise Published (paper)	60287	3294	49332	5708
出版科技著作(种)	Scientific and Technological Books Publiced (type)	2831	144	2566	
研究与试验发展(R&D)项目(课题)情况	Statistics on R&D Topics				
项目(课题)数(项)	Projects of R&D (item)	41513	1095	25949	9241
项目(课题)参加人员折合全时当量(人年)	Number of R&D Personnel (person-year)	157365	9766	7909	108617
#研究人员	Researchers	51758	6771	6707	29502
项目(课题)经费内部支出(万元)	Internal Expenditures on R&D (10 000 yuan)	4437380	254070	167008	3291301
研究与试验发展(R&D)机构情况	Statistics on R&D Institutions				
机构数(个)	Number of R&D Institutions (unit)	2953	122	345	1386
从事研究与试验发展(R&D)人员(人)	Number of R&D Personnel (person)	113056	15429	3280	77839
#博士毕业	Graduated from Doctor	4400	891	1644	1267
#硕士毕业	Graduated from Master	16727	5162	734	8453
研究与试验发展(R&D)经费支出(万元)	Expenditures on R&D (10 000 yuan)	2345332	360378	30895	1729939
科研用仪器设备原价(万元)	Original price of Equipment for S&T (10 000yuan)	2720899	489793	273023	1622163
#进口	Import	551202	132533	142358	238079

22-4 科技活动人员情况

Basic Statistics on Personnel Engaged in S&T Activities

指 标	Item	2015		2016	
		科技活动人员(人) Number of Persons for S&T (person)	#大学本科及以上学历 Graduated from Bachelor and Above	科技活动人员(人) Number of Persons for S&T (person)	#大学本科及以上学历 Graduated from Bachelor and Above
总 计	**Total**	**346902**	**167603**	**371369**	**232664**
按数据来源分组	**Grouped by Data Source**				
科研单位	Scientific and Technological Sector	24956	16927	23842	15773
#科研机构	Scientific and Technological Institutions	20177	13799	21023	14352
事业单位	Public Institution	2781	1299	2819	1421
高等院校	Institutions of Higer Education	70474	67051	69232	66853
#理工农医院校	Schools of Science, Engineering, Agriculture and Medicine	32559	30357	31018	29742
人文社科院校	Schools of humanities and Social Science	37915	36694	38214	37111
工业企业	Industrial Enterprises	231466	79083	237324	126070
大中型工业企业	Large and Medium-sized Industrial Enterprises	200343	68674	201734	107382
规上小型工业企业	Small-sized Industrial Enterprises above Designated Size	30924	10392	35063	18452
规上微型工业企业	Miniature industrial enterprises above Designated Size	199	17	527	236
重点建筑业和服务业企业	Key services	3002	664	32375	22757
非工业企业	Non-industrial Enterprises	9436	2864	1028	197
事业单位	Public Institution	7568	1014	7568	1014
按执行部门分组	**Grouped by Executive Departments**				
企业	Enterprises	245902	84440	270727	149024
#大中型	Large and Medium-sized Enterprises	200343	68674	201734	107382
科研机构	Scientific and Technological Institutions	20177	13799	21023	14352
高等院校	Institutions of Higer Education	70474	67051	69232	66853
其他	Others	10349	2313	10387	2435
按隶属关系分组	**Grouped by Administrative Relationship**				
中央	Central	59181	26937	62252	39335
地方	Local	287721	140666	309117	193329

22-5 各市科技活动人员情况

Basic Statistics on Personnel Engaged in S&T Activities by City

市(县)	City(County)	2015		2016	
		科技活动人员（人）Number of Persons for S&T (person)	#大学本科及以上学历 Graduated from Bachelor and Above	科技活动人员（人）Number of Persons for S&T (person)	#大学本科及以上学历 Graduated from Bachelor and Above
全　　省	**Total**	**346902**	**167603**	**371369**	**232664**
省　辖　市	**City**				
郑　州　市	Zhengzhou	100706	60636	114570	79620
开　封　市	Kaifeng	13000	6244	12648	7822
洛　阳　市	Luoyang	39714	18563	45203	28197
平　顶　山　市	Pingdingshan	19382	7175	18594	11048
安　阳　市	Anyang	14022	4869	13330	8287
鹤　壁　市	Hebi	3098	1755	3083	1877
新　乡　市	Xinxiang	28589	16010	31760	20202
焦　作　市	Jiaozuo	22744	10185	24842	12909
濮　阳　市	Puyang	8286	3504	7855	4694
许　昌　市	Xuchang	21038	6588	19834	13853
漯　河　市	Luohe	5730	3509	6038	3418
三　门　峡　市	Sanmenxia	7963	1970	8870	4038
南　阳　市	Nanyang	24478	9601	25456	12696
商　丘　市	Shangqiu	12286	4493	13286	8053
信　阳　市	Xinyang	7510	4318	7465	5399
周　口　市	Zhoukou	8256	3250	8264	4521
驻　马　店　市	Zhumadian	6096	3308	6966	4269
济　源　市	Jiyuan	4004	1625	3305	1761
省　直　管　县	**County Directly Administrated by Province**				
巩　义　市	Gongyi	3866	832	4334	1144
兰　考　县	Lankao	971	48	961	418
汝　州　市	Ruzhou	1142	462	1689	851
滑　　县	Huaxian	323	160	151	133
长　垣　县	Changyuan	2659	1439	3861	2154
邓　州　市	Dengzhou	728	149	588	265
永　城　市	Yongcheng	3912	236	4222	2561
固　始　县	Gushi	260	60	252	196
鹿　邑　县	Luyi	1018	263	1107	642
新　蔡　县	Xincai	277	110	264	134

22-6 研究与试验发展(R&D)经费支出情况(2016年)

Statistics on Appropriation Expenditure for R&D (2016)

单位：万元 (10 000 yuan)

指 标	Item	(R&D)经费内部支出 Internal Expenditures on R&D	政府资金 Government Funds	企业资金 Self-raised Funds by Enterprises	境外资金 Foreign Funds	其他资金 Other Funds	(R&D)经费外部支出 External Expenditures on R&D
总 计	**Total**	**4941880**	**493898**	**4292055**	**36**	**155891**	**117270**
按数据来源分组	**Grouped by Data Source**						
科研单位	Scientific and Technological Sector	367293	261612	13823		91857	1192
#科研机构	Scientific and Technological Institutions	360378	256423	12993		90962	1192
事业单位	Public Institution	6915	5189	831		895	
高等院校	Institutions of Higer Education	199691	120630	45308	6	33747	2552
#理工农医院校	Schools of Science, Engineering, Agriculture and Medicine	170626	99998	38996		31633	2552
人文社科院校	Schools of humanities and Social Science	29064	20633	6312	6	2115	0
工业企业	Industrial Enterprises	4096962	95988	3975549	30	25394	109727
大中型工业企业	Large and Medium-sized Industrial Enterprises	3584117	78668	3486775		18674	96370
规上小型工业企业	Small-sized Industrial Enterprises above Designated Size	507988	17290	484246	30	6421	13252
规上微型工业企业	Miniature industrial enterprises above Designated Size	4857	30	4528		299	105
重点建筑业和服务业企业	Key services	250958	4194	242133		4630	3685
非工业企业	Non-industrial Enterprises	5297	441	4805		51	114
事业单位	Public Institution	21681	11033	10437		211	
按执行部门分组	**Grouped by Executive Departments**						
企业	Enterprises	4353216	100623	4222487	30	30076	113526
#大中型	Large and Medium-sized Enterprises	3584117	78668	3486775		18674	96370
科研机构	Scientific and Technological Institutions	360378	256423	12993		90962	1192
高等院校	Institutions of Higer Education	199691	120630	45308	6	33747	2552
其他	Others	28596	16222	11268		1106	
按隶属关系分组	**Grouped by Administrative Relationship**						
中央	Central	1022483	259129	670948		92407	20738
地方	Local	3919396	234770	3621108	36	63484	96532

22−7 研究与试验发展(R&D)活动机构情况(2016年)

Basic Statistics on Institutions Having R&D Activities (2016)

指标	Item	机构数 (个) Number of Institutions (unit)	机构从事(R&D)活动人员(人) Number of R&D Personnel (person)	#博士毕业 Graduated from Doctor	#硕士毕业 Graduated from Master	机构(R&D)经费内部支出(万元) Expenditures on R&D (10 000 yuan)	机构科研用仪器设备原价(万元) Original price of Equipment for S&T (10 000yuan)	#进口 Import
总计	**Total**	**2953**	**113056**	**4400**	**16727**	**2345332**	**2720899**	**551202**
按数据来源分组	**Grouped by Data Source**							
科研单位	Scientific and Technological Sector	131	15583	901	5209	360732	490986	133420
#科研机构	Scientific and Technological Institutions	122	15429	891	5162	360378	489793	132533
事业单位	Public Institution	9	154	10	47	354	1193	887
高等院校	Institutions of Higer Education	345	3280	1644	734	30895	273023	142358
#理工农医院校	Schools of Science, Engineering, Agriculture and Medicine	287	2149	929	436	27006	271575	142172
人文社科院校	Schools of humanities and Social Science	58	1131	715	298	3890	1448	186
工业企业	Industrial Enterprises	2229	89743	1700	9724	1907545	1872163	261649
大中型工业企业	Large and Medium-sized Industrial Enterprises	1386	77839	1267	8453	1729939	1622163	238079
规上小型工业企业	Small-sized Industrial Enterprises above Designated Size	841	11823	432	1267	175767	248767	23570
规上微型工业企业	Miniature industrial enterprises above Designared Size	2	81	1	4	1839	1233	
重点建筑业和服务业企业	Key services	149	3226	91	758	40984	65992	6078
非工业企业	Non-industrial Enterprises	25	311	6	19	2432	8297	3166
事业单位	Public Institution	74	913	58	283	2744	10438	4532
按执行部门分组	**Grouped by Executive Departments**							
企业	Enterprises	2403	93280	1797	10501	1950961	1946452	270893
#大中型	Large and Medium-sized Enterprises	1386	77839	1267	8453	1729939	1622163	238079
科研机构	Scientific and Technological Institutions	122	15429	891	5162	360378	489793	132533
高等院校	Institutions of Higer Education	345	3280	1644	734	30895	273023	142358
其他	Others	83	1067	68	330	3098	11631	5419

22-8 研究与试验发展(R&D)人员情况(2016年)

Basic Statistics on Personnel Engaged in R&D Activities (2016)

指 标	Item	单位数(个) Number of Institutions (unit)	#有(R&D)活动的单位数 Number of Institutions for R&D	(R&D)人员(人) Number of Persons for R&D (person)	#研究人员 Researchers	(R&D)人员折合全时当量(人年) Number of Persons for R&D Anounted to Full-time (person-year)	#研究人员 Researchers
总 计	**Total**	**25813**	**3112**	**249876**	**98639**	**173265**	**65768**
按数据来源分组	**Grouped by Data Source**						
科研单位	Scientific and Technological Sector	235	100	16493	8711	11599	7918
#科研机构	Scientific and Technological Institutions	122	66	15429	8183	10801	7453
事业单位	Public Institution	113	34	1064	528	798	465
高等院校	Institutions of Higer Education	141	129	24780	20459	7910	6709
#理工农医院校	Schools of Science, Engineering, Agriculture and Medicine	47	47	7154	6304	4766	4200
人文社科院校	Schools of humanities and Social Science	94	82	17626	14155	3144	2509
工业企业	Industrial Enterprises	23680	2666	187804	60199	139716	45359
大中型工业企业	Large and Medium-sized Industrial Enterprises	5739	1391	160343	51568	120416	39252
规上小型工业企业	Small-sized Industrial Enterprises above Designated Size	17222	1267	27047	8541	19086	6055
规上微型工业企业	Miniature industrial enterprises above Designated Size	719	8	414	93	215	52
重点建筑业和服务业企业	Key services	1389	112	13770	5359	10430	3915
非工业企业	Non-industrial Enterprises	165	22	517	135	399	113
事业单位	Public Institution	203	83	6512	3776	3210	1754
按执行部门分组	**Grouped by Executive Departments**						
企业	Enterprises	25234	2800	202091	65693	150546	49387
#大中型	Large and Medium-sized Enterprises	5739	1391	160343	51568	120416	39252
科研机构	Scientific and Technological Institutions	122	66	15429	8183	10801	7453
高等院校	Institutions of Higer Education	141	129	24780	20459	7910	6709
其他	Others	316	117	7576	4304	4008	2219
按隶属关系分组	**Grouped by Administrative Relationship**						
中央	Central	314	127	46932	19399	37301	16581
地方	Local	25499	2985	202944	79240	135964	49187

22-9 研究与试验发展(R&D)产出情况(2016年)

指 标	Item	专利申请数(件) Number of Patent Applications (piece)	#发明专利申请数 Inventions	专利授权数(件) Number of Patents Applications Granted (piece)	#发明专利授权数 Inventions
总 计	**Total**	**28851**	**11273**	**6881**	**2292**
按数据来源分组	**Grouped by Data Source**				
科研单位	Scientific and Technological Sector	1375	1081	751	497
#科研机构	Scientific and Technological Institutions	1359	1076	742	494
事业单位	Public Institution	16	5	9	3
高等院校	Institutions of Higer Education	7913	3356	6130	1795
#理工农医院校	Schools of Science, Engineering, Agriculture and Medicine	7409	3344	5736	1788
人文社科院校	Schools of humanities and Social Science	504	12	394	7
工业企业	Industrial Enterprises	17457	6197		
大中型工业企业	Large and Medium-sized Industrial Enterprises	13263	4870		
规上小型工业企业	Small-sized Industrial Enterprises above Designated Size	4148	1304		
规上微型工业企业	Miniature industrial enterprises above Designated Size	46	23		
重点建筑业和服务业企业	Key services	2032	612		
非工业企业	Non-industrial Enterprises	42	15		
事业单位	Public Institution	32	12		
按执行部门分组	**Grouped by Executive Departments**				
企业	Enterprises	19531	6824		
#大中型	Large and Medium-sized Enterprises	13263	4870		
科研机构	Scientific and Technological Institutions	1359	1076	742	494
高等院校	Institutions of Higer Education	7913	3356	6130	1795
其他	Others	48	17	9	3
按隶属关系分组	**Grouped by Administrative Relationship**				
中央	Central	6201	3023	557	404
地方	Local	22650	8250	6324	1888

Statistics on Achievements for R&D (2016)

有效发明专利数(件) Number of Effective Invention Patent (piece)	专利所有权转让及许可数(件) Assignment and Permit of Patent Ownership (piece)	专利所有权转让及许可收入(万元) Income from Assignment and Permit of Patent Ownership (10 000 yuan)	植物新品种权授予数(项) Number of New Varieties of Plants Applications Granted (item)	形成国家或行业标准数(项) Become National or Trade Standards (item)	发表科技论文(篇) Scientific Papers Published (paper)	出版科技著作(种) Science and Technology Workers Published (type)
26151	**385**	**5596**	**110**	**761**	**60287**	**2831**
2339	3	1032	105	88	3629	160
2325	3	1020	101	84	3294	144
14		12.0	4	4	335	16
5471	59	1251	5	1	49332	2566
5417	58	1250	5	1	31070	872
54	1	1			18262	1694
15863	322	3308		672	6113	
11732	226	843		543	5708	
4090	96	2466		129	380	
41					25	
2470						
8	1	5			25	
					1188	105
18341	323	3313		672	6138	
11732	226	843		543	5708	
2325	3	1020	101	84	3294	144
5471	59	1251	5	1	49332	2566
14		12	4	4	1523	121
8020	15	3000	38	178	3500	39
18131	370	2596	72	583	56787	2792

22-10 规模以上工业企业研究与试验发展(R&D)人员活动情况(2016年)

单位：人

类别	Item	(R&D)人员合计(人) R&D Personnel	参加项目人员 Participating in project Personnel	管理和服务人员 Management and Service Personnel
总计	**Total**	**187804**	**173315**	**14489**
按企业规模分组	**By Size**			
大型企业	Large-sized	114255	104202	10053
中型企业	Medium-sized	46088	43379	2709
小型企业	Small-sized	27047	25326	1721
微型企业	Miniature	414	408	6
按工业行业大类分组	**By Sector**			
#煤炭开采和洗选业	Mining and Washing of Coal	12354	11482	872
石油和天然气开采业	Extraction of Petroleum and Natural Gas	2355	2067	288
黑色金属矿采选业	Mining of Ferrous Metal Ores			
有色金属矿采选业	Mining of Non-ferrous Metal Ores	197	193	4
非金属矿采选业	Mining and Processing of Nonmetal Ores	14	14	
农副食品加工业	Processing of Food from Agricultural Products	6443	5448	995
食品制造业	Manufacture of Foods	5527	4830	697
酒、饮料和精制茶制造业	Manufacture of Liquor,Bevevages and refined tea	2108	1859	249
烟草制品业	Manufacture of Tobacco	634	552	82
纺织业	Manufacture of Textile	3478	3351	127
纺织服装服饰业	Manufacture of Textile, Wearing Apparel and Accessories	803	779	24
皮革、毛皮、羽毛及其制品和制鞋业	Manufacture of Leather, Fur, Featherand Its Products, Footwear	1181	1123	58
木材加工及木、竹、藤、棕、草制品业	Processing of Timbers, Manufacture of Wood, Bamboo, Rattan, Palm, and Straw Products	723	695	28
家具制造业	Manufacture of Furniture	435	407	28
造纸及纸制品业	Manufacture of Paper and Paper Products	2358	2188	170
印刷和记录媒介的复制业	Printing,Reproduction of Recording Media	521	492	29
文教、工美、体育和娱乐用品制造业	Manufacture of Articles for Culture,Education, Arts and Crafts,Sport and Entertainment Activities	1474	1449	25
石油加工、炼焦及核燃料加工业	Processing of Petroleum, Coking, Processing of Nucleus Fuel	542	481	61
化学原料及化学制品制造业	Manufacture of Raw Chemical Material and Chemical Products	11005	10089	916
医药制造业	Manufacture of Medicines	8625	8007	618
化学纤维制造业	Manufacture of Chemical Fiber	1012	864	148
橡胶和塑料制品业	Manufacture of Rubber and Plastic Products	3642	3390	252
非金属矿物制品业	Manufacture of Non-metallic Mineral Products	14467	13560	907
黑色金属冶炼及压延加工业	Smelting and Pressing of Ferrous Metals	9306	8744	562
有色金属冶炼及压延加工业	Smelting and Pressing of Non-ferrous Metals	11618	10738	880
金属制品业	Manufacture of Metal Products	3182	3034	148
通用设备制造业	Manufacture of General Purpose Machinery	13889	12910	979
专用设备制造业	Manufacture of Special Purpose Machinery	14069	13150	919
汽车制造业	Manufacture of Automobile	15608	14576	1032
铁路、船舶、航空航天和其他运输设备制造业	Manufacture of Railway, ship, aerospace, and other transport equipment	4654	4341	313
电气机械及器材制造业	Manufacture of Electrical Machinery and Apparatus	13565	11832	1733
计算机、通信和其他电子设备制造业	Manufacture of Computer, Communication and Other Electronic Equipment	10013	9676	337
仪器仪表制造业	Manufacture of Measuring Instruments and Machinery	4773	4372	401
其他制造业	Manufacture of others	1427	985	442
废弃资源综合利用业	Utilization of waste Resources	124	117	7
金属制品、机械和设备修理业	Repairing of Metal products, machinery and equipment	915	915	
电力、热力的生产和供应业	Production and Supply of Electric Power and Heat Power	3755	3688	67
燃气生产和供应业	Production and Supply of Gas	343	262	81
水的生产和供应业	Production and Supply of Water	48	40	8

Basic Statistics on R&D Activities in Enterprises above Designated Size (2016)

(person)

#女性 Female	#研究人员 Researchers	#全时人员 Full-time Personnel	非全时人员 Part-time Personnel	(R&D)人员折合全时当量合计(人年) Full-time Equivalent of R&D Personnel (person-year)	#研究人员 Researchers	#基础研究人员 Basic Research	应用研究人员 Applied Research	试验发展人员 Experimental Development
38056	**60199**	**121804**	**66000**	**139716**	**45359**	**31**	**2518**	**137167**
21982	37343	72711	41544	86505	28606	19	1822	84664
10245	14225	30648	15440	33911	10646	8	482	33422
5786	8541	18310	8737	19086	6055	5	210	18870
43	90	135	279	215	52		3	212
356	3064	3770	8584	6945	1730		805	6140
816	1047	1672	683	2188	969	16	174	1998
18	40	88	109	135	30		11	124
4	7	10	4	9	5			9
1528	2222	4224	2219	4995	1754		10	4985
1632	1682	3630	1897	4529	1351	8	179	4342
559	675	1366	742	1660	551		12	1648
75	272	99	535	315	133		6	309
1160	752	1908	1570	2149	497		23	2126
345	166	565	238	580	135			580
225	196	365	816	1088	172			1088
212	136	511	212	452	88			452
79	118	292	143	323	96		14	309
349	477	1764	594	1871	364			1871
146	203	410	111	421	161			421
437	404	1130	344	1217	339		15	1202
147	195	361	181	404	143			404
2494	3701	7306	3699	8455	2890	3	48	8404
3212	2837	5599	3026	6422	2050		131	6291
227	282	882	130	521	153		31	491
786	1013	1985	1657	3087	834			3087
2600	4756	9228	5239	11010	3725		74	10936
1435	2887	4693	4613	7496	2332			7496
2294	2340	6129	5489	8813	1855		198	8616
632	926	2115	1067	2377	659		30	2348
2482	4566	9333	4556	10241	3293		32	10210
2472	5162	9884	4185	10674	3916		242	10432
2455	5416	11796	3812	10734	3850		46	10688
1043	1646	3599	1055	3589	1372		3	3586
2697	5103	10738	2827	10353	3845	5	132	10216
2822	3546	8354	1659	7083	2600		64	7019
1035	1978	3604	1169	3799	1601		58	3741
407	613	1251	176	1292	548		15	1277
18	44	91	33	120	43			120
317	176	567	348	914	176			914
330	1176	1924	1831	2658	805		46	2612
67	134	185	158	320	126		10	310
20	24	37	11	43	21		11	32

22-11 规模以上工业企业研究与试验发展(R&D)经费支出活动情况(2016年)

单位：万元

类别	Item	(R&D)经费内部支出 Internal Expenditures on R&D	#基础研究支出 Basic Research	应用研究支出 Applied Research	试验发展支出 Experimental Development
总 计	**Total**	**4096962**	**962**	**68088**	**4027912**
按企业规模分组	**By Size**				
大型企业	Large-sized	2568761	160	51231	2517370
中型企业	Medium-sized	1015355	650	11096	1003609
小型企业	Small-sized	507988	152	5577	502259
微型企业	Miniature	4857		183	4674
按工业行业大类分组	**By Sector**				
#煤炭开采和洗选业	Mining and Washing of Coal	147415		11040	136375
石油和天然气开采业	Extraction of Petroleum and Natural Gas	29135	120	2366	26649
黑色金属矿采选业	Mining of Ferrous Metal Ores				
有色金属矿采选业	Mining of Non-ferrous Metal Ores	4223		9	4214
非金属矿采选业	Mining and Processing of Nonmetal Ores	569			569
农副食品加工业	Processing of Food from Agricultural Products	149218		771	148446
食品制造业	Manufacture of Foods	100648	650	3423	96574
酒、饮料和精制茶制造业	Manufacture of Liquor,Beverages and refined tea	43013		328	42685
烟草制品业	Manufacture of Tobacco	17006		1031	15975
纺织业	Manufacture of Textile	85955		1898	84057
纺织服装服饰业	Manufacture of Textile, Wearing Apparel,Accessories	15389			15389
皮革、毛皮、羽毛及其制品和制鞋业	Manufacture of Leather, Fur, Featherand Its Products, Footwear	33585			33585
木材加工及木、竹、藤、棕、草制品业	Processing of Timbers, Manufacture of Wood, Bamboo, Rattan, Palm, and Straw Products	15094			15094
家具制造业	Manufacture of Furniture	13038		1766	11272
造纸及纸制品业	Manufacture of Paper and Paper Products	54094			54094
印刷和记录媒介的复制业	Printing,Reproduction of Recording Media	12324			12324
文教、工美、体育和娱乐用品制造业	Manufacture of Articles for Culture, Education, Arts and Crafts,Sport and Entertainment Activities	24039		188	23851
石油加工、炼焦及核燃料加工业	Processing of Petroleum, Coking, Processing of Nucleus Fuel	14766			14766
化学原料及化学制品制造业	Manufacture of Raw Chemical Material and Chemical Products	230502	40	2545	227916
医药制造业	Manufacture of Medicines	180593		4963	175631
化学纤维制造业	Manufacture of Chemical Fiber	18175		480	17695
橡胶和塑料制品业	Manufacture of Rubber and Plastic Products	70825			70825
非金属矿物制品业	Manufacture of Non-metallic Mineral Products	310430		2930	307501
黑色金属冶炼及压延加工业	Smelting and Pressing of Ferrous Metals	254328			254328
有色金属冶炼及压延加工业	Smelting and Pressing of Non-ferrous Metals	320958		4954	316004
金属制品业	Manufacture of Metal Products	63353		1710	61643
通用设备制造业	Manufacture of General Purpose Machinery	284319		718	283601
专用设备制造业	Manufacture of Special Purpose Machinery	317863		8448	309415
汽车制造业	Manufacture of Automobile	449944		2742	447202
铁路、船舶、航空航天和其他运输设备制造业	Manufacture of Railway, ship, aerospace, and other transport equipment	101735		183	101551
电气机械及器材制造业	Manufacture of Electrical Machinery and Equipment	370964	152	3980	366832
计算机、通信和其他电子设备制造业	Manufacture of Computer, Communication, and Other Electronic Equipment	201942		4684	197258
仪器仪表制造业	Manufacture of Measuring Instrument	64096		1768	62328
其他制造业	Manufacture of others	27352		127	27225
废弃资源综合利用业	Utilization of waste Resourles	4568			4568
金属制品、机械和设备修理业	Repairing of Metal products, machinery and equipment	3121			3121
电力、热力的生产和供应业	Production and Supply of Electric Power and Heat Power	50241		1027	49215
燃气生产和供应业	Production and Supply of Gas	3770		335	3435
水的生产和供应业	Production and Supply of Water	1150		835	315

Basic Statistics on R&D Activities in Enterprises above Designated Size (2016)

(10 000 yuan)

政府资金 Government Funds	企业资金 Self-raised Funds by Enterpirses	境外资金 Foreign Funds	其他资金 Other Funds	(R&D)经费外部支出 External Expenditures on R&D	对境内研究机构支出 Expenses on Domestic R&D Institutions	对境内高等学校支出 Expenses on Domestic Universities	对境外支出 Expenses on Overseas
95988	**3975549**	**30**	**25394**	**109727**	**43201**	**36636**	**4671**
57798	2503624		7339	73499	29248	25479	3752
20870	983151		11335	22871	9380	5243	833
17290	484246	30	6421	13252	4572	5914	87
30	4528		299	105			
100	147315			4974	519	2758	
	29135			1682	175	1402	
268	3955			139	139		
	296		273				
4135	144289		794	3170	830	2225	10
2374	98138		136	1816	234	1510	
1214	41645		155	745	340	395	
	16989		17	785	403	240	
553	85401		2	2247	1299	437	
59	15263		67	27		27	
429	33102		54	85	35		
123	14971			98		32	
703	12335			21			
2259	51643		192	519	141	90	
239	12084		1	81	50	11	7
122	23917			36			36
634	14132			601	76	124	
4576	224286		1640	3972	1716	1361	560
6569	170268		3756	14145	8101	2269	1678
34	18142						
1689	68010		1126	317	48	229	2
6178	302514		1738	7121	2587	3734	151
1853	251041		1434	8763	4276	3645	18
13431	307067		460	3614	979	1004	
1788	60897	30	638	511	38	473	
9461	272372		2486	7590	2526	2355	201
6325	307407		4130	5616	1952	931	424
12275	436194		1475	11932	2904	1092	836
2592	98188		955	535	261	86	
7928	361869		1167	19198	9771	7192	733
3036	197455		1451	2204	903	546	
2024	60863		1209	1899	596	157	17
2162	25190			251		109	
20	4548			15	11	4	
40	3081						
633	49599		10	4924	2270	2127	
100	3640		30				
43	1107						

22-12 规模以上工业企业研究与试验发展(R&D)活动情况(2016年)

Basic Statistics on R&D Activities in Enterprises above Designated Size (2016)

类别	Item	新产品产值(万元) Gross Output Value of new Products (10 000 yuan)	新产品销售收入(万元) Sales Revenue of New Products (10 000 yuan)	专利申请数(项) Total Patent Applications (item)	有效发明专利数(项) Number of Inverntions In Force (item)
总计	**Total**	**64460891**	**61154137**	**17457**	**15863**
按企业规模分组	**By Size**				
大型企业	Large-sized	56735130	53708377	9077	7217
中型企业	Medium-sized	5154041	4907823	4186	4515
小型企业	Small-sized	2541414	2508116	4148	4090
微型企业	Miniature	30306	29822	46	41
按工业行业大类分组	**By Sector**				
#煤炭开采和洗选业	Mining and Washing of Coal	163772	137260	160	83
石油和天然气开采业	Extraction of Petroleum and Natural Gas	312	312	221	18
黑色金属矿采选业	Mining of Ferrous Metal Ores				
有色金属矿采选业	Mining of Non-ferrous Metal Ores	4793	4793	16	36
非金属矿采选业	Mining and Processing of Nonmetal Ores				
农副食品加工业	Processing of Food from Agricultural Products	1915316	1884907	545	351
食品制造业	Manufacture of Foods	878262	843021	281	267
酒、饮料和精制茶制造业	Manufacture of Liquor,Beverages and refined tea	531633	291576	129	186
烟草制品业	Manufacture of Tobacco	724299	727709	457	171
纺织业	Manufacture of Textile	676058	643957	89	84
纺织服装服饰业	Manufacture of Textile, Wearing Apparel and Accessories	71572	64057	15	7
皮革、毛皮、羽毛及其制品和制鞋业	Manufacture of Leather, Fur, Featherand Its Products, Footwear	230573	192094	164	63
木材加工及木、竹、藤、棕、草制品业	Processing of Timbers, Manufacture of Wood, Bamboo, Rattan, Palm, and Straw Products	45455	44917	45	17
家具制造业	Manufacture of Furniture	41453	39947	137	14
造纸及纸制品业	Manufacture of Paper and Paper Products	498221	480699	63	30
印刷和记录媒介的复制业	Printing,Reproduction of Recording Media	89411	88066	50	61
文教、工美、体育和娱乐用品制造业	Manufacture of Articles for Culture, Education, Arts and Crafts,Sport and Enterntainment Activities	166548	161612	260	152
石油加工、炼焦及核燃料加工业	Processing of Petroleum, Coking, Processing of Nucleus Fuel	30475	30297	79	49
化学原料及化学制品制造业	Manufacture of Raw Chemical Material and Chemical Products	1750967	1773374	743	824
医药制造业	Manufacture of Medicines	1349983	1201193	586	893
化学纤维制造业	Manufacture of Chemical Fiber	306977	17428	10	12
橡胶和塑料制品业	Manufacture of Rubber and Plastic Products	513591	521166	364	319
非金属矿物制品业	Manufacture of Non-metallic Mineral Products	2058943	1986726	940	1059
黑色金属冶炼及压延加工业	Smelting and Pressing of Ferrous Metals	3315694	3267831	223	286
有色金属冶炼及压延加工业	Smelting and Pressing of Non-ferrous Metals	4549229	4399423	726	1629
金属制品业	Manufacture of Metal Products	362578	369297	373	300
通用设备制造业	Manufacture of General Purpose Machinery	1503383	1816661	1947	1847
专用设备制造业	Manufacture of Special Purpose Machinery	3937807	3963948	2002	1779
汽车制造业	Manufacture of Automobile	5129476	5024127	1404	677
铁路、船舶、航空航天和其他运输设备制造业	Manufacture of Railway, ship, aerospace, and other transport equipment	603916	679503	778	549
电气机械及器材制造业	Manufacture of Electrical Machinery and Equipment	3860494	3579852	2149	1673
计算机、通信和其他电子设备制造业	Manufacture of Computer, Communication and Other Electronic Equipment	28332220	26166269	583	477
仪器仪表制造业	Manufacture of Measuring Instrument	402211	426169	570	525
其他制造业	Manufacture of others	118273	30241	108	365
废弃资源综合利用业	Utilization of waste Resources	716	620	50	29
金属制品、机械和设备修理业	Repairing of Metal products, machinery and equipment	75050	75050	86	29
电力、热力的生产和供应业	Production and Supply of Electric Power and Heat Power	206122	206182	977	664
燃气生产和供应业	Production and Supply of Gas	11704	10151	5	31
水的生产和供应业	Production and Supply of Water	3408	3707	28	52

22-13 规模以上工业企业研究与试验发展(R&D)活动情况(2016年)

Basic Statistics on R&D Activities in Enterprises above Designated Size (2016)

类别	Item	项目数 (项) Projects for S&T Activities (item)	参加项目人员 (人) Total Personnel of Projects (person)	项目经费支出合计 (万元) Expenditure on Projects (10 000 yuan)
总 计	**Total**	**12562**	**173315**	**3757513**
按企业规模分组	**By Size**			
大型企业	Large-sized	5824	104202	2342757
中型企业	Medium-sized	3417	43379	948544
小型企业	Small-sized	3279	25326	461433
微型企业	Miniature	42	408	4779
按工业行业大类分组	**By Sector**			
#煤炭开采和洗选业	Mining and Washing of Coal	524	11482	126716
石油和天然气开采业	Extraction of Petroleum and Natural Gas	227	2067	27258
有色金属矿采选业	Mining of Non-ferrous Metal Ores	19	193	3919
非金属矿采选业	Mining and Processing of Nonmetal Ores	2	14	372
农副食品加工业	Processing of Food from Agricultural Products	417	5448	131911
食品制造业	Manufacture of Foods	407	4830	88893
酒、饮料和精制茶制造业	Manufacture of Liquor,Beverages and refined tea	116	1859	36810
烟草制品业	Manufacture of Tobacco	181	552	8095
纺织业	Manufacture of Textile	147	3351	75860
纺织服装服饰业	Manufacture of Textile, Wearing Apparel and Accessories	47	779	13107
皮革、毛皮、羽毛及其制品和制鞋业	Manufacture of Leather, Fur, Featherand Its Products, Footwear	65	1123	32441
木材加工及木、竹、藤、棕、草制品业	Processing of Timbers, Manufacture of Wood, Bamboo, Rattan, Palm, and Straw Products	49	695	14212
家具制造业	Manufacture of Furniture	29	407	10437
造纸及纸制品业	Manufacture of Paper and Paper Products	102	2188	49197
印刷和记录媒介的复制业	Printing,Reproduction of Recording Media	71	492	11768
文教、工美、体育和娱乐用品制造业	Manufacture of Articles for Culture, Education, Arts and Crafts,Sport and Enterntainment Activities	110	1449	20554
石油加工、炼焦及核燃料加工业	Processing of Petroleum, Coking, Processing of Nucleus Fuel	41	481	13187
化学原料及化学制品制造业	Manufacture of Raw Chemical Material and Chemical Products	771	10089	215148
医药制造业	Manufacture of Medicines	707	8007	162286
化学纤维制造业	Manufacture of Chemical Fiber	11	864	11532
橡胶和塑料制品业	Manufacture of Rubber and Plastic	195	3390	66784
非金属矿物制品业	Manufacture of Non-metallic Mineral Products	885	13560	292752
黑色金属冶炼及压延加工业	Smelting and Pressing of Ferrous Metals	536	8744	237427
有色金属冶炼及压延加工业	Smelting and Pressing of Non-ferrous Metals	487	10738	295698
金属制品业	Manufacture of Metal Products	325	3034	58255
通用设备制造业	Manufacture of General Purpose Machinery	1125	12910	256161
专用设备制造业	Manufacture of Special Purpose Machinery	1159	13150	296550
汽车制造业	Manufacture of Automobile	1161	14576	437689
铁路、船舶、航空航天和其他运输设备制造业	Manufacture of Railway, ship, aerospace, and other transport equipment	270	4341	97299
电气机械及器材制造业	Manufacture of Electrical Machinery and Equipment	992	11832	324002
计算机、通信和其他电子设备制造业	Manufacture of Computer, Communication and Other Electronic Equipment	387	9676	190462
仪器仪表制造业	Manufacture of Measuring Instrument	469	4372	59458
其他制造业	Manufacture of others	131	985	24723
废弃资源综合利用业	Utilization of waste Resources	14	117	3690
金属制品、机械和设备修理业	Repairing of Metal products, machinery and equipment	15	915	3089
电力、热力的生产和供应业	Production and Supply of Electric Power and Heat Power	254	3688	48371
燃气生产和供应业	Production and Supply of Gas	28	262	3335
水的生产和供应业	Production and Supply of Water	10	40	1090

22-14 研究与试验发展(R&D)项目(课题)情况(2016年)

Statistics on R&D Projects (Topics) (2016)

指　标	Item	项目(课题)数(项) Projects of R&D (item)	项目(课题)参加人员折合全时当量(人年) Full-time Equivalent of R&D Personnel (person-year)	#研究人员 Researchers	项目(课题)经费内部支出支出(万元) Internal Expenditures on R&D (10 000 yuan)
总　计	**Total**	**41513**	**157365**	**51758**	**4437380**
按数据来源分组	**Grouped by Data Source**				
科研单位	Scientific and Technological Sector	1230	10403	7192	257816
#科研机构	Scientific and Technological Institutions	1095	9766	6771	254070
事业单位	Public Institution	135	637	421	3746
高等院校	Institutions of Higer Education	25949	7909	6707	167008
#理工农医院校	Schools of Science, Engineering, Agriculture and Medicine	9074	4766	4200	154491
人文社科院校	Schools of humanities and Social Science	16875	3143	2507	12517
工业企业	Industrial Enterprises	12562	126807	34433	3757513
大中型工业企业	Large and Medium-sized Industrial Enterprises	9241	108617	29502	3291301
规上小型工业企业	Small-sized Industrial Enterprises above Designated Size	3279	17671	4782	461433
规上微型工业企业	Miniature Industrial Enterprises above Designated Size	42	208	46	4779
重点建筑业和服务业企业	Key Services Enterprises	1112	9487	3127	238784
非工业企业	Non-industrial Enterprises	39	373	116	5098
事业单位	Public Institution	621	2387	182	11161
按执行部门分组	**Grouped by Executive Departments**				
企业	Enterprises	13713	136666	37677	4001395
#大中型	Large and Medium-sized Enterprises	9241	108617	29502	3291301
科研机构	Scientific and Technological Institutions	1095	9766	6771	254070
高等院校	Institutions of Higer Education	25949	7909	6707	167008
其他	Others	756	3024	603	14908

22－15 各市研究与试验发展(R&D)人员情况(2016年)

Basic Statistics on Personnel Engaged in R&D Activities by City (2016)

市(县) City(County)	单位数 (个) Number of Institutions (unit)	#有(R&D)活动 Number of Institutions for R&D	(R&D)活动人员 (人) Number of Persons for R&D (person)	#研究人员 Researchers	(R&D)活动人员折合全时当量 (人年) Full-time Equivalent of R&D Personnel (person-year)	#研究人员 Researchers
全 省 **Total**	**25813**	**3112**	**249876**	**98639**	**173265**	**65768**
省 辖 市 City						
郑 州 市 Zhengzhou	3651	744	75630	32880	49985	20677
开 封 市 Kaifeng	1435	142	9098	3664	5957	2050
洛 阳 市 Luoyang	2088	304	31595	13072	22992	10067
平 顶 山 市 Pingdingshan	961	117	11914	4037	9749	3152
安 阳 市 Anyang	1218	81	9228	3930	6820	2604
鹤 壁 市 Hebi	584	35	1637	724	960	404
新 乡 市 Xinxiang	1387	230	21690	8662	14193	5775
焦 作 市 Jiaozuo	1418	219	16961	5093	12047	3309
濮 阳 市 Puyang	1072	151	6321	2601	4749	1973
许 昌 市 Xuchang	1789	152	12985	5046	9984	3700
漯 河 市 Luohe	721	54	3345	1259	2912	1062
三 门 峡 市 Sanmenxia	663	79	6246	1454	3641	869
南 阳 市 Nanyang	2573	278	18785	6976	14171	5085
商 丘 市 Shangqiu	1439	120	8269	3146	4992	1688
信 阳 市 Xinyang	1406	125	3884	1832	1819	819
周 口 市 Zhoukou	1368	66	4935	1723	3176	939
驻 马 店 市 Zhumadian	1761	180	5011	1893	3277	1115
济 源 市 Jiyuan	279	35	2342	647	1842	481
省 直 管 县 County Directly Administrated by Province						
巩 义 市 Gongyi	511	37	3367	511	3007	437
兰 考 县 Lankao	253	40	1019	253	838	228
汝 州 市 Ruzhou	203	18	1309	367	1097	327
滑 县 Huaxian	227	3	95	51	66	35
长 垣 县 Changyuan	191	15	2709	898	2142	689
邓 州 市 Dengzhou	172	14	466	171	267	112
永 城 市 Yongcheng	202	16	3031	1264	1897	765
固 始 县 Gushi	216	15	252	103	154	67
鹿 邑 县 Luyi	136	3	451	200	65	34
新 蔡 县 Xincai	160	13	164	62	107	39

22-16 各市研究与试验发展(R&D)机构情况(2016年)

Basic Statistics on Institutions Having R&D Activities by City (2016)

市(县) City(County)	机构数 (个) Number of Institutions (unit)	机构从事(R&D)活动人员(人) Number of R&D Personnel (person)	#博士毕业 Graduated from Doctor	#硕士毕业 Graduated from Master	机构(R&D)经费内部支出(万元) Internal Expenditures on R&D (10 000 yuan)	机构科研用仪器设备原价(万元) Original price of Equipment for S&T (10 000yuan)	#进口 Import
全　省 Total	**2953**	**113056**	**4400**	**16727**	**2345332**	**2720899**	**551202**
省辖市 City							
郑州市 Zhengzhou	888	36785	1993	5701	761770	822825	227680
开封市 Kaifeng	138	3345	274	392	98911	102985	23603
洛阳市 Luoyang	236	14315	425	3902	340577	396222	100324
平顶山市 Pingdingshan	87	5304	94	573	126308	175380	11366
安阳市 Anyang	75	2390	204	334	66837	55881	11411
鹤壁市 Hebi	56	1322	59	107	19791	38358	2576
新乡市 Xinxiang	235	10374	315	1707	161452	301488	57842
焦作市 Jiaozuo	216	8730	229	711	186866	213248	47660
濮阳市 Puyang	128	3555	104	366	52770	56143	1569
许昌市 Xuchang	123	5155	129	946	129753	160429	27669
漯河市 Luohe	92	2319	51	226	29340	42898	8414
三门峡市 Sanmenxia	55	1743	34	91	26101	24896	2457
南阳市 Nanyang	169	8757	158	673	196870	164897	18289
商丘市 Shangqiu	129	1970	87	201	28064	25317	2302
信阳市 Xinyang	79	1168	51	141	15603	30613	2300
周口市 Zhoukou	75	2354	95	281	41624	28702	1517
驻马店市 Zhumadian	130	2314	68	250	37844	45833	3572
济源市 Jiyuan	42	1156	30	125	24852	34784	651
省直管县 County Directly Administrated by Province							
巩义市 Gongyi	49	2077	22	52	39467	43371	7639
兰考县 Lankao	8	137	1	3	945	434	22
汝州市 Ruzhou	20	892	31	70	11594	13287	2148
滑县 Huaxian	1	20			94	3085	
长垣县 Changyuan	12	1198	10	149	4372	31503	
邓州市 Dengzhou	3	82		5	830	1425	
永城市 Yongcheng	20	180	2	38	1779	4857	300
固始县 Gushi	3	52	1	8	974	108	60
鹿邑县 Luyi	8	249	8	13	4116	6577	6
新蔡县 Xincai	11	66	1	17	415	843	

22-17 各市研究与试验发展(R&D)经费支出情况(2016年)

Statistics on Appropriation Expenditure for R&D by City (2016)

单位：万元 (10 000 yuan)

市(县)	City(County)	(R&D)经费内部支出 Intramural Expenditures on R&D	政府资金 Government Funds	企业资金 Self-raised Funds by Enterpirses	境外资金 Foreign Funds	其他资金 Other Funds	(R&D)经费外部支出 External Expenditures on R&D
全省	**Total**	**4941880**	**493898**	**4292055**	**36**	**155891**	**117270**
省辖市	**City**						
郑州市	Zhengzhou	1419500	182611	1204014		32875	28644
开封市	Kaifeng	190358	20707	161518		8133	2447
洛阳市	Luoyang	673162	129933	470679		72550	9666
平顶山市	Pingdingshan	253104	3268	246803		3034	13277
安阳市	Anyang	174760	24911	144953		4897	8357
鹤壁市	Hebi	37167	2273	34743		150	1361
新乡市	Xinxiang	424623	80521	323479	6	20618	8121
焦作市	Jiaozuo	308791	7384	298356	30	3021	3908
濮阳市	Puyang	135689	6574	127968		1147	2237
许昌市	Xuchang	414690	4879	406070		3740	15075
漯河市	Luohe	88436	3011	84918		507	1592
三门峡市	Sanmenxia	83254	2487	80215		552	2238
南阳市	Nanyang	294165	5467	286811		1888	5592
商丘市	Shangqiu	113699	3181	109783		735	2395
信阳市	Xinyang	70554	6780	62120		1654	1835
周口市	Zhoukou	78113	3574	74520		20	6212
驻马店市	Zhumadian	79898	4259	75270		369	3857
济源市	Jiyuan	101916	2078	99838			454
省直管县	**County Directly Administrated by Province**						
巩义市	Gongyi	89529	206	89323			1053
兰考县	Lankao	24669	583	24086			44
汝州市	Ruzhou	23572	616	22913		44	608
滑县	Huaxian	1086		895		192	
长垣县	Changyuan	62441	2495	59946			2262
邓州市	Dengzhou	7486	61	7425			240
永城市	Yongcheng	28818	159	28482		176	1793
固始县	Gushi	2904	12	2892			171
鹿邑县	Luyi	8957		8957			
新蔡县	Xincai	2682	33	2649			38

22-18 各市研究与试验发展(R&D)项目(课题)情况(2016年)

Statistics on R&D Projects (Topics) by City (2016)

市(县)	City(County)	项目(课题)数(项) Projects of R&D (item)	项目(课题)参加人员折合全时当量(人年) Full-time Equivalent of R&D Personnel (person-year)	#研究人员 Researchers	项目(课题)经费内部支出(万元) Internal Expenditures on R&D (10 000 yuan)
全省	**Total**	**41513**	**157365**	**51758**	**4437380**
省辖市	**City**				
郑州市	Zhengzhou	16310	46522	17540	1281459
开封市	Kaifeng	2122	5511	1601	181454
洛阳市	Luoyang	3863	20852	8250	590548
平顶山市	Pingdingshan	1354	9153	2601	236898
安阳市	Anyang	1205	6201	2135	148268
鹤壁市	Hebi	130	845	293	34075
新乡市	Xinxiang	5901	12746	4523	377392
焦作市	Jiaozuo	2251	11402	2551	293587
濮阳市	Puyang	732	4304	1385	123768
许昌市	Xuchang	1855	8394	2643	357351
漯河市	Luohe	377	2334	548	77567
三门峡市	Sanmenxia	579	3352	627	76956
南阳市	Nanyang	1734	11919	3058	262743
商丘市	Shangqiu	783	4474	1197	102841
信阳市	Xinyang	1182	1666	711	59087
周口市	Zhoukou	200	2856	729	67999
驻马店市	Zhumadian	573	3066	933	66065
济源市	Jiyuan	362	1768	432	99323
省直管县	**County Directly Administrated by Province**				
巩义市	Gongyi	149	2818	352	78159
兰考县	Lankao	57	820	202	23961
汝州市	Ruzhou	82	1042	273	21365
滑县	Huaxian	6	65	32	1086
长垣县	Changyuan	87	2027	562	54024
邓州市	Dengzhou	45	210	58	7142
永城市	Yongcheng	113	1622	476	27480
固始县	Gushi	15	154	64	2689
鹿邑县	Luyi	4	45	15	6538
新蔡县	Xincai	22	102	31	2490

22-19 各市研究与试验发展(R&D)产出情况(2016年)

Statistics on Achievements for R&D by City (2016)

市(县) City(County)	专利申请数(件) Total Patens Applications (piece)	#发明专利申请数 Inventions	专利授权数(件) Number of Patents Applications Granted (piece)	#发明专利授权数 Number of Patent Applicatons Granted	有效发明专利数(件) Number of Inventions In Force (piece)
全省 Total	**28851**	**11273**	**6881**	**2292**	**26151**
省辖市 City					
郑州市 Zhengzhou	10898	4077	2886	944	7543
开封市 Kaifeng	620	233	137	74	535
洛阳市 Luoyang	4132	2042	907	632	7855
平顶山市 Pingdingshan	984	441	173	33	830
安阳市 Anyang	526	234	167	71	429
鹤壁市 Hebi	221	99			257
新乡市 Xinxiang	3068	1285	1043	289	2041
焦作市 Jiaozuo	1715	649	539	173	1448
濮阳市 Puyang	577	197	3	2	756
许昌市 Xuchang	2158	820	120	5	1529
漯河市 Luohe	565	140	100	5	278
三门峡市 Sanmenxia	288	93	34	2	292
南阳市 Nanyang	1318	379	379	12	1220
商丘市 Shangqiu	489	136	70	11	299
信阳市 Xinyang	444	125	240	25	193
周口市 Zhoukou	270	101	7	5	300
驻马店市 Zhumadian	385	157	76	9	184
济源市 Jiyuan	193	65			162
省直管县 County Directly Administrated by Province					
巩义市 Gongyi	176	42			197
兰考县 Lankao	90	34			34
汝州市 Ruzhou	154	77			255
滑县 Huaxian	6	3			22
长垣县 Changyuan	274	34			320
邓州市 Dengzhou	19	17			36
永城市 Yongcheng	100	22			50
固始县 Gushi	4	4			4
鹿邑县 Luyi	14	1			3
新蔡县 Xincai	21	11			7

22-19 续表 continued

市(县) City(County)	专利所有权转让及许可数(件) Assignment and Permit of Patent Ownership (piece)	专利所有权转让及许可收入(万元) Income from Assignment and Permit of Patent Ownership (10 000 yuan)	植物新品种权授予数(项) Number of New Varieties of Plants Applications Granted (item)	形成国家或行业标准数(项) Become National or Trade Standards (item)	发表科技论文(篇) Scientific Papers Published (paper)	出版科技著作(种) Science and Technology Workers Published (type)
全　　省 Total	**385**	**5596**	**110**	**761**	**60287**	**2831**
省　辖　市 City						
郑　州　市 Zhengzhou	137	394	41	203	27443	1429
开　封　市 Kaifeng	3	355	1	62	3469	177
洛　阳　市 Luoyang	32	445	1	105	5371	207
平顶山市 Pingdingshan	22	2009	3	13	1972	48
安　阳　市 Anyang	6	1000	33	32	2135	83
鹤　壁　市 Hebi	2		1	12	271	
新　乡　市 Xinxiang	10	3	13	30	6467	290
焦　作　市 Jiaozuo	17	166	2	45	3443	105
濮　阳　市 Puyang	2	376	3	26	402	13
许　昌　市 Xuchang	30	182	3	65	952	122
漯　河　市 Luohe	33	200		39	565	39
三门峡市 Sanmenxia				14	446	40
南　阳　市 Nanyang	18	1		52	2034	66
商　丘　市 Shangqiu	7	0		4	1573	66
信　阳　市 Xinyang	1	1	3	10	1818	33
周　口　市 Zhoukou	3	12	5	36	727	68
驻马店市 Zhumadian	62	453	1	2	951	35
济　源　市 Jiyuan				11	248	10
省直管县 County Directly Administrated by Province						
巩　义　市 Gongyi				5	14	
兰　考　县 Lankao	1	5		1	10	
汝　州　市 Ruzhou	16	27		6	20	
滑　　县 Huaxian						
长　垣　县 Changyuan	5			1	37	
邓　州　市 Dengzhou	3				2	
永　城　市 Yongcheng	2			1	457	
固　始　县 Gushi						
鹿　邑　县 Luyi					5	
新　蔡　县 Xincai						

22-20 各市规模以上工业企业研究与试验发展(R&D)活动情况(2016年)

Basic Statistics on R&D Activities in Enterprises above Designated Size by City (2016)

市(县)	City(County)	(R&D)人员合计(人) R&D Personnel (person)	参加项目人员 Participating in project Personnel	管理和服务人员 Management and Service Personnel	#女性 Female	#研究人员 Researchers	全时人员 Full-time Personnel	非全时人员 Part-time Personnel
全省	**Total**	**187804**	**173315**	**14489**	**38056**	**60199**	**121804**	**66000**
省辖市	**City**							
郑州市	Zhengzhou	44569	42162	2407	8590	14979	29085	15484
开封市	Kaifeng	6873	6443	430	1519	1906	4994	1879
洛阳市	Luoyang	20644	19271	1373	4449	6672	13609	7035
平顶山市	Pingdingshan	10689	10326	363	1498	3273	6414	4275
安阳市	Anyang	7309	6967	342	1109	2455	3953	3356
鹤壁市	Hebi	1527	1400	127	320	648	1012	515
新乡市	Xinxiang	16226	14950	1276	3471	5164	11935	4291
焦作市	Jiaozuo	15616	14911	705	3079	3991	9732	5884
濮阳市	Puyang	5344	4990	354	1413	1986	3729	1615
许昌市	Xuchang	11939	9815	2124	2387	4425	9222	2717
漯河市	Luohe	3051	2468	583	721	1094	2045	1006
三门峡市	Sanmenxia	6045	5623	422	1017	1314	2391	3654
南阳市	Nanyang	16872	14664	2208	3879	5507	10987	5885
商丘市	Shangqiu	7301	6449	852	1180	2418	4074	3227
信阳市	Xinyang	2850	2684	166	613	1052	1546	1304
周口市	Zhoukou	4609	4152	457	1213	1462	3385	1224
驻马店市	Zhumadian	4205	3953	252	1107	1294	2565	1640
济源市	Jiyuan	2135	2087	48	491	559	1126	1009
省直管县	**County Directly Administrated by Province**							
巩义市	Gongyi	3367	3242	125	528	511	1687	1680
兰考县	Lankao	939	922	17	214	230	705	234
汝州市	Ruzhou	1309	1273	36	180	367	828	481
滑县	Huaxian	95	93	2	17	51	42	53
长垣县	Changyuan	2709	2528	181	258	898	2149	560
邓州市	Dengzhou	466	374	92	129	171	402	64
永城市	Yongcheng	3031	2522	509	194	1264	1178	1853
固始县	Gushi	252	252		65	103	187	65
鹿邑县	Luyi	451	347	104	139	200	188	263
新蔡县	Xincai	164	152	12	32	62	90	74

22-20 续表 1 continued

市(县) City(County)	(R&D)人员折合全时当量合计(人年) Full-time Equivalent of R&D Persnnel (person-year)	#研究人员 Researchers	#基础研究人员 Basic Research	应用研究人员 Applied Research	试验发展人员 Experimental Development
全 省 Total	**139716**	**45359**	**31**	**2518**	**137167**
省 辖 市 City					
郑 州 市 Zhengzhou	31964	10740	5	327	31631
开 封 市 Kaifeng	5169	1481		37	5133
洛 阳 市 Luoyang	16372	5519		219	16153
平 顶 山 市 Pingdingshan	9203	2850		73	9130
安 阳 市 Anyang	5872	2021		4	5868
鹤 壁 市 Hebi	893	374		49	844
新 乡 市 Xinxiang	11342	3689	3	76	11263
焦 作 市 Jiaozuo	11555	2950		25	11530
濮 阳 市 Puyang	4224	1627	23	338	3863
许 昌 市 Xuchang	9411	3401		231	9181
漯 河 市 Luohe	2687	955		19	2668
三 门 峡 市 Sanmenxia	3577	838		220	3357
南 阳 市 Nanyang	13558	4677		26	13532
商 丘 市 Shangqiu	4669	1485		628	4042
信 阳 市 Xinyang	1447	537		84	1362
周 口 市 Zhoukou	3072	875		127	2945
驻 马 店 市 Zhumadian	2953	890		36	2918
济 源 市 Jiyuan	1748	450			1748
省 直 管 县 County Directly Administrated by Province					
巩 义 市 Gongyi	3007	436		15	2992
兰 考 县 Lankao	758	205		22	736
汝 州 市 Ruzhou	1097	327		2	1095
滑 县 Huaxian	66	35			66
长 垣 县 Changyuan	2141	689		26	2116
邓 州 市 Dengzhou	266	112			266
永 城 市 Yongcheng	1897	765		583	1314
固 始 县 Gushi	154	67			154
鹿 邑 县 Luyi	65	34			65
新 蔡 县 Xincai	107	39		1	106

22-20 续表 2 continued

单位：万元 (10 000 yuan)

市(县) City(County)	(R&D)经费内部支出合计 Internal Expenditures on R&D	基础研究支出 Basic Research	应用研究支出 Applied Research	#试验发展支出 Experimental Development	政府资金 Government Funds	企业资金 Self-raised Funds by Enterpirses	境外资金 Foreign Funds	其他资金 Other Funds
全　省 Total	**4096962**	**962**	**68088**	**4027912**	**95988**	**3975549**	**30**	**25394**
省辖市 City								
郑州市 Zhengzhou	1002867	152	9266	993450	20383	979400		3083
开封市 Kaifeng	155974		2504	153470	1389	154585		
洛阳市 Luoyang	451220		4520	446700	22062	425027		4131
平顶山市 Pingdingshan	248719		3156	245563	2301	243767		2651
安阳市 Anyang	149883		755	149128	1313	144049		4521
鹤壁市 Hebi	36537		4128	32410	1913	34474		150
新乡市 Xinxiang	328807	40	1239	327528	13602	313615		1590
焦作市 Jiaozuo	300050		784	299266	4298	294097	30	1624
濮阳市 Puyang	130897	770	9392	120735	4295	125455		1147
许昌市 Xuchang	402163		2595	399569	3973	395534		2656
漯河市 Luohe	87111		2872	84239	2118	84542		451
三门峡市 Sanmenxia	82718		6577	76141	2138	80040		541
南阳市 Nanyang	286961		243	286718	3690	281683		1587
商丘市 Shangqiu	112169		12635	99535	2198	109471		501
信阳市 Xinyang	65873		3439	62434	3257	61864		753
周口市 Zhoukou	76897		611	76286	2506	74392		
驻马店市 Zhumadian	77979		3374	74605	3205	74767		7
济源市 Jiyuan	100137			100137	1347	98789		
省直管县 County Directly Administrated by Province								
巩义市 Gongyi	89529		32	89498	206	89323		
兰考县 Lankao	22882		581	22301	184	22697		
汝州市 Ruzhou	23572		53	23519	616	22913		44
滑县 Huaxian	1086			1086		895		192
长垣县 Changyuan	62441		486	61954	2495	59946		
邓州市 Dengzhou	7486		3	7483	61	7425		
永城市 Yongcheng	28818		9844	18974	159	28482		176
固始县 Gushi	2904			2904	12	2892		
鹿邑县 Luyi	8957			8957		8957		
新蔡县 Xincai	2682		42	2640	33	2649		

22-20 续表 3 continued

单位：万元 (10 000 yuan)

市(县) City(County)	(R&D)经费外部支出合计 External Expenditures on R&D	#对境内研究机构支出 Expenses on Domestic R&D Institutions	对境内高等学校支出 Expenses on Domestic Universities	对境外支出 Expenses on Overseas	项目数(项) Projects for S&T Activities (item)	项目人员合计(人) Total Personnel of Projects (person)	项目经费支出合计 Expenditure of Projects
全　省 Total	**109727**	**43201**	**36636**	**4671**	**12562**	**173315**	**3757513**
省辖市 City							
郑州市 Zhengzhou	23448	7771	5058	2732	3205	42162	927350
开封市 Kaifeng	1517	1000	38		468	6443	151304
洛阳市 Luoyang	9420	2895	1427		1644	19271	421244
平顶山市 Pingdingshan	13277	7553	4050	739	743	10326	233252
安阳市 Anyang	8244	3845	3437	108	415	6967	135571
鹤壁市 Hebi	1349	704	596	26	126	1400	33936
新乡市 Xinxiang	8068	2316	3137	201	1101	14950	300783
焦作市 Jiaozuo	3740	1035	1457	849	944	14911	288215
濮阳市 Puyang	1966	594	1238	2	523	4990	121188
许昌市 Xuchang	14583	4935	8224		531	9815	346429
漯河市 Luohe	1584	360	1198		239	2468	76806
三门峡市 Sanmenxia	2238	625	1589		377	5623	76489
南阳市 Nanyang	5574	1869	1506	2	1027	14664	257953
商丘市 Shangqiu	2395	320	442	1	297	6449	101695
信阳市 Xinyang	1835	714	729	7	200	2684	55627
周口市 Zhoukou	6212	3364	1560		130	4152	67442
驻马店市 Zhumadian	3851	2894	933	4	290	3953	64405
济源市 Jiyuan	426	406	20		302	2087	97826
省直管县 County Directly Administrated by Province							
巩义市 Gongyi	1053	312	308		149	3242	78159
兰考县 Lankao					42	922	22193
汝州市 Ruzhou	608	381	122	7	82	1273	21365
滑县 Huaxian					6	93	1086
长垣县 Changyuan	2262	974	582		87	2528	54024
邓州市 Dengzhou	240	240			45	374	7142
永城市 Yongcheng	1793	57	344		113	2522	27480
固始县 Gushi	171		16		15	252	2689
鹿邑县 Luyi					4	347	6538
新蔡县 Xincai	38	38			22	152	2490

22-20 续表 4 continued

市(县) City(County)	新产品产值(万元) Gross Output Value of new Products (10 000 yuan)	新产品销售收入(万元) Sales Revenue of New Products (10 000 yuan)	企业办科技机构(个) Number of Institutions of S&T in Enterprises(unit)	专利申请数(项) Total Patent Applications (item)	有效发明专利数(项) Number of Inventions In Force (item)
全省 Total	**64460891**	**61154137**	**2229**	**17457**	**15863**
省辖市 City					
郑州市 Zhengzhou	35627317	33300672	478	5527	3040
开封市 Kaifeng	689978	689279	91	395	222
洛阳市 Luoyang	4496362	4664783	174	2853	4433
平顶山市 Pingdingshan	1956234	1733618	73	742	705
安阳市 Anyang	2568350	2580227	56	321	315
鹤壁市 Hebi	646755	585916	52	220	252
新乡市 Xinxiang	2684847	2385792	177	1370	1185
焦作市 Jiaozuo	2400662	2354791	187	739	841
濮阳市 Puyang	625519	624562	116	548	724
许昌市 Xuchang	4782263	4644808	113	2017	1492
漯河市 Luohe	687784	693511	83	416	260
三门峡市 Sanmenxia	372202	343969	52	194	259
南阳市 Nanyang	3148140	2823177	156	889	1173
商丘市 Shangqiu	356744	334789	121	374	257
信阳市 Xinyang	311304	340858	67	122	96
周口市 Zhoukou	474117	466803	68	260	282
驻马店市 Zhumadian	1092718	1059517	124	280	165
济源市 Jiyuan	1539596	1527064	41	190	162
省直管县 County Directly Administrated by Province					
巩义市 Gongyi	893372	780748	49	176	197
兰考县 Lankao	72209	71578	7	84	31
汝州市 Ruzhou	207693	137901	20	154	255
滑县 Huaxian	13857	13409	1	6	22
长垣县 Changyuan	347474	414418	12	274	320
邓州市 Dengzhou	10831	10874	3	19	36
永城市 Yongcheng	15074	15018	20	100	50
固始县 Gushi	11196	11196	3	4	4
鹿邑县 Luyi	9279	9279	8	14	3
新蔡县 Xincai			11	21	7

22-21 大中型工业企业研究与试验发展(R&D)活动情况

Basic Statistics on R&D Activities in Large and Medium-Sized Industrial Enterprises

单位：亿元 (100 million yuan)

指 标	Item	2013	2014	2015	2016
企业(R&D)活动人员（人）	Number of Persons for R&D (person)	148109	158822	159964	160343
企业办科技机构（个）	Number of R&D Institutions Operated by Enterprises (unit)	1062	1098	1290	1386
企业办科技机构人员（人）	Personner of R&D Institutions Operated by Enterprises (person)	85519	87719	95264	95514
企业项目数（项）	Number of Projects (item)	9296	9903	9028	9241
企业参加项目人员（个）	Participating in project Personnel (person)	135183	145891	147723	147581
当年(R&D)经费内部支出	External Expenditures on R&D	265.33	301.17	326.49	358.41
新产品销售收入	Sales Revenue of New Products	4630.33	4983.21	5584.41	5861.62
#出口	Export	1956.64	2367.81	2857.05	2790.01
仪器和设备原价	Original price of Equipment for S&T	106.43	135.34	144.43	162.22
#进口	Import	14.96	18.49	18.40	23.81
引进技术经费支出	Expenditures on Imported Technology	7.19	5.16	3.61	0.73
消化吸收经费支出	Expenditures on Digestion and Absorption	3.64	3.91	1.42	0.82
购买国内技术支出	Expenditures on Domestic Technology	5.46	3.85	1.78	1.87
技术改造经费支出	Expenditures on Technical Reform	141.92	111.04	98.21	102.19

22-22 三种专利申请受理量及授权量

Three Types of Patent Application Accepted and Granted

单位：项 (item)

项 目	Item	2005	2010	2011	2012	2013	2014	2015	2016
申请量合计	**Total Applications Examined**	**8981**	**25149**	**34076**	**43442**	**55920**	**62434**	**74373**	**94669**
发明	Inventions	1703	6408	8833	10910	15580	19646	21338	28582
实用新型	Utility Models	4594	13856	19120	23594	29420	30716	40778	51358
外观设计	Designs	2684	4885	6123	8938	10920	12072	12257	14729
在三种专利申请受理量中	In the Three Types of Patent Applications Examined								
个人	Individuals	5955	9528	11155	14468	18500	18689	22399	27859
大专院校	Universities and Colleges	311	1387	2228	2470	4254	6336	9980	14438
科研单位	Research Institutions	166	578	824	1122	983	1062	1418	1668
工矿企业	Industrial and Mineral Enterprises	2534	13449	19402	24670	30887	34695	39047	48822
机关团体	Government Agencies and Organizations	15	207	467	712	1296	1652	1529	1882
授权量合计	**Total Applications Granted**	**3748**	**16539**	**19259**	**26833**	**29482**	**33366**	**47766**	**49145**
发明	Inventions	356	1498	2462	3168	3173	3493	5384	6811
实用新型	Utility Models	2304	11048	13032	18739	21153	23539	32592	32197
外观设计	Designs	1088	3993	3765	4926	5156	6334	9790	10137
在三种专利授权量中	In the Three Types of Patent Applications Granted								
个人	Individuals	2535	6395	6185	7742	8529	8405	12395	13369
大专院校	Universities and Colleges	65	630	860	1708	2108	3412	6135	8105
科研单位	Research Institutions	60	410	469	534	398	454	571	529
工矿企业	Industrial and Mineral Enterprises	1076	9043	11531	16469	18057	20509	27806	26312
机关团体	Government Agencies and Organizations	12	61	214	380	390	586	859	830
发明专利拥有量	Patent ownership		4501	6129	8683	11249	13535	17571	22601

22-23 技术市场成交合同情况(2016年)

Statistics on Transaction of Technology (2016)

指　标	Item	合同数(个) Number of Contracts (unit)	成交额(万元) Transaction Value (10 000 yuan)
总　计	**Total**	**4275**	**592419**
按合同类别分	**Grouped by Contract Type**		
技术开发	Technological Development	1569	175480
技术转让	Technological Transfer	258	204025
技术咨询	Technological Consultation	1010	67671
技术服务	Technological Services	1438	145243
按知识产权分	**Grouped by Intellectual Property**		
技术秘密	Technology Secret	483	100453
专利	Patent	118	182401
计算机软件著作权	Computer Software	274	46150
植物新品种权	New varieties of Plants	68	5102
集成电路布图设计专有权	Exclusive right of integrated circuit layout design	1	879
生物、医药新品种权	New varieties of Biology and Medicine	24	11868
设计著作权	Design and copyright	19	497
未涉及知识产权	Others	3288	245070
按技术领域分	**Grouped by Technology**		
电子信息	Electronic Information Technology	1367	98065
航空航天	Aeronautic and Astronautic Technology	71	36275
先进制造	Advanced manufacturing technology	647	122241
生物、医药和医疗器械	Biological ,Medical and Medical Device Technology	190	24730
新材料及其应用	New Materials and Their Application	143	13676
新能源与高效节能	New Energy, High Efficiency and Energy Saving	186	155755
环境保护与资源综合利用	Environmental Protetion and Resources comprehensive utilization Technology	180	14068
核应用	Nuclear application	4	12751
农业	Agriculture Technology	367	35894
现代交通	Modern Communication	38	3082
城市建设与社会发展	City Construction and Social Development	1082	75881
按社会经济目标分	**Grouped by Social and Economic Service Objection**		
环境保护、生态建设及污染防治	Environmental protection, ecological construction and pollution control	164	19300
能源生产、分配和合理利用	Energy production, distribution and rational utilization	228	78047
卫生事业发展	Health	126	14771
教育事业发展	Education	144	24827
基础设施以及城市和农村规划	Infrastructure and urban and rural planning	695	60982
社会发展和社会服务	Social development and social services	1212	107546
地球和大气层的探索与利用	Exploration and utilization of the earth and atmosphere	4	405
民用空间探测及开发	Detection and development of Civilian space	6	575
农林牧渔业发展	Animal husbandry fishery development	339	36444
工商业发展	Industrial and commercial development	723	58450
非定向研究	The directional research	77	5563
其他民用目标	Others Civilian space	481	177476
国防	National defense	76	8033

22-24 各市技术市场成交合同情况(2016年)
Statistics on Transaction of Technology by City (2016)

市 City	合同数(个) Number of Contracts (unit)			成交额(万元) Transaction Value (10 000 yuan)		
	2014	2015	2016	2014	2015	2016
全 省 Total	**2958**	**3497**	**4275**	**416415**	**455572**	**592419**
郑 州 市 Zhengzhou	1944	2289	3122	189660	207663	269914
开 封 市 Kaifeng	624	11	13	158649	2053	16488
洛 阳 市 Luoyang	21	734	605	10514	199003	224813
平 顶 山 市 Pingdingshan	24	8	6	25570	11766	8061
安 阳 市 Anyang	19	5	11	1399	476	15700
鹤 壁 市 Hebi	3	5	11	59	154	3365
新 乡 市 Xinxiang	86	133	184	17820	13456	21571
焦 作 市 Jiaozuo	132	111	118	3282	4811	2949
濮 阳 市 Puyang	3	1	22	69	200	376
许 昌 市 Xuchang						
漯 河 市 Luohe	1			175		
三 门 峡 市 Sanmenxia	1	5	3	98	4400	2598
南 阳 市 Nanyang	86	165	116	3811	2716	13961
商 丘 市 Shangqiu	1	7	8	500	1480	2073
信 阳 市 Xinyang	4			2700		
周 口 市 Zhoukou						
驻 马 店 市 Zhumadian	1	1	1	650	660	860
济 源 市 Jiyuan	8	7	49	1460	1605	3721

22-25 软科学基本情况
Statistics on Soft science

项 目	Item	2013	2014	2015	2016
完成软科学课题(项)	Completed soft science subject (item)	858	1050	791	1054
正在进行的软科学课题(项)	Underway soft science subject (item)	1000	1200	1160	720
投入软科学研究经费(万元)	Investment funds(10 000yuan)	340	340	600	600
投入软科学研究人力(人.年)	Person Engaged in Soft Science(person.year)	7000	7000	7200	5000
发表科学论文(篇)	Published scientific paper (paper)	1000	1000	960	980
#国外发表	Published abroad	20	20	24	29
获奖成果(项)	Award-winning achievements(item)	10	10	8	7
开展国际合作项目(项)	International cooperation project (item)	10	10	12	9
参加人数(人)	Participants	100	100	77	60
出席国际会议或出国考察(项)	International conference or inspection abroad (item)	10	10	18	10
参加人数(人)	Participants	100	100	85	55

22-26 产品质量监督抽查情况(2016年)
Results of Sampling Check under State Supervision on the Quality of Products (2016)

项 目	Item	抽查产品(种) Production Supervised (kinds)	抽查企业(家) Number of Enterprises Supervised (unit)	抽查产品(批) Production Supervised (batch-time)	不合格产品(批) Production Unqualified (batch-time)
抽查合计	**Total**	121	6647	10422	500
食品相关产品	Food	4	580	868	12
日用消费品	Consumer Goods	42	1806	3156	187
建筑与装饰装修材料	Building & Decoration Material	27	2051	3233	137
农业生产资料	Agricultural Means of Production	11	476	701	21
工业生产资料	Industrial Means of Production	37	1734	2464	143

22-27 国家和地方标准、计量基本情况
National and local standards, measuring basic situation

指标名称	Item	2014	2015	2016
国家情况	**National conditions**			
计量基准和社会公用计量标准建立项目（项）	Standards of measurement and public standards of measurement set up projects (item)	223	227	245
计量仪器检定按类别分(台、件)	Measurement instrument calibration (set)	214747	341941	376456
长度	length	20646	36623	34530
温度	Temperature	16565	25448	27442
力学	Mechanics	157928	240861	26574
电磁	Electromagnetism	7054	10311	10283
光学	Photology	1607	2250	2399
声学	Acoustics	1265	6108	6026
化学	Chemistry	7495	13508	14014
放射性	Radioaction	1321	2066	2304
无线电	Radio	182	989	732
时间频率	Temporal frequency	684	2229	2638
其他	Others		1548	249514
地方情况	**Local conditions**			
本年末标准累计(个)	Criterion Accumulative(unit)	577	839	939
本年度制、修订标准合计(个)	Total(unit)	118	73	177
制定	Formulation	111	71	175
修订	Amendment	7	2	2

22-28 测绘行业持证单位人员情况(2016年)

Statistics on Persons Engaged in Certificated Units in Surveying and Mapping Industry (2016)

系统名称	Department	持证单位数(个) Number of Certificated Units (units)	甲 First	乙 Second	丙 Third	丁 Fourth	职工总数(人) Number of Staff and Workers (person)	测绘专业证持证人员 Certification staff	测绘专业技术人员 Number of Professional Qualification Personnel 高级工程师 Senior	中级工程师 Medium	初级工程师 Jumior
总计	**Total**	**980**	**37**	**302**	**311**	**330**	**24163**	**12140**	**1317**	**4159**	**5442**
测绘	Surveying and Mapping Department	5	5				569	326	38	90	170
国土资源	Land and resources	139	5	27	52	55	3176	1589	176	533	662
城乡建设与规划	Urban construction and planning	166	2	17	53	94	2664	1450	94	473	618
铁道	Railway Department	9	1	8			1073	320	101	256	216
交通运输	Transport	11	2	7	2		594	321	54	127	80
水利水电	Water Resources and Electric Power	29	3	17	8	1	1255	871	119	279	211
通讯	Communication										
石油	Petrol Department	5		2	2	1	83	46	10	16	22
石化	Petrochemical										
煤炭	Coaling Department	18	1	7	2	8	384	231	18	59	72
有色	Non-ferrous	11	2	6	3		393	138	28	77	54
农业	Farming										
林业	Forestry										
气象	Meteorology										
地震	Earthquake	1		1			25	25	7	11	7
环保	Environmental Protection										
公安武警	The public Security Police										
科教文卫	The science-education-culture-health	3	1	2			188	62	19	25	35
冶金	Metallurgy Department	1				1	6			2	
其他	Others	582	15	208	189	170	13753	6761	653	2211	3295

22–29 各系统主要仪器设备情况(2016年,持有测绘资格证单位)

Statistics on Major Instrument and Equipment (2016, Hold Certificate of Soundness)

单位：台\套 (unit\set)

系统名称	Department	水准仪 Water Level	测距仪 range finder	全站仪 Omnidirec-tional Instrument	全球导航卫星系统接收机 Global navigation satellite system receiver	全数字摄影测量系统 Digital Monitor System
总　计	**Total**	**3264**	**4929**	**5076**	**4658**	**1105**
测　绘	Surveying and Mapping Department	52	205	211	181	98
国土资源	Land and resources	315	455	641	719	103
城乡建设与规划	Urban construction and planning	291	523	421	361	8
铁　道	Railway Department	650	25	494	140	14
交通运输	Transport	62	63	67	75	78
水利水电	Water Resources and Electric Power	168	117	243	337	
通　讯	Communication					
石　油	Petrol Department	12	5	17	20	
石　化	Petrochemical					
煤　炭	Coaling Department	51	74	76	63	20
有　色	Non-ferrous	41	46	104	83	8
农　业	Farming					
林　业	Forestry					
气　象	Meteorology					
地　震	Earthquake	3		5	4	
环　保	Environmental Protection					
公安武警	The public Security Police					
科教文卫	The science-education-culture-health	15	8	19	17	20
航空航天	Aeronautics and Astronautics					
冶　金	Metallurgy Department	2	4	2	1	
其　他	Others	1602	3404	2776	2657	756

22-30 气象部门基本情况

Basic Statistics on Meteorological Department

项　目	Item	2013	2014	2015	2016
气象观测业务台站(个)	**Meteorological observation station (unit)**				
地面观测	Surface Observation	121	121	121	121
高空探测	Aerological Sounding	3	3	3	3
区域气象观测站	Regional Meteorological Observation Station	2464	2404	2431	2512
天气雷达观测	Weather Radar Observation	18	18	18	18
大气成分观测	Atmospheric Composition Observation	1	1	1	6
辐射观测	Radiation Observation	3	3	3	3
农业气象观测	Agricultural Meteorological Observation	35	35	35	35
农业气象试验站	Agrometeorological Experimental Station	4	4	4	4
中国气象局卫星数据广播系统	China Meteorological Administration of Satellite Data Broadcast System	122	122	122	122
大气本底站	Atmospheric background Station				
闪电定位监测	Lightning Positioning Monitoring	19	19	19	19
紫外线观测	Ultraviolet Observations	18	18	18	18
风廓线雷达观测	Wind Profile Radar Observations	2	2	2	2
导航卫星气象观测	Navigation Satellite Meteorological Observation	39	39	39	39
酸雨观测	Acid Rain Observation	18	18	18	18
装备	**Equipment**				
高性能计算机	High Performance Computer			1	1
服务器(套)	Server (unit)	365	392	559	306
个人计算机(含个人工作站)	Personal Computer (Including personal workstation)	3677	3932	3936	3843
远程会商系统设备(多点控制单元和会议终端)(套)	Remote Consultation System Equipment (Multipoint control unit and conference terminals) (unit)	19	19	19	19
人工影响天气地面作业(次)	Weather Modification Ground Operations (time)	512	2481	1282	1572
设备高炮(门)	Equipment Anti-aircraft Gun (unit)	282	272	271	267
火箭发射系统(部)	Rocket-firing System (unit)	412	398	401	418
全省气象部门职工总数(人)	Total Number of Employees of Provincial Meteorological Department (person)	2109	2128	2111	2080

22−31 各市地震台(网)基本情况(2016年)

Basic Statistics on Earthquake Station (Net) by City (2016)

市 City	国家地震观测台（网） National Earthquake Observation Station (Set)			市、县地震台 City、County Earthquake Observation Station		
	国家级台 National Station	省级台 Provincial Station	强震观测点 Strong Motion Observation Spots	市、县级台 City、County Station	企业台 Enterprise Station	宏观观测点 Macro-Observation Spots
总　　计 **Total**	**3**	**33**	**17**	**82**	**3**	**2104**
郑　州　市 Zhengzhou		4	1	5	1	68
开　封　市 Kaifeng		3	1	4		55
洛　阳　市 Luoyang	1		1	8		139
平 顶 山 市 Pingdingshan		2		4		74
安　阳　市 Anyang		1	2	5		133
鹤　壁　市 Hebi		3	1	1	1	38
新　乡　市 Xinxiang		2	3	7		194
焦　作　市 Jiaozuo		2	1	7		128
濮　阳　市 Puyang		3	3	5		87
许　昌　市 Xuchang		1		3		82
漯　河　市 Luohe				2		40
三 门 峡 市 Sanmenxia		2	4	3	1	22
南　阳　市 Nanyang	1	3		9		42
商　丘　市 Shangqiu		1		2		59
信　阳　市 Xinyang	1	2		1		318
周　口　市 Zhoukou		2		9		288
驻 马 店 市 Zhumadian		1		7		322
济　源　市 Jiyuan		1				15

主要统计指标解释

研究与试验发展(R&D) 指在科学技术领域，为增加知识总量，以及运用这些知识去创造新的应用进行的系统的创造性的活动，包括基础研究、应用研究、试验发展三类活动。国际上通常采用 R&D 活动的规模和强度指标反映一国的科技实力和核心竞争力。

基础研究 指为了获得关于现象和可观察事实的基本原理的新知识(揭示客观事物的本质、运动规律，获得新发现、新学说)而进行的实验性或理论性研究，它不以任何专门或特定的应用或使用为目的。其成果以科学论文和科学著作为主要形式。用来反映知识的原始创新能力。

应用研究 指为获得新知识而进行的创造性研究，主要针对某一特定的目的或目标。应用研究是为了确定基础研究成果可能的用途，或是为达到预定的目标探索应采取的新方法(原理性)或新途径。其成果形式以科学论文、专著、原理性模型或发明专利为主。用来反映对基础研究成果应用途径的探索。

试验发展 指利用从基础研究、应用研究和实际经验所获得的现有知识，为产生新的产品、材料和装置，建立新的工艺、系统和服务，以及对已产生和建立的上述各项作实质性的改进而进行的系统性工作。其成果形式主要是专利、专有技术、具有新产品基本特征的产品原型或具有新装置基本特征的原始样机等。在社会科学领域，试验发展是指把通过基础研究、应用研究获得的知识转变成可以实施的计划(包括为进行检验和评估实施示范项目)的过程。人文科学领域没有对应的试验发展活动。主要反映将科研成果转化为技术和产品的能力，是科技推动经济社会发展的物化成果。

专业技术服务业 指拥有专业技术的一方为另一方解决某一特定技术问题所提供的各种服务，按照《2011 国民经济行业分类注释》，专业技术服务主要包括九大类别：气象服务、地震服务、海洋服务、测绘服务、质检技术服务、环境与生态监测服务、地质勘查服务、工程技术服务和其他专业技术服务业。

科技交流和推广服务业 指将新技术、新产品、新工艺直接推向市场而进行的相关技术活动，以及技术推广和转让活动。按照《2011 国民经济行业分类注释》，技术推广服务主要包括农业技术推广服务、生物技术推广服务、新材料技术推广服务、节能技术推广服务，以及其他技术推广服务。

地质勘查业 指对矿产资源、工程地质、科学研究进行地质勘查、测试、监测、评估等活动。主要包括矿产地质勘查、基础地质勘查和地质勘查技术服务等类别。

R&D 人员 指参与研究与试验发展项目研究、管理和辅助工作的人员， 包括项目(课题)组人员，企业科技行政管理人员和直接为项目(课题)活动提供服务的辅助人员。反映投入从事拥有自主知识产权的研究开发活动的人力规模。

R&D 人员全时当量 指全时人员数加非全时人员按工作量折算为全时人员数的总和。例如：有两个全时人员和三个非全时人员（工作时间分别为 20%、30%和 70%)，则全时当量为 2+0.2+0.3+0.7=3.2 人年。为国际上比较科技人力投入而制定的可比指标。

R&D 经费内部支出合计 指调查单位用于内部开展 R&D 活动（基础研究、应用研究和试验发展）的实际支出。包括用于 R&D 项目（课题）活动的直接支出，以及间接用于 R&D 活动的管理费、服务费、与 R&D 有关的基本建设支出以及外协加工费等。不包括生产性活动支出、归还贷款支出以及与外单位合作或委托外单位进行 R&D 活动而转拨给对方的经费支出。

R&D 经费内部支出中政府资金 指 R&D 经费内部支出中来自各级政府部门的各类资金，包括财政科学技术拨款、科学基金、教育等部门事业费以及政府部门预算外资金的实际支出。

R&D 经费内部支出中企业资金 指 R&D 经费内部支出中来自本企业的自有资金和接受其他企业委托而获得的经费，以及科研院所、高校等事业单位从企业获得的资金的实际支出。

R&D 项目（课题）数 指在当年立项并开展研究工作、以前年份立项仍继续进行研究的研发项目（课题）数，包括当年完成和年内研究工作已告失败的研发项目（课题），但不包括委托外单位进行的研发项目（课题）数。

R&D 项目（课题）经费内部支出 指调查单位内部在报告年度进行研发项目（课题）研究和试制等的实际支出。包括劳务费、其他日常支出、固定资产购建费、外协加工费等，不包括委托或与外单位合作进行项目（课题）研究而拨付给对方使用的经费。

专利 是专利权的简称，是对发明人的发明创造经审查合格后，由专利局依据专利法授予发明人和设计人对该项发明创造享有的专有权。包括发明、实用新型和外观设计。反映拥有自主知识产权的科技和设计成果情况。

Explanatory Notes on Main Statistical Indicators

Research and Development (R&D) refers to systematic and creative activities in the field of science and technology aiming at increasing the knowledge and using the knowledge for new application. R&D includes 3 categories of activities: basic research, applied research and experimentation for development. The scale and intensity of R&D are widely used internationally to reflect the strength of S&T and the core competitiveness of a country in the world.

Basic Research refers to empirical or theoretical research aiming at obtaining new knowledge on the fundamental principles regarding phenomena or observable facts to reveal the intrinsic nature and underlying laws and to acquire new discoveries or new theories. Basic research takes no specific or designated application as the aim of the research. Results of basic research are mainly released or disseminated in the form of scientific papers or monographs. This indicator reflects the innovation capacity for original knowledge.

Applied Research refers to creative research aiming at obtaining new knowledge on a specific objective or target. Purpose of the applied research is to identify the possible uses of results from basic research, or to explore new (fundamental) methods or new approaches. Results of applied research are expressed in the form of scientific papers, monographs, fundamental models or invention patents. This indicator reflects the exploration of ways to apply the results of basic research.

Experiments and Development refer to systematic activities aiming at using the knowledge from basic and applied researches or from practical experience to develop new products, materials and equipment, to establish new production process, systems and services, or to make substantial improvement on the existing products, process or services. Results of experiment and development activities are embodied in patents, exclusive technology, and monotype of new products or equipment. In social sciences, experiment and development activities refer to the process of converting the knowledge from basic or applied researches into feasible programmes (including conduct of demonstration projects for assessment and evaluation). There are no experiment and development activities in the science of humanities. This indicator reflects the capability of transferring the results of S&T into technique and products, and measures the realization of S&T in spearheading the economic and social development.

Professional technical service refers that Technology party provide Technology service for the other party, in according to the national economic sector note in 2011 ", professional technical service mainly includes nine categories: meteorological service, earthquake service, Marine service, surveying and mapping service, quality inspection technology service, environmental and ecological monitoring service, geological prospecting service, engineering technology services and other professional technical services.

Science and technology exchange and promotion service means that technical activities for Pushing new technology, new product, new technology directly to the market, as well as the technology diffusion and transfer activity. In accordance to the national economic sector note in 2011, technical services mainly include agricultural technology extension service, biological technology extension service, new materials technology extension service, energy-saving technical services, and other technical services.

Geological exploration refers prospecting, testing, monitoring, evaluation mineral resources geology, engineering geology, scientific research on geological and other activities. Mainly including mineral geology exploration, basic geological exploration and geological exploration technology services categories.

R & D Personnel refer to persons engaged in research, management and supporting activities of R & D, including persons in the project teams, persons engaged in the management of S&T activities of enterprises and supporting staff providing direct service to the research projects. This indicator reflects the size of personnel engaged in R&D activities with independent intellectual property.

Full-time Equivalent of R&D Personnel refers to the sum of the full-time persons and the full-time equivalent of part-time persons converted by workload. For instance, if there are 2 full-time persons and 3 part-time workers (20%, 30% and 70% of working hours respectively on R&D activities), the full-time equivalent are 2+0.2+0.3+0.7=3.2 person-years. This is an internationally comparable indicator of S&T manpower input.

Total Internal Expenditure of Funds on R&D refers to the real expenditure of surveyed units on their own R&D activities (basic research, application study, test and development) including direct expenditure on R&D activities, indirect expendure of management and services on R&D activities, expenditure on capital construction and material processing by others. Excluding the expenditure on production activities, return of loan, and fees transferred to cooperated and entrusted agencies on R&D activities.

Internal Expenditure of Government Funds refer to the expenditure of funds on R&D activities from government agencies at different levels, including appropriate funds on science and technology from financial departments, scientific funds, operating expenses from education departments and the real expenditure of extrabudgetary funds from government agencies.

Internal Expenditure of Funds of Enterprises refer to the expenditure of funds on R&D activities from self-raised funds of enterprises and funds from other enterprises through entrustment, and the expenditure of funds of institutions, such a institution of scientific research and universityies, from enterprises.

Number of R&D Projects (subjects) refers to the number of R&D projects (subjects) set up and implemented at the reference year, and the number of R&D projects (subjects) set up in former years and under implementation, including the projects (subjects) finished and failed at the reference year, excluding the projects (subjects) implemented by others throught entrustment.

Internal Expenditure of Funds on R&D Projects (subjects) refers to the real expenditure of internal funds of the surveyed units on research and test of R&D projects (subjects) at the reference year, including service fee, other daily expenditure, cost for captital goods, cost of external process; excluding expenditure of funds transferred to other cooperated and entrusted units of the projects.

Patent is an abbreviation for the patent right and refers to the exclusive right of ownership by the inventors or designers for the creation or inventions, given from the patent offices after due process of assessment and approval in accordance with the Patent Law. Patents are granted for inventions, utility models and designs. This indicator reflects the achievements of S&T and design with independent intellectual property.

教育

Education

23

◎ 资料整理：王习涛

简要说明

一、主要内容

本篇包括公办教育和民办教育、学历教育和非学历教育。具体有高等教育（研究生教育、普通高等教育和成人教育）、中等教育（高中阶段教育和初中阶段教育）、初等教育（小学）、学前教育、特殊教育（盲聋哑和弱智学校等）以及教育经费等资料。主要指标包括学校数、在校生数、招生数、毕业生数、教职工数和专任教师数、教育经费总投入及财政性教育经费等。

二、资料来源

教育事业统计资料由省教育厅提供；技工学校的资料由省人力资源和社会保障厅提供。由省统计局社会与科技处编辑整理。

Brief Introduction

I. Main Contents

Data on education cover the situations on education funded by government and non-government agencies, and the education with and without academic credentials including higher education (education of postgraduates, general higher education and adult education), secondary education(senior and junior high schools), elementary education (primary schools),preschool education, special education (schools for the blind, deaf-mutes and mentally retarded) and their expenditure. The main indicators include the number of schools, the number of students enrolled, the number of new students enrolled, the number of graduates, the number of stuff and workers, the number of full-time teachers, sources and outlay of education funding and education expenditure.

II. Sources of Data

Data on education undertakings are calculated from Henan Provincial bureau of Education. Data on technical training schools are calculated from Henan provincial bureau of Henan Resources and Social Security. Data in this chapter are provided by Department of social and technology of Henan provincial bureau of statistics.

23-1 各级各类学校数

Number of Schools by Level and Type

单位：所 (unit)

年份 year	小学 Primary Schools	普通中学 Regular Secondary Schools	高中 Senior Secondary Schools	初中 Junior Secondary Schools	职业中学 Vocational Secondary Schools	普通高等学校 Regular Institutions of Higher Education
1978	48772	26586	3705	22881		24
1979	34983	25826	2976	22850		24
1980	46672	12672	2431	10241	1	25
1981	45939	10304	1703	8601	6	26
1982	46542	10510	1279	9231	8	26
1983	46265	10324	1177	9147	21	32
1984	46232	9969	1102	8867	41	38
1985	41935	9459	1069	8390	390	43
1986	45250	9730	1058	8672	370	47
1987	44865	9632	1027	8605	336	47
1988	44379	9406	1003	8403	378	47
1989	43951	8961	958	8003	466	47
1990	43286	8249	920	7329	480	47
1991	42455	7369	854	6515	539	49
1992	42370	6893	789	6104	636	47
1993	42071	6644	719	5925	685	48
1994	41899	6476	661	5815	785	50
1995	41698	6367	641	5726	785	50
1996	41466	6282	635	5647	761	50
1997	41526	6142	645	5497	742	50
1998	41238	6069	643	5426	722	51
1999	41404	6120	688	5432	696	56
2000	41269	6217	761	5456	609	52
2001	39825	6384	819	5565	520	64
2002	37729	6399	854	5545	484	66
2003	36379	6363	888	5475	462	71
2004	34164	6229	909	5320	442	82
2005	33026	6207	945	5262	455	83
2006	31410	6045	955	5090	515	84
2007	30677	5864	920	4944	552	82
2008	30214	5718	908	4810	584	84
2009	29420	5571	868	4703	589	89
2010	28603	5441	825	4616	563	107
2011	27793	5388	792	4596	452	117
2012	27452	5336	785	4551	409	120
2013	26086	5326	776	4550	381	127
2014	25578	5340	774	4566	367	129
2015	24673	5335	770	4565	356	129
2016	22822	5349	792	4557	324	129

23-2 各级各类学校专任教师数

Number of Full-time Teachers by Level and Type of school

单位：万人 (10 000 persons)

年份 year	小 学 Primary Schools	普通中学 Regular Secondary Schools	高 中 Senior Secondary Schools	初 中 Junior Secondary Schools	职业中学 Vocational Secondary Schools	普通高等学校 Regular Institutions of Higher Education
1978	42.88	29.34	4.98	24.36		0.54
1979	43.66	30.01	5.09	24.92		0.62
1980	44.72	30.13	4.48	25.65	0.00	0.68
1981	47.20	26.99	3.91	23.08	0.01	0.71
1982	41.95	22.58	3.52	19.05	0.01	0.84
1983	42.52	22.17	3.46	18.71	0.04	0.91
1984	42.81	21.86	3.41	18.45	0.02	0.97
1985	43.09	22.21	3.41	18.80	0.68	1.10
1986	43.62	22.93	3.54	19.39	0.77	1.27
1987	43.52	23.69	3.73	19.96	0.81	1.33
1988	43.79	24.01	3.79	20.22	0.88	1.38
1989	43.76	23.84	3.77	20.07	1.13	1.38
1990	44.34	24.05	3.79	20.25	1.27	1.40
1991	37.93	23.54	3.83	19.71	1.34	1.42
1992	37.55	23.49	3.76	19.73	1.51	1.45
1993	38.19	23.60	3.62	19.98	1.72	1.47
1994	38.87	23.94	3.48	20.46	2.08	1.55
1995	39.23	24.68	3.45	21.23	2.28	1.55
1996	40.02	25.48	3.51	21.97	2.44	1.64
1997	41.12	26.38	3.61	22.77	2.67	1.65
1998	42.55	27.60	3.75	23.85	2.76	1.70
1999	44.66	29.09	4.09	25.00	2.67	1.88
2000	45.93	30.86	4.57	26.29	2.49	2.02
2001	47.56	32.90	5.13	27.77	2.35	2.46
2002	49.62	35.06	6.03	29.03	2.39	2.85
2003	48.85	35.88	6.72	29.16	2.21	3.33
2004	47.85	36.55	7.60	28.95	2.23	4.18
2005	47.55	37.30	8.40	28.90	2.29	4.63
2006	47.82	37.64	9.19	28.45	2.68	5.29
2007	48.30	37.88	9.79	28.09	2.76	5.88
2008	48.53	37.89	10.27	27.62	2.91	6.49
2009	48.91	38.30	10.49	27.81	3.16	7.15
2010	49.04	38.10	10.43	27.67	3.25	7.75
2011	49.58	38.65	10.43	28.22	3.20	8.20
2012	49.69	38.97	10.73	28.24	3.08	8.60
2013	49.45	38.80	10.81	27.99	2.76	9.09
2014	46.99	41.83	12.67	29.16	2.66	9.51
2015	47.21	42.87	13.01	29.86	2.66	9.80
2016	47.42	43.63	13.55	30.08	2.58	10.27

23-3 各级各类学校在校学生数

Student Enrollment by Level and Type of school

单位：万人　　　　(10 000 persons)

年份 year	小学 Primary Schools	普通中学 Regular Secondary Schools	高中 Senior Secondary Schools	初中 Junior Secondary Schools	职业中学 Vocational Secondary Schools	普通高等学校 Regular Institutions of Higher Education
1978	1140.26	521.62	116.38	405.24		2.73
1979	1147.88	504.04	106.42	397.62		3.38
1980	1133.75	487.27	83.75	403.52	0.02	4.59
1981	1110.65	412.31	60.66	351.65	0.27	4.93
1982	1098.47	361.41	49.25	312.16	0.51	4.63
1983	1054.04	341.32	47.82	293.50	1.11	4.80
1984	1055.08	354.20	50.87	303.33	2.28	5.33
1985	1034.97	357.46	52.27	305.19	10.89	6.85
1986	1015.67	366.96	54.66	312.30	11.92	7.50
1987	997.75	373.51	54.41	319.10	11.63	7.57
1988	980.05	362.64	52.51	310.13	11.94	7.99
1989	969.82	349.05	49.54	299.51	14.50	8.01
1990	961.15	352.56	49.26	303.30	15.61	8.04
1991	944.02	357.66	48.80	308.86	17.77	8.18
1992	936.71	359.78	46.21	313.57	20.40	8.95
1993	951.50	362.96	43.52	319.44	25.86	10.44
1994	991.06	384.80	42.51	342.29	35.74	11.71
1995	1039.56	417.86	42.91	374.95	45.86	12.24
1996	1105.58	454.48	44.02	410.46	51.18	12.79
1997	1169.96	480.21	46.68	433.53	56.84	13.60
1998	1200.06	512.51	51.13	461.38	60.10	14.64
1999	1186.97	568.86	61.06	507.80	53.75	18.55
2000	1130.63	638.14	75.15	562.99	48.27	26.24
2001	1070.73	683.38	94.73	588.65	38.71	36.91
2002	1104.59	733.35	125.55	607.80	41.52	46.80
2003	1058.61	750.51	146.42	604.09	42.32	55.72
2004	1014.06	759.42	168.75	590.67	45.93	70.28
2005	986.84	758.22	188.39	569.83	49.31	85.19
2006	997.09	742.22	201.58	540.64	59.90	97.41
2007	1018.71	719.83	212.63	507.20	66.22	109.52
2008	1036.60	691.46	207.26	484.20	72.76	125.02
2009	1052.03	675.45	201.20	474.25	80.88	136.88
2010	1070.53	661.56	192.16	469.40	79.47	145.67
2011	1092.90	657.48	189.50	467.98	75.78	150.01
2012	1079.20	646.42	192.63	453.78	73.15	155.90
2013	939.98	574.28	189.23	385.05	54.92	161.83
2014	928.60	588.91	189.55	399.36	46.74	167.97
2015	937.05	599.12	194.31	404.81	39.80	176.69
2016	965.59	615.43	199.60	415.83	38.96	187.48

23-4 各级各类学校招生数

New Student Enrollment by Level and Type of school

单位：万人 (10 000 persons)

年份 year	小 学 Primary Schools	普通中学 Regular Secondary Schools	高 中 Senior Secondary Schools	初 中 Junior Secondary Schools	职业中学 Vocational Secondary Schools	普通高等学校 Regular Institutions of Higher Education
1978	254.37	234.71	53.79	180.92		1.39
1979	249.91	215.50	48.55	166.95		1.07
1980	239.12	169.65	28.69	140.96	0.02	1.25
1981	226.50	146.95	24.44	122.51	0.24	1.25
1982	219.17	124.70	18.17	106.53	0.27	1.36
1983	198.48	119.04	17.04	102.00	0.88	1.65
1984	197.99	119.69	17.40	102.29	1.36	1.89
1985	174.24	118.93	17.22	101.71	5.42	2.67
1986	190.38	123.72	17.77	105.95	5.00	2.42
1987	184.06	124.03	17.84	106.19	4.56	2.64
1988	181.53	121.80	17.09	104.71	4.95	2.72
1989	179.88	118.08	16.27	101.81	6.34	2.61
1990	172.46	122.53	16.92	105.61	6.37	2.66
1991	164.72	125.47	16.49	108.98	8.28	2.76
1992	169.53	125.38	15.28	110.10	9.53	3.38
1993	190.31	130.28	14.86	115.42	12.71	4.05
1994	220.01	144.20	13.98	130.23	16.96	4.17
1995	232.52	158.34	14.58	143.76	20.75	4.32
1996	239.94	164.89	15.12	149.77	20.48	4.49
1997	239.79	171.79	16.41	155.38	23.61	4.66
1998	217.82	189.67	18.72	170.95	23.56	5.02
1999	193.65	220.12	24.42	195.70	16.95	7.88
2000	171.11	246.46	31.48	214.98	16.83	11.69
2001	163.32	246.96	37.63	209.33	14.63	14.01
2002	185.77	253.93	50.93	203.00	17.05	16.61
2003	164.35	253.19	53.77	199.42	16.85	19.02
2004	162.49	257.45	61.33	196.12	17.40	25.74
2005	169.44	259.58	69.99	189.59	20.30	27.76
2006	176.86	233.85	67.75	166.10	28.51	33.77
2007	183.22	231.49	70.57	160.92	28.83	35.52
2008	186.92	233.55	68.42	165.13	28.90	44.51
2009	184.51	225.18	64.50	160.68	33.03	45.74
2010	187.76	221.66	62.85	158.81	30.40	47.83
2011	193.44	226.25	64.63	161.62	27.18	47.14
2012	190.97	224.73	66.57	158.16	24.06	49.82
2013	181.06	203.82	66.11	137.71	18.34	50.84
2014	159.44	202.99	64.49	138.50	15.23	51.43
2015	169.30	206.21	67.98	138.23	13.49	55.92
2016	173.16	213.66	69.53	144.13	14.17	60.60

23-5 各级各类学校毕业生数

Graduates by Level and Type of school

单位：万人 (10 000 persons)

年份 year	小学 Primary Schools	普通中学 Regular Secondary Schools	高中 Senior Secondary Schools	初中 Junior Secondary Schools	职业中学 Vocational Secondary Schools	普通高等学校 Regular Institutions of Higher Education
1978	185.03	213.34	44.37	168.97		0.96
1979	179.69	204.86	50.44	154.42		0.41
1980	173.62	109.74	45.66	64.08	0.01	
1981	173.52	131.24	43.45	87.79	0.01	0.90
1982	165.80	104.44	27.36	77.08	0.02	1.65
1983	168.90	87.90	15.85	72.05	0.28	1.47
1984	166.90	86.78	14.74	72.04	0.28	1.35
1985	158.48	88.92	15.44	73.48	2.08	1.17
1986	172.97	91.60	16.70	74.90	2.52	1.75
1987	172.82	97.24	17.78	79.46	3.11	2.53
1988	167.45	99.44	18.03	81.40	3.62	2.29
1989	162.51	100.39	17.27	83.12	3.64	2.56
1990	162.60	99.36	16.70	82.66	4.17	2.61
1991	161.86	98.77	15.96	82.81	5.26	2.72
1992	162.39	99.90	15.01	84.89	4.86	2.59
1993	163.26	102.34	14.45	87.89	5.35	2.66
1994	166.48	103.90	13.98	89.92	6.16	2.93
1995	168.96	109.35	13.51	95.84	9.22	3.76
1996	165.13	115.90	13.82	102.08	12.41	3.91
1997	168.57	133.16	13.78	119.38	15.18	3.89
1998	180.67	145.88	14.93	130.95	17.23	3.96
1999	205.01	153.97	15.50	138.47	17.95	3.99
2000	225.57	162.16	17.47	144.69	18.65	4.17
2001	220.41	176.44	19.84	156.60	15.32	4.61
2002	202.55	203.04	25.78	177.26	12.57	7.12
2003	204.18	225.16	36.38	188.78	11.68	10.90
2004	203.54	240.69	42.48	198.21	11.97	13.43
2005	191.90	252.02	53.66	198.36	13.97	16.52
2006	166.71	245.24	57.36	187.88	15.40	20.21
2007	160.19	254.20	65.10	189.10	17.21	26.72
2008	168.90	258.05	74.98	183.07	17.93	30.25
2009	165.75	233.36	70.17	163.18	22.31	33.41
2010	165.35	225.35	70.43	154.92	24.93	38.25
2011	167.61	222.00	66.55	155.45	25.05	43.30
2012	170.44	213.82	64.01	149.81	24.84	43.53
2013	164.48	203.46	63.13	140.34	24.41	45.02
2014	140.81	174.94	60.28	114.66	18.93	44.53
2015	140.55	184.67	61.05	123.62	17.28	46.58
2016	144.16	192.81	63.31	129.50	13.42	48.69

23-6 各级各类学校、教职工和专任教师情况(2016年)

Basic Statistics on Schools, Teachers and Staff and Full-time Teachers (2016)

项 目	Item	学校数(所) Number of Schools (unit)	教职工数(人) Educational Personnel (person)	#女性 Female	专任教师(人) Full-time Teachers (person)	#女性 female
高等教育	**Higher Education**	**199**	**141835**	**67178**	**104822**	**50974**
研究生培养机构	Institutions Providing Postgraduate Programs	8	204	14	204	14
普通高校	Regular Higher Education Institutions	(19)	(11434)	(3469)	(11434)	(3469)
科研机构	Research Institutions	8	204	14	204	14
普通高等学校	Regular Higher Education Institutions	129	138777	65701	102725	49932
本科院校	HEIs Offering Degree Programs	55	91138	41267	67815	31791
#独立学院	Independent Institutions	5	5045	2566	4027	2051
高职(专科)院校	Higher Vocational Colleges	74	47639	24434	34910	18141
其他机构(教学点)	Other Institutions					
成人高等学校	Adult HEIs	11	2323	1205	1600	882
民办的其他高等教育机构	Other Non-government HEIs	51	531	258	293	146
中等教育	**Secondary Education**	**6209**	**569032**	**311141**	**500925**	**284533**
高中阶段教育	Senior Secondary Education	1592	236522	113584	199825	100187
高中	Senior Secondary Schools	792	155545	82148	135454	73711
普通高中	Regular Senior Secondary Schools	792	155545	82148	135454	73711
完全中学	Combined Secondary Schools	153	30763	17559	26607	15647
高级中学	Regular High Schools	558	112013	55967	99287	51422
十二年一贯制学校	12-Year Schools	81	12769	8622	9560	6642
成人高中	Adult High Schools					
中等职业教育	Secondary Vocational Education	800	80977	31436	64371	26476
普通中专	Regular Specialized Secondary Schools	152	20489	10215	15187	8204
成人中专	Adult Specialized Secondary Schools	175	11587	5655	8372	4492
职业高中	Vocational High Schools	324	30789	14851	25779	13197
其他机构(不计校数)	Other Institutions	(22)	1357	715	944	583
技工学校	Skilled Workers Schools	149	16755		14089	
初中阶段教育	Junior Secondary Education	4617	332510	197557	301100	184346
初中	Junior Secondary Schools	4557	332147	197377	300810	184205
初级中学	Regular Junior Secondary Schools	3719	261091	148686	244043	143529
九年一贯制学校	9-Year Schools	838	71056	48691	56767	40676
成人初中	Adult Junior Secondary Schools	60	363	180	290	141
初等教育	**Primary Education**	**24366**	**505009**	**330104**	**476237**	**316979**
普通小学	Regular Primary Schools	22822	502295	328484	474179	315722
小学	Primary Schools	22822	445895	302142	419062	289582
小学教学点	Primary Schools Teaching Point	(11011)	56400	26342	55117	26140
成人小学	Adult Primary Schools	1544	2714	1620	2058	1257
#扫盲班	Literacy Courses	399	583	299	560	288
工读学校	**Correctional Work-Study Schools**	**3**	**63**	**28**	**56**	**26**
特殊教育	**Special Education Schools**	**146**	**4041**	**2883**	**3604**	**2700**
学前教育	**Pre-school Education Institutions**	**18695**	**297006**	**272015**	**178217**	**175965**
#城区公办幼儿园	City Public Kindergarten	636	23923	22309	15288	15036
镇区公办幼儿园	Town Public Kindergarten	1365	21573	19854	15122	14663
乡村公办幼儿园	Country Public Kindergarten	1951	12702	11156	8339	7961

注：括号内数据不计入总计。

a) Data of total is not include data in the brackets.

23-7 各级各类学校专任教师分学历的人数与构成(2016年)

Number and Composition of Full-time Teachers in Schools by Educational Level (2016)

单位：人 (person)

学　　历	Educational Level	专任教师 Full-time Teacher	构成(%) Composition (%)
普通高等学校教师	**Regular Higher Educational Institutions**	**102725**	**100.0**
博士	Doctor	14929	14.5
硕士	Master	40018	39.0
本科毕业	Undergraduate	46189	45.0
专科及以下	Specialized Courses and Below	1589	1.5
普通中等专业学校教师	**Specialized Secondary Schools**	**15187**	**100.0**
博士	Doctor	19	0.1
硕士	Master	2082	13.7
本科毕业	Undergraduate	12270	80.8
专科及以下	Specialized Courses and Below	816	5.4
高中教师	**Teachers of Senior Secondary School**	**117866**	**100.0**
大学本科毕业及以上	Undergraduates and over	114428	97.1
大学专科毕业	Specilized Courses	3411	2.9
高中阶段毕业及以下	Senior Secondary and below	27	0.0
初中教师	**Teachers of Junior Secondary School**	**286446**	**100.0**
大学本科毕业及以上	Undergraduates and over	213331	74.5
大学专科毕业	Specilized Courses	71600	25.0
高中阶段毕业	Senior Secondary	1515	0.5
高中阶段毕业以下	Below Senior		
小学教师	**Teachers of Primary School**	**506131**	**100.0**
大学专科毕业及以上	Specialized secondary of Higher Education and over	469172	92.7
高中阶段毕业	Senior Secondary	36934	7.3
高中阶段毕业以下	Below Senior	25	0.0
幼儿园教师	**Teachers of Kindergartens**	**178217**	**100.0**
大学专科毕业及以上	Specialized Secondary of Higher Education and Over	125823	70.6
高中阶段毕业	Senior Secondary	46314	26.0
高中阶段毕业以下	Below Senior	6080	3.4

注：本表专任教师按照授课对象进行分类。

a) Data in this table according to the classification of teaching object.

23-8 各级各类学历教育学生情况(2016年)

Basic Statistics on Students by Level and Type of Education (2016)

单位：人 (person)

项 目	Item	招生数 Entrants	在校生数 Enrolment	# 女生 Female Students	毕业生数 Graduates
高等教育	**Higher Education**	**792173**	**2350881**	**1264278**	**691852**
研究生	Postgraduates	14206	39525	23133	11954
博 士	Doctor's Degree	567	2005	1011	322
硕 士	Master's Degree	13639	37520	22122	11632
普通本专科	Undergraduate in Regular HEIs	606034	1874751	993877	486850
本 科	Normal Courses	287213	1034236	565513	242816
专 科	Short-cycle Courses	318821	840515	428364	244034
成人本专科	Undergraduate in Adult HEIs	117754	315470	185644	156540
本 科	Normal Courses	58605	151902	91820	64880
专 科	Short-cycle Courses	59149	163568	93824	91660
其他高等学历教育	Students Enrolled in Other Formal Programs	54179	121135	61624	37480
在职人员攻读硕士学位	Master′s Degree Programs for On-the-job Personnel	2670	11804	4658	2163
网络本专科生	Web-based Undergraduates	51509	109331	56966	35317
本 科	Normal Courses	21182	47299	28666	14310
专 科	Short-cycle Courses	30327	62032	28300	21007
中等教育	**Secondary Education**	**2619842**	**7478603**	**3412113**	**2393188**
高中阶段教育	Senior Secondary Education	1178526	3278768	1504464	1057173
高中	Senior Secondary Schools	695330	1995960	1010101	633076
普通高中	Regular Senior Secondary Schools	695330	1995960	1010101	633076
完全中学	Combined Secondary Schools	92434	254340	126857	74083
高级中学	Regular High Schools	571378	1663031	846156	540543
十二年一贯制学校	12-Year Schools	25246	62082	29151	13776
附设普通高中班	Attached Ordinary High School Class	6272	16507	7937	4674
成人高中	Adult High Schools				
中等职业教育	Secondary Vocational Education	483196	1282808	494363	424097
普通中专	Regular Specialized Secondary Schools	255577	696297	362117	210796
成人中专	Adult Specialized Secondary Schools	31315	67059	23017	29145
职业高中	Vocational High Schools	88008	252410	109229	99106
技工学校	Skilled Workers Schools	108296	267042	—	85050
初中阶段教育	Junior Secondary Education	1441316	4199835	1907649	1336015
初中	Junior Secondary Schools	1441316	4158272	1885247	1295021
初级中学	Regular Junior Secondary Schools	1177211	3412487	1576632	1077930
九年一贯制学校	9-Year Schools	177792	490710	198170	133712
十二年一贯制学校	12-Year Schools	63193	189457	22127	63364
完全中学	Combined Secondary Schools	19636	55533	84102	16372
附设普通初中班	Supporting Regular Junior Secondary Schools	3484	10085	4216	3643
成人初中	Adult Junior Secondary Schools		41563	22402	40994
初等教育	**Primary Education**	**1731619**	**9928873**	**4612840**	**1735401**
普通小学	Regular Primary Schools	1731619	9655895	4426424	1441616
小学	Primary Schools	1472335	8297916	3820344	1207374
小学教学点	Primary Schools Teaching Point	153669	605437	290528	45309
附设小学班	Attached Primary Schools Classes	3654	84314	39865	68350
九年一贯制学校	9-Year Schools	94829	619674	256880	112067
十二年一贯制学校	12-Year Schools	7132	48554	18807	8516
成人小学	Adult Primary Schools		272978	186416	293785
#扫盲班	Literacy Courses	11142	11142	5797	8352
工读学校	**Correctional Work-Study Schools**	**56**	**183**		**53**
特殊教育	**Special Education Schools**	**5076**	**23875**	**8445**	**1464**
学前教育	**Pre-school Education Institutions**	**1579348**	**4086838**	**1919991**	**1556017**

23-9 各级各类非学历教育学生情况(2016年)

Number of Students of Non-formal Education by Type and Level (2016)

单位：人次 (person-time)

项　目	Item	结业生数 Completers	注册生数 Enrolment
总　计	**Total**	**2920203**	**2688167**
高等教育	**Higher Education**	**328883**	**336956**
研究生课程进修班	Postgraduate Courses	665	867
自考助学班	Classes run by Non-government HEIs for Students Preparing for Self-directed State-administered Examinations		183
普通预科生	College-preparatory Classes		2205
进修及培训	In-service Training	328218	333701
#资格证书培训	For Certificates of Vocational Qualifications	215844	221965
岗位证书培训	For Certificates of Job-related Qualifications	101441	102290
中等职业教育	**Secondary Vocational Education**	**384718**	**199781**
#资格证书培训	For Certificates of Vocational Qualifications	76504	53773
岗位证书培训	For Certificates of Job-related Qualifications	169156	99657
其中：普通中等专业学校	Secondary Vocational Schools	60172	53746
#资格证书培训	For Certificates of Vocational Qualifications	25130	24438
岗位证书培训	For Certificates of Job-related Qualifications	29412	28348
职业技术培训机构	**Other Vocational-technical Training Institutions**	**2206602**	**2151430**
#资格证书培训	For Certificates of Vocational Qualifications	310397	313336
岗位证书培训	For Certificates of Job-related Qualifications	595297	581165

23-10 各级教育入学率及升学率情况

Enrolment Ratio and Promotion Rate by Levels

单位：% (%)

指标名称	Item	2015	2016
学前三年毛入园率	Pre-school Eduacation Entrance Rate	83.2	85.1
小学学龄儿童净入学率	Net Enrollment Ratio of Primary Schools	100.0	100.0
#男生	Male	100.0	100.0
女生	Female	100.0	100.0
小学升学率	Promotion Rate from Primary Schools to Junior Secondary Schools	98.4	100.0
初中阶段毛入学率	The Junior Middle School Stage Gross Enrollment Rate	109.7	109.3
#男生	Male	109.1	109.8
女生	Female	110.3	108.7
初中升学率	Promotion Rate from Junior Secondary Schools to Senior Secondary Schools	90.0	87.7
九年义务教育巩固率	Percentage of Student Enrollment Consolidated of Nine-year Compulsory Education	94.0	94.1
#男生	Male	94.0	94.1
女生	Female	94.0	94.1
高中阶段毛入学率	The Gross enrollment rate of higher stage	90.3	90.4
高中升学率	Promotion Rate from Senior Secondary Schools to Higher Education	81.2	84.4
高等教育毛入学率	The Gross enrollment rate of higher education	36.5	38.8

23−11 成人学校基本情况(2016年)

Basic Statistics on Adult Schools (2016)

单位：人 (person)

各类学校	Various Schools	学校数(所) Number of Schools (unit)	教职工数 Teachers and Staff	#专任教师 Full-time Teachers	在校学生数 Student Enrollment	招生数 New Student Enrollment	毕业生数 Graduates
成人高等学校	**Adult Institutions of Higher Eduation**	**11**	**2323**	**1600**	**315470**	**117754**	**156540**
广播电视大学	Radio and TV Universities	1	415	229	404	71	416
职工、农民学院	Schools of Higher Eduation for Staff, Workers and Peasants	8	738	473	6592	2645	5007
教育学院	Pedagogical Colleges	2	715	668	3022	906	3792
其他机构	Others	(4)	455	230			
高校函授部、夜大学	Correspondence Departments or Evening Universities Run by Institutions of Higher Education	(86)			305452	114132	147325
成人中等专业学校	**Specialized Secondary Schools for Adults**	**175**	**11587**	**8372**	**113075**	**50089**	**30503**
成人中学	**Secondary Schools for Adults**	**60**	**363**	**290**	**41563**		**40994**
职工中学	Secondary Schools for Staff and Workers	1	11	10	1676		1676
农民中学	Secondary Schools for Peasants	59	352	280	39887		39318
技术培训学校	**Techinical Training Schools**	**7545**	**15366**	**9742**	**2151430**		**2206602**
职工技术培训学校	Techinical Training Schools for Staff and Workers	141	3436	2710	80733		91077
农民技术培训学校	Techinical Training Schools for Peasants	7191	10391	6045	1879323		1926540
其他培训机构	Other Training Organizations	213	1539	987	191374		188985
成人初等学校	**Primary Schools for Adults**	**1544**	**2714**	**2058**	**272978**		**293785**
职工初等学校	Primary Schools for Staff and Workers	24	24		3863		3863
农民初等学校	Primary Schools for peasants	1520	2690	2058	269115		289922
#扫盲班	Literacy Courses	399	583	560	11142		8352

注：其他机构、高校函授部、夜大学不计入成人高等学校总校数。

a) Number of Adult Institutions of Higher Eduation excludes those of Other Institutions , Correspondence Departments or Evening Universities Run by Institutions of Higher Education.

23-12 职业技术培训机构基本情况(2016年)

Basic Statistics on Vocational-Technical Training Institutions (2016)

项　目	Item	学校数(所) Schools (unit)	教学班(点、个) Teaching Classes (site,unit)	结业生数(人次) Students Completing Courses(person-time) 合计 Total	#女性 Female
总　计	**Total**	**7545**	**14728**	**2206602**	**1040985**
职工技术培训学校(机构)	Vocational-Technical Training Schools	141	1428	91077	41194
教育部门和集体办	Run by Education Dept.and Collective	48	477	52663	28764
其他部门办	Run by Other Dept.	67	708	36296	11260
民　办	Run by Non-government	26	243	2118	1170
农民成人文化技术	Cultural & Technical Training Schools				
培训学校(机构)	(Institutions)for Rural Adults	7191	12640	1926540	913238
教育部门和集体办	Run by Education Dept.and Collective	7149	12556	1916573	907548
县　办	Run by Counties	57	175	120102	57940
乡　办	Run by Townships	961	4154	765663	388532
村　办	Run by Villages	6131	8227	1030808	461076
其他部门办	Run by Other Departments	37	49	7103	3872
民　办	Run by Non-government	5	35	2864	1818
其他培训机构(含社会培训机构)	Others (Incld.Social Training Institutions)	213	660	188985	86553
教育部门和集体办	Run by Education Dept.and Collective	42	80	39368	16949
其他部门办	Run by Other Dept.	29	80	35051	16604
民　办	Run by Non-government	142	500	114566	53000
少数民族	National Miniority			2162	1162
按培训形式分	By Training Form				
资格证书培训	Qualification Certificate			310397	131034
岗位证书培训	Post certificate			595297	309279
按产业结构分	By Industrial Structure				
第一产业	Primary Industry			797363	367061
第二产业	Secondary Industry			531305	250488
第三产业	Teriary Industry			877934	423436
按培训时间分	By Training Time				
一个月以内	Within one month			1742527	828913
一个月至三个月以内	One month to three months			274184	142045
三个月至半年以内	Three months to half year			86109	29252
半年至一年以内	Six months to one year			78669	35200
一年及以上	One Year and Over			25113	5575

23-12 续表 continued

项 目	Item	注册学生数(人) Enrolled Students (person) 合计 Total	#女性 Female	教职工数(人) Teachers and Staff (person) 合计 Total	#专任教师 Full-time Teachers	聘请校外教师(人) ExternalTeachers Hired (person)
总 计	**Total**	**2151430**	**1001162**	**15366**	**9742**	**10357**
职工技术培训学校(机构)	Vocational-Technical Training Schools	80733	34448	3436	2710	646
教育部门和集体办	Run by Education Dept.and Collective	47872	25161	1924	1598	317
其他部门办	Run by Other Dept.	30228	7950	668	457	168
民 办	Run by Non-government	2633	1337	844	655	161
农民成人文化技术培训学校(机构)	Cultural & Technical Training Schools (Institutions)for Rural Adults	1879323	875998	10391	6045	8769
教育部门和集体办	Run by Education Dept.and Collective	1871206	871429	10025	5840	8678
县 办	Run by Counties	86632	45772	360	273	332
乡 办	Run by Townships	756467	375225	3302	1887	3465
村 办	Run by Villages	1028107	450432	6363	3680	4881
其他部门办	Run by Other Departments	5808	2930	120	97	90
民 办	Run by Non-government	2309	1639	246	108	1
其他培训机构(含社会培训机构)	Others (Incld.Social Training Institutions)	191374	90716	1539	987	942
教育部门和集体办	Run by Education Dept.and Collective	38509	21158	161	67	204
其他部门办	Run by Other Dept.	35025	16499	209	147	93
民 办	Run by Non-government	117840	53059	1169	773	645
少数民族	National Miniority	1819	752	61	57	6
按培训形式分	By Training Form					
资格证书培训	Qualification Certificate	313336	133865			
岗位证书培训	Post certificate	581165	300283			
按产业结构分	By Industrial Structure					
第一产业	Primary Industry	744929	351559			
第二产业	Secondary Industry	561317	240018			
第三产业	Teriary Industry	845184	409585			
按培训时间分	By Training Time					
一个月以内	Within one month	1695854	791074			
一个月至三个月以内	One month to three months	267799	141333			
三个月至半年以内	Three months to half year	87273	29355			
半年至一年以内	Six months to one year	71786	32106			
一年及以上	One Year and Over	28718	7294			

23-13 分学科研究生情况(2016年)

Number of Postgraduate Students by Academic Field (2016)

单位：人 (person)

项 目	Item	招生数 Entrants	硕士 Master's Degree	博士 Doctor's Degree	在校学生数 Enrolment	硕士 Master's Degree	博士 Doctor's Degree	毕业生数 Graduates	硕士 Master's Degree	博士 Doctor's Degree
分学科研究生数(总计)	**Total**	**14206**	**13639**	**567**	**39525**	**37520**	**2005**	**11954**	**11632**	**322**
#女生	Female	8470	8182	288	23133	22122	1011	6882	6716	166
学术型学位	Academic Degree	6970	6403	567	22016	20011	2005	7036	6714	322
专业学位	Professional Degree	7236	7236		17509	17509		4918	4918	
哲 学	Philosophy	99	99		293	293		97	97	
经济学	Economics	340	328	12	882	845	37	325	314	11
法 学	Law	796	780	16	2292	2207	85	815	807	8
教育学	Education	1417	1407	10	3538	3510	28	1291	1289	2
文 学	Literature	652	625	27	1703	1632	71	575	568	7
历史学	History	232	207	25	651	563	88	166	153	13
理 学	Science	1474	1347	127	4377	3942	435	1231	1146	85
工 学	Engineering	3585	3414	171	10715	10090	625	3045	2951	94
农 学	Agriculture	853	805	48	2181	2015	166	823	797	26
医 学	Medicine	2597	2489	108	6943	6558	385	1824	1755	69
军事学	Military Science									
管理学	Administrators	1728	1705	23	4607	4522	85	1328	1321	7
艺术学	Art	433	433		1343	1343		434	434	
分学科研究生数(普通高校)	**Regular HEIs**	**14153**	**13588**	**565**	**39346**	**37350**	**1996**	**11890**	**11570**	**320**
#女生	Female	8454	8166	288	23086	22076	1010	6871	6706	165
学术型学位	Academic Degree	6917	6352	565	21837	19841	1996	6972	6652	320
专业学位	Professional Degree	7236	7236		17509	17509		4918	4918	
哲 学	Philosophy	99	99		293	293		97	97	
经济学	Economics	340	328	12	882	845	37	325	314	11
法 学	Law	796	780	16	2292	2207	85	815	807	8
教育学	Education	1417	1407	10	3538	3510	28	1291	1289	2
文 学	Literature	652	625	27	1703	1632	71	575	568	7
历史学	History	232	207	25	651	563	88	166	153	13
理 学	Science	1473	1346	127	4373	3938	435	1229	1144	85
工 学	Engineering	3534	3365	169	10543	9927	616	2984	2892	92
农 学	Agriculture	853	805	48	2181	2015	166	823	797	26
医 学	Medicine	2597	2489	108	6943	6558	385	1824	1755	69
军事学	Military Science									
管理学	Administrators	1727	1704	23	4604	4519	85	1327	1320	7
艺术学	Art	433	433		1343	1343		434	434	

23−14 分学科本科学生情况(2016年)

Number of Undergraduate Students by Academic Field (2016)

单位：人 (person)

项 目 Item	普通本科 Ordinary Undergraduates			成人本科 Adult Undergraduates			网络本科 Web-based Undergraduates		
	招生数 Entrants	在校学生数 Enrolment	毕业生数 Graduates	招生数 Entrants	在校学生数 Enrolment	毕业生数 Graduates	招生数 Entrants	在校学生数 Enrolment	毕业生数 Graduates
总 计 Total	**287213**	**1034236**	**242816**	**58605**	**151902**	**64880**	**21182**	**47299**	**14310**
#女生 Female	159036	565513	130515	34818	91820	38412	11256	28666	7518
#师范 Teacher Training	32599	122597	32302	6325	16640	9311			
哲 学 Philosophy	59	214	46						
经济学 Economics	14391	52266	11656	1997	4074	1840	1021	2303	583
法 学 Law	10144	34982	8209	2434	5589	2993	1124	2627	810
教育学 Education	13462	44433	10280	4489	9376	4764	737	1481	372
文 学 Literature	23290	85857	21591	4691	11484	7502	1001	2161	721
#外语 Foreign Language	11920	43041	11256	1068	2735	2135	240	544	198
历史学 History	1570	6066	1616		136	191			
理 学 Science	18269	70082	17564	2237	4982	2782	260	474	226
工 学 Engineering	93961	332101	75635	12261	31906	16570	5314	11768	3407
农 学 Agriculture	7148	22788	4645	812	2236	881			
医 学 Medicine	20874	76333	15029	20345	57739	14506	6840	15372	4890
管理学 Administrators	54571	194170	45060	8957	23131	11796	4885	11113	3301
艺术学 Art	29474	114944	31485	382	1249	1055			

23-15 分学科专科学生情况(2016年)

Number of Students in Junior College by Field (2016)

单位：人 (person)

项　目	Item	普通专科 Normal College			成人专科 Adult College			网络专科 Web-based College		
		招生数 Entrants	在校学生数 Enrolment	毕业生数 Graduates	招生数 Entrants	在校学生数 Enrolment	毕业生数 Graduates	招生数 Entrants	在校学生数 Enrolment	毕业生数 Graduates
总　计	**Total**	**318821**	**840515**	**244034**	**59149**	**163568**	**91660**	**30327**	**62032**	**21007**
#女生	Female	161278	428364	127511	33864	93824	53933	17029	28300	15007
#师范	Teacher Training	27226	65840	19872	9384	25988	20388			
农林牧渔大类	Agriculture, Forestry, Husbandry and Fishing	3892	11020	4166	943	2093	1204			
资源环境与安全大类	Resources and Environment	2478	9077	4097	628	3111	2677			
能源动力与材料大类	Energy and Material	2634	8242	2669	507	1721	1074	912	1700	582
土木建筑大类	Civil Engineering	22754	74442	27629	5764	15016	7484	4862	10374	4091
水利大类	Water Resources	1131	3300	1245	395	1286	913			
装备制造大类	Manufacturing	35493	100561	27265	5837	17277	9191	2396	5065	1700
生物与化工大类	Biology and Chemstry	1767	5911	2476	132	897	865			
轻工纺织大类	Light Industry and Textile	822	2658	919	7	116	36			
食品药品与粮食大类	Medicine, Food and Grain	4131	12220	3315	71	706	332			
交通运输大类	Transportation and Communication	14450	35426	8216	1553	6747	2933			
电子信息大类	Electronic Information	40556	88726	21098	2735	8025	5011	1753	3367	906
医药卫生大类	Medicine and Health	53665	131968	35367	7683	22053	11360	4628	10206	3515
财经商贸大类	Finance and Business	61623	169297	47642	15651	34663	16101	10705	21829	7436
旅游大类	Tourism	10999	28604	8286	205	1061	684	492	783	136
文化艺术大类	Culture and Arts	15480	41509	13888	444	1431	694	99	150	72
新闻传播大类	Journalistic Communication	2394	6181	2268		50	37			
教育与体育大类	Education and Sport	37127	92263	27182	13446	39847	26737	1139	2170	648
公安与司法大类	Public Security and Law	5161	12874	4697	789	1786	1149	1356	2686	845
公共管理与服务大类	Public Adminlstration and Service	2264	6236	1609	2359	5682	3178	1985	3702	1076

23-16 中等职业学校分学科学生情况(2016年)

Number of Students in Secondary Vocational Schools by Field (2016)

单位：人 (person)

项 目	Item	招生数 Entrants	在校学生数 Enrolment	毕业生数 Graduates	#获得职业资格证书 Reciptents of Vocational Qualifications
总 计	**Total**	**374900**	**1015766**	**339047**	**270741**
#女生	Female	172659	494363	177936	142074
农林牧渔类	Agriculture,Forestry,Husbandry & Fisheries	25402	68201	32805	28816
资源环境类	Resources and Environment	1466	4272	3053	2550
能源与新能源类	Energy and New Energy	376	1301	543	535
土木水利类	Civil Engineering and Water Resources	14050	46853	17777	13032
加工制造类	Manufacturing	28516	82874	34326	28597
石油化工类	Petroleum and Chemical	584	1568	1380	1301
轻纺食品类	Light Industry,Textile,and Food	1683	4803	2384	1767
交通运输类	Transport and Communication	48589	128748	29032	23971
信息技术类	Information Technologies	60959	156653	53654	45299
医药卫生类	Medicine and Health	31273	91407	31472	19096
休闲保健类	Leisure and Health	3488	8965	2673	1427
财经商贸类	Finance and Business	45372	112550	29805	22962
旅游服务类	Tourism Services	12997	35565	10549	8724
文化艺术类	Culture and Arts	29287	71028	19280	15108
体育与健身	Sports and Fitness	12194	26165	5695	4135
教育类	Education	55734	165620	60356	50225
司法服务类	Justice Services	516	1655	1814	1129
公共管理与服务类	Public Administration and Services	1635	4571	1645	1541
其他	Others	779	2967	804	526

注：本表数据不含技工学校有关数据。
a) Data in this table unclude data of technical school.

23-17 网络教育学生情况(2016年)

Statistics on Web-based Education Students (2016)

单位：人 (person)

类　别	Types	毕业生人数本科 Graduates (normal courses)	招生人数本科 New Students Enrollment (normal courses)	在校学生人数本科 Students Enrollment (normal courses)
总　计	**Total**	**14310**	**21182**	**47299**
#女	Female	7518	11256	28666
经济学	Economics	583	1021	2303
法　学	Law	810	1124	2627
教育学	Education	372	737	1481
文　学	Literature	721	1001	2161
理　学	Science	226	260	474
工　学	Engineering	3407	5314	11768
医　学	Medicine	4890	6840	15372
管理学	Administration	3301	4885	11113

23-18 网络教育学生情况(2016年)

Statistics on Web-based Education Students (2016)

单位：人 (person)

类　别	Types	毕业生人数专科 Graduates (short-cycle courses)	在校学生人数专科 Enrolment (short-cycle courses)
总　计	Total	**21007**	**62032**
#女	Female	15007	28300
生化与药品大类	Biochemstry and Medicine	582	1700
资源开发与测绘大类	Resources Development and Survey	4091	10374
土建大类	Civil Engineering	1700	5065
轻纺食品大类	Light, Fextile and Food	906	3367
财经大类	Finance	3515	10206
医药卫生大类	Medicine and Health	7436	21829
旅游大类	Tourism	136	783
公共事业大类	Public Service	72	150
艺术设计传媒大类	Artistic Design and Mass Media	648	2170
公安大类	Public Security	845	2686
法律大类	Law	1076	3702

23-19 进城务工子女和农村留守儿童在校情况(2016年)

Statistics on Children of Migrant Workers and Rural Left-behind Children in Schools (2016)

单位：人 (person)

项 目	Item	普通小学 Regular Primary School					初 中 Junior Middle School			
		招生数 Entrants	#受过学前教育 Trained in preschool education	在校生数 Enrolment	#女生 Female	毕业生数 Graduates	招生数 Entrants	在校生数 Enrolment	#女生 Female	毕业生数 Graduates
总 计	**Total**	**384144**	**383979**	**2165769**	**999180**	**230677**	**326243**	**933083**	**428699**	**235820**
进城务工人员随迁子女	Children Living with the Rural Migrant Workers in Cities	81063	80983	437376	193405	48486	63738	186498	82381	45550
#外省迁入	Move from Other Provinces	6707	6698	38385	16789	3976	5185	14647	6230	3352
本省外县迁入	Move from Other Counties	74356	74285	398991	176616	44510	58553	171851	76151	42198
农村留守儿童	Rural Left-behind Children	303081	302996	1728393	805775	182191	262505	746585	346318	190270

23-20 普通高等学校办学条件

Condition of running Institutions of Higher Education

指 标	Item	2015	2016
占地面积(万平方米)	occupying Space (10 000 sq .m)	10946.46	10837.53
校舍建筑面积(万平方米)	Schoolhouse Building Space (10 000 sq.m)	5705.10	5663.93
一般图书(万册)	Common Books (10 000 volumes)	14819.68	15740.95
固定资产总值(亿元)	Fixed Assets (100 million yuan)	777.88	844.03
#教学、科研仪器设备值	Value of Equipment for teaching and scientific research	164.59	192.18

23-21 分地区普通高等学校情况(2016年)

Basic Statistics on Regular Institutions of Higher Education by City (2016)

单位：人 (person)

市 City	学校数(所) Schools (unit)	教职工数 Educational Personnel	招生数 Entrants	专科 Junior College Student	本科 Under graduate	在校学生数 Enrolment	专科 Junior College Student	本科 Under graduate
全　　省 Total	**129**	**138777**	**604712**	**317499**	**287213**	**1872263**	**838027**	**1034236**
郑　州　市 Zhengzhou	56	60800	278813	148450	130363	889322	414682	474640
开　封　市 Kaifeng	5	7711	27768	14371	13397	91191	37158	54033
洛　阳　市 Luoyang	7	8158	34025	11304	22721	109015	26467	82548
平顶山市 Pingdingshan	5	4635	20014	9804	10210	57913	22151	35762
安　阳　市 Anyang	6	4809	24894	10341	14553	78308	25913	52395
鹤　壁　市 Hebi	3	1284	5389	5389		13833	13833	
新　乡　市 Xinxiang	9	11579	44834	14531	30303	146808	34877	111931
焦　作　市 Jiaozuo	6	6069	26012	15112	10900	74003	38938	35065
濮　阳　市 Puyang	1	808	5169	5169		11212	11212	
许　昌　市 Xuchang	4	2861	13505	7912	5593	38659	18927	19732
漯　河　市 Luohe	3	5350	12606	12606		30763	30763	
三门峡市 Sanmenxia	1	977	5710	5710		14035	14035	
南　阳　市 Nanyang	6	6675	26790	14758	12032	80438	38754	41684
商　丘　市 Shangqiu	6	6475	31721	17888	13833	91113	45845	45268
信　阳　市 Xinyang	5	5108	21943	9684	12259	68668	26602	42066
周　口　市 Zhoukou	3	3096	13009	7115	5894	42301	21138	21163
驻马店市 Zhumadian	2	1612	7678	2523	5155	24039	6090	17949
济　源　市 Jiyuan	1	770	4832	4832		10642	10642	

23-21 续表 continued

单位：人 (person)

市 City	预计毕业生数 Estimated for Next Year	专科 Junior College Student	本科 Undergraduate	毕业生数 Graduates	专科 Junior College Student	本科 Undergraduate	授予学位数 Degrees Conferred
全 省 Total	**514100**	**254727**	**259373**	**483043**	**240227**	**242816**	**238011**
郑 州 市 Zhengzhou	251860	133967	117893	234404	126596	107808	105802
开 封 市 Kaifeng	25157	11202	13955	25580	11275	14305	14290
洛 阳 市 Luoyang	28822	7010	21812	27313	7302	20011	19472
平 顶 山 市 Pingdingshan	15078	5754	9324	15078	6122	8956	8592
安 阳 市 Anyang	21760	7820	13940	19285	5854	13431	13076
鹤 壁 市 Hebi	4183	4183		3656	3656		
新 乡 市 Xinxiang	35939	8405	27534	36845	10081	26764	26258
焦 作 市 Jiaozuo	19776	11883	7893	18454	11137	7317	7117
濮 阳 市 Puyang	2250	2250		2404	2404		
许 昌 市 Xuchang	10253	5187	5066	10048	5127	4921	4702
漯 河 市 Luohe	8098	8098		8087	8087		
三 门 峡 市 Sanmenxia	3690	3690		4676	4676		
南 阳 市 Nanyang	22056	11111	10945	20519	9112	11407	11257
商 丘 市 Shangqiu	25532	14308	11224	23287	13057	10230	10015
信 阳 市 Xinyang	18439	8853	9586	14931	6808	8123	8081
周 口 市 Zhoukou	12442	6806	5636	10147	4754	5393	5345
驻 马 店 市 Zhumadian	6485	1920	4565	5905	1755	4150	4004
济 源 市 Jiyuan	2280	2280		2424	2424		

23-22 各市普通高中情况(2016年)

Statistics on Regular Senior Secondary Schools by City (2016)

单位：人 (person)

市(县)	City(county)	学校数(所) Number of Schools (unit)	教职工数 Teachers and Staff	#专任教师 Full-time Teachers	招生数 Entrants	在校学生数 Enrolment	#女生 Female	毕业生数 Graduates
全省	**Total**	**792**	**155545**	**135454**	**695330**	**1995960**	**1010101**	**633076**
省辖市	**City**							
郑州市	Zhengzhou	118	19568	16609	64640	188370	94927	59016
开封市	Kaifeng	46	7745	6497	35698	96611	50053	29496
洛阳市	Luoyang	81	12649	11184	46278	135019	71827	41689
平顶山市	Pingdingshan	31	6053	5219	29938	85032	42565	27001
安阳市	Anyang	42	7079	6142	32963	93454	49198	29890
鹤壁市	Hebi	13	2417	1847	10029	29809	15440	10175
新乡市	Xinxiang	57	10775	8968	35556	104064	55488	32960
焦作市	Jiaozuo	32	5787	5195	26355	75117	38470	24685
濮阳市	Puyang	38	6839	5711	25804	72017	37963	21964
许昌市	Xuchang	27	6004	5483	24295	69743	35033	23979
漯河市	Luohe	17	3234	2733	16834	48031	23939	15567
三门峡市	Sanmenxia	19	4216	3891	14828	44039	23232	14095
南阳市	Nanyang	71	12256	10995	66743	186470	94933	54884
商丘市	Shangqiu	32	10483	8909	54707	161982	82153	57417
信阳市	Xinyang	63	12957	11672	61961	182363	85514	59953
周口市	Zhoukou	58	14805	13229	84953	242308	119277	73623
驻马店市	Zhumadian	40	11433	10069	58459	165984	82148	51429
济源市	Jiyuan	7	1245	1101	5289	15547	7941	5253
省直管县	**County Directly Administrated by Province**							
巩义市	Gongyi	7	1168	1149	5082	13424	7259	4547
兰考县	Lankao	5	1125	956	5935	16619	8609	5156
汝州市	Ruzhou	6	1168	1131	5327	15407	7724	4138
滑县	Huaxian	11	1520	1218	6977	18993	10384	5278
长垣县	Changyuan	5	2052	1301	6500	17971	9370	5446
邓州市	Dengzhou	7	1314	1192	7077	20288	10677	6475
永城市	Yongcheng	4	1251	1118	7444	21792	11389	7384
固始县	Gushi	11	2640	2443	11639	33878	14535	11911
鹿邑县	Luyi	5	1341	1175	8048	21232	10814	7199
新蔡县	Xincai	5	1128	1015	6826	18433	8761	5042

注：本表专任教师按照授课对象进行分类。
a) Data in this table according to the classification of teaching object.

23-23 各市中等职业学校情况(2016年)

Statistics on Secondary Vocational Schools by City (2016)

单位：人 (person)

市(县) City(county)	学校数(所) Number of Schools (unit)	教职工数 Teachers and Staff	#专任教师 Full-time Teachers	#双师型教师 Double-qualified teachers	招生数 Entrants	在校学生数 Enrolment	毕业生数 Graduates	#获得职业资格证书 With Professional Qualification Certificates	预计毕业生数 Estimated Graduates for Next Year
全 省 Total	**651**	**64222**	**50282**	**10063**	**374900**	**1015766**	**339047**	**270741**	**338099**
省 辖 市 City									
郑 州 市 Zhengzhou	123	15098	11161	2881	108848	287614	85607	63714	94641
开 封 市 Kaifeng	32	2637	1974	506	13695	42007	14018	12418	13626
洛 阳 市 Luoyang	68	4571	3623	456	32300	83897	26876	23281	25526
平 顶 山 市 Pingdingshan	23	2381	1897	264	19127	40072	13145	9429	14762
安 阳 市 Anyang	18	2584	2341	397	14518	39541	8662	6396	11782
鹤 壁 市 Hebi	8	922	774	243	9487	26936	7894	6785	10059
新 乡 市 Xinxiang	30	3405	2891	541	18195	50797	19365	14947	15998
焦 作 市 Jiaozuo	27	2480	1954	335	14219	38661	13351	7889	12037
濮 阳 市 Puyang	23	2354	1873	425	13205	38084	12610	8106	12130
许 昌 市 Xuchang	27	2661	2006	665	10840	34046	18257	16828	13481
漯 河 市 Luohe	23	2047	1481	406	10354	26777	7955	6770	7546
三 门 峡 市 Sanmenxia	21	1861	1353	405	5386	16209	9707	4841	6235
南 阳 市 Nanyang	84	5549	4363	550	29751	77993	27520	19791	25461
商 丘 市 Shangqiu	37	3295	2628	318	16803	49441	19870	17821	18325
信 阳 市 Xinyang	35	4380	3361	384	21614	60602	18199	18106	20768
周 口 市 Zhoukou	39	4298	3516	667	19013	51193	19436	19074	17904
驻 马 店 市 Zhumadian	30	3182	2678	516	15430	45908	14808	13049	15910
济 源 市 Jiyuan	3	517	408	104	2115	5988	1767	1496	1908
省 直 管 县 County Directly Administrated by Province									
巩 义 市 Gongyi	3	313	292	102	1195	3554	899	812	1253
兰 考 县 Lankao	2	158	130	23	383	2466	719	719	301
汝 州 市 Ruzhou	5	453	371	55	6042	12619	3620	2393	4181
滑 县 Huaxian	3	487	452	13	2075	5516	747	573	1492
长 垣 县 Changyuan	3	474	412	16	3216	9371	4242	4219	3062
邓 州 市 Dengzhou	5	536	403	85	3469	9713	4383	4383	3292
永 城 市 Yongcheng	9	420	352	69	3102	6755	2925	2924	2837
固 始 县 Gushi	7	1088	812	33	5513	14445	4798	4795	4435
鹿 邑 县 Luyi	4	261	203	24	349	832	249	244	234
新 蔡 县 Xincai	5	248	199		551	1127	780	26	576

注：本表数据不含技工学校有关数据。
a) Data in this table unclude data of technical school.

23-24 各市普通初中教育情况(2016年)

Statistics on Regular Junior Secondary Schools by City (2016)

市(县)	City(county)	学校数(所) Schools (unit)	专任教师(人) Full-time Teachers (person)	#女性 Female	城镇 Urban	乡村 Rural Area	#学历合格高一级教师 The Degree Higher Qualified Teachers
全省	**Total**	**4557**	**300810**	**184205**	**228496**	**72314**	**208657**
省辖市	**City**						
郑州市	Zhengzhou	306	23251	16075	20332	2919	18930
开封市	Kaifeng	226	13390	8493	9421	3969	8381
洛阳市	Luoyang	346	20909	12741	17359	3550	15390
平顶山市	Pingdingshan	218	14036	8671	10626	3410	8763
安阳市	Anyang	261	16113	10525	11383	4730	12224
鹤壁市	Hebi	70	5122	3080	4402	720	3733
新乡市	Xinxiang	339	17855	11472	12128	5727	12970
焦作市	Jiaozuo	180	12149	8144	9087	3062	8084
濮阳市	Puyang	175	12469	8349	9418	3051	9821
许昌市	Xuchang	214	14743	9373	11636	3107	8700
漯河市	Luohe	94	7264	4423	5537	1727	5100
三门峡市	Sanmenxia	106	7092	4242	5483	1609	5356
南阳市	Nanyang	437	31023	18992	25669	5354	19983
商丘市	Shangqiu	406	25730	14424	18177	7553	16583
信阳市	Xinyang	314	23722	12077	16313	7409	16489
周口市	Zhoukou	527	30112	17964	21867	8245	20113
驻马店市	Zhumadian	307	23669	13798	17665	6004	16523
济源市	Jiyuan	31	2161	1362	1993	168	1514
省直管县	**County Directly Administrated by Province**						
巩义市	Gongyi	28	2314	1590	2057	257	1672
兰考县	Lankao	53	2459	1473	1293	1166	1620
汝州市	Ruzhou	55	2690	1602	1522	1168	1935
滑县	Huaxian	50	3036	2048	1576	1460	2267
长垣县	Changyuan	43	2461	1866	1729	732	1949
邓州市	Dengzhou	58	3826	2441	3060	766	2187
永城市	Yongcheng	54	3302	1799	2847	455	2876
固始县	Gushi	52	3895	1853	2766	1129	3061
鹿邑县	Luyi	75	2960	1531	2211	749	1950
新蔡县	Xincai	42	2714	1369	1701	1013	1541

注：本表专任教师按照授课对象进行分类。

a) Data in this table according to the classification of teaching object.

23-24 续表 continued

市(县) City(county)	在校学生数(人) Enrolment (person)	#女性 Female	城镇 Urban	农村 Rural Area	校舍建筑面积(平方米) Architectural Area of the Building (Square meters)	教学及辅助用房面积(平方米) Teaching and Auxiliary Area (Square meters)	城镇 Urban	乡村 Rural Area
全 省 Total	**4158272**	**1885247**	**3313961**	**844311**	**46979683**	**16723219**	**12692234**	**4030985**
省 辖 市 City								
郑 州 市 Zhengzhou	343980	147434	310190	33790	4198890	1530964	1318509	212455
开 封 市 Kaifeng	204908	90677	154460	50448	1813307	677139	484664	192475
洛 阳 市 Luoyang	278975	134166	236534	42441	3538555	1302376	1088197	214179
平 顶 山 市 Pingdingshan	188385	85443	140523	47862	2055678	704012	529838	174174
安 阳 市 Anyang	226356	102115	169127	57229	2381979	946995	683108	263887
鹤 壁 市 Hebi	77385	33412	70368	7017	950494	364059	284467	79592
新 乡 市 Xinxiang	258468	116728	191279	67189	2831327	1128118	772123	355995
焦 作 市 Jiaozuo	132913	59886	108097	24816	1739088	642674	478147	164527
濮 阳 市 Puyang	179703	82489	149511	30192	1870458	712347	532719	179628
许 昌 市 Xuchang	173391	77356	136960	36431	2369642	822397	651220	171177
漯 河 市 Luohe	92469	39994	75285	17184	1166291	366399	274095	92304
三 门 峡 市 Sanmenxia	72710	34533	60897	11813	1002374	361425	288161	73264
南 阳 市 Nanyang	457918	213127	384885	73033	4906571	1648852	1346824	302028
商 丘 市 Shangqiu	328770	151773	248394	80376	3524950	1335144	939490	395654
信 阳 市 Xinyang	321724	145346	240121	81603	3553733	1170389	788603	381786
周 口 市 Zhoukou	459171	209930	354103	105068	5031503	1685764	1212692	473072
驻 马 店 市 Zhumadian	336995	149806	260720	76275	3610690	1177960	886027	291933
济 源 市 Jiyuan	24051	11032	22507	1544	434155	146207	133354	12853
省 直 管 县 County Directly Administrated by Province								
巩 义 市 Gongyi	24342	11286	21890	2452	347367	101448	92536	8912
兰 考 县 Lankao	35886	16314	22041	13845	313048	112686	54496	58190
汝 州 市 Ruzhou	41890	18746	24863	17027	435062	154400	81104	73296
滑 县 Huaxian	50060	22065	30486	19574	441664	165592	93671	71921
长 垣 县 Changyuan	42297	17965	31078	11219	521749	157623	111928	45695
邓 州 市 Dengzhou	67440	31025	54181	13259	546451	189809	154577	35232
永 城 市 Yongcheng	51407	23883	44632	6775	493248	194596	165712	28884
固 始 县 Gushi	66779	29301	53188	13591	668194	224640	145839	78801
鹿 邑 县 Luyi	47526	22059	38848	8678	581746	232531	164836	67695
新 蔡 县 Xincai	43088	21044	31886	11202	486604	143987	91892	52095

23-25 各市普通小学教育情况(2016年)

Statistics on Regular Junior Secondary Schools by City (2016)

市(县) City(county)	学校数(所) Schools (unit)	专任教师(人) Full-time Teachers (person)	#女性 Female	城镇 Urban	乡村 Rural Area	#学历合格高一级教师 The Degree Higher Qualified Teachers
全 省 Total	**22822**	**474179**	**315722**	**249203**	**224976**	**246500**
省 辖 市 City						
郑 州 市 Zhengzhou	932	38040	29425	29772	8268	13109
开 封 市 Kaifeng	996	22834	15436	11130	11704	14260
洛 阳 市 Luoyang	1305	27671	18287	17179	10492	11948
平 顶 山 市 Pingdingshan	1341	24582	16679	13558	11024	13268
安 阳 市 Anyang	1301	24859	17345	12666	12193	9457
鹤 壁 市 Hebi	343	7096	4932	4759	2337	3392
新 乡 市 Xinxiang	1437	24785	18220	13331	11454	11933
焦 作 市 Jiaozuo	540	14382	10380	9084	5298	7437
濮 阳 市 Puyang	1106	20168	14560	9877	10291	9925
许 昌 市 Xuchang	1002	21536	14704	11660	9876	13514
漯 河 市 Luohe	501	10382	7054	5607	4775	5626
三 门 峡 市 Sanmenxia	234	9433	6385	6485	2948	4034
南 阳 市 Nanyang	2491	51755	32919	27079	24676	28641
商 丘 市 Shangqiu	2156	46315	29345	21681	24634	29695
信 阳 市 Xinyang	1642	36704	22252	15917	20787	16138
周 口 市 Zhoukou	3081	51989	30839	21979	30010	30140
驻 马 店 市 Zhumadian	2323	39214	25388	15587	23627	23115
济 源 市 Jiyuan	91	2434	1572	1852	582	868
省 直 管 县 County Directly Administrated by Province						
巩 义 市 Gongyi	69	3022	2264	2463	559	1155
兰 考 县 Lankao	224	3536	2341	1252	2284	1718
汝 州 市 Ruzhou	385	4791	3029	2244	2547	2376
滑 县 Huaxian	334	5354	3610	1658	3696	2334
长 垣 县 Changyuan	246	4200	3503	2308	1892	1821
邓 州 市 Dengzhou	609	7112	4204	2852	4260	4449
永 城 市 Yongcheng	366	6928	4419	3577	3351	3268
固 始 县 Gushi	354	6675	4122	2808	3867	2347
鹿 邑 县 Luyi	445	5079	2834	1981	3098	2752
新 蔡 县 Xincai	322	5305	3179	1517	3788	3103

注：本表专任教师按照授课对象进行分类。
a) Data in this table according to the classification of teaching object.

23-25 续表 continued

市(县)	City(county)	在校学生数(人) Enrolment (person)	#女性 Female	城镇 Urban	农村 Rural Area	校舍建筑面积(平方米) Architectural Area of the Building (Square meters)	教学及辅助用房面积(平方米) Teaching and Auxiliary Area (Square meters)	城镇 Urban	乡村 Rural Area
全 省	**Total**	**9655895**	**4426424**	**5792206**	**3863689**	**60943412**	**34307702**	**16167081**	**18140621**
省 辖 市	**City**								
郑 州 市	Zhengzhou	831919	377881	673476	158443	5194040	2526010	1928304	597706
开 封 市	Kaifeng	462340	208024	260320	202020	2647024	1460251	667007	793244
洛 阳 市	Luoyang	589786	280519	411279	178507	4322109	2335634	1236171	1099463
平 顶 山 市	Pingdingshan	545809	251388	307698	238111	2901774	1558256	765177	793080
安 阳 市	Anyang	606785	272478	335041	271744	3262767	2058373	953455	1104918
鹤 壁 市	Hebi	149200	66479	107762	41438	1097151	607990	361282	246709
新 乡 市	Xinxiang	622970	277335	364268	258702	3396527	2071437	1019783	1051654
焦 作 市	Jiaozuo	250823	115321	182908	67915	1858403	967927	596227	371700
濮 阳 市	Puyang	393689	179251	223459	170230	2265931	1426821	642637	784184
许 昌 市	Xuchang	412732	187612	252256	160476	2647763	1528336	774978	753358
漯 河 市	Luohe	202240	92002	122966	79274	1415079	760193	353721	406472
三 门 峡 市	Sanmenxia	149539	71826	116052	33487	1221156	617611	371570	246041
南 阳 市	Nanyang	1258170	579449	769710	488460	7348029	4025410	1856603	2168807
商 丘 市	Shangqiu	758851	354265	407399	351452	4997084	3178546	1385574	1792973
信 阳 市	Xinyang	676960	309002	368368	308592	4119907	2301430	831334	1470096
周 口 市	Zhoukou	920051	427087	470697	449354	6676164	3630769	1275041	2355729
驻 马 店 市	Zhumadian	771998	352030	373199	398799	5173183	3075760	1016424	2059336
济 源 市	Jiyuan	52033	24475	45348	6685	399321	176948	131795	45153
省 直 管 县	**County Directly Administrated by Province**								
巩 义 市	Gongyi	52106	24358	45142	6964	457533	234917	191466	43450
兰 考 县	Lankao	75364	35030	29926	45438	400902	236433	71777	164657
汝 州 市	Ruzhou	120519	54866	55605	64914	655105	378081	152167	225914
滑 县	Huaxian	146575	64368	49757	96818	764095	484315	134440	349875
长 垣 县	Changyuan	94199	40158	57649	36550	553985	306267	171190	135077
邓 州 市	Dengzhou	185712	86789	83993	101719	897828	530986	180528	350458
永 城 市	Yongcheng	156185	71888	91690	64495	974736	646157	292214	353943
固 始 县	Gushi	128320	58187	68426	59894	642282	388261	143176	245085
鹿 邑 县	Luyi	95517	44599	48985	46532	620018	375578	120148	255430
新 蔡 县	Xincai	99953	48659	36967	62986	677274	392542	105207	287335

23-26 各市特殊教育情况(2016年)

Statistics on Special Education by City (2016)

单位：人 (person)

市(县) City(county)	学校数(所) Number of Schools (unit)	专任教师 Full-time Teachers	#女性 Female	招生数 Entrants	在校学生数 Enrolment	#女生 Female	毕业生数 Graduates
全 省 Total	**146**	**3604**	**2700**	**5076**	**23875**	**8445**	**1464**
省 辖 市 City							
郑 州 市 Zhengzhou	13	388	314	354	1853	631	148
开 封 市 Kaifeng	9	161	131	167	1071	398	64
洛 阳 市 Luoyang	14	310	233	444	2106	801	187
平 顶 山 市 Pingdingshan	9	215	167	382	1855	654	42
安 阳 市 Anyang	8	163	122	214	1179	432	48
鹤 壁 市 Hebi	2	45	34	86	542	179	15
新 乡 市 Xinxiang	7	171	126	328	1406	470	101
焦 作 市 Jiaozuo	8	162	100	328	1167	435	94
濮 阳 市 Puyang	6	163	134	196	775	242	64
许 昌 市 Xuchang	5	87	59	54	360	120	20
漯 河 市 Luohe	6	96	70	217	858	284	64
三 门 峡 市 Sanmenxia	5	92	71	115	884	341	61
南 阳 市 Nanyang	14	323	252	633	2712	938	100
商 丘 市 Shangqiu	10	323	246	329	1391	524	94
信 阳 市 Xinyang	10	237	157	393	1926	699	139
周 口 市 Zhoukou	9	300	215	512	1906	593	89
驻 马 店 市 Zhumadian	10	316	230	280	1642	605	90
济 源 市 Jiyuan	1	52	39	44	242	99	44
省 直 管 县 County Directly Administrated by Province							
巩 义 市 Gongyi	1	15	13	49	139	61	4
兰 考 县 Lankao	1	6	6	27	113	35	1
汝 州 市 Ruzhou	1	15	13	190	798	257	22
滑 县 Huaxian	1	15	13	38	207	69	29
长 垣 县 Changyuan	1	32	25	23	182	52	4
邓 州 市 Dengzhou	1	29	25	152	532	183	13
永 城 市 Yongcheng	1	29	22	6	113	39	6
固 始 县 Gushi	1	21	15	20	83	32	12
鹿 邑 县 Luyi	1	28	21	7	65	20	12
新 蔡 县 Xincai	1	22	17	7	105	59	

23-27 各市成人教育基本情况(2016年)

Basic Statistics on Adult Schools by City (2016)

单位：人 (person)

市 City	学校数(所) Number of Schools (unit)	教职工数 Teachers and Staff	#专任教师 Full-time Teachers	在校学生数 Student Enrollment	招生数 New Student Enrollment	毕业生数 Graduates
全 省 Total	**9335**	**32353**	**22062**	**2848500**	**149069**	**2726094**
郑 州 市 Zhengzhou	1398	8793	5402	649373	58526	562696
开 封 市 Kaifeng	282	1800	1256	116671	8017	111799
洛 阳 市 Luoyang	538	1327	1031	160233	8455	146781
平 顶 山 市 Pingdingshan	315	2301	1542	47280	16721	32354
安 阳 市 Anyang	44	313	236	103761	824	105643
鹤 壁 市 Hebi	2	189	104	1644	464	2005
新 乡 市 Xinxiang	254	1128	688	61829	19142	68215
焦 作 市 Jiaozuo	886	2314	1476	166122	3339	164246
濮 阳 市 Puyang	6	247	162	1683	664	724
许 昌 市 Xuchang	182	706	350	12323	5829	7357
漯 河 市 Luohe	180	1746	1443	35504	398	33989
三 门 峡 市 Sanmenxia	735	991	497	317477	430	315886
南 阳 市 Nanyang	2585	4945	3874	629787	12334	660244
商 丘 市 Shangqiu	34	749	611	11008	3942	6083
信 阳 市 Xinyang	132	1027	546	132416	3514	119185
周 口 市 Zhoukou	1466	1728	1450	101553	3257	89269
驻 马 店 市 Zhumadian	279	1716	1126	209802	3213	209545
济 源 市 Jiyuan	17	333	268	90034		90073

23-28 各市技工学校基本情况(2016年)

Basic Statistics on Technical Schools by City (2016)

单位：人 (person)

市 City	学校数(所) Number of Schools (unit)	在职教职工数 Teachers and Staff	#专任教师 Full-time Teachers	在校学生数 Student Enrollment	招生数 New Student Enrollment	毕业生数 Graduates
全省 Total	**149**	**16755**	**14089**	**267042**	**108296**	**85050**
郑州市 Zhengzhou	28	5361	4048	102219	41575	31809
开封市 Kaifeng	10	1248	1036	34231	12348	12861
洛阳市 Luoyang	16	972	795	14908	5381	6357
平顶山市 Pingdingshan	9	944	772	13380	8022	4908
安阳市 Anyang	5	381	327	2165	1701	992
鹤壁市 Hebi	4	584	546	6329	2254	1914
新乡市 Xinxiang	7	1119	1016	17787	7055	3621
焦作市 Jiaozuo	5	788	654	11336	3850	3646
濮阳市 Puyang	5	296	254	7260	2571	1049
许昌市 Xuchang	5	150	501	5178	2626	683
漯河市 Luohe	6	742	639	12837	4054	2624
三门峡市 Sanmenxia	4	674	646	13246	6389	2367
南阳市 Nanyang	14	887	787	5110	2756	1459
商丘市 Shangqiu	9	684	480	3806	1299	2191
信阳市 Xinyang	10	504	377	2297	522	2000
周口市 Zhoukou	6	342	314	1773	917	595
驻马店市 Zhumadian	4	846	689	9017	3649	4472
济源市 Jiyuan	2	233	208	4163	1327	1502

23-29 各市成人高等教育基本情况(2016年)

Basic Statistics on Adult Education Schools by City (2016)

单位：人 (person)

市 City	学校数(所) Number of Schools (unit)	教职工数 Teachers and Staff	#专任教师 Full-time Teachers	在校学生数 Student Enrollment	招生数 New Student Enrollment	毕业生数 Graduates
全　省 Total	**11**	**2323**	**1600**	**315470**	**117754**	**156540**
郑 州 市 Zhengzhou	4	1000	526	103497	39793	46010
开 封 市 Kaifeng	1	173	136	23890	7837	9367
洛 阳 市 Luoyang	3	223	131	23047	7561	11001
平顶山市 Pingdingshan	1	583	560	22091	8497	10596
安 阳 市 Anyang				7535	824	7250
鹤 壁 市 Hebi				436	7	251
新 乡 市 Xinxiang				50514	19023	21600
焦 作 市 Jiaozuo	1	212	139	10712	3339	8830
濮 阳 市 Puyang				6		26
许 昌 市 Xuchang				9722	4869	4860
漯 河 市 Luohe				2218	398	952
三门峡市 Sanmenxia				1514	122	391
南 阳 市 Nanyang				26247	12334	12088
商 丘 市 Shangqiu				7296	3473	3085
信 阳 市 Xinyang				13841	3410	8414
周 口 市 Zhoukou				5898	3054	4926
驻马店市 Zhumadian	1	132	108	6972	3213	6820
济 源 市 Jiyuan				34		73

23–30 各市学前教育情况(2016年)

Statistics on Pre-school Education by City (2016)

市(县)	City(county)	幼儿园数(所) Number of Kindergartens (unit)	专任教师数(人) Full-time Teachers	#女性 Female	在园幼儿数(人) Student Enrollment (person)	#女童 Girl	#公办幼儿园 Public Kindergartens
全省	**Total**	**18695**	**178217**	**175965**	**4086838**	**1919991**	**1399317**
省辖市	**City**						
郑州市	Zhengzhou	1516	24059	23775	368270	171805	118734
开封市	Kaifeng	983	8799	8728	191326	89686	66715
洛阳市	Luoyang	1123	12691	12600	262728	125629	71580
平顶山市	Pingdingshan	1397	11378	11184	223870	105224	61900
安阳市	Anyang	1558	11053	10881	247115	112963	64947
鹤壁市	Hebi	387	3427	3400	63613	29481	10179
新乡市	Xinxiang	1700	13726	13646	263662	121651	69348
焦作市	Jiaozuo	633	7060	6955	130131	61335	38047
濮阳市	Puyang	709	7846	7785	152077	69997	36652
许昌市	Xuchang	1080	10161	10077	200175	93617	35341
漯河市	Luohe	502	4553	4503	97762	45798	39116
三门峡市	Sanmenxia	349	4814	4759	73967	35508	25460
南阳市	Nanyang	1747	13793	13586	428181	201612	199516
商丘市	Shangqiu	1142	14614	14502	354688	167769	129885
信阳市	Xinyang	1082	8471	8222	271195	125952	139920
周口市	Zhoukou	1765	11280	11048	404438	194449	133839
驻马店市	Zhumadian	839	9006	8866	322739	152773	145845
济源市	Jiyuan	183	1486	1448	30901	14742	12293
省直管县	**County Directly Administrated by Province**						
巩义市	Gongyi	114	1833	1828	30754	14668	1934
兰考县	Lankao	155	1197	1184	31084	14581	8247
汝州市	Ruzhou	412	2516	2480	59053	27846	10991
滑县	Huaxian	311	2375	2299	69727	32004	29292
长垣县	Changyuan	193	2043	2035	34965	15568	10689
邓州市	Dengzhou	341	2327	2275	79257	37803	42701
永城市	Yongcheng	177	2931	2931	70839	33509	22792
固始县	Gushi	269	1781	1747	47515	21992	13720
鹿邑县	Luyi	97	227	225	39834	19168	16565
新蔡县	Xincai	26	354	352	34424	16883	16549

23-31 各市各级普通学校生师比(2016年)

Student-Teacher Ratio by Level of Regular Schools by City (2016)

单位：人 (person)

市(县)	City(county)	普通小学 Primary School	初中 Junior Secondary School	普通高中 Regular Senior Secondary School	中等职业学校 Secondary Vocational School
全省	**Total**	**19.08**	**14.52**	**16.93**	**18.56**
省辖市	**City**				
郑州市	Zhengzhou	20.60	14.18	14.21	20.94
开封市	Kaifeng	19.06	15.89	17.36	19.73
洛阳市	Luoyang	19.31	13.91	14.73	21.84
平顶山市	Pingdingshan	20.85	14.95	16.83	20.41
安阳市	Anyang	23.16	15.13	15.70	15.87
鹤壁市	Hebi	19.64	15.57	19.87	31.91
新乡市	Xinxiang	22.94	14.89	14.67	17.26
焦作市	Jiaozuo	15.22	12.32	16.84	19.47
濮阳市	Puyang	18.31	14.79	15.33	19.44
许昌市	Xuchang	17.11	13.54	14.42	16.11
漯河市	Luohe	18.20	13.83	18.62	16.42
三门峡市	Sanmenxia	15.10	10.76	11.72	11.33
南阳市	Nanyang	22.81	16.12	18.25	17.09
商丘市	Shangqiu	15.69	13.46	19.88	18.23
信阳市	Xinyang	17.54	13.91	17.57	17.21
周口市	Zhoukou	16.90	15.81	20.46	13.75
驻马店市	Zhumadian	18.64	14.49	20.07	16.75
济源市	Jiyuan	19.24	12.72	14.12	14.46
省直管县	**County Directly Administrated by Province**				
巩义市	Gongyi	15.86	11.87	11.68	11.93
兰考县	Lankao	21.25	14.07	19.44	18.68
汝州市	Ruzhou	24.45	16.09	14.27	33.30
滑县	Huaxian	27.27	16.33	16.26	12.20
长垣县	Changyuan	21.19	16.84	17.88	22.75
邓州市	Dengzhou	25.23	18.85	17.02	23.02
永城市	Yongcheng	22.25	15.93	19.76	19.19
固始县	Gushi	18.64	15.98	17.39	17.40
鹿邑县	Luyi	18.59	15.71	20.22	3.67
新蔡县	Xincai	17.70	16.25	25.04	5.66

23-32 各市每十万人口各级学校平均在校生数(2016年)

Number of Average Students Enrollment by Level of school per 10 000 Population by City (2016)

单位：人 (person)

市(县)	City(county)	学前教育 Pre-school Education	小学 Primary School	初中阶段 Junior Secondary School	高中阶段 Senior Secondary School	高等教育 Higher Education
全省	**Total**	**4287.30**	**10129.53**	**4362.24**	**3439.28**	**2339.12**
省辖市	**City**					
郑州市	Zhengzhou	3787.27	8555.40	3537.47	5798.37	10450.08
开封市	Kaifeng	4208.02	10168.69	4506.74	3672.09	2675.28
洛阳市	Luoyang	3863.08	8672.05	4101.97	3535.23	1975.67
平顶山市	Pingdingshan	4491.77	10951.22	3779.80	2807.52	1650.74
安阳市	Anyang	4813.30	11818.95	4408.96	2619.38	1673.90
鹤壁市	Hebi	3941.81	9245.26	4795.20	3848.62	884.19
新乡市	Xinxiang	4591.02	10847.47	4500.57	3158.58	3510.78
焦作市	Jiaozuo	3669.80	7073.41	3748.25	3643.74	2456.37
濮阳市	Puyang	4192.80	10854.10	4954.45	3168.04	309.28
许昌市	Xuchang	4569.68	9422.03	3958.25	2443.37	1104.46
漯河市	Luohe	3710.13	7675.14	3509.26	3259.73	1251.65
三门峡市	Sanmenxia	3278.53	6628.21	3222.82	3251.58	689.20
南阳市	Nanyang	4252.59	12495.85	4547.94	2697.30	1060.78
商丘市	Shangqiu	4870.95	10421.34	4515.02	2954.01	1351.46
信阳市	Xinyang	4208.75	10505.93	4992.92	3847.90	1290.44
周口市	Zhoukou	4585.10	10430.59	5205.61	3349.19	546.43
驻马店市	Zhumadian	4620.19	11051.59	4824.28	3170.90	443.94
济源市	Jiyuan	4215.69	7098.64	3281.17	3736.56	1456.48
省直管县	**County Directly Administrated by Province**					
巩义市	Gongyi	3714.70	6293.76	2940.21	2050.73	2203.53
兰考县	Lankao	4882.05	11836.66	5636.25	2997.49	
汝州市	Ruzhou	6309.08	12875.96	4475.43	2994.23	
滑县	Huaxian	6367.76	13385.84	4571.69	2238.26	
长垣县	Changyuan	4618.89	12443.73	5587.45	3611.89	267.50
邓州市	Dengzhou	5524.29	12944.31	4700.63	2091.10	
永城市	Yongcheng	5752.25	12682.50	4174.34	2318.07	469.67
固始县	Gushi	4363.18	11783.29	6132.14	4437.37	
鹿邑县	Luyi	4472.21	10723.81	5335.80	2477.15	
新蔡县	Xincai	4093.71	11886.43	5124.03	2326.08	

注：高等教育包括研究生、普通本专科和成人本专科生。

a) Higher Education include Postgraduate, Junior College Student, Undergraduate in Regular and Adult Institutions.

23-33 各市教育经费情况(2016年)

Basic Statistics on Educational Funds by City (2016)

单位：万元 (10 000 yuan)

市(县) City(County)	合 计 Total	国家财政性教育经费 Government Appropriation for Education	#公共财政预算教育经费 Public Budget Expenditure on Education	民办学校中举办者投入 Funds from Runners of Private Schools	社会捐赠经费 Donations and Fund Raising for Running Schools	事业收入 Income from Teahing Research and other Auxiliary Activity	学杂费 Tuition and Miscellaneous Fees	其他教育经费 Other Educational Funds
全 省 Total	**18902582**	**14922439**	**14845502**	**117466**	**6032**	**3593113**	**3069815**	**263531**
省 本 级 Provincial Level	3535347	2135280	2119858	4200	3468	1200356	1001471	192043
郑 州 市 Zhengzhou	2031821	1606252	1592539	14099	517	396678	346278	14275
开 封 市 Kaifeng	707747	562801	557972	879	234	141382	126765	2452
洛 阳 市 Luoyang	1127248	959747	951595	9585	454	153120	132143	4342
平 顶 山 市 Pingdingshan	703379	595351	589996	11537	38	94512	85154	1940
安 阳 市 Anyang	780046	640059	637221	4371	341	126423	116208	8853
鹤 壁 市 Hebi	295121	242656	240430	1074	6	48387	40803	2999
新 乡 市 Xinxiang	856398	667523	663707	20308	30	162383	144812	6153
焦 作 市 Jiaozuo	500400	389588	388980	3778	62	104567	93220	2405
濮 阳 市 Puyang	652335	550628	548829	5021	124	83831	76202	12731
许 昌 市 Xuchang	680141	549275	549118	8139	109	120567	101486	2052
漯 河 市 Luohe	367643	305458	304729	1528	81	58986	51628	1589
三 门 峡 市 Sanmenxia	444191	396259	393088	399	94	46148	39526	1291
南 阳 市 Nanyang	1459117	1276843	1270629	10936	135	169356	142272	1847
商 丘 市 Shangqiu	1053289	849870	848272	4633	6	198403	170172	375
信 阳 市 Xinyang	1095792	974130	971568	3836	10	114522	90616	3295
周 口 市 Zhoukou	1315930	1066304	1065776	10111	253	236069	205059	3194
驻 马 店 市 Zhumadian	1163302	1037715	1034600	3002		122326	91988	259
济 源 市 Jiyuan	133333	116700	116594	28	70	15097	14012	1438
省 直 管 县 County Directly Administrated by Province	**1376923**	**1185124**	**1179201**	**2016**	**11**	**189409**	**164563**	**363**
巩 义 市 Gongyi	102233	86717	86262			15516	12245	
兰 考 县 Lankao	126885	109972	109381	42	8	16861	15981	2
汝 州 市 Ruzhou	124767	110476	108336	200		14091	13315	
滑 县 Huaxian	136949	113842	113760	70		22854	20913	183
长 垣 县 Changyuan	121961	95204	92657			26756	24977	
邓 州 市 Dengzhou	159509	141816	141750	12	3	17568	16048	110
永 城 市 Yongcheng	140497	122279	122279	278		17923	16708	16
固 始 县 Gushi	188605	170024	170024	786		17796	16038	
鹿 邑 县 Luyi	143422	112132	112132	628		30611	25920	52
新 蔡 县 Xincai	132095	122662	122620			9433	2418	

23-34 外国留学生情况(2016年)

Basic condition of International student (2016)

单位：人、人次 (person, person-time)

项　目	Item	招生数 Entrants	在校生数 Enrolment	毕(结)业生数 Graduates	授予学位数 Number of Degrees Conferred
外国留学生数	**Number of International Student**	**1449**	**2728**	**1022**	**148**
#女性	Female	696	1241	472	75
按层次分	**by Level**	**480**	**1580**	**279**	**148**
博士研究生	Doctor's Degree	13	28		
硕士研究生	Master's Degree	70	169	32	28
本科	Normal Courses	389	1361	231	120
专科	Short-cycle Courses	8	22	16	
培训	Training	969	1148	743	
按大洲分	**by Continents**	**1449**	**2728**	**1022**	**148**
亚洲	Asia	1134	2264	757	92
非洲	Africa	72	146	51	4
欧洲	Europe	101	121	43	5
北美洲	North America	114	141	105	2
南美洲	South America	20	25	18	
大洋洲	Oceania	8	31	48	45

主要统计指标解释

教育 指国家、社会、私人依照国家有关法规开办的各类教育机构的活动，以及其他与教育相关的活动。主要包括学前教育、初等教育、中等教育、高等教育和其他教育等类别。学前教育指按照国家幼儿教育规定对学龄前幼儿进行保育和教育活动；初等教育指义务教育法规定的初等教育和成人扫盲教育活动；中等教育指小学毕业到大学专科教育以前的教育；高等教育指经教育行政部门批准、由国家、地方、社会办的获取学历的高等教育活动和经教育主管部门批准举办的成人高等教育活动；其他教育主要指职业技能培训、特殊教育以及其他未列明的教育活动。

国家财政性教育经费 包括国家财政预算内教育经费，各级政府征收用于教育的税费，企业办学校教育经费，校办产业、勤工俭学和社会服务收入用于教育的经费。

财政预算内教育经费 指中央、地方各级财政或上级主管部门在年度内安排，并计划拨到教育部门和其他部门主办的各级各类学校、教育事业单位，列入国家预算支出科目的教育经费，包括教育事业拨款、科研经费拨款、基建拨款和其他经费拨款。

在园幼儿数 指在单独设立的、小学附设的学前班、幼儿班及托儿所附设的幼儿班的幼儿数。托幼混合班仅统计三至周六岁的幼儿数。不包括季节性的农忙时临时组织的幼儿园。

学前教育毛入园率 指学前教育在学人数占国家规定的年龄组人口数的比重。计算公式为：

$$学前教育毛入园率=\frac{在园儿童数}{学前教育学龄人口总数}\times100\%$$

小学学龄儿童净入学率 指小学学龄人口中正在接受小学教育人数所占比重。计算公式为：

$$学龄儿童净入学率=\frac{小学学龄人口中已经进入小学学习的在校学生总数}{小学学龄人口数}\times100\%$$

小学五年巩固率 指小学五年级在校学生中，能够从一年级连续学习五年的学生数占入学时本年级学生数比重。计算公式为：

$$小学五年的巩固率=\frac{在校学生数}{该年级入小学一年级时\ \ 的学生数}\times100\%$$

初中阶段毛入学率 指初中阶段在校学生总数与12-14岁学龄组人口数的比重。计算公式为：

$$初中阶段毛入学率=\frac{初中阶段在校学生数}{12至14学龄组人口数}\times100\%$$

初中三年巩固率 指初中三年级在校学生中，能够从一年级连续学习三年的学生占入学时本年级学生数比重。计算公式为：

$$初中三年巩固率=\frac{三年级在校学生数}{该年级入初中一年级时的学生数}\times100\%$$

高中阶段毛入学率 指高中阶段(包括普通高中、职业高中、中等专业学校、技工学校、成人中等专业学校、成人高中)在校学生总数与15−17岁学龄组人口数的比重。计算公式为：

$$高中阶段毛入学率=\frac{高中阶段在校学生数}{15-17岁学龄组人口数}\times100\%$$

高等教育毛入学率 指高等教育(包括国家承认学历的各类高等教育：研究生、普通高校本专科、成人高等本专科、高等学历文凭考试专科、网络教育本专科、自学考试本专科、军事院校本专科等)在校学生总数与18−22岁年龄组人口数的比重。

特殊教育 指独立设置的招收盲聋哑和残疾儿童，以及其他特殊需要的儿童，青少年进行普通或职业初中，中等教育的教学。

普通高等学校 指按国家规定的设置标准和审批程序批准建立的，通过全国普通高等教育统一招生考试，招收高中毕业生为主要培养对象，实施高等学历教育的全日制大学、独立设置的学院和高等专科学校、高等职业学校和其他机构。

大学、独立设置的学院主要实施本科及本科层次以上教育。高等专科学校、高等职业学校实施专科层次教育。其他机构是承担国家普通招生计划任务不计校数的机构。包括普通高等学校分校和批准筹建的普通高等学校等(注：高等学校在校学生数均不包括在校研究生)。

成人高等学校 指国家规定的设置标准和审批程序批准举办的，通过全国成人高等教育统一招生考试，招收具有高中毕业或同等学历的人员为主要培养对象，利用函授、业余、脱产的多种形式对其实施高等学历教育的学校。包括职工高等学校、农民高等学校、管理干部学院、教育学院、独立函授学院、广播电视大学、其他机构。其他机构是承担国家成人招生计划任务不计校数的机构。

初中毕业生升学率 计算初中毕业生升学率所用分子数为高级中学招生数，包括：普通高中招生数、职业高中招生数、技工学校招生数、普通中专招收初中毕业生数、普通中专举办的成人中专招收应届初中毕业生数及成人中专招收应届初中毕业生数，分母是初中毕业生人数。

Explanatory Notes on Main Statistical Indicators

Education refers to education institutions offered activities in the state, society, private in according to the relevant regulations of the state of all kinds of, as well as other and education related activities. Mainly include preschool education, elementary mainly include education, secondary education, higher education and other education classes.

Government Appropriation for Education refers to State budgetary fund for education, taxes and fees collected by governments at all levels that are used for education purpose, education fund for enterprise-run schools, income from school-run enterprises, work-study program and social services that are used for education purpose.

Budgetary Fund for Education refers to education funding that is planned to be allocated to various schools and education institutions by central and local financial departments at various levels within the reference year, which is within the State budgetary expenditure, including: appropriated funds for education, for science and research, for capital construction and others.

The number of infant refers infant in all kinds of kindergarten. nursery and education establishment, enrolling children in 3-6 years old.

Pre-school education entrance rate refers proportion of number of Pre-school education persons in Pre-school education school-age population×100%.

Pre-school education entrance rate= number of Pre-school education persons/ Pre-school education school-age population.

Net Enrolment Ratio of Primary Schools refers to the proportion of school age children enrolled at schools to the total number of school age children both in and outside schools (including retarded children, but excluding blind, deaf and mute children). The formula is:

$$\text{Net Enrolment Ratio of Primary Schools} = \frac{\text{Total Primary School - age Children at Schools}}{\text{Total Primary School - age Children Whether or Not Attending School}} \times 100\%$$

Elementary school five years Consolidate rate refers to the proportion of Primary school pupils to the A primary school grade.

Elementary school five years Consolidate rate= Primary school pupils/ the A primary school grade×100%.

The junior middle school stage gross enrollment rate refers to the proportion of number of middle school students in school to 12-14 years old population.

The junior middle school stage gross enrollment rate= number of middle school students/12-14 years old population×100%

Junior school three years Consolidate rate refers to the proportion of Junior school students to the Junior school grade.

Junior school three years Consolidate rate= Junior school students / the Junior school grade×100%.

The senior middle school stage gross enrollment rate refers to the proportion of number of senior middle school students in school to 15-17 years old population.

The senior middle school stage gross enrollment rate= number of senior middle school students/15-17 years old population×100%

Higher Education gross enrollment rate refers to the proportion of number of Higher Education students in school to 18-22 years old population.

Special Education Schools refer to educational establishments set up independently, enrolling blind, deaf, dumb, amentia or other special children, and educational establishment, providing regular or vocational junior and senior secondary education for hobbledehoy.

Regular Institutions of Higher Education refer to educational establishments set up according to the government evaluation and approval procedures, recruiting graduates from senior secondary schools as the main target by National Matriculation TEST. They include full-time universities, colleges, institutions of higher professional education, institutions of higher vocational education, institutions of higher vocational education and others (non-university tertiary, branch schools and undergraduate classes).

Universities and colleges primarily provide undergraduate courses; institutions of higher professional education and institutions of higher vocational education primarily provide professional trainings; and others refer to educational establishments, which are responsible for enrolling higher education students under the State Plan but not enumerated in the total number of schools, including: branch schools of universities and colleges, and universities and colleges that have been approved and under plan for construction. Non-university tertiary refers to the regular undergraduate branch college which is running in new mechanism and mode, excluding the branch schools and other similar branches of educational institutions.

Institutions of Higher Education for Adults refer to educational establishments, set up in line with relevant rules approved by the government, enrolling staff and workers with senior secondary school or equivalent education, and providing higher education courses in many forms of correspondence, spare time, or full time for adults. Professionals thus trained receive a qualification equivalent to graduates studying regular courses at regular universities, colleges and professional colleges. Institutions of higher learning for adults include schools of higher education for staff and workers, schools of higher education for peasants, colleges for management cadres, pedagogical colleges, independent correspondence colleges, Radio and TV universities and other educational establishments. Other educational establishments have undertakings to enrol adult students but not enumerated in the schools under the State Plan.

Junior high school graduates entering middle schools rate refers to ordinary high school include, professional high school include, technicians schools include average technical secondary school, junior middle school graduate recruit average technical secondary school, the number of the adult technical secondary school recruit fresh held the junior middle school graduates number and adult secondary recruit fresh junior high school graduates number, the molecules is Senior middle schools recruit students, the denominator is junior high school graduates.

卫生和社会工作

Public Health and Social Work

24

◉ 资料整理：孔令惠

简要说明

一、主要内容

本篇主要反映卫生、社会服务、残疾人事业的发展情况。

卫生统计资料主要包括医疗卫生机构、卫生人员、卫生设施、卫生经费、基层医疗卫生服务、妇幼保健、疾病控制、居民病伤死亡原因、医疗保障制度等情况。

社会服务统计资料主要包括社会服务企事业机构、社会组织、人员、床位情况，优抚和社会救济情况，社会服务机构情况，婚姻服务情况，殡葬服务情况，社会捐赠和福利彩票销售情况等。

残疾人统计资料主要包括残疾人康复、教育、就业、社会保障、扶贫和残联组织建设情况。

二、资料来源

卫生部分的资料由省卫生厅提供，社会服务资料由省民政厅提供，由省统计局社会与科技处编辑整理。

Brief Introduction

I. Main Contents

Data in this chapter mainly reflect the development of public health, civil affairs, and work for person with disabilities.

Data on public health include mainly the number of medical and health institutions, health personnel, health facility, health expenses, medical and health services at grass-root level, maternal and child health, disease control, major diseases as the causes of death, and health security system.

Data on civil affairs include: institutions, social organizations, personnel and beds of social services, social welfare relief, community service facilities and marriage registration service, funeral and interment services, social donations and welfare lottery.

Data on disabled persons cover information on the rehabilitation, education, employment and poverty alleviation of disabled persons and institutions serving the needs of disabled persons.

II. Sources of Data

Data on public health are calculated from Henan provincial bureau of health. Data on social services are calculated from Henan provincial civil bureau of civil affairs. Data on this chapter are provided by department of social and technology of the Henan provincial Bureau of Statistics.

24-1 卫生事业基本情况

Basic Statistics on Public Health

年份 Year	卫生机构数(个) Number of Health Institutions (unit)	#医院、卫生院 Hospitals & Health Centers	卫生机构床位数(万张) Number of Beds in Health Institutions (10 000 units)	#医院、卫生院 Hospitals & Health Centers	卫生技术人员数(万人) Medical Technical Personnel (10 000 persons)	#执业(助理)医师 Licensed (Assistant) Doctors	每万人口拥有 per 10 000 Population: 卫生机构床位数(张) Number of Beds in Health Institutions (unit)	每万人口拥有 per 10 000 Population: 执业(助理)医师数(人) Licensed (Assistant) Doctors (person)
1978	7356	2476	10.20	9.73	11.44	4.38	14.4	6.2
1979	7702	2501	11.23	10.63	12.89	4.79	15.6	6.7
1980	7831	2530	11.92	11.17	14.48	5.41	16.4	7.4
1981	8483	2563	12.49	11.65	16.31	6.81	16.9	9.2
1982	8513	2578	13.08	12.11	17.34	7.31	17.4	9.7
1983	8504	2611	13.77	12.74	18.38	7.82	18.0	10.2
1984	8583	2665	14.24	13.13	19.12	8.10	18.4	10.5
1985	9207	2688	14.91	13.77	19.49	8.36	19.0	10.7
1986	8933	2713	15.31	13.99	20.15	8.50	19.2	10.6
1987	8833	2730	16.90	15.42	20.44	8.49	20.7	10.4
1988	8865	2756	17.55	15.95	21.36	8.85	21.1	10.6
1989	8721	2810	17.96	16.25	21.85	9.61	21.2	11.3
1990	8676	2824	18.21	16.36	22.28	9.94	21.1	11.5
1991	8639	2834	18.49	16.56	23.03	9.93	21.1	11.3
1992	8375	2857	18.91	16.97	23.91	10.14	21.3	11.4
1993	7669	2892	18.91	17.22	24.39	10.16	21.1	11.4
1994	7656	2944	19.14	17.45	25.13	10.55	21.2	11.7
1995	7661	2965	19.23	17.54	25.50	10.57	21.1	11.6
1996	7253	2987	18.95	17.54	25.77	10.57	20.7	11.5
1997	7194	3001	18.92	17.58	26.20	10.67	20.5	11.5
1998	11774	2999	19.42	17.99	26.32	10.68	20.8	11.5
1999	11643	3014	19.71	18.26	26.66	10.89	21.0	11.6
2000	10764	3027	19.86	18.34	26.84	11.11	20.9	11.7
2001	10719	3024	19.99	18.50	27.18	11.12	20.9	11.6
2002	13291	3094	19.73	18.75	26.48	10.17	20.5	10.6
2003	13621	3149	20.37	19.28	27.87	10.64	21.1	11.0
2004	13821	3182	20.90	19.72	28.42	10.94	21.5	11.3
2005	14554	3260	21.40	20.23	28.92	11.11	21.9	11.4
2006	14629	3292	22.52	21.23	30.07	11.55	22.9	11.8
2007	11888	3281	23.95	22.61	29.79	11.59	24.3	11.7
2008	11683	3263	26.83	25.22	30.99	11.93	27.1	12.0
2009	12157	3282	30.24	28.30	34.64	13.96	30.3	14.0
2010	75741	3282	32.76	30.44	37.28	15.48	34.8	16.5
2011	76201	3304	34.92	32.49	39.52	15.58	37.2	16.6
2012	69222	3356	39.39	36.57	42.88	16.77	41.9	17.8
2013	71464	3471	42.98	40.03	46.91	18.06	45.7	19.2
2014	71157	3470	45.93	42.83	49.45	18.93	48.7	20.1
2015	71397	3585	48.96	45.65	51.96	19.86	51.6	21.0
2016	71273	3662	52.16	48.74	54.67	20.68	54.7	21.7

注：从2010年起村卫生室、2013年起计划生育技术服务机构，其机构、人员分别计入卫生机构总数、卫生人员总数(下表同)。

a) Data on Number of Health Institutions and Personnel include Village Hospital & Health Center since 2010, and include family planning fertility technical service institution since 2013.(the same as the following table)

24-2 卫生事业发展情况

Basic Statistics on Public Health Development

项　目	Item	1990	1995	2000	2005	2010	2015	2016
卫生机构数(个)	**Number of Health Institutions (unit)**	**8676**	**7661**	**10764**	**14554**	**75741**	**71397**	**71273**
#村卫生室	Village Clinics					64140	56918	56774
医院	Hospitals	789	896	966	1172	1198	1521	1596
疗养院、所	Sanatoriums	12	8	7	5	6	2	2
门诊部、所	Outpatient Department	5142	3942	196	68	86	157	175
诊所、卫生所、医务室	Clinics, Health clinic, Infirmary					6694	6637	6830
乡镇卫生院	Township Health Centers			2084	2084	2084	2064	2066
社区卫生服务中心(站)	Community Health Service Station			861	1017	861	1316	1329
专科防治所、站	Specialized Prevention & Treatment Centers （Stations，Institutions)	45	44	45	32	20	22	21
妇幼保健所、站	Maternity and Child Care Centers (Institutions, Stations)	138	142	135	167	167	164	164
卫生机构床位数(万张)	**Number of Beds in Health Institutions (10 000 units)**	**18.21**	**19.23**	**19.86**	**21.40**	**32.76**	**48.96**	**52.16**
#医院、卫生院	Hospital & Health Center	16.36	17.54	18.34	20.23	30.44	45.65	48.74
#医院	Hospitals	10.80	12.10	13.26	14.97	22.10	35.83	38.71
疗养院、所	Sanatoriums	0.22	0.15	0.15	0.06	0.09	0.01	0.01
门诊部	Outpatient Department	1.10	0.84	0.51	0.11	0.11	0.05	0.04
平均每千人口卫生机构床位数(张)	Beds of Health Institutions per 1 000 Population (unit)	2.11	2.11	2.09	2.19	3.48	5.16	5.47
#医院、卫生院	Hospitals & Health Centers	1.89	1.93	1.93	2.07	3.24	4.82	5.11
医院病床使用率(%)	Utilization Rate of Beds (%)	75.71	68.08	59.60	67.01	85.36	87.20	87.88
卫生机构人员数(万人)	**Number of Persons in Health Institutions (10 000 persons)**	**27.06**	**31.31**	**33.50**	**36.23**	**59.11**	**77.13**	**79.67**
#卫生技术人员	Medical Technical Personnel	22.28	25.50	26.84	28.92	37.28	51.96	54.67
#执业(助理)医师	Licensed (Assistant) Doctors	9.94	10.57	11.11	11.11	15.48	19.86	20.68
护士	Nurses	2.16	3.19	3.84	7.71	12.14	20.54	22.22
平均每千人口医生数(人)	Number of Doctors per 1 000 Population (person)	1.15	1.16	1.17	1.14	1.65	2.10	2.17

注：1.1996年及以后年度门诊部、所不含诊所、卫生保健所和医务室,与以前年度不可比(下同)。
2.1998年及以后年度卫生机构包括个体开业(下同)。
3.2002年以来医生、护士人员数为“执业医师、执业助理医师与注册护士人员数”。
4.2007年起，诊所、卫生室、医务室与社区卫生服务中心(站)分开统计。

a) The numbers of Outpatient Department since 1996 exclude cliniques, hygiene places and infirmaries. It cannot be compared with former years (the same as in following tables).
b) The number of health institutions include the number of clinics run by private since 1998 (the same as the following tables).
c) Number of doctors and nurses since 2002 is the Number of registered doctors, deputy doctors and junior nurses.
d) Number of clinics, hedth clinic, infirmary and community sanitation service station are calculated by separate statistics system since 2007.

24−3 卫生机构、床位、人员数(2016年)

Number of Health Institutions, Beds and Persons (2016)

机构类别	Type of Institutions	机构数(个) Institutions (unit)	床位数(张) Beds (unit)	人员合计(人) Total of Persons (Person)	#卫生技术人员 Medical Technical Personnel	#其他技术人员 Other Technical Personnel	#管理人员 Administrative Personnel	#工勤人员 Logistics Workers
总计	**Total**	**71273**	**521613**	**796744**	**546732**	**36610**	**34791**	**64755**
#医院合计	**Total Number of Hospitals**	**1596**	**387054**	**424965**	**350827**	**19336**	**19779**	**35023**
综合医院	General Hospitals	985	280443	310308	258087	13334	13972	24915
中医医院	Hospitals Specialized in Traditional Chinese Medicine	258	59532	68947	56617	3451	2907	5972
中西医结合医院	Hospitals Combining Chinese and Western Medicine	28	2369	2566	2065	122	146	233
专科医院	Specialized Hospital	322	44560	43057	33979	2427	2751	3900
口腔医院	Hospitals for Mouth Cavity Diseases Care	16	1372	2390	1891	148	155	196
眼科医院	Hospital for Eye Care	26	2218	2534	1914	202	193	225
耳鼻喉科医院	ENT Hospital	7	372	382	281	48	21	32
肿瘤医院	Tumor Hospitals	10	5751	5682	4881	249	233	319
心血管病医院	Heart and Blood Vessel Trouble Hospital	9	1906	2404	2017	112	184	91
胸科医院	Chest Hospital	2	1224	1470	1280	87	47	56
血液病医院	Hematonosis Hospital	3	128	87	74	3	4	6
妇产(科)医院	Maternity Hospitals	29	1588	3057	2165	274	260	358
儿童医院	Hospitals for Children	2	2752	3645	3079	82	222	262
精神病医院	Mental Hospitals	46	12289	6800	5224	431	369	776
传染病医院	Hospitals of Infectious Diseases	11	3464	3035	2419	132	258	226
皮肤病医院	Dermatosis Hospital	7	218	299	249	11	17	22
结核病医院	Tuberculosis Hospitals							
麻风病医院	Leprosy hospital	1	40	38	24	1	3	10
职业病医院	Diseases hospital	1	99	188	135	4	19	30
骨科医院	Orthopaedics Hospitals	47	4255	4344	3515	216	244	369
康复医院	Rehabilitation Hospitals	22	2635	1889	1347	140	111	291
整形外科医院	Plastic Surgery Hospital	1	34	322	95	58	33	136
美容医院	Hairdressing hospital	7	154	413	226	39	50	98
其他专科医院	Other Specialized Hospitals	75	4061	4078	3163	190	328	397
社区卫生服务中心(站)	**Community Health Service Stations**	**1329**	**11283**	**21687**	**18117**	**1027**	**1092**	**1451**
卫生院	**Heath Center**	**2066**	**100333**	**104972**	**82127**	**6751**	**3796**	**12298**
村卫生室	**Village clinics**	**56774**		**139138**	**25282**			
门诊部	**Clinics**	**175**	**419**	**2743**	**2342**	**23**	**121**	**257**
诊所、卫生室、医务室	**Clics,Individual-Run Medical Units and**	**6830**		**16312**	**15704**			**608**
采供血机构	**Collectting and Supply Institutions for Blood**	**22**		**2310**	**1585**	**232**	**121**	**372**
妇幼保健院(所、站)	**Maternity and Child Care Centers**	**164**	**20894**	**29597**	**23823**	**1642**	**1297**	**2835**
专科疾病防治院(所、站)	**Specialized Prevention & Treatment Centers or Stations**	**21**	**1455**	**1631**	**1107**	**179**	**126**	**219**
疾病预防控制中心(防疫站)	**Center for Disease Prevention and Control**	**180**		**17255**	**10103**	**1832**	**1608**	**3712**
卫生监督所(中心)	**Health Inspection Institution(center)**	**179**		**6732**	**4440**	**406**	**905**	**981**
计划生育技术服务机构	**Family planning fertility technical service institution**	**1623**		**21290**	**7193**	**4226**	**4727**	**5144**

注：本表人员合计中包括乡村医生103359人和卫生员10497人。

a) Data of total persons include 103359 county doctor and 10497 medical personnel.

24-4 卫生机构各类人员

Employed Persons In Health Institutions by Types of Occupation

单位：人 (person)

人员类别	Type of Personnel	1990	2000	2005	2010	2014	2015	2016
各类人员总计	**Total**	**270573**	**335031**	**362263**	**591059**	**745187**	**771319**	**796744**
卫生技术人员	Medical Technical Personnel	222771	268427	289157	372818	494537	519638	546732
其他技术人员	Other Technical Personnel	2256	12428	23409	24100	33652	35457	36610
管理人员	Adminlstrative Personnel	19856	23554	20060	25348	34051	35181	34791
工勤人员	Logistics Workers	25690	30622	29637	40013	63640	64531	64755
乡村医生和卫生员	Village Doctors & Assistants				128780	119307	116512	113856
卫生技术人员	**Medical Technical Personnel**	**222771**	**268427**	**289157**	**372818**	**494537**	**519638**	**546732**
执业(助理)医师	Practice (assistant) Physicians	99354	111113	111134	154801	189335	198616	206766
注册护士	Registered Nurses	46391	63032	77132	121384	191117	205366	222121
药剂人员	Pharmacists	25812	28094	22432	20488	23963	24950	25902
技师（士）	Technicians	10244	13982	13987	23343	29346	30631	32729
#检验人员	Laboratory Technicians	10244	13982	13987	14445	17461	18254	19547
其他	Others	40970	52206	64472	52802	60776	60075	59214
平均每千人口	**Personnel per 1 000 Population**							
卫生技术人员	Medical Technical Personnel	2.58	2.82	2.96	3.96	5.24	5.48	5.74
#执业(助理)医师	Licensed (Assistant) Doctors	1.15	1.17	1.14	1.65	2.01	2.10	2.17

24-5 卫生总费用

Total Health Expenditure

指标名称	Index	2011	2012	2013	2014	2015
卫生总费用(亿元)	Total Health Expenditure(100 million yuan)	1066.57	1517.63	1701.35	1878.78	2258.50
#政府卫生支出	Government Health Expenditure	321.19	489.46	561.33	612.55	729.70
社会卫生支出	Social Health Expenditure	272.98	381.86	437.19	533,89	734.65
居民个人现金卫生支出	Out-of-pocket Health Expenditure	472.40	646.31	702.84	732.35	794.14
人均卫生总费用(元)	Per Capita Health Expenditure(yuan)	1134.04	1613.47	1807.45	1997.07	2382.38
卫生总费用占GDP比重(%)	Health Expenditure as Percentage of GDP (%)	4.62	5.13	5.29	5.38	6.10
门诊病人次均医药费用(元)	Outpatient Average expenses per time (yuan)	77.0	86.9	95.3	103.9	110.7

24−6 卫生部门医院住院病人前十位疾病构成(ICD−10)(2016年)

Percentage of 10 Main Diseases of Inpatients in Hospitals of Health Sector (ICD-10) (2016)

顺序 No.	市	City	疾病构成(%) As % of Total
	十种疾病构成	**Total**	
1	呼吸系统疾病	Diseases of the Respiratory System	15.37
2	脑血管病	Cerebrovascular Disease	8.95
3	缺血性心脏病	Ischaemic Heart Disease	8.20
4	消化系统疾病	Diseases of the Digestive System	8.14
5	妊娠、分娩和产褥期病	Pregnancy,childbirth & the Puerperium	7.95
6	损伤、中毒和外因	External Causes of Injury and Poison	6.86
7	恶性肿瘤	Mslignant Tumour	5.05
8	泌尿生殖系统疾病	Disease of the Genitourinary System	4.60
9	神经系统疾病	Diseases of the Nervous System	4.58
10	内分泌、营养和代谢疾病	Endocrine, nutritional and metabolic disease	3.13

顺序 No.	县	County	疾病构成(%) As % of Total
	十种疾病构成	**Total**	
1	呼吸系统疾病	Diseases of the Respiratory System	23.05
2	妊娠、分娩和产褥期病	Pregnancy,childbirth & the Puerperium	12.96
3	脑血管病	Injury, Poisoning & External Causes	9.62
4	损伤、中毒和外因	Cerebrovascular Disease	8.79
5	消化系统疾病	Diseases of the Digestive System	8.54
6	缺血性心脏病	Ischaemic Heart Disease	6.48
7	泌尿生殖系统疾病	Disease of the Genitourinary System	3.02
8	神经系统疾病	Diseases of the Nervous System	3.00
9	恶性肿瘤	Mslignant Tumour	2.68
10	传染病和寄生虫病	Certain Infestious and Parasitic Diseases	2.54

24-7 部分市、县前十位主要疾病死亡率(2016年)

Death Rate of Ten Major Diseases in Partial Cities and Counties (2016)

单位：1/10万 (1/100 000)

死亡原因	Cause of Death	死亡率 Death Rate
市　县	**City and County**	
脑血管病	Cerebrovascular Disease	147.58
心脏病	Heart Diseases	147.51
恶性肿瘤	Mslignant Tumour	126.10
损伤和中毒	Injury and Poison	41.76
呼吸系统疾病	Diseases of the Respiratory System	38.89
内分泌、营养和代谢疾病及免疫疾病	Endocrine, Nutritional & Metabolic Diseases, immune disease	12.36
传染病和寄生虫病	Infestious and Parasitic Diseases	4.76
消化系统疾病	Diseases of the Digestive System	4.46
泌尿和生殖系病	Disease of the Genitourinary System	4.14
神经系统疾病	Diseases of the Nervous System	2.79
城　市	**City**	
心脏病	Heart Diseases	143.04
恶性肿瘤	Malignant Neoplasms	136.47
脑血管病	Cerebrovascular Disease	121.77
呼吸系统疾病	Diseases of the Respiratory System	46.03
损伤和中毒	Injury and Poison	35.18
内分泌、营养和代谢疾病及免疫疾病	Endocrine, Nutritional & Metabolic Diseases, immune disease	15.71
消化系统疾病	Diseases of the Digestive System	7.49
传染病和寄生虫病	Infestious and Parasitic Diseases	4.78
神经系统疾病	Diseases of the Nervous System	3.94
泌尿和生殖系病	Disease of the Genitourinary System	3.77
县	**County**	
脑血管病	Cerebrovascular Disease	155.00
心脏病	Heart Diseases	148.80
恶性肿瘤	Malignant Neoplasms	123.12
损伤和中毒	Injury and Poison	43.66
呼吸系统疾病	Diseases of the Respiratory System	36.84
内分泌、营养和代谢疾病及免疫疾病	Endocrine, Nutritional & Metabolic Diseases, immune disease	11.40
传染病和寄生虫病	Infestious and Parasitic Diseases	4.75
泌尿和生殖系病	Disease of the Genitourinary System	4.25
消化系统疾病	Diseases of the Digestive System	3.59
神经系统疾病	Diseases of the Nervous System	2.46

24—8 甲乙类法定报告传染病发病及死亡情况(2016年)

Incidence and Death from Class A and B Infectious Diseases (2016)

病 名 Name	发病率(1/10万) Incidence Rate (per100 000 persons)	病 名 Diseases	死亡率(1/10万) Death Rate (1/100000)	病 名 Diseases	病死率(%) Mortality Rate (%)
肝 炎 Hepatitis	89.667	艾滋病 AIDS	1.285	狂犬病 Hydrophobia	84.146
肺结核 Pulmonary Tuberculosis	60.133	肺结核 Pulmonary Tuberculosis	0.102	艾滋病 AIDs	40.505
梅 毒 Syphilis	15.441	狂犬病 Hydrophobia	0.073	新生儿破伤风 Newborn Tetanus	9.091
痢 疾 Dysentery	12.634	肝 炎 Hepatitis	0.041	乙 脑 Encephaliois B	7.407
布 病 Brucellosis	4.212	乙 脑 Encephaliois B	0.019	出血热 Hemorrhage Fever	0.568
艾滋病 AIDs	3.172	梅 毒 Syphilis	0.005	疟 疾 Malaria	0.488
淋 病 Gonorrhea	3.133	痢 疾 Dysentery	0.001	肺结核 Pulmonary Tuberculosis	0.170
猩红热 Scarlet Fever	1.562	麻 疹 Measles	0.001	麻 疹 Measles	0.088
麻 疹 Measles	1.192	疟 疾 Malaria	0.001	肝 炎 Hepatitis	0.046
乙 脑 Encephalitis B	0.256	出血热 Hemorrhage Fever	0.001	梅 毒 Syphilis	0.034
疟 疾 Malaria	0.216	新生儿破伤风 Newborn Tetanus	0.001	痢 疾 Dysentery	0.008
伤寒+副伤寒 Typhoid and Paratyphoid Fever	0.199	布 病 Brucellosis		布 病 Brucellosis	
出血热 Hemorrhage Fever	0.186	淋 病 Gonorrhea		淋 病 Gonorrhea	
百日咳 Pertussis	0.121	猩红热 Scarlet Fever		猩红热 Scarlet Fever	
狂犬病 Hydrophobia	0.087	伤寒+副伤寒 Typhoid and Paratyphoid Fever		伤寒+副伤寒 Typhoid and Paratyphoid Fever	
登革热 Dengue Fever	0.013	百日咳 Pertussis		百日咳 Pertussis	
流 脑 Epidemic Encephalitis	0.010	登革热 Dengue Fever		登革热 Dengue Fever	
新生儿破伤风 Newborn Tetanus	0.008	流 脑 Epidemic Encephalitis		流 脑 Epidemic Enlephalitis	
霍 乱 Cholera	0.001	霍 乱 Cholera		血吸虫病 Schistosomiasis	
血吸虫病 Schistosomiasis	0.001	血吸虫病 Schistosomiasis		人感染H7N9禽流感 HpAI H7N9	

24—9 防病工作情况

Basic Condition of Disease Prevention and Cure

指 标	Item	2012	2013	2015	2016
传染病发病总例数(甲、乙)(万例)	**Number of Incidence from infectious disease(A、B) (10 000 persons)**	**29.5**	**22.8**	**19.3**	**18.2**
发病率(1/10万)	Incidence Disease Rate (1/100 000)	314.2	399.0	204.8	192.3
传染病死亡总人数(人)	Number of Death from infectious disease (person)	1869	1438	1443	1476
死亡率(1/10万)	Death Rate (1/100 000)	2.0	1.5	1.5	1.6
结核病登记病人数(千例)	Number of register of Tuberculosis (1000 persons)	70.6	65.2	61.6	58.4
登记患病率(‰)	Register sicken Rate(‰)	0.67	0.75	0.64	0.62
结核病新发病人数(千例)	Number of New Incidence from Tuberculosis (1000 persons)	24.2	18.8	12.5	12.6
登记新发病率(1/万)	Register New Incidence Disease Rate (1/10 000)	2.30	2.00	1.30	1.30
结核病死亡人数(人)	Number of Death from Tuberculosis (person)	126	141	118	111
死亡率(1/10万)	Death Rate (1/100 000)	0.12	0.15	0.12	0.12
"五苗"接种率(%)	Five Type of bacterins inoculability Rate (%)	99.7	99.7	97.9	97.1
乙肝疫苗全程接种率(%)	Hepatitis B Bacterins Quite inoculability Rate (%)	99.7	99.7	98.1	97.9

24-10 各市医疗卫生机构情况(2016年)

Conditions of Health Institutions by City (2016)

单位：个 (unit)

地区 City (County)	合计 Total	城市 Urban Area	农村 Rural Area	#医院 Hospital	#公立医院 Public Hospitals	#基层医疗卫生机构 Health Care Institutions at Grass-root Level	#社区卫生服务中心(站) Community health sevice centers	乡镇卫生院 Township Health Centers	村卫生室 Village Clinics	#专业公共卫生机构 Specialized Public Health Institutions	#疾病预防控制中心 Center for Disease Control and Prevention	#妇幼保健院(所/站) Women and Children Care Agencies
全　　省 Total	**71273**	**5848**	**65425**	**1596**	**779**	**67174**	**1329**	**2060**	**56774**	**2225**	**180**	**164**
省 辖 市 City												
郑　州　市 Zhengzhou	3964	1018	2946	218	85	3584	222	100	2394	135	16	15
开　封　市 Kaifeng	3186	400	2786	88	41	2975	74	93	2529	94	11	8
洛　阳　市 Luoyang	4177	530	3647	132	61	3835	172	154	3108	198	16	16
平 顶 山 市 Pingdingshan	3909	448	3461	83	63	3714	128	97	2910	93	11	10
安　阳　市 Anyang	5962	740	5222	103	36	5754	38	92	4171	93	10	10
鹤　壁　市 Hebi	1383	198	1185	35	21	1299	12	25	1086	42	6	5
新　乡　市 Xinxiang	5251	360	4891	111	62	4958	110	148	4284	173	13	13
焦　作　市 Jiaozuo	2787	248	2539	94	43	2578	79	80	2071	109	12	11
濮　阳　市 Puyang	4048	361	3687	59	35	3879	64	77	3445	93	8	6
许　昌　市 Xuchang	3976	162	3814	84	24	3812	52	78	3382	77	7	6
漯　河　市 Luohe	1812	270	1542	50	26	1702	48	51	1358	58	6	5
三 门 峡 市 Sanmenxia	1915	233	1682	53	38	1830	58	75	1462	27	7	5
南　阳　市 Nanyang	6583	114	6469	110	73	6210	33	218	5855	242	14	13
商　丘　市 Shangqiu	6325	144	6181	79	39	6107	69	192	5688	86	10	9
信　阳　市 Xinyang	4064	249	3815	76	41	3725	92	199	3186	248	11	10
周　口　市 Zhoukou	7892	306	7586	138	42	7497	16	184	6562	237	11	11
驻 马 店 市 Zhumadian	3425	67	3358	73	41	3138	11	185	2810	197	10	10
济　源　市 Jiyuan	614		614	10	8	577	51	12	473	23	1	1
省 直 管 县 County Directly Administrated by Province												
巩　义　市 Gongyi	652		652	12	2	617	28	18	495	20	1	1
兰　考　县 Lankao	641		641	12	3	625		16	590	3	1	1
汝　州　市 Ruzhou	529		529	8	8	499	5	15	460	21	1	1
滑　　　县 Huaxian	1203		1203	25	3	1173	1	22	1120	5	1	1
长　垣　县 Changyuan	716		716	10	3	683		19	605	22	1	1
邓　州　市 Dengzhou	1023		1023	17	3	969	16	25	896	35	1	1
永　城　市 Yongcheng	797		797	10	6	777	2	28	726	6	1	1
固　始　县 Gushi	750		750	14	2	699	7	30	629	36	1	1
鹿　邑　县 Luyi	935		935	17	4	892	1	22	749	24	1	1
新　蔡　县 Xincai	469		469	13	5	424		23	401	29	1	1

24-11 各市医疗卫生机构床位情况(2016年)

Number of Beds in Health Institutions by City (2016)

单位：张 (unit)

地区 City(County)	合计 Total	城市 Urban Area	农村 Rural Area	#医院 Hospital	#公立医院 Public Hospitals	#基层医疗卫生机构 Health Care Institutions at Grass-root Level	#社区卫生服务中心(站) Community health sevice centers	#乡镇卫生院 Township Health Centers	#专业公共卫生机构 Specialized Public Health Institutions	#妇幼保健院(所、站) Women and Children Care Agencies	#专科疾病防治院(所、站) Specialized Disease Prevention & Treatment Institution
全省 Total	**521613**	**208765**	**312848**	**387054**	**304900**	**112035**	**11283**	**100333**	**22379**	**20894**	**1455**
省辖市 City											
郑州市 Zhengzhou	85929	63456	22473	76017	60588	6472	1425	4923	3440	3263	177
开封市 Kaifeng	25607	11081	14526	19828	14213	4359	324	4035	1420	1312	108
洛阳市 Luoyang	44857	23767	21090	34613	23725	8178	766	7330	1966	1886	60
平顶山市 Pingdingshan	26899	8686	18213	19633	18708	5731	610	5015	1490	1307	183
安阳市 Anyang	28714	10411	18303	20657	16586	6487	763	5689	1570	1490	80
鹤壁市 Hebi	7959	3623	4336	6229	5148	1590	135	1454	140	140	
新乡市 Xinxiang	34965	11243	23722	25758	21246	8162	948	7184	1045	925	115
焦作市 Jiaozuo	23233	10718	12515	16916	13137	5424	1980	3444	893	893	
濮阳市 Puyang	19851	8440	11411	13395	8778	5644	155	5489	812	812	
许昌市 Xuchang	18883	5359	13524	14493	9246	3591	301	3290	799	729	70
漯河市 Luohe	13952	7941	6011	10130	8520	3294	538	2753	528	528	
三门峡市 Sanmenxia	13673	5465	8208	10198	9323	2880	424	2446	595	595	
南阳市 Nanyang	45077	14426	30651	31308	27624	11723	1133	10590	2046	1811	230
商丘市 Shangqiu	33534	6545	26989	21904	19445	10153	599	9544	1477	1236	241
信阳市 Xinyang	24264	6156	18108	15754	12310	7208	393	6797	1302	1301	1
周口市 Zhoukou	38194	5368	32826	25317	14801	11427	455	10972	1450	1290	160
驻马店市 Zhumadian	32829	6080	26749	22547	19385	9026	326	8700	1256	1226	30
济源市 Jiyuan	3193		3193	2357	2117	686	8	678	150	150	
省直管县 County Directly Administrated by Province											
巩义市 Gongyi	3407		3407	2716	1422	591	20	571	100	100	
兰考县 Lankao	4914		4914	3617	1186	997		997	300	300	
汝州市 Ruzhou	5863		5863	3831	3831	1539	170	1369	493	445	48
滑县 Huaxian	6141		6141	4145	2283	1846	50	1796	150	150	
长垣县 Changyuan	3864		3864	2809	1179	995		995	60	60	
邓州市 Dengzhou	5485		5485	3142	2561	1848	472	1376	495	265	230
永城市 Yongcheng	6292		6292	3866	3566	2028	50	1978	398	302	96
固始县 Gushi	4237		4237	2501	516	1219	172	1045	517	517	
鹿邑县 Luyi	4409		4409	3171	1006	1158	40	1118	80	80	
新蔡县 Xincai	2378		2378	1180	800	978		978	220	220	

24-12 各市卫生人员情况(2016年)

Employed Persons in Health Care Institutions by City (2016)

单位：人 (person)

地 区 City(County)	卫生人员 Medical Personnel	#卫生技术人员 Medical Technical Personnel	#执业(助理)医师 Licensed (Assistant) Doctors	#执业医师 Licensed Doctor	#注册护士 Registered Nurse	#药师(士) Pharmacist	乡村医生和卫生员 Village Doctors and Assistants	其他技术人员 Other Technical Personnel
全 省 Total	**796744**	**546732**	**206766**	**152087**	**222121**	**25902**	**113856**	**36610**
省 辖 市 City								
郑 州 市 Zhengzhou	119051	94955	33251	29824	46575	4141	5153	5735
开 封 市 Kaifeng	40914	28044	10581	7680	11676	1311	5762	1909
洛 阳 市 Luoyang	59361	43281	16800	13172	18165	1923	6038	2473
平 顶 山 市 Pingdingshan	39623	27587	10484	7287	10771	1304	5614	1525
安 阳 市 Anyang	42472	28772	12422	8315	11233	1085	7330	1493
鹤 壁 市 Hebi	12669	8645	3474	2484	3446	374	1870	437
新 乡 市 Xinxiang	52561	35299	13813	10498	14496	1622	7381	2484
焦 作 市 Jiaozuo	30435	21631	8792	6680	8407	1006	3320	1788
濮 阳 市 Puyang	31592	19805	7413	5506	7822	921	6690	1718
许 昌 市 Xuchang	34621	23127	9410	6386	8638	1036	6013	1305
漯 河 市 Luohe	20954	14388	4920	3785	5847	627	3047	1131
三 门 峡 市 Sanmenxia	19068	14330	5428	4153	5534	572	2005	840
南 阳 市 Nanyang	73231	47172	16907	12134	18973	2668	12581	3331
商 丘 市 Shangqiu	58573	37875	13954	8506	13210	2082	9125	3453
信 阳 市 Xinyang	42214	25029	9347	6587	9136	1226	9062	1934
周 口 市 Zhoukou	64865	40029	15736	9688	13863	2094	13247	3031
驻 马 店 市 Zhumadian	48896	32824	12491	8144	12746	1752	8971	1805
济 源 市 Jiyuan	5644	3939	1543	1258	1583	158	647	218
省 直 管 县 County Directly Administrated by Province								
巩 义 市 Gongyi	6348	4844	1848	1395	2120	223	720	178
兰 考 县 Lankao	6806	4749	1567	967	1818	201	948	294
汝 州 市 Ruzhou	7406	4525	1660	1051	1483	168	1182	449
滑 县 Huaxian	8747	5540	2383	1375	2262	191	1963	364
长 垣 县 Changyuan	7350	4917	2102	1381	1957	231	1065	343
邓 州 市 Dengzhou	8788	4934	1645	1074	1926	229	1819	382
永 城 市 Yongcheng	8400	5869	1926	1235	2219	233	1307	404
固 始 县 Gushi	7822	4156	1443	1016	1530	210	1931	397
鹿 邑 县 Luyi	7130	4079	1783	878	1268	235	1927	254
新 蔡 县 Xincai	5154	3427	1521	592	925	120	1086	204

24-13 农村乡镇卫生院医疗服务情况

Situations of Medical Services in Township Health Centers

年 份 市 Year City	诊疗人次(万次) Visits (10 000 times)	病床使用率(%) Utilization Rate of Beds (%)	出院者平均住院日(日) Average Duration of Hospitalization (day)
1990	4679	41.0	5.9
1995	5660	43.6	4.8
1996	5390	39.3	4.7
1997	5073	40.6	4.7
1998	4713	39.1	4.5
1999	4098	37.2	5.2
2000	4130	36.9	5.0
2001	4398	36.3	4.5
2002	4150	36.7	4.3
2003	4054	37.6	5.1
2004	4165	36.5	5.1
2005	4205	38.4	5.0
2006	4616	42.1	4.9
2007	5357	54.5	7.4
2008	6077	64.9	4.6
2009	6230	63.4	5.2
2010	6473	64.1	5.4
2011	6914	62.6	6.0
2012	8130	65.1	6.3
2013	8935	61.7	6.9
2014	9649	62.1	7.0
2015	10471	62.6	7.1
2016	11244	62.1	7.2
郑州市 Zhengzhou	920	64.7	7.3
开封市 Kaifeng	556	49.7	8.1
洛阳市 Luoyang	720	67.5	7.9
平顶山市 Pingdingshan	531	62.9	8.3
安阳市 Anyang	405	73.3	7.8
鹤壁市 Hebi	139	48.3	8.2
新乡市 Xinxiang	581	63.1	7.6
焦作市 Jiaozuo	359	53.9	7.8
濮阳市 Puyang	282	71.4	6.7
许昌市 Xuchang	606	36.8	8.0
漯河市 Luohe	240	61.2	8.0
三门峡市 Sanmenxia	227	53.0	8.3
南阳市 Nanyang	1141	68.4	6.5
商丘市 Shangqiu	1612	67.7	6.7
信阳市 Xinyang	704	69.8	6.3
周口市 Zhoukou	1186	55.7	7.1
驻马店市 Zhumadian	967	55.0	6.9
济源市 Jiyuan	68	47.1	8.9

24-14 妇女儿童卫生保健状况

Basic Statistics on Health Care of Women and Children

指 标	Item	2005	2010	2015	2016
婚前医学检查率(%)	Rate of Medical Examination before Marriage (%)	1.1	4.9	70.6	71.0
城市	Urban Areas	1.9	6.4	54.5	56.9
农村	Rural Areas	0.5	4.1	77.7	77.7
婴儿死亡率（‰）	Infant Mortality (‰)	10.8	7.1	4.4	4.1
城市	Urban Areas	10.0	5.5	3.5	3.0
农村	Rural Areas	11.1	8.0	4.6	4.4
5岁以下儿童死亡率(‰)	Mortality of Child under 5 Years Old (‰)	13.8	8.7	5.9	5.6
城市	Urban Areas	10.7	6.4	4.4	3.8
农村	Rural Areas	15.3	10.0	6.3	6.0
孕产妇死亡率(1/10万)	Mortality Rate of Pregnant and Lying-in Women (1/100 000)	44.8	15.2	10.5	10.7
城市	Urban Areas	33.3	20.2	11.0	6.7
农村	Rural Areas	49.3	13.2	10.2	12.2
全省住院分娩率(%)	Hospitalization Rate of Parturition in Province (%)	87.8	98.9	100.0	100.0
农村孕产妇住院分娩率(%)	Hospital Parturition Rate of Rural Pregnant and Lying-in Women (%)	85.0	98.7	100.0	100.0
农村高危孕产妇住院分娩率 (%)	Hospital Parturition Rate of Rural High Risk Pregnant and Lying-in Women (%)	97.7	99.4	100.0	100.0
产前检查率 (%)	Medical Prenatal Examination Rate (%)	85.0	91.2	94.9	94.4
孕产妇系统管理率 (%)	Systematic Management Rate of Pregnant and Lying-in Women (%)	67.2	76.4	86.0	86.0
城市	Urban Areas	67.6	80.0	86.0	86.0
农村	Rural Areas	67.0	75.0	86.0	85.9
5岁以下儿童中、重度营养不良患病率(%)	moderate and Serious malnutrition Rate of Children under 5 Years old (%)	3.4	2.0	1.6	1.7
城市	Urban Areas	2.4	1.5	1.6	1.7
农村	Rural Areas	4.0	2.2	1.6	1.7
7岁以下儿童保健管理率 (%)	Health Care Rate of Children under 7 Years Old (%)	70.2	76.7	86.6	87.9
城市	Urban Areas		83.6	88.8	88.6
农村	Rural Areas		74.0	85.6	87.6
卡介苗疫苗接种率(%)	BCG (%)	99.4	99.8	99.6	98.9
脊髓灰质炎疫苗接种率(%)	Poliomyelitis (%)	99.2	99.3	98.3	95.5
百白破疫苗接种率(%)	DPT(%)	99.2	99.5	98.7	97.2
麻疹疫苗接种率(%)	Measles (%)	98.7	99.3	98.3	97.8
乙肝疫苗接种率 (%)	Inoculation Rate of Hepatitis B Vaccine (%)	99.1	99.8	98.1	97.9

24-15 社会服务机构基本情况(2016年)

Statistics on Social Service Institutions (2016)

指标名称	Item	单位数（个）Number of Institutions (unit)	职工人数（人）Number of Staff and Workers (persons)
社会服务	**Social Services**	**7726**	**62410**
社会工作	**Social Work**	**6483**	**47682**
提供住宿的社会服务机构	Social Welfare Institutions and Facilities with Accommodations	1306	16870
老年人与残疾人服务机构	Institutions for the Aged and Disabled	1148	12758
城市养老服务机构	For the Aged in Urban Areas	348	5349
农村养老服务机构	For the Aged in Rural Areas	594	4360
社会福利院	Social Welfare Hospitals	53	1112
光荣院	Homes for Disabled Veterans	43	431
荣誉军人康复医院	Convalescent Hospitals for Honorable Servicemen	4	465
复员军人疗养院	Sanatoriums for Ex-serviceman	2	70
军休所	Soldier nest roost	104	971
智障与精神疾病服务机构	Social Welfare Institutions for Mental Retardation and Mental Diseases	6	1024
社会福利医院	Social Welfare Hospitals	5	719
复退军人精神病院	Mental Hospitals for Ex-serviceman	1	305
儿童收养救助服务机构	Social Welfare Institutions for Children	22	917
儿童福利机构	Welfare Institutions for Children	18	858
未成年人救助保护中心	Juvenile Rescue and Protection Centers	4	59
其他提供住宿的服务机构	Other Social Welfare Institutions with Accommodations	130	2230
生活无着人员救助管理站	Salvation Stations	85	1102
军供站	Serviceman Supply Stations	24	587
其他提供住宿的机构	Other Residential Institutions	21	541
不提供住宿的社会服务机构	Social Welfare Institutions without Accommodations	5177	30812
老龄机构	Institutions for the Aged	62	261
低保救助对象服务机构	Service Institutions for People under Minimum Living Standard	47	379
救灾储备单位	Relief Reserve Units	7	65
福利彩票发行机构	Welfare Lottery Issuing Institutions	42	583
军队离退休人员管理中心	Management Centers for Retired Military Officers	8	95
军队离退休人员活动中心	Activity Centers for Retired Military Officers	58	1100
烈士纪念建筑物管理机构	Martyr Memorial Building Management Units	93	1227
社区服务机构	Community Services Institutions	4860	27102
其他社会服务机构	**Other Social Service Institutions**	**1117**	**13164**
婚姻服务机构	Marriage Registration Institutions	31	275
殡葬服务机构	Funeral Service Institutions	237	5703
殡仪馆	Funeral Home	114	3530
公墓	Cemetery	195	1146
骨灰堂	Cineraria	459	1380
殡葬管理单位	Funeral and Interment Management Institutions	81	1130
其他事业单位	**Other Institutions**	**126**	**1564**

注：提供住宿的社会服务机构和社区服务机构口径较上年有变化。

a) The diameter of Social service agenciewith accommodation and community services are different from the previous year.

24-16 分地区孤儿和家庭收养基本情况(2016年)

Statistics on Orphans and Children Adopted by Families by City (2016)

市(县)	City(County)	孤儿数 (人) Number of orphans (person)	集中供养 Centralized support	社会散居 Live scattered	儿童收养登记件数 (件) Number of Adoption Registration of Children (case)	家庭收养儿童数 (人) Number of Children Adopted by Families (person)
全省	**Total**	**34032**	**4855**	**29177**	**403**	**403**
省本级	Privincial Level				89	89
郑州市	Zhengzhou	1402	873	529	48	48
开封市	Kaifeng	1282	263	1019	9	9
洛阳市	Luoyang	1555	732	823		
平顶山市	Pingdingshan	1911	269	1642	49	49
安阳市	Anyang	1116	75	1041	31	31
鹤壁市	Hebi	672	107	565	2	2
新乡市	Xinxiang	914	163	751	18	18
焦作市	Jiaozuo	709	232	477	34	34
濮阳市	Puyang	1341	97	1244	8	8
许昌市	Xuchang	1152	226	926	12	12
漯河市	Luohe	460	152	308	3	3
三门峡市	Sanmenxia	271	133	138	14	14
南阳市	Nanyang	5033	503	4530	14	14
商丘市	Shangqiu	2766	133	2633	17	17
信阳市	Xinyang	2381	192	2189	10	10
周口市	Zhoukou	7728	205	7523	2	2
驻马店市	Zhumadian	3262	466	2796	20	20
济源市	Jiyuan	77	34	43	23	23
省直管县	**County Directly Administrated by Province**					
巩义市	Gongyi	60	6	54	1	1
兰考县	Lankao	228	22	206		
汝州市	Ruzhou	263	63	200		
滑县	Huaxian	526		526		
长垣县	Changyuan	201		201		
邓州市	Dengzhou	1017		1017	4	4
永城市	Yongcheng	388	61	327	2	2
固始县	Gushi	951		951		
鹿邑县	Luyi	1350		1350		
新蔡县	Xincai	204	16	188		

24-17 分地区社会救助情况(2016年)

Statistics on Social Relief by City (2016)

单位：人 (person)

市(县) City(County)	城市居民最低生活保障人数 Number of Urban Residents Receiving Minimum Living Allowance	农村最低生活保障人数 Number of Rural Residents Receiving Minimum Living Allowance	农村五保集中供养人数 Rural Households with Centralized Livelihood Guaranteed in Five Aspects	农村五保分散供养人数 Rural Households with Decentralized Livelihood Guaranteed in Five Aspects
全　　省 Total	**821176**	**3280238**	**108239**	**371245**
省 辖 市 City				
郑 州 市 Zhengzhou	18644	74907	3254	7630
开 封 市 Kaifeng	37359	167045	2549	15043
洛 阳 市 Luoyang	30815	114972	6145	15524
平 顶 山 市 Pingdingshan	52138	106908	5133	12489
安 阳 市 Anyang	45782	165709	4177	12407
鹤 壁 市 Hebi	26290	33038	464	3957
新 乡 市 Xinxiang	29743	103204	3302	15569
焦 作 市 Jiaozuo	25782	89038	2291	1740
濮 阳 市 Puyang	19489	142151	2078	16404
许 昌 市 Xuchang	23007	60502	4401	15629
漯 河 市 Luohe	20151	128609	3294	7679
三 门 峡 市 Sanmenxia	24632	76594	2918	4078
南 阳 市 Nanyang	70405	446196	11444	73740
商 丘 市 Shangqiu	68513	303000	17302	31016
信 阳 市 Xinyang	112964	351906	13641	50551
周 口 市 Zhoukou	104422	536446	9945	55224
驻 马 店 市 Zhumadian	106111	362496	15406	32115
济 源 市 Jiyuan	4929	17517	495	450
省 直 管 县 County Directly Administrated by Province				
巩 义 市 Gongyi	1571	16856	319	993
兰 考 县 Lankao	5878	33545	726	2282
汝 州 市 Ruzhou	6417	7394	743	2875
滑 县 Huaxian	4048	46426	1701	6131
长 垣 县 Changyuan	9736	30226	1983	2994
邓 州 市 Dengzhou	2185	35952	606	11730
永 城 市 Yongcheng	6135	59596	4140	4935
固 始 县 Gushi	18396	66933	3563	12534
鹿 邑 县 Luyi	8230	51100	1874	5763
新 蔡 县 Xincai	19000	44445	1782	3544

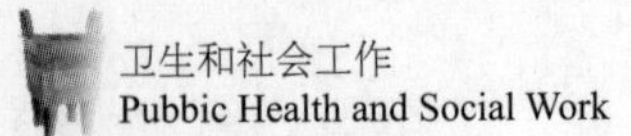

24-18 分地区医疗救助基本情况(2016年)

Basic Statistics on Medical Aid (2016)

省辖市(县) City(County)	民政部门资助参加医疗保险(人) Civil Affairs Aid for Medical Insurance (persons)	直接医疗救助(人次) Direct Medical Aid (persons-time)	民政部门资助参加医疗保险支出(万元) Civil Affairs Expenses of Medical Insurance (10 000 yuan)	直接医疗救助支出(万元) Expenses for Direct Medical Aid (10 000 yuan)
全　　省 Total	**3539301**	**656877**	**30252**	**83778**
省　辖　市 City				
郑　州　市 Zhengzhou	31720	32828	519	4857
开　封　市 Kaifeng	172832	18034	1194	2667
洛　阳　市 Luoyang	147968	6012	4618	2933
平　顶　山　市 Pingdingshan	232111	38958	1557	4337
安　阳　市 Anyang	118346	51505	1070	4628
鹤　壁　市 Hebi	61203	10895	282	1886
新　乡　市 Xinxiang	145074	15914	1707	3355
焦　作　市 Jiaozuo	103180	28735	643	2903
濮　阳　市 Puyang	126630	20344	2019	4126
许　昌　市 Xuchang	28508	16539	257	2466
漯　河　市 Luohe	44954	12838	499	2882
三　门　峡　市 Sanmenxia	82345	21231	840	2601
南　阳　市 Nanyang	528741	127499	2855	9231
商　丘　市 Shangqiu	407658	64586	3179	11394
信　阳　市 Xinyang	351185	66861	2634	7044
周　口　市 Zhoukou	478407	28338	3022	8351
驻　马　店　市 Zhumadian	453067	91498	3126	7646
济　源　市 Jiyuan	25372	4262	231	470
省　直　管　县 County Directly Administrated by Province				
巩　义　市 Gongyi	16804	788	202	352
兰　考　县 Lankao	40329	1954	281	293
汝　州　市 Ruzhou	21645	10710	107	791
滑　县 Huaxian	53099	8724	596	1539
长　垣　县 Changyuan	46758	8796	571	658
邓　州　市 Dengzhou	57305	15352	244	1362
永　城　市 Yongcheng	59471	11078	541	1523
固　始　县 Gushi	15806	19695	48	1777
鹿　邑　县 Luyi	54844	1891	241	977
新　蔡　县 Xincai	64392	6620	398	953

24-19 分地区社区服务基本情况(2016年)

Statistics on Community Service Facilities by City (2016)

市 City	社区服务机构数(个) Number of Community Service Facilities (unit)	年末职工人数(人) Number of Staffs at the End of the Year (person)	#女性 Female	床位数(张) Number of Beds (unit)	年末收养人数(人) Number of Adopted Person at the End of the Year (person)
全　　省 Total	**4860**	**27102**	**9357**	**231496**	**130191**
省 本 级 Provincial level					
郑 州 市 Zhengzhou	602	4874	1319	8627	355
开 封 市 Kaifeng	183	1432	407	9963	4300
洛 阳 市 Luoyang	75	464	206	2769	1014
平 顶 山 市 Pingdingshan	336	2154	906	11786	7019
安 阳 市 Anyang	300	1655	804	13490	3411
鹤 壁 市 Hebi	375	1308	589	2794	715
新 乡 市 Xinxiang	368	2282	533	2128	221
焦 作 市 Jiaozuo	212	961	356	1043	97
濮 阳 市 Puyang	153	752	166	9408	1797
许 昌 市 Xuchang	215	1147	421	10828	2762
漯 河 市 Luohe	152	463	173	7026	3515
三 门 峡 市 Sanmenxia	119	595	330	4147	2768
南 阳 市 Nanyang	553	2528	850	53696	45565
商 丘 市 Shangqiu	70	744	291	9219	6306
信 阳 市 Xinyang	569	1786	387	30681	7710
周 口 市 Zhoukou	300	1907	801	20658	18523
驻 马 店 市 Zhumadian	257	1947	788	33182	24084
济 源 市 Jiyuan	21	103	30	51	29

24-20 分地区婚姻服务基本情况(2016年)
Statistics on Marriages and Divorces by Region (2016)

地 区	City	结婚登记(对) Total Number of Registered Marriages (couples)	结婚登记人数(人) Total Number of Registered Marriages (person)	离 婚(对) Divorces (couples)	#民政 Civil Affairs
全 省	**Total**	**968979**	**1937958**	**288764**	**251625**
省 本 级	Provincisl Level	601	1202		
郑 州 市	Zhengzhou	84308	168616	40042	37236
开 封 市	Kaifeng	44815	89630	14114	12599
洛 阳 市	Luoyang	56463	112926	18166	16144
平 顶 山 市	Pingdingshan	44706	89412	14909	12904
安 阳 市	Anyang	51645	103290	15748	13357
鹤 壁 市	Hebi	12826	25652	4536	3931
新 乡 市	Xinxiang	51681	103362	17570	15575
焦 作 市	Jiaozuo	29336	58672	10269	8981
濮 阳 市	Puyang	36584	73168	9376	7775
许 昌 市	Xuchang	45057	90114	14976	13204
漯 河 市	Luohe	22040	44080	6553	5482
三 门 峡 市	Sanmenxia	18714	37428	6021	5002
南 阳 市	Nanyang	76465	152930	27791	22317
商 丘 市	Shangqiu	103251	206502	22733	19746
信 阳 市	Xinyang	76231	152462	16598	14950
周 口 市	Zhoukou	126183	252366	21879	18293
驻 马 店 市	Zhumadian	81551	163102	23628	20477
济 源 市	Jiyuan	6522	13044	3855	3652

24-21 残疾人事业基本情况

Basic Information of Person with Disabilities

项 目	Item	2016
康复	**Rehabilitation**	
视力残疾基本康复服务 （人）	Rehabilitation of Persons with Visual Dirsability	13204
盲人	Blind Persons	7471
白内障复明手术	Sight-restoring Surgeries for Cataract Patients	333
盲杖及其辅助器具	White Cane and Other Assistive Devices	5668
盲人定向行走及适应训练	Blind Persons Receiving Orientation Skill Training	3839
中途盲者支持性服务	Supportive Services for Non-congenital Blind Persons	1614
低视力者	Person with Low vision	5733
助视器适配及服务	Fitted with Vison-aids and Services	5473
视功能训练	Training on Visual Function	2378
听力残疾人接受基本康复服务(人)	Rehabilitation of Persons with Hearing Disability	7634
0-6岁儿童	0-6 year-old Children	1138
人工耳蜗植入手术及服务	Cochlear Implantation and Services	346
助听器适配及服务	Fitted with Hearing-aid and Services	573
听觉言语功能训练	Training on Hearing and Speech Ability	922
家长支持性服务	Supportive Services from Parents	921
7-17岁儿童	7-17 year-old children	702
助听器适配及适应训练	Fitted with Hearing-aid and Adapted Training	594
家长支持性服务	Supportive Services from Parents	456
成人助听器适配及适应训练	Fitted with Hearing-aid and Adapted Training for Adult	5794
肢体残疾基本康复服务 （人）	Rehabilitation of Persons with Physical Disability	40061
0-6岁儿童	0-6 year-old Children	3947
矫治手术	Corrective Surgery	221
辅助器具适配及服务	Adaption and Services with Assistive Devices	3152
运动及适应训练	Exercise and Adaptive Training	3061
家长支持性服务	Supportive Services from Parents	2639
7-17岁儿童及成人	7-17 year-old children and Adults	36114
辅助器具适配及服务	Adaption and Services with Assistive Devices	32945
康复治疗及训练	Rehabilitation and Training	11826
重度残疾人支持性服务	Supportive Services for Severely Disabled Persons	7937
智力残疾基本康复服务 （人）	Rebabilitation of persons with Intellectllal Disability	12105
0-6岁儿童	0-6 year-old Children	7700
其中：认知及适应训练	Congnitive and Adaptive Training	7557
家长支持性服务	Supportive Services from Parents	6931
7-17岁儿童及成人	7-17 year-old children and Adults	4405
其中：认知及适应训练	Congnitive and Adaptive Training	4051
重度残疾人支持性服务	Supportive Services for Severely Disabled Persons	1459
精神残疾基本康复服务 （人）	Rehabilitation of Persons with Mental Disability	16977
0-6岁儿童孤独症儿童	0-6 year-old Children with Autism	644
7-17岁孤独症	7-17 year-old Persons with Autism	273
成年精神残疾人	Adults with Mental Disability	16060
精神疾病治疗	Treatment on Mental Illness	15140
精神障碍作业疗法训练	Exercise Therapy on Mental Disorder	6089
支持性服务	Supportive Services	8924

24-21 续表 continued

项　　目	Item	2016
教育	**Education**	
学前教育阶段	**Pre-school Education**	
接受残疾人事业专项彩票公益金助学项目资助(人)	Accept aid from Welfare Lottery Funds for Disabled Persons	1333
高等教育阶段	Higher Education	
高等特殊教育机构录取残疾考生(人)	Disabled Students at Special Higher Education Institutions	378
普通高等院校录取残疾考生(人)	Disabled Students at Regular Higher Education Institutions	488
就业	**Employment**	
残疾人就业人数(人)	Eemployed PWDS (person)	405820
按比例就业	Employed on Percentage	28068
集中就业	Centralized Employment	11806
个体就业	Self-employed	60551
公益性岗位就业	Employment at public welfare	3814
辅助性就业	Supporting Employment	19398
从事农业种植增加	Engaged in Farming	252372
灵活就业	Fixable Employment	29811
盲人按摩	**Massage by Persons with Visual Disability**	
保健按摩人员培训(人)	Massage Therapists Training (person)	1828
医疗按摩人员培训(人)	Medical Massage Training (person)	193
维权	**Rights Protection**	
法规体系及执法检查	Rules System and Law Enforcement Inspection	
人大执法检查或专题调研(次)	Law enforcement inspection of National People's Congress and Special investigation (time)	17
政协视察或专题调研(次)	Inspection of CPPCC and Special investigation (time)	16
法律救助及援助	Legal Aid and Assistance	
残疾人法律救助工作站(个)	Legal aid Workstations for disabled People (unit)	102
残疾人法律救助工作站办理案件(件)	Cases of Legal aid workstations for disabled People(case)	75
无障碍设施建设	Construction of Barrier-free Facilities	
贫困残疾人家庭无障碍改造(户)	Barrier-free Reconstruction for Poor Family with Disabled People(household)	4544
无障碍环境建设检查(次)	Barrier-free Check(time)	107
无障碍培训(人次)	Barrier-free Training(person-time)	196
残疾人信访	Letters and Calls from Disabled Persons	
残疾人来信(件)	Letters from Disabled Persons(case)	419
残疾人来访(人次)	Visit from Disabled Persons(person-time)	5695
残疾人来电(通)	Calls from Disabled Persons(person-time)	2778
残联组织建设	**Organization of the Disabled Persons' Federation**	
残疾人工作者数(人)	Disabled Worker(person)	8116

主要统计指标解释

医疗卫生机构　指从卫生行政部门取得《医疗机构执业许可证》、《计划生育技术服务许可证》，或从民政、工商行政、机构编制管理部门取得法人单位登记证书，为社会提供医疗保健、疾病控制、卫生监督服务或从事医学科研和医学在职培训等工作的单位。医疗卫生机构包括医院、基层医疗卫生机构、专业公共卫生机构、其他医疗卫生机构。

基层医疗卫生机构　包括社区卫生服务中心、社区卫生服务站、街道卫生院、乡镇卫生院、村卫生室、门诊部、诊所(医务室)。

专业公共卫生机构　包括疾病预防控制中心、专科疾病防治机构、妇幼保健机构（含妇幼保健计划生育服务中心）、健康教育机构、急救中心（站）、采供血机构、卫生监督机构、取得《医疗机构执业许可证》或《计划生育技术服务许可证》的计划生育技术服务机构。

其他医疗卫生机构　包括疗养院、临床检验中心、医学科研机构、医学在职教育机构、医学考试中心、农村改水中心、人才交流中心、统计信息中心等卫生事业单位。

医院　指设有固定床位，能收容病人住院并能为病人提供医疗、护理服务的医疗机构。包括综合医院、中医医院、中西医结合医院、民族医院、各类专科医院和护理院，不包括专科疾病防治院、妇幼保健院和疗养院。

卫生技术人员　包括执业医师、执业助理医师、注册护士、药师（士）、检验技师（士）、影像技师（士）、卫生监督员和见习医（药、护、技）师（士）等卫生专业人员。不包括从事管理工作的卫生技术人员（如院长、副院长、党委书记等）。

执业医师　指《医师执业证》“级别”为“执业医师”且实际从事医疗、预防保健工作的人员，不包括实际从事管理工作的执业医师。执业医师类别分为临床、中医、口腔和公共卫生四类。

执业助理医师　指《医师执业证》“级别”为“执业助理医师”且实际从事医疗、预防保健工作的人员，不包括实际从事管理工作的执业医师。执业助理医师类别分为临床、中医、口腔和公共卫生四类。

注册护士　指具有注册护士证书且实际从事护理工作的人员，不包括从事管理工作的护士。

收养性单位（提供食宿的社会福利单位）　指提供食宿的、不以盈利为目的的革命伤残人休养院、复退军人慢性病疗养院、复退军人精神病院、光荣院、社会福利院、儿童福利院、精神病人福利院、老年收养性机构（敬老院、养老院、老年公寓）等收养性的社会福利企业单位的总称。

收养性单位年末在院人数（收养人数）　指收养单位报告期末实际收养的优抚对象、社会“三无”对象和自费人员的总人数。

社会福利企业单位　指以集中安置有一定劳动能力的残疾人就业为目的（残疾职工占生产人员10%以上）、带有社会福利性质的企业总称。社会福利企业分类为：社会福利工厂、假肢厂、其他福利企业。

Explanatory Notes on Main Statistical Indicators

Medical and Health Care Institutions refer to the units which have been qualified the Certification of Health Care Institution, certification of family planning technical service by the administration of public health, or qualified the Certification of Corporate Unit by the civil affairs, administration for industry and commerce, commission office for public sector reform, and engaging in medical care, disease prevention and control, health supervision and inspection, medicine research and on-job training, etc., including: hospitals, health care institutions at grass-root level, specialized public health institutions, and other medical and health care institutions.

Health Care Institutions at Grass-root Level include community health service centers, community health service stations, urban health centers, township health centers, village clinics, outpatient departments and clinics (health centers).

Specialized Public Health Institutions include centers for disease control and prevention, specialized disease prevention and treatment institutions, women and children care agencies(including women and children health care family planning service center), health education institutions, first aid centers, blood gathering and supplying institutions, health supervision and inspection agencies, and family planning technical service centers that obtained the Certification of Health Care Institution or certification of family planning technical service centers.

Other Medical and Health Care Institutions include sanatoriums, clinical laboratory centers, medicinal scientific research institutions, on-job training institutions, medical examination centers, rural water improvement centers, talent exchange centers, and statistical information centers, etc.

Hospitals refer to medical institutions with permanent hospital beds, which are able to take in patients and provide them with medical and nursing services. Include general hospital, hospital of traditional Chinese medicine, hospital of combining traditional Chinese and western medicine, national hospital, all kinds of specialized subject hospital and nursing homes, not including specialized subject hospital, maternity and child care centers, and convalescent hospital.

Medical Technical Personnel include Licensed Doctors, Licensed Assistant Doctors, Pharmacists, inspection technician, image technicians, hygiene supervisors and apprentice physicians and other health professionals. Not including engaged in the management of the health technical personnel.

Licensed Doctors refer to the medical workers who have obtained the licenses of qualified doctors and are employed in medical treatment, disease prevention or healthcare institutions, excluding the licensed doctors engaged in management job. The licensed doctors are divided into 4 categories: clinician, Chinese medicine physicians, dentist and public health physicians.

Licensed Assistant Doctors refer to the medical workers who have obtained the licenses of qualified assistant doctors and are employed in medical treatment, disease prevention or healthcare institutions, excluding the licensed assistant doctors engaged in management job. The classification of licensed assistant doctors is clinician, Chinese medicine, dentist and public health.

Registered nurse refers to has registered nurse certificate and actually engaged in nursing work of the staff, not including engaged in the management of the nurse.

Social Welfare Enterprises refers to those welfare-oriented enterprises employing a significant number of handicapped people with certain labour ability (handicapped employees shall exceed 10% of the production staff), including welfare factories, artificial limb plants as well as other welfare enterprises.

文化和体育

Culture and Sports

25

⊙ 资料整理：孔令惠

简要说明

一、主要内容

本篇包括文化、文物机构、档案、广播、电视、新闻出版、文化及相关产业增加值、规模以上企业等方面的活动情况。

二、资料来源

文化机构人员，艺术表演团体，艺术表演场馆，公共图书馆，博物馆，群众艺术馆，文化馆等资料由河南省文化厅提供；档案资料由省档案局提供；文物机构资料由省文物局提供；广播、电视资料由省广电厅提供；新闻出版资料由省新闻出版局提供；体育资料由省体育局提供。由省统计局社会与科技处编辑整理。

Brief Introduction

I. Main Contents

Data in this chapter mainly reflect the situations on culture, relics institutions, archives, broadcasting, television; news and publication.

II. Sources of Data

Data on the number of the staff and workers in cultural situations, art performing groups and performance venues, public libraries, museums, art venues, cultural venues are calculated from Henan provincial bureau of culture; data on archives are calculated from Henan provincial bureau of archives; data on cultural relics situations are calculated from Henan provincial bureau of cultural relics; data on broadcasting and TV are calculated from Henan provincial bureau of broadcasting and TV; data on news and publication are calculated from Henan provincial bureau of news publication. Data on this chapter are provided by department of social and technological of Henan provincial bureau of statistics.

25-1 文化及相关产业增加值

Value-Added of Cultural and Related Industry

年 份	增加值 Value-Added (100 million)	文 化 制造业 Culture Manufacturing	文化批发 和零售业 Wholesale and Retail of Culture	文化 服务业 Services of Culture	构 成(%) Composition (%) 文化 制造业 Culture Manufacturing	文化批发 和零售业 Wholesale and Retail of Culture	文化 服务业 Services of Culture	占GDP 比重(%) Percentage to GDP (%)
2004	101.40							1.19
2008	249.70							1.39
2009	293.62							1.51
2010	367.13							1.59
2011	454.37							1.69
2012	670.00	363.30	34.30	271.90	54.2	5.1	40.6	2.30
2013	815.69	435.89	56.61	323.19	53.4	6.9	39.6	2.50
2014	984.66	528.16	117.83	338.67	53.6	12.0	34.4	2.82
2015	1111.87	588.47	128.71	394.70	52.9	11.6	35.5	3.00
2016	1212.80	608.62	157.23	446.95	50.20	13.00	36.90	3.00

注：2013年以前增加值数据为法人单位口径。

a) The data on value-added before 2013 were on the caliber of establishment.

25-2 文化及相关产业规模以上企业分类主要指标(2016年)

Main Indicators of Culture and Related Industry above Designated Size by Type (2016)

项目	Item	法人单位数(个) Number of Institutional Unit (unit)	从业人员期末人数(人) Number of Employed Persons at year end (person)	资产总计(万元) Total Assets (10 000 yuan)	营业收入(万元) Business Revenue (10 000 yuan)	利润总额(万元) Total Profits (10 000 yuan)	税金合计(万元) Tax and Expenses (10 000 yuan)	应付职工薪酬(万元) Wages Payable (10 000 yuan)
全　省	**Total**	**3208**	**485821**	**32599202**	**35808936**	**2876995**	**935918**	**2308792**
文化产品的生产	**Production of Cultural Products**	**2151**	**265946**	**20757434**	**16573671**	**1481553**	**478502**	**1347105**
新闻出版发行服务	News publishing and distribution services	195	24147	3246309	1246812	202589	24945	142642
广播电视电影服务	Broadcasting,television and movies services	113	6060	230136	211636	29351	17772	27988
文化艺术服务	Culture and art services	116	14780	549302	227729	14899	14152	49107
文化信息传输服务	Cultural information transmission services	84	21113	1273734	545970	7984	8853	101635
文化创意和设计服务	Cultural creativity and design services	577	43855	2676172	2156974	215274	98644	314363
文化休闲娱乐服务	Recreation and cultural services	435	38570	6013688	912130	136225	56434	137615
工艺美术品的生产	Production of arts and crafts	631	117421	6768093	11272420	875232	257702	573754
文化相关产品的生产	**Production of Culture related products**	**1057**	**219875**	**11841768**	**19235264**	**1395442**	**457417**	**961687**
文化产品生产的辅助生产	Auxiliary production of cultural products	402	82511	3654954	5662018	421421	139986	369096
文化用品的生产	Production of cultural goods	616	129863	7792791	12662168	911343	299703	552015
文化专用设备的生产	Production of special equipment for Culture	39	7501	394023	911079	62678	17728	40576

25−3 文化及相关产业规模以上企业主要经济指标(2016年)

Main Economic Indicators of Culture and Related Industry Enterprises above Designated Size (2016)

单位：万元 (10 000 yuan)

指标	Item	合计 Total	文化制造业 Cultural Manufacturing Industry	文化批零业 Cultural wholesale and Retail Industry	文化服务业 Cultural Service Industry	#内资 Domestic Funded	公有制 Public-owned	非公有制 Non-public owned
企业单位数（个）	Number of Enterprises (unit)	3208	1034	727	1447	3159	387	2821
期末从业人员（人）	Employed Persons (person)	485821	306128	39635	140058	455408	78396	407425
资产总计	Total Assets	32599202	16646351	2601543	13351309	31568647	8853021	23746182
流动资产合计	Total Current Assets	13868901	7563729	1531705	4773466	13294770	4051525	9817376
固定资产原价	Fixed Assets Price	13864078	9417872	359875	4086331	13377292	2830295	11033783
本年折旧	Depreciation in This Year	760869	524089	13763	223017	737979	180415	580454
负债合计	Total Liabilities	13504343	6231861	1247297	6025185	13122342	4462805	9041538
所有者权益合计	Total Owner's Equity	19001200	10323836	1354246	7323118	18341914	4390150	14611050
营业收入	Business Revenue	35808936	26525528	4838709	4444699	33811387	5601662	30207274
#主营业务收入	Revenue from Principle Business	35590278	26451298	4764675	4374305	33627133	5516727	30073550
营业成本	Operating Cost	30169941	23024315	4112972	3032654	28448948	4710649	25459292
#主营业务成本	Cost of Principle Business	29985536	22988420	4077730	2919386	28271319	4615599	25369938
营业税金及附加	Business Tax and Add	269258	144373	44400	80485	258656	35662	233596
#主营业务税金及附加	Principle business taxes and Add	262470	143062	43508	75900	251932	32138	230332
销售费用	Sales Expenses	1067134	564702	196520	305912	1026383	225483	841651
管理费用	Management Fee	1299256	543222	144722	611313	1244938	422885	876370
#税金	Taxes	54911	20626	6013	28272	53706	14877	40034
财务费用	Financial Expenses	382763	255451	29059	98254	373335	83797	298966
#利息收入	Income of Interest	20500	12715	1227	6557	20505	7857	12643
#利息支出	Interest Expense	267748	186730	7486	73533	260376	69405	198343
投资收益	Income from Investment	70488	-6428	2352	74565	70488	69268	1221
营业利润	Operating Profits	2715425	1972616	310002	432807	2554403	207902	2507523
应交所得税	Income Tax Payable	276266	195364	12470	68431	272125	20465	255801
应付职工薪酬	Wages Payable	2308792	1419853	161084	727855	2222496	547352	1761440
应交增值税	Value Added Tax Payable	611749	453021	49402	109326	595209	99634	512115
利润总额	Total Profits	2876995	1985910	308593	582492	2709785	340502	2536493

25-4 各市文化及相关产业规模以上企业主要指标(2016年)

Main Indicators of Enterprises in Culture and Related Industry above Designated Size by City (2016)

市(县)	City(county)	法人单位数(个) Number of Institutional Unit (unit)	从业人员期末人数(人) Number of Employed Persons at year-end (person)	资产总计(万元) Total Assets (10 000 yuan)	营业收入(万元) Business Revenue (10 000 yuan)	利润总额(万元) Total Profits (10 000 yuan)	税金合计(万元) Tax and Expenses (10 000 yuan)	应付职工薪酬(万元) Wages Payable (10 000 yuan)
总计	**Total**	**3208**	**485821**	**32599202**	**35808936**	**2876995**	**935918**	**2308792**
省辖市	**City**							
郑州市	Zhengzhou	584	91716	9422416	7615790	799488	248344	580803
开封市	Kaifeng	264	31450	1358096	2329029	276260	52134	140630
洛阳市	Luoyang	304	42274	2987904	2459926	108501	57498	151157
平顶山市	Pingdingshan	163	19183	2858069	723481	55359	18260	63833
安阳市	Anyang	38	4728	336636	437896	53257	15084	17926
鹤壁市	Hebi	26	2766	141202	190354	13545	4068	10662
新乡市	Xinxiang	91	20936	1291711	1638329	74451	26821	69737
焦作市	Jiaozuo	106	32692	2038094	2877258	153166	61271	140363
濮阳市	Puyang	84	13480	1220784	2418531	229854	43125	49348
许昌市	Xuchang	331	73991	3423220	6239970	396558	147365	303772
漯河市	Luohe	70	13910	1183154	1291632	85433	30182	60498
三门峡市	Sanmenxia	58	3306	379939	190702	12580	3988	12167
南阳市	Nanyang	377	44933	2705843	2918207	199524	74317	364371
商丘市	Shangqiu	208	30261	650856	1333092	119758	45092	102455
信阳市	Xinyang	200	22450	838272	1074243	100836	36055	92658
周口市	Zhoukou	101	11939	582752	784316	98428	32908	45646
驻马店市	Zhumadian	176	24392	1037808	1223736	93697	37151	96473
济源市	Jiyuan	27	1414	142447	62445	6300	2258	6294
省直管县	**County Directly Administrated by Province**							
巩义市	Gongyi	34	5146	335160	613804	55651	9804	32126
兰考县	Lankao	64	6897	284445	352184	46570	16279	25156
汝州市	Ruzhou	56	3562	132912	245123	19407	3345	13746
滑县	Huaxian	6	855	37505	17769	1378	18	3021
长垣县	Changyuan	12	648	13416	19355	771	388	1963
邓州市	Dengzhou	10	1783	77162	109276	4859	1483	9151
永城市	Yongcheng	31	4368	108490	210742	24234	2694	12207
固始县	Gushi	19	2191	47961	82029	7021	1860	7045
鹿邑县	Luyi	26	2809	44753	47650	5438	1769	7874
新蔡县	Xincai	34	1051	31183	77023	6916	1408	3567

25-5 各市文化及相关产业规模以上文化制造业企业主要指标(2016年)

Main Indicators of Cultural Manufacturing Enterprises above Designated Size by City (2016)

市(县)	City(county)	法人单位数(个) Number of Institutional Unit (unit)	从业人员期末人数(人) Number of Employed Persons at year-end (person)	资产总计(万元) Total Assets (10 000 yuan)	营业收入(万元) Business Revenue (10 000 yuan)	利润总额(万元) Total Profits (10 000 yuan)	税金合计(万元) Tax and Expenses (10 000 yuan)	应付职工薪酬(万元) Wages Payable (10 000 yuan)
总计	**Total**	**1034**	**306128**	**16646351**	**26525528**	**1985910**	**618020**	**1419853**
省辖市	**City**							
郑州市	Zhengzhou	150	35031	2663494	4098477	500737	155732	167154
开封市	Kaifeng	69	19246	763897	1451876	128213	25414	85610
洛阳市	Luoyang	55	24247	697097	1368397	61210	26635	65077
平顶山市	Pingdingshan	35	4511	198289	364922	20211	6830	17265
安阳市	Anyang	17	2775	199014	381517	49878	13640	9453
鹤壁市	Hebi	9	1123	79156	89170	5599	2324	6881
新乡市	Xinxiang	38	16171	1061390	1500327	74435	23978	54375
焦作市	Jiaozuo	54	27649	1708641	2741224	144467	47770	117457
濮阳市	Puyang	35	11201	1059116	2257867	215284	40793	36752
许昌市	Xuchang	170	66383	3146682	5649138	345551	121934	275899
漯河市	Luohe	46	12795	961019	1113565	70475	27479	56324
三门峡市	Sanmenxia	4	865	98138	97654	8201	2315	3725
南阳市	Nanyang	149	29531	2083609	2434740	144242	48993	312169
商丘市	Shangqiu	54	16382	406968	815073	62151	14927	53962
信阳市	Xinyang	54	12073	420680	667546	53749	17635	56391
周口市	Zhoukou	35	7683	376113	546185	60114	11787	28658
驻马店市	Zhumadian	55	18241	694966	909936	38854	28132	71109
济源市	Jiyuan	5	221	28085	37914	2540	1700	1594
省直管县	**County Directly Administrated by Province**							
巩义市	Gongyi	10	4118	268952	588666	51120	8946	29444
兰考县	Lankao	25	4911	248231	284143	28291	8992	17305
汝州市	Ruzhou	21	1875	87883	176260	10574	1072	8075
滑县	Huaxian	3	338	4207	6307	1253	0	801
长垣县	Changyuan							
邓州市	Dengzhou	3	1148	63513	89468	3849	1128	6816
永城市	Yongcheng	8	1677	45235	112691	17420	493	3756
固始县	Gushi	2	567	28303	57704	4797	140	1561
鹿邑县	Luyi	7	2069	22858	26873	638	241	5165
新蔡县	Xincai	4	554	18449	55239	3080	1155	1527

25-6 各市文化及相关产业规模以上文化批零业企业主要指标(2016年)

Main Indicators of Cultural wholesale and Retail Enterprises above Designated Size by City (2016)

市(县) City(county)	法人单位数(个) Number of Institutional Unit (unit)	从业人员期末人数(人) Number of Employed Persons year-end (person)	资产总计(万元) Total Assets (10 000 yuan)	营业收入(万元) Business Revenue (10 000 yuan)	利润总额(万元) Total Profits (10 000 yuan)	税金合计(万元) Tax and Expenses (10 000 yuan)	应付职工薪酬(万元) wages Payable (10 000 yuan)
总计 Total	**727**	**39635**	**2601543**	**4838709**	**308593**	**99815**	**161084**
省辖市 City							
郑州市 Zhengzhou	111	4248	1040962	1502843	33614	16914	22492
开封市 Kaifeng	88	5883	211655	673587	112450	15211	30003
洛阳市 Luoyang	76	3129	374030	519276	11386	4652	12927
平顶山市 Pingdingshan	43	2594	48145	144037	5536	3825	7553
安阳市 Anyang	10	612	17685	33951	1991	698	3244
鹤壁市 Hebi	10	408	13192	26087	1389	366	1455
新乡市 Xinxiang	21	1133	51519	80899	2578	806	5109
焦作市 Jiaozuo	27	810	36645	64577	5726	1154	4710
濮阳市 Puyang	19	833	37313	111822	9853	1008	3514
许昌市 Xuchang	66	2356	114884	387498	12429	11176	9145
漯河市 Luohe	17	712	190255	168645	13529	2507	2963
三门峡市 Sanmenxia	18	426	19295	63604	1768	666	1995
南阳市 Nanyang	99	7115	185879	326849	35422	17426	22603
商丘市 Shangqiu	36	4393	99334	359296	24231	12527	14121
信阳市 Xinyang	39	2171	54765	151837	14142	4505	7603
周口市 Zhoukou	13	1115	36387	54506	4310	2477	4581
驻马店市 Zhumadian	33	1633	66048	166240	18106	3875	6553
济源市 Jiyuan	1	64	3550	3155	133	22	513
省直管县 County Directly Administrated by Province							
巩义市 Gongyi	4	102	3158	4393	403	41	191
兰考县 Lankao	13	414	14671	26907	4122	2216	1506
汝州市 Ruzhou	6	255	11354	20727	1189	470	1258
滑县 Huaxian	1	68	2442	5200	406	15	518
长垣县 Changyuan	4	178	7776	15125	658	188	741
邓州市 Dengzhou	3	224	8130	18033	1108	276	1235
永城市 Yongcheng	4	1945	47853	83518	3602	1614	6270
固始县 Gushi	3	258	4592	7060	158	162	1134
鹿邑县 Luyi	2	162	3199	6249	648	435	660
新蔡县 Xincai	4	87	4424	7505	458	73	527

25-7 各市文化及相关产业规模以上文化服务业企业主要指标(2016年)

Main Indicators of Culture Service Enterprises above Designated Size by City (2016)

市(县)	City(county)	法人单位数(个) Number of Institutional Unit (unit)	从业人员期末人数(人) Number of Employed Persons year-end (person)	资产总计(万元) Total Assets (10 000 yuan)	营业收入(万元) Business Revenue (10 000 yuan)	利润总额(万元) Total Profits (10 000 yuan)	税金合计(万元) Tax and Expenses (10 000 yuan)	应付职工薪酬(万元) wages Payable (10 000 yuan)
总计	**Total**	**1447**	**140058**	**13351309**	**4444699**	**582492**	**218083**	**727855**
省辖市	**City**							
郑州市	Zhengzhou	323	52437	5717960	2014470	265137	75698	391157
开封市	Kaifeng	107	6321	382544	203567	35597	11509	25018
洛阳市	Luoyang	173	14898	1916777	572252	35904	26211	73153
平顶山市	Pingdingshan	85	12078	2611636	214523	29611	7605	39015
安阳市	Anyang	11	1341	119937	22427	1389	746	5229
鹤壁市	Hebi	7	1235	48854	75097	6558	1378	2326
新乡市	Xinxiang	32	3632	178802	57103	-2562	2037	10253
焦作市	Jiaozuo	25	4233	292809	71457	2973	12347	18196
濮阳市	Puyang	30	1446	124355	48842	4717	1323	9082
许昌市	Xuchang	95	5252	161654	203335	38578	14255	18728
漯河市	Luohe	7	403	31880	9422	1429	196	1212
三门峡市	Sanmenxia	36	2015	262507	29444	2611	1007	6448
南阳市	Nanyang	129	8287	436356	156619	19859	7899	29599
商丘市	Shangqiu	118	9486	144554	158722	33376	17637	34372
信阳市	Xinyang	107	8206	362827	254860	32945	13915	28664
周口市	Zhoukou	53	3141	170252	183624	34005	18644	12408
驻马店市	Zhumadian	88	4518	276794	147560	36738	5143	18811
济源市	Jiyuan	21	1129	110813	21376	3627	535	4187
省直管县	**County Directly Administrated by Province**							
巩义市	Gongyi	20	926	63050	20745	4129	817	2491
兰考县	Lankao	26	1572	21543	41134	14157	5071	6345
汝州市	Ruzhou	29	1432	33675	48136	7644	1804	4414
滑县	Huaxian	2	449	30856	6262	-281	3	1703
长垣县	Changyuan	8	470	5641	4231	113	200	1222
邓州市	Dengzhou	4	411	5518	1775	-98	79	1100
永城市	Yongcheng	19	746	15402	14533	3211	587	2181
固始县	Gushi	14	1366	15066	17265	2066	1559	4351
鹿邑县	Luyi	17	578	18697	14528	4153	1093	2049
新蔡县	Xincai	26	410	8311	14278	3378	179	1514

25-8 文化文物机构和人员情况(2016年)

Number of Institutions and Employed persons in Cultural Industry (2016)

指标名称	Item	机构(个) Number of Institutions (unit)	文化部门 Culture Department	其他部门 Other Department	从业人员(人) Number of Employed Persons (person)	文化部门 Culture Department	其他部门 Other Department
总　计	**Total**	**15443**	**3862**	**11581**	**114892**	**44643**	**70249**
艺术业	Arts	1156	311	845	32905	11868	21037
公共图书馆业	Public Libraries	158	158		2955	2955	
群众文化服务业	Mass Culture service	2546	2546		10996	10996	
艺术教育业	Culture and Education	9	9		368	368	
文化市场经营机构(不含非公有制艺术表演团体)	Institutions of Business of lulture (Without Non-public Arts Performance Groups)	10636		10636	47957		47957
文艺科研机构	Art Research institutions	17	17		176	176	
文物业	Historical Relics	564	465	99	11755	10580	1175
其他	Others	357	356	1	7780	7700	80

25-9 艺术表演场馆基本情况(2016年)

Basic Statistics of Arts Performance Places (2016)

指标名称	Item	机构数（个） Number of Institutions (unit)	从业人员（人） Number of Employed Persons (person)	座席数（个） Number of Seats (unit)	演(映)出场次（场次） Number of Performances (time)	#艺术演出 Art Performance
总　计	**Total**	**150**	**3443**	**86657**	**8690**	**3340**
按登记注册类型分	By Status of Registration					
国　有	State-owned	134	2944	80946	5250	1910
其　他	Others	16	499	5711	3440	1430
按管理部门分	By Management Department					
文化部门	Culture Department	140	3024	81996	5650	1910
按机构类型分	By Type					
剧场	Theaters	52	1104	29328	3390	1520
影剧院	Showplaces	89	1927	50704	4490	1240
综合性	General Performing Theaters	4	314	5107	490	290
其他艺术表演场馆	Others Arts Centers	3	76	1118	90	60
按隶属关系分	By Jurisdiction of Management					
省、区、市	Province, Autonomous Regions and Municipalities	2	209	3975	770	180
地、市	Prefectures, cities	28	785	8808	2320	560
县、市及以下	County and Below	120	2449	73874	5600	2600

指标名称	Item	观众人次（万人次） Number of Audiences (10 000 person-times)	#艺术演出 Art Performances	收入合计（万元） Total Income (10 000 yuan)	#财政拨款 Government	#演出收入 Performance Income	支出合计（万元） Total Expenses (1000 yuan)
总　计	**Total**	**304.44**	**111.47**	**14020.2**	**5282.5**	**3342.6**	**15577.0**
按登记注册类型分	By Status of Registration						
国　有	State-owned	249.40	111.47	11429.9	4754.9	2019.8	11713.0
其　他	Others	55.04		2590.3	527.6	1322.8	3864.0
按管理部门分	By Management Department						
文化部门	Culture Department	255.40	111.47	11911.7	4810.5	2019.8	12360.9
按机构类型分	By Type						
剧场	Theaters	105.79	33.27	4188.7	1430.3	1343.6	5503.9
影剧院	Showplaces	123.64	46.40	4009.9	811.0	306.6	4377.1
综合性	General Performing Theates	66.17	27.12	5434.5	3001.2	1513.7	5264.3
其他艺术表演场馆	Others Arts Centers	6.73	4.69	327.1	40.0	118.7	393.6
按隶属关系分	By Jurisdiction of Management						
省、区、市	Province, Autonomous Regions and Municipalities	61.52	18.80	5072.5	2630.8	1513.3	5125.2
地、市	Prefectures, cities	57.12	25.99	2931.2	286.0	202.2	3346.3
县、市及以下	County and Below	185.80	66.68	6016.5	2365.7	1627.1	7105.5

25-10 艺术表演团体基本情况(2016年)

Basic Statistics of Arts Performance Troupes (2016)

指标名称	Item	剧团数(个) Number of Performance Troupes (unit)	从业人员(人) Number of Employed Persons (person)	本团原创首演剧目(个) Number of Original Play Firsty Performanced (unit)	演出场次(万场次) Number of Performances (10000 times)	#国内演出 Domestic performance	#农村 Rural Areas
总　计	**Total**	**1006**	**29462**	**39**	**46.27**	**46.25**	**26.02**
按登记注册类型分	**By Registration Status**						
国有	State-owned	166	8494	37	4.49	4.48	3.91
集体	Collective-owned	1	16		0.02	0.01	0.01
其他	Others	839	20952	2	41.76	41.76	22.10
按隶属关系分	**By Jurisdiction of Management**						
省、区、市	Province, Autonomous Regions and Municipalities	6	1133	4	0.17	0.17	0.11
地、市	Prefectures, cities	26	2049	9	0.67	0.67	0.50
县、市及以下	County and Below	974	26280	26	45.44	45.42	25.41
按管理部门分	**By Management Department**						
文化部门	Culture Department	171	8844	39	4.63	4.60	4.01
其他部门	Other Department	835	20618		41.65	41.65	22.01
按剧种分	**Grouped by Type of Drama**						
话剧、儿童剧、滑稽剧团	Drama, Children's Play and Comedy Troupes	149	3203		10.17	10.17	5.26
歌舞、音乐类	Song and Dance,Musicals	83	1941	3	0.72	0.72	0.48
京剧、昆曲类	Beijing Opera and Kunqu Opera	2	115		0.02	0.02	0.01
地方戏曲类	Local Opera	439	16258	34	12.72	12.71	10.12
杂技、魔术、马戏类	Acrobatics,Magic, Circus	56	2032	1	6.19	6.17	2.44
曲艺类	Folk Arts	90	1979		2.10	2.10	1.75
综合性艺术表演团体	Comprehensive Art Performing Troupes	187	3934	1	14.36	14.36	5.96

25-10 续表 continued

指标名称	Item	国内演出观众人次(万人次) Number of Audience (10 000 person-times)	#农村 Rural Areas	收入合计(万元) Total Income (10 000 yuan)	支出合计(万元) Total EXpenses (1000 yuan)	政府采购的公益演出活动 Public performance by government procurement: 演出场次(万场次) Number of Performances (10 000 times)	观众人次(万人次) Number of Audience (10 000 person-times)
总　计	**Total**	**11994.32**	**8933.02**	**115970.2**	**91676.5**	**1.97**	**2230.74**
按登记注册类型分	**By Registration Status**						
国有	State-owned	5289.17	4568.36	69471.7	63486.7	1.90	2113.64
集体	Collective-owned	16.00	8.00	15.3	15.3	0.00	9.00
其他	Others	6689.15	4356.67	46483.2	28174.5	0.07	108.10
按隶属关系分	**By Jurisdiction of Management**						
省、区、市	Province, Autonomous Regions and Municipalities	273.26	168.50	28839.9	24239.0	0.12	195.57
地、市	Prefectures, cities	1059.81	854.99	22752.6	21960.2	0.43	574.34
县、市及以下	County and Below	10661.25	7909.54	64377.7	45477.3	1.42	1460.83
按管理部门分	**By Management Department**						
文化部门	Culture Department	5481.40	4719.63	72412.5	66540.6	1.97	2230.74
其他部门	Other Department	6512.92	4213.40	43557.7	25135.9		
按剧种分	**Grouped by Type of Drama**						
话剧、儿童剧、滑稽剧团	Drama, Children's Play and Comedy Troupes	492.08	357.59	8228.0	4780.1	0.01	16.80
歌舞、音乐类	Song and Dance,Musicals	561.81	286.62	11920.3	10956.1	0.09	72.82
京剧、昆曲类	Beijing Opera and Kunqu Opera	7.88	6.98	1913.3	2007.6	0.01	7.36
地方戏曲类	Local Opera	8953.58	7090.09	75152.9	58128.2	1.67	1950.45
杂技、魔术、马戏类	Acrobatics,Magic, Circus	556.25	163.46	6478.9	6083.1	0.06	33.07
曲艺类	Folk	411.52	383.45	3335.5	1889.9	0.03	14.42
综合性艺术表演团体	Comprehensive Art Performing Troupes	1011.21	644.83	8941.3	7831.5	0.10	135.82

25-11 娱乐场所基本情况

Basic Statistics on Entertainment

指标名称	Item	2014	2015	2016
机构数(个)	Number of Institutions (unit)	2249	1977	1857
游艺	Carnival	725	454	408
歌舞	Musical	1521	1512	1441
其他	Others	3	11	8
从业人员(人)	Number of Employed Persons (person)	25936	20231	16651
资产总计(万元)	Total assets (10 000yuan)	293606	250733	254419
营业收入(万元)	Operating Revenue (10 000yuan)	148954	130979	107244
营业成本(万元)	Operating Cost (10 000yuan)	98836	89793	75956
养老、医疗、事业等保险费	Insurance expenses of Pension, Medical and Business	1717	2947	2719
工资总额	Total Wages	32913	39546	31827
税金总额	Total Taxes	4313	4927	3339
营业利润(万元)	Operating Profit (10 000yuan)	50118	41186	31288

25-12 公共图书馆基本情况(2016年)

Basic Statistics on Libraries (2016)

指标名称	Item	总 计 Total	#少儿图书馆 Chilren Libraries	#省、区、直辖市(级) Provincial Level	地市级 prefecture -level	县市级 County-level	#县图书馆 county Libraries
机构数(个)	Number of Institutions (unit)	158	7	2	18	138	87
从业人员(人)	Number of Employed Persons (person)	2955	120	220	778	1957	1187
总藏量(万册)	Total Collections (10 000 volumes)	2645.81	88.44	368.34	978.48	1298.99	665.52
#图书	Books	2169.14	79.34	283.97	803.43	1081.73	561.34
报刊	Newspapers and periodicals	310.86	8.40	30.71	117.38	162.78	75.96
本年收入(万元)	Income of this Year (10 000yuan)	35899	3307	5948	14893	15059	8264
本年支出(万元)	Expenditures of this Year (10 000yuan)	35681	3009	6217	14652	14812	8046
公共图书馆少儿文献(万册)	Children's literature in public Libraries	232.20	67.05	30.08	99.44	102.68	47.35
电子图书(万册)	Electronic books (10 000 volumes)	1509.47	22.80	202.10	473.79	833.58	285.59
本年新购图书(万册)	Number of Books Purchased This Year (10 000 volumes)	160.21	15.60	10.55	65.18	84.48	49.97
当年购买的报刊种类(万种)	Category of Newspapers and periodicals bought This Year	3.87	0.16	0.34	1.53	2.00	1.01
累计发放有效借书证数(万个)	Number of Effective library card Totally Distributed	117.58	8.86	12.00	51.58	54.00	23.60
总流通人次(万人次)	Number of circulation (10 000person-times)	2538.70	203.97	254.38	1098.36	1185.95	574.02
#书刊文献外借人次	Borrowing from Libraries	1228.37	73.49	92.56	431.31	704.50	357.03
书刊文献外借册次(万册次)	Number of Books and Periodicals Lent (10 000volume-times)	1862.43	164.31	179.85	704.30	978.28	480.94
为读者服务举办各种活动次数(次)	Activities Provided for Readers (times)	6302	1349	834	2001	3467	1915
参加人数(万人次)	Number of Readers Involved (10 000 person-times)	187.69	25.72	20.41	67.85	99.43	54.46
组织各类讲座次数(次)	Number of lectures	3342	533	62	1419	1861	1039
举办展览(个)	Exhibitions Held (unit)	1209	171	145	323	741	416
举办培训班(个)	Training courses Held (unit)	1751	645	627	259	865	460
计算机(台)	Computers (set)	9444	354	328	2781	6335	3580
#电子阅览室终端数(台)	Terminals in Electronic media reading rooms	6327	217	184	1762	4381	2563
阅览室坐席数(万个)	Seats Capacity of Reading Rooms (10 000 seats)	4.91	0.20	0.21	1.82	2.88	1.54
实际使用公共用房建筑面积(万平方米)	Floor Space of Public Buildings (10 000 sq.m)	61.08	2.04	3.89	26.66	30.53	16.77
#书库	Storeroom for Books	13.60	0.25	1.04	6.19	6.37	2.96

25-13 分地区公共图书馆基本情况(2016年)
Basic Statistics on Public Libraries by City (2016)

省辖市（县） City(County)	机构数（个） Number of Institutions (unit)	从业人员（人） Number of Employed Persons (person)	总藏量（万册） Total Collections (10 000 volumes)	#图书 Books	少儿文献（万册） Children's literature (10 000 volumes)
全　　省 Total	**158**	**2955**	**2,645.81**	**2,169.14**	**232.20**
省本级 Provincial Level	**2**	**220**	**368.34**	**283.97**	**30.08**
省辖市 City					
郑州市 Zhengzhou	13	352	292.43	241.11	20.52
开封市 Kaifeng	6	104	101.48	88.73	12.19
洛阳市 Luoyang	17	248	252.60	210.17	38.19
平顶山市 Pingdingshan	9	150	150.23	120.86	2.13
安阳市 Anyang	7	120	126.46	96.84	29.59
鹤壁市 Hebi	5	64	59.21	54.48	8.50
新乡市 Xinxiang	11	159	135.25	99.43	8.93
焦作市 Jiaozuo	8	97	140.81	125.15	8.40
濮阳市 Puyang	7	114	100.38	92.44	16.10
许昌市 Xuchang	7	144	118.58	99.96	13.78
漯河市 Luohe	5	70	57.35	49.67	0.05
三门峡市 Sanmenxia	7	101	147.71	123.38	12.43
南阳市 Nanyang	12	207	169.49	128.84	9.95
商丘市 Shangqiu	9	202	89.89	71.72	4.70
信阳市 Xinyang	11	225	119.67	101.99	10.02
周口市 Zhoukou	11	202	78.41	66.91	2.29
驻马店市 Zhumadian	10	146	81.83	64.95	3.07
济源市 Jiyuan	1	30	55.70	48.53	1.30
省直管县 County Directly Administrated by Province					
巩义市 Gongyi	1	12	20.88	16.16	
兰考县 Lankao	1	18	12.30	12.28	5.00
汝州市 Ruzhou	1	10	12.56	9.64	
滑县 Huaxian	1	9	8.29	7.93	2.40
长垣县 Changyuan	1	5	5.05	4.65	1.20
邓州市 Dengzhou	1	20	7.17	5.17	
永城市 Yongcheng	1	27	17.92	14.89	
固始县 Gushi	1	39	10.67	10.03	2.93
鹿邑县 Luyi	1	30	4.80	4.10	0.50
新蔡县 Xincai	1	11	4.17	4.10	

25-14 文物业、博物馆和文物管理机构基本情况

Statistics on Cultural Relics, Museums and Agencies of cultural relics Preservation

指标名称	Item	2015	2016
文物业	**Cultural Relics**		
机构(个)	Number of Institutions (unit)	544	564
从业人员(人)	Number of Employed persons(person)	12102	11755
本年收入合计(万元)	Total Revenue this Year (1000yuan)	178083	185933
本年支出合计(万元)	Total Expenditure this Year (1000yuan)	165782	172445
资产总计(万元)	Total Assets (1000yuan)	441352	551754
实际使用房屋建筑面积(万平方米)	Floor Space of Buildings Actually Used (10 000 sq.m)	129.21	135.21
文物藏品(件/套)	Number of Collections (piece/set)	2101398	1963555
#一级品	Grade One	2461	2641
本年新增文物藏品数(件/套)	Number of Newly Increased Collections This Year(piece/set)	53977	50316
举办陈列展览(个)	Exhibition & Displays (unit)	1106	1156
参观人次(万人次)	Spectators (10 000 person-times)	5791.97	5997.46
博物馆	**Museums**		
机构数(个)	Number of Institutions (unit)	268	283
#免费开放馆数	Number of Free Museums	210	210
从业人员(人)	Number of Employed persons(person)	6126	6209
#专业技术人员	Professional Skilled Person	1680	1744
文物藏品数(件/套)	Number of Collections(pieces)	928893	935827
#一级品	Grade One	1915	2107
基本陈列、展览(个)	Basic Exhibition & Displays (unit)	1073	1133
参观人次(万人次)	Spectators (10 000 person-times)	4727.55	4964.14
#未成年人	Minors	1461.35	1591.73
门票销售总额(万元)	Income from Tickets(1000yuan)	7121	7002
收入合计(万元)	Total Revenue (1000yuan)	66749	69311
支出合计(万元)	Total Expenditure (1000yuan)	67422	72283
资产总计(万元)	Total Assets (1000yuan)	210305	279306
实际使用房屋建筑面积(万平方米)	Floor Space of Buildings Actually Used (10 000 sq.m)	97.02	102.11
#展览用房	Room for Exhibition	52.79	55.61
#库房	Storeroom	10.86	11.45
文物管理机构	**Agencies of Cultural Relics Preservation**		
机构数(个)	Number of Institutions (unit)	124	123
从业人员(人)	Number of Employed persons(person)	2701	2851
#专业技术人员	Professional Skilled Person	555	542
藏品数(件/套)	Number of Collections(pieces)	224619	215798
#一级品	Grade One	352	305
基本陈列、展览(个)	Basic Exhibition & Displays (unit)	29	20
参观人次(万人次)	Spectators(10 000 person-times)	1062.83	1032.03
门票销售总额(万元)	Income from Tickets	34075	33877
收入合计(万元)	Total Revenue (1000yuan)	47709	43930
支出合计(万元)	Total Expenditure (1000yuan)	49856	39349
资产总计(万元)	Total Assets (1000yuan)	174822	191729
实际使用房屋建筑面积(万平方米)	Floor Space of Buildings Actually Used (10 000 sq.m)	18.74	19.81
#展览用房	Room for Exhibition	6.45	6.47
#文物库房	Storeroom For Relics	1.64	1.65

25-15　国家综合档案馆基本情况(2016年底)

Basic Statistics on the National comprehensive Archives (End of 2016)

分　类	Item	机构数 (个) Number of Institutions (unit)	馆藏档案 (卷) Number of Archives (volume)	开放档案 (卷) Arcives open to Public (volume)
总　计	**Total**	**177**	**15489228**	**3894939**
省　级	Province Level	1	420058	164719
市　级	City Level	18	4194706	1352250
县　级	County Level	158	10874464	2377970

分　类	Item	利用档案 (卷次) Utilized Archives (volume-time)	馆藏资料 (册) Number of Material Stored (volume)	库房面积 (平方米) Areas of Storerooms (sq.m)
总　计	**Total**	**513704**	**2761228**	**407357**
省　级	Province Level	5090	77157	13822
市　级	City Level	112755	548161	144389
县　级	County Level	395859	2135910	249147

25-16 新闻出版业主要指标

Main Indicators of Press and Publication Industry

指标名称	Item	2015	2016
机构和人员情况	**Agencies and Employed Persons**		
机构数(个)	Agencies(unit)	14624	12453
从业人员(人)	Employed Persons(penson)	140512	119653
出版情况	**Publishing**		
图书出版	Publishing of Books		
图书种数(种)	Sort of Books(sort)	7410	8588
图书总印数(万册)	Total Printed Copies of Books(10 000volumes)	23224	24608
图书总印张(万印张)	Total Printed Sheets of Books(10 000 sheets)	1714897	1930044
图书定价总金额(万元)	Total Priced Value of Books(10 000 yuan)	249290	278925
期刊出版	Magazine		
期刊种数(种)	Sort of Magazine(sort)	241	241
期刊总印数(万册)	Total Printed Copies of Magazine(10 000 volumes)	8602	8166
期刊总印张(万印张)	Total Printed Sheets of Magazine(10 000 sheets)	408239	388579
期刊定价总金额(万元)	Total Priced Value of Magazine(10 000 yuan)	54688	50997
报纸出版	Publishing of Newspaper		
报纸种数(种)	Sort of Newspaper(sort)	121	121
报纸总印数(万份)	Total Printed Copies of Newspaper(10 000 volumes)	204783	192659
报纸总印张(万印张)	Total Printed Sheets of Newspaper(10 000 sheets)	5906918	4953953
报纸定价总金额(万元)	Total Priced Value of Newspaper(10 000 yuan)	209337	203691
音像及电子出版物出版	Audio Products and Electronic Publications		
音像及电子出版物出版种数(种)	Category of Audio Products and Electronic Publications(kind)	320	202
音像及电子出版物出版数量(万盒)	Number of Audio Products and Electronic Publications(10 000 cases)	597	226
音像及电子出版物发行数量(万盒)	Total Issuance of Audio and Electronic Publications(10 000 cases)	581	11
印刷企业单位数(个)	Number of Enterprises of Printing(unit)	7050	6247
出版物发行情况	**Issuance of Publication**		
出版物购进数量(万册/张/份/盒)	Number of Publication Bought(10 000 volumes/paper/cases)	337030	153680
出版物购进金额(万元)	Total Bought Value (10 000yuan)	1824946	1273074
出版物销售数量(万册/张/份/盒)	Volume of Saling Printing(10 000 volumes/paper/cases)	318441	153229
出版物销售金额(万元)	Total Sales Amount of Publication(10 000 yuan)	1838235	1260126
出版物库存数量(万册/张/份/盒)	Storage of Publication(10 000 volumes/paper/cases)	52658	15671
出版物库存金额(万元)	Publication Inventory (10 000 yuan)	519010	199268

25-17 课本出版情况(2016年)

Basic Statistics of Publication of Textbook (2016)

项目	Item	种数(种) Number of Items (number)	新出版(种) New Publication (number)	总印数(万册) Printed Copies (10 000)	总印张(万印张) Printed Sheets (10 000)	定价总金额(万元) Total Priced Value (10 000 yuan)
总计	**Total**	**978**	**384**	**13099**	**949553**	**103554**
#大专及以上课本	Textbooks for Colleges and Universities	680	317	252	35253	7144
中专、技校课本	Textbooks for Secondary Technical Schools	11	7	3	363	80
中学课本	Textbooks for Secondary Schools	72	13	7090	590524	55339
小学课本	Textbooks for Primary Schools	127	30	5712	318193	38639
教学用书	Teaching Materials	42	13	9	1046	1112

25-18 音像制品及电子出版物情况

Basic Statistics of Audio-video Products and Electronic Publications

指标名称	Item	2015	2016
录像制品出版品种(种)	Number of Publication of video Products	137	51
#新出版	Newly Published	101	49
录像制品出版数量(万盒、万张)	Volume of Publication of Video Products (10 000 cases)	43.79	21.52
#新出版	Newly Published	37.43	15.29
录像制品发行数量(万盒、万张)	Total Issuance of Video Products(10 000 cases)	39.03	10.1
录音制品出版品种(种)	Number of Publication of Andio Products	3	2
#新出版	Newly Published	3	2
录音制品出版数量(万盒、万张)	Volume of Publication of Audio Products (10 000 cases)	0.55	0.9
#新出版	Newly Published	0.55	0.9
录音制品发行数量(万盒、万张)	Total Issuance of Audio Products (10 000 cases)	0.20	0.9
电子出版物出版品种(种)	Electronic Publications(kind)	180	149
#新出版	Newly Published	163	131
电子出版物出版数量(万张)	Number of Electronic Publications (10 000 cases)	553.00	203.68
#新出版	Newly Published	544.90	21.56

25-19 各市出版物发行网点数和从业人数(2016年)

Issuing Institutions and Spots of Publication by City (2016)

市（县）	City(County)	发行机构合计（处） Issuing Institutions (unit)	#国有书店及国有发行点 State-owned Book Store and Issuing Spots	集体个体零售 Collective and Private Retail	国有书店及国有发行点从业人数（人） Employed Persons of State-owned Bookstores and Issuing Spots (person)
合计	**Total**	**5887**	**1092**	**4451**	**11133**
省直	**Directly Administated by Province**	**25**	**13**		**988**
省辖市	**City**				
郑州市	Zhengzhou	1319	138	889	747
开封市	Kaifeng	317	98	212	689
洛阳市	Luoyang	627	101	516	741
平顶山市	Pingdingshan	218	63	154	442
安阳市	Anyang	438	37	400	511
鹤壁市	Hebi	127	24	103	130
新乡市	Xinxiang	341	67	266	616
焦作市	Jiaozuo	259	21	237	438
濮阳市	Puyang	41	14	26	236
许昌市	Xuchang	175	56	119	403
漯河市	Luohe	124	26	98	198
三门峡市	Sanmenxia	187	26	161	237
南阳市	Nanyang	477	111	364	1378
商丘市	Shangqiu	473	80	389	1076
信阳市	Xinyang	296	65	230	672
周口市	Zhoukou	141	67	70	815
驻马店市	Zhumadian	266	82	184	754
济源市	Jiyuan	36	3	33	62
省直管县	**County Directly Administrated by Province**				
巩义市	Gongyi	67	32	35	193
兰考县	Lankao	45	7	38	57
汝州市	Ruzhou	17	3	14	95
滑县	Huaxian	64	5	59	63
长垣县	Changyuan	29	6	23	75
邓州市	Dengzhou	17	3	14	183
永城市	Yongcheng	25	11	14	151
固始县	Gushi	50	1	49	102
鹿邑县	Luyi	17	3	14	72
新蔡县	Xincai	21	9	12	48

25−20 广播电视业基本情况

Basic Statistics on Radio and Television Industry

指标名称	Index	2015	2016
广播电台情况	**Broadcasting stations**		
广播电台(座)	Number of broadcasting stations (set)	18	18
中短波转播发射台(座)	Transmission and Relaying Stations of Medium and Short Wave Broadcast (unit)	30	30
公共广播节目数(套)	Number of Public Radio Programs (set)	154	154
广播综合人口覆盖率(%)	Population Coverage Rate of Radio Programs (%)	98.28	98.43
全年广播节目播出时间(时：分)	Annual Broadcasting Hours of Radio Programs(hour:minute)	675088:04	679018:48
全年制作广播节目时间(时：分)	Annual Production Hours of Radio Programs (hour:minute)	317585:57	319151:54
被中央台采用节目(条)	Number of Programs Adopted by CCTV (item)	4337	2737
电视台情况	**TV stations**		
电视台(座)	Number of TV stations (set)	18	18
电视转播发射台(座)	Television Transmission and Relaying Stations (set)	162	162
公共节目套数(套)	Number of Public Programs (set)	167	167
电视综合人口覆盖率(%)	Population Coverage Rate of TV Programs (%)	98.43	98.64
全年电视节目播出时间(时：分)	Annual Broadcasting Hours of TV Programs (hour:minute)	908609:01	911421:24
全年制作电视节目时间(小时)	Annual Preduction Hours of TV Programs (hour)	140658	139132
被中央台采用节目数(条)	Number of Programs Adopted by CCTV (item)	2815	2737
有线电视用户(万户)	Consumers of CATV (10 000 households)	1013.31	1056.49
#数字电视用户	Digital TV	586.75	777.24
#付费数字电视用户	Pay Digital TV	47.81	58.55
有线电视入户率(%)	Popularization Rate of Cable TV	31.9	32.6

25−21 广播电视业经营情况

Basic Statistics on Radio and Television Operation

单位：万元 (10 000yuan)

指标名称	Index	2015	2016
从业人员(人)	Number of Employed Persons (person)	50209	50544
总收入	Total Income	691303	689172
#行政事业单位收入	Income of Agencies and Institutions	391606	376975
企业主营业务收入	Revenue form Principal Business of Enterprises	299697	312197
事业企业单位实际创收收入	Actual Income of Institutions and Enterprises	556924	532354
#广告收入	From Advertisement	266741	239503
#网络收入	From Internet	196658	185920
#有线广播电视收视费收入	From Pay CATV	142515	128945
#付费数字电视收入	From Pay Digital TV	5819	11521
资产总额	Total Assets	1906197	2092362

25-22 分市广播电视覆盖率

Coverage Rate of Radio and TV

单位：% (%)

市(县) City(County)	2015		2016	
	广播覆盖率 Radio Coverage Rate	电视覆盖率 TV Coverage Rate	广播覆盖率 Radio Coverage Rate	电视覆盖率 TV Coverage Rate
合　计 Total	**98.28**	**98.43**	**98.43**	**98.64**
省辖市 City				
郑州市 Zhengzhou	99.48	99.80	99.48	99.81
开封市 Kaifeng	100.00	100.00	100.00	100.00
洛阳市 Luoyang	97.48	97.92	97.52	97.96
平顶山市 Pingdingshan	98.76	97.59	98.87	97.79
安阳市 Anyang	100.00	99.69	100.00	99.69
鹤壁市 Hebi	100.00	100.00	100.00	100.00
新乡市 Xinxiang	99.95	99.80	99.95	99.80
焦作市 Jiaozuo	99.63	99.04	99.65	99.05
濮阳市 Puyang	96.70	97.32	96.70	97.32
许昌市 Xuchang	100.00	100.00	100.00	100.00
漯河市 Luohe	100.00	100.00	100.00	100.00
三门峡市 Sanmenxia	97.22	97.75	97.34	97.85
南阳市 Nanyang	96.44	96.52	96.59	96.57
商丘市 Shangqiu	100.00	100.00	100.00	100.00
信阳市 Xinyang	92.65	94.90	93.72	95.91
周口市 Zhoukou	98.47	98.98	98.55	99.53
驻马店市 Zhumadian	98.72	97.92	99.03	98.43
济源市 Jiyuan	98.24	99.03	98.31	99.03
省直管县 County Directly Administrated by Province				
巩义市 Gongyi	97.02	100.00	97.02	100.00
兰考县 Lankao	100.00	100.00	100.00	100.00
汝州市 Ruzhou	99.72	99.63	100.00	99.75
滑县 Huaxian	100.00	100.00	100.00	100.00
长垣县 Changyuan	100.00	100.00	100.00	100.00
邓州市 Dengzhou	100.00	100.00	100.00	100.00
永城市 Yongcheng	100.00	100.00	100.00	100.00
固始县 Gushi	93.14	98.71	93.20	98.80
鹿邑县 Luyi	100.00	100.00	100.00	100.00
新蔡县 Xincai	96.82	96.84	96.82	96.84

25-23 运动员人数

Number of Athletes

单位：人 (person)

人员分类	Category of Personnel	2015	#女 Female	2016	#女 Female
等级运动员人数	**Number of Athletes in Grades**	**2386**	**773**	**2434**	**807**
运动健将	Master of Sports	70	39	108	55
一级运动员	First Grades	613	232	657	251
二级运动员	Second Grades	1692	494	1666	500

25-24 体育彩票发行情况

Issue of Sports Lottery Ticket

单位：万元 (10 000 yuan)

项目	Item	2010	2011	2012	2013	2014	2015	2016
体育彩票销售点(个)	Sale Place of Sports Lottery(unit)	5588	6016	7067	7947	8555	9153	9474
体育彩票销售收入	Sale Revenue of Sports Lottery	286122	388900	516325	616824	826226	1020710	1199500
用于兑奖金额	Bonus	157709	252785	299829	363325	495070	658521	761000

25-25 健身场地设施建设情况(2016年)

Basic Statistics on Facilities Construction of Fitness Site (2016)

单位：个 (unit)

省辖市（县） City(County)	各类健身场地设施数 Number of various fitness facilities	#全民健身活动中心 fitness center	乡镇体育健身场所 Sports Fitness Center in Township in	村级农民体育健身场所 Sports Fitness Center in Village
全　省 Total	**5055**	**9**	**239**	**4807**
郑州市 Zhengzhou	235		21	214
开封市 Kaifeng	258		5	253
洛阳市 Luoyang	302		21	281
平顶山市 Pingdingshan	285	2	18	265
安阳市 Anyang	281		6	275
鹤壁市 Hebi	85		5	80
新乡市 Xinxiang	359	1	13	345
焦作市 Jiaozuo	291	1	25	265
濮阳市 Puyang	234	1	4	229
许昌市 Xuchang	208		33	175
漯河市 Luohe	104		7	97
三门峡市 Sanmenxia	128		8	120
南阳市 Nanyang	448		23	425
商丘市 Shangqiu	488	2	14	472
信阳市 Xinyang	550	1	10	539
周口市 Zhoukou	492	1	16	475
驻马店市 Zhumadian	254		8	246
济源市 Jiyuan	53		2	51

主要统计指标解释

文化 主要包括新闻出版业、广播电视电影和影像业、文化艺术业等类别。新闻业指新华通讯社、各新闻单位及派驻的记者站、境外驻我国的新闻机构、中心、办事处联络站等的活动；出版业指国家批准的出版社的活动；广播电视电影和影像业指对广播、电视、电影、录音、录像内容的制作、编导、播出、放映等活动；文化艺术业主要包括文艺创作与表演、艺术表演场馆、图书与档案馆、文物及文化保护、博物馆、烈士陵园、纪念馆、文化艺术经纪代理等活动。

体育 主要包括体育组织、体育场馆、以及其他体育活动。

娱乐业 主要包括室内娱乐活动、游乐园、休闲健身娱乐活动、以及其他娱乐活动。

艺术表演团体 指由文化部门主办或实行行业管理（经文化行政部门审批或已申报登记并领取相关许可证），专门从事表演艺术等活动的各类专业艺术表演团体，含民间职业剧团。不包括群众业余文艺表演团队。

艺术表演场馆 指由文化部门主办或实行行业管理（经文化市场行政部门审批或已申报登记并领取相关许可证）,有观众席、舞台、灯光设备，公开售票、专供文艺团体演出的文化活动场所。附属于文化部门机构内非独立核算的剧场、排演场，公开营业的也应单独统计。

文化市场经营机构 指经文化市场行政部门审批或已申报登记并领取相关许可证的、从事文化经营和文化服务活动的机构。

公共图书馆 指文化部门主办的面向社会服务的图书馆。

广播节目综合人口覆盖率 是指根据国家广电总局制定的《广播电视人口覆盖率统计技术标准和方法》，在对象区内采用无线、有线、卫星等技术手段能够收听到包括中央、省、地市、县广播节目其中任意一套的人口数与总人口的比。

电视节目综合人口覆盖率 是指根据国家广电总局制定的《广播电视人口覆盖率统计技术标准和方法》，在对象区内采用无线、有线、卫星等技术手段能够收看到包括中央、省、地市、县级电视节目中任意一套的人口数与总人口的比。

有线电视入户率 指能接收到有线广播电视台、有线广播电视站(系统内和系统外)和共享天线系统播放的有线电视节目的家庭户数与总户数的比率。计算公式：

有线电视入户率=年末有线电视总用户数/年末总户数×100%

等级运动员 是指经考核正式批准授予技术等级的运动员，分为国际级运动健将、运动健将、一级、二级运动员。

Explanatory Notes on Main Statistical Indicators

Culture mainly includes Journalism, radio, television and film and video industry, culture art industry etc. Journalism refers to The Xinhua news agency, the press agencies and their reporter station. In our country overseas news agency, center, office activities; The publishing refers to the activities approved by the state; Radio, television and film and video refers to broadcasting, television, films, sound recording, video content production, broadcast playwright-director, showing activities; Culture and art owner to should include the creation of literature and art and performance, artistic performance venues, books and archives, cultural relics and culture protection, museums, martyr cemetery, memorial, arts and culture, as an agent and other activities.

Sports include sports organizations, sports venues, and other physical activities.

Entertainment include entertainment activities interior, amusement park, the leisure fitness entertainment activities, and other recreational activities.

Arts Performance Troupes refer to the various professional performing arts groups, which sponsored by the cultural sectors or guided by the cultural society (approved by the cultural market administration, or registered and permitted with the relative certificate), including non-governmental troupes, such as drama troupes, dialect troupes, comedy troupes, children troupes, Opera troupes, puppetry troupes, Shadowgraph troupes, etc., comprehensive professional arts performance troupes. The mass amateur arts performance troupes are not included.

Arts Performance Places refer to the various sites for cultural activities, which sponsored by the cultural sectors or guided by the cultural society (approved by the cultural market administration, or registered and permitted with the relative certificate), with the facility of auditorium, stage, and lighting, and selling tickets in public. The theaters and rehearse sites which are affiliated to the cultural sectors without independent financial accounts which are open to the public should be covered independently.

Cultural Market Operating Units refer to the units dealing in culture and cultural services, which registered and permitted with the relative certificate by cultural market administration.

Public library refers to the library service set up by the social cultural departments.

Radio Coverage of Population refers to the percentage of population, which can listen to one of central, provincial, city, prefecture, and county radio programs by wireless, cable, satellite and other technical means, in the surveying area, to national total population, according to Statistical Standard and Method on Television and Radio Coverage of Population established by the State Administration of Broadcasting, Film and Television.

Television Coverage of Population refers to the percentage of population, which can watch one of central, provincial, city, prefecture, and county television programs by wireless, cable, satellite and other technical means, in the surveying area, to national total population, according to Statistical Standard and Method on Television and Radio Coverage of Population established by the State Administration of Broadcasting, Film and Television.

Cable Television Coverage of Household refers to the percentage of households, which can watch television by cable of radio and television network, to national total household.

Class athletes refers to formally approved by the examination on the level of the athletes awarded technology, divided into international sports, master of sports, level 1, level 2 player.

公共管理、社会保障和社会组织

Public Management, Social Security and Social Organizations

26

● 资料整理：赵 霞

简要说明

一、主要内容

本篇包括公检法司、安全生产、居民最低生活保障人数、农村社会保障网络情况和参加基本养老保险、基本医疗保险、失业保险、工伤保险、生育保险人数及社会保险基金和妇女参政议政情况等。公检法司的资料主要包括公安机关的刑事案件立案情况和治安案件查处情况，交通、火灾事故情况，检察机关的办案情况，人民法院审理案件和收结案情况，以及公会、律师、公证、调解工作等资料。

二、资料来源

公检法司统计资料分别由河南省公安厅、河南省高级人民法院、河南省人民检察院和河南省司法厅提供。劳动争议仲裁由河南省人力资源和社会保障厅提供。安全生产由河南省安全生产监督管理局提供。妇女参政议政资料由中共河南省委组织部、河南省人大常委会选举任免代表联络工作委员会、中国人民政治协商会议河南省委员会办公厅提供。社会福利和居民最低生活保障人数由省民政厅提供；参加社会保险人数、社会保险基金收支资料由省人力资源和社会保障厅提供。婚姻服务情况由省民政厅和省高级人民法院提供。由省统计局社会与科技处编辑整理。

Brief Introduction

I. Main Contents

Data in this chapter include public security, procuratorial, legal and judicial affairs, production safety, female cadres and so on. Data on public security, procuratorial, legal and judicial affairs cover information such as criminal cases registered and offense cases handled by the public security agencies, traffic or fire accidents, cases handled by procuratorate's offices, cases accepted and settled by the people's courts, persons received lowest cost-of-living, urban welfare facilities, rural network of social security, work injury insurance, maternity insurance and social insurance funds and statistics on lawyers, notarization and mediation.

II. Sources of Data

Data on public security, procuratorial, legal and judicial affairs are calculated from Henan provincial bureau of Public Security, the Henan provincial Supreme People's Procuratorate, the Henan provincial Supreme People's Court and the Henan provincial bureau of Justice. Data on the labor disputes arbitration are calculated from Henan provincial bureau of Human Resources and Social Security. Data on production safety are calculated from Henan provincial Supervisory Bureau of Work Safety. Data on female cadres are calculated from Henan Provincial Organization Department. Data on people participated in basic insurance are provided by Department of social and scientific and technological of Henan provincial bureau of statistics basic on monitoring reports of women and children. Data on Attend social insurance persons and social insurance funds are from Henan provincial bureau of Human Resources and Social Security. Data on social welfare and persons received lowest cost-of-living are from the Henan provincial bureau of Civil Affairs. Data on Marriages are provided by the Henan provincial bureau of Civil Affairs and Higher people's court. Data on this chapter are provided by Department of social and scientific and technological of Henan provincial bureau of statistics.

26−1 公安机关立案的刑事案件情况

Criminal Case of Register in Public Security Organs

案件类别	Category of Cases	立案(起) Number of Cases Registered (case)		构成(%) Composition (%)	
		2015	2016	2015	2016
总　计	**Total**	**546891**	**527252**	**100.0**	**100.0**
杀人	Homicide	566	542	0.1	0.1
伤害	Injury	11131	9849	2.0	1.9
抢劫	Robbery	4882	3120	0.9	0.6
强奸	Rape	2451	2377	0.4	0.5
拐卖妇女、儿童	Abducting Women or Children	470	323	0.1	0.1
盗窃	Larceny	398199	367719	72.8	69.7
诈骗	Fraud	76760	92928	14.0	17.6
走私	Smuggling		1		0.0
伪造、变造货币,出售、购买、运输、持有、使用假币	Forging Currency, Selling, Buying, Transporting, Holding and Using Counterfeit Currency	22	37	0.0	0.0
其他	Others	52410	50356	9.6	9.6

26−2 公安机关受理和查处治安案件情况(2016年)

Cases of Offence Against Public Order Handled by Public Security Organs (2016)

案件类别	Category of Cases	受理(起) Number of cases Accepted to be Treated	查处(起) Number of cases Investigated and Treated	每万人口受理案件数(起) Number of Cases Accepted per 10 000 Population (case)
合　计	**Total**	**653604**	**623634**	**68.57**
扰乱单位秩序	Disturbing Business Orders	3486	3378	0.37
扰乱公共场所秩序	Disturbing the Orders in Public Places	2262	2199	0.24
寻衅滋事	Causing Quarrels and Making Troubles	5985	5405	0.63
阻碍执行职务	Obstructing Government Workers in Performing Their Duties	1510	1459	0.16
非法携带枪支、弹药、管制刀具	Violation of Firearms Control Regulations	859	823	0.09
违反危险物质管理规定	Violation of Explosives Control Regulations	7001	6903	0.73
殴打他人	Battering Other Persons	261188	251704	27.40
故意伤害	Willfully Injuring Others	36970	36060	3.88
盗窃	Stealing Property	64066	54785	6.72
敲诈勒索	Extortion and Blackmail	480	423	0.05
抢夺	Robbery and Snatch	323	272	0.03
伪造、变造、倒卖有价票证、凭证	Forge/alter/scalp Valuable Coupons or Certificates	67	65	0.01
违反旅馆业管理	Violating the Hotel Management Regulations	2874	2828	0.30
违反房屋出租管理	Violating the Rent Control Regulations	4817	4816	0.51
诈骗	Swindling, Seizing and Extorting Property	6804	5878	0.71
卖淫、嫖娼	Prostitution or Soliciting Prostitutes	1593	1580	0.17
赌博或赌博提供条件	Gambling	9280	9197	0.97
毒品违法活动	Illegal Drug Related Action	9292	9226	0.97
其他	Others	234747	226633	24.63

26-3 交通事故情况(2016年)
Basic Statistics on Traffic Accidents (2016)

项 目	Item	发生数(起) Number of Traffic Accidents (case)	死亡人数(人) Number of Deaths (person)	受伤人数(人) Number of Injuries (person)	直接财产损失(万元) Direct Property Losses (10 000 yuan)
总 计	**Total**	**6075**	**1789**	**5617**	**3974.34**
机动车	Vehicles	5413	1687	4970	3857.09
#汽车	Motor Vehicles	4713	1473	4173	3718.39
摩托车	Motorcycles	673	198	773	134.73
拖拉机	Tractors	27	16	24	3.97
非机动车	Non-motor-driven Vehicles	612	71	631	88.63
#自行车	Bicycles	612	71	631	88.63
行人乘车人	Pedestrians and Passengers	48	30	14	27.59
其他	Others	2	1	2	1.03

26-4 各市火灾事故情况(2016年)
Basic Statistics on Fires (2016)

市	City	发生(起) Number of Accidents (case)	死亡(人) Number of Deaths (person)	受伤(人) Number of Injuries (person)	直接经济损失(万元) Direct economic loss (10 000yuan)	人口火灾发生率(1/10万人) The population incidence of fire (1/100000person)	平均每起事故损失(元) Average losses per accident (yuan)
合 计	**Total**	**16165**	**52**	**40**	**14348.03**	**16.96**	**8876.0**
郑州市	Zhengzhou	3685	20	20	2766.69	37.91	7508.0
开封市	Kaifeng	635	1		1130.01	13.96	17795.4
洛阳市	Luoyang	773	1	2	884.19	11.37	11438.4
平顶山市	Pingdingshan	2189			431.87	43.96	1972.9
安阳市	Anyang	655	3	6	1917.18	12.77	29269.9
鹤壁市	Hebi	158	1	1	181.66	9.81	11497.5
新乡市	Xinxiang	979			616.70	17.06	6299.3
焦作市	Jiaozuo	1400	3		557.94	39.44	3985.3
濮阳市	Puyang	830	4	6	782.91	22.87	9432.7
许昌市	Xuchang	346	6		214.92	7.90	6211.6
漯河市	Luohe	344	1	1	730.91	13.03	21247.4
三门峡市	Sanmenxia	339	3		256.40	15.00	7563.4
南阳市	Nanyang	930	3	3	882.44	9.24	9488.6
商丘市	Shangqiu	439	4		927.34	6.03	21123.9
信阳市	Xinyang	692			599.42	10.75	8662.1
周口市	Zhoukou	878	2		995.18	9.95	11334.6
驻马店市	Zhumadian	769			296.12	11.00	3850.7
济源市	Jiyuan	124		1	176.05	16.99	14197.6

26—5 检察机关直接立案侦查案件情况(2016年)

Case Under Direct Investigation by People's Procuratorate (2016)

案件分类	Case Item	受案 (件) Cases Accepted (case)	立案合计 Total Number of Cases Registered				结案合计 Total number of cases settled	
			件 (case)	人 (person)	#大案 (件) Large Cases (case)	#要案 (人) Key Cases (Person)	件 (case)	人 (person)
总　计	**Total**	**5573**	**3245**	**4487**		**227**	**3070**	**4223**
贪污贿赂案件小计	Sub-total of Cases on Corruption and Bribery	4189	2474	3211		183	2331	3007
#贪污	Corruption	1319	764	1224		28	747	1157
贿赂	Bribery	2337	1321	1470		144	1231	1379
挪用公款	Misappropriation of Public Funds	475	363	464		7	330	429
集体私分	Collective Illegal Possession of Public Funds	28	18	42		3	18	36
巨额财产来源不明	Unstated Source of Large Amount of Properties	10	1	1			2	2
其他	Others	20	7	10		1	3	4
渎职案件小计	Sub-total of Cases on Abuse and Dereliction of Duty	1384	771	1276	582	44	739	1216
滥用职权	Abuse of Power	601	314	536	278	25	299	518
玩忽职守	Dereliction of Duty	534	325	486	235	15	304	443
徇私舞弊	Fraudulent Practice	202	116	170	65	4	120	172
侵犯公民权利	Infringement of civil rights	22	7	15	4		8	13
其他	Others	25	9	69			8	70

26—6 人民检察院审查批准、逮捕、公诉情况(2016年)

Arrests and Prosecution Approved by People's Procuratorate (2016)

案件分类	Category of Cases	批捕、决定逮捕合计 Total of Arrests		决定起诉合计 Total of Public Prosecutions	
		(件) (case)	(人) (person)	(件) (case)	(人) (person)
合　计	**Total**	**33608**	**42382**	**64689**	**85058**
公安、安全、监狱机关提请小计	Sub-total of Requests by Departments of State and Public Security and Prisons	32472	41086	61732	80968
危害国家安全案	Offences Against National Security	1	1	3	3
危害公共安全案	Offences Against Public Security	4190	4311	20118	20423
破坏社会主义市场经济秩序案	Offences Against Socialist Market Economic Order	2520	3389	3598	6153
侵犯公民人身、民主权利案	Offences Against Citizens' Personal and Democratic Rights	7165	8080	9835	12067
侵犯财产案	Offences Against Properties	13394	17768	18544	26021
妨害社会管理秩序案	Offences Against Social Management of Order	5198	7529	9625	16280
危害国防利益案	Offences Against National Defense	4	8	9	21
军人违反职责案	Offences on Dereliction of Duty by Servicemen				
检察机关直接立案侦查案件小计	Sub-total of Cases Handled by Procuratorates	1136	1296	2957	4090
贪污贿赂案	Offences on Corruption and Bribery	972	1069	2216	2925
渎职侵权案	Offences on Abuse and Dereliction of Duty	164	227	741	1165

26-7 人民检察院处理申诉案件情况(2016年)

Appeals Handled by People's Procuratorate (2016)

单位：件 (case)

案件分类	Category of Cases	受案 Cases Accepted	立案复查 Cases Registered for Reinvestigation	结案 Cases Settled	#改变原决定 Original Decision Changed
合计	Total	980	400	369	13
不服检察机关处理决定	Appeals against Decision of Procuratorate's Offices	423	157	146	9
不服不批捕	Appeals against Rejection of Arrest	65	27	26	1
不服不起诉	Appeals against Rejection of Prosecuting	350	128	119	7
不服撤案	Appeals against Withdrawal of the Case	4	1		
不服原免予起诉	Appeals against Original Exemption of Lawsuit				
其他	Others	4	1	1	1
不服法院刑事判决裁定	Appeals against Judgment of Criminal Case	557	243	223	4
刑罚执行中被害人申诉	Appeals of the Victim at the Punishment	150	79	69	1
刑罚执行中被告人申诉	Appeals of the Defendant at the Punishment	85	29	27	
刑罚执行完毕后被害人申诉	Appeals of the Victim after the Punishment	100	58	57	1
刑罚执行完毕后被告人申诉	Appeals of the Defendant after the Punishment	183	54	51	2

26-8 人民检察院出庭公诉情况(2016年)

Public Prosecutions Appearing in Court by People's Procuratorate (2016)

单位：件 (case)

案件类别	Category of Cases	适用简易程序 Summary Procedure Applied	出庭公诉 Public Prosecutions Appearing in Court	一审 First Trial	二审 Second Trial	上诉案 Appeal Cases	抗诉案 Procuratoral Appeal Cases	再审 Retrial
合计	Total	26492	63551	61898	1630	1106	524	23
贪污贿赂	Corruption and Bribery	211	2469	2221	247	177	70	1
渎职侵权	Dereliction of Duty and Infringement of Citizens' Right	69	770	691	78	62	16	1
刑事案件	Criminal Cases	26212	60312	58986	1305	867	438	21

26—9 人民检察院办理刑事抗诉案件情况(2016年)

Criminal Appeals Handled by People's Procuratorate (2016)

案件类别	Category of Cases	提出抗诉 (件) Presenting Procuratoral Appeal (case)	审判结果 合计 (件) Total Result of Judgement (case)	改判 Revising Judgment (件) (case)	改判 Revising Judgment (人) (person)	维持原判 (件) Affirming Original Judgment (case)	发回重审 (件) Remanding for Retrial (case)
合　计	**Total**	**550**	**529**	**395**	**580**	**64**	**70**
二审小计	Sub-total of Second Trial	522	506	373	556	63	70
贪污贿赂案件	Corruption and Bribery Cases	65	74	47	65	13	14
渎职侵权案件	Dereliction of Duty and Infingement of Citizens' Right Cases	18	17	8	15	4	5
刑事案件	Criminal Cases	439	415	318	476	46	51
再审小计	Sub-total of Retrial	28	23	22	24	1	
贪污贿赂案件	Corruption and Bribery Cases	2	1	1	1		
渎职侵权案件	Dereliction of Duty and Infingement of Citizens' Right Cases	1	1	1	2		
刑事案件	Criminal Cases	25	21	20	21	1	

26—10 人民检察院办理民事、行政抗诉案件情况(2016年)

Civil and Administrative Appeals Handled by People's Procuratorate (2016)

单位：件　　(case)

案件类别	Category of Cases	合计 Total	民事案件 Civil Cases	行政案件 Administrative Cases
受　理	Cases Accepted	10761	7779	2982
提请抗诉	Submitting Procuratoral Appeal	663	631	32
抗　诉	Procuratoral Appeal	361	345	16
提出再审检察建议	Giving Retrial Procuratorate Suggestion	481	475	6
抗诉案件再审	Retrial of Procuratoral Appeal	105	105	
改　判	Revising Judgment	75	75	
发回重审	Remanding for Retrial	4	4	
调　解	Mediation	12	12	
维持原判	Affirming Original Judgment	4	4	
其　他	Others	10	10	

26-11 人民检察院受理举报、控告和申诉案件情况(2016年)

Cases of Reporting, Accusation and Petition Handled by People's Procuratorate (2016)

单位：件 (cases)

案件类别	Category of Cases	受理 Cases Accepted	处理 Cases Handled	#分送检察机关 Handled by General Office of People's Procuratorate	#转其他机关 Transfering to Other Organs
合计	**Total**	**13984**	**12222**	**9954**	**422**
首次举报	First Report of an Offence	5037	4821	3628	184
首次控告	First Accusation	2678	2248	1796	154
首次申诉	First Petition	6269	5153	4530	84

26-12 人民检察院纠正违法情况

Law-breaking Cases Rectified by People's Procuratorate

项目	Item	2015	2016
书面提出纠正	Written Rectification		
件次合计（件次）	Total of Written Rectification (Case-times)	2201	2364
立案监督小计	Sub-total of Supervision of Cases Filing	1555	1858
监督立案	Supervision of Cases Filing	1112	1217
监督撤案	Supervision of Cases Withdrawed	443	641
侦查监督小计	Sub-total of Supervision of Investigation	557	390
审查批捕环节	Supervision of Investigation in the Process of Arrests Approved	418	305
审查起诉环节	Supervision of Investigation in the Process of Prosecution	139	85
刑事审判监督	Supervision of Criminal Trial	89	116
刑罚执行监督人次小计(人次)	Sub-total of Supervision of Punishment Execution (person-times)	11682	13685
监管活动	Administration of Prison and Custody	9514	11960
超期羁押	Excessive Custody	1	18
减刑、假释、暂予监外执行	Commutation of Sentence, Parole and Released,Temporary execution outside prison	2167	1707
已纠正	Rectified		
件次合计（件次）	Total of Rectified (Case-times)	1714	2077
立案监督小计	Sub-total of Supervision of Cases Filing	1307	1717
监督立案	Supervision of Cases Filing	865	1223
监督撤案	Supervision of Cases Withdrawed	442	494
侦查监督小计	Sub-total of Supervision of Investigation	355	278
审查批捕环节	Supervision of Investigation in the Processof Arrests Approved	282	243
审查起诉环节	Supervision of Investigation in the Processof Prosecution	73	35
刑事审判监督	Supervision of Criminal Trial	52	82
刑罚执行监督人次小计(人次)	Sub-total of Supervision of Punishment Execution (person-times)	11677	13652
监管活动	Administration of Prison and Custody	9508	11933
超期羁押	Excessive Custody	1	18
减刑、假释、暂予监外执行	Commutation of Sentence, Parole and Released,Temporary execution outside prison	2168	1701

26-13 人民检察院检察官基本情况

Basic Statistics on Procurator

单位：人 (person)

指　　标	Item	2013	2014	2015	2016
检察官数	Number of Procurators	10027	10175	10813	10786
#女性	Female	2431	2577	2915	3060
#检察长人数	Number of Chief Procurators	180	182	177	179
#女性	Female	14	16	15	16
#副检察长人数	Number of Deputy Chief Procurators	820	794	798	784
#女性	Female	119	117	111	107
#检察员人数	Number of fact-finder	6954	6965	7562	7500
#女性	Female	1749	1843	2133	2186
#助理检察员	Number of assistant fact-finder	820	966	892	924
#女性	Female	292	347	348	404

26-14 人民法院审理刑事一审案件收结案情况

Basic Statistics on Criminal Case at First Trial by People's Court

单位：件 (case)

项　　目	Item	2015		2016	
		收案 Cases Accepted	结案 Cases Settled	收案 Cases Accepted	结案 Cases Settled
合　计	**Total**	**60969**	**62538**	**73072**	**73782**
危害公共安全罪	Offences Against Public Security	17274	17707	19991	20166
破坏社会主义经济秩序罪	Offences Against Socialist Economic Order	3792	4012	3496	3349
侵犯公民人身权利、民主权利罪	Offences Against Citizens' Personal and Democratic Rights	10639	11444	10100	10217
侵犯财产罪	Offences Against Properties	16988	17632	18043	18046
妨害社会管理秩序罪	Offences Against Social Management of Order	9426	9734	18436	18187
危害国防利益罪	Offences Against National Defense	7	10	16	14
贪污贿赂罪	Offences on Corruption and Bribery	2178	1400	2271	3047
渎职罪	Offences on Dereliction of Duty	655	590	718	752
其他	Others	10	9	1	4

26−15 各市人民法院审理刑事案件罪犯情况(2016年)

Criminal Offenders Heard by Courts by City (2016)

市（县）	City(County)	刑事罪犯总数（人）Number of Offenders (person)	#青少年犯罪 Young Offenders	不满18岁 Less Than 18 Years	18-25岁 Between 18 and 25 Years	青少年罪犯占刑事罪犯比重(%) Proportion of Young Offenders in the Total (%)
全省	**Total**	**76144**	**12883**	**2757**	**10126**	**16.9**
省辖市	**City**					
郑州市	Zhengzhou	9119	1357	262	1095	14.9
开封市	Kaifeng	3113	576	101	475	18.5
洛阳市	Luoyang	4906	1068	252	816	21.8
平顶山市	Pingdingshan	3204	427	102	325	13.3
安阳市	Anyang	5085	927	218	709	18.2
鹤壁市	Hebi	1255	239	63	176	19.0
新乡市	Xinxiang	4473	712	111	601	15.9
焦作市	Jiaozuo	3776	702	122	580	18.6
濮阳市	Puyang	3649	582	112	470	15.9
许昌市	Xuchang	3588	605	78	527	16.9
漯河市	Luohe	1020	129	27	102	12.6
三门峡市	Sanmenxia	2914	469	120	349	16.1
南阳市	Nanyang	7596	1087	287	800	14.3
商丘市	Shangqiu	6212	1245	186	1059	20.0
信阳市	Xinyang	4492	781	267	514	17.4
周口市	Zhoukou	5172	862	197	665	16.7
驻马店市	Zhumadian	5979	1015	244	771	17.0
济源市	Jiyuan	591	100	8	92	16.9
省直管县	**County Directly Administrated by Province**					
巩义市	Gongyi	830	41	38	3	4.9
兰考县	Lankao	380	97	21	76	25.5
汝州市	Ruzhou	674	92	21	71	13.6
滑县	Huaxian	1057	156	53	103	14.8
长垣县	Changyuan	333	81	15	66	24.3
邓州市	Dengzhou	805	89	19	70	11.1
永城市	Yongcheng	866	152	27	125	17.6
固始县	Gushi	957	170	73	97	17.8
鹿邑县	Luyi	410	88	26	62	21.5
新蔡县	Xincai	506	67	15	52	13.2

26－16 人民法院审理婚姻家庭、继承一审案件收结案情况(2016年)

First Trial Civil Cases of Marriage, Family Affairs and Inheritance Accepted and Settled by Courts (2016)

单位：件 (case)

项 目	Item	收案 Cases Accepted	结案 Cases Settled	调解 Mediation	判决 Judgment	驳回 Reject	撤诉 With-drawal	其他 Other
合 计	**Total**	**111960**	**116460**	**34483**	**48037**	**1851**	**31581**	**508**
婚姻家庭	Marriage and Family Affairs	107722	112076	32124	46907	1681	30881	483
离婚	Divorce	87524	90982	26143	38298	1228	24968	345
赡养纠纷	Support Disputes	2815	2616	555	993	47	983	38
抚养纠纷	Foster Disputes	4598	4705	1567	1714	104	1298	22
扶养纠纷	Upbringing Disputes	256	276	71	108	5	86	6
其他	Others	12529	13497	3788	5794	297	3546	72
继承	Inheritance	4238	4384	2359	1130	170	700	25
法定继承	Legal Inheritance	432	482	178	177	17	110	
遗嘱继承	Testament Inheritance	96	102	21	51	3	26	1
其他	Others	3710	3800	2160	902	150	564	24

26-17 人民法院审理合同纠纷一审案件收结案情况(2016年)

First Trial Cases of Contract Disputes Accepted and Settled by Courts (2016)

单位：件 (case)

项 目	Item	收 案 Cases Accepted	结 案 Cases Settled	调 解 Mediation	判 决 Judgment	驳 回 Reject	撤 诉 With-drawal	其 他 Other
合 计	**Total**	**374766**	**386614**	**77455**	**187107**	**26469**	**93732**	**1851**
借款合同	Loan Contracts	173846	178676	37053	92270	12039	36484	830
买卖合同	Trade Contracts	41823	43333	10343	19020	2333	11342	295
电信合同	Telecom Contracts	1335	1343	83	70	70	1117	3
租赁合同	Lease Contracts	12306	13152	1982	6843	791	3452	84
劳动争议	Work Disputes	23668	24652	4555	12964	1932	4988	213
房地产合同	Real Estate Contracts	22251	23603	5943	10000	1441	6083	136
供用动力合同	Power Supply Contracts	2602	2614	118	81	19	2396	
建设工程合同	Construction Contracts	9615	9764	1690	4935	704	2283	152
农村承包合同	Rural Contracts	1921	1399	95	701	173	418	12
承揽合同	Contracts for Work	3185	3399	682	1476	153	1040	48
其他	Others	82214	84679	14911	38747	6814	24129	78

26-18 人民法院审理权属、侵权纠纷一审案件收结案情况(2016年)

First Trial Cases of Disputes of Right, Infringement of Right and Other Civil Affairs Accepted and Settled by Courts (2016)

单位：件 (case)

项 目	Item	收案 Cases Accepted	结案 Cases Settled	调解 Mediation	判决 Judgment	驳回 Reject	撤诉 With-drawal	其他 Other
合 计	**Total**	**136409**	**144516**	**33866**	**76625**	**5052**	**26944**	**2029**
物权纠纷	Ownership and Related Rights	18290	19679	1806	8945	2337	6385	206
特别程序	Special Proceedings	2493	2113	35	1457	177	424	20
人格权纠纷	Personal Rights	12525	13435	2178	7859	415	2928	55
#生命权、健康权、身体权纠纷	Disputes of Rights to Life, Hedty, Body	11490	12348	2060	7369	365	2519	35
侵权责任纠纷	Disputes of Infringement of Right	86246	91704	25538	49618	1612	13399	1537
知识产权与竞争纠纷	Disputes of Intellectual Property Rights and Competition	2360	2475	232	717	35	1477	14
与公司、证券、保险、票据等有关的民事纠纷	Disputes of Bill, Securities and Stocks	14295	14925	4066	8029	468	2244	118
其他	Other	200	185	11		8	87	79

26-19 人民法院审理行政一审案件收结案情况(2016年)

First Trial Administrative Cases Accepted and Settled by Courts (2016)

单位：件 (case)

项 目	Item	收案 Cases Accepted	结案 Cases Settled	判决 Affirmation of Original Judgement	调解 Cancel	驳回 Reject	撤诉 With-drawal	单独赔偿 Separate Compen-sation	其他 Other
合 计	**Total**	**19871**	**20180**	**8189**	**31**	**4234**	**5836**		1890
土地等资源	Land	2069	2097	854	2	614	483		144
公安	Public Security	4039	4026	1645	1	569	465		1346
城建	City Construction	2932	3052	1313	1	905	594		239
交通运输	Traffic and Transport	135	133	33		34	58		8
工商	Industry and Commerce	497	511	174	6	78	209		44
环保	Environment Protection	111	104	26		67	10		1
计划生育	Family Planning	26	25	10		3	7		5
税务	Tax	39	42	6		17	14		5
卫生	Health	64	63	37	1	7	16		2
乡政府	Townships Government	503	502	270	5	102	85		40
劳动和社会保障	Labour and Social Security	818	833	389	7	93	308		36
其他	Other	8638	8792	3432	8	1745	3587		20

26-20 法官及审理有关案件情况

Statistics on Judges and Case at Trial

指 标	Item	2013	2014	2015	2016
法官及陪审员情况(人)	Juudges and juror(person)				
法院法官人数	Number of Judges in court	12589	13332	13242	12497
#女法官	Female	3353	3402	3387	3321
高级法院法官人数	Number of Judges in Superior Court	372	384	393	386
#女法官	Female	123	126	131	122
人民陪审员人数	Number of juror	6584	31548	32017	32134
#女陪审员	Female	1987	9604	9632	9617
建立少年法庭数(个)	Number of Juvenile Courts(unit)	96	93	83	96

26-21 全省法院判处女性犯罪案件情况(2016年)

Women Criminal Cases Heard by Courts (2016)

指标名称	Item	判处犯罪人数(人) Number of offender (person)	女性 Female	女性所占比例(%) Proportion of Female (%)
总 计	**Total**	**77417**	**6750**	**8.7**
组织、利用会道门、邪教组织、利用迷信破坏法律实施罪	Organiaze and Use Superstitious Sects and Cult or Use Superstition to Break Law Enforcement	197	139	70.6
重婚罪	Bigamy			
非法吸收公众存款罪	Illegally Absorbe Public Deposits	1148	557	48.5
拐卖妇女、儿童罪	Abduct Female and Chind	146	54	37.0
组织、领导传销活动罪	Organize and Lead pyramid schemes	63	20	31.7
引诱、容留、介绍卖淫罪	Tempt、Take in and introduce Prostitution	66	11	16.7
非法行医罪	Illegal medical practice	207	49	23.7
生产、销售假药罪		194	59	30.4
生产、销售有毒、有害食品罪	Produce and Sell Poisonous and harmful food	221	62	28.1
生产、销售不符合安全标准的食品罪	Produce and Sell food without reaching safety standards	9	3	33.3
聚众扰乱社会秩序罪	Organizing a mob to disturb social order	296	64	21.6
虚开增值税专用发票、用于骗取出口退税、抵扣税款发票罪	Falsely making special invoices for value-added tax to defraud a tax refund for exports or to offset tax invoice	77	9	11.7
窝藏、包庇罪	Shelter and Screen	22	6	27.3
伪造、变造、买卖国家机关公文、证件、印章罪	Forge,Alter and Deal Official Document , Certificate and Seal of State Organs			
诈骗罪	Fraud	3453	601	17.4
走私、贩卖、运输、制造毒品罪	Smuggle,Peddle,Transport,Fabricate Drugs	1485	294	19.8
生产、销售伪劣产品	Produce and Sell Sham Products	132	22	16.7
非法经营罪	Illegal Business Operations	384	53	13.8
信用卡诈骗罪	Credit Card Fraud	385	78	20.3
挪用公款罪	Embezzlement	404	75	18.6
妨害公务罪	Disrupting Public Service	1026	194	18.9
职务侵占罪	Position Encroachment	201	19	9.5
故意毁坏财物罪	Intentional Destruction of Property	494	50	10.1
滥用职权罪	Abuse of power	323	34	10.5
其他	Others	66484	4297	6.5

26-22 律师、公证和调解工作基本情况

Basic Statistics on Lawyers, Notarization and Mediation

项　目	Item	2013	2014	2015	2016
律师工作	Lawyers				
律师事务所（个）	Number of Law Offices (unit)	877	962	1124	1174
律师人数（人）	Number of Lawyers (person)	12422	13571	14775	16396
#女性	Female	2789	3235	3852	4597
#专职律师	Full-time Lawyers	11292	12349	14233	15459
#女性	Female	2473	2876	3508	4334
兼职律师	Part-time Lawyers	517	542	558	601
#中共党员	Member of Communist Party of China	3234	3724	3815	4779
律师人员学历构成（人）	Education Composition of Lawer(person)				
#博士	Doctor's Degree	96	96	123	150
硕士、双学士	Master's Degree, Double Bachelor's Degree	1099	1518	1442	2975
法律专业本科	Bachelor Degree in Law	9486	9955	11938	11607
其他专业本科	Bachelor Degree In Other Specialities	875	890	1234	1664
聘请担任常年法律顾问的单位（处）	Number of Units with Permanent Legal Advisors (unit)	17972	18847	20577	20989
民事诉讼代理（件）	Agent of Civil Cases (case)	81344	100123	112421	133805
刑事诉讼辩护及代理（件）	Agent and Defender of Criminal Cases (case)	24220	26523	23389	24936
行政诉讼代理（件）	Agent of Administrative Action (case)	4803	5983	5777	7415
非诉讼法律事务（件）	Agent of Non-Litigious Legal Affairs (case)	39328	30746	33757	33753
解答法律询问（人次）	Agent of Legal Advisory Services (person-time)	290145	319475	320851	314737
代写法律事务文书（件）	Agent of Legal Documents Written on Behalf of Clients (unit)	67395	59587	68496	71232
公证工作	Notarization				
公证处（个）	Number of Notary Offices (unit)	178	178	178	178
#涉外公证处	Foreign-related Notary offices	34	36	36	37
公证人员（人）	Notarial Personnel (person)	1256	1257	1221	1661
#公证员	Notaries	691	700	713	684
公证员助理	Assistant Notaries	565	557	508	581
办理公证文书（万件）	Number of Notarized Documents (10 000 cases)	57	53.3	49.5	48.7
人民调解工作	Number of People's Mediation				
人民调解委员会（万个）	Number of People's Mediation Committees (10 000 units)	5.53	5.56	5.57	5.58
人民调解员（万人）	Number of Mediators (10 000 persons)	21.83	20.57	20.68	20.78
调解民间纠纷（万件）	Number of Civil Disputes Mediated (10 000 cases)	49.72	90.76	101.8	100.71

26-23 国内公证业务分类

Domestic Notarial Services by Type

单位：件 (case)

项目	Item	2013	2014	2015	2016
合计	**Total**	**459945**	**412132**	**372650**	**374413**
合同(协议)	Contracts (Agreements)	150674	121300	86495	73116
继承	Inheritance	37433	38107	40053	43343
单方法律行为	Unilateral Legal Acts	109875	104923	110659	133177
现场监督	Field Supervision	18408	19392	21469	16785
保全证据	Evidence Preservation	10545	8973	7807	8784
公司章程	Corporation Constitutions	567	48	75	92
组织资格	Organization Qualification	92	64	137	120
财产权	Property Rights	640	107	60	40
身份	Identity	1104	1285	980	825
收养关系	Adoptive Relationship	167	56	73	177
婚姻状况	Marital Status	1127	849	1023	778
亲属关系	Kinship Confirmation	3567	2982	3016	3335
有无违法犯罪记录	Illegal and Criminal Record Check	1337	865	1108	1530
其他有法律意义事实	Other Facts of Legal Significance	2862	2891	2574	2926
证书(执照)	Certificate (Licence)	966	1024	934	940
签名(印章)	Signature (Seal)	8470	9379	21008	19130
文本相符	Conformity of Documentation	4109	3459	3694	2417
赋予执行效力	Executor Force	81274	77685	57288	47375
执行证书	Certificate of Execution	2515	2999	3975	7639
抵押登记	Mortgage Registration	1169	1164	383	386
提存	Drawing	347	252	163	145
保管	Storage	50	23	33	80
其他	Others	22647	14305	9643	11273

26-24 涉外公证文书分类

Foreign-Related Notarial Documents by Type

单位：件 (case)

项　目	Item	2013	2014	2015	2016
合　计	**Total**	**103895**	**112905**	**118985**	**109046**
合同(协议)	Contracts (Agreements)	61	85	40	108
继承	Inheritance	49	4	6	23
委托	Power of Attorney	1513	1964	2199	2170
声明	Declaration	1315	1570	1728	1591
遗嘱	Testaments	7	1		2
其他单方法律行为	Other Unilateral Legal Acts	658	1498	1129	656
公司章程	Corporation Constitutions	132	29	65	28
组织资格	Organization Qualification	120	25	121	81
收养关系	Adoptive Relationship	224	57	44	51
婚姻关系	Marital Relationship	3899	4142	3689	3541
亲属关系	Kinship Confirmation	10573	12444	12654	12250
出生	Births	16083	17488	17782	17375
死亡	Deaths	122	147	152	215
生存、居住	Survival and Residence	569	902	714	805
学历(学位)	Education Background (Academic Degree)	14710	5730	7683	9095
经历	Resume	310	984	690	543
职务(职称)	Professional Titles	474	217	481	424
身份	Identity	323	252	424	517
有无违法犯罪记录	Illegal and Criminal Record Check	14150	14141	14011	13299
其他有法律意义事实	Other Facts of Legal Significance	1021	527	1391	1026
证书(执照)	Certificate (Licence)	11657	23742	22293	15206
签名(印章)	Signature (Seal)	3576	4616	5046	4796
文本相符	Conformity of Documentation	13762	17590	17974	17730
其他	Others	8587	4750	8669	7514

26-25 国内合同(协议)类公证业务分类

Domestic Notarization of Contracts (Agreements) by Type

单位：件 (case)

项　目	Item	2013	2014	2015	2016
合　计	**Total**	**150674**	**121300**	**86495**	**73116**
买卖合同	Trade Contracts	14487	15336	10031	9923
赠与合同	Gift Contracts	10690	6526	4853	4424
借款合同	Contracts for Loan of Money	64245	57705	40676	32874
租赁合同	Leasing Contracts	972	711	606	447
承揽合同	Contracts of Hired Work	104	46	50	176
建设工程合同	Contracts for Construction Projects	1232	177	155	134
委托合同	Agency Appointment Contracts	1714	2216	1897	2368
担保合同	Guarantee Contracts	5488	618	662	1449
土地使用合同	Land Use Contracts	604	779	380	225
知识产权合同	Intellectual Property Contracts	35	29	211	33
承包合同	Contract Agreements	2947	3734	1116	1717
企业经营合同	Enterprise Operating Contracts	50	75	59	73
劳动(劳务)合同	Labor (Labor Service) Contracts	4515	3360	2068	2169
其他合同	Other Contracts	11589	10078	7214	5620
合伙协议	Partnership Agreements	506	343	394	387
财产分割协议	Property Division Agreements	4589	3142	2731	1192
财产约定协议	Property Agreement	2541	2147	1840	980
抚养协议	Child Support Agreements	598	714	740	626
出国留学协议	Studying Abroad Agreement	358	646	867	1073
拆迁安置协议	Removal and Resettlement Agreements	2096	2772	1403	565
赔偿协议	Compensation Agreements	756	791	716	725
还款协议	Payment Contracts	1086	826	788	745
其他	Others	19472	8529	7038	5191

26-26 法律援助工作情况

Statistics on legal aid

项　目	Item	2013	2014	2015	2016
法律援助机构（个）	Number of Institutions (unit)	207	209	211	213
工作人员（人）	Staffs(person)	1040	1023	1023	1061
#法律专业	Major in Law	842	823	838	846
受理案件　（件）	Aid Case Received (case)	81442	81540	88402	97390
民事法律援助	Civil	63260	62298	67342	72572
刑事法律援助	Penal	17544	18545	20350	24027
行政法律援助	Administrative	638	697	710	791
咨询（人次）	Consultation Persons(person-time)	497242	648100	688791	719332

26-27 法律服务基本情况(2016年)

Basic Statistics on Legal Services (2016)

地区 Region	律师人数(人) Number of Lawer (person)	#女性 Female	专职律师人数(人) Number of full-time lawyer (person)	#女性 Female	公证人员(人) Notary personnel (person)	#女性 Female	获得法律援助的受援人数(人) Number of Persons Received legal aid (person)
全省 Total	**16396**	**4597**	**15459**	**4334**	**1661**	**690**	**104619**
省辖市 City							
郑州市 Zhengzhou	6369	2004	6499	1917	306	151	12910
开封市 Kaifeng	438	109	389	109	60	34	4991
洛阳市 Luoyang	1252	361	1197	352	169	43	7478
平顶山市 Pingdingshan	694	140	611	137	87	37	5007
安阳市 Anyang	1183	351	928	346	108	40	5731
鹤壁市 Hebi	108	22	108	22	25	19	1849
新乡市 Xinxiang	890	291	757	274	103	41	5179
焦作市 Jiaozuo	463	145	466	140	101	49	4755
濮阳市 Puyang	401	112	389	12	49	21	5683
许昌市 Xuchang	417	105	401	100	58	28	4196
漯河市 Luohe	254	1	241	78	43	19	2804
三门峡市 Sanmenxia	287	71	267	71	47	25	3611
南阳市 Nanyang	1003	205	927	193	174	63	8927
商丘市 Shangqiu	790	174	638	167	85	26	7794
信阳市 Xinyang	564	112	463	109	84	31	6253
周口市 Zhoukou	696	172	642	166	62	23	9194
驻马店市 Zhumadian	477	101	426	98	83	31	6690
济源市 Jiyuan	110	43	110	43	17	9	1073
省直管县 County Directly Administrated by Province							
巩义市 Gongyi	56	19	53	19	13	6	1282
兰考县 Lankao	51	21	51	21	9	3	1122
汝州市 Ruzhou	69	11	69	11	15	4	1008
滑县 Huaxian	199	60	199	60	17	4	1076
长垣县 Changyuan	32	9	32	9	16	3	647
邓州市 Dengzhou	36	4	36	4	22	10	1364
永城市 Yongcheng	67	11	67	11	24	3	1033
固始县 Gushi	73	10	72	10	25	4	921
鹿邑县 Luyi	42	11	42	11	10	2	593
新蔡县 Xincai	27	9	24	9	5	1	512

26-28 劳动人事仲裁委员会受理及处理案件情况(2016年)

单位：件

项 目	Item	合计 Total
上期未结争议案件数	**Number of Cases Left Over from Last Period**	**712**
当期立案受理情况	**Cases Accepted**	
立案受理案件总数	Number of Cases	24273
#十人以上劳动(人事)争议	Number of Collective Labour Disputes	168
#劳动者申请	Number of Cases Appealed by Laborers	23732
立案受理案件涉及劳动者人数(人)	Number of Persons Involoved in Collective Disputes (person)	29706
#十人以上劳动(人事)争议	Number of Collective Labour Disputes	2941
按争议类型分	Grouped by Dispute type	
劳动报酬	Labor Remuneration	8279
社会保险	Social Insurances and	6449
#工伤保险	Work Injury Insurance	2368
确认劳动关系	Confirm labor (personnel) relations	2650
解除、终止劳动合同	Relieve or End the Labour Contract	5185
履行聘用合同	Fulfill the labor (recruit) contract	46
解除人事关系	Remove the labor (recruit) contract	18
其他	Others	1646
案件处理情况	**Cases settled**	
当期审结案件数	Number of Cases Settled	24350
涉案金额(万元)	Involving Amount (10 000 yuan)	70900
按处理方式分	By Manners of Settlement	
仲裁调解	By Mediation	11454
仲裁裁决	By Arbitration Lawsuit	11693
#一裁终局	Arbitration Award shall be final and binding	684
其他	Others	1203
按处理结果分	By Result of Settlement	
用人单位胜诉	Won by Units	2325
劳动者胜诉	Lawsuit Won by Labourers	13047
双方部分胜诉	Lawsuit Partly Won by Both Parties	7362
其他	Others	1616
期末累计未结案数	**Number of Cases Unsettled**	**635**

Cases Accepted and Heard by Board of Labor Arbitration (2016)

(case)

劳动争议 Labor Dispute				人事争议 Personnel Disputes	
国有企业 State-owned Enterprises	集体企业 Collective-owned Enterprises	港澳台及外资企业 Foreign Funded and Hong Kong, Macao and Taiwan Funded Enterprises	私营企业 Private Enterprises	机关 Administrative Authority	事业单位 Public Institution
117	**46**	**17**	**494**	**1**	**21**
4035	2826	253	16245	225	385
38	16		109	2	
4017	2820	250	15764	216	376
5068	3321	294	19908	311	434
631	228		2018	25	
1377	999	38	5672	35	85
900	839	86	4323	78	146
338	177	27	1735	12	29
365	328	33	1846	30	21
1277	518	92	3068	78	63
					41
					18
116	142	4	1336	4	11
4062	2848	260	16253	225	389
10620	9635	619	47838	465	1032
1788	1385	105	7672	103	219
2153	1359	140	7684	111	143
139	76	10	425	22	11
121	104	15	897	11	27
624	469	30	1122	30	35
2253	1238	105	8972	158	211
1048	1049	119	4907	24	123
137	92	6	1252	13	20
90	**25**	**10**	**487**	**1**	**15**

26-29 工会组织情况

Basic Statistics on Trade Unions

单位：万人 (10 000 persons)

年份 year	工会基层组织数(万个) Number of Grassroot Trade Unions (10 000 units)	工会组织基层单位的职工与会员人数 Membership and Staff and Workers in Grassroot Trade Unions				工会专职工作人员人数 Number of Full-time Personnel of Trade Unions
		职工人数 Staff and Workers	#女职工 Female	会员人数 Membership	#女会员 Female	
2000	3.61	672.80		611.60		2.38
2001	4.86	757.84		700.1		
2002	5.68	811.02	298.59	749.51	270.99	3.28
2003	5.23	777.38	291.23	717.47	263.68	3.55
2004	5.38	785.64	297.21	734.64	266.71	3.20
2005	6.14	841.38	303.38	803.68	281.73	3.06
2006	6.94	905.50	325.51	866.43	306.15	3.36
2007	8.15	1070.20	380.30	1016.70	360.10	4.10
2008	9.13	1164.40	404.10	1125.00	392.10	4.50
2009	10.3	1291.31	443.76	1208.81	419.37	5.09
2010	11.43	1396.41	499.99	1324.06	480.69	6.45
2011	14.89	1517.46	548.67	1441.09	526.66	10.35
2012	19.42	1698.29	625.82	1616.72	602.21	13.02
2013	20.43	1734.41	642.58	1653.14	620.27	13.52
2014	21.12	1789.89	662.51	1707.29	642.37	13.67
2015	21.44	1852.19	685.95	1780.90	667.73	13.13
2016	21.61	1905.14	701.74	1832.35	682.88	13.70

26-30 全省工会组织基本情况
Basic Statistics on Trade Unions

指标名称	Item	2014	2015	2016
工会基层组织数（万人）	Number of Grassroot Trade Unions (10 000 persons)	21.12	21.44	21.61
工会专职工作人员人数（万人）	Number of Full-time Personnel of Trade Unions (10 000 persons)	13.67	13.13	13.70
已建工会组织的基层单位职工人数（万人）	Staff and Workers in Grassroot Trade Unions (10 000 persons)	1789.89	1852.19	1905.14
#女职工	Female Staff and Workers	662.51	685.95	701.74
#农民工	Migrant workers	671.04	786.22	851.56
#女性	Female	239.98	274.72	292.44
已建工会组织的基层单位工会会员人数（万人）	Membership in Grassroot Trade Unions (10 000 persons)	1707.29	1780.90	1832.35
#女会员	Female Membership	642.37	667.73	682.88
职工代表数	Number of worker representative	163.67	126.74	130.20
#女性	Female	58.01	48.94	52.50
执行《女职工劳动保护特别规定》的企业比重(%)	Proportion of Enterprises which Carry Out Special Provisions of Female Worker Labor Protection	96.00	96.00	96.00
企业职工代表大会中女性代表比重（%）	Proportion of Female Representatives in Enterprise Staff and Workers'Congress	35.00	38.00	39.00
企业董事会中女性比重（%）	The Proportion of Women on Board of Directors	35.00	38.00	39.00
企业监事会中女性比重（%）	The Proportion of Women on Board of Supervisors	30.00	32.00	35.00

26-31 各市基层工会劳动法律监督工作情况(2016年)

Statistics on Labor Law Supervision Work of Primary Trade Union by City (2016)

市 City	基层工会劳动法律监督组织 Labor Law Supervision Organizations of Grassroot Trade Union		基层以上工会劳动法律监督组织 Labor Law Supervision Organizations of Trade Union Above Grassroot	
	组织个数 Number of Organizations	提请劳动监察部门处理的违反劳动法律行为、事件件数 Action and Cases Submitted to the Labor Inspection department for the Violation of Labor Law	受理职工举报件数 Number of pices of Staff Report Accepted	提请劳动监察部门处理的违反劳动法律行为、事件件数 Action and Cases Submitted to the Labor Inspection Department for the Violation of Labor Law
全　　省 Total	**22162**	**886**	**1300**	**221**
郑　州　市 Zhengzhou	3698	65	553	72
开　封　市 Kaifeng	163	16		
洛　阳　市 Luoyang	3870	1	27	9
平顶山市 Pingdingshan	758	273	17	1
安　阳　市 Anyang	494	1	87	8
鹤　壁　市 Hebi	129	3		
新　乡　市 Xinxiang	2476	325	47	15
焦　作　市 Jiaozuo	371	8	104	32
濮　阳　市 Puyang	882	2	10	3
许　昌　市 Xuchang	417	1	13	5
漯　河　市 Luohe	1390	15	168	16
三门峡市 Sanmenxia	169	1	19	8
南　阳　市 Nanyang	3495	143	116	26
商　丘　市 Shangqiu	6	1	22	3
信　阳　市 Xinyang	2147	4	60	12
周　口　市 Zhoukou	232	19	20	3
驻马店市 Zhumadian	1351	1	37	8
济　源　市 Jiyuan	114	7		

26-32 参加各类保险人数

Persons Covered of Insurans

单位：万人 (10 000 persons)

年份 Year	养老保险 Basic Pension Insurance	失业保险 Unemploy-ment Insurance	医疗保险 Basic Medical Insurance	工伤保险 Work Injury Insurance	生育保险 Maternity Insurance
2000	662.68	671.00	287.00	198.00	172.00
2001	639.05	676.00	456.40	245.00	207.00
2002	645.53	670.00	537.28	218.79	204.54
2003	659.25	679.97	567.93	210.61	199.29
2004	688.70	681.60	590.19	324.72	200.66
2005	716.17	681.90	640.70	404.00	228.30
2006	762.60	682.80	704.00	432.90	238.40
2007	804.68	684.65	726.03	452.32	254.02
2008	948.57	689.00	840.87	501.20	313.35
2009	1019.09	694.82	1970.13	521.02	379.76
2010	1079.33	696.46	2043.75	551.74	412.87
2011	1168.38	701.19	2122.26	655.54	460.69
2012	1270.63	735.50	2222.20	720.56	520.29
2013	1349.99	741.29	2297.20	773.09	569.60
2014	1431.55	773.30	2340.03	805.71	590.17
2015	1508.71	783.34	2344.90	856.68	609.46
2016	1750.02	788.07	2360.75	876.97	646.80

注：1.2009年起由原来城镇职工基本医疗保险人数加入城镇居民医疗保险人数。
2.此处养老保险口径为城镇职工基本养老保险。

a) Data on basic Medical insurance include urban residents since 2009,before 2009 only refer to urban staff and workers.

b) Pension Insurance refers to Urban worker basic endowment insurance.

26-33 社会保险基金

Social Insurance Funds

单位：亿元 (100 million yuan)

年 份 Year	基金收入 Revenue	基金支出 Expenses	累计结余 Balance at the Year-end
2003	187.50	151.10	145.20
2004	216.10	166.90	195.80
2005	257.10	203.20	244.20
2006	298.50	239.20	303.30
2007	365.20	289.60	363.80
2008	540.61	445.51	496.21
2009	558.14	462.74	595.57
2010	609.40	484.90	661.70
2011	723.60	581.25	806.68
2012	872.46	702.51	977.21
2013	1304.45	1043.23	1505.51
2014	1440.14	1210.84	1734.19
2015	1515.98	1310.66	1828.51
2016	1738.63	1473.87	2093.26

注：2015年社保基金收入、支出、累计结余数据不含机关事业单位养老保险数据。

a) Data on 2015 exclude Agencies and institutions Endowment insurance.

26-34 各市城镇职工参加基本养老保险人数

Number of People Participated in Basic Pension Insurance by City

单位：万人 (10 000 persons)

市(县)	City(County)	2005	2006	2007	2008	2009	2010	2011	2012	2013	2014	2015	2016
省辖市	**City**												
郑州市	Zhengzhou	98.62	108.37	119.00	127.74	141.12	158.14	198.28	251.76	290.69	331.98	370.70	379.61
开封市	Kaifeng	27.10	30.50	52.67	55.43	60.22	62.48	59.25	62.14	64.54	67.91	70.84	62.45
洛阳市	Luoyang	45.08	45.07	76.86	80.26	85.98	90.60	95.65	100.34	105.98	110.91	114.98	110.85
平顶山市	Pingdingshan	22.45	23.30	35.60	36.80	40.01	42.28	44.72	47.63	49.77	50.91	53.03	49.27
安阳市	Anyang	42.99	50.00	52.48	55.10	58.78	61.58	65.22	67.63	69.79	71.78	74.42	71.61
鹤壁市	Hebi	9.37	9.91	13.24	13.88	14.57	15.37	16.40	17.33	18.09	19.20	20.29	21.13
新乡市	Xinxiang	48.90	52.00	53.69	57.75	61.26	65.74	71.49	76.11	80.43	84.31	88.31	93.24
焦作市	Jiaozuo	24.50	26.00	41.82	42.08	45.99	48.20	50.70	52.70	53.97	55.70	57.16	54.00
濮阳市	Puyang	5.50	18.50	21.01	21.38	24.35	25.86	27.41	28.73	29.95	31.26	32.07	25.24
许昌市	Xuchang	21.01	22.99	33.08	34.21	37.07	38.76	40.70	42.50	45.09	48.53	52.31	51.49
漯河市	Luohe	17.93	17.90	20.58	20.94	23.10	24.33	25.72	27.69	29.82	31.36	32.39	29.90
三门峡市	Sanmenxia	14.79	16.30	21.99	23.58	25.08	26.39	27.51	28.80	29.94	30.92	31.98	30.49
南阳市	Nanyang	47.00	31.20	68.27	65.21	72.62	75.38	80.02	83.88	86.72	89.36	91.58	70.98
商丘市	Shangqiu	18.37	20.55	34.66	37.45	41.13	43.57	47.52	50.58	53.10	55.25	57.73	50.35
信阳市	Xinyang	40.31	31.40	41.97	42.96	48.12	50.60	54.10	58.48	60.49	62.88	65.40	59.24
周口市	Zhoukou	20.71	21.35	37.29	40.61	44.15	47.03	51.95	55.48	57.41	60.13	62.20	57.40
驻马店市	Zhumadian	14.68	15.11	25.59	26.40	28.68	30.74	34.94	37.22	39.12	40.69	41.83	38.77
济源市	Jiyuan	7.28	7.73	9.71	10.25	10.98	11.64	12.49	14.15	15.27	16.63	17.43	17.50
省直管县	**County Directly Administrated by Province**												
巩义市	Gongyi							8.95	9.95	10.47	10.61	11.13	8.65
兰考县	Lankao							3.65	4.79	4.85	5.28	5.60	3.88
汝州市	Ruzhou							4.46	4.67	4.93	5.24	5.58	4.95
滑县	Huaxian							5.31	5.49	5.69	5.90	6.11	5.55
长垣县	Changyuan							3.30	3.56	3.91	4.24	4.51	4.81
邓州市	Dengzhou							7.53	7.80	8.05	8.29	8.53	5.19
永城市	Yongcheng							7.07	7.53	7.72	7.84	8.40	7.46
固始县	Gushi							8.93	11.87	12.44	12.88	13.53	10.80
鹿邑县	Luyi							4.29	4.49	4.55	4.67	4.88	4.21
新蔡县	Xincai							1.70	2.63	2.75	2.82	3.01	2.85

注：2016年城镇职工基本养老保险参保人数为企业职工基本养老保险参保人数，不包括机关事业单位养老保险参保人数。

a) Date on 2016 only include the number of people work in enterprises, exclude the number of people work in government agencies and institutions.

26−35 各市参加基本医疗保险人数

Number of People Participated in Basic Medical Insurance by City

单位：万人 (10 000 persons)

市(县)	City(County)	2005	2006	2007	2008	2009	2010	2011	2012	2013	2014	2015	2016
省辖市	**City**												
郑州市	Zhengzhou	47.00	56.30	64.96	74.76	208.80	230.83	261.64	296.53	315.40	329.47	344.52	360.70
开封市	Kaifeng	21.30	28.35	31.68	36.13	86.21	89.95	92.83	99.23	101.66	104.52	105.01	97.41
洛阳市	Luoyang	64.50	67.73	74.64	82.99	183.30	189.44	195.91	202.24	197.75	210.39	214.41	215.98
平顶山市	Pingdingshan	52.17	52.52	55.55	60.23	120.08	122.88	126.62	128.22	127.54	127.85	127.98	128.35
安阳市	Anyang	42.21	45.00	52.51	55.87	116.13	119.94	121.48	122.19	121.91	124.13	124.62	124.91
鹤壁市	Hebi	16.03	17.17	18.66	20.39	46.92	38.70	38.80	39.24	39.21	39.60	41.39	41.44
新乡市	Xinxiang	44.45	50.40	53.23	55.59	129.51	135.09	141.57	142.18	142.12	143.17	144.15	144.70
焦作市	Jiaozuo	29.40	38.60	41.65	43.52	95.45	91.83	93.20	93.97	94.64	95.02	95.20	95.55
濮阳市	Puyang	23.30	24.40	39.48	46.68	79.74	79.78	80.30	80.50	69.50	64.50	60.00	60.00
许昌市	Xuchang	27.89	28.24	31.01	34.22	85.93	88.61	89.91	90.79	92.40	93.10	95.07	95.14
漯河市	Luohe	17.60	17.60	21.42	24.62	64.33	67.84	73.20	78.12	76.48	76.89	74.69	74.82
三门峡市	Sanmenxia	22.20	23.61	27.37	28.56	59.11	62.21	64.04	64.93	66.73	59.78	59.84	59.96
南阳市	Nanyang	63.93	66.50	63.00	65.60	143.09	154.10	158.33	160.50	161.92	163.14	164.02	164.35
商丘市	Shangqiu	35.50	36.62	37.61	39.51	124.87	128.11	135.34	142.24	153.82	154.96	140.30	139.11
信阳市	Xinyang	40.30	44.58	47.80	51.30	124.28	128.61	132.62	134.02	134.62	134.73	133.34	137.50
周口市	Zhoukou	32.50	35.20	36.65	39.83	112.92	121.12	129.34	137.76	140.41	140.88	140.52	141.59
驻马店市	Zhumadian	33.34	35.80	36.01	38.00	106.49	109.13	116.02	121.44	122.06	125.47	127.25	127.68
济源市	Jiyuan	5.82	6.39	6.80	8.04	18.58	19.11	19.80	20.88	23.73	24.43	24.46	25.63
省直管县	**County Directly Administrated by Province**												
巩义市	Gongyi							13.90	12.93	12.93	11.17	11.23	10.24
兰考县	Lankao							6.90	7.19	7.46	7.27	7.17	7.08
汝州市	Ruzhou							11.00	11.53	11.63	11.09	11.17	11.12
滑县	Huaxian							12.80	13.01	13.74	13.96	14.01	13.99
长垣县	Changyuan							8.70	8.76	8.85	9.47	10.19	10.57
邓州市	Dengzhou							16.40	16.19	16.62	16.84	16.54	15.36
永城市	Yongcheng							18.20	17.22	18.49	17.76	16.72	15.53
固始县	Gushi							14.30	14.31	14.50	14.51	10.61	12.21
鹿邑县	Luyi							10.30	10.62	10.67	10.50	8.60	8.62
新蔡县	Xincai							7.40	9.57	10.10	10.98	11.02	11.04

26-36 各市参加失业保险人数

Number of People Participated in Unemployment Insurance by City

单位：万人 (10 000 persons)

市(县) City(County)	2005	2006	2007	2008	2009	2010	2011	2012	2013	2014	2015	2016
省 辖 市 City												
郑 州 市 Zhengzhou	78.60	85.52	86.22	87.08	87.74	89.75	92.71	131.24	133.13	154.94	172.62	187.63
开 封 市 Kaifeng	36.20	36.20	36.20	36.20	35.78	34.10	33.96	34.23	34.27	34.61	35.08	23.82
洛 阳 市 Luoyang	60.20	59.04	59.71	59.10	59.78	59.99	60.23	60.83	61.07	63.46	63.64	63.59
平 顶 山 市 Pingdingshan	44.20	45.53	45.55	46.60	46.60	46.98	46.98	47.44	45.93	46.41	45.56	45.79
安 阳 市 Anyang	38.12	39.00	39.66	39.90	40.00	40.06	40.28	40.51	40.54	41.89	41.72	41.89
鹤 壁 市 Hebi	17.42	15.56	15.22	15.22	15.20	15.45	15.47	15.75	14.69	14.66	14.20	14.21
新 乡 市 Xinxiang	45.38	36.30	45.38	45.10	44.95	44.90	44.84	45.15	44.92	45.34	44.39	44.26
焦 作 市 Jiaozuo	37.20	34.80	34.44	34.19	34.18	35.40	35.20	35.45	35.06	35.86	34.69	34.86
濮 阳 市 Puyang	19.80	19.40	29.51	29.87	31.26	30.84	31.21	31.04	29.40	30.09	29.71	30.12
许 昌 市 Xuchang	27.61	27.31	27.64	27.01	27.00	27.00	27.00	27.50	27.50	27.50	27.50	27.50
漯 河 市 Luohe	16.00	16.00	14.95	16.86	16.98	17.02	17.10	17.64	17.10	17.54	17.54	17.56
三 门 峡 市 Sanmenxia	20.03	22.34	22.35	22.65	22.71	22.70	22.79	23.24	22.23	22.32	23.07	23.06
南 阳 市 Nanyang	61.90	61.70	61.49	61.26	62.61	62.66	63.19	65.01	62.15	63.15	61.45	62.07
商 丘 市 Shangqiu	34.20	34.20	34.86	35.00	35.48	34.91	35.03	35.25	34.20	34.76	34.33	34.42
信 阳 市 Xinyang	39.71	39.20	39.11	39.17	39.29	39.23	39.41	39.70	38.88	38.92	37.81	37.68
周 口 市 Zhoukou	38.00	38.50	38.60	38.63	38.10	38.00	38.12	39.54	38.41	38.92	38.01	38.01
驻 马 店 市 Zhumadian	31.80	31.80	31.80	34.03	35.37	36.61	37.04	38.92	38.83	38.21	37.80	37.92
济 源 市 Jiyuan	6.96	7.10	7.05	6.86	6.85	6.86	6.83	7.06	9.57	11.47	11.22	11.01
省 直 管 县 County Directly Administrated by Province												
巩 义 市 Gongyi							5.90	6.00	6.00	5.86	5.82	5.70
兰 考 县 Lankao							2.90	2.90	2.90	2.90	3.26	2.94
汝 州 市 Ruzhou							3.30	3.40	3.30	3.41	3.41	3.41
滑 县 Huaxian							4.33	4.33	4.33	4.33	4.08	4.08
长 垣 县 Changyuan							2.82	2.88	2.80	3.03	2.71	3.01
邓 州 市 Dengzhou							5.60	5.61	5.61	5.61	5.21	5.21
永 城 市 Yongcheng							4.80	4.80	4.80	4.80	4.80	4.80
固 始 县 Gushi							5.27	5.30	5.22	5.30	5.09	5.06
鹿 邑 县 Luyi							3.39	3.60	3.60	3.60	3.60	3.42
新 蔡 县 Xincai							3.11	3.20	3.13	3.13	3.13	3.15

26–37 各市参加工伤保险人数

Number of People Participated in Work Injury Insurance by City

单位：万人 (10 000 persons)

市(县)	City(County)	2005	2006	2007	2008	2009	2010	2011	2012	2013	2014	2015	2016
省辖市	**City**												
郑州市	Zhengzhou	41.76	44.18	47.30	52.53	55.71	57.84	84.57	134.95	147.29	154.47	164.97	173.77
开封市	Kaifeng	20.20	21.60	22.66	25.10	25.93	27.09	32.24	33.00	33.61	34.33	34.96	24.87
洛阳市	Luoyang	37.08	38.12	41.52	45.72	47.90	49.50	55.13	60.02	61.56	64.10	66.51	68.13
平顶山市	Pingdingshan	16.80	18.66	19.74	21.71	23.09	23.72	29.00	32.13	33.20	35.05	36.83	38.45
安阳市	Anyang	24.60	26.00	28.11	31.39	32.59	34.11	40.30	42.77	43.88	45.79	48.04	49.46
鹤壁市	Hebi	9.52	9.51	6.42	6.67	7.03	7.44	9.16	11.01	11.56	12.03	12.51	12.75
新乡市	Xinxiang	31.70	36.60	36.57	43.21	44.80	48.55	50.93	51.30	52.92	55.20	57.41	58.65
焦作市	Jiaozuo	18.00	19.60	20.96	23.11	24.12	25.10	27.48	30.11	31.33	32.82	34.45	35.08
濮阳市	Puyang	4.10	4.50	11.91	16.89	17.87	19.04	21.87	22.20	22.70	23.50	24.50	25.01
许昌市	Xuchang	12.95	13.64	14.98	16.12	16.73	17.50	21.76	22.23	23.03	24.13	25.42	26.11
漯河市	Luohe	9.72	9.70	10.91	13.40	14.15	14.56	17.81	19.56	20.28	21.17	22.39	22.91
三门峡市	Sanmenxia	11.25	12.05	12.55	14.01	14.46	15.13	18.13	20.05	20.58	21.01	21.56	21.94
南阳市	Nanyang	22.50	29.50	28.77	33.19	34.27	35.65	47.07	49.22	50.46	52.41	54.64	56.33
商丘市	Shangqiu	9.72	12.06	11.36	15.23	16.06	16.60	25.71	30.40	31.01	31.64	32.13	32.43
信阳市	Xinyang	14.60	16.20	16.20	19.34	20.01	20.95	29.82	32.93	33.68	31.85	33.32	35.48
周口市	Zhoukou	13.10	14.40	14.44	16.00	17.00	18.00	28.93	36.78	40.00	41.82	43.10	47.76
驻马店市	Zhumadian	11.00	10.40	11.88	14.14	14.60	15.16	24.06	27.19	28.20	29.53	30.73	31.32
济源市	Jiyuan	4.31	4.86	5.21	5.44	5.69	5.91	7.28	7.77	8.34	9.36	11.21	11.61
省直管县	**County Directly Administrated by Province**												
巩义市	Gongyi							4.68	7.43	7.86	7.86	8.10	7.96
兰考县	Lankao							1.67	1.67	1.76	2.23	2.44	2.59
汝州市	Ruzhou							2.40	2.64	3.03	3.04	3.29	3.41
滑县	Huaxian							3.03	3.50	3.68	3.71	3.81	3.92
长垣县	Changyuan							3.03	3.03	3.03	3.12	3.30	3.54
邓州市	Dengzhou							4.12	4.12	4.35	4.40	4.50	4.60
永城市	Yongcheng							12.12	12.35	9.63	9.63	9.63	9.63
固始县	Gushi							3.72	4.38	4.40	1.84	2.29	2.40
鹿邑县	Luyi							1.90	2.70	3.01	3.01	3.01	3.01
新蔡县	Xincai							1.44	1.83	1.92	1.92	2.00	2.00

26−38 各市参加生育保险人数

Number of People Participated in Maternity Insurance by City

单位：万人 (10 000 persons)

市(县)	City(County)	2005	2006	2007	2008	2009	2010	2011	2012	2013	2014	2015	2016
省辖市	**City**												
郑州市	Zhengzhou	13.50	17.25	20.79	28.70	37.98	39.95	58.57	75.84	85.04	94.73	101.45	117.77
开封市	Kaifeng	21.00	19.34	20.02	21.00	22.01	22.50	23.00	23.61	24.60	24.90	20.14	21.73
洛阳市	Luoyang	34.05	35.02	35.52	40.00	43.68	44.70	48.94	52.52	54.11	54.96	56.41	57.26
平顶山市	Pingdingshan	16.74	16.75	15.46	20.50	22.31	26.92	28.42	31.47	32.83	33.66	34.31	34.68
安阳市	Anyang	20.49	20.00	22.07	23.60	24.73	25.04	25.53	26.37	27.60	29.03	29.99	30.54
鹤壁市	Hebi	7.21	7.20	7.51	8.10	9.02	9.51	10.01	10.62	10.81	10.91	11.12	11.22
新乡市	Xinxiang	18.20	19.00	22.74	23.70	24.89	26.04	26.84	28.73	29.90	30.37	31.47	32.33
焦作市	Jiaozuo	18.00	18.60	20.22	22.00	23.30	24.24	25.59	26.97	28.18	28.49	29.18	29.59
濮阳市	Puyang	4.63	4.80	10.51	14.40	17.66	21.72	22.17	22.80	14.30	14.40	14.80	15.00
许昌市	Xuchang	14.01	14.14	15.69	16.10	18.01	18.51	19.02	19.63	20.47	20.80	21.66	22.17
漯河市	Luohe	1.87	1.90	3.45	5.50	8.35	9.51	11.06	12.43	13.06	13.30	13.89	14.32
三门峡市	Sanmenxia	7.55	7.58	8.36	9.60	10.04	11.53	12.62	13.97	14.82	14.93	15.12	15.58
南阳市	Nanyang	18.20	17.20	19.22	23.00	25.30	28.80	31.42	34.20	36.33	37.31	40.06	42.94
商丘市	Shangqiu	2.51	3.80	4.43	4.80	6.59	6.60	13.52	17.08	19.25	19.60	19.62	20.60
信阳市	Xinyang	13.40	14.58	12.01	17.30	20.13	21.87	23.73	26.05	28.46	29.59	33.55	35.97
周口市	Zhoukou	0.83	0.87	1.90	11.00	16.93	20.98	24.91	30.27	33.07	34.86	35.96	37.89
驻马店市	Zhumadian	14.00	15.00	11.43	17.00	19.11	20.02	21.52	23.56	25.15	26.49	28.51	30.10
济源市	Jiyuan	2.80	3.01	2.70	3.00	4.07	4.53	4.84	5.36	7.21	8.84	9.50	10.12
省直管县	**County Directly Administrated by Province**												
巩义市	Gongyi							4.50	5.19	5.19	5.25	5.07	4.74
兰考县	Lankao							0.60	0.60	0.90	0.90	0.90	1.38
汝州市	Ruzhou							2.80	3.06	3.25	3.35	3.40	3.42
滑县	Huaxian							2.60	2.69	2.91	2.96	3.13	3.15
长垣县	Changyuan							1.00	1.08	1.31	1.55	1.75	1.91
邓州市	Dengzhou							2.40	4.41	4.57	4.65	4.70	4.72
永城市	Yongcheng							2.70	2.27	2.56	2.57	2.59	2.59
固始县	Gushi							3.70	3.85	4.02	4.00	3.67	3.72
鹿邑县	Luyi							1.50	1.60	1.20	2.16	2.16	2.30
新蔡县	Xincai							1.10	1.19	1.19	1.39	1.50	2.15

26-39 安全生产基本情况

Basic Statistics on safetyin production

指　标	Indicate	2016
发生伤亡事故总数(起)	Casuatlty Accidents(case)	1405
农林牧渔业	Agriculture,Forestry,Animal Husbandry and Fishery	5
采矿业	Mining	8
商贸制造业	Trade Manufacturing	66
建筑业	Construction	53
交通运输仓储业	Transport and Storage	1250
其它行业	Others	23
造成死亡总人数(人)	Death(person)	932
农林牧渔业	Agriculture,Forestry,Animal Husbandry and Fishery	5
采矿业	Mining	19
商贸制造业	Trade Manufacturing	94
建筑业	Construction	79
交通运输仓储业	Transport and Storage	714
其它行业	Others	21
一次死亡3-9人较大事故(起)	Major Accidents with 3-9 People Dead(case)	27
农林牧渔业	Agriculture,Forestry,Animal Husbandry and Fishery	
采矿业	Mining	2
商贸制造业	Trade Manufacturing	6
建筑业	Construction	3
交通运输仓储业	Transport and Storage	16
其它行业	Others	
一次死亡3-9人较大事故中死亡人数(人)	Number of People Dead in Major Accidents(person)	109
农林牧渔业	Agriculture,Forestry,Animal Husbandry and Fishery	
采矿业	Mining	11
商贸制造业	Trade Manufacturing	23
建筑业	Construction	10
交通运输仓储业	Transport and Storage	65
其它行业	Others	
一次死亡10人以上重特大事故(起)	Extra Serious Accident with more than 10 People Dead(case)	2
农林牧渔业	Agriculture,Forestry,Animal Husbandry and Fishery	
采矿业	Mining	
商贸制造业	Trade Manufacturing	1
建筑业	Construction	1
交通运输仓储业	Transport and Storage	
其它行业	Others	
一次死亡10人以上重特大事故中死亡人数(人)	Number of People Dead in Extra Serious Accidents	23
农林牧渔业	Agriculture,Forestry,Animal Husbandry and Fishery	
采矿业	Mining	
商贸制造业	Trade Manufacturing	10
建筑业	Construction	13
交通运输仓储业	Transport and Storage	
其它行业	Others	
煤矿死亡人数(人)	Death Toll from Coal Mine Accidents(person)	10
骨干煤矿企业	Key Coal Mine Enterprises	10
地方煤矿	Local Coal Mine	
煤矿百万吨死亡率	Death Rate in Million tons Coal Production	0.092
骨干煤矿企业	Key Coal Mine Enterprises	0.099
地方煤矿	Local Coal Mine	

主要统计指标解释

受理劳动争议案件数　指劳动争议仲裁委员会根据国家有关规定，对劳动争议当事人的申请予以审查，符合受理条件而正式立案、准备处理的劳动争议案件数。

要案　指县、处级以上干部的犯罪案件。该指标主要反映职务犯罪案件中县、处级以上干部被人民检察院依法立案侦查的情况。

批准逮捕　指人民检察院对公安机关、国家安全机关、监狱管理机关提出逮捕的犯罪嫌疑人进行审查，根据事实，依法做出逮捕决定。该指标主要反映人民检察院对提请逮捕犯罪嫌疑人进行审查后依法做出批准逮捕决定的情况。

决定逮捕　指人民检察院对直接立案侦查的案件，认为需要逮捕犯罪嫌疑人时，依据法律做出的逮捕决定。该指标主要反映人民检察院对直接受理的案件行使决定逮捕权的情况。

提起公诉　指人民检察院对公安机关、国家安全机关、监狱管理机关和检察机关侦查部门等移送起诉的案件进行审查，根据事实，做出提起公诉的案件。该指标主要反映人民检察院对各种刑事案件向人民法院提起公诉的情况。

适用简易程序　指人民法院对依法可能判处三年以下有期徒刑、拘役、管制、单处罚金的公诉案件，事实清楚，证据充分，人民检察院建议或者同意适用简易程序的案件 ；告诉才处理的案件；被害人起诉的有证据证明的轻微刑事案件。

提出抗诉　指人民检察院对人民法院的判决、裁定认为确有错误，向人民法院提出对案件重新进行审理的诉讼活动。包括按照第二审程序提出的抗诉和按照审判监督程序（再审程序）提出的抗诉。

撤回抗诉　指上级人民检察院对下级人民检察院按照第二审程序提出的抗诉，经审查，认为抗诉不当时向同级人民法院撤回抗诉，同时通知提出抗诉的下级人民检察院。

立案监督　指人民检察院对侦查机关刑事立案活动的监督。包括对应当立案而不立案的监督和不应立案而立案的监督。

监督立案　包括侦查机关接到要求说明不立案理由后主动立案和执行通知立案两个内容。

监管活动　指人民检察院对监狱等监管改造场所的管理活动进行的监督。

青少年罪犯　指人民法院在报告期内判决发生法律效力的有罪判决中 14 周岁以上不满 25 周岁的罪犯。其中 14 周岁以上不满 18 周岁的罪犯为未成年罪犯。

行政案件　指公民、法人和其他组织不服行政机关作出的具体行政行为，向人民法院提起行政诉讼，人民法院依法审理的案件。

单独赔偿　指单独提起行政赔偿的案件。当事人对行政行为的合法性没有争议，就行政侵权造成的损害赔偿单独提起赔偿诉讼。

公证人员　指在公证处工作的人员总称，包括公证处主任、副主任、公证员、公证员助理(助理公证员)和其他从事辅助性工作的人员。

公证文书　指公证处根据当事人申请，依照事实和法律，按照法定程序制作的，具有法律效力的司法证明文书。

受理劳动争议案件数　指劳动争议仲裁委员会根据国家有关规定，对劳动争议当事人的申请予以审查，符合受理条件而正式立案、准备处理的劳动争议案件数。

城镇职工基本养老保险

1.（参保）职工人数　指报告期末按照国家法律、法规和有关政策规定参加基本养老保险并在社保经办机构已建立缴费记录档案的职工人数，包括中断缴费但未终止养老保险关系的职工人数，不包括只登记未建立缴费记录档案的人数。

2.（参保）离退休人员人数　指报告期末参加基本养老保险的离休、退休和退职人员的人数。

3.基金收入　指根据国家有关规定，由纳入基本养老保险范围的缴费单位和个人按国家规定的缴费基数和缴费比例缴纳的养老保险基金，以及通过其他方式取得的形成基金来源的收入。包括单位和职工个人缴纳的基本养老保险费、基本养老保险基金利息收入、上级补助收入、下级上解收入、转移收入、财政补贴和其他收入。

4.基金支出 指按照国家政策规定的开支范围和开支标准从养老保险基金中支付给参加基本养老保险的个人的养老金、丧葬抚恤补助，以及由于保险关系转移、上下级之间调剂资金等原因而发生的支出。包括离休金、退休金、退职金、各种补贴、医疗费、死亡丧葬补助费、抚恤救济费、社会保险经办机构管理费、补助下级支出、上解上级支出、转移支出、其他支出等。

5.基金累计结余 指截止报告期末基本养老保险基金收支相抵后的累计余额。

基本医疗保险

1.参保人数 指报告期末按国家有关规定参加相应基本医疗保险的人数。

2.基金收入 指由用人单位和个人按照国家规定的缴费基数、缴费比例或缴费标准缴纳的基本医疗保险基金，财政补助资金以及通过其他方式取得的形成基金来源的款项，包括：单位缴纳收入、个人缴纳收入、财政补助收入（含医疗救助补助个人收入）、财政补贴收入、利息收入和其他收入。

3.基金支出 指按照国家政策规定的开支范围和开支标准，从基本医疗保险基金中支付给参保人员的医疗保险待遇支出，以及其他支出。包括住院医疗费用支出、门急诊医疗费用支出、个人账户基金支出、其他支出。

4.基金累计结余 指截止报告期末基本医疗保险基金累计结余金额。

失业保险

1.参保人数 指报告期末按照国家法律、法规和有关政策规定参加了失业保险的城镇企业、事业单位的职工及地方政府规定参加失业保险的其他人员的人数。

2.基金收入 指报告期内筹集的失业保险基金的总额，包括失业保险费收入、利息收入、财政补贴收入、其他收入、转移收入、上级补助收入、下级上解收入。

3.基金支出 指报告期内为保障失业人员基本生活、促进其再就业等支出的基金总额，包括失业保险金支出、医疗补助金支出、丧葬补助金和抚恤金支出、职业培训和职业介绍补贴支出、农民合同制工人一次性生活补助支出、其他支出、转移支出、上级补助支出、下级上解支出。

4.基金累计结余 指截止报告期末失业保险基金收支相抵后的累计余额。

工伤保险

1.参加保险人数 指报告期末依据国家有关规定参加工伤保险的职工人数和有雇工的个体工商户的雇工数。

2.享受保险待遇人数 指年初至报告期末因工伤或职业病而享受工伤保险待遇的人数。为享受工伤医疗待遇中未评定等级的人数、享受伤残待遇人数以及享受因工死亡待遇人数之和。

3.基金收入 指根据国家有关规定，由参加工伤保险的单位按国家规定的缴费基数和缴费比例缴纳的工伤保险基金，以及通过其他形式取得的形成基金来源的款项。包括：单位缴纳的社会统筹基金收入、财政补贴收入、利息收入、其他收入。

4.基金支出 指按照国家政策规定的开支范围和开支标准从工伤保险基金中支付给参加工伤保险的人员及供养直系亲属工伤保险待遇支出及其他支出。包括工伤医疗费、伤残补助金、工亡补助金、护理费、丧葬补助费、工伤预防费用、职业康复费用和其他支出。

5.基金累计结余 指截止报告期末工伤保险基金累计结余金额。

生育保险

1.参保人数 指报告期末依据有关规定参加生育保险的人数。

2.基金收入 指根据国家有关规定，由参加生育保险的单位按照国家规定的缴费基数和缴费比例缴纳的生育保险基金，以及通过其他方式取得的形成基金来源的款项，包括：单位缴纳的基金收入、利息收入和其他收入。

3.基金支出 指按照国家政策规定的开支范围和开支标准，从生育保险基金中支付给参加生育保险的职工，因妊娠、分娩和计划生育手术而享受的待遇及其他支出。包括：生育津贴、医疗费用支出及其他支出。

4.基金累计结余 指截止报告期末生育保险基金累计结余金额。

Explanatory Notes on Main Statistical Indicators

Number of Labour Dispute Cases Accepted refers to the number of cases of labour dispute submitted that, after being reviewed by the labour dispute arbitration committees in line with the relevant state regulations, are accepted and registered for treatment.

Key Cases refer to crimes committed by county and director-level officials. This indicator reflects the situation of those county and director-level officials involved in criminal cases registered and handled by People's Procuratorate offices.

Approval for Arrest refers to the decision made by people's procuratorate office, in accordance with the law and relevant facts, to approve the arrest of the suspect(s) as proposed by the public security departments, state security departments or prisons authority. This indicator reflects approved arrests made by people's procuratorate offices that are proposed by related departments.

Decision on Arrest refers to decision made by the people's procuratorate office, in accordance with laws, to arrest the suspect(s) in the cases that are accepted and to be investigated by procurators office. This indicator mainly reflects the implementation of the decision on arrest by people's procuratorate office.

Cases by Public Prosecution refer to those ones that are instituted by People's Procuratorate offices after their examination of such cases transferred by public security organs, national security organs, jail management organs and prosecutorial organs on the bases of the facts found. This indicator reflects the situation of public prosecutions instituted to the people's courts by People's Procuratorate Offices.

Application of Summary Procedure refers to those cases of public prosecution where the suspects might be, according to law, sentenced to fixed-term imprisonment of not more than three years, criminal detention, public surveillance or punishment with fines exclusively by People's Court ;, those cases where the facts are clear and the evidence is sufficient, and for which the People's Procuratorate suggests or agrees to the application of summary procedure; those cases to be handled only upon complaints; and those minor criminal cases prosecuted by the victims with evidence.

Protests Presented refers to those protests presented by local People's Procuratorate at any level who considers that there exists some definite error in a judgment or order of first instance made by a People's Court at the same level to the People's Court at the next higher level, including the protests raised in accordance with the second instance and protests raised in accordance with procedure for trial supervision.

Withdrawal of Protests refers to the actions made by the People's Procuratorate at the next higher level when it considers the protests inappropriate by withdrawing the protests from the People's Court at the same level and notifying the People's Procuratorate at the next lower level.

Case Registration Supervision refers to the actions made by the People's Procuratorate to supervise the registration of criminal cases initiated by investigative authorities, including supervision of the cases which have wrongly not been registered and have wrongly been registered.

Supervision of Case Registration includes both the supervision of those registrations initiated by investigatory authorities and the supervision of those registrations according to notifications after hearing declined reasons for registration.

Supervisory Activities refers to the supervision of the People's Procuratorate over the management of prisons as well as other places of criminal reformation under supervision.

Juvenile Criminals refers to the offenders within the age range of 14 to 25 convicted guilty by the court during the reporting period while those between 14 and 18 are defined as minor offenders.

Administrative Cases refers to the cases filed by citizens, corporations and other organizations against the specific administrative conducts of administrative authorities and handled by the court.

Separate Compensation refers to cases that are separately filed for administrative compensation by the party who has no dispute on the legality of administrative conducts but brings proceedings separately to claim for damages caused by administrative tort.

Notary Personnel refers to people working for notary offices including: directors, deputy directors, notaries, assistant notaries and other people providing assistance.

Notary Documents refer to legally binding judicial notary documents developed at the request of the interested party based on facts and the law following certain legal proceedings.

Number of Labour Disputes Cases Accepted refers to the number of cases of labour disputes submitted that, after being reviewed by the labour dispute arbitration committees in line with the relevant national regulations, are accepted and registered for treatment.

Basic Pension Insurance

1. Number of staff and workers covered refer to staff and workers participating in the basic pension insurance programme according to national laws, regulations and related policies at the end of the reference period, who have already had payment records in social security management agencies, including those who have interrupt payment without terminating the insurance programme. Those who have registered in the programme but with no payment records are not included.

2. Number of retirees participating in the basic pension insurance programme refer to the number of retirees participating in basic pension insurance programmes by the end of the reference period.

3. Revenue of the basic pension insurance programme refers to payments made by employers and individuals participating in the pension insurance programme in accordance with the basis and proportion stipulated in State regulations, and income from other sources that become source of pension insurance fund, including the premium paid by employers and staff and workers, interest income, subsidies from higher level agencies, income as transfer from subordinate agencies, transferred income, government financial subsidies and other income.

4. Expenditure of basic pension insurance programme refer to payment made on pensions and funeral subsidies to those retired and resigned people covered in pension insurance programmes according to related national policies on scope and standard of expenditure. Also included are expenditure which arises due to shift of the insurance relationship or adjustment of funds among agencies. More specifically, included are pensions for resigned people, pensions for retired people, pension for people quitting jobs, various subsidies, medical fees, funeral subsidies, compensation payments, management fees for social security agencies, expenses on subsidies to lower subordinates, expenses as transfer to agencies at higher level, transferred expenditure and other expenditure.

5. Balance of basic pension insurance programme refers to the balance of basic pension insurance funds at the end of the reference period after deducting expenses from revenue.

Basic Medical Care Insurance

1. Number of people participating in the insurance programme refers to people participating in the basic medical care insurance programme according to related regulations at the end of the reference period.

2. Revenue of the insurance programme refers to payments made by employers and individuals participating in the medical care insurance programme in accordance with the basis and proportion stipulated in State regulations, and income from other sources that become source of medical insurance fund, including income paid by units, individual paid income, financial assistance's income (including individual income from medicaid), financial subsidies' income, interest income and other income.

3. Expenditure of the insurance programme refers to payment made to people covered in basic medical care insurance programme within the scope and standards of expenditure according to related national policies, and medical care payment and other expenses, including medical expenses of hospital inpatients, medical expenses for outpatients and emergency patients, payment from individual accounts and other expenditure.

4. Balance of the basic medical care insurance programme refers to the balance of medical care insurance funds at the end of the reference period.

Unemployment Insurance

1. Number of people covered refers to staff and workers in urban enterprises or institutions who have participated in the unemployment insurance programme according to relevant policies and regulations, and other people who have participated according to local government regulations at the end of the reference period.

2. Revenue of the unemployment insurance programme refers to the total unemployment insurance funds raised in the reference period, including unemployment insurance premium, interest income, financial subsidies, other income, transferred income, subsidies from higher level agencies and income as transfer from subordinate agencies.

3. Expenditure of the unemployment insurance programme refers to total expenses during the reference period to guarantee the basic livelihood of unemployed people, and to encourage their re-employment. Included are unemployment relief, medical fees, funeral subsidies, compensation payments, training expenses, management fees for unemployment insurance agencies, subsidies to lower level agencies, expenses as transfer to higher level agencies, transferred expenditure and other expenditure.

4. Balance of the unemployment insurance programme refers to the balance of revenue of the programme after deducting expenses at the end of the reference period.

Work Injury Insurance

1. Number of people covered refers to staff and workers who have participated in the work injury insurance programme and number of employees in private business according to relevant national regulations at the end of the reference period.

2. Number of beneficiaries refers to number of people benefited from work injury insurance, as a result of work injury or occupational disease. It is the sum of beneficiaries from the work injury medical treatment without rating, disabilities and deaths at work places.

3. Revenue of the work injury insurance programme refers to payments made by employers participating in the work injury insurance programme in accordance with the basis and proportion stipulated in State regulations, and income from other sources that become source of work injury insurance fund, including income of social comprehensive funds paid by employers, government financial subsidies, interest income and other income.

4. Expenditure of the work injury insurance programme refers to payments made from work injury insurance funds to those who participated in the work injury insurance programme and their direct dependents within the scope and standards of expenditure according to related national policies, and other expenditure, including medical fees for work injury, injury and disability subsidies, death subsidies, nursing fees, funeral subsidies, injury prevention fees, occupational rehabilitation fees and other expenditure.

5. Balance of the work injury insurance programme refers to the balance of the work injury funds at the end of the reference period.

Maternity Insurance

1. Number of people covered refers to people who have participated in the maternity insurance programme according to relevant regulation at the end of the reference period.

2. Revenue of maternity insurance refers to payments made by employers participating in the maternity insurance programme in accordance with the basis and proportion stipulated in State regulations, and income from other sources that become source of maternity insurance fund, including income of funds paid by employers, interest income and other income.

3. Expenditure of the maternity insurance programme refers to payments made from maternity insurance funds to staff and workers who participate in the maternity insurance programme within the scope and standards of expenditure in accordance with related national policies, expenses paid for pregnancy, child delivery or surgeries related to family planning, and other expenditure, including allowance for child bearing, medical fees and other expenditure.

4. Balance of the maternity programme refers to the balance of the maternity insurance funds at the end of the reference period.

各县（市、区）主要统计指标

Main Indicators of County (City, Municipal Districts)

27−1 各县(市)人口及从业人员(2016年)

Population and Employed Person by County and City (2016)

县 市	County and city	年末总户数(万户) Total Households (year-end) (10 000 household)	年末总人口(万人) Population (year-end) (10 000 persons)	年平均总人口(万人) Average Person Per Year (10 000 persons)	常住人口(万人) Resident Population (10 000 persons)	#城镇 Urban	城镇化率(%) Urban Proportion (%)	从业人员(万人) Employment (10 000 persons)	第一产业 Primary Industry	第二、三产业 Secondary Industry and Tertiary Industry	#乡村从业人员 Employed Persons in Rural Area
郑州市	**Zhengzhou**										
中牟县	Zhongmu	17.76	113.09	108.80	113.09	54.67	48.34	36.69	16.27	20.41	24.61
巩义市	Gongyi	21.30	84.11	83.85	82.79	44.91	54.25	50.07	11.65	38.42	33.39
荥阳市	Xingyang	17.55	62.10	61.84	62.10	33.30	53.62	47.76	8.94	38.82	31.93
新密市	Xinmi	20.98	80.69	80.53	80.69	45.07	55.86	49.58	8.66	40.92	33.33
新郑市	Xinzheng	18.93	92.53	90.54	92.53	52.03	56.23	45.76	9.54	36.23	25.63
登封市	Dengfeng	17.40	70.14	69.79	70.14	37.61	53.62	54.40	14.62	39.78	34.79
开封市	**Kaifeng**										
杞县	Qixian	38.67	112.99	112.65	90.55	31.86	35.19	67.78	36.11	31.67	59.07
通许县	Tongxu	18.24	64.60	64.41	52.46	18.46	35.19	40.83	19.68	21.15	33.03
尉氏县	Weishi	27.14	96.84	96.55	86.10	30.43	35.34	57.34	30.63	26.71	47.34
兰考县	Lankao	28.43	85.18	84.90	63.67	23.95	37.61	59.74	19.14	40.61	46.45
洛阳市	**Luoyang**										
孟津县	Mengjin	16.29	46.46	46.32	42.78	19.73	46.13	34.40	12.40	22.00	21.60
新安县	Xinan	15.90	53.25	53.12	48.41	21.42	44.25	40.10	13.80	26.30	26.30
栾川县	Luanchuan	10.84	34.21	34.07	35.15	16.25	46.23	24.10	7.40	16.70	17.40
嵩县	Songxian	17.27	60.22	60.07	52.10	17.08	32.78	35.90	18.10	17.80	30.60
汝阳县	Ruyang	12.87	48.48	48.27	42.66	14.25	33.41	30.20	15.30	14.90	25.40
宜阳县	Yiyang	20.32	69.80	69.67	61.22	21.02	34.33	42.20	18.90	23.30	34.80
洛宁县	Luoning	14.08	49.13	48.99	43.23	13.75	31.80	33.10	19.60	13.50	26.80
伊川县	Yichuan	25.63	83.89	83.45	79.00	32.98	41.75	55.50	21.80	33.70	43.10
偃师市	Yanshi	18.28	60.71	60.58	57.17	32.48	56.82	42.90	12.10	30.80	28.60
平顶山市	**Pingdingshan**										
宝丰县	Baofeng	17.09	53.27	53.18	49.77	19.96	40.10	35.39	19.35	16.05	28.00
叶县	Yexian	23.38	91.01	90.73	78.13	27.23	34.85	54.04	33.16	20.89	47.86
鲁山县	Lushan	24.49	95.33	95.04	78.66	27.28	34.69	54.10	27.90	26.20	46.32
郏县	Jiaxian	21.15	63.97	63.76	57.65	22.36	38.79	40.62	22.94	17.68	34.03
舞钢市	Wugang	10.58	34.69	34.57	32.13	17.77	55.31	21.73	10.38	11.35	15.92
汝州市	Ruzhou	30.94	108.36	108.01	93.60	40.54	43.31	69.22	33.54	35.68	54.14
安阳市	**Anyang**										
安阳县	Anyang	32.39	101.29	101.02	86.51	38.63	44.65	62.44	21.49	40.95	52.16
汤阴县	Tangyin	15.00	50.59	50.46	44.00	19.94	45.33	33.52	12.88	20.64	26.04
滑县	Huaxian	45.40	137.58	137.14	109.50	31.83	29.07	78.13	33.07	45.06	68.41
内黄县	Neihuang	19.75	78.35	78.14	67.04	18.93	28.24	54.47	21.01	33.46	46.60
林州市	Linzhou	32.39	107.70	107.40	80.23	41.32	51.50	76.81	22.83	53.97	54.56
鹤壁市	**Hebi**										
浚县	Xunxian	19.60	71.15	70.94	67.56	23.56	34.88	46.15	11.65	34.50	34.81
淇县	Qixian	8.88	29.39	29.29	27.67	14.91	53.88	21.58	7.76	13.82	13.56

27-1 续表 1 continued

县 市	County and city	年末总户数（万户）Total Households (year-end) (10 000 household)	年末总人口（万人）Population (year-end) (10 000 persons)	年平均总人口（万人）Average Person Per Year (10 000 persons)	常住人口（万人）Resident population (10 000 persons)	#城镇 Urban	城镇化率（%）Urbanization Rate (%)	从业人员（万人）Employment (10 000 persons)	第一产业 Primary Industry	第二、三产业 Secondary Industry and Tertiary Industry	#乡村从业人员 Employed Persons in Rural Area
新乡市	**Xinxiang**										
新乡县	Xinxiang	9.16	34.69	34.58	34.34	17.95	52.26	29.57	2.68	26.89	19.93
获嘉县	Huojia	12.48	44.10	43.96	41.17	17.67	42.91	29.71	13.97	15.74	22.20
原阳县	Yuanyang	18.91	74.66	74.42	65.50	20.94	31.97	43.23	22.30	20.93	37.56
延津县	Yanjin	14.96	50.38	50.22	46.32	16.08	34.71	30.85	15.20	15.66	22.89
封丘县	Fengqiu	21.90	82.48	82.22	72.28	24.50	33.90	41.93	19.27	22.65	35.06
长垣县	Changyuan	28.20	86.88	86.60	75.70	33.18	43.83	58.04	9.29	48.75	33.10
卫辉市	Weihui	15.66	52.32	52.15	49.37	20.87	42.28	28.07	13.47	14.60	23.03
辉县市	Huixian	26.36	85.51	85.23	75.13	33.61	44.73	48.79	20.46	28.32	36.03
焦作市	**Jiaozuo**										
修武县	Xiuwu	7.00	27.19	27.12	25.25	12.20	48.33	16.44	4.14	12.30	11.48
博爱县	Boai	10.37	40.26	40.13	37.59	19.45	51.73	25.30	9.12	16.17	17.18
武陟县	Wuzhi	18.96	71.76	71.55	66.10	26.66	40.34	48.95	20.53	28.42	34.42
温县	Wenxian	14.23	45.53	45.40	41.92	19.58	46.72	36.19	14.18	22.01	24.40
沁阳市	Qinyang	12.06	49.64	49.49	43.78	25.90	59.16	33.60	10.50	23.09	24.85
孟州市	Mengzhou	11.40	38.93	38.80	37.10	17.69	47.68	34.67	6.05	28.62	20.11
濮阳市	**Puyang**										
清丰县	Qingfeng	22.33	71.67	71.46	64.27	18.11	28.18	48.73	24.51	24.22	39.76
南乐县	Manle	14.79	53.95	53.81	47.78	14.80	30.98	35.26	14.85	20.41	25.54
范县	Fanxian	16.96	55.68	55.51	46.74	14.87	31.81	40.58	18.49	22.09	26.35
台前县	Taiqian	10.98	38.19	38.02	33.47	10.37	30.97	24.02	8.51	15.51	19.45
濮阳县	Puyang	32.03	115.61	115.36	98.68	38.45	38.96	70.90	25.03	45.87	53.02
许昌市	**Xuchang**										
鄢陵县	Yanling	19.58	66.76	66.56	56.25	22.08	39.25	36.40	12.26	24.14	25.06
襄城县	Xiangcheng	29.20	87.16	86.89	68.38	26.37	38.57	50.17	39.16	11.01	42.47
禹州市	Yuzhou	42.83	129.09	128.69	114.87	51.98	45.25	77.01	34.92	42.08	59.73
长葛市	Changge	20.60	78.07	77.83	68.91	35.90	52.10	55.17	12.17	43.00	34.41
漯河市	**Luohe**										
舞阳县	Wuyang	17.31	61.76	61.62	55.78	23.56	42.23	39.16	18.96	20.20	32.26
临颍县	Linying	20.73	77.48	77.34	73.02	32.56	44.59	51.54	28.12	23.41	40.85
三门峡市	**Sanmenxia**										
渑池县	Mianchi	12.59	35.74	35.66	35.09	16.30	46.44	22.22	8.36	13.87	16.79
卢氏县	Lushi	13.31	36.83	36.75	35.68	12.85	36.01	21.43	13.47	7.96	17.75
义马市	Yima	5.20	16.74	16.71	14.68	14.13	96.26	10.23	0.82	9.41	2.11
灵宝市	Lingbao	21.67	75.06	74.89	73.06	31.45	43.05	48.52	25.89	22.63	35.23
南阳市	**Nanyang**										
南召县	Nanzhao	22.10	65.53	65.37	54.21	20.39	37.61	39.10	24.24	14.86	32.66
方城县	Fangcheng	34.67	109.73	109.45	89.40	31.85	35.63	72.83	40.62	32.22	63.99
西峡县	Xixia	15.83	47.20	47.08	43.91	20.57	46.85	43.75	5.01	38.75	30.13

27-1 续表 2 continued

县 市 County and city	年末总户数(万户) Total Households (year-end) (10 000 household)	年末总人口(万人) Population (year-end) (10 000 persons)	年平均总人口(万人) Average Person Per Year (10 000 persons)	常住人口(万人) Resident population (10 000 persons)	#城镇 Urban	城镇化率(%) Urbanization Rate (%)	从业人员(万人) Employment (10 000 persons)	第一产业 Primary Industry	第二、三产业 Secondary Industry and Tertiary Industry	#乡村从业人员 Employed Persons in Rural Area
镇平县 Zhenping	28.75	103.89	103.63	84.74	32.48	38.33	60.27	24.16	36.11	47.88
内乡县 Neixiang	22.97	72.19	72.01	55.69	21.34	38.32	39.29	17.39	21.91	30.72
淅川县 Xichuan	21.04	71.86	71.68	66.27	26.56	40.08	41.62	20.08	21.53	31.59
社旗县 Sheqi	21.73	74.11	73.92	61.60	23.32	37.86	47.32	27.72	19.60	40.45
唐河县 Tanghe	42.25	145.37	145.01	121.17	47.45	39.16	76.58	38.63	37.95	64.33
新野县 Xinye	23.07	83.76	83.55	61.28	23.53	38.40	53.28	25.88	27.40	42.55
桐柏县 Tongbai	15.68	47.98	47.86	38.16	16.45	43.11	28.20	10.53	17.67	21.45
邓州市 Dengzhou	49.38	177.72	177.27	143.47	55.14	38.43	94.18	54.69	39.49	80.68
商丘市 Shangqiu										
民权县 Minquan	42.08	92.06	91.83	70.25	24.13	34.35	57.90	26.60	31.30	47.03
睢县 Suixian	25.42	88.03	87.82	66.15	23.21	35.09	63.83	25.49	38.34	50.31
宁陵县 Ningling	21.35	65.86	65.66	50.12	16.38	32.69	41.99	21.29	20.70	34.17
柘城县 Zhecheng	33.10	103.18	103.03	68.22	23.45	34.38	57.01	23.60	33.41	43.30
虞城县 Yucheng	40.91	113.05	113.50	84.10	29.96	35.62	73.44	29.45	43.99	59.73
夏邑县 Xiayi	42.10	121.06	121.13	86.80	32.35	37.27	72.85	27.39	45.46	60.48
永城市 Yongcheng	45.03	155.84	155.39	123.15	55.10	44.74	98.50	27.94	70.56	76.29
信阳市 Xinyang										
罗山县 Luoshan	22.70	76.53	76.33	51.66	20.62	39.92	44.30	19.34	24.96	38.29
光山县 Guangshan	29.98	85.02	84.79	60.25	22.60	37.51	50.29	22.63	27.66	41.88
新县 Xinxian	14.04	36.85	36.74	28.25	12.96	45.86	24.04	8.24	15.80	17.53
商城县 Shangcheng	24.83	79.11	78.88	52.37	19.54	37.31	42.20	16.47	25.73	37.40
固始县 Gushi	56.85	176.15	175.63	108.90	42.82	39.32	102.25	32.41	69.84	79.19
潢川县 Huangchuan	28.15	87.13	86.70	65.86	31.98	48.55	47.05	29.45	17.60	38.50
淮滨县 Huaibin	21.25	77.58	77.14	57.10	21.58	37.80	47.22	22.34	24.88	38.36
息县 Xixian	33.05	104.32	104.01	79.42	29.58	37.24	62.34	32.96	29.38	54.06
周口市 Zhoukou										
扶沟县 Fugou	21.95	76.56	76.33	60.01	22.07	36.77	46.33	22.00	24.32	37.00
西华县 Xihua	27.76	97.23	96.95	75.41	27.61	36.61	57.92	25.65	32.27	52.10
商水县 Shangshui	32.98	124.63	124.22	89.61	30.43	33.96	77.12	37.94	39.19	66.30
沈丘县 Shenqiu	35.19	131.35	130.96	95.98	35.52	37.01	76.95	39.47	37.48	62.50
郸城县 Dancheng	43.10	135.03	134.61	94.67	34.70	36.65	84.46	41.33	43.14	72.20
淮阳县 Huaiyang	38.81	131.75	131.38	99.53	36.46	36.63	85.95	46.68	39.27	67.80
太康县 Taikang	43.84	151.00	150.55	105.90	37.20	35.13	88.16	50.49	37.67	72.30
鹿邑县 Luyi	35.49	122.22	121.82	89.07	35.42	39.77	77.48	18.00	59.49	64.28
项城市 Xiangcheng	37.99	125.14	124.76	100.25	45.48	45.37	73.79	28.48	45.31	48.30
驻马店市 Zhumadian										
西平县 Xiping	25.56	89.86	89.59	67.98	24.44	35.95	64.22	12.53	51.69	55.93
上蔡县 Shangcai	48.18	152.56	152.11	97.90	35.03	35.78	84.57	41.37	43.20	72.46
平舆县 Pingyu	32.93	101.26	100.94	71.89	27.71	38.54	64.91	30.28	34.63	52.90
正阳县 Zhengyang	25.87	83.32	83.06	62.77	19.72	31.41	50.25	24.93	25.32	43.25
确山县 Queshan	15.49	53.13	52.96	40.11	16.02	39.93	36.82	16.81	20.01	26.80
泌阳县 Biyang	28.70	92.52	92.24	67.87	26.03	38.36	62.05	18.99	43.06	46.53
汝南县 Runan	21.62	85.93	85.68	65.69	23.56	35.86	55.12	31.77	23.35	47.96
遂平县 Suiping	17.41	56.61	56.44	42.46	17.09	40.26	38.93	17.72	21.21	29.27
新蔡县 Xincai	34.12	113.42	113.08	84.09	26.79	31.86	75.72	21.12	54.60	67.95

27-2 各县(市)生产总值和指数(2016年)

县市	County and city	生产总值(亿元) Gross Domestic Products (100 million yuan)	第一产业 Primary Industry	第二产业 Secondary Industry	第三产业 Tertiary Industry
郑州市	**Zhengzhou**				
中牟县	Zhongmu	825.28	43.12	524.43	257.74
巩义市	Gongyi	680.00	11.75	409.01	259.24
荥阳市	Xingyang	629.62	29.31	373.94	226.37
新密市	Xinmi	684.30	20.87	351.07	312.36
新郑市	Xinzheng	978.94	22.65	563.41	392.89
登封市	Dengfeng	571.97	17.66	320.49	233.82
开封市	**Kaifeng**				
杞县	Qixian	288.72	77.81	98.68	112.22
通许县	Tongxu	232.10	48.11	93.00	91.00
尉氏县	Weishi	337.96	51.95	179.26	106.75
兰考县	Lankao	259.22	39.58	113.05	106.59
洛阳市	**Luoyang**				
孟津县	Mengjin	260.69	24.10	141.74	94.85
新安县	Xinan	415.50	22.68	251.25	141.57
栾川县	Luanchuan	164.83	14.37	93.33	57.14
嵩县	Songxian	156.61	29.54	54.42	72.65
汝阳县	Ruyang	138.80	14.10	72.45	52.25
宜阳县	Yiyang	247.05	35.75	108.12	103.18
洛宁县	Luoning	169.57	27.85	67.84	73.89
伊川县	Yichuan	328.71	26.79	176.55	125.36
偃师市	Yanshi	449.84	20.11	237.95	191.78
平顶山市	**Pingdingshan**				
宝丰县	Baofeng	262.61	21.33	142.05	99.23
叶县	Yexian	216.04	44.99	111.55	59.51
鲁山县	Lushan	151.02	27.79	51.33	71.90
郏县	Jiaxian	161.83	24.25	91.03	46.56
舞钢市	Wugang	126.52	13.01	59.38	54.13
汝州市	Ruzhou	396.15	38.49	172.69	184.97
安阳市	**Anyang**				
安阳县	Anyang	371.85	35.72	189.37	146.75
汤阴县	Tangyin	184.37	24.97	101.68	57.73
滑县	Huaxian	228.92	66.17	84.26	78.49
内黄县	Neihuang	199.78	56.40	82.90	60.49
林州市	Linzhou	491.74	21.04	259.68	211.02
鹤壁市	**Hebi**				
浚县	Xunxian	179.68	30.37	98.87	50.45
淇县	Qixian	222.71	19.49	170.41	32.81

Gross Domestic Product and Its indices by County and City (2016)

人均生产总值 (元) (按常住人口计算) Per Capita GDP (yuan) (calculated atresidents)	生产总值指数 (%) (上年=100) Indices of Gross Domestic Products (%) (preced-ing year=100)	第一产业 Primary Industry	第二产业 Secondary Industry	第三产业 Tertiary Industry	人均生产总值指数 (%) Indices of Per Capita GDP (%)
75851	105.2	99.3	103.2	111.1	96.4
82329	108.7	104.1	107.9	110.3	108.2
101816	108.1	104.8	107.0	110.6	107.6
84974	107.6	104.7	105.3	110.9	107.3
108122	110.2	106.9	107.1	115.7	106.5
81961	108.3	104.9	107.0	110.6	107.4
31792	108.8	104.2	108.6	112.5	109.6
44139	108.6	104.3	108.5	111.3	109.4
39145	108.9	104.3	109.1	111.0	109.7
40844	109.4	104.2	109.0	112.0	108.7
61288	108.9	104.5	108.6	110.8	108.0
86275	108.8	104.6	108.6	110	107.9
46928	108.5	104.2	108.6	109.6	108.2
30138	108.4	104.7	108.2	110.3	107.8
32608	108.4	104.4	108	110.2	107.1
40344	108.9	104.1	108.2	111.5	108.7
39408	108.7	104.6	108.9	110.2	108.1
41801	108.6	104.5	107.4	111.3	107.8
78954	108.6	104.3	108.1	109.7	108.0
52832	107.9	104.4	108	108.5	107.7
27676	106.2	104.3	105.8	108.4	106.0
19217	106.6	104.5	105	108.8	106.5
28121	109.4	103.9	109.5	112.1	109.2
39449	107.6	104.3	107.7	108.3	107.3
42551	109.6	104.3	107.8	112.8	109.5
43117	107.1	102.5	105.8	110.2	106.4
42003	112.4	103.1	115.0	112.0	111.5
20792	108.7	103.9	109.1	112.8	109.3
29728	110.9	104.5	115.2	111.3	110.9
61534	108.6	103.0	106.5	112.1	107.7
26631	107.8	103.9	109.4	107.3	107.4
80680	109.7	104.1	110.5	109.3	109.1

27–2 续表 1

县 市	County and city	生产总值（亿元）Gross Domestic Products (100 million yuan)	第一产业 Primary Industry	第二产业 Secondary Industry	第三产业 Tertiary Industry
新 乡 市	**Xinxiang**				
新 乡 县	Xinxiang	212.17	9.13	154.69	48.34
获 嘉 县	Huojia	101.22	14.37	60.49	26.35
原 阳 县	Yuanyang	128.61	27.28	59.69	41.64
延 津 县	Yanjin	129.79	24.59	68.37	36.82
封 丘 县	Fengqiu	131.63	42.52	53.03	36.07
长 垣 县	Changyuan	302.43	33.10	153.45	115.88
卫 辉 市	Weihui	107.03	24.49	22.05	60.50
辉 县 市	Huixian	333.98	38.99	188.10	106.89
焦 作 市	**Jiaozuo**				
修 武 县	Xiuwu	124.67	7.33	69.87	47.48
博 爱 县	Boai	240.88	18.11	152.79	69.98
武 陟 县	Wuzhi	318.04	35.40	195.41	87.23
温 县	Wenxian	263.29	26.42	166.49	70.37
沁 阳 市	Qinyang	380.35	20.49	243.92	115.94
孟 州 市	Mengzhou	294.28	19.53	204.69	70.06
濮 阳 市	**Puyang**				
清 丰 县	Qingfeng	225.07	41.32	127.68	56.07
南 乐 县	Manle	171.58	32.22	94.06	45.29
范 县	Fanxian	186.67	17.28	122.10	47.29
台 前 县	Taiqian	101.17	9.82	58.69	32.66
濮 阳 县	Puyang	377.81	42.22	210.04	125.55
许 昌 市	**Xuchang**				
鄢 陵 县	Yanling	277.95	46.95	135.65	95.36
襄 城 县	Xiangcheng	321.60	33.09	161.32	127.20
禹 州 市	Yuzhou	565.18	29.45	326.95	208.78
长 葛 市	Changge	552.93	26.55	409.11	117.27
漯 河 市	**Luohe**				
舞 阳 县	Wuyang	172.81	26.85	94.11	51.86
临 颍 县	Linying	261.48	34.80	172.97	53.70
三 门 峡 市	**Sanmenxia**				
渑 池 县	Mianchi	244.90	19.76	159.81	65.32
卢 氏 县	Lushi	81.59	21.18	25.72	34.69
义 马 市	Yima	127.53	1.27	89.66	36.60
灵 宝 市	Lingbao	486.84	55.55	301.71	129.57
南 阳 市	**Nanyang**				
南 召 县	Nanzhao	131.72	19.01	64.67	48.04
方 城 县	Fangcheng	191.70	38.18	81.87	71.66
西 峡 县	Xixia	244.12	28.85	143.79	71.48

continued

人均生产总值 (元) (按常住人口计算) Per Capita GDP (yuan) (calculated atresidents)	生产总值指数 (%) (上年=100) Indices of Gross Domestic Products (%) (preced-ing year=100)	第一产业 Primary Industry	第二产业 Secondary Industry	第三产业 Tertiary Industry	人均生产总值指数 (%) Indices of Per Capita GDP (%)
61902	105.1	103.3	104.9	106.1	104.6
24684	109.8	104.3	112.2	107.8	108.9
19596	109.3	104.5	110.6	110.9	109.7
27914	112.4	104.2	116.7	111	113.3
18160	108.7	104.3	112.2	108.6	109.3
40111	109.5	104.1	109.4	111.3	109.5
21630	108.3	104.6	101.6	112.8	108.8
44617	108.3	104.2	106.1	114.3	107.5
49559	109.2	104.3	108.3	111.6	111.8
64291	107.9	103.7	107.1	111.1	107.3
48129	108.0	104.3	107.9	110.1	108.7
62965	108.2	104.4	108	110.4	107.7
86753	109.0	104.3	108.9	110.1	109.4
79504	108.6	104.2	108.5	110.7	108.0
35346	110.0	103.8	111.7	111.0	108.9
35989	109.7	104.6	111.2	110.5	109.5
40191	110.4	104.3	111.6	109.6	109.7
30792	109.6	104.4	110.8	109.1	107.3
37823	110.4	104.5	111.5	110.6	111.8
49679	108.6	103.4	108.6	111.5	107.7
47274	109.3	103.8	108.7	112.0	108.4
49374	109.1	103.9	108.4	111.1	108.4
80709	110.4	104.0	111.1	109.7	109.4
31028	107.9	103.6	108.5	109	107.3
35851	107.7	103.2	107.9	110	107.2
69945	109.0	104.6	109.7	108.5	108.8
22913	108.0	104.6	110.3	108.4	107.8
87018	99.7	106.4	96.0	111.7	99.5
66789	107.6	104.7	108	108.1	107.4
24302	108.5	104.4	110	108.2	108.5
21485	109.7	104.5	111.8	110.5	109.4
55730	109.7	104.4	111	109.3	109.4

27-2 续表 2

县 市	County and city	生产总值（亿元）Gross Domestic Products (100 million yuan)	第一产业 Primary Industry	第二产业 Secondary Industry	第三产业 Tertiary Industry
镇 平 县	Zhenping	235.47	30.86	114.19	90.42
内 乡 县	Neixiang	162.89	36.07	68.78	58.04
淅 川 县	Xichuan	211.74	36.27	108.17	67.30
社 旗 县	Sheqi	153.02	35.38	64.74	52.90
唐 河 县	Tanghe	284.94	71.89	117.17	95.89
新 野 县	Xinye	259.62	44.43	129.15	86.04
桐 柏 县	Tongbai	149.26	21.71	76.86	50.68
邓 州 市	Dengzhou	373.83	102.50	130.44	140.90
商 丘 市	**Shangqiu**				
民 权 县	Minquan	202.47	45.43	74.20	82.85
睢 县	Suixian	157.07	43.22	59.35	54.51
宁 陵 县	Ningling	105.29	26.26	42.12	36.91
柘 城 县	Zhecheng	184.49	43.46	65.18	75.85
虞 城 县	Yucheng	235.50	45.15	94.56	95.79
夏 邑 县	Xiayi	208.44	48.43	79.77	80.23
永 城 市	Yongcheng	465.85	64.51	224.51	176.84
信 阳 市	**Xinyang**				
罗 山 县	Luoshan	171.99	45.31	61.61	65.07
光 山 县	Guangshan	178.51	47.34	70.31	60.86
新 县	Xinxian	117.94	25.79	50.00	42.15
商 城 县	Shangcheng	167.89	42.78	67.52	57.60
固 始 县	Gushi	296.27	76.83	92.86	126.58
潢 川 县	Huangchuan	227.02	53.38	80.33	93.31
淮 滨 县	Huaibin	152.45	35.59	64.44	52.42
息 县	Xixian	189.57	48.35	75.52	65.71
周 口 市	**Zhoukou**				
扶 沟 县	Fugou	165.43	39.15	79.32	46.96
西 华 县	Xihua	209.05	54.04	98.44	56.58
商 水 县	Shangshui	224.79	61.26	92.06	71.47
沈 丘 县	Shenqiu	235.60	44.31	106.28	85.01
郸 城 县	Dancheng	221.73	50.89	106.46	64.39
淮 阳 县	Huaiyang	196.48	47.11	91.09	58.28
太 康 县	Taikang	230.61	57.52	94.86	78.22
鹿 邑 县	Luyi	285.29	51.14	132.22	101.93
项 城 市	Xiangcheng	283.68	43.44	134.82	105.43
驻 马 店 市	**Zhumadian**				
西 平 县	Xiping	201.87	48.35	67.41	86.11
上 蔡 县	Shangcai	201.73	41.16	79.10	81.47
平 舆 县	Pingyu	192.34	38.33	81.29	72.72
正 阳 县	Zhengyang	159.82	51.18	43.97	64.66
确 山 县	Queshan	150.22	31.95	61.30	56.98
泌 阳 县	Biyang	202.83	50.50	80.85	71.49
汝 南 县	Runan	177.15	46.60	66.57	63.98
遂 平 县	Suiping	181.14	29.66	80.67	70.81
新 蔡 县	Xincai	173.56	47.71	58.56	67.30

continued

人均生产总值 (元) (按常住人口计算) Per Capita GDP (yuan) (calculated atresidents)	生产总值指数 (%) (上年=100) Indices of Gross Domestic Products (%) (preced-ing year=100)				人均生产总值指数 (%) Indices of Per Capita GDP (%)
		第一产业 Primary Industry	第二产业 Secondary Industry	第三产业 Tertiary Industry	
27834	110.1	104.3	112.1	109.7	109.9
29292	110.5	104.7	113.4	111	110.3
31979	109.1	104.2	110.5	109.6	109.0
24814	110.2	104.4	112.3	111.8	110.3
23514	108.9	104.4	110.5	110.6	108.7
42459	109.7	104.4	110.6	111.3	109.5
39192	108.1	104.6	106.4	112.6	107.8
26143	108.3	104.4	108.6	111.2	107.4
28612	109.2	104.4	108.6	112.7	110.6
23620	108.0	104.7	108.6	110.2	108.5
20918	108.2	104.5	108.7	110.4	109.2
27045	109.0	104.5	109.2	111.6	110.0
27574	109.0	104.4	108.6	111.9	112.0
23979	109.1	104.6	109.3	112.1	109.7
37916	108.8	104.3	108.1	111.8	107.9
33439	108.4	104.5	109.2	110.6	109.3
29702	108.2	104.3	109.1	110.4	108.4
41972	108.8	104.2	108.6	112.2	109.4
32734	108.2	104.2	108.7	111	108.1
27331	108.6	104.5	107.7	112.2	107.7
34699	108.5	103.7	109	111.6	108.9
26822	108.6	104.2	109	111.5	109.6
23293	108.2	104.3	108.4	111.3	109.3
27594	108.4	104.3	109.2	111.0	108.3
27742	108.3	104.4	109.5	110.2	108.2
25098	108.6	104.4	109.2	110.4	108.5
24563	108.8	104.6	109.0	111.1	108.7
23434	108.6	104.5	109.0	111.2	108.5
19751	108.6	104.4	109.4	112.3	108.5
21788	108.6	104.4	110.4	109.7	108.5
32057	109.5	104.2	109.8	112.1	109.3
28312	108.5	104.3	108.6	110.3	108.4
29645	108.7	104.3	108.2	111.8	108.9
20552	108.6	104.1	108.8	110.9	109.2
26785	108.8	104.6	108.3	112.1	108.6
25494	108.4	104.4	108.7	111.7	108.2
37378	108.4	104.4	108.6	110.7	108.6
29810	108.5	104.5	108.5	111.6	108.7
27026	108.3	104.2	109.4	110.4	107.9
43028	109.0	104.1	109.5	110.9	108.0
20657	108.0	104.4	108.6	110.4	107.9

27-3 各县(市)固定资产投资、建筑业及规模以上工业主要指标(2016年)

Main Indicators on Investment in Fixed Assets、Construction and Enterprises above Designated Size Industry by County and City (2016)

县 市	County and city	全社会固定资产投资(亿元) Total Investment in Fixed Assets (100 million yuan)	#固定资产投资 Investment in Fixed Assets	#房地产开发 Real Estate	建筑业总产值(亿元) Gross Output Value of Construction (100 million yuan)	工业增加值增速(%) Growth Rate of Value Added of Industry (%)	主营业务收入(亿元) Revenue from Principal Business (100 million yuan)	利润总额(亿元) Profits (100 million yuan)
郑州市	**Zhengzhou**							
中牟县	Zhongmu	1014.42	1009.42	291.93	30.71	5.0	578.72	42.33
巩义市	Gongyi	550.69	543.54	47.34	16.36	8.5	2063.45	114.17
荥阳市	Xingyang	591.68	579.27	122.60	78.87	8.0	1868.76	177.98
新密市	Xinmi	524.60	509.16	68.35	70.87	6.6	1472.81	159.27
新郑市	Xinzheng	870.94	854.98	215.10	33.73	11.8	1542.76	181.54
登封市	Dengfeng	478.27	468.35	26.57	10.20	7.0	1397.94	171.71
开封市	**Kaifeng**							
杞县	Qixian	238.57	232.68	4.09	8.02	9.8	439.00	38.11
通许县	Tongxu	191.49	185.39	8.21	22.29	9.8	354.90	14.44
尉氏县	Weishi	303.71	298.59	18.65	15.23	10.0	898.00	107.57
兰考县	Lankao	181.24	174.95	21.59	14.64	9.9	412.61	39.55
洛阳市	**Luoyang**							
孟津县	Mengjin	316.41	313.68	0.18	8.73	10.5	760.70	35.80
新安县	Xinan	522.57	519.08	3.29	13.09	10.5	1212.62	32.59
栾川县	Luanchuan	250.97	248.01	7.20	22.44	9.6	199.58	11.74
嵩县	Songxian	239.81	235.43	1.37	2.71	10.6	123.23	3.58
汝阳县	Ruyang	186.60	185.12	3.81	4.52	9.8	91.92	2.33
宜阳县	Yiyang	321.90	317.54	3.86	10.50	10.2	353.79	17.69
洛宁县	Luoning	238.67	234.68	19.38	12.17	10.4	336.82	16.96
伊川县	Yichuan	477.85	473.55	9.28	2.89	9.7	533.42	0.59
偃师市	Yanshi	340.53	334.53	6.50	8.77	9.6	1263.87	86.00
平顶山市	**Pingdingshan**							
宝丰县	Baofeng	254.66	251.13	7.79	1.60	9.5	294.68	28.98
叶县	Yexian	233.13	228.66	1.43	6.07	5.9	426.50	46.92
鲁山县	Lushan	190.66	185.82	7.01	9.32	4.9	144.89	6.35
郏县	Jiaxian	222.92	220.60	3.13	4.65	10.0	381.05	38.27
舞钢市	Wugang	213.04	210.36	2.77	3.26	6.8	215.21	1.08
汝州市	Ruzhou	332.56	329.27	10.25	5.37	9.4	347.95	21.35
安阳市	**Anyang**							
安阳县	Anyang	513.37	507.37	3.54	90.04	7.1	697.17	28.39
汤阴县	Tangyin	139.53	137.60	11.19	15.06	16.8	466.52	28.42
滑县	Huaxian	178.70	173.82	15.25	38.22	9.9	342.81	24.53
内黄县	Neihuang	135.07	131.43	12.69	12.21	17.7	380.30	38.14
林州市	Linzhou	628.17	620.20	46.59	414.31	7.4	1023.14	34.80
鹤壁市	**Hebi**							
浚县	Xunxian	151.43	146.75	10.03	3.92	10.6	451.13	32.23
淇县	Qixian	172.97	171.08	11.11	0.93	11.1	739.42	92.76

27-3 续表 1 continued

县 市	County and city	全社会固定资产投资(亿元) Total Investment in Fixed Assets (100 million yuan)	#固定资产投资 Investment in Fixed Assets	#房地产开发 Real Estate	建筑业总产值(亿元) Gross Output Value of Construction (100 million yuan)	工业增加值增速(%) Growth Rate of Value Added of Industry (%)	主营业务收入(亿元) Revenue from Principal Business (100 million yuan)	利润总额(亿元) Profits (100 million yuan)
新乡市	**Xinxiang**							
新乡县	Xinxiang	124.27	121.96	12.26	28.84	5.2	655.99	28.48
获嘉县	Huojia	105.40	101.94	3.01	10.98	15.1	244.38	10.17
原阳县	Yuanyang	259.10	254.73	62.82	10.49	13.4	180.86	5.78
延津县	Yanjin	104.33	100.29	9.50	8.40	12.2	293.60	26.20
封丘县	Fengqiu	170.51	165.70	22.81	66.00	13.8	162.43	25.17
长垣县	Changyuan	295.92	290.99	25.73	177.06	10.0	564.53	51.80
卫辉市	Weihui	102.43	99.11	6.99	11.75	1.9	70.65	1.65
辉县市	Huixian	241.95	236.52	26.18	7.58	6.6	859.75	33.29
焦作市	**Jiaozuo**							
修武县	Xiuwu	181.47	178.79	7.65	3.62	7.9	388.48	17.50
博爱县	Boai	220.13	216.85	3.26	1.08	7.0	655.25	55.10
武陟县	Wuzhi	350.06	346.18	5.52	2.83	7.7	932.11	54.60
温县	Wenxian	243.07	239.31	3.45	2.30	8.7	742.00	58.60
沁阳市	Qinyang	338.53	334.72	11.61	7.18	9.0	1016.01	69.80
孟州市	Mengzhou	347.53	343.77	1.60	4.19	8.6	930.65	72.90
濮阳市	**Puyang**							
清丰县	Qingfeng	279.43	275.47	14.71	1.97	12.2	591.45	47.57
南乐县	Manle	203.37	199.05	8.47	1.98	12.3	419.84	46.54
范县	Fanxian	178.50	175.04	6.65	1.97	12.5	576.93	48.22
台前县	Taiqian	88.33	87.06	7.45	6.16	11.9	281.91	7.00
濮阳县	Puyang	382.51	377.53	9.35	14.72	12.0	1117.83	151.73
许昌市	**Xuchang**							
鄢陵县	Yanling	284.25	277.60	20.05	35.17	9.7	628.55	63.21
襄城县	Xiangcheng	284.99	283.34	7.96	2.97	9.5	590.16	51.37
禹州市	Yuzhou	618.21	606.74	25.18	4.44	9.4	1551.92	140.46
长葛市	Changge	421.64	415.15	19.04	6.27	12.3	2158.08	179.19
漯河市	**Luohe**							
舞阳县	Wuyang	206.98	202.23	7.17	1.83	9.4	419.96	45.50
临颍县	Linying	224.91	220.11	7.67	8.80	8.8	830.29	112.79
三门峡市	**Sanmenxia**							
渑池县	Mianchi	348.01	346.30	2.84	7.96	10.1	555.70	61.49
卢氏县	Lushi	128.41	127.20	5.04	5.22	12.9	57.90	2.36
义马市	Yima	244.88	244.70	6.10	6.59	-4.7	429.20	-36.12
灵宝市	Lingbao	405.68	400.95	15.07	10.87	8.0	1477.60	121.96
南阳市	**Nanyang**							
南召县	Nanzhao	188.77	186.73	3.83	13.83	10.5	250.95	15.21
方城县	Fangcheng	239.91	231.22	11.01	13.99	13.6	302.35	24.80
西峡县	Xixia	310.51	307.99	1.53	13.41	10.0	476.82	24.22

27-3 续表 2　　continued

县 市	County and city	全社会固定资产投资（亿元）Total Investment in Fixed Assets (100 million yuan)	#固定资产投资 Investment in Fixed Assets	#房地产开发 Real Estate	建筑业总产值（亿元）Gross Output Value of Construction (100 million yuan)	工业增加值增速(%) Growth Rate of Value Added of Industry (%)	主营业务收入（亿元）Revenue from Principal Business (100 million yuan)	利润总额（亿元）Profits (100 million yuan)
镇平县	Zhenping	286.94	277.32	7.26	5.66	12.9	413.84	23.71
内乡县	Neixiang	256.77	250.37	2.32	22.12	14.8	301.36	29.96
淅川县	Xichuan	290.16	284.99	6.21	32.03	10.6	347.44	13.62
社旗县	Sheqi	185.13	180.29	7.48	20.46	14.0	263.63	12.13
唐河县	Tanghe	285.21	273.68	6.51	26.69	10.8	394.03	16.16
新野县	Xinye	300.88	295.06	2.38	10.95	10.3	512.15	31.82
桐柏县	Tongbai	214.88	212.59	2.95	17.94	4.8	209.30	-2.62
邓州市	Dengzhou	335.57	326.28	14.46	51.47	9.5	444.75	20.54
商丘市	**Shangqiu**							
民权县	Minquan	217.13	211.60	22.13	45.90	9.3	384.25	28.20
睢县	Suixian	203.24	196.50	31.17	18.59	8.9	208.24	20.14
宁陵县	Ningling	107.33	103.36	7.10	9.73	9.2	219.65	17.12
柘城县	Zhecheng	176.33	169.16	29.44	19.08	9.3	257.13	29.81
虞城县	Yucheng	217.75	210.93	22.26	12.94	9.1	546.95	40.54
夏邑县	Xiayi	225.66	218.51	29.95	29.79	9.7	355.44	36.34
永城市	Yongcheng	357.55	354.88	55.27	54.10	8.6	848.58	24.13
信阳市	**Xinyang**							
罗山县	Luoshan	167.90	161.03	43.14	73.97	10.1	203.88	16.99
光山县	Guangshan	231.23	224.30	39.96	34.67	9.6	251.07	15.54
新县	Xinxian	166.55	163.60	17.11	33.42	9.5	176.52	17.37
商城县	Shangcheng	192.38	186.27	10.82	36.58	9.2	196.19	11.32
固始县	Gushi	300.43	291.06	29.66	38.50	8.1	294.29	19.56
潢川县	Huangchuan	205.11	198.11	30.06	48.99	9.6	244.42	11.89
淮滨县	Huaibin	170.18	166.20	28.19	32.25	9.7	222.79	22.21
息县	Xixian	251.22	244.92	36.69	59.36	9.0	267.56	18.99
周口市	**Zhoukou**							
扶沟县	Fugou	208.20	204.76	22.13	14.45	9.9	337.27	55.14
西华县	Xihua	152.64	145.82	7.81	34.71	9.8	412.98	42.88
商水县	Shangshui	175.46	167.50	2.91	36.67	9.7	375.93	44.97
沈丘县	Shenqiu	232.86	224.14	21.07	16.59	10.0	479.34	52.11
郸城县	Dancheng	198.99	189.01	7.75	23.60	9.7	503.12	33.52
淮阳县	Huaiyang	177.02	169.17	24.19	16.20	10.0	339.20	45.58
太康县	Taikang	195.47	184.41	18.37	64.46	10.1	489.06	54.44
鹿邑县	Luyi	199.98	188.63	11.69	40.94	10.1	540.46	55.79
项城市	Xiangcheng	179.16	169.53	30.05	34.90	9.8	633.05	65.48
驻马店市	**Zhumadian**							
西平县	Xiping	152.94	140.13	16.94	32.18	9.3	237.62	25.30
上蔡县	Shangcai	152.66	143.53	17.90	19.52	10.0	308.45	22.81
平舆县	Pingyu	166.94	160.87	17.50	48.41	9.0	411.78	37.87
正阳县	Zhengyang	135.62	130.33	12.40	25.29	9.8	182.14	12.09
确山县	Queshan	146.98	144.05	28.22	86.52	9.3	225.60	21.69
泌阳县	Biyang	164.28	157.13	22.64	34.37	9.3	390.42	33.98
汝南县	Runan	149.12	143.07	18.31	11.16	10.1	267.72	17.69
遂平县	Suiping	172.51	168.43	30.18	20.89	9.4	301.94	12.43
新蔡县	Xincai	149.17	142.25	18.26	26.04	8.9	202.86	8.55

27-4 各县(市)城镇从业人员和工资(2016年)

Number and Wages of Employed Person in Urban Area by County and City (2016)

县 市 County and city	城镇单位年末从业人员(人) Number of Employed Person in Urban Area (person)	城镇单位年平均从业人员(人) Average Number of Employed Person in Urban Area (person)	城镇单位从业人员平均工资(元) Average Wage of Employed Persons in Urban Area (yuan)	#在岗职工平均工资 Average Wage of Working Staff and Workers
郑州市 Zhengzhou				
中牟县 Zhongmu	63130	61063	53242	53890
巩义市 Gongyi	83787	82557	44657	44870
荥阳市 Xingyang	99387	97284	52338	52435
新密市 Xinmi	99760	97208	43025	43201
新郑市 Xinzheng	116555	112239	52868	53481
登封市 Dengfeng	107322	104493	43580	43841
开封市 Kaifeng				
杞县 Qixian	69165	67791	47507	47358
通许县 Tongxu	46977	45727	46169	46520
尉氏县 Weishi	53168	52052	50387	50614
兰考县 Lankao	51337	49767	50881	51047
洛阳市 Luoyang				
孟津县 Mengjin	41750	40909	38471	38817
新安县 Xinan	84433	84987	43763	46334
栾川县 Luanchuan	29655	29314	50591	52351
嵩县 Songxian	20413	20442	46430	47308
汝阳县 Ruyang	27473	27467	40386	40502
宜阳县 Yiyang	36482	36274	41655	42685
洛宁县 Luoning	34814	36616	35451	35462
伊川县 Yichuan	38845	38908	39321	40322
偃师市 Yanshi	32465	32591	41161	41527
平顶山市 Pingdingshan				
宝丰县 Baofeng	31761	29582	40806	42744
叶县 Yexian	36185	34795	40150	41087
鲁山县 Lushan	33533	32610	45179	45177
郏县 Jiaxian	36774	34563	41123	41478
舞钢市 Wugang	37684	37563	42027	42746
汝州市 Ruzhou	65196	64394	50302	50811
安阳市 Anyang				
安阳县 Anyang	72898	70953	39975	41442
汤阴县 Tangyin	49094	46882	40111	40227
滑县 Huaxian	66873	66539	40295	40685
内黄县 Neihuang	28773	28297	37592	37761
林州市 Linzhou	170925	165743	46642	47057
鹤壁市 Hebi				
浚县 Xunxian	34551	33923	39620	40169
淇县 Qixian	47152	47392	39817	39985

27-4 续表 1 continued

县 市 County and city	城镇单位年末从业人员（人）Number of Employed Person in Urban Area (person)	城镇单位年平均从业人员（人）Everage Number of Employed Person in Urban Area (person)	城镇单位从业人员平均工资（元）Average Wage of Employed Persons in Urban Area (yuan)	#在岗职工平均工资 Average Wage of Working Staff and Workers
新 乡 市 Xinxiang				
新 乡 县 Xinxiang	64424	62660	39786	40166
获 嘉 县 Huojia	39260	38617	36799	36969
原 阳 县 Yuanyang	31069	29820	36810	36870
延 津 县 Yanjin	40995	39897	41992	42307
封 丘 县 Fengqiu	39830	39364	42913	42963
长 垣 县 Changyuan	145107	139390	40800	40930
卫 辉 市 Weihui	24481	24263	42018	42228
辉 县 市 Huixian	72568	70845	42045	43172
焦 作 市 Jiaozuo				
修 武 县 Xiuwu	35474	35097	43390	43462
博 爱 县 Boai	29108	28634	42245	42411
武 陟 县 Wuzhi	74235	71248	41550	41612
温 县 Wenxian	54918	53910	42810	43083
沁 阳 市 Qinyang	34979	34302	47946	48137
孟 州 市 Mengzhou	91216	90320	46221	46247
濮 阳 市 Puyang				
清 丰 县 Qingfeng	39091	37262	42253	42720
南 乐 县 Manle	25228	23746	40318	40940
范 县 Fanxian	31570	30415	38323	38519
台 前 县 Taiqian	19602	19306	37592	36961
濮 阳 县 Puyang	72654	68850	39220	39230
许 昌 市 Xuchang				
鄢 陵 县 Yanling	57141	56589	41773	41761
襄 城 县 Xiangcheng	52304	49763	44446	44382
禹 州 市 Yuzhou	49414	48946	48375	48339
长 葛 市 Changge	130782	119747	48108	48107
漯 河 市 Luohe				
舞 阳 县 Wuyang	48950	48537	42613	42805
临 颍 县 Linying	64456	64093	43267	43240
三 门 峡 市 Sanmenxia				
渑 池 县 Mianchi	22891	22354	49513	49894
卢 氏 县 Lushi	13852	13504	50348	50452
义 马 市 Yima	63534	66506	34716	34800
灵 宝 市 Lingbao	58455	57450	40939	41402
南 阳 市 Nanyang				
南 召 县 Nanzhao	36067	35747	43562	43921
方 城 县 Fangcheng	47012	46076	47628	48281
西 峡 县 Xixia	73483	72195	46422	46673

27-4 续表 2 continued

县 市	County and city	城镇单位年末从业人员(人) Number of Employed Person in Urban Area (person)	城镇单位年平均从业人员(人) Everage Number of Employed Person in Urban Area (person)	城镇单位从业人员平均工资(元) Average Wage of Employed Persons in Urban Area (yuan)	#在岗职工平均工资 Average Wage of Working Staff and Workers
镇平县	Zhenping	69006	67021	48269	48301
内乡县	Neixiang	59452	55371	46061	45960
淅川县	Xichuan	69102	64174	50046	49733
社旗县	Sheqi	42786	43946	37261	37306
唐河县	Tanghe	75042	73838	47186	47191
新野县	Xinye	53817	53068	38362	38715
桐柏县	Tongbai	36566	36127	34575	34381
邓州市	Dengzhou	82134	78299	43266	43597
商丘市	**Shangqiu**				
民权县	Minquan	73192	71903	52335	52825
睢县	Suixian	85561	78646	48500	48576
宁陵县	Ningling	46088	44641	43270	43376
柘城县	Zhecheng	59814	58905	47885	49041
虞城县	Yucheng	87004	80171	46302	46187
夏邑县	Xiayi	91311	85221	45208	45102
永城市	Yongcheng	98631	95506	48065	48358
信阳市	**Xinyang**				
罗山县	Luoshan	36880	34848	43086	43733
光山县	Guangshan	53988	52758	39636	41917
新县	Xinxian	34508	34011	43000	43133
商城县	Shangcheng	34796	34410	43240	43571
固始县	Gushi	89378	86453	47935	47974
潢川县	Huangchuan	62668	62023	42670	42658
淮滨县	Huaibin	59100	59288	45619	45808
息县	Xixian	56541	55010	47466	47474
周口市	**Zhoukou**				
扶沟县	Fugou	34943	33232	41653	41625
西华县	Xihua	50810	50818	41100	41180
商水县	Shangshui	64298	63454	46783	46903
沈丘县	Shenqiu	83659	81277	41102	41105
郸城县	Dancheng	84529	81966	38997	39019
淮阳县	Huaiyang	46332	45581	49676	49815
太康县	Taikang	84148	83968	48950	49050
鹿邑县	Luyi	75640	74502	43311	43354
项城市	Xiangcheng	78476	76656	42343	42288
驻马店市	**Zhumadian**				
西平县	Xiping	51505	50516	45849	46117
上蔡县	Shangcai	66154	64960	42662	42811
平舆县	Pingyu	64424	60596	42798	42979
正阳县	Zhengyang	39140	38527	46596	46651
确山县	Queshan	57332	54705	45526	45484
泌阳县	Biyang	89032	87677	46616	46660
汝南县	Runan	37285	36258	42288	42835
遂平县	Suiping	56160	54896	42435	42401
新蔡县	Xincai	38700	38386	44502	44436

27–5 各县(市)农业增加值、城乡居民收入和社会消费品零售总额(2016年)

Value Added of Agriculture, Per Capita Net Income of Rural and Urban Residents, Total Retail Sales of Consumer Goods (2016)

县 市	County and city	农林牧渔业增加值(万元) Value Added of Agriculture Forestry,Animal Husbandry and Fishery (10 000 yuan)	#农业 Agriculture	#牧业 Animal Husbandry	农村居民人均可支配收入(元) Disposable Income of Rural Household (yuan)	城镇居民人均可支配收入(元) Per Capita Net Income of Urban Residents (yuan)	社会消费品零售总额(亿元) Total Retail Sales of Consumer Goods (100 million yuan)
郑州市	**Zhengzhou**						
中牟县	Zhongmu	242778	139293	76020	16561	25966	106.16
巩义市	Gongyi	125231	44486	61193	19459	27854	276.73
荥阳市	Xingyang	295619	165904	105119	17458	28465	256.88
新密市	Xinmi	211584	111214	67704	17460	28337	280.50
新郑市	Xinzheng	203955	102378	95298	18367	28388	271.43
登封市	Dengfeng	179769	84169	62210	15784	27333	221.08
开封市	**Kaifeng**						
杞县	Qixian	829107	460286	276050	11422	20027	69.90
通许县	Tongxu	495243	344634	125929	11825	20757	64.80
尉氏县	Weishi	542405	315168	158958	11638	22484	87.50
兰考县	Lankao	412146	221348	149799	9943	21124	94.07
洛阳市	**Luoyang**						
孟津县	Mengjin	256582	119602	98113	11436	25193	70.47
新安县	Xinan	242841	143919	44639	13207	28859	103.47
栾川县	Luanchuan	153570	108837	11087	9800	26832	65.21
嵩县	Songxian	316409	176189	59546	9777	24981	78.67
汝阳县	Ruyang	152936	85759	17464	9099	23246	64.40
宜阳县	Yiyang	380269	257372	93835	9282	24526	87.23
洛宁县	Luoning	304317	190145	55636	9020	24312	63.03
伊川县	Yichuan	285002	149354	111273	11886	25989	176.54
偃师市	Yanshi	215582	95356	103446	16506	27772	164.85
平顶山市	**Pingdingshan**						
宝丰县	Baofeng	218213	91387	112095	13340	22930	52.54
叶县	Yexian	447298	201956	206178	10233	21302	72.54
鲁山县	Lushan	283157	190589	65052	7889	19737	56.43
郏县	Jiaxian	246557	137560	79986	10100	20260	53.28
舞钢市	Wugang	133578	44919	76829	12371	24748	45.14
汝州市	Ruzhou	406727	154601	187064	14145	23884	132.98
安阳市	**Anyang**						
安阳县	Anyang	323808	185254	80632	14242	24946	77.72
汤阴县	Tangyin	258159	189800	53486	12534	23575	37.70
滑县	Huaxian	696244	551972	102607	9942	22184	93.14
内黄县	Neihuang	581939	482003	68502	10256	19989	65.41
林州市	Linzhou	217097	84052	120409	16877	26991	118.19
鹤壁市	**Hebi**						
浚县	Xunxian	319305	172418	126507	14360	20967	50.93
淇县	Qixian	201818	49971	138192	14446	23928	44.86

27-5 续表 1 continued

县 市 County and city	农林牧渔业增加值(万元) Value Added of Agriculture Forestry,Animal Husbandry and Fishery (10 000 yuan)	#农业 Agriculture	#牧业 Animal Husbandry	农村居民人均可支配收入(元) Disposable Income of Rural Household (yuan)	城镇居民人均可支配收入(元) Per Capita Net Income of Urban Residents (yuan)	社会消费品零售总额(亿元) Total Retail Sales of Consumer Goods (100 million yuan)
新乡市 Xinxiang						
新乡县 Xinxiang	94676	58046	29412	15744	25829	38.80
获嘉县 Huojia	146790	89488	47260	12695	19595	40.94
原阳县 Yuanyang	282043	159146	99519	10673	20002	48.85
延津县 Yanjin	251577	184847	45576	13332	21216	43.37
封丘县 Fengqiu	432008	265148	128399	9337	20452	42.96
长垣县 Changyuan	339021	246492	65959	16236	23109	77.23
卫辉市 Weihui	250624	115980	115748	12806	21163	46.58
辉县市 Huixian	396578	207430	173576	13822	26143	109.18
焦作市 Jiaozuo						
修武县 Xiuwu	77459	35394	34511	14179	25950	46.90
博爱县 Boai	185982	139570	31198	14225	26026	63.17
武陟县 Wuzhi	374092	248251	97560	14953	26153	98.28
温县 Wenxian	280023	198882	63463	14916	25692	76.98
沁阳市 Qinyang	213989	145278	55952	15944	27071	97.04
孟州市 Mengzhou	208003	149294	44773	15592	26966	81.88
濮阳市 Puyang						
清丰县 Qingfeng	423054	289326	110354	12052	21424	76.15
南乐县 Manle	327833	173298	128338	11285	21496	58.23
范县 Fanxian	175995	71686	87927	8469	19238	65.26
台前县 Taiqian	99878	46408	47569	8068	18676	36.33
濮阳县 Puyang	428126	256896	148724	11074	24039	155.24
许昌市 Xuchang						
鄢陵县 Yanling	508028	315540	118782	14487	25121	75.05
襄城县 Xiangcheng	337389	182993	132755	13455	23792	76.02
禹州市 Yuzhou	297018	166719	116730	14869	27274	208.87
长葛市 Changge	268086	116806	122690	14619	25553	153.44
漯河市 Luohe						
舞阳县 Wuyang	273609	148012	116142	8636	20297	87.43
临颍县 Linying	359694	175090	169117	13595	22963	99.26
三门峡市 Sanmenxia						
渑池县 Mianchi	198657	115726	73066	13457	27281	54.01
卢氏县 Lushi	212567	177170	21320	8016	22561	40.85
义马市 Yima	12897	5439	6673	15189	24719	38.67
灵宝市 Lingbao	560300	495014	47079	13797	25548	155.22
南阳市 Nanyang						
南召县 Nanzhao	191375	106820	39171	9686	23517	94.21
方城县 Fangcheng	397650	288626	72791	10845	24206	120.10
西峡县 Xixia	289918	200113	51081	13944	27126	84.26

27-5 续表 2 continued

县 市 County and city	农林牧渔业增加值（万元）Value Added of Agriculture Forestry,Animal Husbandry and Fishery (10 000 yuan)	#农 业 Agriculture	#牧 业 Animal Husbandry	农村居民人均可支配收入（元）Disposable Income of Rural Household (yuan)	城镇居民人均可支配收入（元）Per Capita Net Income of Urban Residents (yuan)	社会消费品零售总额（亿元）Total Retail Sales of Consumer Goods (100 million yuan)
镇 平 县 Zhenping	314480	227446	63616	12050	24043	158.77
内 乡 县 Neixiang	362339	198579	147263	11355	25002	96.76
淅 川 县 Xichuan	363836	217067	111811	9991	25942	105.28
社 旗 县 Sheqi	359163	242257	101646	9791	22601	71.12
唐 河 县 Tanghe	725779	461728	241252	11931	24476	157.92
新 野 县 Xinye	452177	280087	152913	13970	25832	126.58
桐 柏 县 Tongbai	219789	129377	46583	9566	24242	89.47
邓 州 市 Dengzhou	1061493	714085	296702	12797	24654	157.75
商 丘 市 Shangqiu						
民 权 县 Minquan	467115	291688	125272	9153	22333	65.04
睢 县 Suixian	435879	333131	90549	9133	22962	64.20
宁 陵 县 Ningling	264542	195602	57427	9094	20183	43.91
柘 城 县 Zhecheng	447573	298017	122110	9273	21471	69.63
虞 城 县 Yucheng	461799	341703	94485	9485	23550	73.66
夏 邑 县 Xiayi	490002	345638	119666	9415	24179	79.45
永 城 市 Yongcheng	660394	449705	170899	12051	26784	164.53
信 阳 市 Xinyang						
罗 山 县 Luoshan	466452	310552	81255	10534	23281	70.42
光 山 县 Guangshan	485829	336604	92615	10701	23210	84.84
新 县 Xinxian	266119	134632	30625	10707	23180	44.87
商 城 县 Shangcheng	440186	248350	94618	10337	23213	66.93
固 始 县 Gushi	776273	490709	208490	11420	23186	170.59
潢 川 县 Huangchuan	608251	307223	160380	11564	23352	96.20
淮 滨 县 Huaibin	380618	230942	93670	9756	22649	65.86
息 县 Xixian	515232	359140	76808	9807	23021	91.78
周 口 市 Zhoukou						
扶 沟 县 Fugou	407701	317981	62019	9510	21030	66.00
西 华 县 Xihua	564855	385012	129910	8943	21518	104.23
商 水 县 Shangshui	632884	455271	126476	8959	21689	79.06
沈 丘 县 Shenqiu	453916	305018	124172	9109	21905	98.55
郸 城 县 Dancheng	529441	384873	109548	9448	22192	90.85
淮 阳 县 Huaiyang	483691	323839	115629	8699	21733	114.19
太 康 县 Taikang	590426	390444	164836	9513	21279	122.10
鹿 邑 县 Luyi	545896	317368	180438	10959	22661	124.72
项 城 市 Xiangcheng	445206	325234	95498	10461	22604	135.56
驻 马 店 市 Zhumadian						
西 平 县 Xiping	509457	295481	179178	10720	21963	101.80
上 蔡 县 Shangcai	433627	257426	143652	9656	22573	88.10
平 舆 县 Pingyu	403999	252416	121541	10036	23129	81.60
正 阳 县 Zhengyang	539081	290192	208839	9710	20397	66.40
确 山 县 Queshan	336596	191650	107314	9738	22703	56.60
泌 阳 县 Biyang	532194	291783	196752	9916	23159	76.10
汝 南 县 Runan	490969	259116	167333	10049	20706	74.00
遂 平 县 Suiping	308842	154987	132875	10525	23187	69.10
新 蔡 县 Xincai	492716	265631	197431	10163	21271	62.74

27-6 各县(市)农业生产条件(2016年)

Agricultural Conditions by County and City (2016)

县市	County and city	农用机械总动力(万千瓦) Total Agricultural Machinery Power (10 000kw)	农村用电量(万千瓦时) Electricity Consumed in Rural Areas (10 000 kwh)	化肥施用折纯量(吨) Consumption of Chemical Fertilizers (ton)	农药使用量(吨) Consumption of Agricultural Pesticides (ton)	农用塑料薄膜使用量(吨) Consumption of Plastic Film (ton)
郑州市	**Zhengzhou**					
中牟县	Zhongmu	61.97	18216.02	38941	1025	2834
巩义市	Gongyi	49.57	138494.74	28951	266	125
荥阳市	Xingyang	43.70	33037.53	30178	593	863
新密市	Xinmi	88.05	44158.59	27482	281	736
新郑市	Xinzheng	58.50	42549.54	33795	620	502
登封市	Dengfeng	66.64	45750.99	25227	325	218
开封市	**Kaifeng**					
杞县	Qixian	156.88	16283.84	71870	1493	2555
通许县	Tongxu	75.11	4704.89	32438	1834	1993
尉氏县	Weishi	112.73	21978.74	49970	962	2371
兰考县	Lankao	70.87	25990.32	76860	748	1145
洛阳市	**Luoyang**					
孟津县	Mengjin	41.63	22535.82	18558	438	364
新安县	Xinan	47.90	5408.10	21356	515	551
栾川县	Luanchuan	28.34	29808.41	7824	79	95
嵩县	Songxian	59.77	11930.90	24967	467	305
汝阳县	Ruyang	43.80	20542.92	17114	457	528
宜阳县	Yiyang	62.37	20669.13	46485	965	1008
洛宁县	Luoning	46.94	7396.26	22088	495	990
伊川县	Yichuan	74.53	35161.49	25454	342	520
偃师市	Yanshi	88.56	29926.36	34010	507	230
平顶山市	**Pingdingshan**					
宝丰县	Baofeng	43.53	16307.48	52237	449	320
叶县	Yexian	62.80	20263.77	106253	787	976
鲁山县	Lushan	36.18	28662.27	44929	600	328
郏县	Jiaxian	36.92	11650.83	45876	758	822
舞钢市	Wugang	28.11	5390.85	20278	724	347
汝州市	Ruzhou	152.25	33226.24	97545	717	717
安阳市	**Anyang**					
安阳县	Anyang	64.76	79020.18	51088	1267	184
汤阴县	Tangyin	51.66	60483.80	44705	576	476
滑县	Huaxian	276.89	48093.22	216226	1972	3965
内黄县	Neihuang	73.36	36244.13	81915	1603	16117
林州市	Linzhou	42.46	42339.96	40795	370	49
鹤壁市	**Hebi**					
浚县	Xunxian	141.61	5158.45	52842	834	1294
淇县	Qixian	30.68	5367.60	7300	315	51

27-6 续表 1 continued

县 市 County and city	农用机械总动力（万千瓦）Total Agricultural Machinery Power (10 000kw)	农村用电量（万千瓦时）Electricity Consumed in Rural Areas (10 000 kwh)	化肥施用折纯量（吨）Consumption of Chemical Fertilizers (ton)	农药使用量（吨）Consumption of Agricultural Pesticides (ton)	农用塑料薄膜使用量（吨）Consumption of Plastic Film (ton)
新 乡 市 Xinxiang					
新 乡 县 Xinxiang	50.95	146404.82	29378	570	75
获 嘉 县 Huojia	55.96	19639.83	52745	974	94
原 阳 县 Yuanyang	132.05	50168.97	169855	1101	817
延 津 县 Yanjin	96.50	15783.23	115113	1054	93
封 丘 县 Fengqiu	119.77	12322.97	80762	14094	216
长 垣 县 Changyuan	95.88	55992.00	77139	1135	687
卫 辉 市 Weihui	66.08	25607.22	47439	647	676
辉 县 市 Huixian	83.56	257671.80	85459	974	694
焦 作 市 Jiaozuo					
修 武 县 Xiuwu	19.96	8683.33	12933	327	82
博 爱 县 Boai	18.48	10214.91	29017	465	587
武 陟 县 Wuzhi	61.45	17255.21	54092	1384	338
温 县 Wenxian	34.27	29236.11	23178	441	220
沁 阳 市 Qinyang	38.17	38835.51	31464	729	260
孟 州 市 Mengzhou	32.05	20120.52	29624	584	683
濮 阳 市 Puyang					
清 丰 县 Qingfeng	70.94	12750.86	64163	745	597
南 乐 县 Manle	63.30	29563.00	57952	544	3358
范 县 Fanxian	72.38	17734.96	34631	493	180
台 前 县 Taiqian	33.25	7744.44	11461	206	234
濮 阳 县 Puyang	140.83	8782.04	85173	1547	485
许 昌 市 Xuchang					
鄢 陵 县 Yanling	81.49	7735.66	36147	857	872
襄 城 县 Xiangcheng	62.37	13684.99	42296	553	662
禹 州 市 Yuzhou	83.93	28808.43	102781	539	894
长 葛 市 Changge	55.13	29182.37	44692	749	495
漯 河 市 Luohe					
舞 阳 县 Wuyang	58.78	10196.63	35313	649	410
临 颍 县 Linying	89.31	21675.90	52336	932	1366
三 门 峡 市 Sanmenxia					
渑 池 县 Mianchi	31.77	5560.16	20754	324	900
卢 氏 县 Lushi	17.80	3010.67	13910	243	788
义 马 市 Yima	1.32	2145.38	1028	25	76
灵 宝 市 Lingbao	38.40	15122.19	38328	1481	1034
南 阳 市 Nanyang					
南 召 县 Nanzhao	40.20	6866.81	17095	444	913
方 城 县 Fangcheng	135.77	12596.39	92808	1801	4216
西 峡 县 Xixia	14.49	25921.37	29241	429	2712

27-6 续表 2 continued

县 市 County and city	农用机械总动力(万千瓦) Total Agricultural Machinery Power (10 000kw)	农村用电量(万千瓦时) Electricity Consumed in Rural Areas (10 000 kwh)	化肥施用折纯量(吨) Consumption of Chemical Fertilizers (ton)	农药使用量(吨) Consumption of Agricultural Pesticides (ton)	农用塑料薄膜使用量(吨) Consumption of Plastic Film (ton)
镇平县 Zhenping	102.25	15975.75	45675	918	970
内乡县 Neixiang	74.40	20872.61	30338	534	911
淅川县 Xichuan	48.14	27492.54	47444	740	1170
社旗县 Sheqi	88.43	7039.19	65403	1440	1310
唐河县 Tanghe	239.53	20888.38	110678	3638	2406
新野县 Xinye	156.75	28857.26	107278	3144	7436
桐柏县 Tongbai	83.41	7385.39	41435	428	817
邓州市 Dengzhou	189.32	23677.71	187680	3501	3612
商丘市 Shangqiu					
民权县 Minquan	93.72	17636.36	57245	2398	2125
睢县 Suixian	93.49	8700.05	53578	943	933
宁陵县 Ningling	60.84	15884.14	53478	1302	1153
柘城县 Zhecheng	82.41	13691.31	55425	868	252
虞城县 Yucheng	110.23	45519.50	135051	5120	2400
夏邑县 Xiayi	96.63	52013.69	128050	1668	1709
永城市 Yongcheng	130.24	40094.76	126969	2159	2680
信阳市 Xinyang					
罗山县 Luoshan	73.82	9999.61	36482	674	692
光山县 Guangshan	41.00	26418.59	38853	797	478
新县 Xinxian	23.84	6458.00	10474	396	170
商城县 Shangcheng	34.84	15720.69	24300	600	668
固始县 Gushi	123.67	28732.00	101299	2891	3180
潢川县 Huangchuan	50.21	26462.15	65925	566	2537
淮滨县 Huaibin	74.09	16998.32	89135	1142	2758
息县 Xixian	110.61	17898.00	63846	1734	1172
周口市 Zhoukou					
扶沟县 Fugou	103.94	16387.08	65453	1999	3672
西华县 Xihua	101.62	20013.41	114043	3028	2112
商水县 Shangshui	88.94	17126.31	69303	1026	1297
沈丘县 Shenqiu	78.04	23814.00	113613	1555	1926
郸城县 Dancheng	110.94	16459.65	74650	2140	1988
淮阳县 Huaiyang	95.38	27510.07	116498	2884	3961
太康县 Taikang	160.23	15463.95	119704	2653	2853
鹿邑县 Luyi	91.03	15273.79	93810	1135	720
项城市 Xiangcheng	64.93	3.00	49420	1538	1188
驻马店市 Zhumadian					
西平县 Xiping	112.75	35100.23	70008	326	1281
上蔡县 Shangcai	134.08	24668.53	97589	1045	989
平舆县 Pingyu	156.43	8825.65	58428	525	952
正阳县 Zhengyang	217.97	6987.57	123603	317	1031
确山县 Queshan	93.83	14544.42	70289	967	2319
泌阳县 Biyang	147.26	9007.37	62368	354	2175
汝南县 Runan	127.39	9580.55	89163	843	1125
遂平县 Suiping	104.67	7726.45	62445	561	485
新蔡县 Xincai	131.88	9097.00	69650	1190	1720

27-7 各县(市)主要农作物播种面积(2016年)
Sown Area of Major Farm Products by County and City (2016)

县 市	County and city	总播种面积(千公顷) Total Sown Area (1 000 hectares)	#粮食 Food	#谷物 Grain	#小麦 Wheat	#玉米 Corn	#豆类 Beans	#棉花 Cotton	#油料 Oil-bearing Crops
郑州市	**Zhengzhou**								
中牟县	Zhongmu	71.01	31.33	28.73	12.56	16.17	1.23	0.95	9.77
巩义市	Gongyi	48.68	42.94	41.70	22.43	19.02	0.46	0.62	2.81
荥阳市	Xingyang	72.53	59.62	57.63	31.19	26.08	0.77	0.12	2.97
新密市	Xinmi	64.03	56.18	52.13	27.65	24.42	2.22	0.04	1.93
新郑市	Xinzheng	62.62	50.54	48.44	25.35	22.99	0.91	0.01	6.46
登封市	Dengfeng	55.88	51.03	45.23	24.66	20.49	3.01	0.33	3.76
开封市	**Kaifeng**								
杞县	Qixian	202.74	113.68	104.38	65.37	39.00	4.51	4.27	20.05
通许县	Tongxu	135.06	62.26	59.18	38.69	20.49	1.52	1.57	8.35
尉氏县	Weishi	151.27	101.81	94.14	63.07	31.08	3.28	4.41	24.81
兰考县	Lankao	123.51	94.20	90.48	57.72	32.44	1.81	2.49	17.37
洛阳市	**Luoyang**								
孟津县	Mengjin	66.65	54.54	52.27	28.50	21.46	0.57	0.61	1.52
新安县	Xinan	65.12	48.31	43.35	22.54	20.18	2.47	0.21	2.09
栾川县	Luanchuan	21.81	11.32	10.14	3.71	6.44	0.91	0.02	0.67
嵩县	Songxian	74.98	51.83	43.21	23.26	19.78	3.80	0.26	4.88
汝阳县	Ruyang	57.03	44.03	38.18	19.86	18.04	2.08	0.23	3.73
宜阳县	Yiyang	132.64	88.68	76.60	42.10	29.97	6.68	1.50	17.99
洛宁县	Luoning	82.87	63.57	50.10	30.27	16.96	9.94	0.14	5.71
伊川县	Yichuan	95.09	79.50	69.73	38.48	24.53	2.81	0.95	4.80
偃师市	Yanshi	53.50	43.76	42.79	22.82	19.60	0.54	0.10	1.21
平顶山市	**Pingdingshan**								
宝丰县	Baofeng	64.50	48.83	48.24	25.76	22.48	0.23	0.10	5.97
叶县	Yexian	141.30	112.09	106.08	56.77	49.31	4.29	0.05	12.88
鲁山县	Lushan	73.64	58.89	55.71	29.83	25.07	0.89	0.00	8.46
郏县	Jiaxian	83.83	58.41	47.79	30.21	17.58	4.36	0.89	6.24
舞钢市	Wugang	37.40	31.74	29.93	15.84	14.09	1.30	0.00	2.28
汝州市	Ruzhou	117.03	96.89	91.71	46.91	44.68	1.22	0.71	8.99
安阳市	**Anyang**								
安阳县	Anyang	124.47	107.45	106.52	49.99	55.48	0.41	1.45	2.37
汤阴县	Tangyin	87.42	70.50	68.92	36.81	31.97	0.91	1.13	2.81
滑县	Huaxian	259.51	190.54	189.35	118.34	70.73	0.35	1.32	26.94
内黄县	Neihuang	154.63	89.27	88.20	60.08	28.12	0.20	0.51	23.68
林州市	Linzhou	89.31	81.22	73.43	35.13	34.49	3.01	0.48	3.32
鹤壁市	**Hebi**								
浚县	Xunxian	115.84	100.50	98.97	53.71	45.14	1.25	0.41	9.37
淇县	Qixian	43.93	42.13	41.65	20.54	21.09	0.02	0.09	0.36

27-7 续表 1 continued

县 市 County and city	总播种面积(千公顷) Total Sown Area (1 000 hectares)	#粮食 Food	#谷物 Grain	#小麦 Wheat	#玉米 Corn	#豆类 Beans	#棉花 Cotton	#油料 Oil-bearing Crops
新乡市 Xinxiang								
新乡县 Xinxiang	40.46	37.05	34.65	19.43	15.21	2.32	0.05	1.86
获嘉县 Huojia	54.62	49.65	47.03	22.30	20.48	2.54	0.05	0.13
原阳县 Yuanyang	134.34	119.43	116.53	65.40	39.45	2.20	0.39	8.14
延津县 Yanjin	111.46	73.81	71.98	48.71	23.26	0.29	0.06	29.73
封丘县 Fengqiu	136.45	98.97	95.25	56.23	38.96	1.10	1.01	12.69
长垣县 Changyuan	121.80	97.59	93.66	54.45	37.19	3.09	0.53	13.32
卫辉市 Weihui	68.26	56.95	56.25	29.36	26.74	0.38	0.35	3.23
辉县市 Huixian	107.52	92.24	90.81	46.48	43.99	0.19	0.01	6.85
焦作市 Jiaozuo								
修武县 Xiuwu	31.65	30.24	29.59	15.13	14.46	0.53	0.01	0.20
博爱县 Boai	36.76	27.26	26.62	13.38	13.19	0.40	0.01	0.59
武陟县 Wuzhi	88.92	68.03	66.18	35.82	25.42	1.31	0.16	8.21
温县 Wenxian	54.34	39.57	38.88	21.83	17.06	0.11	0.08	3.16
沁阳市 Qinyang	56.31	46.17	44.56	22.60	21.96	1.11	0.04	1.02
孟州市 Mengzhou	54.49	38.85	38.59	22.11	16.49	0.12	0.17	7.78
濮阳市 Puyang								
清丰县 Qingfeng	110.62	76.05	74.80	47.11	27.69	0.54	0.18	12.79
南乐县 Manle	82.54	61.56	60.46	33.13	27.31	0.33	0.55	4.91
范县 Fanxian	59.17	54.22	51.66	26.42	9.41	2.29	0.19	1.49
台前县 Taiqian	37.52	32.94	29.82	17.35	12.39	3.11	0.17	0.95
濮阳县 Puyang	169.85	140.43	131.82	77.30	35.78	6.78	1.63	7.09
许昌市 Xuchang								
鄢陵县 Yanling	118.19	76.43	75.96	41.17	34.79	0.30	0.11	0.42
襄城县 Xiangcheng	114.87	87.25	68.02	41.87	26.14	3.55	0.27	4.39
禹州市 Yuzhou	121.47	96.15	85.52	44.59	40.93	1.90	0.14	4.66
长葛市 Changge	88.34	78.16	75.82	37.70	38.12	1.91	0.00	2.85
漯河市 Luohe								
舞阳县 Wuyang	97.98	83.55	79.45	40.90	38.55	1.75	0.79	4.18
临颍县 Linying	116.66	74.92	63.07	40.73	22.34	7.27	3.61	1.39
三门峡市 Sanmenxia								
渑池县 Mianchi	67.85	44.75	34.41	22.40	10.99	7.80	0.14	8.21
卢氏县 Lushi	46.89	32.54	26.68	14.28	12.31	4.99	0.00	0.46
义马市 Yima	3.14	2.23	2.00	0.94	1.05	0.10	0.01	0.19
灵宝市 Lingbao	80.81	56.42	48.36	26.32	22.05	6.34	1.18	3.79
南阳市 Nanyang								
南召县 Nanzhao	62.69	37.16	32.49	16.37	8.73	1.60	0.00	12.61
方城县 Fangcheng	214.34	126.53	107.83	66.00	41.50	12.70	0.81	53.29
西峡县 Xixia	41.35	24.30	20.47	10.76	8.67	1.30	0.00	2.99

27-7 续表 2 continued

县 市 County and city	总播种面积（千公顷）Total Sown Area (1 000 hectares)	#粮食 Food	#谷物 Grain	#小麦 Wheat	#玉米 Corn	#豆类 Beans	#棉花 Cotton	#油料 Oil-bearing Crops
镇 平 县 Zhenping	135.88	97.97	94.50	51.16	42.61	1.84	0.45	23.08
内 乡 县 Neixiang	110.85	65.05	59.23	29.51	28.94	0.32	0.78	21.11
淅 川 县 Xichuan	138.07	63.82	55.09	34.26	18.25	4.43	0.32	45.92
社 旗 县 Sheqi	140.53	91.87	76.26	52.91	23.35	9.66	2.68	23.25
唐 河 县 Tanghe	306.73	227.68	208.52	134.09	68.25	8.10	4.36	38.64
新 野 县 Xinye	135.47	78.69	74.20	50.95	23.25	2.47	1.18	29.45
桐 柏 县 Tongbai	74.68	45.00	39.30	20.26	2.43	4.31	0.07	21.53
邓 州 市 Dengzhou	339.89	213.28	195.36	133.79	61.11	14.80	2.30	67.97
商 丘 市 Shangqiu								
民 权 县 Minquan	150.32	98.27	93.73	68.33	25.05	1.94	1.46	16.25
睢 县 Suixian	136.00	97.20	90.72	58.40	32.32	4.32	1.27	13.15
宁 陵 县 Ningling	104.21	68.80	65.03	43.40	21.63	1.87	0.49	20.54
柘 城 县 Zhecheng	137.86	108.97	107.12	63.75	43.37	1.29	1.54	1.41
虞 城 县 Yucheng	190.25	129.07	125.59	73.07	52.53	2.15	3.95	10.24
夏 邑 县 Xiayi	184.75	155.94	145.29	80.25	65.05	6.77	0.65	5.80
永 城 市 Yongcheng	237.99	205.85	171.58	108.08	63.50	32.28	0.30	1.48
信 阳 市 Xinyang								
罗 山 县 Luoshan	158.37	97.20	93.50	27.62	0.10	2.03	0.15	29.77
光 山 县 Guangshan	149.23	73.46	70.19	17.98	0.00	2.00	0.20	33.41
新 县 Xinxian	27.39	14.82	13.62	1.28	0.03	0.20	0.04	9.29
商 城 县 Shangcheng	74.60	44.79	42.23	10.69	0.07	1.77	0.10	20.43
固 始 县 Gushi	240.76	157.47	155.60	41.38	3.00	0.67	0.15	44.70
潢 川 县 Huangchuan	146.19	103.30	99.85	38.12	0.17	2.14	0.24	22.88
淮 滨 县 Huaibin	135.80	100.70	93.20	53.83	5.27	2.67	0.33	20.45
息 县 Xixian	194.80	162.19	156.83	90.93	17.67	2.40	0.71	16.00
周 口 市 Zhoukou								
扶 沟 县 Fugou	141.09	91.72	81.85	59.78	21.84	9.60	1.55	8.51
西 华 县 Xihua	173.70	119.42	108.27	67.92	40.35	9.94	0.42	9.76
商 水 县 Shangshui	210.78	152.30	132.04	73.79	58.10	17.27	0.80	15.28
沈 丘 县 Shenqiu	169.23	134.66	123.45	67.60	55.85	6.74	0.36	12.64
郸 城 县 Dancheng	205.53	151.90	128.49	82.01	46.47	12.20	0.58	8.95
淮 阳 县 Huaiyang	215.74	145.79	133.82	76.05	57.77	7.72	0.23	28.48
太 康 县 Taikang	233.29	173.98	162.17	100.70	61.47	9.01	1.88	7.35
鹿 邑 县 Luyi	174.27	134.31	118.29	70.38	47.84	14.47	2.76	6.09
项 城 市 Xiangcheng	174.08	125.57	105.15	69.68	35.47	18.25	0.74	16.87
驻 马 店 市 Zhumadian								
西 平 县 Xiping	171.57	140.91	140.55	70.68	69.87	0.25	0.00	12.96
上 蔡 县 Shangcai	204.82	169.59	160.54	91.55	68.98	8.17	0.69	19.67
平 舆 县 Pingyu	169.36	124.93	114.79	72.26	42.52	7.27	0.03	25.14
正 阳 县 Zhengyang	250.25	149.93	146.43	108.41	20.47	2.08	0.03	89.73
确 山 县 Queshan	139.59	95.40	92.93	51.17	36.51	0.19	0.02	30.31
泌 阳 县 Biyang	177.37	117.49	111.01	65.70	41.67	1.67	0.11	46.37
汝 南 县 Runan	178.98	121.48	116.69	74.20	40.04	3.63	0.00	37.32
遂 平 县 Suiping	127.12	99.04	95.79	48.83	46.66	1.24	0.04	16.90
新 蔡 县 Xincai	184.13	141.44	136.27	83.54	48.74	2.12	0.72	23.32

27-8 各县(市)主要农作物产量(2016年)

Output of Major Farm Products by County and City (2016)

县 市 County and city	粮食产量 (吨) Output of Grain (ton)	#谷物 Cereal	#小麦 Wheat	#玉米 Corn	#豆类 Beans	棉花产量 (吨) Output of Cotton (ton)	油料产量 (吨) Output of Oil-bearing Crops (ton)	园林水果产量 (吨) Output of Fruits (ton)
郑州市 Zhengzhou								
中牟县 Zhongmu	184112	169623	72072	97551	3101	993	48214	17851
巩义市 Gongyi	158108	153838	84257	69152	349	663	4184	30704
荥阳市 Xingyang	338823	329052	175852	152256	860	127	8226	47382
新密市 Xinmi	211019	201497	113909	87317	3209	28	7227	20072
新郑市 Xinzheng	267966	259492	137384	121739	2256	18	22465	85650
登封市 Dengfeng	195578	165941	92837	72989	4584	311	5359	25163
开封市 Kaifeng								
杞县 Qixian	661840	621577	412236	209341	13724	5138	106353	23165
通许县 Tongxu	372687	357502	248234	109268	5053	1955	40436	90585
尉氏县 Weishi	589261	557511	392183	165328	10505	5320	126866	125189
兰考县 Lankao	524991	505459	338163	164823	5458	3074	75390	169560
洛阳市 Luoyang								
孟津县 Mengjin	244550	231173	137210	84356	620	620	3945	65200
新安县 Xinan	204822	184162	100095	82557	3487	680	5025	63021
栾川县 Luanchuan	43965	41114	14526	26588	1564	18	947	5441
嵩县 Songxian	207530	182890	95266	87216	5168	259	9657	79256
汝阳县 Ruyang	179099	146445	80433	64783	5279	315	10874	11066
宜阳县 Yiyang	371196	326148	182509	129300	9419	2014	73195	114413
洛宁县 Luoning	256017	227600	132111	77599	14800	87	7765	397587
伊川县 Yichuan	369092	325088	179229	122575	2194	966	11198	11123
偃师市 Yanshi	250143	245721	123960	120444	994	105	2767	86961
平顶山市 Pingdingshan								
宝丰县 Baofeng	237149	235762	140280	95482	277	147	15728	11880
叶县 Yexian	606373	567031	315943	251088	23526	39	40503	18337
鲁山县 Lushan	209054	198689	108958	85158	1708		21970	39918
郏县 Jiaxian	316101	274826	170129	104695	10835	980	19947	12129
舞钢市 Wugang	156247	151381	86618	64763	2463	1	6324	10386
汝州市 Ruzhou	469701	449816	246281	203195	2024	708	31779	40292
安阳市 Anyang								
安阳县 Anyang	647684	639080	314592	320333	1433	1523	6273	42127
汤阴县 Tangyin	440037	432479	240461	191538	2931	1815	10986	48059
滑县 Huaxian	1445689	1436301	892366	541614	1310	1735	132065	168692
内黄县 Neihuang	521617	515123	365901	149222	581	902	116165	364445
林州市 Linzhou	360409	327590	135799	178250	6863	758	4679	85361
鹤壁市 Hebi								
浚县 Xunxian	737462	731429	406643	324252	3816	326	27070	25449
淇县 Qixian	296630	292247	150028	142131	33	66	998	4370

27-8 续表 1 continued

县市 County and city	粮食产量 (吨) Output of Grain (ton)	#谷物 Cereal	#小麦 Wheat	#玉米 Corn	#豆类 Beans	棉花产量 (吨) Output of Cotton (ton)	油料产量 (吨) Output of Oil-bearing Crops (ton)	园林水果产量 (吨) Output of Fruits (ton)
新乡市 Xinxiang								
新乡县 Xinxiang	265897	254308	148230	106011	7321	191	9831	3748
获嘉县 Huojia	328046	320898	156561	133731	6670	53	350	12013
原阳县 Yuanyang	731930	694615	419558	179851	7286	904	34450	49167
延津县 Yanjin	459868	452383	333462	118875	1039	131	139183	28048
封丘县 Fengqiu	652906	607258	427559	179389	2438	1519	54248	16581
长垣县 Changyuan	653673	637908	405449	212609	8105	655	50773	13779
卫辉市 Weihui	356013	347759	198709	148685	1171	1057	11522	50012
辉县市 Huixian	561345	557056	297384	258845	558	16	45141	20994
焦作市 Jiaozuo								
修武县 Xiuwu	210200	208249	107376	100870	1240	9	909	7299
博爱县 Boai	200013	197084	106496	90400	1179	32	595	14963
武陟县 Wuzhi	521516	512246	287200	186134	3970	169	41438	18645
温县 Wenxian	307008	303370	177110	126260	188	77	16387	18773
沁阳市 Qinyang	337088	329991	176604	153359	3355	68	3808	30496
孟州市 Mengzhou	292004	290852	169292	121560	422	209	43631	39990
濮阳市 Puyang								
清丰县 Qingfeng	554900	547309	358437	188872	1651	171	57166	38236
南乐县 Manle	452877	443323	257727	185504	1339	475	26490	166582
范县 Fanxian	351888	344357	181339	54564	5626	347	7182	7122
台前县 Taiqian	235240	221498	129283	91291	13606	401	3949	1967
濮阳县 Puyang	928629	890162	545788	218307	22107	1850	30370	42735
许昌市 Xuchang								
鄢陵县 Yanling	539318	536930	312244	224686	1246	111	1697	8363
襄城县 Xiangcheng	552768	465301	312881	152420	8601	263	13541	23353
禹州市 Yuzhou	535520	489359	275558	213801	3209	106	10087	18266
长葛市 Changge	539927	530393	283341	247052	6242	4	9725	4430
漯河市 Luohe								
舞阳县 Wuyang	536361	521762	289278	232484	3718	927	12301	15557
临颍县 Linying	511383	471529	309528	162001	15471	2686	3701	1896
三门峡市 Sanmenxia								
渑池县 Mianchi	179548	148095	95995	48995	14458	109	20547	182138
卢氏县 Lushi	119791	100465	57949	42284	13313		881	75335
义马市 Yima	9234	8650	4259	4370	152	54	425	808
灵宝市 Lingbao	223459	202437	109812	92625	11726	1077	8400	1572151
南阳市 Nanyang								
南召县 Nanzhao	180316	161602	66714	43614	2890		62701	14064
方城县 Fangcheng	614725	562473	347990	213209	23661	800	259131	44647
西峡县 Xixia	96287	81734	36591	36758	2708		8888	530553

27-8 续表 2 continued

县 市 County and city	粮食产量 (吨) Output of Grain (ton)	#谷物 Cereal	#小麦 Wheat	#玉米 Corn	#豆类 Beans	棉花产量 (吨) Output of Cotton (ton)	油料产量 (吨) Output of Oil-bearing Crops (ton)	园林水果产量 (吨) Output of Fruits (ton)
镇平县 Zhenping	502581	489704	272270	213949	3847	327	78401	8943
内乡县 Neixiang	318480	284541	153280	125815	526	715	85246	54475
淅川县 Xichuan	249985	223878	130971	69241	10633	280	133448	61656
社旗县 Sheqi	525052	463045	319843	143202	23397	2320	99131	5368
唐河县 Tanghe	1279669	1185410	874629	272236	12150	4128	136652	87745
新野县 Xinye	500547	484153	362470	121683	6696	1179	138630	13385
桐柏县 Tongbai	239203	228540	88291	10397	4751	69	72011	17314
邓州市 Dengzhou	1172119	1115451	788147	324459	36296	2143	292399	29472
商丘市 Shangqiu								
民权县 Minquan	662388	638244	492000	142756	13501	1095	81704	293411
睢县 Suixian	638148	618195	420480	197715	8408	1400	64553	53084
宁陵县 Ningling	458562	445287	313782	131505	6091	495	97518	282215
柘城县 Zhecheng	740785	732214	470497	261710	4735	2174	5866	18923
虞城县 Yucheng	857408	845036	534743	310293	6665	4500	46100	425405
夏邑县 Xiayi	1040121	1007785	590146	417639	20288	636	21101	307680
永城市 Yongcheng	1320148	1225953	797355	428598	90850	900	5109	265783
信阳市 Xinyang								
罗山县 Luoshan	713289	701853	116341	636	1756	123	71621	7778
光山县 Guangshan	568772	559557	76156		1658	141	83025	6856
新县 Xinxian	119176	113043	4218	235	190	35	33356	3615
商城县 Shangcheng	320839	314986	44385	430	1399	78	58185	12000
固始县 Gushi	1166610	1153590	186222	22095	2580	145	123227	27689
潢川县 Huangchuan	679943	676380	175431	550	3486	1361	62146	3950
淮滨县 Huaibin	583543	568050	274318	13296	2003	333	68134	31350
息县 Xixian	963358	943956	482853	116617	2120	665	41683	20568
周口市 Zhoukou								
扶沟县 Fugou	596341	568822	448962	117808	25895	1625	43350	26233
西华县 Xihua	741876	716206	508600	207606	18400	2019	42736	176973
商水县 Shangshui	1010630	935057	549692	384786	56133	892	54262	50087
沈丘县 Shenqiu	882156	831768	503951	327817	24142	701	50145	103127
郸城县 Dancheng	986365	903764	625162	278602	23652	680	31520	18710
淮阳县 Huaiyang	986362	939055	598665	340390	16558	818	147912	18374
太康县 Taikang	1121059	1084842	749230	335612	23628	2200	37227	39179
鹿邑县 Luyi	905071	841576	532004	302886	48559	2903	17705	10631
项城市 Xiangcheng	804874	751998	513817	238181	35763	988	46050	47600
驻马店市 Zhumadian								
西平县 Xiping	938800	937468	512349	425119	558		60999	15301
上蔡县 Shangcai	1048123	1009315	650158	359128	32076	687	53310	7574
平舆县 Pingyu	778979	747104	508836	238236	17688	31	62443	5512
正阳县 Zhengyang	857052	843109	649810	93971	4986	28	446613	10546
确山县 Queshan	540337	523421	318770	172143	533	18	134315	6456
泌阳县 Biyang	632460	599814	374482	206371	3369	87	167563	34289
汝南县 Runan	757762	737411	514065	206344	11728	20	185833	8974
遂平县 Suiping	599103	582355	341080	239698	3594	45	65054	21665
新蔡县 Xincai	832596	814057	541214	251903	5043	647	70905	18740

27-9 各县(市)牧渔业生产情况(2016年)

Statistics on Animal Husbandry and Fishery by County and City (2016)

县市 County and city	肉类产量 (吨) Output of Meat (ton)	#猪肉 Pork	#牛肉 Beef	#羊肉 Mutton	大牲畜年底头数 (头) Large Animals (year-end) (unit)	猪年底头数 (万头) Hogs (year-end) (10 000 units)	禽蛋产量 (吨) Poultry Eggs (ton)	水产品产量 (吨) Output of Aquatic Products (ton)
郑州市 Zhengzhou								
中牟县 Zhongmu	40528	29360	3311	2060	28062	14.95	15609	64539
巩义市 Gongyi	29625	25053	990	501	8080	20.40	12196	5264
荥阳市 Xingyang	43734	32910	2960	491	12197	20.60	54013	19500
新密市 Xinmi	22108	14301	1171	335	15986	18.56	28455	880
新郑市 Xinzheng	49567	34126	1016	578	12774	35.62	42872	340
登封市 Dengfeng	27754	18258	4561	914	15734	21.20	24497	1100
开封市 Kaifeng								
杞县 Qixian	107021	69950	18680	7177	136392	64.32	99611	3474
通许县 Tongxu	64882	53505	3376	2126	49682	49.52	28639	1887
尉氏县 Weishi	79857	58083	9208	5264	97834	60.03	91252	20715
兰考县 Lankao	54428	33759	4455	4114	34858	32.12	51572	10158
洛阳市 Luoyang								
孟津县 Mengjin	21645	17101	2084	483	45820	17.69	14695	18010
新安县 Xinan	22021	14413	1595	1240	23959	14.17	15101	8922
栾川县 Luanchuan	7300	5157	901	297	9320	5.64	5912	640
嵩县 Songxian	28629	17924	6374	1403	86772	17.76	15423	3980
汝阳县 Ruyang	11957	9430	865	337	14227	8.80	4153	283
宜阳县 Yiyang	45739	32576	6414	1626	90247	26.13	20985	3310
洛宁县 Luoning	23182	9236	8116	1362	85498	8.90	19667	3833
伊川县 Yichuan	43849	33865	5568	515	85339	30.66	26754	598
偃师市 Yanshi	30731	25363	811	159	30182	23.53	20998	293
平顶山市 Pingdingshan								
宝丰县 Baofeng	46750	35474	4972	930	76613	38.69	19937	332
叶县 Yexian	104181	70554	15025	6067	46339	64.22	33773	16427
鲁山县 Lushan	28889	20592	3095	1568	22830	19.56	20179	11971
郏县 Jiaxian	42210	25357	6220	1950	48025	15.72	12290	700
舞钢市 Wugang	49020	35527	1133	845	24744	34.57	3950	4600
汝州市 Ruzhou	100889	65974	15037	2115	60444	62.76	73898	3135
安阳市 Anyang								
安阳县 Anyang	32703	20701	2521	598	41448	19.93	58764	5320
汤阴县 Tangyin	36882	9908	1030	985	12283	9.54	30319	1800
滑县 Huaxian	55425	30503	1238	3827	14340	30.42	56596	710
内黄县 Neihuang	61551	33500	1279	4190	9860	32.26	36319	641
林州市 Linzhou	76389	70487	387	400	4623	67.87	19387	3498
鹤壁市 Hebi								
浚县 Xunxian	70898	43742	1959	2010	9128	44.16	29407	3675
淇县 Qixian	82671	34203	351	251	9132	29.82	25981	5600

27-9 续表 1 continued

县 市	County and city	肉类产量 (吨) Output of Meat (ton)	#猪肉 Pork	#牛肉 Beef	#羊肉 Mutton	大牲畜年底头数 (头) Large Animals (year-end) (unit)	猪年底头数 (万头) Hogs (year-end) (10 000 units)	禽蛋产量 (吨) Poultry Eggs (ton)	水产品产量 (吨) Output of Aquatic Products (ton)
新乡市	**Xinxiang**								
新乡县	Xinxiang	14358	9120	1210	248	6608	8.54	10284	3900
获嘉县	Huojia	28074	18384	204	348	1791	20.50	14864	5300
原阳县	Yuanyang	36684	20819	4245	2550	89746	22.51	41732	5340
延津县	Yanjin	29006	17345	1136	765	7558	16.53	10747	19175
封丘县	Fengqiu	77657	57584	7200	2716	45001	42.57	34566	14050
长垣县	Changyuan	37461	22849	1249	1120	6541	17.28	18600	5150
卫辉市	Weihui	53912	40307	5548	592	14305	41.45	78526	5309
辉县市	Huixian	86352	72129	3487	870	32811	73.62	70365	700
焦作市	**Jiaozuo**								
修武县	Xiuwu	24750	15140	1115	297	9106	15.08	12572	370
博爱县	Boai	14289	12032	493	260	6152	10.47	8352	256
武陟县	Wuzhi	60325	38571	5993	1617	36397	35.98	28617	9120
温县	Wenxian	18902	13370	1516	404	7568	14.06	30385	
沁阳市	Qinyang	19264	13484	1797	888	8463	13.15	11978	255
孟州市	Mengzhou	35155	24595	745	362	8528	28.60	9126	3124
濮阳市	**Puyang**								
清丰县	Qingfeng	59250	32201	1269	2570	6700	24.67	71627	1260
南乐县	Nanle	76852	34533	13924	654	63295	40.19	75237	2161
范县	Fanxian	28711	13965	1850	3252	20212	12.02	35363	28441
台前县	Taiqian	15424	5729	607	1139	6997	5.52	35083	1015
濮阳县	Puyang	76148	40402	2243	5855	25908	40.17	72070	6680
许昌市	**Xuchang**								
鄢陵县	Yanling	74515	66454	1312	1017	3123	56.63	27175	6400
襄城县	Xiangcheng	75027	59886	5963	2486	79660	54.48	43883	9018
禹州市	Yuzhou	80667	64102	3348	4701	20332	57.02	15374	1685
长葛市	Changge	76716	63898	2162	1674	12470	46.62	55047	1531
漯河市	**Luohe**								
舞阳县	Wuyang	67203	56246	3089	1752	22230	53.86	20316	4463
临颍县	Linying	74757	62726	2653	560	18010	46.83	42941	1850
三门峡市	**Sanmenxia**								
渑池县	Mianchi	39026	27020	7312	1401	75214	22.95	26655	5350
卢氏县	Lushi	10011	5142	3758	409	44933	4.44	3766	1975
义马市	Yima	4856	4265	83	110	300	4.50	926	150
灵宝市	Lingbao	30964	22877	3852	929	81647	22.65	9636	7859
南阳市	**Nanyang**								
南召县	Nanzhao	23557	15317	4188	1718	51227	14.13	12521	8666
方城县	Fangcheng	42296	29701	4519	2769	35900	27.01	20832	6740
西峡县	Xixia	29913	20066	4885	2670	42876	14.60	12930	5550

27-9 续表 2 continued

县市	County and city	肉类产量 (吨) Output of Meat (ton)	#猪肉 Pork	#牛肉 Beef	#羊肉 Mutton	大牲畜年底头数 (头) Large Animals (year-end) (unit)	猪年底头数 (万头) Hogs (year-end) (10 000 units)	禽蛋产量 (吨) Poultry Eggs (ton)	水产品产量 (吨) Output of Aquatic Products (ton)
镇平县	Zhenping	34703	22043	3966	1858	62489	21.99	29614	6462
内乡县	Neixiang	95839	70124	11943	7219	92759	68.35	25931	6870
淅川县	Xichuan	47589	25401	14125	2069	67239	21.63	29377	29806
社旗县	Sheqi	68365	44720	13130	1985	91461	47.45	22503	6200
唐河县	Tanghe	114191	68451	27259	5206	292911	69.06	54466	16980
新野县	Xinye	50614	23667	14230	2709	114763	23.59	28875	6610
桐柏县	Tongbai	27438	16397	5814	1401	48996	11.28	15102	12300
邓州市	Dengzhou	147030	94569	29663	7251	220517	91.43	73896	12915
商丘市	**Shangqiu**								
民权县	Minquan	58756	33352	7715	6413	45356	26.45	35142	22680
睢县	Suixian	54913	36293	4858	3516	8342	36.24	36456	5010
宁陵县	Ningling	41722	33264	3201	2375	19645	22.50	17360	4034
柘城县	Zhecheng	68107	45925	9518	4418	46519	45.49	21472	5820
虞城县	Yucheng	45943	24504	6392	4102	140104	18.05	28240	14941
夏邑县	Xiayi	88155	64574	6050	3784	46150	71.50	39663	6223
永城市	Yongcheng	83971	42881	4008	9920	20628	40.79	70820	18239
信阳市	**Xinyang**								
罗山县	Luoshan	45046	34676	839	426	14630	30.14	17986	32881
光山县	Guangshan	43890	15792	1632	258	29315	16.57	27972	29528
新县	Xinxian	20249	11950	973	386	16173	10.95	9532	4900
商城县	Shangcheng	42050	15159	792	1488	14133	15.70	24086	34312
固始县	Gushi	149379	81269	2335	4187	11183	62.03	92557	50662
潢川县	Huangchuan	142884	63547	628	569	20936	49.44	69958	46400
淮滨县	Huaibin	49050	16103	2038	1494	17135	17.35	14097	14770
息县	Xixian	59205	43322	1562	1231	14394	40.54	17670	19170
周口市	**Zhoukou**								
扶沟县	Fugou	43623	35350	1602	945	10594	38.11	16000	5032
西华县	Xihua	85118	62700	3542	3550	34570	61.51	35300	3525
商水县	Shangshui	92499	61900	8691	4760	54994	62.42	39000	3902
沈丘县	Shenqiu	88551	54455	8287	7300	51404	49.00	45000	7550
郸城县	Dancheng	68740	42490	6269	4200	34160	46.80	32100	6300
淮阳县	Huaiyang	103178	62050	5819	6840	45579	45.66	35900	27550
太康县	Taikang	108289	63900	11560	7432	33491	51.97	60133	3425
鹿邑县	Luyi	77297	56338	6316	2980	15413	52.88	33669	6399
项城市	Xiangcheng	67364	42350	7592	2030	60545	54.10	31200	5410
驻马店市	**Zhumadian**								
西平县	Xiping	107235	82226	1147	2128	16404	78.51	64795	7081
上蔡县	Shangcai	73254	58741	4472	1747	32008	59.44	48302	8434
平舆县	Pingyu	74514	57979	4528	2965	43961	50.52	26171	9010
正阳县	Zhengyang	93022	86254	954	517	27569	92.80	23186	12091
确山县	Queshan	62660	44908	9653	3086	78630	50.47	22442	13496
泌阳县	Biyang	99564	55518	34208	3240	394946	37.40	27148	19344
汝南县	Runan	81167	60674	7743	4038	52055	60.92	24096	38352
遂平县	Suiping	75778	57299	6959	1379	31755	57.58	65193	7124
新蔡县	Xincai	101914	63228	19232	2975	156680	63.15	38370	14425

27-10 各县(市)财政、金融主要指标(2016年)
Main Indicators of Finance by County and City (2016)

单位：亿元 (100 million yuan)

县市 County and city	一般公共预算收入 General Public Budget Revenue	一般公共预算支出 General Public Budget Expenditure	#教育 Education	#农林水事务 Farming Forestry Water Conservancy Operating	金融机构存款余额 Deposits of Financial Institutions	金融机构贷款余额 Loans of Financial Institutions
郑州市 Zhengzhou						
中牟县 Zhongmu	41.62	70.07	10.24	8.65	520.03	253.89
巩义市 Gongyi	38.37	58.27	8.63	4.98	369.01	207.55
荥阳市 Xingyang	37.22	56.40	9.12	5.40	362.92	187.32
新密市 Xinmi	30.85	47.80	7.61	7.15	383.78	177.70
新郑市 Xinzheng	65.31	83.84	10.61	14.52	618.72	458.24
登封市 Dengfeng	23.57	45.14	9.32	7.99	300.12	132.07
开封市 Kaifeng						
杞县 Qixian	13.07	41.62	7.22	6.24	174.51	80.49
通许县 Tongxu	7.73	30.17	4.61	3.79	128.03	60.94
尉氏县 Weishi	16.23	42.15	9.04	6.68	180.84	100.65
兰考县 Lankao	14.10	52.56	9.84	9.17	185.35	117.12
洛阳市 Luoyang						
孟津县 Mengjin	13.93	27.92	6.00	5.66	141.44	69.88
新安县 Xinan	19.43	31.29	7.85	4.02	187.75	106.89
栾川县 Luanchuan	18.14	29.76	6.53	5.04	165.98	70.02
嵩县 Songxian	6.47	28.81	6.82	7.11	130.07	44.83
汝阳县 Ruyang	8.21	23.74	5.75	4.55	105.39	56.61
宜阳县 Yiyang	10.34	30.78	6.62	5.82	138.21	72.50
洛宁县 Luoning	8.32	27.77	5.36	6.47	104.91	40.06
伊川县 Yichuan	18.23	33.98	8.21	5.12	398.07	200.82
偃师市 Yanshi	18.32	29.67	7.80	5.30	281.56	129.90
平顶山市 Pingdingshan						
宝丰县 Baofeng	9.07	22.33	3.48	3.85	147.42	105.99
叶县 Yexian	6.60	30.92	5.03	5.62	167.25	68.34
鲁山县 Lushan	6.52	31.97	7.30	5.30	193.21	79.48
郏县 Jiaxian	7.23	24.26	3.66	4.08	138.87	68.70
舞钢市 Wugang	7.82	20.02	3.18	2.87	136.51	91.03
汝州市 Ruzhou	23.06	49.73	9.78	6.86	290.60	173.84
安阳市 Anyang						
安阳县 Anyang	10.21	36.72	8.45	5.62	316.15	127.68
汤阴县 Tangyin	11.08	24.55	6.49	4.35	114.44	63.36
滑县 Huaxian	10.16	50.83	11.37	10.58	271.30	106.15
内黄县 Neihuang	6.13	29.37	6.92	5.39	131.09	51.24
林州市 Linzhou	16.63	41.58	9.15	5.00	436.67	154.97
鹤壁市 Hebi						
浚县 Xunxian	6.63	28.22	5.01	4.45	133.30	108.90
淇县 Qixian	8.53	18.28	3.41	2.78	98.87	133.40

27−10 续表 1　　continued

单位：亿元　　(100 million yuan)

县市 County and city	一般公共预算收入 General Public Budget Revenue	一般公共预算支出 General Public Budget Expenditure	#教育 Education	#农林水事务 Farming Forestry Water Conservancy Operating	金融机构存款余额 Deposits of Financial Institutions	金融机构贷款余额 Loans of Financial Institutions
新　乡　市 Xinxiang						
新　乡　县 Xinxiang	7.04	14.53	3.41	1.56	143.15	100.30
获　嘉　县 Huojia	3.96	15.53	4.09	1.96	99.00	29.82
原　阳　县 Yuanyang	7.04	26.24	5.04	4.34	122.09	74.67
延　津　县 Yanjin	7.25	20.91	4.38	3.33	88.90	27.59
封　丘　县 Fengqiu	4.27	32.75	6.20	10.28	150.03	32.55
长　垣　县 Changyuan	16.76	45.76	9.03	6.44	338.15	182.56
卫　辉　市 Weihui	8.69	22.20	4.47	3.08	122.25	70.15
辉　县　市 Huixian	22.20	36.83	8.53	6.33	260.06	134.38
焦　作　市 Jiaozuo						
修　武　县 Xiuwu	10.41	17.09	3.20	2.21	87.01	60.64
博　爱　县 Boai	7.48	16.25	2.71	2.98	109.33	70.76
武　陟　县 Wuzhi	11.90	27.00	4.79	2.68	154.16	89.97
温　　县 Wenxian	6.86	18.16	3.44	2.54	117.78	63.45
沁　阳　市 Qinyang	13.29	26.62	3.67	2.37	148.25	82.13
孟　州　市 Mengzhou	12.61	20.02	3.11	2.82	129.46	70.17
濮　阳　市 Puyang						
清　丰　县 Qingfeng	6.03	32.00	5.37	5.63	122.44	42.82
南　乐　县 Manle	4.74	23.21	4.52	4.02	103.41	37.59
范　　县 Fanxian	5.44	24.03	3.79	5.89	123.11	38.23
台　前　县 Taiqian	3.01	20.01	4.37	3.77	93.75	40.95
濮　阳　县 Puyang	9.60	45.32	9.63	9.44	201.05	108.58
许　昌　市 Xuchang						
鄢　陵　县 Yanling	10.31	30.29	6.56	4.45	168.52	122.72
襄　城　县 Xiangcheng	14.76	33.87	9.37	5.25	238.63	155.50
禹　州　市 Yuzhou	16.92	53.19	10.14	5.79	346.15	190.02
长　葛　市 Changge	22.62	39.04	10.15	4.66	286.77	187.45
漯　河　市 Luohe						
舞　阳　县 Wuyang	9.48	30.37	3.49	5.08	134.35	38.60
临　颍　县 Linying	11.66	31.14	6.64	4.13	164.22	80.25
三门峡市 Sanmenxia						
渑　池　县 Mianchi	22.03	29.45	7.45	5.24	135.11	63.43
卢　氏　县 Lushi	5.54	23.55	4.61	6.81	111.54	41.11
义　马　市 Yima	12.71	15.43	3.27	0.48	114.60	80.49
灵　宝　市 Lingbao	19.81	38.84	6.96	4.30	295.94	152.50
南　阳　市 Nanyang						
南　召　县 Nanzhao	5.75	28.59	7.04	4.94	119.24	63.83
方　城　县 Fangcheng	9.17	40.67	8.95	7.65	168.46	95.12
西　峡　县 Xixia	12.81	28.97	7.33	4.82	171.64	113.86

27-10 续表 2 continued

单位：亿元 (100 million yuan)

县 市 County and city	一般公共预算收入 General Public Budget Revenue	一般公共预算支出 General Public Budget Expenditure	#教育 Education	#农林水事务 Farming Forestry Water Conservancy Operating	金融机构存款余额 Deposits of Financial Institutions	金融机构贷款余额 Loans of Financial Institutions
镇平县 Zhenping	8.23	35.14	7.27	5.62	232.52	94.82
内乡县 Neixiang	8.21	32.36	7.35	6.94	169.12	108.00
淅川县 Xichuan	8.41	39.78	7.64	7.50	203.94	98.70
社旗县 Sheqi	5.32	27.68	6.32	4.40	122.48	65.22
唐河县 Tanghe	8.38	45.98	8.45	8.07	254.89	81.08
新野县 Xinye	6.85	28.34	5.68	5.02	187.61	100.20
桐柏县 Tongbai	8.51	24.31	4.76	4.77	120.80	54.15
邓州市 Dengzhou	13.10	64.44	13.41	10.15	316.63	166.36
商丘市 Shangqiu						
民权县 Minquan	8.28	37.14	6.75	6.69	158.35	98.43
睢县 Suixian	5.91	33.13	6.02	5.37	159.58	62.06
宁陵县 Ningling	4.26	27.68	6.00	4.39	114.62	71.62
柘城县 Zhecheng	6.60	38.44	7.27	6.33	166.30	57.15
虞城县 Yucheng	8.25	41.33	7.38	5.89	211.76	87.96
夏邑县 Xiayi	6.95	47.37	8.50	6.92	243.52	74.97
永城市 Yongcheng	35.05	73.95	10.40	9.28	418.36	258.30
信阳市 Xinyang						
罗山县 Luoshan	5.11	29.90	5.79	5.55	222.90	88.87
光山县 Guangshan	5.00	35.73	9.75	6.87	216.61	91.94
新县 Xinxian	4.25	21.95	5.10	5.05	115.36	53.22
商城县 Shangcheng	5.65	32.78	9.29	6.44	190.35	73.35
固始县 Gushi	11.31	70.56	14.44	12.49	406.96	167.47
潢川县 Huangchuan	5.55	32.74	8.44	5.64	205.61	215.13
淮滨县 Huaibin	4.70	34.96	7.07	6.74	166.57	62.55
息县 Xixian	4.72	35.18	9.57	5.17	241.81	70.63
周口市 Zhoukou						
扶沟县 Fugou	6.58	30.87	7.51	5.08	169.86	51.74
西华县 Xihua	6.59	33.00	6.43	4.88	184.27	54.64
商水县 Shangshui	6.29	46.31	10.34	6.08	218.88	49.59
沈丘县 Shenqiu	12.10	50.01	12.24	6.95	242.37	114.17
郸城县 Dancheng	9.60	48.70	11.92	7.84	221.47	57.95
淮阳县 Huaiyang	7.38	49.00	7.57	5.51	227.41	54.18
太康县 Taikang	9.53	50.85	10.39	7.50	238.38	74.18
鹿邑县 Luyi	11.07	47.67	9.79	7.16	225.38	100.18
项城市 Xiangcheng	10.03	41.59	10.08	4.99	259.78	54.43
驻马店市 Zhumadian						
西平县 Xiping	7.61	32.66	6.19	4.80	212.92	93.98
上蔡县 Shangcai	6.27	48.63	9.28	8.15	281.69	90.58
平舆县 Pingyu	7.17	34.81	7.49	4.55	227.35	71.31
正阳县 Zhengyang	5.41	40.49	7.02	7.37	210.51	82.90
确山县 Queshan	7.37	26.46	4.78	4.73	174.30	57.91
泌阳县 Biyang	8.01	40.60	8.93	6.32	177.60	63.46
汝南县 Runan	6.27	31.79	7.17	7.04	187.49	66.03
遂平县 Suiping	7.55	23.44	5.19	4.10	155.74	93.30
新蔡县 Xincai	6.31	49.79	10.35	8.16	223.78	76.87

27-11 各县(市)教育主要指标(2016年)

Main Indicators of Education by County and City (2016)

县 市	County and city	在校学生数(人) Student Enrollment (person) 小学 Primary Schools	普通中学 Regular Secondary Schools	小学在校生巩固率 (%) Percentage of Primary Schools Enrollment Consolidated (%)	初中在校生巩固率 (%) Percentage of Junior Enrollment Consolidated (%)	高中阶段毛入学率 (%) The High School Stage Gross Enrollment Rate (%)
郑州市	**Zhengzhou**					
中牟县	Zhongmu	102368	43888	99.2	87.5	58.8
巩义市	Gongyi	52106	37766	97.6	101.7	69.8
荥阳市	Xingyang	45762	31047	104.1	93.1	109.2
新密市	Xinmi	67837	47426	95.7	102.3	86.1
新郑市	Xinzheng	88834	50576	117.8	95.5	234.7
登封市	Dengfeng	81370	62833	121.9	115.3	154.4
开封市	**Kaifeng**					
杞县	Qixian	91795	63095	80.8	111.8	45.1
通许县	Tongxu	56402	37989	72.1	99.7	71.1
尉氏县	Weishi	92554	45753	83.5	91.9	57.1
兰考县	Lankao	75364	52505	86.4	85.1	61.5
洛阳市	**Luoyang**					
孟津县	Mengjin	30445	27688	98.8	99.6	107.2
新安县	Xinan	38123	32671	90.0	99.6	119.9
栾川县	Luanchuan	28795	19317	101.1	99.3	79.2
嵩县	Songxian	58209	34946	98.9	93.5	65.1
汝阳县	Ruyang	51269	32373	90.4	93.9	40.8
宜阳县	Yiyang	51205	40356	89.8	92.3	48.2
洛宁县	Luoning	40052	26633	92.3	96.5	40.9
伊川县	Yichuan	84037	50482	95.2	86.9	52.3
偃师市	Yanshi	38133	30110	79.8	95.5	58.4
平顶山市	**Pingdingshan**					
宝丰县	Baofeng	57094	25830	95.9	89.7	65.8
叶县	Yexian	74111	39129	84.1	93.2	64.4
鲁山县	Lushan	109768	46727	111.7	87.8	79.2
郏县	Jiaxian	61220	29342	113.1	93.6	39.1
舞钢市	Wugang	28962	15347	66.3	94.0	85.2
汝州市	Ruzhou	120519	57297	98.4	87.0	79.7
安阳市	**Anyang**					
安阳县	Anyang	99876	52377	109.8	99.2	60.1
汤阴县	Tangyin	52123	28734	86.6	94.5	62.2
滑县	Huaxian	146575	69053	94.2	95.9	52.5
内黄县	Neihuang	80823	39969	107.5	97.9	46.8
林州市	Linzhou	104651	59108	95.5	99.5	70.7
鹤壁市	**Hebi**					
浚县	Xunxian	65034	41599	92.8	101.9	40.9
淇县	Qixian	25979	16648	78.4	103.0	42.2

27-11 续表 1 continued

县 市 County and city	在校学生数(人) Student Enrollment (person) 小学 Primary Schools	普通中学 Regular Secondary Schools	小学在校生巩固率(%) Percentage of Primary Schools Enrollment Consolidated (%)	初中在校生巩固率(%) Percentage of Junior Enrollment Consolidated (%)	高中阶段毛入学率(%) The high school stage gross enrollment rate (%)
新乡市 Xinxiang					
新乡县 Xinxiang	32008	21044	105.0	95.3	50.9
获嘉县 Huojia	39245	25428	96.4	103.0	57.7
原阳县 Yuanyang	71547	42451	109.2	94.0	41.6
延津县 Yanjin	51585	32934	103.6	95.7	70.5
封丘县 Fengqiu	76588	44194	86.5	95.5	42.3
长垣县 Changyuan	94199	60268	104.3	95.7	91.3
卫辉市 Weihui	61837	23885	66.2	94.0	55.2
辉县市 Huixian	96134	43213	105.1	97.3	77.7
焦作市 Jiaozuo					
修武县 Xiuwu	19441	16582	92.0	102.6	69.4
博爱县 Boai	30283	21335	90.7	111.0	56.2
武陟县 Wuzhi	51252	41141	85.5	111.3	59.9
温县 Wenxian	28179	26757	92.6	108.1	68.8
沁阳市 Qinyang	32784	30696	86.1	98.0	87.2
孟州市 Mengzhou	19639	15581	95.4	111.5	62.8
濮阳市 Puyang					
清丰县 Qingfeng	62450	25327	73.5	94.1	37.7
南乐县 Manle	52083	33221	79.7	106.3	54.3
范县 Fanxian	48791	32561	78.6	91.1	42.7
台前县 Taiqian	38182	22284	59.0	96.9	62.0
濮阳县 Puyang	100125	42344	61.1	110.1	44.4
许昌市 Xuchang					
鄢陵县 Yanling	57743	27663	102.5	95.9	47.9
襄城县 Xiangcheng	71104	45486	97.6	95.4	68.9
禹州市 Yuzhou	106819	59969	99.2	95.2	59.1
长葛市 Changge	67143	38809	98.7	93.8	70.6
漯河市 Luohe					
舞阳县 Wuyang	41715	21856	101.8	89.8	50.7
临颍县 Linying	52330	37049	76.7	95.5	57.2
三门峡市 Sanmenxia					
渑池县 Mianchi	30823	20839	97.6	103.8	54.0
卢氏县 Lushi	20241	21421	89.1	106.9	68.7
义马市 Yima	9962	5209	93.9	93.9	43.5
灵宝市 Lingbao	49168	35907	87.2	99.0	82.7
南阳市 Nanyang					
南召县 Nanzhao	68287	40120	87.8	95.2	59.3
方城县 Fangcheng	126924	51162	85.6	89.7	48.0
西峡县 Xixia	46665	36855	93.9	115.4	83.4

27-11 续表 2 continued

县 市 County and city	在校学生数(人) Student Enrollment (person)		小学在校生巩固率 (%) Percentage of Primary Schools Enrollment Consolidated (%)	初中在校生巩固率 (%) Percentage of Junior Enrollment Consolidated (%)	高中阶段毛入学率 (%) The high school stage gross enrollment rate (%)
	小学 Primary Schools	普通中学 Regular Secondary Schools			
镇 平 县 Zhenping	106022	50256	96.3	88.2	50.8
内 乡 县 Neixiang	76290	40828	110.7	94.7	74.1
淅 川 县 Xichuan	65356	49453	91.0	95.3	54.0
社 旗 县 Sheqi	70427	32517	86.4	92.5	41.1
唐 河 县 Tanghe	137413	50992	82.5	83.4	42.2
新 野 县 Xinye	83598	36403	84.4	92.4	49.6
桐 柏 县 Tongbai	51761	25739	87.4	92.4	63.3
邓 州 市 Dengzhou	185712	87728	86.8	96.8	49.9
商 丘 市 Shangqiu					
民 权 县 Minquan	70709	53435	92.3	77.9	90.4
睢 县 Suixian	65536	47122	82.1	89.9	69.7
宁 陵 县 Ningling	57767	29586	76.2	97.2	44.5
柘 城 县 Zhecheng	70950	53500	72.6	90.9	61.1
虞 城 县 Yucheng	102746	72460	65.8	91.3	82.3
夏 邑 县 Xiayi	85047	54131	69.1	100.9	54.0
永 城 市 Yongcheng	156185	73199	93.7	88.2	61.7
信 阳 市 Xinyang					
罗 山 县 Luoshan	61852	38846	75.5	92.2	113.4
光 山 县 Guangshan	66929	64073	85.4	102.4	80.6
新 县 Xinxian	27488	24232	95.7	98.0	94.4
商 城 县 Shangcheng	52095	49620	66.7	99.3	79.0
固 始 县 Gushi	128320	100657	82.3	100.0	91.0
潢 川 县 Huangchuan	58491	43101	66.6	99.7	83.9
淮 滨 县 Huaibin	58446	44792	65.8	91.8	62.0
息 县 Xixian	93300	52416	92.5	95.3	50.1
周 口 市 Zhoukou					
扶 沟 县 Fugou	50254	47426	68.6	100.9	67.6
西 华 县 Xihua	65894	48686	70.9	101.8	55.9
商 水 县 Shangshui	100252	76875	74.6	109.5	51.8
沈 丘 县 Shenqiu	98282	73600	90.8	102.9	60.6
郸 城 县 Dancheng	117550	95889	73.0	110.9	73.8
淮 阳 县 Huaiyang	105889	84795	73.2	93.3	59.8
太 康 县 Taikang	131255	85025	80.6	94.7	52.5
鹿 邑 县 Luyi	95517	68758	65.5	109.3	42.3
项 城 市 Xiangcheng	96085	76843	69.4	108.1	78.9
驻 马 店 市 Zhumadian					
西 平 县 Xiping	48460	40271	69.8	112.5	51.7
上 蔡 县 Shangcai	120378	87467	85.6	104.2	51.3
平 舆 县 Pingyu	82706	49148	69.4	95.6	64.6
正 阳 县 Zhengyang	82044	40499	84.5	92.9	72.7
确 山 县 Queshan	50957	36968	95.4	106.7	52.4
泌 阳 县 Biyang	85035	51268	81.0	96.0	78.0
汝 南 县 Runan	63919	41726	69.3	103.8	49.2
遂 平 县 Suiping	45592	26792	77.6	96.8	88.0
新 蔡 县 Xincai	99953	61521	77.4	90.1	40.3

27-12 各县(市)卫生主要指标(2016年)

Main Indicators of Sanitation by County and City (2016)

县 市	County and city	卫生机构床位数(张) Number of Beds in Health Institutions (unit)	卫生技术人员(人) Medical Technical Personnel (person)	执业医师(人) Licensed Doctors (person)	助理医师(人) Assistant Doctors (person)	注册护士(人) Registered Nurse (person)
郑州市	**Zhengzhou**					
中牟县	Zhongmu	3161	3057	826	272	1331
巩义市	Gongyi	3407	4844	1395	453	2120
荥阳市	Xingyang	2591	3286	792	333	1277
新密市	Xinmi	4707	4072	1133	337	1843
新郑市	Xinzheng	4255	3783	1132	293	1642
登封市	Dengfeng	3417	3218	888	337	1374
开封市	**Kaifeng**					
杞县	Qixian	3184	3646	839	825	1194
通许县	Tongxu	2430	2605	606	348	1090
尉氏县	Weishi	3046	3043	795	431	1279
兰考县	Lankao	4914	4749	967	600	1818
洛阳市	**Luoyang**					
孟津县	Mengjin	1800	2029	537	317	679
新安县	Xinan	2209	1717	482	229	591
栾川县	Luanchuan	1889	1720	450	188	751
嵩县	Songxian	2261	1754	480	286	613
汝阳县	Ruyang	1738	1729	429	213	709
宜阳县	Yiyang	3065	2808	676	454	1063
洛宁县	Luoning	2422	1726	424	286	639
伊川县	Yichuan	2606	2930	702	493	1042
偃师市	Yanshi	2722	3007	1064	336	1133
平顶山市	**Pingdingshan**					
宝丰县	Baofeng	2435	2473	612	568	862
叶县	Yexian	2759	2866	652	604	794
鲁山县	Lushan	3091	2910	684	450	1086
郏县	Jiaxian	2457	2803	663	407	1011
舞钢市	Wugang	1403	1481	462	100	615
汝州市	Ruzhou	5863	4525	1051	609	1483
安阳市	**Anyang**					
安阳县	Anyang	3102	2236	647	796	421
汤阴县	Tangyin	1718	1709	431	444	335
滑县	Huaxian	6141	5540	1375	1008	2262
内黄县	Neihuang	2975	2813	648	540	921
林州市	Linzhou	4102	3884	1251	692	1135
鹤壁市	**Hebi**					
浚县	Xunxian	2439	1738	512	446	428
淇县	Qixian	1682	1661	478	149	713

27-12 续表 1 continued

县 市 County and city	卫生机构床位数(张) Number of Beds in Health Institutions (unit)	卫生技术人员(人) Medical Technical Personnel (person)	执业医师(人) Licensed Doctors (person)	助理医师(人) Assistant Doctors (person)	注册护士(人) Registered Nurse (person)
新乡市 Xinxiang					
新乡县 Xinxiang	1231	1218	370	283	358
获嘉县 Huojia	2239	1836	511	195	657
原阳县 Yuanyang	2810	3060	831	371	1196
延津县 Yanjin	2439	1829	496	279	648
封丘县 Fengqiu	3134	2534	561	375	896
长垣县 Changyuan	3864	4917	1381	721	1957
卫辉市 Weihui	4694	3899	1192	197	1821
辉县市 Huixian	3003	3103	863	436	1053
焦作市 Jiaozuo					
修武县 Xiuwu	1173	1359	391	298	395
博爱县 Boai	2086	1391	488	307	291
武陟县 Wuzhi	3194	2877	788	437	1027
温县 Wenxian	2067	2000	604	182	744
沁阳市 Qinyang	1746	2209	715	292	651
孟州市 Mengzhou	2110	1676	536	178	627
濮阳市 Puyang					
清丰县 Qingfeng	2368	1850	441	300	556
南乐县 Manle	1957	1607	350	221	591
范县 Fanxian	1842	1804	392	235	601
台前县 Taiqian	1473	1735	402	197	611
濮阳县 Puyang	3591	3143	761	634	901
许昌市 Xuchang					
鄢陵县 Yanling	2719	2884	727	592	951
襄城县 Xiangcheng	2434	2717	592	337	1019
禹州市 Yuzhou	4151	5390	1563	872	1777
长葛市 Changge	2113	3486	1026	480	1179
漯河市 Luohe					
舞阳县 Wuyang	2300	2448	572	282	926
临颍县 Linying	2470	2428	562	231	1021
三门峡市 Sanmenxia					
渑池县 Mianchi	1973	1568	321	171	576
卢氏县 Lushi	1615	1623	424	286	485
义马市 Yima	1549	1565	444	81	741
灵宝市 Lingbao	2686	2677	912	395	806
南阳市 Nanyang					
南召县 Nanzhao	1973	2742	550	419	1000
方城县 Fangcheng	3107	2674	672	454	930
西峡县 Xixia	2426	2055	473	140	952

27−12 续表 2 continued

县 市 County and city	卫生机构床位数(张) Number of Beds in Health Institutions (unit)	卫生技术人员(人) Medical Technical Personnel (person)	执业医师(人) Licensed Doctors (person)	助理医师(人) Assistant Doctors (person)	注册护士(人) Registered Nurse (person)
镇平县 Zhenping	2798	2349	635	471	541
内乡县 Neixiang	2191	1692	386	275	488
淅川县 Xichuan	2188	2374	576	228	781
社旗县 Sheqi	2306	1936	342	394	635
唐河县 Tanghe	2800	3517	830	382	1438
新野县 Xinye	1942	2504	546	381	856
桐柏县 Tongbai	1459	1581	319	205	466
邓州市 Dengzhou	5485	4934	1074	571	1926
商丘市 Shangqiu					
民权县 Minquan	3274	2542	702	425	885
睢县 Suixian	3342	3697	741	402	1375
宁陵县 Ningling	2111	3313	644	508	795
柘城县 Zhecheng	4488	4236	1013	752	1511
虞城县 Yucheng	2701	4191	866	1188	934
夏邑县 Xiayi	3206	3985	809	574	1406
永城市 Yongcheng	6292	5869	1235	691	2219
信阳市 Xinyang					
罗山县 Luoshan	2080	2052	600	191	789
光山县 Guangshan	2289	2037	607	180	654
新县 Xinxian	785	996	265	108	356
商城县 Shangcheng	1888	1642	489	238	502
固始县 Gushi	4237	4156	1016	427	1530
潢川县 Huangchuan	1846	1845	448	311	546
淮滨县 Huaibin	1929	1851	422	359	638
息县 Xixian	1914	2247	479	326	769
周口市 Zhoukou					
扶沟县 Fugou	2477	2603	646	492	837
西华县 Xihua	2632	3306	707	411	1021
商水县 Shangshui	2923	2918	782	539	989
沈丘县 Shenqiu	3397	3700	826	731	924
郸城县 Dancheng	3975	4421	901	623	1631
淮阳县 Huaiyang	3233	4323	825	726	1406
太康县 Taikang	6386	4664	1187	757	1622
鹿邑县 Luyi	4409	4079	878	905	1268
项城市 Xiangcheng	3105	3027	767	424	1139
驻马店市 Zhumadian					
西平县 Xiping	3076	3041	804	425	1112
上蔡县 Shangcai	4459	3512	796	435	1310
平舆县 Pingyu	3120	3617	846	576	1591
正阳县 Zhengyang	2549	2684	662	399	850
确山县 Queshan	2312	2145	510	271	922
泌阳县 Biyang	2803	2474	720	405	816
汝南县 Runan	2321	2477	564	339	968
遂平县 Suiping	2999	2597	655	303	997
新蔡县 Xincai	2378	3427	592	929	925

27-13　各县(市)社会保险和低保参保人数(2016年)

Number of People Participated in Basic Insurance and Lowest Cost-of-Living by County and City (2016)

单位：人　　　　(person)

县　市	County and city	城镇基本养老保险参保人数 Number of Persons in Basic Pension Insurance	城镇基本医疗保险参保人数 Number of Persons in Basic Medical Insurance	城镇居民最低生活保障人数 Number of Persons Receiving Lowest Cost-of-Living in Urban Area	农村居民最低生活保障人数 Number of Persons Receiving Lowest Cost-of-Living in Rural Area	新型农村合作医疗参保人数 Number of Persons Participated in the new rural cooperative medical	新型农村社会养老保险参保人数 Number of Persons Participated in the Rural Basic Pension Insurance
郑州市	**Zhengzhou**						
中牟县	Zhongmu	65387	85914	875	7113	450720	264236
巩义市	Gongyi	111550	102428	1571	16856	638405	386881
荥阳市	Xingyang	92171	118133	1007	16281	546586	349818
新密市	Xinmi	90196	144013	861	13534	644761	411930
新郑市	Xinzheng	95312	231416	1950	9189	442086	344313
登封市	Dengfeng	67530	71465	2363	6747	528710	368500
开封市	**Kaifeng**						
杞县	Qixian		59000		46497	994979	673542
通许县	Tongxu	12044	49018	5188	29244	578535	310654
尉氏县	Weishi	56245	38803	2999	42386	825656	325505
兰考县	Lankao	43057	70762	5878	39423	751179	516540
洛阳市	**Luoyang**						
孟津县	Mengjin	30505	49171	2912	12600	406461	270790
新安县	Xinan	56783	80931	5481	9248	418229	236010
栾川县	Luanchuan	22903	59785	371	4257	267919	187242
嵩县	Songxian	34057	52049	1067	14600	522888	319016
汝阳县	Ruyang	33892	52075	2163	9222	441395	242276
宜阳县	Yiyang	43997	72738	1829	22603	588266	372958
洛宁县	Luoning	15113	56254	1809	9345	421945	208231
伊川县	Yichuan	40438	105133	5391	24559	687826	348906
偃师市	Yanshi	26899	68315	1776	6973	520872	332368
平顶山市	**Pingdingshan**						
宝丰县	Baofeng	10726	65563	6177	18694	453296	281642
叶县	Yexian	28562	66361	5393	22768	692700	468395
鲁山县	Lushan	32456	80451	4438	13775	834686	441032
郏县	Jiaxian	25642	80451	5332	26338	541404	349758
舞钢市	Wugang	25176	66663	4567	8235	221449	143272
汝州市	Ruzhou	64490	111200	6417	48242	926323	582430
安阳市	**Anyang**						
安阳县	Anyang	111484	121171	2078	25617	795898	515619
汤阴县	Tangyin	306242	73180	2962	16557	393789	
滑县	Huaxian	61618	140154	4048	46426	1234691	737999
内黄县	Neihuang	518021	47479	1514	21712	755682	
林州市	Linzhou	70341	179539	5188	48253	845734	599783
鹤壁市	**Hebi**						
浚县	Xunxian	38773	62314	1334	10550	620213	289136
淇县	Qixian	34533	53006	2195	9917	237739	99471

27-13 续表1 continued

单位：人 (person)

县 市 County and city	城镇基本养老保险参保人数 Number of Persons in Basic Pension Insurance	城镇基本医疗保险参保人数 Number of Persons in Basic Medical Insurance	城镇居民最低生活保障人数 Number of Persons Receiving Lowest Cost-of-Living in Urban Area	农村居民最低生活保障人数 Number of Persons Receiving Lowest Cost-of-Living in Rural Area	新型农村合作医疗参保人数 Number of Persons Participated in the new rural cooperative medical	新型农村社会养老保险参保人数 Number of Persons Participated in the Rural Basic Pension Insurance
新乡市 Xinxiang						
新乡县 Xinxiang	50600	71000	246	4160	302827	159731
获嘉县 Huojia	33047	76300	833	5254	344127	212385
原阳县 Yuanyang	36098	63000	5548	26909	522696	206541
延津县 Yanjin	33601	79532	1964	11397	391078	238851
封丘县 Fengqiu	29223	55375	2667	14359	696435	460054
长垣县 Changyuan	469843	34392	57113	93993	761120	469843
卫辉市 Weihui	52608	109087	5481	10042	353630	211815
辉县市 Huixian	79107	135504	544	12543	712853	449014
焦作市 Jiaozuo						
修武县 Xiuwu	137996	48003	459	4296	206184	119783
博爱县 Boai	213377	73078	2762	12975	340078	210112
武陟县 Wuzhi	42197	74962	2574	23059	629191	348237
温县 Wenxian	35345	44502	2242	9841	387680	250334
沁阳市 Qinyang	50763	85954	4187	15723	387453	227471
孟州市 Mengzhou	41729	48900	2344	12612	319255	220367
濮阳市 Puyang						
清丰县 Qingfeng	36173	86584	3469	31061	618261	350680
南乐县 Manle	36205	40211	1652	16382	501652	289701
范县 Fanxian	24232	29730	2081	8450	504850	287590
台前县 Taiqian	24114	14620	1139	16759	353906	165793
濮阳县 Puyang	41887	59645	6178	54808	1066367	627283
许昌市 Xuchang						
鄢陵县 Yanling	378027	12146	2260	7964	633174	374477
襄城县 Xiangcheng	56160	35937	1872	14909	768402	506741
禹州市 Yuzhou			7254	27129		
长葛市 Changge	76557	70752	1122	5541	669127	405642
漯河市 Luohe						
舞阳县 Wuyang	39704	37000	3229	40481	513063	317196
临颍县 Linying	14508	85150	1350	29034	618619	329850
三门峡市 Sanmenxia						
渑池县 Mianchi	44110	101218	1577	14576	264027	148900
卢氏县 Lushi	19289	22000	3109	22352	345600	203874
义马市 Yima	33388	44568	4831		47068	26865
灵宝市 Lingbao	52960	113005	1487	18095	620452	418104
南阳市 Nanyang						
南召县 Nanzhao	31681	60133	6339	32694	632167	375890
方城县 Fangcheng	51779	96375	8052	68397	974846	575192
西峡县 Xixia	62705	89762	3815	11585	412756	215962

27-13 续表2 continued

单位：人 (person)

县 市	County and city	城镇基本养老保险参保人数 Number of Persons in Basic Pension Insurance	城镇基本医疗保险参保人数 Number of Persons in Basic Medical Insurance	城镇居民最低生活保障人数 Number of Persons Receiving Lowest Cost-of-Living in Urban Area	农村居民最低生活保障人数 Number of Persons Receiving Lowest Cost-of-Living in Rural Area	新型农村合作医疗参保人数 Number of Persons Participated in the new rural cooperative medical	新型农村社会养老保险参保人数 Number of Persons Participated in the Rural Basic Pension Insurance
镇平县	Zhenping	53772	106041	5757	52097	908766	566329
内乡县	Neixiang	50000	85000	4464	26228	629700	355200
淅川县	Xichuan	59484	109917	5716	45974	628645	301000
社旗县	Sheqi	54342	93124	9025	32543	623657	342562
唐河县	Tanghe	59563	114022	5478	47860	1218798	669000
新野县	Xinye	69090	94741	12905	30888	649449	422310
桐柏县	Tongbai	40639	70737	6470	20994	370447	215306
邓州市	Dengzhou	31935	85830	16185	59706	1510100	925036
商丘市	**Shangqiu**						
民权县	Minquan	38620	69000	803	23076	814637	466828
睢县	Suixian	35175	39568	4596	26788	735885	448100
宁陵县	Ningling	26629	42589	5492	25666	576263	300078
柘城县	Zhecheng	37100	223600	10506	54366	935800	559130
虞城县	Yucheng	41567	125689	8716	48821	1131722	477811
夏邑县	Xiayi	39500	54200	6791	33833	1055366	732000
永城市	Yongcheng	85236	157029	6135	52569	1309650	837120
信阳市	**Xinyang**						
罗山县	Luoshan	33776	109831	11688	31986	634007	409611
光山县	Guangshan	42254	83944	1967	21704	729016	398000
新县	Xinxian	19650	35545	12127	17273	280679	273191
商城县	Shangcheng	31373	85399	7936	30186	649371	411300
固始县	Gushi	130412	102905	18460	69570	1467542	1042950
潢川县	Huangchuan	71700	133600	8524	33103	664600	376400
淮滨县	Huaibin	33105	119825	10285	29610	628524	371552
息县	Xixian	35014	96360	12319	59796	867240	526248
周口市	**Zhoukou**						
扶沟县	Fugou	24133	46012	9340	37539	630419	422165
西华县	Xihua	32314	101730	7658	43797	441985	817902
商水县	Shangshui	20224	105368	11617	63980	1055300	594216
沈丘县	Shenqiu	48079	155450	7378	52088	1072875	646921
郸城县	Dancheng	49282	134153	12230	65380	1239500	642620
淮阳县	Huaiyang	50703	79265	12009	73715	1228321	741442
太康县	Taikang	49894	148765	13731	74164	1402913	741486
鹿邑县	Luyi	78461	106678	9382	52614	1114440	543525
项城市	Xiangcheng	83400	1180777	4310	48768	1066361	691100
驻马店市	**Zhumadian**						
西平县	Xiping	56796	114000	9300	25940	696503	513256
上蔡县	Shangcai	722580	42000	10014	71465	1218682	735000
平舆县	Pingyu	41845	128267	16405	39956	866990	550739
正阳县	Zhengyang	31720	116150	19568	42910	601200	451760
确山县	Queshan	47850	117696	4588	7599	373674	271183
泌阳县	Biyang	47002	88845	5901	32150	714604	493991
汝南县	Runan	32278	107086	10354	47205	692086	501035
遂平县	Suiping	39616	39678	3718	20066	436561	316000
新蔡县	Xincai	46649	90023	18359	51000	993519	535300

27-14 各市区主要统计指标(2016年)

Main Statistics indicators by District (2016)

单位：亿元 (100 million yuan)

区	District	常住人口(万人) Residents Population (10 000 persons)	#城镇 Urban	城镇化率(%) Urbanization Rate (%)	生产总值 Gross Domestic Product	第一产业 Primary Industry	第二产业 Secondary Industry	第三产业 Tertiary Industry	人均生产总值(元) Per Capita GDP (yuan)
郑州市	**Zhengzhou**								
中原区	Zhongyuan	103.37	93.79	90.74	622.12	0.86	237.47	383.79	61213
二七区	Erqi	79.25	71.34	90.02	515.36	0.33	91.27	423.76	65489
管城区	Guancheng	77.29	66.46	85.99	713.87	1.37	340.47	372.03	93383
金水区	Jinshui	168.15	153.64	91.37	1337.60	1.70	109.07	1226.84	78151
上街区	Shangjie	13.84	12.64	91.34	125.94	0.37	75.19	50.38	91541
惠济区	Huiji	29.15	21.40	73.41	123.51	5.99	46.62	70.90	42772
开封市	**Kaifeng**								
龙亭区	Longting	42.22	34.07	80.69	166.10	8.31	66.67	91.12	39804
顺河区	Shunhe	24.39	21.22	87.01	90.20	3.52	35.39	51.29	37179
鼓楼区	Gulou	15.17	14.46	95.31	71.75	1.81	14.03	55.91	47646
禹王台区	Yuwangtai	13.68	10.74	78.52	73.74	3.74	27.65	42.34	54321
祥符区	Xiangfu	66.43	23.42	35.26	235.63	52.88	85.22	97.53	35358
洛阳市	**Luoyang**								
老城区	Laocheng	19.32	18.03	93.30	75.18	1.56	17.27	56.35	38963
西工区	Xigong	36.16	33.93	93.84	315.86	0.30	107.13	208.43	87606
瀍河区	Chanhe	19.06	17.84	93.61	92.56	0.63	32.37	59.56	48550
涧西区	Jianxi	65.22	60.68	93.04	463.26	1.27	235.25	226.74	71502
吉利区	Jili	7.01	4.84	69.00	95.90	1.57	61.17	33.17	137596
洛龙区	Luolong	71.61	44.65	62.35	254.25	6.67	86.18	161.39	35911
平顶山市	**Pongdingshan**								
新华区	Xinhua	40.72	38.15	93.71	217.86	2.48	116.78	98.61	53615
卫东区	Weidong	32.11	31.28	97.40	126.34	1.33	56.62	68.39	39657
石龙区	Shilong	5.61	4.86	86.70	47.27	0.40	36.57	10.30	83930
湛河区	Zhanhe	30.02	23.74	79.08	120.87	2.69	59.14	59.03	40287
安阳市	**Anyang**								
文峰区	Wenfeng	48.51	37.15	76.58	155.62	2.01	46.06	107.55	32378
北关区	Beiguan	27.76	24.44	88.04	115.58	1.29	26.91	87.39	41991
殷都区	Yindu	26.69	23.31	87.36	143.75	1.27	74.56	67.92	53915
龙安区	Longan	23.18	13.50	58.25	137.11	2.18	105.04	29.89	59759
鹤壁市	**Hebi**								
鹤山区	Heshan	12.89	10.96	84.99	93.15	3.47	68.08	21.61	72358
山城区	Shancheng	23.99	20.79	86.65	114.00	2.43	85.21	26.35	47705
淇滨区	Qibin	29.27	22.12	75.58	162.57	6.24	80.45	75.88	55778

27-14 续表 1 continued

单位：亿元 (100 million yuan)

区	District	常住人口（万人）Residents Population (10 000 persons)	#城镇 Urban	城镇化率(%) Urbanization Rate (%)	生产总值 Gross Domestic Product	第一产业 Primary Industry	第二产业 Secondary Industry	第三产业 Tertiary Industry	人均生产总值（元）Per Capita GDP (yuan)
新乡市	**Xinxiang**								
红旗区	Hongqi	43.99	41.98	95.43	361.71	2.04	184.90	174.77	83266
卫滨区	Weibin	21.59	21.59	100.00	112.37	0.96	22.73	88.67	52741
凤泉区	Fengquan	15.54	9.04	58.17	89.46	3.18	34.54	51.75	57756
牧野区	Muye	33.37	32.14	96.32	158.09	2.39	76.20	79.50	47425
焦作市	**Jiaozuo**								
解放区	Jiefang	30.30	29.47	97.25	115.74	0.23	13.60	101.91	38297
中站区	Zhongzhan	10.62	6.87	64.73	63.97	0.53	42.64	20.80	60363
马村区	Macun	14.06	8.98	63.89	48.81	1.19	28.00	19.61	34791
山阳区	Shanyang	47.90	33.36	69.64	245.04	4.71	124.48	115.85	51279
濮阳市	**Puyang**								
华龙区	Hualong	71.77	55.90	77.89	387.27	19.01	181.28	186.98	54304
许昌市	**Xuchang**								
魏都区	Weidu	51.32	49.19	95.85	299.21	1.03	144.94	153.24	58474
建安区	Jianan	78.32	30.79	39.31	358.29	25.29	218.64	114.37	45953
漯河市	**Luohe**								
源汇区	Yuanhui	33.99	22.09	65.00	145.77	8.68	62.54	74.54	42993
郾城区	Yancheng	51.12	27.21	53.23	190.28	21.23	104.56	64.49	37284
召陵区	Zhaoling	49.59	24.30	49.00	311.10	21.71	240.03	49.36	62938
三门峡市	**Sanmenxia**								
湖滨区	Hubin	32.29	29.42	91.11	184.29	5.63	64.64	114.02	57209
陕州区	Shanzhou	34.82	15.67	45.01	200.62	20.20	107.19	73.23	57736
南阳市	**Nanyang**								
宛城区	Wancheng	92.17	55.88	60.63	321.33	28.50	135.15	157.69	35165
卧龙区	Wolong	94.80	57.82	60.99	393.55	21.86	130.14	241.56	41692
商丘市	**Shangqiu**								
梁园区	Liangyuan	92.71	47.88	51.64	216.10	29.72	99.68	86.70	23897
睢阳区	Suiyang	86.66	38.83	44.81	210.35	38.23	82.08	90.04	24365
信阳市	**Xinyang**								
浉河区	Shihe	66.65	44.20	66.31	259.86	32.93	95.92	131.01	39027
平桥区	Pingqiao	73.90	40.43	54.71	278.14	39.06	148.32	90.75	38298
周口市	**Zhoukou**								
川汇区	Chuanhui	71.64	43.64	60.92	212.23	8.99	104.74	98.49	29653
驻马店市	**Zhumadian**								
驿城区	Yicheng	97.78	64.18	65.64	330.27	27.73	154.20	148.34	34258

27-14 续表 2 continued

单位：亿元 (100 million yuan)

区	District	固定资产投资 Total Investment in Fixed Assets	工业增加值增速(%) Growth Rate of Value Added of Industry (%)	规模以上工业利润 Total Profits of Industry above Designated Size	社会消费品零售总额 Total Retail Sales of Consumer Goods	城镇居民人均可支配收入(元) Disposable Income of Urban Household (yuan)	农村居民人均可支配收入(元) Disposable Income of Rural Household (yuan)	一般公共预算收入 General Public Budget Revenue	一般公共预算支出 General Public Budget Expenditure
郑州市	**Zhengzhou**								
中原区	Zhongyuan	674.29	3.5	47.79	158.63	34314	19617	28.49	28.84
二七区	Erqi	395.88	0.9	8.96	424.88	35499	20829	29.50	29.43
管城区	Guancheng	697.50	1.9	104.02	283.61	33629	22194	24.08	23.78
金水区	Jinshui	967.88	-36.0	3.25	720.74	39194	22199	52.53	50.09
上街区	Shangjie	110.29	-4.0	0.48	54.26	38551	19160	10.40	13.34
惠济区	Huiji	188.08	-1.3	1.13	118.91	28718	21666	16.33	14.53
开封市	**Kaifeng**								
龙亭区	Longting	277.33	7.4	8.02	43.70	26642	12694	5.84	12.58
顺河区	Shunhe	34.93	-2.2	4.11	61.40	25012	12195	1.14	6.38
鼓楼区	Gulou	44.76	6.9	-0.10	107.50	27278	13108	1.72	4.30
禹王台区	Yuwangtai	43.83	1.2	1.88	49.20	25101	12535	1.73	4.27
祥符区	Xiangfu	234.18	9.7	44.11	69.10	20931	10881	8.69	29.70
洛阳市	**Luoyang**								
老城区	Laocheng	80.28	9.7	0.83	81.95	30777	12913	5.79	11.37
西工区	Xigong	191.72	10.2	6.04	312.76	35463	14345	16.50	18.63
瀍河区	Chanhe	94.27	9.5	-0.78	91.73	31752	14663	5.37	8.66
涧西区	Jianxi	333.33	10.2	7.23	230.81	32171	16985	23.23	22.86
吉利区	Jili	43.17	10.4	-1.14	24.91	36131	13889	6.21	7.00
洛龙区	Luolong	478.30	11.5	56.55	198.82	31451	13012	17.01	28.73
平顶山市	**Pongdingshan**								
新华区	Xinhua	148.16	6.6	10.76	141.46	28389	14841	7.40	8.96
卫东区	Weidong	97.20	7.0	5.99	154.76	28779	15880	5.23	7.27
石龙区	Shilong	11.55	3.5	1.11	6.67	17003	13848	2.08	5.15
湛河区	Zhanhe	49.99	7.2	25.71	55.97	28823	15391	6.62	8.44
安阳市	**Anyang**								
文峰区	Wenfeng	266.86	14.0	3.20	80.51	31127	17158	7.89	12.86
北关区	Beiguan	91.08	15.2	0.20	97.49	27890	17326	6.03	7.22
殷都区	Yindu	58.11	-1.2	2.80	58.09	31071	17283	3.69	5.42
龙安区	Longan	88.40	-3.9	7.10	43.93	26622	14598	4.82	8.10
鹤壁市	**Hebi**								
鹤山区	Heshan	75.70	5.8	7.15	19.44	25206	13298	2.21	6.55
山城区	Shancheng	137.95	6.1	6.98	36.89	26655	14139	6.36	10.85
淇滨区	Qibin	122.58	8.3	11.25	53.77	28776	12980	10.39	17.29

27-14 续表 3 continued

单位：亿元 (100 million yuan)

区	District	固定资产投资 Total Investment in Fixed Assets	工业增加值增速(%) Growth Rate of Value Added of Industry (%)	规模以上工业利润 Total Profits of Industry above Designated Size	社会消费品零售总额 Total Retail Sales of Consumer Goods	城镇居民人均可支配收入(元) Disposable Income of Urban Household (yuan)	农村居民人均可支配收入(元) Disposable Income of Rural Household (yuan)	一般公共预算收入 General Public Budget Revenue	一般公共预算支出 General Public Budget Expenditure
新乡市	**Xinxiang**								
红旗区	Hongqi	368.64	11.1	71.19	155.16	28929	14669	6.83	8.91
卫滨区	Weibin	81.96	-2.2	-0.27	159.55	28766	—	2.65	5.00
凤泉区	Fengquan	32.64	2.8	3.63	16.56	25571	13160	2.93	5.33
牧野区	Muye	152.38	4.6	8.41	83.21	29506	15764	5.47	8.65
焦作市	**Jiaozuo**								
解放区	Jiefang	122.13	-28.4	0.40	92.20	28093	—	7.06	8.56
中站区	Zhongzhan	68.62	16.3	13.80	17.05	22862	13729	4.36	5.49
马村区	Macun	61.42	9.2	1.30	17.21	22892	13682	3.01	5.55
山阳区	Shanyang	286.22	1.5	18.50	108.21	28022	14441	5.30	6.97
濮阳市	**Puyang**								
华龙区	Hualong	409.13	-1.0	-122.80	139.19	29143	13196	11.22	14.56
许昌市	**Xuchang**								
魏都区	Weidu	283.27	8.0	32.28	170.08	28467	13229	9.14	16.04
建安区	Jianan	397.68	1.4	67.95	87.95	25372	14445	13.54	30.16
漯河市	**Luohe**								
源汇区	Yuanhui	159.50	8.9	19.15	118.01	29648	15817	6.17	13.26
郾城区	Yancheng	194.46	9.2	44.60	98.98	28373	15312	6.32	19.23
召陵区	Zhaoling	284.12	8.9	44.26	87.88	27026	14861	3.86	16.62
三门峡市	**Sanmenxia**								
湖滨区	Hubin	131.79	13.7	7.87	106.37	26146	12980	7.53	11.61
陕州区	Shanzhou	497.60	10.6	4.24	46.00	24054	10856	14.29	23.22
南阳市	**Nanyang**								
宛城区	Wancheng	308.71	-6.5	-14.93	147.92	29412	13529	8.24	25.30
卧龙区	Wolong	260.26	6.1	11.11	347.94	29662	13389	10.21	31.20
商丘市	**Shangqiu**								
梁园区	Liangyuan	146.23	8.8	18.62	207.42	26450	9968	9.58	31.72
睢阳区	Suiyang	211.87	9.5	12.84	121.05	25633	9995	9.43	30.00
信阳市	**Xinyang**								
浉河区	Shihe	284.24	9.3	13.64	159.92	25380	13140	9.88	26.01
平桥区	Pingqiao	297.97	7.3	26.97	131.89	25285	11568	6.80	28.39
周口市	**Zhoukou**								
川汇区	Chuanhui	219.18	9.7	38.91	158.81	23820	12692	4.27	13.15
驻马店市	**Zhumadian**								
驿城区	Yicheng	210.42	6.5	23.95	174.70	26327	10215	11.83	28.73

全国及各省、市、区主要统计指标

Main Indicators of the whole Nation and 31 Provinces (Municipality, Autonomous, Regions)

28-1 全国及各省市区人口、工资及投资(2016年)

Population, Wage and Investment by Province and Region (2016)

地 区	Region	常住人口 (万人) Number of the resident population (10 000 persons)	在岗职工平均工资 (元) Average Wage of Staff and Workers (yuan)	#国有经济 State-Owned Units	#城镇集体经济 Urban Collective Owned Units	固定资产投资 (亿元) Investment in Fixed Assets (100 million yuan)	#房地产 Real Estate
全 国	**National**	**138271**	**68993**	**74990**	**51708**	**596500.75**	**102580.61**
北 京	Beijing	2173	122749	129542	59507	7888.69	4000.57
天 津	Tianjin	1562	87806	112231	49253	12756.36	2300.01
河 北	Hebei	7470	56987	60450	45231	31340.07	4695.63
山 西	Shanxi	3682	54975	58952	45794	13859.35	1597.35
内 蒙 古	Inner Mongolia	2520	61994	67038	61963	14893.96	1133.48
辽 宁	Liaoning	4378	57148	58515	38248	6436.33	2094.85
吉 林	Jilin	2733	57486	63871	45182	13773.17	1016.76
黑 龙 江	Heilongjiang	3799	55299	56086	43594	10432.55	864.84
上 海	Shanghai	2420	120503	117765	69591	6751.68	3709.03
江 苏	Jiangsu	7999	72684	92412	65536	49370.85	8956.37
浙 江	Zhejiang	5590	74644	113261	57482	29571.00	7469.37
安 徽	Anhui	6196	61289	69255	52161	26577.37	4603.56
福 建	Fujian	3874	63138	80833	59466	22927.99	4588.83
江 西	Jiangxi	4592	57470	67536	50045	19378.69	1770.94
山 东	Shandong	9947	63562	78602	54656	52364.49	6323.38
河 南	**Henan**	**9532**	**50028**	**57333**	**46168**	**39753.93**	**6179.13**
湖 北	Hubei	5885	61113	68983	44154	29503.88	4296.38
湖 南	Hunan	6822	60160	66349	42684	27688.45	2957.04
广 东	Guangdong	10999	72848	87482	50159	32947.30	10307.80
广 西	Guangxi	4838	60239	67381	44956	17652.95	2397.99
海 南	Hainan	917	62565	69407	50006	3747.03	1787.60
重 庆	Chongqing	3048	67386	81867	51450	15931.78	3725.95
四 川	Sichuan	8262	65781	75588	52925	28229.79	5282.64
贵 州	Guizhou	3555	69678	77585	75197	12929.17	2148.96
云 南	Yunnan	4771	63562	78904	64588	15662.49	2688.34
西 藏	Tibet	331	110330	117554	52086	1596.05	48.54
陕 西	Shaanxi	3813	61626	62689	49239	20474.85	2736.75
甘 肃	Gansu	2610	59549	66511	38907	9534.10	850.03
青 海	Qinghai	593	67451	74605	56882	3455.51	396.92
宁 夏	Ningxia	675	67830	72619	53307	3709.04	728.16
新 疆	Xinjiang	2398	64630	64042	66070	9983.86	923.40
河南为全国% Henan as % of the Country		**6.9**	**72.5**	**76.5**	**89.3**	**6.7**	**6.0**
河南居全国位次 Rank of Henan in the Country		**3**	**31**	**30**	**22**	**3**	**5**

28-2 全国及各省市区生产总值(2016年)

Gross Domestic Product by Province and Region (2016)

地区	Region	生产总值(亿元) Gross Domestic Products (100 million yuan)	第一产业 Primary Industry	第二产业 Secondary Industry	第三产业 Tertiary Industry	生产总值增速(上年=100) Growth Rate of GDP (preceding year=100)	第一产业 Primary Industry	第二产业 Secondary Industry	第三产业 Tertiary Industry
北京	Beijing	25669.13	129.79	4944.44	20594.90	106.8	91.3	106.3	107.0
天津	Tianjin	17885.39	220.22	7571.35	10093.82	109.1	103.0	108.4	110.0
河北	Hebei	32070.45	3492.81	15256.93	13320.71	106.8	103.5	104.9	109.9
山西	Shanxi	13050.41	784.78	5028.99	7236.64	104.5	102.8	101.5	106.9
内蒙古	Inner Mongolia	18128.10	1637.39	8553.63	7937.08	107.2	103.0	106.9	108.3
辽宁	Liaoning	22246.90	2173.06	8606.54	11467.30	97.5	95.4	92.3	102.5
吉林	Jilin	14776.80	1498.52	7004.95	6273.33	106.9	103.9	106.2	108.8
黑龙江	Heilongjiang	15386.09	2670.46	4400.69	8314.94	106.1	105.3	102.6	108.5
上海	Shanghai	28178.65	109.47	8406.28	19662.90	106.9	93.4	101.2	109.6
江苏	Jiangsu	77388.28	4077.18	34619.50	38691.60	107.8	100.7	106.6	109.8
浙江	Zhejiang	47251.36	1965.18	21194.61	24091.57	107.6	102.7	105.7	109.7
安徽	Anhui	24407.62	2567.72	11821.58	10018.32	108.7	102.7	108.1	111.1
福建	Fujian	28810.58	2363.22	14093.47	12353.89	108.4	103.6	106.8	111.4
江西	Jiangxi	18499.00	1904.53	8829.54	7764.93	109.0	104.2	108.5	111.1
山东	Shandong	68024.49	4929.13	31343.67	31751.69	107.6	103.9	106.6	109.3
河南	**Henan**	**40471.79**	**4286.21**	**19275.82**	**16909.76**	**108.1**	**104.2**	**107.3**	**110.3**
湖北	Hubei	32665.38	3659.33	14654.38	14351.67	108.1	103.9	107.8	109.5
湖南	Hunan	31551.37	3578.37	13341.17	14631.83	108.0	103.3	106.5	110.6
广东	Guangdong	80854.91	3694.37	35109.66	42050.88	107.5	103.1	106.1	109.2
广西	Guangxi	18317.64	2796.80	8273.66	7247.18	107.3	103.4	107.4	108.6
海南	Hainan	4053.20	948.35	905.95	2198.90	107.5	104.0	104.7	110.2
重庆	Chongqing	17740.59	1303.24	7898.92	8538.43	110.7	104.6	111.3	111.0
四川	Sichuan	32934.54	3929.33	13448.92	15556.29	107.8	103.8	107.6	109.2
贵州	Guizhou	11776.73	1846.19	4669.53	5261.01	110.5	106.0	111.3	111.4
云南	Yunnan	14788.42	2195.11	5690.16	6903.15	108.7	105.6	108.9	109.5
西藏	Tibet	1151.41	115.78	429.17	606.46	110.1	104.5	112.2	109.6
陕西	Shaanxi	19399.59	1693.85	9490.72	8215.02	107.6	104.0	107.3	108.8
甘肃	Gansu	7200.37	983.39	2515.56	3701.42	107.6	105.5	106.8	108.9
青海	Qinghai	2572.49	221.19	1249.98	1101.32	108.0	105.4	108.5	108.0
宁夏	Ningxia	3168.59	241.60	1488.44	1438.55	108.1	104.5	107.9	109.0
新疆	Xinjiang	9649.70	1648.97	3647.01	4353.72	107.6	105.8	106.2	109.4
河南居全国位次	**Rank of Henan in the Country**	**5**	**2**	**5**	**7**	**9**	**10**	**13**	**7**

注：生产总值按当年价格计算。生产总值指数按可比价格计算。
a) GDP in this table are calculated at current prices. The indices in this table are calculated at comparable prices.

28-3 全国及各省市区物价指数(2016年)

Price Indices by Province and Region (2016)

(上年=100) (Preceding Year=100)

地区	Region	居民消费价格总指数 General Consumer Price Index	固定资产投资价格指数 Price Indices of Investment In Fixed Assets	农业生产资料价格指数 General Price Index of Agricultural Means of Production	工业生产者出厂价格指数 Producer Price Indices for Industrial Products	工业生产者购进价格指数 Purchasing Price Indices for Industrial Producers
全国	**National**	**102.0**	**99.4**	**100.1**	**98.6**	**98.0**
北京	Beijing	101.4	99.7		98.1	98.5
天津	Tianjin	102.1	99.4		97.9	98.3
河北	Hebei	101.5	99.4	100.0	99.9	98.3
山西	Shanxi	101.1	100.0	99.8	96.8	98.1
内蒙古	Inner Mongolia	101.2	99.5	96.4	98.9	97.4
辽宁	Liaoning	101.6	99.2	100.4	98.8	97.9
吉林	Jilin	101.6	98.7	97.4	98.4	97.8
黑龙江	Heilongjiang	101.5	99.4	100.0	95.1	96.0
上海	Shanghai	103.2	99.6		98.8	97.7
江苏	Jiangsu	102.3	98.8	99.9	98.1	98.0
浙江	Zhejiang	101.9	99.5	99.5	98.3	97.8
安徽	Anhui	101.8	99.2	99.4	98.5	98.4
福建	Fujian	101.7	100.0	100.2	99.1	98.0
江西	Jiangxi	102.0	100.0	101.3	98.6	97.7
山东	Shandong	102.1	99.1	98.9	98.5	98.0
河南	**Henan**	**101.9**	**99.2**	**100.8**	**99.0**	**99.2**
湖北	Hubei	102.2	100.1	100.3	99.0	98.3
湖南	Hunan	101.9	100.4	101.7	98.9	98.0
广东	Guangdong	102.3	100.3	102.0	99.4	98.0
广西	Guangxi	101.6	99.5	100.7	99.1	98.3
海南	Hainan	102.8	100.1	100.1	96.0	94.8
重庆	Chongqing	101.8	98.9		98.6	98.4
四川	Sichuan	101.9	99.8	103.7	98.9	98.8
贵州	Guizhou	101.4	98.6	103.0	97.9	98.5
云南	Yunnan	101.5	100.1	102.8	97.6	95.9
西藏	Tibet	102.5		100.4	102.9	
陕西	Shaanxi	101.3	99.9	99.7	97.6	95.9
甘肃	Gansu	101.3	98.7	99.9	94.9	94.6
青海	Qinghai	101.8	99.6	101.5	98.5	96.2
宁夏	Ningxia	101.5	99.6	98.3	99.1	96.9
新疆	Xinjiang	101.4	99.9	98.2	94.5	95.5
河南居全国位次	**Rank of Henan in the Country**	**10**	**24**	**8**	**7**	**1**

28-4 全国及各省市区城乡居民收支(2016年)

Income and Expenditure of Urban and Rural Residents by Province and Region (2016)

单位：元 (yuan)

地区	Region	居民人均可支配收入 Per Capita Annual Disposable Income	城镇居民 Urban Households	农村居民 Rural Households	居民人均消费支出 Per Capita Consumption Expenditures	城镇居民 Urban Households	农村居民 Rural Households
全国	**National**	**23821**	**33616**	**12363**	**17111**	**23079**	**10130**
北京	Beijing	52530	57275	22310	35416	38256	17329
天津	Tianjin	34074	37110	20076	26129	28345	15912
河北	Hebei	19725	28249	11919	14247	19106	9798
山西	Shanxi	19049	27352	10082	12683	16993	8029
内蒙古	Inner Mongolia	24127	32975	11609	18072	22744	11463
辽宁	Liaoning	26040	32876	12881	19853	24996	9953
吉林	Jilin	19967	26530	12123	14773	19166	9521
黑龙江	Heilongjiang	19838	25736	11832	14446	18145	9424
上海	Shanghai	54305	57692	25520	37458	39857	17071
江苏	Jiangsu	32070	40152	17606	22130	26433	14428
浙江	Zhejiang	38529	47237	22866	25527	30068	17359
安徽	Anhui	19998	29156	11720	14712	19606	10287
福建	Fujian	27608	36014	14999	20167	25006	12911
江西	Jiangxi	20110	28673	12138	13259	17696	9128
山东	Shandong	24685	34012	13954	15926	21495	9519
河南	**Henan**	**18443**	**27233**	**11697**	**12712**	**18088**	**8587**
湖北	Hubei	21787	29386	12725	15889	20040	10938
湖南	Hunan	21115	31284	11930	15750	21420	10630
广东	Guangdong	30296	37684	14512	23448	28613	12415
广西	Guangxi	18305	28324	10359	12295	17268	8351
海南	Hainan	20653	28453	11843	14275	19015	8921
重庆	Chongqing	22034	29610	11549	16385	21031	9954
四川	Sichuan	18808	28335	11203	14839	20660	10192
贵州	Guizhou	15121	26743	8090	11932	19202	7533
云南	Yunnan	16720	28611	9020	11769	18622	7331
西藏	Tibet	13639	27802	9094	9319	19440	6070
陕西	Shaanxi	18874	28440	9396	13943	19369	8568
甘肃	Gansu	14670	25693	7457	12254	19539	7487
青海	Qinghai	17302	26757	8664	14775	20853	9222
宁夏	Ningxia	18832	27153	9852	14965	20364	9138
新疆	Xinjiang	18355	28463	10183	14066	21229	8277
河南为全国% Henan as % of the Country		**77.4**	**81.0**	**94.6**	**74.3**	**78.4**	**84.8**
河南居全国位次 Rank of Henan in the Country		**24**	**25**	**18**	**25**	**28**	**23**

注：从2013年起，国家统计局开展了城乡一体化住户收支与生活状况调查，本表数据来源于此调查，与以前年份城乡住户调查的调查范围、调查方法、指标口径有所不同。

a) Since 2013, the national bureau of statistics carried out survey of The integration of urban and rural residents income and life condition, data in this table are from the survey, and the investigation, investigation method, index diameter are different.

28-5 全国及各省市区主要农产品产量(2016年)

Output of Major Farm Products by Province and Region (2016)

单位：万吨 (10 000 tons)

地区	Region	粮食 Grain	棉花 Cotton	油料 Oil-bearing Crops	水果(含果用瓜) Fruits(include fruit with melon)	肉类 Meat	奶类 Milk
全国	**National**	**61625.05**	**530.03**	**3629.50**	**28351.10**	**8537.76**	**3712.11**
北京	Beijing	53.69	0.01	0.56	78.97	30.37	45.70
天津	Tianjin	196.37	2.33	1.60	61.50	45.52	68.02
河北	Hebei	3460.24	29.95	156.50	2138.51	457.67	448.04
山西	Shanxi	1318.51	1.03	15.43	840.77	84.43	95.88
内蒙古	Inner Mongolia	2780.25	0.02	220.02	316.28	258.89	741.34
辽宁	Liaoning	2100.63	0.11	81.33	802.26	430.92	144.24
吉林	Jilin	3717.21		82.54	241.10	260.41	53.38
黑龙江	Heilongjiang	6058.50		21.75	259.88	231.16	548.59
上海	Shanghai	99.16	0.03	0.90	50.64	17.41	26.04
江苏	Jiangsu	3466.01	7.38	131.93	893.00	355.63	59.01
浙江	Zhejiang	752.20	1.65	29.09	724.32	118.09	15.33
安徽	Anhui	3417.40	18.46	214.83	1043.49	411.39	32.68
福建	Fujian	650.87	0.01	31.03	853.81	225.64	15.86
江西	Jiangxi	2138.11	7.33	122.02	617.40	330.90	13.45
山东	Shandong	4700.71	54.83	326.78	3255.43	777.51	276.80
河南	**Henan**	**5946.60**	**9.75**	**619.09**	**2871.26**	**697.02**	**336.59**
湖北	Hubei	2554.12	18.85	329.75	1010.40	425.24	16.86
湖南	Hunan	2953.20	12.27	242.87	1048.18	529.82	10.10
广东	Guangdong	1360.22		113.29	1717.01	415.49	12.98
广西	Guangxi	1521.30	0.25	68.95	1882.50	411.19	9.66
海南	Hainan	177.86		11.18	395.39	76.33	0.22
重庆	Chongqing	1166.00		62.72	408.69	210.85	5.45
四川	Sichuan	3483.50	0.88	311.29	979.32	696.29	62.77
贵州	Guizhou	1192.38	0.12	103.43	243.88	199.28	6.39
云南	Yunnan	1902.89	0.00	68.50	759.11	375.63	64.11
西藏	Tibet	101.91		6.21	1.53	27.72	34.70
陕西	Shaanxi	1228.29	3.38	63.80	2017.84	111.72	189.14
甘肃	Gansu	1140.59	1.99	76.02	737.96	97.32	40.68
青海	Qinghai	103.45		30.04	4.02	36.04	34.22
宁夏	Ningxia	370.60		14.65	305.77	30.89	139.47
新疆	Xinjiang	1512.28	359.38	71.39	1790.88	160.97	164.39
河南为全国%	**Henan as % of the Country**	**9.6**	**1.8**	**17.1**	**10.1**	**8.2**	**9.1**
河南居全国位次	**Rank of Henan in the Country**	**2**	**7**	**1**	**2**	**2**	**4**

注：本表数据来源于《中国统计提要-2017》。
a) Data in this table are from China statistical abstract - 2017.

28-6 全国及各省市区规模以上工业主要统计指标(2016年)

Main Indicators of Enterprises Above Designed Size by Province and Region (2016)

地区	Region	原油 (万吨) Crude Oil (10 000 tons)	发电量 (亿千瓦小时) Electricity (100 million kwh)	原煤 (万吨) Coal (10 000 tons)	成品钢材 (万吨) Steel (10 000 tons)	水泥 (万吨) Cement (10 000 tons)	农用化肥 (万吨) Chemical Fertilizers (10 000 tons)	增加值增速 (%) Indices of Value-Added of Industry (%)
全国	**National**	**19968.5**	**59111.2**	**336398.6**	**113801.2**	**240295.3**	**7004.9**	**6.0**
北京	Beijing		433.7	317.6	162.8	510.3		5.1
天津	Tianjin	3273.3	616.1		8667.1	788.6	13.4	8.4
河北	Hebei	546.0	2616.8	6484.3	26150.4	9861.2	226.2	4.8
山西	Shanxi		2498.7	81641.5	4279.0	3595.4	437.5	1.1
内蒙古	Inner Mongolia	44.9	3795.6	83827.9	2016.8	6296.8	250.2	7.2
辽宁	Liaoning	1017.3	1731.5	4082.1	5906.3	3931.4	58.8	-15.2
吉林	Jilin	610.7	739.0	1643.1	961.4	3410.4	15.9	6.3
黑龙江	Heilongjiang	3656.0	897.9	5623.2	332.8	3305.5	63.4	2.0
上海	Shanghai	6.5	807.3		2080.1	418.4	1.8	1.1
江苏	Jiangsu	166.0	4667.7	1367.9	13469.7	17989.8	207.2	7.7
浙江	Zhejiang		3089.1		3760.9	10796.5	27.5	6.2
安徽	Anhui		2206.2	12235.6	3225.8	13390.8	290.9	8.8
福建	Fujian		1813.0	1346.7	2859.6	8091.2	51.8	7.6
江西	Jiangxi		922.9	1432.1	2585.0	9513.0	148.2	9.0
山东	Shandong	2295.3	5103.6	12813.5	9788.2	16080.4	528.5	6.8
河南	**Henan**	**315.7**	**2622.5**	**11905.3**	**4667.9**	**15604.2**	**532.4**	**8.0**
湖北	Hubei	58.1	2423.1	547.4	3563.8	11586.7	1156.1	8.0
湖南	Hunan		1284.7	2595.5	1998.7	12177.7	102.8	6.9
广东	Guangdong	1556.3	4082.0		4113.3	15078.7	68.6	6.7
广西	Guangxi	47.4	1275.8	399.6	3644.7	11970.7	85.6	7.5
海南	Hainan	29.4	268.6		36.3	2227.9	51.7	2.6
重庆	Chongqing		670.8	2419.7	1234.2	6781.6	177.4	10.3
四川	Sichuan	10.8	3141.6	6076.2	2837.2	14584.2	506.9	7.9
贵州	Guizhou		1839.7	16662.2	526.2	10748.8	608.9	9.9
云南	Yunnan		2469.5	4251.8	1654.7	10963.5	271.7	6.5
西藏	Tibet		46.3		1.8	617.7		12.7
陕西	Shaanxi	3502.4	1734.8	51151.4	1233.8	7555.9	153.1	6.9
甘肃	Gansu	40.4	1131.2	4236.9	665.9	4633.0	29.9	6.2
青海	Qinghai	221.0	487.1	774.6	125.1	1874.6	552.2	7.5
宁夏	Ningxia	6.2	1061.2	6728.4	164.1	1945.9	54.7	7.5
新疆	Xinjiang	2564.9	2633.2	15834.0	1087.6	3965.0	331.8	3.7
河南为全国%	**Henan as % of the Country**	**1.6**	**4.4**	**3.5**	**4.1**	**6.5**	**7.6**	
河南居全国位次	**Rank of Henan in the Country**	**10**	**8**	**8**	**6**	**3**	**4**	**7**

28-7 全国及各省市区贸易外经和财政主要指标(2016年)

Main Indicators of Internal and Foreign Trade、Government Finance by Province and Region (2016)

地 区	Region	社会消费品零售总额(亿元) Total Retail Sales of Consumer Goods (100 million yuan)	进出口贸易总额(亿元) Total Value of Import and Export Trade (100 million yuan)	#出口 Total Value of Exports	公共财政预算收入(亿元) Public Budget Revenue (100 million yuan)	公共财政预算支出(亿元) Public Budget Expenditure (100 million yuan)
全　国	**National**	**332316.3**	**243386.31**	**138454.55**	**87194.77**	**160437.14**
北　京	Beijing	11005.1	18627.71	3418.60	5081.26	6405.20
天　津	Tianjin	5635.8	6776.02	2918.09	2723.46	3700.61
河　北	Hebei	14364.7	3074.77	2014.53	2850.80	6038.03
山　西	Shanxi	6480.5	1098.97	655.33	1556.96	3441.70
内蒙古	Inner Mongolia	6700.8	767.01	288.72	2016.47	4526.29
辽　宁	Liaoning	13414.1	5709.46	2839.29	2199.34	4582.41
吉　林	Jilin	7310.4	1216.91	277.40	1263.76	3586.09
黑龙江	Heilongjiang	8402.5	1093.73	332.48	1148.39	4228.21
上　海	Shanghai	10946.6	28667.09	12105.92	6406.13	6918.94
江　苏	Jiangsu	28707.1	33629.65	21058.26	8121.23	9990.13
浙　江	Zhejiang	21970.8	22202.08	17666.48	5301.81	6976.33
安　徽	Anhui	10000.2	2930.81	1879.91	2672.76	5529.94
福　建	Fujian	11674.5	10346.82	6834.03	2654.78	4287.41
江　西	Jiangxi	6634.6	2641.61	1963.24	2151.44	4619.48
山　东	Shandong	30645.8	15466.68	9052.05	5860.16	8749.57
河　南	**Henan**	**17618.4**	**4714.70**	**2832.61**	**3153.45**	**7456.64**
湖　北	Hubei	15649.2	2596.96	1716.98	3102.02	6453.07
湖　南	Hunan	13436.5	1740.97	1172.47	2697.86	6337.02
广　东	Guangdong	34739.1	63114.59	39540.54	10346.65	13414.40
广　西	Guangxi	7027.3	3165.89	1519.07	1556.24	4472.48
海　南	Hainan	1453.7	748.06	140.34	637.50	1378.35
重　庆	Chongqing	7271.4	4140.39	2677.96	2227.90	4001.87
四　川	Sichuan	15601.9	3262.23	1846.74	3389.43	8011.90
贵　州	Guizhou	3709.0	375.21	312.05	1561.33	4261.68
云　南	Yunnan	5722.9	1316.09	759.87	1812.26	5019.62
西　藏	Tibet	459.4	51.67	31.24	155.61	1585.54
陕　西	Shanxi	7367.6	1974.92	1044.72	1833.93	4390.57
甘　肃	Gansu	3184.4	452.48	267.45	786.81	3152.72
青　海	Qinghai	767.3	100.58	90.09	238.43	1522.55
宁　夏	Ningxia	850.1	216.57	165.44	387.65	1257.69
新　疆	Xinjiang	2825.9	1168.19	1032.65	1298.95	4140.70
河南为全国%	**Henan as % of the Country**	**5.3**	**1.9**	**2.0**	**3.6**	**4.6**
河南居全国位次	**Rank of Henan in the Country**	**5**	**10**	**10**	**8**	**5**

注：财政收支为地方本级收支，数据来源于《中国统计提要-2017》。

a) Government revenue and expenditures is corresponding level.Data from China statistical abstract - 2017.

28-8 全国及各省市区教育、卫生情况(2016年)

Main Indicator on Education and Public Health by Province and Region (2016)

地 区 Region	在校学生数(万人) Student Enrollment (10 000 persons)			卫 生 机构数 (个) Health Institutions (unit)	卫生机构 床位数 (张) Number of Beds in Health Institutions (unit)	执业(助理) 医师数 (人) Licensed (Assistant) Doctors (person)
	普通高等学校 Institutions of Higher Education	普通中学 Regular Secondary Schools	小 学 Primary Schools			
全 国 National	**26958405**	**66959649**	**99129982**	**983394**	**7410453**	**3191005**
北 京 Beijing	599188	431403	868417	9773	117041	89411
天 津 Tianjin	513842	420357	631195	5443	65832	37804
河 北 Hebei	1216096	3649125	6205473	78795	360485	177140
山 西 Shanxi	756287	1846516	2270899	42204	189689	91699
内 蒙 古 Inner Mongolia	436699	1061370	1338134	24002	139236	66391
辽 宁 Liaoning	998719	1603364	1988681	36131	284384	109800
吉 林 Jilin	642263	1008486	1264211	20829	151195	69666
黑 龙 江 Heilongjiang	735857	1453727	1439381	20375	220054	84422
上 海 Shanghai	514683	571104	789721	5016	129166	65386
江 苏 Jiangsu	1745847	2900981	5222018	32117	443060	204647
浙 江 Zhejiang	996143	2268723	3550236	31546	289870	168178
安 徽 Anhui	1145007	3048939	4303637	24385	281720	112741
福 建 Fujian	756392	1789505	2986658	27656	174767	79685
江 西 Jiangxi	1038951	2745663	4227605	38272	209097	79187
山 东 Shandong	1995880	4824078	6913144	76997	540994	244900
河 南 Henan	**1874751**	**6153932**	**9655895**	**71273**	**521613**	**206766**
湖 北 Hubei	1401840	2259904	3461337	36354	360558	141741
湖 南 Hunan	1225016	3359596	5018111	61055	425757	160627
广 东 Guangdong	1892878	5452167	9052178	49079	465142	243224
广 西 Guangxi	810255	2906279	4513604	34253	224471	96673
海 南 Hainan	184875	493635	793553	5144	40324	19874
重 庆 Sichuan	732475	1572832	2098191	19933	190850	64709
四 川 Chongqing	1446559	3895408	5495234	79513	519205	185414
贵 州 Guizhou	573932	2885106	3533745	28017	210279	69007
云 南 Yunnan	656594	2678979	3766145	24234	253555	85876
西 藏 Tibet	35034	177180	302892	6835	14456	6542
陕 西 Shaanxi	1076254	1834150	2417852	36598	225400	85681
甘 肃 Gansu	457204	1479661	1821629	28197	134346	52791
青 海 Qinghai	61860	328241	457893	6291	34749	13670
宁 夏 Ningxia	117149	426691	582883	4254	36313	17070
新 疆 Xinjiang	319875	1432547	2159430	18825	156912	60302
河南为全国% Henan as % of the Country	**7.0**	**9.2**	**9.7**	**7.2**	**7.0**	**6.5**
河南居全国位次 Rank of Henan in the Country	**3**	**1**	**1**	**4**	**2**	**3**

中国统计出版社最新图书简目

（仅供参考，以实际出版为准）

统计资料

中国统计年鉴 中国统计摘要 中国发展报告
中国经济普查年鉴 国际统计年鉴 金砖国家联合统计手册
中国-东盟国家统计手册 中国农村统计年鉴 中国县域统计年鉴
中国城市统计年鉴 中国对外直接投资统计公报 中国地区经济监测报告
中国贸易外经统计年鉴 中国零售和餐饮连锁企业统计年鉴 中国商品交易市场统计年鉴
大中型批发零售和住宿餐饮企业统计年鉴 中国农产品价格调查年鉴 中国住户调查年鉴
中国价格统计年鉴 中国能源统计年鉴 全国农产品成本收益资料汇编
中国环境统计年鉴 中国建筑业统计年鉴 国外资源、能源和环境统计资料汇编
中国工业统计年鉴 中国城乡建设统计年鉴 中国县城建设统计年鉴
中国城市建设统计年鉴 中国科技统计年鉴 中国房地产统计年鉴
中国证券期货统计年鉴 中国劳动统计年鉴 中国第三产业统计年鉴
工业企业科技活动资料 中国社会统计年鉴 中国高技术产业统计年鉴
中国人才资源统计报告 中国教育统计年鉴 中国人口和就业统计年鉴
文化及相关产业统计概览 中国文化及相关产业统计年鉴 中国教育经费统计年鉴
中国民族统计年鉴 中国残疾人事业统计年鉴 中国民政统计年鉴
中国乡镇街道行政区域简册 中国基本单位统计年鉴 中国妇女儿童状况统计资料（英）

省级综合统计年鉴系列

北京 天津 河北 山西 内蒙古 辽宁 吉林 黑龙江 上海 江苏 浙江 安徽 福建 江西 山东 河南 湖北 湖南
广东 广西 海南 重庆 四川 贵州 云南 西藏 陕西 甘肃 青海 宁夏 新疆 新疆生产建设兵团

市(县)级综合统计年鉴系列

滨海新区 石家庄 唐山 邯郸 保定 沧州 邢台 廊坊 承德 衡水 秦皇岛 张家口 太原 大同 阳泉 长治 晋城
朔州 晋中 运城 忻州 临汾 吕梁 呼和浩特 呼和浩特新城区 鄂尔多斯 包头 沈阳 大连 长春 吉林 延吉 四平
通化 松原 哈尔滨 齐齐哈尔 黑龙江垦区 上海浦东新区 南京 无锡 徐州 常州 苏州 南通 连云港 淮安 盐城
扬州 镇江 泰州 宿迁 江阴 丹阳 海门 杭州 宁波 温州 嘉兴 湖州 绍兴 金华 衢州 舟山 台州 丽水 合肥
安庆 马鞍山 福州 厦门 宁德 漳州 龙岩 南昌 九江 上饶 新余 抚州 萍乡 赣州 吉安 景德镇 济南 青岛 潍坊
枣庄 日照 滕州 郑州 洛阳 平顶山 三门峡 商丘 信阳 济源 汝州 武汉 十堰 荆州 宜昌 荆门 咸宁 长沙 广州
深圳 惠州 东莞 汕尾 南宁 柳州 桂林 来宾 河池 防城港 海口 三亚 成都 贵阳 黔南 毕节 昆明 西安 咸阳
延安 宝鸡 安康 铜川 汉中 榆林 兰州 庆阳 银川 乌鲁木齐 兵团一师 兵团十师

调查年鉴系列

天津 山西 内蒙古 辽宁 吉林 上海 福建 江西 河南 湖北 湖南 广西 重庆 四川 云南 甘肃 宁夏 新疆

统计方法应用/实用手册

实用SAS统计分析教程 马克威统计分析与数据挖掘应用案例 统计公文知识问答
乡镇统计人员岗位知识培训系列教材：辅助调查员岗位基础知识 乡镇统计人员岗位基础知识
县级统计人员岗位知识培训系列教材：Excel在统计工作中的应用 简明统计分析
地市级统计人员岗位知识培训系列教材：统计报告与演示 Excel在统计工作中的应用

统计通俗读物/统计科普图书

国家统计局核心统计指标变迁 货架上的统计 账本里的统计

重点图书

砥砺奋进的五年——从十八大到十九大 新编英汉汉英统计大词典 中华医学统计百科全书
新常态下的中国服务业：理论与实践 新动能新产业发展报告-2017
挑大学选专业2018—考研择校指南 挑大学选专业2018—高考志愿填报指南

中国统计出版社发行部电话：（010）63376907 63376908 同楫行书店电话：68783171 68783172
地址：北京市丰台区西三环南路甲6号 邮政编码：100073 网址：http://www.zgtjcbs.com